Anwendungsentwicklung unter Lotus Notes Domino 6.5

IBM Software Press

In Zusammenarbeit mit der IBM Deutschland GmbH verlegt Addison-Wesley diese Reihe professioneller Bücher. Die Reihe deckt die Software WebSphere, DB2, Tivoli und Lotus ab. Die Funktionalitäten, Tools, Anwendungen und Entwicklungsumgebungen der jeweiligen Software werden von Autoren beschrieben, die sich beruflich mit der Software befassen.

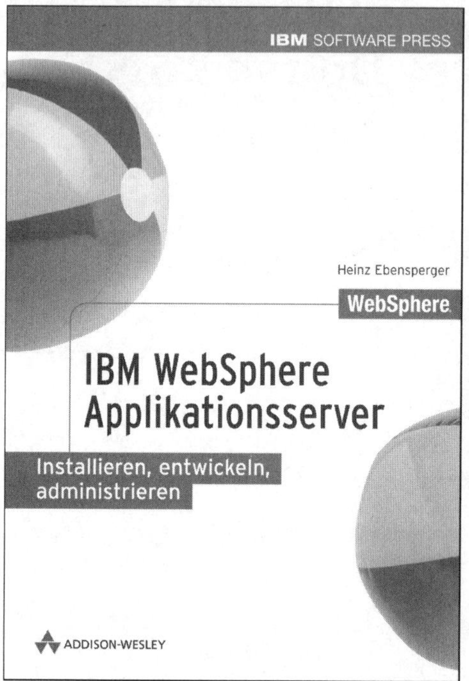

Das Buch beschreibt praxisnah Funktionen und Einsatz des WebSphere-Applikationsservers und des WebSphere Studio Application Server aus Sicht des Administrators. Nach einer Übersicht über die WebSphere-Anwendungen erläutert der Autor Installation und Konfiguration sowie verschiedene Tools. An einer Beispielentwicklung wird die WebSphere-Praxis verdeutlicht.

Dieses Buch stellt praxisorientiert und ausführlich die Administration der weltweit führenden Datenbanksoftware DB2 UDB in der neuen Version 8 vor. Es bietet dem Einsteiger eine didaktisch überlegte Einführung sowie Datenbankadministratoren eine unverzichtbare Referenz. Neben der Administration werden auch die wichtigsten Grundlagen der Anwendungsentwicklung beschrieben. »Performance« über alles – mit diesem Buch wird der Grundstein für ein stabiles und sauberes DB2-System gelegt.

Markus Donskoj
Matthias Knäpper
Primoz Perc

Anwendungsentwicklung unter Lotus Notes Domino 6.5

Konzepte, Technologien, Realisierung

An imprint of Pearson Education

München • Boston • San Francisco • Harlow, England
Don Mills, Ontario • Sydney • Mexico City
Madrid • Amsterdam

Bibliografische Information Der Deutschen Bibliothek

Die Deutsche Bibliothek verzeichnet diese Publikation in der Deutschen Nationalbibliografie; detaillierte bibliografische Daten sind im Internet über <http://dnb.ddb.de> abrufbar.

Umwelthinweis:
Dieses Buch wurde auf chlorfrei gebleichtem Papier gedruckt. Die Einschrumpffolie – zum Schutz vor Verschmutzung – ist aus umweltverträglichem und recyclingfähigen PE-Material.

10 9 8 7 6 5 4 3 2 1

07 06 05 04

ISBN 3-8273-1988-9

Einbandgestaltung: Barbara Thoben, Köln
Lektorat: Rainer Fuchs, rfuchs@pearson.de
Korrektorat: Brigitta Keul, brigitta.keul@t-online.de
Herstellung: Monika Weiher, mweiher@pearson.de
Satz und Layout: mediaService, Siegen
Druck und Verarbeitung: Bercker Graph. Betrieb, Kevelaer

Printed in Germany

Inhaltsverzeichnis

Vorwort

Seit vielen Jahren ist Notes Domino Marktführer im Groupware-Markt. Es besticht in Umgebungen mit einem hohen Anspruch auf Sicherheit und Zuverlässigkeit durch ununterbrochenen Einsatz der Serverdienste, schnelle Entwicklung von Anwendungen und exzellente Integration in die heterogene Landschaft der meisten Unternehmen. Die Server-gestützen Dienste bieten eine so große Vielfalt an Möglichkeiten, dass sich Lotus Notes als zentrales Kommunikations- und Integrationssystem bewährt hat.

Die konsequente Weiterentwicklung beinhaltet sowohl die notwendigen Anpassung an Veränderungen im Softwaremarkt im allgemeinen als auch immer bessere Möglichkeiten, Anwendungen für die Unterstützung der Zusammenarbeit von Personen zu entwicklen. So werden auf Serverseite immer wieder Betriebssysteme ausgemustert, deren Marktdurchdringung eine separate Entwicklung des Domino Servers nicht mehr rechtfertigen (z.B. OS/2), aber gleichzeitig werden auch neue Betriebssysteme unterstützt, die immer stärker in den Focus der Unternehmen treten (z.B. Linux).

Die IBM hat sich aller Kassandra-Rufer zum Trotz deutlich für eine Fortsetzung dieser Erfolgsgeschichte entschieden. Dabei wird auch das Zusammenspiel und die Integration der Lotus Notes Domino-Welt mit anderen Produkten der IBM, wie z.B. dem WebSphere Application Server, deutlich unterstrichen. Eine solche Evolution der Domino-Plattform ist notwendig, um die Kundenwünsche auch über Jahre hinweg noch zufrieden stellen zu können.

Das vorliegende Buch will einen Beitrag dazu leisten, einen Einstieg und einen Überblick für diejenigen zu bieten, die unter Verwendung von Notes Domino eben solche Anwendungen schreiben dürfen. Dabei wird Wert auf eine verständliche Einführung in die verschiedenen Aspekte der Notes-Entwicklung gelegt. Es werden die in Lotus Notes zur Verfügung stehenden Gestaltungselemente genauso ausgiebig berücksichtigt wie die unterschiedlichen Programmiersprachen, die Notes für die Entwickler bereithält. Darüber hinaus widmen wir uns auch dem Zusammenspiel in nichthomogenen Client-Umgebungen, in denen auch Web-Browser als Clients eingesetzt werden.

Die Begleit-CD-ROM

Noch ein Wort zur Buch-CD. Dort finden Sie für Ihre Arbeit nützliche Software. Neben den OpenSource-Browsern Mozilla und seinem schlankeren Bruder Firefox sind das die Entwicklungsumgebung Eclipse, die sich in besonderer Weise für Java-Programmierung eignet, sowie die aktuelle Version 1.1.2 des Büroanwendungspakets OpenOffice.org. Schließlich können Sie von der CD alle Java- und JavaScript-Codebeispiele, die im Buch vorgestellt sind, zur eigenen Verwendung übernehmen.

Allen, die nun schon seit langer Zeit auf eine aktualisierte Fassung unseres Buches gewartet haben, sei an dieser Stelle herzlich für ihre Geduld gedankt. Wir hoffen, das auch dieses Buch wieder als Nachschlagewerk und Anleitung hilfreiche Dienste im täglichen Alltag bringt und in bewährter Manier »nützlich« ist.

Auch dem Verlag gilt hier unser Dank für den langen Atem, den er bewiesen hat, dieses Buch trotz der vielen Verwerfungen weiterhin zu realisieren und uns Autoren nach Kräften zu unterstützen. Unser besonderer Dank gelten hier Herrn Dr. Fuchs, Frau Hasselbach und Herrn Pakendorf für ihren Support. Den Lektorinnen Frau Keul und Frau Welsch und ihren Mitarbeiterinnen und Mitarbeitern gilt unser besonderer Dank für die unglaublich rasche Durchsicht der zum Teil chaotischen Manuskripte und die kritischen und produktiven Anregungen, die wir erhalten haben.

Wir bedanken uns herzlich bei Volker Perplies, unserem geschätzten Kollegen, der noch im Buch zum Release 5 den gesamten Bereich Java betreut hat und es nun aus beruflichen Gründen leider nicht mehr geschafft hat, seinen Bereich zu überarbeiten. Das er sein »altes« Manuskript zur Verfügung gestellt hat, sei hier besonders bedankt. Wir hoffen, die Arbeit in seinem Sinne fortgesetzt zu haben. Seinen Platz im Autoren-Kollegium nimmt jetzt Markus Donskoj ein, über dessen spontane Zusage wir uns sehr gefreut haben und den wir herzlich begrüßen.

Unser letzter und besonderer Dank gilt unseren Partnern und Familien für ihre unermessliche Geduld, den Rückhalt und das Verständnis für das »Hobby« der Männer und (zumindest teilweise) Väter, das eigene Tun in Worte zu kleiden, auf Papier zu bannen und zu veröffentlichen. Ohne sie würde es dieses Buch nicht geben.

Autoren und Verlag freuen sich, Ihre Kritik, Ihre Anmerkungen und natürlich auch Ihr Lob per E-Mail zu bekommen. Bitte schicken Sie uns entsprechende Äußerungen unter *matthias.knaepper@addison-wesley.de.*

Markus Donskoj
Matthias Knäpper
Primoz Perc

1 Domino: Einführung und Überblick

1.1 Was ist eigentlich Notes Domino?

Die Diskussion der Frage »Was ist eigentlich Notes?« endet nicht selten wie manch ein philosophischer Diskurs über den Sinn des Lebens. Es gibt unzählige Antworten, in allen steckt ein Körnchen Wahrheit, aber keine bringt die Sache so richtig auf den Punkt. Es dürfte nicht zuletzt am mangelnden Verständnis des Konzepts von Notes Domino liegen, dass es häufig am falschen Ort zur falschen Zeit eingesetzt wird. Wenn Sie Notes Domino bereits kennen, dann wissen Sie, dass man damit einfache Textverarbeitung betreiben kann und die eingebaute Formelsprache sogar einfache Tabellenkalkulation erlaubt. Notes kann von allem ein bisschen, wird aber letztendlich in keiner Kategorie mit Anwendungen mithalten können, die speziell für den jeweiligen Zweck entwickelt wurden. Um den Sinn und Zweck sowie die Philosophie von Notes Domino zu verstehen, dürfte ein Blick auf die Geschichte des Systems hilfreich sein. Mal ganz abgesehen davon, dass es eine schöne Geschichte ist, leistet sie einen ersten Beitrag zum Verständnis und für den Überblick über das mittlerweile recht bunte Gemisch an Funktionalitäten, die von Notes Domino angeboten werden.

1.1.1 Eine kleine Geschichte

Die Geschichte beginnt, wie im IT-Bereich so oft, in den Vereinigten Staaten, an der Universität in Illinois, wo ein junger Student namens Ray Ozzie 1973 ein System namens *PLATO Notes* entwickelte. Dieses Host-basierte Bulletin Board System sollte es den Studenten ermöglichen, Nachrichten in elektronischer Form auszutauschen, also eine Art elektronisches Diskussionsforum darstellen. Nach dem Abgang von der Universität (die Legende überliefert nicht, ob Ray Ozzie seinen Studienabschluss geschafft hatte) betätigte er sich recht erfolgreich als Anwendungsentwickler. Er war unter anderem bei Lotus maßgeblich an der Entwicklung des integrierten Office-Pakets *Symphony* beteiligt. Nebenher gründete er sein eigenes Unternehmen namens Iris, das sich ausschließlich der Weiterentwicklung des alten PLATO-Notes-Gedankens, nämlich der elektronischen Unterstützung von Teamarbeit, widmen sollte. Mit maßgeblicher Hilfe eines anderen Visionärs, des Lotus-Gründers Mitch Kapor, erblickte das offizielle Produkt Lotus Notes 1989 das Licht der Welt und sorgte in der IT-Szene für einige Aufregung. Ein insbesondere für Microsoft schmerzlicher Teil der Legende besagt, dass Bill Gates Notes als die »beste Windows-Anwendung, die er je gesehen hatte«, bezeichnete und – wen wundert's – bald daraufhin ein ähnliches Produkt in Auftrag gab, das damals noch Information Exchange Server hieß und heute als Exchange dem Unternehmen Lotus die Marktführerschaft im Groupware-Bereich streitig machen will.

Interessanterweise enthielt bereits die erste Version eine Vielzahl von »klassischen« Notes-Konzepten, wie E-Mail-Funktionalität, Replikation, Formelsprache und Verschlüsselung. Doch erst die erweiterte Skalierbarkeit sowie zahlreiche Neuigkeiten wie z.B. die Volltextsuche in der Version 3 verschafften 1993 Lotus Notes den endgültigen kommerziellen Durchbruch und die endgültige Etablierung einer neuen Software-Kategorie namens *Groupware*, in der Lotus Notes lange Zeit als das einzige ernst zu nehmende Produkt galt. Trotz der unangefochtenen Markterfolge von Notes kämpfte Lotus in anderen Märkten mit Schwierigkeiten: Die zahlreichen Flops (z.B. das bereits angesprochene Office-Paket *Symphony* nebst einer ähnlichen Lösung für die Macintosh-Plattform namens *Jazz*) sowie die mächtige Konkurrenz – vor allem Microsoft – führten zur Übernahme von Lotus durch IBM. Von diesem Zeitpunkt an wird unter IBMs Fittichen Notes Domino konsequent als der Mittelpunkt der betrieblichen IT-Landschaft ausgebaut.

Bleibt schließlich die Frage: Notes oder Domino? Ganz abgesehen vom etwas eigenwilligen Konzept, das wir im Laufe dieses Buches noch kennen lernen werden, fängt die Verwirrung eines Notes-Anfängers meistens schon beim Produktnamen an: Bis zur Version 4.5 waren die Dinge einfach: »Notes« war einfach »Notes« und damit hatte es sich! Doch mit dem Aufkommen des Internets wurden die Dinge zunehmend komplexer. Der Begriff »Domino« machte die Runde. Anschließend war in der Version 4.6 plötzlich von »Domino (Notes?) Designer« die Rede. An dieser Stelle soll für etwas Klarheit gesorgt werden: Domino war ursprünglich der »Codename« einer einzelnen Teilanwendung, nämlich des HTTP-Übersetzers, der ab der Notes-Version 4.5 (erschienen 1996) dafür sorgen sollte, dass die Inhalte von Notes-Datenbanken transparent in HTML übersetzt werden. Da die zu jener Zeit unangefochtene Position des Groupware-Marktführers Lotus zusehends von den aufkommenden Intranet-Technologien in Frage gestellt wurde, war es für das Unternehmen unbedingt notwendig, Zeichen in Richtung einer klaren Internet-Vision zu setzen. Also entschied man sich kurzerhand, nicht nur die HTTP-Task, sondern das gesamte Server-Bundle in »Domino« umzubenennen. Der Name sollte hierbei die schrittweise Migration der ehemals proprietären Plattform in Richtung Internet-Standards signalisieren, ein Prozess, der in den folgenden Versionen konsequent weiterentwickelt wurde.

Die Entscheidung, auf der Client-Seite die Bezeichnung »Notes« beizubehalten, mag auf den ersten Blick unverständlich erscheinen, ist aber nur konsequent, wenn man bedenkt, dass das gesamte Produktbündel »Domino« eine Vielzahl von Clients unterstützt: alle Arten von Internet-Clients (Webbrowser), sowohl Internetmail-fähige (POP3, SMTP, IMAP4) als auch proprietäre Mail-Clients (cc:Mail), Terminplaner (Organizer), News-Clients (NNTP) usw. Dem »klassischen« Notes-Client kommt hierbei nur insofern eine besondere Rolle zu, als er als einziger in der Lage ist, sämtliche Funktionalitäten des Domino-Bündels vollständig auszuschöpfen. Abschließend sei noch gesagt, dass die eben dargestellte Unterteilung in den Büchern und Artikeln zum Thema Notes Domino nicht einheitlich verfolgt wird.

1.2 Grundkonzepte von Domino

Nun können wir die Antwort auf die Frage »Was ist Lotus Notes Domino?« etwas konkreter formulieren: Es handelt sich um eine Ansammlung von (Infrastruktur-) Diensten und Programmen zur Unterstützung der Verteilung und Auffindung von Informationen (z.B. via E-Mail oder im firmeninternen Intranet) und der Zusammenarbeit (collaboration), z.B. in Form von elektronischen Diskussionsforen und Workflows. Wir wollen uns im Folgenden die wichtigsten Dienste in einem kurzen Überblick ansehen und anschließend auf die Rolle der Anwendungsentwicklung zu sprechen kommen.

1.2.1 Datenbank-Managementsystem

Im Kern der Domino-Funktionalität steht das Datenbank-Managementsystem (DBMS), der so genannte *secure object store*. Hierbei handelt es sich um kein relationales DBMS wie etwa bei Oracle oder Sybase, sondern um ein Repository zur Verwaltung unstrukturierter Informationen. Schauen wir uns dieses Konzept etwas genauer an: Wenn Sie bereits Erfahrung in der Welt der relationalen Datenbanken haben, dürften Ihnen die meisten Konzepte von Domino-Datenbanken vertraut vorkommen: So gibt es die elementaren Bausteine, die so genannten NOTES (Dokumente), welche in etwa einem relationalen RECORD entsprechen. Es gibt auch VIEWS (Ansichten), welche eine bestimmte Sichtweise auf die Datenbankinhalte ermöglichen. Der wesentliche Unterschied zwischen Notes und einem relationalen DBMS ist jedoch, dass man die Struktur der »Tabellen« – also die Zusammensetzung der Spalten und die Größe der »Felder« – nicht von vornherein kennen muss. Noch besser: So etwas wie eine explizite Tabellendefinition existiert in Notes gar nicht! Diese wird vielmehr über ein elektronisches Formular vorgegeben, welches zur Eingabe von Daten verwendet wird. Wenn Sie dem Formular im Laufe der Zeit weitere Felder hinzufügen, werden die zusätzlichen Informationen von Notes Domino in allen daraufhin erstellten Dokumenten stillschweigend akzeptiert. Diese Flexibilität wird ergänzt durch die Fähigkeit des Notes-DBMS, auch komplexe Objekte zu verwalten (z.B. Bilder, Klänge, ausführbare Objekte) und das Ganze noch schnell und effizient. Nicht zuletzt kommen diese Fähigkeit des *secure object store* auch dem Anwendungsentwickler zu Gute: seit der Version 6.0 können auch Bestandteile der Applikation wie etwa Cascaded Style Sheets, JavaScript-Codefragmente, Dateien und Bilder direkt in der Datenbank verwaltet werden.

Selbstverständlich muss die fehlende Struktur im Vergleich zu einer klassischen Datenbank irgendwie »erkauft« werden. Der Haken ist, dass das dynamische Datenmodell in Notes keinerlei Prüfung von Integritätsregeln ermöglicht, wie man sie in der Welt der relationalen Datenbank kennt. Das Aufspüren von Inkonsistenzen und Redundanzen in der Datenbank bleibt somit eine Sache des Anwendungsentwicklers. Das dürfte sich für manchen Kenner von Oracle und Co. nach einem fatalen Knock-out-Kriterium anhören, ist jedoch aus der Sicht des Anwenders viel intuitiver zu handhaben, zumindest wenn es sich um die Verwaltung von papierähnlichen Informationen handelt; oder kennen Sie jemanden, der seine Korrespondenz zunächst einmal mit der Schere in die 2. Normalform bringt?

1.2.2 Replikation

Bleiben wir noch einen Augenblick beim Thema Datenbank. Eine herausragende Fähigkeit von Domino ist die so genannte *Replikation* von Datenbanken. Bei diesem Verfahren können eine Vielzahl von Datenbanken (die so genannten *Repliken*) auf geografisch verteilten Rechnern automatisch bzw. periodisch synchronisiert werden. Ein Beispiel: Stellen Sie sich vor, ein Unternehmen hat drei Verkaufsniederlassungen, eine in Berlin, eine in Frankfurt und eine in München. Nun sollen die in einer Domino-Datenbank verwalteten Kundendaten eines Standorts den beiden anderen Standorten zugänglich gemacht werden. Anstatt mühsam die Daten per Diskette oder per FTP hin- und herzuschieben und die an allen Orten vorgenommenen Änderungen manuell abzugleichen, bietet sich der Mechanismus der Replikation an. Dieser ist gewissermaßen »intelligent«: Alle Modifikationen, die zwischen zwei Repliziervorgängen an Repliken vorgenommen wurden, werden automatisch abgeglichen, indem die neueste Modifikation »gewinnt« (vgl. Abbildung 1.1).

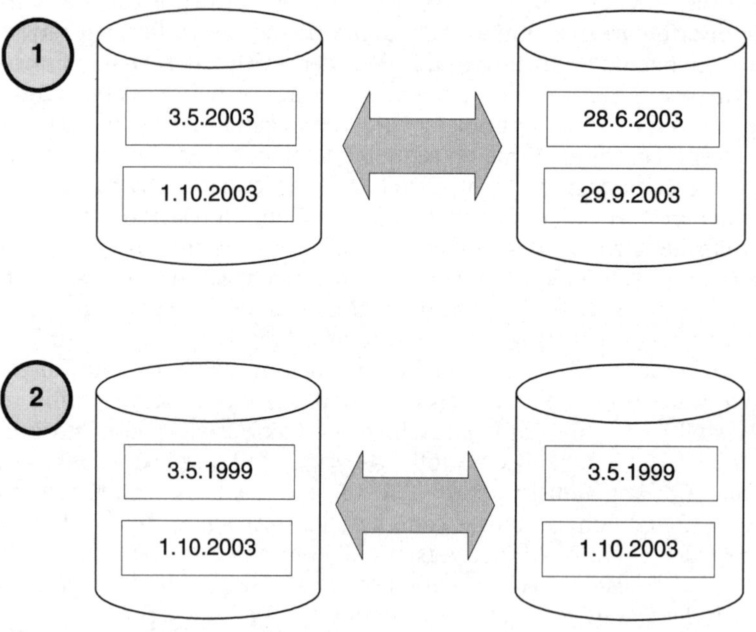

Abbildung 1.1: Prinzip Replikation

Kann der Replikationsmechanismus einen Konflikt nicht auflösen, wird dieser gesondert gekennzeichnet und kann manuell beseitigt werden.

Neben dem oben geschilderten Beispiel gibt es mindestens zwei andere Einsatzgebiete der Replikation: zum einen den *mobilen Einsatz*, bei dem beispielsweise ein Verkäufer in der Lage ist, alle für ihn relevanten Kunden- und Produktinformationen auf einen mobilen Rechner zu replizieren, zu bearbeiten und anschließend mit der Hauptdatenbank abzugleichen; zum anderen den Fall der *Anwendungsentwicklung*: Da auch die *Gestaltungselemente* (vgl. nächstes Kapitel) einer Domino-Datenbank repliziert werden können, können Domino-Anwendungen ohne weiteres verteilt entwickelt werden, indem jeder Entwickler mit seiner eigenen Replik arbeitet. Wird anschließend repliziert, bekommt jeder Entwickler automatisch alle Neuerungen der anderen Teammitglieder. Der zweite Vorteil betrifft die Verteilung von Anwendungen: Basierend auf dem Replikationsmechanismus ist es ein Leichtes, eine Version der Anwendungen weltweit über Nacht zu verteilen.

1.2.3 Mail-Routing

Eine andere, recht populäre Methode des Informationsaustauschs ist E-Mail. Das Messaging gehört von Anfang an zum Kern von Notes Domino und ist zugleich in den meisten Unternehmen die am häufigsten in Anspruch genommene (oftmals sogar die einzige) Funktion eines Domino-Systems. Notes Domino beherrscht zwei Standards zur Darstellung bzw. zum Routing von E-Mail: zum einen das proprietäre Notes-Mail-Format (die passende Darstellungsform hierzu heißt Notes Rich-Text) und zum anderen das Internet-kompatible SMTP mit MIME-basierter E-Mail-Darstellung. Der zu verwendende E-Mail-Standard ist von einem Systemadministrator beliebig wählbar, der Übergang von der einen in die andere Welt ist für den Nutzer transparent. Auch im Bereich der E-Mail-Sicherheit verfolgt Lotus momentan noch eine doppelgleisige Strategie. Wird SMTP-Mail-Routing verwendet, unterstützt Domino SSL (zur sicheren Übertragung) sowie X-509-Zertifikate (zum Verschlüsseln und Signieren von Nachrichten), anderenfalls kommen proprietäre Notes-Zertifikate zum Einsatz. Darüber hinaus bietet Notes nach wie vor die Möglichkeit, mittels so genannter *Message Transfer Agents* auch ältere E-Mail-Systeme (wie X.400 und cc:Mail) anzubinden.

Interessant ist aus der Sicht der Anwendungsentwicklung die Beziehung zwischen dem Datenbank-Managementsystem und dem Mail-Routing. Domino bedient sich sowohl beim Zwischenlagern als auch beim Zustellen von E-Mails der Datenbankfunktionalität; eine E-Mail ist in der Notes-Welt – unabhängig davon, ob sie im Notes Rich-Text oder MIME-Format vorliegt – nichts anderes als ein Dokument (NOTE).

1.2.4 Information-Retrieval

Bisher haben wir beschrieben, wo Informationen verwaltet werden und wie sie verteilt werden können. Was aber ist mit der Suche nach Informationen? Das »unstrukturierte« Datenbankkonzept, das wir im Abschnitt 1.2.1 kennen gelernt haben, impliziert natürlich auch, dass den klassischen Abfragesprachen wie SQL (man beachte: »Structured« Query Language) im Notes-Umfeld Grenzen gesetzt sind. Um dieses Manko auszubügeln, entwickelte Lotus alternative Mechanismen der Informationssuche, die mit jeder weiteren Version konsequent weiter ausgebaut wurden.

An erster Stelle stehen die so genannten *Ansichten*. Im Gegensatz zu ihren Pendants bei einer relationalen Datenbank sind die Ansichten in Notes nicht einfach vordefinierte Mechanismen der Selektion und Projektion, sondern vielmehr echte »Objekte«, die auf bestimmte Ereignisse reagieren und vom Benutzer aktiv manipuliert werden können. Letzteres umfasst beispielsweise die dynamische Sortierung und Kategorisierung, wie sie in Abbildung 1.2 dargestellt ist.

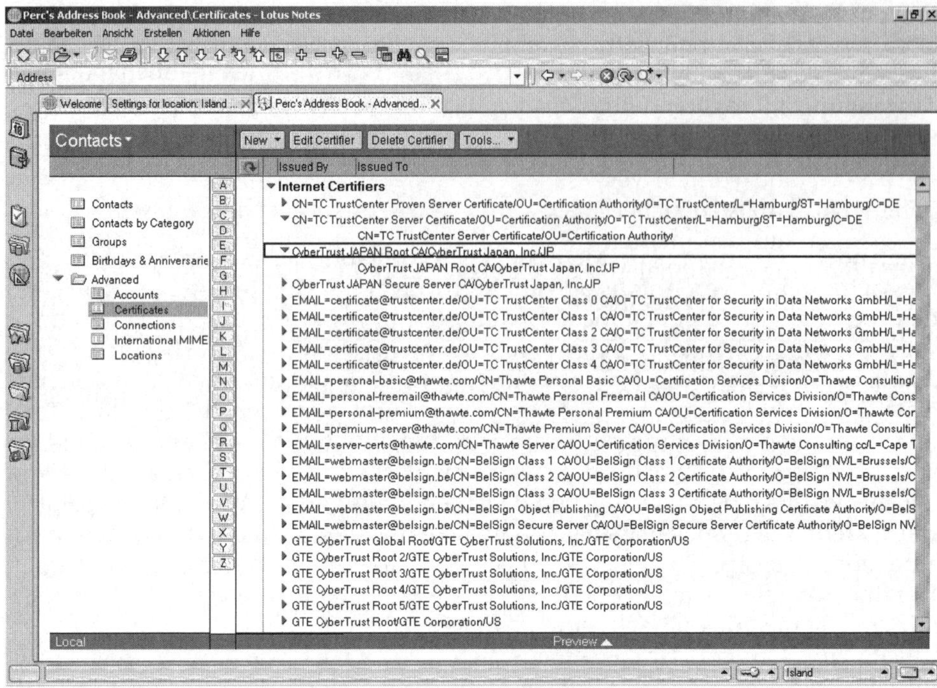

Abbildung 1.2: Ansichten als Methode des Information Retrieval

Die Informationssuche in den Ansichten setzt natürlich voraus, dass der Suchende über den Inhalt und die Struktur der Inhalte recht gut informiert ist. Ist dies nicht der Fall, ist eine *Volltextsuche* sinnvoller, wie sie auch im World Wide Web zum Einsatz kommt. Domino verfügt standardmäßig über eine Volltextsuchmaschine, welche einzelne Datenbanken, Server und sogar ganze Domänen (Gruppen von Servern und Dateisystemen) indizieren und dem Benutzer zur Verfügung stellen kann.

Bleibt schließlich noch die dritte Methode: die so genannten *Agenten*. Hierbei handelt es sich um kleine, eigenständige Programme, welche zur Automatisierung bestimmter, routinemäßig anfallender Aufgaben eingesetzt werden. Der Einsatzbereich von Agenten geht zwar weit über das bloße Information Retrieval hinaus, dennoch stellen sie in diesem Bereich eine interessante Alternative zu den zuvor genannten Methoden dar. Das Schöne an Agenten ist, dass man die Informationen nicht nur automatisch suchen (lassen) kann, sondern dass die Ergebnisse der Suche als Eingabe für weiter reichende Aktionen eingesetzt werden können.

1.2.5 Integration mit anderen Systemen

Es gehört zur erklärten Strategie von Lotus, dass Domino die Rolle der zentralen Middleware-Plattform im Unternehmen einnehmen sollte. Der Aspekt der Integration mit anderen Systemen ist hierbei aus zwei Gründen von Bedeutung: Zum einen werden die richtig wichtigen Daten in den meisten Unternehmen bereits in anderen Systemen vorliegen, beispielsweise in betriebswirtschaftlichen Standardsoftware-Paketen wie SAP R/3, relationalen Datenbanken wie Oracle oder in guten alten Host-Anwendungen. Zum anderen ist das Notes-DBMS aus bereits in Abschnitt 1.2.1 dargestellten Gründen nicht immer die beste Lösung, beispielsweise wenn es sich um große Mengen strukturierter Daten handelt oder die Abwicklung von Transaktionen eine wichtige Rolle spielt.

Auch die Integration mit anderen Systemen kommt bei Domino in einer Vielzahl von Farben und Formen vor. Auf der einfachsten Ebene können die gängigsten Dateitypen mittels einfacher *Import-* und *Export-*Funktionen ausgetauscht werden, wie man das aus den meisten Office-Anwendungen kennt. Eine Ebene darüber ist die Anbindung relationaler Datenbanken über die *Open Database Connectivity* (*ODBC-*)Spezifikation angesiedelt, die recht einfach auszulesen sind und mit etwas mehr Kenntnissen auch beschrieben werden können. Richtig luxuriös ist jedoch die Anbindung, welche über den so genannten *Domino Enterprise Connectivity Server* (*DECS*) erfolgt. Hierbei kann man als Systemadministrator »Echtzeitbeziehungen« zwischen Domino und einer beliebigen externen Quelle definieren, d.h. die Daten werden in Echtzeit zwischen den beiden Systemen ausgetauscht.

1.2.6 Internet-Kompatibilität

Die bisher genannten Dienste sind für einen erfahrenen Notes-Hasen über lange Zeit hinweg ein alter Hut gewesen. Richtig interessant wird es jedoch, wenn man bedenkt, dass in Domino ein Großteil der genannten Dienste konsequent auch aus einem Internet-Client (Webbrowser, Internetmail und News-Client) heraus genutzt werden können, ohne dass aus der Sicht des Systembetreibers hierfür ein merklicher Zusatzaufwand erforderlich wäre. Geschah dies in einem ersten Schritt noch über Gateway-Dienste (z.B. SMTP-Router), welche zwischen der proprietären Notes- und der Internet-Welt vermitteln mussten, macht sich zunehmend der Trend bemerkbar, dass reine Internet-Funktionen gleichberechtigt neben alten proprietären Notes-Standards auftreten. Auf lange Sicht ist davon auszugehen, dass alte Notes-Standards wohl nur noch als Altlasten unterstützt werden bzw. zunehmend zugunsten der Internet-kompatiblen Technologien aufgegeben werden.

1.2.7 Sicherheit

Immer mehr wichtige Informationen liegen nicht mehr in Papierform vor, sondern werden elektronisch gespeichert und verteilt, wodurch sich für einen potentiellen Angreifer völlig neue Möglichkeiten ergeben. Unternehmen werden sich nach und nach des potentiellen wirtschaftlichen Schadens bewusst, der mit Entwendung, Manipulation oder Beschädigung von Informationen bzw. Informationssystemen verbunden ist. Bei Domino spielte das Thema Sicherheit schon immer eine große Rolle. Um Angriffe auf Informationen auf allen Ebenen abzuwehren, bietet Domino vier unterschiedliche Arten von Sicherheitsmaßnahmen:

- **Bidirektionale Authentifizierung**: Wann immer ein Datenaustausch zwischen Client und Server stattfindet, müssen beide Parteien der jeweils anderen ihre Identität nachweisen. Dies geschieht auf der Basis der asymmetrischen Verschlüsselung.

- **Digitale Unterschriften**: garantieren die Echtheit elektronischer Nachrichten und Dokumente. Dies beinhaltet zum einen den Nachweis der Identität des Unterschreibenden und zum anderen, dass eine Nachricht bzw. ein Dokument seit der letzten Unterschrift nicht verändert wurde.
- **Zugriffskontrolle**: gewährt im Zusammenspiel mit der Authentifizierung einem Benutzer (oder einer Benutzergruppe) die Berechtigung für eine bestimmte Operation. Dies kann auf der Server-Ebene erfolgen, aber auch auf der Ebene einer einzelnen Datenbank oder sogar eines einzelnen Datenbankelements.
- **Verschlüsselung**: stellt sicher, dass eine Nachricht oder bestimmte Datenbankinhalte nur von den Personen gelesen werden dürfen, welche im Besitz eines entsprechenden Geheimcodes sind. Die Verschlüsselung kommt in Notes in mehreren unterschiedlichen Formen zum Einsatz: auf der Ebene des E-Mail-Verkehrs, beim Datenaustausch über Netzwerke, zum Schutz von Datenbanken auf mobilen Rechnern sowie als Verschlüsselung von einzelnen Feldern in Dokumenten.

Domino-Verzeichnis

Eine zentrale Rolle im Bereich der Sicherheit (aber auch darüber hinaus) spielt das so genannte *Domino-Verzeichnis*. Hierbei handelt es sich um das zentrale Repository, in dem sämtliche Informationen über Benutzer, Gruppen und Server sowie sonstige System- und Sicherheitseinstellungen gesammelt und verwaltet werden. Das Domino-Verzeichnis ist etwa mit der Benutzerverwaltung unter Windows NT, UNIX oder Novell NDS vergleichbar. Aus Gründen der Plattformunabhängigkeit ist das Domino-Verzeichnis jedoch vom entsprechenden Pendant auf der Ebene des Betriebssystems entkoppelt (so müssen beispielsweise Benutzer sowohl im NT- als auch im Domino-System doppelt verwaltet werden), es kann jedoch in dieses integriert bzw. mit ihm synchronisiert werden. Grundsätzlich gehören die Kenntnisse des Domino-Verzeichnisses zwar in den Bereich der Systemadministration, doch auch als Anwendungsentwickler kommt man um seine Anwendung nicht herum – spätestens beim Thema Sicherheit.

1.2.8 Unterschiedliche Möglichkeiten des Informationszugriffs

Als zentrale Plattform der elektronischen Zusammenarbeit ist die Plattform Lotus/Domino einer der Vorreiter auf dem Gebiet der Integration unterschiedlicher Client-Typen sowie unterschiedlicher Modi des Informationszugriffs. Die Philosophie der Plattform bewegt sich an dieser Stelle ganz klar weg von dem proprietären Notes-Client, hin zu beliebigen Client-Typen, insbesondere natürlich zu dem Webbrowser, aber auch zu mobilen Zugriffsgeräten (z.B. mobilen Telefonen und PDAs) und sogar zu Produkten der Konkurrenz (z.B. Microsoft Outlook). Im Hinblick auf unterschiedliche Modi des Informationszugriffs unterstützt Notes Domino den klassischen *online*-Zugriff des Clients auf den Server, bietet aber zugleich die Möglichkeit einer vom Netzwerk abgekoppelten *offline*-Informationsbearbeitung (im Lotus-Notes-Client, oder im Webbrowser durch die so genannten *Domino Offline Services*). Zudem gewinnt immer mehr auch die Informationsverteilung in Echtzeit in Form des so genannten *Instant Messaging* an Bedeutung.

1.3 Architektur von Domino

Notes Domino ist ein *verteiltes* System. Das Prinzip der Verteilung nimmt in Notes Domino zahlreiche Formen an: Beispielsweise werden in großen Unternehmen mit mehreren Tausend Arbeitsplätzen Notes Domino-Installationen *geografisch* verteilt. Eine solche Verteilung ermöglicht einen prompten Zugriff auf die gewünschten Informationen bei geringen Kommunikationskosten. Eine andere Form der Verteilung ist die *redundante* Verteilung, mittels der die Performance-Last von einem auf mehrere funktionsgleiche Systeme umdisponiert wird. Die Art der Verteilung, der wir uns im Folgenden widmen werden, ist jedoch die *funktionale* Verteilung, bei der ein System in mehrere *Module* aufgeteilt wird, die jeweils auf einen speziellen Aufgabenbereich abgestimmt sind und untereinander kommunizieren.

Client/Server-Prinzip

Für diese Art der Architektur etablierte sich in der DV-Branche die Bezeichnung *Client/Server* (C/S). Das Prinzip hinter Client/Server ist recht einfach zu verstehen: Anstatt die gesamte Funktionalität einer Anwendung in einen einzigen monolithischen Block zu packen, wird diese in mindestens zwei *logische Schichten* unterteilt: den Client und den Server. Ein Server ist dazu da, auf die Anfragen eines oder mehrerer Clients eine bestimmte Funktion bereitzustellen. Geläufige Beispiele sind Druck-, Datei- und Datenbankserver. Die Vorteile einer solchen Architektur liegen zum einen in der erhöhten Effizienz der Ressourcennutzung – man denke beispielsweise an die Auslastung des Druckers, der von mehreren Mitarbeitern einer Abteilung benutzt wird – und zum anderen in der erhöhten Flexibilität des Systems, da jeder Software-Prozess auf dem System ablaufen kann, welches dafür am besten prädestiniert ist.

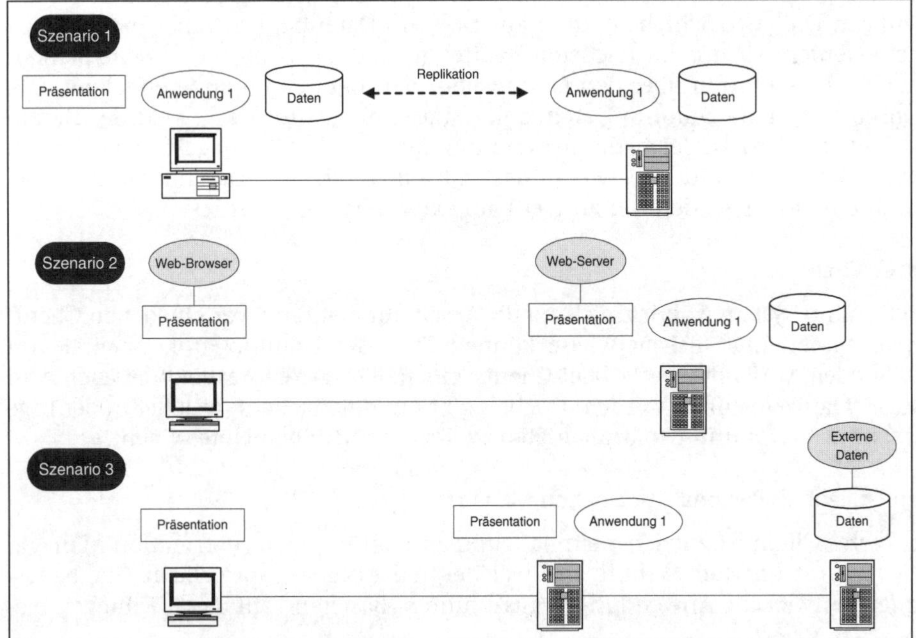

Abbildung 1.3: Client/Server-Architektur

Führt man den Client/Server-Gedanken weiter, so wird irgendwann die Frage auftauchen, ob es eine allgemeine Regel gibt, wie denn eine Anwendung optimal in unterschiedliche logische Schichten unterteilt werden kann. Eine klassische Antwort auf diese Frage ist in der Abbildung 1.3 dargestellt.

3-Tier-Architektur

Hiernach wird eine Anwendung typischerweise in drei Schichten unterteilt (man spricht in diesem Zusammenhang dann auch von einer 3-Tier-Architektur):

- **Datenschicht**; umfasst alle Funktionen, welche auf die Datenhaltung ausgerichtet sind.
- **Anwendungsschicht**; umfasst die eigentlichen »Regeln« zur Verarbeitung von Daten.
- **Präsentationsschicht**; stellt dem Benutzer die Ergebnisse der Verarbeitung vor.

Jede der genannten Schichten kann – je nach Situation – sowohl als Client als auch als Server fungieren. Man stelle sich vor, ein Benutzer formuliert in einer Bildschirmmaske eine Datenbankanfrage. In diesem Fall wird die Präsentationsschicht zunächst einmal eine »Anfrage« an die Anwendungsschicht leiten und diese wiederum an die Datenschicht. Doch auch der umgekehrte Weg ist möglich, nämlich dass Daten – das Ergebnis der Anfrage – auf dem Rückweg in eine entsprechende visuelle Form übersetzt werden. In diesem Fall kann die Präsentationsschicht als Server fungieren[1].

Lotus Notes Domino ist ein echtes Client/Server-System, das jedoch das in der Abbildung 1.3 dargestellte dreistufige Client/Server-Modell in zwei Stufen zusammenfasst. Die erste Schicht besteht aus Domino-Datenbanken und -Programmen (diese werden wir uns im nächsten Kapitel genauer ansehen), die zweite Schicht stellt die Präsentation über den Notes-Client dar (oder einen anderen Client, z.B. Webbrowser). Eine Domino-Datenbank umfasst nicht nur den Aspekt der Datenhaltung, sondern zugleich die Anwendungslogik – also die Regeln, nach denen Daten verarbeitet werden. Anwendungslogik außerhalb einer Datenbank gibt es bei Domino nicht, es sei denn, man greift auf externe Systeme zurück.

Notes-Client

Ein Domino-System ist prinzipiell auf die Arbeit mit mehreren verschiedenen Client-Typen ausgerichtet. Beispielsweise können Teile der Domino-Funktionalität von POP3- oder IMAP4-fähigen E-Mail-Clients, einem NNTP-Newsreader oder auch dem Lotus Organizer genutzt werden. Doch es gibt nur einen Client, welcher in der Lage ist, sämtliche Domino-Funktionalitäten zu übernehmen: den Notes-Client.

Notes-Client als Personal Information Manager

Der Notes-Client ist zunächst einmal ein grafischer Personal Information Manager (PIM) mit integriertem Webbrowser, welcher in der Lage ist, spezielle, für das Notes-Umfeld entwickelte Anwendungen auszuführen. Basierend auf dieser Fähigkeit bie-

1 Ein bekanntes Beispiel eines Präsentationsservers ist XWindows unter UNIX.

tet der Notes-Client eine Reihe von Grundfunktionalitäten, wie z.B. E-Mail, Calendaring und Scheduling, Task-Management und elektronische Formulare. Doch die wahren Fähigkeiten des Notes-Clients kommen erst dann zur Geltung, wenn die genannten Grundfunktionalitäten im Rahmen der Anwendungsentwicklung auf völlig neuartige Weise miteinander verknüpft werden (vgl. Abbildung 1.4).

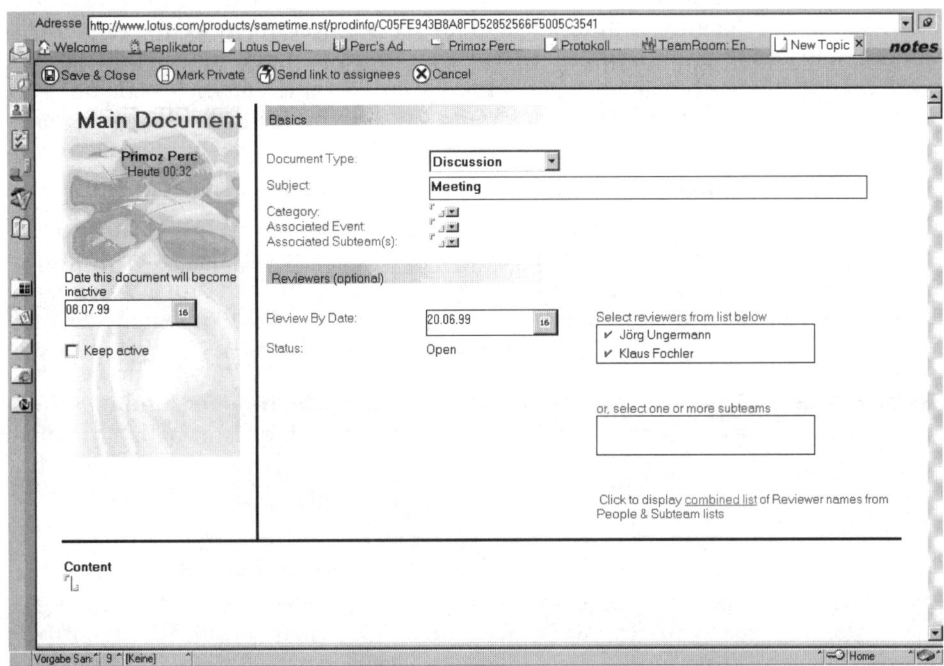

Abbildung 1.4: Notes-Client-Oberfläche (hier dargestellt am Beispiel von TeamRoom, einer Anwendung zur Unterstützung von virtuellen Teams)

Der Notes-Client muss nicht unbedingt zusammen mit dem im folgenden Abschnitt beschriebenen Domino-Server eingesetzt werden, sondern kann vielmehr auch als eigenständige Anwendung betrieben werden. In der Tat gibt es eine ganze Reihe von Domino-Server-Funktionen, welche in einer vereinfachten lokalen Version auch im Notes-Client zur Verfügung stehen. Hierzu gehören beispielsweise Volltextsuche, Replikation, Komprimierung von Datenbanken, Agenten und *offline*-Retrieval von Webseiten. Dennoch kommt er nur selten als Einzelplatzanwendung zum Einsatz. Vielmehr ist die Implementierung lokaler Dienste als ein Zugeständnis an mobile Benutzer zu sehen, welche nicht immer in der Lage sein werden, die entsprechenden Funktionalitäten eines Domino-Servers zu nutzen.

Domino Designer

Darüber hinaus gibt es eine weitere Fähigkeit, die den Notes-Client von allen weiteren Client-Typen abhebt: die Anwendungsentwicklung. Ursprünglich gehörte diese zum integralen Bestandteil des herkömmlichen Notes-Clients. Doch mit der zunehmenden Komplexität von Domino – schließlich muss die Entwicklungsumgebung sowohl alle »legacy«-Notes-Konzepte als auch die neueren Webkonzepte unterstützen – entschied man sich dann doch, die Entwicklungskomponente vom übrigen Teil zu trennen und in einen speziellen Typus des Notes-Client auszulagern: den *Domino Designer*. Der Domino Designer (übrigens das Werkzeug, mit dem wir uns im Großteil des vorliegenden Buchs beschäftigen werden) stellt eine integrierte Entwicklungsumgebung zum Entwurf von Domino-Anwendungen bereit. *Integriert* bedeutet in diesem Zusammenhang zunächst einmal, dass der gesamte Prozess der Anwendungsentwicklung vom Entwurf, über die Implementierung, das Debugging und die Dokumentation im Rahmen einer einheitlichen grafischen Benutzeroberfläche durchgeführt werden kann. *Integriert* bedeutet aber auch, dass man in eben dieser Entwicklungsumgebung verschiedene Programmiertechniken (von einer einfachen Makrosprache bis hin zur ausgefeilten Java-Anwendung) nutzen kann (vgl. 1.4.2).

Domino Designer ist am ehesten mit einem stark erweiterten HTML-Editor zu vergleichen. Wie bei diesem ist die Arbeitsweise in Anlehnung an das Notes Domino-Objektmodell zunächst einmal *dokumentorientiert*: Man entwirft zunächst eine aus zahlreichen Elementen bestehende Seite und versieht diese in einem zweiten Schritt mit der erforderlichen Programmlogik (vgl. Abbildung 1.5).

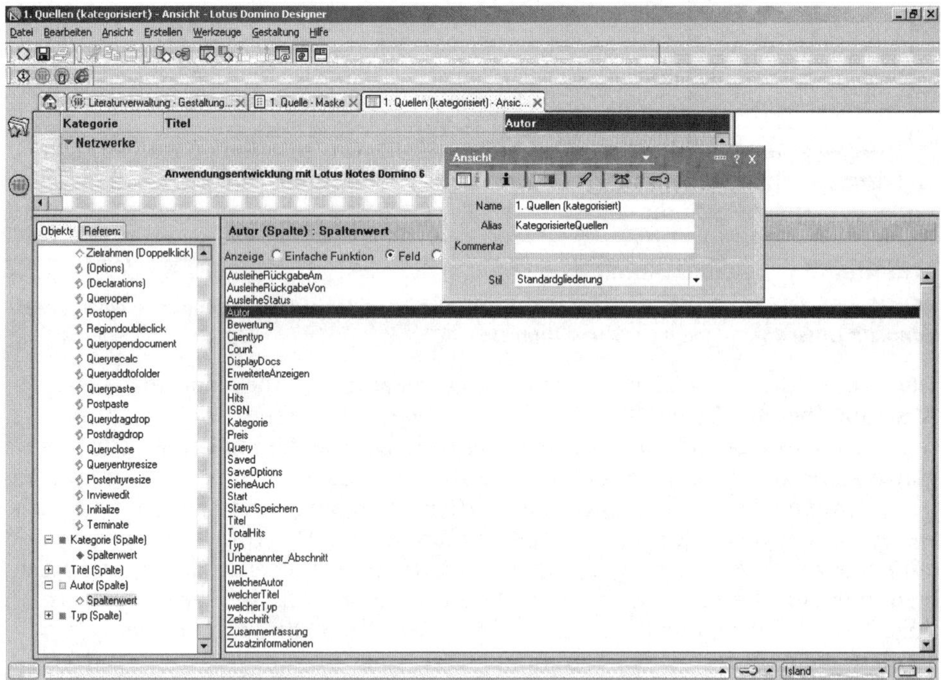

Abbildung 1.5: Domino Designer

Wir werden im Laufe dieses Kapitels noch einmal auf das Thema Domino Designer zu sprechen kommen und uns mit den Details dieser Entwicklungsumgebung im nächsten Kapitel ausführlich auseinander setzen.

Domino-Server

Den Kern des Domino-Servers stellt der Datenbank-Server dar. Vergleichbar mit einem relationalen Datenbank-Server, ermöglicht der Datenbank-Server die gleichzeitige Verwendung einer Datenbank durch mehrere Benutzer. Im Notes-Jargon ist der Datenbank-Server jedoch nur eine der TASKS, welche auf einem Domino-System ablaufen. Neben dieser Kernfunktionalität bietet der Domino-Server nämlich eine ganze Reihe weiterer Module, welche als separate Anwendungen implementiert sind und nach Belieben gestartet oder beendet werden können. Grob lassen sich diese TASKS wie folgt aufteilen:

- **Erweiterungen der Kernfunktionalität**: Einige der Kernfunktionalitäten von Domino sind in Form separatern Server-Tasks realisiert. Einige Beispiele hierfür sind die Volltextindizierung, der Replikationsprozess, der Agent-Manager, die Calendaring- und Scheduling-Dienste, die Integration in relationale Datenbanken und Legacy-System und – last but not least – der Mail-Router.
- **Administrationsfunktionen**: Eine komplexe Umgebung verlangt einem Systemadministrator einiges an Aufgaben ab. Zum Glück lässt sich eine Reihe von Administrator-Tätigkeiten in Form von Server-Tasks fast vollständig automatisieren. Einige Beispiele für solche Tasks sind der Administrationsprozess, das automatische Monitoring von Server-Prozessen und die darauf aufbauende Generierung von Statistiken, das Komprimieren sowie das Reparieren und die Verwaltung von Datenbanken.
- **Internet-Tasks**: Schließlich gibt es eine Reihe von Tasks, deren Aufgabe primär darin besteht, die Domino-Funktionalität auch Internet-Clients zur Verfügung zu stellen. Hierzu gehören allen voran die HTTP-Task, aber auch der Mail-Zugriff (POP3- und IMAP4-Task), der NNTP-Server, LDAP-Server sowie der CORBA-konforme Object Request Broker.

Eine vollständige Auflistung der Server-Tasks von Domino 5 sehen Sie in der Tabelle 1.1.

Task	Beschreibung
Administrationsprozess	Automatisiert die im Zusammenhang mit der Administration anfallenden Aufgaben
Agent-Manager	Verwaltet die Server-seitigen Domino-Agenten
Kostenerfassung	Ermöglicht eine kostenmäßige Erfassung der Nutzung von Domino-Diensten
Calendar Connector	Ist für den Calendaring-Zeitabgleich mit mehreren Servern verantwortlich
Cataloger	Verwaltet den so genannten Datenbankkatalog
Chronos	Führt die periodische Aktualisierung von Volltextindizes durch
Cluster-Administrationsprozess	Kontrolliert eine aus mehreren Domino-Servern bestehende Cluster-Umgebung
Cluster-Datenbankverzeichnismanager	Verwaltet die Datenbanken mit Cluster-spezifischen Eigenschaften

Tabelle 1.1: Domino-Server-Tasks

Task	Beschreibung
Cluster-Replikator	Führt die Replikation innerhalb eines Clusters durch
Datenbank-Komprimierungsprogramm	Führt periodisch die Komprimierung aller auf dem Server befindlichen Datenbanken durch
Datenbank-Fixup	Sucht und repariert beschädigte Datenbanken
Designer	Aktualisiert die Gestaltung der auf dem Server befindlichen Datenbanken, welche auf einer so genannten Schablone basieren
DIIOP	CORBA Object Request Broker
Directory Cataloger	Füllt Verzeichniskataloge mit Daten und hält die Kataloge auf dem neuesten Stand
Event Monitor	Überwacht die Ereignisse auf einem Server
HTTP-Server	Konvertiert die Domino-Datenbanken in HTML um und leitet die Inhalte an den Webbrowser weiter
IMAP-Server	Ermöglicht den IMAP-Zugriff auf die Server-Mail
Indexer	Aktualisiert alle geänderten Masken und/oder Volltextindizes aller Datenbanken
Ispy	Überprüft Server und Mail und speichert die Statistiken
LDAP-Server	Ermöglicht den LDAP-Zugriff auf Domino-Verzeichnisse
MTC	Stellt die zur Mail-Verfolgung relevanten Informationen zusammen
NNTP	Ermöglicht es dem Domino-Server, als NNTP-Server zu fungieren
Objektspeicher-Manager	Führt die Wartung von Datenbanken und Mail-Dateien aus, die gemeinsame Mail verwenden
POP3-Server	Ermöglicht den POP3-Zugriff auf die Server-Mail
Replikator	Führt die Replizierung der Datenbanken durch
Reporter	Meldet Statistiken für einen Server
Router	Ist für das Mail-Routing verantwortlich
Schedule Manager	Liefert die Kalenderinformationen über die zeitliche Verfügbarkeit von Personen
Statistic Collector	Erfasst Statistiken für mehrere Server
Statistik	Zeichnet Datenbankaktivitäten in der Protokolldatei auf
Stats	Erzeugt auf Anforderung Statistiken für einen Remote-Server
Web-Retriever	Implementiert das HTTP-Protokoll, damit Webseiten aufgerufen und in Notes-Dokumente konvertiert werden können

Tabelle 1.1: Domino-Server-Tasks (Forts.)

Der Domino-Server verfügt aus Performance-Gründen über keine grafische Benutzeroberfläche. Vielmehr erfolgt die Ansteuerung des Domino-Servers mittels der Eingabe einfacher Befehle an einer so genannten *Konsole*. Hier können Sie beispielsweise einzelne Server-Tasks manuell starten oder beenden, die aktiven Tasks und Benutzer anzeigen oder die Replikation von Datenbanken anstoßen (vgl. Abbildung 1.6).

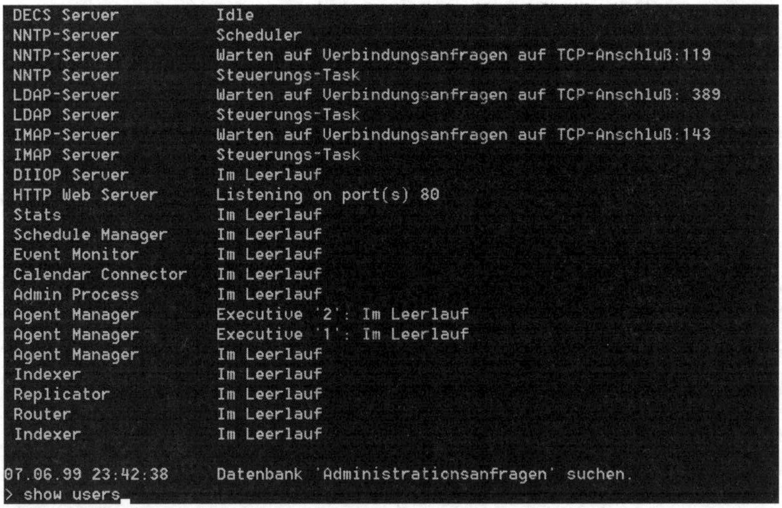

```
DECS Server          Idle
NNTP-Server          Scheduler
NNTP-Server          Warten auf Verbindungsanfragen auf TCP-Anschluß:119
NNTP Server          Steuerungs-Task
LDAP-Server          Warten auf Verbindungsanfragen auf TCP-Anschluß: 389
LDAP Server          Steuerungs-Task
IMAP-Server          Warten auf Verbindungsanfragen auf TCP-Anschluß:143
IMAP Server          Steuerungs-Task
DIIOP Server         Im Leerlauf
HTTP Web Server      Listening on port(s) 80
Stats                Im Leerlauf
Schedule Manager     Im Leerlauf
Event Monitor        Im Leerlauf
Calendar Connector   Im Leerlauf
Admin Process        Im Leerlauf
Agent Manager        Executive '2': Im Leerlauf
Agent Manager        Executive '1': Im Leerlauf
Agent Manager        Im Leerlauf
Indexer              Im Leerlauf
Replicator           Im Leerlauf
Router               Im Leerlauf
Indexer              Im Leerlauf

07.06.99 23:42:38    Datenbank 'Administrationsanfragen' suchen.
> show users_
```

Abbildung 1.6: Domino-Server-Konsole

Beispielsweise können Sie mit dem Befehl `tell` bestimmte Nachrichten an die einzelnen Server-Tasks übergeben. So bewirkt der Befehl

```
tell http quit
```

das Anhalten des HTTP-Servers (falls dieser aktiv ist). Um den HTTP-Server erneut zu starten, genügt der folgende Befehl:

```
load http
```

Weiterhin können Sie sich mit

```
show tasks
```

alle aktiven Tasks anzeigen lassen. Verwirrt?

```
help
```

dürfte da Abhilfe schaffen. Mit diesem Befehl können Sie sich alle Konsolenbefehle des Domino-Servers in komprimierter Form anzeigen lassen. Selbstverständlich sind diese Beispiele nicht viel mehr als das sprichwörtliche Kratzen an der Oberfläche einer kleinen Wissenschaft, die da Domino-Administration heißt. Allein die dem Domino-Server beigelegte Dokumentation dürfte mit etwa 2.000 Seiten die Komplexität des Themas klarmachen.

Domino-Administrator

Ein wenig Erleichterung schafft hier die grafische Administrations-Benutzeroberfläche – der *Domino-Administrator* –, welche die einzelnen Administrationsaufgaben in Form mehrerer Bildschirme und Registerkarten übersichtlich anordnet und überdies die Fernadministration von einem oder mehreren Domino-Servern ermöglicht. Abbildung 1.7 verdeutlicht, wie die oben dargestellten Beispiele in der grafischen Umgebung nachgestellt werden können.

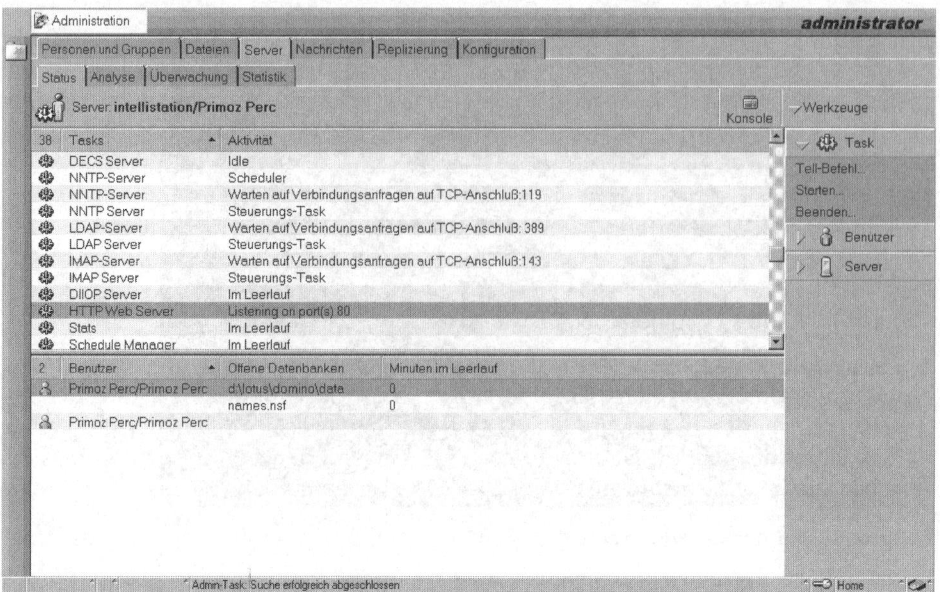

Abbildung 1.7: Domino-Administrator

Nicht zuletzt sollte die Möglichkeit erwähnt werden, Domino-Server auch über eine Web-basierte Oberfläche zu administrieren. Die Administration eines Systems über den Webbrowser wurde vor allem durch die Netscape-Server-Produkte populär und bietet den Vorteil, dass man nicht die Spezifika der Notes-Benutzeroberfläche kennen muss, um das System zu verwalten.

1.4 Anwendungsentwicklung mit Domino

Der Bereich der Anwendungsentwicklung nimmt in Domino eine zentrale Stellung ein, denn ohne entsprechende Anwendungen ist Domino nicht mehr als eine – zugegeben leistungsfähige – Ansammlung von Infrastruktur-Diensten. Kombiniert man diese jedoch im Rahmen der Anwendungsentwicklung, ist das Spektrum der möglichen Lösungen fast unbegrenzt. Diese Vielfalt ist mit Sicherheit einer der Gründe für die Vielzahl von Domino-Definitionen. Eine Workflow-Anwendung verwandelt Domino in ein Workflow-Management-System. Eine Dokumentbibliothek ermöglicht Dokumentverwaltung. Im betrieblichen Bereich, wo Notes in der Regel eingesetzt wird, kommt diese Vielfalt noch etwas konkreter zum Ausdruck: Hier ist von der Auftragsbearbeitung über die Genehmigung von Urlaubsanträgen bis hin zum Aufbau kompletter Websites alles möglich.

Die Stärke von Domino liegt in der *Integration verschiedener Systeme*: Ergebnisse, die Sie mit anderen Anwendungen erstellen, Daten, die Sie in anderen Systemen verwalten und ja, sogar Anwendungen, die Sie mit anderen Tools entwickeln, werden in Domino auf Dokumentebene zusammengestellt, verwaltet und im Rahmen einer einheitlichen Benutzeroberfläche – Notes-Client oder Webbrowser – dem Benutzer präsentiert.

1.4.1 Warum Lotus Domino?

Für Sie als Entwickler mag sich dennoch zunächst das Problem stellen, dass die Nutzung der Vorteile einer ehemals proprietären Plattform in der Regel auch das Erlernen einer proprietären Technologie erfordert: neue Konzepte, Programmiersprachen, Datenformate usw. Lohnt sich das? Wenn Sie dieses Buch in den Händen halten, kann man davon ausgehen, dass Sie auf diese Frage, zumindest in Bezug auf Domino, mit Ja antworten. Wenn nicht, werden Sie vielleicht folgende Vorteile überzeugen:

Vorteile von Notes Domino als Entwicklungsplattform

- **Integrierte Umgebung**: Dies bezieht sich zum einen auf die Entwicklungsumgebung, von der aus sich sämtliche Domino-Dienste einheitlich ansprechen lassen, zum anderen aber auch auf die zahlreichen Features, die in der gelben Schachtel bereits von Haus aus mit geliefert werden: eine Volltextsuchmaschine, Mail-System, Anbindung an relationale Datenbanken und das umfassende Sicherheitskonzept. Das sind alles Funktionalitäten, die bei anderen Herstellern in der Regel erst durch das mühsame Zusammenstellen mehrerer Programmpakete zur Verfügung stehen.
- **Prototyping-orientierte Entwicklung**: Die integrierte Entwicklungsumgebung ermöglicht eine schnelle prototypische Entwicklung von Anwendungen (*Rapid Application Development*). Sie zeichnet sich darüber hinaus durch ein breites Angebot an unterstützten Programmierkonzepten (einfache Aktionen, Formeln, JavaScript, LotusScript, Java) und eine Reihe von bereits eingebauten Funktionalitäten aus, die bei anderen Webservern manuell programmiert werden müssen.
- **Datenbanken**: Ein besonderer Vorteil des Domino-Datenbankmodells ist darin zu sehen, dass die Gestaltungselemente ebenso wie die eigentlichen Datenbankinhalte zum festen Bestandteil der Datenbank gehören. Somit können auch die fortgeschrittenen Dienste wie z.B. die granulierte Zugriffsbeschränkung bzw. die Replikation im Rahmen der Anwendungsentwicklung voll genutzt werden.
- **Rich-Text-Storage**: HTML-Dokumente können – wie bei herkömmlichen Webservern – bei Domino auch im Dateisystem abgelegt werden, doch noch viel interessanter ist die Verwendung von Domino-Datenbanken. Diese sind darauf ausgelegt, unstrukturierte Inhalte aller Art zu verwalten und haben dem herkömmlichen Dateisystem gegenüber Vorteile wie das feingranulierte Sicherheitskonzept, Replikation und automatische Indizierung.
- **Wiederverwendung durch Schablonen und gemeinsame Elemente**: Eine Schablone ist das Gerüst einer Domino-Datenbank. Sie ermöglicht zum einen den Aufbau eines *Repository* von Gestaltungselementen und vereinfacht zum anderen die Verteilung von Anwendungen. Darüber hinaus sind im Lieferumfang von Domino eine Reihe von Schablonen enthalten, die bereits fertige Anwendungen darstellen, z.B. eine Diskussionsdatenbank und eine Dokumentenverwaltung.

Auch auf der Ebene einer einzelnen Datenbank wird Wiederverwendung groß geschrieben: Eine Reihe von Gestaltungselementen (so genannte *gemeinsame* Elemente) unterstützen explizit den Einsatz in unterschiedlichen Situationen.

- **Plattformunabhängigkeit und Offenheit**: Lotus verhält sich im ewigen Krieg zwischen verschiedenen Technologien und Plattformen nach eigener Aussage höchst pragmatisch: Sind Sie ein eingeschworener Java-Entwickler? Kein Problem. Sind Sie mit COM/DCOM aufgewachsen? Sie können gleich loslegen. Sie mögen UNIX/Host, aber kein Windows NT/OS400? Wie es Ihnen gefällt. Kurz: wenn sich eine Technologie/Plattform am Markt behaupten kann, dauert es nicht lange und sie wird auf die eine oder andere Weise in das Domino-Konzept integriert. Vom religiösen Fanatismus einiger anderer Hersteller gibt es bei Lotus trotz oder gerade wegen der Affinität zu IBM keine Spur. Jüngste Beispiele für vielversprechende Technologien, die in Domino integriert werden, sind: Macromedia-Shockwave, Internet Information Server, COM/DCOM, CORBA und, und, und ...
- **Internet-Kompatibilität**: (Fast) alles, was Sie mit Domino tun können, können Sie auch im Internet tun. Sprich: Alle Domino-Funktionalitäten können (mit geringen Einschränkungen) auch in Internet-Clients genutzt werden. Dies bedeutet für Sie als Anwendungsentwickler ein breites Spektrum an Funktionen und Schnittstellen, welche die Grundlage für unterschiedliche Arten von dynamischen Internet-Anwendungen bieten, deren Funktionalität über die klassische Kombination »statische HTML-Seiten und CGI« weit hinaus geht.
- **Integration mit externen Werkzeugen**: Seit der Version 6 besteht im Domino Designer die Möglichkeit, externe Werkzeuge, die im Rahmen der Anwendungsentwicklung verwendet werden, direkt in die Entwicklungsumgebung einzubinden. So kann man als Entwickler unterschiedliche Editoren, Werkzeuge zu Performanceanalysen u.a. direkt aus der Domino-Entwicklungsumgebung aufrufen.

1.4.2 Programmierkonzepte von Notes

Was unter frischgebackenen Domino-Entwicklern häufig für Verwirrung sorgt, ist, dass es grundsätzlich mehrere Möglichkeiten gibt, Anwendungen im Domino-Umfeld zu entwickeln. Bei der Auswahl einer der nachstehend aufgeführten Alternativen sollten grundsätzlich Kriterien wie Einfachheit, Portabilität, Ablaufgeschwindigkeit, Wartungsaufwand und notwendiger Schulungsaufwand in Betracht gezogen werden.

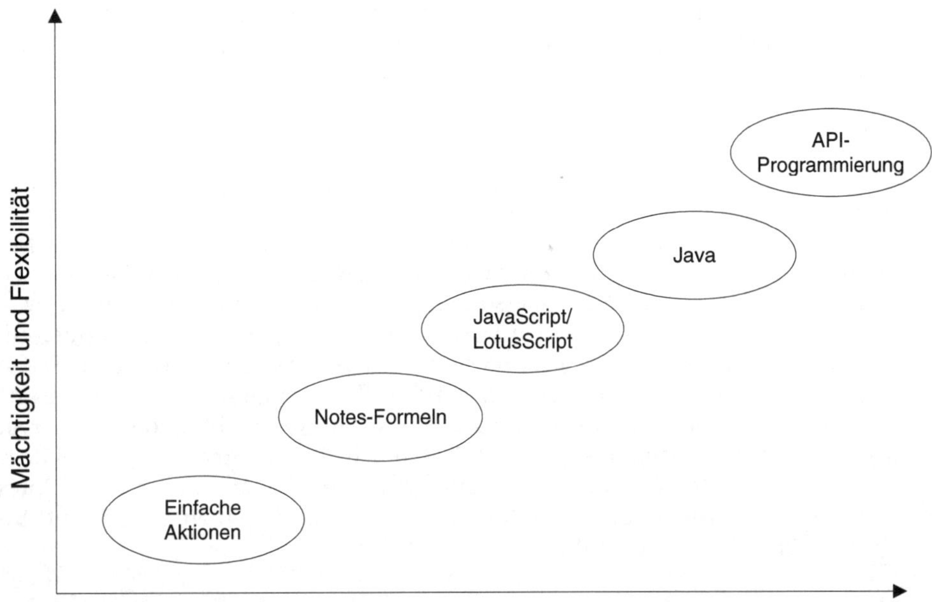

Abbildung 1.8: Programmierkonzepte in Lotus Notes Domino

Die in der Abbildung 1.8 dargestellten Entwicklungsmethoden lassen sich in zwei Gruppen aufteilen: *native* Domino-Methoden (einfache Aktionen, Formeln, JavaScript, LotusScript und Java) sowie *externe* Methoden, bei denen die Entwicklung außerhalb der Entwicklungsumgebung von Notes erfolgt, wie im Falle der API-Programmierung. Wir wollen im Folgenden nur die nativen Methoden einer näheren Betrachtung unterziehen.

Einfache Aktionen

Bei einfachen Aktionen handelt es sich um vordefinierte Bausteine, aus denen sich teilweise recht komplexe Befehlssequenzen mit wenigen Mausklicks zusammenstellen lassen. So können Sie mit einfachen Aktionen beispielsweise ausgewählte Dokumente löschen, verschieben oder senden, Feldwerte verändern oder Hintergrundabläufe, so genannte Agenten, starten. Einfache Aktionen richten sich, aufgrund des leicht verständlichen Umgangs mit ihnen, in erster Linie an Endbenutzer, lassen sich jedoch auch im Rahmen der professionellen Anwendungsentwicklung zeitsparend einsetzen. Mehr über einfache Aktionen erfahren Sie im Kapitel über die Automatisierung von Anwendungen..

Notes-Formeln

Notes-Formeln lassen sich in etwa mit dem Konzept eines programmierbaren Taschenrechners vergleichen: Sie erlauben die Auswertung von einfachen bis hin zu sehr komplexen Ausdrücken und ermöglichen darüber hinaus die Ausführung von Notes-spezifischen Befehlen. Einige Sprachkonstrukte rücken das Formelkonzept in die Richtung einer »richtigen« Programmiersprache. Beispielsweise lassen sich mit Formeln Wenn-Dann-Bedingungen und sogar einfache strukturierte Programmierung verwirklichen. Weitere Informationen über Notes-Formeln finden Sie in Kapitel über die Einführung in die Formelsprache.

LotusScript

Im Gegensatz zu Notes-Formeln ist LotusScript eine waschechte Programmiersprache. Es handelt sich hierbei um ein objektorientiertes Basic-Derivat, das, mit einer Fülle von Notes-spezifischen Klassen ausgestattet, sehr umfangreiche Möglichkeiten zur Manipulation von Notes-Ressourcen bietet. LotusScript unterstützt zwei Programmierparadigmen: Zum einen lassen sich ohne weiteres Anwendungen im Sinne der *strukturierten Gestaltung* entwickeln, zum anderen unterstützt LotusScript das Konzept der *Objektorientierung*. Hinsichtlich der Einhaltung des Letzteren ist LotusScript jedoch bei Weitem nicht so streng wie etwa Smalltalk oder Java und lässt sich somit nur bedingt als »pure« Objektsprache bezeichnen. Weiterhin bildet LotusScript die Grundlage für die fortgeschrittene Kommunikation zwischen Notes und eingebetteten Anwendungen (OLE). Mehr Informationen zu LotusScript finden Sie im Kapitel über die Einführung in LotusScript.

JavaScript

JavaScript stellt eine Art *lingua franca* der Scripting-Sprachen im Web. Sie stellt eine bequeme Möglichkeit dar, einen bestimmten Teil der Webanwendung (z.B. die Überprüfung der Feldeingaben) nicht, wie üblich, auf der Server-, sondern auf der Client-Seite auszuführen und somit den Server zu entlasten. Trotz ihrer unangefochtenen Popularität im Web führte die Sprache bis zur Notes Domino-Version 4.6 eher ein Schattendasein – der JavaScript-Code konnte nämlich nur als so genannter *Durchgangs-HTML*-Code »durchgeschleust« werden, was zwar für einen geübten Entwickler nicht allzu schwer, jedoch bisweilen recht unübersichtlich war. Seit der Version 5.0 wurde JavaScript zum festen Bestandteil der Entwicklungsumgebung des Domino Designers[1]. Dies bedeutet, dass die Verwendung von *Durchgangs-HTML*-Code für diesen Zweck entfällt. Vielmehr können in der Entwicklungsumgebung des Domino Designers bequem zu jedem einzelnen Seitenelement die betreffenden JavaScript-Codefragmente direkt eingegeben werden. Die Entwicklungsumgebung unterstützt hierbei den Programmierer durch die automatische Anzeige der relevanten Events, die Syntax-Prüfung, farbliche Kennzeichnung des Codes sowie einen Referenzbrowser zur Anzeige des Domain-Object-Modells.

Darüber hinaus ist der Notes-Client nun ebenfalls in der Lage, den JavaScript-Code auszuführen. Dies spart Entwicklungszeit – da man nun für beide Clients nur noch eine Codebasis entwickeln muss. Einige interessante Möglichkeiten bietet JavaScript insbesondere auch in Verbindung mit Java. Die so genannte LiveConnect-Spezifikation von Netscape, welche nun neben Microsoft Internet Explorer und Netscape Navigator unterstützt wird, ermöglicht den Zugriff auf alle öffentlichen Methoden eines in der Seite eingebetteten Java-Applets, analog zur Steuerung von ActiveX-Controls mit LotusScript im bisherigen klassischen Notes-Umfeld.

1 Die unterstützte Sprachversion ist JavaScript 1.3 (Lotus lizenzierte den JavaScript-Interpreter von Netscape). Das unterstützte Domain-Object-Modell ist eine Teilmenge von HTML 4.0.

Der Nachteil von JavaScript ist vor allem darin zu sehen, dass unterschiedliche Browser recht unterschiedliche JavaScript-Dialekte »sprechen«. Dies betrifft nicht nur die Sprache selbst, sondern insbesondere das ihr zugrunde liegende Domain-Object-Modell. Hier hat man mit LotusScript (insbesondere im Notes-Umfeld) nach wie vor bessere Karten in der Hand.

Java

Java ist eine plattformunabhängige objektorientierte Sprache zur Entwicklung von netzwerkorientierten Anwendungen. Die Architektur der Sprache sowie einige Features der Laufzeitumgebung machen Java insbesondere für den Einsatz im Internet interessant, sowohl auf Client- als auch auf Server-Seite: Auf der Client-Seite können Java-Programme in Form so genannter *Applets* auftreten, kleine Anwendungen, welche nur innerhalb einer dedizierten Laufzeitumgebung ablauffähig sind (z.B. ein Webbrowser), oder aber als Stand-alone-Anwendungen, wobei in diesem Fall die Laufzeitumgebung durch den Java-Interpreter *java* bereitgestellt wird.

Auf der Server-Seite gilt Analoges: Zum einen können Java-Anwendungen die Form von *Servlets* annehmen. Diese sind das Server-seitige Pendant zu Applets, d.h. sie sind nur im Kontext eines Webservers ablauffähig und erweitern diesen um zusätzliche Funktionen. Auch auf der Server-Seite besteht selbstverständlich die Möglichkeit, Stand-alone-Java-Anwendungen auszuführen. Ferner kann auf der Server-Seite Java eingesetzt werden, um Notes-Agenten zu programmieren.

Mehr Informationen zu Java finden Sie in den entsprechenden Kapiteln.

Notes-APIs

Die Notes-APIs ermöglichen eine plattformübergreifende und (weit gehend) versionsunabhängige Methode des Zugriffs auf die Funktionalität von Notes Domino. Darüber hinaus stellen die Notes-APIs die einzige Möglichkeit, die Funktionalitäten von Notes Domino auch von C/C++-Programmen aus anzusteuern, was insbesondere für bestimmte Low-Level-Anwendungen von Vorteil ist. Es gibt drei Notes-APIs:

- Notes C-API; kurz und bündig formuliert: Die C-API ist Notes. Genauer gesagt: Sie legt einen großen Teil der Notes-Funktionalität in Form von etwa 500 C-Funktionen offen und ermöglicht somit auch die Entwicklung von Stand-alone-Anwendungen, welche die Funktionalitäten von Notes nutzen, ohne dass Notes selbst laufen muss[1].
- HiTest C-API: Ursprünglich vom Unternehmen Edge Development entwickelt, baut diese API auf der Notes C-API auf, ist allerdings eine Abstraktionsebene höher angesiedelt und objektorientiert aufgebaut, was für den Notes-Programmierer zunächst einmal weniger Funktionen bedeutet, aber naturgemäß auch mit Performance-Einbußen verbunden ist.
- Notes C++ ist ebenfalls objektorientiert, jedoch im Vergleich zur HiTest-API in C++ entwickelt. Die API umfasst etwa 200 Klassen.

1 Notes muss allerdings installiert sein.

Tabelle 1.2 enthält eine Zusammenfassung der Notes-APIs.

API	Sprache	Plattformen	Anzahl Klassen/ Funktionen
Notes C-API	C	Alle	ca. 500
HiTest C-API	C (objektorientiert)	Windows, OS/2, UNIX	<200
Notes C++-API	C++	Windows NT (Intel und Alpha), AIX, HP-UX, OS/2, Solaris (Intel und Sparc), MacOS, OS/390	<200

Tabelle 1.2: Notes-APIs auf einen Blick

2 Arbeiten mit Domino Designer

In diesem Kapitel wollen wir einen kurzen Blick auf die Entwicklungsumgebung werfen, die uns den Großteil dieses Buchs begleiten wird – den Domino Designer. Der Domino Designer ist zunächst einmal das Ergebnis der konsequenten Trennung der reinen »User«-Funktionalität der Anwendungsentwicklung und der Administration, die sich in Form von drei getrennten Clients (Notes-Client, Domino-Administrator und eben Domino Designer) für diese drei Bereiche manifestiert. Obwohl in der Praxis diese drei Bereiche stellenweise vermischt auftreten (so wird man als Anwendungsentwickler kaum daran vorbeikommen, sich zumindest mit den Grundlagen der Domino-Administration auseinander zu setzen), macht diese Trennung schon aus Sicht der Benutzerfreundlichkeit Sinn.

Darüber hinaus ist eine der größten Herausforderungen, der sich die Entwickler von Domino Designer stellen mussten, die Bewältigung der Kluft, welche zwischen klassischen Notes-Anwendungen und immer beliebteren Webanwendungen (immer noch) besteht. Die Entwicklung einer Anwendung sowohl für die klassische Notes-Welt als auch für das World Wide Web bedeutete in früheren Notes Domino-Versionen, dass man entweder für den kleinsten gemeinsamen Nenner entwickelte, oder aber, dass man zwei – letztendlich unterschiedliche – Anwendungen entwickelte. Diese Kluft wird jedoch von Version zu Version kleiner: Es ist eine erklärte Absicht von IBM bzw. Lotus, diese Verschmelzung von klassischen Notes Domino-Anwendungen mit der Internetfunktionalität auch in zukünftigen Versionen voranzutreiben und mit Domino Designer eine Internetentwicklungsumgebung *par excellence* zur Verfügung zu stellen.

In diesem Schritt sollen einige grundlegende Features im Umgang mit Domino Designer erklärt werden.

2.1 Was ist Domino Designer?

Domino Designer ist im Vergleich zu früheren Versionen keineswegs nur ein Werkzeug zur Entwicklung von klassischen Lotus/Domino-Anwendungen. Vielmehr versteht Lotus den Domino Designer als eine ernst zu nehmende Konkurrenz gegenüber anderen Werkzeugen zur Entwicklung von *Internet-* und *Intranetanwendungen*. Um dieses ambitionierte Ziel zu erreichen, stellte man bei der Festlegung von Design-Zielen folgende Schwerpunktthemen in den Mittelpunkt:

- **Zentrale Entwicklungsumgebung für komplexe Applikationen**: Domino Designer wird konsequent in Richtung weg von einer reinen Notes-Umgebung hin zu einer zentralen Entwicklungsumgebung entwickelt. Zunächst einmal impliziert dies, dass sich zahlreiche Programmiertechniken, die der Notes-Welt entstammen, direkt im Domino Designer ausprobiert werden können (z.B. Java,

JavaScript). Darüber hinaus lassen sich auch diejenigen Applikationselemente, die nicht notwendigerweise direkt im Domino Designer bearbeitet werden (z.B. JavaScript-Quellcode, Bilder, Dateien), direkt in einer Domino-Datenbank ablegen, wodurch ein zentrales Repository geschaffen wird. Ferner wird dem Entwickler die Möglichkeit eingeräumt, externe Werkzeuge zur Bearbeitung von Elementen direkt aus Domino Designer heraus aufzurufen.

- **Integration von externen Werkzeugen**: Als integrierende Entwicklungsplattform bewegt sich Domino Designer 6 einen Schritt weiter in die nahtlose Integration von externen Entwicklungswerkzeugen. Hierzu gibt es ein gesondertes Menü WERKZEUGE, in dem Sie als Anwendungsentwickler für bestimmte Aufgaben (z.B. Bildbearbeitung, Erstellung von HTML-Seiten, Dokumentation) Werkzeuge definieren können, die anschließend direkt aus dem Domino Designer heraus aufgerufen werden können.
- **Kollaborative Anwendungsentwicklung**: Da Notes Domino in erster Linie als Plattform zur Unterstützung von kollaborativer Arbeit gedacht ist, verwundert es nicht, dass sämtliche diesbezüglichen Mechanismen auch im Rahmen der Entwicklung genutzt werden: dies umfasst beispielsweise Features wie Replikation, Versionierung und Regelung der Zugriffsrechte.
- **Wiederverwendbarkeit**: Dadurch, dass Notes Domino-Anwendungen immer komplexer werden, will bereits im Vorfeld der Anwendungsentwicklung der Aspekt der Wiederverwendbarkeit gut durchdacht werden. Seit der Version 6 bietet Domino Designer noch mehr Möglichkeiten, bestimmte Gestaltungselemente (z.B. Style Sheets, Dateien oder Datenbankverbindungen) nur einmal zu definieren und sie dann im Rahmen einer Anwendung als auch anwendungsübergreifend mehrmals einzusetzen. Dies spart nicht nur Entwicklungszeit, sondern minimiert insbesondere den späteren Aufwand der Wartung von Anwendungen.
- **Berücksichtigung unterschiedlicher Zielplattformen**: Lotus verstand sich schon immer als »platform-agnostic«. Im Gegensatz zu manch einem anderen Hersteller, der ausschließlich auf die Microsoft-Schiene setzt oder nur auf Java-Applets schwört, verfolgt Lotus einen pragmatischen Ansatz und integriert in seine Produkte all diejenigen Technologien, welche im Markt gut ankommen. So kann man mit Domino sowohl bestehende Java-Kenntnisse gewinnbringend einsetzen als auch (seit kurzem) mit dem COM/DCOM-Objektmodell von Microsoft arbeiten.
- **Implementierung von Industriestandards**: Domino Designer unterstützt nicht nur den »Klassiker« HTML 3.2, sondern darüber hinaus eine Reihe von *state-of-the-art* Internetstandards wie HTML 4.0, JavaScript 1.3 und Java 1.1[1]. Weiterhin besitzt Lotus eine große Affinität zur Microsoft-Welt: Domino-Applikationen lassen sich beispielsweise durch OLE- bzw. ActiveX-Komponenten erweitern.

1 Die vollständige Implementierung der genannten Standards ist keine leichte Aufgabe, denn sie sind gewissermaßen eine bewegliche Zielscheibe. Obwohl nun Standards wie HTML 4.0 (W3C-Konsortium) oder JavaScript 1.3 (standardisiert unter der Bezeichnung ECMA-Script) bereits Anfang 1999 endgültig verabschiedet wurden, machen es proprietäre Erweiterungen der Browser-Hersteller Lotus schwer, die vollständige Umsetzung dieser Technologien anzubieten.

2.2 Domino Designer installieren

Wir wollen uns im Folgenden ansehen, wie weit Lotus die Umsetzung dieser Ziele gelungen ist. Hierzu zunächst einige Worte zur Installation des Domino Designers (eine Demoversion des Werkzeugs finden Sie auf der beiliegenden CD).

> Bei den nachfolgenden Ausführungen wird davon ausgegangen, dass Sie Domino Designer auf Ihrem lokalen Rechner installieren und (noch) keinen Zugriff auf einen Domino-Server besitzen.

Die Installation des Domino Designer erfolgt Wizard-gesteuert. Gehen Sie hierbei wie folgt vor:

1. Legen Sie die mitgelieferte CD in das CD-ROM-Laufwerk ein.
2. Öffnen Sie das Verzeichnis CLIENT und starten Sie die Datei SETUP.EXE.

   Nachdem Sie alle erforderlichen Eingaben – Benutzername, Verzeichnisse, Installationstyp (hier empfiehlt sich die Einstellung ALLE CLIENTS) – vorgenommen haben, wird die Anwendung installiert.
3. Anschließend werden im Rahmen eines Installations-Wizards die zum Einrichten der Arbeitsumgebung benötigten Angaben abgefragt. Geben Sie für den von uns angenommenen Fall die in der Tabelle 2.1 aufgelisteten Eingaben ein.

Angabe	Einstellung/Anmerkung
Benötigen Sie eine Verbindung zu einem Domino-Server?	Falls bereits ein Domino-Server in Ihrem Netzwerk installiert wurde, können Sie hier den Namen des Servers eintragen, ansonsten gilt die Einstellung: ICH BENÖTIGE KEINE VERBINDUNG ZU EINEM DOMINO-SERVER.
Wer sind Sie?	Wählen Sie die Option: ICH GEBE MEINEN NAMEN ZUR IDENTIFIKATION EIN und geben Sie Ihren Benutzernamen ein.
Verbindung zu einem Remote-Netzwerk-Server einrichten?	Diese Option ist nur relevant, wenn Sie Notes im mobilen Einsatz verwenden möchten. Wählen Sie hier also die Einstellung: ICH BENÖTIGE KEINE EINWAHL IN EIN REMOTE-NETZWERK.
Internet-Mail-Konto einrichten?	Wählen Sie die Einstellung: ICH BENÖTIGE KEIN INTERNET-E-MAIL-KONTO.

Tabelle 2.1: Installationsangaben Domino Designer

Anschließend erstellt Domino Designer eine so genannte Notes-ID, eine Datei, welche all Ihre persönlichen Angaben wie den Namen und Sicherheitsschlüssel enthält und zur Identifizierung gegenüber einem Domino-System dient. Nun können wir gleich loslegen!

2.3 Domino Designer starten

Domino Designer wird immer in einem – vom herkömmlichen Notes-Client getrennten – Fenster ausgeführt und zwar unabhängig davon, ob Sie ihn aus dem Notes-Client heraus oder aber »stand-alone« starten[1]. Nichtsdestotrotz bleiben der Notes-Client und der Domino Designer eng aneinander gekoppelt. So gibt es gleich mehrere Möglichkeiten, den Domino Designer aus dem Notes-Client zu starten:

- **Designer-Symbol auf der linken Bildschirmseite**: hat den gleichen Effekt wie das Starten der Anwendung unmittelbar vom Desktop.
- **Öffnen einer markierten Datenbank im Designer**: erfolgt, indem man eine Datenbank in der Lesezeichenliste bzw. im Arbeitsbereich (ein Übrigbleibsel aus der Notes-Version 4) der markierten Datenbank mit dem kontextsensitiven Menübefehl IN DESIGNER ÖFFNEN aufruft (vgl. Abbildung 2.1).

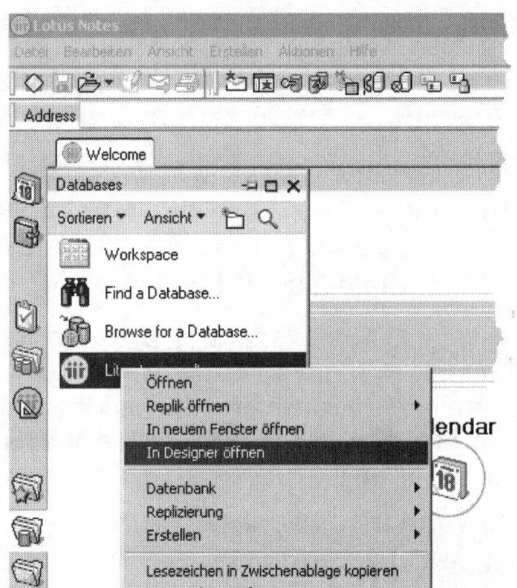

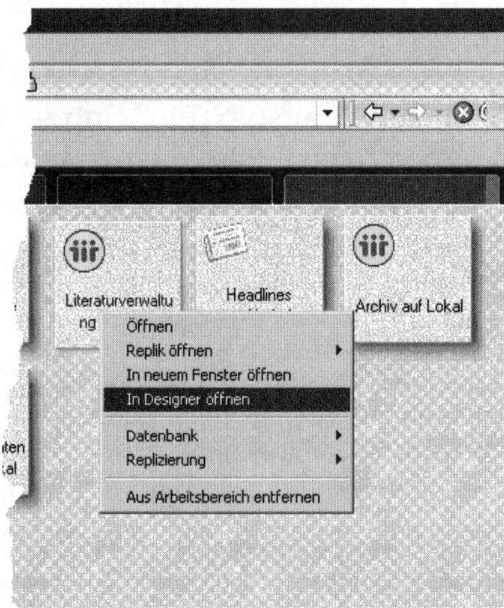

Abbildung 2.1: Öffnen einer markierten Datenbank im Domino Designer aus der Lesezeichenliste (links) und aus dem traditionellen Arbeitsbereich (rechts) heraus

- **Aufruf der Gestaltung aus einer bereits geöffneten Datenbank heraus**: ist identisch mit dem Menübefehl ANSICHT-GESTALTUNG in den alten Notes-Versionen, jedoch mit dem Unterschied, dass – wie bereits erwähnt – die Anwendung in einem separaten Fenster geöffnet wird.

Die letzten beiden Optionen stehen nur dann zur Verfügung, wenn Sie die entsprechenden Zugriffsrechte auf die Datenbank besitzen, welche Ihnen die Änderung/Anpassung der Gestaltung ermöglichen. Mehr zum Thema Zugriffsrechte und Datenbanken erfahren Sie in Kapitel über die Sicherheitskonzepte von Domino.

1 Für erfahrene Notes-Anwender mag dies am Anfang noch recht gewöhnungsbedürftig erscheinen, es bedeutet aber letztendlich nichts anderes, als dass die gute alte Ansicht *Gestaltung* nun ein eigenes Fenster bekommen hat.

2.4 Arbeitsbereich

Domino Designer bietet Ihnen zunächst einmal die Möglichkeit, eine bestehende Datenbank zu öffnen oder eine neue zu erstellen. Unabhängig davon, für welche Option Sie sich entscheiden, wird die Entwicklungsoberfläche erscheinen, der so genannte *Arbeitsbereich* (vgl. Abbildung 2.2).

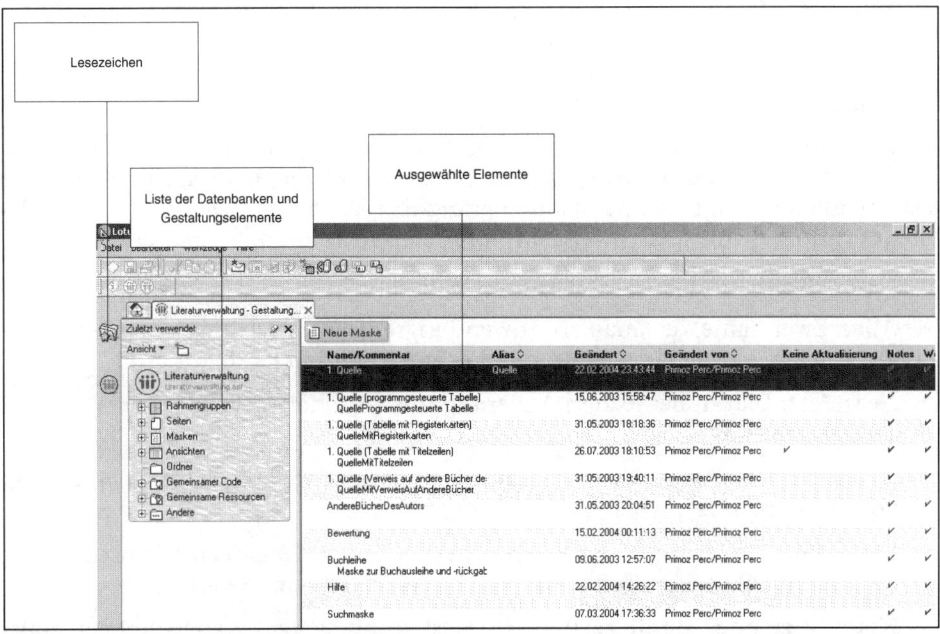

Abbildung 2.2: Domino Designer-Arbeitsbereich

Grundsätzlich besteht der Arbeitsbereich des Domino Designers aus zwei Bestandteilen: das *Gestaltungsfenster* stellt eine Art Übersicht dar, aus der ein bestimmtes Element ausgewählt werden kann. Im *Arbeitsfenster* können anschließend bestimmte Einstellungen bzw. Operationen am ausgewählten Element vorgenommen werden.

Auflistung der Datenbanken im Gestaltungsfenster

Das Gestaltungsfenster im Eröffnungsbildschirm besteht aus einer Ansicht namens ZULETZT VERWENDET. Hierbei handelt es sich um eine so genannte *Portfolio-Ansicht*[1] aller kürzlich im Domino Designer bearbeiteten Datenbanken.

> Das Gestaltungsfenster wird standardmäßig bei jeder Auswahloperation ausgeblendet und muss mittels des *Lesezeichens* aufgerufen werden. Durch das Anklicken des Symbols in der oberen linken Ecke des Arbeitsfensters können Sie dieses jedoch permanent am Bildschirm verankern (LESEZEICHEN GEÖFFNET HALTEN).

1 Eine Portfolio-Ansicht ist in der Lotus-Terminologie nichts anderes als eine datenbankübergreifende Zusammenstellung von Ansichten. Mehr zum Thema Ansichten finden Sie im Kapitel »Ansichten«.

Eine jede Datenbank wird anhand eines Symbols, des Datenbanktitels und des Datenbankdateinamens dargestellt. Klickt man einen Datenbankeintrag an, wird eine Auflistung aller Gestaltungselemente für diese Datenbank angezeigt.

Wenn Sie einen Datenbankeintrag auswählen und mit der rechten Maustaste das kontextsensitive Menü aufrufen, können Sie eine Reihe von Operationen an der betreffenden Datenbank ausführen, ohne diese zu öffnen. Beispielsweise können Sie mit dem Menübefehl LESEZEICHEN ENTFERNEN die Datenbank aus der ZULETZT VERWENDET-Liste entfernen.

Arbeitsfenster

Wählt man einen bestimmten Gestaltungselementtyp aus (im dargestellten Beispiel: *Masken*), werden im Arbeitsfenster sämtliche Elemente dieses Typs für diese Datenbank angezeigt. Die Darstellung erfolgt bei allen Typen von Gestaltungselementen anhand von spaltenweise angeordneten Attributen, beispielsweise:

- **Name**: Bezeichnung des Gestaltungselementes
- **Alias**: Zweitname, den man als Anwendungsentwickler wahlweise zur einfacheren Referenzierung des Gestaltungselements vergeben kann
- **Geändert**: Datum der letzten Änderung (insbesondere bei der Entwicklung im Team interessant)
- **Geändert von**: Name des Anwendungsentwicklers, welcher die letzte Änderung vorgenommen hat
- **Keine Aktualisierung**: Zeigt an, dass dieses Elemente durch eine Aktualisierung der Datenbankvorlage (Schablone) nicht geändert werden darf
- **Notes, Web oder Mobil**: zeigt, ob ein Gestaltungselement in den drei von Lotus Notes Domino unterstützten Client-Typen (*Notes, Web, Mobil*) angezeigt wird.

Bei den Spalten, welche mit einem Doppelpfeil versehen sind, können Sie per Mausklick die Gestaltungselemente auf- oder absteigend sortieren lassen.

Operationen an Gestaltungselementen durchführen

Das Arbeitsfenster trägt nicht umsonst diesen Namen: Hier kann man einige Operationen an den Gestaltungselementen vornehmen, ähnlich wie man dies aus anderen GUI-Anwendungen kennt, nämlich Ausschneiden, Kopieren, Einfügen oder Löschen. Die dazugehörigen Befehle kann man entweder im Menü BEARBEITEN oder aber aus dem kontextsensitiven Menü (rechte Maustaste) heraus aufrufen.

»Eigenschaften«-Schaltfläche

Im oberen linken Bereich des Arbeitsfensters befinden sich eine Reihe von Schaltflächen, welche wir im Laufe dieses Buchs noch häufiger gebrauchen werden (vgl. Abbildung 2.4). Da ist zunächst einmal die EIGENSCHAFTEN-Schaltfläche, mit der Sie die Eigenschaften des jeweils zuletzt ausgewählten Elements anzeigen lassen können. Domino Designer präsentiert die Eigenschaften des zuletzt gewählten Elements – beispielsweise einer Datenbank oder eines der Gestaltungselemente im Arbeitsfenster – in einer so genannten INFOBOX (vgl. Abbildung 2.3).

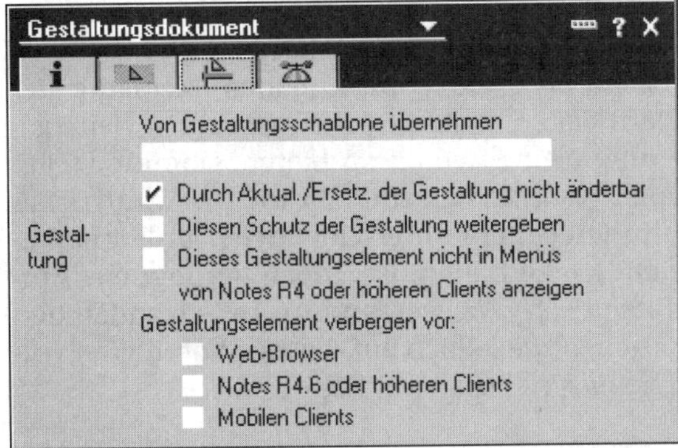

Abbildung 2.3: Infobox

Im Rahmen einer Infobox können die auf mehrere Registerkarten verteilten Eigenschaften eines Gestaltungselements angezeigt und verändert werden. Wie in der Abbildung 2.4 dargestellt, können Sie hier beispielsweise festlegen, ob ein Gestaltungselement für den Einsatz im Webbrowser, im Notes-Client oder in beiden Client-Typen gedacht ist.

»Vorschau«-Schaltflächen

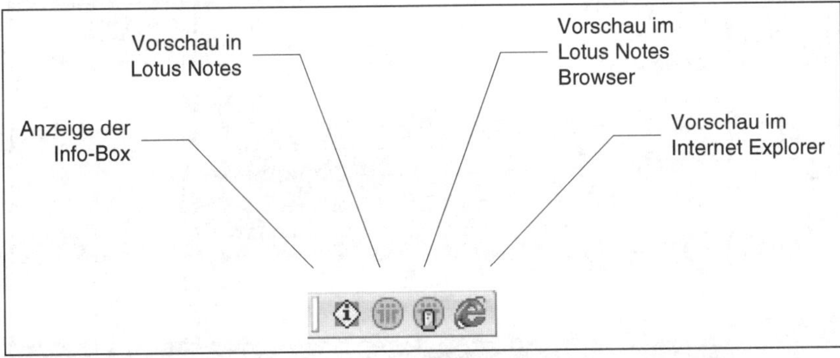

Abbildung 2.4: Vorschau- und Eigenschaften-Schaltflächen

Neben der EIGENSCHAFTEN-Schaltfläche finden Sie darüber hinaus die so genannten VORSCHAU-Schaltflächen (vgl. Abbildung 2.4). Diese dienen dazu, eine Datenbank bzw. ein ausgewähltes Gestaltungselement in der Zielumgebung Ihrer Wahl zu testen (Notes-Client oder Webbrowser), ohne dieses separat öffnen zu müssen.

Die Zusammensetzung der VORSCHAU-Schaltflächen kann in Abhängigkeit davon variieren, welche Webbrowser Sie auf Ihrem Rechner installiert haben. Standardmäßig erkennt Domino Designer die Browser von Microsoft und den Lotus Notes-eigenen Webbrowser.

Zur Vorschau im Webbrowser bietet Domino Designer einen integrierten »persönlichen« Webserver (die so genannte »Lokale Webvorschau«). Dieser wird beim Aufruf der Vorschau automatisch gestartet und kann mit dem Menübefehl DATEI/ EXTRAS/LOKALE WEB-VORSCHAU BEENDEN gestoppt werden.

2.5 Bearbeiten von Gestaltungselementen

Nachdem wir uns nun eine Übersicht über die grundlegenden Elemente der Domino Designer-Oberfläche verschafft haben, können wir einen Schritt weitergehen und die Bearbeitung von Gestaltungselementen ausprobieren. Domino Designer bietet zu jedem Gestaltungselementtyp einen eigenen Editor an. Naturgemäß liegen diesen Editoren je nach Gestaltungselement unterschiedliche Funktionalitäten zugrunde. Um das Ganze übersichtlich zu halten, ist jedoch der logische Aufbau eines jeden Editors weitgehend identisch. Wir werden uns im Folgenden den Umgang mit dem Maskeneditor ansehen, ohne jedoch auf die Besonderheiten von Masken einzugehen – dies soll das Thema eines späteren Kapitels sein.

Maskeneditor

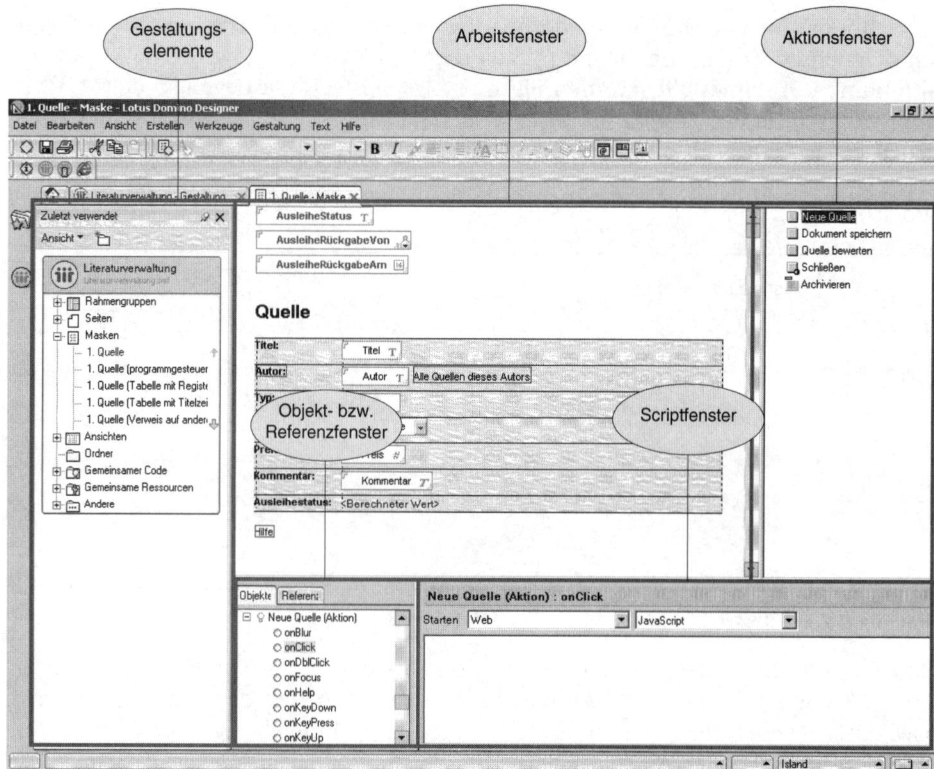

Abbildung 2.5: Übersicht Maskeneditor

Wie die Abbildung 2.5 zeigt, wurde die Trennung in mehrere Bereiche beibehalten: Den Großteil der Editor-Oberfläche nimmt auch hier das ARBEITSFENSTER ein, wo die einzelnen Maskenelemente positioniert und bearbeitet werden können. Sie können auch hier einzelne Elemente markieren und mittels der EIGENSCHAFTEN-Schaltfläche kontextsensitiv bestimmte Einstellungen verändern.

Objekt- und Referenzfenster

Ein gegenüber der Version 4 stark erweitertes Feature ist das so genannte *Objekt-* bzw. *Referenzfenster*. Die Registerkarte OBJEKTE erfüllt weitgehend die gleiche Funktion wie das Arbeitsfenster – auch hier können einzelne Maskenelemente ausgewählt werden. Sie ermöglicht jedoch darüber hinaus einen *direkten Zugriff* auf die einzelnen Eigenschaften, Ereignisse und Methoden des jeweiligen Maskenelements, beispielsweise den Fenstertitel oder die Eingabeüberprüfung eines Feldes.

Programmierfenster

Die eigentliche Zuweisung von Werten zu Eigenschaften bzw. der Programmlogik zu Ereignissen erfolgt im *Programmierfenster*. Der Begriff der »Programmierung« ist hier im weiteren Sinne zu verstehen, denn in vielen Fällen beschränken sich die Eingaben im Programmierfenster auf die Festlegung einfacher Attribute (wie z.B. *Fenstertitel*) oder einzeiliger Makrobefehle. Dennoch leistet das Programmierfenster sowohl bei dieser Aufgabe als auch bei der Eingabe von komplexeren Scripts gute Unterstützung durch das automatische Einrücken von Code-Fragmenten, farbliche Kennzeichnung von Ausdrücken und eingebaute Syntax-Prüfung. Hierbei ist man, zumindest was die ersten beiden Features angeht, keineswegs auf das voreingestellte Aussehen des Programmierfensters angewiesen. Vielmehr kann dieses beliebig angepasst werden.

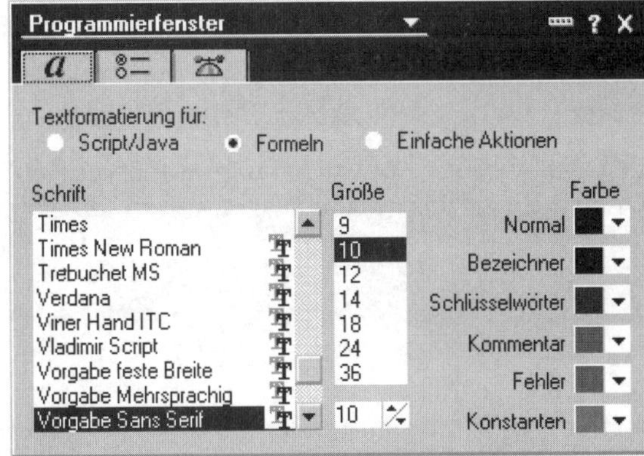

Abbildung 2.6: Eigenschaften Programmierfenster

Hierzu bietet uns Domino Designer eine spezielle Infobox, in der die Eigenschaften des Programmierfensters festgelegt werden können (vgl. Abbildung 2.6). Diese kann aufgerufen werden, indem man das Programmierfenster anklickt, anschließend mit der rechten Maustaste das kontextsensitive Menü aufruft und darin den Menübefehl EIGENSCHAFTEN: PROGRAMMIERFENSTER wählt. In diesem können die Einstellungen für die Bereiche JavaScript/Java/LotusScript, Formeln und einfache Aktionen getrennt vorgenommen werden.

Wahl der Programmiermethode

Wie wir bereits aus wissen, bietet uns Domino Designer mehrere Programmiermethoden an. Die Wahl der geeigneten Methode erfolgt im Programmierfenster im Feld STARTEN und ist in Abhängigkeit vom jeweils ausgewählten Maskenelement bzw. dessen Attribut, Ereignis oder Methode mehr oder weniger beschränkt. Beispielsweise können Sie für die Eigenschaft FENSTERTITEL lediglich eine Zeichenfolge oder eine Formel angeben, während die JavaScript-Ereignisse eben den Einsatz dieser Scripting-Sprache erfordern. Die im Programmierfenster bearbeiteten Maskenelemente werden im Objektfenster anhand eines ausgefüllten Symbols dargestellt.

Referenz

Sobald wir anfangen, im Programmierfenster zu arbeiten, wird sich die Registerkarte REFERENZ als nützlich erweisen. Diese ermöglicht das »Nachschlagen« in einer vorgegebenen Liste von Elementen, die in einer spezifischen Situation in Frage kommen. Wenn wir also versuchen, eine Formel zusammenzustellen, können hier sowohl sämtliche Notes-Formelmakros als auch alle relevanten Felder bequem per Maus durchforstet und nach Bedarf im Scriptfenster eingefügt werden. Alternativ hierzu kann man sich auch direkt das entsprechende HILFE-Dokument anzeigen lassen – das umständliche Suchen in der Hilfe-Datenbank entfällt also.

2.6 Kontextsensitive Oberfläche

Die Benutzeroberfläche des Domino Designers ist kontextsensitiv. Mit anderen Worten: Einzelne Elemente passen sich automatisch an die Umstände und Erfordernisse der jeweiligen Aufgabenstellung an und ermöglichen somit einen schnellen Zugriff auf die Vielzahl der Einstellungen.

Folgende Elemente der Notes-Benutzeroberfläche sind kontextsensitiv:

- **Pop-Up-Menüs**: Diese werden mit der rechten Maustaste aufgerufen und ermöglichen das Verändern aller Einstellungen des gerade ausgewählten Objekts (vgl. Abbildung 2.7).

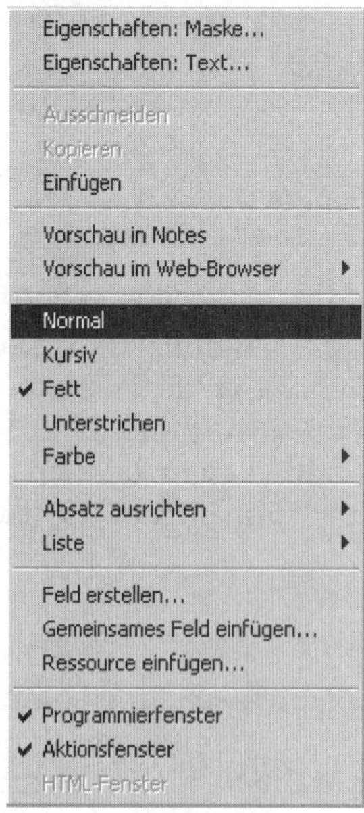

Abbildung 2.7: Pop-Up-Menüs fallen je nach Kontext unterschiedlich aus.

- **Menüleiste**: Die Menüleiste ändert sich abhängig davon, welches Objekt gerade bearbeitet wird bzw. welche Aktion ausgeführt werden soll.
- **Symbolleisten**: Symbolleisten sind Ansammlungen standardisierter Symbole unterhalb der Menüleiste, die einen schnellen Zugriff auf die am häufigsten ausgeführten Aktionen wie ÖFFNEN und SPEICHERN ermöglichen. Die Zusammenstellung der Symbole ist variabel und kann im Menü DATEI/VORGABEN/SYMBOLLEISTE angepasst werden.

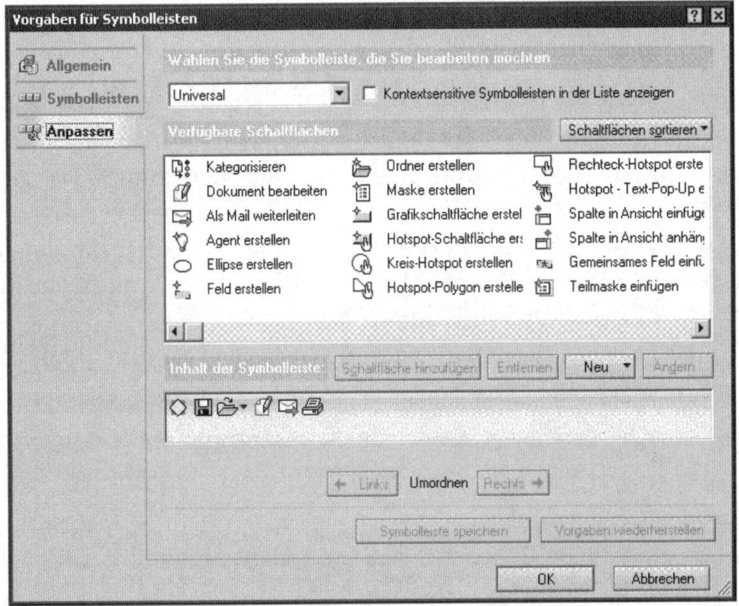

Abbildung 2.8: Anpassung der Symbolleisten

- **Objekteigenschaften**: Jedes Element der grafischen Benutzeroberfläche verfügt über bestimmte Eigenschaften, die im Rahmen einer so genannten EIGENSCHAFTEN-Infobox angezeigt und verändert werden können. Auf diese Weise lassen sich zum Beispiel Merkmale wie Schriftgröße und Farbe von Textabsätzen recht bequem festlegen. Den schnellsten Zugriff auf Objekteigenschaften bietet das kontextsensitive Menü (s.o.). Hier steht der Menüpunkt EIGENSCHAFTEN standardmäßig an erster Stelle.
- **Hilfe**: Wenn die Taste [F1] betätigt wird, erscheint ein Fenster mit Hilfe-Informationen zum aktuellen Thema. Gerade wenn Domino Designer für Sie neu ist, werden Sie hier in zusammengefasster Form die wesentlichen Informationen zum Umgang mit Notes finden.

2.7 Arbeiten mit Hilfe-Datenbanken

Die Anwendungsentwicklung mit Domino Designer ist mittlerweile ein recht komplexes Thema geworden. Man wird kaum in der Lage sein, die Bedeutung aller Einstellungen oder die Syntax von Befehlen im Kopf zu behalten. Zum Glück liegt

Domino und insbesondere Domino Designer eine recht umfangreiche Dokumentation bei, sowohl in Papierform als auch – und das dürfte für die alltägliche Arbeit viel wichtiger sein – in elektronischer Form.

Wie es sich für ein Dokumentenverwaltungssystem wie Domino gehört, ist auch die Online-Hilfe nichts anderes als eine Ansammlung von Domino-Datenbanken, von denen die so genannte Domino Designer-Hilfe am wichtigsten ist. Die 50 Mbyte große Datenbank ist mit den Inhalten der gedruckten Dokumentation weitgehend identisch, enthält jedoch darüber hinaus zahlreiche Beispiele.

Aufruf der Hilfe-Datenbank

Der Aufruf der Hilfe-Datenbank erfolgt über das Menü HILFE. Hier werden folgende Menüpunkte angeboten:

- **Hilfethemen**: führt direkt zum Hauptinhaltsverzeichnis der Domino Designer-Hilfe-Datenbank.
- **Kontextbezogene Hilfe**: ruft ein dem Kontext entsprechendes Hilfsdokument auf: wenn Sie beispielsweise im Maskeneditor arbeiten, ruft die kontextsensitive Hilfe das Dokument GESTALTUNG DER MASKEN auf.

Nach dem Aufruf der Domino Designer-Hilfe präsentiert sich die Datenbank, wie in der Abbildung 2.9 dargestellt.

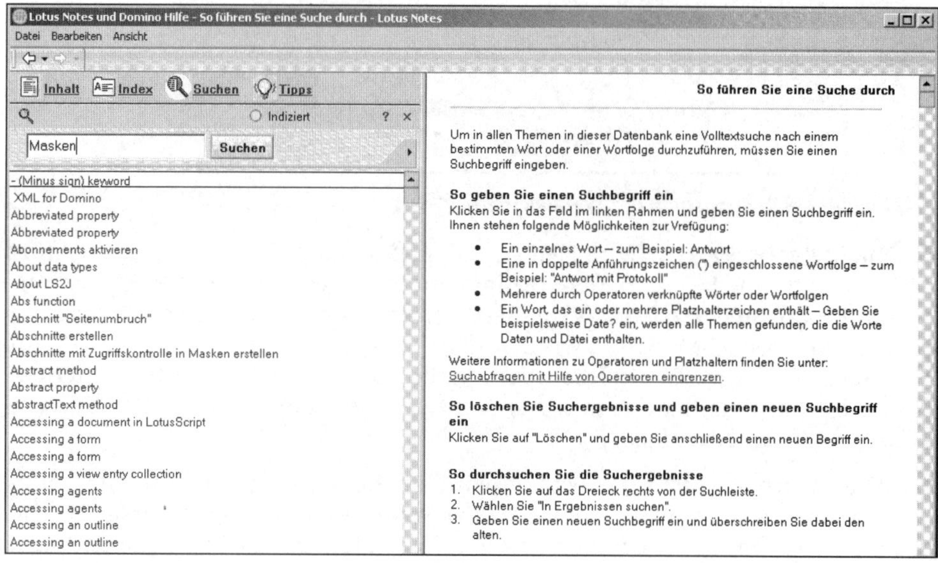

Abbildung 2.9: Domino Designer-Hilfe-Datenbank

Es gibt drei Möglichkeiten, in der Domino Designer-Hilfe nach Dokumenten zu suchen:

- In der voreingestellten Option INHALT sind die Dokumente der Domino Designer-Hilfe in hierarchischer Manier nach Inhalten organisiert und ermöglichen somit das schrittweise Durchklicken zum Thema einer Wahl.

- Die Option INDEX präsentiert eine Auflistung der wichtigsten Begriffe und Konzepte in alphabetischer Reihenfolge, die ebenfalls in mehreren hierarchischen Ebenen angeordnet sind. Um mal schnell nach einem bestimmten Begriff zu suchen, reicht es aus, wenn man irgendeine Stelle in einer Ansicht anklickt. Es erscheint ein Dialogfenster, in dem sich entweder nur einige Anfangsbuchstaben oder ganze Wörter eingeben lassen, woraufhin automatisch das erste Dokument angesprungen wird, dessen Titel mit der eingegebenen Zeichenkette übereinstimmt.
- Die Volltextsuche sucht im Gegensatz zur Schnellsuche nicht nur die aktive Ansicht, sondern die gesamte Datenbank ab. Allerdings muss hierzu zunächst unbedingt ein *Volltextindex* erstellt werden. Dies ist gerade bei der Domino Designer-Hilfe unbedingt zu empfehlen, denn neben dem erweiterten Umfang ermöglicht die Volltextsuche bei der Eingabe von Suchabfragen die Verknüpfung von Begriffen mit logischen Operatoren (z.B. `AND`, `OR`, `NOT` usw.). Außerdem wird als Ergebnis der Suche gleich eine ganze Liste von Dokumenten geliefert, welche wiederum nach beliebigen Kriterien sortiert werden kann (z.B. nach Relevanz, nach Datum oder nach Autor).

Erstellung des Volltextindex

Wir werden uns der Thematik der Volltextsuche im Rahmen dieses Buchs noch ausführlich widmen. Doch um die Vorteile der Volltextsuche schon jetzt nutzen zu können, lassen Sie uns als eine kleine Übung den Volltextindex der Domino Designer-Hilfe erstellen. Hierzu sind folgende Schritte notwendig:

1. Rufen Sie über das »?«-Menü im Domino Designer die Designer-Hilfe-Datenbank auf.
2. Klicken Sie auf die Verknüpfung Suchen. Hier finden Sie unter anderem die Information darüber, ob Ihre Domino Designer-Hilfe bereits indiziert ist (vgl. Abbildung 2.10).

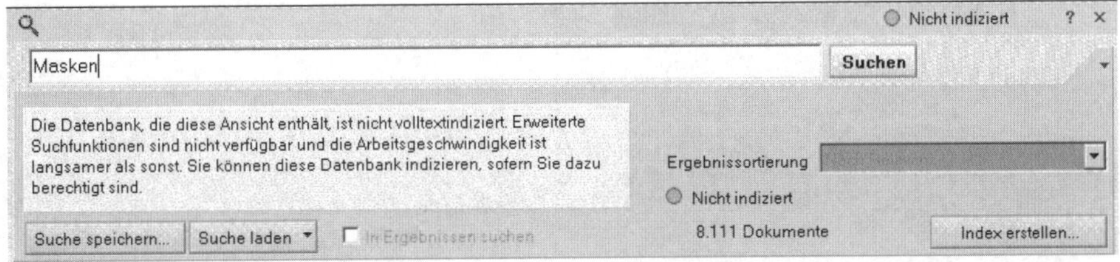

Abbildung 2.10: Volltextindizierung der Domino Designer-Hilfe

3. Klicken Sie im Suchfenster auf die Schaltfläche MEHR, um die erweiterten Optionen anzuzeigen, und anschließend auf die Schaltfläche INDEX ERSTELLEN.
4. Bestätigen Sie die im darauf folgenden Dialogfenster angezeigten Optionen zur Erstellung des Volltextindex mit OK.

Der Vorgang der Volltextindizierung, den Sie somit eingeleitet haben, braucht einige Zeit. Sobald er abgeschlossen ist, macht sich dies an der INDIKATOR-Schaltfläche im Suchfenster bemerkbar.

Neben der Domino Designer-Hilfe-Datenbank stehen im Rahmen von Notes Domino eine Reihe weiterer Dokumentationsdatenbanken zur Verfügung, welche man als Anwendungsentwickler zu Rate ziehen kann. Diese befinden sich größtenteils im /DATA bzw. im /DATA/HELP-Verzeichnis Ihrer Domino Designer-Installation.

2.8 Integration von externen Werkzeugen

Wie bereits eingangs erwähnt, lassen sich externe Entwicklungswerkzeuge seit der Domino Designer-Version 6 direkt aus der Entwicklungsumgebung heraus aufrufen. Hierzu gibt es eigens das Menü WERKZEUGE, das per Voreinstellung zwei relevante Optionen anbietet: WERKZEUG HINZUFÜGEN und WERKZEUGE ANPASSEN.

Um ein Werkzeug hinzuzufügen, sind folgende Schritte erforderlich:

1. Wählen Sie den Menübefehl WERKZEUG HINZUFÜGEN.
2. Wählen Sie in dem daraufhin erscheinenden Dialogfenster zunächst den Namen des Werkzeuges sowie den Namen der EXE-Datei des Programms (vgl. Abbildung 2.11).

Abbildung 2.11: Werkzeug hinzufügen

3. Wählen Sie anschließend, ob das Werkzeug jederzeit aus dem Menü WERKZEUGE aufrufbar sein soll oder nur in einem speziellen KONTEXT. Im abgebildeten Beispiel wird davon ausgegangen, dass das Werkzeug *Microsoft Paint* nur bei der Analyse von Bildressourcen angezeigt werden soll.
4. Klicken Sie auf OK.

Im Menü WERKZEUGE ANPASSEN kann der neue Eintrag beliebig angepasst werden. Ferner können weitere Applikationen hinzugefügt werden und – für besonders komplexe Anwendungen – eigene Untermenüs erstellt werden, mit denen Spezialbefehle ausgeführt werden können.

3 Arbeiten mit Domino-Datenbanken

Eine Domino-Datenbank ist der Grundbaustein einer jeden Domino-Anwendung. Im Gegensatz zum klassischen Verständnis des Begriffs Datenbank beinhaltet eine Domino-Datenbank nicht nur Daten, sondern auch die so genannten Gestaltungselemente – diese bestimmen das Aussehen der Benutzerschnittstelle einer Domino-Anwendung und enthalten die zur Verarbeitung von Daten erforderliche Programmlogik. In diesem Kapitel wollen wir uns zunächst einmal mit Grundlagen der Domino-Datenbanken auseinander setzen und diese auch sofort in der Praxis ausprobieren. Hierzu beginnen wir in diesem Kapitel mit der Entwicklung eines einfachen Praxisbeispiels – einer Anwendung zur Verwaltung von Informationsquellen, die wir in den nächsten Kapiteln noch weiter ausbauen werden.

3.1 Über Domino-Datenbanken

Eine Domino-Datenbank ist zunächst einmal eine Ansammlung von miteinander in sachlicher Beziehung stehenden *Dokumenten* (engl. notes), welche sich wiederum aus mehreren *Feldern* zusammensetzen. Domino-Dokumente sind zunächst mit einzelnen Datensätzen einer relationalen Datenbank zu vergleichen (die sich in der Regel auch aus mehreren Feldern zusammensetzen), mit dem Unterschied, dass bei Domino-Datenbanken auch sämtliche Metadaten, die Programmlogik und die Ausgestaltung der Benutzerschnittstelle – die so genannten *Gestaltungselemente* – in Form von Dokumenten bzw. Feldern verwaltet werden. Die Bezeichnung »Datenbank« ist in diesem Zusammenhang also leicht irreführend, denn eigentlich ist eine Domino-Datenbank eine fertige Anwendung, welche allerdings (im Vergleich zu einem EXE-Modul beispielsweise) eine spezielle Ablaufumgebung braucht – eben den Notes-Client oder den Domino-Server. Dies ist ein wichtiger Unterschied zu klassischen Datenbankanwendungen, die häufig durch eine ausgeprägte Trennung der Benutzerschnittstelle und der Anwendungslogik einerseits und der Datenhaltung andererseits gekennzeichnet sind.

Rein physisch manifestiert sich eine Domino-Datenbank in Form einer Datei mit der Endung *.NSF*. Diese stellt eine abgeschlossene Einheit aus Anwendungslogik und Daten und ist als solche entsprechend einfach zu transportieren. Eine Domino-Anwendung besteht in der Regel aus einer einzelnen Domino-Datenbank. Beispiele für solche Anwendungen sind etwa Diskussionsforen, Dokumentenverwaltungsablagen oder Adressbücher. Aus der Sicht der Anwendungsentwicklung spricht allerdings nichts dagegen, die Funktionalität einer Domino-Anwendung auf mehrere Datenbanken zu verteilen: gerade komplexere Anwendungssysteme, z.B. Domino-basierte Intranetportale bestehen in der Regel aus mehreren, miteinander vernetzten Domino-Datenbanken.

Vorteile von Domino-Datenbanken

Für den Anwender (und noch vielmehr für den Anwendungsentwickler) dürfte sich zunächst einmal die Frage stellen: warum Inhalte in einer Domino-Datenbank ablegen? Um den Charakter und die Vorteile von Domino-Datenbanken zu verstehen, wollen wir diese im Folgenden zwei Alternativen gegenüberstellen: zum einen dem konventionellen Dateisystem und zum anderen einer relationalen Datenbank.

Domino-Datenbanken und Dateisysteme

Das konventionelle Dateisystem besticht vor allem durch seine Einfachheit: Das Ordnerparadigma ist intuitiv verständlich sowie von jeder Anwendung heraus verfügbar. Außerdem eignet sich das Dateisystem zur Verwaltung unterschiedlicher Dateitypen. Warum also eine weitere Dateiablage? Gegenüber einem Dateisystem führt Domino eine Vielzahl von Vorteilen ins Feld. Zunächst einmal besticht eine Domino-Datenbank durch einen höheren Grad an Informationsstrukturierung. Da sämtliche Informationen auf Feldebene verwaltet werden, lassen sich in Notes Domino verhältnismäßig einfach sowohl gängige Metadaten (also Daten über Daten, z.B. Name des Autors) erfassen als auch neue Kategorien von Metadaten definieren. Gepaart mit der Fähigkeit von Notes Domino, beliebige Sichten auf solche Metadaten zu erstellen, ergeben sich daraus leistungsstarke und flexible Möglichkeiten des Informationszugriffs. Dieser wird noch erleichtert durch die kostenlos mitgelieferte Möglichkeit der Volltextsuche in den Informationsbeständen. Ferner lassen sich die Informationen in Domino-Datenbanken durch die Replikation besonders einfach verteilen (man spricht in diesem Zusammenhang von so genannter kontrollierter Redundanz). Das fein gegliederte, Web-kompatible Sicherheitsmodell ist zudem um einiges flexibler als bei konventionellen Dateisystemen. Für den Einsatz von Domino-Datenbanken sprechen nicht zuletzt die Plattformunabhängigkeit von Domino und die Möglichkeit, die Informationen in Datenbanken durch die integrierten Werkzeuge zur Anwendungsentwicklung schnell im Sinne der Anwendungsbedürfnisse aufzubereiten.

Domino-Datenbanken und relationale Datenbanken

Gegenüber klassischen relationalen Datenbanken besticht eine Domino-Datenbank insbesondere, wenn es um die flexible Verwaltung unstrukturierter Inhalte geht. So kann man in einer Domino-Datenbank Inhalte eines beliebigen Typs (Office-Dokumente, Applets, Bilder, Videos, Sounds) verwalten und die Struktur einzelner »Datensätze« ad hoc beliebig verändern. Dieser Vorteil muss allerdings durch die fehlenden Mechanismen zur Sicherstellung der Datenqualität erkauft werden: So kennt eine Domino-Datenbank keine referenzielle Integrität (diese kann lediglich manuell »nachgebaut« werden). Eine automatische Vermeidung von Redundanzen fehlt ebenso. Somit wird man eine Domino-Datenbanken kaum einsetzen, wenn es um die Verwaltung großer Mengen von strukturierten Daten geht, was allerdings in Groupware-Anwendungen ohnehin selten der Fall sein wird[1]. Eine Zusammenfassung der Vor- und Nachteile der einzelnen Alternativen ist in der Tabelle 3.1 dargestellt.

1 Wohl wissend um diese Nachteile, spendierte Lotus Domino einen leistungsfähigen Mechanismus zur Anbindung von externen Datenquellen.

	Domino-Datenbank	Dateisystem	relationale Datenbank
Integration mit gängigen Office-Anwendungen	Insbesondere Lotus-Anwendungen (SmartSuite), teilweise auch Microsoft Office	Sehr gut	Nein
Replikation	Ja	Nein	Ja
Verwaltung von strukturierten Inhalten	Geeignet	Ungeeignet	Sehr gut geeignet
Verwaltung von unstrukturierten Inhalten	Geeignet	Geeignet	Ungeeignet
Volltextsuche	Ja	Nein	Nein[1]
Sicherheit	Vielzahl von Sicherheitsmechanismen, fein granulierte Zugriffsbeschränkung, Web-kompatibel	Zugriffsbeschränkung auf der Betriebssystemebene	Fein granulierte Zugriffsbeschränkung

Tabelle 3.1: Domino-Datenbanken und Alternativen – ein Vergleich

3.2 Aufbau einer Domino-Datenbank

Wie in der Abbildung 3.1 dargestellt, kann man sich eine Domino-Datenbank wie eine große Tabelle vorstellen, in der die Zeilen durch die Felder und die Spalten durch die Dokumente repräsentiert werden. Dokumente können ihrem Typ nach noch mal in Datenbankinformationen, Gestaltungselemente und Daten unterteilt werden.

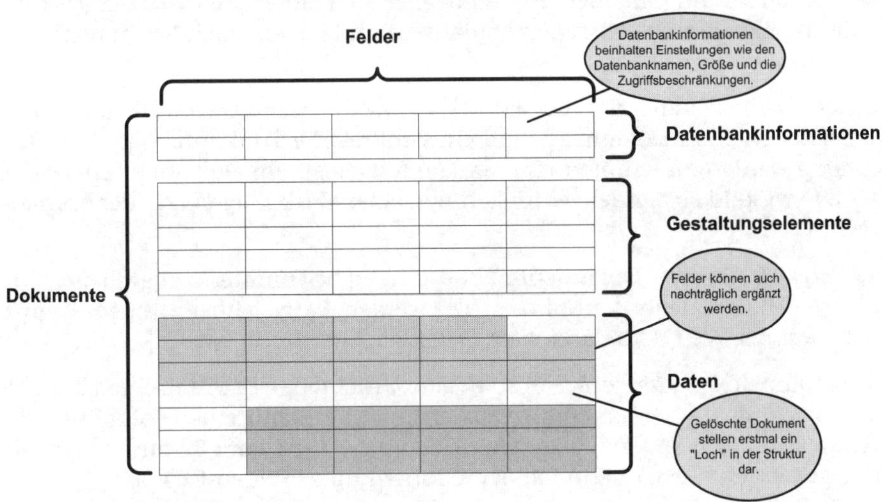

Abbildung 3.1: Aufbau einer Domino-Datenbank

1 Volltextsuche in relationalen Datenbanken erfordert in der Regel den Zukauf eines speziellen Moduls.

Metadaten

Die Metadaten umfassen alle Eigenschaften, welche die Datenbank als Ganzes und einzelne Dokumente beschreiben, jedoch nicht den eigentlichen Inhalt darstellen. Dazu gehören beispielsweise Informationen über die *Identifikation einer Datenbank* wie Datenbanktitel, Name der Datenbankdatei, eindeutige Replik-ID, *Verwaltungsparameter*, z.B. die Versionsnummer, maximale Größe, freier Speicherplatz, das Nutzungsprotokoll sowie die *Informationen über den Zugriffsschutz*, welche in Form so genannter Zugriffskontrolllisten verwaltet werden. Darüber hinaus lassen sich auch einzelne Dokumente durch Metadaten beschreiben: Name des Autors, Erstellungsdatum und Zugriffsberechtigungen sind nur einige Beispiele. Bei Metadaten handelt es sich größtenteils um Informationen, welche beim Erstellen einer Datenbank vom Anwender spezifiziert oder aber vom System automatisch verwaltet werden.

Gestaltungselemente

Neben reinen Inhalten in Form von Dokumenten besteht eine Domino-Datenbank aus einer Reihe von *Gestaltungselementen*. Informationen über diese werden intern ebenfalls in Form von Dokumenten und Feldern verwaltet und unterliegen daher den gleichen Gesetzen: Sie können kopiert, gelöscht und – nicht zuletzt – repliziert werden. Das letztere Feature ist insbesondere bei der verteilten Anwendungsentwicklung unentbehrlich. Die nun folgende Auflistung gibt einen Überblick über die Gestaltungselemente von Notes Domino. Einzelheiten zu jedem Gestaltungselementtyp finden Sie in den nachfolgenden Kapiteln.

- **Gliederungen**; stellen das logische Grundgerüst einer Anwendung bzw. Website dar und ermöglichen eine prompte Navigation zu einer bestimmten Stelle.
- **Rahmengruppen**: Besser bekannt unter der englischsprachigen Bezeichnung »Framesets«, stellen sie eine Ansammlung von Informationen über die Aufteilung des Bildschirms in mehrere Teilbereiche (»Frames«) dar. Dieses Feature wurde vor allem durch Netscape popularisiert und ist nun auch Bestandteil von Lotus Domino.
- **Masken**: dienen zum Erstellen, Editieren sowie Anzeigen von Dokumenten. Das Aussehen eines Dokuments und ein Großteil der Funktionalität einer Anwendung werden im Rahmen von Masken festgelegt. Ein Dokument erhält ein Erscheinungsbild erst, indem es im Rahmen einer Maske angezeigt oder bearbeitet wird.
- **Ansichten**: Listen von Dokumenten, die anhand bestimmter vorgegebener Kriterien selektiert, kategorisiert und sortiert werden, vergleichbar mit dem Begriff »View« aus der Welt der relationalen Datenbanken
- **Ordner**: ähneln in ihrer Funktion stark den Ansichten. Der Unterschied besteht lediglich darin, dass Inhalte von Ordnern nicht anhand eines vordefinierten Auswahlkriteriums angezeigt werden, sondern dort erst vom Benutzer manuell abgelegt werden müssen (ähnlich den Ordnern im Windows-Explorer).
- **Seiten**: Eine Seite ist einfach – wie der Name vermuten lässt – ein visuelles Konstrukt, welches zur Darstellung von Inhalten dient, die nicht aus einem Dokument basieren. Sie kann wie ein jedes Dokument mit beliebigen Inhalten (Text,

Bilder, Applets usw.) gefüllt werden, hat aber den Vorteil, dass sie nicht an eine bestimmte Maske gebunden ist.

- **Navigatoren**: Grafische Steuerelemente, die in der Regel zur Auswahl einer bestimmen Ansicht verwendet werden. Falls man keinen Navigator einsetzt, wird ein vom System vorgegebener Standardnavigator (»Ordner & Ansichten«) angezeigt, in dem alle verfügbaren Ordner und Ansichten enthalten sind.
- **Agenten**: Makroähnliche Programmabläufe, die in einer Datenbank im Hintergrund (in Abhängigkeit von einem bestimmten Ereignis) oder per Knopfdruck für den Benutzer routinemäßige Aufgaben erledigen. Agenten können sowohl einfache Aktionen als auch komplexe in Java oder LotusScript geschriebene Abläufe ausführen.
- **Ressourcen**: sind alle diejenigen Elemente, die in der einen oder anderen Form wiederverwendet werden können. Hierzu gehören:
  - **Gemeinsam genutzte Felder**: enthalten das Gestaltungsgerüst (Felddefinition) von Feldern, die in mehreren Masken in etwa die gleiche Funktion erfüllen und daher nicht mehrfach gespeichert werden müssen.
  - **Teilmasken**: unterstützen das Konzept der Wiederverwendung auf der Maskenebene. Maskenbereiche, die in mehreren Masken eingesetzt werden, können hiermit wiederverwendet werden (z.B. ein Briefkopf).
  - **Script-Bibliotheken**: Wiederverwendbare LotusScript-Routinen, die man hier zentral verwalten und pflegen kann, um sie dann an unterschiedlichen Stellen einzusetzen.
  - **Bilder**: Bildressourcen, welche archiviert und verwaltet werden können. Für die Anwendungsentwickler hat dies den großen Vorteil, dass Bilder nicht im Dateisystem abgelegt werden müssen, sondern direkt in einer Domino-Datenbank.
  - **Applets**: Ähnlich wie Bilder, kann man auch Java-Applets an einer zentralen Stelle verwalten, um sie dann an einer beliebigen Stelle in der Anwendung einzusetzen.
- Andere
  - *Über diese Datenbank*-Dokument: Ein Hilfsdokument, in dem kurz der Sinn und Zweck sowie die abgedeckten Anwendungsbereiche der betreffenden Datenbank dargestellt werden
  - *Benutzen dieser Datenbank*-Dokument: Dieses Hilfsdokument erfüllt den Zweck, die wichtigsten Bedienungskonzepte sowie Hinweise für den Benutzer zusammengefasst darzustellen.
- **Datenbank-Script**: Im Rahmen von Datenbank-Scripten lassen sich LotusScript-Code-Fragmente einbauen, die bei bestimmten Datenbankereignissen, beispielsweise beim Öffnen oder Schließen einer Datenbank oder beim Löschen von Dokumenten ausgeführt werden.
- **Datenbank-Symbol**: Die visuelle Darstellung der Datenbank auf dem Bildschirm lässt sich anpassen. Hierfür steht ein einfaches Zeichenprogramm zur Verfügung.

- **Gemeinsame Aktionen**: Wiederverwendbare Schaltflächen zur Ausführung von bestimmten vordefinierten Aktionen

Daten

Auch die eigentlichen Daten werden in Form von Dokumenten verwaltet. Eine nahe liegende Analogie ist hier der Datensatz in einer relationalen Datenbank. Doch im Gegensatz zu diesem ist ein Dokument eine autonome Einheit, welche auch die Information über ihre Struktur selbst verwaltet und sie nicht von einem externen Objekt (z.B. einer Tabellendefinition) bezieht. Dieser flexible Aufbau hat den Vorteil, dass die Struktur und die Größe eines Dokuments zu jedem Zeitpunkt beliebig verändert werden können. In diesem Zusammenhang ist oft von *compound-document*-Funktionalität die Rede. Dokumente fungieren hierbei quasi als Behälter für Grafiken, Texte, Objekte oder multimediale Daten – eine Funktionalität, die bei relationalen Datenbanken nur über sehr umständliche Umwege realisiert werden kann. In einer dokumentorientierten Umgebung wie Notes bilden *compound-documents* die Grundlage einer jeden Internet/Groupware-/Workflow-Anwendung.

3.3 Umgang mit Domino-Datenbanken

Die bisherigen Ausführungen vermitteln lediglich einen recht groben Überblick darüber, was Domino-Datenbanken sind und wie sie eingesetzt werden. In den folgenden Abschnitten werden wir uns den Umgang mit ihnen anhand eines praktischen Beispiels ansehen. Hierzu werden wir eine Datenbank namens »Literaturverwaltung« anlegen, welche wir in den Folgekapiteln schrittweise ausbauen werden.

3.3.1 Datenbanken öffnen

Doch bevor wir uns der Erstellung einer eigenen Datenbank widmen, werfen wir zunächst einmal einen Blick auf das Öffnen bestehender Datenbanken. Letzteres erfolgt mit dem Menübefehl DATEI/DATENBANK/ÖFFNEN. In dem daraufhin erscheinenden Dialogfenster kann man zunächst den SERVER und anschließend die DATENBANK auswählen. Ferner können Sie mit DURCHSUCHEN eine detailliertere Suche im Dateisystem durchführen.

Es ist zu beachten, dass neben den Datenbanken, die im Dialogfenster DATENBANK ÖFFNEN angezeigt werden, noch weitere existieren. Der Anwendungsentwickler kann nämlich mit der Option IM DIALOGFELD DATENBANK ÖFFNEN ANZEIGEN in den Datenbankeigenschaften (siehe weiter unten) eine Anzeige im Dialogfeld verhindern.

Falls Sie ferner über eine lokale Server-Installation verfügen, berücksichtigen Sie, dass das Öffnen der Datenbank mittels der Angabe des Server-Namens nicht das Gleiche ist wie das Öffnen der Datenbank über das Dateisystem (etwa mittels Durchsuchen). Nur im ersten Fall kann die Datenbank von mehreren Benutzern gleichzeitig geöffnet werden.

Domino Designer präsentiert beim Öffnen einer Datenbank standardmäßig den Inhalt des /DATA-Verzeichnisses und zeigt alle dort verfügbaren Datenbanken (Dateiendung NSF) und Datenbankschablonen (Dateiendung NTF, siehe weiter unten).

> Neben diesen beiden klassischen Dateiendungen gibt es noch weitere, beispielsweise NSF4 (Notes-Version 4) oder BOX (Mailbox-Datei). Um diese zu öffnen, müssen Sie den Umweg über das Durchsuchen des Dateisystems machen.
>
> Mit der Schaltfläche ÜBER können Sie sich eine Kurzbeschreibung der Datenbank anzeigen lassen, ohne diese zu öffnen.

3.3.2 Datenbanken erstellen

Eine neue Datenbank kann mit dem Menübefehl DATEI/DATENBANK/NEU erstellt werden. Es erscheint ein Dialogfenster, in dem man für diese Datenbank mehrere Optionen festlegen kann (vgl. Abbildung 3.2):

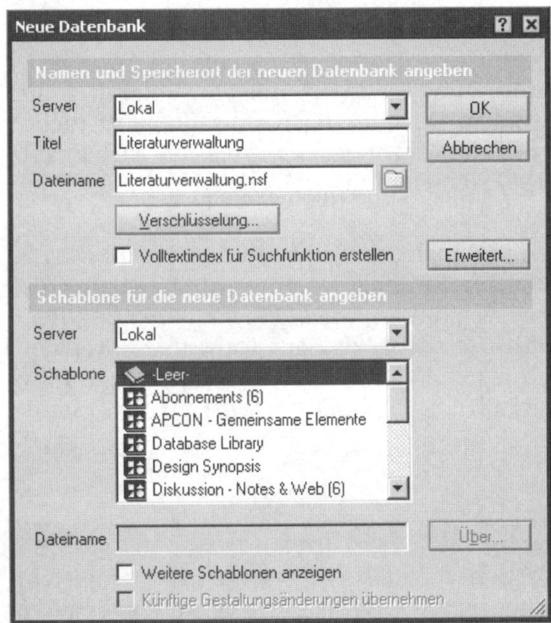

Abbildung 3.2: Neue Datenbank anlegen

- **Server**: Hier legt man fest, auf welchem Domino-Server die Datenbank angelegt werden soll. Es empfiehlt sich, zu Testzwecken eine neue Datenbank auf dem lokalen Rechner anzulegen, da nur hier uneingeschränkte Zugriffsrechte bestehen. Der voreingestellte Eintrag LOKAL ist also beizubehalten.
- **Titel**: Die Bezeichnung der Datenbank, durch welche die Datenbank im Arbeitsbereich fortan repräsentiert wird. Der Titel sollte kurz und aussagekräftig sein. Eindeutigkeit der Datenbanktitel ist nicht erforderlich.

- **Dateiname**: Der eindeutige Name der Datenbankdatei, welcher automatisch (anhand des Titels) generiert wird, jedoch nicht notwendigerweise mit diesem übereinstimmen muss
- **Größenbeschränkung**: Bei Domino-Datenbanken in der Release 4 musste man bereits bei der Erstellung der Datenbank eine maximale Größe angeben. In der aktuellen Version besteht diese Anforderung nur, falls die neue Datenbank auf einem älteren Domino-Server (z.B. Version 4) stationiert wird. Die maximale Größe einer Domino-Datenbank ab der Release 5 beträgt 64 Gbyte.
- **Volltextindex**: Mit dieser Option kann automatisch ein Volltextindex erstellt werden. Ein Volltextindex kann darüber hinaus jederzeit nachträglich erstellt werden. Mehr Informationen zum Umgang mit der Volltextsuche finden Sie im entsprechenden Kapitel über die Volltextsuche.

In der Praxis reicht es aus, wenn man beim Erstellen einer Datenbank lediglich den Titel angibt (in unserem Fall: *Literaturverwaltung*) und auf OK klickt. Die meisten Einstellungen können wir zu einem späteren Zeitpunkt anpassen.

3.3.3 Neue Kopie erstellen

Mit dem Befehl DATEI/DATENBANK/NEUE KOPIE kann jederzeit eine 1:1-Kopie einer Datenbank angefertigt werden. Hierbei kann wahlweise nur die Gestaltung oder die komplette Datenbank kopiert werden. Das Anfertigen einer Kopie ist (neben der bereits beschriebenen Komprimierung) ein möglicher Weg, die Datenbankstruktur zu konsolidieren und etwaige Fragmentierungsfolgen zu beseitigen.

Beachten Sie, dass der Befehl NEUE KOPIE nicht identisch mit dem Befehl DATEI/REPLIZIERUNG/NEUE REPLIK ist. Im letzteren Fall stellt Domino zwischen dem Original und der Kopie mittels einer so genannten *Replik-ID* eine Beziehung her, welche zwei Datenbanken als *Repliken* ausweist, also quasi identische Kopien, welche im Rahmen der Replikation laufend abgeglichen werden können. Dies ist beim Befehl NEUE KOPIE nicht der Fall, eine Replizierung kann also nicht stattfinden.

3.3.4 Datenbank löschen

Zum Löschen von Datenbanken existiert ebenfalls ein gesonderter Menübefehl, DATEI/DATENBANK/LÖSCHEN, welcher über einen »geregelten« Weg eine zuvor ausgewählte Datenbank samt ihrer Inhalte von der Festplatte entfernt.

3.3.5 Datenbankeigenschaften

Nach dem Erstellen bzw. Öffnen einer Domino-Dateibank präsentiert uns Domino Designer eine Auflistung der Gestaltungselemente der neugebackenen Datenbank (vgl. Abbildung 3.3).

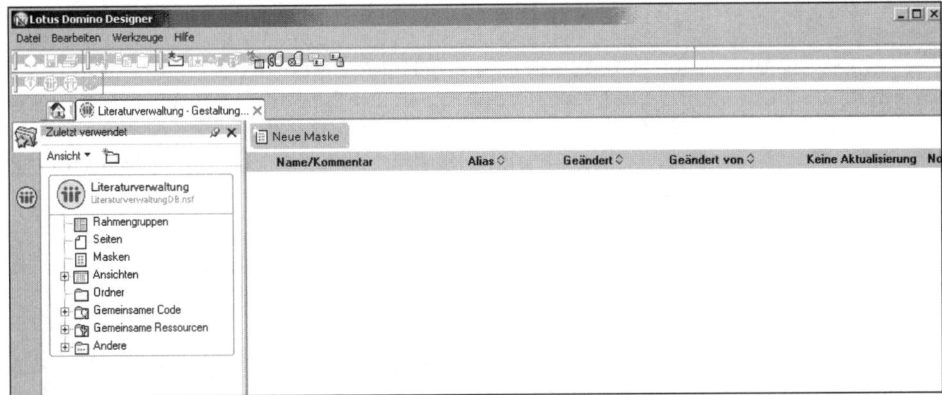

Abbildung 3.3: Neue Datenbank im Domino Designer

Wir werden uns den einzelnen Typen von Gestaltungselementen in den nächsten Kapiteln widmen. Im Folgenden wollen wir uns zunächst einmal den wichtigsten Features einer Datenbank widmen, welche uns im Dialogfenster EIGENSCHAFTEN: DATENBANK zur Verfügung stehen. Dieses kann mit dem Befehl DATEI/DATENBANK-EIGENSCHAFTEN oder aber kontextsensitiv mit der rechten Maustaste aufgerufen werden, wobei der Cursor sich über dem Datenbanktitel im Arbeitsfenster befinden sollte.

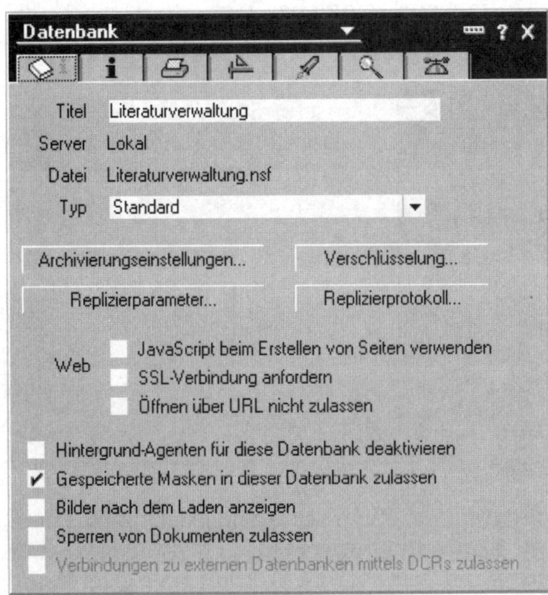

Abbildung 3.4: Datenbankeigenschaften

Wir werden uns im Folgenden den Umgang mit den – aus der Sicht der Anwendungsentwicklung – wichtigsten Datenbankeigenschaften ansehen. Andere Eigenschaften werden teilweise in speziellen Zusammenhängen verwendet, auf die wir erst in den folgenden Kapiteln eingehen werden.

3.3.6 Datenbank umbenennen

Die Umbenennung einer Datenbank erfolgt auf der ersten Registerkarte der Eigenschaften: Datenbank im Feld Titel. Wichtig ist hierbei die Unterscheidung zwischen dem Titel und dem Datenbankdateinamen. Während wir den ersteren jederzeit auf der besagten Registerkarte ändern können, kann der Datenbankdateiname lediglich auf der Betriebssystemebene geändert werden.

Alternativ zur Registerkarte kann eine Datenbank durch den Aufruf des kontextsensitiven Menüs umbenannt werden (Menüpunkt UMBENENNEN).

3.3.7 Datenbank komprimieren

Eine Domino-Datenbank ist, wie bereits erwähnt, wie eine riesige Tabelle aufgebaut. Löschen von Dokumenten in einer Datenbank bewirkt, dass »Löcher« in die Tabellenstruktur gerissen werden. Die interne Speicherverwaltung von Domino kann diese zwar zum Teil wieder ausfüllen, indem neue Inhalte anstelle von gelöschten eingefügt werden. Doch mit der steigenden Anzahl von Löschoperationen findet – ähnlich wie bei herkömmlichen Dateisystemen – eine immer höhere Fragmentierung der Datenbankstruktur statt, mit der Konsequenz, dass die Datenbank aufgrund der wenig effizienten Speichernutzung »aufgebläht« wird. Um dem entgegenzuwirken, kann man eine Datenbank komprimieren. Dies kann entweder manuell (Client) oder automatisch in regelmäßigen Zeitabständen (Server-Task Compact) erfolgen und resultiert oft in erheblichen Speicherplatzeinsparungen. Wir wollen uns im Folgenden den ersten Fall ansehen – nämlich die manuelle Komprimierung. Diese erfolgt auf der Registerkarte INFO (vgl. Abbildung 3.5).

Abbildung 3.5: Komprimieren von Datenbanken

Hier gibt es neben dem aktuell benötigten Speicherplatz sowie der Dokumentenanzahl zwei Schaltflächen, welche die Komprimierung steuern: MIT % VERWENDET kann man die Fragmentierungsquote einer Datenbank ermitteln. Der eigentliche Komprimierungsvorgang wird jedoch mit KOMPRIMIEREN eingeleitet.

Benutzer können während des Komprimierungsvorgangs weiter mit der Datenbank arbeiten.

3.3.8 Mit Schablonen arbeiten

Schablonen

Neben der Möglichkeit, Datenbanken von Grund auf neu zu erstellen, besteht im Domino Designer die Möglichkeit, auf vorgefertigte Datenbanken – so genannte *Schablonen* – zurückzugreifen. Schablonen sind Domino-Datenbanken, die keine Dokumente, sondern nur das Gestaltungsgerüst (also nur Gestaltungselemente) enthalten (erkennbar an der Dateiendung .NTF)[1]. Im Lieferumfang von Domino sind eine Reihe von interessanten Schablonen enthalten, darunter etwa eine Diskussionsdatenbank und eine Dokumentbibliothek.

Eine umfangreiche Dokumentation zu Domino-Schablonen finden Sie auf der Website von Lotus Developer Domain unter *Domino Designer Templates Guide* unter der Adresse

```
http://www-10.lotus.com/ldd/notesua.nsf/
```

Schablonen sparen zum einen Entwicklungszeit und -kosten und eignen sich zum anderen hervorragend als Musterbeispiele für angehende Domino-Entwickler, denn sie enthalten viele Tipps und Tricks aus erster Hand.

Datenbanken auf Basis von Schablonen erstellen

Wie schnell und einfach man komplette Domino-Anwendungen auf Basis von Schablonen »programmieren« kann, soll am Beispiel der Diskussionsdatenbankschablone aufgezeigt werden. Um diese zu erstellen, sind folgende Schritte erforderlich:

1. Wählen Sie den Menübefehl DATEI/DATENBANK/NEU.
2. (Optional) Klicken Sie auf die Schaltfläche SCHABLONENSERVER, um den Server auszuwählen, bei dessen Schablonen Sie sich bedienen möchten. Die Einstellung LOKAL bewirkt die Anzeige der lokalen Schablonen des Domino Designers.

Eine Domino-Server-Installation enthält teilweise andere Schablonen als eine Client-Installation.

1. Wählen Sie eine Schablone aus. In unserem Fall: DISKUSSION – NOTES UND WEB.
2. Benennen Sie die Datenbank und klicken Sie auf OK.

Gestaltungsänderungen übernehmen

Eine aus der Sicht der Anwendungsentwicklung besonders interessante Eigenschaft von Schablonen ist, dass man als Entwickler beim Erstellen der Datenbank mit der Option KÜNFTIGE GESTALTUNGSÄNDERUNGEN ÜBERNEHMEN festlegen kann, dass alle Gestaltungsänderungen der Schablone automatisch in diejenigen Datenbanken übernommen werden, die auf dieser Schablone basieren. Insbesondere in großen

1 Die Beschränkung auf Gestaltungselemente ist der häufigste Praxisfall. In einigen Fällen könnte es jedoch sinnvoll sein, auch Dokumente als Gestaltungselemente zu betrachten. Beispielsweise könnte eine Schablone Hilfsdokumente enthalten, welche für alle Datenbanken gelten, die mit dieser Schablone erstellt wurden. Auch dies ist mit der Aktualisierung von Schablonen ohne weiteres möglich.

Unternehmen mit mehreren tausend Arbeitsplätzen lassen sich auf diese Weise schnell und effizient neue Versionen von Domino-Anwendungen verteilen.

Manuelle Aktualisierung der Gestaltung

Wenn eine Datenbank auf einer Schablone basiert, wird die Aktualisierung der Gestaltung automatisch von der Server-Task DESIGN, in der Regel auf täglicher Basis, durchgeführt. Manuelle Aktualisierung ist ebenfalls möglich. Hierzu befinden sich im Menü DATEI/DATENBANK zwei Befehle:

- **Gestaltung aktualisieren**: ermöglicht die manuelle Aktualisierung der Gestaltung basierend auf einer Schablone. Im Gegensatz zum nächsten Punkt werden nur die Gestaltungselemente aktualisiert, die anhand einer Schablone erstellt wurden. Es werden mindestens *Entwickler*-Zugriffsrechte vorausgesetzt.
- **Datenbank-Gestaltung ersetzen**: ersetzt die Gestaltung einer Datenbank komplett durch eine andere Schablone. Der Inhalt (die Dokumente) sowie persönliche und/oder geschützte Gestaltungselemente bleiben dabei unberührt. Auch hier sind mindestens *Entwickler*-Zugriffsrechte Voraussetzung.

Repository-Datenbanken anlegen

Der Bezug zur Schablone umfasst hierbei nicht notwendigerweise die gesamte Datenbank. Vielmehr lassen sich lediglich *einzelne Gestaltungselemente aus Schablonen* übernehmen, womit auch nur diese von einer Aktualisierung betroffen sind.

Um ein einzelnes Gestaltungselement aus einer Schablone zu übernehmen, sind folgende Schritte erforderlich:

1. Öffnen Sie die Schablone (z.B. die soeben angesprochene Diskussionsdatenbank im Gestaltungsmodus).
2. Markieren Sie im Arbeitsfenster das betreffende Gestaltungselement.
3. Wählen Sie den Menübefehl BEARBEITEN/KOPIEREN.
4. Öffnen Sie die Zieldatenbank.
5. Wählen Sie den Menübefehl BEARBEITEN/EINFÜGEN.

Domino erkennt automatisch, wenn es sich bei der Quelldatenbank um eine Schablone handelt. Somit werden Änderungen am betreffenden Gestaltungselement, welche in der Schablone vorgenommen werden, beim nächsten Mal automatisch in die Zieldatenbank(en) übertragen.

Manchmal sind an den Gestaltungselementen, welche auf die oben beschriebene Art und Weise aus einer Schablone übernommen wurden, Anpassungen erforderlich. Um zu verhindern, dass diese durch die automatische Aktualisierung der Gestaltung versehentlich überschrieben werden, kann man ein Gestaltungselement schützen. Hierzu sind folgende Schritte erforderlich:

1. Markieren Sie das betreffende Gestaltungselement im Arbeitsfenster.
2. Wählen Sie den Menübefehl DATEI/EIGENSCHAFTEN: DOKUMENT.
3. Aktivieren Sie auf der Registerkarte GESTALTUNG die Option DURCH AKTUAL./ERSETZ. DER GESTALTUNG NICHT ÄNDERBAR (vgl. Abbildung 3.6).

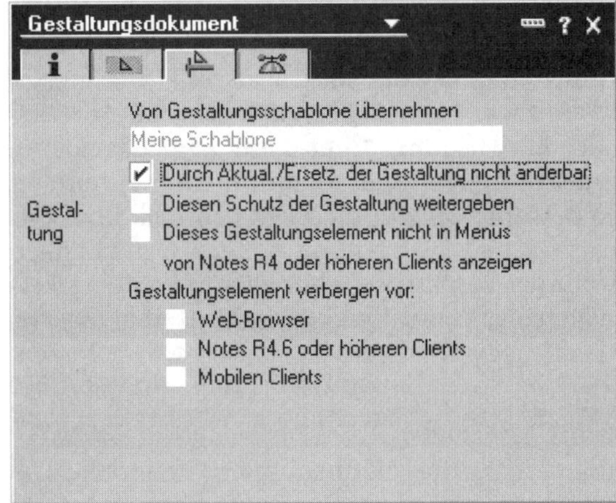

Abbildung 3.6: Gestaltungselemente schützen

Auf dem eben beschriebenen Weg können *Repository*-Datenbanken angelegt werden, also Ansammlungen von standardisierten Gestaltungselementen, die unternehmensweit in allen Domino-Anwendungen eingesetzt werden.

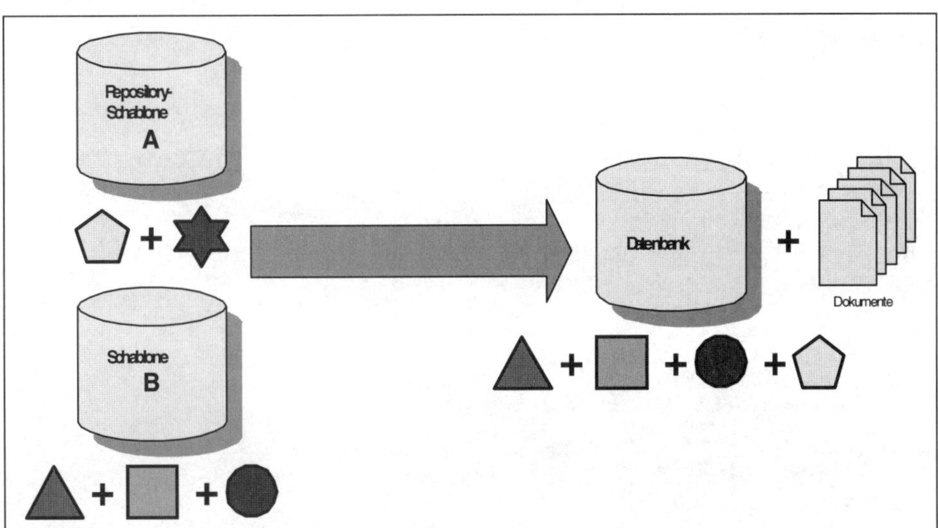

Abbildung 3.7: Arbeiten mit Schablonen

Das Schablonenprinzip

Abbildung 3.7 soll die prinzipielle Arbeitsweise mit Schablonen verdeutlichen: Hierbei wird eine Datenbank (fortan als Zieldatenbank bezeichnet) basierend auf der Schablone B erstellt. Dies bedeutet, dass die Zieldatenbank automatisch sämtliche Gestaltungselemente (dargestellt als Formen) der besagten Schablone übernimmt. Zusätzlich wird aus der Repository-Schablone A lediglich das pentagonförmige Element in die Zieldatenbank kopiert. Dies könnte beispielsweise ein Maskenbereich mit dem Logo des Unternehmens sein. Wann immer sich in einer der beiden Schablonen ein Gestaltungselement ändert, reicht es aus, in der Zieldatenbank eine Aktualisierung der Gestaltung durchzuführen (wobei die Aktualisierung, wie gesagt, sowohl manuell als auch automatisch initiiert werden kann) und schon ist die Zieldatenbank auf dem letzten Stand der Entwicklung. Interessant wird das Ganze, wenn wir es nicht nur mit einer, sondern unter Umständen mit mehreren hundert Zieldatenbanken zu tun haben. Darüber hinaus kann die Zieldatenbank ihrerseits wiederum eine Schablone sein und als solche zur Erstellung weiterer Datenbanken eingesetzt werden. In Kombination mit der Replikation ermöglicht uns dieses Feature, dass wir quasi über Nacht eine beliebige Anzahl von Datenbanken aktualisieren können.

Eigene Datenbanken als Schablone kennzeichnen

Ob eine Datenbank auf einer Schablone basiert, kann man leicht erkennen. Die diesbezüglichen Informationen befinden sich auf der Registerkarte GESTALTUNG der Datenbankeigenschaften (vgl. Abbildung 3.8).

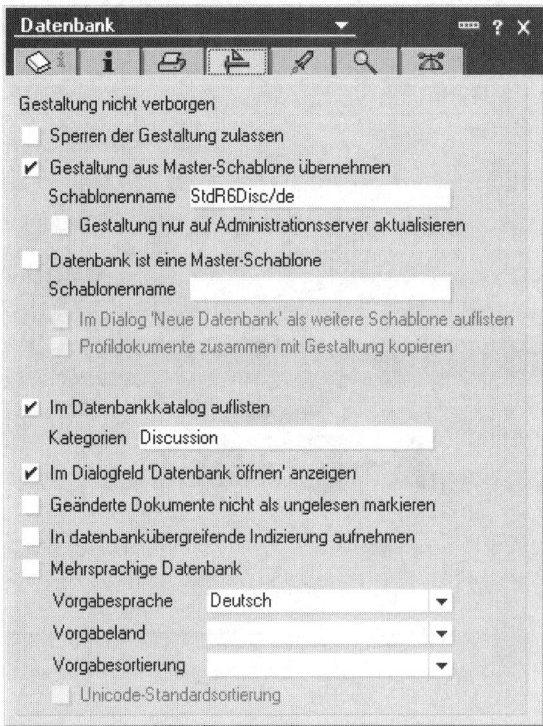

Abbildung 3.8: Registerkarte GESTALTUNG

Hier besteht zudem die Möglichkeit, eine eigene Datenbank als Schablone zu kennzeichnen. Dies macht Sinn, wenn Sie komplett neue Datenbanken oder auch nur einzelne Gestaltungselemente, basierend auf einer bestimmten Datenbank, erstellen möchten.

Hierzu sind zwei Schritte erforderlich:

1. Aktivieren Sie auf der Registerkarte GESTALTUNG die Option DATENBANK IST EINE SCHABLONE.
2. Geben Sie im Feld SCHABLONENNAME einen beliebigen Namen ein. Dieser Name sollte bei abgeleiteten Datenbanken bzw. Gestaltungselementen im Feld SCHABLONENNAME (bei AUS SCHABLONE ÜBERNEHMEN) eingetragen werden.

> Eine Datenbank, welche Sie als Schablone deklarieren möchten, muss nicht notwendigerweise die Dateiendung NTF tragen.

3.3.9 Startoptionen für eine Datenbank festlegen

Mit dem Befehl DATEI/DATENBANKEIGENSCHAFTEN kann auf der Registerkarte STARTEN festgelegt werden, was geschehen soll, wenn die Datenbank geöffnet wird. Diese Einstellung kann man in Abhängigkeit davon, ob die Datenbank im Notes-Client oder im Webbrowser geöffnet wird, getrennt vornehmen (vgl. Abbildung 3.9).

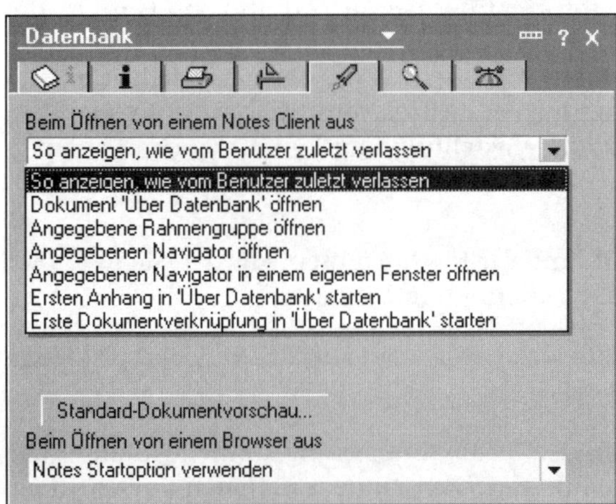

Abbildung 3.9: Startoptionen für eine Datenbank festlegen

Die in Frage kommenden Alternativen sind getrennt für beide Client-Typen in der Tabelle 3.2 aufgelistet.

Startoptionen im Notes-Client	Startoptionen im Webbrowser
So anzeigen wie vom Benutzer zuletzt verlassen	Notes-Startoption verwenden
Dokument Über Datenbank öffnen	Dokument Über Datenbank öffnen
Angegebene Rahmengruppe öffnen	Angegebene Rahmengruppe öffnen
Angegebenen Navigator öffnen	Angegebene Seite öffnen
Angegebenen Navigator im eigenen Fenster öffnen	Angegebenen Navigator im eigenen Fenster öffnen
Ersten Anhang in Über Datenbank starten	Erste Dokumentverknüpfung in Über Datenbank starten
Erste Dokumentverknüpfung in Über Datenbank starten	Angegebene Dokumentverknüpfung starten
	Erstes Dokument in Ansicht starten

Tabelle 3.2: Startoptionen einer Datenbank

Dem Aspekt der Software-Verteilung dienlich sind die Optionen BEI ÄNDERUNG DOKUMENT »ÜBER DATENBANK« ANZEIGEN sowie BEIM ERSTEN ÖFFNEN DER DATENBANK DOKUMENT »ÜBER DATENBANK« ANZEIGEN. Diese beiden Features ermöglichen es dem Anwendungsentwickler, eine kurze Information über die Art und den Umfang der Änderungen bzw. den Sinn und Zweck einer Datenbank gut sichtbar zu platzieren. Insbesondere in großen Unternehmen, wo neue Datenbanken fast täglich entstehen und der Nutzerkreis nur bedingt im Voraus bestimmt werden kann, ersparen diese beiden Funktionen die aufwändige Erstellung und Verteilung einer entsprechenden Papierdokumentation.

Weitere Informationen zur Verwendung der Hilfsdokumente finden Sie in Kapitel 32 über die Benutzung von Hilfefunktionen in Domino.

3.3.10 Volltextsuche einrichten

Durch den integrierten Mechanismus der Volltextindizierung können wir die Suche nach Informationen in einer Datenbank erleichtern, indem wir einen Volltextindex erstellen. Wir kennen diese Funktion bereits aus dem Kapitel 2 »Arbeiten mit Domino Designer« im Zusammenhang mit der Volltextindizierung der *Domino Designer-Hilfe*, die uns zu diesem Zweck eine besonders komfortable Benutzerschnittstelle bereitstellt. Analog hierzu kann die Volltextsuche in jeder beliebigen Datenbank eingerichtet werden. Die Einstellungen befinden sich auf der Registerkarte SUCHE, dargestellt anhand eines Lupen-Symbols (vgl. Abbildung 3.10).

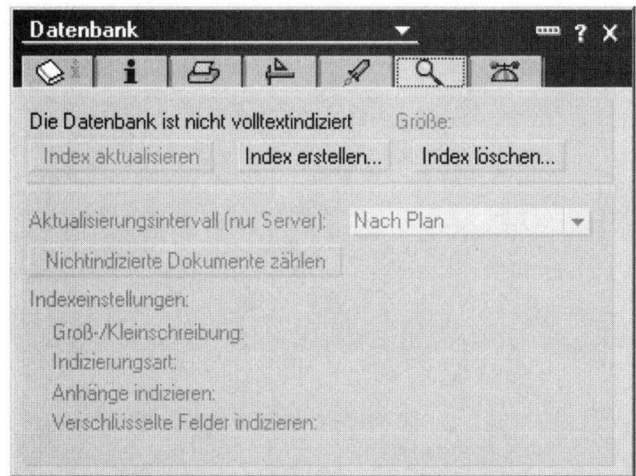

Abbildung 3.10: Einrichtung der Volltextsuche in einer Datenbank

Zur Einrichtung der Volltextsuche in der Datenbank *Literaturverwaltung* klicken Sie auf die Schaltfläche INDEX ERSTELLEN. Es erscheint das Dialogfenster INDEX ERSTELLEN, welches die Einstellung von Indizierungsoptionen ermöglicht (vgl. Abbildung 3.3). Mit Ausnahme der letzten ermöglichen alle Optionen einen erweiterten Suchumfang bzw. eine detailliertere Suche. Dieser Vorteil muss jedoch mit einer beträchtlichen Vergrößerung der Volltextindexdatei erkauft werden.

Indizierungsoption	Anmerkung
Angehängte Dateien indizieren	Indiziert Dateien, welche als Anhang im Rahmen eines Dokuments vorliegen
Verschlüsselte Felder indizieren	Ermöglicht die Suche nach Feldinhalten, die verschlüsselt und für den herkömmlichen Benutzer unsichtbar sind. Der Benutzer kann den Inhalt eines solchen Feldes zwar nicht lesen, aber vom Suchergebnis auf das Vorhandensein eines bestimmten Ausdrucks im verschlüsselten Feld schließen. Daher ist diese Option mit Sicherheitsrisiken verbunden.
Satz- und absatzweise indizieren	Ermöglicht die Verwendung von Operatoren, welche Begriffe innerhalb eines Satzes bzw. Absatzes suchen
Groß-/Kleinschreibung beachten	»USER« ist nicht das Gleiche wie »user«.
Aktualisierungsintervall	Legt fest, wie oft ein Volltextindex aktualisiert wird. Diese Einstellung gilt nur für diejenigen Datenbanken, welche auf dem Server gespeichert sind.

Tabelle 3.3: Indizierungsoptionen

Weitere Informationen zum Umgang mit der Domino-Volltextsuche finden Sie im entsprechenden Kapitel zur Volltextsuche.

4 Arbeiten mit Seiten

Frage: Womit fängt eine jede Anwendung an? Antwort: mit einer Seite. Einer Seite? Richtig. Seit dem Aufkommen des World Wide Web als einer Applikationsplattform setzt sich auch bei der Konzeption von Anwendungen ein neues Paradigma durch, bei dem die Inhalte (welche im Allgemeinen in Form von WWW-Seiten dargestellt werden) eine zentrale Rolle spielen. Bereits der »Einstieg« in eine Anwendung (oder eine Gruppe von Anwendungen) wird meistens in Form einer Seite – allgemein als Homepage bekannt – realisiert.

Wir wollen uns diese Tatsache zunutze machen, indem wir beim Kennenlernen von Notes Domino ganz »unten« anfangen: nämlich mit der Erstellung von *Seiten*. Gerade für die Entwickler, welche mit der Entwicklung von WWW-Anwendungen, jedoch weniger mit Notes Domino vertraut sind, soll auf diese Weise ein Einstieg ermöglicht werden, welcher an die aus dem WWW bereits bekannten Metaphern – Text, Bilder und Verknüpfungen – anknüpft. Für »klassische« Notes-Entwicker sei gesagt, dass das Konzept von Seiten ein klares Zugeständnis an die immer größere Bedeutung des Web als Anwendungsumgebung ist. In den älteren Versionen von Notes Domino gibt es jedoch zwei Gestaltungselemente, welche dieses Konzept bereits ansatzweise andeuten: die Hilfsdokumente Über diese Datenbank sowie Benutzen dieser Datenbank. Das Konstrukt *Seite* ist nichts anderes als eine Verallgemeinerung der Funktionalität dieser beiden Gestaltungselemente.

Wir wollen in diesem Kapitel den Umgang mit einigen grundlegenden Elementen zur Gestaltung von Seiten an einem praktischen Beispiel kennen lernen: Für unsere Anwendung *Literaturverwaltung* soll – basierend auf einer Seite – eine einfache Homepage erstellt werden.

4.1 Was sind Seiten?

Das Prinzip der Seiten lässt sich am einfachsten verdeutlichen, wenn man diese mit der Erstellung herkömmlicher HTML-Seiten im WWW vergleicht. Im Allgemeinen würde man hierfür einen HTML-Editor einsetzen, um an den entsprechenden Stellen Texte, Bilder, Verknüpfungen, Tabellen und sonstige Elemente, die HTML so anbietet, zu platzieren. Das Ergebnis ist ein HTML-Dokument, welches unter einem bestimmten Namen irgendwo im Dateisystem des WWW-Servers abgelegt wird.

Bei Domino ist das Ganze nicht anders: Hier fungiert der Domino Designer als Editor zur Erstellung von Seiten. Dieser bietet sämtliche von HTML her bekannten Elemente (und noch einige darüber hinaus) und ermöglicht ebenso wie ein klassischer HTML-Editor die Einbindung manuell erstellter HTML-Tags. Gibt es auch Unterschiede? Zunächst dürften zwei ins Auge fallen: Als Ablage beim Speichern wird nicht das gute alte Dateisystem verwendet, sondern eine Domino-Datenbank. Zudem muss man beachten, dass einige Elemente (oder auch nur Optionen) nur vom Notes-Client unterstützt werden und nicht vom Webbrowser und umgekehrt.

4.2 Seitenelemente

Bevor wir uns der Erstellung von Seiten widmen, werfen wir einen Blick auf die Seitenelemente – also letzendlich den Inhalt einer Seite. Folgende Features stehen uns im Rahmen einer Seite zur Verfügung:

- **Text**: Generell wird das Erscheinungsbild einer Seite mittels einfacher Texteingabe gestaltet. Notes bietet vielfältige Textformatierungsmöglichkeiten, die denen gängiger Textverarbeitungen in nichts nachstehen. Darüber hinaus beschränkt sich die Texteingabe keineswegs nur auf statische Texte, vielmehr können Textelemente auch in berechneter Form vorliegen, was nichts anderes bedeutet, als dass sie dynamisch zur Laufzeit ausgewertet werden.
- **Bilder**: Bilder können aus der Zwischenablage, aus dem Dateisystem importiert oder aber aus der Ressourcenverwaltung einer Domino-Datenbank eingefügt werden. Einmal eingefügt, können Bilder ferner im eingeschränkten Umfang formatiert und nachbearbeitet werden.
- **Horizontale Linie**: dient zur optischen Trennung bestimmter Seitenabschnitte. Die horizontale Linie als Gestaltungselement ist ein Zugeständnis an die Popularität, welche dieses Stilmittel in der HTML-Welt besitzt (für Kenner: HTML-Tag <HR>), und ist im Wesentlichen eine 1:1-Übertragung dieses Konzepts in die Notes-Welt.
- **Tabellen**: können zur strukturierten Anzeige von Daten eingesetzt werden, aber auch um das »reine« Layout einer Seite übersichtlicher zu gestalten. In Notes Domino geht der Funktionsumfang von Tabellen weit über die WWW-Welt hinaus: Neben den stark verbesserten Formatierungsmöglichkeiten können die Tabellen als Registerkartenübersichten oder zur dynamischen Anzeige von Informationen »zweckentfremdet« werden.
- **Abschnitte**: bieten die Möglichkeit, die Übersichtlichkeit einer Seite zu verbessern, indem bestimmte Seitenbereiche thematisch zusammengefasst und bei Bedarf per Mausklick erweitert oder komprimiert werden können.
- **Dateianhänge**: ermöglichen die Einbindung einer beliebigen Datei in eine Domino-Seite. Die im Rahmen einer Seite eingebundenen Dateien können sowohl im Notes-Client als auch im Webbrowser mit einem integrierten Viewer angezeigt bzw. mit einer entsprechenden Anwendung gestartet werden.
- **Hotspots**: definieren Bereiche, die beim Anklicken eine bestimmte Aktion ausführen. Zu diesen zählen Schaltflächen, Maus-sensitive Text- oder Grafikbereiche und Verknüpfungen.
- **Aktions-Schaltflächen**: befinden sich oberhalb des Dokumentfensters und ermöglichen einen schnellen Zugriff auf die meistgebrauchten Funktionen einer Seite. Darüber hinaus kann man in Notes Domino die Aktions-Schaltflächen zu einfachen Menüs zusammenfassen und – in Form so genannter gemeinsamer Aktionen – wiederverwenden.
- **Eingebettete Elemente**: ermöglichen eine beliebige Mischung von Seiten mit anderen Domino-Gestaltungselementen, die wir in späteren Kapiteln kennen

lernen werden. Beispielsweise lassen sich mit eingebetteten Elementen Gliederungen, Ansichten und Navigatoren in die Seite einfügen. Des Weiteren gehören zu den eingebetteten Elementen auch spezielle Controls, welche speziell für Calendaring- und Scheduling-Anwendungen gedacht sind, beispielsweise der so genannte Datumswähler.

- **Java-Applets**: sind kleine in der plattformunabhängigen Sprache Java geschriebene Programme, welche im Rahmen einer Notes- bzw. einer Webanwendung ausgeführt werden können.
- **Objekte**: Grob vereinfacht sind Objekte das Microsoftsche Pendant zu Java-Applets. Es handelt sich hierbei um Komponenten gemäß der OLE-Spezifikation (Object Linking and Embedding). Diese können (nur im Notes-Umfeld) in die Seite eingebettet werden und über LotusScript mit dem Notes-Umfeld interagieren.
- **Ebenen:** Neu in Domino 6 ist die Möglichkeit, bestimmte Gestaltungselemente im Rahmen einer Seite (aber auch einer Maske) in Form so genannter Ebenen zusammenzufassen und pixelweise an einer beliebigen Stelle im Rahmen der Seite zu platzieren bzw. mehrere Ebenen übereinander zu stapeln.

Sie sehen, die Liste ist lang. Wir wollen uns daher in diesem Kapitel lediglich auf die einfachsten Elemente beschränken: Text, Horizontaler Strich, Verknüpfungen und Dateianhänge. Darüber hinaus soll der Umgang mit HTML im Domino Designer erläutert werden. Viele der genannten Elemente – etwa Tabellen, Bilder und Java-Applets, um nur einige zu nennen – bieten derart viele Features, dass sie im Rahmen eigener Kapitel behandelt werden.

> Viele der genannten Elemente sind keineswegs nur auf Seiten beschränkt. Wie wir in den Folgekapiteln sehen werden, kann ein Großteil der genannten Funktionalitäten – etwa die nachfolgend beschriebene Textformatierung – auf die gleiche Art und Weise in Masken, einzelnen Dokumenten und anderen Gestaltungselementen zum Einsatz kommen, teilweise in abgespeckter oder aber erweiterter Form.

4.3 Neue Seiten anlegen

Möglichkeiten der Seitenerstellung

Seiten können im Domino Designer in einer eigens hierfür bereitgestellten Ansicht namens Seiten verwaltet werden. Um eine neue Seite zu erstellen, gibt es zwei Möglichkeiten:

- Man kann eine bestehende Seite mit BEARBEITEN/KOPIEREN und BEARBEITEN/EINFÜGEN (gegebenenfalls aus einer anderen Datenbank) kopieren und anschließend anpassen. Eine Möglichkeit, welche sich insbesondere dann empfiehlt, wenn bestimmte Seitenelemente »recycelt« werden sollen.
- Eine gänzlich neue Seite kann mit dem Menübefehl ERSTELLEN/GESTALTUNG/SEITE oder aber mit der Schaltfläche NEUE SEITE in der Ansicht Seiten angelegt werden.

Eigenschaften einer Seite

Wie jedes andere Gestaltungselement in Domino ist eine Seite nicht einfach ein Sammelsurium von Seitenelementen, sondern besitzt auch selbst bestimmte Eigenschaften. Diese lassen sich mit dem Menübefehl GESTALTUNG/EIGENSCHAFTEN: SEITE (bzw. kontextsensitiv mit dem Klick auf die rechte Maustaste) auf den Bildschirm holen (vgl. Abbildung 4.1).

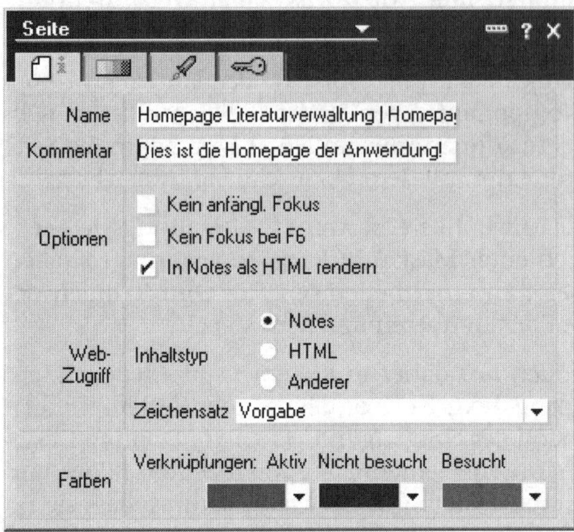

Abbildung 4.1: Seiteneigenschaften

Seite benennen

Die einzige Eigenschaft, welche unerlässlich ist, ist der Name (eine Seite muss spätestens beim Speichern benannt werden). Der Name dient nicht nur zur Darstellung in den entsprechenden Ansichten, sondern auch zur Referenzierung im Rahmen der Anwendungsentwicklung. Bei der Benennung gelten folgende Richtlinien: Es wird zwischen Klein- und Großbuchstaben unterschieden; zudem kann der Name Buchstaben, Zahlen, Leer- und Satzzeichen in beliebiger Kombination enthalten.

Optional können mehrere Namen angegeben werden. Alternativnamen heißen in der Domino-Terminologie *Aliase* und werden vom Hauptnamen mittels eines vertikalen Trennbalkens (»|«) getrennt, beispielsweise

```
Homepage Literaturverwaltung|Homepage
```

Die Anzahl der Alias-Namen ist unbeschränkt, allerdings darf die Anzahl der *Zeichen* im Namen 256 nicht übersteigen.

Ferner gehört es zum guten Ton, im Feld Kommentar den Sinn und Zweck der Seite anhand einer Kurzbeschreibung zu verdeutlichen.

Seite speichern

Wir sind nun soweit, dass wir unsere erste Seite speichern können (Menübefehl DATEI/SPEICHERN). Wir werden uns andere Eigenschaften im Laufe dieses Kapitels ansehen.

4.4 Arbeiten mit der Textformatierung

Text ist meistens sowohl bei Seiten als auch später bei Masken die wichtigste Inhaltsform. Darüber hinaus ist es wichtig, den Umgang mit der Textformatierung zu verstehen, denn im Domino Designer werden auch andere Elemente wie Felder, Grafiken und Anhänge *inline* dargestellt. Sie unterliegen also gewissermaßen den gleichen Formatierungsregeln wie einfacher Text.

Grundsätzlich wird die Formatierung von Text in EIGENSCHAFTEN: TEXT vorgenommen (vgl. Abbildung 4.2). Texteigenschaften sind entweder mit dem Befehl TEXT/ EIGENSCHAFTEN oder über das entsprechende kontextsensitive Menü abrufbar. Darüber hinaus können einzelne Textformatierungsbefehle direkt über das Menü TEXT aufgerufen werden.

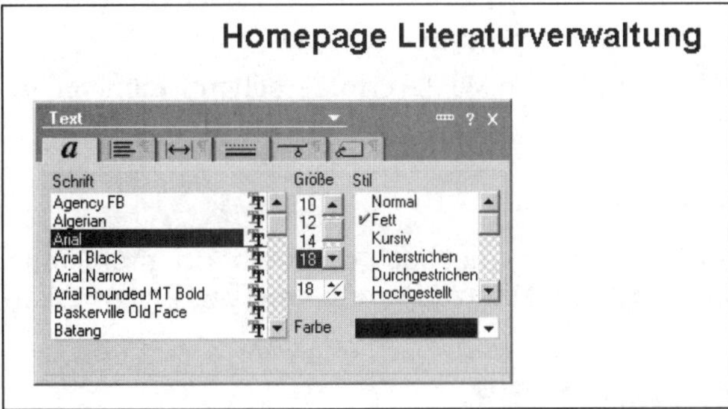

Abbildung 4.2: Texteigenschaften

Die Textformatierung bezieht sich immer auf den *gerade bearbeiteten Absatz*, wobei Absätze durch die Eingabetaste getrennt werden. Bei Formatierungsbefehlen, die sich auf einzelne Zeichen im Rahmen eines Absatzes beziehen, lässt sich die entsprechende Auswahl mittels der Textmarkierung mit der Maus (bzw. mit Cursortasten bei gedrückter [⇧]-Taste) vornehmen.

4.4.1 Zeichen formatieren

Auf der ersten, in der Abbildung 4.2 dargestellten Registerkarte (SCHRIFT) können Zeichen formatiert werden. Hier können Textfarbe, Größe sowie Schriftart bestimmt werden. Es stehen alle gängigen Systemzeichensätze zur Verfügung.

Darüber hinaus kann man einem Textabschnitt eine Vielzahl von *Textstilen* zuordnen. Neben den gängigen Formatierungsstilen wie Fett, Kursiv, Unterstrichen, Durchgestrichen sowie Hoch- und Tiefgestellt, welche aus den bekannten Textverarbeitungen hinreichend bekannt sein dürften, bietet Domino Designer drei eher exotische Optionen an, nämlich SCHATTIERT, HERVORSTEHEND und TIEFERLIEGEND (vgl. Abbildung 4.3).

Dies ist ein schattierter Text.

Dies ist ein tieferliegender Text.

Dies ist ein hervorstehender Text.

Abbildung 4.3: Schattierter, tiefer liegender und hervorstehender Textstil

Wir können die Potentiale der Textformatierung an der Überschrift der Seite ausprobieren. Diese soll etwas größer sein und außerdem eine andere Farbe als der Rest der Seite aufweisen. Die Vorgehensweise ist denkbar einfach:

1. Markieren Sie den betreffenden Textabschnitt mit der Maus.
2. Wählen Sie EIGENSCHAFTEN: TEXT und legen Sie die erforderlichen Parameter auf der ersten Registerkarte fest.

4.4.2 Absätze formatieren

Neben den Zeichen können im Domino Designer auch ganze Absätze problemlos formatiert werden. Der Formatierung von Absätzen sind hierbei zwei Registerkarten gewidmet.

Abbildung 4.4: Absatzformatierung

Auf der Registerkarte ABSATZAUSRICHTUNG (vgl. Abbildung 4.4) kann das Erscheinungsbild des Absatzes anhand der in der Tabelle 4.1 dargestellten Optionen festgelegt werden.

Einstellung	Kommentar	Optionen
Ausrichtung	Ausrichtung des Absatzes	Links, Zentriert, Rechts, kein Umbruch
Erste Zeile	Anfangsposition der ersten Zeile eines Absatzes	Links, Zentriert, Rechts, kein Umbruch
Liste	Art der Darstellung von Gliederungen bzw. nummerierten Listen	Listenpunkte, Kreise, Quadrate, Checkliste, Nummeriert, Alphabetisch (Klein/Groß), Römisch (Klein/Groß)

Tabelle 4.1: Absatzformatierung im Domino Designer

Einstellung	Kommentar	Optionen
Abstand – Zeilen	Zeilenabstand im Rahmen eines Absatzes	einfach, 11/2, doppelt
Abstand – Oberhalb	Zeilenabstand zum darüber liegenden Absatz	einfach, 11/2, doppelt
Abstand – Unterhalb	Zeilenabstand zum darunter liegenden Absatz	einfach, 11/2, doppelt

Tabelle 4.1: Absatzformatierung im Domino Designer (Forts.)

Einstellungen, welche den Seitenrand eines Absatzes, die Einstellung von Tabulatoren sowie das Verhalten eines Absatzes beim Seitenumbruch betreffen, befinden sich auf der Registerkarte ABSATZRÄNDER (vgl. Abbildung 4.5).

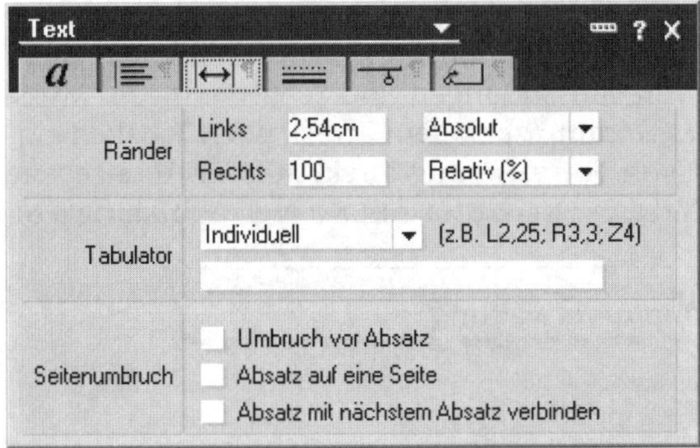

Abbildung 4.5: Absatzeinstellungen: Seitenrand, Tabulatoren und Seitenumbruch

Einstellung der Seitenränder

Die absatzweise Einstellung von Seitenrändern kann entweder absolut in Zentimetern (cm) bzw. Zoll (hochgestelltes Anführungszeichen) oder aber relativ zur Fensterbreite (in Prozent) festgelegt werden. Während die Einstellung des linken Seitenrands sowohl die Anzeige auf dem Bildschirm als auch die Druckerausgabe beeinflusst, bezieht sich der rechte Seitenrand nur auf Letztere.

Tabulatoren

Die Festlegung von Tabulatorabständen kann entweder unter Maßgabe der individuellen Abstände oder gleichmäßig verteilt über das gesamte Fenster erfolgen. Die individuellen Abstände werden als eine Kette von Abstandsmarken, jeweils getrennt durch ein Semikolon, angegeben. Für jede Abstandsmarke muss darüber die Art der Absatzausrichtung (L= linksbündig, R = rechtsbündig, Z = zentriert, D = Dezimalzahl), gefolgt von der Abstandslänge (als Ganz- oder Dezimalzahl) und der Maßeinheit (Zentimeter oder Zoll, schließt sich gegenseitig aus) festgelegt werden.

Beispiel:

```
L7,0cm;L5,0cm;R6cm;D4cm
```

Seitenumbruch

Schließlich kann auf dieser Registerkarte das Verhalten des Absatzes beim Seitenumbruch bestimmt werden. Hier stehen folgende Optionen zur Verfügung:

- **Umbruch vor Absatz**: fügt vor dem Beginn des Absatzes einen Seitenumbruch ein. Das ist empfehlenswert, falls der Absatz den Charakter einer Überschrift aufweist.
- **Absatz auf einer Seite**: verhindert die Verteilung eines Absatzes über mehrere Seiten hinweg.
- **Absatz mit nächstem Absatz verbinden**: Der jeweils markierte sowie der darauf folgende Absatz befinden sich auf einer Seite.

4.4.3 Absatzumrandung

Neben der reinen Textformatierung bietet der Domino Designer weitere Möglichkeiten der Textverzierung in Form von Umrandungen und Schattierungen. Mussten in früheren Versionen von Notes Domino zu diesem Zweck noch Tabellen eingesetzt werden, lässt sich diese Art von Formatierung direkt auf der Absatzebene vornehmen. Hierzu dient die Registerkarte ABSATZUMRANDUNG (vgl. Abbildung 4.6).

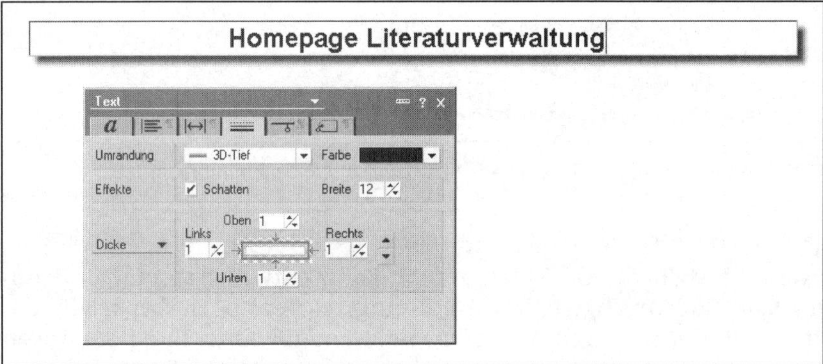

Abbildung 4.6: Absatzumrandung

Hier lässt sich neben den verschiedenen Typen der Umrandung – etwa gepunktet, gestrichelt, doppelt bis hin zu 3D-Effekten – auch ihre Dicke sowie die Schattierung eines Absatzes vornehmen. Diese Effekte bleiben jedoch nur dem Einsatz im Notes-Client vorbehalten, im Webbrowser werden sie nicht angezeigt.

4.4.4 Verbergen von Absätzen

Eine wichtige Eigenschaft der Seitendarstellung in Notes ist das *Verbergen von Absätzen*. Dies bezieht sich nicht nur auf Texte, sondern auch auf andere Seitenelemente wie Felder, Aktionen, Tabellen und Bilder, da diese ebenfalls *inline* dargestellt und intern als Text gehandhabt werden.

In den Texteigenschaften können auf der Registerkarte ABSATZ VERBERGEN WENN Elemente abhängig von verschiedenen Bedingungen verborgen werden: nach Bearbeitungsstatus des Dokuments (Lesen, Bearbeiten, Vorschau, Drucken, Kopieren in die Zwischenablage), nach Client-Typ (Notes V4.6 oder höher, Webbrowser), aber auch anhand einer so genannten `Hide-When`-Formel, d.h. eines vom Anwendungsentwickler mittels der Notes-Formelsprache festgelegten, berechneten Kriteriums (vgl. Abbildung 4.7).

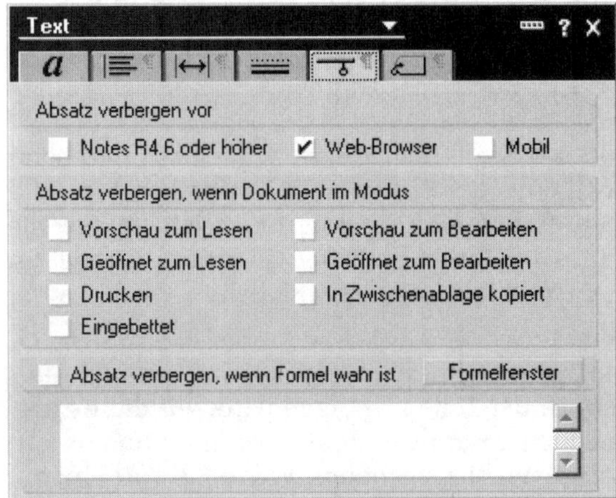

Abbildung 4.7: Verbergen von Absätzen

Es gibt mehrere Gründe für das Verbergen von Seitenelementen. Einige der gängigsten sind:

- **Ergonomie**: Man kann beispielsweise im Lesemodus weniger wichtige Teilbereiche einer Seite verbergen, um dem Benutzer die volle Konzentration auf das Wesentliche zu ermöglichen. Andererseits können dem Leser zusätzliche Informationen zur Verfügung gestellt werden, die für ihn von Bedeutung sind (z.B. eine zusätzliche Erklärung). Ähnliche Überlegungen gelten auch für andere Anzeigemodi: z.B. den Voraschaumodus oder den Ausdruck von Seiten.
- **Sicherheit**: Seitenelemente (z.B. bestimmte Textteile) können in Abhängigkeit von den Zugriffsrechten des aktuellen Benutzers verborgen werden.
- **Unterschiedliche Typen von Clients**: Elemente können in Abhängigkeit vom zugreifenden Client-Typ, also Notes-Client, Webbrowser oder mobiler Client, verborgen werden. Somit können quasi mehrere Versionen einer Seite für den Einsatz in mehreren Clients entwickelt werden, ohne dass hierfür mehrere separat zu pflegende Seiten erstellt werden müssen.

Wir wollen das Verbergen von Absätzen im Folgenden an einem kleinen Beispiel demonstrieren. Das Ziel dieses Beispiels soll es sein, die Seitenüberschrift »Homepage« dynamisch zu verändern und zwar in Abhängigkeit davon, ob die Seite im Notes-Client oder im Webbrowser angezeigt wird.

Hierzu sind folgende Schritte erforderlich:

1. Geben Sie in der ersten Zeile den einfachen Text »Homepage Literaturverwaltung im Webbrowser« und in der zweiten Zeile (getrennt durch die [↵]-Taste) »Homepage Literaturverwaltung im Notes-Client« ein.
2. Markieren Sie die erste Zeile und rufen Sie EIGENSCHAFTEN: TEXT auf. Aktivieren Sie auf der Registerkarte VERBERGEN die Option NOTES V4.6 ODER HÖHER.
3. Markieren Sie die zweite Zeile und rufen Sie EIGENSCHAFTEN: TEXT auf. Aktivieren Sie auf der Registerkarte VERBERGEN die Option WEBBROWSER. Stellen Sie sicher, dass die Einstellung NOTES V4.6 ODER HÖHER deaktiviert ist.
4. Speichern Sie die Seite.

In diesem Beispiel überprüft Domino vor dem Anzeigen der Seite, ob es sich beim aufrufenden Client um den Notes-Client oder einen Webbrowser handelt, und zeigt die entsprechende Zeile an. Um diese Funktion zu testen, reicht es aus, die Seite in der Vorschau aufzurufen und zwar einmal im Notes-Client und einmal im Webbrowser. Die Anzeige wird dementsprechend anders ausfallen.

Das Verbergen von Text und sonstigen Elementen funktioniert immer nur absatzweise, d.h., wenn ein Element in der Zeile verborgen wird, gilt diese Einstellung für die gesamte Zeile (bzw. den gesamten Absatz). Darüber hinaus ist beim Arbeiten mit mehreren Absätzen Vorsicht geboten: Wenn Sie von einem verborgenen Absatz ausgehend mittels der Eingabe-Taste einen neuen erstellen, wird dieser die Einstellungen des vorhergehenden übernehmen, also ebenfalls verborgen sein.

4.4.5 Arbeiten mit Textstilen

Selbstverständlich wäre es ziemlich mühsam, wenn man die Vielzahl von Texteigenschaften, die wir bis jetzt kennen gelernt haben, für jeden Absatz neu definieren müsste. Zum Glück gibt uns Domino Designer die Möglichkeit, eine bestimmte Zusammenstellung von Text- und Absatzformatierungsmerkmalen unter einem so genannten *Stil* zusammenzufassen und abzuspeichern, um somit eine bessere Konsistenz der Textformatierung zu erreichen. Ein Textstil ist mit einer Formatvorlage in einer Textverarbeitung vergleichbar, jedoch mit der Einschränkung, dass in Domino mehrere verwandte Stile nicht zu einer Datei zusammengefasst werden können, sondern für jede einzelne Datenbank neu erstellt werden müssen.

Um einen neuen Textstil zu erstellen, reicht es aus, wenn man zunächst einem bestimmten Textabschnitt die gewünschten Eigenschaften zuordnet. Wenn wir beispielweise die Eigenschaften der Seitenüberschrift »Homepage«, die bereits weiter oben definiert wurden, als einen neuen Stil wollen, sind folgende Schritte notwendig:

1. Zunächst sollte die Seitenüberschrift markiert werden.
2. Daraufhin können in EIGENSCHAFTEN: TEXT auf der Registerkarte ABSATZSTILE mit dem Befehl STIL ERSTELLEN die Texteigenschaften des markierten Abschnitts als ein neuer Stil den bestehenden hinzugefügt werden (vgl. Abbildung 4.8).

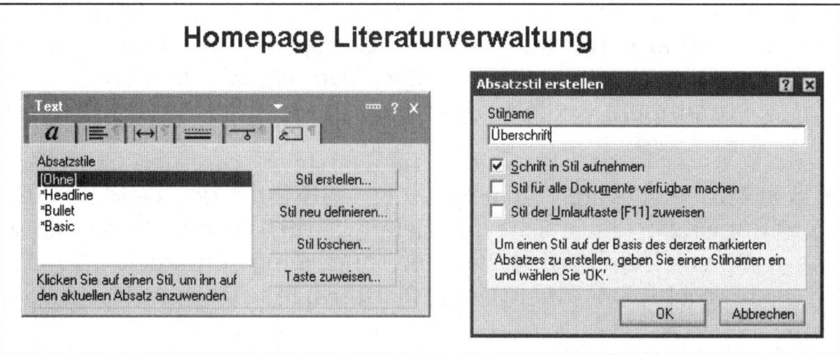

Abbildung 4.8: Erstellen von benannten Stilen

Hierbei kann man neben dem Namen des neuen Stils festlegen, ob die Schriftarteinstellungen (also Textformatierung) mitgespeichert werden und ob der neue Stil nur für dieses Dokument oder für alle Dokumente in der Datenbank verfügbar sein soll (Letzteres ist meistens empfehlenswert). Kommt der Stil besonders häufig zur Anwendung, kann er der Umlauf-Taste `F11` zugeordnet werden. Die Umlauf-Taste ermöglicht das zyklische Blättern in der Liste der Stile und eignet sich insbesondere für das Auswählen einer aus mehreren Überschriftenebenen.

Ist der neue Stil definiert, kann er jederzeit über das Texteigenschaftenfenster bzw. über das Menü TEXT/STIL ANWENDEN auf einen markierten Absatz angewendet werden.

4.5 Berechneter Text

Das Verbergen von Absätzen, welches wir im Abschnitt 4.4.4 kennen gelernt haben, verdeutlicht bereits das Prinzip der dynamischen Seitengenerierung in Domino. Wir wollen diesen Aspekt an einem anderen dynamischen Feature noch einmal verdeutlichen: am *berechneten Text.*

Berechneter Text unterscheidet sich von statischen Texten dadurch, dass der eigentliche Textinhalt erst zur Laufzeit ausgewertet wird. Mit anderen Worten: Wir sind in der Lage, mit dem berechneten Text gezielt bestimmte *Variablen* im Rahmen unserer Homepage zu platzieren. Ein Beispiel soll dies verdeutlichen:

Wir möchten auf unserer Homepage das aktuelle Tagesdatum anzeigen lassen. Um dies zu bewerkstelligen, sind folgende Schritte erforderlich:

1. Platzieren Sie den Cursor an der entsprechenden Stelle.
2. Wählen Sie den Menübefehl ERSTELLEN/BERECHNETER TEXT.
3. Geben Sie im Formelfenster (rechts unten) folgenden Ausdruck ein:

```
"Heutiges Datum: "+@Text (@Today)
```

4. Formatieren Sie den Ausdruck entsprechend.
5. Speichern Sie die Seite.

Beim erneuten Aufruf der Seite im Notes-Client oder Webbrowser erkennt man, dass diesmal der Textinhalt anhand des obigen Ausdrucks berechnet wird. Dieser setzt sich aus einer statischen Zeichenkette (*Heutiges Datum:*) und dem Formelausdruck (`@Text (@Today)`) zusammen, welcher die eigentliche Auswertung des Datums vornimmt.

Mit berechnetem Text können Sie außer den aktuellen Zeitwerten noch allerlei sonstige Kontextinformationen auf einer Seite platzieren, denn Domino bietet für so ziemlich alles eine entsprechende Formel. Beispiele sind: Benutzernamen und -rollen, mathematische Ausdrücke, Dokumentlänge, Plattformen usw. (vgl. Kapitel 15).

4.6 Horizontaler Strich

Nachdem uns die Grundlagen der Textformatierung vertraut sind, können wir uns weiteren Seitenelementen widmen, die uns Domino Designer anbietet. Beginnen wir mit einem beliebten Stilmittel zur Strukturierung der Seite bzw. zur Hervorhebung wichtiger Sachverhalte: dem horizontalen Strich (vgl. Abbildung 4.9).

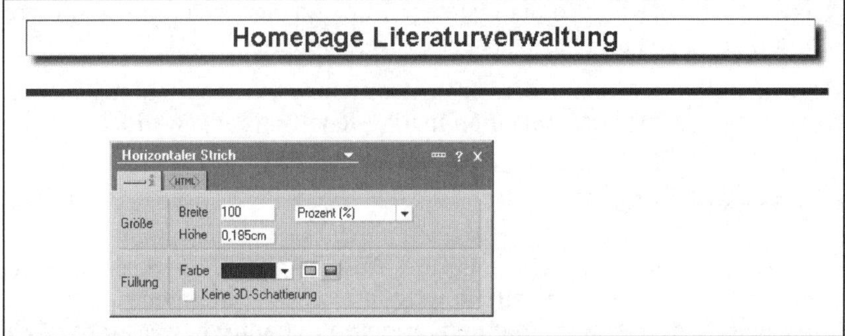

Abbildung 4.9: Horizontaler Strich

Der horizontale Strich (HTML-Tag `<HR>`) wird im Domino Designer wohl als Zugeständnis an die Popularität dieses Formatierungsmerkmals in der HTML-Welt seit der Version 4.6 angeboten, verfügt in der Notes-Welt jedoch gegenüber der HTML-Version über einige Zusatzfeatures. Die Formatierungsmerkmale, welche im Dialogfenster EIGENSCHAFTEN: HORIZONTALER STRICH manipuliert werden können, sind schnell aufgezählt:

- **Breite**: welche entweder in absoluten Einheiten (Zentimeter) oder aber relativ zur Bildschirmbreite (in %) angegeben werden kann.
- **Höhe**: kann nur in absoluten Einheiten angegeben werden (zwischen 0,046 und 7,6 cm, wobei Letzteres den Namen »Strich« wohl nur noch bedingt verdient).
- **Farbe**: Hier kann eine beliebige Farbe ausgewählt werden. Optional kann die Farbe zwischen dem Grund- und einem Alternativwert verlaufen. Der Farbverlauf wird jedoch nur im Notes-Client unterstützt.
- **3D-Schattierung**: kann optional aktiviert werden. Auch diese Option wird nur im Notes-Client unterstützt.

4.7 Mit Verknüpfungen arbeiten

4.7.1 Überblick

Neben Text sind die Verknüpfungen der zweite wichtige Bestandteil einer klassischen WWW-Seite. Wie sieht es mit Verknüpfungen in Domino aus? Im Domino Designer können nicht nur Verknüpfungen zu absoluten URLs erstellt werden, sondern auch solche, die zu einzelnen Domino-spezifischen Gestaltungselementen führen und sogar bestimmte Aktionen ausführen. Werfen wir einen Blick hinter die Kulissen!

Hotspots

Zunächst die Theorie: Alle verknüpfungsartigen Elemente werden in der Domino-Terminologie *Hotspots* genannt. Neben klassischen Verknüpfungen fallen auch Schaltflächen, so genannte AKTIONS-Schaltflächen sowie Text- bzw. Formel-Pop-Ups in diese Kategorie. Da diese teilweise zu unterschiedlichen Zwecken eingesetzt werden, wollen wir uns im Folgenden lediglich auf die klassischen Verknüpfungen konzentrieren.

Typen von Verknüpfungen

Auch im Bereich der Verknüpfungen kann zwischen mehreren Typen unterschieden werden: Die Unterscheidung bezieht sich darauf, zu welcher Art der Ressource die Verknüpfung führt, wobei uns folgende Typen zur Verfügung stehen:

- **URL-Verknüpfung**: Die klassische Art der Verknüpfung, wie wir sie aus der HTML-Welt kennen. Sie erfordert die Angabe eines validen Uniform Resource Locators bestehend aus dem Namen des Protokolls (z.B. http:// oder mailto:) sowie der eindeutigen Adresse der Ressource (z.B. *www.lotus.com*). Diese Art der Verknüpfung eignet sich in der Regel für Quellen, welche außerhalb der Domino-Umgebung im World Wide Web liegen.
- **Benanntes Element**: Verknüpfungen zu Elementen in der Domino-Umgebung, welche über einen Namen (das sind so ziemlich alle Gestaltungselemente wie Seiten, Masken, Ansichten usw.) verfügen, lassen sich am einfachsten mit diesem Typus realisieren, da die Auswahl der Ressource bequem über ein entsprechendes Dialogfenster erfolgen kann.
- **Einfache Verknüpfung**: Verknüpfungen zu Domino-Ressourcen, welche nicht über einen Namen identifiziert werden, sondern über eine ID-Nummer (Dokumente und Datenbanken), können mithilfe des dritten Typus bewerkstelligt werden, welcher von Domino-Entwicklern etwas missverständlich »Verknüpfung« getauft wurde. Diese Bezeichnung hat historische Gründe, denn der Begriff der Verknüpfung wurde im Notes-Umfeld bereits vor dem Auftauchen der populären URLs belegt. Um Missverständnissen vorzubeugen, wollen wir daher in diesem Fall von einfachen Verknüpfungen sprechen.

Aus der Sicht des Anwenders ist die dargestellte Unterscheidung ohne Bedeutung (eine Verknüpfung ist eben eine Verknüpfung), wohl aber aus der Sicht des Anwendungsentwicklers: Die Vorgehensweise beim Erstellen unterschiedlicher Verknüpfungstypen weist nämlich – wie wir gleich sehen werden – leichte Variationen auf.

4.7.2 Erstellen von URL-Verknüpfungen

Zur Praxis: Fangen wir mit den URL-Verknüpfungen an. Wir wollen eine Verknüpfung zu einer externen Website, z.B. *www.pearson.de*, aufbauen. Hierzu sind folgende Schritte erforderlich:

1. Platzieren Sie auf der Homepage den Text, der mit der Verknüpfung assoziiert werden soll (z.B. »Zur Homepage von Pearson Education«).
2. Markieren Sie diesen Textabschnitt.
3. Wählen Sie den Menübefehl ERSTELLEN/HOTSPOT/VERKNÜPFUNGSHOTSPOT. Es erscheint das Dialogfenster EIGENSCHAFTEN: HOTSPOT-RESSOURCENVERKNÜPFUNG (vgl. Abbildung 4.10).

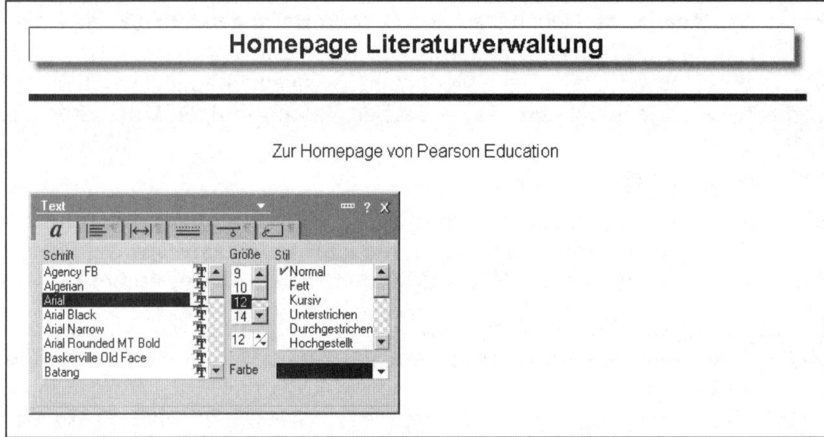

Abbildung 4.10: Erstellen einer Verknüpfung

4. Geben Sie im Feld WERT den URL `www.lotus.com` ein.
5. Speichern Sie die Seite.

Bei HTTP-Verknüpfungen ist eine gesonderte Angabe des Protokolls (http://) nicht erforderlich.

E-Mail-Verknüpfungen erstellen

Man kann mittels der URL-Verknüpfungen in eine Seite auch die Möglichkeit einbauen, dass der Benutzer an die im Voraus angegebene E-Mail-Adresse eine Nachricht verschickt. Hierzu sind folgende Schritte erforderlich:

1. Platzieren Sie auf der Homepage den Text, der mit der E-Mail-Verknüpfung assoziiert werden soll (z.B. »Für mehr Informationen klicken Sie hier!«).
2. Markieren Sie das Wort »hier«.
3. Wählen Sie den Menübefehl ERSTELLEN/HOTSPOT/VERKNÜPFUNGSHOTSPOT.
4. Geben Sie im Feld WERT den URL `mailto:info@pearson.de` ein.
5. Speichern Sie die Seite.

Klickt der Benutzer die Verknüpfung an, wird in der E-Mail-Client-Software eine Nachricht erzeugt und die angegebene E-Mail-Adresse (*info@pearson.de*) automatisch in die Empfängerzeile eingetragen.

4.7.3 Eigenschaften: Hotspot-Ressourcenverknüpfung

Statische und dynamische Angabe von Verknüpfungswerten

Bevor wir uns weitere Typen von Verknüpfungen ansehen, werfen wir einen kurzen Blick auf die Optionen, welche uns im Dialogfenster HOTSPOT-RESSOURCENVERKNÜPFUNG zur Verfügung stehen: Neben dem besagten TYP einer Verknüpfung wird, wie oben demonstriert, im Feld WERT die eigentliche Verknüpfung angegeben. Diese muss nicht, wie im obigen Beispiel, im Voraus bekannt sein, sondern kann erst zur Laufzeit anhand eines *Formelausdrucks* berechnet werden.

Angenommen, wir möchten, dass die Verknüpfung immer zur Pearson-Website führt, jedoch soll – im Gegensatz zum ersten Beispiel, die jeweils landesspezifische Site aufgerufen werden. Wenn also ein deutscher Benutzer die Site aufruft, soll nicht *www.pearson.com*, sondern *www.pearson.de* aufgerufen werden. Im Notes-Umfeld können wir die Herkunft des Benutzers aus dem hierarchischen Namen ermitteln, der meistens auch eine Landeskennung (USA, DE usw.) beinhaltet. Somit sind wir in der Lage, den Wert der Verknüpfung zur Laufzeit anzupassen. Hierfür muss jedoch in EIGENSCHAFTEN: RESSOURCENVERKNÜPFUNG das Formel-Symbol angeklickt (Klammeraffe) und im Formelfenster folgender Ausdruck angegeben werden:

```
@If (@Name ([C];@UserName)="DE";"www.lotus.de";"www.lotus.com")
```

Das Verständnis der Formel soll uns an dieser Stelle nicht weiter beschäftigen (vgl. Kapitel 15 »Formeln«). Wichtiger ist vielmehr, dass nun im Feld WERT der Ausdruck BERECHNET steht. Das Verknüpfungsziel wird also dynamisch ausgewertet. Das Prinzip der dynamischen Auswertung wird uns in dieser Form noch an zahlreichen anderen Stellen im Domino Designer begegnen.

Ferner kann man mit dem zweiten Symbol (EINFÜGEN) den Wert direkt aus der Zwischenablage einfügen. Denkbar wäre beispielsweise eine direkte Übertragung aus der URL-Zeile des Webbrowsers.

Rahmen

Das Feld RAHMEN ist nur dann von Bedeutung, wenn wir mit so genannten *Framesets (Rahmengruppen)* arbeiten. Letztere ermöglichen die Teilung des Bildschirms in mehrere Frames (Rahmen). In diesem Fall lässt sich im Feld RAHMEN der Name des Rahmens angeben, in dem die Verknüpfung angezeigt werden soll.

Der Umfang mit Rahmengruppen ist das Thema eines eigenen Kapitels.

Formatierung von Verknüpfungen

Hotspot-Verknüpfungen lassen sich im eingeschränkten Maße formatieren. Dies betrifft zwei Bereiche: Anzeige der UMRANDUNG, welche nur im Notes-Client berücksichtigt wird, sowie die Schriftformatierung (auf der Registerkarte SCHRIFT).

Hinsichtlich der Schriftformatierung gilt: Eine Verknüpfung lässt sich wie jeder andere Textabschnitt formatieren, lediglich bei der *Farbgebung* gibt es einen Unterschied: Hier orientiert sich Domino Designer nämlich zunächst einmal an den Farben, welche allen Verknüpfungen im Rahmen einer SEITE zugewiesen wurden. Dies erfolgt auf der ersten Registerkarte der EIGENSCHAFTEN: SEITE (vgl. Abbildung 4.1), wo *aktiven, nicht besuchten* und *besuchten* Verknüpfungen jeweils eine Farbe zugeordnet wird. Diese Farben können bei einer einzelnen Verknüpfung beibehalten (Einstellung: SYSTEM) oder aber überschrieben werden.

4.7.4 Erstellen von Verknüpfungen zu benannten Elementen

Der zweite Typ sind Verknüpfungen zu benannten Elementen, also zu Domino-Ressourcen, welche einen Namen tragen. Wir wollen den Umgang mit den benannten Elementen an einer (fiktiven) Site namens ÜBER DIESE SITE verdeutlichen. Diese soll eine allgemeine Beschreibung des Intranets enthalten, dessen Bestandteil unsere Literaturverwaltung ist.

Die Vorgehensweise erfolgt analog zu der oben beschriebenen: Zunächst muss ein Text (oder ein Bild) erstellt und markiert werden, um anschließend eine Verknüpfung zu erstellen. Der Unterschied ergibt sich im Schritt 3. Hier muss als TYP nun BENANNTES ELEMENT ausgewählt werden (vgl. Abbildung 4.11).

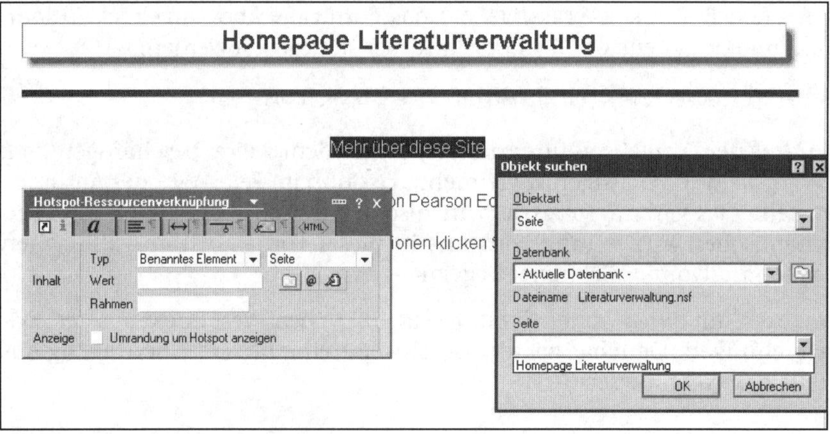

Abbildung 4.11: Verknüpfung zum benannten Element erstellen

Im Dialogfenster EIGENSCHAFTEN: RESSOURCENVERKNÜPFUNG ergeben sich nun zwei Änderungen:

- Zum einen muss der Typ des benannten Elements, zu dem die Verknüpfung hergestellt werden soll, ausgewählt werden (Seite, Maske, Rahmengruppe usw.)
- Zum anderen taucht nun ein Ordner-Symbol DURCHSUCHEN auf, welches uns die Auswahl des eigentlichen Objekts ermöglicht. Die Auswahl erfolgt im Dialogfenster OBJEKT SUCHEN. Auch hier gilt, dass der Wert dynamisch ausgewertet werden kann.

Es geht aber auch schneller: Wenn Sie im Domino Designer in einer Gestaltungsansicht die gewünschte Ressource (also in diesem Fall die Seite) auswählen und anschließend mit dem Befehl BEARBEITEN/ALS VERKNÜPFUNG KOPIEREN/BENANNTES ELEMENT in die Zwischenablage übertragen, können Sie sich den Suchvorgang sparen und den Inhalt der Ablage direkt im Dialogfenster HOTSPOT-RESSOURCEN-VERKNÜPFUNG einfügen.

4.7.5 Erstellen einfacher Verknüpfungen

Der dritte Verknüpfungstyp – einfache Verknüpfungen – bezieht sich auf Elemente, welche nicht notwendigerweise über einen Namen verfügen, z.B. Dokumente, Ansichten, Anker und Datenbanken (bei Datenbanken erfolgt die eindeutige Identifikation nämlich über die Replik-ID). Hier ist die Vorgehensweise etwas anders, insbesondere der Auswahlvorgang:

1. Es muss die entsprechende Ressource ausgewählt werden und mit dem Befehl BEARBEITEN/ALS VERKNÜPFUNG KOPIEREN in die Zwischenablage übertragen werden.
2. Wenn Sie nun das Dialogfenster EIGENSCHAFTEN: RESSOURCENVERKNÜPFUNG öffnen, ist der Wert des Feldes TYP automatisch auf Verknüpfung gesetzt, da Domino Designer den Inhalt der Zwischenablage automatisch als Verknüpfung erkennt.

Im Gegensatz zu den beiden anderen Typen sind einfache Verknüpfungen dadurch gekennzeichnet, dass sie nicht einmal mit einem Text oder Bild assoziiert werden müssen. Vielmehr können Sie die Verknüpfung aus der Zwischenablage an einer beliebigen Stelle in der Seite einfach mit BEARBEITEN/EINFÜGEN platzieren. Sie wird in diesem Fall anhand eines kleinen Verknüpfungs-Symbols dargestellt.

In Domino haben Sie die Möglichkeit, nicht nur einfache Verknüpfungen zu einzelnen Dokumenten, sondern sogar zu *bestimmten Stellen* in einem Dokument zu erstellen. Diese in der HTML-Welt als *benannter Anker* bekannte Funktionalität (allgemeine Form: `<A NAME=NameDesAnkers>...</A>`) funktioniert nur bei Dokumenten, welche Rich-Text-Felder enthalten (vgl. Kapitel 5: »Masken«). Um eine Verknüpfung zu einem Anker herzustellen, muss das Dokument im BEARBEITEN-Modus geöffnet sein. Wenn Sie nun den Cursor an der entsprechenden Stelle im Dokument platzieren, können Sie mit BEARBEITEN/ALS VERKNÜPFUNG KOPIEREN/ANKER eine Verknüpfung zu dieser Stelle realisieren. Anker werden mittels eines speziellen Symbols dargestellt.

4.7.6 Löschen von Verknüpfungen

Um schließlich eine Verknüpfung zu löschen, gehen Sie wie folgt vor:

1. Platzieren Sie den Cursor auf der Verknüpfung (ohne diese zu markieren).
2. Wählen Sie den Menübefehl HOTSPOT/HOTSPOT ENTFERNEN.

4.8 HTML einbetten

Wir konnten in den vorangegangenen Abschnitten mit relativ wenig Aufwand eine erste Seite erstellen. Sie sehen: Domino Designer verhält sich ähnlich wie ein HTML-Editor. Doch eine Sache fehlt noch ..., was ist, wenn man tatsächlich HTML verwenden möchte? Kein Problem. Die Entwickler von Domino waren sich wohl bewusst, dass man auch mit Domino Designer irgendwann an seine Grenzen stößt. Es gibt nun mal spezielle Features von HTML, welche eine manuelle Nachbearbeitung erfordern (z.B. Dynamic HTML). Daher gibt es in Domino auf mehreren Ebenen die Möglichkeit, HTML in Gestaltungselemente einzuschleusen. Diese auch als *Durchgangs-HTML* bezeichneten HTML-Tags werden von der HTTP-Task des Domino-Servers (die für die Konvertierung von Domino-Datenbanken in HTML zuständig ist) nicht übersetzt, sondern einfach übernommen. Wir wollen uns in diesem Abschnitt die Möglichkeiten der Verwendung von HTML in Domino näher ansehen. Auch hier gilt: Die Einbettung von Durchgangs-HTML ist in Domino allgegenwärtig. Sie spielt also nicht nur bei Seiten, sondern bei allen Gestaltungselementen eine wichtige Rolle.

Neu ist zudem in der Version 6 die Möglichkeit, die Darstellung in HTML auch direkt im Notes-Client zu verwenden. Durch die Aktivierung der Option IN NOTES ALS HTML rendern auf der Registerkarte SEITE INFO der Seiteneigenschaften lässt sich HTML-Code nun auch im Notes-Client anzeigen. Bleibt diese Option ausgeschaltet, werden HTML-Tags im Notes-Client als herkömmlicher Text angezeigt.

4.8.1 Bestehende HTML-Seiten importieren

Wenn Sie bereits einen Webserver Ihr Eigen nennen, ist die erste Frage, die sich stellt: »Kann ich bestehende Webseiten weiterverwenden?« Die Antwort ist: Sie können: Domino bietet zu diesem Zweck eine HTML-Import-Funktion. Um ein HTML-Dokument zu importieren, sind folgende Schritte notwendig:

1. Erstellen Sie eine neue Seite.
2. Wählen Sie den Menübefehl DATEI/IMPORTIEREN.
3. Wählen Sie als Dateityp HTML-FILE.
4. Wählen Sie die gewünschte Datei und klicken Sie OK.

Domino konvertiert im Rahmen des Import-Vorganges die Seite so, dass sie sowohl im Notes-Umfeld als auch im Webumfeld weiterhin genutzt werden kann. Was auf den ersten Blick vorteilhaft klingt, kann sich jedoch auch als Nachteil erweisen: Denn sämtliche Features der Original-HTML-Seite, welche sich nicht in entsprechende Pendants im Domino Designer übersetzen lassen (z.B. DHTML-Layers), gehen verloren – auch wenn man die Seite nur im Webbrowser anzeigen möchte.

4.8.2 Seiteninhalt als HTML behandeln

Wenn man die von der oben beschriebenen Import-Funktion auferlegten Beschränkungen umgehen möchte, gibt es eine zweite Möglichkeit: Man importiert den betreffenden HTML-Code als reinen ASCII-Code oder fügt diesen aus der

Zwischenablage in die Seite ein. Sowohl Internet Explorer als auch Netscape Navigator verfügen über eine entsprechende Funktion, mit der sich der Quelltext einer Seite anzeigen und in die Zwischenablage kopieren lässt.

Um zu verhindern, dass Domino den eingefügten Text einfach als Text interpretiert, ist es notwendig, im Dialogfenster EIGENSCHAFTEN: SEITE unter INHALTSTYP die Option HTML zu aktivieren. Nun lässt die HTTP-Task den HTML-Quellcode intakt und übernimmt ihn so wie er ist. Auf diese Weise lassen sich auch fortgeschrittene HTML-Features in Domino nutzen, jedoch nicht mehr im Notes-Client.

4.8.3 Durchgangs-HTML

Es wird schließlich den dritten Fall geben: dass man zwar auf die Konvertierungsarbeit der HTTP-Task zurückgreifen, jedoch nur für bestimmte Funktionen HTML verwenden möchte. Zu diesem Zweck bietet Domino ein Feature namens *Durchgangs-HTML* an.

Das Prinzip hinter Durchgangs-HTML ist einfach: Es werden bestimmte Textabschnitte markiert und anschließend als Durchgangs-HTML deklariert. Dies kann auf zwei Arten erfolgen:

- mit dem Menübefehl TEXT-DURCHGANGS-HTML oder aber
- mit eckigen Klammern, welche den betreffenden Text umschließen.

Der Anwendungsbereich dieser Funktion ist groß: Es können sowohl einzelne Tags auf diese Weise gekennzeichnet werden als auch komplette Abschnitte.

Um etwa einen Textabschnitt blinken zu lassen, kann folgender Ausdruck in die Seite eingebettet werden:

```
[<BLINK>Achtung! Dieser Tag wird vom Internet Explorer nicht unterstützt!</BLINK>]
```

Im Netscape Navigator, der im Gegensatz zum Internet Explorer den `<BLINK>`-Tag unterstützt, blinkt der auf diese Weise gekennzeichnete Text in periodischen Zeitabständen.

4.8.4 <HEAD>-Tag

Doch noch sind nicht alle Probleme gelöst. Wir können nämlich nach Lust und Laune HTML-Tags in den Dokumentkörper einbetten. Doch wenn Sie HTML kennen, dann wissen Sie, dass HTML-Dokumente zusätzlich einen Dokumentkopf (welcher durch die Tags <HEAD>...</HEAD> gekennzeichnet ist) beinhalten und darüber hinaus der Dokumentkörper selbst (Tags <BODY>...</BODY>) uns bestimmte Attribute anbietet (z.B. die Hintergrundfarbe). Wie kann man als Anwendungsentwickler bei diesen beiden in die dynamische Seitengenerierung von Domino eingreifen? Schauen wir uns zuerst den <HEAD>-Tag an, also den Dokumentkopf.

Der Kopf eines HTML-Dokuments enthält Angaben, welche sich zwar nicht auf die visuelle Erscheinung des Dokuments auswirken, aber dennoch wichtige Informationen über das Dokument enthalten. Ein klassisches Beispiel hierfür ist der Titel des Dokuments, welcher in der Fensterzeile des Browsers angezeigt wird. Aber auch

Scripting-Funktionalitäten (z.B. JavaScript) und Style Sheets-Definitionen werden normalerweise im Dokumentkopf platziert (Tabelle 4.2 enthält eine Übersicht der Tags).

Tag	Beschreibung
<BASE>	Ermöglicht die Spezifizierung einer so genannten Basisadresse eines HTML-Dokuments
<BASEFONT>	Erlaubt die Festlegung von Schriftarteinstellungen, welche für das gesamte Dokument gelten
<ISINDEX>	Ermöglicht Schlüsselwörter-Suche im Dokument
<LINK>	Zeigt eine Beziehung zwischen zwei Dokumenten an
<META>	Ermöglicht die Angabe von Meta-Informationen zum Dokument
<NEXTID>	Erstellt eindeutige Identifikationskennzahlen für Dokumente
<STYLE>	Ermöglicht die Verknüpfung des Dokuments mit einem Style Sheet
<TITLE>	Gibt den Titel des Dokuments an

Tabelle 4.2: <HEAD>-Tags

Um diese Parameter zu manipulieren, gibt es im Rahmen einer Seite ein Attribut namens *HTML-Head-Inhalt.* Hier können beliebige Attribute platziert werden, wobei Domino diese in den übersetzten HTML-Code einfügt.

Um beispielsweise einen Titel in der Fensterzeile des Browsers anzuzeigen, sind folgende Schritte erforderlich:

1. Markieren Sie im Objektfenster das Attribut HTML-Head-Inhalt (vgl. Abbildung 4.11).

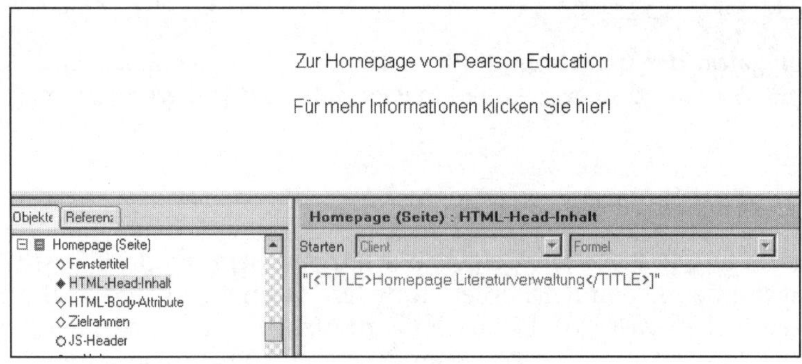

Abbildung 4.12: Anpassung Dokumentkopf

2. Geben Sie im Formelfenster folgenden Ausdruck ein:

```
"<TITLE>Homepage Literaturverwaltung</TITLE>"
```

3. Speichern Sie die Seite.

4.8.5 <BODY>-Tag

Ähnliches gilt für den <BODY>-Tag. Dieser definiert bestimmte Eigenschaften des Textkörpers eines Dokuments, etwa Hintergrundfarbe und Hintergrundbild, Farbe der Verknüpfungen (kennen wir schon!), Seitenränder, Style Sheets-Zuweisungen und so weiter.

Die Vorgehensweise beim Einbringen eigener Attribute in den <BODY>-Tag erfolgt identisch zum <HEAD>-Tag, mit dem Unterschied, dass diesmal das Seitenattribut HTML-Body-Attribute herhalten muss.

4.8.6 HTML-Attribute anderer Elemente manipulieren

Nun hat aber nicht nur das <BODY>-Element eine Reihe von Attributen, sondern fast jedes andere Element auch. Die meisten dieser Attribute – etwa die Breite eines horizontalen Strichs – lassen sich direkt in der Domino Designer-Umgebung anpassen, aber eben nicht alle. Zum Glück bietet Domino Designer für HTML-Attribute, welche nicht direkt manipuliert werden können, entsprechende »Haken«, wo man die Attribute in Form manuell kodierter HTML-Tags platzieren kann. Zwei davon – <HEAD> und <BODY> – lernten Sie bereits kennen. Im Folgenden wollen wir uns eine weitere Methode der Platzierung von HTML-Attributen ansehen: nämlich direkt im EIGENSCHAFTEN-Dialogfenster eines Elements.

Die meisten Gestaltungselemente bieten eine zusätzliche Registerkarte namens HTML an, wo HTML-Attribute platziert werden können. In Abbildung 4.12 ist die HTML-Registerkarte einer Ressourcenverknüpfung dargestellt.

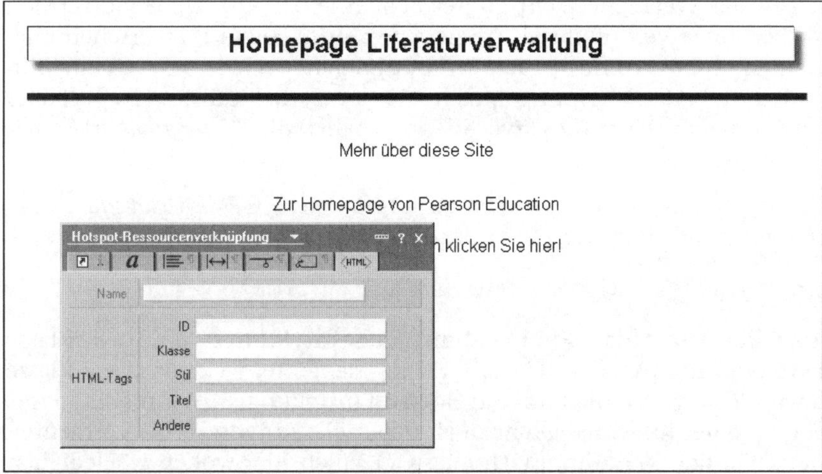

Abbildung 4.13: HTML-Registerkarte einer Verknüpfung

Die Bedeutung der dort aufgelisteten Attribute wird jedem Kenner von HTML 4.0 vertraut vorkommen. Wir wollen im Folgenden einen kurzen Überblick über diese geben, ohne jedoch zu tief in die Materie des HTML 4.0 einsteigen zu wollen – dies würde den Rahmen dieses Buchs sprengen (vgl. Abbildung 4.3).

Attribut	Beschreibung
Name	Name eines Elements, welches etwa zur Referenzierung beim Scripting dienen kann
ID	Eindeutiger Identifizierer eines Dokuments innerhalb der Seite, welcher optional anstatt des Namens verwendet werden kann, ebenfalls zu Referenzierungszwecken
Klasse	Ermöglicht die Zuweisung einer Style Sheet-Klasse. Eine Style Sheet-Klasse ist eine wiederverwendbare, benannte Zusammenstellung von Formatierungsmerkmalen (vergleichbar mit einer Formatvorlage in Word), welche in der Regel im `<HEAD>`-Bereich eines Dokuments definiert wird. Mittlerweise existieren eine Reihe von Editoren, mit denen komplette Style Sheets oder einzelne Klassen definiert werden können.
Stil	Ermöglicht die Zuweisung bestimmter Formatierungsmerkmale (z.B Schriftfarbe oder -größe) zu einem Element. Im Gegensatz zum vorigen Tag findet hier eine direkte Zuweisung statt, ohne dass vorher eine Zusammenstellung von Attributen in Form einer Klasse erfolgen muss.
Titel	Erlaubt die Angabe einer Überschrift für das Element. Die Überschrift wird im Internet Explorer als Pop-Up-Beschreibung angezeigt, wenn man den Cursor über dem Element platziert. Netscape Navigator unterstützt diese Eigenschaft nicht.
Andere	Hier können andere Attribute, welche sich von HTML-Tag zu HTML-Tag unterscheiden, platziert werden. Es ist jedoch darauf zu achten, dass insbesondere bei »fortgeschrittenen Tags« viele Inkompatibilitäten zwischen Internet Explorer und Netscape Navigator bestehen!

Tabelle 4.3: HTML-Attribute

Wir wollen im Folgenden mittels der dargestellten Möglichkeiten einen einfachen Mouse-Rollover-Effekt im Webbrowser implementieren. Mouse-Rollover-Effekte erfreuen sich in der Webszene recht großer Beliebtheit: Wenn ein Benutzer den Mauszeiger über einer Verknüpfung platziert, verändert diese ihre Erscheinung. Meistens werden Rollover-Effekte bei Verknüpfungen, welche mit einem Bild unterlegt sind, mittels einer Scripting-Sprache wie JavaScript realisiert. Es geht aber auch einfacher, indem man mittels Style Sheets lediglich die *Hintergrundfarbe* einer Verknüpfung manipuliert.

Zu diesem Zweck definieren wir zunächst im Kopfbereich (*HTML-Head-Inhalt*) der Seite eine sehr einfache Style Sheet-Definition, die wie folgt aussieht:

```
"[<STYLE><!--A.menu:hover{ background-color:silver;}--></STYLE>]"
```

Der obige Ausdruck besagt, dass wir im Rahmen dieses Style Sheets eine neue Klasse namens menu einführen wollen. Für alle HTML-Elemente, welchen diese Klasse zugewiesen wird, gelten also die hier festgelegten Einstellungen. Wir möchten uns jedoch im Rahmen der Klasse lediglich auf eine spezielle Art von HTML-Elementen konzentrieren, nämlich Verknüpfungen (Tag `<A>`). Auch hier wollen wir lediglich die Einstellungen für Verknüpfungen verändern, über denen sich gerade ein Mauszeiger befindet (`A:hover`, diese Eigenschaft wird gegenwärtig nur vom Internet Explorer unterstützt). Diese sollen mit einem silberfarbenen Hintergrund hinterlegt werden. Das war's.

Nun fehlt nur noch, dass wir die Verknüpfungen auf unserer Seite der Klasse menu zuweisen. Dies können wir im Dialogfenster EIGENSCHAFTEN: RESSOURCENVERKNÜPFUNG erledigen, indem wir im Feld Klasse einfach `menu` eingeben. Hätten wir im Rahmen unserer Seite mehrere Verknüpfungen (z.B. eine vertikale und eine horizontale Navigationsleiste), wären wir somit in der Lage, diesen unterschiedliche Hintergrundfarben zuzuweisen, indem wir einfach neue Klassen (etwa vertikalmenu und horizontalmenu) definieren.

4.9 Platzieren von Dateianhängen

Abschließend wollen wir uns mit der Frage beschäftigen, wie auch externe Inhalte im Rahmen einer Seite (einer Maske, eines Dokuments) platziert werden können. Das Konzept von HTML sieht es vor, dass alle Inhaltsformen (außer Text) in externen Dateien vorliegen (d.h. außerhalb der eigentlichen HTML-Datei) und das eigentliche HTML-Dokument lediglich eine Referenz auf die externen Dateien in Form einer Verknüpfung enthält. Im Domino-Umfeld wird dieses Feature ähnlich realisiert, mit dem Unterschied, dass ein Dateianhang immer als physikalischer Bestandteil einer Seite (einer Maske, eines Dokuments) gespeichert wird.

1. Platzieren Sie den Cursor an der entsprechenden Stelle in der Seite.
2. Wählen Sie ERSTELLEN/ANHANG.
3. Wählen Sie aus dem Dateisystem eine Datei (also die fiktive PDF-Datei) aus und klicken Sie auf OK.
4. Speichern Sie die Seite.

Das Dokument wird nun anhand eines Symbols dargestellt, welches zugleich die Verknüpfung zum eigentlichen Inhalt ist.

> Der soeben erstellte Anhang ist eine Kopie des importierten Dokuments und steht mit dem Original in keinerlei Beziehung, d.h., wenn Sie das Original im Dateisystem ändern, muss der Anhang gelöscht sowie erneut erstellt werden, um die Änderungen zu berücksichtigen. Alternativ hierzu können Sie, anstatt einen Anhang zu erstellen, eine URL-Verknüpfung zum Originaldokument im Dateisystem erstellen. Aus der Sicht des Benutzers gibt es keinen Unterschied (abgesehen vom fehlenden Anhang-Symbol) und das Dokument ist immer auf dem aktuellen Stand der Dinge.

Eigenschaften: Anhang

Auch ein Anhang verfügt über ein eigenes EIGENSCHAFTEN-Dialogfenster. Die Informationen sind hier aber lediglich beschreibender Natur und können – mit Ausnahme der Textattribute – nicht manipuliert werden (vgl. Abbildung 4.14). Dafür bietet uns das Dialogfenster jedoch Aktionen, mit denen wir den Anhang selbst manipulieren können:

- **Ansicht**: startet das Notes-interne Viewer-Programm, welches eine Vielzahl von Datenformaten auf – na ja, sagen wir zufriedenstellende – Art und Weise darstellt (PDF gehört leider nicht dazu).

- **Öffnen bzw. Bearbeiten**: startet die Anwendung, welche mit dem Datenformat verknüpft ist. Die Informationen über die Verknüpfungen holt sich Domino Designer vom Betriebssystem.
- **Speichern**: Mit dieser Operation kann eine Kopie des Anhangs im Dateisystem erstellt werden. Der Anhang selbst bleibt davon unberührt.
- **Löschen**: Um den Anhang zu löschen, markieren Sie diesen und betätigen anschließend die Taste [ENTF].

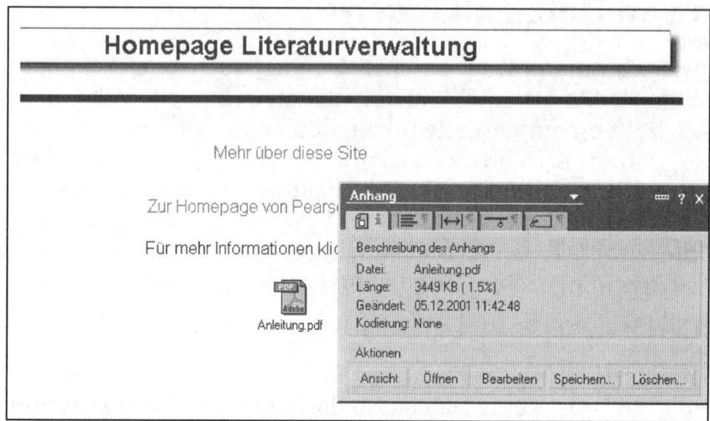

Abbildung 4.14: Eigenschaften Anhang

4.10 Mit Ebenen arbeiten

Neu in Domino 6 ist die Möglichkeit, im Rahmen einer Seite mit mehreren so genannten *Ebenen* zu arbeiten. Ebenen ermöglichen es dem Seitengestalter, mehrere Elemente zusammenzufassen und sie anschließend pixelweise zu platzieren. Hierbei kann sogar die so genannte Z-Ordnung angegeben werden, also eine Vorschrift darüber, wie mehrere Ebenen übereinander gestapelt werden können. Möglich macht dies die unter der Bezeichnung DHTML rangierende Erweiterung der HTML-Spezifikation in der Version 4.0. Diese erlaubt für jedes HTML-Element eine Angabe von mehreren Attributen und führt zur Darstellung von Ebenen neue Sprachelemente ein.

Zur Erstellung von Ebenen sind folgende Schritte erforderlich:

1. Öffnen Sie eine Seite.
2. Wählen Sie den Menübefehl ERSTELLEN\EBENE.
3. Klicken Sie auf die Ebene und verschieben Sie diese auf eine beliebige Stelle. Ändern Sie mit der Maus die Größe der Ebene.
4. Platzieren Sie den Cursor auf die Ebene (in der Menüleiste erscheint daraufhin ein neuer Menüpunkt EBENE).
5. Befüllen Sie die Ebene mit Inhalten.
6. Speichern Sie die Seite.

Wenn Sie mehrere Ebenen übereinander stapeln, kann dieser Effekt sowohl im Notes-Client als auch im Webbrowser dargestellt werden (vgl. Abbildung 4.15).

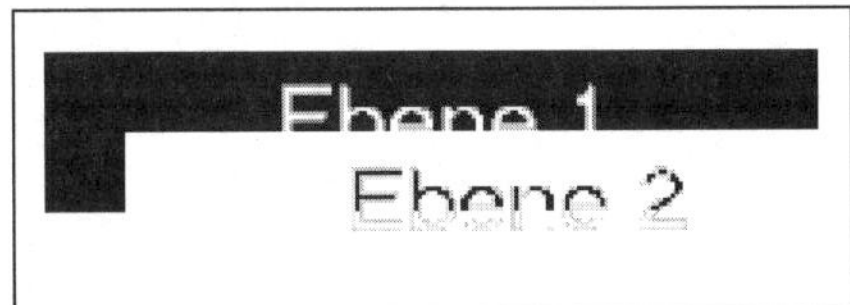

Abbildung 4.15: Stapeln von Ebenen

Ebene: Eigenschaften

Wie alle anderen Elemente besitzt auch eine Ebene bestimmte Eigenschaften. Diese können mit dem Menübefehl EBENE\EIGENSCHAFTEN: EBENE aufgerufen werden. Hier können Sie neben der Größe und der Position der Ebene insbesondere ihre Position in der Z-Ordnung festlegen (Stapelung von mehreren Ebenen). Darüber hinaus können Sie individuell für jede Ebene die Hintergrundfarbe und das Hintergrundbild sowie die HTML-Eigenschaften festlegen.

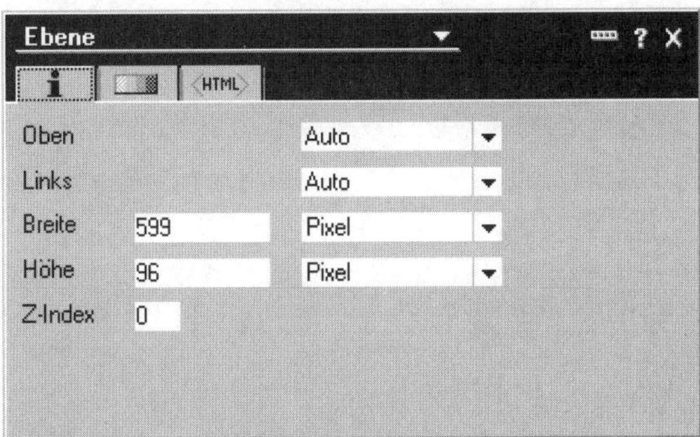

Abbildung 4.16: Ebene – Eigenschaften

5 Arbeiten mit Masken und Dokumenten

Masken sind elektronische Formulare, die zur Erstellung von Dokumenten benötigt werden. Eine Maske besteht typischerweise aus einer Reihe von Felddefinitionen, die die eigentliche Datenstruktur eines bestimmten Dokumenttyps in der Datenbank festlegen. Darüber hinaus kann eine Maske bestimmte Formatierungsmerkmale, beispielsweise Text, Grafiken und Tabellen, aber auch fortgeschrittene Features wie OLE-Objekte (nur im Notes-Client) und Java-Applets enthalten.

Masken im Notes-Client

Masken spielen in Domino insofern eine zentrale Rolle, als dass sie neben der Erfassung und Anzeige von Informationen einen wesentlichen Teil der Programmlogik einer Anwendung enthalten. Funktionen wie Überprüfung und Berichtigung von Eingaben, Kommunikation mit externen Anwendungen mittels OLE (Letzteres nur im Notes-Client) oder etwa Einbettung von Messaging-Funktionen werden allesamt im Rahmen von Masken bewerkstelligt, wobei zur Implementierung all dieser Eigenschaften nur geringe Programmierkenntnisse erforderlich sind.

Umgang mit Masken, Feldern und Text

Bereits die Vielfalt vonMaskenelementen verdeutlicht das Spektrum der Möglichkeiten, die einem im Zusammenhang mit der Gestaltung von Masken zur Verfügung stehen. Um die Menge des Stoffs zu beschränken, werden wir uns in diesem Kapitel auf den grundlegenden Umgang mit Masken und Feldern beschränken und zu diesem Zweck – in Anlehnung an das Konzept der Literaturverwaltung – eine Eingabemaske zur Erfassung von Literaturquellen entwerfen. Im folgenden Kapitel soll dann ein Blick auf die fortgeschrittenen Maskenfunktionalitäten geworfen werden.

5.1 Masken und Dokumente

Der Grund, warum wir uns intensiv mit Masken beschäftigen wollen, ist einfach: Masken sind der weitaus häufigste Weg zur Erstellung von Inhalten in einer Domino-Datenbank.Wie bereits angesprochen, werden Domino-Inhalte in Form von semistrukturierten Dokumenten (engl. *notes*) verwaltet. Wenn wir eine Maske erstellen, legen wir zugleich die interne Struktur der Dokumente fest, die mit dieser Maske erstellt werden. Dies geschieht in Form von so genannten *Feldern*.

Intern stellt Domino eine Verknüpfung zwischen dem Dokument und seiner »Muttermaske«. Dies ist insofern von Bedeutung, als neben der Erstellung von Dokumenten Masken auch bei der *Anzeige* und *Nachbearbeitung* von Dokumenten eingesetzt werden. Wenn Sie also ein Dokument aufrufen, wird dieses automatisch im Rahmen der jeweiligen Maske dargestellt. Dies bedeutet aber zugleich, dass eine Maske nicht nur die interne Struktur, sondern auch die Formatierung des Dokuments festlegt. Dieser Zusammenhang ist in Abbildung 5.1 dargestellt.

Abbildung 5.1: Maske als Gestaltungsgerüst zur Anzeige von Dokumenten

Ferner bestimmt eine Maske – neben der Strukturierung und Formatierung eines Dokuments – das *Verhalten* eines Dokuments. Erst im Rahmen einer Maske wird das ansonsten »statische« Dokument mit Leben gefüllt. Im objektorientierten Jargon könnte man sagen, dass eine Maske die Methoden bereitstellt, die – je nach *Kontext* (siehe unten) – bestimmte Operationen an Daten (dem Dokument) vornehmen. Beispielsweise kann man mit Funktionen, die im Rahmen von Masken definiert werden, einen Teilbereich der Maske verbergen, eine Feldeingabe validieren, das Kopieren des Dokuments in die Zwischenablage verhindern, beim Speichern eines Dokuments automatisch eine neue Version erstellen oder auch die Erstellung eines Dokuments an die Zugriffsrechte des Benutzers koppeln. Beim *Kontext*, von dem hierbei die Rede ist, handelt es sich z.B. um die Feldwerte eines Dokuments, seinen Zustand (ob das Dokument nur angezeigt, oder bearbeitet bzw. gedruckt wird), die Eigenschaften des Anwenders (z.B. die bereits angesprochenen Zugriffsrechte) oder den Typ der Client-Software, die zum Einsatz kommt (etwa Notes-Client oder Web-Browser).

Masken im Web

Masken spielen auch im Web eine wichtige Rolle. Hierbei sind zwei Möglichkeiten zu unterscheiden: Im *Lesen*-Modus ermöglichen Masken als Gestaltungsgerüst für Dokumentinhalte einen extrem einfachen Weg zur dynamischen Seitengenerierung. Im *Bearbeiten*-Modus fungieren Masken als klassische HTML-Formulare (Tags `<FORM>...</FORM>`) – der interkativen Eingabe von Daten in Domino-Datenbanken steht somit nichts im Wege.

5.2 Maskenfunktionalität im Überblick

Auf der Ebene der Anwendungsentwicklung kann man eine Maske als einen *Container* begreifen, welcher mehrere *Maskenelemente* – beispielsweise Felder und Text – beinhaltet. Analog hierzu erfolgt auch die »Programmierung« von Masken auf zwei Wegen: zum einen über die Manipulation von Eigenschaften und Verhaltensweisen einer Maske (also des *Containers*), zum anderen über die Erstellung und Anpassung von Maskenelementen.

Maske als Container

Die unmittelbare Anpassung von Eigenschaften des Maskenobjekts selbst erfolgt schwerpunktmäßig im Dialogfenster *Maskeneigenschaften*. Wie in Abbildung 5.2 dargestellt, lassen sich sowohl einfache Eigenschaften wie der *Name* einer Maske als auch komplexe Verhalten, wie beispielsweise die *Versionsverwaltung* von Dokumenten, die mit einer Maske erstellt werden, hier mit einigen wenigen Mausklicks bzw. Tastatureingaben bewerkstelligen.

Abbildung 5.2: Anpassung von Masken im Eigenschaftenfenster

Maskenelemente

Ferner besteht eine Maske aus mehreren *Maskenelementen*. Zunächst einmal gilt, dass alle Elemente, welche wir im Zusammenhang mit der Erstellung von Seiten (siehe letztes Kapitel) kennen gelernt haben – z.B. Text, Verknüpfungen, Grafiken, Tabellen – auf die gleiche Art und Weise auch in Masken eingesetzt werden können.

Wir wollen auf diese hier nicht erneut eingehen, sondern uns stattdessen schwerpunktmäßig auf die Features konzentrieren, welche für eine Maske spezifisch sind:

- **Felder**: Domino Designer bietet je nach Fragestellung, welche der Dateneingabe zugrunde liegt, unterschiedliche Feldtypen an. Die gängigste Form ist die Eingabe von einfachen Texten, Zahlen oder Währungen. Darüber hinaus können Felder aber beispielsweise auch als Dialoglisten, Checkboxen oder Alternativenauswahl dargestellt werden. Eine spezielle Eingabeform sind die so genannten Rich-Text-Felder, welche in der Lage sind, beliebige Objekte unterschiedlicher Formate zu speichern.
- **Gemeinsame Felder**: vermeiden mehrfache Definitionen von identischen Feldern in mehreren Masken und verringern somit den Wartungsaufwand einer Anwendung.
- **Teilmasken**: sind quasi Masken in Masken. Der Sinn und Zweck von Teilmasken ist das »Recycling« von bestimmten, sich über alle Masken hinweg wiederholenden Teilbereichen einer Maske. Auch bei Teilmasken kommt die dynamische Generierung von Inhalten von Domino zum Tragen: So kann die einzubindende Teilmaske erst zur Laufzeit ausgewählt werden.
- **Layout-Bereiche**: Ein Layout-Bereich ist ein spezieller Teilabschnitt einer Maske, der hinsichtlich der Gestaltung anderen Gesetzen unterliegt. Im Gegensatz zum »klassischen« Masken-Layout, bei dem alle Maskenelemente grundsätzlich als Text betrachtet werden, erfolgt die Gestaltung in einem Layout-Bereich pixelgenau. Der Vorteil der verbesserten Layout-Kontrolle muss zum Teil dadurch erkauft werden, dass Layout-Bereiche im Web-Browser nicht angezeigt werden können.

5.3 Masken erstellen

Es gibt mehrere Möglichkeiten, eine neue Maske zu erstellen:

- Falls eine Maske mit dem erforderlichen Aufbau und/oder Funktionsumfang in der gleichen oder einer anderen Datenbank bereits besteht, empfiehlt es sich, diese mittels KOPIEREN und EINFÜGEN zu duplizieren und entsprechend anzupassen.
- Eine von Grund auf neue Maske lässt sich mit dem Menübefehl ERSTELLEN/GESTALTUNG/MASKE anlegen oder aber indem in der Gestaltungsansicht *Masken* die Schaltfläche NEUE MASKE angeklickt wird.
- Analog zur oben beschriebenen Vorgehensweise kann eine Maske auch aus *einer Gestaltungsschablone* übernommen werden.

Nach dem Öffnen einer Maske wird der Maskeneditor angezeigt (vgl. Abbildung 5.3).

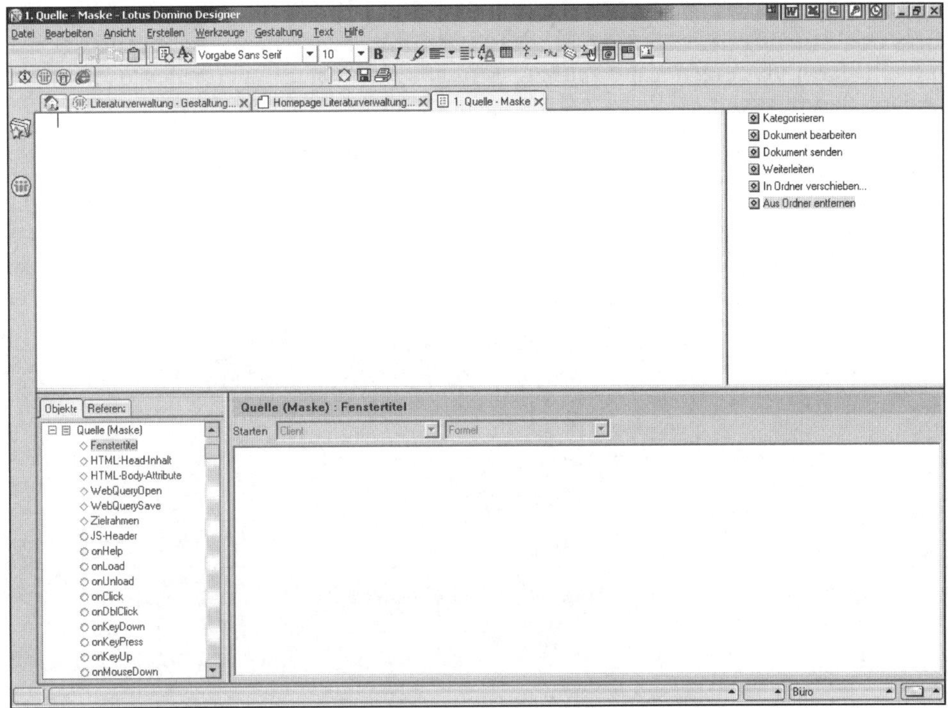

Abbildung 5.3: Maske im Gestaltungsmodus

Programmierfenster

Der Bildschirm ist hierbei in drei Abschnitte unterteilt. Der Großteil der Fensterfläche (oben links) ist für die eigentliche Maskengestaltung reserviert. Der untere Teil, das so genannte *Programmierfenster,* dient zur Manipulation von Maskeneigenschaften sowie zur Eingabe von Code und kann mit dem Menübefehl ANSICHT/PROGRAMMIERFENSTER angezeigt oder versteckt werden.

Aktionsfenster

Rechts befindet sich das *Aktionsfenster,* in dem die vom System vorgebenen und die vom Benutzer definierten Aktionsschaltflächen für diese Maske aufgelistet sind. Auch hier kann man entweder durch das Anklicken des entsprechenden Trennbalkens oder mit dem Menübefehl ANZEIGEN/AKTIONSFENSTER das Fenster wahlweise ein- und ausblenden.

5.4 Arbeiten mit Masken: ein erster Versuch ...

Nun können wir direkt loslegen. In unserer ersten Maske möchten wir zunächst drei ganz einfache Attribute verwenden, nämlich den *Titel* einer Quelle, den *Autor* sowie den *Typ* der Quelle (z.B. ob es sich um ein Buch, eine Zeitschrift oder einen URL handelt). Hierzu benötigen wir zunächst einmal drei Felder samt passender Beschriftungen, welche wir zeilenweise anordnen wollen.

Fangen wir mit dem *Titel* an. Um die Beschriftung zu erstellen, reicht es aus, einfach den entsprechenden Text im Maskeneditor einzugeben. Der zweite Schritt besteht darin, das eigentliche Feld zur Erfassung des Titels zu erstellen. Gehen Sie hierzu wie folgt vor:

1. Positionieren Sie den Cursor an der entsprechenden Stelle in der Zeile.
2. Wählen Sie den Befehl ERSTELLEN/FELD.
3. Geben Sie im Dialogfenster *Feld* im Feld *Name* die Bezeichnung des Feldes, also *Titel,* ein (vgl. Abbildung 5.4).

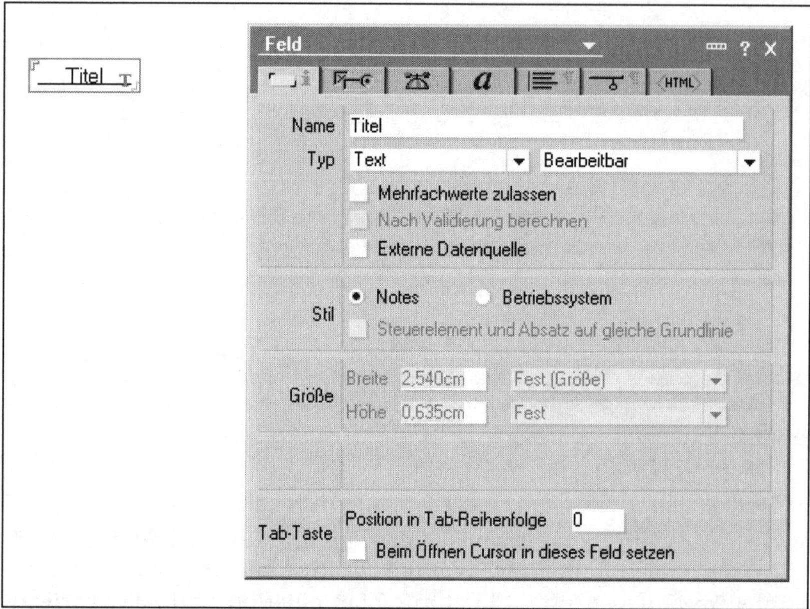

Abbildung 5.4: Benennung eines Feldes im Dialogfenster

Das Dialogfenster *Eigenschaften: Feld* umfasst eine Reihe von Eigenschaften, mit welchen wir das Aussehen und das Verhalten des Feldes beeinflussen können. Wir werden uns diesen später noch ausführlich widmen. Lassen Sie uns zunächst einmal die obige kleine Übung für die nächsten beiden Felder, nämlich *Autor* und *Typ,* wiederholen. Nach der Erstellung dieser Felder, dürfte der Maskeneditor wie in Abbildung 5.5 dargestellt aussehen.

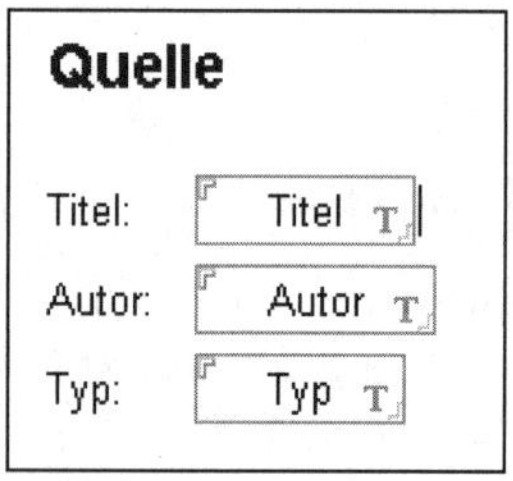

Quelle

Titel: Titel

Autor: Autor

Typ: Typ

Abbildung 5.5: Die erste Maske

5.4.1 Maske benennen

Maskennamen

Um unsere erste Maske testen zu können, muss diese zunächst einmal mit DATEI/ SPEICHERN gespeichert werden. Vor dem Speichern muss die Maske jedoch benannt werden.

Die Benennung der Maske erfolgt auf der ersten Registerkarte im Dialogfenster *Maske*, welches im Menü GESTALTUNG/EIGENSCHAFTEN: MASKE aufgerufen werden kann (vgl. Abbildung 5.6).

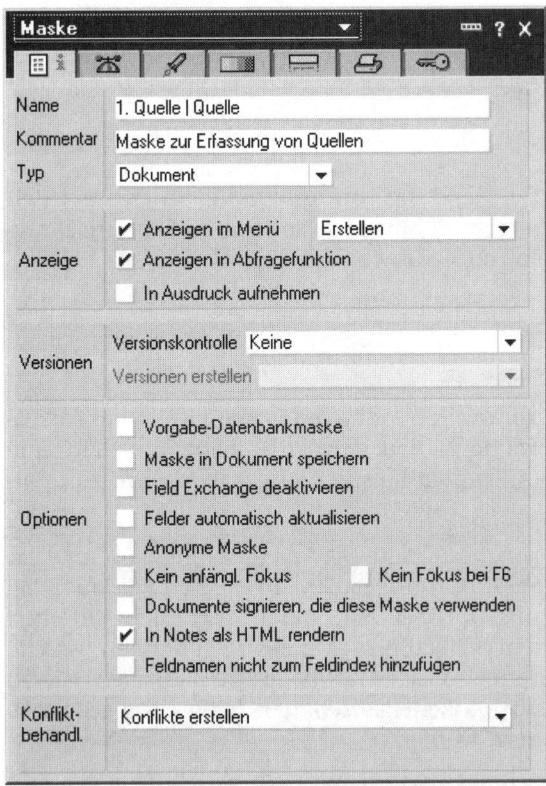

Abbildung 5.6: Die Benennung der Maske erfolgt im Dialogfenster »Maske«

Funktionen von Namen

Im Wesentlichen gelten bei der Benennung von Masken zunächst einmal die gleichen Richtlinien wie bei Seiten. Der Name der Maske erfüllt zwei wichtige Funktionen: Zum einen ermöglicht er die Referenzierung der Maske im Rahmen der Anwendungsentwicklung. Zum anderen wird er im Notes-Client im Menü ERSTELLEN angezeigt, wo die Maske vom Anwender aufgerufen werden kann. Durch Verwendung einiger spezieller Zeichen kann man als Anwendungsentwickler beeinflussen, ob und wie dies erfolgt. Hierbei stehen folgende Möglichkeiten zur Verfügung:

- **Vergabe von Alternativnamen**: Man kann für eine Maske neben dem Hauptnamen einen oder mehrere Alternativnamen vergeben. Dies ist zum einen empfehlenswert, wenn Sie den Namen einer Maske ändern, nachdem mit dieser Maske bereits Dokumente erstellt wurden. In diesem Fall können Sie den alten Namen als Alternativnamen angeben, um sicherzustellen, dass auch ältere Dokumente mit dieser Maske angezeigt werden können. Zum anderen können Sie im Rahmen der Anwendungsentwicklung einen abgekürzten Alternativnamen als Referenz benutzen. Im Menü ERSTELLEN erscheint nur jeweils der erste Name. Die Syntax lautet wie folgt:

```
Maskenname|Alternativname
```

- **Gruppieren von Masken**: Bei sehr vielen Masken innerhalb einer Datenbank lassen sich verwandte Masken im Menü ERSTELLEN in Untermenüs gruppieren. Die Syntax hierzu lautet wie folgt:

```
Maskengruppe\Maske
```

- **Verbergen von Masken**: Durch Verwendung von runden Klammern lässt sich eine Maske im Notes-Client verbergen und bleibt somit nur im Domino Designer sichtbar. Die Syntax in diesem Fall sieht wie folgt aus:

```
(VerborgeneMaske)
```

Anzeige im Menü Erstellen manipulieren

Darüber hinaus kann auch die Anordnung von mehreren Namen im Menü ERSTELLEN über den Namen beeinflusst werden. Diese erfolgt alphabetisch. Um eine bestimmte Reihenfolge zu erzwingen, empfiehlt es sich also, die Masken zu nummerieren.

Manchmal wird es wünschenswert sein, bestimmte Masken im Menü ERSTELLEN gar nicht erst anzuzeigen. Dies kann mehrere Gründe haben: Zum einen wird man bei sehr vielen Masken die Überfrachtung des Menüs ERSTELLEN aus ergonomischen Gründen vermeiden wollen. In diesem Fall kann man diejenigen Masken, welche selten zum Einsatz kommen, im Untermenü ERSTELLEN/ANDERE... platzieren. Hierzu muss auf der ersten Registerkarte der Maskeneigenschaften lediglich die Einstellung *Anzeigen in Menü* auf *Andere* gesetzt werden.

Zum anderen wird man verhindern wollen, dass Masken, welche spezielle Funktionen im Rahmen einer Anwendung erfüllen (beispielsweise Dialogfenster), für den Anwender direkt zugreifbar sind. In diesem Fall muss lediglich die Option *Anzeigen in Menü* auf der ersten Registerkarte der Maskeneigenschaften deaktiviert werden.

Da die Maske *Quelle* für den Anwender direkt erreichbar sein soll, werden wir auf eine Veränderung der Einstellung *Anzeigen in Menü* verzichten. Die Maske *Quelle* soll außerdem im Menü *Erstellen* an allererster Stelle angezeigt und zudem – um spätere Referenzierung zu erleichtern – mit einem Kurznamen versehen werden. Der Eintrag im Feld *Name* lautet also:

```
Quelle | Quelle
```

5.4.2 Maske testen

Es gibt zwei Möglichkeiten, die frisch gebackene Maske zu testen: Zum einen kann die Maske über das Menü ERSTELLEN aufgerufen werden (Menübefehl: ERSTELLEN/DOKUMENT/QUELLE). Diese Alternative empfiehlt sich, wenn die eben besprochenen Nameneigenschaften zum Einsatz kommen. Zum anderen kann man sich die Maske mit der *Vorschau-Funktion* ansehen – im Notes-Client oder in einem der auf dem Entwicklungsrechner installierten Web-Browser (vgl. Abbildung 5.7).

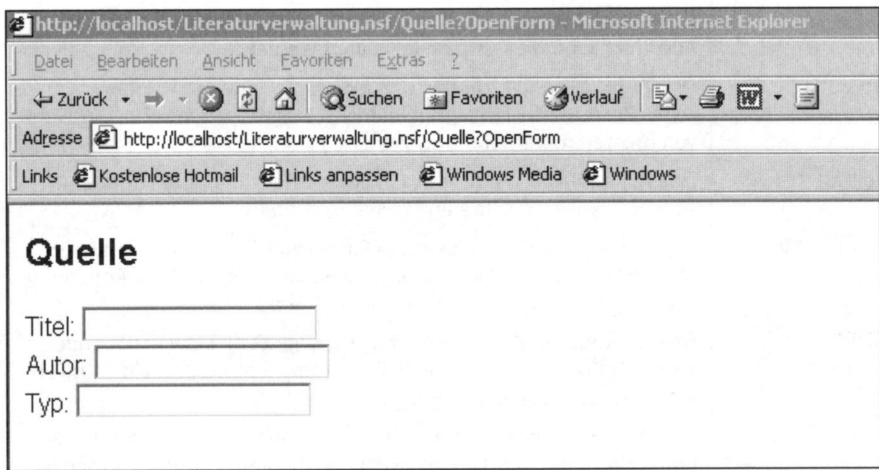

Abbildung 5.7: Maske »Quelle« im Web-Browser

Die Vorschau im Notes-Client führt gerade bei Domino-Anfängern manchmal zur Verwirrung: Der Domino Designer fragt nämlich vor dem Testen der Maske, ob diese gespeichert werden soll. Einmal im Testmodus, erfolgt beim Versuch, das Dokumentfenster zu schließen, die Anfrage noch mal. Diese bezieht sich jetzt allerdings nicht auf die Maske, sondern auf das im Testmodus erstellte Dokument (falls eines erstellt wurde).

5.5 Arbeiten mit Feldern

Felder stellen neben dem Text den zweiten wichtigen Grundbaustein einer Maske dar. Sie bestimmen, welche Informationstypen in einer Maske vom Anwender eingegeben und gespeichert werden können. Im Domino Designer stehen die in der Tabelle 5.1 aufgelisteten Feldformate zur Auswahl.

Feldformate in Notes

Feldtyp	Beschreibung
Text	Textfelder dienen zur Eingabe von einfachen, unformatierten Texten und speichern bis zu 15 Kbyte Text.
Datum/Zeit	Datum-/Zeitfelder speichern Zeit- und Datumsinformationen. Man kann die Formatierung der Datumsanzeige anpassen, um beispielsweise nur die Zeit- bzw. Datumskomponente anzeigen zu lassen.
Zahl	Zahlenfelder können zur Eingabe von Zahlen eingesetzt werden. Auch hier kann die Ausgabe formatiert werden.
Dialogliste	Eine Auswahl von Werten wird in einem gesonderten Fenster angezeigt. Die Auswahlliste kann dynamisch ergänzt werden. Eine Auswahl von mehreren Werten ist möglich.
Kontrollkästchen	Eine Auswahl von Werten wird in Form einer Checkliste angezeigt. Eine Auswahl von mehreren Werten ist möglich.
Optionsschaltfläche	Eine Auswahl von Werten wird in Form einer Optionsliste angezeigt. Es kann lediglich ein Wert ausgewählt werden. Geeignet zur Abbildung von sich gegenseitig ausschließenden Alternativen.
Listenfeld	Eine Auswahl von Werten wird in Form einer Drop-Down-Liste angezeigt. Die Breite der Liste kann beliebig festgelegt werden. Eine Auswahl von mehreren Werten ist möglich.
Kombinationsfeld	Eine Auswahl von Werten wird in Form einer Liste mit variabler Breite und Höhe angezeigt. Eine Auswahl von mehreren Werten ist möglich.
Rich-Text	Rich-Text-Felder können formatierten Text, Grafiken, OLE-Objekte, Tabellen, Verknüpfungen, Schaltflächen und Dateianhänge im Bearbeiten-Modus aufnehmen. Die maximale Grenze eines Absatzes im Rich-Text-Feld beträgt 64 Kbyte. Darüber hinaus unterliegen Rich-Text-Felder zwei wichtigen Einschränkungen, die wir an dieser Stelle vorwegnehmen wollen: Sie können nicht in Ansichten angezeigt und nur bedingt in Formeln verwendet werden.
Autoren	Autoren-Felder enthalten die Namen der Personen in der Rolle des Autors, welche ein bestimmtes Dokument nachträglich bearbeiten können.
Leser	Leser-Felder können den Lesezugriff auf Dokumente, welche mit einer Maske erstellt wurden, beschränken.
Kennwort	Kennwort-Felder verhalten sich wie herkömmliche Textfelder, mit dem Unterschied, dass die Texteingabe »maskiert« wird.
Formel	Ein Formelfeld beinhaltet einen Ausdruck, welcher zu einer Notes-Formel ausgewertet werden muss.

Tabelle 5.1: Feldtypen in Domino Designer

5.5.1 Felder erstellen

Ein neues Feld wird mit ERSTELLEN/FELD angelegt. Daraufhin wird das Dialogfenster *Eigenschaften: Feld* angezeigt. Dieses kann auch bei bestehenden Feldern jederzeit mit einem Doppelklick auf das Feld aufgerufen werden.

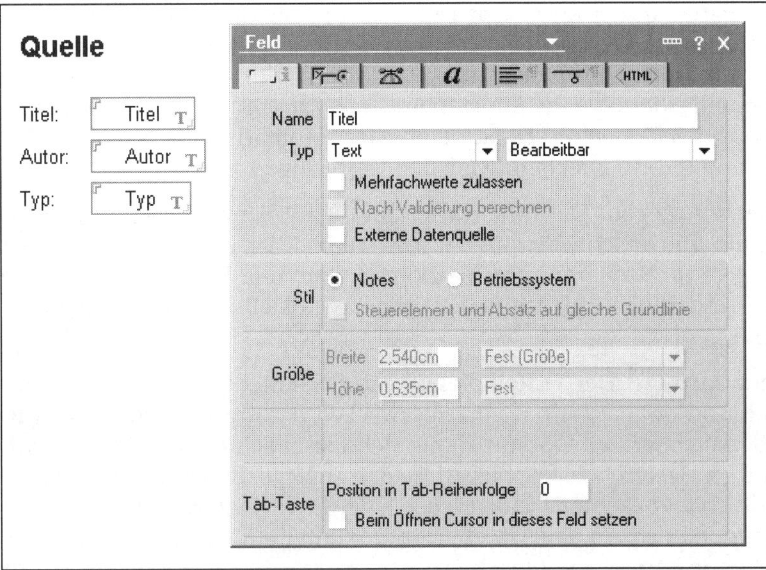

Abbildung 5.8: Feldeigenschaften

Wie in der Abbildung 5.8 zu sehen, sind Feldeigenschaften auf mehrere Registerkarten verteilt. Da Felder eine spezielle Textform darstellen, können auch auf sie alle Textformatierungsfeatures angewendet werden, die wir bereits kennen gelernt haben: So lässt sich beispielsweise festlegen, mit welcher Schriftart, in welcher Farbe bzw. Größe Feldinhalte angezeigt werden. Felder lassen sich ebenso wie Text absatzweise formatieren und verbergen. Wir wollen daher auf eine erneute Darstellung der Formatierungsmöglichkeiten verzichten und uns stattdessen den felderspezifischen Registerkarten widmen.

Felder benennen

Zunächst soll das Feld benannt werden. Der Name eines Feldes (bis zu 32 Zeichen) muss bezogen auf die Maske, in der sich das Feld befindet, eindeutig sein. Bei der Namensgebung ist zu beachten, dass einige Feldnamen in Domino reserviert sind und nur in einem speziellen Zusammenhang verwendet werden sollen, z.B. *SendTo*, *SaveOptions*, *Categories*, *MailOptions* und *Sign*.

Feldtyp bestimmen

Bei der Feldtypbestimmung kann man neben dem Feldformat (vgl. Tabelle 5.1) auch auf das Verhalten des Feldes Einfluss nehmen. Wir wollen im Folgenden in diesem Zusammenhang über *Feldtypen* sprechen. Domino Designer kennt folgende Feldtypen:

- **Bearbeitbar**: Das Feld kann vom Anwender bearbeitet und mit Werten gefüllt werden. Als solches enthält es im Vergleich zu den nachfolgenden einige Funktionen, die explizit auf die Eingabe von Werten ausgerichtet sind, beispielsweise die automatische Übersetzung und Validierung der eingegebenen Werte.
- **Berechnet**: Berechnete Felder dienen in erster Linie dem Zweck, dem Benutzer bestimmte Eingaben in der Maske abzunehmen und sie durch automatisch berechnete Werte zu ersetzen. Der Feldinhalt wird anhand einer Notes-Formel berechnet und bei bestimmten Ereignissen aktualisiert. Die Aktualisierung erfolgt entweder manuell (Menübefehl ANSICHT/AKTUALISIEREN, Taste [F9]), beim Speichern bzw. beim Versenden des Dokuments oder automatisch, falls in den Maskeneigenschaften die entsprechende Einstellung aktiviert wurde.
- **Berechnet beim Anlegen**: Der Inhalt des Feldes wird beim Anlegen des Dokuments berechnet und anschließend nicht mehr aktualisiert. Diese Option eignet sich insbesondere zur Berechnung von Autorennamen und Erstellungsdaten, die von jeglichen Änderungen im Laufe des Lebenszyklus eines Dokuments unberührt bleiben sollen.
- **Berechnet zur Anzeige**: Der Vorteil dieses Feldtyps besteht darin, dass sein Inhalt zwar während der Laufzeit zu Anzeigezwecken berechnet, jedoch nicht in der Maske abgespeichert wird. Somit eignet sich dieser Feldtyp zur Anzeige von temporär gültigen Daten, wie beispielsweise der Anzeige des aktuellen Datums. Hierbei ist jedoch zu beachten, dass solche Felder nicht in Ansichten angezeigt werden können, da sie ja in abgespeicherten Dokumenten nicht existieren (vgl. das entsprechende Kapitel zu »Ansichten«).

> Es soll bereits an dieser Stelle darauf hingewiesen werden, dass in den Ansichten der Inhalt von *Berechnet zur Anzeige*-Feldern zwar in der Regel rekonstruiert werden kann, dass aber von dieser Praktik abzuraten ist, da sie schwer zu Lasten der Ansichten-Performance gehen kann. Soll der Inhalt eines Feldes in einer Ansicht angezeigt werden, empfiehlt es sich, dieses trotz seines temporären Charakters in einem *Berechnet*-Feld abzulegen. Der Nachteil des erhöhten Speicherplatzverbrauchs wird durch schnellere Performance beim Aufbau von Ansichten mehr als aufgewogen.

Mehrfachwerte zulassen

Man kann fast alle Arten von Feldern auch so auslegen, dass mehrere Werte des gleichen Formats im Feld gespeichert werden. So kann beispielsweise ein Namenfeld die Namen mehrerer Personen enthalten, die im Laufe der Zeit ein Dokument nachbearbeitet haben, oder aber in einem Textfeld gibt man mehrere Farben an, in denen ein Produkt verfügbar ist.

All dies erreicht man, indem man die Einstellung *Mehrfachwerte zulassen* auf der Registerkarte *Allgemeines* aktiviert. In diesem Fall besteht auf der Registerkarte *Optionen* die Möglichkeit der Auswahl eines Trennzeichens, getrennt für die Eingabe und Anzeige von Mehrfachwerten. Als Trennzeichen kommen *Leerzeichen, Komma, Semikolon, Neue Zeile* und *Leere Zeile* in Frage (vgl. Abbildung 5.9).

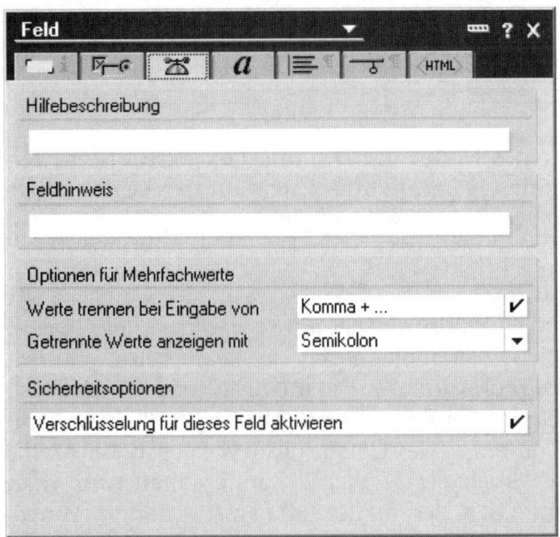

Abbildung 5.9: Optionen beim Aktivieren von Mehrfachwerten

Stil auswählen

Die »klassischen« Notes-Felder zur Texteingabe weisen eine recht gewöhnungsbedürftige Art der Darstellung auf: Abgesehen davon, dass die Felder sich rein optisch von denen des Betriebssystems (z.B. Windows) unterscheiden, besitzen sie die unangenehme Eigenschaft, dass der rechte Rand mit zunehmender Länge der Eingabe immer weiter nach rechts rückt, wodurch das Layout der Maske in der Regel reine Glücksache ist. Glücklicherweise kann man sich optional für eine andere Art und Weise der Felddarstellung entscheiden, wie man sie vom Betriebssystem her kennt (vgl. Abbildung 5.10).

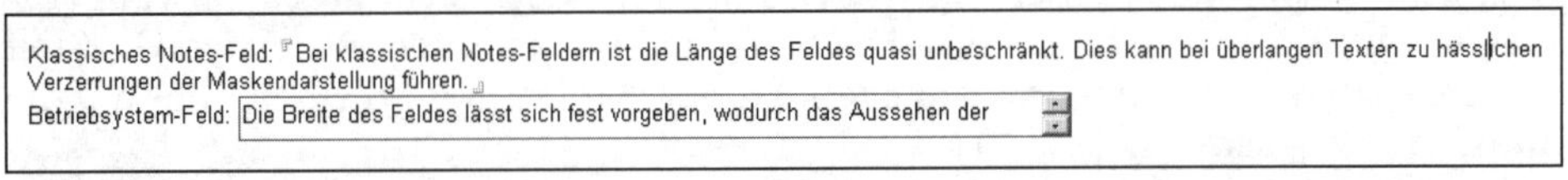

Klassisches Notes-Feld: Bei klassischen Notes-Feldern ist die Länge des Feldes quasi unbeschränkt. Dies kann bei überlangen Texten zu hässlichen Verzerrungen der Maskendarstellung führen.
Betriebsystem-Feld: Die Breite des Feldes lässt sich fest vorgeben, wodurch das Aussehen der

Abbildung 5.10: Betriebssystemfelder weisen gegenüber klassischen Notes-Feldern eine Reihe von Vorteilen auf.

Dies gilt für alle »einzeiligen Felder«, also neben den einfachen Textfeldern auch für Datum/Zeitfelder, Zahlen-, Namen- und Passwortfelder, nicht jedoch für Auswahlfelder.

Feldgröße bestimmen

Abgesehen vom konsistenten Aussehen der Felder über mehrere Anwendungen hinweg, hat die Entscheidung für den Betriebssystem-Stil den Vorteil, dass man die Breite und Höhe des Feldes *in absoluten Einheiten* (Zentimeter oder Zoll) oder aber *relativ* zur Fensterbreite festlegen kann. Übersteigt die Eingabelänge die Breite des Feldes, werden im Notes-Client automatisch entsprechende Scrollbalken angezeigt, welche das Navigieren im Text ermöglichen. Alternativ hierzu kann man mit der

Einstellung *Dynamische Höhe* bewirken, dass das Feld bei überlangen Eingaben entlang der Y-Achse dynamisch erweitert wird.

Feldtrennzeichen deaktivieren

Man kann die Umrandungslinien eines Feldes (im Domino-Jargon: Feldtrennzeichen) ausschalten. Die entsprechende Option befindet sich auf der Registerkarte *Steuerung*, unter der Überschrift *Anzeige*.

Cursor-Verhalten festlegen

Eine weitere, allen Feldern gemeinsame Option ist das *Cursor-Verhalten* in der Maske. Hierunter versteht man im Wesentlichen die Reihenfolge der Bearbeitung von Feldern, welche insbesondere für die professionelle Dateneingabe unerlässlich ist. Domino Designer bietet in diesem Zusammenhang zwei Optionen: Zum einen kann man ein Feld hinsichtlich der Positionierung des Cursors als das erste in der Maske festlegen (Option *Beim Öffnen Cursor in dieses Feld setzen*). Zum anderen kann man festlegen, welche Position in der Reihenfolge der mit der Tabulatortaste angesprungenen Felder das betroffene Feld einnehmen soll (Option *Position in der Tab-Reihenfolge*).

5.5.2 Einsatz von Feldern in der Praxis

Nach dieser kurzen Einführung in die »Feldtheorie« soll der Umgang mit den einzelnen Feldtypen im praktischen Einsatz demonstriert werden. Hierzu werden wir im Rahmen der Maske *Quelle* die bereits vorhandenen Felder modifizieren (und einige neue erstellen), um aufzuzeigen, welche Möglichkeiten und Grenzen sich hinter den einzelnen Feldtypen verbergen.

Textfelder

Die Felder, welche wir im Rahmen unserer ersten kleinen Übung erstellt haben, besaßen allesamt die gleichen Eigenschaften: Es handelte sich um Felder vom Format *Text* und vom Typ *Bearbeitbar*. Solche Felder werden in der Regel den Großteil eines klassischen »Formulars« darstellen. Werfen wir stattdessen einen Blick auf die anderen Feldtypen.

Zahlenfelder

Neben Text wird ein Formular in der Regel Felder zur Eingabe von Zahlen enthalten. Zahlen umfassen dabei alle Arten von numerischen Angaben einschließlich der Währungen. Die Vorteile des speziellen Formats liegen zum einen in der späteren Verarbeitung und zum anderen im Bereich der Formatierung.

Hinsichtlich der Formatierung weisen unterschiedliche Zahlentypen zunächst einmal einige Gemeinsamkeiten auf:

- Voreinstellungen für die Formatierung können direkt aus den diesbezüglichen Einstellungen des Notes-Client abgelesen oder aber benutzerspezifisch angegeben werden.
- Die Anzahl der Dezimalstellen kann beliebig festgelegt werden und bewirkt eine umgehende Auf- oder Abrundung der betroffenen Zahl.

- Optional können negative Zahlen in Klammern angezeigt werden. Zur Abgrenzung von Tausenderstellen kann der Punkt als Trennzeichen verwendet werden.

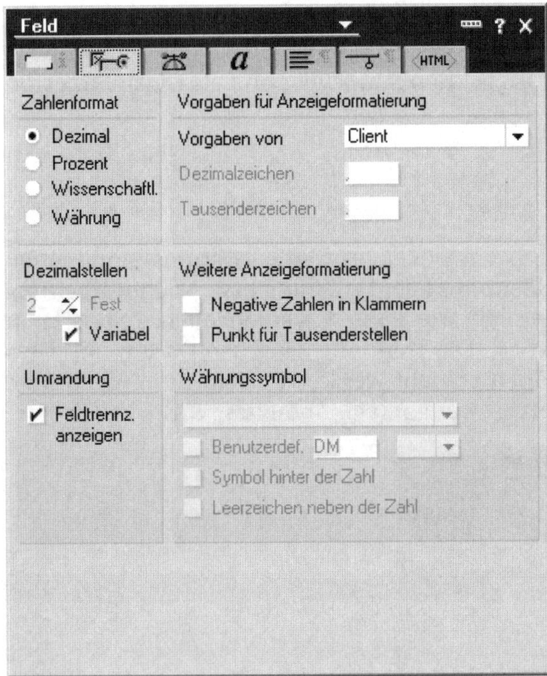

Abbildung 5.11: Spezielle Eigenschaften der Zahlenfelder

Darüber hinaus kennt Domino Designer folgende Zahlenformate (vgl. Abbildung 5.11):

- **Dezimal**: die voreingestellte Option. Die Anzahl der Dezimalstellen kann als fest oder variabel vorgegeben werden.
- **Prozent**: zeigt die Zahl als Prozentsatz an. Ein Dezimalwert, wie beispielsweise *0,15,* wird somit automatisch als *15 %* interpretiert.
- **Wissenschaftlich**: Hierbei werden Zahlen, ähnlich wie bei einem Taschenrechner, immer in exponentialer Notation dargestellt, d.h., aus 1000 wird zum Beispiel 1,00E+03. Die gewünschte Zahl der Dezimalstellen lässt sich auch hier gesondert angeben.
- **Währung**: versieht die eingegebenen Werte automatisch mit einem Währungssymbol, welches voreingestellt (Einstellungen der Workstation) oder benutzerdefiniert werden kann. Im letzteren Fall kann eines der bestehenden Währungssymbole ausgewählt werden. Bei Bedarf kann auch ein eigenes Währungssymbol definiert und in einem zweiten Schritt mit der Bezeichnung des jeweiligen Landes verknüpft werden.

Wir werden ein Zahlenfeld verwenden, um den *Preis* einer Quelle festzuhalten. Das Feld – nennen wir es einfach *Preis* – wird wie folgt erstellt:

1. Öffnen Sie die Maske *Quelle* im Gestaltungsmodus.
2. Erstellen Sie ein neues Feld und benennen Sie es *Preis*.
3. Wählen Sie als Feldformat *Zahl*, als Feldtyp *Bearbeitbar* und als Darstellungsformat *Währung*.
4. Speichern Sie die Maske.

Datums- und Zeitfelder

In einem Dokumentenverwaltungssystem wie Notes werden Datums- und Zeitfelder in der Regel eingesetzt, um den Zeitpunkt der Erstellung bzw. Nachbearbeitung eines Dokuments festzuhalten. Ähnlich wie Zahlen werden auch Zeitwerte in Notes als spezielles Format interpretiert. Die Trennung zwischen Datum und Uhrzeit existiert intern nicht, kann jedoch erreicht werden, in dem nur ausgewählte Komponenten eines Zeitwerts angezeigt werden (vgl. Abbildung 5.12).

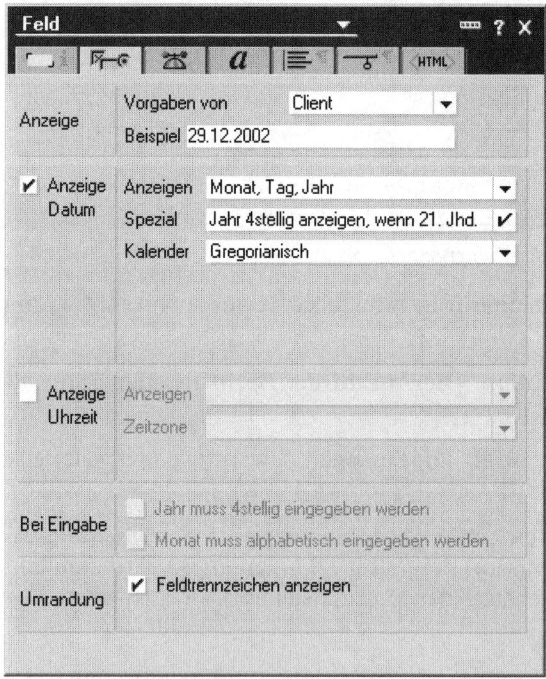

Abbildung 5.12: Auch bei der Datums- bzw. Zeitanzeige bestehen viele Formatierungsmöglichkeiten

Auch im Bereich der Zeitwerte bietet Domino Designer ein breites Spektrum an Möglichkeiten: Wie bei Zahlenfeldern gilt auch hier, dass die Formatierungseinstellungen grundsätzlich entweder aus den Einstellungen der Client-Software oder aber benutzerspezifisch angegeben werden können (Feld *Vorgaben von*). Ferner erfolgt die Einstellung der Datums- und Zeiteinstellungen im Bereich der Formatierung getrennt, wobei uns folgende Optionen zur Verfügung stehen:

- **Anzeige**: bestimmt, ob die Zeit- bzw. Datumskomponente eines Zeitwerts überhaupt angezeigt wird.
- **Format**: Hier lässt sich die Art und Weise der Anzeige eines Datums und/oder einer Uhrzeit beliebig anpassen. Die Anpassung bezieht sich auf die *Auswahl* der anzuzeigenden Bestandteile eines Datums (Tag, Monat, Jahr, Wochentag, optional kann das aktuelle Datum als solches gekennzeichnet werden) bzw. einer Uhrzeit (Stunden, Minuten, Sekunden, Auswahl zwischen dem 12- oder 24-Stunden-Format), ihrer *Reihenfolge* sowie auf die Festlegung des *Trennzeichens* zwischen den einzelnen Bestandteilen.
- **Vierstellige Eingabe von Jahreszahlen**: Man kann zum einen die vierstellige Eingabe von Jahreszahlen erzwingen und zum anderen die Anzeige der Datumsinformation entsprechend kennzeichnen (automatische Anzeige von vierstelligen Jahreszahlen, Kennzeichnung von im 21. Jahrhundert liegenden Daten).
- **Angabe der Zeitzone**: Als Zugeständnis an die Tatsache, dass Domino-Anwendungen über mehrere Zeitzonen hinweg eingesetzt werden, lässt sich auch die Anzeige der Uhrzeit entsprechend anpassen. Hier gibt es grundsätzlich zwei Möglichkeiten: zum einen die automatische Konvertierung der Uhrzeit in die lokale Zeitzone (Option *An lokale Zeitzone anpassen*) oder aber die explizite Kennzeichnung der fremden Zeitzone (die Optionen *Zeitzone immer anzeigen* bzw. *Nur fremde Zeitzonen anzeigen*).

Auch im Rahmen der Maske *Quelle* soll mittels eines Zeit-/Datumfeldes der Erstellungszeitpunkt (nur Datum) angezeigt werden. Da Notes die Informationen darüber, wann ein Dokument erstellt bzw. nachbearbeitet wurde, bei jedem Dokument automatisch mitführt, werden wir diesmal jedoch kein »echtes« Feld verwenden, sondern lediglich die bereits vorhandene Information anzeigen lassen.

Gehen Sie wie folgt vor:

1. Öffnen Sie die Maske *Quelle*.
2. Erstellen Sie ein neues Feld namens *ErstelltAm* (willkürliche Bezeichnung).
3. Wählen Sie als Feldtyp *Datum/Zeit* sowie *Berechnet zur Anzeige*.
4. Deaktivieren Sie die Option *Anzeige Zeit*.
5. Passen Sie die Formatierungseinstellungen für das Datum an.
6. Markieren Sie das Feld und wählen Sie im Gestaltungsfenster das Ereignis *Wert*.
7. Geben Sie im Gestaltungsfenster folgende Formel ein:

   ```
   @Created
   ```

8. Speichern Sie die Maske.

Der Ausdruck `@Created` ermittelt den Erstellungszeitpunkt eines Dokuments.

Rich-Text-Felder

Eine weitere Spezies von Feldern sind die so genannten Rich-Text-Felder. Hierbei handelt es sich gewissermaßen um die Alleskönner unter den Domino-Feldtypen. Sie sind darauf ausgelegt, Inhalte beliebiger Art zu speichern. Mit Hilfe von Rich-

Text-Feldern kann der Anwender in einzelnen Dokumenten Informationen ablegen, die sich sonst lediglich im Rahmen einer Maske selbst platzieren lassen, beispielsweise Schaltflächen, Bilder, Dateianhänge, Java-Applets oder ActiveX-Komponenten. Auch im Bereich der Textdarstellung haben Rich-Text-Felder Vorteile: Zum einen können Texte beliebig formatiert sein (vgl. Abbildung 5.13), zum anderen liegt die maximale Textlänge in Rich-Text-Feldern bei 64 Kbyte, während sich in einfachen Textfeldern lediglich 15 Kbyte unterbringen lassen.

Die Eingaben in einem Rich-Text-Feld können in

- beliebigen Größen
- beliebigen Farben
- und beliebigen Absatzformatierungen erfolgen.

Abbildung 5.13: Rich-Text-Felder können auch zur Eingabe von formatierten Texten eingesetzt werden.

Der Nachteil von Rich-Text-Feldern ist allerdings, dass deren Inhalt nicht in Ansichten (vgl. das entsprechende Kapitel zum Thema »Ansichten«) angezeigt und nur bedingt in Formeln verwendet werden kann. Weiterhin erfüllen Rich-Text-Felder im Web-Browser eine andere Funktion als im Notes-Client (vgl. Kapitel 6 zu den fortgeschrittenen Features in Masken).

Wir werden ein Rich-Text-Feld verwenden, um im Rahmen eines *Quelle*-Dokuments einen – beliebig formatierten – Kommentar zu der jeweiligen Quelle einzugeben.

Folgende Schritte sind hierzu notwendig:

1. Öffnen Sie die Maske *Quelle* im Gestaltungsmodus.
2. Erstellen Sie ein neues Feld namens *Kommentar*.
3. Wählen Sie als Feldtyp *Rich-Text* und *Bearbeitbar*.
4. Speichern Sie die Maske.

Rich-Text-Lite-Felder

Neben den Rich-Text-Feldern gibt es in der Version 6 eine Neuigkeit: die so genannten Rich-Text-Lite-Felder. Die »leichten« Rich-Text-Felder unterscheiden sich von den »echten« insbesondere dadurch, dass man als Anwendungsentwickler sehr viel stärker reglementieren kann, welche Arten von Inhalten der Anwender in das Feld tatsächlich eingeben kann. So war es vor der Version 6 nicht möglich, ein Feld lediglich zur »Eingabe« von Dateianhängen vorzusehen, denn der Anwender konnte im Feld alles mögliche unterbringen.

Dies ist nun anders: auf der Registerkarte Steuerung lässt sich festlegen, welche Arten von Inhalten in einem Rich-Text-Lite-Feld zulässig sind (vgl. Abbildung 5.14).

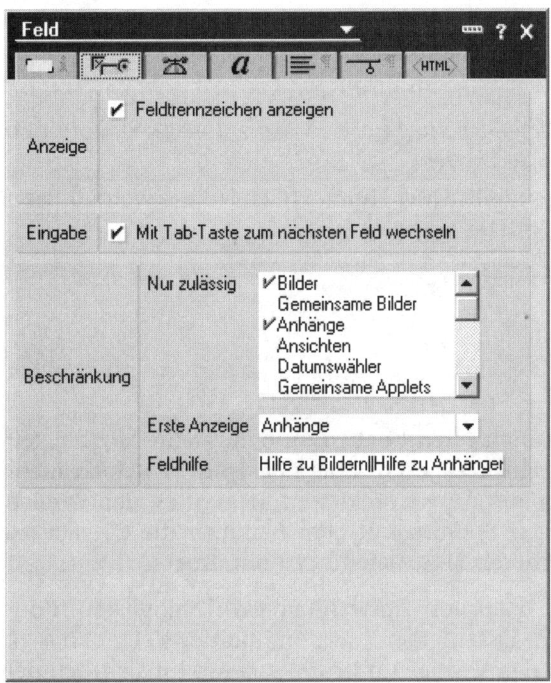

Abbildung 5.14: Spezielle Eigenschaften der Rich-Text-Lite-Felder

Zudem leisten Rich-Text-Lite-Felder im Hinblick auf die Eingabe von unterschiedlichen Datentypen eine gewisse Hilfestellung: zum einen lässt sich (bei mehr als einem Datentyp), die Art der gewünschten Eingabe aus einer Drop-Down-Liste auswählen. Hat man sich für einen Eintrag entschieden, lässt sich der Einfügen-Vorgang durch das Anklicken des jeweils angezeigten Symbols ausführen. Ferner kann man dem Anwender für jeden Datentyp einen dedizierten Hilfetext bereitstellen, der ebenfalls aus dem Drop-Down-Menü aufgerufen werden kann. Schließlich lässt sich der eingefügte Inhalt, ebenfalls durch einen entsprechenden Eintrag im Drop-Down-Menü löschen (vgl. Abbildung 5.15).

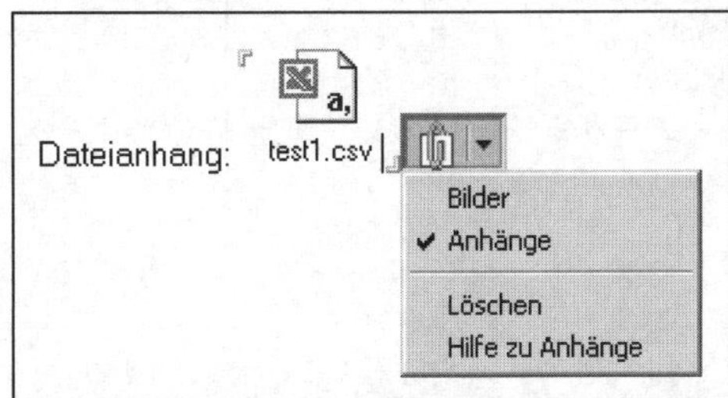

Abbildung 5.15: RTL-Felder im Praxiseinsatz

Wir werden ein Rich-Text-Lite-Feld verwenden, um dem Benutzer die Möglichkeit zu geben, in ein *Quelle*-Dokument entweder ein Bild oder einen Dateianhang einzubetten. Hierzu sind folgende Schritte erforderlich:

1. Öffnen Sie die Maske *Quelle* im Gestaltungsmodus.
2. Erstellen Sie ein neues Feld namens *Anhang*.
3. Wählen Sie als Feldtyp *Rich Text Lite* und *Bearbeitbar*.
4. Markieren Sie auf der Registerkarte *Steuerung* im Feld *Nur zulässig* die Optionen *Bilder* und *Anhänge* sowie *Hilfe* und *Löschen*.
5. Geben Sie im Feld *Feldhilfe* folgende Beispiel-Hilfetexte ein (diese werden beim Aufrufen der Hilfe durch den Benutzer angezeigt):

```
Hilfe zur Bildeingabe||Hilfe zur Eingabe von Anhängen
```

6. Speichern Sie die Maske.

Auswahlfelder

Die Feldformate, die wir bis jetzt kennen gelernt haben, sind durch die Möglichkeit der mehr oder weniger freien Texteingabe gekennzeichnet. Dies ist jedoch nicht immer wünschenswert. Die Gruppe der Auswahlfelder ermöglicht es, den Bereich der möglichen Eingaben zu reduzieren, um somit dem Benutzer die Eingabe zu erleichtern, aber auch um die Anzahl der Eingabefehler zu minimieren.

Domino bietet fünf verschiedene Arten von Auswahlfeldern (Dialoglisten, Kontrollkästchen, Optionsschaltflächen, Listenfelder und Kombinationsfelder an (vgl. Tabelle 5.2), die sich zum einen in der Anzeige und zum anderen hinsichtlich der »Strenge« der Eingabebeschränkung unterscheiden, deren Handhabung jedoch weitgehend den gleichen Gesetzen unterliegt.

	Dialogliste	Kontroll-kästchen	Options-schaltflächen	Listenfeld	Kombina-tionsfeld
veränder-bare Größe	nein	Nein	nein	ja (Betriebssys-tem-Modus)	nur Breite
Mehrfach-auswahl	ja	Ja	nein	Ja	nein
Neue Werte	optional	Nein	nein	Nein	ja
Optionen	Hilfsschalt-fläche kann optional ausgeschal-tet werden	Anzahl der Spalten, Art der Umrandung	Anzahl der Spaltern, Art der Umrandung	Keine	keine

Tabelle 5.2: Auswahlfelder im Überblick

Die Anzeige der Felder ist in der Abbildung 5.16 dargestellt.

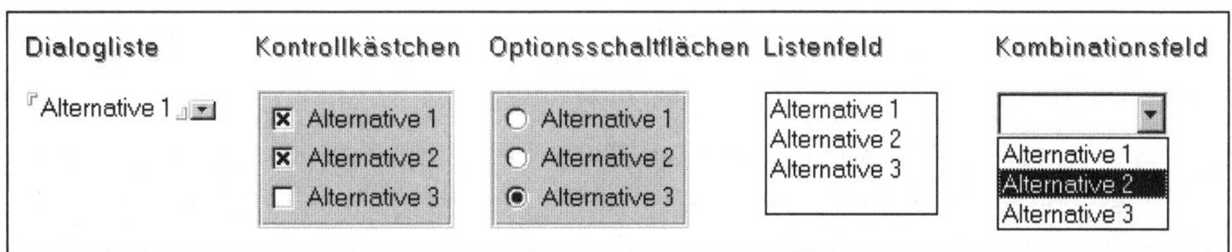

Abbildung 5.16: Fünf Typen von Auswahlfeldern

Wie man die Auswahlfelder sinnvoll nutzen kann, soll im Folgenden am Beispiel von zwei Feldern dargestellt werden: Das Feld *Typ* (welches wir bereits erstellt haben) soll die Eingabe des Formats der Quelle, das Feld *Kategorie* die Zuordnung der Quelle zu einem Fachgebiet ermöglichen.

Der Wertebereich des Feldes *Typ* soll der Einfachheit halber aus nur drei Werten bestehen: *Buch, Zeitschriftenartikel* und *URL.* Ferner gehen wir davon aus, dass in unserer Datenbank nur die Quellen verwaltet werden, welche in diesen Formaten vorliegen. Hierfür bietet es sich an, eine Optionsschaltfläche zu erstellen. Gehen Sie wie folgt vor:

1. Öffnen Sie die Maske *Quelle.*
2. Wählen Sie ERSTELLEN/FELD.
3. Bestimmen Sie in *Eigenschaften: Feld* als Feldbezeichnung *Typ.*
4. Wählen Sie als Feldformat *Optionsschaltfläche.*

Auswahl in Schlüsselwortfeldern

Bei allen Auswahlfeldern können die eigentlichen Auswahloptionen auf der zweiten Registerkarte von links eingegeben werden. Es stehen folgende Möglichkeiten zur Verfügung:

- **Auswahl eingeben (eine pro Zeile)**: Mit dieser Option können Auswahloptionen manuell im Eingabefenster, jeweils getrennt durch die Eingabetaste, bestimmt werden. Hierbei können die Einträge mit *Sortieren* in alphabetischer Reihenfolge angeordnet werden.
- **Formel für Auswahl verwenden**: Hier lässt sich die Auswahl anhand einer Formel festlegen. Die Alternativen, welche zur Auswahl stehen, werden in diesem Fall also dynamisch festgelegt. Sehr hilfreich ist in diesem Zusammenhang die Lookup-Technik mit Hilfe von so genannten `@DbLookup`- und `@DbColumn`-Formeln.

Ein Spezialfall ist das Feldformat Dialogliste. Hier stehen drei weitere Optionen zur Verfügung:

- **Dialogfeld Adresse für Auswahl verwenden**: Die Auswahl erfolgt anhand der Einträge im Domino-Verzeichnis. Diese Möglichkeit eignet sich gut, wenn aus einer Liste von Personen oder Gruppen ausgewählt werden soll.
- **Zugriffskontrollliste für Auswahl verwenden**: Als Grundlage der Auswahl wird die Zugriffskontrollliste der aktuellen Datenbank verwendet. Es kann also

aus einer Liste von Personen und Gruppen ausgewählt werden, die zum Zugriff auf die aktuelle Datenbank berechtigt sind.

- **Dialogfeld Ansicht für Auswahl verwenden**: Wird diese Option ausgewählt, kann eine beliebige Ansicht zur Auswahl eingesetzt werden.

In unserem Fall wollen wir uns mit der statischen Eingabe von Auswahlalternativen begnügen, wie in der Abbildung 5.17 dargestellt. Hierzu wird unsere Übung wie folgt fortgesetzt:

1. Wählen Sie im Feld *Auswahl* die Option *Auswahl eingeben (eine pro Zeile).*
2. Geben Sie die Begriffe *Buch, Datei, Zeitschriftenartikel* und *URL,* jeweils getrennt durch die Eingabetaste, ein.
3. Speichern Sie die Maske.

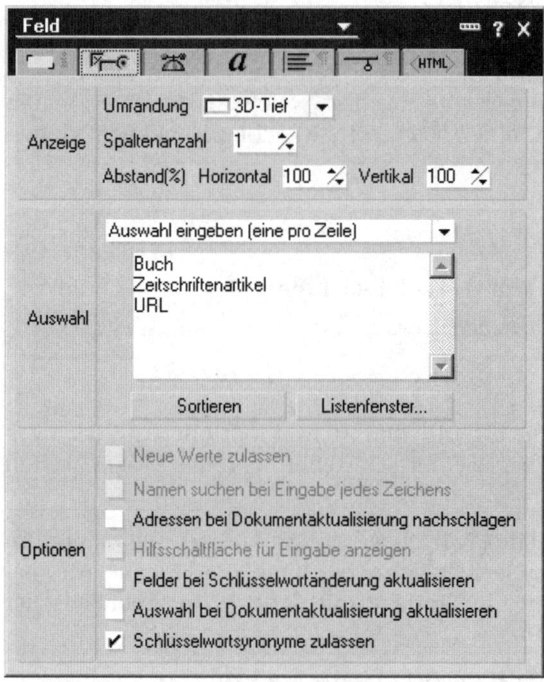

Abbildung 5.17: Auswahlfelder bieten einige Zusatzoptionen.

Manchmal ist es sinnvoll, zur Anzeige der Optionen andere Werte zu verwenden, als die, die tatsächlich gespeichert werden. Beispielsweise könnte man im abgebildeten Beispiel zwar die Formate anzeigen, intern jedoch mit speziellen Codes arbeiten, um beispielsweise die spätere Verarbeitung zu erleichtern. Dies erreicht man, indem hinter dem angezeigten Wert der interne Wert, getrennt durch das ODER-Zeichen ('|'), angegeben wird, beispielsweise:

```
Buch|1
```

Die Vorgehensweise beim Feld *Kategorie* ist ähnlich, mit dem Unterschied, dass hierbei sowohl die Auswahl von mehreren Begriffen als auch die Aufnahme von neuen Begriffen möglich sein soll. Hierfür kommt nur ein Feldformat in Frage, nämlich die Dialogliste. Um ein Dialoglistefeld zu erstellen, sind folgende Schritte notwendig:

1. Öffnen Sie die Maske *Quelle.*
2. Wählen Sie ERSTELLEN/FELD.
3. Bestimmen Sie in *Eigenschaften: Feld* als Feldbezeichnung *Kategorie.*
4. Wählen Sie als Feldformat *Dialogliste.*
5. Aktivieren Sie auf der ersten Registerkarte die Option *Mehrfachwerte zulassen.*
6. Geben Sie auf der zweiten Registerkarte von links als Auswahl-Alternativen die (frei gewählten) Begriffe *Software-Entwicklung, Netzwerke* und *Groupware* ein.
7. Aktivieren Sie auf der zweiten Registerkarte von links die Option *Neue Werte zulassen.*
8. Speichern Sie die Maske.

Felder zur Verwaltung von Namen

Gemeint ist jedoch nicht irgendeine Art von Namen, sondern vielmehr die nach speziellen Konventionen von Domino verwalteten *Benutzernamen*: Domino verwendet intern zur Verwaltung von Personen-, Gruppen- und Servernamen ein auf dem X.400-Standard basierendes Format, das einen Benutzer im Rahmen einer hierarchisch aufgebauten Organisationsstruktur eindeutig identifiziert. Beispielsweise wird mit

```
CN=Hans Müller/OU=Marketing/O=Lotus/C=DE
```

Herr Müller weltweit eindeutig als Mitarbeiter der Organisationseinheit Lotus(*organisation, O*), ansässig in Deutschland (*country, C*), tätig im Bereich Marketing (*organisation unit, OU*) identifiziert.

Funktion der Namensfelder

Warum werden Namen als spezielles Feldformat angeboten? Würde denn ein herkömmliches Textfeld denn nicht ausreichen? Nun, die zusätzliche semantische Information, die wir durch die Verwendung von Namensfeldern Domino mitteilen, kann dem Benutzer die Eingabe von Namen erleichtern. Als Benutzer von Notes-Mail kennen Sie sicherlich die Funktion der Adressaten-Auswahl aus dem Domino-Verzeichnis. Genau diese Funktionalität ermöglichen uns die Namensfelder. Die Auswahl beschränkt sich allerdings nicht nur auf das Domino-Verzeichnis. Vielmehr kann als Auswahlbereich auch die Zugriffskontrollliste einer Datenbank oder aber eine Ansicht in einer beliebigen Datenbank dienen. Die entsprechende Einstellung lässt sich – sofern als Feldformat *Name* ausgewählt wurde – auf der zweiten Registerkarte von links vornehmen, wie in der Abbildung 5.18 dargestellt.

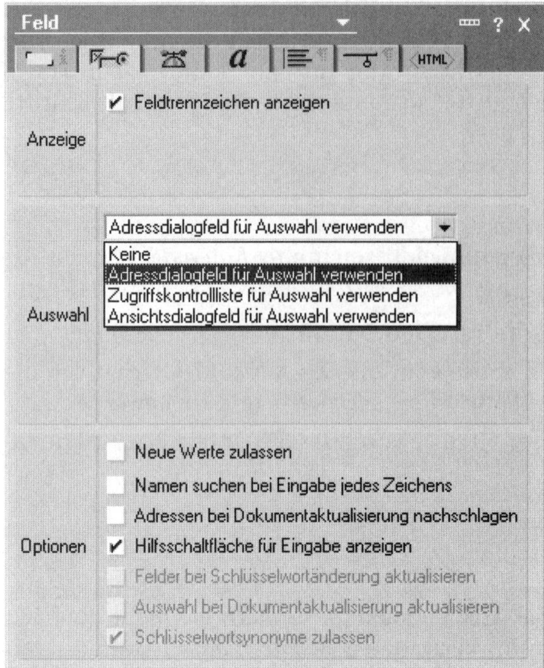

Abbildung 5.18: Auswahlbereich in einem Namensfeld

Leser- und Autorenfelder

Darüber hinaus gibt es zwei spezielle Varianten von Namensfeldern, nämlich die Autoren- und Leserfelder. Diese erweitern die Funktionalität der herkömmlichen Namensfelder im Bereich Sicherheit und zwar wie folgt:

- **Leserfelder** können verwendet werden, um die Liste der Benutzer, welche ein Dokument lesen dürfen, einzuschränken. Generell ermöglicht uns Domino das einschränken des Zugriffs auf der Datenbank- bzw. Maskenebene. Durch die Verwendung von Leserfeldern können Sie die Zugriffsregelung auf diesen beiden Ebenen noch weiter verfeinern und zwar auf der Ebene des einzelnen Dokuments. Zu beachten ist hierbei jedoch, dass der designierte Leser eines Dokuments über die erforderlichen Zugriffsberechtigungen auf der Datenbank- bzw. Maskenebene verfügt, sonst wird der Lesezugriff – trotz der Berechtigung auf der Dokumentebene – verweigert.
- **Autorenfelder**: Das Zugriffsberechtigungssystem von Domino sieht prinzipiell vor, dass nur drei Typen von Benutzern Dokumente nachbearbeiten dürfen: die *Editoren* (welche alle Dokumente bearbeiten dürfen), *Entwickler* und *Manager*. Die Zugriffsstufe *Autor*, welche die Erstellung von Dokumenten ermöglicht, gehört nicht dazu: Autoren dürfen nicht einmal ihre eigenen Dokumente nachbearbeiten. Dies ist bei manchen Anwendungstypen (z.B. Diskussionsdatenbank) zwar wünschenswert, kann jedoch bei anderen – wie beispielsweise bei unserer Literaturverwaltung – hinderlich sein. Die Verwendung von *Autorenfeldern* erweitert die Zugriffsprivilegien der Autoren dahingehend, dass diese zumindest ihre eigenen

Dokumente nachbearbeiten dürfen. Hierzu muss ein *Autorenfeld* die Namen derjenigen Benutzer enthalten, welche über dieses Privileg verfügen sollen.

> Mehr Informationen zu den Sicherheitskonzepten von Notes finden Sie im Kapitel zum Thema »Sicherheit«.

Wir werden im Rahmen der Maske *Quelle* ein *Autorenfeld* platzieren. Dieses soll zum einen den Namen des Bearbeiters anzeigen und zum anderen den Zugriff auf das neu erstellte Dokument auf den Autor sowie alle Benutzer mit höheren Zugriffsprivilegien beschränken.

Gehen Sie hierzu wie folgt vor:

1. Öffnen Sie die Maske *Quelle*.
2. Erstellen Sie ein neues Feld namens *Bearbeiter* (willkürliche Bezeichnung).
3. Wählen Sie als Feldtyp *Autor* und *Berechnet beim Anlegen*.
4. Markieren Sie das Feld und wählen Sie im Gestaltungsfenster das Ereignis *Wert*.
5. Geben Sie im Gestaltungsfenster folgende Formel ein:

   ```
   @Name ([CN];@UserName)
   ```

6. Speichern Sie die Maske.

Die Funktion `@UserName` ermittelt den Namen des aktuellen Benutzers. Dieser wird in einem *Autorenfeld* automatisch abgekürzt, also ohne »Etiketten« dargestellt. Durch die Funktion `@Name` (mit dem Parameter `[CN]`) wird lediglich der allgemeine Teil des Namens, also in der Regel Vor- und Nachname, angezeigt.

Kennwortfelder

Bleibt noch ein Feldformat: das *Kennwortfeld* zur Eingabe von Passwörtern und anderen Informationen, welche vor den Blicken anderer geschützt werden sollen. *Kennwortfelder* weisen gegenüber herkömmlichen Textfeldern lediglich eine Besonderheit auf: Die eingegebenen Zeichen bleiben unsichtbar bzw. werden durch Sternchen ersetzt. Der Sicherheitscharakter der *Kennwortfelder* macht sich ferner dadurch bemerkbar, dass die Eigenschaft *Verschlüsselung für dieses Feld aktivieren* (Sicherheitsoptionen, dritte Registerkarte von links) standardmäßig eingeschaltet wird – erkennbar an der roten Umrandung.

5.5.3 Arbeiten mit Feldformeln

Wir haben in den obigen Beispielen an einigen Stellen den Inhalt von berechneten Feldern mittels der Notes-Formelsprache festgelegt. Die Verwendung der Notes-Formelsprache wird im Kontext eines Feldes als *Feldformel* bezeichnet. Feldformeln können neben der Berechnung von Werten zur Beschleunigung und Formatierung von Eingaben sowie zur Überprüfung, deren Richtigkeit eingesetzt werden.

Feldformeln können einfache oder auch komplexe Ausdrücke sein, die im Gestaltungsfenster einer Maske eingegeben werden. Der jeweilige Formeltyp wird im Objektfenster ausgewählt, nachdem das relevante Feld ausgewählt wurde.

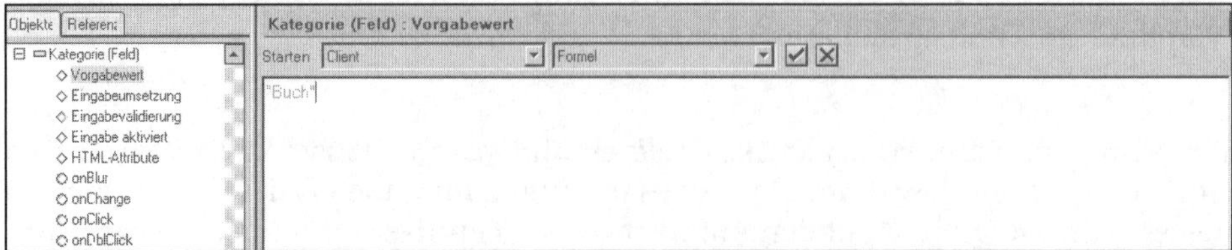

Abbildung 5.19: Die Eingabe von Formelwerten erfolgt im Gestaltungsfenster.

Wir werden uns im Folgenden die Feldformel-Typen im Einzelnen ansehen. Die nachfolgenden Beispiele sind einfach und sollen zunächst einmal lediglich das Verständnis erleichtern. Weitere praxisrelevante Beispiele werden in den nachfolgenden Kapiteln dargestellt.

Vorgabewert/Standardwert-Formeln

Eine Vorgabewert/Standardwert-Formel legt den Ausgangswert eines Feldes fest. Bei berechneten Feldern (Standardwert) ist diese Formel obligatorisch (sie kann jedoch einfach den Namen des Feldes enthalten), bei bearbeitbaren Feldern (Vorgabewert) wird sie in der Regel zur Erleichterung von Eingaben eingesetzt. Bei Schlüsselwortfeldern kann man mit einer Vorgabewert-Formel die eingangs markierte Auswahloption festlegen.

Wenn z.B. in einem bearbeitbaren Textfeld oder Schlüsselwortfeld, wie z.B. *Typ*, davon auszugehen ist, dass dieses in der Mehrzahl der Fälle den Wert *Buch* enthalten wird, lautet die Formel einfach:

```
"Buch"
```

Andere Beispiele können Sie den obigen Felderübungen entnehmen.

Eingabe-Übersetzungsformeln

Mit diesem Formeltyp können die Eingaben des Benutzers nachträglich formatiert werden. Ist die automatische Aktualisierung der Maske in *Eigenschaften: Maske* aktiviert, geschieht die Übersetzung in Echtzeit, d.h. sofort beim Verlassen des Feldes. Anderenfalls erst bei der nächsten manuellen Aktualisierung (Menübefehl ANZEIGE/AKTUALISIEREN) bzw. beim Speichern des Dokuments.

Beispielsweise berichtigt die Funktion `@ProperCase` die Schreibweise von Personennamen, sodass der Anfangsbuchstabe eines Namen groß und der Rest klein geschrieben wird. Wenn wir nun ein bearbeitbares Feld verwenden, um Namen von Personen einzugeben (wie z.B. das Feld *Autor*), findet die Berichtigung im Rahmen einer Eingabe-Übersetzungsformel automatisch statt.

```
@ProperCase (Autor)
```

Validierungsformel

In Validierungsformeln lassen sich Kriterien zum Überprüfen der Feldeingabe auf ihre Richtigkeit eingeben. Stimmt die Eingabe nicht, kann man das Feld nicht verlassen bzw. das Dokument nicht speichern. In diesem Fall wird eine Fehlermeldung angezeigt.

Um zu überprüfen, ob das Textfeld Autor ausgefüllt wurde, würde man beispielsweise folgende Formel einsetzen:

```
@If (Autor="";@Failure ("Sie haben den Namen des Autors vergessen!");@Success)
```

5.5.4 Aktualisieren von Feldwerten

Wenn Sie mit den obigen Beispielen im Notes-Client experimentiert haben, werden Sie feststellen, dass viele Sachen nicht so funktionieren, wie man das gerne hätte. So erfolgt die Formatierung des Währungsfeldes *Preis* erst beim Speichern des Dokuments, ebenso die Auswertung der Eingabe-Übersetzungs- und Validierungsformeln.

Dies hat einen einfachen Grund: Im Gegensatz zu anderen Datenbanksystemen werden Felder in Notes nicht automatisch aktualisiert. Die Aktualisierung erfolgt erst, wenn man die Maske manuell mit dem Befehl ANSICHT/AKTUALISIEREN (Taste [F9]) auf den neuesten Stand der Dinge bringt, oder beim Speichern bzw. Versenden der Maske.

Automatische Feldaktualisierung

Automatische Aktualisierung von Masken ist jedoch möglich. Hierzu muss man in *Eigenschaften: Maske* auf der ersten Registerkarte die Option *Felder automatisch aktualisieren* aktivieren. Diese Einstellung sollte jedoch in komplexen Masken möglichst vermieden werden, denn sie bewirkt, dass bei jeder Eingabe eine Maske komplett neu berechnet wird, was unter Umständen stark zu Lasten der Rechenzeit geht.

Feldaktualisierung durch Schlüsselwortfelder

Eine andere Möglichkeit der Aktualisierung bieten die Schlüsselwortfelder: Man kann eine Maske aktualisieren lassen, wenn der Inhalt eines beliebigen Schlüsselwortfeldes geändert wird. Hierzu dient die Option *Felder bei Schlüsselwortänderung ändern* in *Eigenschaften: Feld* auf der zweiten Registerkarte von links.

Wir führen in unsere Maske ein zusätzliches Feld ein, nämlich die ISBN-Nummer (Feld: *ISBN*) zur eindeutigen Identifizierung eines Buchs. Da die ISBN-Angabe auf URLs und Zeitschriftenartikel nicht anwendbar ist, soll das Feld *ISBN* nur dann angezeigt werden, wenn das Feld *Quelle* den Wert »Buch« enthält. Wählt man als Typ stattdessen »URL« oder »Zeitschrift« soll das Feld *ISBN* automatisch verborgen werden.

Folgende Schritte sind hierzu notwendig:

1. Öffnen Sie die Maske *Quelle*.
2. Erstellen Sie in einer neuen Zeile ein neues bearbeitbares Textfeld namens *ISBN*.
3. Markieren Sie die gesamte Zeile und rufen Sie *Eigenschaften: Text* auf.
4. Wählen Sie auf der Registerkarte *Verbergen* die Option *Absatz verbergen wenn Formel wahr* und geben Sie im Formelfenster folgende Formel ein:

```
Typ!="Buch"
```

Da die Aktualisierung in diesem Fall vom Schlüsselwortfeld *Typ* angestoßen werden soll, können wir auf die automatische Aktualisierung der gesamten Maske verzichten. Vielmehr muss im Feld *Typ* lediglich die Aktualisierung aktiviert werden. Dies geschieht wie folgt:

1. Markieren Sie das Feld *Typ* und rufen Sie *Eigenschaften: Feld* auf.
2. Aktivieren Sie auf der Registerkarte *Steuerung* die Option *Felder bei Schlüsselwortänderung ändern*.
3. Speichern Sie die Maske.

Nun wird das Feld *ISBN* automatisch in vom Abhängigkeit im Eintrag im Feld *Typ* entweder angezeigt oder verborgen.

5.5.5 Gemeinsame Felder

Die Wiederverwendung von Gestaltungselementen macht sich in Domino an vielen Stellen bemerkbar, auch bei der Gestaltung von Feldern. Mit gemeinsamen Feldern lässt sich eine Felddefinition als eigenständiges Gestaltungselement verwalten und somit in mehreren Masken einsetzen. Wie wir gesehen haben, erfolgt die Erstellung von Feldern relativ mühelos. Es mag daher vielleicht auf den ersten Blick unverständlich erscheinen, warum man das Gestaltungsgerüst von einzelnen Feldern auslagern soll, um es im Rahmen von mehreren Masken zu verwenden. Spätestens jedoch, wenn Sie ein Schlüsselwortfeld mit 25 manuell eingegebenen Auswahloptionen (ein gängiges Beispiel ist die Auswahl des Herkunftslands eines Benutzers) und einer besonders vertrackten Validierungsformel erstellen, werden Sie diese Möglichkeit schätzen lernen. Bei der Erstellung von gemeinsamen Feldern ist Folgendes zu beachten:

- Änderung von Einstellungen in gemeinsamen Feldern werden automatisch in alle Masken übertragen, in denen das Feld eingesetzt wird.
- Feldformeln zur Berechnung von Auswahloptionen, aber auch Vorgabe-, Übersetzungs- und Validierungsformeln lassen sich im Rahmen von einzelnen Masken nicht mehr anpassen,
- Dies gilt jedoch nicht für die Formatierung: Sowohl auf der Zeichen- als auch auf der Absatzebene lassen sich gemeinsame Felder in jeder Maske anders gestalten.

Gemeinsam genutzte Felder erstellen

Um ein gemeinsam genutztes Feld zu erstellen, gibt es grundsätzlich zwei Möglichkeiten:

- Ein von Grund auf neues Feld kann mit ERSTELLEN/GESTALTUNG/GEMEINSAMES FELD erzeugt werden.
- Ein bestehendes Feld lässt sich als gemeinsames Feld aus einer Maske auslagern, indem man es markiert und mit dem Befehl GESTALTUNG/DIESES FELD GEMEINSAM NUTZEN als gemeinsam kennzeichnet.

Ein bestehendes gemeinsames Feld lässt sich mit dem Befehl ERSTELLEN/RESSOURCE/ GEMEINSAMES FELD EINFÜGEN im Rahmen einer Maske einsetzen.

Um beispielsweise das Feld *Kategorie* als gemeinsam zu kennzeichnen, sind folgende Schritte notwendig:

1. Öffnen Sie die Maske *Quelle*.
2. Markieren Sie das Feld *Kategorie*.
3. Wählen Sie den Menübefehl GESTALTUNG/DIESES FELD GEMEINSAM BENUTZEN.
4. Speichern Sie die Maske.

Alle gemeinsamen Felder erscheinen in der Übersicht der Gestaltungselemente in der Kategorie *Gemeinsamer Code/Felder* und lassen sich hier nachträglich bearbeiten, kopieren oder löschen.

Gemeinsam genutzte Felder einfügen

Ein gemeinsames Feld kann mit ERSTELLEN/RESSOURCE/GEMEINSAMES FELD EINFÜGEN in die Maske eingefügt werden. Es erscheint eine Dialogbox, in der das einzufügende Feld bestimmt werden kann. Als Auswahlmöglichkeiten kommen nur diejenigen Felder in Frage, die kein gleichnamiges Pendant in der Maske aufweisen.

6 Fortgeschrittene Features in Domino-Masken

Im letzten Kapitel lernten wir den grundlegenden Umgang mit Masken, Dokumenten und Feldern kennen. In diesem Kapitel wollen wir unser Wissen zum Thema Masken noch etwas vertiefen. Zunächst werden wir uns ausgiebig mit den Eigenschaften von Masken auseinander setzen und den Umgang mit ihnen anhand einiger Praxisbeispiele darstellen. Anschließend widmen wir uns einigen speziellen Maskenelementen – Teilmasken und Layout-Bereichen, um im letzten Abschnitt ausführlich das Thema »Masken im Web« unter die Lupe zu nehmen.

6.1 Arbeiten mit Maskeneigenschaften

Wie wir bereits wissen, lässt sich ein beträchtlicher Teil des Maskenverhaltens einfach auf der Ebene des Maskenobjekts festlegen (Maske als CONTAINER). Einige einfache Beispiele – beispielsweise die Festlegung des Maskennamens – kennen wir auch schon. Im Folgenden wollen wir uns nun den Einstellungen im Dialogfenster MASKENEIGENSCHAFTEN verstärkt zuwenden und den Umgang mit den Funktionalitäten, die sich hier befinden, veranschaulichen.

6.1.1 Maskentyp festlegen

Die erste wichtige Einstellung, die im letzten Kapitel unerwähnt blieb, ist der *Typ einer Maske*. Um diese Einstellung genau zu verstehen, muss man wissen, dass Domino in der Lage ist, auch *Beziehungen zwischen Dokumenten* zu verwalten. Der Sinn und Zweck dieses Features liegt auf der Hand – schließlich stehen Dokumente häufig im Bezug zueinander; man denke beispielsweise an Antworten auf E-Mail oder ergänzende Ausführungen zu einer Steuererklärung.

Um diesen Zusammenhang abzubilden, unterscheidet Domino drei Arten von Dokumenten (und da Dokumente in der Regel auf Masken basieren, auch drei Typen von Masken): *Hauptdokumente*, *Antworten* und *Rückantworten*. Die Wahl dieser Bezeichnungen wird verständlich, wenn man bedenkt, dass Notes ursprünglich eine Art Diskussionsforum war. Wer Diskussionsforen – beispielsweise Usenet-News kennt – weiß, dass die Diskussionsbeiträge dort in Form so genannter *threads* organisiert sind. Ein *thread* ist hierbei die chronologische, hierarchisch aufgebaute Anordnung von Diskussionsbeiträgen zu einem bestimmten Thema, welche immer mit einem Hauptdokument beginnt und mit einer Reihe von Antworten sowie Antworten auf Antworten (bzw. Rückantworten) fortgesetzt wird (vgl. Abbildung 6.1).

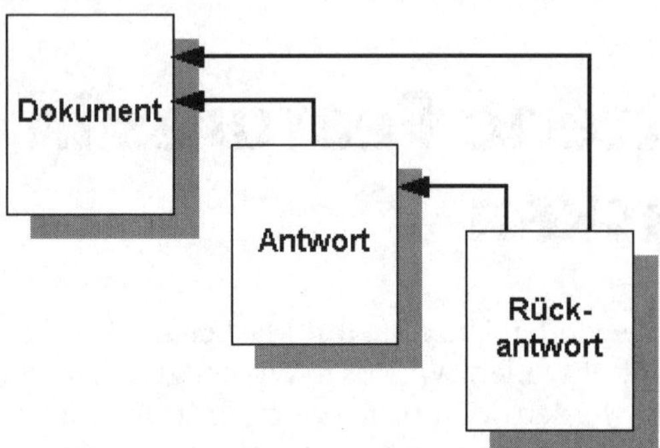

Abbildung 6.1: Verschiedene Maskentypen in Notes

Trotz dieser Analogie beschränkt sich der Einsatzbereich von Dokumenttypen im obigen Sinne keineswegs nur auf die Realisierung von Diskussionsforen. Vielmehr lassen sich auf diese Weise beliebige hierarchische Beziehungen über mehrere Dokumente hinweg abbilden. In Domino wird dieser Mechanismus außer bei den bereits angesprochenen E-Mail-Antworten und Diskussionsforen beispielsweise bei der Versionsverwaltung eingesetzt.

Haupt-, Antwort- und Rückantwortdokumente

Wie in der Abbildung 6.1 dargestellt, steht ein Hauptdokument in der Hierarchie immer ganz oben. An dieses können dann wiederum mehrere Antwortdokumente angehängt werden. Die dritte Ausprägung – Rückantwort – kann entweder an ein Hauptdokument *oder* an ein Antwortdokument angehängt werden[1]. Weiterhin können Rückantworten auf allen weiteren Hierarchiestufen eingesetzt werden über bis zu 32 Hierarchiestufen hinweg. Wird das Hauptdokument gelöscht, haben die nachfolgenden Antwort- und Rückantwortdokumente quasi keine Existenzberechtigung mehr – sie werden ebenfalls gelöscht.

> Notes reagiert auf eine Verletzung dieser Richtlinien, beispielsweise beim Versuch, ein Antwortdokument (kein Rückantwortdokument!) an ein bestehendes Antwortdokument anzuhängen, mit einer Fehlermeldung.

Wir wollen, um den Einsatz unterschiedlicher Dokumenttypen zu verdeutlichen, im Folgenden eine neue Maske namens BEWERTUNG erstellen (vgl. Abbildung 6.2). Diese soll es den Benutzern unserer Literaturverwaltung ermöglichen, bestimmte Quellen im bewertenden Sinne zu kommentieren.

Bewertung

Zusammenfassung:	Zusammenfassung T
Bewertung:	Bewertung T

Abbildung 6.2: Maske BEWERTUNG

1 Der Unterschied zwischen Antwort- und Rückantwortdokumenten liegt darin, dass erstere nur an Hauptdokumente angehängt werden dürfen.

Um die Maske BEWERTUNG zu erstellen, sind folgende Schritte erforderlich:

1. Erstellen Sie eine neue Maske.
2. Erstellen Sie im Rahmen dieser Maske zwei neue Felder: Das Textfeld ZUSAMMENFASSUNG soll eine kurze Zusammenfassung und das Rich-Text-Feld BEWERTUNG den eigentlichen Text der Bewertung enthalten.
3. Benennen Sie die Maske im Dialogfenster MASKENEIGENSCHAFTEN mit BEWERTUNG.
4. Legen Sie als Maskentyp ANTWORT fest. Mit dieser Festlegung wollen wir erreichen, dass nur die Hauptdokumente (also Dokumente vom Typ QUELLE) bewertet werden, nicht jedoch andere Bewertungen. Um Letzteres zu ermöglichen, können Sie als Maskentyp RÜCKANTWORT festlegen.
5. Speichern Sie die Maske.

Wenn Sie nun versuchen, die Maske BEWERTUNG in der Vorschau zu testen, reagiert Domino Designer mit einer Fehlermeldung. Die Ursache des Fehlers liegt darin, dass ein Antwortdokument nur dann erstellt werden kann, wenn zuvor ein anderes Dokument geöffnet, bzw. in der Ansicht gewählt ist. Um dies zu umgehen, erstellen Sie zunächst ein neues Dokument vom Typ QUELLE, speichern dieses und rufen anschließend im Menü ERSTELLEN die Maske BEWERTUNG auf.

Nun sind wir in der Lage, an eine bestimmte QUELLE mehrere Bewertungen »anzuhängen«. Sie können mit diesem Feature experimentieren, um etwa auch Bewertungen zu bewerten (Rückantwortdokumente!). Besonders interessant wird dieser Mechanismus, wenn man weiß, dass Domino in der Lage ist, die auf diese Weise gebildeten Beziehungen zwischen Dokumenten in *Ansichten* automatisch zu visualisieren. Wie das geht, ist in den entsprechenden Kapiteln zu den Ansichten beschrieben.

6.1.2 Masken und Dokumente kombinieren

Wir wissen bereits aus dem letzten Kapitel, dass Masken im Grunde genommen eine Art Container zur Präsentation von Dokumenten sind. Ein jedes Dokument führt im Systemfeld *Form* die Verknüpfung zu der Maske, mit der es erstellt wurde, mit. Nun gilt aber diese Verknüpfung nur im Rahmen einer Datenbank. Was ist aber, wenn wir das betreffende Dokument im Rahmen einer anderen Datenbank anzeigen möchten (wenn wir beispielsweise ein Dokument per Kopieren und Einfügen übertragen oder versenden)? Die einfachste Lösung in diesem Fall ist natürlich, dass wir die ursprüngliche Maske – unter Beibehaltung des ursprünglichen Maskennamens – in die betreffende Datenbank kopieren. Diese Lösung versagt jedoch spätestens dann, wenn wir nicht im Voraus wissen, in welchen Datenbanken das Dokument verwendet wird, oder aber wenn wir die relevanten Datenbanken nicht entsprechend anpassen können (wenn beispielweise die entsprechenden Zugriffsrechte fehlen). In diesem Fall bietet uns Domino zwei alternative Strategien an, auf die wir im Folgenden eingehen wollen.

Maske mit Dokument abspeichern

Die erste Strategie besteht darin, die Maske zusammen mit dem Dokument abzuspeichern. Hierzu ist lediglich die Einstellung MASKE IN DOKUMENT SPEICHERN auf der ersten Registerkarte der Maskeneigenschaften zu aktivieren. In diesem Fall erstellt Domino zusätzlich zu den bestehenden Feldern eine Reihe neuer, verborgener Felder, welche die Information über die Maskengestaltung enthalten (vgl. Abbildung 6.3). Zugleich wird das Feld FORM gelöscht, so dass zur Anzeige des Dokuments ab sofort *immer* die intern gespeicherte Maske verwendet wird.

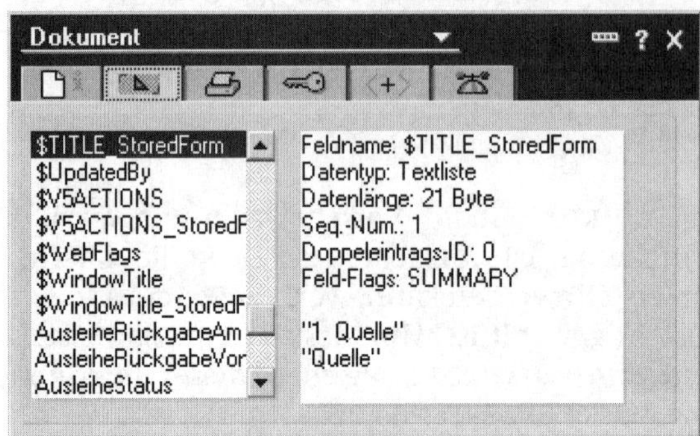

Abbildung 6.3: Im Rahmen eines Dokuments gespeicherte Masken sind an maskenspezifischen Feldern im Dokument erkennbar.

Diese Lösung ist natürlich nahe liegend. Könnte man nicht immer so vorgehen und dem Dokument auf diese Weise mehr Unabhängigkeit verleihen? Leider nicht, denn der Vorteil der Unabhängigkeit muss durch eine Reihe von Nachteilen teuer erkauft werden:

- Die Anzeige beim Aufbau von Dokumenten wird spürbar langsamer.
- Der Speicherplatzbedarf steigt – in Abhängigkeit von der Komplexität der Maske – um das Mehrfache des ursprünglichen Bedarfs.
- Nachträgliche Veränderungen an der Maskengestaltung werden nicht ohne weiteres auf alle bisher erstellten Dokumente übertragen (da die Verknüpfung mittels FORM ja nicht mehr existiert), sondern müssen mit erheblichem Aufwand manuell vorgenommen werden.

Mit Vorgabemaske arbeiten

Die zweite Strategie besteht darin, in der (Ziel-)Datenbank eine so genannte *Vorgabemaske* zu definieren. Die Vorgabemaske kommt dann zum Einsatz, wenn weder die im Feld FORM referenzierte Maske in der Datenbank zur Verfügung steht, noch die ursprüngliche Maske zusammen mit dem Dokument abgespeichert wurde. Die Vorgabemaske ist in diesem Fall eine Art letzte Rettung: Domino versucht das »Waisendokument« mit dieser Maske darzustellen. Der Erfolg dieser Strategie wird letztendlich davon abhängen, ob die Felder in der Vorgabemaske mit denen des Dokuments – mehr oder minder – übereinstimmen. Sollte der Fall, dass die Vorgabemaske zur Anzeige fremder Dokumente verwendet werden muss, öfter eintreten, empfiehlt es sich, diese möglichst allgemein zu gestalten, beispielsweise nur anhand der Felder AUTOR, DATUM und TITEL oder anderer generischer Feldbezeichnungen.

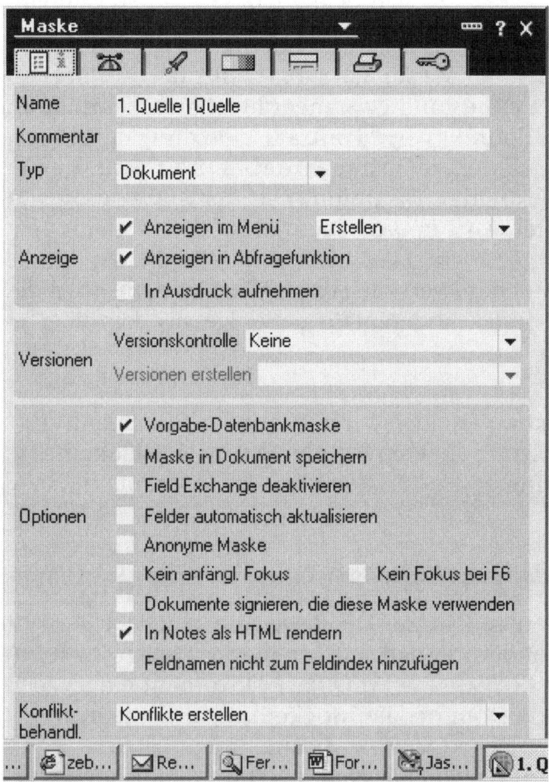

Abbildung 6.4: Maske als Vorgabemaske definieren

Jede Maske kann Vorgabemaske sein, indem die Einstellung VORGABE-DATENBANKMASKE auf der ersten Registerkarte der Maskeneigenschaften aktiviert wird. Andersherum kann es pro Datenbank nur eine Vorgabemaske geben. Diese ist im Domino Designer an dem Sternchen vor dem Namen erkennbar.

6.1.3 Feldwerte zwischen Masken austauschen

Manchmal ist es nützlich, Feldinhalte aus einer Maske an eine andere, verwandte Maske zu übertragen. Beispielsweise könnten wir an die soeben erstellte Maske BEWERTUNG automatisch den Titel und Autor der bewerteten Quelle übergeben. Um dies zu bewerkstelligen, müssen zwei Voraussetzungen erfüllt sein:

- In der Maske BEWERTUNG muss in den Maskeneigenschaften auf der Registerkarte VORGABEN die Option FORMELN ÜBERNEHMEN WERTE DES GEWÄHLTEN DOKUMENTS aktiviert werden.
- In der Maske BEWERTUNG sollte sowohl für das Feld AUTOR als auch für das Feld TITEL jeweils ein berechnetes Feld mit beliebiger Bezeichnung vorliegen. Wichtig ist der Standardwert des jeweiligen Feldes. Dieser sollte AUTOR und TITEL enthalten.

Die Option FORMELN ÜBERNEHMEN WERTE DES GEWÄHLTEN DOKUMENTS bewirkt, dass Domino bei der Berechnung der Standardwerte der Felder in der Maske BEWERTUNG auf die Werte der entsprechenden Felder im ÜBERGEORDNETEN QUELLE-Dokument zurückgreift, womit die geschilderte Werteübergabe stattfindet.

Es wäre denkbar, dass wir im Rahmen der Maske BEWERTUNG ebenfalls ein berechnetes Feld TITEL hätten, welches eine eigenständige Standardwertformel enthält. In diesem Fall liegt gewissermaßen ein Konflikt vor, da unklar ist, ob nun der Feldwert aus dem übergeordneten oder dem aktuellen Dokument referenziert wird. In diesem Fall entscheidet die Position des Feldes. Da Domino bei der Auswertung von Feldern von oben nach unten arbeitet, wird zunächst einmal auf den Wert aus dem übergeordneten Dokument zurückgegriffen. Liegt das Feld TITEL in der Maske BEWERTUNG vor dem Feld, dessen Standardwert die Formel TITEL enthält, wird der Wert im aktuellen Dokument verwendet, anderenfalls derjenige aus dem übergeordneten Dokument.

> Die Übergabe von Feldwerten funktioniert auch dann, wenn das Dokument, das die Feldwerte übernehmen soll, in keiner direkten Beziehung zum Quelldokument steht, d.h. es muss sich um kein Antwort- bzw. Rückantwortdokument handeln.

6.1.4 Komplette Dokumente übernehmen

Nun stellen wir uns vor, wir möchten im Rahmen der Bewertung eine Quelle nicht nur in Textform kommentieren, sondern gezielt auf bestimmte Stellen im Kommentar eingehen, welcher im Feld KOMMENTAR im QUELLE-Dokument eingegeben wurde. Zu diesem Zweck bietet uns Domino die Möglichkeit, nicht nur ausgewählte Werte, sondern DAS KOMPLETTE DOKUMENT zu übernehmen. Letzteres kann anschließend im Rahmen der Bewertung beliebig modifiziert werden. Hierzu müssen zwei Voraussetzungen erfüllt sein:

- Die Eigenschaft GESAMTES GEWÄHLTES DOKUMENT IN RICH-TEXT-FELD ÜBERNEHMEN in der Maske BEWERTUNG auf der Registerkarte VORGABEN im MASKENEIGENSCHAFTEN-Dialogfenster muss aktiviert sein.
- Die Maske BEWERTUNG sollte ein Rich-Text-Feld enthalten. Da das Feld BEWERTUNG bereits ein solches ist, dürfte uns diese zweite Voraussetzung keine Schwierigkeiten bereiten (es ist jedoch ratsam, dies noch mal zu prüfen).

Enthält die Zielmaske mehrere Rich-Text-Felder, kann festgelegt werden, in welchem davon die Darstellung des Quelldokuments erfolgen soll. Ferner kann die Art und Weise der Darstellung des gewählten Dokuments variieren. Folgende Möglichkeiten stehen zur Verfügung:

- **Verknüpfung**: Das Quelldokument wird lediglich anhand einer Verknüpfung dargestellt. Somit bleibt es dem Benutzer überlassen, ob er sich das Dokument wirklich ansehen möchte. Vorteilhaft an dieser Art der Darstellung ist der geringe Platzverbrauch im Rahmen des Dokuments (Speicherplatzersparnis und Übersichtlichkeit), allerdings kann der Benutzer auch keine nachträglichen Modifikationen am Dokument vornehmen.

- **Komprimierbarer Rich-Text**: Hierbei wird das Quelldokument in voller Länge dargestellt und kann im Rahmen des Zieldokuments nachbearbeitet werden. Domino generiert bei dieser Option diesbezüglich automatisch einen Abschnitt, wodurch die Anzeige des Quelldokuments vom Benutzer per Mausklick verborgen werden kann.
- **Rich-Text**: Hierbei wird das Quelldokument vollständig dargestellt. Der Benutzer kann es nachbearbeiten, jedoch nicht verbergen.

Um diese Funktionalität zu testen, empfiehlt sich die gleiche Vorgehensweise wie im vorangegangenen Abschnitt.

> Auch hier gilt, dass die Übergabe von Dokumenten dann funktioniert, wenn das Dokument, das die Feldwerte übernehmen soll, in keiner direkten Beziehung zum Quelldokument steht, d.h. es muss sich um kein Antwort- bzw. Rückantwortdokument handeln.

6.1.5 Mit der Versionsverwaltung arbeiten

Die Fähigkeit von Domino, beliebige Typen unstrukturierter Informationen zu verwalten, lässt es prädestiniert für den Einsatz als Dokumenten-Managementsystem erscheinen. Diese Möglichkeit wird noch unterstrichen durch das System der Versionsverwaltung, welches in Domino-Masken ohne jeglichen Programmieraufwand realisierbar ist.

Bei der Versionsverwaltung bedient sich Domino zur Abbildung der »ist eine neue Version von«-Beziehung extensiv der unterschiedlichen Dokumenttypen (Haupt-, Antwort- und Rückantwortdokumente). Die entsprechenden Einstellungen lassen sich in den Feldern VERSIONSKONTROLLE bzw. VERSIONSERSTELLUNG auf der ersten Registerkarte der MASKENEIGENSCHAFTEN vornehmen. Hierbei stehen uns folgende Alternativen zur Verfügung:

- **Neue Versionen werden Antwortdokumente**: Hierbei werden neue Versionen an das Ende des *threads* von Antwortdokumenten angehängt. Diese Option eignet sich, wenn das Originaldokument im Vordergrund steht.
- **Frühere Versionen werden Antwortendokumente**: Hierbei findet ein automatischer Positionstausch statt. Die neue Version wird zum Hauptdokument, an das ältere Versionen angehängt werden. Diese Option kommt insbesondere dann zum Tragen, wenn die jeweils neueste Version am wichtigsten ist, man jedoch den zeitlichen Verlauf der Änderungen nachvollziehen möchte.
- **Neue Versionen werden Geschwister**: Bei dieser Variante werden das Originaldokument und die späteren Versionen als gleichbedeutend angesehen, etwa wenn ein Entwurf von mehreren Gruppenmitgliedern nachbearbeitet wird. Nachteilig ist jedoch, dass die geänderten Dokumente gegenüber dem Original explizit als solche zu kennzeichnen sind, da eine optische Unterscheidung auf den ersten Blick (wie bei den beiden anderen Typen) nicht gewährleistet ist.

Ferner kann man in den Maskeneigenschaften festlegen, ob beim Speichern eines Dokuments automatisch eine neue Version angelegt werden soll oder ob dies manuell, über den Menübefehl DATEI/ALS NEUE VERSION SPEICHERN, zu geschehen hat (Registerkarte MASKE INFO, Option VERSIONEN ERSTELLEN).

Die Festlegung der Einstellungen zur Versionsverwaltung muss nicht für alle Dokumente, welche mit einer Maske erstellt werden, gleich ausfallen. Vielmehr bietet uns Domino die Möglichkeit, die Versionsverwaltung dokumentspezifisch zu gestalten. Dies erfolgt in Form des reservierten Feldes $VERSIONOPT, welches sowohl vom Typ BERECHNET als auch BEARBEITBAR sein kann. Letzteres dient dazu, dem Benutzer die Auswahl zu überlassen. Das Verhalten im Hinblick auf die Versionsverwaltung wird vom Wert dieses Feldes bestimmt, wobei dieser einen der in der Tabelle 6.1 dargestellten Ausprägungen annehmen kann.

0	Keine Versionskontrolle
1	Neue Versionen werden zu Antworten, wenn die Benutzer beim Speichern eines Dokuments DATEI/ALS NEUE VERSION SPEICHERN wählen.
2	Neue Versionen werden beim Speichern automatisch zu Antworten.
3	Vorherige Versionen werden zu Antworten, wenn die Benutzer beim Speichern eines Dokuments DATEI/ALS NEUE VERSION SPEICHERN wählen.
4	Vorherige Versionen werden beim Speichern zu Antworten.
5	Neue Versionen werden zu Geschwisterdokumenten, wenn die Benutzer beim Speichern eines Dokuments DATEI/ALS NEUE VERSION SPEICHERN wählen.
6	Neue Versionen werden beim Speichern automatisch zu Geschwisterdokumenten.

Tabelle 6.1: Programmatische Festlegung der Versionskontrolle

Wenn Antwortdokumente gleichzeitig zur Versionsverwaltung und in Form anderer Masken eingesetzt (in unserem Fall: Bewertungen) werden, ist zu beachten, dass Letztere – also Bewertungen – ausschließlich an das Dokument angehängt werden, welches in der Hierarchie am höchsten steht, unabhängig davon, welche Version einer Quelle bei der Erstellung einer Bewertung gerade ausgewählt war. Im Klartext: Wenn frühere Versionen Antwortdokumente werden, werden die Bewertungen immer an die letzte Version der *Quelle* und bei neueren Versionen als Antwortdokument immer an das Originaldokument angehängt. Nur wenn zur Versionsverwaltung Dokumente auf gleicher Ebene verwendet werden (Geschwisterdokumente), werden die Bewertungen an das jeweils ausgewählte Dokument angehängt.

6.1.6 Autostart-Optionen einer Maske bestimmen

Oft tritt die Situation auf, dass die Funktionalität von Masken zur Erfassung bestimmter Inhalte nicht ausreichend ist. Wenn wir komplexe Texte, Präsentationen oder Tabellenkalkulationen durchführen möchten, sind wir auf externe Anwendungen/Inhalte angewiesen. Für diesen Fall bieten uns Masken jedoch eine elegante Lösung: Auf der Registerkarte STARTEN lässt sich festlegen, dass beim Öffnen einer Maske automatisch externe Inhalte »gestartet« werden (vgl. Abbildung 6.5).

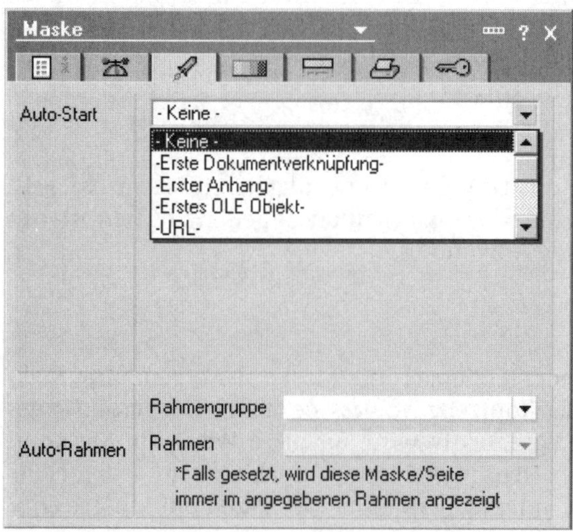

Abbildung 6.5: Autostart-Optionen einer Maske

Hierbei kommen folgende Typen von Inhalten in Frage:

- **Dokumentverknüpfungen**: Hierbei handelt es sich um Dokumentverknüpfungen zu Dokumenten, Ansichten und Datenbanken, welche mit ALS VERKNÜPFUNG KOPIEREN erstellt wurden.
- **Dateianhänge**: Dateien, welche mit *Dateianhängen* aus dem Dateisystem importiert werden können. Änderungen, welche an gestarteten Dateianhängen vorgenommen werden, spiegeln sich leider nicht automatisch in einer Domino-Datenbank wider, so dass sich diese Option nur für »read-only«-Inhalte eignet.
- **OLE-Objekte**: Dokumente gemäß der OLE-Spezifikation von Microsoft, die neben dem eigentlichen Inhalt auch die Programmlogik enthalten und in andere Dokumente (in diesem Fall Domino-Dokumente) eingebettet werden können. Änderungen an solchen Inhalten werden automatisch in Domino-Datenbanken übertragen (gilt nur in der Windows-Version).
- **URLs**: Internetinhalte beliebiger Art

Das schöne an der Autostart-Option ist, dass durch sie der Benutzer nach wie vor in seiner gewohnten Umgebung arbeiten kann und hinsichtlich der Art der Inhalte in keiner Weise eingeschränkt ist (vorausgesetzt, die entsprechenden Anwendungen sind auf dem Rechner installiert!).

Unsere Literaturverwaltung soll in der Lage sein, Dateien zu verwalten. Wir möchten es dem Benutzer ermöglichen, dass – falls ein Dokument einen Dateianhang enthält – dieser automatisch mit der jeweiligen Anwendung gestartet wird. Hierzu sind folgende Schritte erforderlich:

1. Erstellen Sie ein Rich-Text-Feld namens ANHANG, welches zur Aufnahme von Dateianhängen dienen soll.
2. Das Rich-Text-Feld soll nur dann sichtbar sein, wenn das Feld TYP den Wert DATEI enthält. Dies setzt folgende `Hide-When`-Formel im Feld ANHANG voraus: `Typ!="Datei"`.
3. Aktivieren Sie im Dialogfenster EIGENSCHAFTEN: MASKE auf der Registerkarte im Feld AUTOSTART die Option ERSTEN ANHANG.
4. Speichern Sie die Maske.

Erstellen Sie mit der neuen Maske ein Dokument und platzieren Sie in das Feld ANHANG eine beliebige Datei. Wenn Sie das Dokument anschließend öffnen, startet Notes automatisch die entsprechende Anwendung.

6.1.7 Kopfzeile gestalten

Man kann im Domino Designer einen Teilbereich der Maske als so genannte *Kopfzeile* definieren. Das Besondere an der Kopfzeile ist, dass sie auch beim Scrolling des Maskenfensters immer sichtbar bleibt. Effektiv wird auf diese Weise die Maske in zwei hinsichtlich des Scrolling-Verhaltens voneinander unabhängige Teilbereiche unterteilt, welche zudem durch eine entsprechende Hervorhebung optisch getrennt werden können (vgl. Abbildung 6.6).

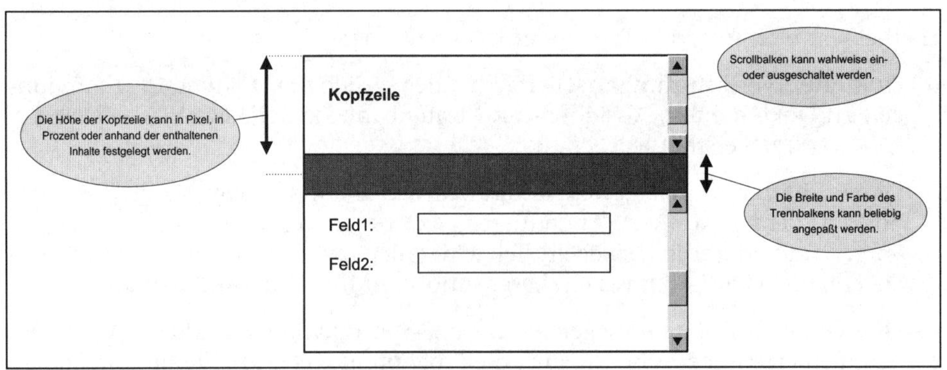

Abbildung 6.6: Unterteilung der Maske mithilfe der Kopfzeile

Der Thematik Kopfzeile ist in den Maskeneigenschaften eine eigene Registerkarte gewidmet (vgl. Abbildung 6.7). Dort befinden sich folgende Einstellungen:

- **Kopfzeile zur Maske hinzufügen**: Die Einstellung zum Aktivieren bzw. Deaktivieren der Kopfzeile. Als Kopfzeile wird hierbei derjenige Maskenbereich (einschließlich sich dort befindlicher Maskenelemente) betrachtet, welcher im Augenblick der Aktivierung oberhalb des Cursors liegt. Eine Markierung ist also nicht erforderlich.

- **Größe**: Die Größe der Kopfzeile kann wahlweise absolut (in Pixel), relativ zur Höhe des Gesamtfensters (in Prozent) oder aber anhand des Inhalts der Kopfzeile festgelegt werden. Ferner kann die Größe statisch sein oder aber vom Benutzer dynamisch festgelegt werden (Option GRÖSSE ÄNDERBAR). Darüber hinaus kann die Kopfzeile mit einem Scrollbalken ausgestattet werden (Option BILDLAUFLEISTE).
- **Umrandung**: Optisch kann die Kopfzeile vom restlichen Bereich der Maske durch eine Umrandung getrennt werden, deren Breite und Farbe beliebig festgelegt werden kann.

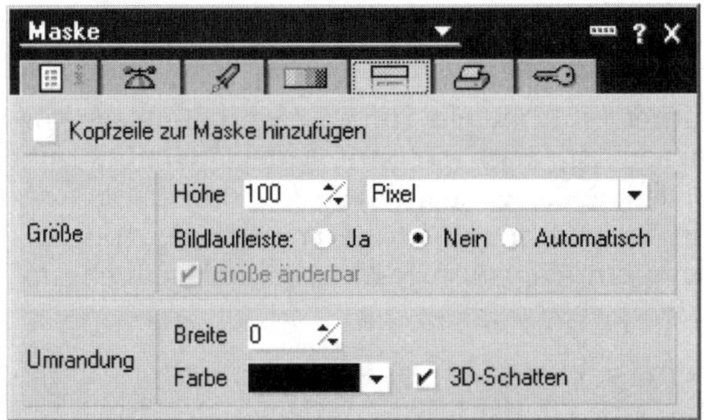

Abbildung 6.7: Einstellungen zur Gestaltung der Kopfzeile

6.1.8 Hintergrundeigenschaften einer Maske festlegen

Eine weitere Möglichkeit zur Anpassung einer Maske ist ihr Hintergrund. Dieser lässt sich auf der hierfür vorgesehenen Registerkarte der Maskeneigenschaften gestalten (vgl. Abbildung 6.8), wobei dies mittels zweier Einstellungen erfolgt: Hintergrundfarbe der Maske und Festlegung eines Hintergrundbilds.

Festlegung der Hintergrundfarbe

Die Festlegung der Hintergrundfarbe im Auswahlfenster FARBE bietet wenig Überraschungen: bei der Auswahl der Hintergrundfarbe kann man aus einer Palette von bis zu 16 Millionen Farben auswählen.

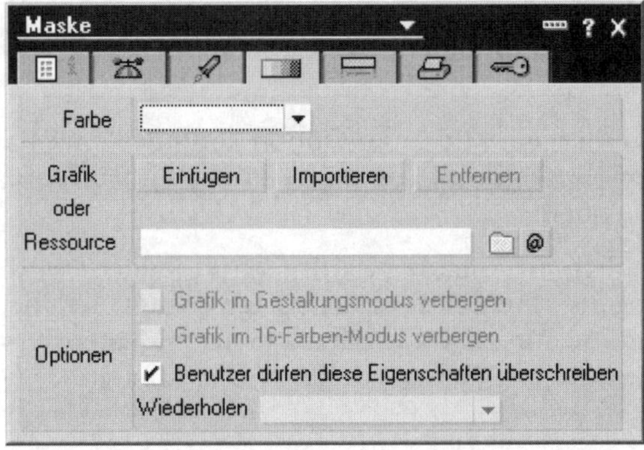

Abbildung 6.8: Hintergrundeigenschaften einer Maske festlegen

> Zu bedenken ist hierbei, dass möglicherweise nicht allen Benutzern, welche mit einer Anwendung arbeiten werden, 16 Millionen Farben zur Verfügung stehen. Um unliebsamen Überraschungen durch Farbverzerrung vorzubeugen, empfiehlt es sich, die Hintergrundeigenschaften mit mehreren Grafikauflösungen zu testen.

Auswahl eines Hintergrundbilds

Deutlich mehr Auswahl bietet die Festlegung eines Hintergrundbilds. Grundsätzlich sieht Domino Designer hierbei vier Möglichkeiten vor:

- **Einfügen einer Grafik aus der Zwischenablage**: Hierbei geht Domino Designer davon aus, dass die Grafik Ihrer Wahl bereits in der Zwischenablage vorliegt. Der Vorteil dieser Methode ist, dass sie mit jedem Grafikformat funktioniert, nachteilig hierbei ist jedoch, dass spezielle Eigenschaften eines Dateiformats verloren gehen. Ein Beispiel hierfür ist die Transparenz von GIF-Grafiken, da diese Eigenschaft beim Einfügen aus der Zwischenablage nicht unterstützt wird.
- **Importieren einer Grafik aus dem Dateisystem**: Das Manko der ersten Methode lässt sich umgehen, wenn man eine Grafik direkt aus dem Dateisystem importiert. Die Auswahl der hierbei unterstützten Dateiformate beschränkt sich jedoch auf folgende Formate: BMP, JPEG, GIF, TIFF und PCX.
- **Einfügen einer Grafik aus der Ressourcenbibliothek**: Bei der Ressourcenbibliothek handelt es sich um einen speziellen Gestaltungsbereich einer Datenbank, welcher zur Verwaltung von Ressourcen – in diesem Fall Grafiken – dient.
- **Einfügen einer Grafik aus der Ressourcenverwaltung (Formel)**: Hier wird ebenfalls aus der Ressourcenbibliothek ausgewählt, allerdings wird die Auswahl anhand einer Formel dynamisch berechnet, d.h. je nach Kontext kann eine andere Grafik als Hintergrund verwendet werden.

> Mehr Informationen zum Umgang mit Grafiken finden Sie im Kapitel über den Umgang mit Bildern in Domino.

Ferner lässt sich die Anzeige der Hintergrundgrafik durch folgende Optionen beeinflussen:

- **Grafik im Gestaltungsmodus verbergen**: Mit dieser Option kann der Anwendungsentwickler die Anzeige des Hintergrundbilds während der Entwicklung (also im Domino Designer) ausblenden.
- **Grafik im 16-Farben-Modus verbergen**: Gerade bei Hintergrundbildern wird in der Regel sehr viel mit nuancenreichen Farbenmustern gearbeitet, welche eine Farbpalette von mindestens 256 Farben voraussetzen. Solche Muster stel-

len auf Bildschirmen mit nur 16 Farben eher eine optische Störung dar und können mit dieser Option ausgeschaltet werden.

- **Grafik nicht in Kacheln darstellen**: Per Voreinstellung besteht der grafische Maskenhintergrund aus einer Vielzahl kleinerer Grafiken, welche einfach hintereinander kopiert werden (daher die Analogie mit Kacheln), um auf diese Weise ein Hintergrundmuster zu bilden. Das Kopieren der Grafik wird man verhindern wollen, wenn als Hintergrund nur eine einzige, in der Regel größere Grafik, eingesetzt werden soll.
- **Benutzer dürfen diese Eigenschaften überschreiben**: Wird diese Option eingeschaltet, kann der Benutzer die Hintergrundeigenschaften (sowohl die Farbgebung als auch die Wahl eines Hintergrundbilds) eines bestimmten Dokuments unabhängig von den Maskeneinstellungen anpassen. Hierzu muss im Bearbeitenmodus der Menübefehl DATEI/EIGENSCHAFTEN: DOKUMENT gewählt werden und im Dialogfenster DOKUMENTEIGENSCHAFTEN auf der entsprechenden Registerkarte müssen die entsprechenden Einstellungen vorgenommen werden. Die Registerkarte ist nur sichtbar, wenn diese Maskenoption aktiviert wurde.

Intern verwaltet Domino den Maskenhintergrund in einem speziellen Rich-Text-Feld namens $BACKGROUNDR5 (oder einfach $BACKGROUND in älteren Notes-Versionen). Wenn Sie ein solches Feld direkt in der Maske platzieren, kann der Benutzer ein Hintergrundbild unmittelbar im Feld auswählen, ohne den Umweg über die Dokumenteigenschaften.

> Wenn Sie die Maske mittels einer Kopfzeile unterteilen, wird die Hintergrundgrafik nur in der Kopfzeile angezeigt. Der Restbereich der Maske muss in diesem Fall ohne grafischen Hintergrund bleiben.

6.1.9 Druckeinstellungen festlegen

Neben der Anzeige und der Bearbeitung von Dokumenten besitzen Masken eine weitere, nicht zu vernachlässigende Funktion: Sie bestimmen im Wesentlichen, wie das Dokument beim Drucken aussehen soll. Wir wissen bereits aus dem letzten Kapitel, dass man bestimmte Maskenbereiche – etwa bunte Logos – beim Drucken verbergen kann. Darüber hinaus lassen sich in den Maskeneigenschaften einige, speziell im Zusammenhang mit dem Drucken von Dokumenten relevante Einstellungen festlegen, nämlich der Text in der Fuß- bzw. Kopfzeile sowie die Schriftart, welche beim Drucken verwendet werden soll (vgl. Abbildung 6.9).

Abbildung 6.9: Drucken-Einstellungen in den Maskeneigenschaften

Verwendung von Tabulatoren

Beim Anpassen der Kopf- und Fußzeile stehen uns einige einfache Makros zur Verfügung: SEITENZAHL, DRUCKDATUM, TITEL und TABULATOR. Während die Verwendung der ersten drei intuitiv verständlich sein dürfte, bedarf der Einsatz des Tabulators einer Erläuterung: Der Tabulator dient zur Ausrichtung einer Kopf- bzw. Fußzeile. Es stehen drei Möglichkeiten zur Verfügung: links- und rechtsbündig sowie zentriert. Um eine Kopf- bzw. Fußzeile LINKSBÜNDIG auszurichten, reicht es aus, hinter dem betreffenden Text einen Tabulator zu platzieren. In diesem Fall wird der Text links vom Tabulator linksbündig und der rechts vom Tabulator RECHTSBÜNDIG ausgerichtet. Die zentrierte Ausrichtung folgt dem gleichen Prinzip, nur müssen in diesem Fall zwei Tabulatoren verwendet werden: Der Text zwischen ihnen wird automatisch zentriert ausgerichtet.

Um den Begriff »links« linksbündig, den Begriff »rechts« rechtsbündig und den Begriff »zentriert« zentriert auszurichten (jeweils in einer neuen Zeile), ist folgende Eingabe erforderlich:

```
links|
|zentriert|
||rechts
```

Die Erscheinung der gedruckten Maske können Sie mittels der Druckvorschau testen. Klicken Sie hierfür auf DATEI/DRUCKEN und anschließend auf VORSCHAU.

6.1.10 Fenstertitel festlegen

Die Benennung der Maske bedeutet nicht automatisch, dass bei der Erstellung von Dokumenten der Name der Maske im Fenstertitel angezeigt wird. Vielmehr lässt sich der Fenstertitel in Abhängigkeit vom Dokumentinhalt bestimmen. Der Fenstertitel kann hierbei eine einfache Zeichenkette sein oder aber ein Notes-Formel-Ausdruck. Um dem Leser bereits einen Vorgeschmack auf den Umgang mit Notes-Formeln zu bieten, werden im Folgenden beide Möglichkeiten betrachtet.

Die einfachste Möglichkeit ist natürlich, dass im Fenstertitel einfach der Maskenname, also QUELLE, angezeigt wird. Hierzu sind folgende Schritte notwendig:

1. Öffnen Sie die Maske QUELLE im Gestaltungsmodus,
2. Wählen Sie im Objektfenster das Attribut FENSTERTITEL.
3. Geben Sie im Gestaltungsfenster folgenden Ausdruck ein: `"Quelle"`.
4. Speichern Sie die Maske.

In einer Variation zum Thema möchten wir nun erreichen, dass im Fenstertitel die Zeichenkette NEUE QUELLE erscheint, falls es sich um ein soeben erstelltes Dokument handelt, anderenfalls nur QUELLE.

Die Vorgehensweise ist gleich, mit Ausnahme des Ausdrucks im Gestaltungsfenster. Dieser lautet nun wie folgt:

```
@If (@IsNewDoc;"Neue Quelle";"Quelle")
```

Der Ausdruck ist im Sinne eines herkömmlichen If-Then-Else-Statements zu verstehen, wobei die einzelnen Bestandteile durch Semikola getrennt werden.

6.2 Arbeiten mit Teilmasken

Typischerweise haben Masken im Rahmen einer Domino-Anwendung viele Gemeinsamkeiten. Dies liegt zum Teil an der Forderung, Masken in ihrem Aussehen möglichst konsistent zu halten, und zum anderen an der Verwendung gleicher Felder, etwa zur Erfassung von Autorennamen.

Domino Designer bietet die Möglichkeit, gemeinsame Maskenbereiche in Teilmasken auszulagern. Die Vorteile dieser Vorgehensweise sind neben dem konsistenten Erscheinungsbild der verminderte Wartungs- und Entwicklungsaufwand. Die Flexibilität nimmt hierbei keinen Schaden, denn Teilmasken können nicht nur manuell, sondern auch anhand einer Formel *dynamisch* in die Hauptmaske eingefügt werden.

6.2.1 Teilmasken erstellen

Eine Teilmaske wird mit ERSTELLEN/TEILMASKE erzeugt. Daraufhin können wie bei herkömmlichen Masken alle Gestaltungselemente erzeugt oder aus bereits bestehenden Masken eingefügt werden.

Ein häufiger, obwohl keineswegs einziger Einsatzbereich von Teilmasken ist der *Dokumentkopf*. Dieser beinhaltet, wie in der Papierwelt, typischerweise ein Firmenlogo und den Namen des Dokuments sowie darüber hinaus einige Angaben zum Dokument wie etwa das Datum der Erstellung und den Namen des Autors. Um den Entwicklungsaufwand zu minimieren, soll auch in allen Masken der Datenbank *Literaturverwaltung* der Dokumentkopf auf diese Weise realisiert werden.

Dies wollen wir jedoch vereinfachend so bewerkstelligen, dass wir den bereits vorhandenen Dokumentkopf der Maske QUELLE in eine Teilmaske auslagern (vgl. Abbildung 6.10).

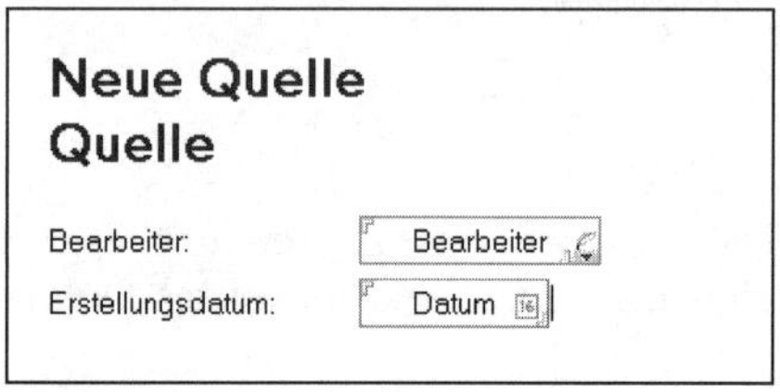

Neue Quelle
Quelle

Bearbeiter: Bearbeiter
Erstellungsdatum: Datum

Abbildung 6.10: In einer Teilmaske können alle wiederverwendbaren Elemente untergebracht werden.

Die Vorgehensweise zur Erstellung der Teilmaske ist also wie folgt:

1. Öffnen Sie die Maske QUELLE im Gestaltungsmodus.
2. Markieren Sie die abgebildeten Gestaltungselemente und wählen Sie BEARBEITEN/AUSSCHNEIDEN.
3. Speichern Sie die Maske.
4. Erstellen Sie eine Teilmaske mit ERSTELLEN/GESTALTUNG/TEILMASKE.
5. Fügen Sie den Inhalt der Ablage mit BEARBEITEN/EINFÜGEN ein.
6. Benennen Sie die Teilmaske mit DOKUMENTKOPF und speichern Sie diese.

Dynamische Teilmasken

Die in der Maske QUELLE festgelegte Bezeichnung des Dokuments (»Quelle« bzw. »Neue Quelle«) wurde als statischer Text definiert, womit diese Teilmaske als Dokumentkopf bei anderen Masken ausscheidet. Um dieses Problem zu umgehen, muss die Bezeichnung als ein berechnetes Feld definiert werden. Dies erfordert jedoch einige Anpassungen in der Teilmaske *Dokumentkopf*.

Folgende Schritte sind hierzu notwendig:

1. Öffnen Sie die Teilmaske DOKUMENTKOPF im Gestaltungsmodus.
2. Ersetzen Sie die Zeichenketten QUELLE und NEUE QUELLE durch zwei Textfelder DOKUMENT und NEUESDOKUMENT (willkürliche Bezeichnungen) vom Typ BERECHNET ZUR ANZEIGE.

Stellen Sie sicher, dass jedes Feld in einer neuen Zeile platziert ist und die Verbergen-Merkmale identisch denen bei Zeichenketten sind.

1. Geben Sie als Wertformel für das Feld DOKUMENT folgenden Ausdruck ein: `Form`.
2. Geben Sie als Wertformel für das Feld NEUESDOKUMENT folgenden Ausdruck ein: `"Neue "+Form`.
3. Speichern Sie die Teilmaske.

Die Änderung in der Teilmaske bezieht sich darauf, dass statt der statischen Texte nun automatisch die Namen der jeweiligen Maske, in der die Teilmaske eingebettet ist, angezeigt werden. Der Ausdruck `Form`, den wir in beiden Feldformeln verwenden, bezieht sich auf das gleichnamige reservierte Feld, das von Notes automatisch verwaltet wird und in einem Dokument den Namen der Maske, mit der das Dokument erstellt wurde, speichert.

Noch ist jedoch die Arbeit nicht zu Ende. Das Feld `Form` wird nämlich normalerweise erst beim Speichern eines Dokuments angelegt, mit der Konsequenz, dass bei neuen Dokumenten der Maskenname nicht angezeigt wird.

Um dies zu umgehen, sind folgende Schritte notwendig:

1. Öffnen Sie die Maske QUELLE im Gestaltungsmodus.
2. Erstellen Sie in der ersten Zeile ein berechnetes Textfeld namens FORM vom Typ BERECHNET BEIM ANLEGEN.
3. Verbergen Sie das Feld.
4. Weisen Sie ihm als Standardwert den Namen der Maske, in diesem Fall QUELLE, zu.
5. Speichern Sie die Maske.

Der Zweck dieser letzten Schritte besteht darin, das Systemfeld FORM quasi zu überschreiben, wobei der Name der Maske bereits beim Erstellen des Dokuments vorliegt. Somit müsste auch die dynamische Teilmaske DOKUMENTKOPF nun funktionieren.

6.2.2 Einfügen von Teilmasken

Die neue Teilmaske kann jetzt in alle Masken mittels ERSTELLEN/TEILMASKE eingefügt werden. Hierbei präsentiert sich ein Auswahlfenster, in dem die gewünschte Teilmaske bestimmt werden kann.

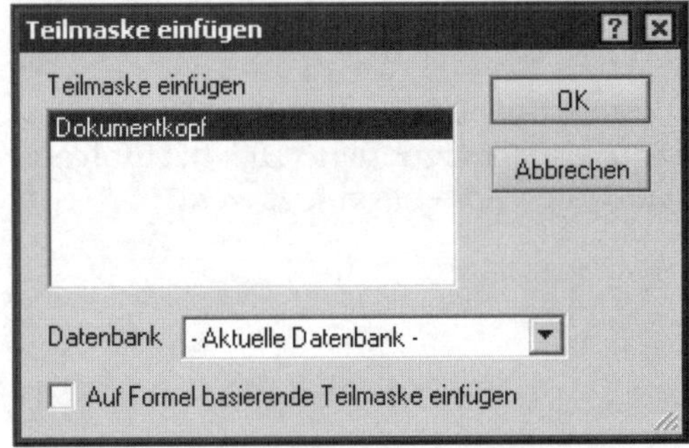

Abbildung 6.11: Dialogbox zum Einfügen von Teilmasken

Dynamisches Einfügen von Teilmasken

Besonders interessant ist die Möglichkeit, anhand einer Formel dynamisch zu entscheiden, welche Teilmaske verwendet werden soll. Hierzu muss man in der Dialogbox TEILMASKE EINFÜGEN die Option AUF FORMEL BASIERENDE TEILMASKE EINFÜGEN aktivieren und anschließend im Gestaltungsfenster die entsprechende Auswahlformel eingeben.

Beispielsweise besagt die Formel

```
@If (@IsNewDoc;"Dokumentkopf";""),
```

dass die Teilmaske DOKUMENTKOPF nur bei neuen, also noch nicht gespeicherten Dokumenten angezeigt wird.

6.3 Arbeiten mit Layout-Bereichen

Notes-Client ist, wie wir inzwischen wissen, grundsätzlich ein textorientiertes Umfeld. Elemente wie Bilder, Felder und Schaltflächen werden *inline* eingebunden und grundsätzlich wie Text behandelt. Obwohl dies natürlich seine Gründe hat (Plattformunabhängigkeit, geringerer Speicherverbrauch bzw. weniger Netzbelastung), folgt hieraus der Nachteil, dass alle Maskenelemente, insbesondere Felder, hinsichtlich ihrer Positionierung und Größe nur bedingt kontrolliert werden können. Das Ergebnis ist eine relativ archaische Anwendungsumgebung, die in früheren Versionen von Notes viele Entwickler neidisch auf Entwicklungswerkzeuge wie VisualBasic blicken ließ, die diesbezüglich kaum Wünsche offen lassen.

Layout-Bereiche

Ab der Version 4 kann man in Notes so genannte Layout-Bereiche definieren. Es handelt sich hierbei um Maskenbereiche, die hinsichtlich der Layout-Kontrolle anderen Gesetzen als herkömmliche Notes-Masken gehorchen. Unter anderem ermöglichen Layout-Bereiche:

- punktgenaue Kontrolle hinsichtlich der Größe und Position eines Elementes,
- grafische Hintergründe und
- grafische Schaltflächen.

Fehlende HTML-Kompatibilität

Layout-Bereiche sind leider nicht HTML-kompatibel und werden bei der Übersetzung von Masken in HTML von Domino einfach ignoriert. Die nachfolgend beschriebenen Features können also nur im Notes-Umfeld genutzt werden.

6.3.1 Erstellen eines Layout-Bereiches

Mit ERSTELLEN/LAYOUT-BEREICH/NEUER LAYOUT-BEREICH wird zunächst mit der Maus die Positionierung und Größe eines Layout-Bereichs festgelegt. Dieser dient gewissermaßen als Platzhalter für alle Objekte, die in ihm abgelegt werden.

Bei der Anzeige von Layout-Eigenschaften mit dem Befehl GESTALTUNG/EIGENSCHAFTEN: LAYOUT fällt sofort auf, dass sich die Größe und Position des Layout-Bereichs in exakten Maßeinheiten angeben lassen (vgl. Abbildung 6.12).

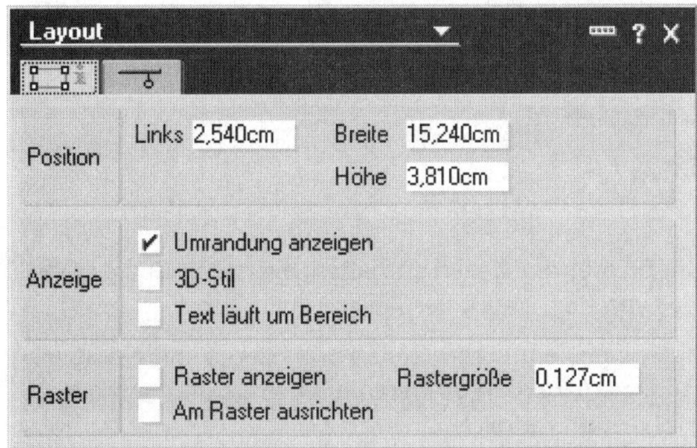

Abbildung 6.12: Layout-Eigenschaften ermöglichen eine pixelweise Festlegung der Größe.

Zudem ist das Menü GESTALTUNG um einige Optionen reicher geworden. Mit NACH VORNE SETZEN, NACH HINTEN SETZEN, EINE EBENE NACH VORNE und EINE EBENE NACH HINTEN können alle im Layout-Bereich liegenden Objekte in der gewünschten Reihenfolge (Z-Ordnung) überlappend angezeigt werden.

6.3.2 Erstellen neuer Layout-Objekte

Das Menü ERSTELLEN/LAYOUT-BEREICH enthält drei weitere Elemente, die im Rahmen eines Layout-Bereichs platziert werden können: statische Texte, Bilder und grafische Schaltflächen. Die Hinweise zur Handhabung dieser Elemente enthält die Tabelle 6.2.

Element	Bemerkung
Text	Der Text, die Ausrichtung und die Schriftart lassen sich in den Eigenschaften des Elements festlegen.
Grafik	Die Grafik sollte vorher aus einem Bildbearbeitungsprogramm in die Ablage kopiert werden.
Grafische Schaltfläche	Die Grafik sollte vorher aus einem Bildbearbeitungsprogramm in die Ablage kopiert werden. Die auszuführende Aktion wird im Gestaltungsfenster festgelegt.

Tabelle 6.2: Grafische Objekte im Layout-Bereich

6.3.3 Felder im Layout-Bereich

Man kann im Rahmen eines Layout-Bereichs auch herkömmliche Notes-Felder positionieren, mit Ausnahme von Rich-Text-Feldern. Felder im Layout-Bereich können in ihrer Größe und Position exakt angepasst werden. Weiterhin ergeben sich durch die neue Art der Anzeige einige neue Features. Tabelle 6.3 gibt einen Überblick über die neuen Eigenschaften von Feldern im Layout-Bereich.

Eigenschaft	Anmerkung
Registerkarte Feld Info	
Stil	Betriebssystem-Stil wird nicht unterstützt
An Fenster anpassen	Nicht unterstützt
Dynamische Höhe	Nicht unterstützt
Registerkarte Steuerung	
Mehrere Zeilen zulassen	Ein Feld kann mehrere Zeilen enthalten, allerdings ist die Höhe des Feldes von der Anzahl der Zeilen unabhängig.
Bildlaufleiste anzeigen	Bei Feldern, welche mehrere Zeilen umfassen, kann ein Scrollbalken angezeigt werden. Anderenfalls ist Scrolling nur mittels der Cursor-Tasten möglich.

Tabelle 6.3: Feldeigenschaften in Layout-Bereichen

6.4 Masken im Web

In diesem Abschnitt wollen wir uns den Einsatz interaktiver Masken im Webbrowser ansehen. In diesem Sinne werden wir an der Maske QUELLE einige Anpassungen vornehmen, um die Maske noch »webfähiger« zu machen und sie an die Besonderheiten des Datenaustauschs zwischen dem Webbrowser und dem Domino-Server vorzubereiten.

Interaktive Masken in HTML

Das für die Entwicklung der Sprache HTML zuständige WWW-Konsortium erkannte bereits früh, dass die reine Präsentation um den Bereich Interaktion ergänzt werden muss. Dies geschah durch HTML-Level-1, einer Ansammlung von HTML-Befehlen, die den Austausch von Informationen zwischen einem Webclient und einem Webserver in Form von elektronischen Formularen ermöglichen. Die Spezifikation von HTML-Formularen definiert zum einen eine Reihe von Eingabefeldtypen und zum anderen den Ablauf des Datenaustauschs. Weshalb ist das für Domino-Entwickler von Bedeutung? Ganz einfach: Domino übersetzt Masken im Bearbeitenmodus transparent in HTML-Formulare.

Eigentlich sind die Kenntnisse über die Einzelheiten des Aufbaus von HTML-Formularen für die Anwendungsentwicklung in Domino nicht erforderlich. Dennoch ist es manchmal nützlich, sich mit der Syntax von HTML-Tags in diesem Bereich auseinander zu setzen. Wir werden im Folgenden auf eine detaillierte Referenz von HTML-Tags, welche beim Aufbau von Formularen zur Anwendung kommen, verzichten.

6.4.1 Übersetzung von Feldern

Werfen wir zunächst einen Blick auf die Übersetzung von Eingabefeldern in HTML. Hier ordnet Domino jedem Feldtyp einfach ein entsprechendes HTML-Pendant zu. Da im Notes-Feld erheblich mehr Feldtypen zur Verfügung stehen als in HTML, ergibt sich im Web auf jeden Fall ein Verlust an Feldvariation. Einen genauen Überblick über diese Zuordnung liefert die Tabelle 6.4.

Feldtyp im Domino Designer	HTML-Pendant	HTML-Tag	Anmerkungen
Textfeld	Einzeiliges Textfeld	`<INPUT...>`	–
Datum/Zeit	Einzeiliges Textfeld	`<INPUT...>`	–
Zahlenfeld	Einzeiliges Textfeld	`<INPUT...>`	–
Dialogliste	Auswahlfeld	`<SELECT...>` `<OPTION>` `</SELECT>`	Mehrfachauswahl mittels [Strg]-Taste möglich, falls Feldeigenschaft aktiviert
Kontrollkästchen	Kontroll-kästchen	`<INPUT TYPE=CHECKBOX...>`	–
Options-Schaltfläche	Options-Schaltfläche	`<INPUT TYPE=RADIO...>`	–
Listenfeld	Auswahlfeld	`<SELECT...>` `<OPTION>` `</SELECT>`	Mehrfachauswahl mittels [Strg]-Taste möglich, falls Feldeigenschaft aktiviert
Kombinationsfeld	Auswahlfeld	`<SELECT...>` `<OPTION>` `</SELECT>`	–
Rich-Text-Feld	Mehrzeiliges Textfeld	TEXTAREA	Ein Rich-Text-Feld wird im Bearbeitenmodus immer als ein mehrzeiliges Feld übersetzt, unabhängig davon, ob es im Lesemodus etwa ein Bild oder einen Dateianhang enthält.
Autoren-, Leser- und Namensfelder	Einzeiliges Textfeld	`<INPUT...>`	Die Sicherheitsfunktion dieser Felder bleibt auf der Server-Seite erhalten.
Kennwort	Kennwort	`<INPUT TYPE=PASSWORD...>`	–

Tabelle 6.4: Übersetzung von Notes-Feldern in Domino

6.4.2 Anpassung von Notes-Feldern an die HTML-Umgebung

HTML-Felder bieten einige Eigenschaften, die in Notes nicht unterstützt werden, so etwa die explizite Angabe der Feldgröße und die maximale Eingabelänge bei einem Textfeld (HTML-Attribute `SIZE` und `MAXLENGTH`). Dafür bietet uns Domino Designer allerdings die Möglichkeit, an entsprechenden Stellen HTML-Feldattribute zu platzieren, um damit die Eigenschaften der HTML-Felder zu steuern (vgl. Abbildung 6.13).

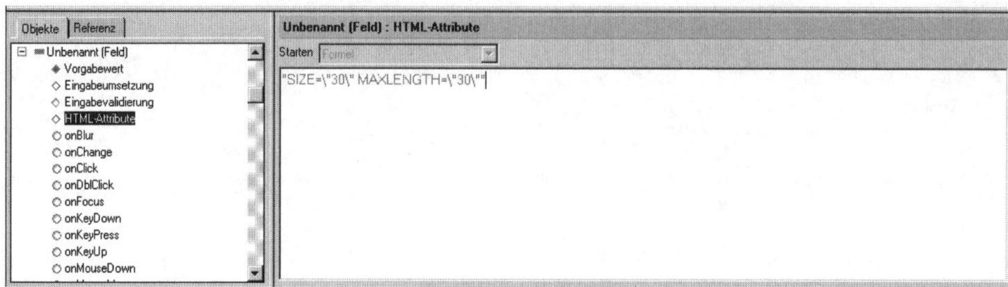

Abbildung 6.13: Eingabe von HTML-Attributen eines Feldes

Wir werden uns im Folgenden einige Möglichkeiten zum Einsatz von Feldattributen am Beispiel unterschiedlicher Feldtypen ansehen.

Anzeigegröße und maximale Eingabelänge in Textfeldern festlegen

Bei einem Textfeld kann man die Länge der Eingabe und die Anzahl der maximal angezeigten Zeichen festlegen. Beispielsweise soll die angezeigte Länge des Textfeldes TITEL in der Maske QUELLE 25 Zeichen betragen, es sollen jedoch bis zu 30 Zeichen eingegeben werden können.

Gehen Sie hierzu wie folgt vor:

1. Öffnen Sie die Maske QUELLE im Gestaltungsmodus.
2. Markieren Sie das Feld TITEL.
3. Wählen Sie im Objektfenster den Eintrag HTML-ATTRIBUTE.
4. Geben Sie im Formelfenster folgenden Ausdruck ein:

```
"SIZE=25 MAXLENGTH=30"
```

5. Speichern Sie die Maske.

Spalten-, Zeilenzahl und Umbruch in Rich-Text-Feldern festlegen

In einem Rich-Text-Feld (erinnern wir uns: HTML-Tag `<TEXTAREA>`) kann die Anzahl der anzuzeigenden Zeilen bzw. Spalten wie folgt festgelegt werden:

1. Öffnen Sie die Maske QUELLE im Gestaltungsmodus.
2. Markieren Sie das Rich-Text-Feld KOMMENTAR.
3. Wählen Sie im Objektfenster den Eintrag HTML-ATTRIBUTE.
4. Geben Sie im Gestaltungsfenster folgenden HTML-Ausdruck ein:

```
"COLS=20 ROWS=20 WRAP=PHYSICAL"
```

COLS (Anzahl der Spalten), ROWS (Anzahl der Zeilen) und WRAP (Zeilenumbruch) sind hierbei Attribute des HTML-Tags <TEXTAREA>, in welches ein Rich-Text-Feld übersetzt wird. Das Attribut WRAP kann folgende Werte annehmen: PHYSICAL (Zeilenumbrüche werden mitgespeichert), VIRTUAL (Zeilenumbrüche werden nur angezeigt) und OFF (kein Zeilenumbruch – Voreinstellung).

Anzahl der Optionen in einem Schlüsselwortfeld festlegen

Um dem Anwender das mühevolle Scrollen durch alle Optionen eines Auswahlfeldes zu ersparen, kann die Anzahl der angezeigten Optionen mit HTML angepasst werden. Dies gilt für Dialoglisten, Listen- und Kombinationsfelder, welche mit <SELECT>...</SELECT> übersetzt werden (vgl. Abbildung 6.14).

Abbildung 6.14: Die Anzahl der angezeigten Optionen kann mit HTML angepasst werden.

Um in einem fiktiven Feld dieses Typs die Größe der Anzeige auf 10 zu erhöhen, sind folgende Schritte erforderlich:

1. Öffnen Sie die Maske QUELLE im Gestaltungsmodus.
2. Markieren Sie das entsprechende Feld.
3. Wählen Sie im Objektfenster das Attribut HTML-ATTRIBUTE.
4. Geben Sie im Formelfenster folgenden HTML-Ausdruck ein: "SIZE=10".
5. Speichern Sie die Maske.

Hinzufügen neuer Einträge in Schlüsselwortfeldern

Dialoglisten und Kombinationsfelder ermöglichen das Hinzufügen neuer Werte. Dies ist eine exklusive Eigenschaft des Notes-Clients und wird im Webbrowser nicht unterstützt. Dennoch lässt sich eine solche Funktionalität über einen Umweg auch im Web simulieren.

Hierzu sind folgende Schritte notwendig:

1. Öffnen Sie die Maske QUELLE im Gestaltungsmodus.
2. Erstellen Sie unterhalb des Feldes KATEGORIE ein neues bearbeitbares Textfeld namens NEUE_KATEGORIE.
3. Markieren Sie das Feld KATEGORIE und wählen Sie im Objektfenster das Attribut EINGABE VALIDIERUNGSFORMEL.

4. Geben Sie im Formelfenster folgenden Formelausdruck ein:

```
FIELD Kategorie:=@If (Neue_Kategorie="";Kategorie;Neue_Kategorie);
FIELD Neue_Kategorie:=@DeleteField;
@Success;
```

5. Speichern Sie die Maske.

Der Schlüssel zur neuen Funktionalität ist natürlich die obige Validierungsformel. Sie überprüft vor dem Speichern des Dokuments, ob im Feld NEUE_KATEGORIE ein Wert eingegeben wurde. Ist dies der Fall, wird dieses Feld automatisch in das Feld KATEGORIE übertragen, ansonsten wird der bestehende Wert von KATEGORIE beibehalten. In der zweiten Zeile wird das Hilfsfeld NEUE_KATEGORIE gelöscht (also nicht nur der Inhalt, sondern das komplette Feld), da die dort gespeicherte Information nun überflüssig wird. Schließlich wird mit `@Success` in der letzten Zeile der Validierungsvorgang für erfolgreich abgeschlossen erklärt.

6.5 Verarbeitung von Dokumenten auf der Server-Seite

Kann man nun, wo die Felder unserer Maske endlich webfähig sind, mit dem Einsatz der Maske im Web loslegen? Noch nicht, denn wie Sie vielleicht festgestellt haben, gibt es auf der Seite ja keinerlei Möglichkeit, das Dokument zu speichern! Was hat das zu bedeuten? Nun, im Allgemeinen stellt uns die automatische Seitengenerierung von Domino zwei Möglichkeiten zur Bereitstellung von Dokumenten auf dem Server zur Verfügung. Der Unterschied zwischen den beiden Alternativen liegt darin, ob wir Domino im Rahmen unserer Datenbank angewiesen haben, Seiten MIT oder OHNE JAVASCRIPT zu generieren:

- **Seitengenerierung ohne JavaScript**: Dieser Modus empfiehlt sich, wenn man als Anwendungsentwickler nicht davon ausgehen kann, dass die Browser auf der Client-Seite über die Fähigkeit verfügen, JavaScript zu verarbeiten. Dies dürfte heutzutage, wo die neuesten Browser im Nu kostenlos aus dem Web heruntergeladen werden können, zwar selten der Fall sein. Dennoch ist zu bedenken, dass sowohl Internet Explorer als auch Netscape Navigator die Möglichkeit anbieten, JavaScript abzuschalten – eine Möglichkeit, die aus Sicherheitsgründen von Anwendern allzu gerne in Anspruch genommen wird. In diesem Modus generiert Domino automatisch die bei HTML-Formularen übliche SUBMIT-Schaltfläche, mit der das Bereitstellen von Dokumenten möglich ist.
- **Seitengenerierung mit JavaScript**: Die De-luxe-Version der Bereitstellung von Dokumenten. Hier ermöglicht uns Domino über die bloße Bereitstellung von Daten hinaus nämlich noch einige Zusatzfunktionen wie z.B. die Aktualisierung von Feldwerten per Schaltflächendruck. Außerdem können in diesem Modus (im Gegensatz zur ersten Variante) im Rahmen einer Seite MEHRERE SCHALTFLÄCHEN platziert werden.

Man kann sich für eine der beiden Alternativen entscheiden, indem man die Seitengenerierung mit JavaScript auf der Datenbankebene wahlweise ein- oder abschaltet. Dies erfolgt im Dialogfenster EIGENSCHAFTEN: DATENBANK auf der Registerkarte DATENBANK ALLGEMEIN (Option: JAVASCRIPT BEIM ERSTELLEN VON SEITEN VERWENDEN, vgl. Abbildung 6.15).

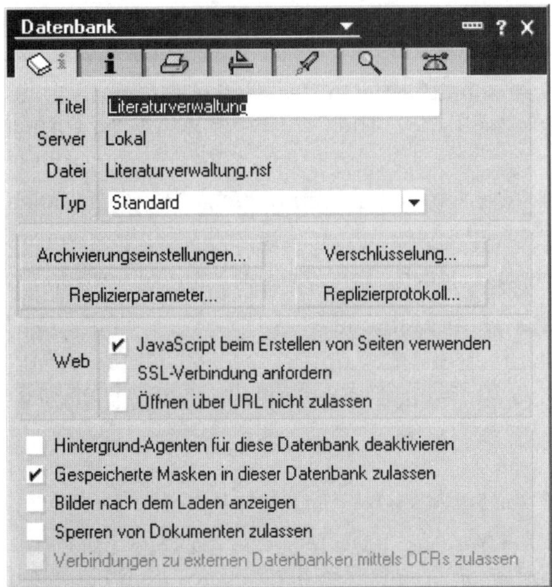

Abbildung 6.15: Seitengenerierung kann wahlweise mit oder ohne JavaScript erfolgen.

Wir werden uns im Folgenden beide Möglichkeiten näher ansehen, wobei wir mit der einfacheren Alternative – Seitengenerierung ohne HTML – anfangen werden.

Hierzu sollte die angesprochene Option JAVASCRIPT BEIM ERSTELLEN VON SEITEN VERWENDEN deaktiviert werden.

6.5.1 Bereitstellung von Dokumenten ohne JavaScript

»Submit«-Schaltfläche erstellen

Der klassische Mechanismus der Bereitstellung von Seiten in HTML sieht es vor, dass eine Seite über eine Schaltfläche vom Typ SUBMIT verfügt. Diese erkennen Sie im HTML-Quellcode an folgender Syntax:

```
<INPUT TYPE=SUBMIT VALUE="BEZEICHNUNG_DER_SCHALTFLÄCHE">
```

Da die SUBMIT-Schaltfläche (in Abwesenheit anderer Mechanismen) zwingend erforderlich ist, da sonst die Daten nicht an den Server gesandt werden können, wird diese von Domino automatisch generiert. Man kann als Anwendungsentwickler auf diese nur insofern Einfluss nehmen, als die SUBMIT-Schaltfläche hinsichtlich der *Beschriftung* angepasst werden kann (die standardmäßige Beschriftung in der deutschen Domino-Version heißt BEREITSTELLEN oder ABSCHICKEN). Dies erfolgt, indem in der Maske im Domino Designer eine neue Schaltfläche erstellt wird.

Wir werden im Folgenden mit dem Thema Schaltflächen etwas vorgreifen und uns diesem Gestaltungselement im Zusammenhang mit der Automatisierung von Anwendungen noch einmal ausführlich widmen. Der interessierte Leser sei auf die entsprechenden Ausführungen in Kapitel über die Automatisierung von Anwendungen verwiesen.

Domino interpretiert jeweils *die erste* Schaltfläche in der Maske automatisch als SUBMIT-Schaltfläche, wobei die eventuell im Formelfenster eingegebene Formel ignoriert wird.

Weitere Schaltflächen in der Maske werden von Domino nicht angezeigt, auch wenn Sie diese erstellt haben.

Um eine eigene SUBMIT-Schaltfläche zu erstellen, sind folgende Schritte notwendig:

1. Öffnen Sie die Maske QUELLE im Gestaltungsmodus.
2. Wählen Sie ERSTELLEN/HOTSPOT/SCHALTFLÄCHE.
3. Geben Sie im Feld BESCHRIFTUNG einen Text ein, beispielsweise SPEICHERN.
4. Speichern Sie die Maske.

Verarbeitung von Dokumenten auf der Server-Seite

Beim erneuten Aufruf der Maske im Webbrowser sind wir nun in der Lage, das Dokument zu speichern (oder im Domino-Jargon »bereitzustellen«). Nach dem Betätigen der SUBMIT-Schaltfläche wird das Dokument übers Netz zum Server geschickt und durchläuft dort vor dem eigentlichen Abspeichern drei weitere Schritte:

- Übersetzung von Feldwerten gemäß den Regeln, die in den Eingabeübersetzungsformeln der Maskenfelder festgelegt wurden;
- Validierung von Feldwerten gemäß den Regeln, die in den Validierungsformeln der Maskenfelder festgelegt wurden;
- geht auch die Validierung von Feldwerten erfolgreich vonstatten, wird das neue bzw. veränderte Dokument in der Datenbank gespeichert.

Wir sehen: Auch die Feldformeln werden im Web unterstützt, allerdings werden diese auf dem Server und nicht – wie im Notes-Umfeld – auf dem Client ausgeführt. Dies hat natürlich insbesondere im Bereich der Validierung den Nachteil, dass das Dokument bei jedem Validierungsvorgang den weiten Weg zum Server und zurück nehmen muss.

Manchmal ist es nützlich, das Speichern zu unterbinden, beispielsweise wenn ein Fomular nur als Suchabfrage eingesetzt werden soll und die Kriterien derselben nicht von Interesse sind. Dies erreicht man mit einem speziellen Feld namens SAVEOPTIONS.

Hierbei geht man wie folgt vor:

1. Öffnen Sie die Maske im Gestaltungsmodus.
2. Erstellen Sie ein verborgenes Textfeld namens SAVEOPTIONS (reservierte Bezeichnung!).
3. Weisen Sie ihm einen Wert von »0« zu, um das Speichern zu unterbinden, bzw. »1«, um es zuzulassen. Der Wert kann auch anhand einer Formel berechnet sein.
4. Speichern Sie die Maske.

Arbeiten mit dem »$$Return«-Feld

Im nächsten Schritt möchten wir vom Server ein Feedback haben, ob das Dokument erfolgreich angekommen ist. Um dem Benutzer den Eingang des Formulars zu bestätigen, wird von Domino eine Standard-HTML-Seite mit der Standardmeldung MASKE VERARBEITET generiert. Die Art und Weise der Rückmeldung kann jedoch vom Entwickler festgelegt werden.

> Die Meldung MASKE VERARBEITET bedeutet nicht notwendigerweise, dass ein Dokument auch tatsächlich gespeichert wurde. Wenn man, wie oben beschrieben, mit dem Feld SAVEOPTIONS das Speichern unterbindet, wird zwar kein neues Dokument erstellt, alle nachfolgenden Ausführungen gelten jedoch nach wie vor.

Zur Anpassung der Rückmeldung dient das reservierte Feld $$RETURN, in dessen Vorgabewert der Entwickler festlegen kann, welche Gestalt die Rückmeldung an den Benutzer annehmen soll. Der Inhalt des Feldes ist also im Prinzip nichts anderes als HTML-Code für die Seite, die unmittelbar nach dem Versand des Dokuments angezeigt wird. Das Feld sollte verborgen sein und kann vom Typ BERECHNET, BERECHNET BEIM ANLEGEN oder BERECHNET ZUR ANZEIGE sein.

Im Zusammenhang mit dem $$RETURN-Feld stehen folgende Möglichkeiten zur Verfügung:

- Generieren einer dynamischen Bestätigung,
- Anzeigen einer neuen HTML-Seite oder
- Starten eines CGI-Scripts.

Sehen wir uns diese Möglichkeiten im Einzelnen an.

Eine dynamische Meldung generieren

Die wohl am häufigsten genutzte Option dürfte das Generieren einer Nachricht sein, die eine erfolgreiche Verarbeitung des Dokuments signalisiert.

Nach dem Verschicken eines QUELLE-Dokuments an den Server sollte auf dem Bildschirm eine Bestätigung erscheinen. Zusätzlich sollte der Benutzer die Möglichkeit haben, auf die Homepage zurückzukehren (vgl. Abbildung 6.16).

Vielen Dank, Hans Müller!
Ihr Dokument wurde erfolgreich gespeichert.

Zurück zur Homepage

Abbildung 6.16: $$Return-Nachricht in der Maske Quelle

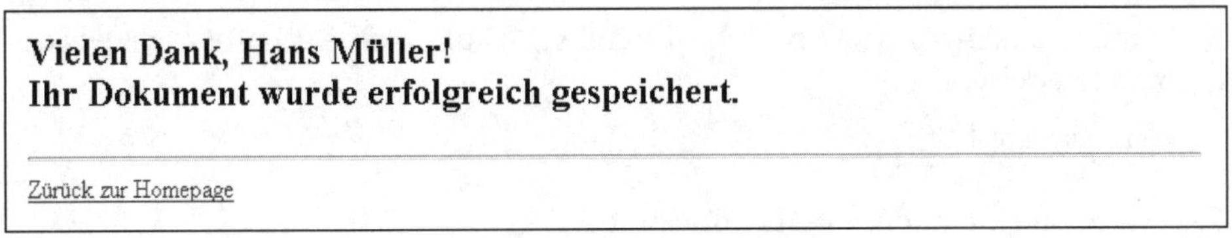

Hierzu sind folgende Schritte notwendig:

1. Öffnen Sie die Maske QUELLE im Gestaltungsmodus.
2. Erstellen Sie ein Textfeld namens $$RETURN vom Typ BERECHNET ZUR ANZEIGE.
3. Verbergen Sie das Feld.
4. Geben Sie als Vorgabeformel des Feldes Folgendes ein:

```
"<h2>Vielen Dank, "+Bearbeiter +"!<br> Ihr Dokument wurde erfolgreich
    gespeichert.</h2>
<hr><a href=/Literaturverwaltung.nsf?OpenDatabase>Zurück zur Homepage</a>";
```

Wie im Beispiel zu sehen, kann der Inhalt des Vorgabewerts mittels eines Formelausdrucks berechnet werden. Als Ergebnis wird jedoch letztendlich HTML-Code in Anführungszeichen erwartet. Die Angabe eckiger Klammern ist hierbei nicht erforderlich.

Die Verknüpfung zur Homepage wurde mittels des entsprechenden HTML-Anker-Tags `<A>...</A>` realisiert. Es wird hierbei einfach die Datenbank LITERATURVERWALTUNG.NSF aufgerufen. Was angezeigt ist, hängt von den BEIM ÖFFNEN IM WEBBROWSER-Einstellungen der Datenbank ab (vgl. Datenbankeigenschaften).

Mehr Informationen zur Verwendung von HTML-Ankern sowie zu Spezifika der Domino-URL-Syntax, mit der wir die Homepage referenziert haben, finden Sie in den folgenden Kapiteln.

Eine andere HTML-Seite anzeigen

Anstatt eine Meldung auszugeben, kann im Vorgabewert des $$RETURN-Feldes in eckigen Klammern der URL einer Webseite angegeben werden, die unmittelbar nach der Übertragung des Formulars angezeigt werden soll. Hierbei gibt es mehrere Möglichkeiten:

- Der URL befindet sich innerhalb unserer Website. Dies macht Sinn, wenn Ihnen die herkömmliche Meldung grafisch nicht ansprechend genug erscheint. Man kann in diesem Fall der Rückmeldung ein eigenes Webdokument (z.B. eine Seite oder eine zweite Maske) mit allen dazugehörigen Gimmicks widmen. Beispielsweise wird hier eine fiktive Seite namens DOKUMENTAKZEPTIERT angezeigt.

```
DatenbankName:=@SubSet (@DbName;-1);
"[/"+DatenbankName+"/DokumentAkzeptiert?OpenPage]"
```

- Manchmal kann es jedoch auch sinnvoll sein, auf externe Inhalte zu verweisen. Beispielsweise:

```
"[www.lotus.com]"
```

Feldwerte an eine andere Maske übertragen

Oft ist es wünschenswert, mit der $$RETURN-Feldformel Felder eines soeben erstellten Dokuments an eine andere Maske zu übertragen. So wird man vielleicht mit einer »Empfangsbestätigung« dem Benutzer noch mal anzeigen wollen, welche

Angaben im Rahmen der QUELLE von ihm soeben bereitgestellt worden sind. In diesem Fall müssen also einige (oder alle) Felder der Maske QUELLE an die Rückmeldungsmaske übergeben werden.

Wir kennen bereits die Möglichkeit, dass eine Maske die Werte eines gewählten Dokuments übernimmt (vgl. Abschnitt 6.1.3). Dieses Feature wird auch im Web unterstützt. Schauen wir uns dies an einem Beispiel an.

Der Ersteller einer QUELLE soll eine Bestätigung bekommen, dass ein soeben erstelltes Dokument erfolgreich gespeichert wurde. Diese soll jetzt jedoch nicht direkt in der $$RETURN-Feldformel selbst erfolgen, sondern im Rahmen einer eigenen Maske – nennen wir sie BESTÄTIGUNG – die aus dem $$RETURN-Feld der Maske QUELLE heraus aufgerufen wird.

Zunächst wollen wir betrachten, welche Anforderungen eine Maske wie BESTÄTIGUNG erfüllen muss. Beim Erstellen einer solchen Maske ist folgendes zu beachten:

- Die Option FORMELN ÜBERNEHMEN WERTE AUS GEWÄHLTEM DOKUMENT auf der Registerkarte VORGABEN der Maskeneigenschaften sollte aktiviert sein.
- In allen Feldern dieser Maske, die Werte aus der Maske QUELLE übernehmen, sollte in der Standardwert/Vorgabewertformel der Name des entsprechenden Feldes aus der Maske QUELLE eingetragen werden.

Die exemplarische Maske BESTÄTIGUNG (im Gestaltungsmodus) ist in der Abbildung 6.17 abgebildet.

Vielen Dank, **dspBearbeiter** T **!**

Die Literaturquelle mit dem Titel *dspTitel* T von *dspAutor* T wurde in der Datenbank gespeichert.

Zurück zur Homepage

[<!-- -->]

Abbildung 6.17: Maske Bestätigung im Gestaltungsmodus

Die Feldnamen in der abgebildeten Maske wurden absichtlich anders gewählt als in der Quellmaske QUELLE: So übernimmt das Feld DSPBEARBEITER den Wert des Feldes BEARBEITER, DSPTITEL übernimmt den Wert von TITEL, DSPAUTOR von AUTOR usw.

Der Bezug zwischen den Feldern in der Maske QUELLE und der Maske BESTÄTIGUNG wird in den Standardwert/Vorgabewertformeln der *Bestätigungsfelder* erstellt. So lautet beispielsweise die Standardwert-Formel des Feldes DSPTITEL einfach:

```
Titel
```

Aufruf der Maske im »$$Return«-Feld

Nun kehren wir zurück zur Maske QUELLE. Hier muss im $$RETURN-Feld der Aufruf der Maske BESTÄTIGUNG erfolgen, wobei explizit auf das QUELLE-Dokument verwiesen werden soll. Hierzu sind folgende Schritte notwendig:

1. Öffnen Sie die Maske QUELLE im Gestaltungsmodus.
2. Markieren Sie das $$RETURN-Feld und geben Sie im Gestaltungsfenster folgende Formel ein:

```
dbName:=@SubSet (@DbName;-1);
UNID:= @Text (@DocumentUniqueID);
"[/"+dbname+"/Bestätigung?OpenForm&ParentUNID="+UNID+"]"
```

3. Speichern Sie die Maske.

Folgendes passiert in diesem Formelausdruck: Zunächst wird in der ersten Zeile der Name der Datenbank festgehalten. In der zweiten Zeile wird die eindeutige Identifikationsnummer (UNID) des soeben erstellten Dokuments in der Variablen *UNID* gespeichert. Anschließend wird unter der Verwendung der Domino-URL-Syntax (vgl. Kapitel über die Verwendung der Domino-URL-Syntax) mit `?OpenForm` die Maske BESTÄTIGUNG aufgerufen. Als Parameter `ParentUNID` wird hierbei die erwähnte Identifikationsnummer übergeben.

Maskieren der »SUBMIT«-Schaltfläche

In unserem Beispiel dient die Maske BESTÄTIGUNG lediglich zur Anzeige der Nachricht, d.h. sie ist nicht bearbeitbar. Dies wird erreicht, indem die Felder der Maske ausschließlich vom Typ BERECHNET ZUR ANZEIGE sind. Da wir im $$RETURN-Aufruf jedoch den Befehl `?OpenForm`[1] verwendet haben, nimmt Domino an, dass die Maske bearbeitbar ist, und generiert folglich automatisch eine SUBMIT-Schaltfläche. Diese ist jedoch in unserem Fall unerwünscht und wird stattdessen durch eine HTML-Verknüpfung ersetzt.

Um die Anzeige der SUBMIT-Schaltfläche zu vermeiden, wurde ein Trick eingesetzt. Zunächst wurde eine Schaltfläche erstellt, die Domino vorgaukeln sollte, dass wir eine selbst definierte SUBMIT-Schaltfläche verwenden wollen. Diese wurde jedoch in einem zweiten Schritt als HTML-Kommentar gekennzeichnet und bleibt dadurch unsichtbar.

Mit speziellen »$$Return«-Masken arbeiten

Das spezielle $$RETURN-Feld ist nicht die einzige Form der Rückmeldung, die man im Rahmen von Domino anpassen kann. Darüber hinaus gibt es nämlich die Möglichkeit, bestimmte Typen von Nachrichten anhand *reservierter Maskenbezeichnungen* darzustellen. Die Optionen, die einem hierbei zur Verfügung stehen, sind in der Tabelle 6.5 aufgelistet. Neben der Maskenbezeichnung wird das Ereignis genannt, das die entsprechende Art von Rückmeldung auslöst.

1 Für fortgeschrittene Leser, die mit Domino-URL bereits Erfahrung haben: Die Verwendung von `?OpenForm` ist in diesem Fall obligatorisch. Die Übergabe von Werten funktioniert nicht, wenn der Aufruf der Maske mit `?OpenRead` oder `?ReadForm` erfolgt.

Reservierte Maskenbezeichnung	Ereignis
`$$ReturnDocumentDeleted`	Das Dokument wurde gelöscht.
`$$ReturnAuthenticationFailure`	Der Benutzer konnte nicht authentifiziert werden (wenn er beispielsweise noch nicht registriert ist).
`$$ReturnAuthorizationFailure`	Der Benutzer hat keine Zugriffsberechtigung.
`$$ReturnGeneralError`	Sonstige Fehler

Tabelle 6.5: Anpassbare Rückmeldungstypen

Die Anpassung einer Nachricht vollzieht sich in zwei Schritten:

1. Zunächst sollte eine neue Maske erstellt und unter einer der oben genannten Bezeichnungen gespeichert werden.
2. Anschließend kann im Maskeneditor die Gestaltung der Nachricht erfolgen.

6.5.2 Bereitstellung der Seite mit JavaScript-Generierung

Nun wenden wir uns dem zweiten Fall zu: der Bereitstellung von Seiten, bei denen wir von Domino erweiterte JavaScript-Funktionen generieren lassen.

> Aktivieren Sie hierzu im Dialogfenster EIGENSCHAFTEN: DATENBANK wieder die Option JAVASCRIPT BEIM ERSTELLEN VON SEITEN VERWENDEN.

Man könnte diesen Schritt mit der Aussage »ein kleiner Schritt für den Anwendungsentwickler, aber ein großer Sprung für die Datenbank« kommentieren, denn gerade das Verhalten von Masken wird von dieser Option gehörig beeinflusst. Folgendes ändert sich:

- Es lassen sich neue `@Command`-Formeln verwenden.
- Es lassen sich mehrere Schaltflächen gleichzeitig verwenden, wobei nur die angezeigt werden, die tatsächlich mit einem `@Command`-Befehl unterlegt sind.
- Das $$RETURN-Feld wird außer Kraft gesetzt.

Bei den nachfolgenden Ausführungen greifen wir wieder etwas vor. Auch hier gilt der Hinweis auf das entsprechende Kapitel, wo wir uns der Automatisierung von Anwendungen mittels Aktions-Schaltflächen widmen.

Neue @Command-Formeln

Die hinzugekommenen `@Command`-Formeln sind in der Tabelle 6.6 aufgelistet.

@Command-Funktion	Anmerkung
`@Command ([FileSave])`	Speichert das aktuelle Dokument, ohne es zu schließen
`@Command ([FileCloseWindow])`	»Schließt« das aktuelle Dokument
`@Command ([ViewRefreshFields])`	Aktualisiert die Felder einer Maske samt aller Standardwert-, Übersetzungs- und Validierungsformeln

Tabelle 6.6: Neue Befehle durch Verwendung von JavaScript

Die ersten beiden Befehle verleihen einer Maske nun ein ähnliches Verhalten wie im Notes-Client. Ein Dokument lässt sich speichern, ohne dass es geschlossen wird. Letzteres erfolgt nun erst, wenn der Benutzer dies explizit mit `@Command ([FileCloseWindow])` in die Wege leitet. Wenn man beide Befehle im Rahmen einer einzelnen Schaltfläche (Aktions-Schaltfläche oder eines Aktions-Hotspots) unterbringt, lässt sich die SUBMIT-Schaltfläche simulieren, ohne dass jedoch eine $$RETURN-Nachricht angezeigt wird.

Die Funktion `@Command ([ViewRefreshFields])` ermöglicht es dem Benutzer, die Feldinhalte eines Dokuments noch vor dem Abspeichern zu aktualisieren. Hier machen sich nun die Erkenntnisse über die Aktualisierung von Feldwerten (vgl. entsprechendes Kapitel zu Masken) nützlich.

Ist es Magie?

Wie wurde diese neue Funktionalität realisiert? Wer nun im Zusammenhang mit JavaScript an eine Client-seitige Verarbeitung denkt, liegt leider falsch. Die JavaScript-Funktionen werden in diesem Kontext lediglich verwendet, um den starren Mechanismus der HTML-Form-Verarbeitung zu umgehen, die Verarbeitung findet jedoch nach wie vor auf dem Server statt.

Wenn Sie beispielsweise eine Maske im Bearbeitenmodus (bei aktivierter JavaScript-Seitengenerierung) mit `@Command ([FileSave])` speichern, erfolgt das Speichern in zwei Schritten:

1. Zunächst wird die angeklickte Aktion, die ausgeführt werden soll, anhand eines Werts in einem versteckten Feld namens _CLICK zwischengespeichert.
2. Anschließend wird durch den Aufruf der JavaScript-Funktion `submit ()`das Dokument zum Server geschickt. Dort kann Domino aus dem versteckten Feld ablesen, welche Operation zu erfolgen hat, und diese ausführen (z.B. Speichern). Ist diese abgeschlossen, wird die verarbeitete Seite als Ergebnis im Webbrowser angezeigt.

Das Ganze wird von einer fast unmerklichen JavaScript-Funktion erledigt, die jedes Mal beim Anklicken eines interaktiven Elements aufgerufen wird:

```
function _doClick(v) {
 document._Quelle.__Click.value = v;
 document._Quelle.submit();
}
```

> Das $$RETURN-Feld wird bei dieser Art der Bereitstellung zwar außer Kraft ausgesetzt (d.h. wenn Sie das Dokument speichern, wird es erneut angezeigt), nicht jedoch die Eingabeübersetzungs- und Validierungsformeln.

6.6 Domino und CGI

Um Formulareingaben zu verarbeiten und dem Anwender *online* ein Ergebnis zu liefern, wird im Web im Allgemeinen die als *Server-seitiges Scripting* bekannte Technik eingesetzt. Die Verarbeitungsintelligenz liegt in diesem Fall ausschließlich beim Server. Die Kommunikation zwischen Webclient und Webserver erfolgt in der Regel über CGI.

CGI ist eine Schnittstellenspezifikation, die zunächst einmal die Kommunikation zwischen einem Webserver und einer externen Anwendung ermöglicht. Durch diese Anbindung lässt sich die betreffende Anwendung aus einem entfernten Browser heraus quasi in Echtzeit starten, wobei sowohl an die Übergabe von Parametern als auch an die Anzeige von Rückgabewerten im Browser gedacht wurde (vgl. Abbildung 6.18). Somit wird jeder Webserver beliebig erweiterbar, vorausgesetzt, das entsprechende Know-how zur Entwicklung von CGI-Scripts, also der eben angesprochenen externen Anwendungen, ist vorhanden.

Abbildung 6.18: Verarbeitung von Formularen mit einem CGI-Script

Die CGI-Schnittstelle gilt als eine etwas betagte, aber dennoch zuverlässige Möglichkeit der Kommunikation mit dem Server, die jedoch gerade bei Domino eher selten Verwendung finden wird. Viele typische CGI-Funktionen sind in Domino bereits von Haus aus eingebaut oder aber können einfach und schneller mit *Agenten* realisiert werden. Nichtsdestotrotz: Ob zur Integration bestehender CGI-Scripts aus anderen Webservern oder zur Realisierung von Funktionen, die einer externen Anwendung bedürfen, CGI-Scripts gehören auch bei Domino noch lange nicht zum alten Eisen.

6.6.1 Einbindung von CGI-Scripts in Domino

Um CGI-Scripts bei Domino einsetzen zu können, gilt es sowohl auf der Server- als auch auf der Client-Seite einige Voraussetzungen zu erfüllen: Zunächst muss ein CGI-Programm erstellt werden. Es würde den Rahmen dieses Buchs sprengen, auf die Einzelheiten der CGI-Programmierung einzugehen, dennoch sei darauf hingewiesen, dass bei Domino der Einsatz von C/C++ in Verbindung mit der Notes-API eine sehr interessante Alternative bei der Wahl der CGI-Programmiersprache darstellt.

Das Standardverzeichnis, in dem Domino nach CGI-Scripts sucht, ist CGI-BIN im übergeordneten Verzeichnis DOMINO. In diesem sollte der fertig gestellte, ausführbare Code abgelegt werden. Man kann im HTTP-Abschnitt der Server-Konfiguration auch ein anderes Verzeichnis bzw. einen anderen CGI-URL-Pfad bestimmen (vgl. Abbildung 6.19).

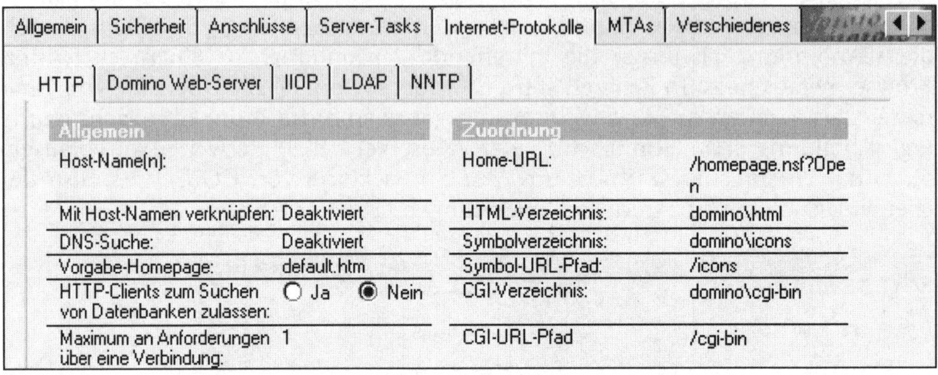

Abbildung 6.19: CGI-Einstellungen in der Domino-Server-Konfiguration

Um ein CGI-Script aus einer Maske heraus zu starten, nachdem der Benutzer die BEREITSTELLEN-Schaltfläche betätigt, bedarf es einer entsprechenden Angabe im $$RETURN-Feld der Maske.

Diese könnte wie folgt aussehen:

```
"[http://www.adresse.com/cgi-bin/script.exe?" + Vorname + "&&&" + Name + "&&&]"
```

Der erste Teil ist der URL des Ziel-Servers. Anschließend folgt der URL-Pfad zum betreffenden CGI-Script (/CGI-BIN). Dieser wird von Domino automatisch in das aktuelle CGI-Verzeichnis übersetzt, wobei beide Einträge im Server-Dokument des Namens- und Adressbuchs zu finden sind (vgl. Abbildung 6.19). Schließlich fehlt noch der Name des Scripts (SCRIPT.EXE). Ab dem Fragezeichen folgen dann die Parameterwerte VORNAME und NAME, die an die Anwendung SCRIPT.EXE übergeben werden sollen. Man beachte: Die übergebenen Parameter können, wie in unserem Fall, auch anhand von Notes-Feldern oder Formeln berechnet sein.

6.6.2 Der Einsatz von CGI-Variablen in Domino

Der CGI-Standard sieht vor, dass ein HTTP-Server, also auch Domino, bei jedem Datenaustausch mit dem Browser sowohl die von diesem erhaltenen Informationen (beispielsweise eine Suchanfrage) als auch Informationen über die Transaktion selbst (beispielweise das verwendete Protokoll) festhält. Wenn die externe Anwendung gestartet wird, werden diese Informationen in standardisierter Form als ENVIRONMENT-Variablen an die externe Anwendung übergeben.

Die von Domino unterstützte CGI-Spezifikation 1.1 verwendet hierbei folgende Variablen:

CGI-Variable	Rückgabewert
Auth_Type	Wenn die Benutzerauthentifizierung vom Server unterstützt wird und das Script geschützt ist, wird hier die eingesetzte protokollspezifische Authentifizierungs-methode angezeigt.
Content_Length	Die Länge der vom Webclient übermittelten Inhalte
Content_Type	Der MIME-Typ des vom Webclient übermittelten Inhalts
Gateway_Interface	Die vom Server unterstützte Version der CGI-Spezifikation im Format CGI/Version, z.B. CGI/1.1
HTTP_Accept	Die vom Webclient akzeptierten MIME-Typen, festgelegt im HTTP-Header. Das CGI-Script kann anhand dieser Angabe entscheiden, welche Informationstypen als Antwort auf die Anfrage in Frage kommen.
HTTP_Referer	URL, von dem die Abfrage abgeschickt wurde
HTTPS	Zeigt an, ob SSL-Sicherheit auf dem Server aktiviert ist
HTTP_User_Agent	Der Typ des Browsers, mit dem die Abfrage erstellt wurde, im Format Typ/Version, z.B. bei Netscape: Mozilla/3.0
Path_Info	Vom Webclient übermittelte Zusatzangaben zum Pfad
Path_Translated	Die vom Server erzeugte Übersetzung des virtuellen Scriptnamens und der PATH_INFO in die physikalische Adresse im HTML-Verzeichnis
Query_String	Die in dem Abfrage-URL angegebenen Abfrageparameter. Normalerweise alles, was in dem URL nach »?« angezeigt wird
Remote_Addr	IP-Adresse des entfernten Host-Rechners, der die Abfrage generiert
Remote_Host	Name des Host-Rechners, der die Abfrage generiert
Remote_Ident	Der vom Server erhaltene Benutzername
Remote_User	Authentifizierungsmethode, die den Benutzernamen zurückgibt
Request_Method	Der Abfrage zugrunde liegende Methode. Im Falle von HTTP sind dies GET, HEAD, POST usw.
Script_Name	Virtueller Pfadname zum ausführenden CGI-Script
Server_Name	Der Host-Name des Servers, entweder in Form einer DNS-Übersetzung oder als IP-Adresse
Server_Protocol	Name und Version des begleitenden Informationsprotokolls im Format Name/Version (z.B. HTTP/1.0)
Server_Port	Der TCP/IP-Port, an den die Anforderung gerichtet wurde (z.B. 80)
Server_Software	Name und Version der Server-Software, die das CGI-Programm abarbeitet, im Format Name/Version (z.B. Domino/1.5)
Server_URL_Gateway_Interface	Die Version der vom Server unterstützten CGI-Schnittstelle (s.o.)

Tabelle 6.7: Unterstützung von CGI-Variablen in Domino

Zudem können auch alle CGI-Variablen, denen `HTTP_` oder `HTTPS` vorangestellt ist, erfasst werden. Beispielsweise werden Cookies vom Browser als `HTTP_Cookie` an den Server übertragen.

Um im Rahmen der eigenen Anwendung zusätzliche Informationen über den Besucher aus dem Web zu erhalten, kann man Domino veranlassen, die Variablen aus dem CGI-Umfeld im Rahmen eines neu generierten HTML-Dokuments bereitzustellen. Dazu bedarf es für jede der obigen CGI-Variablen eines Feldes, dessen Name mit der Bezeichnung der CGI-Variablen übereinstimmt. Das Feld sollte im Bearbeitenmodus verborgen werden.

> Um zu erfahren, mit welchem Browser der aktuelle Benutzer arbeitet (diese Information kann später bei der Maskengestaltung nützlich sein), erstellen Sie in der betreffenden Maske ein Feld namens HTTP_USER_AGENT. Dieses wird von Domino beim Übersetzen der Maske automatisch initialisiert.

6.6.3 Maskeneigenschaften im HTML-Umfeld

In diesem Abschnitt wollen wir einen Blick auf diejenigen Eigenschaften einer Maske werfen, die im HTML-Umfeld (im Gegensatz zum Notes-Client) eine Rolle spielen.

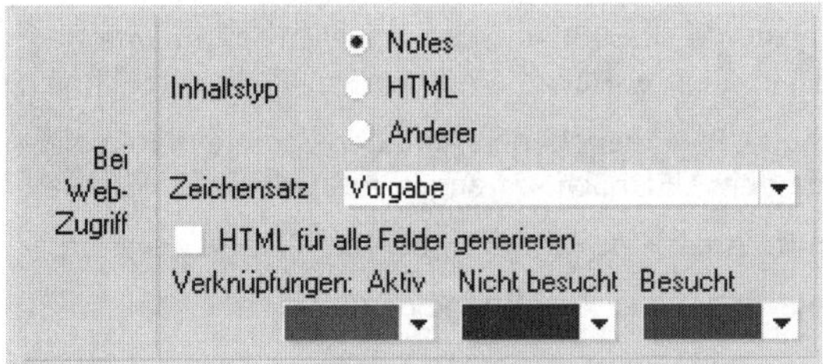

Abbildung 6.20: Spezielle Eigenschaften im HTML-Umfeld

Diese befinden sich auf der Registerkarte VORGABEN des Dialogfensters EIGENSCHAFTEN: MASKE (vgl. Abbildung 6.20):

- Anpassung der Farbgebung von Verknüpfungen im Rahmen einer Maske,
- HTML-Generierung für alle Felder und
- Behandlung von Dokumentinhalten als HTML.

Verknüpfung: Farbgebung anpassen

Fangen wir mit der einfachsten Eigenschaft an: wie bei Seiten (vgl. das entsprechende Kapitel zur Gestaltung von Seiten) lässt sich auch im Rahmen von Masken die Farbgebung von Verknüpfungen individuell anpassen. Die Anpassung erfolgt getrennt für aktive, nicht aktive und besuchte Verknüpfungen.

HTML für alle Felder generieren

Was verbirgt sich hinter der zweiten Einstellung? Normalerweise generiert Domino für Felder, welche vom Entwickler verborgen werden, keinen HTML-Code. Dies kann in manchen Fällen jedoch der Funktionalität einer Anwendung hinderlich sein, z.B. wenn wir die Werte von Feldern auf der Client-Seite, beispielsweise mittels JavaScript, modifizieren wollen, ohne die Server-Seite einzuschalten.

Aktiviert man die Einstellung HTML FÜR ALLE FELDER GENERIEREN, werden auch verborgene Felder bei der HTML-Generierung berücksichtigt. Domino generiert in diesem Fall spezielle HTML-Felder vom Typ HIDDEN mit der allgemeinen Syntax:

```
<INPUT TYPE=hidden...>
```

Wir können uns dieses Feature zunutze machen, indem wir Rich-Text-Felder in Text-Felder konvertieren. Wie wir aus dem letzten Kapitel wissen, sind Rich-Text-Felder im Notes-Umfeld dazu gedacht, allerlei formatierte Texte, Bilder und andere Objekte in einem Dokument zu platzieren. Vor diesem Hintergrund ist es verständlich, dass Inhalte von Rich-Text-Feldern weder in Ansichten angezeigt noch in Notes-Formelausdrücken verwendet werden können. Nun wissen wir aber, dass im Webbrowser Rich-Text-Felder in so genannte TEXTAREA-Felder übersetzt werden, *welche nur Text enthalten* können (dies gilt nicht, wenn das Rich-Text-Feld als Java-Applet angezeigt wird). Hier wäre es also durchaus möglich, Rich-Text-Felder in Ansichten und Formeln wie herkömmliche Textfelder zu behandeln. Leider lässt Domino dies aber nicht zu – ein Rich-Text-Feld bleibt auch im Webbrowser eben ein Rich-Text-Feld. Wir wollen im Folgenden am Beispiel des Rich-Text-Feldes KOMMENTAR eine Möglichkeit aufzeigen, dieses Manko zu umgehen:

1. Erstellen Sie in der Maske QUELLE ein bearbeitbares Textfeld DSPKOMMENTAR und verbergen Sie dieses.
2. Aktivieren Sie die Maskeneigenschaft HTML FÜR ALLE FELDER GENERIEREN.
3. Markieren Sie im Objektfenster das Ereignis `onSubmit` und geben Sie im Gestaltungsfenster folgenden JavaScript-Ausdruck ein:

   ```
   document.forms[0].dspKommentar.value=document.forms[0].Kommentar.value
   ```

4. Speichern Sie die Maske.

Der Trick ist schnell erklärt: Durch die JavaScript-Anwendung veranlassen wir den Webbrowser noch vor dem Speichern des Dokuments (Ereignis: `onSubmit`), den Wert des Feldes KOMMENTAR in das Feld DSPKOMMENTAR zu übertragen. Das ist, wie gesagt, unproblematisch, da beide Felder ohnehin Textinhalte aufnehmen können. Wird die Eigenschaft HTML FÜR ALLE FELDER GENERIEREN nicht aktiviert, reagieren einige Browser (z.B. Netscape Navigator) mit einer Fehlermeldung, da wir ein Feld referenzieren, welches im Rahmen der Seite nicht vorhanden ist (da Domino ja den entsprechenden Code nicht generiert). So können wir den Inhalt des Feldes DSPKOMMENTAR auch in Ansichten anzeigen.

Der Trick funktioniert natürlich nur in JavaScript-fähigen Browsern.

Dokumentinhalte als HTML behandeln

Hinsichtlich der Einbettung von HTML in Masken gilt, dass alle Features, welche wir bereits beim Entwurf von Seiten kennen gelernt haben, auch bei Masken gelten. Besonders interessant ist hierbei die *Behandlung einer Maske als HTML*. Hier wird, wie bei Seiten, die Formatierung der Inhalte komplett dem Anwendungsentwickler überlassen. Domino liefert also nur »rohe« Feldinhalte. Interessante Möglichkeiten ergeben sich hier beispielsweise im Zusammenhang mit XML. Abbildung 6.21 zeigt eine einfache Maske, mittels derer die Inhalte von QUELLE-Dokumenten in XML-Tags eingebettet werden. Jegliche Formatierung seitens der HTTP-Task ist in diesem Fall überflüssig.

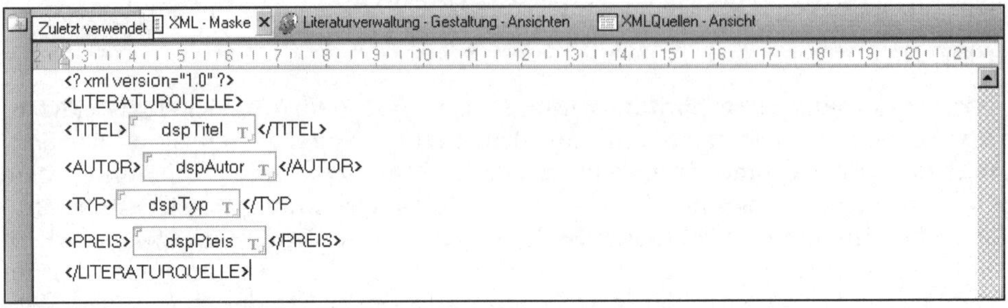

Zuletzt verwendet | XML - Maske | Literaturverwaltung - Gestaltung - Ansichten | XMLQuellen - Ansicht

```
<?xml version="1.0" ?>
<LITERATURQUELLE>
<TITEL> dspTitel </TITEL>
<AUTOR> dspAutor </AUTOR>
<TYP> dspTyp </TYP
<PREIS> dspPreis </PREIS>
</LITERATURQUELLE>
```

Abbildung 6.21: Generierung von XML-Dokumenten mittels Domino-Masken

6.6.4 Beschränkungen von Masken im HTML-Umfeld

Abschließend wollen wir einen Blick auf die Maskeneigenschaften werten, welche im Web nicht unterstützt werden. Diese sind in Tabelle 6.8 dargestellt.

Eigenschaft	Anmerkung
Registerkarte: Maske Info	
Versionskontrolle	Nicht unterstützt
Anonyme Masken	Nicht unterstützt
Replizierkonflikte mischen	Nicht unterstützt
Bearbeitungsmodus »Maske in Dokument speichern«	Nur im Lesemodus unterstützt (Dokument wird angezeigt)
Field Exchange deaktivieren	OLE-Eigenschaften werden im Web nicht unterstützt.
Felder automatisch aktualisieren	Nicht unterstützt. Im JavaScript-Modus kann das Dokument jedoch manuell – mittels einer entsprechenden Schaltfläche – aktualisiert werden.
Registerkarte: Vorgaben	
Beim Erstellen: gesamtes ausgewähltes Dokument in Rich-Text-Feld übernehmen »Beim Erstellen« kann auf Textfelder im Web angewendet werden.	Die Übernahme aus ausgewählten Dokumenten wird im Web unterstützt, aber nur, wenn das Feld vom Typ TEXT ist, das Dokument sich in derselben Datenbank befindet und die Datenbankeigenschaft »Webzugriff: JavaScript beim Erstellen von Seiten verwenden« ausgewählt ist. »Gesamtes ausgewähltes Dokument in Rich-Text-Feld übernehmen« (als Rich Text) wird unterstützt.
Beim Öffnen: Kontextfenster anzeigen	Nicht anwendbar, da die Bildschirmaufteilung des Notes-Client im Web nicht gegeben ist. Prinzipiell jedoch mittels Frames realisierbar

Tabelle 6.8: Maskeneigenschaften, die im Web nicht unterstützt werden

Eigenschaft	Anmerkung
Eigenschaften: Sicherheit	
Standardverschlüsselungsschlüssel	Nicht anwendbar im Web
Drucken/Weiterleiten/Kopieren in die Zwischenablage deaktivieren	Nicht anwendbar, da das Konzept der Zwischenablage im Web nicht unterstützt wird

Tabelle 6.8: Maskeneigenschaften, die im Web nicht unterstützt werden (Forts.)

Ferner werden einige Maskenelemente nicht unterstützt (vgl. Tabelle 6.9). Einige werden unterstützt, jedoch nicht vollständig (z.B. Tabellen). Wir werden auf die Einzelheiten in den entsprechenden Kapiteln eingehen.

Eigenschaft	Anmerkung
Layout-Bereiche	Verwenden Sie stattdessen Tabellen für die Ausrichtung der Maskenkomponenten.
Pop-Up-Hotspots	Nicht unterstützt. Pop-Up-Hotspot-Funktionalität kann prinzipiell mit JavaScript nachgebildet werden.
ActiveX-Komponenten, OLE- und OCX-Objekte	Auf Macintosh-, UNIX- und OS/2-Plattformen nicht unterstützt. Unterstützt für die Anzeige auf Windows NT- und Windows 95-Plattformen. Benutzer können an Objekten vorgenommene Änderungen jedoch nicht speichern.

Tabelle 6.9: Maskenelemente, die im Web nicht unterstützt werden

Schließlich gibt es auch beim Einsatz von Feldern bestimmte Einschränkungen. Diese sind in der Tabelle 6.10 genannt.

Eigenschaft	Anmerkung
Registerkarte: Feld Info	
Nach Validierung berechnen	Nicht unterstützt
Beim Öffnen Cursor in dieses Feld setzen	Nicht unterstützt. Kann jedoch mittels JavaScript nachgebildet werden.
Registerkarte: Erweitert	
Hilfebeschreibung	Nicht unterstützt, kann aber im Internet Explorer mittels des HTML-Feldattributs `TITLE` ansatzweise umgesetzt werden
Verschlüsselung für dieses Feld aktivieren	Webbenutzer können Daten in verschlüsselten Feldern nicht lesen.
Signieren bei Versenden oder Speichern im Abschnitt	Signieren wird im Web nicht unterstützt.
Dialoglistefelder	
Optionen	Die Anzeige der Hilfs-Schaltfläche für Eingabe wird nicht unterstützt.

Tabelle 6.10: Feldeigenschaften, die im Web nicht unterstützt werden

Eigenschaft	Anmerkung
Namensfelder	
Auswahl (für Namensfelder)	Auswahl eines Namens in einem Dialogfeld wird nicht unterstützt. Der Zugriff von Webbenutzern auf Datenbanken basiert auf dem authentifizierten Namen.
Kontrollkästchenfelder	
Auswahlreihenfolge für Kontrollkästchen	In manchen Browsern kann die Reihenfolge der bei Mehrfachauswahl zurückgegebenen Daten in einem Kontrollkästchen anders sein als die Auswahlreihenfolge. Die Daten selbst bleiben gleich, nur die Rückgabereihenfolge ist verschieden.
Notes/FX-Felder	Nicht unterstützt

Tabelle 6.10: Feldeigenschaften, die im Web nicht unterstützt werden (Forts.)

7 Arbeiten mit Ansichten und Ordnern

Neben Masken sind Ansichten und Ordner bereits seit der allerersten Version von Notes Domino ein Kernbestandteil der Benutzeroberfläche. Sie dienen zur listenweisen Darstellung der Inhalte einer Domino-Datenbank. Hierbei gilt, dass sowohl der Inhalt als auch die Aufbereitung der in Ansichten und Ordnern enthaltenen Informationen hierbei vom Anwendungsentwickler frei gestaltbar sind.

In diesem Kapitel sollen zunächst die verschiedenen Konzepte geklärt werden, die den Ansichten und Ordnern zugrunde liegen. Weiterhin sollen Möglichkeiten aufgezeigt werden, mit der Maske QUELLE erstellte Dokumente im Rahmen von Ansichten übersichtlich darzustellen. Hierzu wird, wieder in Anlehnung an das Konzept der Literaturverwaltung, eine neue Ansicht namens QUELLEN erstellt. Da Ansichten und Ordner vom Konzept her sehr ähnlich sind, wollen wir uns schwerpunktmäßig Ersteren widmen. Anschließend soll gezeigt werden, an welchen Stellen zwischen Ansichten und Ordnern Unterschiede bestehen.

7.1 Ansichten: das Fenster in die Datenbank

7.1.1 Was sind Ansichten?

Zum besseren Verständnis der Funktionsweise von Ansichten muss man sich zunächst vor Augen führen, dass in einer Domino-Datenbank die einzelnen Dokumente in der Reihenfolge ihres Erstellens abgespeichert werden, ohne dass es einen inneren Zusammenhang zwischen den gespeicherten Daten im Sinne einer Sortierung oder Gruppierung gibt. Erst durch Darstellung der Dokumente in Ansichten erhält der Benutzer die Möglichkeit, auf die Informationen einer Datenbank gezielt zuzugreifen. Gezielt bedeutet in diesem Zusammenhang zunächst, eine bestimmte, vom Benutzer vorgegebene Teilmenge aller vorhandenen Dokumente anzuzeigen, was in der Praxis bei hoher Dokumentenanzahl in einer Datenbank unumgänglich ist. Zudem bieten Ansichten die Möglichkeit, Dokumente in Ansichten anhand beliebiger Attribute darzustellen, wobei die Darstellung wahlweise in sortierter und/oder kategorisierter Form erfolgen kann.

Eine Ansicht ist also eine Auflistung von Domino-Dokumenten, die anhand bestimmter vorgegebener Kriterien selektiert, sortiert und kategorisiert werden, vergleichbar mit VIEWS bzw. QUERYS in der Welt der relationalen Datenbanken. Gegenüber Letzteren haben Domino-Ansichten den Vorteil, dass ihre Gestaltung viel schneller und einfacher vonstatten geht. Dies ist insofern wichtig, als der Anwender auch ohne Anwendungsentwicklungskenntnisse in der Lage ist, eigene Ansichten zu erstellen (die so genannten *persönlichen* Ansichten), welche seinen Informationsbedürfnissen entsprechen.

Eine Ansicht besteht aus mindestens einer Spalte und, je nach Anzahl der angezeigten Dokumente, aus einer bestimmten Anzahl von Zeilen. Eine Spalte kann hierbei bestimmte Systemvariablen (z.B. die Nummer des Dokuments in der Ansicht), Feldinhalte einer vom Benutzer definierten oder anhand einer Formel zusammengestellte Kombinationen dieser beiden Kennzahlen enthalten.

Gemeinsame und persönliche Ansichten

Eine Datenbank enthält typischerweise mehrere *gemeinsame Ansichten*, die allen Benutzern mit entsprechender Zugriffsberechtigung zur Verfügung stehen. In unserem Fall wären beispielsweise Ansichten denkbar, welche den Bestand an Literaturquellen NACH NAME, NACH AUTOR oder auch NACH ERSCHEINUNGSDATUM sortiert darstellen. Zudem kann jeder Benutzer, wie bereits erwähnt, auf seiner Workstation PERSÖNLICHE ANSICHTEN für seinen eigenen Bedarf entwerfen.

> Wenn Sie eine Ansicht im Web zur Verfügung stellen möchten, muss diese *gemeinsam* sein, da sie sonst nicht angezeigt wird.

7.1.2 Erstellen von Ansichten

Ansichten werden mit dem Befehl ERSTELLEN/ANSICHT erzeugt. In dem daraufhin erscheinenden Dialogfenster ANSICHT ERSTELLEN (vgl. Abbildung 7.2) kann man die grundlegenden Einstellungen wie den Namen und die hierarchische Position der neuen Ansicht festlegen. Dies ist natürlich erst der Anfang ... die Feinarbeit erfolgt erst anschließend, wenn Domino Designer basierend auf unseren Einstellungen die neue Ansicht anlegt.

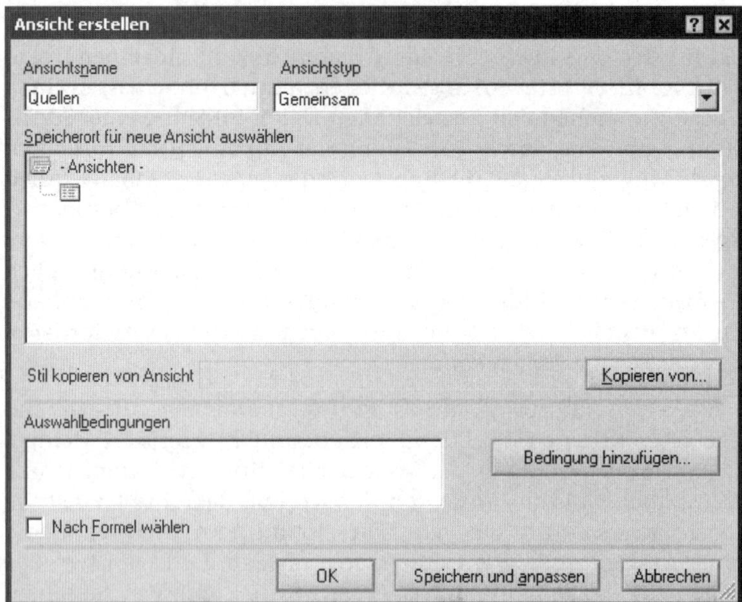

Abbildung 7.1: Ansicht erstellen

Werfen wir mal einen Blick auf diese Grundeinstellungen. Es sind deren fünf: ANSICHTSNAME, ANSICHTSTYP, SPEICHERORT, STIL und AUSWAHLBEDINGUNG ().

Ansichtsname

Der Ansichtsname erfüllt neben der reinen *Bezeichnung* ähnlich wie bei Masken noch einige Zusatzfunktionen:

- Durch einen vertikalen Strich (»|«) lassen sich mehrere Alternativnamen für eine Ansicht angeben.
- Mit einem Schrägstrich (»/«) lassen sich Ansichten hierarchisch anordnen.
- Durch runde Klammern kann man eine Ansicht verbergen, d.h. sie bleibt für den Benutzer unsichtbar. Das ist meistens empfehlenswert für Ansichten, welche für interne Zwecke der Anwendung verwendet werden.

> Einige Ansichtsnamen sind für Domino-interne Zwecke reserviert, beispielsweise der Name ($ALL), welcher alle Dokumente einer Datenbank anzeigt, sowie ($INBOX), ($SENT) und ($TRASH), welche den entsprechenden Ansichten in der Mail-Datenbank entsprechen. In solchen Fällen werden die betreffenden Ansichten nicht verborgen, sondern vielmehr anhand spezieller Symbole dargestellt.

Ansichtstypen

Eingangs erwähnten wir bereits den Unterschied zwischen gemeinsamen und persönlichen Ansichten. Der *Ansichtstyp* bezieht sich genau auf diese Einstellung, wobei uns Domino Designer in diesem Zusammenhang noch einige Unterkategorien anbietet (Tabelle 7.1).

Typ	Anmerkung
Gemeinsam	Gemeinsame Ansichten stehen allen Benutzern einer Datenbank zur Verfügung (es sind mindestens Leserechte erforderlich).
Gemeinsam, enthält alle Dokumente, die sich in keinem anderen Ordner befinden	Die gemeinsame Ansicht, die alle Dokumente einer Datenbank enthält, welche nicht explizit in einen Ordner verschoben wurden
Gemeinsam, enthält gelöschte Dokumente	Gemeinsame Ansicht, welche eine Art »Papierkorb« für Notes-Dokumente darstellt. In EIGENSCHAFTEN/DATENBANK lässt sich die Dokumentverwaltung einer Domino-Datenbank so konfigurieren, dass vom Benutzer gelöschte Dokumente für eine vom Datenbankmanager festgelegte Stundenzahl zwischengespeichert werden, bevor sie tatsächlich gelöscht werden. Die Anzeige dieser so genannten »wieder herstellbaren Löschungen« erfolgt über eine Ansicht dieses Typs.

Tabelle 7.1: Übersicht der Ansichtstypen

Typ	Anmerkung
Gemeinsam, privat bei Erstbenutzung	Gemeinsame Ansichten, welche bei der ersten Benutzung privat werden. Der Sinn und Zweck dieses Features ist die zentrale Verteilung von vorgefertigten personalisierten Ansichten, die vom jeweiligen Zielbenutzer jedoch noch weiter personalisiert werden sollen. Eine Ansicht wird zunächst als gemeinsam zur Verfügung gestellt. Beim Aufruf dieser Ansicht durch den Benutzer bekommt dieser automatisch eine private Kopie der betroffenen Ansicht und kann diese noch weiter beliebig anpassen.
Gemeinsam, für Desktop privat bei Erstbenutzung	Gemeinsame Ansichten, welche bei der ersten Benutzung privat werden und in der DESKTOP.DSK-Datei des Benutzers abgelegt werden
Privat	Private Ansichten werden wahlweise in der Datenbank oder in der DESKTOP.DSK-Datei gespeichert. Entscheidend sind hierbei die Zugriffsrechte des Anwenders, speziell das Schaltkästchen PERSÖNLICHE ORDNER/ANSICHTEN ERSTELLEN in der Zugriffskontrollliste einer Datenbank. Verfügt ein Anwender über dieses Zugriffsrecht, werden solche Ansichten in der Datenbank gespeichert, ansonsten auf dem Desktop des Benutzers, in der DESKTOP.DSK-Datei.

Tabelle 7.1: Übersicht der Ansichtstypen (Forts.)

Wenn der Anwender die Ansichten in der DESKTOP.DSK/NDK-Datei speichert, empfiehlt es sich, diese durch regelmäßige Datensicherung vor ungewollten Beschädigungen (und somit Datenverlusten) zu schützen.

> Eine Vielzahl von persönlichen Ansichten, welche ähnlich aufgebaut sind, ist für den Anwendungsentwickler ein Zeichen, dass eine neue gemeinsame Ansicht bereitgestellt werden sollte.

Speicherort festlegen

Der Speicherort ist gemäß der Domino-Terminologie nicht der physische Ort der Speicherung einer Ansicht, sondern vielmehr die Position in der *hierarchischen Anordnung* von Ansichten. Somit erreichen Sie also mit der Funktion SPEICHERORT FESTLEGEN genau den gleichen Effekt wie mit der Verwendung von Schrägstrichen, nur etwas bequemer.

Stil kopieren

Normalerweise wird man eine neue Ansicht von Grund auf neu gestalten wollen. Die Wahrung der konsistenten Erscheinung erfordert jedoch oft, dass bestimmte Einstellungen (z.B. die Hintergrundfarbe oder der Zeilenabstand, siehe unten) über alle Ansichten einer Datenbank hinweg gleich sein müssen. Zu diesem Zweck können unter *Stil kopieren* die Einstellungen einer bestehenden Ansicht als Vorlage bei der Erstellung der neuen Ansicht gewählt werden. Leider können hierfür nur Ansichten aus der bestehenden Datenbank herangezogen werden, alle anderen Ansichten müssen zunächst manuell in diese Datenbank aus der Ablage eingefügt werden.

Auswahlkriterien

Der letzte Punkt beim Erstellen einer Ansicht ist die FESTLEGUNG VON AUSWAHLKRITERIEN. Durch diese grundlegende Festlegung wird eine mehr oder minder große Teilmenge aus der Gruppe aller Dokumente einer Datenbank ausgewählt. Die einfachsten (und häufig eingesetzten) Selektionskriterien sind beispielsweise Dokumenttyp (in unserem Fall BUCH, URL oder ZEITSCHRIFTENARTIKEL), der Status eines Dokuments (z.B. IN BEARBEITUNG, ABGESCHLOSSEN), Zeitpunkt der Erstellung (z.B. nur Dokumente, welche vor weniger als 30 Tagen erstellt wurden) oder die Maske, mit der das Dokument erstellt wurde.

> Wenn Sie keine spezielle Auswahl von Dokumenten treffen, werden Ihnen in der Ansicht sämtliche Dokumente der Datenbank angezeigt. Sobald Sie jedoch eine entsprechende Unterauswahl getroffen haben, werden nur noch jene Dokumente dargestellt, die Ihrer Auswahl entsprechen. Bleibt die Ansicht also leer, muss dies kein Fehler sein, sondern liegt einfach daran, dass keine entsprechenden Dokumente in der Datenbank vorliegen. Sie sollten sich daher genau überlegen, nach welchen Bedingungen Sie eine Auswahl der Dokumente treffen wollen.

Im Rahmen von Domino Designer stehen zwei Möglichkeiten zur Festlegung einer Auswahlbedingung zur Verfügung. Voreingestellt ist die einfachere (jedoch in den meisten Fällen ausreichende) Alternative: die Verwendung der *Abfragemaske* (). Wenn Sie sich für diese entschieden haben, werden Sie von der Benutzung der Formelsprache an dieser Stelle entbunden und sind in der Lage, die Auswahlkriterien menügeführt einzugeben.

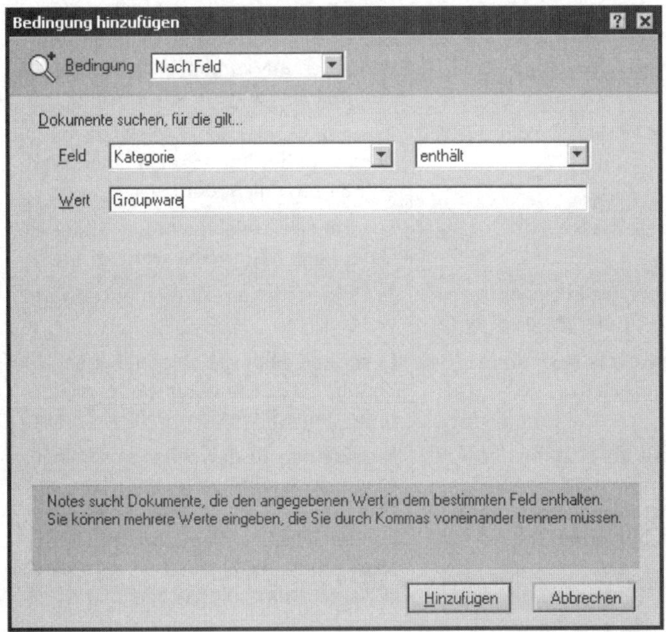

Abbildung 7.2: Abfragemaske zur Verwendung des Selektionskriteriums

Die Festlegung von Auswahlkriterien, die Sie beim Anlegen einer neuen Ansicht vornehmen, kann zu einem späteren Zeitpunkt geändert werden. Zudem können Sie auch jederzeit und ohne Datenverlust von der menügesteuerten Festlegung der Auswahlkriterien auf die komplexere Variante mittels Formeln umsteigen, nicht jedoch umgekehrt.

1. Stellen Sie sicher, dass die Einstellung NACH FORMEL WÄHLEN deaktiviert ist.
2. Klicken Sie im Dialogfenster ANSICHT ERSTELLEN auf die Schaltfläche BEDINGUNG HINZUFÜGEN.
3. Wählen Sie im Dialogfenster ABFRAGEFUNKTION die Bedingung NACH FELD.
4. Wählen Sie in der Auswahlliste der Felder das Feld KATEGORIE.
5. Bestätigen Sie das soeben erstellte Selektionskriterium mit OK.

Um beispielsweise mittels der Abfragefunktion in der Ansicht *alle* Dokumente anzeigen zu lassen, die einer bestimmten Kategorie (z.B. *Groupware)* angehören, sind folgende Schritte erforderlich:

Neben der verwendeten Maske können im Rahmen der Abfragefunktion auch andere Selektionskriterien eingesetzt werden. Diese sind in der Tabelle 7.2 dargestellt.

Kriterium	Beschreibung	Anmerkung
Nach Autor	Autor des Dokuments, wie er intern von Domino gespeichert wird	Es werden Dokumente selektiert, bei denen der betreffende Autor beteiligt oder nicht beteiligt ist.
Nach Datum	Erstellungsdatum oder Änderungsdatum	Es können Dokumente selektiert werden, die vor oder nach dem betreffenden Datum erstellt oder geändert wurden. Alternativ können auch bestimmte Zeitintervalle angegeben werden.
Nach Feld	Beliebiges Feld im Dokument	Es werden Dokumente selektiert, bei denen ein bestimmtes Feld einen Wert enthält oder nicht enthält.
Nach Maske	Verwendete Maske	Es kann eine beliebige Maske in der Datenbank ausgewählt werden.
In Ordner	Dokumente, die in einem bestimmten Ordner abgelegt sind	Es können mehrere Ordner ausgewählt werden.
Mehrere Wörter	Dokumente, die bestimmte Begriffe enthalten.	Es können einer der eingegebenen Begriffe (ODER-Kriterium) oder alle Begriffe gesucht werden (UND-Kriterium)
Beispielmaske ausfüllen	Ermöglicht die Eingabe der gesuchten Kombination von Feldwerten einer Maske, nach der gesucht werden soll	Hier können ausgewählte Felder einer Maske ausgeführt werden, welche anschließend als eine Art Beispielmuster bei der Selektion dient. Wichtig: In der Maske muss die Eigenschaft ANZEIGEN IN ABFRAGEFUNKTION aktiviert sein.

Tabelle 7.2: Möglichkeiten zur Gestaltung der Abfragefunktion

Für jedes einzelne Selektionskriterium wird im Definitionsbereich ein grauer kleiner Kasten mit der eingefügten Selektionsdefinition eingefügt. Hier können Sie bei Bedarf auch mehrere Definitionen aneinander hängen, um so eine komplexere Auswahl zu schaffen. Möchten Sie eine der Selektionsdefinitionen nachträglich modifizieren, führen Sie einen Doppelklick auf das graue Definitionsfenster aus und es öffnet sich automatisch erneut die Dialogbox.

Auswahlformel

Die zweite Möglichkeit, ein Selektionskriterium zu erstellen, ist die Verwendung der *Formelsprache*. Diese ist zwar deutlich mächtiger, aber auch um einiges komplexer, denn hier kann die gesamte Bandbreite der Notes-Makros herangezogen werden (wir werden uns die Notes-Formelsprache im entsprechenden Kapitel ansehen). Ein weiterer Vorteil ist, dass Sie als Entwickler einen höheren Grad über die Kontrolle der Selektionskriterien ausüben können, was insbesondere – wie wir später noch sehen werden – der Performance großer Ansichten sehr zugute kommen kann.

Aufbau von Auswahlformeln

Um eine Selektionsformel per Hand in einer Ansicht einzugeben, stehen im Prinzip dieselben Funktionalitäten zur Verfügung, die bereits aus der Formelsprache geläufig sein dürften. Es gibt hier jedoch einige Dinge zu beachten, die zum Erstellen von Auswahlformeln unabdingbar sind. Zum einen wird eine Selektionsformel immer durch das Schlüsselwort `SELECT` eingeleitet und anschließend durch einen entsprechenden logischen Ausdruck ergänzt.

Diese logischen Ausdrücke sind in aller Regel Vergleiche. Um beispielsweise die Auswahl der Dokumente je nach Kategorie zu realisieren (wie im obigen Beispiel), ist zu überprüfen, ob der Wert im Feld KATEGORIE einer vorgegebenen Konstante entspricht (in unserem Fall *Groupware*).

```
SELECT @Contains (Kategorie;"Groupware")
```

> Da es sich hier um einen Vergleich von Feldinhalten handelt, d.h. überprüft wird, ob ein Feld den genannten Wert enthält, ist beim Vergleich auf den Unterschied zwischen Groß- und Kleinschreibung zu achten. Ansonsten kann es passieren, dass die Dokumente nicht gefunden werden.

Um die Ausdrucksmächtigkeit der Formelsprache zu demonstrieren, soll unser obiges Beispiel mit der Anzeige aller Groupware-Quellen originalgetreu übernommen und zusätzlich um eine zeitliche Dimension ergänzt werden: Es sollen alle Quellen angezeigt werden, die vor 14 oder weniger Tagen in der Datenbank abgelegt wurden. Hierzu sind folgende Schritte erforderlich:

1. Aktivieren Sie im Dialogfenster ANSICHT ERSTELLEN die Option NACH FORMEL WÄHLEN.
2. Klicken Sie auf die Schaltfläche FORMELFENSTER.

3. Geben Sie dort folgende Formel ein:

```
Auswahldatum:=@Adjust(@Today;0;0;-14;0;0;0);
SELECT @Contains (Kategorie;"Groupware") &(@Created>=Auswahldatum)
```

4. Bestätigen Sie das neue Auswahlkriterium mit OK.

Im ersten Schritt wird hierbei per Formelausdruck das gewünschte Datum »vorbereitet« (ausgehend vom aktuellen Datum wwerden 14 Tage zurückgezählt). Das auf diese Weise gewonnene Ergebnis wird mit dem intern von Lotus Notes Domino geführten Datum, das mit dem Notes-Formelbefehl `@Created` ausgewertet werden kann, verglichen.

Nun ist die Festlegung der Eingangsparameter abgeschlossen. Mit SPEICHERN UND ANPASSEN kann sofort der Gestaltungsmodus aktiviert werden, ansonsten kann die neue Ansicht mit einem Doppelklick auf den Ansichtsnamen im Ordner GESTALTUNG zu einem späteren Zeitpunkt geöffnet werden.

7.1.3 Ansichten gestalten

Um eine bestehende Ansicht im Gestaltungsmodus zu öffnen, muss diese in der entsprechenden Gestaltungsansicht des Domino Designers geöffnet werden. Die Gestaltungsoberfläche, in der Ansichten bearbeitet werden, hat einen ähnlichen Aufbau wie der Maskeneditor (vgl. Abbildung 7.3).

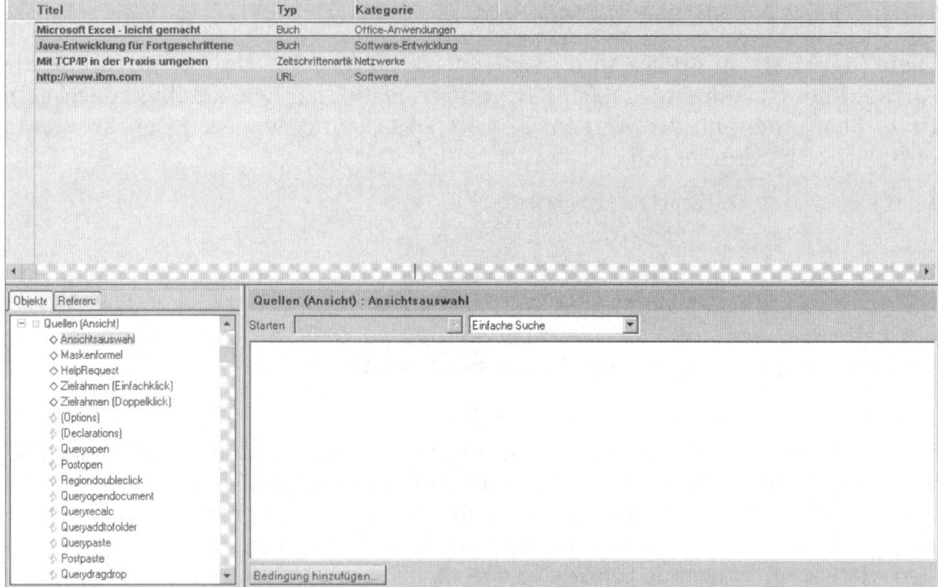

Abbildung 7.3: Eine Ansicht im Domino Designer

Im oberen Teil können die Merkmale und der Aufbau der Ansicht festgelegt werden. Im unteren Teil kann man ein bestimmtes Attribut oder Ereignis festlegen (z.B. die Ansichtsauswahlformel), dem man anschließend im rechten unteren Bereich einen Wert bzw. ein Script zuordnen kann. In der Abbildung nicht dargestellt sind die

Aktions-Schaltflächen, welche ebenso wie bei Masken mit dem Menübefehl ANSICHT/ AKTIONSFENSTER im rechten oberen Fensterbereich angezeigt werden können.

7.1.4 Arbeiten mit Eigenschaften: Ansicht

Die grundlegenden Merkmale einer Ansicht können mit GESTALTEN/EIGENSCHAFTEN: ANSICHT angezeigt werden (vgl. Abbildung 7.4).

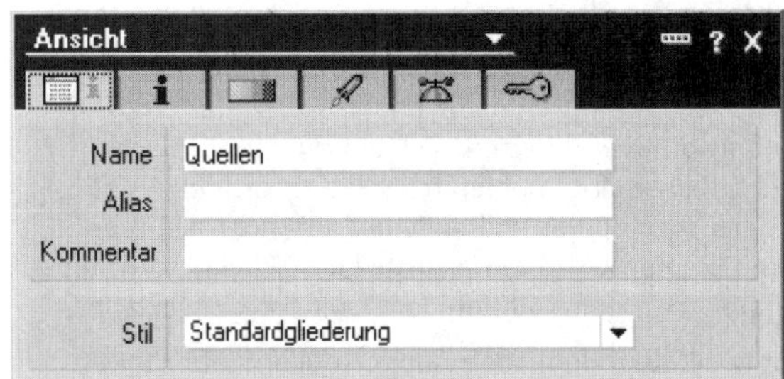

Abbildung 7.4: Ansichtseigenschaften

Hier können mehrere Einstellungen vorgenommen werden:

- **Name**: Für die Benennung von Ansichten gelten die gleichen Richtlinien wie für Masken. Wenn zur Referenzierung der Ansicht im Kontext eines Entwicklungsvorhabens ein anderer Name als zur Anzeige benutzt werden soll, kann dieser im Feld ALIAS festgelegt werden.
- **Kommentar**: Hier können Informationen über den Sinn und Zweck der Ansicht eingegeben werden.
- **Stil**: Neben den Standardansichten gibt es in Domino einen zweiten Ansichtstyp: die so genannten *Kalenderansichten*. Auf diese werden wir im Abschnitt 7.4 eingehen.

7.1.5 Ansichtsoptionen festlegen

Werfen wir noch einen Blick auf weitere Grundeinstellungen, welche sich auf der nächsten Registerkarte befinden (zweite von links, vgl. Abbildung 7.5).

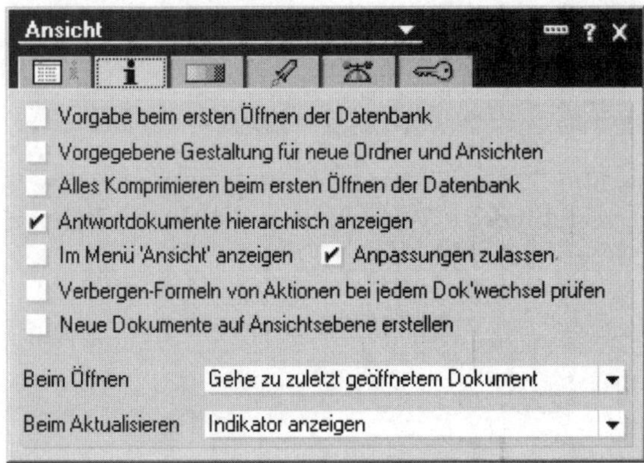

Abbildung 7.5: Ansichtsoptionen

Tabelle 7.3 enthält die einzelnen Einstellungen und ihre Bedeutung.

Option	Anmerkung
Vorgabe beim ersten Öffnen der Datenbank	Die Ansicht wird beim Öffnen der Datenbank angezeigt. Eine solche Vorgabeansicht wird in der Liste der Ansichten mit einem blauen Pfeil gekennzeichnet.
Vorgegebene Gestaltung für neue Ordner und Ansichten	Diese Einstellung bewirkt, dass der Stil der aktuellen Ansicht als Vorgabe für alle nachfolgenden Ansichten und Ordner gilt. Vgl. auch die Option STIL KOPIEREN beim Erstellen von Ansichten.
Alles komprimieren beim ersten Öffnen der Datenbank	Die Komprimierung bezieht sich auf die Möglichkeit einer Ansicht, Dokumente in hierarchisch angeordneten Gruppen darzustellen, welche bei Bedarf auf- oder zugeklappt werden können. Wird diese Einstellung aktiviert, werden alle Kategorien beim Öffnen der Datenbank zugeklappt.
Antwortdokumente hierarchisch anzeigen	Nicht nur Kategorien, auch Antwortdokumente können hierarchisch dargestellt werden.
In Menü Ansicht anzeigen	Die Ansicht kann im Notes-Client über das Menü ANSICHT aufgerufen werden.
Beim Öffnen	Legt fest, mit welchem Dokument die Anzeige einer Ansicht beginnen soll. Mögliche Optionen sind: GEHE ZU ZULETZT GEÖFFNETEM DOKUMENT, GEHE ZUR LETZTEN ZEILE UND GEHE ZUR ERSTEN ZEILE
Verbergenformeln von Aktionen bei jedem Dokumentenwechsel prüfen	Ermöglicht, dass die Verbergenformeln der Ansichtsaktionen dynamisch auf die Inhalte der angezeigten Dokumente reagieren
Neue Dokumente auf Ansichtsebene erstellen	Ermöglicht die Erstellung und Bearbeitung von Dokumenten auf der Ebene der Ansicht
Beim Aktualisieren	Bestimmt die Reaktion der Ansichtsanzeige auf eine Veränderung des im Hintergrund aufgebauten Ansichtsindex. Mögliche Optionen sind: INDIKATOR ANZEIGEN (blauer Pfeil im linken oberen Teil der Ansicht), ANZEIGE AKTUALISIEREN, ANZEIGE AB OBERSTER ZEILE AKTUALISIEREN, ANZEIGE AB UNTERSTER ZEILE AKTUALISIEREN.

Tabelle 7.3: Ansichtsoptionen

7.1.6 Ansichten formatieren

Um Ansichten ergonomischer zu gestalten, lassen sich auf der Registerkarte FORMATIERUNG in EIGENSCHAFTEN: ANSICHT verschiedene Veränderungen im Hinblick auf das Aussehen von Ansichten vornehmen (vgl. Abbildung 7.6).

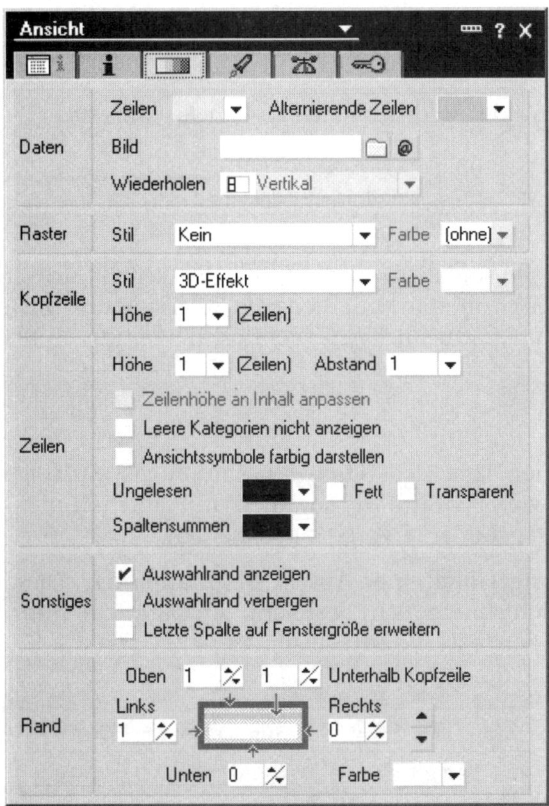

Abbildung 7.6: Ansichten formatieren

Hier stehen folgende Möglichkeiten zur Verfügung:

- Veränderung der Formatierung einzelner Ansichtszeilen
- Ein- und Ausblenden des Auswahlrands einer Ansicht
- Veränderung der Spaltenüberschriften
- Veränderung der Zeilenhöhe (in Textzeilen)
- Veränderung des Abstands zwischen zwei Ansichtszeilen

Ansichtshintergrund formatieren

Grundsätzlich legt man mit der Einstellung DATEN die Hintergrundformatierung einer Ansicht fest. Diese umfasst zunächst die Festlegung der Hintergrundfarbe (Feld ZELLEN). Man kann darüber hinaus Ansichten noch übersichtlicher gestalten, indem ein beliebiger Farbwert im Feld ALTERNIERENDE ZEILEN festgelegt wird. In diesem Fall alterniert die Hintergrundfarbe der Ansichtszeilen, wie in der Abbildung 7.7 dargestellt.

Neu in Domino 6 ist die Möglichkeit, eine Ansicht mit Hintergrundbildern zu versehen. Das Hintergrundbild muss zuvor in der Ressourcendatenbank hinterlegt werden und kann anschließend entweder als einzelnes Bild oder als wiederholendes Muster des Ansichtshintergrunds verwendet werden. Ebenfalls neu ist die Möglichkeit, die Abgrenzung zwischen den Zeilen mit einem *Raster* zu versehen.

> Mehr Informationen zum Umfang der Bildressourcen finden Sie im entsprechenden Kapitel.

Spaltenüberschriften verändern

Auch in Bezug auf Spaltenüberschriften sind die Darstellungsmöglichkeiten flexibler geworden: Es lassen sich Spaltenüberschriften in verschiedenen Stilen (Option STIL), Farben (Option FARBE) sowie mit unterschiedlichen Zeilenhöhen (Option HÖHE) definieren.

Formatierung von Zeilen festlegen

Das Hervorheben ungelesener Zeilen lässt sich durch eine besonders auffällige Farbe in *Ungelesen* erreichen. Auch Gesamtwerte wie Summen und Durchschnittswerte können durch gesonderte Farbgebung hervorgehoben werden.

Mit der Option HÖHE lässt sich die Höhe einer Ansichtszeile anpassen. Diese Option ist nützlich, wenn die Ansichtsbreite nicht ausreicht, um sämtliche Informationen über ein Dokument in einer Textzeile anzuzeigen.

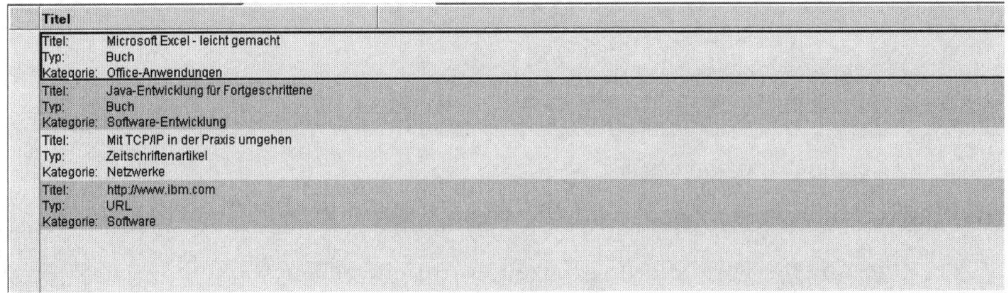

Abbildung 7.7: Alternierende Farbgebung der Ansicht mit mehrzeiliger Darstellung

Wenn beispielsweise in einer Ansichtszeile Inhalte von drei Feldern jeweils in einer neuen Linie dargestellt werden sollen (vgl. Abbildung 7.7), sind folgende Schritte notwendig:

1. Wählen Sie im Dialogfenster SPALTENEIGENSCHAFTEN auf der ersten Registerkarte im Feld TRENNZEICHEN BEI MEHRFACHWERT die Option NEUE ZEILE.
2. Setzen Sie im Dialogfenster ANSICHTSEIGENSCHAFTEN auf der dritten Registerkarte von links die TEXTZEILEN PRO ZEILE auf 3.
3. Der Inhalt der Spalte sollte in Form einer Liste angegeben werden, d.h. Feldnamen in Klammern, getrennt durch einen Doppelpunkt:

```
("Titel:        "+Titel):("Typ:        "+Typ):("Kategorie:  "+Kategorie)
```

Was genau passiert hier? Durch die Verwendung der Doppelpunktzeichen wird jede Zeile in Form von drei getrennt auszuweisenden »Werten« dargestellt. Es handelt sich hierbei um eine so genannte *Liste*, eine spezielle Datenstruktur, die es ermöglicht, mehrere Werte zu einem »Mehrfachwert« zusammenzufassen. Diese sind – gemäß der obigen Einstellung – jeweils in einer neuen Zeile auszuweisen.

Oftmals wird man auch den vertikalen Platz in einer Ansicht optimal nutzen wollen. Mit der Option ZEILENHÖHE AN HÖHE ANPASSEN werden nur die tatsächlich ausgefüllten Textzeilen einer mehrzeiligen Ansichtszeile in Anspruch genommen, mit dem Ergebnis, dass die tatsächliche Höhe einer Ansichtszeile von Dokument zu Dokument variieren kann.

Eine letzte Möglichkeit, im Rahmen einer Ansicht für mehr Übersichtlichkeit zu sorgen, besteht darin, den *Abstand* zwischen den Zeilen zu verändern.

Auswahlrand anzeigen

Der Auswahlrand einer Ansicht zeigt anhand von Häkchen-Symbolen an, dass bestimmte Dokumente selektiert wurden. Durch das Deaktivieren der Option AUSWAHLRAND ANZEIGEN ist es nun möglich, die Anzeige des Auswahlrands auszublenden und somit den wertvollen Ansichtsplatz zu sparen. Der Auswahlrand bleibt jedoch nur so lange ausgeblendet, bis ein Dokument tatsächlich selektiert ist (z.B. mit der Leertaste).

7.2 Arbeiten mit Spalten

7.2.1 Überblick

Nachdem wir eingangs mittels des Auswahlkriteriums festgelegt haben, *was* angezeigt werden soll, stellt sich nun die Frage, *wie* es angezeigt werden soll, also anhand welcher Informationen ein Dokument in der Ansicht dargestellt werden soll. Die Anzeige erfolgt in Form von SPALTEN. Jede Ansicht hat mindestens eine Spalte, die bei neuen Ansichten mit »#« betitelt ist.

Spalten erstellen

Um neue Inhalte anzuzeigen, kann man entweder eine bestehende Spalte verändern oder eine neue Spalte erstellen. Da jede Ansicht bereits über eine generische Spalte verfügt, werden wir zur Anzeige von Inhalten diese zunächst entsprechend modifizieren.

Die Ansicht QUELLEN soll auf jeden Fall den Titel einer Quelle anzeigen. Dieser ist in der Maske QUELLE im Feld TITEL gespeichert:

1. Rufen Sie die Spalteneigenschaften der bestehenden Spalte # mit einem Doppelklick auf die Spaltenüberschrift auf.
2. Ändern Sie den Namen der Spalte in TITEL.
3. Wählen Sie im Gestaltungsfenster die Option FELD.
4. Wählen Sie aus der daraufhin erscheinenden Liste das Feld TITEL aus.

Wenn Sie nun das Aktualisierungs-Symbol (den Pfeil oben links) betätigen, erscheinen in der Ansicht die Titel aller Quellen, die wir eingegeben haben.

Formeln in Spalten

Eine weitere Spalte soll den Preis der Quelle in Euro anzeigen. Falls die Preisangabe nicht vorhanden ist, soll in der betreffenden Spalte *Kostenlos* angezeigt werden, anderenfalls soll der Inhalt des Feldes *Preis* zusammen mit einer Zeichenkette EUR erscheinen. Nun ergibt sich insofern ein Problem, als der Preis als numerische Angabe ohne eine vorherige Konvertierung in Text nicht zusammen mit einer Zeichenkette angezeigt werden kann. Diese Konvertierung kann direkt in den Spalten mit der entsprechenden Formel vorgenommen werden:

1. Erstellen Sie mit Erstellen – Neue Spalte anhängen eine neue Spalte.
2. Benennen Sie die Spalte mit Preis.
3. Wählen Sie im Gestaltungsfenster die Option Formel.
4. Geben Sie im Gestaltungsfenster folgende Formel ein:

```
@If ((@IsAvailable(Preis) & Preis!=0);@Text(Preis)+" EUR";"Kostenlos")
```

5. Klicken Sie auf das Aktualisierungs-Symbol.

> Inhalte von Rich-Text-Feldern werden in Spalten nicht angezeigt, daher sollten diese in Spaltenformeln nicht verwendet werden.

Spalteneigenschaften festlegen

Alle Einstellungen, die sich auf Spalten beziehen, werden im Dialogfenster SPALTENEIGENSCHAFTEN vorgenommen (vgl. Abbildung 7.8). Dieses wird mit GESTALTUNG/EIGENSCHAFTEN: SPALTE aufgerufen.

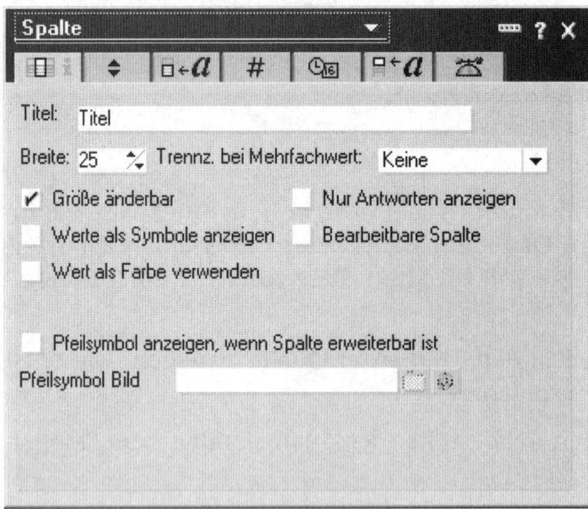

Abbildung 7.8: Spalteneigenschaften

Hier können neben den allgemeinen Eigenschaften wie TITEL und BREITE die Art und Weise der Anzeige von Spaltenüberschriften und Spalteninhalten sowie Sortiereinstellungen festgelegt werden.

Formatieren von Spalten

Ähnlich wie Feldinhalte in Masken lassen sich auch Spalten in Ansichten beliebig formatieren. Die Formatierung bezieht sich auf folgende Bereiche (in Klammern jeweils die Bezeichnung der entsprechenden Registerkarte in SPALTENEIGENSCHAFTEN):

- Textformatierung und Ausrichtung von Spalteninhalten (Registerkarte SCHRIFT)
- Darstellung von Zahlenwerten (Registerkarte ZAHLEN)
- Darstellung von Zeit- und Datumswerten (Registerkarte DATUMS-/ZEITFORMAT)
- Textformatierung und Ausrichtung von Spaltenüberschriften (Registerkarte TITEL)

Die Einstellungen in den genannten Registerkarten entsprechen vom Aufbau her weitgehend den entsprechenden Einstellungen bei der Formatierung von Feldern in Masken und sollen an dieser Stelle nicht erneut besprochen werden.

Sortieren von Dokumenten

Mit wachsender Zahl an angezeigten Dokumenten geht der Überblick in einer Ansicht schnell verloren. Als Lösung bietet Domino die Möglichkeit, Dokumente in der Ansicht automatisch *nach bestimmten Kriterien auf- oder absteigend zu sortieren* (vgl. Abbildung 7.9). Als Sortierkriterium dient hierbei der Inhalt einer Spalte. Die Sortierregeln sind einfach:

- Wird der Inhalt eines *Zahlenfeldes* als Sortierkriterium herangezogen, ist der Betrag für den Sortiervorgang maßgebend. Bei einer aufsteigenden Reihenfolge werden also zunächst Dokumente mit negativen und anschließend diejenigen mit positiven Zahlenbeträgen aufgelistet.
- Dient ein *Datumsfeld* zum Sortieren, bewirkt die aufsteigende Reihenfolge, dass zunächst die Dokumente mit dem historisch ältesten Datum zuerst aufgelistet werden, während bei der absteigenden Reihenfolge zunächst die jüngsten Dokumente aufgelistet werden.
- Wird ein *alphanumerisches Feld* zum Sortieren eingesetzt, ist die Reihenfolge alphabetisch. Hierbei lässt sich auf der zweiten Registerkarte von links einstellen, ob zwischen *Groß- und Kleinschreibung* unterschieden werden soll sowie ob *Akzente* auf Buchstaben berücksichtigt werden sollen.

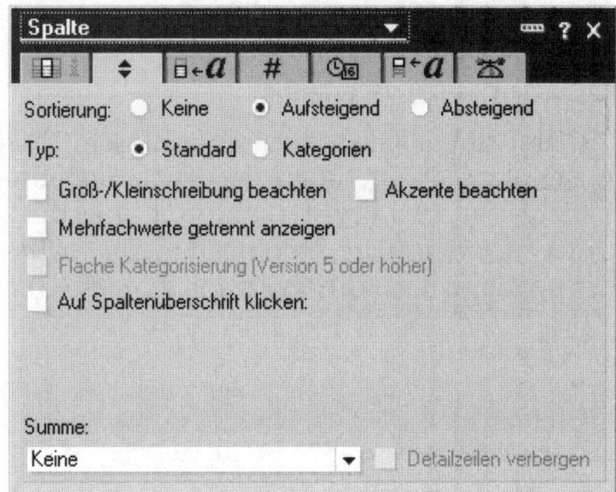

***Abbildung 7.9:* Registerkarte SORTIEREN**

Die Quellen in unserem Beispiel sollen anhand ihres Erstellungsdatums sortiert werden, so dass die neuesten Dokumente in der Auflistung zuerst erscheinen. Hierbei interessiert uns das Erstellungsdatum nicht als Information, sondern lediglich als Sortierkriterium, mit der Konsequenz, dass wir die Spalte *verbergen* werden.

Das Erstellungsdatum wird von Domino in jedem Dokument automatisch mitgeführt, so dass wir es nebenbei als Sortierkriterium einsetzen können.

Hierzu sind folgende Schritte erforderlich:

1. Erstellen Sie an der ersten Stelle in der Ansicht mit NEUE SPALTE EINFÜGEN eine neue Spalte und benennen Sie diese beispielsweise DATUMSANZEIGE.
2. Wählen Sie im Gestaltungsfenster die Option EINFACHE FUNKTION und in der Liste den Eintrag ERSTELLUNGSDATUM aus.
3. Rufen Sie die Spalteneigenschaften auf und wählen Sie die Registerkarte SORTIEREN.
4. Wählen Sie die Sortieroption ABSTEIGEND.
5. Wählen Sie auf der letzten Registerkarte der Spalteneigenschaften die Option SPALTE VERBERGEN.
6. Speichern Sie die Ansicht.

Spalten lassen sich auch dynamisch – anhand vorgebener Kriterien, die mittels der Formelsprache formuliert sind – verbergen. Die Vorgehensweise hierfür ist vergleichbar mit dem Verbergen von Absätzen in Masken.

Mehrfache Sortierung

Man kann Dokumente auch gleichzeitig nach mehreren Kriterien sortieren, beispielsweise zuerst nach dem Datum und anschließend nach dem Namen. In diesem Fall muss, analog der obigen Vorgehensweise, für jedes Kriterium eine eigene Spalte definiert werden. Die *Reihenfolge der Spalten* in der Anzeige spielt dabei die entscheidende Rolle: Je weiter links sich eine Spalte befindet, desto höher ist die Sortierpriorität des zugehörigen Kriteriums.

Sortiervorgang vom Benutzer auslösen lassen

Der Sortiervorgang in einer Ansicht lässt sich auch dynamisch auslösen. Hierbei können sogar die Präferenzen des Benutzers hinsichtlich der Sortierreihenfolge berücksichtigt werden. Wenn man auf der zweiten Registerkarte von links die Einstellung AUF SPALTENÜBERSCHRIFT KLICKEN aktiviert, wird links oben in der Spalte ein Symbol angezeigt, mittels dessen der Benutzer den Sortiervorgang dynamisch auslösen kann (vgl. Abbildung 7.10).

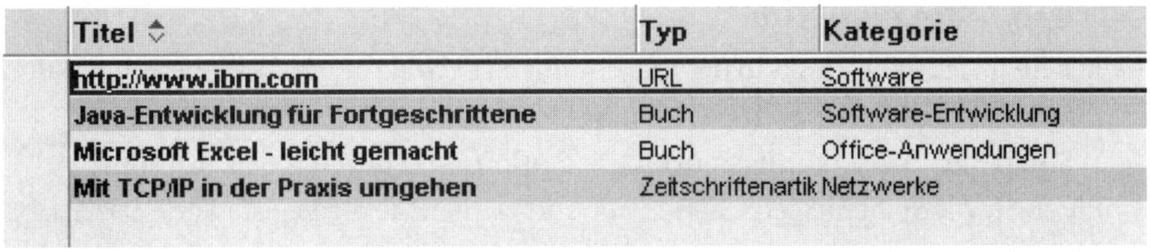

Titel ≎	Typ	Kategorie
http://www.ibm.com	URL	Software
Java-Entwicklung für Fortgeschrittene	Buch	Software-Entwicklung
Microsoft Excel - leicht gemacht	Buch	Office-Anwendungen
Mit TCP/IP in der Praxis umgehen	Zeitschriftenartik	Netzwerke

Abbildung 7.10: In der Ansicht kann auch direkt zwischen auf- und absteigender Sortierung gewählt werden (siehe Symbol in der Spalte Titel).

Hierbei kann man als Entwickler vorgeben, ob die Dokumente beim Anklicken des Symbols nur auf- oder absteigend oder abwechselnd ab- und aufsteigend sortiert werden.

Überlässt man auf diese Weise das Auslösen des Sortiervorgangs dem Benutzer, werden die automatischen Sortiervoreinstellungen außer Kraft gesetzt: Da der »dynamischen« Spalte die oberste Sortierpriorität zugewiesen wird, gilt die bisher festgelegte Prioritätenreihenfolge der Spalten beim Sortieren (von links nach rechts) nicht mehr. Man kann in diesem Fall als Zusatzsortierkriterium eine Sekundärspalte festlegen, in der entweder auf- oder absteigend sortiert wird.

In die Ansicht wechseln

Eine weitere Option in diesem Zusammenhang ist der dynamische Ansichtswechsel, der beim Betätigen des Sortier-Symbols erfolgt. Da dieses Symbol immer mit einer Spalte assoziiert wird, ist es beispielsweise sinnvoll, eine Verknüpfung zur Ansicht herzustellen, bei der die betreffende Spalte an erster Stelle steht.

Kategorisieren von Dokumenten

Eine weitere Methode, schnell und gezielt an das gewünschte Dokument zu kommen, ist die *Kategorisierung,* die in Domino quasi als ein Spezialfall der Sortierung gehandhabt wird, jedoch weitaus effektiver ist. Auch hier werden Spalteninhalte als Kategorisierungskriterien eingesetzt. Durch Angabe mehrerer Kategorisierungsspalten können Unterkategorien bis hin zu komplexen hierarchischen Bäumen (maximal 32 Ebenen) abgebildet werden.

In unserer Beispielansicht genügt zunächst eine Kategorisierungsspalte. Beispielsweise sollen alle Quellen nach TYP kategorisiert werden (vgl. Abbildung 7.11).

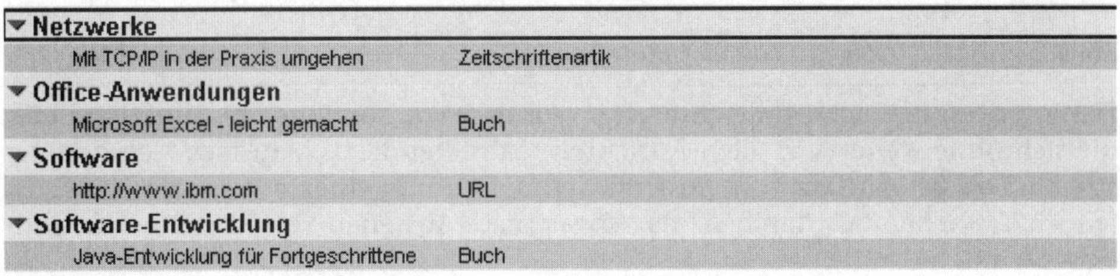

▾ **Netzwerke**	
Mit TCP/IP in der Praxis umgehen	Zeitschriftenartik
▾ **Office-Anwendungen**	
Microsoft Excel - leicht gemacht	Buch
▾ **Software**	
http://www.ibm.com	URL
▾ **Software-Entwicklung**	
Java-Entwicklung für Fortgeschrittene	Buch

Abbildung 7.11: Kategorisierte Ansicht

Gehen Sie hierzu wie folgt vor:

1. Erstellen Sie äußerst links in der Ansicht mit NEUE SPALTE EINFÜGEN eine neue Spalte.
2. Setzen Sie die Spaltenbreite auf 1 und lassen Sie die Spaltenüberschrift leer.
3. Wählen Sie im Gestaltungsfenster die Option FELD und das Feld TYP aus.
4. Rufen Sie die Spalteneigenschaften auf und wählen Sie die Registerkarte SORTIEREN.
5. Aktivieren Sie hier die Option KATEGORIEN.
6. Klicken Sie auf das Aktualisierungs-Symbol.

Wie Sie sehen, wird in diesem Fall die Sortieroption AUFSTEIGEND automatisch eingeschaltet. Dies bewirkt, dass nicht mehr das Erstellungsdatum, sondern der TYP (alphabetisch) das Sortierkriterium mit der höchsten Priorität ist.

> Kategorien lassen sich mit einem speziellen Symbol zum Erweitern bzw. Komprimieren, dem »twistie«, ausstatten. Aktivieren Sie hierzu in EIGENSCHAFTEN: SPALTE auf der Registerkarte ALLGEMEINES die Option PFEIL-SYMBOL ANZEIGEN, WENN SPALTE ERWEITERBAR IST.

Ferner kann man festlegen, ob beim Öffnen einer Ansicht die Kategorien automatisch im »komprimierten« Zustand angezeigt werden sollen. Dies erfolgt auf der zweiten Registerkarte der Ansichtseigenschaften (Option ALLES KOMPRIMIEREN BEIM ERSTEN ÖFFNEN DER DATENBANK).

Anzeigen von Symbolen in Spalten

Wenn Sie bereits mit der Domino-Hilfe-Datenbank gearbeitet haben, dann kennen Sie auch die kleinen Symbole, die den Dokumenten vorangestellt sind (vgl. Abbildung 7.12).

▼ **Netzwerke**		
	Mit TCP/IP in der Praxis umgehen	Zeitschriftenartik
▼ **Office-Anwendungen**		
	Microsoft Excel - leicht gemacht	Buch
▼ **Software**		
	http://www.ibm.com	URL
▼ **Software-Entwicklung**		
	Java-Entwicklung für Fortgeschrittene	Buch

***Abbildung 7.12:** Spalten-Symbole im Einsatz*

Dahinter verbirgt sich kein technisches Wunderwerk, sondern eine Funktionalität, die sich ohne weiteres in allen Ansichten realisieren lässt. Man mag sich darüber streiten, ob der Einsatz von Ansichts-Symbolen unbedingt notwendig ist. Es ist jedoch Tatsache, dass durch sie das etwas triste Aussehen von Ansichten freundlicher wirkt.

Um eine Spalte mit Symbolen anzuzeigen, gehen Sie wie folgt vor:

1. Fügen Sie äußerst links eine neue Spalte ein.
2. Markieren Sie diese und rufen Sie EIGENSCHAFTEN: SPALTE auf.
3. Setzen Sie die Spaltenbreite auf 1 und wählen Sie die Option WERTE ALS SYMBOLE ANZEIGEN.
4. Wählen Sie im Gestaltungsfenster die Option FORMEL.
5. Geben Sie im Gestaltungsfenster die Zahl 1 ein.

```
@If (Typ="Zeitschriftenartikel";21;Typ="Buch";26;Typ="URL";70;0)
```

6. Klicken Sie auf das Aktualisierungs-Symbol.

Wenn die Werte in einer Spalte als Symbole dargestellt werden sollen, erwartet Domino in der Spalte einen numerischen Wert von 1-174. Diesem *wird gemäß einer vordefinierten Tabelle* ein Symbol zugeordnet, wobei die entsprechende Zuordnungstabelle in der Domino Designer-Hilfe-Datenbank zu finden ist (vgl. Abbildung 7.13).

Abbildung 7.13: Spalten-Symbole

7.2.2 Anzeigen von Antwortdokumenten

Wir haben im Kapitel über Masken die verschiedenen Dokumenttypen – Haupt-, Antwort- und Rückantwortdokumente – in Domino bereits kennen gelernt. Antwort- und Rückantwortdokumente können in einer Ansicht gegenüber Hauptdokumenten eingerückt werden, womit die hierarchische Beziehung zum Ausdruck kommt. In der Abbildung 7.14 ist dies am Beispiel des Antwortdokuments BEWERTUNG dargestellt. Notes erlaubt bis zu 32 Ebenen von Antwortdokumenten, wobei jede bis zu 300.000 Dokumente enthalten kann.

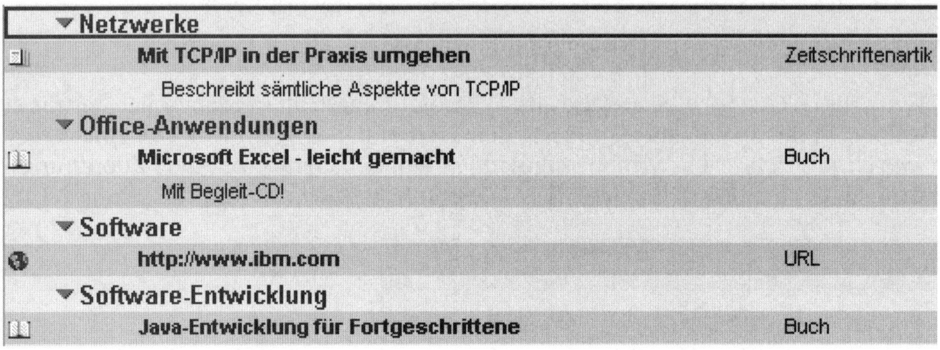

▼ Netzwerke		
	Mit TCP/IP in der Praxis umgehen	Zeitschriftenartik
	Beschreibt sämtliche Aspekte von TCP/IP	
▼ Office-Anwendungen		
	Microsoft Excel - leicht gemacht	Buch
	Mit Begleit-CD!	
▼ Software		
	http://www.ibm.com	URL
▼ Software-Entwicklung		
	Java-Entwicklung für Fortgeschrittene	Buch

Abbildung 7.14: Antwortdokumente können gegenüber Hauptdokumenten um eine Ebene eingerückt werden.

Um Antwortdokumente hierarchisch anzuzeigen, sollte zunächst in EIGENSCHAFTEN: ANSICHT auf der Registerkarte OPTIONEN die Einstellung ANTWORTDOKUMENTE HIERARCHISCH ANZEIGEN aktiviert werden. Darüber hinaus ist eine Spalte erforderlich, die nur Antworten bzw. Rückantworten anzeigt. Dies legt man in den Spalteneigenschaften unter der Option NUR ANTWORTEN ANZEIGEN fest. Domino berücksichtigt jeweils nur die erste Spalte mit dieser Eigenschaft, alle anderen Antwortspalten werden ignoriert.

Mit unterschiedlichen Antwortdokumenten arbeiten

Um in einer Ansicht Antwortdokumente darzustellen, die mit unterschiedlichen Antwort- bzw. Rückantwortmasken erstellt wurden, kann man in der Spaltenformel eine `@If`-Klausel eingeben, die bei jedem Dokument – in Abhängigkeit von dessen Maske – den Inhalt eines beliebigen Feldes anzeigt.

```
@If (Form="Bewertung ";Zusammenfassung;Form="...";...;"Unbekanntes
   Antwortdokument")
```

Der Trick dabei ist, dass als Auswertungskriterium das spezielle Feld FORM verwendet wird, welches in jedem Dokument automatisch die Information darüber enthält, mit welcher Maske das Dokument gespeichert wurde.

In diesem Fall zeigt die Antwortspalte für alle *Bewertungen* den Inhalt des Feldes ZUSAMMENFASSUNG an. Bei anderen Masken wird entsprechend ein anderes Feld angezeigt oder eine andere Formel ausgeführt. Trifft keine der Alternativen zu, wird eine Fehlermeldung ausgegeben.

Auswahlformel erweitern

Einen Haken hat die Sache noch! Gemäß unserer Auswahlformel können in dieser Ansicht doch nur Dokumente angezeigt werden, die mit der Maske QUELLE erstellt wurden. Die Auswahlformel muss also dahingehend erweitert werden, dass auch Antwort- und Rückantwortdokumente berücksichtigt werden. Hierzu gibt es zwei Möglichkeiten:

Durch das Hinzufügen von `@AllResponses` in der Auswahlformel werden neben den Hauptdokumenten alle unmittelbaren Antwortdokumente angezeigt.

```
SELECT Form="Quelle"|@AllResponses
```

Der Befehl `@AllDescendants` zeigt hingegen neben den Hauptdokumenten alle zugehörigen Antwortdokumente über alle Hierarchiestufen hinweg.

```
SELECT Form="Quelle"|@AllDescendants
```

7.3 Dynamisches Zuweisen von Masken zu Dokumenten

Im Folgenden widmen wir uns einem fortgeschrittenen Ansichten-Feature, das insbesondere für gemischte Notes/Webumgebungen interessant sein dürfte: der Maskenformel (engl. form formula). Der Sinn und Zweck der Maskenformel ist die Festlegung einer Maske, mit der die Dokumente der Ansicht beim Aufruf angezeigt werden sollen. *Somit ist es möglich, Dokumente mit einer anderen Maske als mit der sie ursprünglich erstellt wurden, anzeigen zu lassen.* Wie der Name sagt, ist die Maskenformel nichts anderes als ein Ausdruck in der Domino-Formelsprache: Dies kann eine einfache Konstante sein (z.B. »NameDerMaske«) oder ein komplexer Ausdruck. Wichtig ist nur, dass als Ergebnis der Auswertung der *Name der Maske*, mit welcher das Dokument in der Ansicht angezeigt werden soll, erwartet wird. Kompliziert? Schauen wir uns ein Beispiel an.

Wenn beispielsweise die Inhalte im Web vollkommen anders dargestellt werden sollen als im klassischen Notes-Umfeld, ist es sinnvoll, zur Darstellung eines Dokuments zwei verschiedene Masken zu entwickeln: eine Notes-Version (z.B. unsere Maske QUELLE) und eine HTML-Version – nennen wir die zweite (fiktive) Maske aus Referenzzwecken HTMLQUELLE. Die Maske HTMLQUELLE kann sich hinsichtlich der Gestaltung beliebig von der QUELLE unterscheiden, nur sollten die Felddefinitionen der Felder, welche in beiden Masken angezeigt werden, gleich benannt werden, da ja in beiden Fällen letztendlich das gleiche Dokument (i.S.v. Datensatz) angezeigt wird.

Nun soll ja die Erscheinung eines Dokuments automatisch an den Client-Typ angepasst werden: Greift ein Webclient auf die Datenbank zu, wird das Dokument anhand der Webmaske dargestellt, im Falle des Notes-Client kommt eine Notes-Maske zum Einsatz (vgl. Abbildung 7.15).

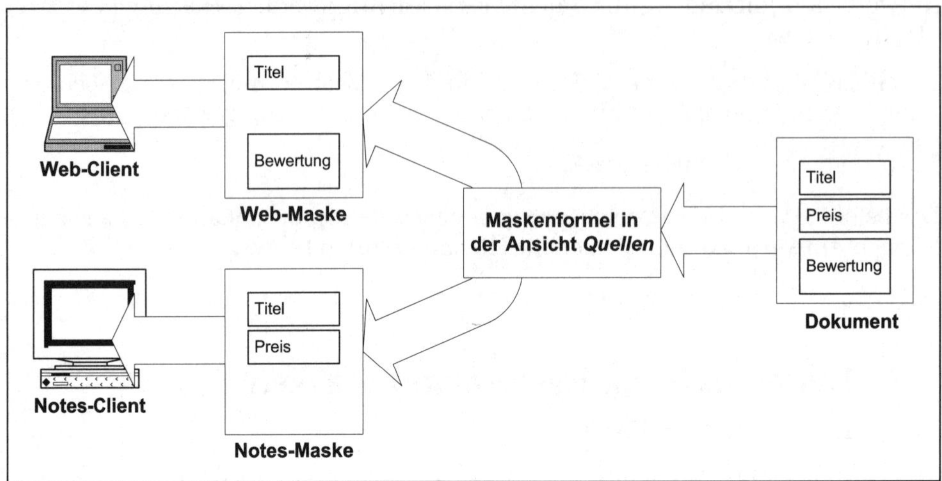

Abbildung 7.15: Unterschiedliche Präsentation von Dokumenten in Notes und Web

Das dynamische Zuweisen von Masken in der Ansicht erfordert einen entsprechenden Ausdruck in der MASKENFORMEL der Ansicht QUELLEN (vgl. Abbildung 7.16).

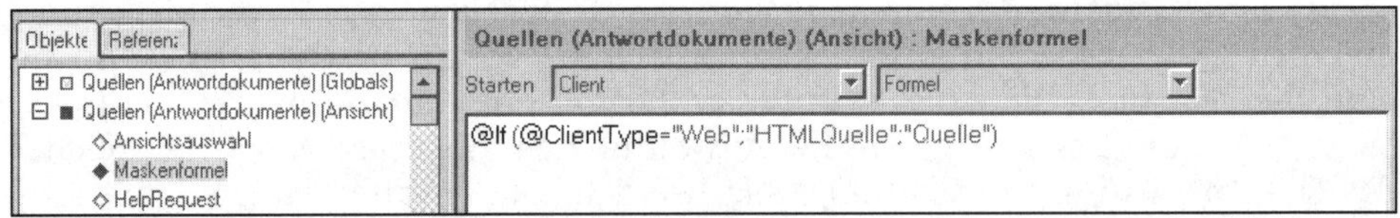

Abbildung 7.16: MASKENFORMEL in der Ansicht

Folgende Schritte sind hierzu notwendig:

1. Öffnen Sie die Ansicht QUELLEN im Gestaltungsmodus.
2. Wählen Sie im Objektfenster den Eintrag MASKENFORMEL.
3. Geben Sie folgende Formel ein:

```
@If (@ClientType="Web";"HTMLQuelle";"Quelle")
```

4. Speichern Sie die Ansicht.

Die obige Formel legt fest, dass die in dieser Ansicht ausgewählten Quellen einerseits im Webbrowser immer mit der Maske *HTMLQuelle* und andererseits im Notes-Client mit der Maske QUELLE angezeigt werden. Sie können diese Funktionalität gleich ausprobieren, indem Sie ein Dokument zunächst im Notes-Client und anschließend im Webbrowser testen.

Dynamisches Zuweisen von Masken bei mehreren Dokumenttypen

Die obige Lösung ist natürlich etwas umständlich, falls in einer Ansicht mehrere Dokumenttypen und somit mehrere Masken im Spiel sind und für jeden eine Notes- und eine Webversion erforderlich ist. In diesem Fall müsste man nämlich beim Schreiben der Maskenformel alle Alternativen berücksichtigen und zudem die Maskenformel bei Hinzukommen weiterer Dokumenttypen modifizieren.

Um dies zu vermeiden, hilft folgender Trick: Ein jedes Dokument führt die Information über die Notes- und HTML-Maske selbst in Form von verborgenen Feldern mit. Hierzu muss die Maske, mit der das Dokument erstellt wird, um die besagten Felddefinitionen erstellt werden (wenn ein Dokument mit beiden Masken erstellt wird, müssen beide ergänzt werden). Gehen Sie hierzu wie folgt vor:

1. Öffnen Sie die Maske HTMLQUELLE.
2. Erstellen Sie ein verborgenes Textfeld (vom Typ BERECHNET) namens HTMLFORM und weisen Sie ihm den Standardwert `"HTMLQuelle"` zu.
3. Erstellen Sie ein verborgenes Textfeld (vom Typ BERECHNET) namens NOTESFORM und weisen Sie ihm den Standardwert `"Quelle"` zu.
4. Speichern Sie die Maske.
5. Wiederholen Sie die ersten vier Schritte auch für die Maske QUELLE.
6. Die zugehörige Maskenformel in der Ansicht QUELLEN muss nun wie folgt modifiziert werden:

```
@If (@ClientType="Web";HTMLForm;NotesForm)
```

Somit wird der Name der Maske, mit welcher das Dokument angezeigt werden soll, direkt aus dem entsprechenden Feld (HTMLFORM oder NOTESFORM) abgelesen. Das ist eine einfache und wartungsfreundliche Variante.

Sie sollten darauf achten, dass in keiner der Masken die Eigenschaft MASKE MIT DEM DOKUMENT ABSPEICHERN aktiviert ist. In diesem Fall wird nämlich, unabhängig von der Maskenformel in der Ansicht, immer die mit dem Dokument gespeicherte Maske zur Anzeige verwendet. Außerdem funktioniert dieser Trick nur bei Dokumenten, welche Sie anlegen, nachdem Sie die beschriebene Änderung an den Masken vorgenommen haben, da die älteren Dokumente die entsprechenden Informationen (NOTESFORM und HTMLFORM) noch nicht mitführen.

7.4 Arbeiten mit Kalenderansichten

Neben der Standardgliederung gibt es eine zweite Möglichkeit, Domino-Dokumente darzustellen, nämlich die *Kalenderansichten*. Dieses Feature wird eindrucksvoll in der Mail-Datenbank demonstriert (vgl. Abbildung 7.17), kann jedoch ohne weiteres auch in den eigenen Anwendungen (auch im Web) eingesetzt werden.

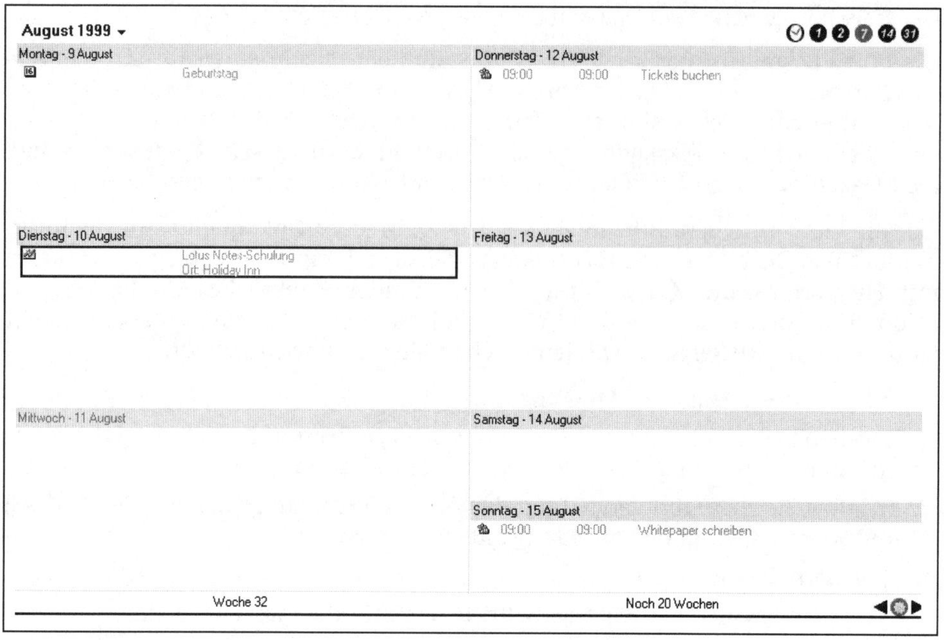

Abbildung 7.17: Ansichten können auch in Kalenderform dargestellt werden.

Das Prinzip hinter Kalenderansichten lässt sich am einfachsten veranschaulichen: Eine Kalenderansicht ist – trotz der unterschiedlichen Visualisierung – wie jede andere Ansicht, jedoch mit der Einschränkung, dass Dokumente als Einträge auf einem fiktiven Kalender begriffen werden und somit notwendigerweise entlang einer *Zeitachse* sortiert werden müssen (wohingegen die Sortierungsdimension bei Standardansichten nicht festgelegt ist). Es liegt auf der Hand, dass nur Dokumente, welche eine *Zeitinformation* enthalten, in Zusammenhang mit Kalenderansichten Sinn machen. Es gibt zwei Arten von Zeitinformationen: den *Anfangszeitpunkt* und die *Dauer*. Beide sind in Kalenderansichten obligatorisch, allerdings kann die Dauer auch den Wert Null annehmen, um ein punktuelles *Ereignis* (im Gegensatz zu einem *Vorgang*) zu signalisieren. Neben dieser Zeitinformation, welche in erster Linie der Positionierung auf der Zeitachse dient, können Kalenderansichten jede beliebige Art von Informationen enthalten: beispielsweise den Ereignistyp oder eine Beschreibung. Die Visualisierung dieser Information ist im Gegensatz zu Standardansichten etwas flexibler, da man beliebig zwischen unterschiedlichen Abschnitten auf der Zeitachse wechseln kann (letzter Monat, dieser Monat, nächster Monat usw.), die zudem unterschiedlich detailliert sein können (1 Tag, 1 Woche, 2 Wochen, 1 Monat).

Kalenderansicht erstellen

Die Unterschiede beim Erstellen einer Kalenderansicht im Gegensatz zu einer Standardansicht sind gering. Auch kann nachträglich eine Standardansicht in eine Kalenderansicht umgewandelt werden. Es sind jedoch folgende Unterschiede zu berücksichtigen:

- Die erste Spalte muss einen Zeit-/Datumswert (oder eine Liste von Zeit-/Datumswerten) enthalten und sortiert sein. Es ist empfehlenswert, diese Spalte zu verbergen. Außerdem sollte auf der Registerkarte SORTIERUNG die Einstellung MEHRFACHWERTE GETRENNT ANZEIGEN aktiviert werden, um den Inhalt des Dokuments mit mehreren Zeitinformationen zu verbinden (z.B. im Falle eines sich wiederholenden Ereignisses).
- Die zweite Spalte sollte die DAUER eines Zeitintervalls als Zahl (in Minuten) enthalten und sinnvollerweise ebenfalls verborgen werden.
- In EIGENSCHAFTEN: ANSICHT muss als Stil die Option KALENDER ausgewählt werden.

Eigenschaften einer Kalenderansicht

Wird KALENDER als Stil der Ansicht gewählt, verändern sich einige Registerkarten in EIGENSCHAFTEN: ANSICHT.

Die ersten Änderungen betreffen die Registerkarte STIL. Da Kalenderansichten auf einem vollkommen unterschiedlichen Visualisierungskonzept beruhen, kommen neue Formatierungsoptionen hinzu. Diese sind in der Tabelle 7.4 aufgelistet.

Option	Anmerkung
Datumshintergrund	Der Hintergrund des Balkens, in dem das Datum angezeigt wird
Belegt-Zeilen	Signalisieren Zeitintervalle, welche bereits durch bestimmte Einträge belegt sind (Zeitraster muss aktiviert sein, vgl. Datums-/Zeiteinstellungen)
Konfliktmarkierungen anzeigen	Konfliktmarkierungen signalisieren, dass sich bestimmte Einträge zeitlich überschneiden. Da die Hervorhebung dieser Tatsache nicht immer erforderlich ist, lassen sich Konfliktmarkierungen nach Bedarf ein- und ausschalten.
Außerhalb des Monats (Text und Hintergrund)	Signalisieren, dass ein bestimmter Abschnitt der Zeitachse außerhalb des aktuellen Monats liegt. Dies kann sowohl durch die Text- als auch durch die Hintergrundfarbe signalisiert werden.
Heute	Der aktuelle Tag nimmt meistens in Zusammenhang mit Kalenderanwendungen eine besondere Stellung ein und kann dementsprechend hervorgehoben werden.
Tagestrennlinien	Die Trennlinien, welche die einzelnen Tagesblöcke einer Ansicht optisch trennen

Tabelle 7.4: Neue Stiloptionen bei Kalenderansichten

Auf der Registerkarte SCHRIFT kann man für das Zeitraster, den Kopf sowie den aktuellen Tag und das Datum getrennt die Einstellungen vornehmen.

Auf der Registerkarte DATUMS-/ZEITFORMAT kann man die Länge, die Unterteilung der Zeitspanne, die in der Ansicht dargestellt werden soll, sowie die Liste der zulässigen Kalenderformate festlegen (vgl. Abbildung 7.18).

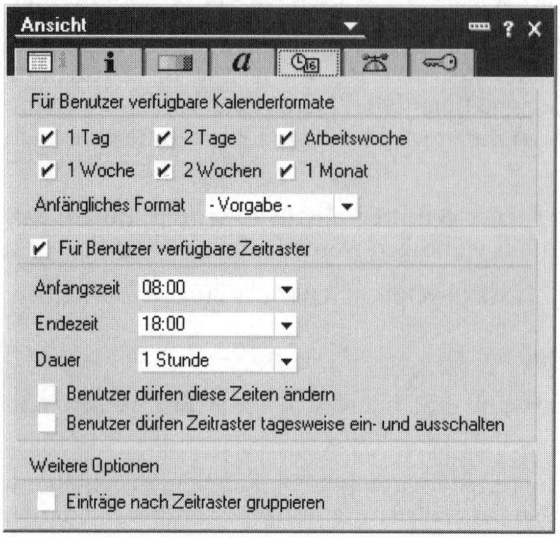

Ansicht

Für Benutzer verfügbare Kalenderformate
1 Tag 2 Tage Arbeitswoche
1 Woche 2 Wochen 1 Monat
Anfängliches Format - Vorgabe -
Für Benutzer verfügbare Zeitraster
Anfangszeit 08:00
Endezeit 18:00
Dauer 1 Stunde
Benutzer dürfen diese Zeiten ändern
Benutzer dürfen Zeitraster tagesweise ein- und ausschalten
Weitere Optionen
Einträge nach Zeitraster gruppieren

Abbildung 7.18: Zeiteinstellungen in einer Kalenderansicht

7.5 Arbeiten mit Ansichtenindizes

Wie Sie bereits gesehen haben, wird zur Darstellung der Dokumente einer Ansicht ein Index herangezogen, der in der Datenbank verbleibt und so dafür sorgt, dass die Benutzer einen komfortablen Rückgriff auf die Dokumente der Datenbank erhalten. Dieser Ansichtenindex muss aber von Notes Domino aktualisiert werden und auf dem möglichst aktuellen Stand gehalten werden, da durch eine Vielzahl von Benutzeraktionen die Ansichtenindizes ihre Aktualität verlieren. Hierzu zählen vor allem das Ändern bzw. das Hinzufügen von Dokumenten, die den Aktualisierungsprozess erforderlich machen.

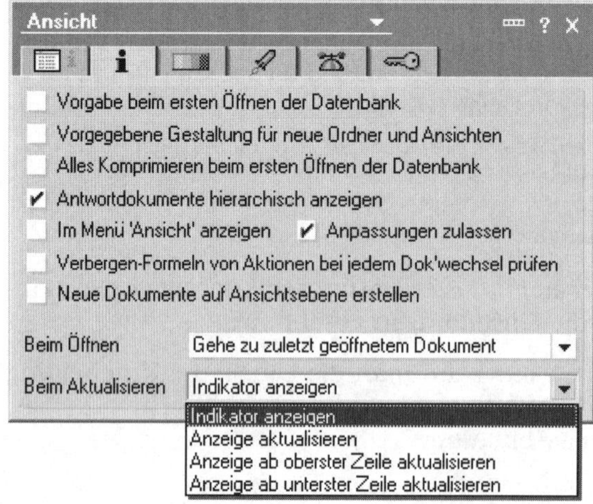

Abbildung 7.19: Infoseite der Ansichtseigenschaften

Einer der zentralen Punkte innerhalb der Ansichtenaktualisierung wird auf der Registerkarte OPTIONEN festgelegt (vgl. Abbildung 7.19).

Hier wird definiert, ob die Aktualisierung des Index sofort zu erfolgen hat, wenn Veränderungen in der Datenbank vollzogen worden sind, oder ob zum Beispiel die Aktualisierungs-Schaltfläche in der Ansicht für den Benutzer eine solche Veränderung signalisieren soll.

Aktualisierungsoption festlegen

Mithilfe der Einstellungsmöglichkeiten im Feld BEIM AKTUALISIEREN kann definiert werden, ob ein Benutzer das Aktualisierungs-Symbol angezeigt bekommt (Voreinstellung) oder ob die Aktualisierung automatisch im Hintergrund durchgeführt werden soll.

> Die Änderung einer Einstellung an dieser Stelle führt zu einer erheblichen Veränderung des Performanceverhaltens der Ansicht: Im Normalfall greift ein Benutzer auf Dokumente einer Datenbank über eine Ansicht zu und überträgt dabei zum Beispiel auch den Ansichtenindex vom Server auf die Workstation. Öffnet derselbe Benutzer anschließend aus dieser Ansicht ein Dokument oder erstellt er ein Dokument neu, ändert sich sowohl der lokale als auch der in der Datenbank gespeicherte Index. Eine Aktualisierung ist erforderlich. Ist in diesem Fall im Feld BEIM AKTUALISIEREN die Anzeige des Indikators ausgewählt, wird der Benutzer nach dem Speichern des Dokuments auf jeden Fall den Indikator angezeigt bekommen.

Anzeige automatisch aktualisieren lassen

Die Auswahl der drei übrigen Optionen bewirkt eine Veränderung des Verhaltens. Wählt man den Eintrag ANZEIGE AKTUALISIEREN aus, wird die Darstellung automatisch aktualisiert, wenn der Benutzer sein Dokument speichert. Dies kann natürlich in Datenbanken mit Dokumentzahlen im fünf- bis sechsstelligen Bereich zu erheblichen Wartezeiten führen, die aus Sicht der Benutzer natürlich sehr schwer hinnehmbar sind. Dann ist es unter Umständen leichter zu verschmerzen, wenn die Dokumente nicht aktuell angezeigt werden.

Ansichtsbereich abfragen

Leichter steuerbar werden diese Einstellungsmöglichkeiten erst dann, wenn bereits erkennbar ist, in welchem Bereich einer Ansicht sich ein Benutzer nach dem Speichern seines Dokuments befindet. Bewegt er sich eher im oberen Bereich der Ansicht, das heißt in der Region der ersten 50 Dokumente, kann die Option ANZEIGE AB OBERSTER ZEILE AKTUALISIEREN ausgewählt werden. Die Konsequenz daraus ist eine Aktualisierung der Dokumente von oben nach unten, die auch die Wartezeit für die Benutzer relativ kurz hält, da diese sich aller Wahrscheinlichkeit nach in der obersten Region befinden. Befinden sie sich jedoch im Gegenteil eher in der unteren Region, wird die Wartezeit wirklich sehr lang.

Ist hingegen eher anzunehmen, dass die Benutzer in der unteren Region der Ansicht Dokumente öffnen bzw. lesen oder bearbeiten wollen, sollte die letzte Auswahlmöglichkeit genutzt werden, da in diesem Fall die Aktualisierung von unten nach oben durchgeführt wird und somit die Wartezeit für die Benutzer kurz ausfällt. Außerdem kann die Rückkehr in die Ansicht noch zusätzlich gelenkt werden. Damit der Cursor des Benutzers direkt beim Wechseln in die Ansicht einer bestimmten Region der Ansicht positioniert wird, sollte die Standardeinstellung des Feldes BEIM ÖFFNEN verändert werden (vgl. Abbildung 7.20).

> Per Voreinstellung wechselt Notes bei jeder beliebigen Ansicht auf das zuletzt geöffnete Dokument. Um dieses Verhalten zu verändern, kann festgelegt werden, dass immer beim Öffnen oder Wechseln in eine Ansicht entweder zum obersten oder zum untersten Dokument verzweigt wird. Korrespondieren diese Einstellungen noch mit den Einstellungen im Auswahlfeld BEIM AKTUALISIEREN, kann den Benutzern einer Applikation einige Wartezeit erspart bleiben.

Index aktualisieren

Über die Einstellungsmöglichkeiten des Feldes INDEX AKTUALISIEREN kann im Gegensatz zu den bisher diskutierten Ansätzen die Aktualisierung gesteuert werden, die auch bei einer nicht geöffneten Datenbank erfolgt (vgl. Abbildung 7.20).

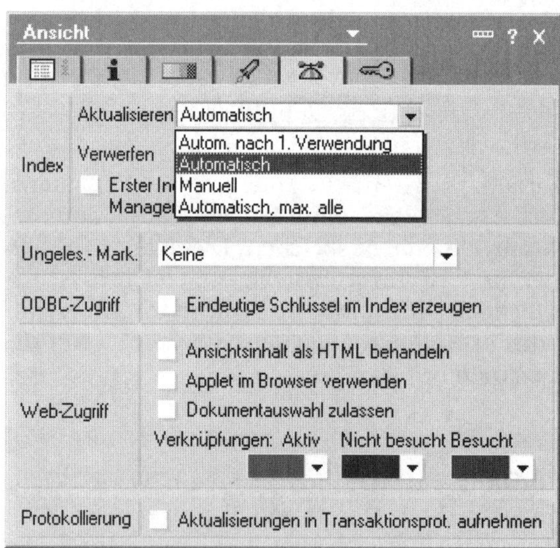

Abbildung 7.20: Aktualisierung eines Ansichtenindex

Als Szenario kann man sich vorstellen, dass über Nacht per Replikation neue und geänderte Dokumente in die Datenbank eingepflegt wurden.

In der Standardeinstellung des Feldes INDEX AKTUALISIEREN ist festgelegt, dass der Index nach der ersten Benutzung automatisch aktualisiert werden soll. Dies bedeutet, dass der erste Benutzer, der früh am Morgen zur Arbeit kommt und auf eine Datenbank zugreift, für eine Aktualisierung des Ansichtenindex sorgt. Alle weiteren Benutzer können dann mit diesem aktualisierten Index arbeiten.

Diese Grundeinstellung ist sehr praxisnah auf die Bedürfnisse der meisten Applikationen ausgerichtet. Allerdings kann der Prozess der Ansichtenaktualisierung gerade bei Applikationen mit einer rasch wachsenden Dokumentzahl sehr viel Zeit in Anspruch nehmen, so dass man auf andere Mechanismen zurückgreifen sollte.

Die zweite Auswahlmöglichkeit, die sich hier bietet, ist weitgehend selbst erklärend. Die Einstellung AUTOMATISCH im Feld INDEX AKTUALISIEREN bewirkt eine Aktualisierung des Index immer dann, wenn ein Dokument geändert oder neu hinzugefügt wird. Der Eintrag MANUELL bewirkt, dass der Index von Hand, das heißt zum Beispiel durch Drücken der Aktualisierungs-Schaltfläche, aufgefrischt werden muss. Diese Einstellung kann für Applikationen vorgenommen werden, die sehr wenig verwendet werden und bei denen es auf eine aktuelle Darstellung der Dokumente nicht so sehr ankommt.

Index stundenweise aktualisieren lassen

Hat man aber eine Applikation, die den Benutzern immer einen halbwegs aktuellen Stand anzeigen soll, kann AUTOMATISCH, MAX. alle eine gute Wahl sein.

Im diesem Fall wird festgelegt, dass der Index automatisch in regelmäßigen Zeitabständen (Angabe in Stunden) aktualisiert wird. In der Zwischenzeit wird den Benutzern das Aktualisierungszeichen angezeigt, um auf etwaige Änderungen hinzuweisen und ihnen die Möglichkeit zu geben, auf aktualisierte Daten zurückzugreifen.

Verwerfen von Ansichtenindizes

Auf dem Wege der Einstellungsänderung in diesem Beispiel werden die unterschiedlichen Steuerungsmechanismen anhand einer speziellen Ansicht überdeutlich. Zusätzlich zu dieser Festlegung, wann ein Ansichtenindex aktualisiert werden soll, kann außerdem noch eingestellt werden, wann ein er entfernt werden soll. In der Standardeinstellung wird der Index nie verworfen, nachdem er einmal erstellt wurde. Diese Einstellung belegt allerdings verhältnismäßig viel Platz auf den Platten eines Servers, selbst wenn nur ein Bruchteil aller Ansichten einer Applikation regelmäßig von den Benutzern verwendet werden.

Es kann daher aus Platzgründen durchaus sinnvoll sein, die Ansichtenindizes nach einer bestimmten Zeit der Nichtverwendung aus der Datenbank zu löschen und diese Löschung auch so lange beizubehalten, bis die Ansicht wieder durch einen Benutzer verwendet wird (vgl. Abbildung 7.21).

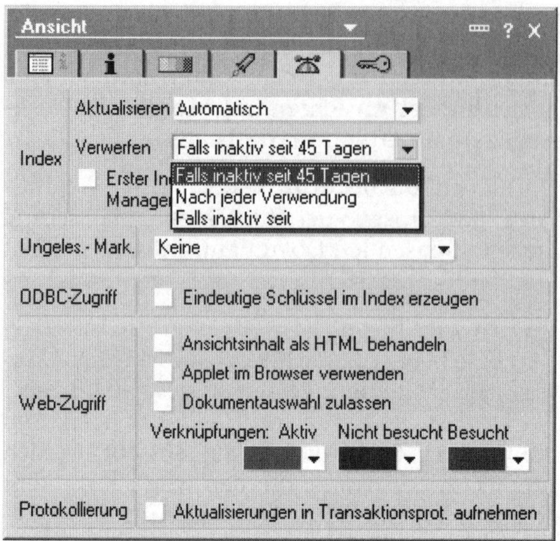

Abbildung 7.21: Verwerfen eines Ansichtsindex

Im Feld INDEX VERWERFEN ist per Voreinstellung fixiert, dass ein Ansichtenindex nie verworfen werden soll. Stattdessen kann durch die Auswahl der zweiten Option festgelegt werden, dass dieser nach jeder Verwendung gelöscht werden soll. Dies spart vor allem bei wenig verwendeten Ansichten sehr viel Speicherplatz auf den Harddisks des Servers, auch wenn die Benutzer immer recht lange auf die Darstellung der Daten in den Ansichten warten müssen. Dies kann aber immer dann hingenommen werden, wenn die Ansichten oder die gesamte Applikation selten von den Benutzern benutzt wird.

Sehr interessant ist die letzte Auswahlmöglichkeit. Aktiviert man den Eintrag FALLS INAKTIV FÜR, kann in dem sich dann öffnenden Zahlenfeld eine Anzahl von Tagen eingetragen werden, die Notes den Ansichtenindex vorhalten soll, bevor dieser aus der Datenbank gelöscht wird.

Durch diese Einstellung kann der Domino-Server nach der angegebenen Anzahl von Tagen den (offensichtlich) nicht mehr benötigten Ansichtenindex entfernen. Anderenfalls wird dieser in der Datenbank behalten.

7.6 Arbeiten mit Ordnern

Wenn Sie das Konzept von Ansichten verstanden haben, dürften Ihnen auch Ordner keine Schwierigkeiten bereiten. Ordner werden meistens eingesetzt, um dem Anwender eine kategorisierte Ablage von Dokumenten zu ermöglichen. Eine ähnliche Metapher kennt man bei Windows beispielsweise beim Windows-Explorer oder Microsoft Exchange. Ein nahe liegendes Beispiel hierfür ist das Sortieren eingehender Mails – eine Aufgabe, die mittlerweile von fast jedem Mail-System unterstützt wird.

Das Schöne an Domino-Ordnern ist, dass hier im Gegensatz zu anderen Produkten eine weitaus größere Flexibilität beim Entwurf von Ordnern besteht: Alle bereits von Ansichten her bekannten Funktionen wie Formatierung von Spalten, Sortierung und Kategorisierung können auch in Ordnern eingesetzt werden.

Unterschied zu Ansichten

Der wesentliche Unterschied zwischen Ordnern und Ansichten besteht darin, dass in Ansichten automatisch alle Dokumente, welche der *vorgegebenen Auswahlbedingung* entsprechen, angezeigt werden, bei einem Ordner die Anzeige erst dann erfolgt, wenn ein Dokument per Drag&Drop *vom Anwender in den Ordner verschoben* wird. Der Unterschied zum Windows-Explorer: Ein Dokument wird im Ordner erst dann angezeigt, wenn die betreffende Auswahlbedingung sowie die Spaltendefinitionen des Ordners dies zulassen. So werden in unserem Fall Quellen in einem Ordner nur dann angezeigt, wenn sich wenigstens eine Spalte im Ordner auf Felder in der Maske QUELLE bezieht.

Um einen Ordner zur Ablage von Quellen (z.B. PERSÖNLICHE FAVORITEN) zu erstellen, gehen Sie wie folgt vor:

1. Wählen Sie ERSTELLEN/GESTALTEN/ORDNER.
2. Erstellen Sie im Ordner – analog zur Vorgehensweise bei der Ansicht QUELLEN – jeweils eine Spalte zur Anzeige der Felder TITEL und PREIS.
3. Speichern Sie den Ordner.

Jetzt können einzelne QUELLE-Dokumente aus der Ansicht QUELLEN mittels Drag&Drop im Ordner abgelegt werden.

> Domino kennt in der Version einen speziellen Ansichtstyp namens GEMEINSAM, ENTHÄLT ALLE DOKUMENTE, DIE SICH IN KEINEN ANDEREN ORDERN BEFINDEN. Wie bereits der Name sagt, werden hier alle Dokumente einer Datenbank angezeigt, welche noch in keinem Ordner abgelegt wurden. Eine Angabe von Selektionskriterien erübrigt sich in diesem Fall.

Der Inhalt eines Ordners wird im Webbrowser zwar angezeigt (sofern es sich um einen gemeinsamen Ordner handelt, persönliche Ordner werden ebenso wie persönliche Ansichten im Web nicht unterstützt), allerdings können im Web keine Dokumente im Ordner abgelegt werden – verständlich, denn eine Drag&Drop-Funktionalität steht im Browser nicht zur Verfügung.

8 Ansichten und Ordner im Web

Ansichten (und im etwas geringeren Maße auch Ordner) spielen aber auch bei der Entwicklung von Webanwendungen nach wie vor eine zentrale Rolle. Webentwickler dürften sich freuen: Ansichten und Ordner stellen quasi standardmäßig Funktionalitäten im Zusammenhang mit der Anzeige von Dokumenten zur Verfügung, die bei anderen Webservern zunächst einmal der Programmierung eigener Scripts bedürfen.

Im folgenden Kapitel widmen wir uns der Darstellung von Ansichten und Ordnern im Web. Es wird gezeigt, welche Möglichkeiten und Einschränkungen es beim Einsatz von Ansichten und Ordnern im Präsentationsmedium Web gibt und welche zusätzliche Features sich durch den Einsatz in der HTML-Welt ergeben. Wir werden uns bei den folgenden Ausführungen auf Ansichten beschränken. Sofern nicht anders vermerkt, gelten die dargestellten Features auch für Ordner.

8.1 Ansichten in HTML

Übersetzung von Ansichten in HTML

Ansichten werden von der Domino-HTTP-Task nahtlos in HTML übersetzt, ohne dass hierfür zusätzlicher Programmieraufwand erforderlich wäre. Sie können diesen Mechanismus ganz einfach ausprobieren, indem Sie eine Ansicht im Gestaltungsmodus öffnen und anschließend den Befehl GESTALTUNG/VORSCHAU IM WEBBROWSER AUFRUFEN. Das Ergebnis der Übersetzung ist eine Standardansicht, wie sie von Domino generiert wird (vgl. Abbildung 8.1). Keine Angst ..., wir werden im Laufe dieses Kapitels lernen, das etwas triste Aussehen der Ansicht im Web noch anzupassen.

Wenn Sie sich die Webansicht etwas genauer ansehen, werden Sie feststellen, dass eine ganze Menge von Features, die uns aus dem Notes-Umfeld bekannt sind, im Web entweder gänzlich fehlen oder aber zumindest anders gelöst wurden. So fehlen beispielsweise die Scrollbalken und der Auswahlrand. Bearbeiten, Kopieren und Löschen von Dokumenten funktioniert im Webbrowser ebenso wenig wie das Aktualisieren einer Ansicht.

Ausgehend von der Übersetzung in HTML können Ansichtskomponenten in den Ansichtsnamen, die Aktionsleiste, Spaltenüberschriften sowie Spalteninhalte untergliedert werden:

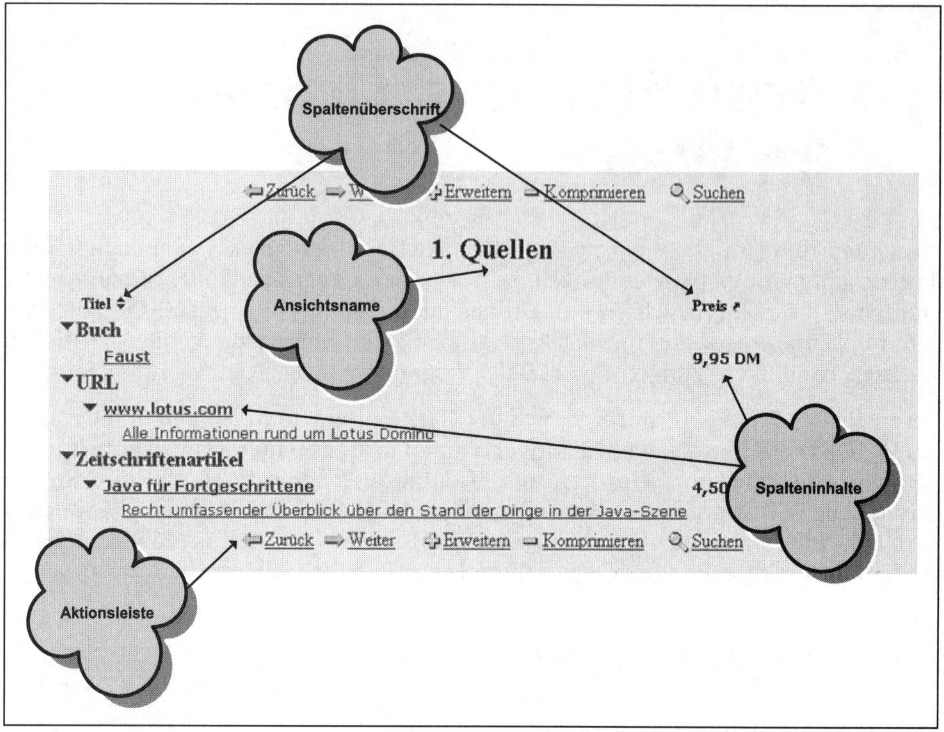

Abbildung 8.1: Die Ansicht Quellen im Webbrowser

Ansichtsname

Domino berücksichtigt bei der Übersetzung den vollständigen Namen der Ansicht (also kein Alias). Dieser wird als Text der zweiten Überschriftenebene mit dem HTML-Tag `<H2>...</H2>` übersetzt.

Aktionsleiste

Die Aktionsleiste im oberen und unteren Bereich der Ansicht dient zum Navigieren in der Ansicht. Anstatt alle Dokumente einer Ansicht in eine einzige HTML-Seite zu packen (dies könnte bei vielen Dokumenten in einem monströsen HTML-Dokument mit dementsprechenden Ladezeiten resultieren), verteilt Domino die Ansicht auf mehrere HTML-Dokumente. Die Symbole NÄCHSTE und ZURÜCK dienen zum »Blättern« in der Ansicht, wobei für jede angezeigte Teilmenge von Dokumenten dynamisch eine neue HTML-Seite generiert wird.

> Die Anzahl der Dokumente pro Seite lässt sich im SERVER-Dokument (Abschnitt HTTP-SERVER) im Domino-Verzeichnis festlegen.

Symbole »Erweitern« und »Komprimieren«

Weiterhin kann man mit ERWEITERN und KOMPRIMIEREN die eventuell vorhandenen Kategorien öffnen oder schließen. Kategorien können nur einzeln oder alle auf einmal erweitert oder komprimiert werden, d.h. es besteht keine Möglichkeit, beispielsweise nur zwei von fünf Kategorien zu expandieren.

Auch wenn eine Ansicht erweitert oder komprimiert wird, generiert Domino eine neue HTML-Seite. Diese Lösung ist etwas umständlich, wenn Sie zu der Spezies von Anwendern gehören, die zu Navigationszwecken die Browser-Schaltflächen VORWÄRTS und ZURÜCK einsetzen. In diesem Fall kann es nämlich schon eine Weile dauern, bis man sich zurück zu der Seite »durchgeklickt« hat, von der eine mehrmals erweiterte/komprimierte Ansicht aufgerufen wurde.

Symbol »Suchen«

Das letzte Symbol in der Aktionsleiste ist SUCHEN. Hiermit können die Dokumente in einer Ansicht mittels der Volltextsuche nach bestimmten Begriffen durchsucht werden. Das Symbol erscheint unabhängig davon, ob die Datenbank auch tatsächlich volltextindiziert ist.

Ansichtsspalten

Ansichtsspalten werden in HTML als Tabellen dargestellt, wobei die Spaltenüberschriften in HTML als Tabellenkopf (HTML-Tag `<TH>`) und Spalteninhalte als Tabellendaten (HTML-Tag `<TD>`) interpretiert werden.

Standardmäßig dient der Inhalt der ersten nicht verborgenen Spalte zugleich als Verknüpfung zum eigentlichen Dokument. Die Inhalte aller weiteren Spalten werden als einfacher Text angezeigt.

Alle Ansichts- und Spalten-Symbole einschließlich der »twisties« zum Erweitern/Komprimieren von Kategorien liegen als GIF-Grafiken im Domino-Unterverzeichnis /ICONS und können dort jederzeit an die eigenen ästhetischen Maßstäbe angepasst werden.

8.2 Einbindung von Durchgangs-HTML in Ansichten

Ebenso wie Masken können Ansichten ohne jegliche Änderungen im Web verwendet werden. Doch lassen sich mittels der Einbindung von *Durchgangs-HTML* etliche Anpassungen vornehmen.

Im Gegensatz zu Masken und Dokumenten, wo man bestimmte Textpassagen als Durchgangs-HTML markieren kann, gibt es in Ansichten keine vergleichbare Option. Dennoch lässt sich HTML-Code durch die Angabe von eckigen Klammern in Ansichten einbinden. Generell gilt: Überall dort, wo im Notes-Client in Zusammenhang mit einer Ansicht ein Text erscheint (z.B. Ansichtstitel, Spaltenüberschriften und Spaltenwerte), besteht die Möglichkeit der Einbindung von HTML-Tags.

Es ist allerdings zu bedenken, dass Durchgangs-HTML in Ansichten nur im Webbrowser interpretiert werden kann. Sie können zwar Durchgangs-HTML auch im

Notes-Client anzeigen lassen, allerdings kann eine auf diese Weise auf den Einsatz im Web angepasste Ansicht durch die vielen eingebundenen HTML-Tags dermaßen »verunstaltet« werden, dass ein Einsatz im Notes-Client nicht mehr in Frage kommt. Es empfiehlt sich daher, zunächst von der Notes-Ansicht, die man auch im Web verwenden möchte, eine Kopie anzufertigen, die ausschließlich im Web zum Einsatz kommen soll. Durch geschickte Platzierung von Verknüpfungen im Rahmen einer Website kann man den Benutzer gezielt zu den webfähigen Ansichten führen, während uns die ursprünglichen Ansichten im Notes-Client erhalten bleiben.

Eine webfähige Kopie der Ansicht einrichten

Um eine webfähige Kopie der Ansicht QUELLEN zu erstellen, gehen Sie wie folgt vor:

1. Markieren Sie die Ansicht im Ordner GESTALTUNG.
2. Wählen Sie die Menübefehle BEARBEITEN/KOPIEREN und anschließend BEARBEITEN/EINFÜGEN.

Hinsichtlich der Namensgebung bei der kopierten Ansicht sollte man zweierlei beachten:

- Es ist sinnvoll, Webansichten zu gruppieren, indem man dem Namen der neuen Ansicht einen aussagekräftigen Gruppennamen, gefolgt vom Slash-Zeichen, voranstellt. Wenn also die ursprüngliche Ansicht 1. QUELLEN heißt, so könnte der Name der Kopie HTML\1. QUELLEN lauten.
- Um eine spätere Referenzierung zu erleichtern, sollte ein Alias verwendet werden, in unserem Fall etwa HTMLQUELLEN.

Alle nachfolgenden Änderungen beziehen sich somit auf die HTML-Kopie der Ansicht QUELLEN.

8.2.1 HTML im Ansichtsnamen

Wie wir oben gesehen haben, wird der Ansichtsname von Domino in eine HTML-Überschrift übersetzt. Wenn man nun anstatt des Namens einen HTML-Tag eingibt (Angabe von eckigen Klammern!), wird der Name durch diesen ersetzt. Da der Ansichtsname bei der Anwendungsentwicklung auch zur Referenzierung dient, sollte in diesem Fall ein *Alias* verwendet werden, da der Umgang mit einem HTML-Titel recht viel Tipparbeit erfordert.

Beispielsweise soll der Name der Ansicht QUELLEN nicht als Text, sondern als Grafik dargestellt werden.

Hierzu sind folgende Schritte notwendig:

1. Gestalten Sie die entsprechende Grafik in einem Grafikeditor.
2. Speichern Sie diese als ANSICHTSNAME.GIF im HTML-Unterverzeichnis /LITERATURVERWALTUNG.
3. Öffnen Sie die entsprechende HTML-Kopie der Ansicht QUELLEN im Gestaltungsmodus und wählen Sie EIGENSCHAFTEN: ANSICHT.

4. Geben Sie im Feld NAME auf der ersten Registerkarte der Ansichtseigenschaften folgenden Text ein:

```
[<img src=/Literaturverwaltung/ansichtsname.gif border=0>]
```

5. Speichern Sie die Ansicht.

Falls der Ansichtsname einfach nur verborgen werden soll, geben Sie als Ansichtsnamen anstatt des obigen Tags einfach einen HTML-Kommentar ein.

```
[<!-- Ansicht Quellen --!>]
```

> Bei direkter Eingabe des HTML-Codes in den Ansichtsnamen ist zu beachten, dass dieser (einschließlich aller Alias-Namen) nur bis zu 64 Zeichen lang sein kann.

8.2.2 HTML in Spaltenüberschriften

Analog lassen sich HTML-Elemente in Spaltenüberschriften einbinden. Hierbei kann der HTML-Code in EIGENSCHAFTEN: SPALTE im Spaltentitel untergebracht werden, um etwa Spaltenüberschriften in grafischer Form darzustellen (vgl. Abbildung 8.2).

Titel Preis

***Abbildung 8.2:** Statt als Text lassen sich Spaltenüberschriften ...*

Titel Preis

***Abbildung 8.3:** ... auch als Grafiken anzeigen.*

Die hierzu erforderlichen Schritte sollen anhand der Spalte TITEL aufgezeigt werden, in der die Inhalte des Feldes TITEL aufgelistet werden:

1. Gestalten Sie die entsprechende Grafik in einem Grafikeditor.
2. Speichern Sie diese als TITEL.GIF im HTML-Unterverzeichnis /LITERATURVERWALTUNG.
3. Öffnen Sie die HTML-Kopie der Ansicht QUELLEN im Gestaltungsmodus.
4. Rufen Sie mit einem Doppelklick auf die Überschrift der Spalte TITEL die Dialogbox EIGENSCHAFTEN: SPALTE auf.
5. Geben Sie im Feld TITEL folgenden HTML-Befehl ein:

```
[<img src=/Literaturverwaltung/spalte.gif border=0>]
```

6. Speichern Sie die Ansicht.

Bei direkter Eingabe des HTML-Codes in die Spaltenüberschrift ist zu beachten, dass diese nur bis zu 64 Zeichen lang sein kann.

8.2.3 HTML in Spaltenformeln

Den größten Spielraum hinsichtlich der Anpassung bieten jedoch die Spaltenformeln! Hier kann sich die Einbindung von HTML als ein sehr mächtiges Feature erweisen, denn HTML-Befehle lassen sich, wie bei herkömmlichen Ansichten, auch in Abhängigkeit von Spaltenformeln in die Übersetzungsarbeit von Domino »einschleusen«. Mit diesen kann man dann in einer Ansicht im wahrsten Sinne des Wortes allerlei Unfug anstellen. Im Folgenden werden zwei solche Möglichkeiten dargestellt: Einbindung von Grafiken und HTML-Verknüpfungen.

Einbindung von Grafiken in Spalten

In unserer Ansicht QUELLEN sollen Bücher durch eine GIF-Grafik namens BUCH.GIF gekennzeichnet werden. Es wird angenommen, dass diese in einem Unterverzeichnis des Domino-HTML-Verzeichnisses namens LITERATURVERWALTUNG liegt.

Die Vorgehensweise ist wie folgt:

1. Öffnen Sie die HTML-Kopie der Ansicht QUELLEN im Gestaltungsmodus.
2. Erstellen Sie am linken äußeren Rand eine neue Spalte und legen Sie deren Breite auf 1 Zeichen fest.
3. Geben Sie im Gestaltungsfenster folgende Spaltenformel ein:

```
@If (Typ="Buch";"[<img src=/LiteraturVerwaltung/NeueQuelle.gif border=0>]";"")
```

4. Speichern Sie die Ansicht.

Im Webbrowser betrachtet, erscheint in der ersten Spalte bei neuen Quellen die Grafik, gefolgt von weiteren Spalteninhalten.

Spaltenwerte als HTML-Verknüpfungen anzeigen

Die Sache hat allerdings einen Haken. Da Domino die erste Spalte nicht nur anzeigt, sondern zugleich als Hotspot bzw. Verknüpfung zum eigentlichen Dokument interpretiert, wird nun die Grafik zum Hotspot! Die Spalte TITEL, deren Inhalt im Webbrowser als Verknüpfung dargestellt wurde, erscheint nun als einfacher Text, ein Aufruf des entsprechenden Dokuments ist nicht möglich.

Um dies zu umgehen, muss man der Spalte TITEL explizit den Status der Verknüpfung zuweisen. Dies geschieht wie folgt:

1. Öffnen Sie die HTML-Kopie der Ansicht QUELLEN im Gestaltungsmodus.
2. Selektieren Sie die Spalte TITEL und rufen Sie SPALTENEIGENSCHAFTEN auf.

Aktivieren Sie auf der Registerkarte ERWEITERT (erkennbar am Propellerhut, vgl. Abbildung 8.4) die Option WERTE IN DIESER SPALTE ALS VERKNÜPFUNG ANZEIGEN.

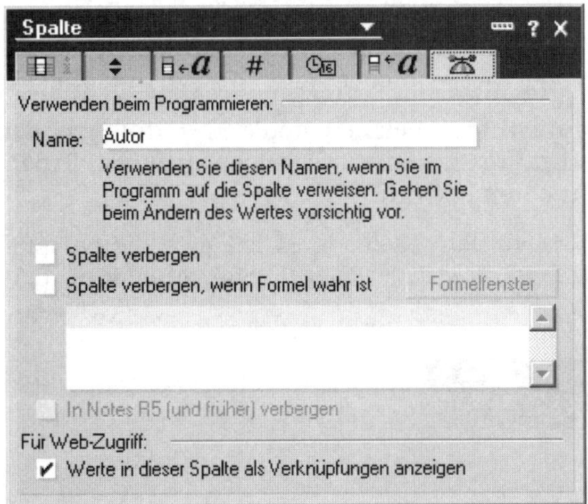

Abbildung 8.4: Einer Spalte kann explizit der Status der Verknüpfung zugewiesen werden.

Wenn Sie nun die Ansicht erneut aufrufen, fungieren die Inhalte der Spalte TITEL wieder als Verknüpfungen. Sie können diese Option – sollte dies aus optischen Gründen notwendig sein – auch für mehrere Spalten gleichzeitig aktivieren.

8.2.4 Festlegen der Spaltenbreite mittels HTML

Sie werden vielleicht gemerkt haben, dass das Anpassen der Spaltenbreite – etwa um einen Mindestabstand zwischen den Spalten zu gewährleisten – im Domino Designer keine Auswirkung auf den Webbrowser hat, wenn der Inhalt der Spalte (oder Spaltenüberschrift) die Spaltenbreite nicht ausfüllt. Dies liegt daran, dass HTML keine Tabulatoren oder mehrfachen Leerzeichen unterstützt.

Ein Ausweg aus diesem Problem ist das Erstellen einer neuen Zwischenspalte, die in der Spaltenformel einen HTML-Verweis auf eine »leere« Grafik enthält. Zum Glück müssen wir die Grafik nicht selbst erstellen, denn sie ist bereits im Verzeichnis /ICONS unter dem Namen ECBLANK.GIF gespeichert.

Um sie einzubinden, sind folgende Schritte notwendig:

1. Erstellen Sie eine neue Spalte an der Stelle, wo der Spaltenabstand vergrößert werden soll.
2. Geben Sie im Gestaltungsfenster folgenden HTML-Code ein:

```
"[<img src=/icons/ecblank.gif>]"
```

3. Speichern Sie die Ansicht.

8.2.5 Ansichten als HTML behandeln

Für die besonders mutigen HTML-Kenner gibt es die Möglichkeit, eine Ansicht komplett in HTML darstellen zu lassen. In diesem Fall geht Domino davon aus, dass die Einbettung der Inhalte einer Ansicht in HTML, wie oben verdeutlicht, vom

Anwendungsentwickler übernommen wird. Die Ansicht als solche liefert also lediglich die rohen Spalteninhalte in Textform, ohne, wie bei Ansichten üblich, diese in Tabellenform zu verpacken oder in irgendeiner Weise sonst zu formatieren.

Der Vorteil dieser Methode ist natürlich die uneingeschränkte Kontrolle bei der Wahl der Präsentationsform. Besonders kreative Entwürfe werden auch vom Experten garantiert nicht als Domino-Ansichten erkannt!

Um eine Ansicht komplett als HTML zu behandeln, muss lediglich die entsprechende Einstellung (ANSICHTSINHALT ALS HTML BEHANDELN, vgl. Abbildung 8.5) aktiviert werden.

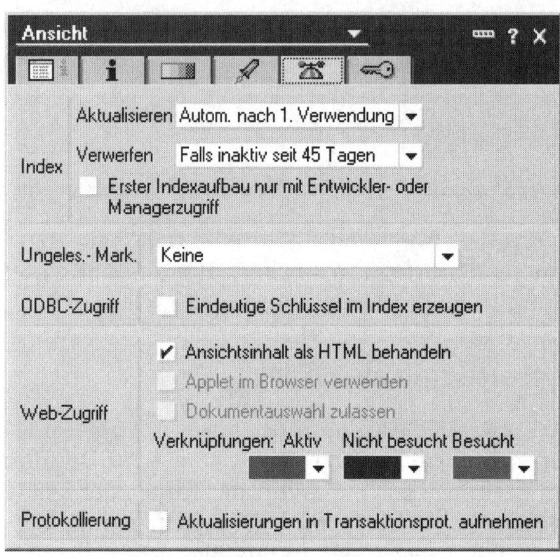

Abbildung 8.5: Ansichten im Web als HTML behandeln

Die Behandlung der gesamten Ansicht als HTML ist insbesondere dann interessant, wenn fortgeschrittene Präsentationstechniken wie etwa DHTML zum Einsatz kommen sollen, welche weit über die Formatierungskunst der HTTP-Task hinausgehen. Eine weitere mögliche Anwendung ist die Einbettung von Ansichtsinhalten in XML-Tags oder als Parameter von Java-Applets.

8.2.6 Farbgebung von HTML-Verknüpfungen anpassen

Ebenso wie bei Masken und Seiten lassen sich auch in Ansichten und Ordnern den HTML-Verknüpfungen je nach Zustand – AKTIV, NICHT BESUCHT und BESUCHT – verschiedene Farben zuweisen. Die entsprechenden Einstellungen muss man in den Ansichtseigenschaften auf der Registerkarte ERWEITERT vornehmen.

8.3 Ansichten als Java-Applet darstellen

Wir sehen, die herkömmlichen HTML-Ansichten weisen gegenüber ihren Pendants im klassischen Notes-Client hinsichtlich der Präsentation einige Einschränkungen auf. Zum Glück besteht die Möglichkeit, die Ansichten nicht nur als HTML, sondern auch in Form eines Java-Applets darstellen zu lassen. Diese Option überträgt die Funktionalität des Notes-Clients fast originalgetreu ins Web (vgl. Abbildung 8.6).

Um eine Ansicht in Form eines Java-Applets anzeigen zu lassen, muss lediglich die entsprechende Option auf der Registerkarte ERWEITERT der Ansichtseigenschaften aktiviert werden (APPLET IM BROWSER VERWENDEN).

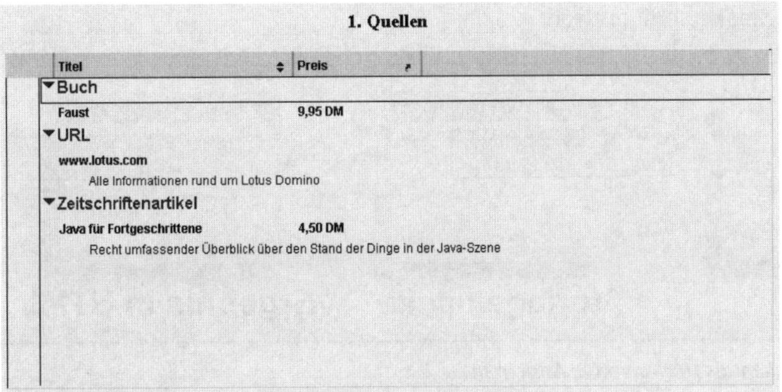

Abbildung 8.6: Ansicht als Java-Applet im Webbrowser

Erweiterter Funktionsumfang von Ansichts-Applets

Gegenüber einer herkömmlichen HTML-Ansicht erweitert das Java-Applet den Funktionsumfang von Webansichten um folgende Features:

- Komprimieren, Erweitern und Blättern in den Ansichten, ohne dass hierfür jedes Mal eine neue HTML-Seite generiert werden muss
- Größe von Spalten mithilfe von beweglichen Fenstern verändern (nur falls die Spalteneinstellung GRÖSSE VERÄNDERBAR auf der Registerkarte SPALTE/INFO aktiviert ist)
- Eines oder mehrere Dokumente auswählen (Leertaste) bzw. löschen (Entfernen-Taste), ohne sie zu öffnen (Auswahlrand ist vorhanden)
- Mit F9 die Ansicht aktualisieren

Ansichts-Applets können auch in eingebetteten Ansichten eingesetzt werden.

> Durchgangs-HTML kann im Ansichts-Applet nicht verwendet werden. Dies gilt für HTML-Tags im Ansichtstitel, in den Spaltenüberschriften und Spalteninhalten. Diese Einschränkung betrifft natürlich nicht Durchgangs-HTML, welches in Vorlagemasken bei eingebetteten Ansichten verwendet wird.

8.4 Einbetten von Ansichten in Masken

Wir können im Web Ansichten, Masken und – wie wir im nächsten Kapitel sehen werden – auch Navigatoren beliebig im Rahmen einer HTML-Seite mischen. Das Konzept der Mischung von Masken und Ansichten sieht es vor, dass eine Ansicht in die hierfür vorgesehene Maske eingebettet wird. Die Maske kann hierbei lediglich als eine Art grafisches Hintergrundbild für die Ansicht fungieren oder aber als eine ganz normale Maske mit Eingabefeldern und allen anderen Elementen die Ansicht ergänzen. Eine solche Maske soll im Folgenden als VORLAGEMASKE bezeichnet werden.

Abbildung 8.7 verdeutlicht dieses Prinzip: Der HTML-Code der Ansicht wird dem HTML-Code der Maske »beigemischt«.

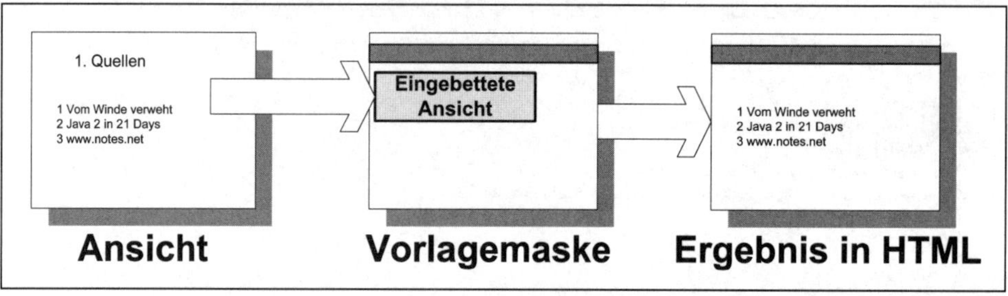

Abbildung 8.7: Masken als Vorlagen für Ansichten

Wir wollen die etwas trocken aussehende Ansicht QUELLEN durch eine Hintergrundgrafik aufpeppen. Hierzu sind folgende Schritte notwendig:

1. Erstellen Sie eine neue Maske und benennen Sie diese mit VORLAGE FÜR ANSICHT QUELLEN.
2. Platzieren Sie an einer beliebigen Stelle in der Maske eine Grafik oder einen Überschrifttext.
3. Erstellen Sie im Rahmen der Maske an einer beliebigen Stelle mit ERSTELLEN/EINGEBETTETES ELEMENT ELEMENT/ ANSICHT einen Platzhalter für die Ansicht.
4. Wählen Sie in der daraufhin erscheinenden Auswahlliste die HTML-Kopie der Ansicht QUELLEN.
5. Speichern Sie die Maske.

Sie können pro Maske auch mehrere eingebettete Ansichten erstellen.

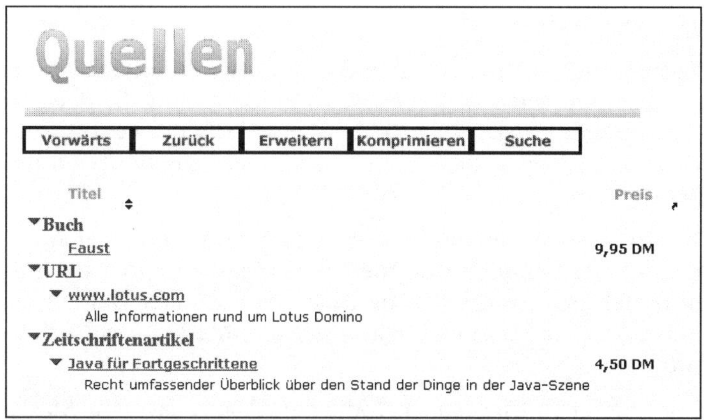

Abbildung 8.8: Ansicht Quellen – diesmal mit einer Vorlagemaske

8.4.1 Dynamisches Einbetten von Ansichten

Interessant ist die Möglichkeit, die Ansicht, welche im Rahmen einer Vorlagemaske eingebettet werden soll, erst zur Laufzeit festzulegen. Hierzu ist beim Einbetten (Aufruf des Befehls ERSTELLEN/EINGEBETTETES ELEMENT/ANSICHT die Option ANSICHT NACH FORMEL WÄHLEN (vgl. Abbildung 8.9) zu aktivieren und die entsprechende Auswahlformel im Eintrag EINGEBETTETE AUSWAHL im Formelfenster einzugeben. Die Auswahl kann auch hier mittels eines Formelausdrucks erfolgen!

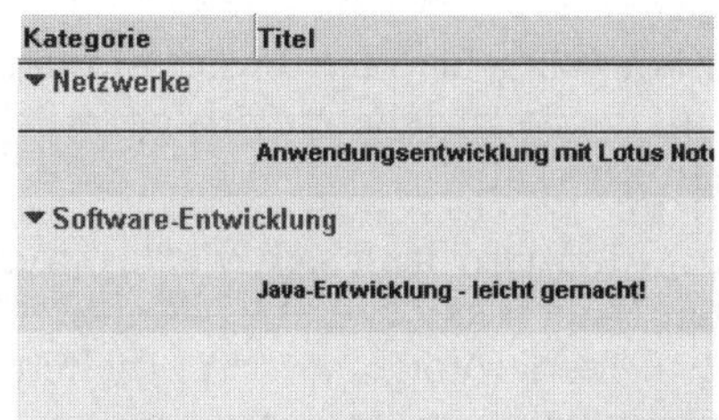

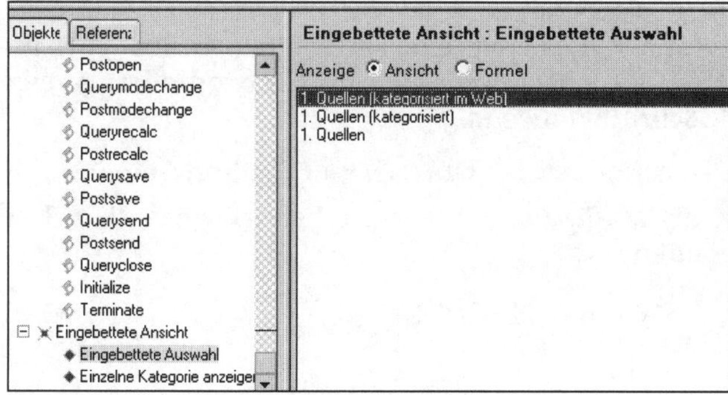

Abbildung 8.9: Ansichten dynamisch einbetten

8.4.2 Mit Standardvorlagen arbeiten

Doch noch ist unsere Lösung nicht zufriedenstellend: Um die eingebettete Ansicht im Webbrowser darzustellen, müssen wir die *Maske* aufrufen, damit die Ansicht angezeigt wird. Dies kann jedoch umständlich sein, da eine Liste der verfügbaren Masken – im Gegensatz zu Ansichten – beim Aufruf der Datenbank von Domino nicht automatisch generiert wird.

Auch daran haben Domino-Entwickler gedacht. Die Lösung sind so genannte *Standardvorlagen* für Ansichten. Es handelt sich hierbei um Masken, die beim Aufruf einer Ansicht automatisch als Vorlage für die Ansicht verwendet werden. Es wird also die Ansicht aufgerufen und dennoch wird diese automatisch an die richtige Vorlagemaske gebunden.

Domino erkennt am (reservierten) *Maskennamen* (oder dem Alias), dass eine Maske als Standardvorlage für eine oder mehrere Ansichten dienen soll.

Hierbei kommen zwei Möglichkeiten in Betracht:

- $$VIEWTEMPLATE FOR ANSICHTSNAME: kennzeichnet eine Maske als Standardvorlage für die Ansicht ANSICHTSNAME.
- $$VIEWTEMPLATEDEFAULT: kennzeichnet eine Maske als Standardvorlage für alle Ansichten, denen sonst keine Vorlage zugewiesen wurde.

Neben der Kennzeichnung des Maskennamens muss eine Vorlagemaske einen Platzhalter für die Ansicht enthalten. Es gibt zwei Möglichkeiten, einen Platzhalter einzufügen:

- durch eine eingebettete Ansicht: Die Auswahl der eingebetteten Ansicht in der Maske ist hierbei vollkommen unwichtig, denn die darzustellende Ansicht wird anhand der Kennzeichnung im Maskennamen gewählt;
- durch ein spezielles Feld namens $$VIEWBODY: Alternativ lässt sich die Position der Ansicht durch ein Feld mit dem reservierten Namen $$VIEWBODY bewerkstelligen. Dieses kann BEARBEITBAR sein und muss keinerlei Vorgabewert enthalten. Wichtig ist allein die Positionierung des Feldes im Rahmen der Vorlagemaske.

Wir möchten die eben erstellte Maske VORLAGE FÜR ANSICHT QUELLEN als Standardvorlage für diese Ansicht verwenden, die bereits eine eingebettete Ansicht enthält. Die Maske soll beim Aufruf der Ansicht automatisch im Hintergrund angezeigt werden. Hierzu sind folgende Schritte notwendig:

1. Öffnen Sie die Maske VORLAGE FÜR ANSICHT QUELLEN im Gestaltungsmodus.
2. Ergänzen Sie den Namen der Maske um den entsprechenden Alias-Wert. Der vollständige Name sollte lauten:

```
Vorlage für Ansicht Quellen| $$ViewTemplate for Quellen
```

3. Speichern Sie die Maske.

Bei einem erneuten Aufruf der Ansicht im Webbrowser sollte nun auch eine Hintergrundgrafik erscheinen.

8.4.3 Standardvorlage mit einer »$$ViewTemplateDefault«-Maske

Eng mit $$VIEWTEMPLATE FOR ANSICHTSNAME verwandt ist die Maske $$VIEWTEMPLATE-DEFAULT. Diese wird automatisch als Vorlage für all diejenigen Ansichten verwendet, denen sonst keine andere Vorlagemaske zugeordnet wurde.

Wenn die im vorherigen Abschnitt erstellte Maske allen Ansichten als Standardvorlage dienen soll, muss also lediglich der Maskenname (oder Alias) von $$VIEWTEMPLATE FOR ANGEBOTE in $$VIEWTEMPLATEDEFAULT geändert werden.

Da $$VIEWTEMPLATEDEFAULT zur Anzeige mehrerer Ansichten dient, ergibt sich hinsichtlich des Ansichtsnamens ein Problem. Dieser kann nämlich in diesem Fall nicht als Grafik in die Maske eingebunden werden, da der Name ja von Ansicht zu Ansicht unterschiedlich ist. Dies kann man wie folgt umgehen:

1. Öffnen Sie die $$VIEWTEMPLATEDEFAULT-Maske im Gestaltungsmodus.
2. Erstellen Sie an der Stelle, wo der Ansichtsname erscheinen soll, ein berechnetes Feld namens ANSICHTSNAME (der Feldname ist hierbei willkürlich ausgewählt).
3. Geben Sie als Vorgabewert folgende Formel ein:

```
@ViewTitle
```

4. Speichern Sie die Maske.

Nun wird der Name dynamisch berechnet. Um den Ansichtsnamen doch noch als Grafik darzustellen, wäre es denkbar, die betreffende Grafik unter dem Namen der Ansicht abzuspeichern und diese im berechneten Feld mittels `@ViewTitle` zu referenzieren.

8.4.4 Eigene Ansichtsaktionen definieren

Arbeitet man mit eingebetteten Ansichten, erübrigt sich die Anpassung des Ansichtsnamens mittels HTML, da Domino beim Einsatz einer Vorlagemaske nur die Spaltenüberschriften und Spalteninhalte auflistet. Der Ansichtsname und die Aktionsleiste werden nicht angezeigt.

Ansichtsaktionen in eigenen Ansichten

Während man den Ansichtsnamen kaum vermissen wird (schließlich kann dieser zumindest bei $$VIEWTEMPLATE-Masken irgendwo in der Maske als Text oder Grafik platziert werden), müssen die Ansichtsaktionen ZURÜCK, NÄCHSTE, ERWEITERN, KOMPRIMIEREN und SUCHEN mithilfe von Aktionen bzw. Aktions-Hotspots manuell nachprogrammiert werden, da sonst die entsprechenden Funktionen nicht verfügbar sind. Die entsprechenden Befehle sind gemeinsam mit anderen nützlichen Befehlen für die Arbeit in Ansichten in der Tabelle 8.1 aufgeführt.

Aktionsname	Formel
Nächste	@Command ([ViewPageUp])
Zurück	@Command ([ViewPageDown])
Erweitern	@Command ([ViewExpandAll])
Komprimieren	@Command ([ViewCollapseAll])
Suchen	@Command ([ViewShowSearchBar])
Ansicht wechseln	@Command ([ViewChange];"Ansichtsname")
Ansicht öffnen	@Command ([OpenView];"Ansichtsname") oder @Command ([OpenView];"DB-Name";"Ansichtsname";"Schlüssel)
Neues Dokument aus der Ansicht heraus erstellen	@Command ([Compose];"Maskenname") oder @Command ([Compose];"";"DB-Name";"Maskenname"

Tabelle 8.1: Befehle zum Navigieren in einer Ansicht

Hinsichtlich der Tabelle gilt Folgendes:

- `@Command [ViewChange]` und `@Command ([OpenView)` sind (im Web) von der Funktionalität her identisch, mit dem Unterschied, dass Letzterer von der Syntax her mächtiger ist. Hier besteht die Möglichkeit, auch Ansichten in anderen Datenbanken aufzurufen sowie optional einen Schlüssel anzugeben. Letzterer stellt einen Spaltenwert dar (in der ersten Spalte einer sortierten Ansicht), mittels dessen ein Dokument identifiziert werden kann, das dann als Erstes angezeigt wird.
- `@Command [Compose]` kann ebenfalls dazu eingesetzt werden, aus der Ansicht heraus Masken aus anderen Datenbanken aufzurufen.

Um die genannten Funktionen in der Ansicht QUELLEN zur Verfügung zu stellen, sind folgende Schritte notwendig:

1. Öffnen Sie die Maske VORLAGE FÜR ANSICHT QUELLEN im Gestaltungsmodus.
2. Erstellen Sie im Rahmen der Maske anhand beliebiger Texte oder Grafiken für jede der oben genannten Funktionen mit einen Aktions-Hotspot.
3. Weisen Sie diesem im Gestaltungsfenster eine der obigen Funktionen zu.
4. Speichern Sie die Maske.

Selbstverständlich müssen nicht alle oben genannten Funktionen implementiert werden.

Ansichtsaktionen in Applet-Ansichten

Aufgrund der erweiterten Features von Ansichten, welche auf Java-Applets basieren, ist auch der Spielraum bei der Programmierung von solchen Ansichten etwas größer. Sprich: Appletansichten unterstützten neben den oben genannten noch weitere Befehle, welche auf die gleiche Art und Weise in eine Ansicht eingebettet werden können. Diese sind in der Tabelle 8.2 aufgelistet.

Aktionsname	Formel
Aktualisieren einer Ansicht	`@Command ([ViewRefreshFields])`
Verschieben eines Dokuments in den Papierkorb	`@Command ([MoveToTrash])`
Löschen des Papierkorbs	`@Command ([EmptyTrash])`
Verschiebung eines Dokuments in einen Ordern	`@Command ([Folder];"Ordnername";"Typ")`
Entfernung eines Dokuments aus dem aktuellen Ordner	`@Command ([RemoveFromFolder])`

Tabelle 8.2: Befehle, welche in Ansichts-Applets unterstützt werden

Bei der Verwendung der obigen Befehle im Ansichts-Applet gilt:

- Die Operation »Aktualisieren (Taste F9)« löscht im Gegensatz zum Notes-Client nicht die als »gelöscht« markierten Dokumente. Diese Funktion übernimmt vielmehr der Befehl `@Command ([EmptyTrash])`.
- Bei der Verschiebung eines Dokuments in einen Ordner können Sie optional einen *Ordnernamen* angeben. Wenn Sie diesen auslassen, zeigt Domino ein Dialogfenster (als neues Appletfenster), aus dem Sie den gewünschten Ordner auswählen können. Ferner können Sie mit dem Parameter *Typ* angeben, ob das Dokument kopiert (Wert »0«) oder verschoben werden soll (Wert »1«).

8.5 Einschränkungen beim Einsatz von Ansichten im Web

Wie im Laufe dieses Kapitels schon mehrmals betont, unterliegt der Einsatz von Ansichten und Ordnern im Web bestimmten Einschränkungen. Im Folgenden werden diese zu Referenzzwecken tabellarisch zusammengefasst. Hierbei erfolgt die Betrachtung für HTML-Ansichten und die Ansichts-Applets getrennt.

8.5.1 Einschränkungen bei Standard-HTML-Ansichten

In der nachfolgenden Tabelle 8.3 werden noch einmal alle Ansichten- und Ordner-Features, die bei der Verwendung von HTML-Ansichten nicht unterstützt werden, zusammengefasst.

Funktion	Anmerkung
Allgemein	
Persönliche Ansichten und Ordner	Werden im Web nicht unterstützt
Ansichtsoptionen	
Im Menü Ansicht anzeigen	Wird nicht unterstützt, da das Menü im Webbrowser nicht zur Verfügung steht. Ansichten, die nur für das Web gedacht sind, sollten mit dieser Option vor Notes-Usern verborgen werden.
Aktualisierung von Indizes	Kann im Webbrowser nicht erfolgen, sondern im Fall von Webanwendungen nur Server-seitig
Beim Aktualisieren ...	Webbrowser generiert keine Ereignisse, die auf den Aktualisierungsbedarf einer Ansicht schließen lassen.
Beim Öffnen ...	Nicht unterstützt. Dieses Feature kann allerdings unter Einsatz der Domino-URL simuliert werden (siehe Kapitel zum Umgang mit Domino-URLs).
Ungelesene Zeilen und Andere Zeilen	Nicht unterstützt
Auswahlrand anzeigen	Nicht unterstützt
3D-Überschriften	Nicht unterstützt
Linien pro Überschrift	Nicht unterstützt
Linien pro Zeile	Irrelevant. Wenn man als TRENNZEICHEN BEI MEHRFACHWERT den Wert NEUE LINIE und in der Spaltenformel eine Liste von Werten angibt, werden diese unabhängig von LINIEN PRO ZEILE mehrzeilig ausgegeben.
Spaltenoptionen	
Schaltfläche anzeigen, wenn Zeile erweiterbar	»Twisties« werden immer angezeigt.
Größe veränderbar	Nicht unterstützt

Tabelle 8.3: Ansichten-Features, die im Web nicht unterstützt werden

8.5.2 Einschränkungen bei der Verwendung von Ansichts-Applets

Wie bereits im Abschnitt über Ansichts-Applets erwähnt, heben diese einen Großteil von Einschränkungen der klassischen HTML-Ansichten auf. Dennoch muss man auch in diesem Fall mit einigen »Handicaps« leben. Die Funktionen, welche von Ansichts-Applets (im Gegensatz zum Notes-Client) nicht unterstützt werden, sind in der Tabelle 8.4 dargestellt.

Funktion	Anmerkung
Allgemein	
Verwendung von Durchgangs-HTML	Nicht möglich
Horizontale Bildlaufleiste	Nicht unterstützt
Kalenderansichten	Nicht unterstützt. Kalenderansichten werden immer als HTML dargestellt.
Ansichtseigenschaften	
Beim Öffnen ...	Nicht unterstützt
Beim Aktualisieren ...	Nicht unterstützt
Stileigenschaften: Farbe für ungelesene, 3D-Spaltenüberschriften, Zeilen pro Überschrift, Zeilenhöhe, Zeilenabstand	Nicht unterstützt
Verknüpfung-Farbgebung	Nicht anwendbar, da zur Darstellung der Ansicht HTML-Verknüpfungen nicht benötigt werden
Indexoptionen: Index verwerfen, Index aktualisieren, Erster Indexaufbau mit Manager-Zugriff, Ungelesen-Markierungen	Nicht unterstützt
Spalteneigenschaften	
Schriftformatierung (bei Spaltenüberschriften und Spalteninhalten)	Das Spektrum der unterstützten Schriftarten und Formatierungseigenschaften wird gegenwärtig durch die diesbezüglichen Schwächen von Java 1.1 eingeschränkt.
Werte in dieser Spalte als Verknüpfung anzeigen	Nicht anwendbar, da der Aufruf eines Dokuments immer zeilengebunden erfolgt (und nicht über eine HTML-Verknüpfung)

Tabelle 8.4: Einschränkungen bei der Verwendung von Ansichts-Applets

9 Arbeiten mit Navigatoren

Was sind Navigatoren?

Ein Navigator ist in der Domino-Terminologie eine aus mehreren grafischen Objekten bestehende Steuerzentrale einer Datenbank. Ihr Zweck besteht im Wesentlichen darin, dem Benutzer auf anschauliche Weise einen Überblick über die *verfügbaren Ansichten* zur Verfügung zu stellen und mittels interaktiver grafischer Elemente eine davon auszuwählen. Als angenehmes Nebenprodukt dieser Funktionalität können die interaktiven Elemente eines Navigators mit einem beliebigen Domino-Befehl hinterlegt werden, etwa `@Command [FileClose]` zum Beenden der Datenbank. Die Möglichkeit der pixelgenauen grafischen Darstellung im Rahmen eines Navigators befähigt den Anwendungsentwickler zum Entwurf innovativer Arten des Informationsabrufs. Denkbar wäre beispielsweise, als Navigator eine Landkarte zu verwenden, die je nach den Koordinaten des angeklickten Bereichs die Zusammenstellung von Dokumenten zu einem bestimmten Land anzeigt.

Den Webbenutzern dürfte diese Funktionalität vertraut sein. Sie wird auf Websites üblicherweise durch den Einsatz von Imagemaps realisiert, häufig in Verbindung mit Frames zur Aufteilung des Bildschirms (diesem Thema widmet sich das nächste Kapitel). Es verwundert also nicht, dass (in HTML übersetzte) Domino-Navigatoren als Imagemaps auch im Web zum Einsatz kommen.

In diesem Kapitel werden wir zunächst die Grundlagen der Navigatoren im Notes-Client kennen lernen, um sie anschließend von der Webseite her zu betrachten. Auch hier gilt, ähnlich wie bei Ansichten, dass im Web eine strikte Trennung zwischen Navigatoren und anderen Elementen wie Ansichten, Dokumenten und Masken aufgehoben werden kann. Auch hier bringt der Einsatz im Web gegenüber dem Notes-Client einige neue Möglichkeiten sowie Einschränkungen mit sich.

Navigatoren als Legacy-Konzept?

Navigatoren sind seit ihrer Einführung in der Version 4.0 etwas ins Abseits geraten und stellen im Grunde genommen ein Überbleibsel dar, welches in Folgeversionen nur aus Kompatibilitätsgründen unterstützt wird. Gegenüber anderen Gestaltungselementen (Masken und Ansichten), welche nach der Version 4.0 kräftig aufpoliert wurden, erfuhren Navigatoren lediglich kosmetische Änderungen, aber keine wesentlichen Neuerungen. Zudem scheint es so, dass die den Navigatoren zugedachte Funktionalität immer mehr von anderen Gestaltungselementen, vor allem *Gliederungen* und *Hotspot-fähigen Grafiken,* übernommen wird. In der Tat: Der einzige Vorteil, den Navigatoren gegenüber den »neuen« Gestaltungselementen besitzen, ist der interaktive Charakter der Navigatorelemente im Notes-Client.

9.1 Einsatz von Navigatoren im Notes-Client

Standardnavigator »Ordner«

Eine jede Domino-Datenbank verfügt per Voreinstellung über einen Standardnavigator. Dieser wird in der Domino-Terminologie etwas missverständlich *Ordner und Ansichten* genannt und enthält eine Auflistung der verfügbaren Ansichten und Ordner einer Datenbank, typischerweise im linken Bereich der Datenbankoberfläche (vgl. Abbildung 9.1).

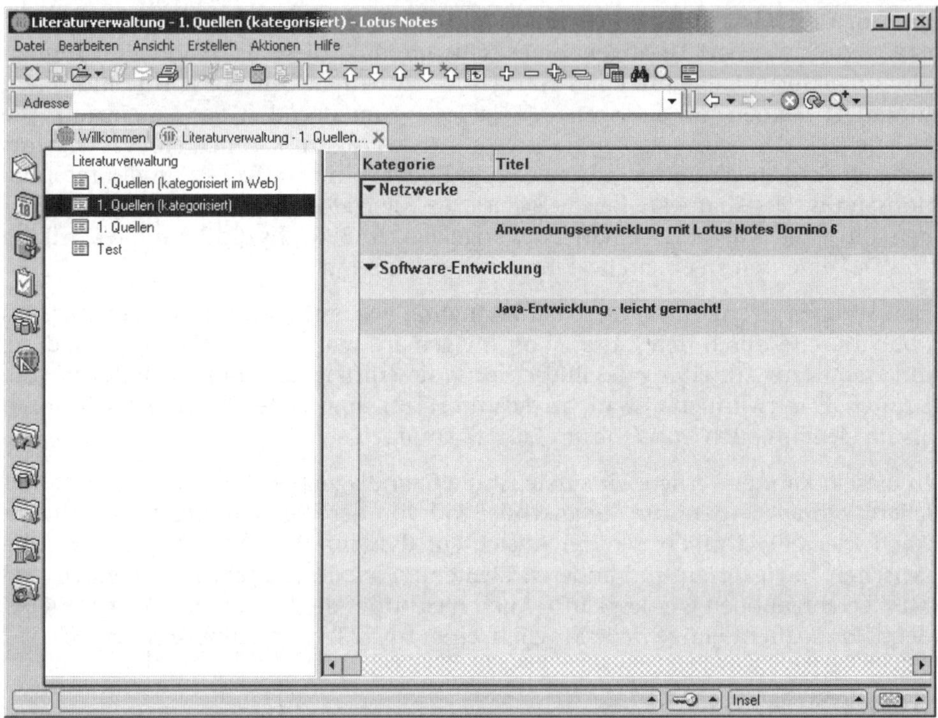

Abbildung 9.1: Ordnernavigator ist die voreingestellte Navigationsübersicht einer Notes-Datenbank.

Außer dieser Voreinstellung besteht die Möglichkeit, eigene Navigatoren zu erstellen. Hierbei gilt, dass eine Datenbank keineswegs nur auf einen Navigator beschränkt ist, sondern auch über mehrere, hierarchisch vernetzte Navigatoren verfügen kann.

9.1.1 Navigatoren erstellen

Navigatoreditor

Navigatoren werden mit ERSTELLEN/GESTALTEN/NAVIGATOR erstellt. Der Navigatoreditor (vgl. Abbildung 9.2) bietet zunächst ähnliche Möglichkeiten wie ein Zeichenprogramm. Es können verschiedene Formen – im Folgenden *Navigatorelemente* genannt – erstellt und pixelgenau (auch übereinander) positioniert werden.

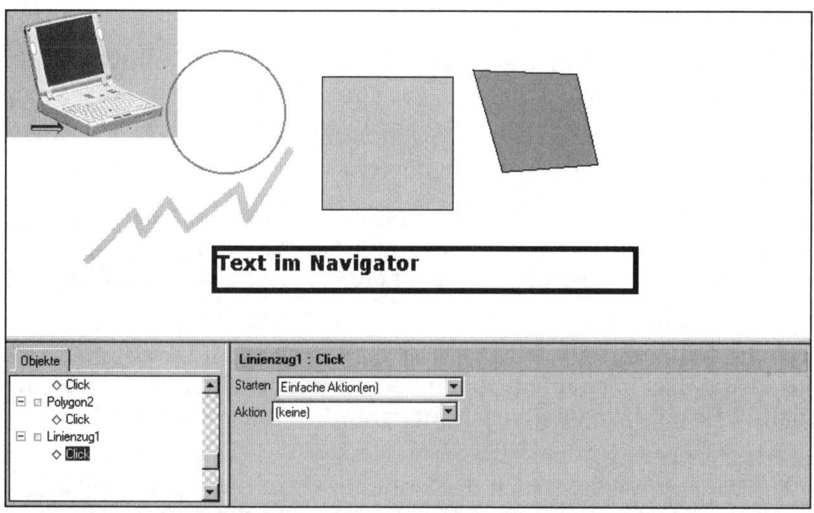

Abbildung 9.2: Navigatorelemente stellen sich vor

Navigatorelemente

Folgende Navigatorelemente stehen im Rahmen des Navigatoreditors zur Verfügung:

- Rechtecke
- abgerundete Rechtecke
- Polygone
- Ellipsen bzw. Kreise
- Text
- Schaltflächen
- grafische Schaltflächen
- grafischer Hintergrund

Alle genannten Elemente (mit Ausnahme des grafischen Hintergrunds) können in ihrer Erscheinung beliebig angepasst werden. Außerdem sind sie *interaktiv*, d.h. sie können bei Bedarf auf Mausaktionen des Benutzers bestimmte Aktionen ausführen.

9.1.2 Neue Navigatorelemente erstellen

Die Erstellung von Navigatorelementen ist denkbar einfach und sollte jedem, der schon einmal mit einem Grafikeditor gearbeitet hat, sofort geläufig sein. Um ein Element zu erstellen, reicht es aus, den entsprechenden Menüpunkt im Menü ERSTELLEN oder das Symbol in der SmartIcon-Leiste auszuwählen und anschließend bei gedrückter linker Maustaste die Größe des Elements festzulegen.

Problematisch dürfte höchstens das Erstellen von Polygonen sein. Um einen Polygonzug für abgeschlossen zu erklären, genügt ein Doppelklick mit der linken Maustaste.

Arbeiten mit Grafiken

Beim Erstellen von Navigatorelementen gibt es zwei Ausnahmen: *grafische Schaltflächen* und *grafische Hintergründe*. Hier wird – wie der Name sagt – zur Darstellung eine Grafik benötigt, die zuvor in einem Grafikeditor erstellt werden muss.

Es gibt zwei Möglichkeiten, eine Grafik einzufügen:

- indem man die Grafik im Grafikeditor mit BEARBEITEN/KOPIEREN in die Zwischenablage einfügt und anschließend mit ERSTELLEN/GRAPHISCHER HINTERGRUND bzw. ERSTELLEN/GRAFISCHE SCHALTFLÄCHE basierend auf der Grafik ein neues Element erstellt,
- indem man die Grafik mit DATEI/IMPORTIEREN direkt aus dem Dateisystem einfügt. Hierbei kann man auswählen, ob anhand der importierten Grafik eine grafische Schaltfläche oder ein grafischer Hintergrund erstellt werden soll.

> Die Import-Funktion ermöglicht auch die Einbindung transparenter GIF-Grafiken in Navigatoren. Wenn Sie eine GIF-Grafik im Grafikeditor (z.B. PaintShop Pro) als transparent deklarieren, lassen sich im Navigatoreditor beispielsweise mehrere grafische Schaltflächen übereinander legen. Die Transparenz geht jedoch beim Einsatz in eingebetteten Masken (vgl. 9.2.2) verloren, da der Hintergrund des Navigators als Ganzes nicht transparent dargestellt werden kann.

Grafischen Hintergrund entfernen

Um den grafischen Hintergrund wieder zu entfernen, reicht es aus, den Menübefehl GESTALTUNG/GRAFISCHEN HINTERGRUND ENTFERNEN aufzurufen.

9.1.3 Arbeiten mit Objekteigenschaften

Wie bereits erwähnt, können Navigatorelemente hinsichtlich ihrer Erscheinung und ihres interaktiven Verhaltens beliebig angepasst werden. Dies erfolgt prinzipiell immer auf die gleiche Weise, nämlich über das Dialogfenster OBJEKTEIGENSCHAFTEN, welches unmittelbar nach der Erstellung eines Navigatorelements angezeigt wird (vgl. Abbildung 9.3).

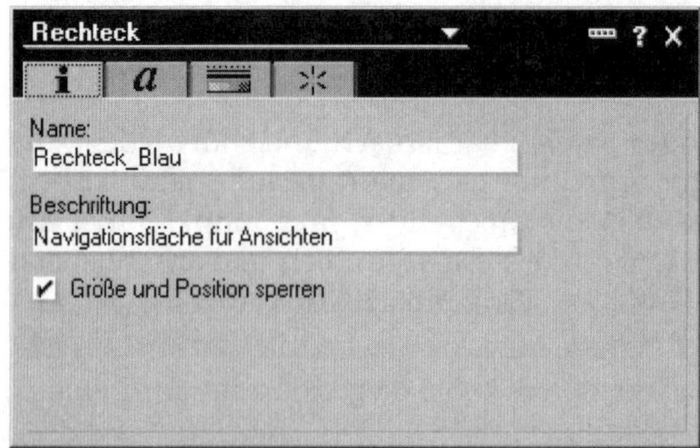

Abbildung 9.3: Objekteigenschaften

Das Objekteigenschaften-Dialogfenster besteht aus vier Registerkarten:

- **Info**: Hier lassen sich der *Name* des Objekts (dient zur Referenzierung in LotusScript- und Java-Programmen) sowie seine *Beschriftung* (falls anwendbar) festlegen. Die Option NACH GRÖSSE UND POSITION SPERREN verhindert, dass mühevolle Positionierungsarbeit unabsichtlich zunichte gemacht wird.
- **Schrift**: Diese Registerkarte dürfte Ihnen bereits von anderen Domino-Gestaltungselementen vertraut sein. Neu ist lediglich die Einstellung STANDARD FÜR FORMEN, mittels derer die ausgewählten Texteinstellungen für alle nachfolgend erzeugten Elemente derselben Gattung gültig sind. Schrifteinstellungen werden nur dort, wo anwendbar, angezeigt (also nicht bei Kreisen, Linien und Grafiken).
- **Stile**: beziehen sich zum einen auf die *Farbe* und die *Breite* der Umrandung und zum anderen auf die Farbe des Hintergrunds. Letzterer kann auch transparent sein, wodurch bei Überlappungen von Elementen der Hintergrund sichtbar wird. Auch hier lässt sich eine besonders schöne Farbgebung auf alle nachfolgenden Elemente dieser Art übertragen.

Im Gegensatz zu Masken kann man in Navigatoren auch Schaltflächen eine beliebige Farbe zuweisen. Außerdem kann durch die Einstellung RUNDUNGSSTÄRKE die Schaltfläche mit einem bis zu drei Pixel breiten Schatten versehen werden.

Wenn Sie mit transparenten Objekten arbeiten, ist es gut zu wissen, dass mit den Menübefehlen GESTALTEN/NACH VORNE SETZEN bzw. GESTALTEN/NACH HINTEN SETZEN die so genannte Z-Ordnung (Stapelung) von Objekten beliebig festgelegt werden kann.

- **Hervorheben**: bezieht sich auf das *dynamische Verhalten* des Elements. Hier lässt sich festlegen, dass sich das Aussehen des Elements bei Mausberührungen bzw. -klicks verändert, wobei sich die beiden Optionen gegenseitig ausschließen. Die Änderung kann sich auf die Farbgebung und Linienstärke des Rands oder aber gegebenenfalls auf die Farbe des Füllbereichs beziehen. Das dynamische Elementverhalten lässt sich für alle nachfolgend erzeugten Elemente dieser Art standardisieren.

Dynamisches Hervorheben von Elementen wird beim Einsatz von Navigatoren im Webbrowser nicht unterstützt.

9.1.4 Arbeiten mit Hotspots

Die zuvor getroffene Aussage, dass (grafische) Hintergründe nicht interaktiv sein können, stimmt nicht ganz. Es gibt nämlich noch die *Hotspots*. Dies sind unsichtbare, interaktive Bereiche beliebiger Form (um genau zu sein, umfasst die Auswahl rechteckige, kreis- und polygonförmige Hotspots) und Größe, die über einen Navigator gelegt werden und – ebenso wie andere Elemente – Mausklick-sensitiv eine Aktion ausführen können.

Das Erstellen und Modifizieren von Hotspots geschieht analog der Vorgehensweise bei anderen Navigatorelementen, mit dem Unterschied, dass die Text- und Farbeinstellungen entfallen, da Hotspots ja unsichtbar sind. Dennoch besteht auch bei Hotspots die Möglichkeit, dynamisches Hervorhebungsverhalten zu aktivieren, das sich in diesem Fall jedoch lediglich auf die Linienstärke und Farbe der Umrandung bezieht.

9.1.5 Navigatorelementen eine Aktion zuweisen

Wir wissen bereits, dass Navigatorelemente interaktiv sind. Doch was genau bedeutet das? Mit Ausnahme des grafischen Hintergrunds kann ihnen allen im Gestaltungsfenster eine Aktion zugewiesen werden, die beim Anklicken des betreffenden Elements ausgeführt wird.

Hierbei gibt es drei Möglichkeiten:

- Ausführung einfacher Aktionen
- Ausführung von Domino-Formeln
- Ausführung eines LotusScript-Programms

Die Ausführung von Client-seitigem LotusScript-Code wird im Webbrowser nicht unterstützt. In einigen Fällen besteht dennoch die Möglichkeit, die entsprechende Funktionalität Server-seitig, in Form eines *gemeinsamen LotusScript-Agenten* zu implementieren. Dieser lässt sich dann mit dem Befehl `@Command ([ToolsRunMacro]; "AgentName")` aufrufen. Mehr Informationen zu LotusScript finden Sie in den Kapiteln zu LotusScript.

Einfache Aktionen im Navigator

Während die letzten beiden Alternativen ähnliche Möglichkeiten wie bei Masken und Ansichten anbieten, werden wir uns an dieser Stelle der ersten Alternative widmen, da sie einen besonders einfachen Weg bietet, einem Navigator Interaktivität zu verleihen.

Es stehen fünf einfache Navigatoraktionen zur Verfügung. Diese sind mit ihren Parametern in der Tabelle 9.1 aufgelistet.

Einfache Aktion	Parameter
[keine]	–
Anderen Navigator öffnen	Name des Navigators
Eine Ansicht öffnen	Name der Ansicht
Alias für einen Ordner erstellen	Name des Ordners
Verknüpfung öffnen	Eine Verknüpfung wird aus der Ablage eingefügt.
URL öffnen	Eine URL kann eingegeben werden.

Tabelle 9.1: Einfache Navigatoraktionen im Überblick

Besonders interessant im Domino-Umfeld ist die Aktion ANDEREN NAVIGATOR ÖFFNEN. Hier besteht die Möglichkeit, mehrere Navigatoren zu erstellen und im Sinne einer hierarchischen Menüstruktur miteinander zu vernetzen. Auf diese Weise können auch einfache grafische Effekte realisiert werden, z.B. die Hervorhebung der gerade aktiven Schaltfläche (in diesem Fall erstellt man für jede Schaltfläche einen entsprechenden Navigator). Stellen Sie in diesem Fall jedoch sicher, dass sich der Anwender problemlos von Ebene zu Ebene bewegen kann und immer weiß, wo er sich gerade befindet.

9.1.6 Beispiel: Erstellen eines Notes-Navigators

Das bis hierher erarbeitete Wissen wollen wir nun an einem Praxisbeispiel verdeutlichen, in dem wir einen einfachen Navigator bauen. Dieser soll den Zugriff auf die drei am häufigsten verwendeten Ansichten unserer Datenbank sowie ein schnelles Beenden derselben ermöglichen. Zusätzlich soll als kleines Beiwerk ein grafisches Logo der Datenbank angezeigt werden. Das Ziel unserer Bemühungen ist in Abbildung 9.4 dargestellt.

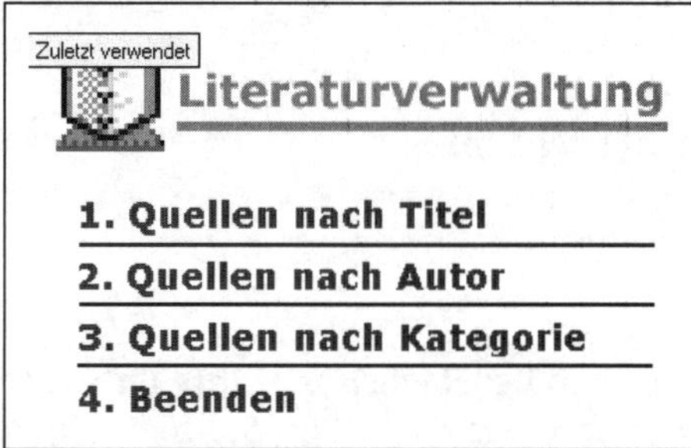

Abbildung 9.4: Notes-Navigator der Literaturverwaltung

Wie üblich beginnt alles im Menü ERSTELLEN. Nach dem Aufruf des Befehls GESTALTEN-NAVIGATOR erscheint das Navigatorfenster im Gestaltungsmodus.

Beginnen wir mit dem Logo. Dieses soll als GRAFISCHER HINTERGRUND eingebunden werden. Die Vorgehensweise ist wie folgt:

1. Öffnen Sie die vorher erstellte Logo-Grafik in einem Grafikeditor.
2. Kopieren Sie dort die Grafik in die Ablage (Befehl BEARBEITEN/KOPIEREN).
3. Wechseln Sie zum Navigatorfenster und wählen Sie ERSTELLEN/GRAFISCHER HINTERGRUND.

Erstellen von Textelementen

Als Nächstes sollen dem Anwender drei Optionen zur Ansichtsauswahl angeboten werden. Diese werden mit einfachen, Maus-sensitiven Textelementen realisiert.

1. Wählen Sie ERSTELLEN/TEXT und bestimmen Sie mit der Maus die Positionierung und Größe des Textelements.
2. Geben Sie im Eigenschaftenfenster als Beschriftung 1. QUELLEN NACH TITEL ein.
3. Bestimmen Sie die Schriftart sowie die Art der Umrandung.
4. Wählen Sie im Gestaltungsfenster unter STARTEN die Option EINFACHE AKTION(EN).
5. Wählen Sie als Aktion EINE ANSICHT ÖFFNEN und bestimmen Sie 1. QUELLEN NACH TITEL als die zu öffnende Ansicht.
6. Erstellen Sie auf diese Weise die Textelemente für die restlichen Ansichten.

Befehle aufrufen

Das letzte Textelement BEENDEN soll keine Ansicht aufrufen, sondern lediglich das Datenbankfenster schließen und somit die Anwendung beenden. Die Vorgehensweise bei der Erstellung ist weitgehend identisch, bis auf die Schritte (4) und (5). Diese lauten nun wie folgt:

1. Wählen Sie im Gestaltungsfenster unter STARTEN die Option FORMEL.
2. Geben Sie im Gestaltungsfenster folgenden Befehl ein:

```
@Command ([FileCloseWindow])
```

Navigatoren testen

Wie bei anderen Notes-Elementen können Sie auch bei Navigatoren Ihre Entwürfe sowohl im Notes-Client als auch im Webbrowser testen. Wählen Sie hierzu den entsprechenden Menübefehl im Menü GESTALTUNG.

9.1.7 Arbeiten mit Navigatoreigenschaften

Sie werden es gemerkt haben: Vor dem Speichern eines neuen Navigators will dieser erst benannt werden. Der Name und weitere Einstellungen wurden als Navigatoreigenschaften auf zwei Registerkarten untergebracht (vgl. Abbildung 9.5).

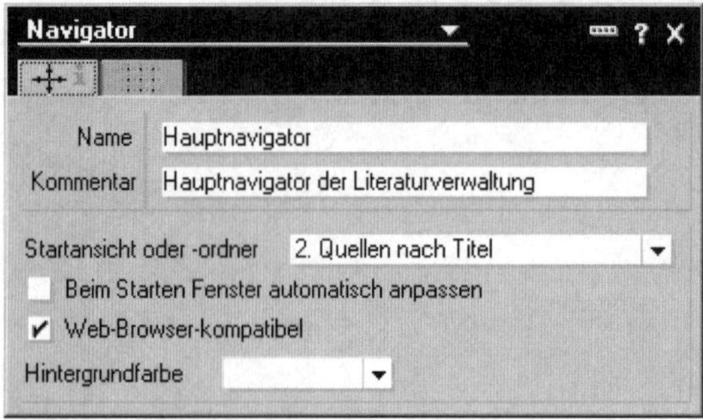

Abbildung 9.5: Navigatoreigenschaften

Registerkarte »Info«

Diese können mit GESTALTUNG/EIGENSCHAFTEN: NAVIGATOR angezeigt werden und bieten auf der Registerkarte INFO folgende Möglichkeiten:

- **Name**: Bei der Namensgebung gelten die gleichen Richtlinien wie bei der Benennung von Masken. Der Name darf bis zu 64 Zeichen lang sein einschließlich eventueller Alias-Bezeichnungen.
- **Auswahl der Hintergrundfarbe**
- **Bestimmen der Startansicht bzw. des Startordners:** Die Ansicht (oder der Ordner), die (der) hier festgelegt wird, erscheint immer *beim ersten Anzeigen des Navigators.*
- **Festlegen der Navigatorbreite**: Durch die Auswahl der Option BEIM STARTEN FENSTER AUTOMATISCH ANPASSEN wird das Navigatorfenster in seiner Breite automatisch an das breiteste Element angepasst, ansonsten gilt die jeweils letzte vom Benutzer vorgenommene Einstellung.
- **Webbrowser-Kompatibilität**: Diese Einstellung (bei einem neuen Navigator voreingestellt) legt das Verhalten des Navigators im Web fest und ist ein Überbleibsel aus alten Domino-Tagen (darauf gehen wir im folgenden Abschnitt ein). Die Webkompatibilität steht nur zur Verfügung, wenn diese Option eingeschaltet ist.

Registerkarte »Raster«

Darüber hinaus steht auf der Registerkarte RASTER die Möglichkeit zur Verfügung, Navigatorobjekte automatisch an einem Gitter auszurichten (vgl. Abbildung 9.6). Die Größe des Rasters kann hierbei im Bereich von 1-16 pixelweise verändert werden.

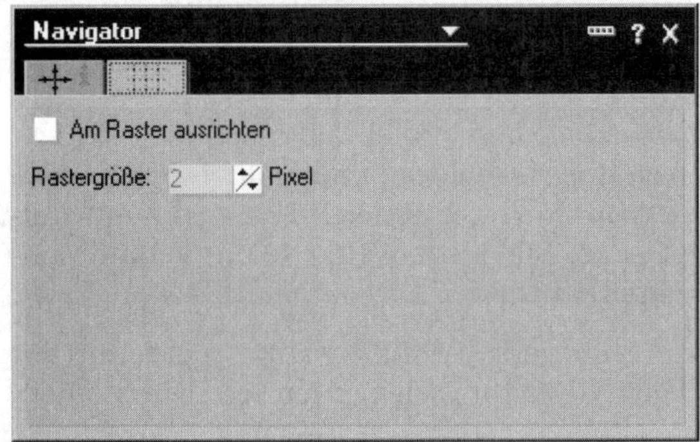

Abbildung 9.6: Registerkarte »Raster«

9.2 Navigatoren im Web

Wir wissen bereits, wie Masken und Ansichten sich im Medium Web verhalten, also stellt sich die Frage: Was wird aus Navigatoren? Betrachten wir hierzu einfach den eben erstellten Navigator im Webbrowser beispielsweise mittels der Option VORSCHAU IM WEBBROWSER (vgl. Abbildung 9.7).

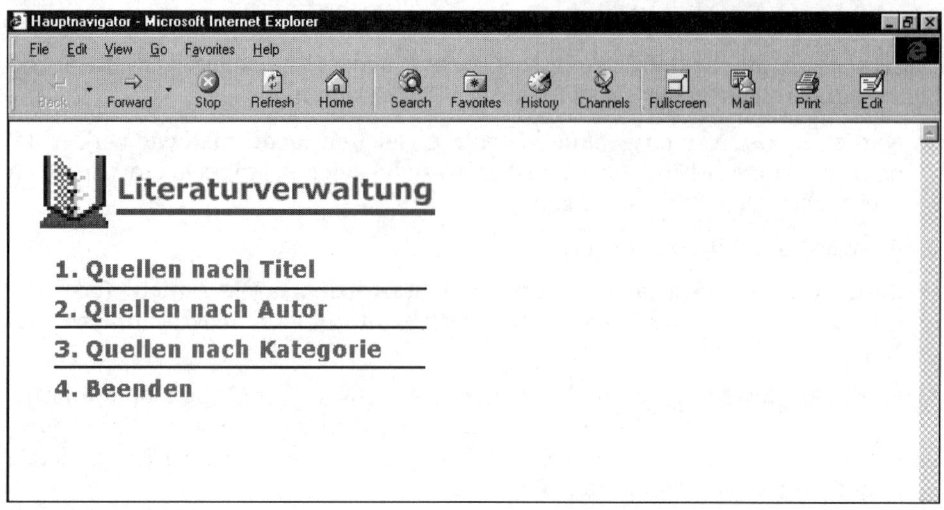

Abbildung 9.7: Navigator im Webbrowser

Stellen Sie hierbei sicher, dass im Navigator die Option WEBBROWSER KOMPATIBEL eingeschaltet ist.

Aufmerksame Beobachter werden feststellen, dass der Navigator im Webbrowser als eine Grafik interpretiert wird, in deren Rahmen bestimmte Bereiche – nämlich die von uns definierten Textelemente – Maus-sensitiv sind und sich wie HTML-Verknüpfungen verhalten.

9.2.1 Navigatoren als Imagemaps

Entwicklern mit HTML-Erfahrung dürfte diese Funktionalität bekannt vorkommen. Sie wird in der HTML-Welt als *Imagemap* bezeichnet und bietet die Möglichkeit, eine Grafik in mehrere Regionen zu unterteilen (im Extremfall bis hinunter zu einzelnen Bildpunkten), wobei jede davon mit einer anderen URL verknüpft werden kann. Ein nahe liegendes Beispiel ist das Bild einer Weltkarte mit Verknüpfungen zu den offiziellen Websites der einzelnen Länder.

Seit der Domino-Version 5.0 kann die Imagemap-Funktionalität nicht nur mit Navigatoren, sondern auch mit anderen Gestaltungselementen realisiert werden, welche das Einfügen von Bildern unterstützen.

Alle Navigatorelemente werden – für den Entwickler vollkommen transparent – zu einer einzigen Imagemap zusammengesetzt. Lediglich dynamische Funktionen wie das Hervorheben oder die Ausführung von Formeln und Befehlen, die nicht Web-kompatibel sind, werden im Webbrowser nicht unterstützt (einige dieser Funktionen lassen sich jedoch prinzipiell mit JavaScript- oder Server-seitigen Agenten realisieren).

Die einzige Ausnahme hierbei stellen *Linienzüge* dar. Sie werden zwar im Webbrowser dargestellt, die ihnen zugewiesene Aktion kann allerdings nicht als URL interpretiert werden. Dies lässt sich jedoch ohne weiteres verschmerzen – oder kennen Sie eine Webanwendung, bei der eine URL-Verknüpfung anhand einer Linie dargestellt wird?

Wenn Sie die Datenbankeigenschaft *Webzugriff: JavaScript beim Erstellen von Seiten verwenden* aktivieren, funktioniert auch unser Befehl zum Beenden der Anwendung. Dies liegt jedoch daran, dass der Domino-Befehl `@Command ([FileClose]` als einer der wenigen vom Webbrowser interpretiert wird. Ansonsten gelten auch die Einschränkungen beim Einsatz von `@Command`-Befehlen im Webbrowser.

9.2.2 Einbindung von Navigatoren in Masken

Navigatoren können nicht nur als eigenständige Webseiten eingesetzt, sondern auch in Masken eingebunden werden.

> Diese Option ist insofern noch nützlicher als bei Ansichten, da die Navigatoren keinerlei Möglichkeiten zum Einbetten von HTML-Tags anbieten. Dies funktioniert eben nur in Verbindung mit einer Maske.

Die Vorgehensweise ist hierbei ähnlich wie bei Ansichten, d.h. der Inhalt des Navigators wird anhand eines speziellen Gestaltungselements, des *eingebetteten Navigators*, im Rahmen einer so genannten Vorlagemaske dargestellt (vgl. Abbildung 9.8).

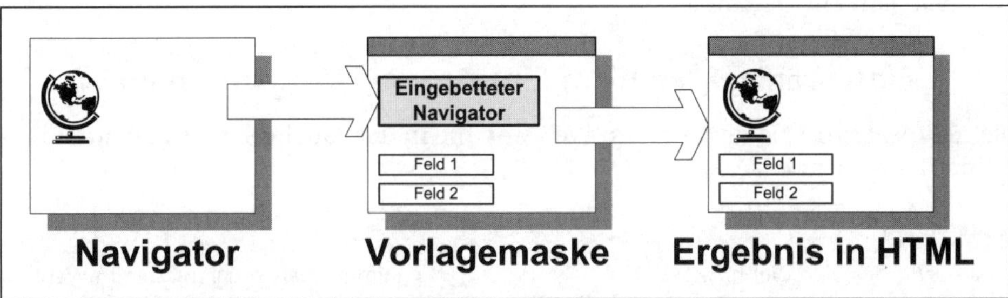

Abbildung 9.8: Masken als Vorlagen für Navigatoren

> Im Gegensatz zu Ansichten ist das Einbetten *mehrerer* Navigatoren in eine Maske möglich und erfolgt einfach, indem man mehrere EINGEBETTETE NAVIGATOREN nacheinander in die Maske einfügt.

Darüber hinaus ist die Auswahl des Navigators nicht statisch, sondern kann dynamisch, anhand einer Auswahlformel, erfolgen. Auch hier ist die Vorgehensweise analog wie bei den Ansichten.

Mit Standardvorlagen arbeiten

Weiterhin lassen sich anhand reservierter Maskennamen auch für Navigatoren STANDARDVORLAGEMASKEN definieren, die beim *Aufruf des Navigators* automatisch angezeigt werden.

> Ähnlich wie bei Ansichten besteht der Vorteil also darin, dass der Navigator und nicht die Maske referenziert wird.

Eine Vorlagemaske ist anhand einer reservierten Bezeichnung im Namen (oder im Alias) zu erkennen. Es kommen zwei Bezeichnungen in Betracht:

- **$$NavigatorTemplate for Navigatorname**: bezeichnet die Standardvorlage für den Navigator NAVIGATORNAME.
- **$$NavigatorTemplateDefault**: bezeichnet die Standardvorlage für alle Navigatoren, denen sonst keine Vorlagemaske zugewiesen wurde.

Um die Maske VORLAGE FÜR ANSICHT QUELLEN, welche wir im vorigen Kapitel erstellt haben, auch über den Navigatornamen referenzieren zu können, sind folgende Schritte notwendig:

1. Öffnen Sie die Maske VORLAGE FÜR ANSICHT QUELLEN im Gestaltungsmodus.
2. Ergänzen Sie den Namen der Maske um einen weiteren Alias-Eintrag:

```
|$$NavigatorTemplate for Hauptnavigator
```

3. Speichern Sie die Maske.

9.2.3 Einschränkungen beim Einsatz von Navigatoren im Web

Beim Einsatz von Navigatoren im Web sind die in der Tabelle 9.2 dargestellten Einschränkungen zu beachten.

Allgemein	
Farbdarstellung im Webbrowser	Stimmt manchmal mit der im Webbrowser nicht überein
Navigatorelemente	
Dynamisches Verhalten (Umrandungen und Änderungen des Füllbereichs)	Nicht unterstützt
HTML-Tags nicht in Namen von Navigatorelementen	Nicht unterstützt
Verknüpfungen von Linienzügen mit einer URL	Nicht unterstützt
Einbettung von Navigatoren in Masken	
Transparenter Hintergrund	Man kann einem Navigator keine Transparenz verleihen, wodurch die Einbettung in Masken mit einem Hintergrundbild erschwert wird.

Tabelle 9.2: Einschränkungen von Navigatoren beim Einsatz im Web

10 Gliederungen verwenden

Für jedes menschliche Werk – z.B. ein Gemälde, Raumschiff – gilt, dass ab einer bestimmten Komplexität Dinge nicht einfach ad hoc realisiert werden können, sondern geplant werden müssen. Die Planung beginnt immer mit einer *Skizze*. Software-Anwendungen sind da keine Ausnahme. Im Gegenteil: Rund um die Techniken, Verfahren und Methoden zur Planung komplexer Software-Systeme entwickelte sich im Laufe der letzten Jahrzehnte eine ganze Wissenschaft. Ganz so tief wollen wir in diesem Kapitel nicht einsteigen. Vielmehr soll ein Domino-Gestaltungselement vorgestellt werden, mit dem es uns möglich wird, eine Domino-Anwendung in strukturierter Weise zu skizzieren: die *Gliederung*.

Funktionen einer Gliederung

Eine Gliederung ermöglicht uns eine einfache Erstellung und Formatierung von hierarchischen Baumstrukturen, bestehend aus Verknüpfungen und sonstigen Elementen (vgl. Abbildung 10.1).

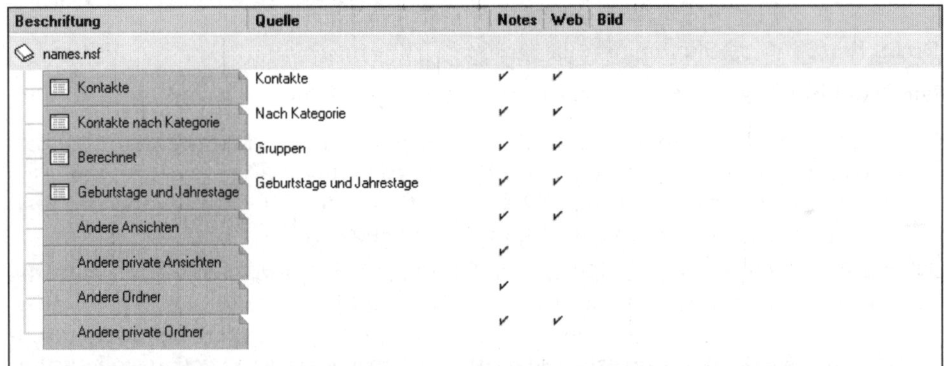

Abbildung 10.1: Gliederung als Planungsinstrument und Navigationswerkzeug

Diese erfüllen im Wesentlichen drei Funktionen:

- **Skizzierung bzw. Planung einer Anwendung**: Wie bereits erwähnt, können Sie mit einer Gliederung in Top-down-Methode die Struktur einer Anwendung festlegen und die wichtigsten Teilbereiche von vornherein abgrenzen. Aufgrund des hierarchischen Charakters von Gliederungen steht zudem einer schrittweisen Verfeinerung der Struktur nichts im Wege.
- **Navigation**: Neben der Vorstrukturierung einer Anwendung dient eine Gliederung auch rein operativen Zwecken, nämlich als ein mächtiges Navigationswerkzeug. Gliederungen können durchaus als eine Erweiterung der *Navigatoren* betrachtet werden, sind diesen jedoch in weiten Teilen deutlich überlegen. Beispiel: Wenn man mit Navigatoren eine hierarchische Baumstruktur einer Gliederung nachbauen will, ist für jeden Gliederungspunkt zwangsläufig ein eigener

Navigator erforderlich, während die gleiche Funktionalität im Rahmen einer einzigen Gliederung bewältigt werden kann.

- **Standardisierung der Benutzerführung**: Dadurch, dass Domino uns ein vorgefertigtes Gestaltungselement zur Navigation anbietet, ergibt sich der angenehme Nebeneffekt, dass die Art und Weise der Navigation zunehmend anwendungsübergreifend standardisiert werden kann. Die hierarchische Baumstruktur (vorzugsweise am linken Rand des Anzeigefensters) ist im Web heute bereits eine Art De-facto-Standard im Bereich der Benutzerführung.

Domino-Gliederungen weisen den Vorteil auf, dass sie sich nahtlos sowohl in das Umfeld des klassischen Notes-Clients als auch in das Web einfügen. So kann im Notes-Client in einer Gliederung Drag&Drop-Funktionalität genutzt werden. Im Web lässt sich eine Gliederung wahlweise als HTML- oder als Java-Applet darstellen. Zudem sind Gliederungen komplett programmierbar und können an eine Vielzahl von Anwendungskontexten angepasst werden. Wie das geht, wollen wir uns im Folgenden ansehen.

10.1 Gliederung erstellen

10.1.1 Vorgehensweise bei der Erstellung einer Gliederung

Drei Schritte zur Erstellung einer Gliederung

Die Erstellung und Verwendung einer Gliederung vollzieht sich in drei Schritten:

1. Zunächst muss die *Struktur*, also das Grundgerüst und die Funktionalität, einer Gliederung festgelegt werden. Das Konzept von Gliederungen sieht es vor, dass dieser Schritt vom darauf folgenden Formatieren der Gliederung (also der Festlegung einer Präsentationsform) konzeptuell getrennt ist.
2. In einem zweiten Schritt gilt es, die Gliederung zu *formatieren*. Die Trennung von Inhalt und Präsentation erweist sich als äußerst flexibel, denn sie ermöglicht uns die Verwendung ein und derselben Gliederung in mehreren unterschiedlichen Kontexten und – das ist das Schöne daran – mit jeweils unterschiedlichen Formatierungsmerkmalen.
3. Schließlich soll die Gliederung im Kontext einer bestimmten Anwendung *platziert* werden. Hier kann man die Gliederung entweder als Bestandteil einer Rahmengruppe verwenden oder aber direkt in ein Gestaltungselement, also ein Dokument, eine Seite oder eine Maske, einbetten.

10.1.2 Struktur und Funktionalität einer Gliederung festlegen

Outline-Designer

Zur Festlegung der Struktur bzw. der Funktionalität einer Gliederung stellt uns Domino ein Werkzeug namens *Outline-Designer* zur Verfügung. Dieses wird aufgerufen, wenn wir eine neue Gliederung erstellen oder aber eine bestehende bearbeiten wollen. Das Verfahren verläuft in beiden Fällen analog zu dem bei anderen Domino-Gestaltungselementen.

Gliederungen erstellen und nachbearbeiten

- Um eine neue Gliederung zu erstellen, kann man im Domino Designer entweder den Menübefehl ERSTELLEN/GESTALTUNG/GLIEDERUNG aufrufen oder aber direkt in der Gestaltungsansicht GLIEDERUNGEN die Schaltfläche NEUE GLIEDERUNG anklicken.
- Um eine bestehende Gliederung zu bearbeiten, muss diese in der Gestaltungsansicht GEMEINSAMER CODE/GLIEDERUNGEN mit einem Doppelklick geöffnet werden.

Nach dem Erstellen einer neuen oder dem Aufruf einer bestehenden Gliederung wird der Outline-Designer angezeigt (vgl. Abbildung 10.2).

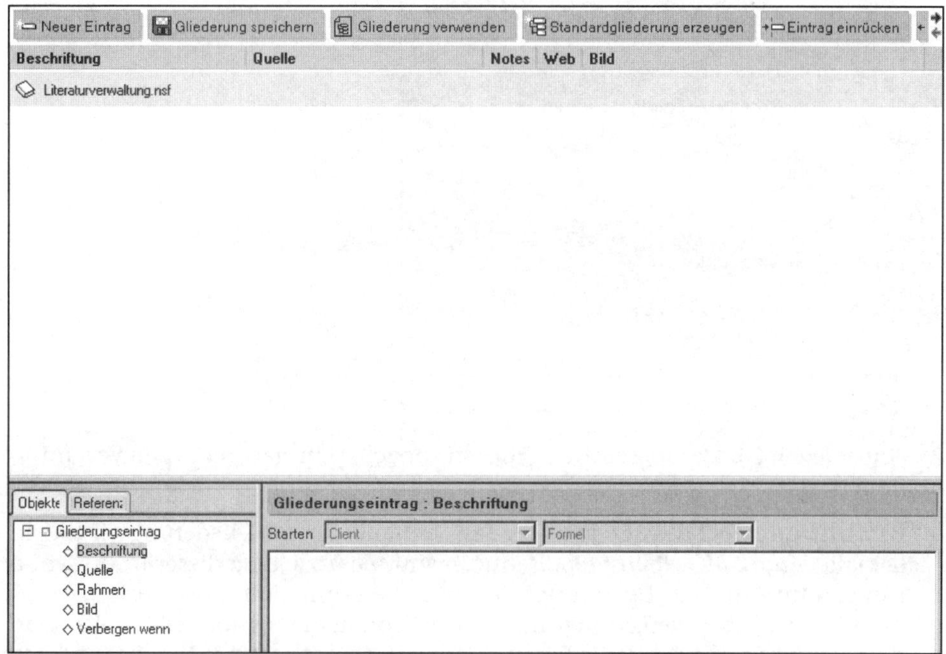

Abbildung 10.2: Outline-Designer

Gliederungseinträge

Eine Gliederung setzt sich aus mehreren *Gliederungseinträgen* zusammen. Ein Gliederungseintrag stellt also einen Knoten in der Baumstruktur dar, an den weitere Knoten angehängt werden können bis hinunter zur untersten Ebene, in der die Einträge unmittelbar mit einer Verknüpfung (etwa einem URL) oder einer Aktion verbunden werden.

In Zusammenhang mit Gliederungseinträgen erfüllt der Outline-Designer drei Funktionen:

- Erstellung von neuen Gliederungseinträgen
- Verbergen von Gliederungseinträgen
- Positionierung von Gliederungseinträgen in der hierarchischen Baumstruktur.

Erstellung von neuen Einträgen

Ein neuer Gliederungseintrag kann entweder mit dem Menübefehl ERSTELLEN/GLIEDERUNGSEINTRAG (auch kontextsensitiv) oder mit der Schaltfläche NEUER EINTRAG erstellt werden. Daraufhin wird das EIGENSCHAFTEN-Dialogfenster des betreffenden Gliederungseintrags angezeigt, welches die Manipulation der einzelnen Eintragseinstellungen ermöglicht (vgl. Abbildung 10.3).

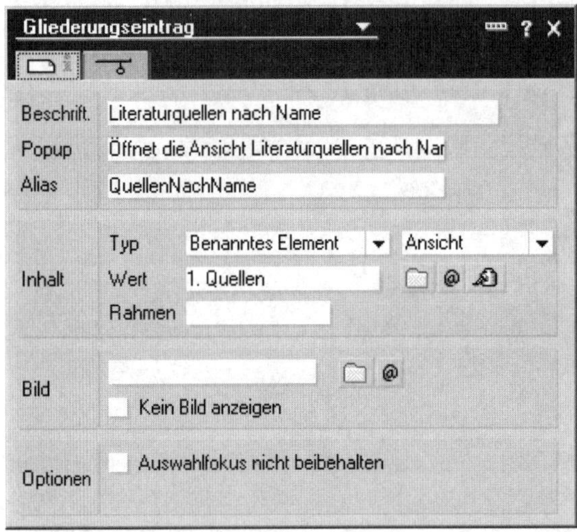

Abbildung 10.3: Eigenschaften eines Gliederungseintrags

Zu einem jeden Gliederungseintrag gehören zunächst einmal drei Typen von Informationen:

- **Beschriftung**: legt die Bezeichnung fest, anhand der ein Gliederungseintrag in der Gliederung *in Textform* repräsentiert wird. Zusätzlich zu dieser Information kann mittels des *Pop-Up*-Eintrags eine Zusatzinformation angegeben werden. Diese wird bei der »Berührung« des Eintrags mit der Maus angezeigt, falls nicht die gesamte Beschriftung des Eintrags angezeigt werden kann. Wie bei anderen Gestaltungselementen auch kann zusätzlich ein Alternativname, also ein *Alias,* angegeben werden, welcher vor allem zu Zwecken der Referenzierung bei Formeln und Scripts nützlich ist.

- **Inhalt**: entscheidet, was beim Aktivieren eines Gliederungseintrags passieren soll. Es stehen drei Möglichkeiten zur Verfügung: der Aufruf eines *benannten Elements,* also eines Domino-Gestaltungselements (z.B. eine Ansicht oder Maske), die *Ausführung eines Befehls* (z.B. Schließen der Datenbank) sowie der *Aufruf einer URL.* Sowohl benannte Elemente als auch URLs können nicht nur als statische Werte angegeben, sondern dynamisch per Domino-Formel berechnet werden. Wenn zudem die betreffende Gliederung im Kontext einer Rahmengruppe verwendet wird, lässt sich für benannte Elemente und URLs der *Zielrahmen* angeben, in dem die Ergebnisse des Aufrufs angezeigt werden sollen.

- **Bild**: ermöglicht die Angabe eines Bilds, welches ergänzend zur Beschriftung in der Gliederung angezeigt wird. Auch hier ist eine dynamische Festlegung des Bilds möglich, solange dieses bereits als *Ressource* in der Datenbank vorliegt.

Das Bild, das Sie im Zusammenhang mit einer Gliederung verwenden, wird hinsichtlich der Größe automatisch an eine Breite bzw. Höhe von 16 Pixel angepasst. Es empfiehlt sich also, die verwendeten Bilder bereits im Vorfeld an diese Dimensionierung anzupassen.

In unserer Gliederung wollen wir zunächst einmal Verknüpfungen zu unterschiedlichen Ansichten anbieten. Im Folgenden soll exemplarisch am Beispiel der Ansichten QUELLEN NACH NAME die Vorgehensweise bei der Erstellung eines Eintrags aufgezeigt werden. Folgende Schritte sind hierfür erforderlich:

1. Klicken Sie im Outline-Designer auf die Schaltfläche NEUER EINTRAG.
2. Legen Sie die Beschriftung des Eintrags fest (z.B. »Literaturquellen nach Name«).
3. Legen Sie als Typ des Eintrags BENANNTES ELEMENT fest und wählen Sie ANSICHT als Typ des anzuzeigenden Elements aus. Durch die Betätigung des gelben Ordner-Symbols kann anschließend die Ansicht QUELLEN NACH NAME ausgewählt werden.

Neben dem beschriebenen Weg, einen Gliederungseintrag von Grund auf neu zu erstellen, gibt es noch eine schnellere Methode: Wenn Sie im Rahmen eines Gliederungseintrags eine Verknüpfung zu einem benannten Element, einem Dokument oder einer Domino-Datenbank herstellen wollen, gehen Sie wie folgt vor:

1. Markieren Sie in der *Gestaltungsansicht* das benannte Element Ihrer Wahl (beispielsweise eine Maske) und wählen Sie den Menübefehl BEARBEITEN/ALS VERKNÜPFUNG KOPIEREN/BENANNTES ELEMENT.
2. Positionieren Sie in der Gliederung, in welche das benannte Element aufgenommen werden soll, den Cursor an der entsprechenden Stelle und wählen Sie BEARBEITEN/EINFÜGEN.

Das dargestellte Beispiel gilt für benannte Elemente. Falls Sie stattdessen eine Verknüpfung auf diese Weise kopieren wollen, ist lediglich eine andere Option im Menü BEARBEITEN/ALS VERKNÜPFUNG KOPIEREN zu wählen.

Gliederungseinträge an die Ausführung einer Aktion knüpfen

Ähnlich wie oben dargestellt gestaltet sich die Vorgehensweise bei der Einbeziehung weiterer Ansichten in unsere Beispielgliederung. Schauen wir uns darüber hinaus an, wie man eine Gliederung auch zur Ausführung von *Befehlen* verwenden kann. In diesem Fall soll ein Eintrag in der Gliederung dazu dienen, die Datenbankapplikation zu beenden. Hierzu sind folgende Schritte erforderlich:

1. Erstellen Sie einen neuen Gliederungseintrag und beschriften Sie diesen mit »Literaturverwaltung beenden«.
2. Geben Sie als Typ der Gliederung »Aktion« an.
3. Rufen Sie das Formelfenster auf und geben Sie als die auszuführende Aktion folgenden Formelausdruck an (vgl. Abbildung 10.4):

```
@Command ([FileCloseWindow])
```

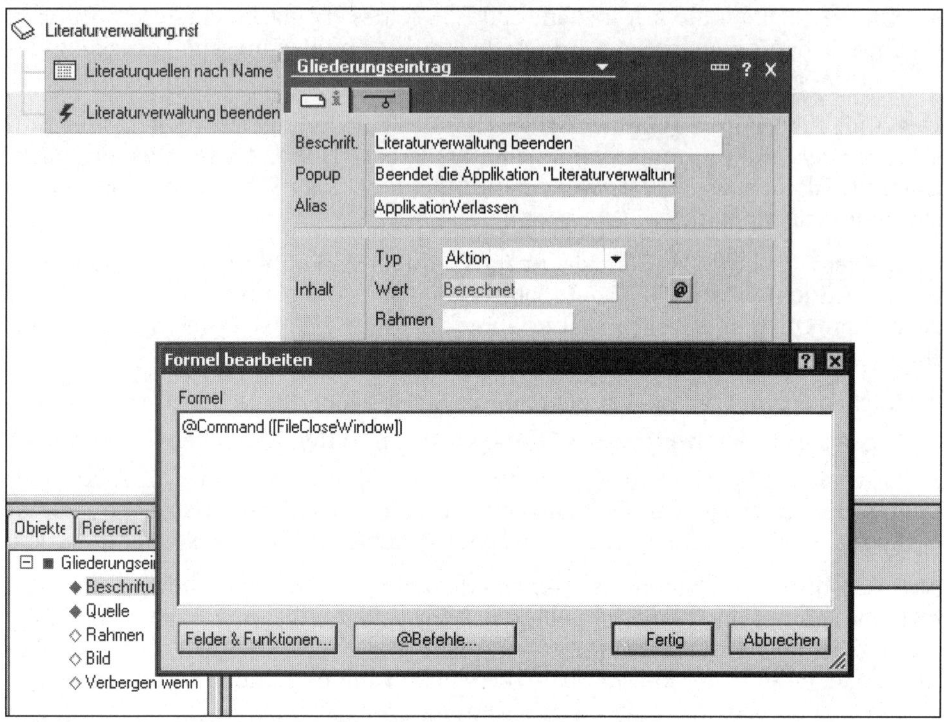

Abbildung 10.4: Gliederungseintrag zur Ausführung einer Aktion

Beim Ausdruck `@Command ([FileCloseWindow])` handelt es sich um einen so genannten `@Command`-Ausdruck zur Schließung des aktuellen Applikationsfensters.

Gliederungseinträge verbergen

Ein weiteres Feature, welches wir bereits kennen, ist das kontextabhängige Verbergen von Gliederungseinträgen, welches auf der Registerkarte VERBERGEN der Gliederungseintrageigenschaften festgelegt werden kann (vgl. Abbildung 10.5).

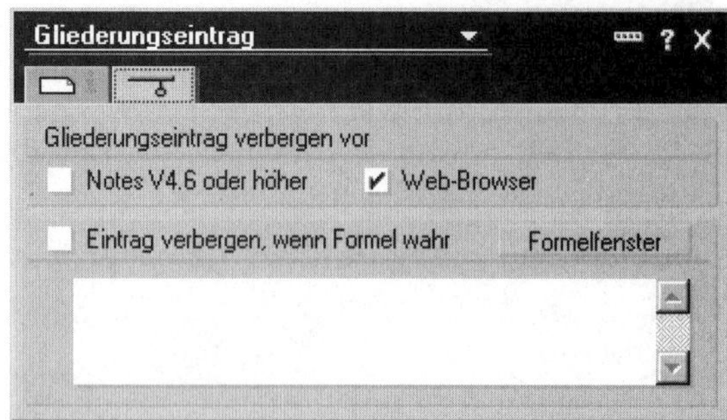

Abbildung 10.5: Gliederungseintrag verbergen

Die Funktion von `@Command ([FileCloseWindow])`, die wir im letzten Abschnitt verwendeten, bewirkt im Notes-Client die Schließung des aktuellen Fensters. Im Webbrowser wird hingegen die aktuelle Datenbank erneut aufgerufen, wodurch die unter der Datenbankeigenschaften festgelegte Startoption ausgeführt wird (standardmäßig wird im Web die Liste aller Ansichten und Ordner angezeigt, dies lässt sich jedoch ändern). Falls dieses Verhalten nicht erwünscht wird, können wir den betreffenden Gliederungseintrag im Web einfach ausblenden. Hierzu ist – wie in der Abbildung 10.5 dargestellt – die VERBERGEN-Option *Webbrowser* zu aktivieren.

Positionierung von Einträgen in der hierarchischen Baumstruktur

Sind die gewünschten Gliederungseinträge erstellt, gilt es, deren Reihenfolge und hierarchische Anordnung festzulegen.

Hierarchische Ebene festlegen

Mit den Schaltflächen EINTRAG EINRÜCKEN bzw. EINTRAG AUSRÜCKEN lässt sich die hierarchische Anordnung der Gliederungseinträge festlegen, indem ein bestimmter Gliederungseintrag gegenüber seinem Vorgänger in der Gliederung um eine Ebene aus- oder eingerückt wird.

Reihenfolge per Drag&Drop verändern

Ferner kann die Reihenfolge der Gliederungseinträge jederzeit geändert werden. Hierzu reicht es – per Drag&Drop – einen bestimmten Gliederungseintrag auszuwählen und mit der Maus an die gewünschte Stelle zu verschieben.

Wir werden in unserer Gliederung einen weiteren Eintrag bzw. eine Gruppe von Einträgen erstellen. Hierbei soll der oberste Eintrag LITERATURQUELLEN NACH TYP eine Ansicht aufrufen, die alle Literaturquellen zunächst nach dem Typ der Quelle kategorisiert (Buch, URL, Zeitschriftenartikel). Ferner sollen in einer niedrigeren Gliederungsebene weitere Ansichten platziert sein, die *nur Dokumente eines Quellentyps auflisten*. Wir sprechen somit über vier zusätzliche Gliederungseinträge, die jeweils eine eigene Ansicht aufrufen (wir gehen davon aus, dass diese Ansichten bereits angelegt wurden, vgl. Abbildung 10.6).

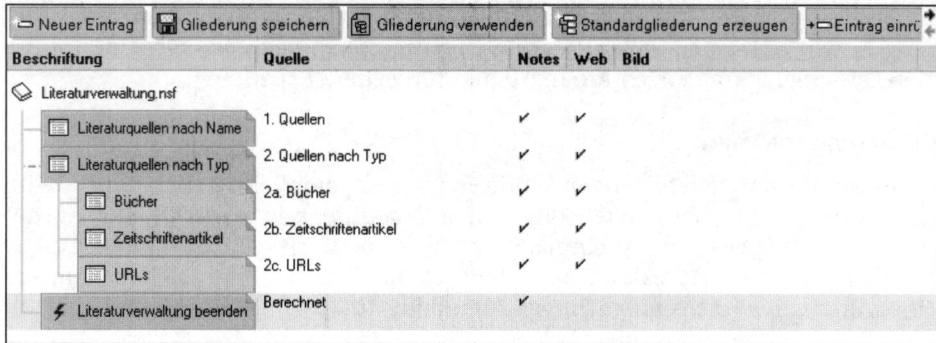

Abbildung 10.6: Hierarchisch angeordnete Gliederungseinträge

Hierzu sind folgende Schritte erforderlich:

1. Erstellen Sie zunächst den Gliederungseintrag für den Aufruf der Ansicht LITERATURQUELLEN NACH TYP gemäß der Vorgehensweise in den obigen Abschnitten. Verschieben Sie den Gliederungseintrag per Drag&Drop an die gewünschte Stelle.
2. Erstellen Sie auf die gleiche Weise drei weitere Gliederungseinträge BÜCHER, ZEITSCHRIFTENARTIKEL und URLS und rücken Sie diese eine hierarchische Ebene tiefer ein, wie in der Abbildung 10.6 dargestellt.

Platzhalter verwenden

Es gibt eine spezielle Art von Gliederungseinträgen – die so genannten *Platzhalter.* Platzhalter sind eine Art Residualgröße: Mit ihnen kann man alle gemeinsamen und privaten Ansichten bzw. Ordner, *welche noch nicht in der Gliederung berücksichtigt wurden,* anhand eines einzelnen Gliederungseintrags in die Gliederung einbinden. Dementsprechend existieren vier Arten von Platzhaltern: für GEMEINSAME ANSICHTEN, PRIVATE ANSICHTEN sowie für GEMEINSAME ORDNER und PRIVATE ORDNER.

Platzhalter einbinden

Platzhalter können mit dem Menübefehl ERSTELLEN (auch kontextsensitiv) eingebunden werden, wobei der gewünschte Typ auszuwählen ist. Pro Gliederung lässt sich nur ein Platzhalter des jeweiligen Typs einbinden.

> Gliederungseinträge für private Ansichten bzw. Ordner werden im Web nicht unterstützt.

Standardgliederung erzeugen

Oftmals wird man bei der Erstellung einer Anwendung nicht wie im Idealfall top down vorgehen, sondern zunächst die einzelnen Gestaltungselemente wie Masken und Ansichten erstellen und erst in einem zweiten Schritt diese im Rahmen einer Gliederung anordnen. In diesem Fall bietet der Outline-Designer eine »Abkürzung«: Mit der Schaltfläche STANDARDGLIEDERUNG ERZEUGEN wird nämlich eine Gliederung erstellt, welche bereits standardmäßig sämtliche »gliederungstauglichen« Elemente – also alle Ansichten und Ordner – enthält. Man wird die Standardgliederung in den seltensten Fällen in ihrer Ursprungsform belassen, nichtsdestotrotz bietet sie einen guten ersten Anfangspunkt für weitere Experimente.

Gliederung speichern

Bevor wir uns nun den folgenden Schritten widmen, empfiehlt es sich, die erstellte Gliederung zu speichern. Wie jedes andere Gestaltungselement will eine Gliederung vor dem Speichern erst einmal benannt werden. Dies erfolgt im EIGENSCHAFTEN-Dialogfenster GLIEDERUNG. Auch hier ist optional im Feld ALIAS die Angabe eines Alternativnamens möglich (vgl. Abbildung 10.7).

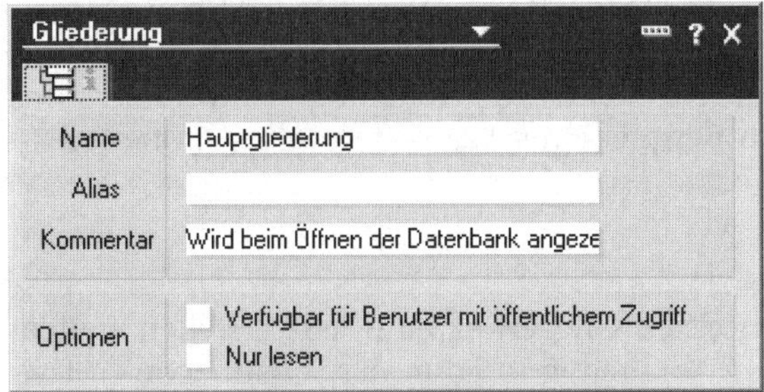

Abbildung 10.7: Eigenschaften einer Gliederung

Die Optionen einer Gliederung betreffen zum einen die Möglichkeit, eine Gliederung auch Benutzern mit öffentlichem Zugriff zu ermöglichen. Die »Öffentlichkeit« des Zugriffs stellt in der Domino-Terminologie eine spezielle Art des Privilegs dar. Werden bestimmte Gestaltungselemente – in diesem Fall Gliederungen – explizit als öffentlich gekennzeichnet, können sie auch von Benutzern mit sehr eingeschränkten Zugriffsrechten eingesehen werden. Dies macht insbesondere hierbei Sinn, da sie ja häufig auf der »Eintrittsseite« in eine Applikation platziert werden. Mehr Informationen zum Thema *Öffentlicher Zugriff* finden Sie im Kapitel zu Sicherheitskonzepten von Domino.

10.1.3 Gliederung formatieren

Da wir jetzt mit den Grundlagen von Gliederungen vertraut sind, kommt die nächste Frage: Wie lässt sich eine Gliederung formatieren? Denn, wie bereits erwähnt, wurde bis jetzt ja nur die Struktur und die Funktionalität der Gliederung festgelegt, welche von der eigentlichen Präsentation jedoch getrennt sind. Domino Designer verlangt an dieser Stelle, dass wir die frischgebackene Gliederung zunächst in einem bestimmten Kontext – etwa einer Seite oder einer Maske – platzieren. Erst dann können wir die endgültigen Formatierungsmerkmale festlegen. Diese Trennung hat natürlich den Vorteil, dass wir ein und dieselbe Gliederung in mehreren unterschiedlichen Kontexten verwenden können, ohne die Strukturierungs- und Programmierarbeit jedes Mal neu leisten zu müssen. Vielmehr spiegeln sich sämtliche Änderungen an der Gliederungsstruktur überall dort wider, wo diese eingesetzt wird!

Gliederungskontext festlegen

Es gibt zwei Möglichkeiten, eine Gliederung zu verwenden:

- Man kann vom Domino Designer anhand einer Gliederung eine *Seite* erstellen lassen und diese in einer Rahmengruppe einsetzen. In der Mehrzahl der Fälle dürfte sich die so erstellte Seite im linken Rahmen einer Rahmengruppe befinden.
- Der gleiche Effekt – jedoch ohne Frames – lässt sich erzielen, wenn man eine Gliederung in eine bereits bestehende Seite oder Maske *einbettet*. In diesem Fall lässt sich die Platzierung der Gliederung etwa mit einer unsichtbaren Tabelle sicherstellen.

Die eigentliche Formatierung findet – in Abhängigkeit von der gewählten Alternative – erst in der betreffenden Seite oder Maske statt. In beiden Fällen stehen uns jedoch die gleichen Formatierungsmöglichkeiten zur Verfügung, weswegen wir uns die Formatierung im Folgenden am Beispiel einer Seite – also ohne Einbettung – ansehen wollen.

Gliederung verwenden

Wenn wir basierend auf der neu erstellten Gliederung eine Seite erstellen wollen, bietet uns der Outline-Designer eine Abkürzung in Form der Schaltfläche GLIEDERUNG VERWENDEN an. Jedes Mal, wenn wir diese betätigen, generiert Domino Designer eine *neue Seite* und bettet die Gliederung automatisch in diese ein. Im Grunde genommen nimmt uns Domino Designer die (alternative) manuelle Ausführung der folgenden Schritte ab:

1. Eine neue Seite erstellen
2. Gliederung – mit dem Befehl ERSTELLEN/EINGEBETTETES ELEMENT/GLIEDERUNG – in die Seite einbetten

Das Ergebnis ist in beiden Fällen (automatisch oder manuell) identisch (vgl. Abbildung 10.8), Letzteres sollte natürlich verwendet werden, falls die Gliederung in eine bestehende Seite eingebettet werden soll.

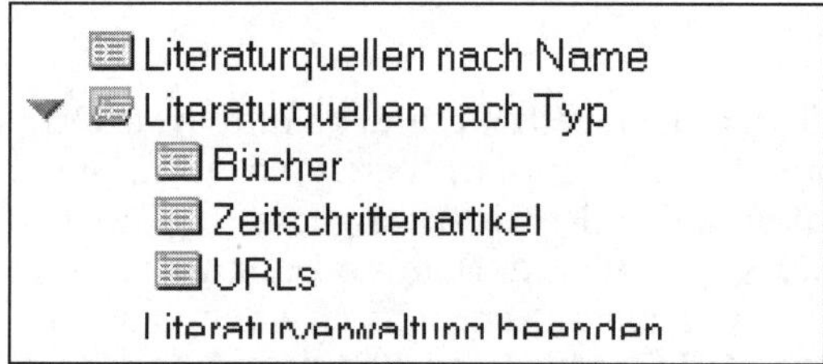

Abbildung 10.8: Gliederung verwenden

Formatierung der Gliederung anpassen

Die Erscheinung der Gliederung kann nun manipuliert werden, indem sie markiert wird und mit der rechten Maustaste die Eigenschaften der *eingebetteten Gliederung* aufgerufen werden. Letztere haben, wie wir sehen werden, mit den Eigenschaften einer Gliederung im Outline-Designer nichts gemein!

Die für die Formatierung einer Gliederung wichtigen Einstellungen befinden sich auf den ersten vier Registerkarten (die letzten drei Registerkarten kennen wir bereits von anderen Elementen).

Die Registerkarte INFO beherbergt die Grundeinstellungen einer eingebetteten Gliederung (vgl. Abbildung 10.9).

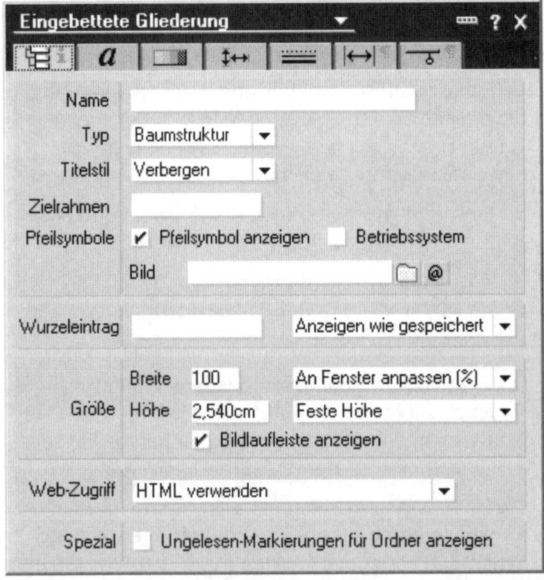

Abbildung 10.9: Eigenschaften einer eingebetteten Gliederung

Die Grundeinstellungen, welche hier festgelegt werden können, sind in der Tabelle 10.1 aufgelistet.

Einstellung	Optionen	Anmerkung
NAME		Bezeichnung der eingebetteten Gliederung
TYP	BAUMSTRUKTUR FLACHE STRUKTUR	Bei Gliederungen mit der *Baumstruktur* werden verschiedene hierarchische Ebenen im Rahmen einer Seite angezeigt (optional kann man einen »twistie« anzeigen lassen), während bei *flachen* Gliederungen jede hierarchische Ebene einzeln angezeigt wird.
TITELSTIL	VERBERGEN EINFACH	Bezieht sich auf die Anzeige des Titels. Dieser wird per Voreinstellung verborgen (VERBERGEN), kann jedoch optional als einfacher Text angezeigt werden (EINFACH). Der Titel ist in diesem Fall die Bezeichnung der obersten Ebene einer Gliederung und – wichtig – dient bei flachen Gliederungen, um eine Ebene höher zurückzukehren.
ZIELRAHMEN	Name des Zielrahmens (Rahmen muss bereits existieren)	Hier lässt sich der Zielrahmen angeben, in dem die Inhalte eines Eintrags angezeigt werden. Die Rahmeneinstellungen, welche in der Gliederungsstruktur festgelegt wurden, haben Vorrang vor dieser Einstellung.
OBERSTER EINTRAG	Alias-Wert des Gliederungseintrags, dessen Untereinträge angezeigt werden sollen	Bei Bedarf lässt sich die Anzeige auf nur einen der Einträge der obersten Hierarchieebene einschränken. In diesem Fall bekommen die Anwender lediglich die Untereinträge des ausgewählten obersten Eintrags zu sehen.

Tabelle 10.1: Grundeinstellungen auf der Registerkarte INFO

Einstellung	Optionen	Anmerkung
OBERSTER EINTRAG (Forts.)		Somit kann der Zugriff auf einen bestimmten Teilbereich der Gliederung (und somit der Anwendung beschränkt werden). Sie können jedoch nur, wenn als Titelstil EINFACH aktiviert wurde, eine Ebene höher navigieren und somit die gesamte Gliederung sehen.
ZUSTAND	ALLE KOMPRIMIEREN WIE GESPEICHERT ALLE ERWEITERN ERSTE EBENE ERWEITERN ANZEIGEN	Bestimmt, in welchem Zustand die Gliederung angezeigt werden soll, wenn sie vom Anwender geöffnet wird.
BREITE	AN FENSTER ANPASSEN AN INHALT ANPASSEN FESTE BREITE	Die Breite der eingebetteten Gliederung kann entweder absolut (FESTE BREITE, Angabe in cm), relativ zur Fensterbreite (AN FENSTER ANPASSEN, Angabe in %) oder dem Inhalt entsprechend sein (AN INHALT ANPASSEN).
HÖHE	FESTE HÖHE AN INHALT ANPASSEN	Die Höhe kann entweder fest sein (FESTE HÖHE, Angabe in cm) oder aber dem Inhalt entsprechend dynamisch angepasst werden (AN INHALT ANPASSEN). Optional lässt sich mit BILDLAUFLEISTE ANZEIGEN ein Scrollbalken anzeigen.
WEBZUGRIFF	HTML VERWENDEN JAVA-APPLET VERWENDEN	Bestimmt die Art der Anzeige im Webbrowser. Bei der Verwendung des Java-Applets werden die Ladezeiten etwas länger, dafür wird aber auch die Anzeige etwas flexibler: Benutzer von Webbrowsern können in diesem Fall Veränderungen bei Berührungen von Elementen mit dem Mauszeiger sehen und sich die Hintergrundbilder anzeigen lassen.

Tabelle 10.1: Grundeinstellungen auf der Registerkarte INFO (Forts.)

Schrifteinstellungen bestimmen

Im Rahmen der Registerkarte SCHRIFT lassen sich die einzelnen Einträge hinsichtlich ihrer Textdarstellung formatieren (vgl. Abbildung 10.10).

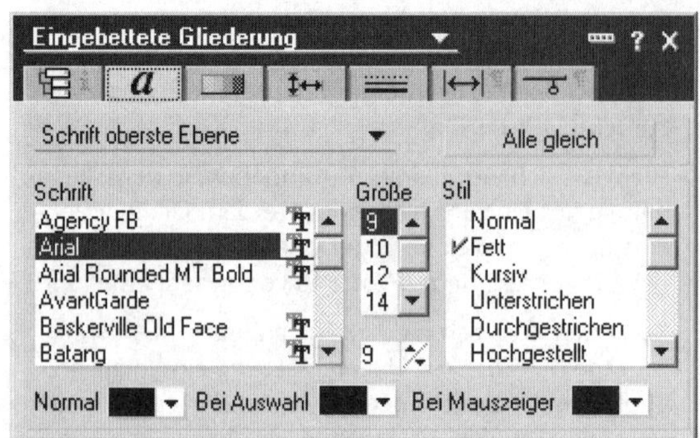

Abbildung 10.10: Schrifteinstellungen bestimmen

Die Schrifteinstellungen umfassen neben den Optionen SCHRIFT, GRÖSSE und STIL, die wir bereits von anderen Elementen her kennen, folgende Zusatzoptionen:

- **Differenzierung nach Ebene des Eintrags**: Die Schrifteinstellungen lassen sich getrennt für den TITEL, die OBERSTE EBENE sowie alle UNTERSTEN EBENEN festlegen. Umfasst also eine Gliederung mehr als zwei Ebenen (was in der Praxis eigentlich aus ergonomischen Gründen eher selten vorkommen sollte), gelten für alle Gliederungseinträge ab der zweiten Ebene die gleichen Schrifteinstellungen.
- **Differenzierung nach Mausaktion**: Die Schriftfarbe kann in Abhängigkeit von der Mausaktion geändert werden. Neben dem normalen Zustand (NORMAL) lassen sich die »Berührung« eines Gliederungseintrags mit der Maus (BEI MAUSZEIGER) sowie das Anklicken (BEI AUSWAHL) farblich kennzeichnen.

Hintergrund ändern

Ähnlich differenziert wie bei der Schrift geht es bei der Festlegung des Hintergrunds einer eingebetteten Gliederung zu (Registerkarte HINTERGRUND, vgl. Abbildung 10.11).

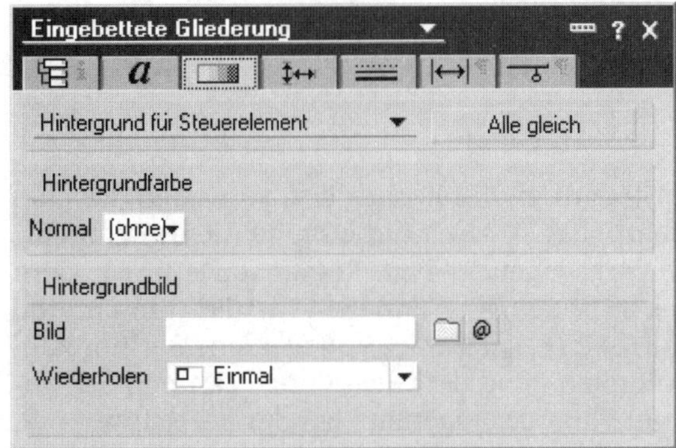

Abbildung 10.11: Hintergrund ändern

Hier können – wiederum getrennt nach STEUERUNGSHINTERGRUND (also gesamte Gliederung), TITELHINTERGRUND, HINTERGRUND OBERSTE EBENEN und HINTERGRUND UNTERSTE EBENEN – folgende Einstellungen vorgenommen werden:

- **Hintergrundfarbe**: Abgesehen vom Steuerungshintergrund gilt auch hier, dass bei allen Elementen zum einen die »normale« Hintergrundfarbe ausgewählt werden kann, zum anderen aber auch die Farben, welche erst bei bestimmten Aktionen angezeigt werden.
- **Hintergrundbild**: Ferner kann jedes Element mit einem Hintergrundbild hinterlegt werden oder besser: mit einem Hintergrundbildmuster, denn im Feld WIEDERHOLEN lässt sich eine Auswahl zwischen mehreren Fliesenmustern treffen.

Layout anpassen

Auf der letzten Registerkarte (LAYOUT, vgl. Abbildung 10.12) lässt sich getrennt für den TITEL, OBERSTE EBENE und UNTERSTE EBENE(N) die Positionierung der einzelnen Gliederungselemente anpassen.

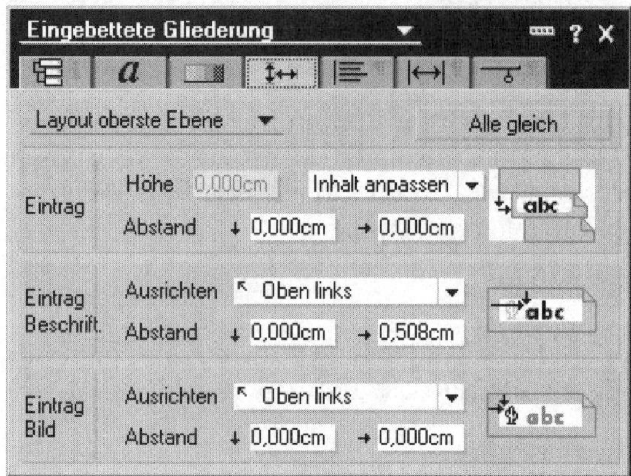

Abbildung 10.12: Layout anpassen

Folgende Optionen stehen hierbei zur Verfügung:

- **Eintrag**: Unter Eintrag ist Layout-technisch das Rechteck zu verstehen, welches ein Bild und die Beschriftung beinhaltet. Während die Breite dieses Rechtecks durch die Breite der Gliederung vorgegeben ist (vgl. Registerkarte INFO), kann man bei der Festlegung der HÖHE zwischen einer festen Höhe (FEST) in cm und einer an den Inhalt angepassten Höhe (INHALT ANPASSEN) wählen. Der horizontale Abstand bezieht sich auf den linken Rand der Gliederung, während der vertikale Abstand die Entfernung zum vorangegangenen Element bezeichnet.
- **Eintrag Beschriftung**: Innerhalb eines Eintrags lässt sich die Positionierung der Beschriftung noch mal beliebig variieren und zwar relativ zum oberen linken Punkt des *Eintrags*. Darüber hinaus kann die Beschriftung – ebenfalls relativ zum Eintrag – ausgerichtet werden.
- **Eintrag Bild**: Gleiches gilt für das Bild. Auch hier lassen sich die Abstände und die Ausrichtung relativ zum *Eintrag* und unabhängig von der Beschriftung festlegen. Somit kann man das Bild durchaus über der Beschriftung platzieren.

Die genannten Konzepte sind noch einmal in der Abbildung 10.13 dargestellt.

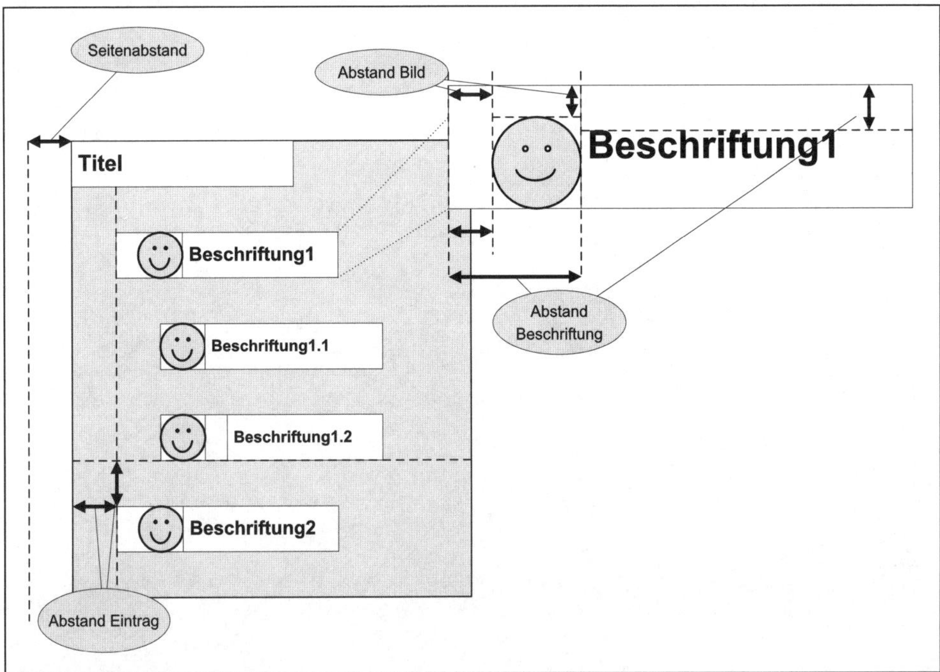

Abbildung 10.13: Gliederung – Layout-Konzepte

Wie wir gesehen haben, ist die Gliederung ein relativ mächtiges Konzept zur Strukturierung einer Anwendung. Volles Potenzial entfalten aber auch Gliederungen erst in Kombination mit Rahmengruppen bzw. Rahmen. Dies wird das Thema des folgenden Kapitels sein.

11 Arbeiten mit Rahmengruppen

Die einen finden sie ergonomisch, die anderen halten sie für sinnlos – die Rahmen. Bei den Rahmen (engl. frames) handelt es sich um eine proprietäre Erweiterung der Beschreibungssprache HTML, welche ursprünglich von Netscape implementiert wurde und bald – aufgrund der recht guten Akzeptanz in der Webszene – zum De-facto-Standard wurde. Rahmen werden mittlerweile von allen wichtigen Browser-Herstellern, teilweise mit variierender Syntax, unterstützt.

Was sind Rahmen?

Rahmen erlauben eine Aufteilung des Bildschirms in mehrere Bereiche, die unabhängig voneinander mit unterschiedlichen Inhalten gefüllt werden können. Mit nur wenig Programmierkenntnissen ist es zudem möglich, die einzelnen Rahmen miteinander kommunizieren zu lassen: Beispielsweise können Benutzeraktionen in einem Rahmen bestimmte Veränderungen in einem anderen bewirken. Ein klassisches Beispiel hierfür ist die Dreiteilung des Bildschirms, so wie wir sie im Notes-Client kennen: In einem Rahmen befindet sich die Navigationsübersicht, mittels derer wir zwischen verschiedenen Ansichten auswählen können, in einem zweiten die aktuelle Ansicht und in einem dritten die Vorschau auf das in der Ansicht gerade ausgewählte Dokument (vgl. Abbildung 11.1).

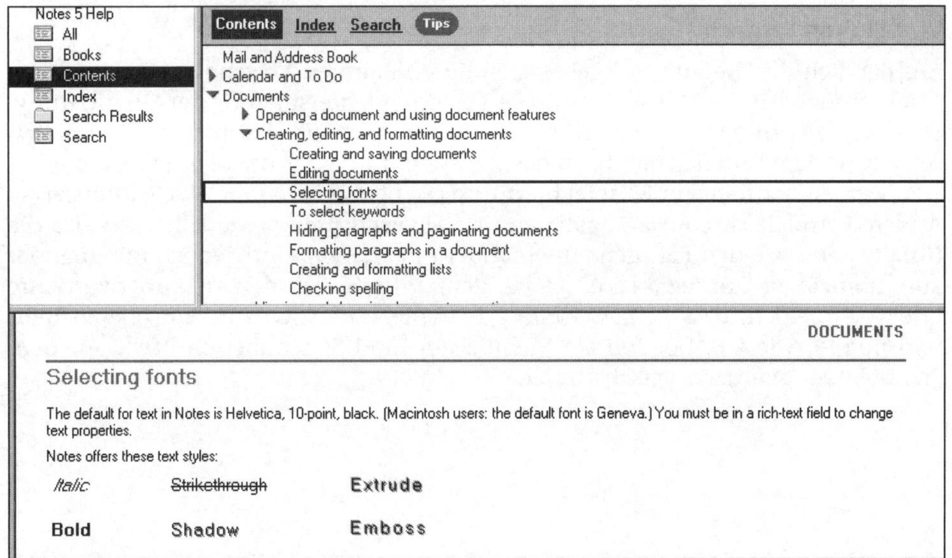

Abbildung 11.1: Dreiteilung des Bildschirms im Notes-Client

Rahmen und Domino

Das Konzept der Rahmen wurde im Notes-Client – wie die oben dargestellte Dreiteilung veranschaulicht – schon immer unterstützt (genauer: seit der Version 4), allerdings hatte man als Programmierer auf ihre Darstellung nur sehr eingeschränkten Einfluss[1]. Mit der Öffnung der Notes-Welt hin zum Web in der Version 4.5 kam das Thema Rahmen im Webbrowser ins Spiel. Obwohl Domino Designer in der Version 4.5 keinerlei Unterstützung für Rahmen bot, zeigten einige Demo-Applikationen (bei denen Rahmen mittels Durchgangs-HTML realisiert wurden), dass man mit Rahmen noch Großes vorhat. In der Version 4.6 wurde dem Domino Designer bereits eine Datenbank beigelegt, die den Entwurf von Rahmen vereinfachen sollte. Schließlich wurden sie – wie wir im Folgenden sehen werden – in der Version 5 zum »nativen« Teil der Domino-Entwicklungsumgebung und werden seitdem sowohl im Web- als auch im Notes-Umfeld gleichermaßen unterstützt.

In diesem Kapitel ...

Wir werden in diesem Kapitel zunächst auf die Grundlagen des Arbeitens mit Rahmen eingehen. Anschließend werden wir die verschiedenen Möglichkeiten der Rahmeneinbindung in Domino unter die Lupe nehmen, um uns zum Abschluss mit den Grundlagen der Rahmenerstellung in HTML zu beschäftigen.

11.1 Vor- und Nachteile von Rahmen

Eingangs wurde bereits erwähnt, dass hinsichtlich des Einsatzes von Rahmen durchaus Meinungsverschiedenheiten bestehen. Bevor wir uns auf die Grundlagen des Arbeitens mit Rahmen stürzen, daher noch einige Worte über ihre Vor- und Nachteile.

Vorteile von Rahmen

Aus der Sicht des Benutzers ergeben sich durch Rahmen Vorteile aus der größeren Übersichtlichkeit der Webseiten und verbesserten Unterstützung der Orientierung. Die Rahmen ermöglichen ein einheitliches Seitenlayout über mehrere Webseiten hinweg, indem Seitenelemente an bestimmten, im Voraus definierten Stellen platziert werden können. Ein Beispiel hierfür ist die bereits erwähnte Navigationsleiste. Andere Beispiele sind etwa Logotypen und Überschriften sowie Hilfetexte. Da die Inhalte der einzelnen Rahmen voneinander unabhängig sind, jedoch miteinander kommunizieren können, lässt sich zudem mittels Rahmen der unerwünschte Effekt vermeiden, dass beim Scrolling der Seite Seitenelemente am oberen Bildschirmrand, wie z.B. horizontale Menüleisten und Seitenüberschriften, aus dem Sichtfeld des Benutzers verschwinden.

1 Man konnte als Benutzer lediglich die Anordnung und Positionierung der einzelnen »Rahmen« auf dem Bildschirm bestimmen.

Nachteile von Rahmen

Rahmen bringen neben den erwähnten Vorteilen auch einige Nachteile mit sich, die sich grob in drei Gruppen einteilen lassen:

- **Benutzerfreundlichkeit**: Aus der Sicht des Benutzers sind die Nachteile von Rahmen darin zu sehen, dass dieser sich mit mehreren URLs auf einer Seite konfrontiert sieht. Browser-Funktionen wie AKTUALISIEREN, DRUCKEN oder – für Fortgeschrittene – QUELLCODE ANZEIGEN verhalten sich plötzlich nicht mehr wie gewöhnlich. Hinzu kommt, dass Rahmen – insbesondere bei inkonsequenter Implementierung – den Wechsel zwischen mehreren URLs erschweren können. Dies ist dann der Fall, wenn der Website-Autor die Rahmen beim Auswählen eines fremden URL nicht »abschaltet«.
- **Sicherheit**: Seit Bekanntwerden des »Frame-Spoofing«-Fehlers (bei dem ein »krimineller« Website-Besitzer eine Verknüpfung zu einer vertrauenswürdigen Seite anbietet, um ihre Rahmeninhalte mit eigenen zu überschreiben) haftet den Rahmen das Image einer »unzuverlässigen« Technologie an. Dies ist jedoch spätestens bei den Browsern der neuesten Generation unbegründet, da sowohl Netscape als auch Microsoft die Sicherheitsmechanismen in ihren Webbrowsern verschärft haben, um dem »Frame-Spoofing« vorzubeugen.
- **Browser-Unterstützung**: Der Vollständigkeit halber sei noch der dritte Nachteil genannt: die fehlende Rahmenunterstützung in älteren Webbrowsern. Das Rahmenkonzept beugt dem zwar vor, indem eine spezielle Seite für die nicht rahmenfähigen Browser angezeigt werden kann, allerdings hängt es vom Website-Autor ab, ob er diese Möglichkeit auch nutzt. Bleibt zu sagen, dass Webbrowser, welche keine Rahmenunterstützung anbieten, heute eher selten sind[1].

11.2 Rahmen in Domino verwenden

11.2.1 Grundlagen

Die Erstellung von Rahmen erfolgt in zwei Schritten: Zunächst ist die Definition einer *Rahmengruppe* erforderlich. Eine Rahmengruppe (engl. frameset) beschreibt die Zusammensetzung der einzelnen Rahmen, ihre Größe und Positionierung auf dem Bildschirm, ihr Erscheinungsbild und enthält schließlich Verweise auf die Rahmenbeschreibungen. Der zweite Schritt besteht in der Festlegung der Attribute der eigentlichen Rahmen.

> Wir werden uns im Folgenden beide Schritte ansehen, indem wir eine einfache Rahmengruppe für unsere *Literaturverwaltung*-Datenbank entwerfen, welche im Wesentlichen die »klassische« Dreiteilung des Notes-Client-Bildschirms nachbilden soll: ein Navigationsfenster mit einer Gliederung (links), die aktuelle Ansicht (rechts) und ein Dokument (unten).

1 Hier ist jedoch Vorsicht geboten: Diese Aussage gilt für Webbrowser auf dem PC. Noch ist jedoch unklar, inwiefern die Rahmenunterstützung bei allen anderen Clients (Mobiltelefone, Handheld-Rechner, Spielekonsolen, Settop-Boxen usw.) gegeben sein wird.

11.2.2 Mit Rahmengruppen arbeiten

Rahmengruppen erstellen

Rahmengruppen werden im Domino Designer durch ein eigenes, gleichnamiges Gestaltungselement repräsentiert. Um eine Rahmengruppe zu erstellen, gibt es drei Möglichkeiten:

- Anklicken der Schaltfläche NEUE RAHMENGRUPPE in der Gestaltungsansicht RAHMENGRUPPEN,
- Menübefehl ERSTELLEN/GESTALTUNG/RAHMENGRUPPE,
- Erstellung und Anpassung einer bestehenden Rahmengruppe mittels der Menübefehle BEARBEITEN/KOPIEREN bzw. BEARBEITEN/EINFÜGEN in der Ansicht RAHMENGRUPPEN.

Die *Beschreibung* einer Rahmengruppe erfolgt bereits beim Erstellungsvorgang. Hier hat man die Möglichkeit, die *Rahmenanzahl* sowie deren *Anordnung* auf dem Bildschirm festzulegen.

Im Rahmen unseres Beispiels empfiehlt sich die in der Abbildung 11.2 dargestellte Einstellung, da diese unseren Zwecken am besten entspricht.

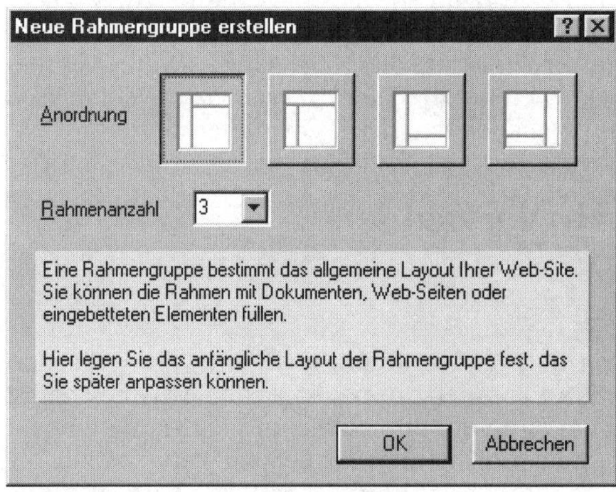

Abbildung 11.2: Neue Rahmengruppe erstellen

Rahmengruppen beschreiben

Rahmengruppen-Editor

Basierend auf diesen beiden Entscheidungen öffnet Domino Designer die Rahmengestaltungsoberfläche (engl. Frameset Designer), wo die eigentliche Beschreibung von Rahmengruppen bzw. einzelnen Rahmen erfolgt (vgl. Abbildung 11.3).

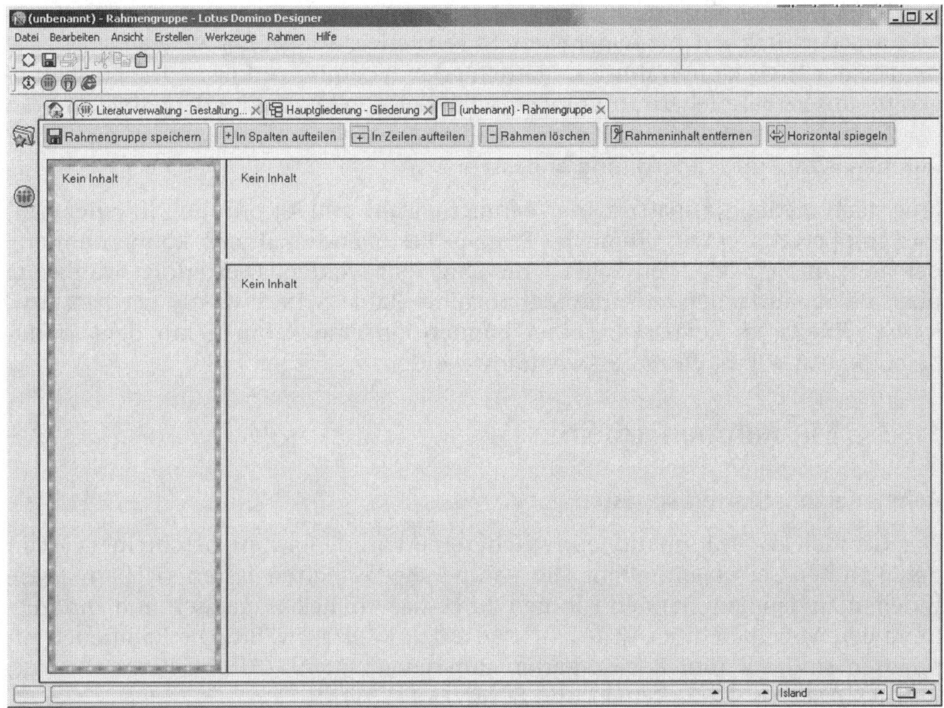

Abbildung 11.3: Rahmengruppeneditor

Rahmengruppe-Eigenschaften anpassen

Abgesehen von der Rahmenanzahl und der Anordnung enthält die Rahmengruppe selbst (aus der Sicht des Domino-Entwicklers) nur wenige Attribute (vgl. Abbildung 11.4).

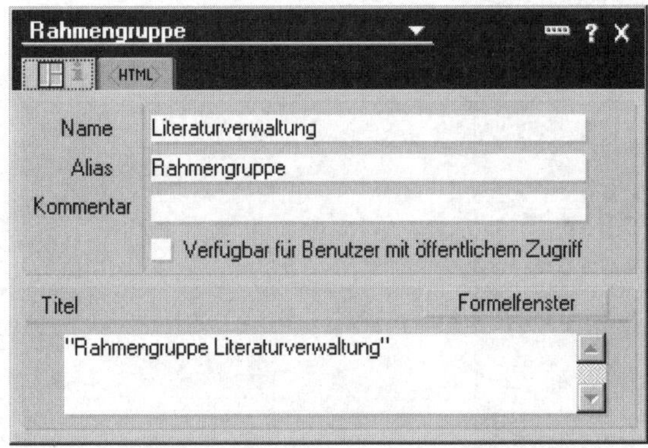

Abbildung 11.4: Eigenschaften Rahmengruppe

Im EIGENSCHAFTEN-Dialogfenster, welches mit dem Menübefehl RAHMENEIGENSCHAFTEN: RAHMENGRUPPE aufgerufen werden kann, lassen sich lediglich ein *Name* (dient zur Referenzierung der Rahmengruppe, beispielsweise beim Festlegen der Startoptionen einer Datenbank), ein Alias (also ein interner Name), ein ergänzender *Kommentar* sowie der Titel, welcher in der obersten Fensterleiste angezeigt wird, angeben. Die Angabe des Titels kann wahlweise statisch oder dynamisch erfolgen. Die Einstellungen für unsere Beispielrahmengruppe sind in der Abbildung 11.4 dargestellt.

Rahmenanzahl und -anordnung anpassen

Eine nachträgliche Anpassung der Rahmenanzahl und -anordnung in einer Rahmengruppe folgt einem einfachen Prinzip: Bestehende Rahmen können entlang der horizontalen oder vertikalen Linie aufgeteilt werden. Dies erfolgt wahlweise über die Schaltflächen bzw. die Menübefehle RAHMEN/IN SPALTEN AUFTEILEN bzw. RAHMEN/IN ZEILEN AUFTEILEN. Ferner können einzelne Rahmen mit dem Menübefehl RAHMEN/RAHMEN LÖSCHEN entfernt werden.

11.2.3 Mit Rahmen arbeiten

Rahmeneigenschaften anpassen

Der Großteil der Informationen, welche eine Rahmengruppe beschreiben, ist in den Rahmen selbst enthalten. Die Rahmeneigenschaften lassen sich anpassen, indem man den betreffenden Rahmen durch das Anklicken markiert und anschließend den Menübefehl RAHMEN/EIGENSCHAFTEN: RAHMEN wählt. Die Rahmeneigenschaften sind auf fünf Registerkarten untergebracht: ALLGEMEIN, RAHMENGRÖSSE, RAHMENUMRANDUNG, ERWEITERT und ZUSÄTZLICHES HTML.

Allgemeine Rahmeneigenschaften festlegen

Wie in der Abbildung 11.5 dargestellt umfassen ALLGEMEINE RAHMENEIGENSCHAFTEN drei Angaben:

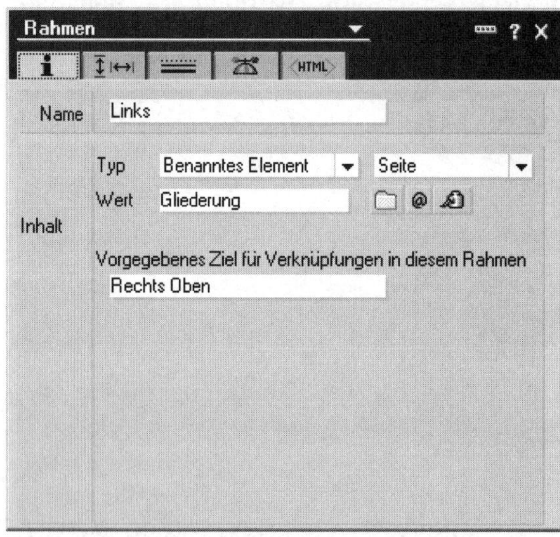

Abbildung 11.5: Allgemeine Rahmeneigenschaften

- **Name**: ermöglicht die Benennung eines Rahmens. Der Name dient zur Referenzierung aus anderen Gestaltungselementen oder aber Code-Fragmenten heraus. Es empfiehlt sich, den Namen so zu wählen, dass aus dem Namen sofort die Position des Rahmens in der Rahmengruppe zu ersehen ist, beispielsweise RECHTS, LINKS, OBEN und UNTEN usw.
- **Inhalt**: umfasst Angaben zum *Typ* und *Wert* des Inhalts. Die Vorgehensweise hier ist ähnlich wie bei Verknüpfungen: Unter *Typ* lässt sich die Art des einzubeziehenden Gestaltungselements festlegen (Maske, Ansicht, Seite usw.), während unter *Wert* ein konkretes Element ausgewählt werden kann. Die Wertvorgabe kann hierbei statisch oder dynamisch (per Formel) erfolgen. Sobald Sie den Typ und Wert festlegen, wird der entsprechende Inhalt im Rahmengruppeneditor angezeigt. Sie können bei nachträglichen Änderungen des Inhalts die Anzeige im Editor aktualisieren (Menübefehl RAHMEN/RAHMENINHALT AKTUALISIEREN) bzw. löschen (Menübefehl RAHMEN/RAHMENINHALT LÖSCHEN).
- **Verknüpfungsziel**: Enthält der Inhalt eines Rahmens Verknüpfungen, lässt sich im Feld VORGEGEBENES ZIEL FÜR VERKNÜPFUNGEN IN DIESEM RAHMEN ein beliebiger Rahmen in der gleichen Rahmengruppe als Zielrahmen angeben, wodurch alle in diesem Rahmen enthaltenen Verknüpfungen dort angezeigt werden (anderenfalls erfolgt die Anzeige im gleichen Rahmen). Dient der linke Rahmen beispielsweise zur Anzeige von Ansichten, welche im rechten Rahmen angezeigt werden, sollte hier der Name des rechten Rahmens eingetragen werden (»Rechts oben«).

Wir wollen im linken Rahmen (Name: »Links«) die im vorigenKapitel erstellte Gliederung platzieren. Alle Einträge der Gliederung sollen im rechten Fenster angezeigt werden. Hierzu sind folgende Schritte erforderlich:

1. Öffnen Sie die Rahmengruppe im Gestaltungsmodus.
2. Markieren Sie den linken Rahmen und rufen Sie das Dialogfenster EIGENSCHAFTEN/RAHMEN auf.
3. Geben Sie im Feld NAME den Wert »Links« ein.
4. Geben Sie im Feld TYP den Wert »Seite« ein und wählen Sie anschließend im Feld WERT die Seite »Gliederung«.
5. Geben Sie im Feld VORGEGEBENES ZIEL FÜR VERKNÜPFUNGEN IN DIESEM RAHMEN den Wert »Rechts Oben« ein.
6. Speichern Sie die Rahmengruppe.

Mit der Festlegung des Zielrahmens für Verknüpfungen in Schritt 5 legen wir fest, dass die aufgerufenen Verknüpfungen im Rahmen LINKS im benachbarten Pendant RECHTS OBEN gezeigt werden, um das Verhalten des Notes-Clients zu simulieren. Da es sich bei Verknüpfungen im Rahmen LINKS vorwiegend um Gliederungseinträge zum Aufruf von Ansichten handelt, müssen wir im zweiten Schritt entsprechend dem Rahmen RECHTS OBEN (wo die Ansichten angezeigt werden) mitteilen, dass seine Verknüpfungen im Rahmen RECHTS UNTEN angezeigt werden, vergleichbar mit der Vorschau-Funktion im Notes-Client (vgl. Abbildung 11.6).

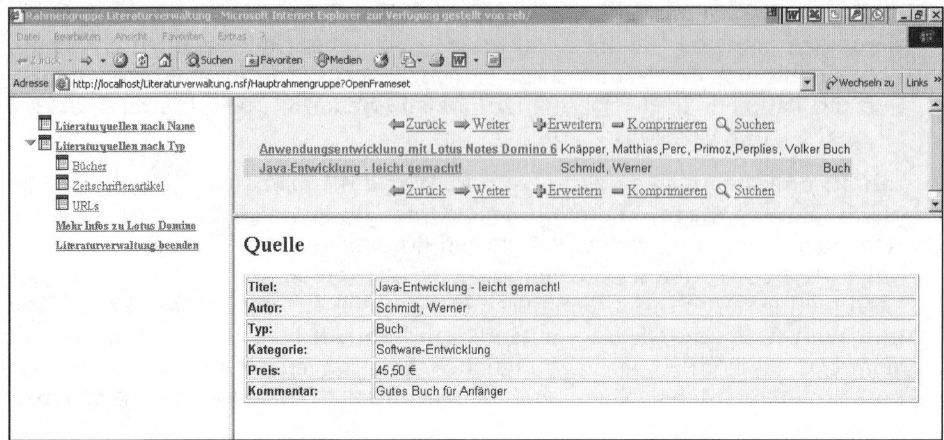

Abbildung 11.6: Nachbildung der Notes-Client-Funktionalität im Webbrowser

Dies erfolgt analog der obigen Vorgehensweise:

1. Markieren Sie den Rahmen oben rechts und rufen Sie das Dialogfenster EIGENSCHAFTEN/RAHMEN auf.
2. Geben Sie im Feld NAME den Wert »Rechts oben« ein.
3. Geben Sie im Feld TYP den Wert »Ansicht« ein und wählen Sie anschließend im Feld WERT eine beliebige Ansicht.
4. Geben Sie im Feld VORGEGEBENES ZIEL FÜR VERKNÜPFUNGEN IN DIESEM RAHMEN den Wert »Rechts Unten« ein.
5. Speichern Sie die Rahmengruppe.

Die Angabe eines *Rahmens als Verknüpfungsziel* taucht im Domino Designer an mehreren Stellen auf. Erinnern wir uns: Man kann in Masken und Seiten im Feld *Autorahmen* den Rahmen angeben, in dem eine Maske bzw. Seite automatisch angezeigt wird; bei Verknüpfungs-Hotspots kann man den Rahmen angeben, in dem das Verknüpfungsziel angezeigt werden soll. Was aber, wenn diese Angaben nicht übereinstimmen?

Hierbei gilt *der Vorrang der Spezialisierung*. Enthält ein Rahmen A die Maske B und diese wiederum die Verknüpfung C, wobei alle drei Elemente unterschiedliche Angaben über den Zielrahmen enthalten, »gewinnt« die niedrigste Ebene, also die Zielrahmenangabe in der Verknüpfung, gefolgt vom Zielrahmen in der Seite und derjenigen in der Rahmendefinition.

> Im Webeinsatz empfiehlt es sich, die Zielverknüpfungsangabe sowohl in der Rahmendefinition als auch in dem im Rahmen angezeigten Gestaltungselement (z.B. Maske oder Seite) anzugeben. Achten Sie ferner darauf, dass diese Angaben immer übereinstimmen (insbesondere wenn Sie z.B. das im Rahmen anzuzeigende Gestaltungselement nachträglich ändern), da ansonsten die Zielverknüpfungen nicht funktionieren.

Mit speziellen Rahmennamen arbeiten

Im Zusammenhang mit der Angabe eines Verknüpfungsziels sieht die HTML-Rahmenspezifikation einige *reservierte Rahmennamen* vor, welche in der Tabelle 11.1 beschrieben sind.

Reservierter Name	Beschreibung
`_blank`	Das Verweisziel wird im übergeordneten Fenster angezeigt.
`_self`	Das Verweisziel wird im gleichen Fenster angezeigt.
`_parent`	Das Verweisziel wird in einem neuen Fenster angezeigt.
`_top`	Das Verweisziel wird im ersten Fenster einer Fensterhierarchie angezeigt.

Tabelle 11.1: Spezielle Rahmennamen

Die reservierten Namen spielen insbesondere dann eine Rolle, wenn man mittels eines Hotspots auf eine externe Website verweist, welche nicht als Teil einer Rahmengruppe angezeigt werden soll, sondern vielmehr in einem eigenen Fenster.

Wir wollen die Funktionalität unserer Gliederung dahingehend erweitern, dass es zusätzlich zu den Gliederungseinträgen für die Ansichten einen weiteren Gliederungseintrag gibt. Dieser sollte direkt auf die Lotus-Website führen. Wir gehen im Folgenden davon aus, dass ein entsprechender Gliederungseintrag bereits erstellt wurde (vgl. Abbildung 11.7).

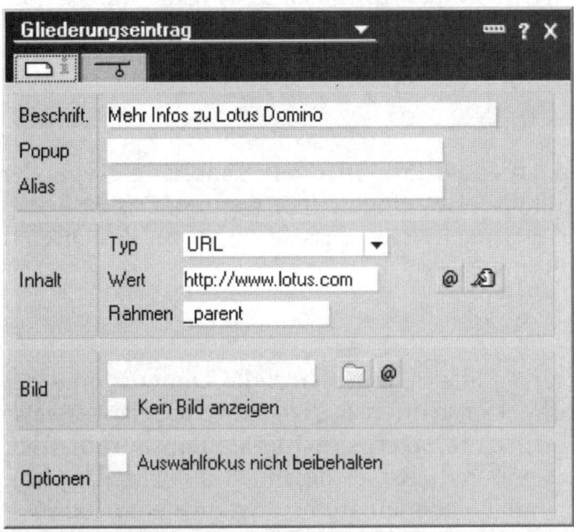

Abbildung 11.7: Mit reservierten Namen arbeiten

Dieses Beispiel demonstriert gleich beide der oben genannten Aspekte der Rahmengestaltung; zum einen den Vorrang der Spezialisierung: denn der neue Gliederungseintrag wird zusammen mit anderen Gliederungseinträgen definitionsgemäß im Rahmen *Links* angezeigt. Wir legten zwar weiter oben fest, dass die Verknüpfungen in diesem Rahmen im benachbarten *Rechts Oben*-Rahmen dargestellt werden. Doch der neue Gliederungseintrag geht hier eigene Wege, denn er besitzt einen eigenen Zielrahmenverweis, nämlich _TOP. Somit gelten die Rahmeneinstellungen für alle Verknüpfungen außer für diesen Gliederungseintrag!

Zum anderen zeigt dieses Beispiel, dass durch die Verwendung des speziellen Namens _TOP die Rahmengruppe quasi ausgeschaltet wird, d.h. der Inhalt der aufgerufenen Webseite wird wieder in voller Größe im Browser-Fenster angezeigt. Es gehört zur guten Sitte, im Rahmen einer Website diese Möglichkeit anzubieten, da der Anwender sonst auch nach dem Verlassen dieser die Rahmen nicht loswerden kann.

> Bei der Angabe von reservierten Rahmennamen ist die Groß- und Kleinschreibung zu beachten, da einige Browser sonst den Namen nicht richtig interpretieren.

Rahmengröße festlegen

Zur Festlegung der Rahmengröße (sowohl Breite als auch Höhe) muss man wissen, dass es drei mögliche Arten von Größenangaben gibt: in Pixel (absolut), in Prozent (der gesamten Rahmengruppe) und relativ (zu anderen Rahmen in der Rahmengruppe bzw. zum Browser-Fenster).

Angabe »in Pixel«

Die absolute Angabe (in Pixel) macht dann Sinn, wenn der Rahmen eine Grafik (z.B. ein Logo) enthält, welches unabhängig von der Bildschirmauflösung und Fenstergröße vollständig angezeigt werden muss. Die absolute Angabe sollte unbedingt zum Einsatz kommen, wenn der Benutzer nicht die Möglichkeit erhält, die Größenverhältnisse zwischen den einzelnen Rahmen zu ändern (s.u.).

Angabe »in Prozent«

Die Prozentangabe hat den Vorteil, dass die Proportionen unabhängig von der Bildschirmauflösung und Fenstergröße in etwa eingehalten werden. Das ist insbesondere dann sinnvoll, wenn davon auszugehen ist, dass der Benutzer des Öfteren die Fenster verkleinern oder vergrößern wird.

Angabe »Relativ«

Die Angabe RELATIV kommt dann zum Einsatz, wenn sich die Dimensionen des Rahmens automatisch aus dem Kontext errechnen lassen. Besteht beispielsweise der oberste Rahmen aus einer einzigen Spalte, so entspricht die Breite automatisch dem gesamten Browser-Fenster, alles andere hätte in diesem Kontext wenig Sinn. Besteht der Bildschirm aus zwei parallel nebeneinander angeordneten Rahmen und die Breite des ersten beträgt 10%, so liegt es auf der Hand, dass die Breite des zweiten 90% betragen wird. Auch dies ist eine relative Angabe. Die Festlegung der Größe erfolgt auf der Registerkarte RAHMENGRÖSSE (vgl. Abbildung 11.8)

Abbildung 11.8: Rahmengröße festlegen

Bildlaufleistenverhalten festlegen

Im Allgemeinen haben Rahmen die Eigenschaft, dass sie bei übergroßen Inhalten automatisch mit vertikalen bzw. horizontalen Scrollbalken versehen werden. Dies ist jedoch nicht immer wünschenswert, beispielsweise wenn man die Dimensionen der anzuzeigenden Inhalte im Voraus kennt. Für Fälle wie diesen bietet uns die Option BILDLAUFLEISTE auf der Registerkarte RAHMENGRÖSSE gleich mehrere Alternativen an. So können Scrollbalken per Voreinstellung ein- oder ausgeschaltet werden (Optionen EIN bzw. AUS). Gerade bei der letzten Option ist jedoch Vorsicht geboten, denn bei übergroßen Seiten gibt es bei ausgeschalteten Scrollbalken für den Benutzer keine Möglichkeit, an die Inhalte »heranzukommen«! Die Option AUTOMATISCH ist da die sicherste Alternative: Scrollbalken werden erst dann angezeigt, wenn die anzuzeigenden Inhalte dies auch erfordern.

Größe änderbar

Rahmen bieten – sofern vom Anwendungsentwickler vorgesehen – dem Benutzer die Möglichkeit, ihre Größe per Mausbewegung »zur Laufzeit« anzupassen. Auch hier gilt jedoch, dass dies nicht immer wünschenswert ist. Beispielsweise wird man den Anwendungstitel oder ein Logo in einem Rahmen konstanter Größe platzieren wollen. Unter der Option GRÖSSE ÄNDERBAR kann man daher festlegen, ob der Benutzer die Größe anpassen kann oder nicht.

Umrandung anpassen

Standardmäßig sind die Rahmen durch einen Trennbalken voneinander getrennt. Die Registerkarte RAHMENUMRANDUNG stellt die Optionen zur Anpassung der Umrandung bereit und zwar hinsichtlich ihrer BREITE, FARBE sowie ihres »Stils«. So ist es beispielsweise möglich, das Vorhandensein von Rahmen gänzlich zu verbergen, einfach indem man ihre Breite auf 0 setzt (und zusätzlich die Scrollbalken »abschaltet«), oder aber die Trennbalken durch eine besondere Farbgebung und beliebige Breite optisch hervorzuheben. Schließlich kann man mit der Option 3D-UMRANDUNG Trennbalken optional mit einer dreidimensionalen Schattierung versehen.

Erweiterte Layout-Optionen festlegen

Auf der Registerkarte ERWEITERT befinden sich schließlich erweiterte Layout-Optionen:

- **Rahmenabstand**: legt den Abstand zwischen den Rahmen einer Rahmengruppe in Pixel fest. Wählt man hier eine andere Einstellung als Vorgabe, wird die Breite der Rahmenumrandung auf der Registerkarte RAHMENUMRANDUNG außer Kraft gesetzt bzw. durch diese Einstellung ersetzt.
- **Randhöhe und Randbreite**: legen den Abstand zwischen der Umrandung und dem eigentlichen Inhalt eines Rahmens in Pixel fest. Der Mindestwert hier beträgt 1. Diese Einstellung ist insbesondere dann wichtig, wenn man etwa ein Bild nahtlos über zwei Rahmen verteilen möchte.

> Die beiden Einstellungen auf der Registerkarte ERWEITERT werden im Notes-Client nicht unterstützt.

11.2.4 Rahmen vs. Tabellen – ein Vergleich

Eingangs haben wir erwähnt, dass Rahmengruppen einige Nachteile haben. Doch gibt es überhaupt Alternativen und wenn ja, wie schneiden Rahmengruppen im Vergleich zu diesen ab? In der Tat gibt es eine Alternative: die Tabellen (vgl. auch das entsprechende Kapitel zu Tabellen).

Tabellen sind ebenso ein beliebtes Layout-Mittel zur Strukturierung von Seiteninhalten und es gibt nicht wenige Websites, die auf den Einsatz der Rahmen zugunsten von Tabellen verzichten, ohne dass der Benutzer einen wesentlichen Unterschied bemerkt. Im Vergleich zu Rahmengruppen haben Tabellen den wesentlichen Vorteil, dass der Benutzer es mit einer *einzelnen HTML-Seite* zu tun hat. Will er beispielsweise eine HTML-Seite mittels der dafür vorgesehenen Schaltfläche des Webbrowsers aktualisieren, haben die Rahmengruppen die unangenehme Eigenschaft, dass nicht die einzelnen Rahmen, sondern vielmehr die gesamte Rahmengruppe neu geladen wird. Die Inhalte der einzelnen Rahmen werden hierbei auf die Ausgangswerte in der Rahmengruppendefinition zurückgesetzt[1]. Ebenso verhält es sich mit Operationen wie Drucken und Erstellen von Lesezeichen (Bookmarks). Eine mittels Tabellen strukturierte Seite verhält sich in all diesen Fällen wie eine einfache HTML-Seite.

Doch auch der Einsatz von Tabellen hat Nachteile:

- Tabellen ermöglichen keine »feste« Platzierung von bestimmten Seitenelementen, welche beim Scrollen nicht aus dem Sichtfeld verschwinden,
- Die Größe der einzelnen Seitenbereiche kann nicht wie bei Rahmengruppen vom Benutzer dynamisch angepasst werden.
- Eine Domino-Applikation kann pro Seite nur eine eingebettete Ansicht bzw. einen eingebetteten Navigator enthalten. Mit dem Einsatz von Rahmengruppen

1 Dies lässt sich vermeiden, wenn im Webbrowser nicht die Schaltfläche *Aktualisieren* angeklickt wird, sondern zunächst der gewünschte Rahmen und anschließend mit dem kontextsensitiven Menübefehl *Aktualisieren* auf den neuesten Stand der Dinge gebracht wird. Hierbei handelt es sich zwar um einen einfachen Trick, der jedoch gerade von Anfängern im Web nicht beherrscht wird.

lässt sich diese Beschränkung umgehen, was beispielsweise dann von Bedeutung ist, wenn bei der klassischen »Dreiteilung« des Bildschirms in einen Navigations-, einen Ansichts- und einen Dokumentbereich der Navigationsbereich mittels einer eingebetteten Ansicht realisiert werden soll.

- Schließlich ermöglicht der Einsatz von Tabellen keine »Wiederverwendung« bestimmter Gestaltungselemente. Will man beispielsweise eine Gliederung über die gesamte Applikation hinweg verwenden, muss diese in jede Seite/Maske einzeln platziert werden. Bei nachträglicher Änderung der Gliederung ist diese in all diesen Gestaltungselementen nachträglich vorzunehmen, während bei Rahmengruppen die Änderung automatisch erfolgt.

11.3 Rahmen in HTML

11.3.1 Ein Blick hinter die Kulissen ...

Wir haben in den vorangegangenen Abschnitten den Umgang mit Rahmen und Rahmengruppen im Domino Designer kennen gelernt. In diesem Abschnitt wollen wir einen Blick hinter die Kulissen werfen und uns die Grundlagen der Erstellung von Rahmengruppen in HTML ansehen. Das Ziel dieses Abschnitts ist hierbei die Vertiefung des Verständnisses für die dargestellten Rahmen-Features.

Rahmen-Quelltext anzeigen

Es empfiehlt sich, zum Kennenlernen der HTML-Darstellung von Rahmengruppen einfach eine mit Domino Designer erstellte Rahmengruppe unter die Lupe zu nehmen. Wenn Sie sich den HTML-Code einer mit dem Domino Designer erstellten Rahmengruppe anzeigen lassen möchten, können Sie wie folgt vorgehen:

1. Wählen Sie den Menübefehl DATEI/DATENBANK/GESTALTUNGSÜBERSICHT.
2. Wählen Sie im Feld GESTALTUNGSELEMENTE FÜR DIE ÜBERSICHT AUSWÄHLEN den Eintrag RAHMENGRUPPEN.
3. Markieren Sie die soeben erstellte Rahmengruppe und klicken Sie auf die Schaltfläche HINZUFÜGEN und anschließend auf OK.

Nun erstellt Domino einen automatischen Kommentar zu der von Ihnen erstellten Rahmengruppe einschließlich des HTML-Codes.

> Alternativ zu dieser Methode können Sie sich den HTML-Code jederzeit im Webbrowser zeigen lassen, beispielsweise mit dem Befehl QUELLCODE ANZEIGEN im Internet Explorer.

Rahmengruppen in HTML

Nun können wir uns die HTML-Darstellung von Rahmengruppen etwas näher ansehen: Zur Kennzeichnung von Rahmengruppen wird in HTML der Tag `<FRAMESET>...</FRAMESET>` verwendet. Die `<FRAMESET>`-Attribute umfassen Informationen über die Bildschirmaufteilung – die Anzahl der Rahmen sowie deren Aussehen,

Bildschirmpositionierung und Größe. Ferner wird für jeden Rahmen innerhalb einer Rahmengruppe die Inhaltsquelle angegeben, also ein URL, der im betreffenden Bildschirmbereich angezeigt werden soll. Für Nicht-Rahmen-fähige Browser kann zudem mit <NOFRAMES> ein Alternativtext angegeben werden.

> Bei der Erstellung von Rahmengruppen mittels des Frameset-Designers gibt es keine Möglichkeit, einen <NOFRAMES>-Tag zu platzieren.

Die <FRAMESET>-Definition wird im Rahmen einer HTML-Seite anstelle des <BODY>-Bereichs platziert (d.h. nach dem Abschluss des <HEAD>-Bereichs). Ein einfaches Beispiel soll verdeutlichen, wie man »manuell« eine Rahmengruppe erstellen kann:

1. Erstellen Sie eine neue Seite mit ERSTELLEN/GESTALTUNG/SEITE.
2. Geben Sie auf der Seite folgenden Text ein:

```
<FRAMESET COLS="40%,60%">
    <FRAME SRC="irgendeinURL1.htm">
    <FRAMESET ROWS="20%,80%">
    <FRAME SRC="irgendeinURL2.htm">
    <FRAME SRC="irgendeinURL3.htm">
  </FRAMESET>
<NOFRAMES>
<A> Um diese Seite betrachten zu können, benötigen Sie einen Browser mit Rahmen-
Unterstützung </A>
</NOFRAMES>
</FRAMESET>
```

3. Wählen Sie im Dialogfenster EIGENSCHAFTEN: SEITE die Option WEB: SEITENINHALT ALS HTML BEHANDELN.
4. Speichern Sie die Seite.

<FRAMESET>

<FRAMESET>-Tags können geschachtelt werden. So wird im obigen Beispiel der Bildschirm zunächst in zwei Spalten aufgeteilt. Mit dem zweiten <FRAMESET> wird die zweite Spalte noch mal in zwei Zeilen unterteilt. Die Definition eines jeden <FRAMESET> muss durch </FRAMESET> beendet werden.

Um jeweils die Spaltenbreite bzw. Zeilenhöhe von Rahmen festzulegen, werden die Angaben COLS und ROWS verwendet. Sie enthalten – in Anführungszeichen – Informationen über die relative (in Prozent) oder absolute (Pixel) Größe des Bildschirmabschnitts. Um diese in Abhängigkeit von der Größe des Browser-Fensters variabel zu halten, kann das Joker-Zeichen * verwendet werden. Beispielsweise besagt die Angabe COLS=150,*,150, dass die erste und die letzte Spalte jeweils 150 Pixel breit sein sollen, während die mittlere Spalte automatisch an die Größe des Anzeigefensters angepasst wird.

Den Inhalt und das Aussehen von Rahmen bestimmen

<FRAME>

Mit dem Tag `<FRAME>` werden innerhalb einer Rahmengruppe die Eigenschaften der einzelnen Rahmen festgelegt. Innerhalb des `<FRAME>`-Tags können verschiedene Parameter hinsichtlich des Inhalts und Aussehens des Rahmens angegeben werden. Diese sind in der Tabelle 11.2 aufgelistet.

Parameter	Anmerkung	Wertebereich
SRC	URL-Referenz der HTML-Datei, die im Rahmen angezeigt werden soll, in Anführungszeichen	Statt `<FRAME>` kann `<NOFRAME>` eingesetzt werden, um einen Teilbereich leer zu lassen.
NAME	Rahmenname in Anführungszeichen. Wird zum Referenzieren von Rahmen, vergleichbar mit herkömmlicher HTML-Referenzierung, verwendet	–
SCROLLING	Anzeige von Scrollbalken. Kann ein- oder ausgeschaltet werden oder automatisch erfolgen, falls die Größe des Dokuments die des Rahmens übersteigt	"YES", "NO", "AUTO"
MARGINWIDTH	Der Abstand zwischen dem linken und dem rechten Fensterrand und dem Fensterinhalt	Absoluter Wert in Pixel
MARGINHEIGHT	Der Abstand zwischen dem oberen bzw. dem unteren Fensterrand und dem Fensterinhalt	Absoluter Wert in Pixel
NORESIZE	Verhindert das Verändern der Rahmengröße durch den Anwender	–
BORDERCOLOR	Farbe des Rahmens	Farbe in hexadezimaler HTML-Schreibweise, z.B. »#0000FF« für Blau
BORDER	Die Dicke der Rahmenumrandung (nur Netscape-Browser). Kann nur in der obersten Rahmengruppe einer Rahmenhierarchie festgelegt werden	Absoluter Wert in Pixel
FRAMEBORDER	Bestimmt, ob die Rahmenumrandung in 3D angezeigt wird (nur Netscape-Browser)	YES, NO
FRAMEBORDER	Bestimmt, ob die Rahmenumrandung angezeigt wird (nur Microsoft-Browser)	0, 1
FRAMESPACING	Abstand zwischen dem Rahmen und dem Inhalt des Rahmens (nur Microsoft-Browser)	Absoluter Wert in Pixel

Tabelle 11.2: Eigenschaften von Rahmen

Die Verwendung der <FRAME>-Parameter soll an einem Beispiel verdeutlicht werden:

```
<FRAME SRC="test.html" NAME="Rahmen1" SCROLLING=YES NORESIZE>
```

In diesem Rahmen soll die HTML-Datei TEST angezeigt werden. Die Rahmenreferenz lautet Rahmen1. Der Rahmen soll mit Scrollbalken versehen werden, jedoch in der Größe unveränderbar sein.

11.3.2 Rahmen referenzieren

Das Referenzieren von Rahmen ermöglicht es, dass der Inhalt eines Rahmens von den Aktionen des Benutzers in einem anderen Rahmen bestimmt wird. Im Notes-Jargon: Wenn der Benutzer auf ein Dokument in der Ansicht klickt, besteht die Möglichkeit, den Inhalt des Vorschaufensters zu verändern.

Rahmen werden innerhalb herkömmlicher HTML-Verweise referenziert (Tag <A HREF> ...</A>). Hier ist lediglich eine zusätzliche Angabe namens TARGET notwendig, die bestimmt, in welchem Rahmen die referenzierte HTML-Datei angezeigt werden soll.

Beispielsweise könnte in Rahmen 2 folgender HTML-Inhalt stehen:

```
<a href="beispiel.html" target="Rahmen1">Den Inhalt von Rahmen1 verändern </a>
```

In diesem Fall bewirkt das Anklicken der obigen HTML-Verknüpfung im Rahmen A, dass im Rahmen B die Datei BEISPIEL.HTML angezeigt wird. Die Angabe TARGET erfordert als Parameter die Rahmenreferenz, wie sie mit der Angabe NAME im vorigen Abschnitt definiert wurde.

11.3.3 Anzeigen von Seiten mit Rahmen in älteren Browsern

<NOFRAMES>

Nicht alle Browser unterstützen Rahmen. Um sicherzugehen, dass auch Benutzer älterer Browser in den Genuss einer bestimmten Seite oder zumindest eines Hinweises auf Rahmen kommen, sollten die <NOFRAMES>...</NOFRAMES>-Tags verwendet werden.

Der Inhalt zwischen den beiden Tags wird nur in Browsern angezeigt, die keine Rahmenunterstützung bieten. <NOFRAMES>...</NOFRAMES>-Tags sollten innerhalb der Rahmengruppe platziert sein und können einen beliebigen HTML-Text oder eine Verknüpfung zu Seiten ohne Rahmen enthalten.

```
<FRAMESET>
<NOFRAMES>
<H2>Rahmen können nicht angezeigt werden!</H2>
</NOFRAMES>
</FRAMESET>
```

Leider besteht im Frameset-Designer keine Möglichkeit, mit <NOFRAMES>-Tags zu arbeiten, d.h. ihre Anwendung setzt voraus, dass Sie die Rahmengruppenbeschreibung, wie soeben dargestellt, »manuell« erstellen.

12 Arbeiten mit Bildern

Bis jetzt beschränkten wir uns bei der Formatierung von Gestaltungselementen auf Text. Text ist mit Sicherheit in vielen Fällen die dominierende Art, Informationen zu präsentieren und zugleich in vielen Fällen die zweckdienlichste. Doch die Evolution von Benutzeroberflächen geht weiter: Im Vergleich zu guten alten Zeiten, als sich die Benutzer von Host-Terminals und DOS-Anwendungen noch mit der reinen Textdarstellung zufrieden gaben, gewinnen grafische Elemente – auch in geschäftlichen Anwendungen, wo man dies nicht ohne weiteres vermuten würde – zunehmend an Bedeutung. Der Grund hierfür ist einfach: Die grafische Präsentation ermöglicht die »intuitive« Verarbeitung einer Information, da diese im Gegensatz zur textuellen Darstellung nicht erst in logische Konstrukte zerlegt werden muss. So können beispielsweise die Besitzer von Uhren mit klassischer, »analoger« Zeitanzeige die Uhrzeit anhand des »Abbilds« der Zeigerpositionen direkt erfassen, während die Zahlen auf einer digitalen Anzeige im Gehirn erst zur Uhrzeit verarbeitet werden müssen (vgl. Abbildung 12.1)!

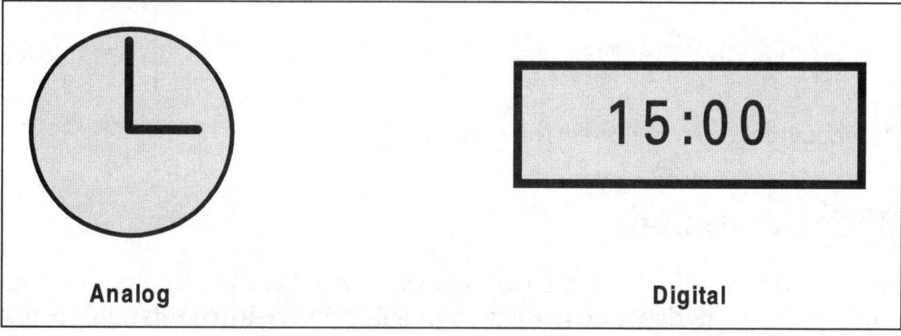

Abbildung 12.1: Welche Art der Zeitdarstellung ist für Sie verständlicher?

Die zunehmende qualitative Verbesserung der Informationsvisualisierung in den Medien prägt zudem unsere Gewohnheiten bei der Aufnahme der Informationen: Wenn man heutzutage im World Wide Web auf eine Datei im reinen Textformat (*.txt) stößt, mindert das den Wunsch, die Information zu konsumieren, erheblich.

Vor diesem Hintergrund wollen wir uns in diesem Kapitel ansehen, welche Mechanismen uns Domino Designer bietet, um Informationen durch Bilder optisch aufzuwerten.

12.1 Einsatzbereiche von Bildern

Die Funktion von Bildern in Domino-Anwendungen geht über die eines reinen Stilmittels weit hinaus. Im Allgemeinen können Bilder in unterschiedlichen Gestaltungselementen in unterschiedlichem Kontext eingesetzt werden (vgl. Tabelle 12.1).

	einfaches Bild	grafischer Hintergrund	Navigations-Schaltfläche	Imagemap	Icon
Masken	+	+	+	+	–
Seiten	+	+	+	+	–
»Über diese Datenbank«	+	–	+	+	–
»Benutzen dieser Datenbank«	+	–	+	+	
Dokumente	(im Rich-Text-Feld)	+	+	+	–
Ansichten	–	+ (Titelzeile)	–	–	Spalten-Symbol
Navigatoren	+	+	+	+	–
Gliederungen	+	+	–	–	–
Aktions-Schaltflächen	–	Schaltflächenhintergrund	–	–	vordefinierte oder benutzerdefinierte Symbole
Tabellen	–	Zellenhintergrund	–	–	–

Tabelle 12.1: Einsatzbereiche von Bildern in Notes Domino

12.2 Bilder erstellen

Im Lieferumfang von Domino Designer befindet sich leider kein Werkzeug zur Erstellung von Bildern, doch werden eine Reihe von Möglichkeiten unterstützt, Bilder aus externen Quellen zu verwenden.

Wir wollen uns diese im Folgenden anschauen:

- **Einfügen aus der Ablage**: hat den Vorteil der Unabhängigkeit vom Werkzeug (bzw. dessen Dateiformat), mit dem ein Bild erstellt wurde. Wenn das Bild mit dem Menübefehl DATEI/KOPIEREN aus dem jeweiligen Werkzeug in die Zwischenablage übertragen wird, findet automatisch eine Umwandlung in das generische Format des jeweiligen Betriebssystems statt. Jegliche werkzeugspezifischen Informationen über das Bild gehen jedoch verloren.
- **Importieren eines Bilds**: Um werkzeug- bzw. dateiformatspezifische Eigenschaften (z.B. transparente GIF-Bilder) dennoch zu berücksichtigen, besteht die Möglichkeit, ein Bild zu *importieren*. Selbstverständlich ist die Auswahl der Dateiformate hierbei beschränkt. Domino Designer unterstützt folgende Dateiformate: BMP, CGM, PIC, JPEG, PCX, GIF und TIFF 5.0.
- **Importieren aus der Ressourcenverwaltung**: Schließlich können Bilder direkt aus der Domino-internen Ressourcenverwaltung eingefügt werden. Diese unterstützt nur drei Dateiformate – nämlich BMP, JPEG und GIF.

Intern verwaltet Domino Designer lediglich im Falle von GIF- bzw. JPEG-Bildern die Bilder im nativen Datenformat. Alle anderen Bilder werden in ein internes Format umgewandelt.

Bild einfügen

Um ein Bild einzufügen, sind folgende Schritte notwendig:

1. Erstellen Sie gegebenenfalls das Bild in einem Bildbearbeitungsprogramm (z.B. PaintShop Pro) und wählen Sie dort BEARBEITEN/KOPIEREN.
2. Öffnen Sie die Maske, in der das Bild eingefügt werden soll, im Gestaltungsmodus.
3. Wählen Sie BEARBEITEN/EINFÜGEN.
4. Speichern Sie die Maske.

Das Aussehen eingefügter Bilder entspricht nicht immer dem Original. Dies kann zum einen an der Farbdarstellung im Notes-Client liegen, zum anderen aber auch an der generischen Art der Behandlung von Daten beim Einfügen aus der Ablage. Sie können beim Einfügen von Bildern diese explizit als eine solche kennzeichnen, indem Sie den Befehl BEARBEITEN/SELEKTIV EINFÜGEN und anschließend als Dateityp BITMAP wählen.

Bild importieren

Analog dazu könnte man das Bild wie folgt importieren:

1. Erstellen Sie das Bild in einem Bildbearbeitungsprogramm und speichern Sie es ab.
2. Öffnen Sie die Maske, in der das Bild importiert werden soll, im Gestaltungsmodus.
3. Wählen Sie DATEI/IMPORTIEREN.
4. Wählen Sie im Dialogfenster IMPORTIEREN im Feld DATEITYP das Format des Bilds.
5. Speichern Sie die Maske.

Importierte Bilder können, wenn das Format beschreibend ist, unter Umständen in Notes anders aussehen, da einzelne Bildelemente wie Schriftarten, Farben, Textgrößen und die Gesamtgröße des Bilds, an das Notes-Umfeld angepasst werden.

12.3 Verwaltung von Bildressourcen

Bei der Verwendung von Bildressourcen ergibt sich häufig der Fall, dass ein Bild in unterschiedlichen Situationen benötigt wird. Ein klassisches Beispiel hierfür ist das Firmenlogo, welches in der Regel sämtliche Domino-Anwendungen eines Unternehmens in der einen oder anderen Form verzieren wird und außerdem über den Lebenszyklus einer Anwendung hinaus Bestand haben dürfte. In Fällen wie diesem empfiehlt es sich, die Verwaltung von Bildressourcen von einem speziellen Verwendungskontext zu entkoppeln, d.h. sie als eine getrennte Anwendung zu betrachten.

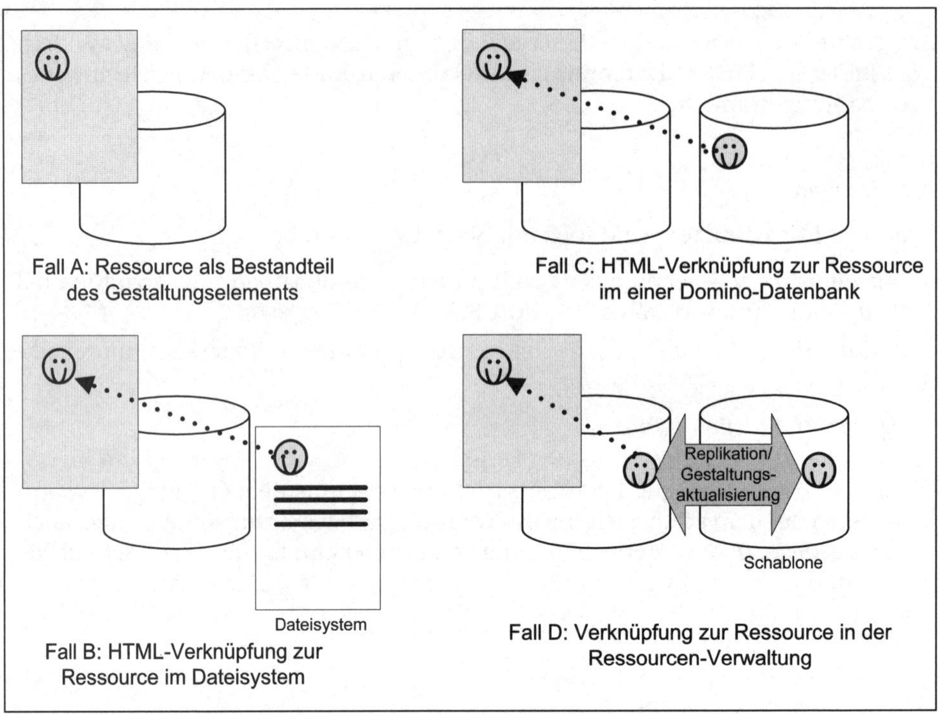

Abbildung 12.2: Verwaltung von Bildressourcen in Domino

In Domino gibt es generell vier Möglichkeiten, Bildressourcen zu verwalten (vgl. Abbildung 12.2):

- **Als Bestandteil des Gestaltungselements (Fall A)**: Die einfachste Möglichkeit ist das direkte Einfügen eines Bilds in das Gestaltungselement, beispielsweise eine Seite oder eine Maske. Eine separate Verwaltung erübrigt sich in diesem Fall, allerdings muss man zum einen auf die Wiederverwendung (außer per Kopieren und Einfügen) verzichten, zum anderen erfordert die Änderung eines Bilds die manuelle Anpassung aller Gestaltungselemente, die dieses beinhalten (statische Beziehung).
- **Im Dateisystem des Servers (Fall B)**: Dies ist die klassische Verwaltung von Bildressourcen, wie sie bei Webanwendungen in der Regel praktiziert wird: Anstatt des Bilds selbst wird im Gestaltungselement lediglich ein Verweis auf eine Datei im Dateisystem des Servers abgelegt. Im Domino-Umfeld ist hiervon abzuraten, da man auf sämtliche Domino-Features wie Replikation und Volltextsuche anhand von Attributen verzichten muss und außerdem aufgrund von zwei unterschiedlichen Repositories mit einem erhöhten Verwaltungsaufwand zu rechnen ist. Darüber hinaus können solche Bilder nur von Webanwendungen, nicht jedoch von Notes-Anwendungen referenziert werden.
- **In einer Domino-Datenbank (Fall C)**: Wenn man Bilder in einer Domino-Datenbank verwalten wollte, war es bis zur Version 5 üblich, eine gesonderte Datenbank bereitzustellen, in der jedes Bild als Anhang in einem beschreibenden

Dokument gespeichert war. Eine dynamische Referenzierung der auf diese Weise verwalteten Bildressourcen war/ist jedoch nur mittels HTML-Verweisen (HTML-Tag `<IMG>`) möglich. Diese Alternative hat allerdings den großen Vorteil, dass sie auf spezielle Anforderungen bezüglich der Verwaltung maßgeschneidert werden kann (z.B. hinsichtlich der beschreibenden Informationen und Kategorisierungs-/ Sortierungskriterien).

- **In der Ressourcenverwaltung (Fall D)**: Seit der Version 5 können Bilder in der so genannten *Ressourcenverwaltung* einer Datenbank gepflegt werden. Bildressourcen werden also quasi wie eine *neue Gestaltungselementart* behandelt. Der große Vorteil dieser Methode: Wenn sich ein Bild in der Ressourcenverwaltung ändert, werden alle Gestaltungselemente, in denen das Bild verwendet wird, *sofort automatisch* angepasst. Ferner muss die Referenz auf das Bild nicht einfach ein statischer Dateiname sein, sondern kann vielmehr anhand *eines Formelausdrucks* dynamisch berechnet werden. Nachteilig bei der Ressourcenverwaltung ist – insbesondere bei sehr vielen zu verwaltenden Bildern –, dass sowohl die Kriterien, anhand derer eine Ressource in der Verwaltung beschrieben wird (»Metadaten«), als auch die Möglichkeit der Kategorisierung/Sortierung von Bildressourcen relativ eingeschränkt sind.

Die Stärken und Schwächen der jeweiligen Alternative zur Verwaltung von Bildressourcen sind in der Tabelle 12.2 dargestellt.

	Gestaltungs element	Dateisystem	Andere Domino-Datenbank	Ressourcen-verwaltung
Wieder-verwendung	Keine	Datenbanküber-greifend in Web-anwendungen	Datenbanküber-greifend in Web-anwendungen	Datenbank-übergreifend
Replikation	Ja	Nein	Ja	Ja
Volltextsuche	Nein	Nein	Ja	Nein
Sicherheit	Domino	Dateisystem	Domino	Domino
Art der Beziehung[1]	Statisch	Dynamisch	Dynamisch	Dynamisch
Einsatzbereich	Notes oder Web	Web	Web	Notes oder Web
HTML-Referen-zierung	Bedingt möglich[2]	Ja	Ja	Ja
Sortierung/ Kategorisierung/ Metadaten	Nicht vorhanden	Bedingt, durch Ordner des Datei-systems	Beliebig flexibel durch unterschied-liche Ansichten	Vorgegeben

Tabelle 12.2: Verschiedene Arten der Verwaltung von Bildressourcen im Überblick

1 Gemeint ist die Möglichkeit, dass die Änderung eines Bildes in allen Anwendungen/Datenbanken automatisch reflektiert wird (dynamische Beziehung), im Gegensatz zur manuellen Anpassung der betreffenden Anwendungen/Datenbanken (statische Beziehung).

2 HTML-Referenzierung von Bildern, welche direkt als Bestandteil eines Gestaltungselements gespeichert sind, ist zwar theoretisch möglich, in der Praxis jedoch extrem aufwändig.

Aus der Tabelle 12.2 geht hervor, dass abgesehen von dem Fall, bei dem sehr viele Bilder verwaltet werden müssen (von 100 aufwärts), die Ressourcenverwaltung in den meisten Fällen die beste Alternative darstellt. Wir wollen uns im Folgenden den Umfang mit diesem Feature näher ansehen.

12.3.1 Bildressourcen erstellen

Den Bildressourcen ist im Rahmen der Gestaltungselemente einer Datenbank eine eigene Ansicht (GEMEINSAME RESSOURCEN/BILDER) gewidmet. Hier kann eine neue Ressource mit NEUE BILDRESSOURCE angelegt werden (vgl. Abbildung 12.3).

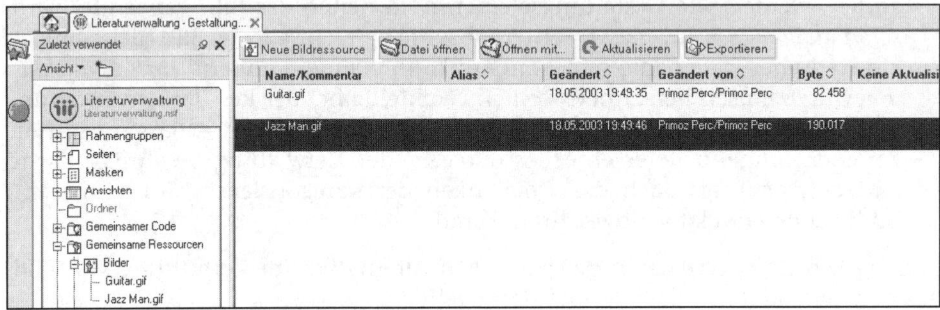

Abbildung 12.3: Ansicht Ressourcen

Anschließend muss das mit der Bildressource assoziierte Bild aus dem Dateisystem importiert werden. Domino Designer unterstützt im Zusammenhang mit Bildressourcen die Formate GIF, JPEG und BMP.

> Mehrere Bildressourcen müssen nicht einzeln nacheinander importiert werden. Vielmehr können Sie beim Importieren von Bildern auch mehrere (Strg-Taste) – gegebenenfalls alle (⇧-Taste) – Bilder in einem Verzeichnis auswählen.

Arbeiten mit Ressourceneigenschaften

Nach dem Erstellen von Bildressourcen lassen sich die Eigenschaften einer Bildressource, wie wir das inzwischen gewöhnt sind, in einem eigenen EIGENSCHAFTEN-Dialogfenster manipulieren (vgl. Abbildung 12.4): Der *Name* einer Bildressource leitet sich aus dem Dateinamen eines Bilds ab, kann jedoch beliebig verändert werden. Optional kann im Feld ALIAS ein zweiter Name angegeben werden.

> Es ist wichtig zu wissen, dass beim späteren Einfügen einer Bildressource in ein Gestaltungselement (etwa eine Maske) eine Verknüpfung zwischen den beiden, basierend auf dem Eintrag im Feld NAME, hergestellt wird. Wenn Sie den Namen verändern, wird auch die Verknüpfung aufgelöst, es sei denn, Sie verwenden einen gleich bleibenden *Alias*-Namen (oder umgekehrt).

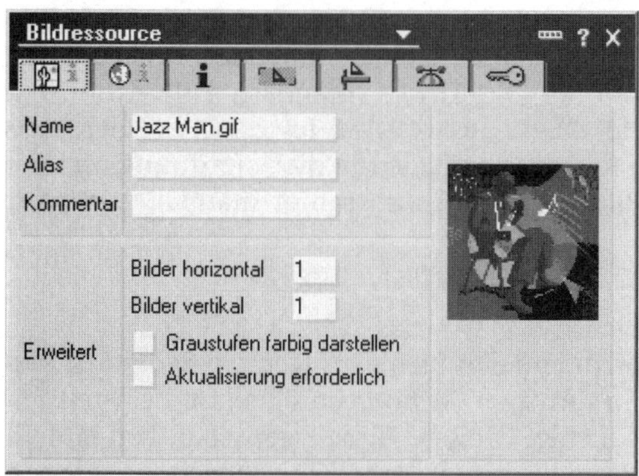

Abbildung 12.4: Ressource-Eigenschaften

Mit Ressourcensätzen arbeiten

Ein interessantes Feature von Bildressourcen ist die Möglichkeit, mehrere verwandte Bilder im Rahmen einer Ressource zu so genannten *Ressourcensätzen* zu gruppieren. Hierbei kennt Domino Designer zwei Arten der »Verwandtschaft«: *horizontale* und *vertikale* Ressourcensätze.

Horizontale Ressourcensätze

Horizontale Ressourcensätze ermöglichen ein einfaches interaktives Verhalten eines Bildes in Abhängigkeit von den Mausaktionen des Benutzers. Insbesondere in Webanwendungen wird diese – in der Regel mithilfe von JavaScript realisierte – ROLLOVER-Funktionalität häufig und gerne eingesetzt: Wenn der Benutzer den Mauszeiger über ein Bild bewegt oder es anklickt, ändert dieses seine Erscheinung. Mit horizontalen Ressourcensätzen kann dieses Verhalten ohne eine Zeile Code nachgebildet werden.

Im Webbrowser wird dieses Feature leider nicht unterstützt.

Ein horizontaler Ressourcensatz ist ein Bild, welches aus bis zu vier jeweils durch ein Pixel getrennten Einzelbildern besteht (vgl. Abbildung 12.5). Die einzelnen Bilder sind hierbei fest bestimmten Zuständen zugeordnet: NORMALES BILD, MAUSZEIGER ÜBER BILD, AUSGEWÄHLT und ANGEKLICKT.

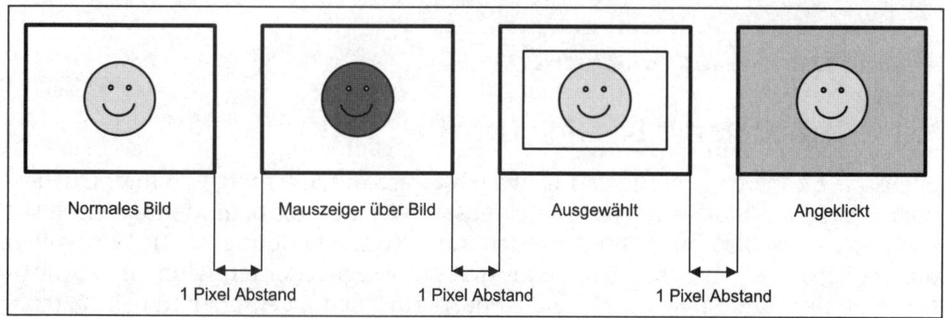

Abbildung 12.5: Horizontaler Ressourcensatz

Die Reihenfolge der Bilder bzw. der Zustände kann nicht verändert werden, allerdings kann selbstverständlich zwei Zuständen das gleiche Bild zugeordnet werden (wenn sich das Bild beispielsweise nur bei ANGEKLICKT verändern soll). Ansonsten kann die Anzahl der Bilder im Feld BILDER HORIZONTAL festgelegt werden. Das Umständliche ist die Erstellung von Ressourcensätzen, da die Anordnung und der Abstand der einzelnen Bilder im Bildbearbeitungsprogramm manuell angepasst werden müssen.

Vertikale Ressourcensätze

Ein ähnliches Prinzip, jedoch mit einem anderen Ziel, verfolgen die vertikalen Ressourcensätze. Der Sinn und Zweck von vertikalen Ressourcensätzen ist die Bereitstellung des gleichen Bilds in unterschiedlichen Größen. Diese Eigenschaft von Bildern findet im Zusammenhang mit der Darstellung von *Lesezeichen* Anwendung. Wenn Sie mit dem Menübefehl DATEI/VORGABEN/BENUTZERVORGABEN das Dialogfenster BENUTZERVORGABEN aufrufen, werden Sie dort das Feld LESEZEICHENGRÖẞE vorfinden. Hier haben Sie die Möglichkeit, die Größe der Lesezeichen-Symbole festzulegen, vorausgesetzt, die entsprechenden Bilder liegen in unterschiedlichen Größen vor.

Die Erstellung vertikaler Ressourcensätze erfolgt nach dem gleichen Prinzip wie bei horizontalen auch. Es gibt lediglich zwei Unterschiede:

- Die Bilder im Ressourcensatz müssen *vertikal statt horizontal* angeordnet werden. Der erforderliche Abstand beträgt ebenfalls ein Pixel.
- Die Anzahl der Bilder (bis zu 3) kann im Feld BILDER VERTIKAL festgelegt werden.

Die Systemumgebung von Notes nutzt extensiv dieses Feature (vgl. Abbildung 12.6).

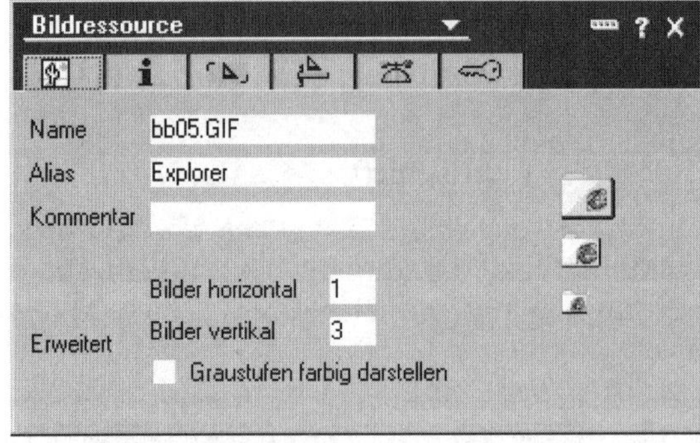

Abbildung 12.6: Vertikale Ressourcensätze

12.3.2 Arbeiten mit Bildeigenschaften

Ebenso wie andere Elemente verfügen auch Bilder – unabhängig von ihrer Quelle – über ein eigenes EIGENSCHAFTEN-Dialogfenster, welches mit dem Menübefehl BILD/ EIGENSCHAFTEN: BILD aufgerufen werden kann (vgl. Abbildung 12.7). Wir wollen uns im Folgenden insbesondere den ersten zwei Registerkarten widmen, der BILDINFO und der UMRANDUNG, welche die bildspezifischen Eigenschaften beinhalten.

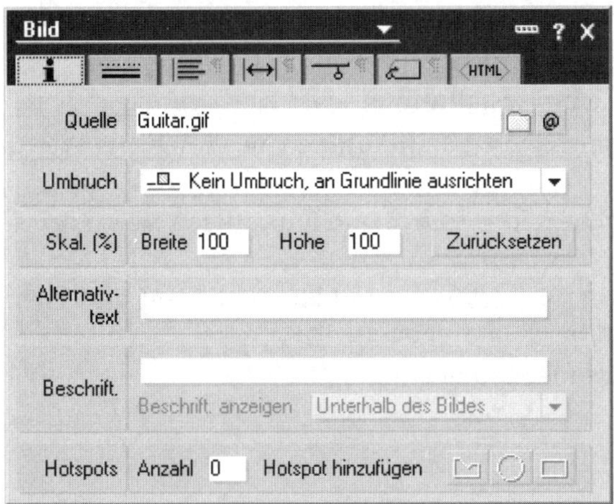

Abbildung 12.7: Bildeigenschaften

Quelle

Das Feld QUELLE ist nur dann aktiviert, wenn das Bild aus der Ressourcenverwaltung eingefügt wurde. Stammt das Bild unmittelbar aus dem Dateisystem bzw. aus der Zwischenablage, enthält das Feld die Quellenbezeichnung EINGEFÜGTES BILD.

Statische oder dynamische Quelle

Arbeitet man mit Bildressourcen aus der Ressourcenverwaltung, kann man sich wahlweise für eine *statische* oder eine *dynamische Bildquelle* entscheiden. Von einer statischen Bildquelle spricht man, wenn das anzuzeigende Bild bereits zur Entwicklungszeit festgelegt wird. In diesem Fall enthält das Feld QUELLE den Namen der Bildressource, welche angezeigt werden soll.

Noch interessanter aber ist die Möglichkeit, das Bild erst zur Laufzeit mittels eines Formelausdrucks festzulegen. Wir wollen uns diese Möglichkeit etwas genauer ansehen, denn das im Folgenden dargestellte Prinzip kann bei so gut wie allen im Abschnitt 12.2 genannten Einsatzbereichen von Bildern angewendet werden (z.B. bei der Festlegung von Maskenhintergründen).

Beispielsweise kann man den Bearbeitungsstatus eines Dokuments leicht anhand eines Bilds optisch darstellen. Angenommen, wir verwalten verschiedene Statuszustände eines Dokuments (z.B. IN BEARBEITUNG, ABGESCHLOSSEN, ARCHIVIERT) in einem Feld namens STATUS. Nun soll in Abhängigkeit vom aktuellen Wert des Feldes STATUS ein anderes Bild angezeigt werden. Eine weitere Annahme: Die Bilder, welche den einzelnen Status zugeordnet werden können, sind in der Ressourcenverwaltung abgelegt und zwar unter den gleichen Namen wie die erwähnten Zustände. Um nun die beschriebene Funktionalität der dynamisch wechselnden

Bilder zu realisieren, sind folgende Schritte notwendig (unter der Annahme, dass die Bilder in der Ressourcenverwaltung bereits vorliegen):

1. Öffnen Sie die betreffende Maske im Gestaltungsmodus.
2. Erstellen Sie ein Optionsfeld namens STATUS und ordnen Sie diesem als Wertebereich die drei Zustände zu.
3. Erstellen Sie in der Maske eine neue Bildressource und importieren Sie hierzu eines der STATUS-Bilder.
4. Rufen Sie das Eigenschaftenfenster des Bilds auf und klicken Sie auf der ersten Registerkarte auf das Formel-Symbol (Klammeraffe).
5. Geben Sie im Formelfenster folgende Formel ein:

```
Status
```

6. Speichern Sie die Maske.

Nun wird jedes Mal beim Aktualisieren der Formelwerte der Maske – in Abhängigkeit vom Status des Dokuments – das Bild angezeigt, dessen Name in der Ressourcenverwaltung mit dem Wert des Feldes STATUS übereinstimmt.

> Selbstverständlich können Sie auch deutlich komplexere Zusammenhänge mittels der Formelsprache abbilden. Mehr Informationen zur Formelsprache finden Sie im entsprechenden Kapitel zur Einführung in die Formelsprache.

Umbruch

Im Feld UMBRUCH lässt sich die Positionierung des Bilds relativ zum umliegenden Text festlegen. Per Voreinstellung bewirkt das Einfügen eines Bilds, dass die betreffende Textzeile automatisch an die Höhe des Bilds angepasst wird, mit der Konsequenz, dass insbesondere bei größeren Bildern in Notes-Anwendungen in der Regel eine eigene Zeile eingeräumt werden muss. Mithilfe von UMBRUCH-Einstellungen ist es nun möglich, den Text automatisch um das Bild »fließen« zu lassen, wie man dies etwa aus einem Zeitungsartikel kennt. Man kann als Anwendungsentwickler festlegen, ob der Umbruch rechts, links oder beidseitig erfolgen soll (vgl. Abbildung 12.8).

Dies ist ein Text. Dies ist ein Text. Dies ist ein Text. Dies ist ein Text. Dies ist ein Text. Dies ist ein Text. Dies ist ein Text.
Dies ist ein Text. Dies ist ein Text. Dies ist ein Text. Dies ist ein Text. Dies ist ein Text. Dies ist ein Text. Dies ist ein Text.
Dies ist ein Text. Dies ist ein Text. Dies ist ein Text. Dies ist ein Text. Dies ist ein Text. Dies ist ein Text. Dies ist ein Text.
Dies ist ein Text. Dies ist ein Text. Dies ist ein Text. Dies ist ein Text. Dies ist ein Text. Dies ist ein
Text. Dies ist ein Text. Dies ist ein Text. Dies ist ein Text. Dies ist ein Text. Dies ist ein Text.
Dies ist ein Text. Dies ist ein Text. Dies ist ein Text. Dies ist ein Text. Dies ist ein Text. Dies ist
ein Text. Dies ist ein Text. Dies ist ein Text. Dies ist ein Text. Dies ist ein Text. Dies ist ein
Text. Dies ist ein Text. Dies ist ein Text. Dies ist ein Text. Dies ist ein Text. Dies ist ein Text.
Dies ist ein Text. Dies ist ein Text. Dies ist ein Text. Dies ist ein Text. Dies ist ein Text. Dies ist
ein Text. Dies ist ein Text. Dies ist ein Text. Dies ist ein Text. Dies ist ein Text. Dies ist ein
Text. Dies ist ein Text. Dies ist ein Text. Dies ist ein Text. Dies ist ein Text. Dies ist ein Text.
Dies ist ein Text. Dies ist ein Text. Dies ist ein Text. Dies ist ein Text. Dies ist ein Text. Dies ist
ein Text. Dies ist ein Text. Dies ist ein Text. Dies ist ein Text. Dies ist ein Text. Dies ist ein
Text. Dies ist ein Text. Dies ist ein Text. Dies ist ein Text. Dies ist ein Text. Dies ist ein Text. Dies ist ein Text. Dies ist ein
Text. Dies ist ein Text. Dies ist ein Text. Dies ist ein Text. Dies ist ein Text. Dies ist ein Text. Dies ist ein Text. Dies ist ein
Text. Dies ist ein Text. Dies ist ein Text. Dies ist ein Text. Dies ist ein Text. Dies ist ein Text. Dies ist ein Text.

Abbildung 12.8: Beidseitiger Umbruch

Bei kleineren Bildern dürfte die Problematik hingegen darin bestehen, im Rahmen einer Zeile die vertikale Ausrichtung des Textes relativ zum Bild festzulegen. Auch dies ist im Domino Designer kein Problem: Die Ausrichtung kann wahlweise oben, unten, zentriert oder an der Grundlinie erfolgen.

Skalierung

Im Feld SKALIERUNG lässt sich die Größe eines Bilds unabhängig von seiner Originalgröße entlang der X- bzw. Y-Achse verändern. Leider hat Domino Designer die unangenehme Eigenschaft, dass beim versehentlichen Anklicken eines Bilds die Skalierung verkleinert wird, auch wenn dies ungewollt ist. In diesem Fall lässt sich mit ZURÜCKSETZEN die ursprüngliche Größe wiederherstellen.

Alternativtext

Das Feld ALTERNATIVTEXT ermöglicht die Angabe einer Beschreibung zum Bild. Gedacht ist dieses Feature für Menschen mit Sehbehinderungen, welche auf die Unterstützung von Bildschirmlesegeräten angewiesen sind[1]. Beim Einsatz im WWW wird der Alternativtext in Form einer Sprechblase angezeigt (derzeit unterstützt nur der Internet Explorer diese Möglichkeit), wenn man den Mauszeiger über dem Bild positioniert oder aber wenn ein Bild nicht angezeigt werden kann (wenn beispielsweise die Bildanzeige eines Webbrowsers zwecks beschleunigter Datenübertragung abgeschaltet wird).

> Der Alternativtext ist bei Webanwendungen eine empfehlenswerte Methode, wenn eine Seite sehr viele Bilder beinhaltet. Da der Alternativtext bereits angezeigt wird, bevor das Bild endgültig geladen wird, kann der Anwender reagieren (etwa durch Aufruf einer Verknüpfung im Rahmen der Seite), ohne das Ende des Ladevorgangs abwarten zu müssen. Dies gilt insbesondere dann, wenn in den Datenbankeigenschaften die Option BILDER NACH DEM LADEN ANZEIGEN aktiviert wird, wodurch die Anzeige der Bilder zurückgestellt wird.

12.3.3 Beschriftung

Die Beschriftung des Bilds ermöglicht es uns, einen beschreibenden Text quasi im Bild selbst abzuspeichern, wahlweise unterhalb des Bilds oder direkt zentriert auf ihm.

> Die Größe der Beschriftungszeichen kann im TEXTEIGENSCHAFTEN-Dialogfenster angepasst werden.

Arbeiten mit Hotspots

In Notes Domino besteht die Möglichkeit, Bilder mit *Hotspots* zu versehen. Hotspots sind Maus-sensitive Bereiche beliebiger Größe, die es uns ermöglichen, einen Teil eines Bilds mit einer Aktion, etwa einem URL-Aufruf, zu verknüpfen. Diese

1 Bildschirmlesegeräte sind in der Lage, sämtliche Textinformationen einer Seite mittels digitalisierter Sprache auszugeben.

wird ausgeführt, wenn der Anwender einen als Hotspot definierten Bereich anklickt. Diese Funktionalität stammt ursprünglich aus dem WWW und ist dort unter der Bezeichnung *Imagemap* bekannt. Bekannte Beispiele hierfür sind etwa Maus-sensitive Landkarten, die dem Benutzer per Mausklick Informationen zu einer bestimmten Region liefern.

Erfahrene Domino-Anwender werden aufhorchen: Schließlich besteht in Domino die Möglichkeit zur Nachbildung der Imagemap-Funktionalität bereits seit der Version 4.5, in Form von Navigatoren. Das stimmt. Neu ist allerdings, dass man ab sofort auch Bilder in jedem anderen Gestaltungselement mit der Hotspot-Funktionalität belegen kann.

Hotspots können in Domino Designer vier verschiedene Formen annehmen. Es gibt Rechteck-, Kreis-, Polygon- und die so genannten Vorgabe-Hotspots, wobei bei Letzteren einfach das gesamte Bild als Hotspot-Bereich behandelt wird.

Hotspots erstellen

Die Erstellung eines Hotspots erfolgt entweder direkt im Dialogfenster BILDEIGENSCHAFTEN (gilt nicht für Vorgabe-Hotspots) oder aber im kontextsensitiven Menü BILD, das nur angezeigt wird, wenn ein Bild markiert ist.

Anschließend muss innerhalb des Bilds die Größe (bzw. im Falle von Polygon-Hotspots die endgültige Form) des Hotspots festgelegt werden, woraufhin im EIGENSCHAFTENFENSTER des Hotspots die auszuführende Aktion festgelegt werden kann (vgl. Abbildung 12.9).

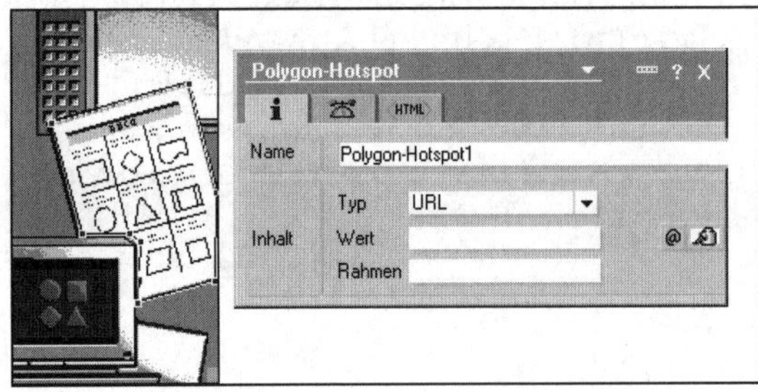

Abbildung 12.9: Erstellung eines Hotspots

Aktion festlegen

Generell kommt als Hotspot-Aktion nur der Aufruf eines Elements in Frage, wobei es sich bei diesem um einen URL, ein benanntes Element (also ein Domino-Gestaltungselement, z.B. eine Maske) oder aber eine (zuvor erstellte) Verknüpfung handeln kann (Feld TYP).

Hotspots entfernen

Um schließlich einen Hotspot zu entfernen, ist dieser auszuwählen (bei gedrückter [⇧]-Taste können auch mehrere Hotspots gleichzeitig markiert werden). Anschließend kann er mit dem Menübefehl BILD/AUSGEWÄHLTE HOTSPOTS LÖSCHEN entfernt werden.

Umrandung festlegen

Das Spektrum der Formatierungsmöglichkeiten ist damit jedoch noch keineswegs ausgeschöpft. Uns bleibt noch die *Umrandung* eines Bilds, welcher im Rahmen der Bildeigenschaften eine eigene Registerkarte gewidmet wurde (vgl. Abbildung 12.10).

Abbildung 12.10: Umrandungseinstellungen

Es gibt acht verschiedene Typen der Umrandung (vgl. Abbildung 12.11), bei denen zudem die *Dicke* der einzelnen Ränder sowie die Farbe im Einzelnen festgelegt werden können. Ferner lässt sich – ein sehr schöner optischer Effekt – ein Bild mit einem *Schatten* beliebiger Breite versehen.

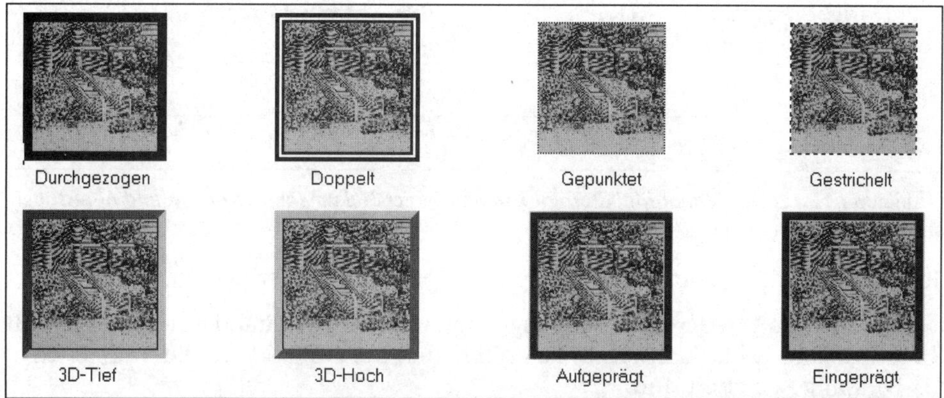

Abbildung 12.11: Umrandungstypen

12.4 Bilder im Webeinsatz

12.4.1 Konvertierung von Bildern: GIF oder JPEG?

Bilder können als Bestandteil von Domino-Gestaltungselementen selbstverständlich auch im Web eingesetzt werden. Von der Art und Weise her, wie Domino intern mit Bildern umgeht, muss man prinzipiell zwischen zwei Fällen unterscheiden:

- Bilder, welche bereits im GIF- oder JPEG-Format vorliegen, werden einfach an den Webserver »durchgereicht«.

- Bilder, welche nicht in einem dieser beiden Formate vorliegen und intern in einem plattformunabhängigen Grafikformat (256 Farben) gespeichert sind, werden – für den Anwendungsentwickler transparent – in GIF oder JPEG konvertiert.

Konvertierung von Bildern

Die Konvertierung von Bildern in GIF bzw. JPEG ist notwendig, denn nur diese beiden Formate können von wirklich jedem Browser interpretiert werden. Zudem arbeiten beide Formate mit leistungsstarken Datenkompressionsverfahren, wodurch die Ladezeit erträglicher und die Netzwerkbelastung geringer wird. Die intern im Domino Designer gespeicherten Informationen über die Skalierungsstufe eines Bilds reicht Domino an den Browser weiter. Ob diese jedoch auch interpretiert werden, ist vom verwendeten Browser abhängig. Netscape Navigator und Internet Explorer unterstützen ab der Version 3.0 diese Option.

Wahl des Grafikformats

In welches der beiden Formate konvertiert werden soll, wird vom Domino-Administrator in der Server-Konfiguration, auf der Registerkarte Internet-Protokolle-Domino Webserver im Abschnitt Konvertierung/Anzeige im Feld Bildkonvertierungsformat festgelegt (vgl. Abbildung 12.12). Voreingestellt ist das GIF-Format.

Konvertierung/Anzeige		Zeichensatz-Zuweisung	
Bildkonvertierungsformat:	GIF	Vorgabe-Zeichensatzgruppe:	Westeuropäisch
Interlaced-Wiedergabe:	Aktiviert	Ressourcen-Zeichenfolgen konvertieren in:	Englisch
		UTF-8 für Ausgabe verwenden:	Nein

Abbildung 12.12: Das Standardbildformat kann im Server-Dokument im Namen- und Adressbuch festgelegt werden.

Je nach gewähltem Format stehen weitere Optionen zur Verfügung:

- **Vermischte Wiedergabe**: wird angezeigt, wenn GIF als Standardformat gewählt wurde und beeinflusst das Anzeigeverhalten bei GIF-Bildern, die im *Interlaced*-Format gespeichert sind.
- **JPEG-Bildqualität**: wird angezeigt, wenn JPEG als Standardformat gewählt wurde und bezieht sich auf die Fähigkeit des JPEG-Kompressionsverfahrens, die Qualität der Darstellung stufenweise zu bestimmen. Hierbei gilt: Je höher die Qualität, desto mehr Speicher beansprucht ein Bild und desto mehr Netzwerklast und längere Ladezeiten bewirkt es. Der Wertebereich dieser Einstellung liegt zwischen 5 und 100%.
- **Progressive Darstellung**: wird angezeigt, wenn JPEG als Standardformat gewählt wurde, und ermöglicht, falls aktiviert, das progressive Laden eines JPEG-Bilds, wobei die »Schärfe« des Bilds während des Ladevorgangs stufenweise verbessert wird. Diese Option ist standardmäßig ausgeschaltet.

GIF oder JPEG?

Die Entscheidung GIF oder JPEG will sorgfältig überlegt sein, denn leider schließen sich zumindest im Bereich der automatischen Konvertierung beide Formate gegenseitig aus. Bei der Entscheidung sollte in erster Linie die Art des vorhandenen Bildmaterials berücksichtigt werden. Wenn es sich um Bilder mit relativ wenigen Farben bzw. vielen einfarbigen Flächen handelt, empfiehlt sich die Übersetzung in das GIF-Format. JPEG hingegen ist die beste Wahl, wenn beispielsweise gescannte Fotos präsentiert werden sollen.

12.4.2 Umgang mit der Farbpalette

Besonders problematisch gestaltet sich bei der Anwendung von Bildern die Sicherstellung der Farbtreue eines Bilds: Es gibt eine Reihe von Einflussfaktoren, welche sich darauf auswirken, ob ein Bild auch so wiedergegeben wird, wie es im Bildbearbeitungsprogramm aussieht. Diese sind:

- Client-Typ (Webbrowser oder Notes-Client)
- Betriebssystem
- Farbmodus, d.h. Anzahl der darstellbaren Farben auf dem Bildschirm des Benutzers

Abgesehen von einem gewissen Testaufwand, welcher immer erforderlich sein wird, gibt es zwei Strategien, mit denen Sie die Unstimmigkeiten in der Anzeige der Farbgebung (zumindest teilweise) verhindern können: Reduktion der Farbtiefe auf 256 Farben sowie Anpassung der Farbpalette an den jeweils zugreifenden Client-Typ.

Reduktion der Farbtiefe

Mit Ausnahme kontrollierter Umgebungen, bei denen Sie die Bildschirmeigenschaften der Benutzer genau kennen (z.B. in einem Intranet), empfiehlt es sich, nur Bilder mit einer Farbtiefe von 256 Farben zu verwenden. Die Fähigkeiten eines TrueColor-Bildschirms mit 16 Millionen Farben kommen auf diese Weise zwar nicht voll zur Geltung, dafür wird aber sichergestellt, dass die Farbgebung eines Bilds annähernd dem entspricht, was man sich ursprünglich erhofft hatte.

Die Farbpalette ändern

Um die Farbgebung eines Bilds auf die Benutzer im Web anzupassen, können Sie statt der Lotus-Farbpalette die Webfarbpalette verwenden. Dies gilt insbesondere dann, wenn die jeweilige Zielgruppe mit Anzeigen arbeitet, die 256 oder weniger Farben unterstützen. Hierzu sind folgende Schritte erforderlich:

1. Wählen Sie den Menübefehl DATEI/VORGABEN/BENUTZERVORGABEN.
2. Stellen Sie sicher, dass die Option WEBPALETTE VERWENDEN im Feld ZUSÄTZLICHE OPTIONEN auf der Registerkarte ALLGEMEIN aktiviert ist.

12.4.3 Bilder mit HTML referenzieren

Die Philosophie von HTML sieht vor, dass Bilder nicht direkt in einer HTML-Datei gespeichert werden. Vielmehr enthält diese lediglich einen Verweis auf die eigentliche, im Dateisystem des Servers gespeicherte Bilddatei. Wenn Domino in einem Dokument oder einer Maske ein Bild vorfindet, generiert es ebenfalls einen solchen HTML-Verweis, mit dem Unterschied, dass das referenzierte Bild bereits im angezeigten Dokument selbst gespeichert ist.

Manchmal wird es in Webanwendungen jedoch Gründe geben, ein externes Bild zu referenzieren, statt es direkt in eine Maske bzw. ein Dokument einzubetten. Einige hiervon seien genannt:

- Es sollen nach dem Umstieg von einem anderen HTTP-Server auf Domino bestehende, in einem Verzeichnis vorliegende, Bilddateien eingebunden werden.
- Es soll das ursprüngliche Datenformat des Bilds beibehalten werden, welches nicht GIF oder JPEG ist.
- In Webanwendungen sollen im Rahmen von Gestaltungselementen, welche ansonsten nicht grafikfähig sind, Bilder referenziert werden, z.B. in Ansichtenspalten.

Wir werden uns im Folgenden zunächst mit der Art und Weise der Referenzierung von Bildern in HTML beschäftigen und dieses Wissen anschließend auf das Referenzieren von Bildern, welche in anderen Domino-Datenbanken bzw. in der Ressourcenverwaltung vorliegen, erweitern.

HTML-Syntax von Bildverweisen

Die Einbettung von Bildverweisen in HTML wird mit dem HTML-Tag `<IMG>` gekennzeichnet, im Rahmen dessen zwei Parameter zum Einsatz kommen:

- `SRC` ist der URL der Bilddatei, die eingebettet werden soll,
- `ALT` ermöglicht die Angabe eines Alternativtextes, analog zur entsprechenden Einstellung im Domino Designer.

Typischerweise wird diese Syntax eingesetzt, um Bilder im Dateisystem zu referenzieren. Beispielsweise lässt sich wie folgt eine Bilddatei namens LOGO.GIF im HTML-Unterverzeichnis LITERATUR einbinden:

```
[<IMG SRC="/Literatur/Logo.gif">]
```

Der Verweis kann sich jedoch auch auf eine URL-Ressource im Internet beziehen.[1]

```
[<IMG SRC="http://www.lotus.com/home/lotuslit.gif">]
```

Und noch ein Beispiel mit der Verwendung vom Alternativtext:

```
[<IMG SRC="bild.gif" alt="Sie verpassen ein schönes Bild!">]
```

1 Alle HTML-Beispiele in diesem Kapitel werden durch eckige Klammern gekennzeichnet. Sie können die Kennzeichnung auch mit dem Menübefehl *Text/Durchgangs-HTML* vornehmen. In diesem Fall ist die Verwendung von eckigen Klammern nicht notwendig.

Referenzieren von Bildern in Domino-Datenbanken

Das Dateisystem ist zur Ablage von Bildern eine denkbar ungünstige Lösung, wenn umfangreiche Bildarchive angelegt werden sollen. Schließlich ist Notes eine Datenbank, die mit allerlei multimedialen Dateien hervorragend umgehen kann. Darüber hinaus sind Funktionen wie Replikation, Volltextsuche und die übersichtliche Darstellung in Ansichten vom Gesichtspunkt der Verwaltung her dem Dateisystem weit überlegen.

Bilder in Domino-Datenbanken

In der Tat besteht auch die Möglichkeit, auf Bilder in Domino-Datenbanken zu verweisen, wenn diese als Dateianhänge vorliegen. Hierfür muss jedoch auf die Domino-eigene URL-Referenzierung zurückgegriffen werden.

Die allgemeine Syntax für den Zugriff auf eine Bilddatei in Form eines Dateianhangs in einer Domino-Datenbank lautet:

```
[<IMG SRC="/Datenbank/Ansicht/Schlüssel/$FILE/Dateiname">]
```

```
[<IMG SRC="/Archiv.nsf/GIFs/VLogo/$FILE/Logo.gif">]
```

In diesem Beispiel wird davon ausgegangen, dass alle im Rahmen unserer Website eingesetzten Bilder in der Datenbank ARCHIV.NSF vorliegen. In dieser Datenbank gibt es eine Ansicht *GIFs*, deren erste Spalte nach dem Feld NAME sortiert ist und zudem nur Dokumente vom Typ *GIFs* auflistet. Die erste Spalte dient somit als Schlüssel zur Identifizierung des richtigen Dokuments. Dieses kann wiederum mehrere Dateianhänge enthalten, weshalb nach dem reservierten Begriff `$FILE` der Name des entsprechenden Dateianhangs angegeben werden muss, im vorliegenden Fall LOGO.GIF.

Referenzieren von Bildern in der Ressourcenverwaltung

Bleibt schließlich die letzte Möglichkeit, nämlich Bilder in HMTL zu referenzieren, welche in der Ressourcenverwaltung vorliegen. Die allgemeine Syntax lautet in diesem Fall:

```
[<IMG SRC="/Datenbank/NameDerBildRessource?OpenImageResource" BORDER=0>]
```

```
[<IMG SRC="/Literaturverwaltung.nsf/Logo.gif?OpenImageResource" BORDER=0>]
```

13 Tabellen

Tabellen sind ein nützliches Formatierungsmittel, das in erster Linie zur strukturierten Präsentation von Daten in Dokumenten, Seiten und Masken dient, aber auch anderweitig eingesetzt werden kann. Tabellen können beliebige Elemente enthalten, beispielsweise Texte, Bilder, Hotspots, Java-Applets, eingebettete Elemente, Felder, komplette Teilmasken und sogar andere Tabellen.

Neben traditionellen Features können mit Tabellen nun auch Registerkarten und einfache Animationen dargestellt werden. Ferner sind Tabellen programmierbar, d.h. der anzuzeigende Inhalt einer Tabelle kann von einem Formelausdruck festgelegt werden.

Wir werden uns in diesem Kapitel zunächst den allgemeinen Eigenschaften von Tabellen widmen und anschließend auf die Besonderheiten der speziellen Tabellentypen eingehen.

13.1 Einsatzbereiche von Tabellen

Die erste und wichtigste Funktion von Tabellen – nämlich die strukturierte Präsentation von Daten innerhalb einer Seite, einer Maske oder eines Dokuments – ist ziemlich nahe liegend; schließlich wird diese Funktionalität in fast allen ernst zu nehmenden Werkzeugen zur Erstellung von Dokumenten angeboten. Wir wollen in diesem Abschnitt jedoch auch auf diejenigen Einsatzbereiche von Tabellen eingehen, die vielleicht nicht so offensichtlich sind.

13.1.1 Textgestaltung

Eine der einfachsten Möglichkeiten ist die Verwendung von Tabellen zur effektvollen Textgestaltung. Indem Sie Tabellen verwenden, können Sie einen bestimmten Text mit einer beliebigen Hintergrundfarbe, einer Umrandung sowie zahlreichen anderen Effekten (z.B. Schattierung) ausstatten. Die Tabelle in der Abbildung 13.1 (eine Zeile mal eine Spalte) demonstriert diese Möglichkeit.

Literaturverwaltung

***Abbildung 13.1:** Tabellen als Mittel zur Textgestaltung*

13.1.2 Layout-Kontrolle

Während man das obige Beispiel noch als kleine optische Spielerei betrachten kann, ist das nächste Beispiel – die Layout-Kontrolle mittels Tabellen – in zahlreichen Situationen eine bittere Notwendigkeit: Beispielsweise können Sie mittels Tabellen im Notes-Client sehr wirkungsvoll die Länge von Texten und Feldern auf ein bestimmtes Maß beschränken. Nahezu jede Maske im persönlichen Adressbuch des Notes-Clients (und zahlreichen anderen mitgelieferten Schablonen) verwendet diese Technik. Ähnlich wichtig ist diese Technik im Webbrowser: Dadurch, dass mehrfache Leerzeichen in HTML nicht unterstützt werden (und pixelweise Positionierung in älteren Versionen ohnehin nicht möglich ist), etablierten sich Tabellen recht bald als Methode zur Layout-Kontrolle. In beiden Fällen bedient man sich der Möglichkeit der *unsichtbaren* Tabellenränder. Ein Beispiel hierfür ist in der Abbildung Abbildung 13.2 dargestellt.

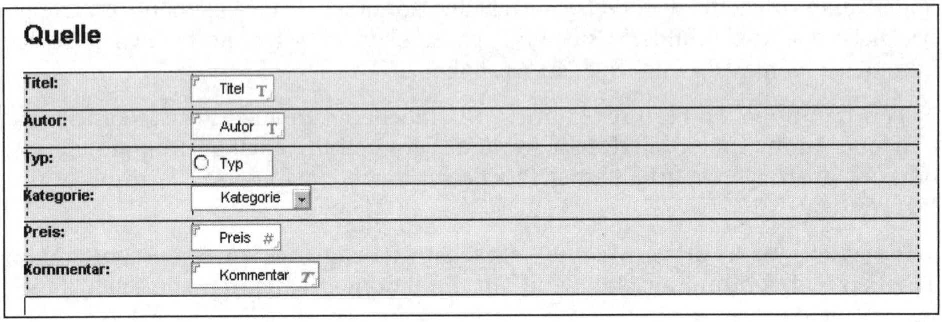

Quelle

Titel:	Titel T
Autor:	Autor T
Typ:	Typ
Kategorie:	Kategorie
Preis:	Preis #
Kommentar:	Kommentar T

Abbildung 13.2: Tabellen als Mittel zur Layout-Kontrolle

13.1.3 Registerkarten

Ein weiteres Feature von Notes Domino-Tabellen ist die Möglichkeit der Registerkarten-ähnlichen Darstellung. Die Registerkarten als GUI-Element dürften Ihnen spätestens seit Windows 95 bekannt sein. In Domino kann dieses Feature nun sowohl im Notes-Client als auch im Webbrowser genutzt werden (vgl. Abbildung 13.3).

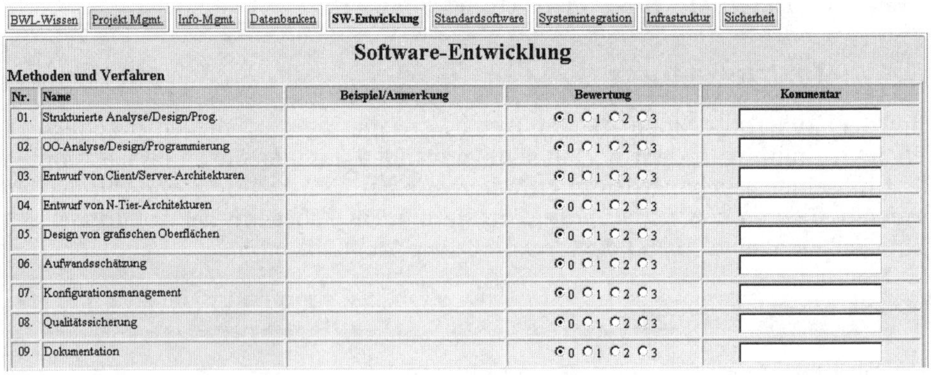

BWL-Wissen | Projekt Mgmt. | Info-Mgmt. | Datenbanken | **SW-Entwicklung** | Standardsoftware | Systemintegration | Infrastruktur | Sicherheit

Software-Entwicklung

Methoden und Verfahren

Nr.	Name	Beispiel/Anmerkung	Bewertung	Kommentar
01.	Strukturierte Analyse/Design/Prog.		0 1 2 3	
02.	OO-Analyse/Design/Programmierung		0 1 2 3	
03.	Entwurf von Client/Server-Architekturen		0 1 2 3	
04.	Entwurf von N-Tier-Architekturen		0 1 2 3	
05.	Design von grafischen Oberflächen		0 1 2 3	
06.	Aufwandsschätzung		0 1 2 3	
07.	Konfigurationsmanagement		0 1 2 3	
08.	Qualitätssicherung		0 1 2 3	
09.	Dokumentation		0 1 2 3	

Abbildung 13.3: Tabellen zur Darstellung von Registerkarten

13.1.4 Tabellen mit Titelzeilen

Ähnlich wie Registerkarten verhalten sich die Titelzeilen. Hier präsentieren sich die einzelnen Zeilen in vertikaler Anordnung als eigenständige Abschnitte, die wahlweise auf- oder zugeklappt werden können.

13.1.5 Animierte Tabellen

Ein weitere innovative Verwendung von Tabellen ist die Darstellung kleinerer *Animationen*. Bei animierten Tabellen werden nicht alle Zeilen auf einmal, sondern vielmehr nacheinander, in einer zeitlichen Sequenz dargestellt.

Ein möglicher Einsatzbereich dieser Technik ist beispielsweise das Einblenden von aktuellen Nachrichten, Börsenkursen oder auch Werbebannern. Die in der Abbildung 13.4 dargestellten Zeilen sollen dies verdeutlichen: Sie werden in regelmäßigen Zeitabständen nacheinander eingeblendet.

NEWS-TICKER
Genossenschafts-Rechenzentrale GRZ setzt auf Lotus Solution Architecture
Lotus Development und GEDYS bieten mittelstaendischen Unternehmen eine E-Business-Loesung an
"Offizieller Lotus Notes & Domino Anwendungs- und Leistungskatalog 2000" verfuegbar

Abbildung 13.4: Animierte Tabellen

Die animierten Tabellen sind jedoch einigen Einschränkungen unterworfen: so werden die Animationen nur im Notes-Client, nicht jedoch im webbrowser benutzt. Ferner können in animierten Tabellen keine Felder verwendet werden.

13.1.6 Programmgesteuerte Tabellen

Eng verwandt mit animierten Tabellen sind programmgesteuerte Tabellen, mit dem Unterschied, dass der Zeilenwechsel nicht zeitabhängig erfolgt, sondern vom Programmierer mittels eines Formelausdrucks (also beispielsweise abhängig von den Aktionen des Benutzers) gesteuert wird. Wie genau das geht, werden wir im Laufe dieses Kapitels erörtern.

13.2 Tabellen erstellen

Eine Tabelle kann in einer Maske, einer Seite oder einem Dokument mit dem Menübefehl ERSTELLEN/TABELLE erstellt werden. Daraufhin erscheint ein Dialogfenster, in dem man die Dimensionierung der Tabelle, die Tabellenbreite (relativ zu den Fensterrändern) und den Tabellentyp festlegen kann (vgl. Abbildung 13.5). Alle Einstellungen sind jederzeit nachträglich änderbar.

Für sämtliche Tabellen gilt, dass sie auch innerhalb von Tabellen erstellt werden können, d.h. die Schachtelung von Tabellen ist möglich. Gerade bei der Verwendung von Tabellen als Mittel zur Layout-Kontrolle kommt diesem Feature eine große Bedeutung zu.

Abbildung 13.5: Tabellen erstellen

13.2.1 Tabellen bearbeiten

Wird eine Tabelle erstellt, erscheint in der Menüleiste ein neues Menü TABELLE. Hier befinden sich eine Reihe von Operationen, welche an Tabellen vorgenommen werden können:

- **Zeile/Spalte einfügen**: Das Einfügen von Zeilen/Spalten erfolgt immer vor der Zelle, in der sich der Textcursor befindet.
- **Zeilen/Spalten selektiv einfügen**: Möchten Sie mehr als eine Zeile/Spalte einfügen oder anhängen, benötigen Sie diesen Befehl.
- **Zeile/Spalte anhängen**: Das Anhängen bedeutet, dass neue Zeilen/Spalten unabhängig von der gegenwärtigen Cursor-Position an das Ende der Tabelle angehängt werden.
- **Ausgewählte Zeilen/Spalten löschen**: Das Löschen von Zeilen/Spalten erfolgt in Abhängigkeit von der Cursor-Position.
- **Zeilen Spalten selektiv löschen**: Das selektive Löschen ermöglicht die Entfernung von mehreren Zeilen/Spalten auf einmal.
- **Zellen verbinden**: Mit diesem Befehl können Sie mehrere Zeilen/Spalten zu übergeordneten Einheiten zusammenfassen. Sinnvoll ist dies, wenn Sie beispielsweise innerhalb einer Tabelle eine »Überschrift« für eine Gruppe von Zeilen einbringen möchten, welche nur aus einer Spalte besteht. Noch nützlicher ist diese Option als Mittel zur Layout-Kontrolle.

- **Zelle teilen**: Die Zellteilung macht das Verbinden von Zellen rückgängig und stellt den ursprünglichen Zustand wieder her.
- **Automatische Größenanpassung**: Die Dimensionierung der Zellen wird automatisch an die Zelleninhalte angepasst.

13.2.2 Tabellen formatieren

Domino Designer bietet einige sehr mächtige Features zur Formatierung von Tabellen. Die Formatierung erfolgt über das Eigenschaftenfenster (Menübefehl TABELLE/EIGENSCHAFTEN: TABELLE) und bezieht sich jeweils nur auf den *markierten Bereich* einer Tabelle. Es lassen sich im Einzelnen folgende Tabellenmerkmale anpassen:

- Tabellenlayout,
- Zellenumrandung,
- Hintergrund, sowohl für die gesamte Tabelle als auch für einzelne Zellen,
- Tabellenumrandung,
- Tabellenrand und Abstände,
- Tabellenzeilen.

Betrachten wir diese Möglichkeiten mal im Einzelnen!

Tabellenlayout anpassen

Unter dem Tabellenlayout versteht man die Positionierung und Größe der Tabelle im Rahmen eines Dokuments, die Größe von Zellen im Rahmen der Tabelle sowie die Positionierung der Inhalte im Rahmen der Zelle – alle Einstellungen, die auf der Registerkarte TABELLENLAYOUT zu finden sind (vgl. Abbildung 13.6).

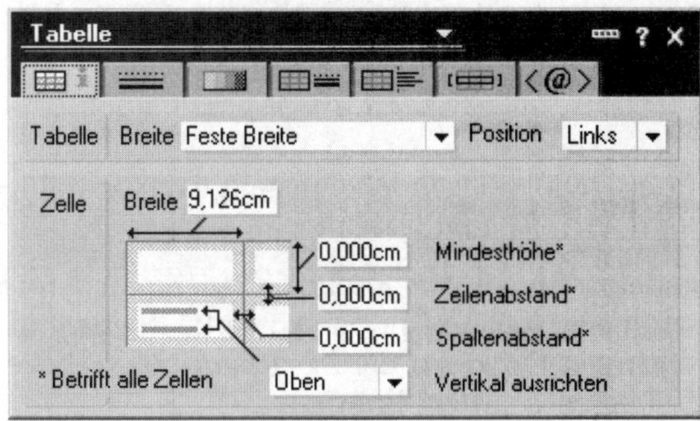

Abbildung 13.6: Tabellenlayout

Die Variablen, mit denen wir in diesem Zusammenhang operieren können, sind in der Abbildung 13.7 dargestellt.

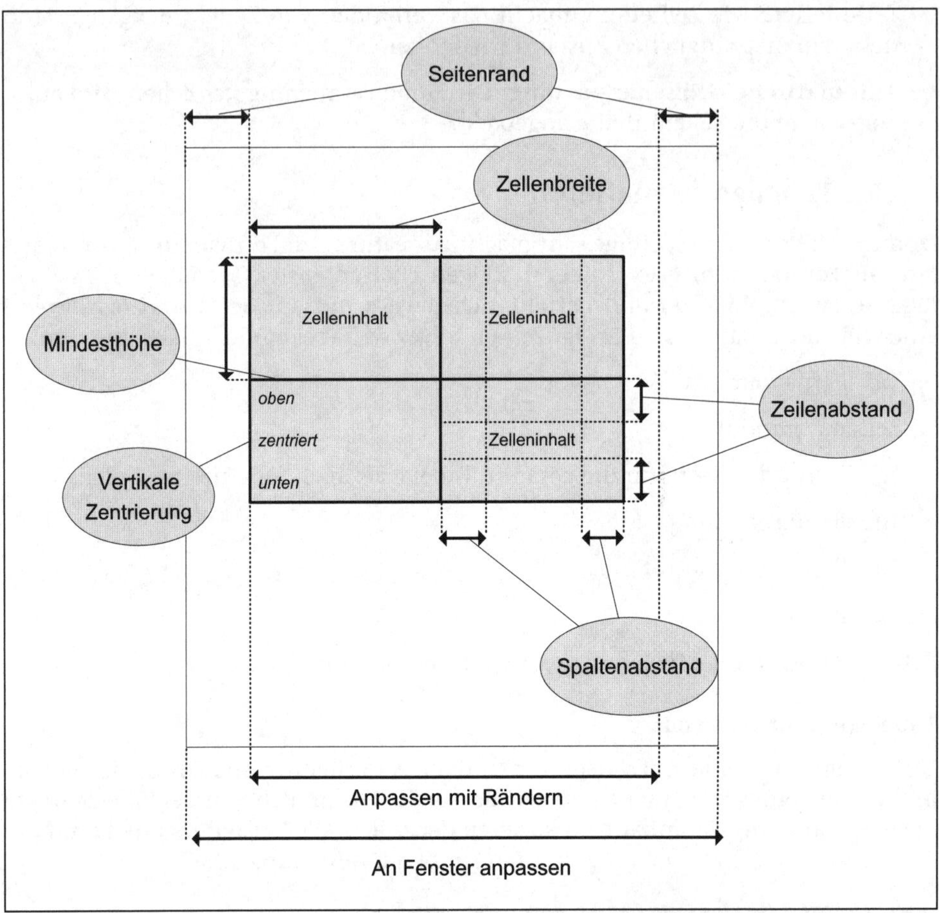

Abbildung 13.7: Tabellenlayout-Einstellungen

Tabellenbreite und -ausrichtung

Hinsichtlich der *Tabellenbreite* kann zwischen folgenden Einstellungen gewählt werden:

- **Feste Breite**: Die Breite der Tabelle setzt sich aus den absoluten Breiten (in Zentimetern) der einzelnen Zellen zusammen. Ist diese Option aktiviert, lässt sich im Gegensatz zu den beiden nachfolgenden Optionen die *Ausrichtung* der Tabelle relativ zum Dokument bestimmen (rechts, zentriert, links).
- **Anpassen mit Rändern**: Die Breite der Tabelle passt sich automatisch an die Breite des Dokumentfensters an, wobei jedoch die Seitenränder berücksichtigt werden.
- **An Fenster anpassen**: Die Breite der Tabelle passt sich an die Breite des Dokumentfensters an, wobei tatsächlich das gesamte Dokumentfenster (einschließlich der Ränder) in Anspruch genommen wird.

Zellenbreite und -höhe

Die Tabellenbreite hängt unmittelbar mit der Breite der einzelnen Zellen zusammen. Die *Zellenbreite* kann für jede Zelle einzeln festgelegt werden, indem man den Cursor in der entsprechenden Spalte positioniert und den Wert im Feld BREITE anpasst. Wirklich frei ist man bei der Festlegung der Zellenbreite allerdings nur dann, wenn es sich um eine Tabelle fester Breite handelt.

Ist die Breite der Tabelle an die Fensterbreite gebunden (siehe oben), ist auch die Breite der einzelnen Zellen (Spalten) nur relativ. Dies lässt sich zumindest teilweise mit der Schaltfläche FESTE BREITE vermeiden. Ist diese Einstellung für eine bestimmte Spalte aktiviert, stellt man sicher, dass die Veränderung der Fensterbreite *ausschließlich von den anderen Spalten* kompensiert wird. Ferner kann mit der Schaltfläche AUTOMATISCH die Breite der Zellen automatisch an die bereits vorhandenen Inhalte der Zellen angepasst werden. Das Ergebnis dieser Operation hängt ebenfalls stark davon ab, ob es sich um eine Tabelle fester Breite oder aber um eine dynamische Tabelle handelt.

Neben der Breite kann man auch die *Höhe der Zellen* festlegen. In diesem Fall handelt es sich um die *Mindesthöhe*, die unabhängig von den Aktionen des Benutzers nicht unterschritten werden darf. Diese Angabe lässt sich nur für die gesamte Tabelle und nicht etwa für einzelne Zeilen getrennt festlegen.

Positionierung der Inhalte innerhalb der Zelle

Bleiben schließlich noch die Einstellungen, welche die Positionierung von Inhalten innerhalb der Zelle beeinflussen (vgl. Abbildung 13.7):

- **Zeilenabstand**: bestimmt die Entfernung zwischen dem oberen Zellenrand und dem Zelleninhalt sowie zwischen dem Zelleninhalt und dem unteren Zellenrand.
- **Spaltenabstand**: bestimmt die Entfernung zwischen dem linken Zellenrand und dem Zelleninhalt sowie zwischen dem Zelleninhalt und dem rechten Zellenrand.
- **Vertikale Ausrichtung**: bestimmt die Ausrichtung der Zelleninhalte relativ zur Zelle. Im Gegensatz zu den ersten beiden Einstellungen, welche jeweils für die gesamte Tabelle gelten, kann die vertikale Ausrichtung für jede Zelle einzeln festgelegt werden.

Zellenumrandung festlegen

Ist das Layout der Tabelle festgelegt, können wir uns der Zellenumrandung widmen. Der Begriff der Umrandung ist im Zusammenhang mit Domino-Tabellen etwas irreführend, da er in vielen unterschiedlichen Kontexten verwendet wird. Die Zellenumrandung meint nichts anderes als das *Gitter*, aus welchem die Tabelle eigentlich besteht. (Wie wir später sehen werden, besteht im Domino Designer die Möglichkeit, eine *ganze Tabelle* mit einer Umrandung zu versehen.)

Die Zellenumrandung wird von drei Parametern beeinflusst: dem *Stil*, der *Farbe* und der *Dicke der Umrandung* (vgl. Abbildung 13.8). Während die ersten beiden Einstellungen nur für die gesamte Tabelle festgelegt werden können, lässt sich die Dicke der Umrandung für jede einzelne Zelle getrennt anpassen.

Abbildung 13.8: Umrandungseinstellungen

> Das Festlegen der Randdicke auf 0 ist gleichbedeutend mit *unsichtbaren Rändern.* Dieses Feature ist ein häufig genutztes Mittel zur genaueren Positionierung von Elementen im Rahmen einer Seite – sowohl im Notes- als auch im Webumfeld.

Während die Farbe und die Randdicke eigentlich selbsterklärend sind, noch ein Wort zum *Stil.* Hier stehen drei Optionen zur Verfügung: *Aufgeprägt, Eingeprägt* und *Durchgezogen* (vgl. Abbildung 13.9).

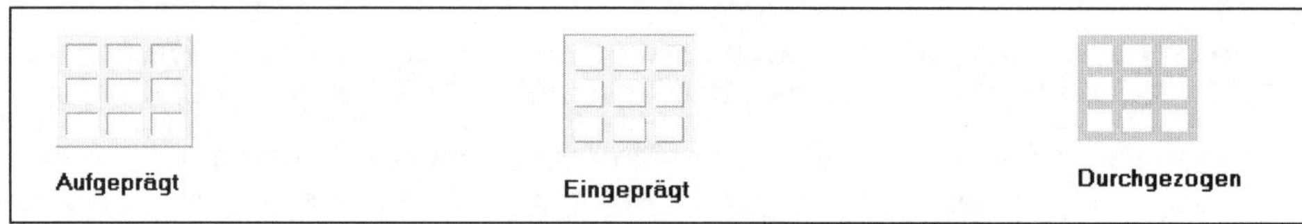

Abbildung 13.9: Verschiedene Umrandungsstile einer Tabelle

Hintergrund bestimmen

Dass Tabellen in Notes Domino weit mehr bieten als nur ein einfaches Gitter zur strukturierten Präsentation von Daten darzustellen, beweist die Registerkarte TABELLEN-/ZELLENHINTERGRUND. Wie in der Abbildung 13.10 links unten dargestellt, besteht der Tabellenhintergrund im Grunde genommen aus *drei Ebenen*: Zunächst einmal kann die *Tabellenfarbe* festgelegt werden, anschließend lassen sich für jede einzelne Zelle die *Zellenfarbe* sowie das *Zellenbild* einstellen.

Abbildung 13.10: Tabellenhintergrund

Tabellenfarbe

Wenn wir über die Tabellenfarbe sprechen, meinen wir zunächst ein ein- oder zweifarbiges Muster, welches im Domino-Jargon *Tabellenstil* genannt wird (eine Übersicht der möglichen Tabellenstile ist in der Abbildung 13.11 dargestellt). Durch verschiedene Einstellungen im Zusammenhang mit dem Tabellenstil können bestimmte Bereiche der Tabelle, etwa die Kopfzeile bzw. die Randspalte, optisch hervorgehoben werden. Ferner können bei sehr breiten Tabellen beispielsweise farblich alternierende Zeilen die Übersichtlichkeit deutlich steigern. Während bei der Option (KEINER) die Tabelle transparent dargestellt wird (d.h. der eigentliche Hintergrund hängt von der Seite bzw. Maske ab), lassen sich bei allen nachfolgenden Mustern die entsprechenden Farben beliebig einstellen.

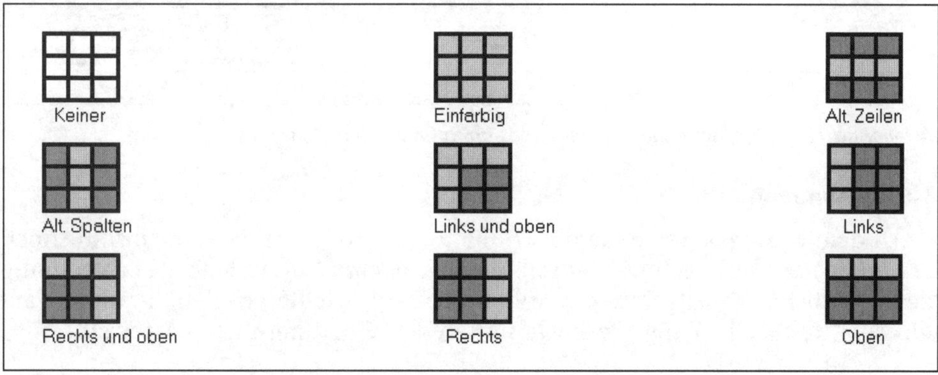

Abbildung 13.11: Hintergrundstile

Zellenfarbe

Die Farbe lässt sich auch für jede Zelle einzeln festlegen, wodurch die Tabellenfarbe für die betreffende Zelle quasi überschrieben wird. Hier bietet uns Domino Designer die Möglichkeit, nicht nur mit »festen« Farben, sondern auch mit *Farbverläufen* (wahlweise horizontal oder vertikal) zu arbeiten. Hierbei lassen sich die Anfangs- und die Endfarbe des Verlaufs frei wählen.

Zellenbild

Schließlich gibt es eine dritte Schicht – das so genannte *Zellenbild.* Dieses muss in der Ressourcenverwaltung vorliegen und kann entweder manuell oder aber anhand einer Formel eingefügt werden. Weiterhin kann man im Auswahlfeld WIEDERHOLEN das Verhalten eines Bilds im Rahmen der Zelle festlegen (vgl. Abbildung 13.12). Eine besonders gelungene WIEDERHOLEN-Einstellung kann man mit ALLE ZELLEN auch auf andere Zellen einer Tabelle übertragen.

> Die Größe der Hintergrundgrafik hat keinerlei Einfluss auf die Größe der Zelle. Wenn Sie also eine überdimensional große Grafik wählen, wird diese einfach nur anhand eines Teilausschnitts (angefangen von links oben) dargestellt. Umgekehrt kann die Größe der Zelle durchaus auch die Größe der Grafik beeinflussen, nämlich bei der Option GRÖSSE ANPASSEN.

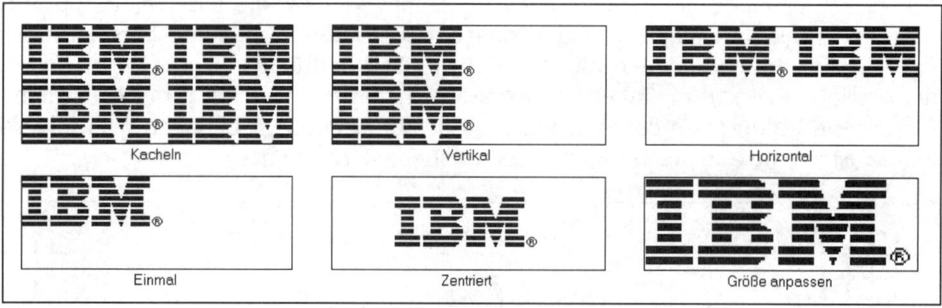

Abbildung 13.12: Wiederholungen eines Bilds im Rahmen einer Zelle

Tabellenumrandung

Doch damit keineswegs genug der Formatierungsoptionen: Es verbleibt uns noch die *Tabellenumrandung.* Im Gegensatz zur *Zellenumrandung,* welche die Erscheinung des eigentlichen Tabellengitters bestimmt, bezieht sich die Tabellenumrandung auf die gesamte Tabelle. Einige Beispiele sind in der Abbildung 13.13 dargestellt.

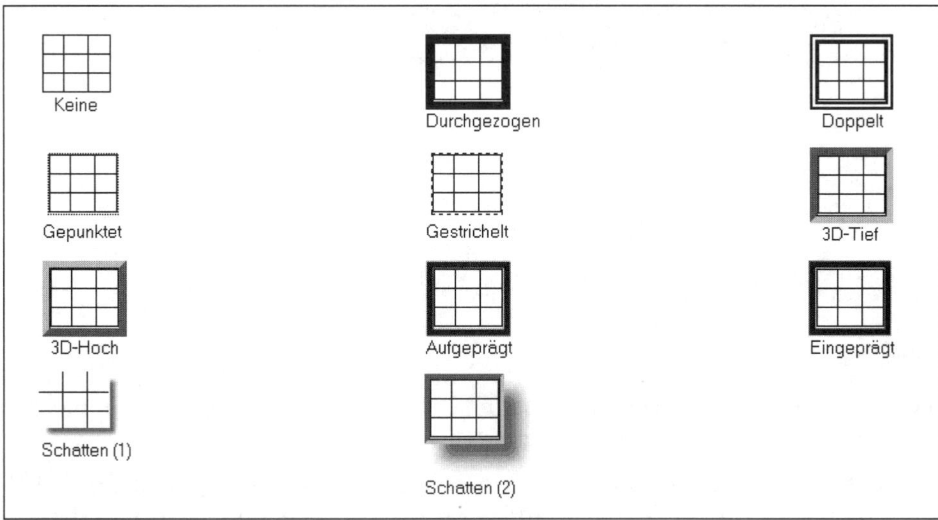

Abbildung 13.13: Umrandungsstile

Auch bei der Tabellenumrandung fängt alles beim *Stil* an. Die Auswahl ist hierbei, wie in der Abbildung 13.13 zu sehen, größer als bei der Zellenumrandung. Mit dem *Schatteneffekt* beliebiger Breite kann der Tabelle eine räumliche Tiefe verliehen werden. Wie bei der Zellenumrandung auch, kann die *Dicke der Tabellenumrandung* beliebig festgelegt werden (vgl. Abbildung 13.14).

Abbildung 13.14: Tabellenumrandung

Tabellenrand und Abstände

Die nächste Registerkarte widmet sich der Positionierung der Tabelle im Rahmen einer Seite (vgl. Abbildung 13.15). Die Bezeichnung *Tabellenrand* ist hierbei etwas irreführend. Es handelt sich vielmehr um die horizontalen Abstände der Tabellenränder zum rechten bzw. linken Seitenrand. Beide Abstände können sowohl in absoluten Einheiten als auch relativ zur Fensterbreite angegeben werden.

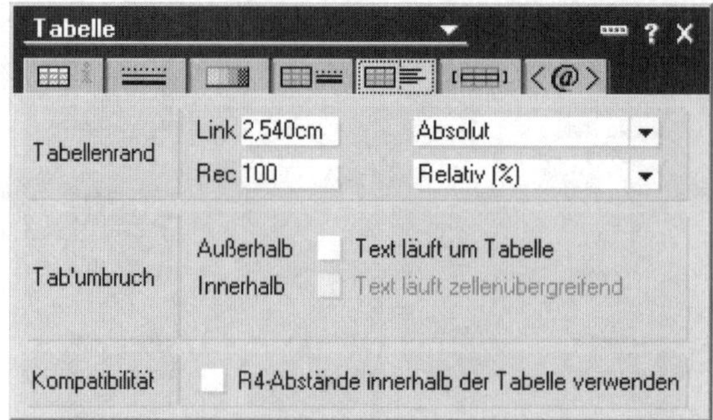

Abbildung 13.15: Tabellenrand

Zwei weitere Einstellungen im Zusammenhang mit der Tabellenpositionierung beziehen sich auf den Textumbruch:

- **Textumbruch außerhalb der Tabelle**: Normalerweise beansprucht eine Tabelle (ähnlich wie ein Bild) einen Absatz gänzlich für sich, d.h. jegliche Texteingaben außerhalb der Tabelle sind nur im nächsten Absatz möglich. Die Einstellung TEXT LÄUFT UM TABELLE ermöglicht uns die Positionierung einer Tabelle in einem Textabsatz, wobei der Text rechts von der Tabelle umbrochen wird. Leider fehlen hier die vielfältigen Möglichkeiten, die in diesem Zusammenhang bei Bildern zur Verfügung stehen.
- **Textumbruch innerhalb der Tabelle**: Mit dieser Einstellung kann man festlegen, dass ab einer bestimmten Zellenhöhe die Texteingabe automatisch in die nächste Zelle übergeht.

13.2.3 Mit Zeileneffekten arbeiten

Registerkarten

Registerkarten ermöglichen eine übersichtliche Anordnung der Präsentation und der Eingabe von verwandten Informationen auf mehreren *Registerkarten*. Man kann diese Funktionalität in Web- und Notes-Anwendungen einsetzen und zwar in Form von Registerkartentabellen. Ein eindrucksvolles Beispiel für diese Funktionalität findet sich beispielsweise im Domino-Verzeichnis.

> Beachten Sie, dass in diesem Beispiel *von verschachtelten* Registertabellen Gebrauch gemacht wird (vgl. Abbildung 13.16).

Das Prinzip hinter Registerkartentabellen ist einfach: Jede *Zeile* einer Tabelle ist eine eigene Registerkarte. Der Inhalt der Registerkarte ist/sind hierbei die *Spalte(n)* der betreffenden Zeile. Man kann natürlich als Inhalt einer Spalte eine weitere Tabelle verwenden, wobei diese auch von einem anderen Typ sein kann.

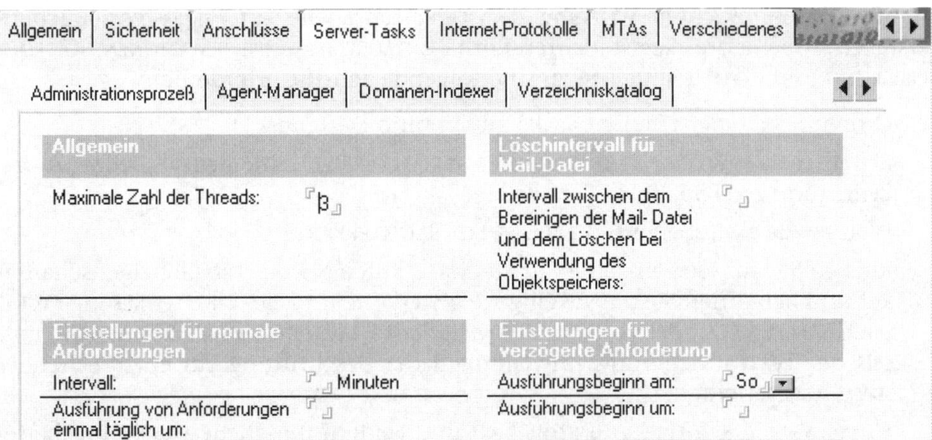

Abbildung 13.16: Einsatz von Registerkartentabellen im Domino-Administrator

Registerkartentabellen erstellen

Dass eine Tabelle mittels Registerkarten dargestellt werden soll, kann sofort bei der Erstellung festgelegt werden (Menübefehl ERSTELLEN/TABELLE). Es kann aber auch eine bestehende Tabelle in eine Registerkartentabelle umgewandelt werden. Dies erfolgt auf der vorletzten Registerkarte der Tabelleneigenschaften (*Tabellenzeilen*) durch die Auswahl der Option ZEILEN EINZELN NACHEINANDER ANZEIGEN/BENUTZER WÄHLEN ZEILE MITTELS REGISTERTABS (vgl. Abbildung 13.17).

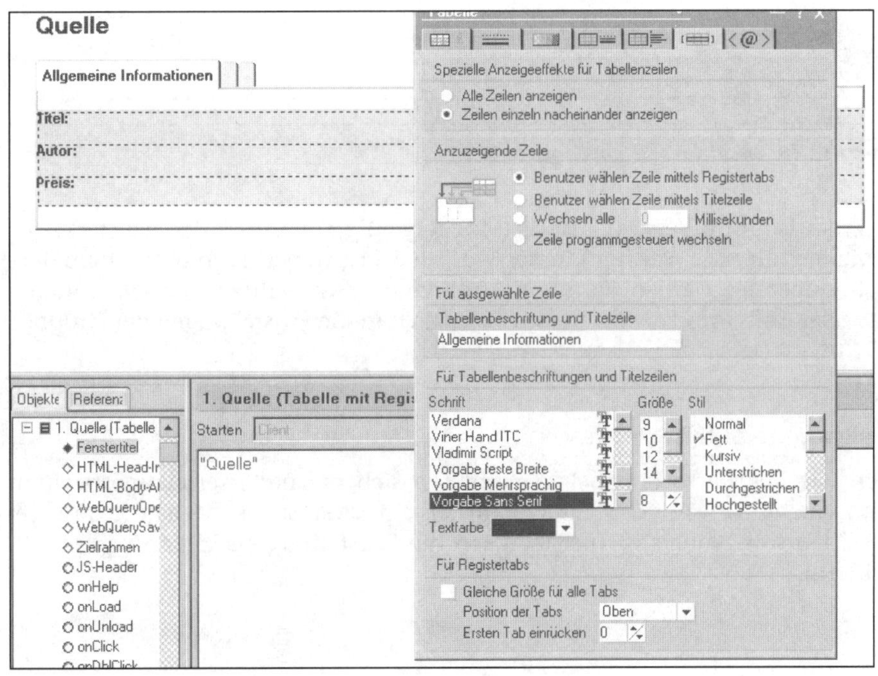

Abbildung 13.17: Tabellenzeilen

Im Folgenden möchten wir eine Registerkartentabelle zur Pflege von Büchern erstellen, welche drei Registerkarten enthält: ALLGEMEINE INFORMATIONEN, KATEGORISIERUNG und KOMMENTAR. Hierzu sind folgende Schritte erforderlich:

1. Öffnen Sie die betreffende Maske im Domino Designer.
2. Erstellen Sie mit dem Menübefehl ERSTELLEN/TABELLE eine neue Tabelle mit drei Zeilen und zwei Spalten.
3. Wählen Sie als Tabellentyp TABELLE MIT REGISTERKARTEN.
4. Klicken Sie auf jede einzelne Registerkarte, rufen Sie die Tabelleneigenschaften auf und benennen Sie die jeweilige Registerkarte im Feld TABELLENBESCHRIFTUNG UND TITELZEILE auf der vorletzten Registerkarte. Gegebenenfalls können Sie mittels der Textformatierungseinstellungen der Beschriftung ein entsprechendes Aussehen verleihen.
5. Füllen Sie die Registerkarten mit Text und Feldern (möglicherweise eingebettet in verschachtelte Tabellen, wie in der Abbildung 13.17 dargestellt) und formatieren Sie die Tabelle (Sie sehen, dass sämtliche Formatierungsmerkmale auch in diesem Modus gelten).
6. Speichern Sie die Maske.

Das Ergebnis könnte in etwa so wie in der Abbildung 13.18 aussehen.

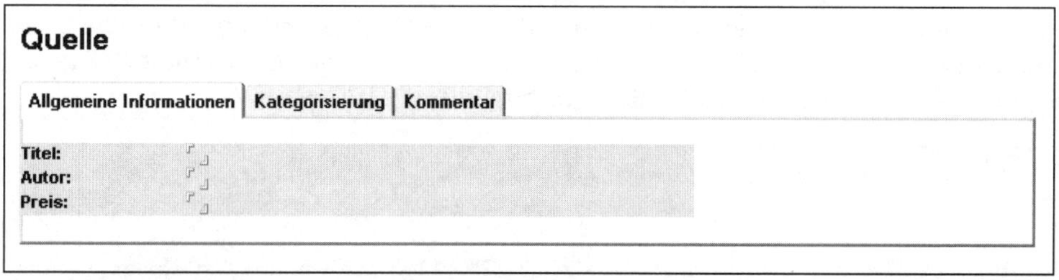

Abbildung 13.18: Beispieltabelle mit Registerkarten

Neu in der Domino-Version 6 ist die Möglichkeit, die Position der Registerkarte beliebig festzulegen. Während in der Version 5 Registerkarten nur oberhalb der Inhalte angezeigt werden konnten, können sie nun wahlweise oben, unten, rechts oder links angezeigt werden. Hierzu dienen die Einstellungen der Gruppe FÜR REGISTERTABS.

Titelzeilen-gesteuerte Tabellen

Ähnlich wie Registerkartentabellen verhalten sich die per Titelzeile gesteuerten Tabellen. Auch hier wählt der Benutzer mittels eines Mausklicks, welche Zeile angezeigt werden soll. Anders ist hier lediglich die Darstellung der Zeilen (vgl. Abbildung 13.19).

Abbildung 13.19: Titelzeilen-gesteuerte Tabellen

Im Internet gibt es im Hinblick auf die Darstellung keine Unterschiede zwischen Registerkarten- und Titelzeilen-gesteuerten Tabellen.

Animierte Tabellen

Eine andere Form der Tabellenpräsentation sind *animierte Tabellen*. Bei diesen werden nicht alle Zeilen auf einmal, sondern vielmehr nacheinander angezeigt, wodurch im Prinzip im Rahmen von Domino kleine, nur bedingt interaktive Diashows erstellt werden können.

Der Auslöser für den Zeilenwechsel (also »Folienwechsel«) kann hierbei entweder ein Mausklick des Benutzers sein oder aber ein voreingestelltes Zeitintervall. Im Einzelnen stehen die in der Tabelle 13.1 aufgelisteten Optionen zur Verfügung.

Option	Anmerkung
Bei Klick wechseln	Die Zeilen rotieren, wenn der Benutzer die Maustaste betätigt. Diese Option ist den Registerkarten nicht unähnlich, gibt jedoch im Gegensatz zu diesen die Reihenfolge vor und eignet sich somit für eine sequentielle Präsentation der Information.
Kontinuierlich	Hier erfolgt der Zeilenwechsel zeitgesteuert. Der Zeitabstand kann hierbei in Tabelleneigenschaften (in Millisekunden) beliebig eingestellt werden. Eine denkbare Anwendung wäre beispielsweise ein News-Ticker.
Einmal beim Öffnen	Hierbei wird der Zeilenwechsel beim Öffnen eines Dokuments initiiert und vollständig durchlaufen.
Einmal beim Klick	Hierbei wird der Zeilenwechsel initiiert, wenn der Benutzer die Maustaste betätigt. Anschließend wird die gesamte Sequenz durchlaufen. Diese und die letzte Option eigenen sich etwa, um dem Benutzer eine kurze Bedienungsanleitung zu präsentieren.

Tabelle 13.1: Optionen bei animierten Tabellen

Dass man mit animierten Tabellen eindeutig in Richtung Diashows zielt, beweist Lotus auch mit der zusätzlichen Option, den Zeilenwechsel mit einem *Übergangseffekt* auszustatten. Sicherlich kein *mission critical*-Feature, aber dennoch: Es ist ein lustiger Gedanke, dass ab sofort Ausdrücke wie »Rollend« und »Explodierend« zum

Wortschatz eines Domino-Entwicklers gehören werden. Es muss ja nicht immer nüchtern und trocken sein!

Programmgesteuerte Tabellen

Die letzte Möglichkeit der sequentiellen Darstellung von Zeilen sind *programmgesteuerte Tabellen*. Wie der Name sagt, wird der Zeilenwechsel in diesem Fall nicht vom Benutzer (oder vom Timer), sondern von einem *Formelausdruck* initiiert. Mit dem Formelausdruck wird also angegeben, welche Zeile einer Tabelle angezeigt werden soll, während alle anderen Zeilen verborgen bleiben.

Auch diese Funktionalität funktioniert im Notes- sowie im Webclient.

Man kann sich beispielsweise diese Funktionalität zunutze machen, um bestimmte Abschnitte einer Maske zu verbergen, ähnlich wie mit dem Verbergen von Text, aber noch eleganter.

Im nachfolgenden Beispiel wollen wir mit den programmgesteuerten Tabellen dem Benutzer die Möglichkeit geben, zu jedem Typ der Quelle (also: Buch, Zeitschriftenartikel, URL) bestimmte Zusatzfelder anzuzeigen, in denen weitere, quellenspezifische Eingaben gemacht werden können. So wird man beispielsweise zu einem Buch eine ISBN-Nummer erfassen wollen – eine Angabe, die bei einem URL relativ wenig Sinn macht.

Um diese Funktionalität abzubilden, sind folgende Schritte erforderlich:

1. Zunächst benötigen wir eine neue Tabelle zur Darstellung von Zusatzinformationen. Hier brauchen wir für jeden Typ der Quelle, zu dem wir Zusatzfelder einblenden wollen, eine eigene Tabellenzeile – wir unterstellen also drei Zeilen.
2. Im zweiten Schritt ist diese Tabelle zu benennen. Dies erfolgt im Feld NAME/ID auf der letzten Registerkarte der Tabelleneigenschaften (vgl. Abbildung 13.20).

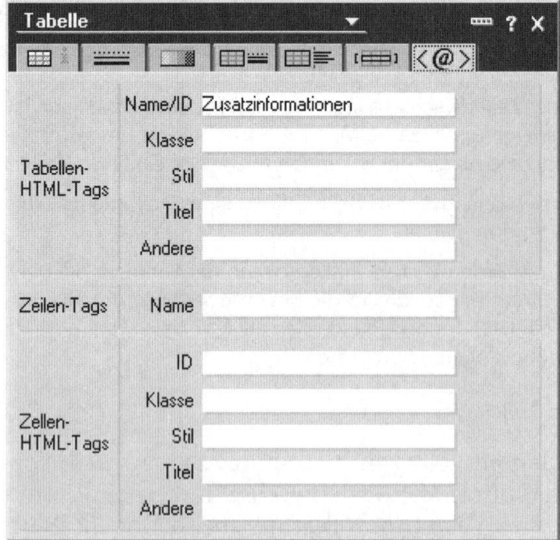

Abbildung 13.20: Benennung der Tabelle

3. Anschließend muss ein neues, berechnetes *Zahlenfeld* erstellt werden, welches den gleichen Namen haben muss wie die betroffene Tabelle (folglich muss für jede Tabelle ein solches Feld erstellt werden), wobei dem Feldnamen ein Dollarzeichen vorangestellt werden sollte. Im dargestellten Fall lautet der Name also $ZUSATZINFORMATIONEN. Das Feld kann optional verborgen werden.
4. Der Wert dieses Feldes kann statisch oder dynamisch sein (d.h. anhand einer Formel berechnet werden), sollte jedoch stets auf eine Zahl hinauslaufen, welche die *Nummer der anzuzeigenden Zeile* darstellt. Hierbei muss man wissen, dass die Zeilennummerierung stets mit der 0 und nicht mit der 1 anfängt. In unserem Fall wollen wir den Wert des Feldes in Abhängigkeit vom bereits bestehenden Feld TYP festlegen. Dieses sollte folgende Formel enthalten:

```
@If (typ="Buch";0;typ="Zeitschriftenartikel";1;typ="URL";2;0);
```

Die Formel legt die Nummer der anzuzeigenden Zeile fest, in Abhängigkeit vom Inhalt des Feldes TYP. Damit ein Ein- und Ausblenden der Tabellenzeilen auch »in Echtzeit« funktioniert, stellen Sie sicher, dass beim Optionsfeld TYP die Option FELDER BEI SCHLÜSSELWORTÄNDERUNG AKTUALISIEREN aktiviert ist.

5. Als letzter Schritt bleibt uns nur noch, die Tabelle ZUSATZINFORMATIONEN mit Informationen zu füllen. Hierbei sollte lediglich darauf geachtet werden, dass die Zusatzfelder auch richtig in der richtigen Zeile positioniert werden (vgl. Abbildung 13.21).

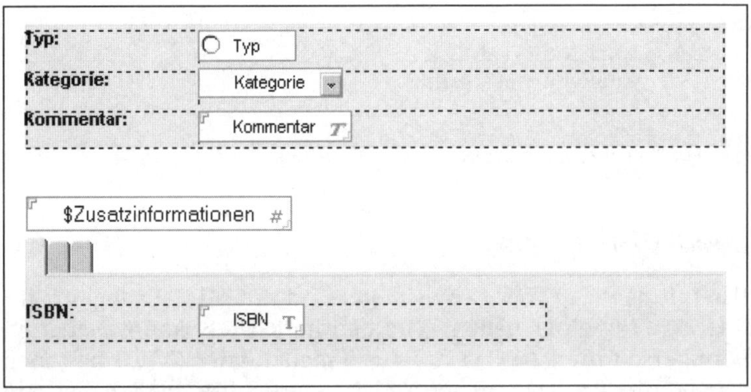

Abbildung 13.21: Programmgesteuerte Tabelle

13.3 Tabellen in HTML

Eine Funktion, die man im klassischen Notes-Umfeld immer wieder schmerzlich vermisst, sind *dynamische* Tabellen, d.h. solche, deren Größe zur Laufzeit angepasst werden kann. Bei Tabellen im Notes-Client sind dem Entwickler enge Grenzen gesetzt: Hat man es im Rahmen einer Maske beispielsweise mit einer veränderlichen Anzahl von Tabellenzeilen zu tun, gibt es zwei Möglichkeiten: entweder die

Anzahl der Zeilen so festzulegen, dass sie nicht überschritten werden kann, wobei in Kauf genommen werden muss, dass teilweise Zeilen leer blieben, oder aber mehrere, unterschiedlich dimensionierte Tabellen zu erstellen und die »richtige« anzuzeigen, während die anderen verborgen bleiben – was in der Praxis nur bei einer sehr beschränkten Anzahl von Tabellen sinnvoll ist.

Obwohl der Einsatz von HTML bei der Erstellung von Tabellen grundsätzlich nicht erforderlich ist, lassen sich mit HTML-Kenntnissen dynamische Tabellen zumindest im Webbrowser erstellen. Wie das geht, wollen wir uns im Folgenden näher anschauen.

Darstellung von Tabellen in HTML

Werfen wir zunächst einen Blick auf den Aufbau von Tabellen in HTML. Der HTML-Code für eine einfache, aus zwei Zeilen und zwei Spalten bestehende Tabelle (vgl. Abbildung 13.22) könnte folgendermaßen aussehen:

```
<table border>
  <tr>
   <th align=left>Spaltenueberschrift1
   <th align=left>Spaltenueberschrift2
     </tr>
  <tr>
   <td align=left>Tabellendaten Spalte1, Zeile1
   <td align=left>Tabellendaten Spalte2, Zeile1
     </tr>
  </table>
```

Spaltenueberschrift1	**Spaltenueberschrift2**
Tabellendaten Spalte1, Zeile1	Tabellendaten Spalte2, Zeile1

Abbildung 13.22: Eine einfache Tabelle in HTML

Eine Tabelle wird also mit dem Tag `<TABLE>` eingeleitet und mit `</TABLE>` abgeschlossen. Mit `<TR>` wird der Anfang einer neuen Zeile definiert. Diese kann wiederum entweder aus Spaltenüberschriften (`<TH>`) oder aus Tabellendaten (`<TD>`) bestehen und wird mit `</TR>` abgeschlossen. Die Angabe `BORDER` bewirkt, dass der Tabellenrahmen angezeigt wird. Schließlich können die Zelleninhalte mit `ALIGN` ausgerichtet werden. Weitere Tabellen-Features sind in der Tabelle 13.2 aufgelistet.

Funktion	Tag	Wertebereich
Festlegen der Tabellenbreite	`<TABLE WIDTH=...>`	Absoluter Wert in Pixel oder relativ zur Breite des Anzeigefensters in Prozent
Festlegen der Tabellenhöhe	`<TABLE HEIGHT=...>`	Absoluter Wert in Pixel oder relativ zur Breite des Anzeigefensters in Prozent
Horizontales Ausrichten von Zelleninhalten	`<TH ALIGN=n...>` `<TD ALIGN=n...>`	`LEFT`, `RIGHT`, `CENTER`
Vertikales Ausrichten von Zelleninhalten	`<TH VALIGN=n...>` `<TD ALIGN=n..>`	`TOP`, `CENTER`, `BOTTOM`
Verbinden von Zellen über mehrere Zeilen hinweg	`<TH ROWSPAN=n...>` `<TD ROWSPAN=n...>`	Anzahl der Zeilen, deren Inhalt als eine Zelle angezeigt wird
Verbinden von Zellen über mehrere Spalten hinweg	`<TH COLSPAN=n...>` `<TD COLSPAN=n...>`	Anzahl von Spalten, deren Inhalt als eine Zelle angezeigt wird
Abstand zwischen Zellenrand und Zelleninhalt	`<TABLE CELLPADDING=n...>`	Absolute Angabe in Pixel gilt für die ganze Tabelle
Breite des äußeren Tabellenrahmens	`<TABLE BORDER=n... >`	Absolute Angabe in Pixel
Breite der Gitternetzlinien	`<TABLE CELLSPACING=n...>`	Absolute Angabe in Pixel

Festlegen von Hintergrundfarben	`<TABLE BGCOLOR=n...>`
	`<TH BGCOLOR=n...>`
	`<TD BGCOLOR=n...>`
		RGB-Wert in hexadezimaler Schreibweise

Tabelle 13.2: Tabellenformatierung in HTML

Dynamische Tabellen erstellen

Basierend auf diesen Kenntnissen wollen wir nun den Umgang mit dynamischen Tabellen anhand eines praktischen Beispiels darstellen.

Wir möchten in einer Maske für einen bestimmten Autor die Liste aller verfügbaren Bücher jeweils mit Preis in Form einer Tabelle darstellen. Ein ähnliches Beispiel, allerdings im klassischen Notes-Umfeld, programmierten wir im Kapitel über Masken. Diesmal wollen wir mittels HTML-Tabellen eine ähnliche Funktionalität im Webbrowser realisieren. Hierzu brauchen wir zunächst einmal folgende Requisiten:

- eine neue Maske namens ANDEREBÜCHERDESAUTORS, welche zur Anzeige aller Bücher eines Autors in einem gesonderten HTML-Dokument dienen soll (vgl. Abbildung 13.23),
- eine Verknüpfung im Rahmen der Maske QUELLE, mittels derer die Maske ANDEREBÜCHERDESAUTORS aufgerufen wird und
- eine neue, aus drei Spalten bestehende Ansicht namens TITELUNDPREISE, aus der wir die Buchtitel eines Autors sowie deren Preise auslesen werden: Die erste Spalte enthält den Namen des Autors (Feld AUTOR), die zweite den Buchtitel (Feld TITEL) und die dritte den Preis des Buchs in Textform (Formel `@Text: Preis`). Die erste Spalte sollte aufsteigend *sortiert* sein.

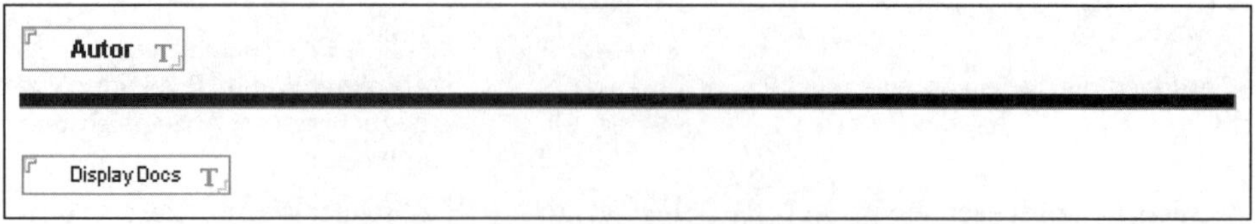

Abbildung 13.23: Maske zur Darstellung von Autoren

Wir gehen davon aus, dass die Maske AndereBücherDesAutors aus der Maske Quelle aufgerufen und hierbei der Name des Autors übergeben wird (mittels der Maskeneigenschaft Formeln übernehmen Werte des ausgewählten Dokuments).

Der Name des Autors wird im gleichnamigen Feld angezeigt. Richtig interessant ist jedoch das berechnete Feld DisplayDocs, welches eine dynamische HTML-Tabelle generiert. Der Code hierfür könnte wie folgt aussehen:

```
bücher:=@DbLookup ("Notes":"NoCache";"":"";"TitelUndPreise";Autor;2);
preise:=@DbLookup ("Notes":"NoCache";"":"";"TitelUndPreise";Autor;3);
"[<TABLE WIDTH=40% BORDER=2><TR><TH WIDTH=70% ALIGN=left><FONT SIZE=2>Titel</FONT><TH
<TD WIDTH=30% ALIGN=right><FONT SIZE=2>Preis</FONT>"+@Implode("<TR><TD WIDTH=70%
ALIGN=left><FONT SIZE=2>"+bücher+"</FONT><TD WIDTH=30% ALIGN=right><FONT SI-
ZE=2>"+preise)+"</FONT></TABLE>]"
```

In der ersten Zeile werden alle Bücher (Spalte 2 in der Ansicht BücherUndPreise) eines Autors und in der zweiten Zeile ihre Preise in den gleichnamigen Variablen festgehalten. Diese beiden Variablen werden im letzten Ausdruck mit den entsprechenden HTML-Tags vermengt, woraus eine Tabelle generiert wird. Das Ergebnis im Webbrowser sehen Sie in Abbildung 13.24.

Knäpper, Matthias; Perc, Primoz; Perplies, Volker

Titel	Preis
Anwendungsentwicklung mit Lotus Notes Domino 6	99
Anwendungsentwicklung mit Lotus Notes Domino 5	99
Anwendungsentwicklung mit Lotus Notes Domino 6	99
Anwendungsentwicklung mit Lotus Notes Domino 5	99
Anwendungsentwicklung mit Lotus Notes Domino 6	99
Anwendungsentwicklung mit Lotus Notes Domino 5	99

Abbildung 13.24: Ergebnis im Web

Tabellenmerkmale in HTML festlegen

Die Tabellenmerkmale in der Tabelle 13.2 stellen nur einen kleinen Teil der Möglichkeiten dar, welche HTML 4.0 im Zusammenhang mit Tabellen anbietet. Die Registerkarte TABELLENPROGRAMMIERUNG (vgl. Abbildung 13.25) ermöglicht die manuelle Programmierung bestimmter HTML-Merkmale und zwar für die gesamte Tabelle (TABELLEN/HTML-TAGS), einzelne Zeilen (ZEILEN/TAGS) bis hinunter auf die Zellenebene (ZELLEN/HTML-TAGS).

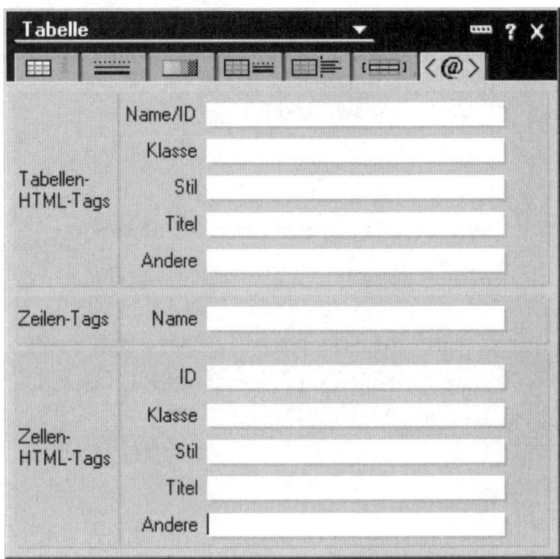

Abbildung 13.25: Registerkarte Tabellenprogrammierung

Eine interessante Möglichkeit ist beispielsweise die Zuweisung eines Bilds zum Hintergrund einer Tabellenzelle. Normalerweise wird diese Möglichkeit nur im Notes-Client unterstützt, im Webbrowser jedoch nicht. Um dennoch ein Bild im Hintergrund einer Tabellenzelle anzuzeigen, sind folgende Schritte notwendig:

1. Platzieren Sie den Cursor in der betreffenden Zelle.
2. Rufen Sie die Tabelleneigenschaften auf und öffnen Sie die Registerkarte TABELLENPROGRAMMIERUNG.
3. Geben Sie im Feld ANDERE der Feldgruppe ZELLEN/HTML-TAGS den URL des Bilds, welches angezeigt werden soll, wie folgt an (unter der Annahme, dass das Bild als Bildressource in der Datenbank vorliegt):

```
background='Literaturverwaltung.nsf/NameDesBilds?OpenImageResource'
```

Wenn Sie nun die Tabelle im Webbrowser testen, wird die Grafik angezeigt, nicht jedoch im Webbrowser.

13.3.1 Tabellen – Einschränkungen im Webbrowser

Wie alle anderen Gestaltungselemente sind auch Tabellen beim Einsatz im Web bestimmten Einschränkungen unterworfen. Informationen darüber finden Sie in der Tabelle 13.3.

Funktion	Kommentare
Eigenschaften des Tabellenlayouts	
Spaltenabstand	Diese Eigenschaft wird in Webanwendungen nicht unterstützt, könnte sich aber auf die im Web unterstützte Eigenschaft für die Breite einer Zelle auswirken.
Mindesthöhe	
Zeilenabstand	
Tabellenbreite	»Wie Fenster« wird in einer Webanwendung ignoriert.
Eigenschaften: Zellenumrandung	
Farbe	Zellen haben die gleiche Farbe wie die Tabelle.
Stil der Zellenumrandung	Die Stiloptionen »Aufgeprägt« und »Eingeprägt« werden im Web nicht unterstützt.
Dicke der Zellenumrandung	Einstellungen größer als 1 werden nicht unterstützt.
Tabellen-/Zellenhintergrundeigenschaften	
Stil	»Einfarbig« ist die einzige Farboption, die im Web unterstützt wird. Farbverläufe werden nur in der ersten Farbe dargestellt.
Zellenbild	
Eigenschaften: Tabellenumrandung	
Umrandung	Wird von einzelnen Zellenumrandungen bestimmt
Farbe	Die Tabellenfarbe wird verwendet.
Effekte	»Breite« wird nicht unterstützt.
Dicke	
Eigenschaften: Tabellenränder	
Links	
Rechts	
Tabellenumbruch	
Kompatibilität	
Eigenschaften: Tabellenzeilen	
Zeilen einzeln nacheinander anzeigen	»Wechseln alle n Millisekunden« und Übergänge werden nicht unterstützt.

Tabelle 13.3: Einschränkungen beim Einsatz von Tabellen im Webbrowser

14 Anwendungen mit interaktiven Elementen und Agenten automatisieren

In diesem Kapitel wollen wir uns mit dem Thema beschäftigen, wie man in Domino-Anwendungen bestimmte Abläufe automatisieren kann. Unter Automatisierung soll hierbei verstanden werden, dass bestimmte *Programmabläufe*, welche sonst vom Benutzer manuell vorgenommen werden müssten, miteinander gekoppelt und beim Auftreten bestimmter *Ereignisse* automatisch ausgeführt werden. Im Hinblick auf Ereignisse können wir zwei Kategorien unterschieden:

- Ereignisse, die direkt vom Benutzer mittels der interaktiven Elemente der Benutzeroberfläche ausgelöst werden (das häufigste Beispiel für diese Kategorie sind Interaktionen mit visuellen Elementen, z.B. das Anklicken einer Schaltfläche)
- Ereignisse, die als Reaktion auf vom Notes-Client oder Domino-Server registrierte Vorgänge ausgelöst werden, beispielsweise das Eintreffen einer neuen E-Mail oder die Veränderung eines Dokuments

In beiden Fällen stellt Domino von sich aus nicht nur eine Vielzahl von *Ereigniskategorien* zur Verfügung, mit denen wir operieren können, sondern darüber hinaus mehrere *Methoden*, wie Programmabläufe beschrieben werden können. Das Spektrum reicht von sehr einfachen Programmabläufen, z.B. von Zusammenstellung bestimmter vordefinierter Aktionen bis hin zu beliebig komplexen Programmen, welche in LotusScript oder Java geschrieben werden.

Entsprechend der obigen Gliederung wollen wir dieses Kapitel in zwei Teile zerlegen: Zunächst wollen wir uns mit der Automatisierung von Abläufen auseinander setzen, die durch bestimmte Aktionen des Benutzers direkt über die Benutzeroberfläche ausgelöst werden. Anschließend werden wir uns das Thema *Agenten* vornehmen, bei dem es schwerpunktmäßig um die Erledigung von Aufgaben geht, welche nicht direkt vom Benutzer ausgelöst werden. Die genannten Kategorien weisen insofern Gemeinsamkeiten auf, als bei beiden im Kern folgende Fragen beantwortet werden müssen:

- Welche Kategorien von Ereignissen gibt es und wie lassen sich bestimmte Ereignisse auslösen bzw. registrieren?
- Wie lassen sich die von solchen Ereignissen auszulösenden Programmabläufe technisch in Notes Domino umsetzen?

Wie wollen im Folgenden auf diese beiden Fragen eingehen. Hierbei werden wir insbesondere auf die Unterschiede im Hinblick der Funktionsweise dieser beiden Mechanismen im Notes-Client und im Webbrowser eingehen.

14.1 Automatisierung mit interaktiven Elementen

Das Auslösen von Programmabläufen direkt über die Benutzeroberfläche setzt voraus, dass wir dem Benutzer bestimmte interaktive Elemente zur Verfügung stellen, um solche Programmabläufe anzustoßen. Im Kern gibt es somit nur eine Ereigniskategorie, mit der wir es hier zu tun haben – das einfache Anklicken eines interaktiven Elements (es gibt jedoch – wie wir später sehen werden – auch hier noch einige andere Möglichkeiten).

Interaktive Elemente gibt es in Domino in unterschiedlichen Formen und Farben. Im Einzelnen lassen sich folgende Kategorien unterscheiden:

- **Aktions-Hotspots**: interaktive Text- oder Grafikelemente in einer Maske, Seite oder einem Dokument,
- **Schaltflächen**: entsprechen am ehesten dem, was man sich in den gängigen grafischen Benutzeroberflächen unter einer Schaltfläche vorstellt (wir lernten Schaltflächen bereits in Kapitel über die Anwendungsautomatisierung kennen),
- **Aktions-Schaltflächen**: stellen eine spezielle Form standardisierter Schaltflächen dar, die am oberen Bildschirmrand einer Maske oder einer Ansicht zur automatischen Ausführung von häufig benötigten Aufgaben eingesetzt werden können.

Die Unterschiede zwischen den genannten Elementen beziehen sich im Wesentlichen auf das *Erscheinungsbild sowie die Form der Interaktion*. Die Möglichkeiten bei der Programmierung – d.h. die Ereignisse und Programmabläufe – sind jedoch bei allen weitgehend identisch. Wir wollen daher im Folgenden die *Erstellung* und die *Programmierung* von interaktiven Elementen getrennt behandeln und mit der ersten beginnen.

14.1.1 Aktions-Hotspots

Was sind Aktions-Hotspots?

Durch Aktions-Hotspots kann ein *beliebiger Text- oder Grafikabschnitt* in einer Seite, Maske oder einem Dokument mit der Ausführung eines Programms gekoppelt werden. Aufgrund ihrer Flexibilität sind Aktions-Hotspots so etwas wie die Allround-Künstler unter den interaktiven Domino-Elementen: Sie können an beliebigen Stellen platziert werden, eine beliebige Erscheinung annehmen (Text oder Grafik) sowie – nicht zuletzt – mit einer beliebigen Funktionalität verknüpft werden (vgl. Abbildung 14.1).

Wird ein Textabschnitt (oder eine Grafik) als Aktions-Hotspot gekennzeichnet, wird er automatisch *interaktiv*, d.h. er kann beim Anklicken bestimmte Aktionen auslösen. Das Spektrum solcher Aktionen beginnt beim Aufruf eines anderen Dokuments, es lassen sich aber auch beispielsweise Dokumente speichern oder löschen.

> Das Schöne hierbei ist, dass der Großteil der Funktionalität von Aktions-Hotspots auch im Webumfeld 1:1 umgesetzt wird. Hier fungieren Aktions-Hotspots als eine Art erweiterte Verknüpfungen, deren Funktionalität über den Aufruf von Dokumenten hinausgeht.

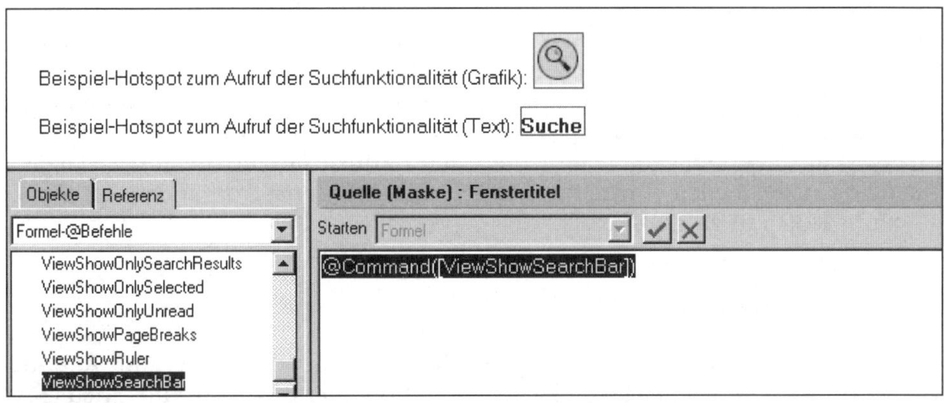

Abbildung 14.1: Aktions-Schaltfläche zum Aufruf der Suchfunktionalität

Die Tatsache, dass jeder Textabschnitt oder jedes Bild die Grundlage für einen Aktions-Hotspot bilden kann, ist vom Standpunkt der Flexibilität zwar zu begrüßen. Dennoch ist zu bedenken, dass gerade im Notes-Client-Umfeld die Aktions-Hotspots nicht unbedingt die beste Visualisierungsalternative sind. Zum einen sind sie optisch schwer zu erkennen, zum anderen setzten sich im Notes-Client mittlerweile standardisierte Formen der Interaktion durch, die eine schnelle Orientierung des Anwenders auch bei neuen Anwendungen weitaus besser fördern (insbesondere die weiter unten vorgestellten Aktions-Schaltflächen). Anders jedoch im Web: hier eignen sich Aktions-Hotspots gut, insbesondere wenn man bewusst »verbergen« möchte, dass hinter einer Webanwendung Domino steht.

Aktionshotspots erstellen

Zur Erstellung von Aktions-Hotspots sind drei Schritte notwendig:

1. Zunächst wird ein beliebiger Textabschnitt oder eine Grafik in einer Seite, Maske oder einem Dokument markiert.
2. Anschließend wird mit dem Menübefehl ERSTELLEN/HOTSPOT/AKTIONS-HOTSPOT der markierte Bereich als Aktions-Hotspot »ernannt«.
3. In einem letzten Schritt werden der Aktionstyp sowie das auszuführende Programm im Gestaltungsfenster festgelegt.

Darüber hinaus kann man für Aktions-Hotspots festlegen, ob eine Umrandung angezeigt werden soll (Einstellung UMRANDUNG UM HOTSPOT ANZEIGEN). Dies empfiehlt sich zumindest während der Entwicklung, denn sonst gibt es zwischen herkömmlichen Texten und Grafiken und Aktions-Hotspots visuell keinen Unterschied.

Nachträgliche Operationen an einem Aktions-Hotspot können vorgenommen werden, wenn Sie den Textcursor neben der als Hotspot markierten platzieren, ohne jedoch diese zu markieren. In diesem Fall erscheint in der Menüleiste der neue Menüpunkt HOTSPOT. Hier können Sie die HOTSPOT-EIGENSCHAFTEN und deren Funktionalität anpassen oder den Hotspot entfernen.

Es ist wichtig zu verstehen, dass ein Text/ein Bild und ein Hotspot als zwei getrennte Gestaltungselemente zu betrachten sind. Sie können also einen Aktions-Hotspot entfernen, ohne den damit verbundenen Text bzw. das Bild zu entfernen. Manchmal kann es passieren, dass Hotspots beim Kopieren von Textbausteinen »verloren gehen«. Es ist jedenfalls immer ratsam, durch das Platzieren des Cursors neben einem Text- bzw. Grafikbereich das Vorhandensein eines Aktions-Hotspots zu prüfen.

14.1.2 Schaltflächen

Schaltflächen sind von der Funktionalität her weitgehend identisch mit Aktions-Hotspots, mit dem Unterschied, dass die Funktionalität hier nicht mit einem Text oder einer Grafik verknüpft wird, sondern eben mittels einer Schaltfläche (vgl. Abbildung 14.2). Dies hat zunächst einmal den Vorteil, dass Schaltflächen (im Gegensatz zu Aktions-Hotspots) vom Benutzer in der Regel sofort als interaktive Elemente erkannt werden. Ferner haben Schaltflächen gegenüber Aktions-Hotspots den Vorteil des »interaktiven Verhaltens« – der Benutzer kann also von einer beabsichtigten Aktion zurücktreten.

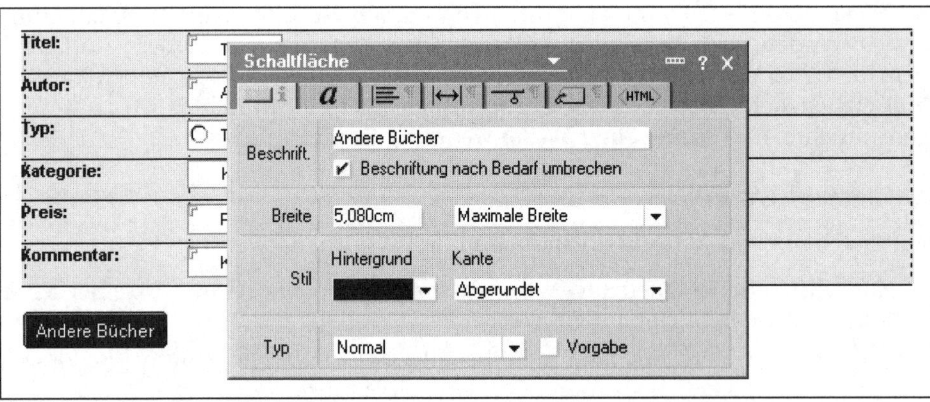

Abbildung 14.2: Schaltfläche

Das Erstellen einer Schaltfläche erfolgt mit ERSTELLEN/HOTSPOT/SCHALTFLÄCHE. In dem daraufhin erscheinenden Dialogfenster EIGENSCHAFTEN lässt sich das Aussehen der Schaltfläche entsprechend anpassen (vgl. Abbildung 14.2).

Folgende Möglichkeiten stehen zur Verfügung:

- **Beschriftung**: eigentlicher Inhalt der Schaltfläche in Textform
- **Dynamisches Umbrechen der Beschriftung**: Zusammen mit der Festlegung der Breite der Schaltfläche bewirkt die Einstellung BESCHRIFTUNG NACH BEDARF UMBRECHEN ein automatisches Umbrechen der Beschriftung, um das Kriterium der Breite zu erfüllen. Ist diese Option deaktiviert, wird die Breite entsprechend angepasst.

- **Breite**: Die Breite der Schaltfläche kann je nach Kontext ein anderes Erscheinungsbild bewirken. Die *maximale Breite* bewirkt, dass die Beschriftung entweder umbrochen (siehe oben) oder nur unvollständig angezeigt wird. Die *minimale Breite* legt die nicht zu unterschreitende Größe der Schaltfläche unabhängig von der Beschriftung fest. Bei der *festen Breite* existiert kein Spielraum für die Anpassung des Inhaltes, wobei sich die Breite wahlweise in Zentimer oder als Anzahl der Zeichen festlegen lässt. *Inhalt anpassen* bewirkt schließlich eine automatische Anpassung der Schaltfläche an die Beschriftung.
- **Stil**: Neu in Domino 6 ist die Möglichkeit, durch die Festlegung der *Hintergrundfarbe* und der *Abrundungsform* das Aussehen der Schaltfläche etwas moderner zu gestalten.

  Die Festlegung des Stils wird bei der Anzeige der Schaltfläche im Web nicht unterstützt.
- **Typ**: Mit dem *Typ* der Schaltfläche lassen sich nun in Domino 6 bestimmte Standardtypen von Schaltflächen definieren. So sind die altbekannten Schaltflächen aus den früheren Versionen von Notes Domino vom Typ *Normal*. Neu hingegen ist die Möglichkeit, einer Schaltfläche den Typ *OK*, *Abbrechen* oder *Hilfe* zuzuordnen. Die Schaltflächen vom Typ *OK* und *Abbrechen* erfüllen eine Spezialfunktion: sie werden in so genannten Dialogfenstern verwendet, also Hilfsmasken, die angezeigt werden, um bestimmte Eingaben des Benutzers in einem gesonderten Fenster zu ermöglichen. Die Schaltfläche HILFE dient zum Aufruf eines Hilfetextes und wird nur bei Apple Macintosh-Clients eingesetzt.

> Die Verwendung anderer Schaltflächentypen als *Normal* bewirkt, dass die Rückwärtskompatibilität zu früheren Versionen von Notes Domino verloren geht.

Darüber hinaus lassen sich in Schaltflächeneigenschaften weitere Einstellungen vornehmen, z.B. die Wahl des Zeichensatzes, die Festlegung der Textfarbe oder das Verbergen von Schaltflächen. Diese verhalten sich jedoch analog zu anderen Gestaltungselementen und werden hier nicht gesondert beschrieben.

Im Folgenden wollen wir uns das gesammelte Wissen über Schaltflächen zu Nutze machen, um die Maske QUELLE um eine weitere Funktionalität zu ergänzen, nämlich die *Buchleihe*.

Das nachfolgende Beispiel funktioniert nur im Notes-Client. Allerdings lässt sich eine ähnliche Funktionalität auch im Web Browser nachbilden.

Dahinter verbirgt sich folgende Funktionalität: Der Anwender soll in der Lage sein, die Dokumente vom Typ *Buch* als *ausgeliehen* bzw. *zurückgegeben* zu kennzeichnen. Die Bestätigung der Ausleihe bzw. Rückgabe soll hierbei in einem gesonderten Dialogfenster erfolgen. Der Status der Ausleihe wird für jedes Buch zusammen mit dem Namen des Ausleihers und dem Datum der Ausleihe gespeichert und im Dokument selbst angezeigt (siehe letzte Tabellenzeile in der Abbildung 14.3).

Quelle

Titel:	Anwendungsentwicklung mit Lotus Notes Domino 6
Autor:	Knäpper, Matthias; Perc, Primoz; Perplies, Volker
Typ:	(•) Buch ( ) Zeitschriftenartikel ( ) URL
Kategorie:	Netzwerke
Preis:	99,00 €
Kommentar:	Ein Buch zur Anwendungsentwicklung in Lotus Notes
Ausleihestatus:	Dieses Buch wurde am 08.06.2003 von Primoz Perc ausgeliehen.

Dieses Buch zurückgeben

Abbildung 14.3: Ausleihe von Büchern

Statusfelder implementieren

Im ersten Schritt benötigen wir in der Maske QUELLE zunächst die besagten Felder zur Verfolgung des Status der Ausleihe. Das Feld AUSLEIHESTATUS vom Typ TEXT sollte eine einfache Statusinformation enthalten, nämlich 1, falls das Buch ausgeliehen wurde und 0 falls sich das Buch im Bestand befindet. Die Felder AUSLEIHE-RÜCKGABEVON (Typ: NAME) bzw. AUSLEIHERÜCKGABEAM (Typ: DATUM) sollten den Namen des Ausleihers sowie das Datum der Ausleihe enthalten. Da es sich nur um Statusfelder handelt, die nicht unmittelbar vom Benutzer auszulesen sein sollen, sind diese zu verbergen.

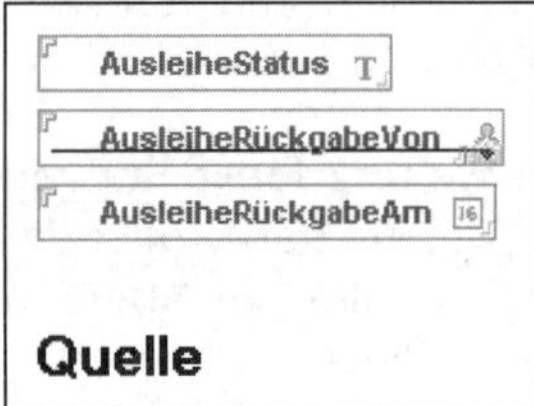

Abbildung 14.4: Felder zur Verfolgung des Ausleihestatus

Alle drei Felder sollten vom Typ BERECHNET sein und als Wert im Gestaltungsfenster einfach den Namen des Feldes enthalten. So lautet beispielsweise die Wertformel des Feldes AUSLEIHESTATUS einfach `AusleiheStatus`.

Schaltflächen zum Aufruf des Dialogfensters erstellen

Im nächsten Schritt wollen wir nun die Schaltflächen zum Aufruf des Dialogfensters implementieren. Wir benötigen zwei Schaltflächen vom Typ NORMAL: eine für die Anzeige der Ausleihebestätigung und eine für die Anzeige der Rückgabebestätigung (vgl. Abbildung 14.5). Der Grund, warum wir zwei Felder benötigen, ist die unterschiedliche Beschriftung (Domino Designer bietet leider noch keine Möglichkeit, die Beschriftung der Schaltfläche als Formel anzugeben).

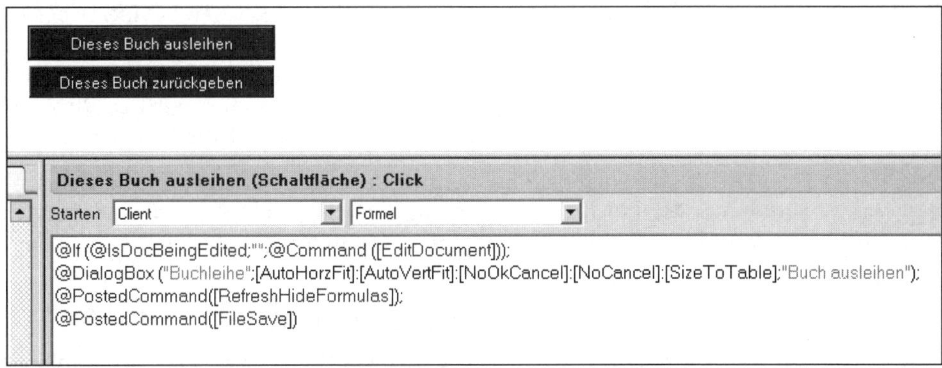

Abbildung 14.5: Schaltflächen zum Aufruf des Dialogfensters

Es sollte – je nachdem, ob ein Buch sich im Bestand befindet oder ausgeliehen wurde – nur eine der beiden Schaltflächen angezeigt werden. Dies können wir über den Inhalt des Feldes AUSLEIHESTATUS steuern. Ferner sollte keines der beiden Felder angezeigt werden, falls es sich um ein Dokument, das nicht vom Typ BUCH ist, handelt (es macht keinen Sinn, sich einen URL auszuleihen) bzw. um ein neues, noch nicht abgespeichertes Dokument. Dies können wir durch die entsprechende VERBERGEN-Formel der beiden Schaltflächen bewirken (in: EIGENSCHAFTEN-Schaltfläche). Diese lautet für die Schaltfläche DIESES BUCH AUSLEIHEN

Typ!="Buch"|@IsNewDoc|AusleiheStatus="1"

Für die Schaltfläche DIESES BUCH ZURÜCKGEBEN gilt die gleiche Formel, nur die Bedingung beim AUSLEIHESTATUS ist eine andere:

```
Typ!="Buch"|@IsNewDoc|AusleiheStatus!="1"
```

Dialogfensteraufruf implementieren

Nun fehlt noch die Kernfunktionalität der beiden Schaltflächen, nämlich der eigentliche Aufruf des Dialogfensters. Hierbei handelt es sich also um den Programmablauf, den wir beim Auslösen eines Ereignisses – nämlich beim Anklicken der Schaltfläche – anstoßen wollen. Dieser wird im Gestaltungsfenster eingegeben, wobei zuvor die jeweilige Schaltfläche markiert werden sollte. Er lautet bei der Schaltfläche DIESES BUCH AUSLEIHEN wie folgt:

```
@If (@IsDocBeingEdited;"";@Command ([EditDocument]));
@DialogBox ("Buchleihe";[AutoHorzFit]:[AutoVertFit]:[NoOkCancel]:[NoCancel]:
[SizeToTable];"Buch ausleihen");
@PostedCommand([RefreshHideFormulas]);
@PostedCommand([FileSave])
```

Mehr Informationen zum Thema Notes Domino-Formeln finden Sie in den entsprechenden Kapiteln.

Schauen wir uns diese Zeilen nun etwas genauer an.

In der ersten Zeile prüfen wir, ob sich das Dokument im BEARBEITEN-Modus befindet. Dies ist insofern wichtig, als wir die Änderungen der Statusfeldinformationen nur dann vornehmen können, wenn sich das Dokument auch bearbeiten lässt. Befindet sich das Dokument nicht bereits im BEARBEITEN-Modus, wird es somit in diesen Modus versetzt, andernfalls wird keine Aktion durchgeführt.

Die zweite Zeile enthält den eigentlichen Aufruf des Dialogfensters mit dem Befehl `@DialogBox`. Dieser benötigt drei Parameter: den Namen der Dialogfenstermaske, Einstellungen zum Verhalten des Dialogfensters sowie (optional) den Titel des Dialogfensters.

Der erste Parameter – der Name der Maske – lautet in unserem Fall *Buchleihe*.

Der zweite Parameter besteht aus einer Reihe von Kennzeichen (engl. flags), getrennt durch Doppelpunkte. Die Einstellungen `[AutoHorzFit]` und `[AutoVertFit]` bewirken automatisch eine Anpassung des Dialogfensters an seinen Inhalt. Durch das Kennzeichen `[SizeToTable]` wird hierbei festgelegt, dass die Größe des Inhaltes durch die erste Tabelle im Dialogfenster vorgegeben wird. Die Kennzeichen `[NoOkCancel]` und `[NoCancel]` besagen, dass die systemseitig automatisch eingeblendeten Schaltflächen OK und CANCEL nicht angezeigt werden sollen. Dies ist für unser Beispiel wichtig, denn wir wollen diese Schaltflächen ja selbst gestalten, anstatt dies dem System zu überlassen.

Dies sind nur einige der Einstellungen, mit denen man das Verhalten von Dialogmasken steuern kann. Weitere Einstellungen finden Sie in der Notes Domino-Hilfe-Dokumentation.

Schließlich besagt der dritte Parameter, dass der anzuzeigende Titel des Dialogfensters BUCH AUSLEIHEN lauten sollte. Dies ist übrigens auch der einzige Unterschied im Vergleich zur Formel in der Schaltfläche DIESES BUCH ZURÜCKGEBEN. Hier sollte der Titel entsprechend BUCH ZURÜCKGEBEN lauten.

Der Befehl in der dritten Zeile besagt, dass die VERBERGEN-Formeln des QUELLE-Dokuments aufgefrischt werden sollen, nachdem das Dialogfenster geschlossen wurde. Der Hintergrundgedanke ist, dass beim Wechsel des Status auf »ausgeliehen« die Schaltfläche DIESES BUCH AUSLEIHEN durch die Schaltfläche DIESES BUCH ZURÜCKGEBEN ersetzt werden sollte, was ja über VERBERGEN-Formeln gesteuert wird.

> Bei diesem sowie beim folgenden Befehl verwenden wir übrigens nicht den klassischen `@Command`-Befehl, sondern die `@PostedCommand`-Variante. Der Grund hierfür ist die Reihenfolge der Ausführung. So bewirkt `@PostedCommand`, dass die Ausführung des Befehls erst nach dem Schließen des Dialogfenster erfolgt.

Schließlich wird in der letzten Zeile das Dokument automatisch gespeichert. Dieser Befehl dient nur zur erhöhten Bequemlichkeit für den Anwender. Falls wir ihn weglassen, muss der Anwender das Dokument manuell speichern, da das Wechseln des Ausleihestatus für Notes Domino als eine Änderung im Dokument interpretiert wird, welche eine erneute Speicherung des Dokumentes erfordert.

Dialogfenster erstellen

Nun fehlt uns noch das Kernstück unserer Arbeit, nämlich das Dialogfenster selbst. Wie bereits in der AUFRUF-Formel angedeutet, benötigen wir hierfür eine gesonderte Maske, die wir für die Zwecke dieses Beispiels *Buchleihe* benennen wollen. Hierbei sollte die Maske BUCHLEIHE eine entsprechende Bestätigung seitens des Benutzers einholen (vgl. Abbildung 14.6).

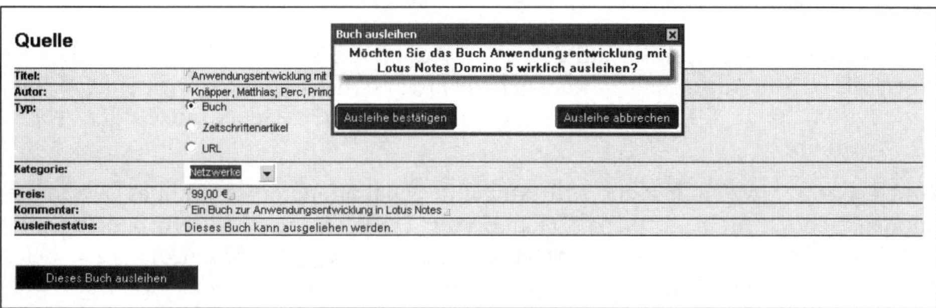

Abbildung 14.6: Dialogfenster Buchleihe

Zur Implementierung dieser Maske muss man wissen, dass Dialogfenstermasken in Notes Domino einige spezielle Eigenschaften aufweisen. Die für uns interessanteste ist, dass man in ihnen die Möglichkeit besitzt, Feldwerte zwischen dieser und derjenigen Maske zu übertragen, aus der heraus das Dialogfenster aufgerufen wurde. Dies bedeutet in unserem Kontext, dass wir die Änderung des Ausleihestatus im Dialogfenster vornehmen werden und diese sich anschließend automatisch in der Ursprungsmaske widerspiegeln wird. Schauen wir uns dieses Prinzip genauer an!

Die Maske BUCHLEIHE besteht zunächst einmal aus einer großen Tabelle, in der die Elemente eingeordnet sind (vgl. Abbildung 14.7). Der Grund hierfür ist, dass die Größenskalierung des Dialogfensters sich nach der ersten Tabelle in der Maske bemessen soll. Diese Festlegung trafen wir nämlich im `@DialogBox`-Befehl zum Aufruf des Dialogfensters.

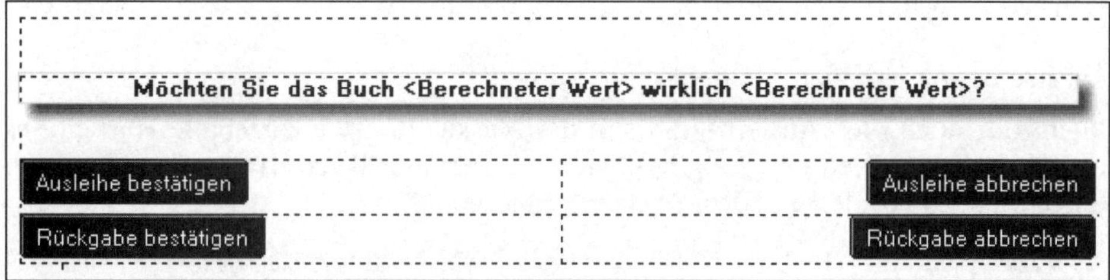

Abbildung 14.7: Maske Buchleihe in der Gestaltungsansicht

Die richtige Dimensionierung erhalten Sie nur, wenn Sie bei der Breite der besagten Tabelle die Option AN FENSTER ANPASSEN wählen.

Ferner besteht die Maske aus zwei Elementen: das erste ist die eigentliche Aufforderung zur Bestätigung der Ausleihe bzw. Rückgabe. Diese enthält zwei berechnete Werte (berechneter Text), nämlich den Titel des Buches (übernommen aus dem Feld TITEL der Ursprungsmaske) und den Verben »ausleihen« oder »zurückgeben« je nachdem, ob das Buch gerade ausgeliehen oder zurückgegeben wird. Die Formel für den zweiten berechneten Text lautet somit:

```
@If (AusleiheStatus="1";"zurückgeben";"ausleihen")
```

Im Kern der Maskenfunktionalität stehen jedoch die Schaltflächen. Hierbei benötigen wir für die Ausleihe und Rückgabe je ein Schaltflächenpaar, wobei in Abhängigkeit vom Status der Ausleihe nur eins angezeigt wird – wieder mittels der VERBERGEN-Formeln.

Im Gegensatz zur Schaltfläche zum Aufruf des Dialogfensters handelt es sich in diesem Fall jedoch nicht um Schaltflächen vom Typ NORMAL. Vielmehr bedienen wir uns hierfür der beiden Spezial-Schaltflächen vom Typ OK und ABBRECHEN. Beide bewirken, dass das Dialogfenster geschlossen wird, ermöglichen jedoch auch die Ausführung bestimmter Aktionen. So wird die eigentliche Änderung der Statusinformation mittels der Schaltflächen AUSLEIHE BESTÄTIGEN bzw. RÜCKGABE BESTÄTIGEN vorgenommen. Die Formel der Schaltfläche AUSLEIHE BESTÄTIGEN lautet wie folgt:

```
@If (AusleiheStatus!="1";@Do (@SetField ("AusleiheStatus";"1");@SetField
("AusleiheRückgabeVon";@UserName);@SetField ("AusleiheRückgabeAm";@Today));
@Do(@SetField ("AusleiheStatus";"0");@SetField ("AusleiheRückgabeVon";
@UserName);@SetField ("AusleiheRückgabeAm";@Today)))
```

Das sieht komplex aus, ist aber im Grunde genommen einfach. Die Formel besagt in etwa Folgendes: Falls das Buch (Funktion `@If`) derzeit nicht den Status *ausgeliehen* aufweist, dann setze das Feld AUSLEIHESTATUS auf 1, das Feld AUSLEIHERÜCKGABEVON auf den Namen des aktuellen Anwenders (Funktion: `@UserName`) und das Feld AUSLEIHERÜCKGABEAM auf HEUTE (Funktion: `@Today`). Falls das Buch bereits ausgeliehen ist, muss es sich um eine Rückgabe handeln. In diesem Fall wird das Feld AUSLEIHESTATUS auf 0 gesetzt und ebenfalls der Anwender und das Datum vermerkt. Die Funktion `@Do` dient in beiden Fällen nur zur Gruppierung dieser Sequenz von Befehlen.

Anzeige des Ausleihestatus in der Ursprungsmaske

Bleibt nur noch, den Ausleihestatus in der Maske QUELLE anzuzeigen. Hier gibt es natürlich unterschiedliche Möglichkeiten. In diesem Fall setzen wir wieder auf den berechneten Text, dessen Formel wie folgt lautet:

```
@If (AusleiheStatus="1";"Dieses Buch wurde am "+@Text(AusleiheRückgabeAm)+" von
"+@Name([CN];AusleiheRückgabeVon)+" ausgeliehen.";"Dieses Buch kann ausgeliehen
werden.")
```

14.1.3 Aktions-Schaltflächen

Was sind Aktions-Schaltflächen?

Aktions-Schaltflächen (kurz: *Aktionen*) nehmen im Notes Domino-Umfeld eine besondere Stellung ein, denn sie erlauben eine standardisierte Ausgestaltung der Benutzeroberfläche, insbesondere ihres interaktiven Teils.

Aktionen in Notes-Anwendungen

Aktionen können im Rahmen einer Notes Domino-Anwendung in zwei Formen auftreten:

- als statische Anordnung von Schaltflächen am Bildschirmrand (so genannte *Aktionsleiste*, vgl. Abbildung 14.8),
- im Menü AKTIONEN, wodurch quasi eine Erweiterug der Menüleiste des Notes-Clients möglich wird.

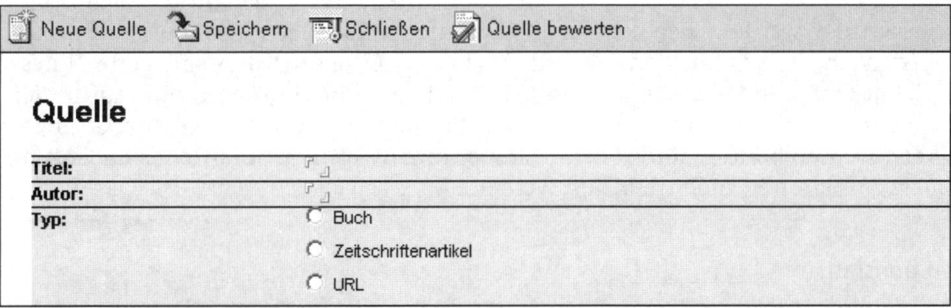

Abbildung 14.8: Aktionsleiste

Aktionen in Webanwendungen

Ferner können Aktionen auch im Web eingesetzt werden. Hier kommt die Menüleiste (Menü AKTIONEN) natürlich nicht in Betracht, vielmehr wird nur die Aktionsleiste berücksichtigt. Dafür kann diese im Webbrowser optional als Java-Applet angezeigt werden.

Eigenschaften von Aktionen

Gegenüber den bisher behandelten Schaltflächentypen können Aktionen noch einiges mehr. Folgende Features stehen bei Aktionen zur Verfügung:

- Aktionen können nicht nur in Masken und Seiten, sondern auch *in Ansichten* eingesetzt werden.
- Sie bleiben (nur im Notes-Client) auch beim Scrollen des Fensters immer im sichtbaren Bereich.
- Aktionen können entweder nur als Text, anhand eines von Domino bereitgestellten, vordefinierten Bilds (Vorteil der anwendungsübergreifend standardisierten Benutzeroberfläche) oder aber anhand eines benutzerdefinierten Bilds dargestellt werden.

- Durch Einhaltung bestimmter Benennungsrichtlinien können mittels Aktionen einfache *Menüs* erstellt werden.
- Die Zusammenstellung von Aktionen – die Aktionsleiste – kann hinsichtlich ihrer Erscheinung beliebig angepasst und im Webbrowser auch mittels eines Java-Applets angezeigt werden.
- Aktionen lassen sich im Zusammenhang mit eingebetteten OLE-Objekten verwenden, d.h. sie werden Teil einer externen Anwendung.
- Das Gestaltungsgerüst von Aktionen kann gesondert, in Form so genannter *gemeinsamer Aktionen* verwaltet werden und ist somit wiederverwendbar.

Gemessen an der Anzahl der Features sind Aktionen gegenüber Aktions-Hotspots und herkömmlichen Schaltflächen die klaren Gewinner. Dies gilt insbesondere für Anwendungen im Notes-Client, denn hier gehören Aktionen bereits seit der Version 4 zum Standardbestandteil der Benutzerschnittstelle. Sie haben somit bei erfahrenen Notes-Benutzern einen hohen Wiedererkennungswert.

Alternativ zu Aktionen können im Notes-Client die so genannten *SmartIcons* verwendet werden. Bei der Frage, ob SmartIcons oder Aktionen, sollte man bedenken, dass SmartIcons eigentlich eher als Ersatz für standardisierte Notes-Client-Operationen geeignet sind (z.B. Navigieren in den Ansichten, Aufruf der Suchfunktion usw.), während Aktionen für *anwendungsspezifische Zwecke* eingesetzt werden können und sollen. Darüber hinaus können SmartIcons im Gegensatz zu Aktionen nicht repliziert werden.

Aktionsfenster

Sowohl in Masken und Seiten als auch in Ansichten ist im Domino Designer der Auflistung von bestehenden Aktionen ein eigener Bereich gewidmet, das so genannte *Aktionsfenster*, Dieses wird standardmäßig verborgen, kann jedoch bei Bedarf mit ANSICHT/AKTIONSFENSTER (oder mit der Maus) angezeigt werden (vgl. Abbildung 14.9). Hier kann die zu bearbeitende Aktion ausgewählt, bearbeitet, gelöscht, kopiert oder hinsichtlich ihrer Position in der Reihenfolge der Aktionen verschoben werden.

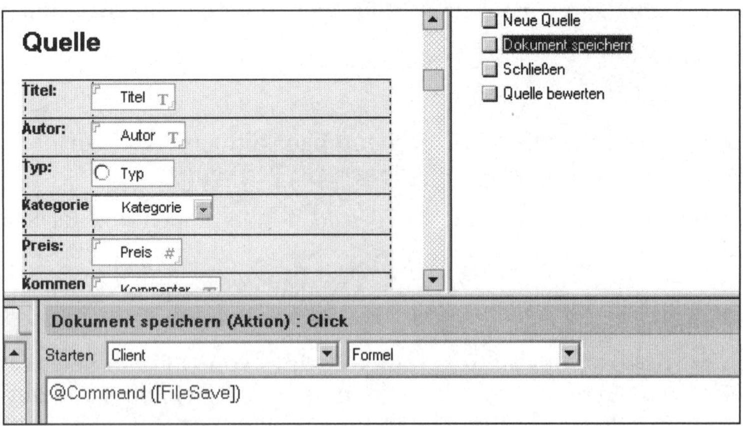

Abbildung 14.9: Aktionsfenster im Domino Designer

Aktionen erstellen

Aktionen werden mit dem Menübefehl ERSTELLEN/AKTION angelegt. Es erscheint das Dialogfenster EIGENSCHAFTEN: AKTION, in dem auf drei Registerkarten die Einstellungen für eine Aktion vorgenommen werden können (vgl. Abbildung 14.10).

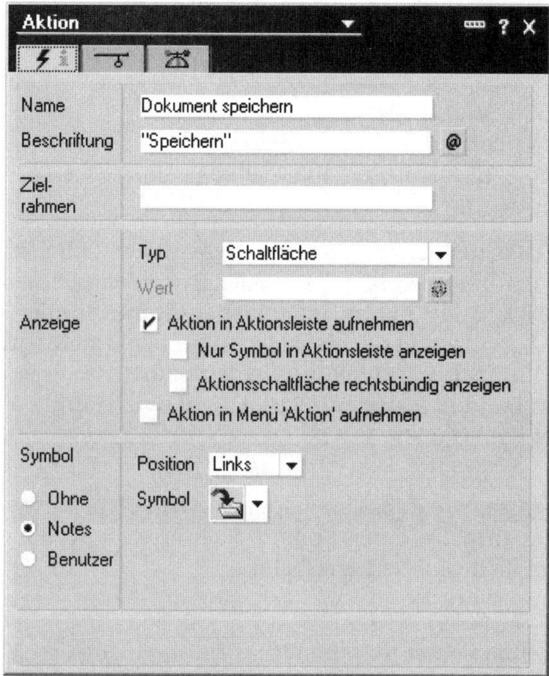

Abbildung 14.10: Aktionseigenschaften

Aktion benennen

Bei der Benennung von Aktionen ist zwischen dem *Namen* und der *Beschriftung* zu unterscheiden. Der Name dient zur Darstellung einer Aktion im Domino Designer (z.B. im Gestaltungsfenster), während die Beschriftung dem Anwender dient und zwar sowohl in der Aktionsleiste als auch im Menü AKTIONEN.

> Die Erstellung von Aktionen mit Unteraktionen durch die Verwendung von Schrägstrichen in der Benennung, wie in der Domino-Version 5, ist in der Version 6 nicht mehr zulässig.

Die Beschriftung ist im Grunde genommen ein Notes-Formelausdruck. Dementsprechend wird vorausgesetzt, dass sie – auch wenn nicht direkt mit Formelausdrücken gearbeitet wird – in Anführungszeichen gesetzt wird.

Es gehört zur guten Sitte, bei der Beschriftung die Groß- und Kleinschreibung von Substantiva und Verben über alle Aktionen einer Anwendung hinweg einheitlich zu halten.

Zielrahmen bestimmen

Da Aktionen mit bestimmten automatisierten Abläufen verknüpft sind, muss man in Anwendungen, welche die Bildschirmaufteilung mittels Rahmengruppen vornehmen, einen Zielrahmen festlegen, d.h. entscheiden, wo das Ergebnis des Ablaufs angezeigt wird. Dies erfolgt im Feld ZIELRAHMEN.

Mehr über den Umgang mit Rahmen und Rahmengruppen erfahren Sie im entsprechenden Kapitel.

Anzeige festlegen

Die Art und Weise der Anzeige einer Aktion kann noch feiner abgestimmt werden. Dies erfolgt mittels der ANZEIGE-Optionen.

- **Typ**: Aktionen können von unterschiedlichem *Typ* sein. Neben dem üblichen Typ *Schaltfläche* kann man eine Aktion als *Menütrennlinie* oder als *Kontrollkästchen* darstellen. Eine Menütrennlinie ist keine Aktion im üblichen Sinne, sondern dient lediglich zur optischen Abgrenzung von mehreren Aktionen im Menü AKTIONEN. Kontrollkästchen sind hingegen interaktive Elemente, die zum einen eine Statusinformation darstellen können (aktiviert oder nicht aktiviert) und darüber hinaus auch angeklickt werden können.

> Der Status des Kontrollkästchens kann, wie in einem Feld, per *Wert*-Formel festgelegt werden. Je nachdem ob die Formel hierbei 1 oder 0 auswertet, wird das Kontrollkästchen als aktiviert oder als deaktiviert angezeigt.

- **Position**: entscheidet über die Stellung einer Aktion in ihrer Reihenfolge, sowohl im Menü AKTIONEN als auch in der Aktionsleiste. Aus Gründen der Konsistenz empfiehlt es sich, die Reihenfolge der Aktionen in allen Gestaltungselementen (Masken, Seiten, Ansichten) gleich zu gestalten.
- **In Aktionsleiste/Menü Aktionen aufnehmen**: Nicht alle Aktionen müssen sowohl im Menü als auch in der Aktionsleiste zur Verfügung stehen. Vielmehr empfiehlt es sich, einfache, jedoch oft benötigte Aktionen ausschließlich in der Aktions-Schaltfläche zu platzieren, komplexe oder selten verwendete Aktionen hingegen nur im Menü AKTIONEN. Eine entscheidende Rolle spielt hierbei die Anzahl der Aktionen. So sollten in der Regel nicht mehr als vier Aktionen in der Aktions-Schaltfläche platziert werden, da sonst der schnelle, intuitive Zugriff seitens des Benutzers erheblich erschwert wird.
- **Nur Symbol in Aktionsleiste anzeigen**: Diese Einstellung bewirkt, dass – falls die Option aktiviert ist – eine Aktion in der Aktionsleiste nur anhand einer Grafik angezeigt und die Beschriftung ausgeblendet wird. Diese Option eignet sich beispielsweise, wenn die Aktion anhand einer benutzerdefinierten Grafik dargestellt wird, welche ggf. bereits eine Beschriftung enthält.
- **Aktions-Schaltfläche rechtsbündig anzeigen**: Hiermit kann eine Aktions-Schaltfläche (oder gegebenenfalls komplette Aktionsleiste) *anders als die Aktionsleiste* ausgerichtet werden. Per Standardeinstellung befindet sich die Aktionsleiste auf der

linken Seite des Bildschirms. Aktiviert man diese Einstellung, kann man die betreffende Aktion auf der rechten Seite des Bildschirms positionieren. Es geht aber auch umgekehrt: Legt man in den Eigenschaften der Aktionsleiste fest, dass diese rechtsbündig ausgerichtet wird (vgl. Aktionsleiste anpassen), befinden sich alle »rechtsbündig«ausgerichteten Aktionen auf der linken Seite des Bildschirms.

Grafik auswählen

Ferner wird die Art und Weise der Anzeige einer Aktion in der Aktionsleiste durch ein ergänzendes Bild beeinflusst. Hier stehen uns folgende Möglichkeiten zur Verfügung:

- **Ohne**: Eine Aktion wird nur in Form ihrer Beschriftung dargestellt.
- **Notes**: Eine Aktion wird anhand eines vordefinierten Symbols dargestellt. Domino stellt uns eine Reihe von Symbolen zur Verfügung, die ein breites Spektrum möglicher Aktionen abdecken (vgl. Abbildung 14.11). Der Nutzen dieser Option – Standardisierung – ergibt sich nur, wenn bestimmte Symbole anwendungsübergreifend mit gleichen Aktionen verknüpft werden. In älteren Domino-Versionen boten hierbei die mitgelieferten Schablonen eine gewisse Orientierung.
- **Benutzer**: Schließlich kann man eine Aktion auch anhand einer benutzerdefinierten Bildressource darstellen, wobei diese statisch oder dynamisch zugewiesen werden kann..

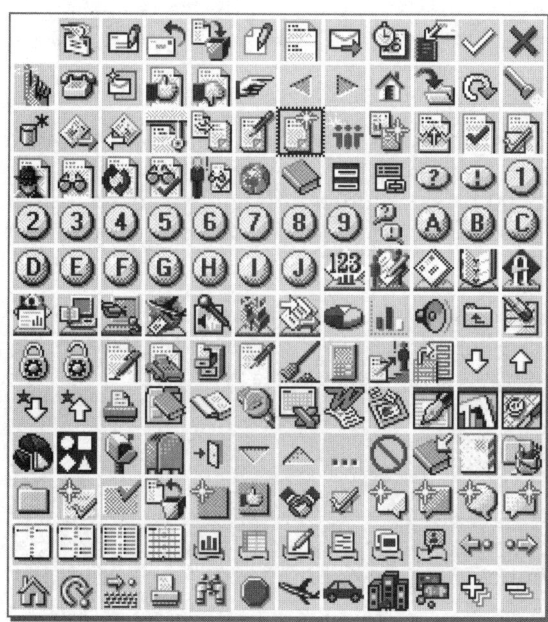

Abbildung 14.11: Vordefinierte Symbole für Aktionen

Bei jedem Bild (Notes oder Benutzer) kann zudem festgelegt werden, ob dieses – relativ zur Beschriftung – rechts oder links platziert werden soll.

Verbergen von Aktionen

Aktionen können verborgen werden, sei es zu ergonomischen Zwecken oder um etwa unerwünschte Benutzeraktionen zu verhindern.

So macht beispielsweise die Aktion SPEICHERN im Lesemodus wenig Sinn und wirkt verwirrend. Das Verbergen von Aktionen erfolgt – ähnlich wie beim Verbergen von Absätzen – entweder in Abhängigkeit vom aktuellen Bearbeitungsmodus oder anhand einer VERBERGEN-Formel. Alle diesbezüglichen Einstellungen werden auf der Registerkarte AKTION VERBERGEN WENN in EIGENSCHAFTEN: AKTION vorgenommen (vgl. Abbildung 14.12).

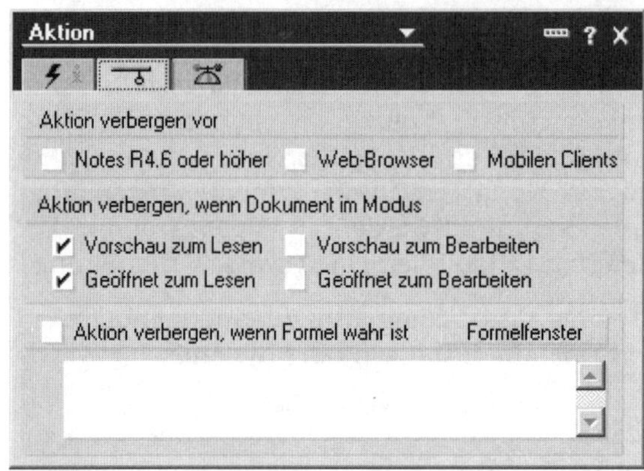

Abbildung 14.12: Aktion verbergen

Systemaktionen einfügen

Domino Designer bietet uns einige vordefinierte Aktionen an, die sich mit dem Menübefehl ERSTELLEN/AKTION/SYSTEMAKTIONEN einfügen. Nachdem dieser Befehl aufgerufen wurde, enthält das Aktionsfenster standardmäßig sechs neue Aktionen (erkennbar am Symbol):

- Kategorisieren,
- Dokument bearbeiten,
- Dokument senden,
- Weiterleiten,
- In Ordner verschieben,
- Aus Ordner entfernen.

Nicht benötigte Systemaktionen können wie jede Aktion nachträglich bearbeitet, gelöscht oder kopiert werden.

Aktionsleiste anpassen

Domino bietet im Zusammenhang mit Aktionen ein weiteres interessantes Feature an: Die Merkmale der Aktionsleiste selbst lassen sich anpassen. Die Anpassung erfolgt im Dialogfenster EIGENSCHAFTEN: AKTIONSLEISTE, welches mit dem Menübefehl GESTALTUNG/EIGENSCHAFTEN: AKTIONSLEISTE aufgerufen wird, wobei zuvor eine Aktion markiert werden sollte (vgl. Abbildung 14.13).

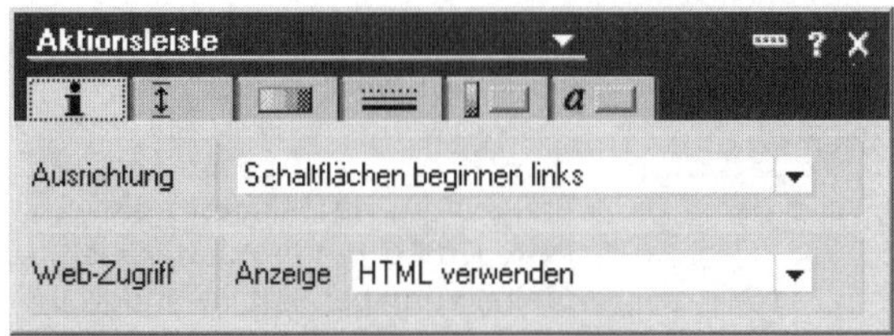

Abbildung 14.13: Anpassung der Aktionsleiste

Die Merkmale der Aktionsleiste, welche angepasst werden können, sind in der Tabelle 14.1 dargestellt.

Merkmal	Anmerkung	Wertebereich
Registerkarte: Aktionsleiste Info		
Ausrichtung	Vertikale Ausrichtung der Aktionsleiste	Links; Rechts
Hintergrund	Hintergrundfarbe der Aktionsleiste	Auswahl aus der Farbpalette
Webzugriff	Umsetzung der Aktionsleiste im Webbrowser	HTML verwenden; Java-Applet verwenden
Registerkarte: Aktionsleistengröße		
Aktionsleistenhöhe	Höhe der Aktionsleiste	Vorgabe; X-Breite (Höhe in Abhängigkeit vom gewählten Zeichensatz), Fest (feste Vorgabe in Pixel)
Registerkarte: Aktionsleistenhintergrund		
Farbe	Hintergrundfarbe	Auswahl aus der Farbpalette
Bild	Hintergrundbild	Beliebiges Bild aus der Ressourcendatenbank
Optionen	Wiederholungsmuster des Bildes	Einmal, Vertikel, Kacheln usw.
Registerkarte: Aktionsleistenumrandung		
Umrandung	Farbe und Stil der Umrandung	Farbe: Auswahl aus der Farbpalette, Stil: Durchgezogen, Doppelt usw.
Effekte	Schatten	Schattenbreite in Pixel
Dicke	Dicke der Umrandung	Vorgabe in Pixel

Tabelle 14.1: Eigenschaften der Aktionsleiste

Merkmal	Anmerkung	Wertebereich
Registerkarte: Schaltflächeneigenschaften		
Schaltflächengröße	Höhe, Breite, Rand	Vorgabe, Mindestgröße, Feste Größe, Hintergrundgröße
Schaltflächenoptionen	Umrandung anzeigen, Text ausrichten, Breite der Innenränder festlegen	
Schaltflächenhintergrund	Farbe und Bild	
Registerkarte: Schaltflächeneigenschaften		
Schaltflächengröße	Höhe, Breite, Rand der Schaltfläche	Breite: Vorgabe, Mindestgröße, Feste Größe, Hintergrundgröße Breite: Vorgabe; Hintergrundgröße Rand: Vorgabe; Feste Größe
Schaltflächenumrandung	Anzeige der Schaltflächenumrandung	Immer; Nie; Bei Berührung mit dem Mauszeiger
Schaltflächenhintergrund	Farbe und Hintergrundbild der einzelnen Schaltfläche	Auswahl der Farbpalette; Statische oder dynamische Auswahl des Hintergrundbilds
Registerkarte: Schaltflächenschrift		
Schaltflächenschrift	Schriftart, Größe, Stil und Farbe der Schaltflächenbeschriftung	Texteigenschaften

Tabelle 14.1: Eigenschaften der Aktionsleiste (Forts.)

Beispiel: Aktionen in der Maske »Quelle« implementieren

Nach so viel Theorie im Bereich der Gestaltung von Aktionen soll nun gezeigt werden, wie Aktionen typischerweise in einer Anwendung eingesetzt werden. Hierbei gehen wir im Folgenden von einem eher klassischen Notes-Client-Szenario aus, d.h. wir wollen die Aktionen so verwenden, wie im Notes-Client üblich. Wie wir aber oben gesehen haben, erstreckt sich der Gestaltungsspielraum beispielsweise durch Verwendung benutzerdefinierter Grafiken, Ränder und Hintergrundeffekte weit darüber hinaus.

Wir wollen in diesem Beispiel vier Aktionen in der Maske QUELLE implementieren (vgl. Abbildung 14.8):

- **Neue Quelle**: erstellt aus einer Maske QUELLE heraus ein neues QUELLE-Dokument.
- **Speichern**: ermöglicht es dem Benutzer direkt per Aktions-Schaltfläche, ein Dokument zu speichern.
- **Schließen**: ermöglicht es dem Benutzer, direkt per Aktions-Schaltfläche ein Dokument zu schließen.
- **Quelle bewerten**: ruft die Maske BEWERTUNG auf, mittels der das aktuelle QUELLE-Dokument im Sinne eines Ratings bewertet werden kann.

Die Erstellung aller Aktionen erfolgt analog und besteht aus folgenden Schritten:

1. Zunächst muss mit dem Menübefehl ERSTELLEN/AKTION/AKTION eine neue Aktion angelegt werden.
2. Die obligatorischen Einstellungen bei einer neuen Aktion sind auf jeden Fall der *Name* (zu Programmier- und Gestaltungszwecken) sowie die *Beschriftung*. Letztere legt hierbei den Text fest, der in der Aktion angezeigt wird, und muss in Anführungszeichen angegeben werden, beispielsweise

   ```
   "Neue Quelle"
   ```

3. Im Hinblick auf die Visualisierung sollten alle Aktionen anhand eines vordefinierten Notes-Symbols sowie ihrer Beschriftung angezeigt werden. Sie sollen zudem in der Aktionsleiste, nicht jedoch im Menü AKTIONEN angezeigt werden. Die hierfür erforderlichen Aktionseigenschaften sind in der Tabelle 14.2 dargestellt.

Einstellung	Wert
Typ	Schaltfläche
Anzeige: Aktion in Schaltflächenleiste aufnehmen	Aktiviert (alle anderen Anzeige-Optionen deaktiviert)
Position:	Links
Symbol:	Notes

Tabelle 14.2: Einstellungen in Eigenschaften:Aktion

4. Die VERBERGEN-Einstellungen sind je nach Aktion anders zu gestalten: So sollten die Aktionen NEUE QUELLE und QUELLE BEWERTEN in den beiden Vorschaumodi verborgen bleiben, die Aktion SPEICHERN sollte im Lesemodus und im Lesevorschaumodus ebenfalls nicht angezeigt werden. Diese Einstellungen sind jedoch willkürlich und obliegen dem Gestaltungsspielraum des Anwendungsentwicklers.

Bleibt nur noch die Festlegung, was das Anklicken der Aktionen bewirken sollte. Dies erfolgt entsprechend im Gestaltungsfenster im unteren Bildschirmbereich. Wir wollen hierbei die erforderliche Funktionalität jeweils mittels der so genannten `@Command`-Befehle implementieren. Die verwendeten Befehle sind in der Tabelle 14.3 dargestellt.

Aktion	Befehl
Neue Quelle	`@Command ([Compose];"Quelle")`
Speichern	`@Command ([FileSave])`
Schließen	`@Command ([FileCloseWindow])`
Quelle bewerten	`@Command ([Compose];"Bewertung")`

Tabelle 14.3: @Command-Befehle zur Programmierung von Aktionen

14.1.4 Gemeinsame Aktionen

Die Funktionalität bestimmter Aktionen wird sich über mehrere Ansichten bzw. Masken hinweg in der Regel wiederholen. Beispielsweise wird man die Aktion SCHLIESSEN in der Regel in allen Masken einer Anwendung verwenden. In solchen Fällen macht es natürlich Sinn, die Aktion irgendwo zentral abzulegen und all ihre Einstellungen – die ja ohnehin über alle Masken hinweg identisch sein werden – dort zu pflegen. Falls man z.B. die Aktion anhand eines neuen Symbols darstellen möchte, reicht es in diesem Fall, die entsprechende Einstellung *nur in der gemeinsamen* Aktion anzupassen – sie wird von allen Masken automatisch übernommen.

Die Möglichkeit, Aktionen wiederzuverwenden, gibt es in Domino Designer – in Form vom so genannten *gemeinsamen Aktionen*. Gemeinsame Aktionen gehören zum *gemeinsamen Code* einer Datenbank und wurden als ein eigenständiges Gestaltungselement implementiert, das in der Gestaltungsansicht GEMEINSAMER CODE/ AKTIONEN zu finden ist (im Gegensatz zu herkömmlichen Aktionen, die zum Bestandteil von Dokumenten gehören).

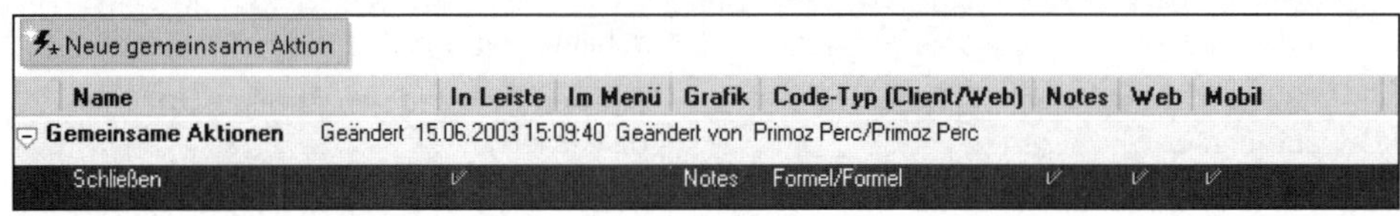

Abbildung 14.14: Gestaltungsansicht Gemeinsame Aktionen

> Wie bei allen anderen Gestaltungselementen hat der Entwickler natürlich die Möglichkeit, immer wieder benötigte Aktionen in einer Schablone auszulagern und von dort aus in allen Domino-Anwendungen einzusetzen.

Gemeinsame Aktionen erstellen

Um eine gemeinsame Aktion zu erstellen, stehen uns folgende Möglichkeiten zur Verfügung:

- Kopieren einer bestehenden Aktion in die Zwischenablage mittels des Menübefehls BEARBEITEN/KOPIEREN und anschließendes Einfügen im Gestaltungselement GEMEINSAME AKTIONEN
- Direkte Erstellung im Gestaltungselement GEMEINSAME AKTIONEN mittels des Menübefehls ERSTELLEN/GEMEINSAME AKTION

Die Vorgehensweise zur Erstellung einer gemeinsamen Aktion unterscheidet sich in keiner Weise von einer herkömmlichen Aktion. Auch hier lassen sich mittels des Menübefehls GESTALTUNG/EIGENSCHAFTEN: GEMEINSAME AKTIONEN alle Eigenschaften, wie oben beschrieben, anpassen. Auch die ausgeführte Programmlogik kann wie gewohnt im Gestaltungsfenster entsprechend geändert werden.

Gemeinsame Aktionen einfügen

Das Einfügen von gemeinsamen Aktionen in eine Seite, Maske oder Ansicht erfolgt mit dem Befehl ERSTELLEN/AKTION/GEMEINSAME AKTION, woraufhin eine Aktion ausgewählt werden muss. Außer der *Position* in der Reihenfolge lässt sich keine andere Eigenschaft einer gemeinsamen Aktion direkt in einer Maske, Seite oder Ansicht nachbearbeiten.

14.2 Interaktive Elemente programmieren

14.2.1 Programmiermethoden im Überblick

Im Verlauf der bisherigen Abschnitte trafen wir bereits auf zahlreiche Beispiele für die Hinterlegung interaktiver Elemente mit Programmlogik. Speichern von Dokumenten, Aufruf von Dialogfenstern oder komplett neuen Masken – all das waren rudimentäre Programmabläufe. Im folgenden Abschnitt wollen wir uns der Programmierung von interaktiven Elementen etwas systematischer widmen und unterschiedliche Programmiermethoden vorstellen. Es macht Sinn, dies unabhängig von den einzelnen Typen der interaktiven Elemente zu tun, da – wie bereits erwähnt – die Vorgehensweise bei allen weitgehend identisch ist.

Programmiermethoden

»Programmierung« klingt zunächst einmal nach einer Programmiersprache. Frage: Welche kommt bei Domino zum Einsatz? Antwort: Es gibt mehrere Möglichkeiten. Je nach Komplexität der Aufgabe und nach Kenntnisstand des Benutzers kommt zur Programmierung von interaktiven Elementen eine der folgenden Alternativen in Frage:

- **Einfache Aktionen**: Vordefinierte Bausteine, welche zu einem gewissen Grad parametrisiert und beliebig miteinander verknüpft werden können. Dies ist eine besonders einfache Art der Programmierung, denn eine Kodierung im herkömmlichen Sinne gibt es nicht. Vielmehr erfolgt das Ganze in der schönsten Point & Click-Manier.
- **Domino-Formeln und @Befehle**: Einen Tick komplexer ermöglichen Formeln und @Befehle eine Nachbildung der Domino-Benutzeroberfläche. Einfache Schachtelung, Verzweigungen und mathematische Operationen – um nur einige Goodies zu nennen – können auf diese Weise mit relativ wenig Aufwand realisiert werden. (Grund-)Kenntnisse der Domino-Formeln werden natürlich vorausgesetzt.
- **LotusScript**: Im Notes-Umfeld die mächtigste Alternative, mit der Sie bis in den tiefsten Kern des Systems vordringen können. Neben der Kenntnis des Basic-Dialekts LotusScript sind Kenntnisse des Klassenmodells von Domino erforderlich.
- **JavaScript**: Die letzte Alternative eignet sich insbesondere für Webanwendungen, da im Notes-Client viele der Features noch nicht unterstützt werden. Vom Schwierigkeitsgrad her ist es etwa mit LotusScript vergleichbar.

- **Gemeinsames JavaScript**: Nicht etwa eine neue Art von JavaScript, sondern die Schnittmenge derjenigen JavaScript-Funktionalitäten, die sowohl im Notes-Client als auch im Webbrowser unterstützt werden.

Die Wahl der richtigen Alternative ist somit von vielen Determinanten abhängig: der Komplexität der zu bewältigenden Aufgabe, der Kenntnisse der Benutzer, aber auch dem Umfeld, in dem die Anwendung ablaufen soll, sprich: Notes-Client oder Webbrowser. Nicht zuletzt wird die Wahl davon abhängen, welche Art von Ereignissen man »abfangen« möchte. Während man bei einfachen Aktionen und Domino-Formeln und @Befehlen den eigenen Code nur an einfache Clicks anhängen kann, ist das Spektrum an relevanten Ereignissen bei LotusScript und insbesondere JavaScript deutlich umfangreicher, aber dazu mehr in den folgenden Abschnitten.

14.2.2 Wahl des Clients: Notes-Client oder Web

Programmiermethoden im Notes- und Webclient

Generell gilt, dass nicht alle der oben genannten Programmiermethoden gleichermaßen für den Einsatz sowohl im Notes-Client als auch im Webbrowser eingesetzt werden können. Notes-Client-Benutzer sind da etwas besser dran, denn Notes-Client unterstützt alle der genannten Methoden, nur bei JavaScript muss man sich stellenweise bewusst sein, dass man sich in einem anderen Umfeld befindet und nicht alle Features, die im Webbrowser verfügbar sind, auch im Notes-Client zur Verfügung stehen.

Im Webbrowser fallen die Einschränkungen verständlicherweise etwas gravierender aus: Beispielsweise werden keine Systemaktionen und nur ein kleiner Teil der Domino-Formeln und @Befehle unterstützt. Zudem muss man auf LotusScript im Webbrowser ganz verzichten (abgesehen von der Ausführung von LotusScript auf der Server-Seite). Besonders geeignet im Webbrowser-Umfeld sind naturgemäß JavaScript bzw. gemeinsames JavaScript.

Generell bietet Domino Designer zwei Strategien an, um den Unterschieden in beiden Umfeldern Rechnung zu tragen:

- **Gleiche Programmabläufe**: Die erste besteht darin, grundsätzlich zwar die gleiche Programmiermethode (d.h. den gleichen Code) für beide Client-Versionen zu verwenden, jedoch die gegebenen Einschränkungen, insbesondere im Webbrowser, bewusst durch die Auswahl der verwendeten Befehle zu beachten.

> So funktionieren die im Rahmen unserer Aktions-Schaltflächen verwendeten `@Command`-Befehle zum Speichern, Schließen und Erstellen von Dokumenten sowohl im Notes-Client als auch im Webbrowser. Dies liegt allerdings an den verwendeten Befehlen: andere `@Command`-Befehle werden nicht unterstützt. Will man, wie bereits erwähnt, stattdessen LotusScript-Code verwenden, eignet sich diese Methode nicht, da dieser nicht im Webbrowser abläuft.

- **Unterschiedliche Programmabläufe**: Die zweite Möglichkeit besteht darin, für ein interaktives Element zwei unterschiedliche Versionen des Codes zu hinterlegen. In diesem Fall ist die Unterscheidung zwischen beiden Client-Versionen explizit. Hier wäre es vorstellbar, im Notes-Client mit LotusScript und im Webbrowser mit JavaScript zu arbeiten.

> Nehmen wir hierzu ein einfaches Beispiel: Wir wissen, dass im Notes-Client bei jeder Änderung am Dokument das Schließen des Dokuments (z.B. mit unserer Aktion SCHLIESSEN) automatisch bestätigt werden muss. Damit wird vermieden, dass Änderungen am Dokument durch versehentliches Anklicken der Schaltfläche verloren gehen. Im Web fehlt jedoch eine solche Bestätigung bzw. muss manuell programmiert werden. In diesem Fall könnten bei der Aktion SCHLIESSEN für den Notes-Client und den Webbrowser jeweils zwei unterschiedliche Programmabläufe hinterlegt werden.

Die Version für den Notes-Client wird hinterlegt, indem man im Gestaltungsfenster im Feld STARTEN die Option *Client* und anschließend *Formel* auswählt und dort den bereits bekannten Befehl:

```
@Command ([FileCloseWindow])
```

einträgt. Hier ist die Abfrage vor dem Schließen eines Dokuments automatisch eingebaut.

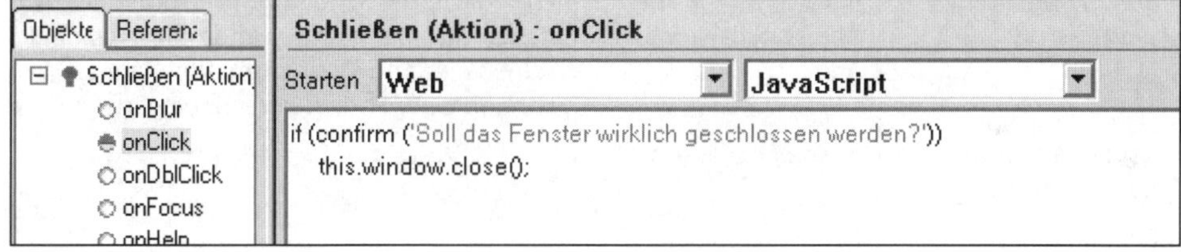

Abbildung 14.15: Webbrowser-Version der Aktion Schließen

Um die Version für den Webbrowser zu hinterlegen, kann anschließend im Feld STARTEN die Option WEB und als Programmiermethode JAVASCRIPT eingegeben werden (vgl. Abbildung 14.15). Der Code muss dementsprechend in JavaScript eingegeben werden:

```
if (confirm ('Soll das Fenster wirklich geschlossen werden?'))
    this.window.close();
```

Inwiefern man sich für den gleichen oder einen unterschiedlichen Code für beide Client-Versionen entscheidet wird letztendlich davon abhängen, wie gravierend die Differenzen bei dem, was man implementieren will, sind. Mit Sicherheit ist die explizite Trennung durch die Implementierung von zwei unterschiedlichen Code-Versionen eine interessante Option: sie hat den Vorteil, dass man sowohl im Notes-Client als auch Webbrowser das jeweils Beste aus der Anwendung herausholen kann. Auf der anderen Seite ist zu bedenken, dass damit natürlich auch der Umfang des zu pflegenden Codes dementsprechend steigen wird.

14.2.3 Einfache Aktionen

Die einfachste Art der Programmierung von interaktiven Elementen ist die Verwendung von *einfachen Aktionen*. Diese ermöglichen eine schnelle und intuitive Zusammenstellung parametrisierter Abläufe, bei der keine Programmierkenntnisse erforderlich sind. Typen einfacher Aktionen sind in der Tabelle 14.4 aufgelistet.

Einfache Aktion	Angaben/Parameter	Anmerkung
Agent starten	Name des Agenten	Ermöglicht die Verkettung mehrerer Agenten
Antwort auf Absender	Kurzer Begleittext	Die Kopie des aktuellen Dokuments kann beigefügt werden.
Dokument als gelesen markieren	–	Kann eingesetzt werden, wenn man bereits gelesene Dokumente mit einer neuen User-ID betrachten möchte
Dokument als ungelesen markieren	–	–
Dokument senden	–	Die Informationen über den Adressaten müssen im reservierten SENDTO-Feld vorliegen.
Entfernen aus Ordner	Name des Ordners	–
Feld ändern	Feldname, Wert	Werte können ersetzt oder angehängt werden.
Felder per Maske ändern	Name der Maske	Eignet sich, um mehrere Felder auf einmal zu modifizieren
Infobriefübersicht senden	Informationen über Adressaten, Name der Ansicht	Ermöglicht das Senden von Dokumentlisten, basierend auf Ansichten. Informationen über Adressaten und Kurzinformation können anhand einer Formel berechnet werden.
Kopieren in Datenbank	Name der Datenbank	–
Kopieren in Ordner	Name des Ordners	–
Löschen aus Datenbank	Name der Datenbank	–
Mails senden	Name des Adressaten	Informationen über den Adressaten können anhand einer Formel berechnet werden, ebenso wie eine Kurzinformation. Das Dokument oder eine Verknüpfung zum Dokument kann beigefügt werden.
Verschieben in Ordner	Name des Ordners	–
@Funktionsformel	Formelausdruck	Ermöglicht das Mischen von einfachen Aktionen und Formeln

Tabelle 14.4: Einfache Aktionen in Notes im Überblick

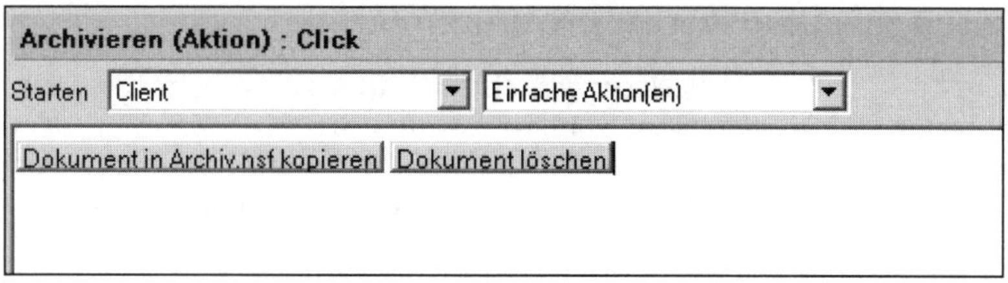

Archivieren (Aktion) : Click
Starten Client Einfache Aktion(en)
Dokument in Archiv.nsf kopieren Dokument löschen

Abbildung 14.16: Verwendung von einfachen Aktionen

Wir können beispielsweise mit relativ wenig Aufwand ein veraltetes Dokument mit einem interaktiven Element (z.B. einem Aktions-Hotspot) archivieren – sprich in eine andere (fiktive) Datenbank namens ARCHIV.NSF verschieben. Hierzu sind folgende Schritte erforderlich (vgl. Abbildung 14.16):

1. Erstellen Sie einen Aktions-Hotspot.
2. Wählen Sie im Gestaltungsfenster unter STARTEN die Optionen CLIENT und EINFACHE AKTIONEN.
3. Klicken Sie auf AKTION HINZUFÜGEN. Es erscheint das gleichnamige Dialogfenster.
4. Wählen Sie die Aktion IN DATENBANK KOPIEREN und anschließend eine Datenbank (z.B. ARCHIV.NSF) aus.
5. Klicken Sie erneut auf AKTION HINZUFÜGEN und diesmal als Aktionstyp DOKUMENT LÖSCHEN.
6. Speichern Sie die Maske.

Die Möglichkeiten einfacher Aktionen sind zwar relativ beschränkt, dennoch wurde ihre Funktionalität so gewählt, dass sich rudimentäre Operationen, wie unser Archivierungsbeispiel zeigt, auch ohne Programmierkenntnisse automatisieren lassen.

14.2.4 Aktionen mit der Formelsprache gestalten

Etwas komplexer, jedoch deutlich flexibler sind Domino-Formeln. Bei interaktiven Elementen sind insbesondere `@Command`-Formeln interessant, denn mit diesen lassen sich die Menübefehle des Notes-Clients simulieren und in beliebigen Reihenfolgen zusammenstellen.

Wir können beispielsweise ein Dokument mit *einer Aktion* wie folgt speichern und schließen:

1. Erstellen Sie eine neue Aktion und benennen Sie diese mit SPEICHERN UND SCHLIESSEN.
2. Aktivieren Sie auf der Registerkarte AKTION VERBERGEN WENN die Optionen VORSCHAU ZUM LESEN und GEÖFFNET ZUM LESEN.
3. Geben Sie im Gestaltungsfenster folgenden Befehl ein:

```
@Command([FileSave]);
@Command([FileCloseWindow])
```

4. Speichern Sie die Maske.

14.2.5 Aktionen mit LotusScript programmieren

LotusScript ist neben JavaScript die leistungsfähigste Alternative beim Programmieren von Aktionen, denn mit dieser Sprache können Sie (fast) alle Methoden und Eigenschaften des Domino-Objektmodells manipulieren. Im Zusammenhang mit interaktiven Elementen hat LotusScript allerdings den Nachteil, dass es lediglich im Notes-Client ablauffähig ist.

Wir wollen als LotusScript-Beispiel folgende Funktionalität realisieren: Neben dem Eingabefeld für Autorennamen soll eine Schaltfläche Auskunft über andere Quellen des gleichen Autors ermöglichen. Betätigt der Benutzer diese Schaltfläche, werden alle Quellen dieses Autors aufgelistet. Der Benutzer hat anschließend die Möglichkeit, eine davon auszuwählen und in einem gesonderten Fenster anzeigen zu lassen.

Hierzu sind folgende Schritte notwendig:

1. Öffnen Sie die Maske QUELLE.
2. Platzieren Sie den Cursor rechts neben dem Eingabefeld AUTOR und erstellen Sie eine Schaltfläche.
3. Markieren Sie die Schaltfläche und wählen Sie unter STARTEN (Gestaltungsfenster) die Option LOTUSSCRIPT.
4. Markieren Sie im Objektfenster die Eigenschaft OPTION und geben Sie im Gestaltungsfenster Folgendes ein:

   ```
   Option Base 1
   ```

5. Markieren Sie im Objektfenster die Methode CLICK und geben Sie im Gestaltungsfenster folgenden Code ein:

   ```
   Sub Click(Source As Button)
   REM 1. Schritt: Namen des Autors herausfinden
       Dim uiworkspace As New NotesUIWorkspace
       Dim session As New NotesSession
       Dim dieseDatenbank As NotesDatabase
       Dim uidoc As NotesUIDocument
       Dim NameDesAutors As String
       Set uidoc=uiworkspace.CurrentDocument
       Set dieseDatenbank=session.CurrentDatabase
       Dim item As NotesItem

       REM 2. Schritt: Alle Quellen des Autors finden
       Dim QuellenDesAutors As NotesDocumentCollection
       Dim thisdoc As NotesDocument
       Dim doc As NotesDocument
       Dim docnumbers List As String
       Dim Quellen() As String
       Dim Suchabfrage As String
       Dim i As Integer
       Set doc=uidoc.Document
       Set thisdoc=uidoc.Document
       Set item=doc.GetFirstItem("Autor")
   ```

```
        Let Suchabfrage$="Form=""Quelle"" & ("
        Forall autor In item.values
            Let Suchabfrage$= Suchabfrage &" @Contains (
                AUTOR; " & """" & Cstr(autor) & """)|"
        End Forall
            Set QuellenDesAutors=dieseDatenbank.Search (Left(
                Suchabfrage$,Len(Suchabfrage$)-1) & ") & Titel!=""" &
                doc.Titel(0) & """", Nothing,0)
        Print QuellenDesAutors.Count
        If (QuellenDesAutors.Count<>0) Then
            For i=1 To QuellenDesAutors.Count
                Set doc=QuellenDesAutors.GetNthDocument (i)
                If doc.Titel(0)<>thisdoc.Titel(0) Then
                    Redim Preserve Quellen (i)
                    Let docnumbers(doc.Titel(0))=i
                    Let Quellen(i)=doc.Titel(0)
                End If
            Next

        REM 3. Schritt: Alle Quellen des Autors anzeigen und eine auswählen lassen
            Dim result As String
            result$ = uiworkspace.Prompt(PROMPT_OKCANCELLIST,"Quellen",_
            "Wählen Sie eine Quelle","Test", Quellen)
            If result$<>"" Then
                Set doc=QuellenDesAutors.GetNthDocument (
                    docnumbers(result$))
                Call uiworkspace.EditDocument(False,doc)
            End If
        Else
            Messagebox ("Andere Quellen des Autors mit diesem Namen
                existieren nicht!")
        End If

    End Sub
```

6. Speichern Sie die Maske.

Kurzer Kommentar zum Code (eine ausführliche Beschreibung von LotusScript finden Sie in den entsprechenden Kapiteln zu LotusScript): Zunächst einmal wird mit dem Ausdruck `Option Base` festgelegt, dass die Indizierung von Arrays mit dem Wert 1 (und nicht, wie üblich, mit 0) beginnen soll. Im ersten Teil des Listings werden diverse Objekte initialisiert, welche uns den Zugriff auf die Klassenhierarchie von Domino ermöglichen. Der eigentliche Programmablauf besteht aus drei Schritten: Im ersten Schritt werden die Namen aller Autoren aus dem Feld AUTOR ausgelesen. Die Namen bilden die Grundlage für eine Suchabfrage, mit welcher die Datenbank nach Dokumenten dieses Autors durchsucht wird. Diese Suchabfrage hat die gleiche Form wie etwa das Auswahlkriterium einer Ansicht und wird dynamisch zusammengestellt (`Let Suchabfrage=...`). Anschließend wird – basierend auf dieser Abfrage – die Datenbank durchsucht (Methode `Search` der Klasse `NotesDatabase`). Das Ergebnis der Suche wird in einer speziellen Datenstruktur vom Typ `NotesDocumentCollection` zwischengespeichert. Die Titel der gefundenen Themen werden in einem *Array* von Strings umgewandelt, da die Methode, mit der wir die Auswahl dem Benutzer präsentieren (Methode `Prompt` der Klasse `NotesUIWorkspace`) dies erwartet. Das ausgewählte Dokument wird schließlich mittels einer weiteren `NotesUIWorkspace`-Methode, nämlich `EditDocument`, angezeigt.

14.2.6 Aktionen mit JavaScript programmieren

Seit der Domino-Version 5 besteht auch die Möglichkeit, Anwendungen mit JavaScript zu automatisieren. Wir werden uns die Sprache JavaScript im Detail in späteren Kapiteln ansehen, wollen jedoch an dieser Stelle die Verwendung von JavaScript im Zusammenhang mit interaktiven Elementen schon mal vorwegnehmen.

Wie bereits erwähnt, muss sich bei JavaScript das Ereignis (im Gegensatz zu anderen bisher dargestellten Methoden) im Umfeld des Webbrowser-Umfeldes nicht auf Mausklicks beschränken. Vielmehr sind wir in der Lage, mehrere Ereignisse mit JavaScript-Code-Fragmenten zu belegen. Hierbei gilt es allerdings zu unterscheiden, welche von diesen Ereignissen im Webbrowser und welche auch im Notes-Client unterstützt werden. Eine Übersicht findet sich in der Domino-Hilfe-Datenbank und ist in der Tabelle 14.5 dargestellt.

Event	Form, subform, page	Field	Action, button, hotspot
`JSHeader`	Webbrowser und Notes-Client	Verwendet den JSHeader der Seite, Maske oder Teilmaske	
`onBlur`	Nicht anwendbar	Webbrowser und Notes-Client	Nur Webbrowser
`onChange`	Nicht anwendbar	Webbrowser und Notes-Client	Nicht anwendbar
`onClick`	Nur Webbrowser	Nur Webbrowser	Webbrowser und Notes-Client
`onDblClick`	Nur Webbrowser	Nur Webbrowser	Nur Webbrowser
`onFocus`	Nicht anwendbar	Webbrowser und Notes-Client	Nur Webbrowser
`OnHelp`	Webbrowser und Notes-Client	Nicht anwendbar	Nur Webbrowser
`onKeyDown`	Nur Webbrowser	Nur Webbrowser	Nur Webbrowser
`onKeyPress`	Nur Webbrowser	Nur Webbrowser	Nur Webbrowser
`onKeyUp`	Nur Webbrowser	Nur Webbrowser	Nur Webbrowser
`onLoad`	Webbrowser und Notes-Client	Nicht anwendbar	Nicht anwendbar
`onMouseDown`	Nur Webbrowser	Nur Webbrowser	Nur Webbrowser
`onMouseMove`	Nur Webbrowser	Nur Webbrowser	Nur Webbrowser
`onMouseOut`	Nur Webbrowser	Nur Webbrowser	Nur Webbrowser
`onMouseOver`	Nur Webbrowser	Nur Webbrowser	Nur Webbrowser

Tabelle 14.5: Unterstützung der Ereignisse im Notes-Client und Webbrowser

Event	Form, subform, page	Field	Action, button, hotspot
`onMouseUp`	Nur Webbrowser	Nur Webbrowser	Nur Webbrowser
`OnReset`	Nur Webbrowser, form only	Nicht anwendbar	Nicht anwendbar
`OnSelect`	Nicht anwendbar	Nur Webbrowser	Nicht anwendbar
`OnSubmit`	Webbrowser und Notes-Client	Nicht anwendbar	Nicht anwendbar
`OnUnload`	Webbrowser und Notes-Client	Nicht anwendbar	Nicht anwendbar

Tabelle 14.5: Unterstützung der Ereignisse im Notes-Client und Webbrowser (Forts.)

Wir können JavaScript verwenden, um beispielsweise einen einfachen *Mouseover*-Effekt (Veränderung der Grafik in Abhängigkeit von der Position des Mauszeigers) zu realisieren. Wie wir der obigen Tabelle entnehmen können, wird allerdings dieses Ereignis im Notes-Client nicht unterstützt, es funktioniert somit nur im Webbrowser. Hierzu sind folgende Schritte erforderlich:

1. Erstellen Sie einen Aktions-Hotspot basierend auf einem *Bild.*
2. Markieren Sie das Bild des soeben erstellen Hotspots.
3. Rufen Sie die Eigenschaften des Bilds auf und nennen Sie das Bild auf der Registerkarte BILD HTML einfach MEINBILD.
4. Nun markieren Sie den Aktions-Hotspot und wählen im Objektfenster das Ereignis `onMouseOver`. Geben Sie im Gestaltungsfenster folgenden Code ein:

   ```
   document.meinbild.src='...URL des Bilds...'
   ```

   beispielsweise

   ```
   document.meinbild.src='/Literaturverwaltung.nsf/link2.gif?OpenImageResource'
   ```

5. Speichern Sie die Maske.

Der Code, den wir soeben eingegeben haben, besagt nichts anderes, als dass die Grafikquelle des Bilds MEINBILD geändert werden soll, sobald der Benutzer den Mauszeiger über dem Hotspot positioniert. Sie können das Mouseover-Beispiel vervollständigen, indem Sie analog hierzu eine Bildveränderung beim Verlassen des Hotspots implementieren. Das entsprechende Ereignis heißt `onMouseOut`.

14.3 Arbeiten mit interaktiven Elementen im Web

Der Einsatz von interaktiven Elementen im Webbrowser unterliegt bestimmten Einschränkungen. Diese beziehen sich nicht auf die Darstellung –, alle genannten Elemente werden im Web 1:1 übersetzt – sondern vielmehr auf die Funktionalitäten, die mit den interaktiven Elementen ausgeführt werden können. Sie lassen sich wie folgt zusammenfassen:

- Aktions-Hotspots werden in Form von Verknüpfungen dargestellt. Wenn die Funktion, mit der ein Aktions-Hotspot unterlegt ist, im Web nicht unterstützt wird, erfolgt lediglich die Anzeige der Grafik bzw. des Textes.

- Aktionen werden im Webbrowser nur dann angezeigt, wenn die Funktion, mit der eine Aktion unterlegt ist, im Web unterstützt wird.
- Einfache Aktionen und LotusScript-Code werden im Webbrowser bei keinem der drei Elemente unterstützt.
- Die meisten Merkmale der Aktionsleiste werden im Web nicht unterstützt, es sei denn, Sie aktivieren die Anzeigeoption JAVA APPLET VERWENDEN.
- Schaltflächen unterliegen den bereits geschilderten Einschränkungen. Die erste Schaltfläche einer Maske wird also angezeigt und als SUBMIT-Schaltfläche interpretiert, während die restlichen Schaltflächen unberücksichtigt bleiben.
- Wenn Sie die Option WEBZUGRIFF: JAVASCRIPT BEIM ERSTELLEN VON SEITEN VERWENDEN einschalten, lassen sich beliebig viele Schaltflächen im Rahmen einer Maske verwenden. Hier gilt wiederum, dass nur diejenigen angezeigt werden, die mit einer im Webbrowser ausführbaren Funktion unterlegt sind.

In der Regel wird man im Zusammenhang mit Aktionen und Aktions-Hotspots auf die von Domino bereitgestellten `@Command`-Befehle zurückgreifen. Mit `@Command`-Befehlen lässt sich im Notes-Client die Funktionalität der Menüs nachbilden, daher ist es nur verständlich, dass im Webbrowser nur wenige `@Command`-Befehle zur Verfügung stehen.

@Command-Befehle im Webbrowser

Die Tabelle 14.6 zeigt, welche `@Command`-Befehle auch im Webbrowser eingesetzt werden können. Einige der genannten Befehle funktionieren nur dann, wenn die Einstellung JAVASCRIPT BEIM ERSTELLEN VON SEITEN VERWENDEN in den Datenbankeigenschaften aktiviert ist (Kennzeichnung JS in der Spalte MODUS). Andere Befehle funktionieren nur im Zusammenhang mit Ansichten, die als Java-Applet angezeigt werden (Kennzeichnung JA in der Spalte MODUS).

@Command-Befehl	Anmerkung	MODUS
`@Command ([CalendarFormat])`	Wechselt den Anzeigemodus einer Kalenderansicht, beispielsweise von »Wöchentlich« nach »Monatlich«	
`@Command ([CalendarGoTo])`	Zeigt in einer Kalenderansicht das angegebene Zeitdatum an	
`@Command ([Clear])`	Löscht ein gerade geöffnetes Dokument	
`@Command ([CloseWindow])`	Schließt das Fenster, das im Webbrowser identisch mit dem Laden des zuletzt angezeigten Dokumentes lädt	JS
`@Command ([Compose])`	Erstellt ein neues Dokument. Das Server-Argument wird im Web nicht berücksichtigt, sollte jedoch als leere Zeichenkette ("") angegeben werden.	
`@Command ([EditClear])`	Siehe: `@Command ([Clear])`	
`@Command ([EditDocument])`	Versetzt das aktuell geöffnete Dokument in den BEARBEITEN-Modus. Im Kontext des webbrowsers wird dadurch ein herkömmliches Webdokument zu einem Webformular.	

Tabelle 14.6: Im Webbrowser unterstützte @Command-Befehle

@Command-Befehl	Anmerkung	MODUS
`@Command ([EditInsertFile-Attachment])`	Erzeugt eine Schaltfläche, die es ermöglicht, Dateien zum Webserver zu senden	
`@Command ([EmptyTrash])`	Leert den Papierkorb. D.h. alle als *gelöscht* markierten Dokumenten werden tatsächlich gelöscht.	JA
`@Command ([FileCloseWindow])`	Siehe `@Command ([CloseWindow])`	JS
`@Command ([FileSave])`	Speichert das aktuelle Dokument	
`@Command ([FileOpenDatabase])`	Öffnet eine Datenbank. Das Server-Argument wird nicht berücksichtigt, sollte jedoch als leere Zeichenkette ("") angegeben werden.	
`@Command ([Folder])`	Verschiebt markierte Dokumente aus einer Ansicht bzw. einen Ordner in einen angegebenen Ordner	JA
`@Command ([FolderDocuments])`	Siehe `@Command ([Folder])`	
`@Command ([MoveToTrash])`	Kennzeichnet die markierten Dokumente als *gelöscht*. Endgültiges Löschen erfolgt mit `@Command ([EmptyTrash])`	JA

`@Command ([NavigateNext])`
`@Command ([NavigatePrev])`
`@Command ([NavigateNextMain])`
`@Command ([NavigatePrevMain])`
	Ruft aus einer Maske heraus das nächste bzw. vorherige Dokument/Hauptdokument einer Ansicht auf	

`@Command ([OpenDocument])`	Öffnet das angegebene Dokument in einer Ansicht, basierend auf einem Schlüssel (Inhalt der ersten sortierten Spalte)	
`@Command ([OpenFrameset])`	Öffnet eine angegebene Rahmenruppe	
`@Command ([OpenHelpDocument])`	Öffnet ein Hilfe-Dokument	
`@Command ([OpenNavigator])`	Öffnet den angegebenen Navigator	
`@Command ([OpenPage])`	Öffnet die angegebene Seite	
`@Command ([OpenView])`	Öffnet die angegebene Ansicht	
`@Command ([RefreshFrame])`	Aktualisiert den angegebenen Rahmen	
`@Command ([RemoveFromFolder])`	Verschiebt ein Dokument aus einem Ordner	JA
`@Command ([RunAgent])`	Startet einen Agenten	
`@Command ([SwitchView])`	Wechselt in eine andere Ansicht	
`@Command ([ToolsRunMacro])`	Siehe `@Command ([RunAgent])`	
`@Command ([ViewChange])`	Siehe `@Command ([SwitchView])`	
`@Command ([ ViewCollapse])`	Komprimiert eine Kategorie einer Ansicht	
`@Command ([ViewCollapseAll])`	Komprimiert alle Kategorien einer Ansicht	
`@Command ([ViewExpand])`	Erweitert die ausgewählte Kategorie einer Ansicht	
`@Command ([ViewExpandAll])`	Erweitert alle Kategorien einer Ansicht	
`@Command ([ViewRefreshFields])`	Aktualisiert die Felder in einem Dokument	
`@Command ([ViewShowSearchBar])`	Zeigt die Volltextsuchleiste an	

Tabelle 14.6: Im Webbrowser unterstützte @Command-Befehle (Forts.)

Wir werden im Folgenden einige Funktionen kennen lernen, die mithilfe von interaktiven Elementen in Webmasken implementiert werden können.

Erstellen von Dokumenten

Mittels des Befehls `@Command [Compose]` lassen sich neue Dokumente vom Browser aus erstellen. Der einzige Unterschied zur Verwendung in Notes ist, dass die Angabe des Server-Namens nicht unterstützt wird.

Dokumente in den Bearbeitenmodus versetzen

Neu erstellte Dokumente werden, wie in Notes, grundsätzlich im Bearbeitenmodus angezeigt. Um jedoch bereits bestehende Dokumente in diesen zu versetzen, gibt es grundsätzlich zwei Möglichkeiten:

- mit der Option BEARBEITENMODUS AUTOMATISCH AKTIVIEREN IN EIGENSCHAFTEN: MASKE,
- durch eine Aktion bzw. einen Aktions-Hotspot.

Bei der zweiten Möglichkeit kann der Benutzer selbst bestimmen, ob ein Dokument im Bearbeitenmodus angezeigt werden soll. Dies bewerkstelligt man mit dem Befehl `@Command ([EditDocument])` in einer Aktion oder einem Aktions-Hotspot. Das Dokument sollte hierbei wenigstens ein bearbeitbares Feld enthalten.

Löschen von Dokumenten

Vorausgesetzt, die entsprechenden Zugriffsrechte sind vorhanden, können Dokumente vom Webbrowser aus auch gelöscht werden. Auch hierzu muss eine Aktion oder ein Aktions-Hotspot eingesetzt werden. Die zugehörige Formel lautet:

```
@Command ([EditClear])
```

Interaktives Arbeiten mit Dateianhängen

Einige Browser, beispielsweise Netscape Navigator ab der Version 2.x und Internet Explorer (seit der Version 3.0 mit einer entsprechenden ActiveX-Control), unterstützen die Möglichkeit, Dateien an Webdokumente anzuhängen und diese an den Server zu übermitteln (vgl. Abbildung 14.17).

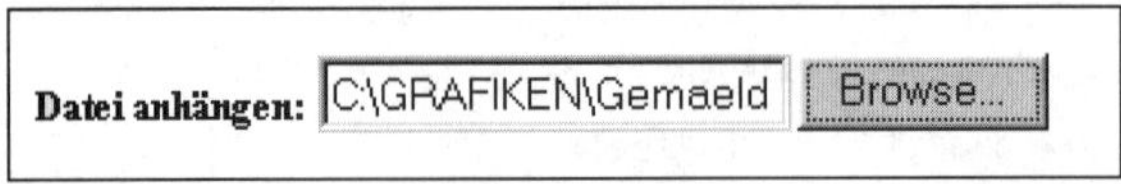

Abbildung 14.17: Dateianhänge lassen sich auch im Browser erstellen.

Um diese Funktionalität bereitzustellen, sollte in einem bearbeitbaren Dokument ein Aktions-Hotspot oder eine Aktion mit der Formel `@Command ([EditInsertFileAttachment])` erstellt werden. Hierzu sind folgende Schritte erforderlich:

1. Öffnen Sie die Maske im Gestaltungsmodus.
2. Schreiben Sie irgendwo in der Maske einen Text, beispielsweise `Datei anhängen`, und markieren Sie diesen.

3. Wählen Sie ERSTELLEN/HOTSPOT/AKTIONS-HOTSPOT.
4. Geben Sie als Hotspot-Formel folgenden Befehl ein:

```
@Command ([EditInsertFileAttachment])
```

5. Speichern Sie die Maske.

Domino generiert an entsprechender Stelle einen speziellen HTML-Tag `<INPUT TYPE=FILE...>` (richtig, das ist neben SUBMIT und RESET die dritte spezielle HTML-Schaltfläche), der im Browser in Form einer Browser-Schaltfläche angezeigt wird, mit der sich eine beliebige Datei anhängen lässt (vgl. Abbildung 14.17). Die Einsatzbereiche dieses Features sind vielfältig: So sind etwa Bewerber in der Lage, ihrer Bewerbung Fotos beizulegen, während Mitarbeiter im Intranet auf diese Weise beliebige Dateien wie etwa Word-Dokumente austauschen können.

Diese Funktionalität lässt sich auch mittels eines speziellen Webelements (Schaltfläche DATEI LADEN im Menü ERSTELLEN) bewerkstelligen.

14.3.1 Einschränkungen beim Einsatz interaktiver Funktionen im Web

Im Folgenden sollen noch einmal die wichtigsten Einschränkungen dargestellt werden, die sich beim Arbeiten mit interaktiven Elementen im Webbrowser gegenüber dem Notes-Client ergeben. Tabelle 14.7 fasst diese zusammen. Die Einschränkungen im Hinblick auf die Verwendung von Feldern und Masken-Features finden Sie in den beiden Kapiteln zu Masken.

Feature	Anmerkung
Aktion in Menü Aktion aufnehmen	Menü AKTION existiert im Webbrowser nicht
Systemaktionen	Werden im Webbrowser nicht unterstützt, können jedoch mit entsprechenden `@Command`-Befehlen simuliert werden
Einfache Aktionen	Werden nicht unterstützt
LotusScript in interaktiven Elementen	Wird nicht unterstützt

Tabelle 14.7: Einschränkungen beim Einsatz interaktiver Elemente im Web

14.4 Agenten

Bei Agenten handelt es sich um im Lotus Notes Domino-Umfeld ausführbare Programme, die zur Automatisierung von häufig durchgeführten Aufgaben eingesetzt werden. Das Aufgabenspektrum von Agenten geht über das einfacher interaktiver Elemente hinaus, denn hier können auch diejenigen Aufgaben automatisiert werden, die nicht auf den Benutzer-Input angewiesen sind. Beispielsweise kümmert sich ein Server-Agent um die Beantwortung Ihrer Post, während Sie im Urlaub sind. Oder Sie erstellen einen privaten Agenten, der in regelmäßigen Zeitabständen die

Diskussionsdatenbank in Ihrem Unternehmen nach Beiträgen von bestimmten Autoren durchsucht. Ebenfalls denkbar sind Agenten, die das Internet nach bestimmten Dokumenten durchsuchen und diese lokal zwischenspeichern.

Agenten können entweder manuell gestartet werden oder sie arbeiten im Hintergrund (die Geschichte lehrt uns, dass Agenten meistens die zweite Alternative bevorzugen). Im letzteren Fall werden sie von einer Server-Task namens *Agent Manager* (abgekürzt: Amgr) in regelmäßigen Zeitabständen bzw. in Abhängigkeit von bestimmten Ereignissen (z.B. das Erstellen eines neuen Dokuments) im Hintergrund aktiviert.

Agenten im Web

Auch in Webanwendungen können Agenten nützlich sein. Sie werden in diesem Fall zwar nicht auf der Client-Seite ausgeführt, d.h. es wird auf jeden Fall ein Domino-Server benötigt. Es besteht jedoch die Möglichkeit, zu einem beliebigen Zeitpunkt vom Webbrowser aus einen Server-seitigen Agenten anzustoßen. Darüber hinaus bleiben alle anderen Möglichkeiten der Server-seitigen Agentenaktivität (periodische und ereignisgesteuerte Agenten) selbstverständlich ebenfalls bestehen.

WebQueryOpen- und WebQuerySave-Agenten

Darüber hinaus gibt es im Web zwei spezielle Klassen von Webagenten: *WebQueryOpen*- und *WebQuerySave*-Agenten. Deren Ausführung erfolgt unmittelbar bevor ein Dokument im Browser geöffnet (*WebQueryOpen*) bzw. bevor es in der Datenbank abgelegt wird (*WebQuerySave*). Für alle Agenten gilt, dass ihre Ausgaben bzw. Rückgabewerte (vorzugsweise im HTML-Fomat) direkt im Browser angezeigt werden können. Weiterhin besitzt ein Webagent den vollen Zugriff auf CGI-Variablen von Domino. Wir werden die Möglichkeiten in diesem Kapitel unter die Lupe nehmen.

14.4.1 Private und gemeinsame Agenten

In Domino wird grundsätzlich zwischen *privaten* und *gemeinsamen* Agenten unterschieden.

Private Agenten

Hinter privaten Agenten steht – ähnlich wie bei privaten Ansichten – die Überlegung, dass der Benutzer selbst seine Informationsbedürfnisse am besten kennt und folglich in der Lage sein sollte, diese mit privaten Agenten zu befriedigen. Deshalb werden private Agenten von einem bestimmten Benutzer erstellt und können nur von diesem verwendet werden.

Wenn der Benutzer beispielsweise insbesondere an Diskussionsbeiträgen eines Mitarbeiters namens Hans Müller interessiert ist, jedoch nicht regelmäßig alle Diskussionsdatenbanken des Unternehmens manuell durchsuchen möchte, kann er hierzu einen privaten Agenten erstellen. Der betreffende Benutzer gilt in diesem Fall als der *Besitzer* des Agenten.

Gemeinsame Agenten

Während das obige Beispiel die Präferenzen eines einzelnen Benutzers widerspiegelt, wird es in jeder Datenbank auch Aufgaben geben, die *alle* Benutzer betreffen. Als Administrator/Anwendungsentwickler erkennt man dies typischerweise daran, dass viele Benutzer private Agenten mit weitgehend identischer Funktionalität erstellen. In diesem Fall ist die Erstellung eines gemeinsamen Agenten angebracht. Folglich wird ein gemeinsamer Agent von einem Benutzer erstellt, kann aber von mehreren Benutzern verwendet werden.

> Neu in der Domino-Version 6 ist, dass man nun als Anwendungsentwickler (Voraussetzung: *Entwickler*-Rechte) auch alle privaten Agenten in einer Datenbank sieht und diese analysieren und starten kann.

Auch gemeinsame Agenten verfügen über einen *Besitzer*. Dieser ist in der Regel der Benutzer, der den Agenten erstellt, allerdings kann durch das nachträgliche Signieren oder Speichern des Agenten der Besitz auf einen anderen Benutzer übertragen werden.

> Ab Lotus Domino Designer 6 können Sie – im Gegensatz zu früheren Versionen – private Agenten in gemeinsam genutzte Agenten bzw. gemeinsam genutzte Agenten in private Agenten konvertieren.

14.4.2 Agenten erstellen

Ansicht »Agenten«

Alle Agenten einer Datenbank sind im Domino Designer in der Ansicht AGENTEN im Bereich GEMEINSAMER CODE aufgelistet (vgl. Abbildung 14.18).

In der Ansicht AGENTEN können Agenten nach Bedarf bearbeitet, kopiert oder gelöscht werden. Wenn Sie einen Agenten markieren, erscheint in der Menüleiste ein neuer Befehl namens *Agent*. Hier können die Eigenschaften sowie die bisherigen Aktivitäten des Agenten angezeigt werden.

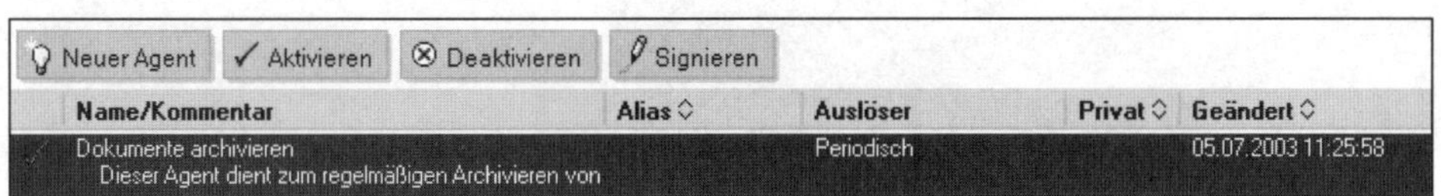

Abbildung 14.18: Ansicht Agenten

Die Aktions-Schaltflächen in dieser Ansicht ermöglichen die Ausführung folgender Aktionen:

- **Neuer Agent**: legt einen neuen Agenten an.
- **Aktivieren/Deaktivieren**: ermöglicht das Aktivieren oder temporäre Deaktivieren von im Hintergrund ausgeführten Agenten. Ob ein Agent gerade aktiviert oder deaktiviert ist, erkennt man am Häkchen vor dem Namen des Agenten.

- **Signieren**: Durch das Signieren des Agenten können diesem die Berechtigungen des signierenden Benutzers zugewiesen werden.

> Insbesondere beim Testen einer Anwendung wird es manchmal notwendig sein, sämtliche im Hintergrund arbeitenden Agenten einer Datenbank zeitweilig abzuschalten. Dies erreicht man durch das Aktivieren der Einstellung HINTERGRUND/AGENTEN FÜR DIESE DATENBANK DEAKTIVIEREN auf der ersten Registerkarte im Dialogfenster EIGENSCHAFTEN: DATENBANK.

Die Erstellung von Agenten erfolgt mit ERSTELLEN/GESTALTUNG/AGENT oder mit der Schaltfläche NEUER AGENT in der Ansicht AGENTEN.

14.4.3 Agenten gestalten

Im Gegensatz zu früheren Version von Domino Designer, wo die Gestaltung von Agenten im Rahmen eines eigenständigen Programmteils – des so genannten *Agent Builders* – erfolgte, entschied man sich in der Version 6, den Gestaltungsprozess stärker an den Richtlinien auszurichten, die auch für andere Gestaltungselemente gelten.

So lässt sich die Gestaltung von Agenten hauptsächlich in drei Bereiche unterteilen: das Objektfenster, das Programmierfenster und das Eigenschaftenfenster (vgl. Abbildung 14.19).

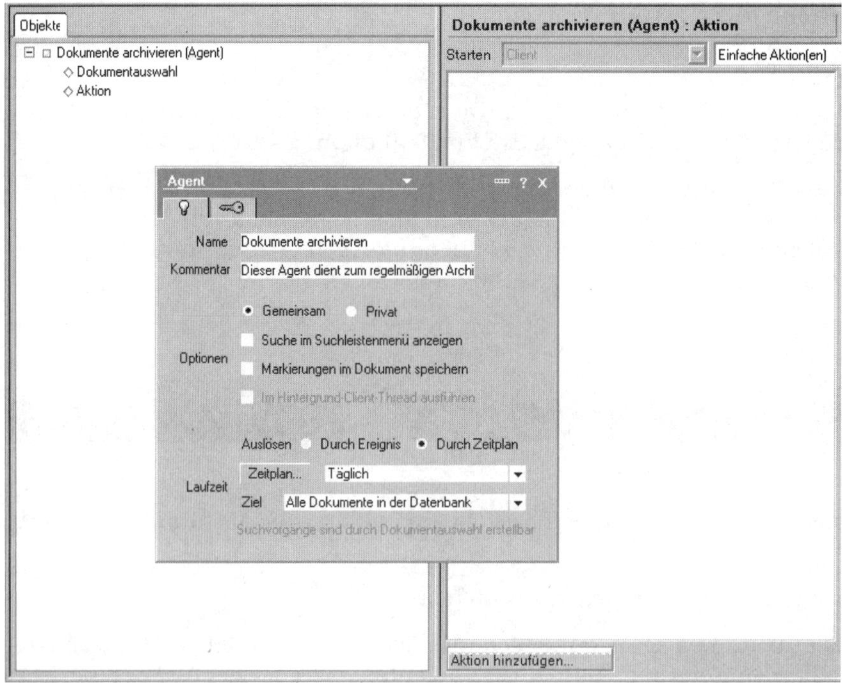

Abbildung 14.19: Gestaltung von Agenten

Bei der Gestaltung des Agenten kann in drei Schritten vorgegangen werden:

- **Gestaltung von Agenteneigenschaften**: Hier lassen sich grundlegende Eigenschaften wie der Name, der Typ und die Sicherheitsmerkmale eines Agenten festlegen,
- **Festlegung der Dokumentauswahl**: Hier kann festgelegt werden, auf welche Dokumente sich die von einem Agenten ausgeführten Aktionen beschränken sollen,
- **Festlegung der Aktion**: Hier kann – ähnlich wie bei interaktiven Aktionen – festgelegt werden, was der Agent tun soll.

Wir werden uns diese Schritte hier im Einzelnen ansehen.

Gestaltung von Agenteneigenschaften

Der Aufruf der Eigenschaften eines Agenten erfolgt entweder im Menü BEARBEITEN/EIGENSCHAFTEN oder aber durch das Betätigen der rechten Maustaste im Programmierfenster und Auswahl des Menübefehls EIGENSCHAFTEN: AGENT (vgl. Abbildung 14.20).

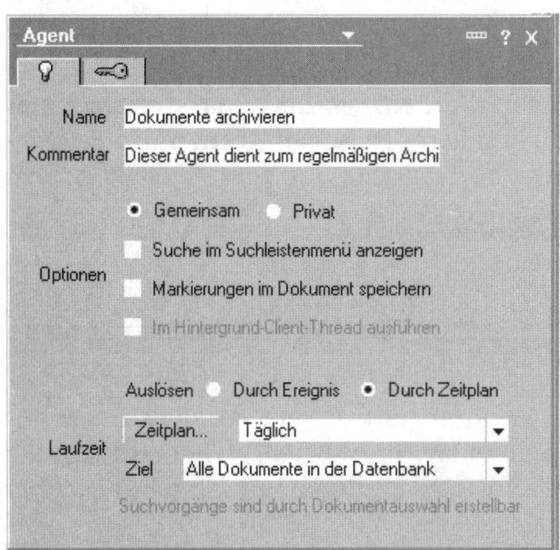

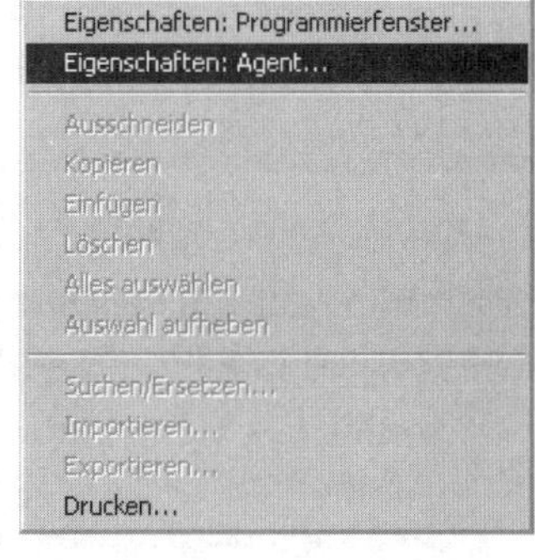

Abbildung 14.20: Agenteneigenschaften

Agenten benennen

Der Aufbau des Eigenschaftenfesters ist ähnlich wie bei anderen Gestaltungselementen im Domino Designer: Im Feld NAME kann der Agent benannt werden. Auch hier kann durch die Verwendung des vertikalen Balkens optional ein *Alias* angegeben werden.

Der Name, den Sie hier angeben, erscheint bei manuell gestarteten Agenten im Menü AKTIONEN, bei allen anderen in der Ansicht AGENTEN.

Bei der Benennung von Agenten sind folgende Richtlinien zu beachten:

- Der Name sollte aussagekräftig und vor allem *eindeutig* (relativ zu anderen Agenten) sein. Unter OPTIONEN kann zusätzlich ein kurzer Kommentar eingegeben werden.
- Manuell gestartete Agenten können durch einen Schrägstrich im Namen im Menü AKTIONEN gruppiert werden.
- Die Sortierung im Menü AKTIONEN erfolgt alphabetisch. Durch vorangestellte Zahlen kann eine bestimmte Reihenfolge erzwungen werden.

Agententyp bestimmen

Den Unterschied zwischen privaten und gemeinsamen Agenten kennen wir bereits. Per Voreinstellung ist ein Agent immer privat. Wird die Option GEMEINSAM aktiviert, kann der Agent von allen Benutzern einer Datenbank eingesetzt werden.

> Wenn Sie einen Agenten auch im Web verwenden wollen, muss dieser unbedingt *gemeinsam* sein.

Auslöser festlegen

Im Optionsfeld AUSLÖSEN kann angegeben werden, wodurch das Starten eines Agenten ausgelöst werden soll. Grundsätzlich kann zwischen Agenten unterschieden werden, die *durch bestimmte Ereignisse,* und solchen, die gemäß der Vorgaben eines *Zeitplans* ausgelöst werden.

Ereignisgesteuerte Agenten

Im Hinblick auf die *Ereignisse,* die als Auslöser für einen Agenten dienen können, kommen mehrere Optionen in Frage:

- **Manuell aus dem Menü Aktionen**: Agenten mit dieser Option können aus dem Menü *Aktionen* gestartet werden (nur im Notes-Client). Hierbei kann die Reihenfolge der Agenten im Menü über die Namensgebung festgelegt werden (siehe oben).
- **Auswahl in der Agentenliste**: ermöglicht das Verbergen von Agenten. Sie können nur in der Ansicht AGENTEN mit AKTIONEN/STARTEN oder von anderen Agenten gestartet werden.
- **Vor/Nach Eingang neuer Mail**: Hiermit können Agenten erstellt werden, die Mails automatisch beantworten, sortieren oder weiterleiten.
- **Wenn Dokumente erstellt oder geändert werden:** Die Agenten mit dieser Einstellung werden gestartet, wenn Dokumente erstellt oder geändert werden. Allerdings geschieht dies nicht in Echtzeit, da beispielsweise bei sehr vielen Mails bzw. neuen Dokumenten die Server-Performance dadurch stark beeinträchtigt werden könnte. Vielmehr werden auch diese Agenten *zeitversetzt* gestartet. Die Länge der Verzögerung kann in der NOTES.INI-Datei des Servers festgelegt werden.

In der NOTES.INI-Datei regeln zwei Einträge den Einsatz von *Wenn Dokumente...*-Agenten:

- `AMgr_DocUpdateEventDelay=n`
- `AMgr_DocUpdateAgentMinInterval=n`

Der erste Eintrag bestimmt die Verzögerung zwischen dem Zeitpunkt der Dokumenterstellung und dem Einsatz des Agenten, während der zweite das zwischen zwei Agenteneinsätzen liegende Intervall jeweils in Minuten festlegt. Voreingestellte Werte sind 15 und 30 Minuten. Diese sollten wirklich nur zu Testzwecken reduziert werden, da sonst die Server-Performance durch das wilde Treiben der Agenten erheblich leiden kann. Wenn die Einträge nicht in der NOTES.INI vorhanden sind, können sie nachträglich eingefügt werden. Sie zeigen erst Wirkung, wenn der Server erneut hochgefahren wird.

- **Wenn Dokumente eingefügt werden:** Als Auslöser dient in diesem Fall das Einfügen von Dokumenten aus einer Datenbank über die Zwischenablage.

Zeitplangesteuerte Agenten

Bei Agenten, die *nicht ereignis-, sondern zeitabhängig* gestartet werden, kann zunächst die Länge des Zeitintervalls festgelegt werden. Hierbei kann zwischen den Einstellungen *Mehrmals am Tag, Täglich, Wöchentlich, Monatlich* und *Nie* entschieden werden.

Die Festlegung des Zeitintervalls lässt sich durch die Angabe eines Zeitplans noch weiter konkretisieren (vgl. Abbildung 14.21).

Abbildung 14.21: Agentenzeitplan

Beispielsweise könnte ein periodischer Agent nur im Rahmen einer zeitlich begrenzten Werbeaktion Mails an Kunden aus dem Internet verschicken. In diesem Fall lassen sich Anfangs- und Enddatum bestimmen sowie ob der Agent auch an Wochenenden aktiv sein soll.

Sicherheitseinstellungen definieren

Schließlich kann man in den Eigenschaften des Agenten sämtliche Agenten-spezifische Sicherheitseinstellungen festlegen (vgl. Abbildung 14.22). Wir werden das Thema Agenten und Sicherheit im Abschnitt 14.4.4 noch etwas systematischer unter die Lupe nehmen, dennoch sei schon an dieser Stelle gesagt, dass die Agentensicherheit in Domino 6 noch etwas stärker auf die Ebene des einzelnen Agenten (im Gegensatz zu eher globalen Optionen der älteren Versionen) verlegt wurde.

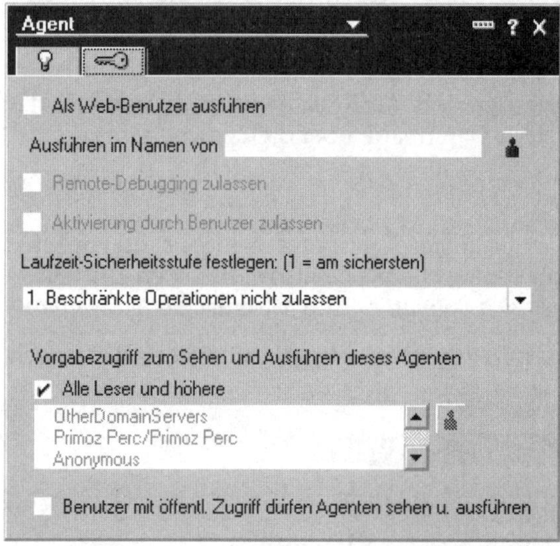

Abbildung 14.22: Sicherheitseinstellungen festlegen

Hier kann man folgende Optionen festlegen:

- **Als Webbenutzer ausführen**: definiert, ob ein Agent mit den Berechtigungen seines Besitzers (in der Regel auch Erstellers), oder mit den Berechtigungen des ausführenden Webbenutzers agieren soll.
- **Ausführen im Namen von**: Hier kann man als Besitzer oder Ersteller des Agenten festlegen, dass ein Agent mit den Berechtigungen eines anderen Benutzers ausgeführt werden soll. Hierbei lässt sich auf der Domino-Server-Ebene festlegen, dass nur bestimmte Benutzer (in der Regel der Systemadministrator) das Recht zur Übertragung von Ausführungsrechten auf andere Benutzer haben soll.
- **Laufzeitsicherheitsstufe festlegen**: Mit dieser Einstellung lässt sich für jeden Agenten einzeln bestimmen, dass dessen Operationen zur Laufzeit überwacht und – anhand von drei vorgegebenen Stufen – mehr oder minder stark eingeschränkt werden. Dem Schaden, der durch einen mit oder ohne Absicht erstellten »gefährlichen« Code verursacht werden könnte, wird somit Einhalt geboten.

Auch hier gilt, dass die Auswahl einer der drei Sicherheitsstufen nur von denjenigen Benutzern vorgenommen werden kann, die hierfür explizit im Rahmen der Server-Administration freigeschaltet wurden.

- **Vorgabezugriff zum Sehen und Ausführen dieses Agenten**: Schließlich kann man im Rahmen der Sicherheitseigenschaften festlegen, welche Benutzer, Benutzergruppen oder Rollen den Agenten sehen oder ausführen dürfen.

> Mehr Informationen zum Thema Sicherheit finden Sie im Kapitel 33 zu Domino-Sicherheitskonzepten.

Festlegung der Dokumentauswahl

Üblicherweise (aber nicht notwendigerweise) führen Agenten bestimmte Aktionen im Zusammenhang mit Dokumenten in einer Datenbank aus. Beispielsweise muss ein Agent zum Archivieren von Dokumenten regelmäßig überprüfen, welche Dokumente älter als ein Jahr sind und diese ggf. in eine andere Datenbank verschieben. Aus diesem Grund kann man für einen Agenten immer auch den *Zielbereich* von Dokumenten angeben, die von diesem überprüft werden sollen.

Zielbereich in den Eigenschaften festlegen

Die Festlegung des Zielbereichs vollzieht sich in zwei Schritten: zunächst einmal kann man direkt in den Eigenschaften eines Agenten im Feld ZIEL angeben, welche Dokumente ein Agent bearbeiten soll. Hierbei hängen die verfügbaren Optionen teilweise davon ab, ob es sich um einen *ereignis-* oder *zeitgesteuerten* Agenten handelt und – bei dem eersten – welches Ereignis als Auslöser für ihn dient.

Bei zeitgesteuerten Agenten kann man festlegen, ob ein Agent auf *alle Dokumente* oder nur auf *alle neuen bzw. geänderten Dokumente* angewendet werden soll. So wird beispielsweise ein zeitgesteuerter Archivierungsagent bei *allen* Dokumenten prüfen müssen, ob die Zeit für die Archivierung reif ist oder nicht. In anderen Fällen, z.B. bei der periodischen Verteilung von bestimmten Dokumenten via E-Mail, wird es hingegen ausreichen, nur neue bzw. geänderte Dokumente der Bearbeitung durch den Agenten zu unterwerfen.

Bei ereignisgesteuerten Dokumenten hängt die Auswahl der möglichen Optionen im Hinblick auf den Zielbereich vom jeweiligen Ereignis ab. Beispielsweise lassen sich Ereignisse, die grundsätzlich vom Benutzer ausgelöst werden (Auswahl im Menü *Aktionen*) neben allen bzw. allen neuen und geänderten Dokumenten auch *Alle Dokumente in einer Ansicht, Alle ausgewählten Dokumente* oder *Alle ungelesenen Dokumente* als Kriterien heranziehen. Andere Ereignisse hingegen wie z.B. *Vor/Nach Eingang neuer Mail* oder *Wenn Dokumente eingefügt werden* enthalten implizit bereits die Beschränkung auf eine bestimmte Kategorie von Dokumenten, nämlich eingegangene Mails bzw. eingefügte Dokumente.

Zielbereich durch eine Dokumentauswahl einschränken

Mittels der Definition einer *Dokumentauswahl* lässt sich der Zielbereich noch weiter verfeinern. Beispiele für eine solche verfeinerte Suche sind beispielsweise:

- Dokumente, die vor einem bestimmten Datum erstellt wurden,
- Dokumente, die von einem bestimmten Autor bzw. einer Autorengruppe erstellt wurden,
- Dokumente, bei denen ein bestimmtes Feld einen genau spezifizierten Wert enthält,
- Dokumente, die mit einer bestimmten Maske erstellt wurden,
- Dokumente, die bestimmte Begriffe enthalten.

Suchkriterien werden hierbei – ähnlich wie bei der Volltextsuche – mittels der so genannten *Abfragefunktion* angegeben (vgl. Abbildung 14.23). In der Tat basiert auch die Auswahl der Dokumente auf der Volltextsuchefunktion von Notes Domino.

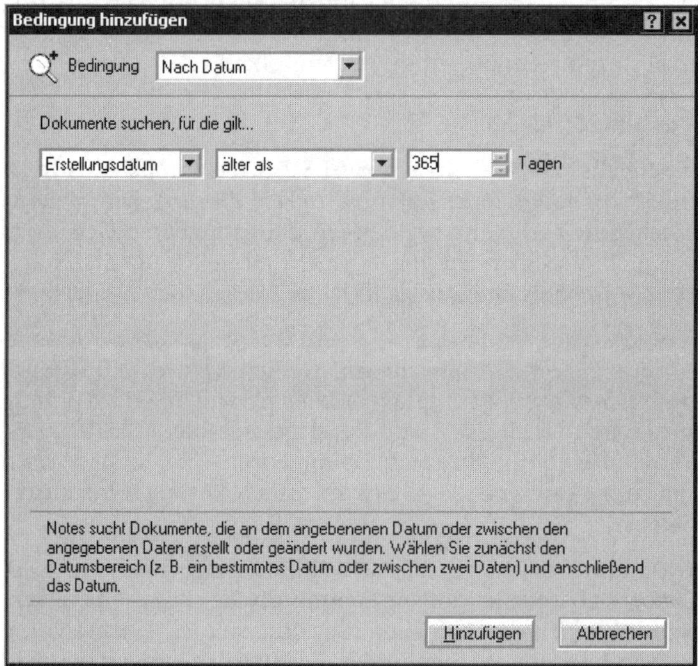

Abbildung 14.23: Dokumentauswahl verfeinern

Festlegung der Aktion

Beim Entwurf von Agenten soll dem Benutzer größtmögliche Flexibilität in Bezug auf seine Bedürfnisse einerseits und seine Programmierkenntnisse andererseits gewährleistet werden. Dies merkt man auch an dem großen Angebot an Programmiersprachen, mit denen ein Agent entwickelt werden kann. Sowohl Anfänger und Nicht-Programmierer als auch erfahrene Entwickler kommen voll auf ihre Kosten. Ähnlich wie bei interaktiven Elementen können auch Agenten entweder mit Einfachen Aktionen, Formelbefehlen oder komplexen LotusScript-Programmen unterlegt werden. Die JavaScript-Option gibt es bei Agenten nicht, dafür können Agenten aber in Java geschrieben werden. Die Optionen im Überblick:

- **Einfache Aktionen**: Die einfachste, dennoch oft ausreichende Methode. Einfache Aktionen erlauben den schrittweisen Aufbau eines Agenten anhand vorgegebener Grundfunktionen. Die Vorgehensweise ist hierbei weitgehend identisch mit der bei interaktiven Elementen, ebenso das Angebot der verfügbaren Aktionen. Diese sind in der Tabelle 14.4 aufgelistet.
- **Formeln**: Etwas flexibler, aber auch komplexer ist der Einsatz der Formelsprache. Mit Formeln können bestehende Dokumente bearbeitet und gespeichert werden. Neue Dokumente können erstellt werden, indem ein bestehendes Dokument dupliziert und nachträglich bearbeitet wird. Weiterhin können Dokumente in der Ansicht ausgewählt werden, ohne jegliche Weiterverarbeitung[1]. Diese Option eignet sich, wenn man die Auswahlformel eines Agenten testen möchte, bevor die eigentliche Verarbeitung einsetzt.
- **LotusScript-Agenten**: sind die mächtigste Alternative. Mit LotusScript können neue Dokumente erstellt, Zugriffskontrolllisten verändert und Dateisystemressourcen manipuliert werden. Gerade im Webeinsatz werden LotusScript-Agenten (neben Java) die am häufigsten eingesetzte Alternative sein.
- **Java-Agenten**: stehen der Flexibilität von LotusScript-Agenten in nichts nach. Auch hier besteht voller Zugriff auf Notes-Ressourcen mittels einer speziellen Java-Schnittstelle. Durch diese Möglichkeit werden Webentwickler nicht gezwungen, sich mit proprietären Lotus-Programmierkonzepten auseinander zu setzen, um einen Agenten zu entwickeln. Ferner können in diesem Fall die Features von Java, beispielsweise zur Kommunikation mit anderen Anwendungen, genutzt werden.

Die Vorgehensweise ist hierbei weitgehend identisch mit der bei der Programmierung interaktiver Aktionen. Wir werden uns die Besonderheiten bei Agenten im Rahmen des Beispiels im Abschnitt 14.4.5 ansehen.

14.4.4 Agenten und Sicherheit

In anderen Literaturbereichen konnten sich einige Autoren zum Thema Agenten und Sicherheit eine goldene Nase verdienen. Bei Domino ist dies weniger dramatisch, denn es gibt sowohl auf Datenbank- als auch auf Server-Ebene eine Reihe gut durchdachter Sicherheitsmechanismen. Das Thema Sicherheit muss im Zusammenhang mit Agenten auf mehreren Ebenen betrachtet werden. Wir werden uns mit folgenden Fragen auseinander setzen:

- Wer darf Agenten erstellen?
- Wer darf Agenten starten?
- Welche Operationen dürfen Agenten ausführen?
- Welchen Sicherheitseinschränkungen unterliegen Agenten, die von Webbenutzern gestartet werden?

1 Diese Option gilt nicht für den Einsatz im Web.

Zum Verständnis der nachfolgenden Ausführungen sind Grundkenntnisse über Domino-Sicherheitsmechanismen unerlässlich. Hierzu verweisen wir den Leser auf das entsprechende Kapitel.

> Die nachfolgend beschriebenen Mechanismen gelten nicht für Agenten, welche sich in Datenbanken auf der *lokalen* Notes-Installation befinden. Hier kann der Benutzer ohne Einschränkungen Agenten erstellen und starten.

Sicherheit bei der Erstellung von Agenten

Bei der Erstellung von Agenten ist zu unterscheiden, ob es sich um einen *privaten* oder einen *gemeinsamen* Agenten handelt. Wie gesagt, der Sinn und Zweck von privaten Agenten ist, dass jeder Benutzer eigene Agenten gemäß seinen Informationsbedürfnissen erstellt. Folglich sind die Sicherheitsrestriktionen hier relativ gering.

Sicherheit bei der Erstellung privater Agenten

Private Agenten dürfen von jedem Benutzer erstellt werden, welcher mindestens über *Leserechte* verfügt. Möchte man innerhalb der Leser noch mal differenzieren, kann man bei bestimmten Benutzern/Benutzergruppen in der ZUGRIFFSKONTROLLLISTE einer Datenbank die Einstellung PRIVATE AGENTEN ERSTELLEN deaktivieren.

Sicherheit bei der Erstellung gemeinsamer Agenten

Um gemeinsame Agenten zu erstellen, benötigen Sie mindestens *Entwickler*-Rechte in einer Datenbank.

Erstellung von LotusScript/Java-Agenten

Zudem werden bei beiden Agenttypen die Erstellungsrechte noch mal im Hinblick darauf differenziert, ob ein Entwickler in der Lage sein soll, auch LotusScript- bzw. Java-Agenten zu entwickeln. Dies vor dem Hintergrund, dass der Schaden, den man mit solchen Agenten anrichten kann, deutlich höher ist, als mit Agenten, die nur einfache Aktionen oder Formeln ausführen. Durch das Deaktivieren der Option LOTUSSCRIPT/JAVA-AGENTEN ERSTELLEN in der Zugriffskontrollliste kann Letzteres für einen bestimmten Benutzer/eine Benutzergruppe unterbunden werden.

Sicherheit bei der Ausführung von Agenten

Die nächste Frage lautet: Wer darf einen Agenten ausführen? Auch hier ist zunächst die Unterscheidung zwischen privaten und gemeinsamen Agenten zu berücksichtigen. Darüber hinaus gibt es jedoch noch weitere Sicherheitsmechanismen.

Ausführung privater Agenten

Grundsätzlich können *private Agenten* von ihrem Besitzer immer ausgeführt werden. Auf der Datenbankebene gibt es keinen Mechanismus, der dies unterbindet, sehr wohl jedoch auf der Server-Ebene. Hierfür befindet sich in der Server-Konfiguration ein entsprechendes Feld (*Private Agenten ausführen*, vgl. Abbildung 14.24), in dem diejenigen Personen und Benutzergruppen angegeben werden können, welche *keine* privaten Agenten ausführen dürfen. Die Standardeinstellung (leerer Eintrag) besagt, dass keine Beschränkung vorliegt.

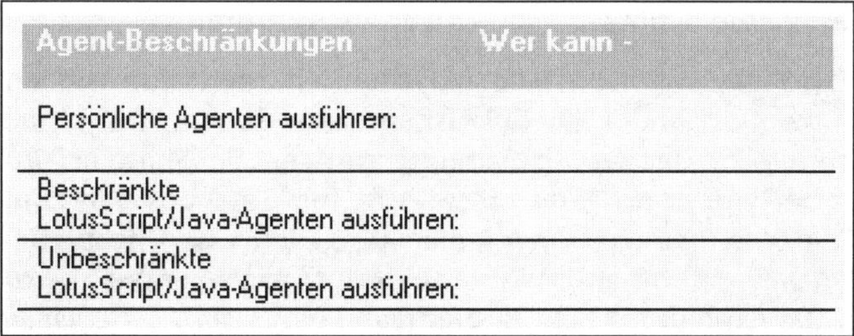

Abbildung 14.24: Agentensicherheit in der Server-Konfiguration

> Webbenutzer können keine privaten Agenten sehen oder ausführen.

Darüber hinaus können private Agenten in der Domino-Version 6 nun auch von jedem Benutzer mit *Entwickler*-Zugriffsrechten gestartet werden.

Ausführung gemeinsamer Agenten

Die Kontrolle über die Ausführung gemeinsamer Agenten erfolgt bereits auf der *Datenbank*-Ebene. Hier sind mindestens Leserechte erforderlich. Benutzer/Benutzergruppen, welche beispielsweise lediglich über *Einlieferer*-Rechte verfügen, können gemeinsame Agenten nicht ausführen.

Ferner lässt sich der Ausführungszugriff auf der Ebene des einzelnen Agenten auf bestimmte Benutzer, Benutzergruppen oder Rolleninhaber beschränken. Hierzu dient die entsprechende Einstellung in den Eigenschaften des entsprechenden Agenten (vgl. Abbildung 14.22). Falls ein Benutzer an dieser Stelle ausgeschlossen wird, bekommt er den entsprechenden Agenten gar nicht zu Gesicht.

Agentenoperationen einschränken

Ferner muss man bei der Festlegung der Zugriffsbeschränkung eines Agenten das potentielle Ausmaß des Schadens, den ein Agent anrichten kann, berücksichtigen (dies gilt sowohl für private als auch für gemeinsame Agenten). Hier spielen die in LotusScript und Java entwickelten Agenten eine besondere Rolle, denn diese beiden Sprachen ermöglichen den Zugriff auf Domino-Klassen (und deren Methoden), mittels derer die Manipulation von Domino-Datenbanken sowie Betriebs- und Dateisystemressourcen realisierbar ist.

Generell wird im Hinblick auf das Spektrum ausführbarer Operationen eines Agenten zwischen drei Typen von Agenten unterschieden:

- **Einfache und Formel-basierte Agenten**: Die niedrigste und ungefährlichste Kategorie stellen Agenten dar, die einfache Aktionen oder Formeln ausführen. Per Voreinstellung dürfen alle Benutzer solche Agenten (sowohl private als auch gemeinsame) ausführen. Falls gewünscht, kann jedoch dieses Privileg im Domino-

Administrator im Feld *Einfache und Formelagenten ausführen* eingeschränkt werden. Alle Benutzer, Benutzergruppen und Rolleninhaber, die hier eingetragen sind, dürfen demnach diesen Typus von Agenten nicht ausführen. Bleibt das Feld leer (Voreinstellung) dürfen alle Benutzer solche Agenten ausführen.

- **Beschränkte LotusScript/Java-Agenten:** Die nächste Sicherheitsstufe stellen *beschränkte LotusScript/Java-Agenten* dar. Diese können fast alles, mit Ausnahme der Methoden zur Manipulation der Betriebssystemressourcen. Per Standardeinstellung in der Server-Konfiguration (leerer Eintrag) ist hier im Vergleich zum Eintrag *Einfache und Formelagenten ausführen* genau umgekehrt zu interpretieren: Kein Benutzer hat das Recht, beschränkte LotusScript/Java-Agenten auszuführen, außer solchen, die explizit im Feld *Beschränkte LotusScript/Java-Agenten ausführen* einzeln oder als Benutzergruppe gelistet werden. Diese Einstellung gilt gleichermaßen für private und gemeinsame Agenten.
- **Unbeschränkte LotusScript/Java-Agenten**: Noch eine Sicherheitsstufe höher befinden sich *unbeschränkte LotusScript/Java-Agenten*. Diese haben sozusagen die Doppelnull-Lizenz, was so viel wie uneingeschränkte Manipulation von Systemressourcen außerhalb von Domino bedeutet. Eingriffe wie z.B. das Ändern des Systemdatums oder das Löschen von Dateien im Dateisystem des Servers sind somit möglich. Auch hier gilt, dass per Voreinstellung kein Benutzer das Recht hat, unbeschränkte Agenten auszuführen, außer solchen, die explizit an der entsprechenden Stelle in der Server-Konfiguration, im Feld UNBESCHRÄNKTE LOTUSSCRIPT/JAVA-AGENTEN AUSFÜHREN, genannt werden. Auch diese Einstellung gilt gleichermaßen für private und gemeinsame Agenten.

> Einen genauen Überblick über die Art und das Ausmaß der Einschränkungen von beschränkten LotusScript/Java-Agenten finden Sie in der Domino Designer-Hilfe (Dokument: BESCHRÄNKTE OPERATIONEN VON LOTUSSCRIPT UND JAVA-AGENTEN).

Im Zusammenhang mit beschränkten Operationen gibt es in Lotus Domino 6 nun einen neuen Sicherheitsmechanismus, nämlich die Einschränkung der Agentenoperationen zur Laufzeit. Hierbei kann der Ersteller eines Agenten den Grad der Einschränkungen von Agentenoperationen festlegen. Es stehen drei Berechtigungsstufen zur Verfügung:

- **Beschränkte Operationen nicht zulassen**: Dies ist die Voreinstellung und bedeutet, dass der Agent keine beschränkten Operationen ausführen darf.
- **Beschränkte Operationen zulassen**: Der Agent darf unbeschränkte Operationen ausführen.
- **Beschränkte Operationen mit vollständigen Administratorrechten zulassen**: Der Agent kann unbeschränkte Operationen ausführen und tritt gleichzeitig als Administrator auf, d.h. er kann Operationen ausführen (z.B. Datenbanken löschen), für die er kein explizites Zugriffsrecht besitzt. Diese Option ist nur von eingetragenen Administratoren, die zusätzlich unbeschränkte Operationen ausführen dürfen, einstellbar.

Selbstverständlich kann diese Einstellung nur von denjenigen Benutzern vorgenommen werden, die das Recht besitzen, Agenten mit unbeschränkten Methoden auszuführen. Dies wird im Rahmen der Server-Administration im Feld UNBESCHRÄNKTE OPERATIONEN/METHODEN AUSFÜHREN festgelegt. Benutzer, die in diesem Feld eingetragen sind, besitzen also die erforderlichen Privilegien, unbeschränkte Agenten auszuführen, und somit gleichzeitig das Recht, für jeden Agenten einzeln festzulegen, ob er von diesen Privilegien Gebrauch machen soll. Voreingestellt ist die Optionen BESCHRÄNKTE OPERATIONEN NICHT ZULASSEN.

Falls im Zusammenhang mit Agenten Probleme auftreten, sind die Gründe oft bei den beiden oben genannten Einstellungen zu suchen. Insbesondere wenn Sie fremde Anwendungen installieren, stellen Sie sicher, dass diese beiden Einträge entsprechend ergänzt wurden, da sonst die Anwendung nicht ordnungsgemäß läuft. Hier ist allerdings ein hohes Maß an Vorsicht geboten: Generell sollten die Rechte zur Ausführung von LotusScript/Java-Agenten nur einem kleinen Kreis von vertrauenswürdigen Benutzern vorbehalten bleiben.

Agentenzugriff einschränken

Wenn ein Benutzer einen Agenten starten darf, bedeutet dies keineswegs, dass dieser sich nun uneingeschränkt austoben kann. Vielmehr entscheiden die Rechte des Benutzers, welche Operationen ein Agent an Dokumenten vornehmen kann. Hier muss wiederum folgende Differenzierung vorgenommen werden:

- Bei Agenten, welche einfache Aktionen, LotusScript- oder Java-Code ausführen, wird geprüft, ob die Rechte des *Benutzers* denen in der Zugriffskontrollliste einer Datenbank genügen.
- Bei Agenten, welche Formeln ausführen, entscheidet hingegen die *Replik-ID* der Datenbank, in der sich der Agent befindet. Die Replik-ID der betreffenden Datenbank ist also in der Zugriffskontrollliste derjenigen Datenbank, auf die zugegriffen wird, einzutragen.

> Die Replik-ID der Datenbank können Sie unmittelbar aus den Eigenschaften einer Datenbank auslesen.

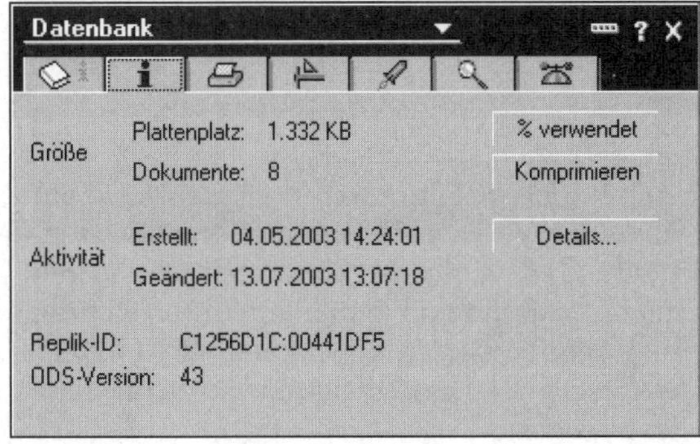

Abbildung 14.25: Replik-ID zum Eintragen in die Zugrifffskontrollliste

Zum Begriff des Benutzers

Werfen wir noch einen Blick auf den Begriff des »Benutzers«. Wer ist überhaupt ein Benutzer? Bei privaten Agenten ist die Sache klar: Hier gilt als »Benutzer« der Besitzer des Agenten als der *erstellende Benutzer.* Dagegen muss man bei gemeinsamen Agenten zunächst unterscheiden, ob es sich um einen Agenten handelt, der im Vordergrund oder im Hintergrund läuft.

- Ein Vordergrundagent wird vom Benutzer manuell gestartet (Option MANUELL AUS DEM MENÜ AKTIONEN). In diesem Fall sind die Rechte des *ausführenden Benutzers* maßgebend, also des Benutzers, der den Agenten ausführt.
- Ein Hintergrundagent wird in Abhängigkeit von bestimmten Ereignissen auf der Server-Seite gestartet (z.B. periodische Agenten). Als Benutzer gilt hierbei *der letzte Unterzeichner* des Agenten, d.h. die Person (oder Server), welche den Agenten zuletzt speicherte und somit mit seiner Benutzer-ID signierte. Den letzten Bearbeiter kann man leicht feststellen, indem man den Agenten in der Ansicht AGENTEN im Domino Designer markiert und sich dessen Gestaltungsdokument anzeigen lässt (Eintrag *Unterzeichner,* vgl. Abbildung 14.26). Sie können also den »amtlichen« Benutzer leicht ändern, indem Sie den Agenten öffnen und speichern oder, alternativ, in der Ansicht AGENTEN mit der Aktions-Schaltfläche SIGNIEREN unterzeichnen.

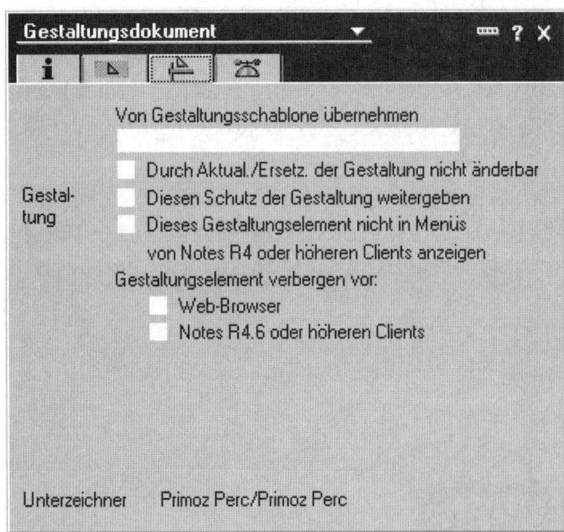

Abbildung 14.26: Agentgestaltungsdokument

Wenn Sie eine extern zugekaufte oder entwickelte Domino-Datenbank auf Ihrem Domino-Server installieren, endet der Versuch, die Agenten in der Datenbank zu starten, oft mit der Fehlermeldung, dass die Zugriffsrechte nicht ausreichend seien. Dies liegt daran, dass solche Agenten von jemandem unterzeichnet wurden, der keine Rechte auf Ihrem System besitzt. In diesem Fall reicht es aus, den oder die Agenten mit einer Benutzer-ID zu unterzeichnen, welche diese Rechte besitzt (z.B. Administrator des Systems).

Agenten im Namen eines anderen Benutzers ausführen

Neu in Domino 6 ist die Möglichkeit, einen Agenten im Namen eines beliebigen Benutzers, also nicht notwendigerweise des Unterzeichners, auszuführen. Dies bedeutet gleichzeitig, dass der Agent die Zugriffsrechte des Benutzers erhält, in dessen Namen er ausgeführt wird.

Einen Agenten im Namen eines anderen Benutzers ausführen zu lassen, setzt zunächst einmal voraus, dass man als Unterzeichner selbst *keinen Einschränkungen* bezüglich der auszuführenden Operationen eines Agenten unterliegt. Das ist verständlich, denn durch die Möglichkeit, einen Agenten beispielsweise im Namen des Administrators auszuführen, wären die Beschränkungen der eigenen Privilegien effektiv außer Kraft gesetzt.

Darüber hinaus muss man wiederum im Rahmen der Server-Konfiguration im Feld AGENTEN IM NAMEN ANDERER BENUTZER STARTEN festlegen, welche Benutzer das Recht besitzen sollen, Agenten im Namen anderer Benutzer ausführen zu lassen.

> Einen Agenten im Namen eines anderen Benutzers ausführen zu lassen hat den Vorteil, dass beispielsweise bei Agenten, die Mails versenden, der Name des Benutzers als Absender erscheint, in dessen Namen der Agent ausgeführt wird.

Andere Operationen als den Zugriff einschränken

Die Tatsache, dass ein Agent im Prinzip wie ein Benutzer fungiert, bedeutet, dass wir Operationen nicht nur auf bestimmte Dokumente einer Datenbank einschränken können, sondern auch auf andere Operationen. Zwei Beispiele seien genannt: die Einschränkung des Zugriffs auf einen bestimmten Server sowie die Einschränkung des Rechts zur Erstellung neuer Datenbanken.

Server-Zugriff einschränken

Die Einschränkung des Zugriffs auf einen Server lässt sich somit leicht auf die Möglichkeit erweitern, dass ein Benutzer *mittels eines Agenten* auf den Server zugreift. Um Letzteres zu unterbinden, sind einfach die betroffenen Benutzer/Benutzergruppen im Server-Konfigurationsdokument in den Feldern SERVERZUGRIFF bzw. KEIN SERVERZUGRIFF aufzunehmen.

Datenbankerstellung festlegen

Ähnliches gilt für das Recht zur Erstellung von Datenbanken. Erstellt ein Agent Datenbanken, wird dies nur möglich sein, wenn der mit dem Agenten verknüpfte Benutzer im Feld NEUE DATENBANKEN ERSTELLEN gelistet ist.

14.4.5 Agenten erstellen: ein Beispiel

Das Erstellen von Agenten soll anhand eines simplen Agenten, basierend auf einfachen Aktionen, demonstriert werden. Die Aufgabenstellung ist hierbei folgende: Im Rahmen unserer Literaturdatenbank sollen alle Quellen, welche älter sind als ein Jahr, in eine fiktive Archivdatenbank namens ARCHIV.NSF verschoben werden (ähnlich wie im Abschnitt 14.2.3) mit dem Unterschied, dass die Archivierung nun automatisch im Hintergrund erfolgt). Das Verschieben von Dokumenten soll von einem Agenten namens ALTE QUELLEN ARCHIVIEREN erledigt werden. Nachfolgend wird der Weg zur Erstellung eines solchen Agenten dargestellt. Im Beispiel wird davon ausgegangen, dass die Datenbank ARCHIV.NSF bereits erstellt wurde:

1. Wählen Sie im Domino Designer den Menübefehl ERSTELLEN/GESTALTUNG/AGENT.
2. Geben Sie im Feld NAME die Bezeichnung des Agenten, also ALTE QUELLEN ARCHIVIEREN, ein.
3. Aktivieren Sie die Option GEMEINSAM GENUTZTER AGENT.
4. Bestimmen Sie als Startmethode PERIODISCH/TÄGLICH.
5. Legen Sie als Bereich der Bearbeitung ALLE DOKUMENTE IN DER DATENBANK fest.
6. Definieren Sie mit SUCHE HINZUFÜGEN das Suchkriterium NACH DATUM. Wählen Sie die Option ÄLTER ALS und geben Sie als Anzahl der Tage 365 ein.
7. Wählen Sie im Gestaltungsfenster die Option STARTEN: EINFACHE AKTIONEN.
8. Klicken Sie AKTION HINZUFÜGEN an und wählen Sie die Aktion KOPIEREN AUS DATENBANK (Datenbank ARCHIV.NSF) und anschließend LÖSCHEN AUS DATENBANK.
9. Speichern Sie den Agenten.

Testen von Agenten

Vor dem Einsatz sollten Agenten sorgfältig getestet werden, um Beschädigung oder Verlust von Daten zu vermeiden. Domino Designer stellt zwei Möglichkeiten zum Testen von Agenten zur Verfügung:

- **Simulierter Test**: Hierbei kann im Agent-Builder mit dem Befehl AKTIONEN/TESTEN der Agent im »als ob«-Modus gestartet werden. Es wird ein Bericht generiert, der anzeigt, wie viele Dokumente vom Agenten im Ernstfall bearbeitet worden wären. Es werden jedoch keine Änderungen an den betreffenden Dokumenten vorgenommen.
- **Vollständiger Test**: Mit dem Befehl AKTIONEN/STARTEN kann auch ein Agent, der ansonsten Server-seitig in regelmäßigen Zeitabständen gestartet wird, manuell angestoßen werden. Hier ist allerdings Vorsicht geboten: Um Datenverlusten vorzubeugen, sollte im Falle wichtiger Daten zunächst eine Kopie der Datenbank angelegt werden.

14.5 Einsatz von Agenten im Web

Im Rahmen einer mit Domino betriebenen Website können Agenten im Hinblick auf den Webclient grundsätzlich in zwei Modi arbeiten:

- **Asynchron**: Hier agieren die Agenten wie bei einer herkömmlichen Domino-Applikation im Hintergrund nach Vorgabe eines bestimmten Stundenplans, unabhängig davon, ob die Dokumente, die sie bearbeiten, aus dem Web stammen oder nicht. Mögliche Einsatzbereiche sind Weiterleitung und Pflege von Dokumenten, welche von Webbenutzern stammen.

- **Synchron**: In diesem Modus können Agenten aus dem Browser heraus mittels des Domino-URL-Befehls `?OpenAgent` gestartet werden. Darüber hinaus stellt Domino zwei spezielle Agentenformen, die so genannten *WebQuerySave-* und *WebQueryOpen-*Agenten, zur Verfügung, die vor dem Speichern eines Webdokuments in Domino bzw. vor dem Anzeigen eines Domino-Dokuments im Browser gestartet werden. Sowohl die Übergabe von Parametern an Agenten als auch eine direkte Ausgabe im Browser ist möglich.

Im Folgenden wird lediglich der synchrone Einsatz von Agenten näher betrachtet, da die Arbeit mit Hintergrundagenten im Rahmen einer Webanwendung den gleichen Richtlinien unterliegt, wie bei einer Notes-Client-Anwendung.

14.5.1 Starten von Agenten im Web

Agenten werden im Web, ähnlich wie Masken und Ansichten, als URL-Ressourcen dargestellt und können entweder mit

```
@Command ([ToolsRunMacro];"Agent")
```

oder mit der Domino-spezifischen URL-Erweiterung `?OpenAgent` angesprochen werden, wobei in diesem Fall Agenten aus einer anderen als der gerade aktuellen Datenbank gestartet werden können. Die entsprechende Syntax ist wie folgt:

```
http://Hostrechner/Datenbank/Agent?OpenAgent
```

```
http://www.meinserver.com/Literaturverwaltung.nsf/Benachrichtigen?OpenAgent
```

Zur Identifizierung des Agenten dient im obigen Beispiel der Name des Agenten. Ebenso könnte man jedoch die UNID bzw. Notes-ID einsetzen, um etwa den allzu aussagekräftigen Namen vor dem Benutzer zu verstecken.

Einschränkungen beim Einsatz von Agenten im Web

Der Einsatz von Agenten im Web unterliegt jedoch zwei Einschränkungen:

- Die Startoption WENN DOKUMENTE EINGEFÜGT WERDEN ist im Web nicht anwendbar, da das Konzept der Ablage nicht unterstützt wird.
- Der Auswahlbereich NUR AUSGEWÄHLTE DOKUMENTE findet ebenfalls keine Verwendung, da man im Browser verständlicherweise keine Auswahl vornehmen kann.

Wird eine der beiden Optionen im Webeinsatz verwendet, erscheint im Webbrowser eine Fehlermeldung.

Formelagenten werden zwar unterstützt, dennoch eignen sich LotusScript-Agenten aufgrund ihrer Mächtigkeit (komplexe Berechnungen, Zugriff auf relationale Datenbanken und Manipulation von Dateien) besser für den Einsatz im Web.

14.5.2 WebQueryOpen- und WebQuerySave-Agenten

Domino stellt als Ersatz für die Notes-Client-Maskenereignisse `QueryOpen` (Ausführung von Programmcode beim Öffnen einer Maske) und `QuerySave` (Ausführung von Programmcode vor dem Speichern eines Dokuments), die im Web nicht unterstützt werden, zwei spezielle Agententypen zur Verfügung: die *WebQueryOpen*- und die *WebQuerySave*-Agenten.

WebQueryOpen-Agent

Ein *WebQueryOpen*-Agent startet, unmittelbar bevor Domino ein vom Browser angefordertes Notes-Dokument in HTML konvertiert (vgl. Abbildung 14.27), also nachdem die Standardwertformeln initialisiert wurden. Auf diese Weise lassen sich vor dem Öffnen des Dokuments mittels LotusScript/Java komplexe Suchabfragen und Berechnungen durchführen, deren Ergebnisse anschließend in den entsprechenden Feldern des Dokuments gespeichert werden können. Der Einsatz von *WebQueryOpen*-Agenten empfiehlt sich überall dort, wo der Einsatz der Formelsprache aufgrund der Komplexität nicht in Frage kommt.

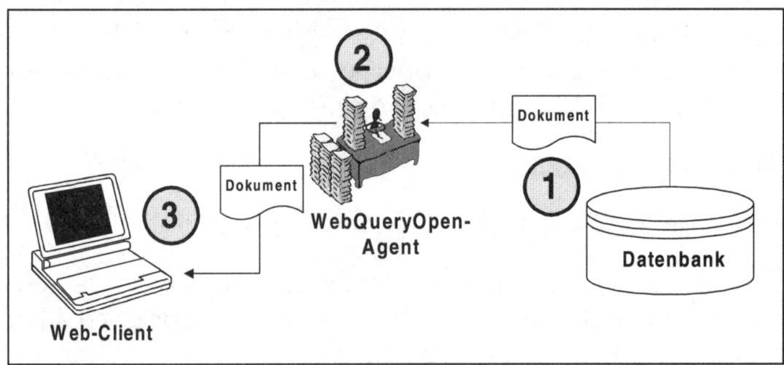

Abbildung 14.27: Funktionsweise eines WebQueryOpen-Agenten

WebQuerySave-Agent

Ein *WebQuerySave*-Agent stellt genau das Gegenteil dar. Er wird aktiv, nachdem der Benutzer ein Dokument absendet, über das Netz schickt und alle Übersetzungs- und Validierungsformeln ausgeführt wurden, jedoch erst unmittelbar vor dem Speichern des Dokuments in der Notes-Datenbank (vgl. Abbildung 14.28).

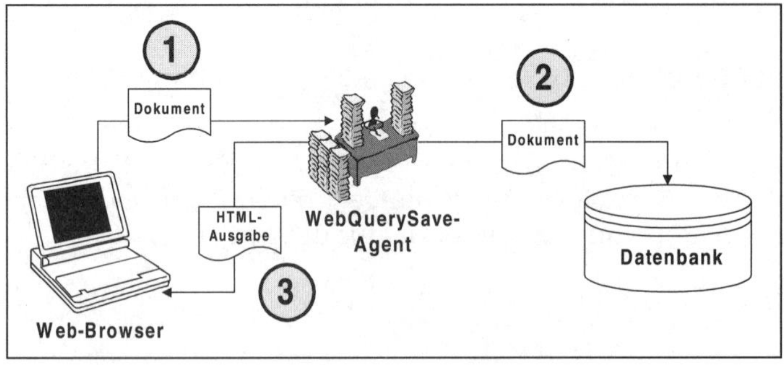

Abbildung 14.28: Funktionsweise eines WebQuerySave-Agenten

Mit dem *WebQuerySave*-Agenten lassen sich also an einem Dokument Modifikationen vornehmen, noch bevor es in der Datenbank abgelegt wird. Auch hierfür kommen insbesondere komplexe LotusScript-Abfragen (etwa komplexe Abfragen von relationalen Datenbanken) in Frage.

14.5.3 Erstellen von WebQueryOpen- und WebQuerySave-Agenten

Als *WebQueryOpen-* bzw. *WebQuerySave*-Agent kommt jeder Notes-Agent in Frage, der folgende Voraussetzungen erfüllt:

- Es muss sich um einen *gemeinsamen* Agenten handeln,
- dieser muss Manuell aus dem Menü Aktionen oder Manuell aus der Liste der Agenten gestartet werden,
- als Auswahlbereich sollte Einmal ausführen angegeben werden. Dies ist zwar nicht unbedingt notwendig, ermöglicht jedoch neben LotusScript auch den Einsatz von `@Command`-Formeln.

In einem zweiten Schritt muss der betreffende Agent als *WebQueryOpen-* bzw. *WebQuerySave*-Agent in der Maske deklariert werden. Dies erfolgt in der Maske anhand der Maskenattribute *WebQueryOpen* bzw. *WebQuerySave* (vgl. Abbildung 14.29).

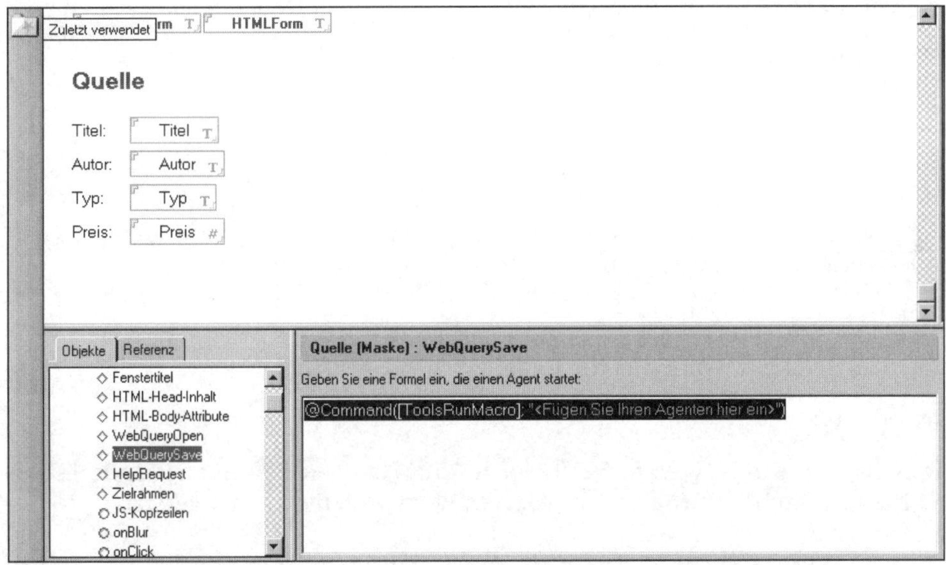

Abbildung 14.29: Die Deklaration von Webagenten erfolgt in Form spezieller Ereignisse im Gestaltungsfenster.

Wenn Sie im Objektfenster das Attribut WebQueryOpen oder WebQuerySave auswählen, wird im Gestaltungsfenster automatisch der zum Starten von Agenten erforderliche Befehl `@Command ([ToolsRunMacro];"...")` angezeigt. Dieser sollte um den Namen des Agenten, der beim Öffnen bzw. Speichern eines mit dieser Maske erstellten Dokuments in Aktion tritt, ergänzt werden.

14.5.4 LotusScript-Agenten im Webeinsatz

Bereits die Möglichkeit, Agenten aus dem Webbrowser heraus anzustoßen, ist interessant. Richtig aufregend wird es jedoch, wenn man bedenkt, dass beim Einsatz von Agenten auch eine direkte Kommunikation zwischen dem Agenten und dem Webbrowser möglich ist – und zwar in beide Richtungen. Wir werden zunächst die Möglichkeit betrachten, die Werte eines Dokuments an einen LotusScript-Agenten zu übergeben.

Um auf die Feldinhalte eines Webformulars mit LotusScript zugreifen zu können, steht im Rahmen der LotusScript-Klasse NOTESSESSION ein Attribut namens DOCUMENTCONTEXT zur Verfügung. Hierbei handelt es sich um eine Instanz der NOTESDOCUMENT-Klasse, die ein von einem externen Programm (in diesem Fall der Domino-Server) erzeugtes Notes-Dokument im Speicher bereithält.

Der Einsatz des DOCUMENTCONTEXT-Attributs ist sowohl im Rahmen von *WebQueryOpen*- bzw. *WebQuerySave*-Agenten als auch bei herkömmlichen, mit `?OpenAgent` gestarteten Agenten möglich.

Das DOCUMENTCONTEXT-Attribut muss im Agentcode vor allen anderen Objekten initialisiert werden. Der entsprechende Quellcode könnte folgendermaßen aussehen:

```
Dim session as New NotesSession
Dim webdoc as NotesDocument
...
Set webdoc=session.DocumentContext
...
```

Nun kann man mit der LotusScript-üblichen Syntax auf Feldinhalte zugreifen. Beispielsweise lässt sich der Inhalt des Feldes FORM wie folgt auslesen:

```
FormName$=webdoc.Form(0)
```

Das Schreiben von Werten in die Felder ist ebenso einfach:

```
webdoc.Titel="Faust"
```

Dies sind zwei relativ einfache Beispiele. In Wirklichkeit werden gerade LotusScript-Agenten bei erheblich komplexeren Problemstellungen eingesetzt.

14.5.5 HTML-Ausgabe in LotusScript-Agenten

Nachdem ein LotusScript-Agent mit seiner Arbeit fertig ist und die Ergebnisse der Auswertung vorliegen, können diese im Browser ausgegeben werden. Hierzu wird der Befehl `PRINT` verwendet, mit dem im Notes-Client normalerweise Zeichenketten in der Statuszeile angezeigt werden.

Da die Ausgabe im Browser in HTML erfolgt, sollte der ausgegebene Text entsprechend formatiert sein. Beispielsweise:

```
PRINT "<h2> Der Name der Form ist " & FormName$ & ".</h2>"
```

Durch die Angabe eckiger Klammern lässt sich, ähnlich wie im Rahmen des $$RETURN-Feldes, darüber hinaus eine URL-Referenz angeben, die nach der abgeschlossenen Bearbeitung durch den Agenten angezeigt wird.

```
PRINT "[http:\\www.lotus.com]"
```

Durch Angabe mehrerer `PRINT`-Befehle hintereinander kann man dynamisch ganze HTML-Seiten erstellen.

> Diese Möglichkeit steht bei *WebQueryOpen*-Agenten nicht zur Verfügung. Da diese *vor* dem Anzeigen eines Dokuments im Browser gestartet werden, werden `PRINT`-Ausgaben eines *WebQueryOpen*-Agenten durch den von Domino generierten HTML-Code außer Kraft gesetzt.

14.5.6 Auslesen von CGI-Variablen mit LotusScript-Agenten

Das NOTESSESSION-Attribut DOCUMENTCONTEXT ermöglicht auch den Zugriff auf CGI-Variablen, vorausgesetzt, diese werden in Form versteckter Felder in der Maske festgehalten, wie in den Kapiteln zu Masken beschrieben.

Beispielsweise kann man folgendermaßen feststellen, mit welchem Browser der Benutzer arbeitet:

```
Dim session as New NotesSession
Dim webdoc as NotesDocument
Set webdoc=session.DocumentContext
If (Instr (webdoc.HTTP_User_Agent(0), "Mozilla")) Then
Print "Netscape Browser im Einsatz!"
Else
...
End If
```

14.5.7 Die Übergabe von Parameterwerten an Agenten

Das Auslesen von CGI-Variablen kann nebenbei zur Übergabe von beliebigen Parameterwerten an Agenten eingesetzt werden. Hierzu wird die CGI-Variable `QUERY_STRING` eingesetzt, in der die Parameterwerte einer URL-Anforderung gespeichert sind. Dem URL-Aufruf eines Agenten kann also ein Parameter angefügt werden, beispielsweise wie folgt:

```
/Literaturverwaltung.nsf/SuchAgent?OpenAgent&Suche="Goethe"
```

In diesem Fall enthält die CGI-Variable `QUERY_STRING` alle nach dem Fragezeichen vorkommenden Zeichen:

```
?OpenAgent&Suche="Goethe"
```

Im Agenten muss also nach der Initialisierung der DOCUMENTCONTEXT-Eigenschaft zunächst die CGI-Variable analysiert werden. Hierbei wird einfach nach Zeichen gesucht, die rechts vom Gleichheitszeichen liegen, da bei einer gültigen URL Gleichheitszeichen nur bei der Parameterübergabe zulässig sind. Das folgende LotusScript-Listing veranschaulicht dies:

```
REM Initialisierung von Documentcontext
...
REM Analyse des Suchparameters
QueryString$ = doc.Query_String(0)
If Instr(QueryString$,"Suche=") = 0 Then
  Exit Sub
Else
  Suche$=Mid$(QueryString$,Instr(QueryString$,"Suche=")+ 6)
End If
...
```

In diesem Beispiel wird zunächst überprüft, ob QUERY_STRING überhaupt einen Parameterwert enthält. Ist dies der Fall, wird die Zeichenkette rechts vom Gleichheitszeichen in die Variable Suche$ kopiert. Diese enthält also den gesuchten Parameterwert und kann anschließend weiterverarbeitet werden.

14.5.8 Einschränkungen beim Einsatz von Agenten im Web

Agenten sind eigentlich für den Einsatz in Notes konzipiert worden, unterliegen beim Einsatz im Web dennoch vergleichsweise wenigen Einschränkungen. Diese ergeben sich in der Regel, wenn ein Agent auf das Notes-Client-Umfeld angewiesen ist. Im Einzelnen gelten folgende Restriktionen:

- Agenten können nicht manuell aus dem Menü AKTIONEN gestartet werden, da es im Webbrowser ein solches Menü nicht gibt.
- Die Option WENN DOKUMENTE EINGEFÜGT WURDEN funktioniert nicht, da Kopieren und Einfügen in HTML nicht unterstützt wird.
- Agenten können nicht auf ausgewählten Dokumenten operieren, da eine manuelle Auswahl von Dokumenten im Web nicht möglich ist.
- Private Agenten werden nicht unterstützt. Versucht man auf diese zuzugreifen, erscheint die Fehlermeldung UNGÜLTIGES DOKUMENTKENNZEICHEN.
- Die Differenzierung der Zugriffsbeschränkung nach begrenzten und unbegrenzten LotusScript/Java-Agenten (im SERVER-Dokument) wird bei Agenten, die aus dem Web heraus aufgerufen werden, nicht unterstützt.
- In der Lotus-Literatur wird behauptet, dass einfache Aktionen nicht unterstützt werden. Dies trifft nach Erfahrung der Autoren für Server-seitige Agenten nicht zu[1].

1 Nicht alle Aktionen wurden hierbei getestet. Die Autoren lassen die Möglichkeit zu, dass sich bei bestimmten Aktionen bzw. bei bestimmten Parameterkonstellationen Einschränkungen ergeben. Prinzipiell ist der Einsatz von einfachen Aktionen in Server-seitigen Agenten, die aus dem Web heraus aufgerufen werden, möglich.

14.5.9 Agentensicherheit im Web

Widmen wir uns abschließend dem Thema Agentensicherheit im Web. Hier soll es speziell um die Frage gehen, welchem Sicherheitsmodell Agenten unterliegen, die von Benutzern aus dem Web gestartet werden. Während nämlich im Notes-Umfeld die Zugriffsberechtigung eines manuell ausgeführten Agenten direkt aus der Signatur in der Benutzer-ID des aktuellen Benutzers abgelesen werden kann, ist dies bei aus dem Web gestarteten Agenten nicht möglich, da eine Benutzer-ID im Webbrowser nicht existiert. Für diesen Fall gibt es prinzipiell zwei Möglichkeiten:

- Ein Agent läuft unter dem Namen des Benutzers, welcher den Agenten erstellte bzw. zuletzt nachbearbeitete. Dieser Weg kann vom Standpunkt der Sicherheit unbefriedigend sein, da wir die Benutzer nicht differenzieren können.
- Ein Agent läuft unter dem Namen einer im Domino-Verzeichnis registrierten Person. Die Identität des Benutzers lässt sich somit prüfen. Bei dieser Alternative muss jedoch der Agent entsprechend vorbereitet werden.

Um einen Agenten unter dem Namen des Internetbenutzers laufen zu lassen, sind folgende Schritte erforderlich:

1. Öffnen Sie den Agenten im Domino Designer.
2. Rufen Sie die Eigenschaften des Agenten mit dem Befehl EIGENSCHAFTEN: AGENT auf.
3. Aktivieren Sie auf der Registerkarte SICHERHEIT die Option ALS WEBBENUTZER AUSFÜHREN (vgl. Abbildung 14.30).

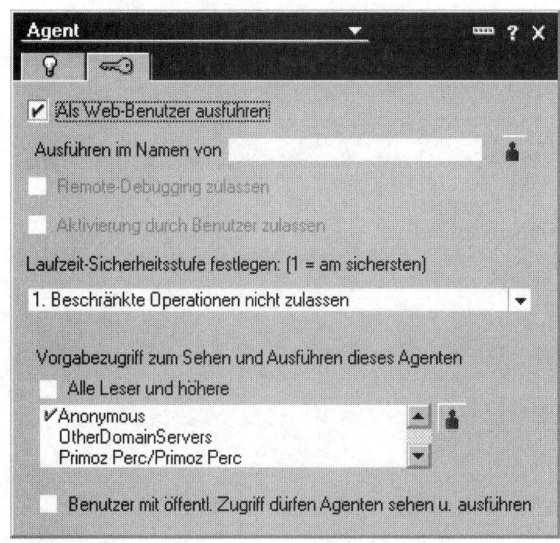

Abbildung 14.30: Agenten als Webbenutzer ausführen

Wird diese Option aktiviert, vergleicht Domino beim Ausführen des Agenten die Zugriffsberechtigung des Benutzers mit den diesbezüglichen Einstellungen in der Zugriffskontrollliste der Datenbank. Bei jeder vom Agenten durchgeführten Aktion, die die aktuellen Zugriffsrechte des Benutzers übersteigt, verlangt Domino seine Authentifizierung.

Bleibt die Option ALS WEBBENUTZER AUSFÜHREN ausgeschaltet, erfolgt die Ausführung des Agenten im Namen des Originalunterzeichners ohne Rücksicht auf etwaige Zugriffsbeschränkungen des aufrufenden Webbenutzers.

Agenten vor den Webbenutzern verbergen

Wenn Sie nicht wollen, dass auch die Benutzer im Web einen Agenten »sehen«, können Sie diesen einfach verbergen. Hierzu reicht es aus, in EIGENSCHAFTEN: AGENT auf der Registerkarte GESTALTUNG die Option GESTALTUNGSELEMENT VERBERGEN VOR/WEB BROWSER zu aktivieren. Auf diese Weise bleiben direkte Aufrufe eines Agenten aus dem Web (etwa mittels der Domino-URL `?OpenAgent`) erfolglos.

> Mehr Informationen zu Domino-URLs und Agenten finden Sie im Kapitel zur Verwendung von Domino-URLs.

15 Formeln in Notes Domino

Ray Ozzie, der Entwickler von Notes Domino, erkannte bereits früh, dass Programmierbarkeit zum festen Bestandteil von Notes gehören sollte, ohne jedoch Anwender ohne Programmierkenntnisse zu überfordern und von der eigentlichen Aufgabe abzulenken. In Anlehnung an das integrierte Programmpaket Lotus Symphony, an dessen Entwicklung er maßgeblich beteiligt war, gab er Notes eine Makrosprache mit auf den Weg – die Formelsprache. Hierbei handelt es sich wohl um die am häufigsten angewendete Form der Notes-Programmierung, mit der sich auch im Webeinsatz relativ schnell gute Ergebnisse erzielen lassen.

Der Schwierigkeitsgrad von Formeln liegt gerade noch unterhalb der Schmerzgrenze, die man einem Anwender, der noch nie mit Syntaxfehlern, Iterationen und Dateistrukturen zu tun hatte, zumuten kann. Da es zudem kaum Domino-Anwendungen geben wird, die ohne die Formelsprache auskommen, werden wir in diesem Kapitel einen Blick auf den Umgang mit Formeln werfen. Da die Formelsprache hinsichtlich des Aufgebots von Befehlen locker mit jeder Programmiersprache mithalten kann, sei einschränkend vorausgeschickt, dass im Rahmen dieses Kapitels nicht alle Aspekte der Formelsprache abgedeckt werden können. Vielmehr soll hier ein theoretischer Grundstein für das Verständnis der Beispiele in den anderen Kapiteln gelegt werden.

15.1 Neuerungen im Release 6

Die Formelsprache ist in Notes-Applikationen wohl die traditionsreichste Entwicklungsumgebung und gleichzeitig die wohl proprietärste Möglichkeit, neue Funktionalitäten in Lotus Notes zu integrieren. Sie wurde von Release zu Release immer wieder erweitert, neue Funktionen gesellten sich zu alten und bestehende Möglichkeiten wurden in aller Regel behutsam um weitere Bestandteile erweitert.

Parallel zu den Erweiterungen wuchsen jedoch auch die Anforderungen an Notes und seine Funktionalitäten und damit auch die an die Formelsprache als eine seiner primären Programmiermöglichkeiten. Je ausgereifter und umfassender die Applikationen wurden, desto unangenehmer wurden die Beschränkungen, die mit der alten Formelsprachen-Engine verknüpft waren. IBM/Lotus hat sich daher dazu entschlossen, die Grundlagen der Formelsprache vollständig neu zu entwickeln und damit der großen Entwicklergemeinde zusätzliche Möglichkeiten an die Hand zu geben, auf die wir jetzt schon seit Jahren warten.

Anwendungsentwickler profitieren aber nicht nur durch die Vielzahl neuer Funktionen von der überarbeiteten Formelsprache, sondern auch durch die deutlich höhere Ausführungsgeschwindigkeit (teilweise bis zu einem Faktor 10 schneller als in älteren Notes-Versionen) bzw. durch das Verschwinden bisheriger Einschränkungen. Somit ist und bleibt die Formelsprache eine der wichtigsten Elemente innerhalb der Entwicklungsumgebung Lotus Notes.

15.2 Formeln verwenden

15.2.1 Grundbestandteile von Formeln

Wie der Name schon vermuten lässt, stellen Formeln keine »echte« Programmiersprache dar. Vielmehr handelt es sich hierbei um Ausdrücke, die von Notes Domino in Echtzeit verarbeitet werden und deren Auswertung entweder zu einem einfachen Wert oder aber zur Ausführung eines bestimmten Befehls führt.

Eine Formel gehört immer zu einem Gestaltungselement, etwa einem Feld oder einem Agenten. So etwas wie »frei stehende« Formeln gibt es nicht.

Wir wollen zunächst einmal die Grundbestandteile von Formeln betrachten.

Grundbestandteile von Formeln

Die Formelsprache setzt sich im Wesentlichen aus folgenden Bestandteilen zusammen:

- Konstanten und Variablen
- Operatoren
- Schlüsselwörter
- Funktionen
- Befehle

Diese unterschiedlichen Grundbestandteile sollten zunächst einer genaueren Betrachtung unterzogen werden, bevor wir sie in der Praxis verwenden werden.

Den Befehlen – den so genannten `@Command`-Befehlen – wurde aufgrund ihrer Bedeutung ein eigenes Kapitel gewidmet.

15.2.2 Konstanten und Variablen

Konstanten

Die einfachsten Ausdrücke in der Formelsprache sind *Konstanten*. Beispielsweise kann der Vorgabewert des Feldes *Benutzername* in Form einer konstanten Zeichenkette angegeben werden.

```
"Erika Mustermann"
```

In der Anwendungsentwicklung von Lotus Notes Domino werden Konstanten üblicherweise bei bestimmten Systemereignissen verwendet, beispielsweise als Vorgabewerte für bearbeitbare Felder, wie in der Abbildung 15.1 dargestellt.

Abbildung 15.1: Konstante als Vorgabewert in einem bearbeitbaren Feld

Variablen

Im Gegensatz zu Konstanten sind Variablen grundsätzlich Platzhalter, die einen Wert innerhalb eines komplexeren Formelausdrucks repräsentieren können.

Die Verwendung von Variablen ermöglicht in vielen Fällen auch eine einfachere Lesbarkeit einer Formel.

Die Verwendung einer Variablen erfolgt in der Formelsprache durch die Zuweisung eines Werts an die Variable. Als Zuweisungsoperator dient das Gleichheitszeichen, dem ein Doppelpunkt vorangestellt wird:

```
_Var:="Erika Mustermann"
```

Durch diese Anweisung wird eine Variable `_Var` generiert, die gleichzeitig den Wert *Erika Mustermann* erhält.

> Bei der Namensvergabe für Variablen ist zu beachten, dass die Zeichen »$« und »@« nicht als erstes Zeichen verwendet werden dürfen. Ebenso sind Leerzeichen in Variablennamen nicht erlaubt und sie sollten nicht länger als 32 Zeichen sein, auch wenn grundsätzlich die Länge einer Variablen in Notes Domino nicht begrenzt ist.

Es empfiehlt sich, bei der Benennung von Variablen eine feste Konvention einzuhalten, nämlich den Variablennamen mit einem nicht numerischen Zeichen zu beginnen.

Wichtig bei der Zuweisung von Werten an Variablen ist für alle Releases bis einschließlich Notes 5, dass Sie jeder Variablen innerhalb einer Formel immer nur einmal einen Wert direkt zuweisen können. Wir können versuchen, einer Variable mehrfach einen Wert zuzuweisen, z.B. wie folgt:

```
_Var:=@Adjust(@Now;0;0;7;0;0;0);
...
_Var:=@Adjust(Var;0;0;-10;0;0;0);
_Var
```

Eine solche Mehrfachzuweisung, wie sie aus vielen Programmiersprachen bekannt ist, ist in der Formelsprache von Notes Domino nicht möglich. Sie wird bereits beim Versuch, die eingegebene Formel zu speichern, mit einer Fehlermeldung quittiert und Sie sind nicht in der Lage, die eingegebene Formel zu aktivieren (vgl. Abbildung 15.2).

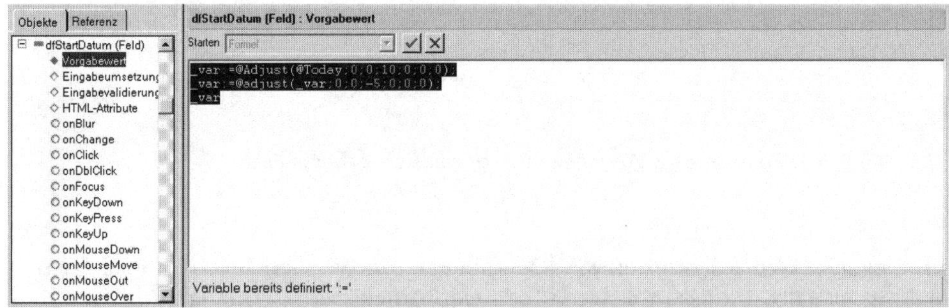

Abbildung 15.2: Fehlerhafte Variablendefinition mit Fehlermeldung bis einschließlich Notes 5

Exkurs: Mehrfache Zuweisung mit »@Set« bis Notes 5

Allerdings gibt es dennoch eine Möglichkeit, einer Variablen später noch einen Wert zuzuweisen: über die eingebaute Funktion `@set`. Mithilfe dieser Funktion kann der Wert einer Variablen noch geändert werden, selbst wenn die Variable bereits durch eine Zuweisung initialisiert wurde und einen Wert erhalten hatte.

```
_var:="Test";
@prompt([ok];"Erster Wert";"Der Wert von _var ist: " + _var);
@set("_var";"Neuer Wert");
@set("_var";@prompt ([okcanceledit];"Werteingabe";"Geben Sie einen Wert ein!";_var));
@prompt ([ok];"Ausgabewert";_var)
```

Listing 15.1: Initialisierung von Variablen

In diesem Beispiel erhält die Variable `_var` zunächst den Wert »Test«. Dieser Wert wird anschließend in einer Messagebox ausgegeben. Anschließend wird der Variablen mithilfe der Funktion `@Set` ein neuer Wert zugewiesen. Hierbei ist zu beachten, dass der Variablenname nicht als Variable, sondern als Textparameter übergeben wird.

Anschließend erfolgt über `@Prompt` eine Kommunikation mit dem Benutzer, der dann erneut einen Variablenwert eingeben kann, und dieser Wert wird dann am Ende wieder in einer Messagebox ausgegeben.

> Diese Arbeitsweise ändert sich in der Version 6 grundsätzlich. Jetzt agieren Variablen wirklich als Platzhalter, denen zur Laufzeit der jeweiligen Formel durchaus mehrfach wieder Werte zugewiesen werden können, ohne ein Konstrukt wie @set verwenden zu müssen.

```
_var:="Test";
@prompt([ok];"Erster Wert";"Der Wert von _var ist: " + _var);
_var:="Neuer Test";
_var:=@prompt ([okcanceledit];"Werteingabe";"Geben Sie einen Wert ein!";_var);
@prompt ([ok];"Ausgabewert";_var)
```

Dieses Listing hat den selben Effekt, wie das vorhergehende, aber es arbeitet hier mit einer direkten Wertzuweisung an die Variable, und nicht mit dem Aufruf einer entsprechenden Funktion, die diese Arbeit dann anschließend erledigt.

Darüber hinaus besteht seit Notes 6 die Möglichkeit, eine Variablenzuweisung innerhalb von `@funktionen` einzubetten.

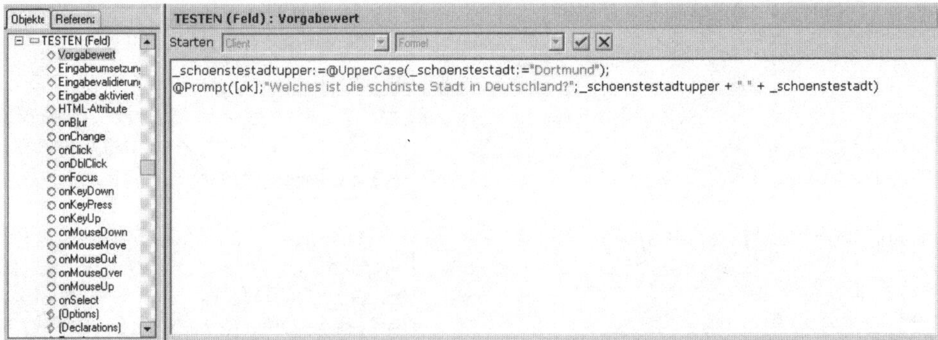

Abbildung 15.3: Einnisten von Variablenzuweisungen

In dem obigen Beispiel werden zwei Variablenzuweisungen gleichzeitig durchgeführt. Zunächst wird der Variablen `_schoenstestadt` der Wert »Dortmund« zugewiesen. Anschließend wird dieser Wert von der Funktion `@uppercase` in Großbuchstaben umgewandelt und schließlich an die Variable `_schoenstestadtupper` zugewiesen.

Neu in Notes 6 ist auch die Möglichkeit, die Zuweisung von Werten an Variablen, die Anführungszeichen beinhalten, zu verbessern. Durch Verwendung der geschweiften Klammern kann sehr einfach ein solcher Ausdruck an ein Variable übergeben werden:

```
_var:={"Erika Mustermann"}
```

Durch diese Vorgehensweise wird die Kapselung von Strings inklusive aller Sonderzeichen sehr stark vereinfacht.

Datenformate von Variablen und Konstanten

In Formeln können drei Datentypen eingesetzt werden: Zahl, Text und Datum/Zeit; außerdem können von allen drei Datentypen so genannte Listen gebildet werden. Die Verwendung von Datentypen in Notes-Formeln spielt bei der Deklaration von Konstanten und der Übergabe von Parametern an Funktionen, Rückgabewerte sowie auf das Ergebnis der Formelauswertung eine Schlüsselrolle. Werden in diesen Bereichen die Datentyp-Richtlinien nicht eingehalten, reagiert Notes mit einer Fehlermeldung.

Beispielsweise erwartet die Funktion `@Day`, die den Monatstag in einem Datum herauszieht, als Parameter einen Datumswert und gibt als Rückgabewert den Monatstag als Zahl zurück.

> Notes Domino stellt spezielle Funktionen zur Umwandlung von Datenformaten zur Verfügung. Beispielsweise können mit der Funktion `@Text` Zahlen und Datumsangaben in Text konvertiert werden.

Tabelle 15.1 enthält einen Überblick über den Umgang mit den verschiedenen Datenformaten.

Datenformat	Deklaration	Umwandlung

Text	"Abgeschlossen"	Zahl und Datum können in Text umgewandelt werden:
		`@Text (23)`
		`@Text ([11/5/1996])`

Zahl	0.06 23 1.73E14	Text kann in Zahl umgewandelt werden: `@TextToNumber("123")`

Datum/Zeit	[11/5/1996]
	[9:30 AM EDT]
		Text kann in Datum/Zeit umgewandelt werden:
		`@TextToTime ("Heute")`
		`@TextToTime("8/10/90")`

Liste	"Deutschland":"England":"Italien"	–

Tabelle 15.1: Datenformate in Formeln

Listen

Während die ersten drei Datenformate selbst erklärend sind, dürften Listen ein Novum sein. Bei Listen handelt es sich um Verkettungen von Variablen des gleichen Datentyps. An sich nicht besonders sensationell, doch die Vielzahl der Operatoren und Funktionen zur Manipulation von Listen, die wir im Laufe dieses Kapitels noch kennen lernen werden, belehren uns eines Besseren: Listen gehören zum Kern der Datenverarbeitung in Notes Domino.

Geltungsbereich und Sichtbarkeit von Variablen

Der Geltungsbereich von Variablen in der Formelsprache ist sehr begrenzt. Sie sind immer nur innerhalb des jeweiligen Ereignisses bzw. im Kontext der jeweils ausgeführten Formel sichtbar und gültig. Damit handelt es sich bei den Variablen einer solchen Formel immer um so genannte *Private-Variablen*. Notes kennt in diesem

Zusammenhang keine *Public-Variablen*, also Variablen, die über den aktuellen Geltungsbereich (z.B. ein Feld) hinaus in der Maske bekannt sind. Erst die Sprache *Lotus Script* eröffnet den Programmierern die Möglichkeit einer globalen Variablendefinition. Hierzu jedoch später mehr.

15.2.3 Operatoren

Operatoren in Formeln

Mit Operatoren können in einer Formel Konstanten und Variablen zu komplexen Ausdrücken verknüpft werden. Beispielsweise können Zahlen addiert und subtrahiert sowie Zeichenketten, wie im folgenden Beispiel, zusammengefügt werden:

```
"Erika"+"Mustermann"
```

Grundsätzlich bestehen Formelausdrücke immer aus Operatoren und Operanden.

Bei einer einfachen Addition wie

```
4 + 5
```

besteht die Formel aus den Operanden »4« und »5« und dem Operatorzeichen »+«, das festlegt, was genau mit den beiden Operanden passieren soll.

Die wichtigsten Unterscheidungen sind zwischen den unterschiedlichen Arten von Operatoren zu treffen. Es muss zwischen den arithmetischen, Vergleichs- und Zuweisungsoperatoren unterschieden werden.

Arithmetische Operatoren

Mithilfe der arithmetischen Operatoren können einfache numerische Berechnungen durchgeführt werden. Sie beschränken sich weitgehend auf die Grundrechenarten, die Programmierern oder Benutzern von Tabellenkalkulationsprogrammen wie Lotus 1-2-3 oder Microsoft Excel sicherlich geläufig sind (vgl. Tabelle 15.2).

Arithmetische Operatoren	
Operator	**Funktion**
+	Addition der Operanden
-	Subtraktion der Operanden
/	Division der Operanden
*+	permutierende Addition
*-	permutierende Subtraktion
*/	permutierende Division
**	permutierende Multiplikation
*	Multiplikation der Operanden

Tabelle 15.2: Arithmetische Operatoren in Formeln

Vergleichsoperatoren

Neben diesen arithmetischen Operatoren gibt es weitere Arten, die z.B. als Vergleichsoperatoren dienen.

Vergleichsoperatoren	
Operator	**Funktion**
=	Gleich
!=, <>	Ungleich
>	Größer
>=	Größer oder gleich
<	Kleiner
<=	Kleiner oder gleich

Tabelle 15.3: Vergleichsoperatoren

Mithilfe dieser Vergleichsoperatoren können zum Beispiel zwei Werte miteinander verglichen werden. Als Rückgabewert erhält man ein logisches WAHR oder FALSCH. Als mögliches Einsatzgebiet haben Sie bereits die Funktion `@if` kennen gelernt, die Ihnen die Möglichkeit eröffnet, zwischen unterschiedlichen Zuständen zu differenzieren.

Logische Operatoren

Als letzte Variante von Operatoren sei hier noch auf die logischen Operatoren hingewiesen (vgl. Tabelle 15.4).

Logische Operatoren	
Operator	**Funktion**
&	Logisches UND (AND)
| , :	Logisches ODER (OR)
!	Logisches NICHT (NOT)

Tabelle 15.4: Logische Operatoren

Das Einsatzgebiet dieser Operatoren wird noch in verschiedensten Kontexten näher betrachtet werden. So dient der Operator »!« zum Beispiel zur Verneinung von Ausdrücken. Wie Sie der Tabelle der Vergleichsoperatoren entnehmen können, wird das Gleichheitszeichen durch eine vorangestelltes Ausrufezeichen zu einem Vergleich auf Ungleichheit.

Operationen mit Listen

Listen

Operatoren können auch im Zusammenhang mit Listen eingesetzt werden. *Listen* sind Ketten von einfachen Werten des gleichen Datentyps, welche durch einen so genannten *Listenoperator* (Doppelpunkt) verknüpft sind.

Eine Liste verschiedener Weltstädte könnte folgendermaßen aufgebaut sein:

```
New York:Paris:Sidney:Tokyo:Berlin
```

In vergleichbarer Weise könnte eine Liste von Zahlen verwendet werden, um die einzelnen Ergebnisse verschiedener Berechnungen zu speichern:

```
5:7:13:19
```

Selbstverständlich können auch mithilfe solcher Listen weitere Berechnungen erfolgen. Hier bestehen nun zwei Möglichkeiten:

Wenn man Operatoren im Sinne der verwendet, werden Elemente von zwei Listen paarweise miteinander verknüpft. Dies soll am Beispiel der Zusammenführung von Zeichenketten verdeutlicht werden:

```
"1":"2":"3"+"A":"B":"C"
```

Ergebnis:

```
"1A";"2B";"3C"
```

Es wird also jedes Element der ersten Liste mit seinem Pendant in der zweiten Liste verknüpft. Die betreffenden Listen müssen hierbei nicht notwendigerweise die gleiche Anzahl von Elementen enthalten. Bei ungleich langen Listen wird das letzte Element der kürzeren Liste mit allen übrig gebliebenen Elementen der längeren Liste verknüpft. Die Operation

```
"1":"2":"3"+"A":"B"
```

ergibt

```
"1A";"2B";"3B".
```

Permutation

Die zweite Möglichkeit ist die so genannte *Permutation* von Listen. In diesem Fall werden, basierend auf den Elementen beider Listen, alle möglichen Kombinationen gebildet. Die Permutation kann auf alle bis dato genannten Operatoren angewendet werden, indem einfach einem Operator ein Sternchen * vorangestellt wird. Dies soll am Beispiel der permutierten Summe verdeutlicht werden. Die Operation

```
1:2:3*+10:20:30
```

ergibt als Ergebnis:

```
11;21;31;12;22;32;13;23;33.
```

Hier wird also der jeweilige Operator auf sämtliche Kombinationen aller Listenelemente angewendet. Auch hier gilt, dass beide Listen nicht die gleiche Anzahl von Elementen aufweisen müssen.

Reihenfolge von Operationen

Notes Domino wertet Formelausdrücke grundsätzlich von links nach rechts aus. Das bedeutet, dass beim Ausdruck

```
1+2+7
```

zunächst die ersten beiden Zahlen addiert werden, bevor die dritte Zahl hinzugefügt wird.

Doch wie aus der Grundschule bekannt sein dürfte, hat jeder Operator eine bestimmte Priorität. Diese legt im Falle einer komplexen Verknüpfung fest, welcher Operator zuerst berücksichtigt wird.

Beispielsweise hat die Multiplikation immer Vorrang vor der Addition. Im Ausdruck:

```
3+5*8
```

wird also zuerst die Multiplikation und erst dann die Addition vorgenommen.

In Formeln sieht die Reihenfolge der Prioritäten von Operatoren wie folgt aus:

- Verkettung von Listen (Listenoperator)
- Vorzeichen (positiv/negativ)
- Multiplikation/Division
- Addition/Subtraktion, Verkettung von Zeichenketten
- Vergleichsoperationen
- logische Operationen

Verwendung von Klammern

Die Reihenfolge der Operationen kann durch das Einfügen von Klammern verändert werden. Beispielsweise wird der Ausdruck

```
3:4+5:6
```

als Addition von zwei Zahlenlisten interpretiert und ergibt 8:10, da die Verkettung von Listen Vorrang vor der Addition hat. Durch die Verwendung einer Klammer

```
3: (4+5): 6
```

wird jedoch die Addition zuerst ausgeführt. Das Ergebnis ist also eine aus drei Elementen bestehende Liste:

```
3;9;6.
```

15.2.4 Schlüsselwörter

Unter dem Begriff *Schlüsselwörter* werden in Notes Domino Formelbestandteile verstanden, die nicht unter den übrigen Bestandteilen einer Formel subsumiert werden können. Das heißt das Schlüsselwörter weder Operatoren, Operanden, Variablen, Konstanten, Funktionen noch Befehle sind. Sie erweitern im Prinzip die Arbeitsweise bestimmter Bereiche um zusätzliche Funktionalität und eröffnen dem Programmierer neue Möglichkeiten des Informationsaustauschs.

Verwendung von Schlüsselwörtern

Schlüsselwörter werden in unterschiedlichem Kontext eingesetzt. Um die Arbeitsweise einiger wichtiger Schlüsselwörter kennen zu lernen, sollen im Folgenden anhand einiger Beispiele Einsatzgebiete näher erläutert werden.

> Es hat sich in den vergangenen Versionen von Notes Domino eingebürgert, Schlüsselwörter grundsätzlich in Großbuchstaben zu schreiben, so dass sie immer deutlich in der Formel erkennbar sind. Dies muss aber nicht von Ihnen erledigt werden, sondern wird von Notes nach dem Speichern und Schließen der bearbeiteten Formel automatisch umgesetzt.

Schlüsselwort »FIELD«

Ein sehr häufig verwendetes Schlüsselwort ist `FIELD`. Dieses Schlüsselwort erweitert die Funktionalität von Variablen um die Fähigkeit, als Felder in einem Dokument abgespeichert zu werden. Geben Sie beispielsweise die Formel

```
FIELD test:="1"
```

in einer Schaltfläche als Formel ein, dann wird durch das Schlüsselwort `FIELD` Notes Domino angewiesen, dem Feld `test` die Zeichenkette 1 zuzuweisen.

Das Besondere an dem Schlüsselwort `FIELD` ist hier weniger, dass einem Feld ein bestimmter Wert zugewiesen werden kann, sondern dass durch die Verwendung des Schlüsselworts das gewünschte Feld im Dokument selbst dann den Wert erhält, wenn das Feld noch gar nicht existiert. Das bedeutet, dass das Feld angelegt wird, falls es noch nicht existieren sollte.

Verwendungsmöglichkeiten von »FIELD«

Dank dieses Schlüsselworts besteht die Möglichkeit, beispielsweise Marker innerhalb von Dokumenten in Form solcher Felder zu setzen. Diese Marker sollten selbstverständlich immer nur dann gesetzt werden, wenn eine Aktion ausgeführt wird, die mit diesem Dokument nur einmal erfolgen sollte (z.B. das Versenden des Dokuments per Mail). Ein Beispiel für diese Vorgehensweise werden wir zu einem späteren Zeitpunkt erstellen.

Schlüsselwort »REM«

Mithilfe des Schlüsselwortes REM können Kommentare in Notes-Formeln eingegeben werden. Diese scheinbar unspektakuläre Funktionalität war jedoch bis zum Notes Release 6 ein ziemliches Ärgernis, da die Kommentare in Anführungszeichen eingeschlossen werden mussten. Verwendete man also das Schlüsselwort, um eine bestehende Zeile kurzfristig auszukommentieren, mussten etwaig dort enthalten Anführungszeichen mit einem \ (Backslash) als Metazeichen kenntlich gemacht werden. Hier ein kleines Beispiel:

```
REM "@dblookup(\"Notes\":\"NoCache\";\"server1\":\"names.nsf\";\"($ALL)\";1)";
```

Sie können sich sicher vorstellen, dass niemand sich wirklich die Mühe gemacht hat, dies Kaskade von Backslashes einzufügen.

Erst mit Notes 6 wird die Verarbeitung von Zeichenketten im Allgemeinen deutlich einfacher. So kann ein Ausdruck, der selbst Anführungszeichen beinhaltet, durch geschweifte Klammern eingefasst werden und so den gesamten Ausdruck zu erfassen.

```
REM {@dblookup("Notes":"NoCache";"server1":"names.nsf";"($ALL)";1)};
```

Auf diese Weise wird die gesamte Zeile zu einem Kommentar, der jedes beliebige Sonderzeichen enthalten kann. So können zum Beispiel auch mehrzeilige Formeln problemlos mit einer einzigen REM Anweisung auskommentiert werden. Diese Funktionsweise der geschweiften Klammern sind aus den vergangenen Releases z.B. aus LotusScript bekannt.

Das Schlüsselwort »Environment«

Wie wir bereits erwähnten ist der Verwendung von Variablen in der Formelsprache eine sehr enge Grenze gesetzt. Grundsätzlich sind alle verwendbaren Variablen nur zur Laufzeit der jeweiligen Formel verfügbar und haben daher keinen Geltungsbereich außerhalb des aktuellen Kontextes. Befindet man sich innerhalb einer Maske, kann man Werte problemlos über Felder austauschen (Schlüsselwort FIELD). Dies funktioniert jedoch nur solange man im Kontext der jeweiligen Maske bleibt. Müssen die Daten jedoch Masken- oder Dokumentübergreifend weitergereicht werden, müssen gelegentlich Environments eingesetzt werden, um einen solchen Datenaustausch zu realisieren.

Diese Problematik kann mithilfe der Environment-Anweisung gelöst werden.

```
ENVIRONMENT user:=@username
```

Mithilfe dieser Anweisung erzeugt Notes einen Eintrag in der *Notes.ini* mit dem Namen $user="Matthias Knäpper/IT Knäpper", der anschließend mithilfe der Funktion @environment("user") aus der Datei ausgelesen werden kann. Soll dann der Eintrag aus der *Notes.ini* gelöscht werden, erreicht man das mit der folgenden Zuweisung:

```
ENVIRONMENT user:=null
```

Hier noch eine Liste von Schlüsselwörtern, die in Notes Domino häufig eingesetzt werden (vgl. Tabelle 15.5).

Schlüsselwort	Funktion	Beispiel
`DEFAULT`	Weist einem Feld für die Ausführung der Formel einen bestimmten Wert zu.	`DEFAULT Manager:="Erika Mustermann"`
`ENVIRONMENT`	Schreibt einen Wert in die *Notes.ini.*	`ENVIRONMENT Maske:="MARKETING"`
`FIELD`	Weist einem Feld einen Wert zu. Existiert das Feld nicht, wird es angelegt.	`FIELD Mailed:="1"`
`REM`	Weist einen Textteil innerhalb einer Formel als Kommentar aus.	`REM "Dies ist ein Kommentar"`
`SELECT`	Definiert eine Auswahlbedingung innerhalb von Ansichten oder Subscriptionlists.	`SELECT Form:="Bericht"`

Tabelle 15.5: Schlüsselwörter

15.2.5 Funktionen

Eine besonders wichtige Aufgabe übernehmen innerhalb von Notes Domino die *Funktionen.*

Funktionen sind kleine bereits vordefinierte Konstrukte, an die zum Teil Werte zur Berechnung übergeben werden und die anschließend als Ergebnis dieser Berechnungen einen Rückgabewert aufweisen.

Eine der ersten Funktionen, die Sie in den vorangegangenen Kapiteln bereits kennen gelernt haben, ist die Funktion `@Now`. Diese Funktion, die keine Werte zur Berechnung benötigt, liefert als Rückgabewert das aktuelle Datum und die aktuelle Uhrzeit des gerade verwendeten PCs.

Mit `@Username` haben Sie bereits ein anderes Beispiel für eine parameterlose Funktion innerhalb der Formelsprache kennen gelernt. Diese Funktion übergibt immer den vollen hierarchischen Namen des Benutzers, der gerade angemeldet ist (vgl. Abbildung 15.4).

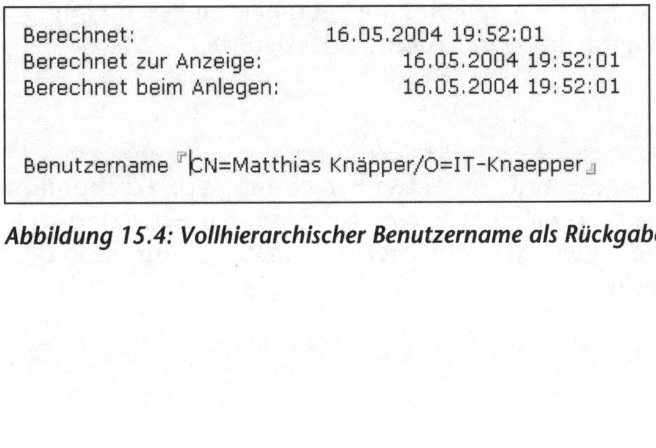

```
Berechnet:                  16.05.2004 19:52:01
Berechnet zur Anzeige:      16.05.2004 19:52:01
Berechnet beim Anlegen:     16.05.2004 19:52:01

Benutzername  CN=Matthias Knäpper/O=IT-Knaepper
```

Abbildung 15.4: Vollhierarchischer Benutzername als Rückgabewert

Syntax von Funktionen (mit Parametern)

Ganz formal betrachtet wird eine Funktion nach folgendem Schema aufgebaut:

```
@Funktionsname(Parameter1 ; Parameter2 ; ... ; ParameterN)
```

Hier ist deutlich zu erkennen, dass die Funktion zunächst durch das @-Symbol eingeleitet wird. Durch dieses Zeichen weiß Notes, dass nun ein Funktionsname folgt. Ein solcher Funktionsname könnte z.B. `Adjust` lauten. Anschließend werden dann innerhalb der Klammern – falls vorhanden – die einzelnen Parameter eingegeben. Parameter werden in Formeln immer durch das Semikolon voneinander getrennt.

Einsatzgebiete von Funktionen

Die meisten Funktionen dienen entweder dazu, gezielt auf bestimmte Werte zuzugreifen und mit diesen Werten etwas zu berechnen, oder sie dienen der Kommunikation mit dem Benutzer. So lassen sich die Funktionen von Notes nach Einsatzgebieten kategorisieren. Folgende Kategorien können grundsätzlich unterschieden werden:

- Numerische Funktionen
- Datumsfunktionen
- Zeichenkettenfunktionen
- Funktionen für Listenverarbeitung
- Logische Funktionen
- Schleifenfunktionen
- Funktionen zur Eingabeübersetzung
- Funktionen zur Gestaltung der Interaktion mit dem Benutzer
- Funktionen zum Rückgriff auf Datenbanken

Wir werden uns im Folgenden diese Funktionsarten anhand einiger Beispiele ansehen.

> Aufgrund der Vielzahl von Funktionen ist es unmöglich, auf jede Funktion im Einzelnen einzugehen, daher werden wir im Folgenden nur einige der gängigsten Vertreter der jeweiligen Gattung vorstellen. Eine detailliertere Beschreibung der Funktionen finden Sie in der Hilfe zum Domino 5 Designer.

Numerische Funktionen

Numerische Funktion dienen vor allem der direkten Berechnung von bestimmten Werten. Die meisten Funktionen, die sich der Berechnung von Zahlenwerten widmen, benötigen zumindest einen, meist sogar mehrere Parameter, damit die Kalkulation durchgeführt werden kann.

Funktion» @Pi«

Eine der wenigen parameterlosen numerischen Funktionen ist die Funktion `@Pi`, die in fünfzehnstelliger Form den Wert der gleichnamigen mathematischen Konstante zurückgibt.

Die meisten anderen @Funktionen dienen jedoch der Berechnung von Werten mithilfe von Daten, die zunächst an die Funktion übergeben werden müssen.

Funktion »@Max«

Eine Funktion, die solche Daten zur Berechnung benötigt, ist die Funktion `@Max`. Diese Funktion ermittelt in einem Vergleich den größeren zweier Werte.

Die Formel

```
_Var:=1;
_Var2:=10;
@Max(_var;_var2)
```

liefert in jedem Fall den größeren der beiden übergebenen Werte zurück, also in diesem Fall den Wert 10.

Darüber hinaus sind wir in der Lage, auch Listen paarweise miteinander zu vergleichen. Wir erhalten dann als Rückgabewerte eine Liste mit den jeweils größten Werten aus beiden Listen.

```
_var:=1:2:3;
_var1:=2:1:2;
@max(_var;_var1)
```

In diesem Fall werden aus beiden Listen durch einen paarweisen Vergleich die jeweils höchsten Werte herausgefiltert. Das Ergebnis lautet hier also:

```
2:2:3
```

Neu in Notes 6 ist die Möglichkeit, mithilfe dieser Funktion die höchste Zahl aus einer Liste von Zahlen herauszukristallisieren.

```
_liste:=1:3:7:32;
@max(_liste)
```

Liefert in diesem Fall den Rückgabewert 32.

Funktion »@Min«

Über die Funktion `@Min` lässt sich genau das entgegengesetzte Ergebnis erreichen; es wird aus den übergebenen Werten der kleinere errechnet und zurückgeliefert.

Weitere mathematischen Funktionen finden Sie in der Tabelle 15.6 exemplarisch aufgelistet.

Funktionsname	Parameter	Rückgabewert
@Abs	Zahl	Absoluter Wert des übergebenen Werts
@Acos	Kosinus	Berechnet den Arcuskosinus eines Winkels
@Asin	Sinus	Berechnet den Arcussinus eines Winkels aus dessen Sinus
@Atan	Tangens	Berechnet den Arcustangens eines Winkels aus dessen Tangens
@Cos	Winkel	Berechnet den Kosinus eines Winkels
@Ln	Zahl	Berechnet den natürlichen Logarithmus einer Zahl
@Log	Zahl	Gibt den Logaritmus einer Zahl zur Basis 10 zurück
@Max	Zahl1; Zahl2	Gibt den größeren zweier Werte zurück
@Min	Zahl1; Zahl2	Gibt den kleineren zweier Werte zurück
@Pi	Kein Parameter	Pi
@Sum	Zahl1; Zahl2; ... ; ZahlN	Berechnet die Summe der übergebenen Werte und gibt sie zurück

Tabelle 15.6: Numerische Funktionen

Diese Funktionen sollen nur einen Eindruck von der Vielfältigkeit der eingebauten Funktionen in Notes Domino liefern. Es sind jedoch nicht ansatzweise so viele mathematische Funktionen eingebaut, wie sie in einer Tabellenkalkulation wie Lotus 1-2-3 verfügbar sind. Dies ist aber auch nicht unbedingt notwendig, da viele Berechnungen mithilfe der unterschiedlichen Programmiersprachen erstellt werden können.

Datumsfunktionen

Eine Reihe von wichtigen Funktionen wurden für die Kalkulation mit Datumswerten implementiert.

Eine kleine Formel soll uns Aufschluss darüber geben, wie Notes mit Datumswerten rechnet. Da Computer und deren Programme nicht variabel mit einem angenommenen Ursprungsdatum kalkulieren können, müssen sich Rechner eigene Ausgangspunkte schaffen. Die ersten PCs, die auf den Markt kamen, enthielten den 1.1.1980 als ersten Tag der Zeitrechnung in ihrer Kalkulation. Sie nahmen diesen Zeitpunkt mit der Ziffer Null an und berechneten für jede Sekunde, die seit diesem Zeitpunkt verstrich, den Wert eins hinzu.

Vergleichbar ist die Vorgehensweise von Notes Domino. Im Falle von Lotus Notes wird die verstrichene Zeit vom 30.12.1899 an in Sekundenschritten weitergerechnet. Da Notes Domino also immer sekundenweise von diesem Datum weiterrechnet, gibt es eine Besonderheit, die man beim Rechnen mit Datumswerten beachten muss. Es reicht nicht aus, ein Datum vom anderen abzuziehen, um zum Beispiel zu erfahren, wie viele Tage zwischen zwei Daten vergangen sind, sondern man erhält immer den entsprechenden Wert in Sekunden. Daraus resultiert, dass man das

Ergebnis der Berechnung immer noch durch den Wert 86400 (Anzahl der Sekunden pro Tag) teilen muss, um die Anzahl der Tage zu bekommen. Daher führt die Berechnung der Formel

```
(Endedatum - Anfangsdatum)/86400
```

nicht direkt zu einem richtigen Ergebnis. Warum das so ist, ist sehr leicht nachvollziehbar. Sind nämlich Ende- und Anfangsdatum weitgehend identisch, d.h. Anfang und Ende liegen am gleichen Tag, dann führt die Berechnung zu einem Ergebnis kleiner 86400. Teilt man nun das Ergebnis der Subtraktion durch die Zahl der Sekunden eines Tages, so erhält man einen Wert der kleiner als eins ist. Für Notes Domino lautet dann das Ergebnis 0.

```
(@now-@adjust(@now;0;0;0;-2;0;0))/86400
```

Anhand dieses kleinen Beispiels wird deutlich, wie Notes rechnet. Die Funktion `@Now` liefert immer das aktuelle Datum nebst Uhrzeit zurück. Über die Funktion `@Adjust` wird das mit `@Now` übergebene aktuelle Datum um zwei Stunden zurückgesetzt. Das heißt, wir kalkulieren hier mit 2 * 60 * 60 Sekunden (7200).

Funktion» @Adjust«

Damit die Berechnung von Datumswerten nicht allzu kompliziert gerät, stellt Ihnen Notes Domino eine Reihe von Funktionen zur Verfügung, die Datumsmanipulationen ermöglichen. Eine besonders wichtige Funktion ist hier die Funktion `@Adjust`, die wir bereits im obigen Beispiel kennen gelernt haben. Mithilfe dieser Funktion können Sie gezielt jeden einzelnen Eintrag eines Datums- und Zeitwerts beeinflussen. Folgende Syntax muss bei der Arbeit mit der Funktion eingehalten werden.

```
@adjust(Berechnungsdatum;Jahr;Monat;Tag;Stunde;Minute;Sekunde)
```

Als erster Parameter wird das Datum übergeben, mit dem eine Berechnung durchgeführt werden muss. Die folgenden sechs Parameter sind die Einzelbestandteile des Datums, die Sie verändern möchten. Möchten Sie beispielsweise das Berechnungsdatum um 3 Jahre hochsetzen, so tragen Sie im Parameter Jahr den Wert 3 ein und setzen alle übrigen Parameter auf 0.

```
@Adjust([1.1.1999];3;0;0;0;0;0)
```

Als Ergebnis erzielen Sie dann das Datum 1.1.2002.

Soll stattdessen bei einem Datum 45 Tage zurückgerechnet werden, so übergeben Sie im Parameter Tag den Wert –45.

```
@Adjust ([1.1.1999];0;0;-45;0;0;0)
```

Diese Formel liefert als Wert den 17.11.98 zurück.

Mithilfe der verschiedenen Funktionen im Bereich der Datumsberechnungen werden Ihnen viele Problemfälle beim Umgang mit Datumswerten abgenommen. Eine Übersicht über die zur Verfügung stehenden Funktionen enthält die Tabelle 15.7.

Funktion	Parameter	Rückgabewert
`@Adjust`	Datum; Jahr; Monat; Tag; Stunde; Minute; Sekunde	Die Funktion führt mit einem Datum eine Berechnung aus (Addition oder Subtraktion) und gibt das neu errechnete Datum zurück.
`@Created`	Kein Parameter	Liefert das Erstellungsdatum des gewählten Dokuments zurück.
`@Date`	Jahr; Monat; Tag; Stunde; Minute; Sekunde	Erstellt aus den separat eingegebenen Zahlenwerten einen Datums-/Zeitwert.
`@Day`	Datum/Zeit	Liefert den Tageswert eines Datums zurück. Beispiel: `@Day([31.12.1999])=31`
`@Hour`	Datum/Zeit	Liefert die Stundenzahl eines Zeitwerts zurück. Beispiel: `@Hour(12:30:11)=12`
`@Minute`	Datum/Zeit	Liefert die Minutenzahl eines Zeitwerts zurück. Beispiel: `@Minute(12:30:11)=30`
`@Month`	Datum/Zeit	Liefert die Monatszahl eines Datumswerts zurück. Beispiel: `@Hour([31.12.1999])==12`
`@Now`	Kein Parameter	Liefert als Rückgabewert das aktuelle Datum und die Uhrzeit.
`@Second`	Datum/Zeit	Liefert den Sekundenwert eines Zeitwerts zurück. Beispiel: `@Second(12:30:11)=11`
`@Year`	Datum/Zeit	Liefert den Jahreswert eines Zeitwerts zurück. Beispiel: `@Year([31.12.1999)=1999`

Tabelle 15.7: Funktionen zum Arbeiten mit Datumswerten

Zeichenkettenfunktionen

Die Verarbeitung von Zeichenketten ist ein sehr wichtiger Bereich. Dies liegt vor allem an der Tatsache, dass Notes aufgrund seiner Struktur vor allem mit halb- bzw. unstrukurierten Daten arbeitet und in diesem Zusammenhang Daten sehr häufig als Zeichenketten auftreten. Deshalb bedarf es einer Reihe von Hilfsmitteln, die den Umgang mit diesen Daten erleichtern.

Sehr häufig muss das Vorkommen einer Zeichenkombination innerhalb einer längeren Zeichenkette überprüft werden. Das heißt, es muss untersucht werden, ob die gewünschte Zeichenkette tatsächlich innerhalb einer längeren Zeichenkette verfügbar ist. Hierzu stehen verschiedene Funktionen zur Verfügung, die jeweils einen anderen Ansatz verfolgen. Wichtig ist bei all diesen Funktionen, dass sie zwei Parameter benötigen; denn es muss schließlich sowohl die Zeichenkette angegeben werden, die durchsucht werden soll, als auch die Zeichenkette, nach der gesucht wird.

»@Contains«

Soll lediglich festgestellt werden, ob eine Zeichenkette überhaupt in einer anderen enthalten ist, kann dies mit der Funktion `@Contains` festgestellt werden. Es werden die beiden bereits genannten Parameter – Zeichenkette und die Teilzeichenkette, nach der gesucht werden soll – an die Funktion übergeben. Als Rückgabewert erhält man anschließend den Wert 1 (steht für WAHR), wenn die Zeichenkette enthalten ist, oder 0 (FALSCH), wenn sie nicht enthalten ist.

Eine Formel, die `@Contains` benutzt, könnte folgendermaßen aufgebaut sein:

```
@If(@IsNewDoc;null;@Contains(Zeichenkette;Enthalten);"Wahr";"Falsch")
```

Gehen wir davon aus, dass in einem berechneten Feld auf die Werte in zwei anderen Feldern zurückgegriffen werden soll. Es soll überprüft werden, ob der Wert des zweiten Feldes in dem ersten enthalten ist. Sollte dies der Fall sein, wird »Wahr« angezeigt, anderenfalls »Falsch«. Die Arbeitsweise der Funktion `@If` haben wir zu einem früheren Zeitpunkt bereits kurz angesprochen.

> Wichtig ist in diesem Kontext, dass zunächst einmal überprüft wird, ob es sich um ein neu angelegtes Dokument handelt. Dies ist deshalb notwendig, weil bei einem neuen Dokument weder das erste noch das zweite Feld einen Wert haben wird und deshalb die Funktion `@Contains` immer eine 1 zurückliefert.

Da dies unerwünscht ist, bedienen wir uns zunächst der Funktion `@IsNewDoc`, um festzustellen, ob das gerade bearbeitete Dokument ein neues Dokument ist oder nicht. Falls es sich um ein neues Dokument handelt, soll ein Nullwert als Berechnungsformel dienen (NULL liefert letztlich eine leere Zeichenkette als Wert). Anderenfalls, dass heißt, wenn es sich um ein bereits gespeichertes Dokument handelt, wird der Zweig des `@Contains` innerhalb des `@if` ausgeführt. Es wird überprüft, ob die Zeichenkette des Feldes *Enthalten* in der von *Zeichenkette* enthalten ist. Ist dies der Fall, dann wird der Wert *Wahr* ausgegeben, anderenfalls der Wert *Falsch*.

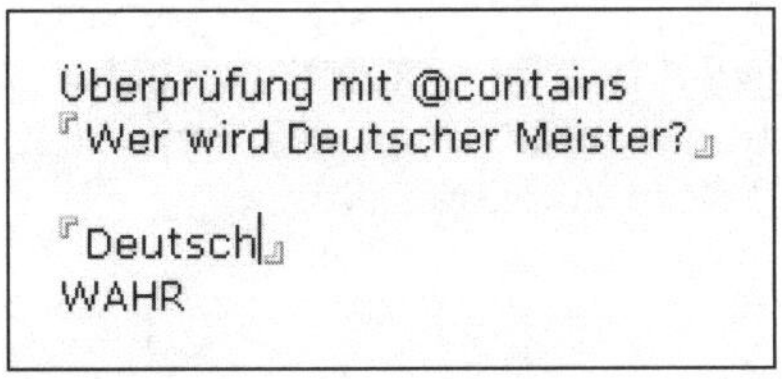

Überprüfung mit @contains
Wer wird Deutscher Meister?

Deutsch
WAHR

Abbildung 15.5: Teilzeichenkette suchen mit **`@Contains`**

Auf diese Art haben wir jetzt festgestellt, ob eine bestimmte Zeichenkette in einer anderen enthalten ist oder nicht.

Funktion »@Begins«

Auf ganz ähnliche Art arbeiten einige andere Funktionen zur Zeichenkettensuche. Die Funktion `@Begins` z.B. überprüft, ob eine Zeichenkette mit einer bestimmten Zeichenfolge beginnt oder nicht. Es müssen also wieder zwingend zwei Parameter übergeben werden: die Zeichenkette, die durchsucht werden soll, und diejenige, nach der gesucht wird. Auf diese Art kann der Beginn eines Strings auf bestimmte Begriffe oder Worte hin durchsucht werden. Der Rückgabewert ist hier ebenfalls wieder die 1, wenn der gewünschte Wert gefunden wird, oder eine 0 wenn die gesuchte Zeichenkette nicht enthalten ist.

Funktion »@Ends«

Vergleichbar verhält sich auch die Funktion `@Ends`, nur dass diese überprüft, ob ein Text mit einer bestimmten Zeichenkette endet. Ansonsten gleicht diese Funktion genau der Funktion `@Begins`.

Funktionen »@Left« und »@Right«

Die Funktionen `@Left` bzw. `@Right` sind dafür vorgesehen, eine besondere Teilzeichenmenge aus einer Zeichenkette zu extrahieren. Standardmäßig benötigen beide Funktionen zwei Parameter. Der erste Parameter übergibt eine Zeichenkette, die verarbeitet werden soll, der zweite Parameter ist wahlweise numerisch oder ebenfalls eine Zeichenkette. Übergibt man einen numerischen Wert, dann wird die Zeichenzahl zurückgeliefert, die angegeben ist, und zwar aus der definierten Richtung.

Das folgende Beispiel verdeutlicht die Arbeitsweise dieser beiden Funktionen.

```
@Left("Bundeskanzler";4)
```

Diese Funktion liefert das Wort »Bund« als Rückgabewert, während die Funktion

```
@Right("Bundeskanzler";7)
```

den Wert »kanzler« zurückgeben würde. Allerdings kann, das wurde bereits erwähnt, auch eine zweite Zeichenfolge an die Funktion übergeben werden. Beispielsweise wäre auch die folgende Parametrisierung denkbar:

```
@Left("Bundeskanzler";"eskanzler")
```

bzw.

```
@Right("Bundeskanzler";"Bundes")
```

In beiden Fällen würden wir denselben Rückgabewert wie im ersten Fall erhalten. Somit bestehen eine Reihe von Möglichkeiten, auf die Inhalte von Zeichenketten zuzugreifen und sogar gegebenenfalls Teilzeichenketten zu extrahieren.

Funktion »@Middle«

Eine Funktion zur Extraktion solcher Teilzeichenketten ist die Funktion `@Middle`. Mithilfe dieser Funktion besteht die Möglichkeit, aus einer Zeichenkette eine Teilzeichenkette zu extrahieren. Da im Gegensatz zu den Funktionen `@Left` bzw. `@Right` von einer beliebigen Stelle der Zeichenkette an extrahiert werden kann, benötigt diese Funktion drei Parameter.

```
@Middle (Zeichenkette; Startpunkt; Endepunkt)
```

Diese Start- und Endpunkte können entweder wieder durch numerische Werte repräsentiert werden oder durch eine entsprechende Zeichenfolge.

So führt die folgende Formel

```
@Middle ("Als Gregor Samsa eines Morgens";"Als";"eines")
```

zum Rückgabewert »Gregor Samsa «.

Funktion »@Trim«

An diesem Rückgabewert fällt auf, dass er von einem führenden und einem schließenden Leerzeichen begrenzt wird. Diese quasi überschüssigen Leerzeichen können mithilfe der Funktion `@Trim` entfernt werden. Diese Funktion entfernt jedoch nicht nur führende und schließende Leerzeichen aus einer Zeichenkette, sondern auch – vor allem wenn es sich um eine längere Zeichenkette handelt – versehentlich doppelt eingegebene Leerzeichen. Ein Beispiel soll dies verdeutlichen:

```
@Trim("    Als          Gregor  Samsa       eines       Morgens              ")
```

Aus dieser Zeichenkette werden mithilfe der Funktion `@Trim` alle führenden, doppelten und schließenden Leerzeichen entfernt. Zwischen den Worten bleibt jeweils nur ein einzelnes Leerzeichen bestehen. Mithilfe dieser und aller übrigen und bisher nicht erwähnten Zeichenkettenfunktionen besteht die Möglichkeit, gezielt auf die einzelnen Bereiche einer Zeichenkette zurückzugreifen.

Die Tabelle 15.8 zeigt einige der Funktionen zur Zeichenkettenbearbeitung in der Übersicht.

Funktion	Parameter	Rückgabewert
`@Begins`	Zeichenkette; Suchzeichenkette	0 (falsch) bzw. 1 (wahr)
`@Contains`	Zeichenkette; Suchzeichenkette	0 (falsch) bzw. 1 (wahr)
`@Ends`	Zeichenkette; Suchzeichenkette	0 (falsch) bzw. 1 (wahr)
`@Left`	Zeichenkette; Ziffer	Von der angegebenen Zeichenkette wird beginnend von links die angegebene Zeichenzahl zurückgegeben.
	Zeichenkette; Zeichenkette	Von der angegebenen Zeichenkette werden beginnend von links alle Zeichen bis zum ersten Vorkommen der Suchzeichenkette zurückgegeben.
`@LeftBack`	Zeichenkette; Ziffer	Zählt die angegebene Zahl von Zeichen nach rechts zurück und liefert alle links davon stehenden Zeichen zurück. Beispiel: `@Leftback("Dies ist";4)=>"Dies"`
	Zeichenkette; Zeichenfolge	Sucht von rechts beginnend die angegebene Zeichenfolge und liefert als Rückgabewert alle Zeichen, die links von dieser Zeichenfolge stehen. Beispiel: `@Leftback("Dies ist";" ist")=>"Dies"`
`@Middle`	Zeichenfolge; Beginn; Ende	Die angegebene Zeichenfolge wird von links nach rechts bis zur Beginn-Position durchgezählt und anschließend werden alle Zeichen bis zur Ende-Position zurückgegeben.
	Zeichenfolge; Beginn; Endestring	Die angegebene Zeichenfolge wird von links nach rechts bis zur Beginn-Position durchgezählt und anschließend werden alle Zeichen bis zum Auftauchen des Ende-Strings zurückgegeben.
	Zeichenfolge; Beginnstring; Ende	Die angegebene Zeichenfolge wird von links nach rechts bis zum Vorkommen des Beginnstrings durchsucht und anschließend werden alle Zeichen bis zur Ende-Position zurückgegeben.

Tabelle 15.8: Zeichenkettenfunktionen

Funktion	Parameter	Rückgabewert
	Zeichenfolge; Beginnstring; Endestring	Die angegebene Zeichenfolge wird von links nach rechts bis zum Vorkommen des Beginnstrings durchsucht und anschließend werden alle Zeichen bis zum Endestring zurückgegeben.
`@IsText`	Beliebiger Parameter	Liefert eine 1 (wahr), wenn der Parameter Text enthält, anderenfalls 0 (falsch).
`@Trim`	Zeichenkette	Entfernt alle doppelten, führenden und schließenden Leerzeichen aus einer Zeichenkette.
`@Word`	Zeichenkette; Trennzeichen; Elementnummer	Analysiert die übergebene Zeichenkette auf das Vorkommen des definierten Trennzeichens und liefert anschließend das als Elementnummer übergebene Element als Rückgabewert. Beispiel: `@word("Gregor~Samsa"; "~";2) => "Samsa"`

Tabelle 15.8: Zeichenkettenfunktionen (Forts.)

Mithilfe dieser Funktionen zur Bearbeitung von Zeichenketten haben Sie jetzt eine der wichtigsten Voraussetzungen geschaffen, um sich mit Notes Domino erste Formeln erarbeiten zu können.

Funktionen zur Listenverarbeitung

Wie bereits im Zusammenhang mit Operatoren dargelegt wurde, kommt der Verarbeitung von Listen eine besondere Bedeutung in einer Notes Domino-Umgebung zu.

Listen sind im Prinzip nichts anderes als die Zusammensetzung einzelner Werte zu einem einheitlichen Ganzen, ohne jedoch die Möglichkeit zu verlieren, auf die einzelnen Elemente einer Liste zurückgreifen zu können.

Ein Beispiel macht dies deutlich:

```
"New York":"Paris":"Sidney":"Tokyo":"Berlin"
```

Diese Liste unterschiedlicher Städte enthält insgesamt fünf Elemente, die jeweils den Namen einer einzelnen Weltstadt beinhalten. Es stehen uns innerhalb von Notes Domino neben den Möglichkeiten der Operatoren noch eine Reihe separater Funktionen zur Verfügung, die zur Bearbeitung solcher Listen eingesetzt werden können.

`Funktion @Elements`

Die Funktion `@Elements(Liste)` gibt die Anzahl der Elemente einer Liste zurück.

Über die Formel

```
_var:= "New York":"Paris":"Sidney":"Tokyo":"Berlin";
@elements(_var)
```

erhalten Sie den Rückgabewert 5. Somit haben Sie die Gesamtzahl der Elemente einer solchen Liste ausgewertet.

Erzeugung von Listen

Listen können innerhalb einer Notes Domino-Umgebung auf unterschiedliche Weise entstehen: einerseits durch Anwendungsentwickler, die Listen für die Weiterverarbeitung vordefinieren, andererseits durch die Eingabe von mehreren Werten in ein Feld. Um eine Eingabe von Listen in Feldern zu ermöglichen wird, muss in den Feldeigenschaften das Schaltkästchen MEHRFACHWERTE ZULASSEN aktiviert werden (vgl. Abbildung 15.6).

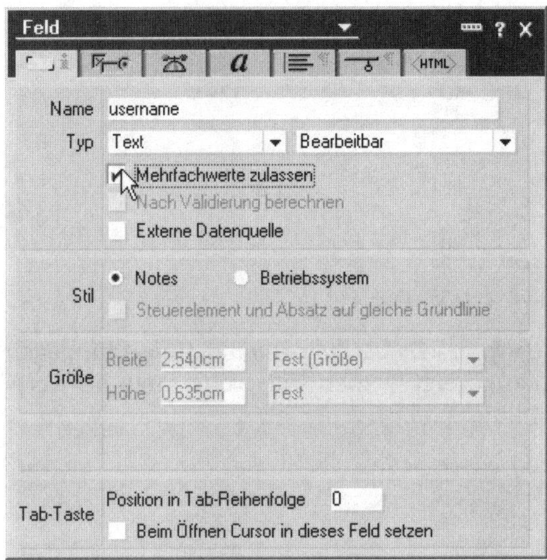

Abbildung 15.6: Listenverarbeitung durch Mehrfachwerte zulassen ermöglichen

Mithilfe dieser Voreinstellungen können jetzt die Benutzer der Anwendung mehr als einen Wert in dem Feld *Username* eintragen.

Trennzeichen in den Feldern festlegen

In den Grundeinstellungen verwendet Notes Domino als Trennzeichen für die einzelnen Werte immer das Komma, was in vielen Fällen auch vollkommen ausreichend ist. Möchten Sie jedoch ein anderes Trennzeichen benutzen, können Sie dies auf der Karteikarte ERWEITERT der Feldeigenschaften tun (vgl. Abbildung 15.7).

Sie können zum Trennen der Listeneinträge die in der Abbildung angegebenen Trennzeichen verwenden.

An dieser Stelle sind zwei Dinge voneinander zu unterscheiden. In dem Listenfeld *Werte trennen bei Eingabe von* wählen Sie das Trennzeichen aus, das zur Unterscheidung der einzelnen Werte voneinander benutzt werden. Der Endanwender muss sich bei der Eingabe der Daten an diese vorgegebene Struktur halten und die benötigten Trennzeichen mit eingeben.

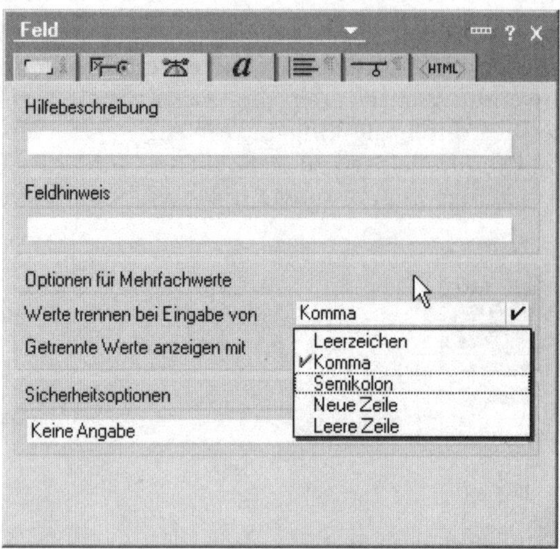

Abbildung 15.7: Trennzeichen für Mehrfachwerte definieren

Das darunter befindliche Listenfeld *Getrennte Werte anzeigen mit* definiert hingegen das Trennzeichen, das den Benutzern angezeigt werden soll, wenn mehrere Werte in einem Feld verfügbar sind (vgl. Abbildung 15.8).

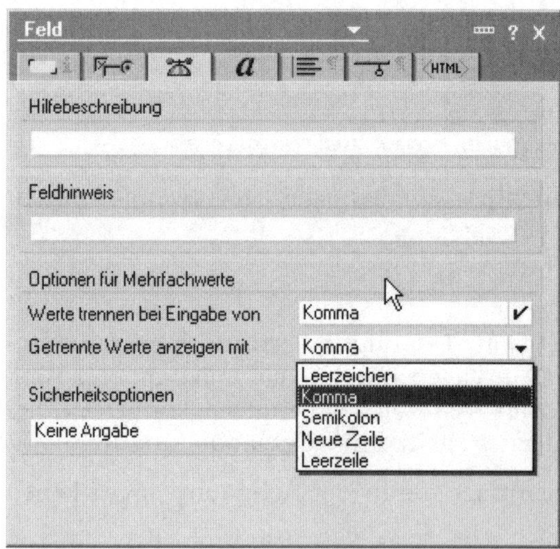

Abbildung 15.8: Anzeigetrennzeichen für Mehrfachwerte festlegen

Die in diesen beiden Mehrfachwertfeldern benutzten Trennzeichen werden *nicht* in dem Dokument gespeichert. Notes Domino speichert tatsächlich mehrere separierte Werte in den entsprechenden Feldern. Die Trennzeichen dienen lediglich zur Visualisierung der unterschiedlichen Werte für die Benutzer.

Verarbeitung von Listen

Listen müssen auf die eine oder andere Weise wieder von Formeln weiterverarbeitet werden. Benutzer tragen in einem Feld Daten ein, an anderer Stelle zur Weiterverarbeitung verwendet werden. Stößt Notes Domino dann auf ein Feld mit mehreren Werten, bedarf es der Analyse dieser Werte, um die Daten verarbeiten zu können.

Eine Funktion zur Analyse von solchen Listenwerten haben Sie schon mit `@Elements` kennen gelernt. Es reicht jedoch meist nicht aus, die Anzahl der Elemente einer Liste festzustellen, sondern es muss auch auf einzelne Elemente einer Liste zugegriffen werden können. Um zum Beispiel ein einzelnes Element einer Liste zu erhalten, bedarf es eines mehrstufigen Prozesses.

Funktion »@IsMember«

Soll zunächst festgestellt werden, ob ein bestimmter Wert in einer Liste enthalten ist, bedient man sich der Funktion `@IsMember`, an die man als ersten Parameter den Wert übergibt, nach dem in der Liste gefahndet wird, und als zweiten Parameter die Liste, die überprüft werden soll. Als Rückgabewert erhält man ein logisches True (1) oder False (0).

Eine solche Formel könnte folgendermaßen aufgebaut sein:

```
_var:= "New York":"Paris":"Sidney":"Tokyo":"Berlin";
@if(@IsMember("Paris";_var);"Paris";"Andere Stadt")
```

Diese kleine Formel überprüft, ob in der Liste der Wert »Paris« enthalten ist, und gibt anschließend den Wert »Paris« oder den Wert »Andere Stadt« zurück.

Funktion »@Member«

Eine etwas elegantere Zugriffsart wäre aber zum Beispiel der direkte Zugriff auf die Daten der Liste. Um einzelne oder mehrere Werte einer Liste als Rückgabewert erhalten zu können, bedarf es einiger Funktionen, die eine Analyse der Listenelemente durchführen, anschließend gezielt das oder die gewünschten Elemente als Rückgabewert liefern.

Die Analyse einer solchen Liste erledigt die Funktion `@Member`. Durch diese Funktion wird ein bestimmter Wert innerhalb einer Liste von Werten gesucht. Konnte der Wert gefunden werden, wird die Position des Elements innerhalb der Liste als numerischer Wert übergeben.

Ein Beispiel verdeutlicht diese Funktion:

```
_var:= "New York":"Paris":"Sidney":"Tokyo":"Berlin";
_var2:=@Member("Paris";_var);
_var2
```

In diesem kleinen Beispiel hätte die Variable `_var2` den Wert 2, da sich der gesuchte Wert »Paris« an der Position 2 innerhalb der Liste befindet. Wird durch `@Member` nach einem Wert gesucht, der nicht in der Liste enthalten ist, erhält man den Wert 0 als Rückgabewert.

Auf Listenwerte zugreifen

Nachdem jetzt die Position des gesuchten Werts innerhalb der Liste bestimmt worden ist, soll noch der entsprechende Wert zurückgeliefert werden. Der Sinn einer solchen Vorgehensweise wird wohl am besten durch folgendes Beispiel deutlich: In einem Feld vom Typ *Text* können Benutzer einer Maske Städtenamen eintippen. Abhängig davon, ob die Städte in einer festgelegten Liste enthalten sind, wird in einem berechneten Feld eine Sehenswürdigkeit der Stadt eingetragen, anderenfalls der Wert »Nichts gefunden«.

Vereinfachungen seit Lotus Notes 6

In Lotus Notes 6 wird der Zugriff auf Listenelemente im Vergleich zu früheren Releases deutlich vereinfacht, da jetzt auf die Listenelemente direkt durch Ihre Indexposition zugegriffen werden kann. Um in unserem Beispiel zu bleiben:

```
_Liste:="New York":"Paris":"Sidney":"Tokyo":"Berlin";
_Liste2:="Empire State Building":"Eiffelturm":"Oper":"Japaner":"Reichstag";
_var:=@member(tfStaedte;_Liste);
@if(_var>0;_Liste2[_var];"Nichts gefunden")
```

In diesem Beispiel wird durch explizite Angabe des Listenelements der Indexposition der Zugriff auf das Listenelement erleichtert. Dies war in früheren Versionen von Lotus Notes nicht möglich. Hier war eine etwas umständlichere Vorgenesweise vonnöten.

Vorgehensweise vor Lotus Notes 6

```
_Liste:="New York":"Paris":"Sidney":"Tokyo":"Berlin";
_Liste2:="Empire State Building":"Eiffelturm":"Oper":"Japaner":"Reichstag";
_var:=@member(tfStaedte;_Liste);
@if(_var>0;@subset(@subset (_Liste2;_var);-1);"Nichts gefunden")
```

Die ersten zwei Zeilen sind uns bekannt. Zunächst wird die Liste der Referenzstädte gebildet und der Variablen `_Liste` zugewiesen. Anschließend wird eine zweite Liste mit Sehenswürdigkeiten gebildet, die jeweils wieder an der gleichen Stelle zu finden sind wie die Städte selbst. Diese Liste weisen wir der Zeile `_Liste2` zu. Die Variable `_var` erhält dann den numerischen Wert der Position des gesuchten Elements. Im `@if` wird schließlich überprüft, ob die eingegebene Stadt in der Liste enthalten war. Diese Überprüfung erfolgt anhand des Werts der Variablen `_var`, die immer nur dann den Wert 0 erhält, wenn die eingetragene Stadt nicht in der Liste auftaucht.

Erst mit Notes 6 kann das letzte Konstrukt etwas vereinfacht werden. Da die Listen jetzt quasi als Array angesprochen werden können, kann auch gezielt auf die einzelnen Elemente einer Liste über ihre Indexposition zurückgegriffen werden. Das Listing ändert sich wie folgt:

```
.
.
.
@if(_var>0;_Liste2[_var];"Nichts gefunden")
```

Durch die einfache Angabe der Listenposition innerhalb der eckigen Klammern kann somit gezielt auf ein Element der Liste zurückgegriffen werden, ohne ein geschachteltes @subset oder den Umweg über eine entsprechende String-Verarbeitungsfunktion wie z.B. @word, wie sie auf der Seite `@Word` dargestellt wird. Diese neue Möglichkeit der Listenverarbeitung bedeutet eine erhebliche Vereinfachung der Arbeit im Vergleich zu den Möglichkeiten in den Releases bis einschließlich R5.

Funktion »@Subset«

Komplizierter ist hier der Wahr-Zweig des `@if`. Wir bedienen uns der Funktion `@Subset`, um auf die Werte der `_Liste2` zuzugreifen. Die Funktion `@Subset` benötigt immer als Parameter die Liste, aus der Werte zurückgeliefert werden sollen, und als zweiten Übergabewert die Position des gewünschten Elements. Der Rückgabewert der Funktion ist wieder eine Liste.

Übergeben Sie an die Funktion `@Subset` als numerischen Wert eine positive Zahl (z.B. die 2), liefert sie von links beginnend alle Werte der Liste.

Die Funktion

```
@Subset("New York":"Paris":"Sidney":"Tokyo":"Berlin"; 2)
```

liefert uns ihrerseits eine Liste mit den Werten "New York":"Paris". Ähnlich agiert die Funktion, wenn man als numerischen Parameter eine negative Zahl angibt. In diesem Fall wird die entsprechende Zahl von Elementen *von rechts* zurückgeliefert.

Beispiel:

```
@Subset("New York":"Paris":"Sidney":"Tokyo":"Berlin"; -2)
```

liefert uns die Werteliste `"Tokyo":"Berlin"` zurück. Die einzigen Ausnahmen bilden die Werte 1 und –1, die uns immer nur ein Element liefern, nämlich das erste bzw. das letzte Element. Diesen Umstand machen wir uns in der obigen Formel zunutze.

```
....@Subset(@Subset (_Liste2;_var);-1)....
```

Da Funktionen immer von innen nach außen aufgelöst werden, wird zunächst das innere `@Subset` ausgeführt. Es liefert – gleichgültig welche Stadt wirklich eingetragen wurde – immer eine Liste zurück, deren letztes Element dem gesuchten Wert entspricht. Diese Liste wird dann wieder von dem äußeren `@Subset` ausgewertet, das uns immer das letzte Element von rechts ausgibt.

Listen als Rückgabewert

Neben diesen Varianten gibt es eine große Zahl von Funktionen, die nicht einen einzelnen Wert errechnen, sondern grundsätzlich eine Liste von Werten liefern, die es anschließend zu analysieren gilt.

Funktion »@UserNamesList«

Exemplarisch sei hier `@UserNamesList` genannt, die eine Liste aller Namen zurückgibt Rollen und Gruppennamen, über die der aktuell angemeldete Benutzer in der derzeit geöffneten Datenbank verfügt.

Weitere Funktion zur Verarbeitung von Listen entnehmen Sie bitte der Tabelle Tabelle 15.9.

Funktion	Parameter	Rückgabewert
`@Subset`	Liste; Ziffer	Liste von Werten
`@Member`	Suchbegriff; Liste	Numerische Position des Suchbegriffs in der Liste. 0, wenn nicht enthalten.
`@IsMember`	Suchbegriff; Liste	1 (wahr) oder 0 (falsch)
`@Explode`	Zeichenkette; Trennzeichen	Generiert aus der Zeichenkette anhand der Trennzeichen eine Textliste und liefert diese als Rückgabewert.
`@Implode`	Textliste; Trennzeichen	Wertet eine Textliste aus und liefert eine Zeichenkette zurück. Die einzelnen Werte der Zeichenkette werden durch das angegebene Trennzeichen voneinander getrennt.
`@IsNotMember`	Suchbegriff;Liste	1 (wahr), wenn der Begriff nicht in der Liste steht, 0, wenn der Begriff in der Liste enthalten ist.
`@Replace`	Liste; Suchliste; Ersetzungsliste	Durchsucht die Liste nach dem Vorkommen der Suchliste und ersetzt sie durch die Ersetzungsliste

Tabelle 15.9: Funktionen zur Listenverarbeitung

Logische Funktionen

Arten von logischen Funktionen

Wenn wir über logische Funktionen sprechen, müssen wir zunächst einmal eine Unterscheidung zwischen zwei grundsätzlichen Arten logischer Funktionen machen. Zum einen müssen wir solche Funktionen betrachten, die logische Werte als Rückgabewert haben, das heißt, in aller Regel die Überprüfung bestimmter Eigenschaften der aktuellen Arbeitsumgebung durchführen und als Rückgabewert eine Information darüber geben, ob dies gegeben ist oder nicht. Zum anderen müssen die Funktionen genauer betrachtet werden, die Bedingungen auswerten.

Auswertungsfunktionen

Funktion »@If«

Die Auswertung logischer Operationen erfolgt innerhalb der Formelsprache normalerweise über die Funktion `@if`, die wir in Ansätzen bereits besprochen haben. An die Funktion müssen grundsätzlich drei Parameter übergeben werden. Der erste Parameter ist immer die logische Überprüfung, die durchgeführt werden muss. Bei diesem Parameter kann es sich um einen Vergleich handeln, zum Beispiel ob ein Feld einen bestimmten Wert aufweist, oder aber um die Ausführung einer Formel, die als Rückgabewert entweder eine 1 (logisch wahr) oder 0 (logisch falsch) hat. Somit können hier unterschiedlichste Operationen zum Einsatz kommen. Folgendes Beispiel verdeutlicht dies:

```
@if(tfStaedte="Paris";"Eiffelturm";"Keine Sehenswürdigkeit gefunden")
```

In diesem Beispiel wird zunächst einmal überprüft, ob in dem Textfeld *tfStaedte* der Wert »Paris« steht. Der gesamte Vergleichsausdruck liefert als Rückgabewert entweder `WAHR` oder `FALSCH`. Hat der Benutzer den Wert »Paris« eingetragen, wird der zweite Parameter »Eiffelturm« zurückgeliefert; wird eine andere Stadt in dem Feld eingetragen, wird der dritte Parameter als Rückgabewert geliefert, die Zeichenkette »Keine Sehenswürdigkeit gefunden«.

Die Funktion verlangt die Angabe von zwei Verhaltensmaßregeln:

- was soll ausgeführt werden, wenn die angegebene Bedingung erfüllt ist, und
- was soll alternativ ausgeführt werden, wenn die Bedingung nicht erfüllt ist.

Selbst wenn im letzten Fall nichts passieren soll, muss dieses Nichts angegeben werden. Je nach Kontext könnte dies entweder eine leere Zeichenkette, der Begriff `NULL` oder `VOID` sein. Notes Domino wird es aber nicht zulassen, dass dieser Bereich leer bleibt.

Soll also in allen Fällen, in denen nicht Paris als Stadt eingetragen wurde, nichts passieren, würde die Formel so aussehen:

```
@if(tfStaedte="Paris";"Eiffelturm";void)
```

Dies würde von Notes Domino als gültige Formel akzeptiert.

Mehrere Bedingungen prüfen

Soll nicht nur eine Bedingung überprüft werden, so kann dies ebenfalls mithilfe der Funktion `@if` erfolgen. Es ist hierzu nicht notwendig eine Verschachtelung von mehreren `@if` zu definieren. Es reicht aus, im »anderenfalls«-Zweig des `@if` eine neue Bedingung zu formulieren, um eine Bedingungsüberprüfung durchzuführen. Sie können insgesamt bis zu 99 Bedingungen innerhalb eines einzigen `@if` überprüfen lassen, wobei Sie immer eine ungerade Anzahl von Parametern an die Funktion übergeben müssen. Es muss also immer eine letzte »anderenfalls«-Bedingung definiert sein. Sonst bekommen Sie bereits beim Abspeichern der Formel eine Fehlermeldung angezeigt.

Ein Beispiel für eine solche mehrstufige Überprüfung könnte folgende Formel aus unserem Beispiel sein:

```
@if(tfStaedte="Paris";"Eiffelturm";tfStaedte="New York";"Empire State Building";tfS-
taedte="Tokyo";"Burg Edo";void)
```

In diesem Beispiel wird, wie bereits geschehen, überprüft, ob im Feld *tfStaedte* der Wert `Paris` eingetragen wurde. Wenn dies der Fall ist, wird der Wert `Eiffelturm` zurückgegeben.

Ist dies jedoch nicht der Fall, dann wird im nächsten Schritt überprüft, ob in dem Feld der Wert »New York« angegeben wurde. Ist diese Bedingung erfüllt, wird das »Empire State Building« als Sehenswürdigkeit genannt. Ist auch die Stadt »New York« nicht eingetragen, wird im letzten Schritt das Feld noch auf den Wert der Stadt »Tokyo« überprüft, die gegebenenfalls die »Burg Edo« als Rückgabewert liefert. Ist dies der Fall, wird der Name der »Burg Edo« genannt. Ansonsten wird wieder `void` zurückgegeben.

Auf diese Art können bis zu 99 unterschiedliche Bedingungen abgeprüft werden. Diese Zahl reicht realistisch gesehen für alle Notwendigkeiten vollständig aus. Bei Überprüfungen, die diese Zahl von Möglichkeiten übersteigen, sollte man unter anderem aus Performancegründen lieber auf alternative Funktionalitäten z.B. der Programmiersprache LotusScript zurückgreifen. Diese verfügt über mehr Möglichkeiten zur Durchführung von Überprüfungen von unterschiedlichen Fällen und ist deshalb immer dann der Funktion `@if` vorzuziehen, wenn diese nicht mehr ausreichende Möglichkeiten bietet.

Funktionen mit logischem Rückgabewert

Unter den insgesamt 180 unterschiedlichen Funktionen, die Notes Domino Programmierern zur Verfügung stellt, gibt es ein Reihe von Funktionen, die bereits einen logischen Wert als Rückgabe liefern. Das bedeutet für die Benutzung dieser Funktionen, dass man eine bestimmte Information aus der gegebenen Arbeitsumgebung bzw. vom gewählten oder geöffneten Dokument erhält und auf den vorgefundenen Zustand reagieren kann.

Funktion »@IsNewDoc«

Die Funktion `@IsNewDoc` ist eine sehr häufig benutzte Funktion, da man mit ihrer Hilfe sofort eine Information darüber erhält, ob das gerade geöffnete Dokument neu erstellt wurde oder bereits früher einmal gespeichert worden ist. Ein typisches Einsatzgebiet für diese Funktion ist das Ereignis `Fenstertitel`. Hier wird festgelegt, was im Fenstertitel des Notes-Client bzw. Webbrowsers angezeigt wird.

Ein Beispiel soll das verdeutlichen (vgl. Abbildung 15.9).

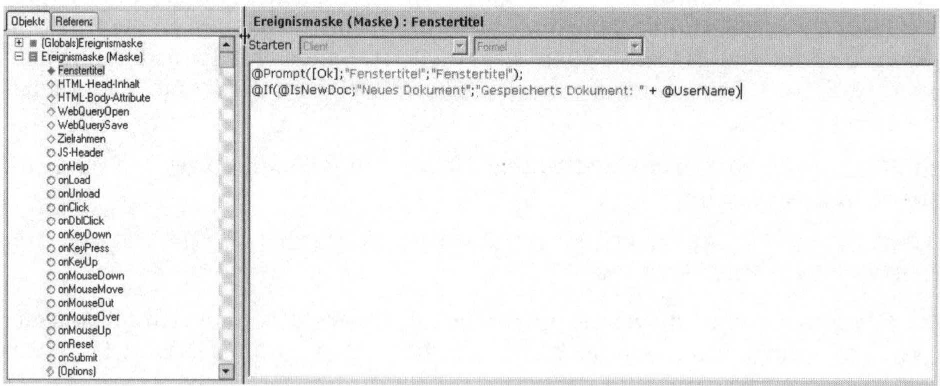

Abbildung 15.9: Formel für den Fenstertitel

Diese Formel im Ereignis `Fenstertitel` (vgl. Abbildung 15.9) ist übrigens das erste Ereignis, das beim Öffnen oder Erstellen eines Dokuments eintritt. Wenn es sich um eine neues Dokument handelt, zeigt es den Text »Neues Dokument in der Datenbank« oder das Erstelldatum und den Autor des Dokuments in der Titelleiste des Notes- bzw. Webbrowser-Fensters an (vgl. Abbildung 15.10).

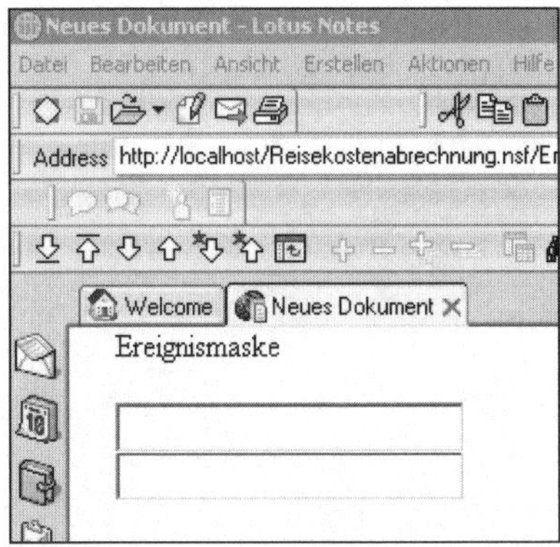

Abbildung 15.10: Ergebnis der obigen Formel im Ereignis »Fenstertitel«

Die Funktion `@IsNewDoc` hat hier im ersten Fall ein WAHR zurückgeliefert, da es sich bei dem Dokument um ein neues Dokument gehandelt hat. Im zweiten Fall gibt die Funktion ein `FALSCH` zurück und damit wird das komplexere Konstrukt ausgeführt, das dann zur etwas längeren Darstellung im zweiten Fall führt.

Auf vergleichbare Weise arbeiten die meisten Funktionen mit logischem Rückgabewert. Es wird entweder kein oder ein einzelner Parameter an die Funktion übergeben und der Rückgabewert ist immer entweder `WAHR` oder `FALSCH`. Diesen Rückgabewert fängt man in der Regel innerhalb eines `@if` ab, um anschließend auf den jeweiligen Status angemessen reagieren zu können.

Als Beispiel dient uns hier eine kleine Formel, die zunächst einmal überprüft, ob ein Dokument im Bearbeitenmodus geladen worden ist. Wenn dies der Fall ist, wird in das Feld *tfStaedte* der Wert »Paris« eingetragen, anderenfalls wird das Dokument zunächst in den Bearbeitenmodus geschaltet und anschließend in das Feld der Wert »New York« eingetragen.

```
@If(@IsDocBeingEdited;@SetField("tfStaedte";"Paris");
@Do(@Command([EditDocument];"1");@SetField("tfStaedte";"New York")))
```

Funktion @SetField

Interessant an dieser Formel ist zweierlei. Einerseits lernen Sie hier mit der Funktion `@SetField` eine Funktion kennen, mit der Sie Feldern einen Wert zuweisen können. Das hat unter anderem den Vorteil, dass Sie eine Wertzuweisung auch innerhalb einer Funktion durchführen können. Diese Möglichkeit haben Sie bei Benutzung des Schlüsselworts `FIELD` nicht.

Funktion »@Do«

Interessanter aber ist hier die Funktion `@Do`, die im »anderenfalls«-Zweig des `@If` nacheinander zwei unterschiedliche Dinge ausführt. Zum einen wird der Befehl zum Umschalten in den Bearbeitenmodus ausgeführt, zum anderen wird wieder über die Funktion `@SetField` einem Feld ein Wert zugewiesen.

> Mehr Informationen zu den `@Command`-Befehlen erhalten Sie in Kapitel 16.

Damit diese Formel ausgeführt werden kann, sollten Sie sie in einer Schaltfläche einer Maske hinterlegen, wie das im folgenden Beispiel auch geschehen ist (vgl. Abbildung 15.11).

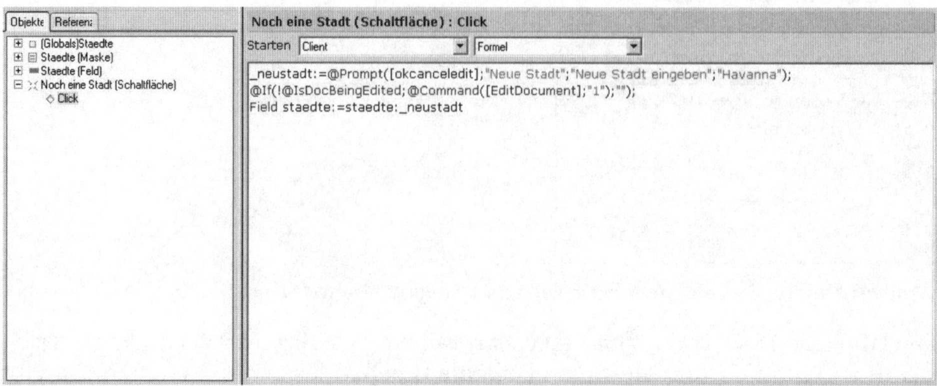

Abbildung 15.11: Überprüfen des Bearbeitenmodus

Die Tabelle 15.10 listet einige der wichtigsten Funktionen mit logischem Rückgabewert auf.

Funktion	Parameter	Rückgabewert
`@IsDocBeingEdited`	Keiner	Wahr (1) oder falsch (0), abhängig davon, ob sich das aktuelle Dokument im Bearbeitenmodus befindet oder nicht.
`@IsDocBeingMailed`	Keiner	Gibt wahr zurück, wenn das aktuelle Dokument versendet wird, anderenfalls falsch.
`@IsDocBeingRecalculated`	Keiner	Gibt wahr zurück, wenn das aktuelle Dokument neu berechnet worden ist, sonst falsch.
`@IsDocBeingSaved`	Keiner	Gibt ein wahr zurück, wenn das aktuelle Dokument gespeichert worden ist. Sonst falsch.
`@IsDocTruncated`	Keiner	Gibt wahr zurück, wenn das aktuelle Dokument nur teilweise übertragen worden ist, sonst falsch.
`@IsError`	Keiner	Gibt wahr zurück, wenn ein @Error Fehler aufgetreten ist, sonst falsch.
`@IsMember`	Text; Textliste	Wahr, wenn der Textwert in der Liste enthalten ist, sonst falsch.
`@IsModalHelp`	Keiner	Wahr, wenn es sich um eine Hilfedokument handelt, sonst falsch.
`@IsNewDoc`	Keiner	Wahr, wenn es sich um ein neues Dokument handelt, sonst falsch.
`@IsNotMember`	Text; Textliste	Wahr, wenn der Textwert nicht in der Liste enthalten ist, sonst falsch.

Tabelle 15.10: Funktionen mit logischem Rückgabewert

Funktion	Parameter	Rückgabewert
@IsNumber	Wert	Wahr, wenn der übergebene Parameter ein numerischer Wert ist, sonst falsch.
@IsResponseDoc	Keiner	Wahr, wenn das aktuelle Dokument ein Antwortdokument ist, sonst falsch.
@IsText	Wert	Wahr, wenn der übergebene Wert ein Textwert ist, sonst falsch.
@IsTime	Wert	Wahr, wenn der übergebene Wert ein Zeitwert ist, sonst falsch.
@IsUnavailable	Feldname	Wahr, wenn das angegebene Feld im Dokument verfügbar ist, sonst falsch.
@IsValid	Keiner	Führt alle Validierungsformeln einer Maske aus. Wahr, wenn alle Formeln fehlerfrei ausgeführt werden konnten, sonst falsch.

Tabelle 15.10: Funktionen mit logischem Rückgabewert (Forts.)

Schleifenfunktionen

Vollständig neu im Notes Release 6 sind die Schleifenfunktionen in der Lotus Notes Formelsprache. Innerhalb einer Schleife werden die einzelnen Anweisungen so häufig ausgeführt, wie die Schleife durchlaufen wird. Typische Beispiele für ein Schleifenkonstrukt sind die @For-, die @DoWhile- und die @While-Schleife.

Die Entscheidung, welche der Schleifenkonstrukte Sie verwenden wollen, ist sehr leicht zu fällen. Wenn Sie bereits wissen oder errechnen können, wie oft eine Schleife durchlaufen werden muss, können Sie die @For-Schleife verwenden, wenn Sie die Zahl der Schleifendurchläufe nicht kennen oder einfach berechnen können, wählen Sie entweder die @DoWhile- oder die @While-Schleife.

Die »@For«-Schleife

Die folgende Syntax gilt bei Verwendung einer For-Schleife:

```
@For(VariablenStartwert;Endwertvergleich;Inkrement;Befehl1;Befehl2;..;Befehl252)
```

Der erste Parameter Zähler definiert den Startwert einer Zählvariablen. Der zweite Parameter definiert den Vergleich mit einem Endwert, der als Schleifenende verwendet wird. Die Schleife wird dann so lange durchlaufen, wie der Endwert der Zählvariablen nicht erreicht wurde. Der dritte Parameter definiert das Inkrement (ein Wert, der bei jedem Schleifendurchlauf zu dem bestehenden Wert der Zählvariable hinzugezählt wird).

```
_liste:="Paris":"New York":"London":"Dortmund";
_liste2:=@For(n:=1;
        n<=@Elements(_liste);
        n:=n+1;
@Prompt([ok];"";"Weltstadt:" + _liste[n]));
```

In diesem Beispiel wird die Liste mit den bekannten Weltstädten verarbeitet. Mit der Funktion @For werden alle Elemente der Liste, also alle Städte, einzeln verarbeitet und in einer Messagebox am Bildschirm einzeln angezeigt. Um zu errechnen, wie viele Schleifendurchläufe benötigt werden, um alle Elemente zu erfassen, wird zunächst die Zählvariable n mit dem Wert 1 belegt. Mit dem zweiten Überprüfungsparameter legen Sie fest, dass die Schleife solange durchlaufen wird, wie n kleiner oder gleich der Anzahl der einzelnen Städte in der Variablen ist. Da wir es hier mit vier Städten zu tun haben, erhalten wir also vier Schleifendurchläufe.

Mit dem dritten Parameter, dem Inkrement, legen Sie dann fest, das sich der Wert der Zählvariablen n bei jedem Durchlaufen der Schleife um den Wert 1 erhöht (n:=n+1). Abschließend folgen dann mit einem Semikolon abgetrennt die Anweisungen die innerhalb der Schleife ausgeführt werden sollen. Die Funktion @For kann neben den drei ersten Parametern insgesamt maximal 252 zur Ausführung bringen.

Die »@DoWhile«- und »@Do«-Schleifen

Anders als die @For-Schleife können die @DoWhile- bzw. die @Do-Schleife eingesetzt werden, wenn nicht von vornherein bekannt ist, wie viele Durchläufe eine Schleife haben soll. Es muss also innerhalb der Schleife einen Bedingungsüberprüfung durchgeführt werden, mit der quasi eine Abbruchbedingung festgelegt wird, damit das Durchlaufen der Schleife zu einem bestimmten Zeitpunkt unterbrochen werden kann. Hierbei unterscheiden sich @While und @DoWhile nur im Zeitpunkt der Bedingungsüberprüfung.

Die Syntax der Funktion @While ist die folgende:

```
@while(Bedingungsüberprüfung;
Anweisung1;
Anweisung2;
.;
. ;
Anweisung254)
Hierzu ein Beispiel:
_liste:="Paris":"New York":"London":"Dortmund";
_zaehler:=1;
@While(_zaehler<=@Elements(_liste);
        @Prompt([Ok];"";"Weltstadt:" + _liste[_zaehler]);
        _zaehler:=_zaehler+1)
```

In diesem Beispiel wird wiedereinmal die Liste der Weltstädte iterativ durchlaufen. Es wird zunächst eine Zählvariable mit dem Wert 1 befüllt (_zaehler). Anschließend wird innerhalb der Funktion @while zunächst die Abbruchbedingung überprüft, also festgestellt, ob der Wert von _zaehler kleiner oder gleich der Anzahl der Elemente in _liste ist. Wenn dies der Fall ist werden die folgenden Anweisungen ausgeführt, also zunächst eine Messagebox ausgegeben, anschließend der Wert der Zählvariablen _zaehler um den Wert 1 erhöht. Somit wird diese Schleife insgesamt vier mal durchlaufen.

Ähnlich arbeitet die Funktion @DoWhile. Die Syntax dieser Funktion lautet aber:

```
@DoWhile(Anweisung1;
Anweisung2;
.;
. ;
Anweisung254;
Bedingungsüberprüfung)
```

Die Funktion @DoWhile unterscheidet sich also von der Funktion @While durh die Fußsteuerung, d.h. die Überprüfung der Abbruchbedingung erfolgt nicht wie bei der Funktion @While im Schleifenkopf, also bereits bevor die Schleife durchlaufen wird, sondern erst nachdem die Schleife einmal durchlaufen wurde. Hierzu das altbekannte Beispiel:

```
_liste:="Paris":"New York":"London":"Dortmund";
_zaehler:=1;
@DoWhile(@Prompt([Ok];"";"Weltstadt:" + _liste[_zaehler]);
    _zaehler:=_zaehler+1;
_zaehler<=@Elements(_liste))
```

In diesem Fall wird die Schleife genau einmal durchlaufen. Es wird zumindest ein @Prompt ausgegeben, anschließend wird die Zählvariable um den Wert 1 erhöht und dann Überprüft, ob die gesetzte Bedingung, dass der Wert von _zaehler kleiner oder gleich der Anzahl der Elemente in _liste ist, erfüllt ist. Wenn dies der Fall ist, wird die Schleife ein weiteres Mal verarbeitet.

Die Möglichkeiten der Schleifenkonstrukte beheben in Notes 6 einen Mangel der Vorgängerversionen, der die Verwendung der Formelsprache sehr stark einschränkte und behinderte. Jetzt haben Sie zum ersten mal die Möglichkeit, auch innerhalb der Formelsprache Konstrukte zu erzeugen, die in Schleifen iterativ abgearbeitet werden und so die Möglichkeiten dieser Sprache erheblich erweitern.

Funktionen zur Eingabeübersetzung

Funktionen zur Eingabeübersetzung ermöglichen die Anpassung von Werten an den Kontext, in dem sie ausgeführt werden sollen. Beispielsweise ist es denkbar, dass der Wert, den die Anwender in ein Feld eintragen, unabhängig von der eingegebenen Schreibweise auf reine Großschreibung umgestellt werden soll. Dies hätte dann den Vorteil, dass man bei Vergleichen keine Umwandlungen mehr durchführen müsste, sondern direkt auf die gewünschten Feldinhalte in richtiger Formatierung zurückgreifen kann.

Funktion »@UpperCase«

Eine Funktion zur Umwandlung eines Textwerte in Großbuchstaben ist die Funktion @UpperCase. Den gesamten Text, der an @UpperCase übergeben wird, wandelt Notes Domino anschließend in Großbuchstaben um. In der Abbildung 15.12 sehen Sie das Ergebnis einer solchen Umwandlung.

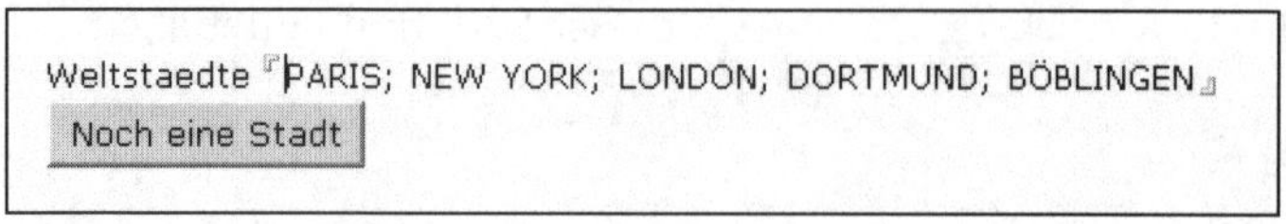

Weltstaedte PARIS; NEW YORK; LONDON; DORTMUND; BÖBLINGEN

Noch eine Stadt

Abbildung 15.12: Eingabeübersetzung eines Textwerts in Großbuchstaben

Solche Funktionen zur Eingabeübersetzung werden im Ereignis `Eingabeübersetzung` verwendet.

> Das Ereignis `Eingabeübersetzung` wird immer dann ausgeführt, wenn ein Dokument gespeichert wird.

Diese Formeln sorgen dafür, dass die Daten in einem Feld in der richtigen Form abgespeichert werden. Die folgende Abbildung illustriert die Anwendung einer Eingabeübersetzungsformel (vgl. Abbildung 15.13).

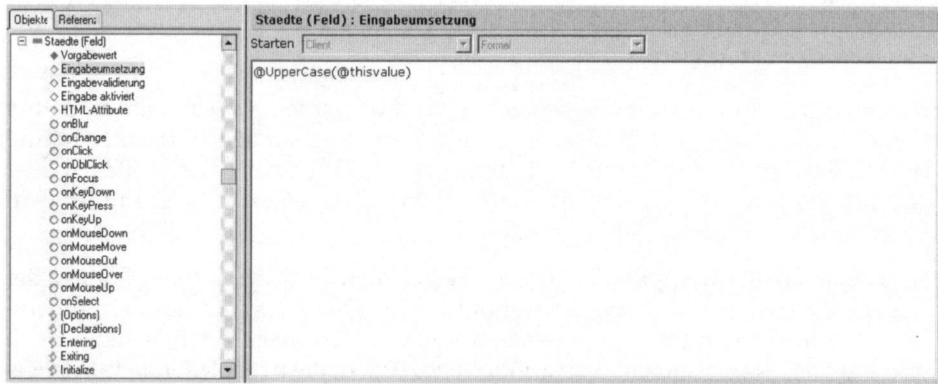

Abbildung 15.13: Umwandlung des Feldwerts in Großbuchstaben

Funktion »@ProperCase«

Möchte man nicht den Wert eines Feldes in Großbuchstaben umwandeln, sondern nur dafür sorgen, dass die eingegebenen Worte mit einem Großbuchstaben beginnen, bedient man sich der Funktion `@ProperCase`.

Das folgende Beispiel verdeutlicht die Funktionsweise von `@ProperCase`:

```
_var:="eRiKa muSTeRmanN";
@ProperCase (_var)
```

Dieses Beispiel liefert als Eingabeübersetzungsformel den Rückgabewert »Erika Mustermann«. Auf sehr ähnliche Weise arbeiten viele der Formeln zur Eingabeübersetzung.

Funktion »@Text«

Eine besondere Stellung innerhalb der Gruppe von Eingabeübersetzungsfunktionen nimmt die Funktion `@Text` ein, die zwar einerseits lediglich eine Typumwandlung eines beliebigen Datentyps in eine Zeichenkette vornimmt, anderseits aber die zu konvertierenden Daten in einer Vielzahl von unterschiedlichen Sichtweisen darstellen kann. So kann ein Wert mithilfe der Funktion als Datum dargestellt, und der gesamte Ausdruck anschließend in eine Zeichenkette konvertiert werden.

Das folgende Beispiel soll das verdeutlichen: Wir verfügen über ein Feld *dfAnfang*, in dem ein Datum durch den Benutzer ausgewählt werden kann. Außerdem verfügen wir über ein berechnetes Feld, das dieses Datum wieder als Text speichern soll. Allerdings soll das Datum so formatiert werden, dass die Jahreszahl nur dann dargestellt wird, wenn das Datum nicht im aktuellen Jahr liegt. Um die reine Typkonvertierung durchzuführen, reicht es aus, die Formel

```
@Text (dfAnfang)
```

zu benutzen. Allerdings erreichen wir dann nicht die gewünschte Darstellungsform. Zu diesem Zweck muss noch ein Formatierungsparameter an die Funktion übermittelt werden, der vor der Typkonversion das Datum in die richtige Darstellungsform überführt. Mit dem zusätzlichen Parameter »D2S0« (Datumsdarstellung 2 und Sekundendarstellung 0) wird die Darstellung in der gewünschten Form erreicht. Die Formel hat dann folgendes Aussehen:

```
@Text (dfAnfang;"D2S0")
```

Daraus ergibt sich die folgende Darstellung (vgl. Abbildung 15.14):

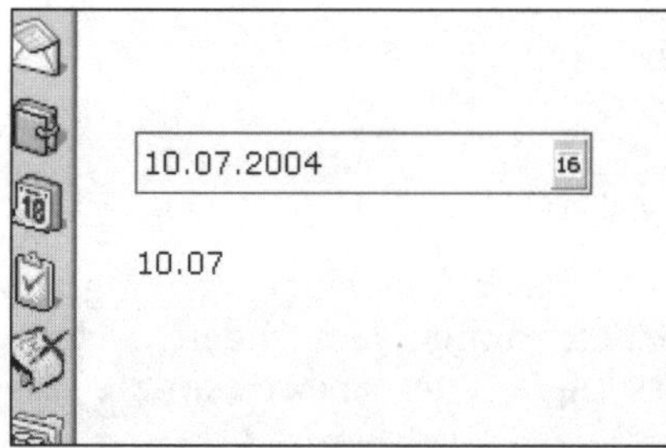

Abbildung 15.14: @Text-formatierte Darstellung eines umgewandelten Textwerts

In diesem Beispiel kann man gut erkennen, dass in dem gewünschten Textfeld die Daten so gespeichert werden, dass die Jahreszahl nur dann angezeigt wird, wenn sie nicht im aktuellen Jahr liegt.

Neben den verschiedenen Möglichkeiten zur Formatierung eines Datums bestehen noch weitere Optionen zur Darstellung von Zahlwerten.

Funktionen zur Gestaltung der Benutzerinteraktion

Neben den bisher verwendeten Funktionsarten gibt es noch Funktionen, die als Schnittstelle zu den Benutzern verwendet werden können.

Funktion »@Prompt«

Eine der Funktionen, über die Sie mit den Benutzern in Kontakt treten können, ist die Funktion `@Prompt`, die eine Meldung in einem separaten Fenster anzeigt. Sie gehört zu der Gruppe von Funktionen, die mehr als eine Darstellungsweise und mehr als eine Auswahlmöglichkeit besitzen, so dass man sich die einzelnen Darstellungsmöglichkeiten erst erarbeiten muss.

```
@Prompt ([ok];"Fenstertitel";"Meldungstext")
```

In dieser einfachen Form wird im gewünschten Kontext der Formel ein Meldungstext ausgegeben, der dem Benutzer mit einem eigenen Fenstertitel angezeigt wird.

Mithilfe der Formel

```
@Prompt ([OK];"Keine Fundstelle";"Es wurden keine auf das Suchkriterium passenden
Daten gefunden")
```

erreicht man die Darstellung des Textes in einer Dialogbox über die Schaltfläche OK (vgl. Abbildung 15.15).

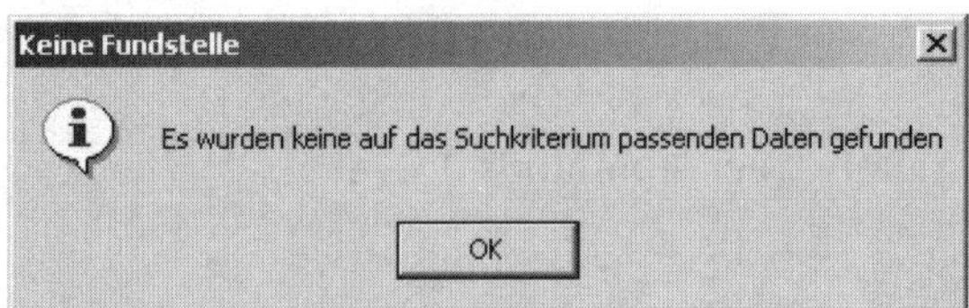

Abbildung 15.15: Meldungsfenster in Notes

```
@Prompt ([YesNo/YesNoCancel];"Fenstertitel";"Meldungstext")
```

Über die oben gezeigte Variante erreicht man die Darstellung einer Meldung am Bildschirm, die Benutzer mit JA oder NEIN schließen können. Je nachdem, welche der Schaltflächen die User auswählen, wird ein anderer Rückgabewert an die Formel zurückgeliefert.

Abbildung 15.16 zeigt Ihnen die Darstellung der Funktion

```
_var:=@Prompt([YesNo];"Fortfahren?";"Wollen Sie wirklich fortfahren?")
```

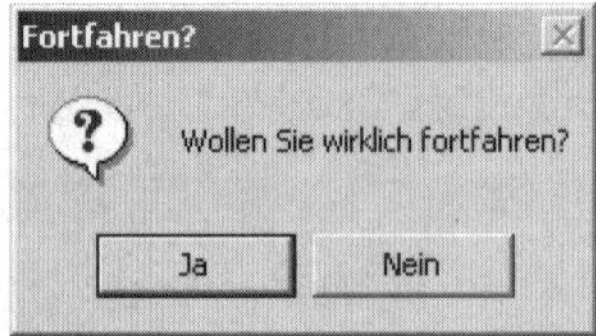

Abbildung 15.16: @Prompt([YesNo]).....

Dies ist die erste Form der @Prompt-Funktion, die zwingend die Auswertung des Rückgabewerts voraussetzt. Während die erste Funktion @Prompt([OK];"Fenstertitel";"Meldungstext") trotz ihres Rückgabewerts (OK=1) wegen seiner Konstanz nicht ausgewertet zu werden braucht, muss diese Form der Funktion ausgewertet werden. Sie hat je nach Auswahl der Schaltfläche den Wert 1 (Ja) bzw. 0 (Nein). Man könnte diese Variante also auch zur Abfrage unterschiedlicher Bedingungen innerhalb eines @If einsetzen.

Eine weitere Möglichkeit stellt die Funktion mit der Formatierung [YesNoCancel] zur Verfügung, die zusätzlich die ABBRECHEN-Schaltfläche bereitstellt. Wählt der Benutzer die Schaltfläche ABBRECHEN aus, erhält man den Rückgabewert –1.

```
@Prompt([OKCancelEdit];"Fenstertitel";"Meldung";"Vorgabewert")
```

In dieser Konstellation wird dem Benutzer innerhalb eines Fensters ein Eingabefeld angeboten, in dem zunächst einmal beliebige Daten eingegeben werden können. Diese Eingaben werden anschließend von der Funktion zurückgegeben, wenn der Benutzer die OK-Schaltfläche benutzt. Bei einem Abbruch der Bearbeitung mit ABBRECHEN wird die Ausführung der gesamten Formel unterbrochen, in der sich die Funktion befindet (vgl. Abbildung 15.17).

Abbildung 15.17: **@Prompt([OkCancelEdit]..**

```
@Prompt([OKCancelList]:[NoSort];"Fenstertitel";"Meldungstext";"Vorgabewert";"Liste")
```

Mithilfe dieser Funktionsvariante wird in der Meldungsbox den Benutzern ein Listenfeld zur Auswahl präsentiert. Diese haben anschließend die Möglichkeit, aus diesem Feld eine Auswahl zu treffen. Hierzu benötigen Sie eine Liste zusätzlicher Parameter, die die zur Auswahl stehenden Werte enthält. Das Ereignis Vorgabewert legt fest, welches Element der übergebenen Liste bereits beim Öffnen der Dialogbox markiert sein soll.

Die folgende Formel

```
_list:= "New York":"Paris":"Sidney":"Tokyo":"Berlin":"Dortmund";
_var:=@Prompt([OkCancelList];"Welche Stadt?";"Wählen Sie eine Stadt";
    @subset(_list;1);_list)
```

bietet eine Auswahlmöglichkeit von unterschiedlichen Städten in Form eines Listefeldes und liefert als Rückgabewert die durch den Benutzer ausgewählte Stadt (vgl. Abbildung 15.18).

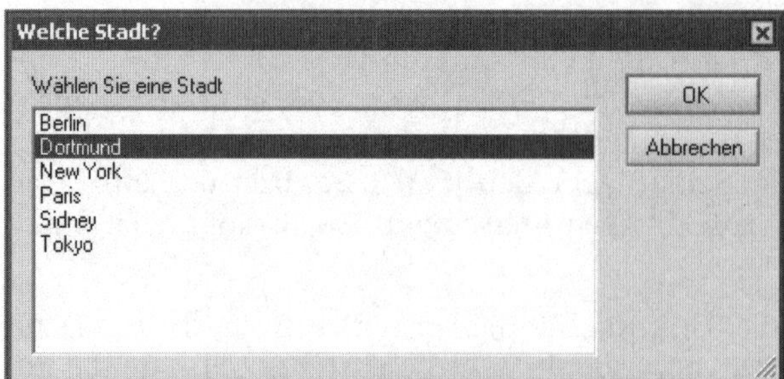

Abbildung 15.18: `@Prompt([OkCancelList].....)`

Hier wird die gewünschte Liste in einem Listenfeld zur Verfügung gestellt. Notes Domino sortiert die Elemente der Liste alphabetisch, bevor sie zur Anzeige gebracht werden. Soll dies nicht geschehen, muss zusätzlich zum Formatierungsparameter die Option `[NoSort]` angegeben werden.

```
_list:= "New York":"Paris":"Sidney":"Tokyo":"Berlin":"Dortmund";
_var:=@Prompt([OkCancelList]:[NoSort];"Welche Stadt?";"Wählen Sie eine Stadt";
    @subset(_list;1);_list)
```

Diese Formel führt zur gleichen Auswahlbox wie in der oberen Abbildung, nur dass die Elemente nicht sortiert werden.

```
@Prompt([OKCancelEditCombo]:[NoSort];"Fenstertitel";"Meldung";"Vorgabewert";Liste")
```

Diese Funktionsvariante arbeitet vergleichbar zu `[OkCancelList]`, nur das hier nicht eine Auswahlliste, sondern ein Dropdown-Feld mit entsprechenden Auswahlmöglichkeiten zur Verfügung gestellt wird. Neben der Auswahl aus einer vorgegebenen Liste hat man außerdem die Möglichkeit, einen neuen Wert einzugeben. Möchte man das Hinzufügen von Werten nicht ermöglichen, sollte ein `[OkCancelCombo]` ausreichen.

Die Formel

```
_list:= "New York":"Paris":"Sidney":"Tokyo":"Berlin":"Dortmund";
_var:=@Prompt([OkCancelEditCombo]:[NoSort];"Welche Stadt?";"Wählen Sie eine
    Stadt";@subset(_list;1);_list)
```

führt zu folgender Auswahlmöglichkeit (vgl. Abbildung 15.19):

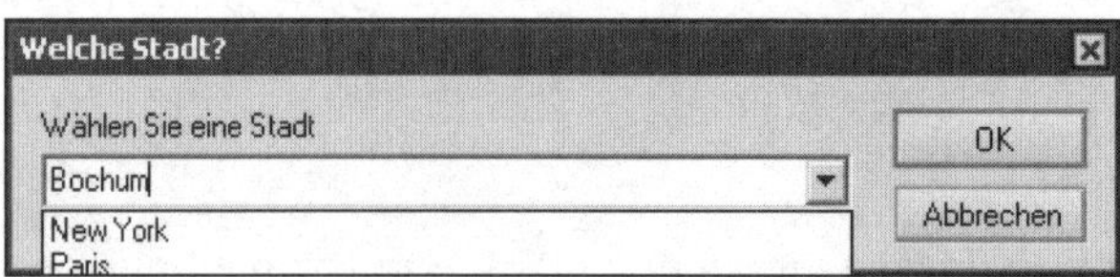

Abbildung 15.19: Combobox mit Editiermöglichkeit

Neben der Auswahl aus einer Liste von Werten hat der Benutzer in diesem Beispiel die Möglichkeit, zusätzlich zu den vorgegebenen Werten eigene Einträge mit der Tastatur vorzunehmen.

```
@Prompt([OkCancelListMult];"Fenstertitel";"Meldung";"Vorgabewert";Liste)
```

Diese Sonderform der Listenbox bietet zusätzlich noch die Möglichkeit der Mehrfachauswahl und übergibt anschließend wieder eine Liste von mehreren Elementen. Hier können die Benutzer aus einer Liste einen oder mehrere Werte auswählen und an die Formel zur Weiterverarbeitung übergeben.

Eine solche Formel kann folgendermaßen aufgebaut sein:

```
_list:= "New York":"Paris":"Sidney":"Tokyo":"Berlin":"Dortmund";
_var:=@Prompt([OkCancelListMult]:[NoSort];"Welche Stadt?";"Wählen Sie eine
    Stadt";@subset(_list;1);_list)
```

Diese Formel liefert die in der Abbildung 15.20 dargestellte Auswahlbox.

Abbildung 15.20: Mehrfachauswahl in einem Listenfeld

Man kann hier sehr deutlich erkennen, dass eine Mehrfachauswahl aus Sicht des Benutzers ausgeführt wurde. Hierdurch wird von der Funktion auch wieder eine Liste als Rückgabewert geliefert.

```
@Prompt([Localbrowse];"Fenstertitel";"Meldung";"Dateityp")
```

Mithilfe dieser Form der `@Prompt`-Funktion wird den Benutzern die für die Dateiauswahl typische Dialogbox präsentiert (vgl. Abbildung 15.21).

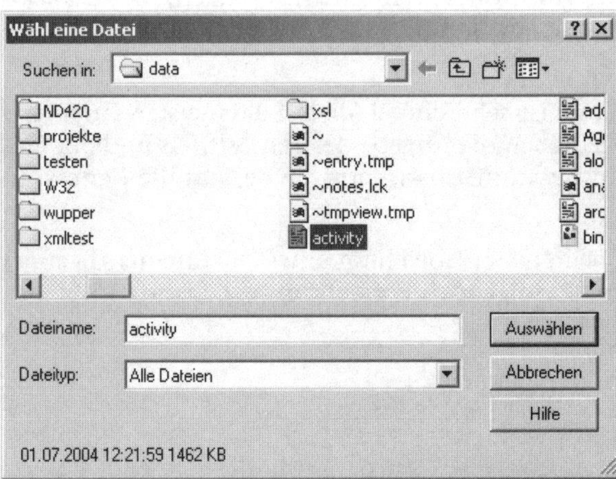

Abbildung 15.21: Dateiauswahl per Dialogbox

Die aufrufende Formel erhält von der Funktion @Prompt eine Zeichenkette mit dem ausgewählten Dateinamen und dem vollständigen Pfad als Rückgabewert. Damit von Formelseite her bereits der zu verwendende Dateityp vordefiniert werden kann, kann über den letzten Parameter festgelegt werden, ob es sich um eine Notes-Datenbank (»1«, steht für *.*NSF*), ein Notes-Template (»2«, steht für *.NTF) oder um alle Dateien (»3«, steht für *.*) handeln soll, die den Benutzern zur Auswahl präsentiert werden.

Ein Beispiel verdeutlicht die Funktionsweise dieser Form der Funktion @Prompt:

```
_var:=@Prompt([LOCALBROWSE];"Dateiauswahl";"Wählen Sie eine Datei aus!";"3");
@Prompt([OK];@Text(_var);@Text(_var))
```

In diesem Beispiel wird den Benutzern per Dialogbox eine Dateiauswahl offeriert und anschließend der Name der ausgewählten Datei in einem weiteren Fenster angezeigt. Durch den letzten Parameter »3« wird festgelegt, dass den Benutzern alle Dateien angezeigt werden sollen, die im Dateisystem verfügbar sind.

Der Rückgabewert wird dann anschließend in einem weiteren @Prompt angezeigt. Diese Dialogbox enthält den Rückgabewert sowohl in der Titelleiste als auch innerhalb der Box (vgl. Abbildung 15.22).

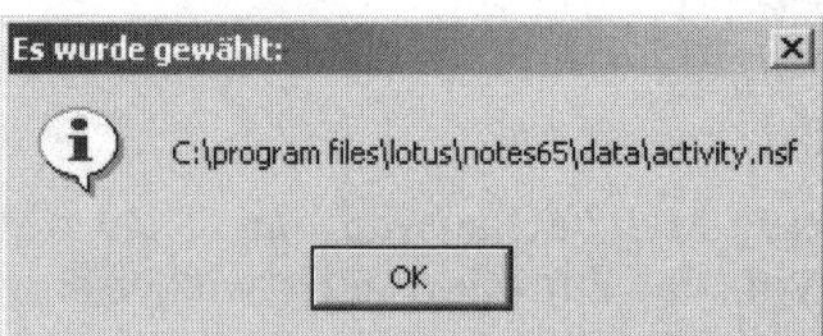

Abbildung 15.22: Pfadangabe der gewählten Datei

»@Prompt([Password];"Fenstertitel";"Eingabeaufforderung")«

Mithilfe der [Password]-Variante der Funktion @Prompt können Sie eine Kennwortabfrage durchführen. Diese Variante gibt Ihnen nicht die Möglichkeit, die Passwortabfrage zu Ihrer Notes-ID zu simulieren, sondern lässt sie ein Kennwort für ein Dokument abfragen.

Die Syntax dieser Funktionsvariante ist sehr simpel, da auf die meisten Parameter direkt verzichtet werden kann. Lediglich die Angabe des Fenstertitels und der Eingabeaufforderung sind in diesem Zusammenhang notwendig, um die Kennwortabfrage zu realisieren.

Soll zum Beispiel ein Kennwort beim ersten Speichern eines Dokuments abgefragt werden, können Sie dies mithilfe der folgenden Formel tun (vgl. Listing 15.2):

```
Field Kenn:=Kenn;
_kenn1:=@If(Kenn="";@Prompt([PASSWORD];"Kennwort";
    "Geben Sie ein Dokumentkennwort ein!");null);
_kenn2:=@If(Kenn="";@Prompt([PASSWORD];
    "Kennwort bestätigen";
    "Bestätigen Sie das Dokumentkennwort!");null);
```

```
@If(_kenn1=_kenn2;@SetField("Kenn";@Password(_kenn1));
    @Return(@Prompt([OK];"Fehler";
      "Kennworte nicht identisch" + @char(10) + "Daten wurden ohne Kennwort
      gesichert!")))
```

Listing 15.2: Dokumentkennwort abfragen

Bei dieser etwas komplexeren Formel gilt es zunächst einige Besonderheiten zu beachten: Da in unserem Kontext das zugehörige Dokument kennwortgeschützt werden soll, muss man sich genau überlegen, in welchem Augenblick dieser Kennwortschutz eingerichtet werden muss. Das Einrichten eines Dokument-Kennwortschutzes macht erst in dem Augenblick wirklich Sinn, in dem ein neu erstelltes Dokument das erste Mal gespeichert wird. Das heißt, zunächst einmal muss geklärt werden, wie man den Augenblick des Speicherns eines Dokuments genau eruieren kann. Notes benutzt zum Erkennen der unterschiedlichen Momente, in denen sich z.B. ein Dokument befinden kann, die so genannten Ereignisse.

Funktionen zum Rückgriff auf Datenbanken

Wenn Sie mit den bereits kennengelernten Hilfsmitteln eine Maske oder eine Applikation geschrieben haben, stellt sich häufig das Problem, dass auf bereits in anderen Dokumenten gespeicherte Informationen zurückgegriffen werden soll.

Die Funktion »@dbcolumn«

Wenn Sie zum Beispiel in einer Datenbank die Möglichkeit zur Kategorisierung von Dokumenten geben möchten, sich aber eine fixe Vorgabe von Werten ebenso verbietet wie das Eintippen von neuen Werten, können Sie auf folgendem Wege die gewünschten Werte aus einer Datenbank auslesen:

Erzeugen Sie eine Ansicht in Ihrer Datenbank, deren Werte als Kategorieauswahl zur Verfügung stehen sollen. Diese könnte zum Beispiel folgendermaßen aussehen:

Ort	Entfernung
▾ Dortmund	350
	350
▾ Stuttgart	600
	600
	0
	316,666666666667

Abbildung 15.23: Kategorisierte Ansicht

Wenn Sie zum Beispiel aus einer Anwendung heraus diese Ansicht auslesen möchten und die Werte der ersten Spalte als Rückgabewert verwenden wollen, wechseln Sie in die Maske, in der ein Auswahlfeld diese bereits bestehenden Wert zur Anzeige bringen soll und lassen Sie sich die Eigenschaften des Feldes anzeigen:

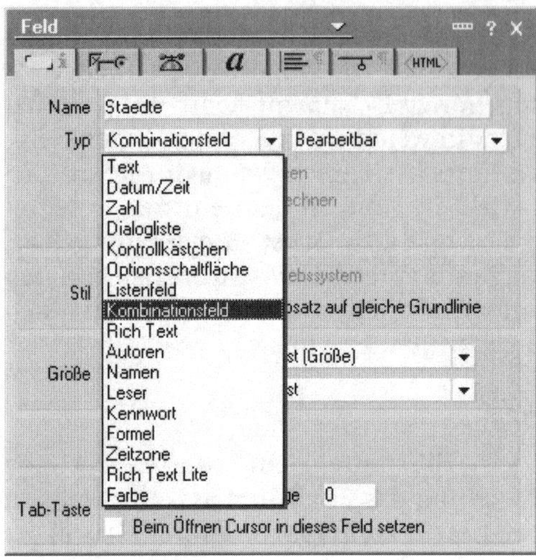

Abbildung 15.24: Auswahl Combobox als Feldart

Wechseln Sie anschließend auf die zweite Karteikarte des Eigenschaftenfensters und legen Sie dort fest, dass die Auswahlmöglichkeiten sich nicht aus einer Reihe von starren Werten zusammensetzen soll, sondern sich aus einer Formel berechnen soll.

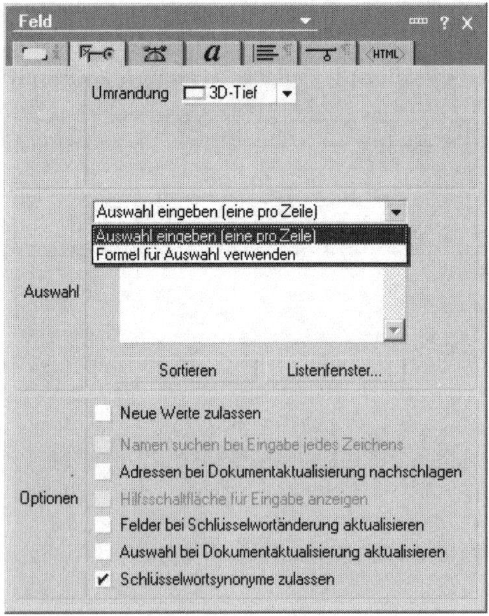

Abbildung 15.25: Wählen der Schlüsselworte per Formel

Anschließend können Sie eine Formel angeben, mit der Sie die Werte für die Auswahl durch die Benutzer berechnen. Um eine Liste von Werten aus einer Datenbank auszulesen, können Sie die Funktion `@dbcolumn` verwenden. Die Syntax dieser Funktion ist:

```
@dbcolumn(DatenbankArt:Cachefunktion;
Datenbankserver:Datenbankdateiname;
DatenbankAnsicht;
SpaltederAnsicht)
```

Der erste Parameter behandelt die Art der Daten, die über die Funktion abgerufen werden sollen. Grundsätzlich können mit dieser Funktion Daten direkt aus Notes-Datenbanken verarbeitet werde – die notwendige Parameterangabe lautet dann `"Notes"` oder alternativ `""` (leere Zeichenkette) – oder es können Daten über die ODBC-Schnittstelle (Open Database Connectivity) eingelesen werden – der Parameter lautet dann `"ODBC"`. Je nachdem unterscheiden sich dann die anschließenden Parameter. An dieser betrachten wir nur die reine Datenabfrage von Notes eigenen Informationen und vernachlässigen den Zugriff über ODBC.

Die zweite Hälfte des Parameters, die Cache-Funktion, bestimmt die Aktualität der verwendeten Daten. Da das Auslesen von Informationen in mehrfacher Hinsicht eine schwierige bzw. zeitaufwendige Angelegenheit ist, schließlich müssen die Daten immer über ein Netzwerk (1. Flaschenhals Bandbreite) über einen Domino-Server (2. Flaschenhals, da hier Sicherheitsmechanismen überprüft, Authentifizierungen ausgeführt und Zugriffe gestattet werden müssen) und die Daten anschließend ausgelesen und transportiert werden. Da dies in einer normalen Netzwerkumgebunt eine sehr zeitaufwendige Angelegenheit darstellt, muss immer abgewogen werden, ob die auszulesenden Daten zwingend immer hochaktuell sein müssen, denn Notes bietet die Möglichkeit, die Daten bei einem Aufruf von `@dbcolumn` in einem Zwischenspeicher, dem Cache, zu halten und für weitere Abfragen zur Verfügung zu stellen. Der dann notwendige zweite Parameterteil lautet dann `""` (leere Zeichenkette), während er immer dann, wenn die Aktualität der Daten unabdingbar ist, mit `"NoCache"` angegeben werden kann.

Seit Notes 6 gibt es für das Cachingverhalten eine weitere Option, die immer gewählt werden kann, wenn man durch einen `@dbcolumn` sowohl neue Daten auslesen will als auch den Cache-Speicher aktualisieren will. Gibt man als Caching-Parameter `"ReCache"` ein, so werden die Daten sowohl aus der Original-Datenbank eingelesen als auch der Inhalt des Cache-Speichers aktualisiert.

Beim zweiten Parameter handelt es sich wieder um eine Werteliste, die Notes zur Verarbeitung benötigt. Da bei diesem Parameter die genaue Spezifizierung der Datenbank getroffen werden muss, auf die zurückgegriffen wird, muss hier sowohl der Servername, also auch der Dateiname der verwendeten Datenbank angegeben werden. Der Parameter lautet also: `"Servername":"Dateiname"`. Der Dateiname muss mit einer relativen Pfadangabe zum Notes-Dataverzeichnis versehen sein. Heißt Ihre Datenbank also *LSAOrga.nsf* und liegt im Unterverzeichnis *c:\lotus\domino\data\orga* so ist die Angabe »orga\lsaorga.nsf« anzugeben. Möchten Sie jedoch die Daten aus einer Ansicht der aktuellen Datenbank auslesen, können Sie den Speicherort der Datenbank sehr leicht mit der Funktion `@dbname` auslesen. Diese Funktion liefert Ihnen als Wertepaar den Namen des aktuellen Servers und den Dateinamen der aktuellen Datenbank (mit relativer Pfadangabe) zurück. Alternativ hierzu können Sie auch eine einzelne leere Zeichenkette ("" – natürlich ohne Leerzeichen) angeben.

Eine Alternative zu dieser Vorgehensweise ist die Verwendung der Datenbankeigenen Replica ID. Gibt man diese an, so durchsucht Lotus Notes automatisch die Umgebung des aktuellen Notes-Clients nach einer Replik der angegebenen Datenbank. Bei dieser Suche wird folgende Reihenfolge eingehalten:

- Arbeitsbereich
- Wenn Ihr Arbeitsbereich eine Replik enthält, wird diese verwendet.
- Wenn Ihr Arbeitsbereich mehrere gestapelte Repliken enthält, wird die obere Replik verwendet.
- Wenn Ihr Arbeitsbereich mehrere nicht gestapelte Repliken enthält, wird nach einem Symbol für Ihren aktuellen Server gesucht. Wenn kein übereinstimmendes Symbol ermittelt werden kann, wird das Symbol verwendet, das Ihrem Arbeitsbereich zuerst hinzugefügt wurde.
- Aktueller Server
- Lokal (auf Ihrer Festplatte)

Wird auf diesem Suchweg eine Datenbank mit der richtigen Replik ID gefunden, so wird diese verwendet und sie wird, so noch nicht geschehen, Ihrem Arbeitsbereich hinzugefügt.

Haben Sie den notwendigen Parameter für die Datenbank in einer Ihrer Formen eingegeben, so müssen Sie anschließend die Ansicht benennen, aus der die Daten ausgelesen werden sollen. Verwenden Sie beim Zugriff auf Ansichten grundsätzlich den Alias-Namen der Ansicht. Enthält der Name der gewünschten Ansicht Sonderzeichen oder ist der Name der Ansicht in Klammern gesetzt, um diese vor den Benutzern zu verbergen, so müssen sowohl die Sonderzeichen als auch die Klammern angegeben werden.

Der letzte Parameter gibt die Spalte der Ansicht an, die aus der Datenbank ausgelesen werden soll. Dies ist ein numerischer Wert. Die Spalten einer Ansicht werden von links nach rechts durchnummeriert. Dies sollten Sie im Gestaltenmodus des Designers tun, um wirklich alle Spalten erfassen zu können. Geben Sie dann die richtige Nummer an.

In unserem obigen Beispiel könnte die Formel etwa so aussehen:

```
_art:="Notes":"NoCache";
_serverdb:=@DbName;
_Ansicht:="ByLocation";
_Spalte:=1;
@DbColumn(_art;_serverdb;_ansicht;_spalte)
```

Wenn Sie diese Formel in dem obigen Feld eintragen, ergibt sich folgendes Aussehen:

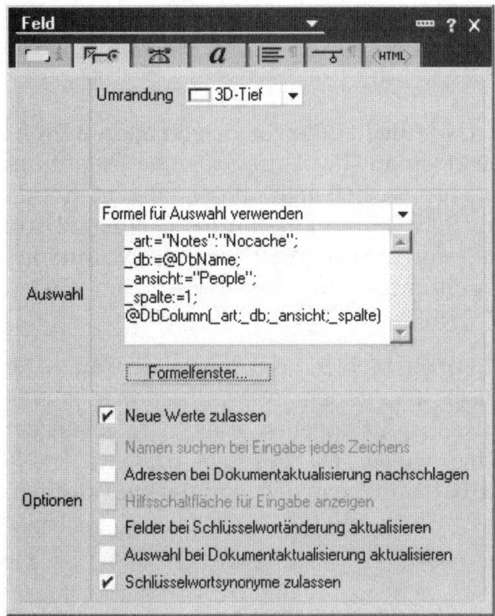

Abbildung 15.26: Auswahlformel in Notes

Diese Auswahlformel liest sich dann aus der gewählten Ansicht die erste Spalte ein und liefert die dort gefundenen Werte als Rückgabewert.

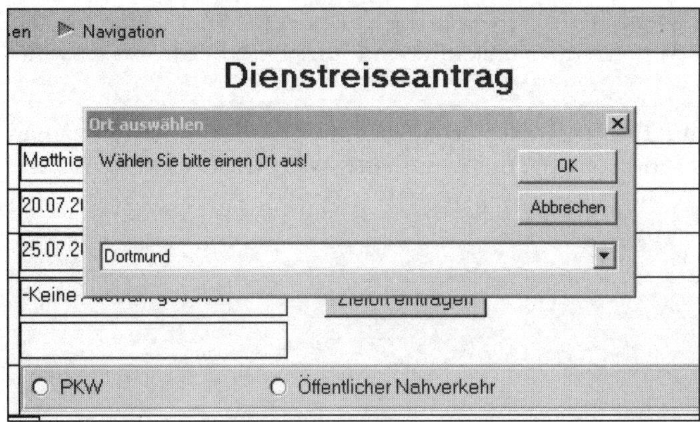

Abbildung 15.27: Auswahlmöglichkeit durch* `@dbcolumn` *und Möglichkeit zur Freitexteingabe

Durch diese Vorgehensweise wird sich die Liste der Städte, die in dieser Liste auftauchen, nach und nach verlängern.

Dies Art der Erweiterung bereitet aber auch mittelfristig Probleme. Da hier im Prinzip jeder Benutzer in der Lage ist, neue Städte anzugeben, werden mit der Zeit nicht nur durch falsche Schreibweisen eine Vielzahl von Redundanzen auftreten, die dann nicht mehr ohne weiteres zu beheben sind. Daher ist es meist die bessere

Lösung, für die Pflege und Wartung von solchen Auswahllisten eigene Masken und Ansichten zur Verfügung zu stellen. Dadurch wird dann die Pflege dieser Datenbestände deutlich erleichtert.

Die Funktion »@dblookup«

Eine sich verlängernde Liste von Einträgen, wie sie in dem gerade gezeigten Beispiel erzeugt werden kann, ist ein wesentliches Element der Formelsprache. Allerdings bietet dieses Element keinerlei Möglichkeiten, gezielt nach einer oder mehreren Informationen zu suchen. Wenn Sie zum Beispiel die Email-Adresse einer Person abfragen wollen, von der Sie lediglich den common name (Vor- und Nachname) wissen, so können Sie diese Information nicht mit einem `@dbcolumn` erfragen. Hierzu dient jedoch die Funktion `@dblookup`.

Ähnlich wie die Funktion `@dbcolumn` ermöglicht ein `@dblookup` die Angabe der Parameter über Datenart, Datenbank und Ansicht. Da Sie aber gezielt auf Informationen zugreifen wollen, müssen Sie noch einen Schlüsselbegriff angeben, nach dem Sie in der Ansicht in der ersten sortierten Spalte suchen wollen. Das bedeutet, dass eine Spalte Ihrer Ansicht auf jeden Fall sortiert sein muss, damit Sie in der Spalte suchen können.

```
@dblookup(DatenbankArt:Cachefunktion;
Datenbankserver:Datenbankdateiname;
DatenbankAnsicht;
Schlüsselwort;
SpaltederAnsicht)
```

Mithilfe dieser Syntax können Sie jetzt gezielt Daten aus Ihren Notes Datenbanken extrahieren. Ein Beispiel: Es soll die E-Mail-Adresse eines Ansprechpartners aus einer Datenbank eruiert werden. Hierzu soll der Ansprechpartner zunächst aus einer Liste ausgewählt werden und anschließend die E-Mail-Adresse aus der Ansicht gesucht werden.

Als Rückgabewert der Funktion `@dblookup` erhalten Sie entweder einen einzelnen Wert oder aber, wenn Ihr Schlüsselwort nicht eindeutig war, eine Liste von Werten.

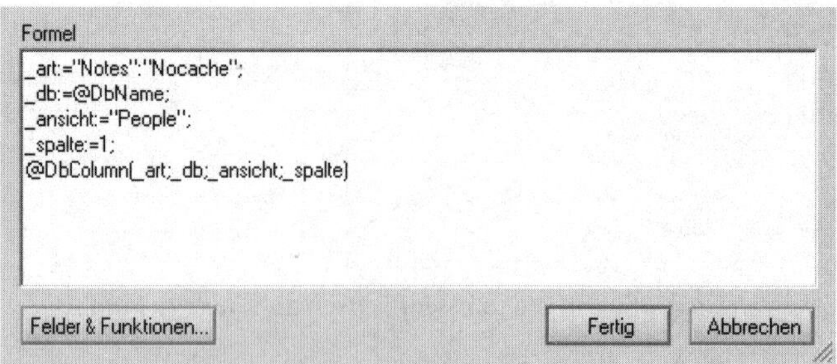

Abbildung 15.28: Die Funktion `@dblookup`

Mithilfe dieser Funktion können Sie auch gezielt auf Werte zurückgreifen, die zwar in den Dokumenten vorhanden sind, jedoch nicht in der Ansicht angezeigt werden. Hierzu geben Sie statt der Spaltennummer einfach den Namen eines Feldes an, um den Wert auslesen zu können.

Verwendung der Funktionen »@dbcolumn« und »@dblookup«

Die beiden Funktionen bieten den Entwicklern eine große Zahl von Möglichkeiten, auf Datenbestände anderer Notesdatenbanken zurückzugreifen. Beide Funktionen sind in ihrer Funktionalität jedoch dahingehend eingeschränkt, dass sie lediglich eine Gesamtdatenmenge von 64 Kbyte übertragen können und daher nicht für Ansichten mit einer großen Zahl von Dokumenten einsetzbar sind. Eine Alternative stellt hier vielleicht die Funktion `@picklist` dar, die in der Notes-Dokumentation gut beschrieben ist.

Allen diesen Funktionen ist es zueigen, dass sie Daten aus anderen Notes-Datenbanken auslesen können. Eine Notes-Datenbank wird immer durch zwei Parameter gekennzeichnet, die diese eindeutig identifizierbar macht. Dazu gehören der Name des Domino-Servers, auf dem die Datenbank liegt und der Dateiname der Datenbank. Da in der Praxis Datenbank zumeist auf Servern und nicht auf der lokalen Arbeitsstation des Benutzers liegen, erfolgt somit beim Auslesen mithilfe einer der besagten Funktionen immer ein Netzwerkzugriff und eine anschließende Datenübertragung an den Client. Da diese Aktivitäten aber nicht die einzigen Netzwerkübertragungen sind führen eine Vielzahl von `@dblookup` oder `@dbcolumn` zu einer erheblichen Belastung der Netzwerke und somit auch zu Wartezeiten für die Benutzer.

Aus diesen Gründen sollten Sie sich darum bemühen, die Zahl der Netzwerkzugriffe stark zu minimieren. Einerseits sollten Sie beim Zugriff auf Datenbestände die sich vergleichsweise selten ändern versuchen, die Daten aus dem Cache-Speicher auszulesen und somit unnötige Netzwerkaktivitäten vermeiden. Dies ist jedoch in machen Konstellationen leider nicht möglich. Daher sollten Sie Ihre Applikation so konzipieren, dass Sie die Gesamtzahl der `@dbcolumn` und `@dblookup` minimieren. Eine Möglichkeit die Netzwerkzugriffe zu verringern ist der Zugriff auf spezielle Ansichten, die für das Auslesen von Daten vorbereitet sind. Wollen Sie zum Beispiel aus einer Produktdatenbank die Informationen Produktnummer, Preis, verfügbare Stückzahl und Produktbeschreibung nach dem Produktnamen auslesen, so kann man zwar theoretisch zunächst alle Produktnamen mithilfe des `@dbcolumn` auslesen und anschließend durch vier `@dblookup` die Detailinformationen für das gewählte Produkt aus der Ansicht auslesen. Dies erfordert aber insgesamt fünf Netzwerkzugriffe, die man mit einer entsprechend konzipierten Ansicht auch auf zwei reduzieren kann.

Um die Detaildaten mit nur einem `@dblookup` vollständig auszulesen müssen Sie eine Ansicht generieren, die ausschließlich für den Zugriff per `@dblookup` vorgesehen ist. Diese Ansicht besteht dann aus lediglich zwei Spalten. In der ersten Spalte werde die Suchdaten hinterlegt, also in unserem Beispiel die Produktnamen. Die Informationen für den Einzelpreis, verfügbare Stückzahl, Produktbeschreibung und Produktnummer werden in der zweiten Spalte mit einem Trennzeichen versehen gemeinsam angezeigt. Das Trennzeichen muss natürlich so gewählt sein, dass es nicht in einer der Detailinformationen vorkommen kann. Die Spaltenformel könnte also folgendermaßen aussehen:

```
Produktnr + "~" + @text(Preis) + "~" + @text(Stueck) + "~" + Beschreibung
```

So erhalten Sie eine Ansicht, in der die gewünschten Detailinformationen mit nur einem Datenbankzugriff ausgelesen werden können. Sie müssen dann in Ihrer Formel diese lange Zeichenkette nur noch in ihre Bestandteile zerlegen und weiterverarbeiten. Dies kann zum Beispiel mithilfe der Funktion `@word` oder `@explode` erfolgen.

15.2.6 Formelsprache und Ereignisse

Ereignisse treten in bestimmten Augenblicken ein. Da Notes von sich aus in der Lage ist, diese Ereignisse voneinander zu unterscheiden, bietet es den Entwicklern die Möglichkeit an, in diesen Ereignissen eigene Formeln zu hinterlegen. Die Ereignisse wiederum sind einzelnen Objekten (z.B. Feldern) zugeordnet und den Ereignissen des jeweiligen Objekts bestimmte Aktivitäten zuweisen.

> Das Speichern eines Dokuments z.B. zerfällt aus der Sichtweise von Notes in zwei unterschiedliche Ereignisse. Das erste Ereignis tritt in dem Augenblick ein, in dem ein Benutzer das Dokument das er gerade bearbeitet, versucht zu speichern. Das zweite Ereignis tritt ein, wenn das Dokument gerade gespeichert wurde.

Entsprechend dieser Sichtweise verfügen wir innerhalb einer Maske über die Ereignisse `Querysave` und `Postsave`. Während beim Ereignis `Querysave` das Speichern des Dokuments lediglich vom Benutzer angefordert worden ist (z.B. durch die Menüauswahl DATEI/SPEICHERN) und der eigentliche Speichervorgang noch nicht stattgefunden hat, ist im Ereignis `Postsave` das Speichern des Dokuments bereits vollzogen und die Daten sind physikalisch auf einem Datenträger gesichert worden. Alle Ereignisse, die einer Maske zugeordnet sind, finden Sie in Ihrer Programmierumgebung unter dem jeweiligen Ereignis aufgelistet (vgl. Abbildung 15.29).

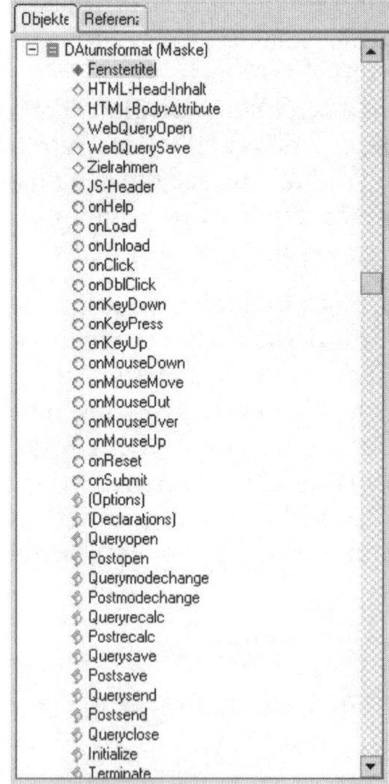

Abbildung 15.29: Maskenereignisse

Anhand der Symbole, die den einzelnen Ereignissen in der obigen Liste vorangestellt sind, kann man erkennen, für welche Programmiersprache sie vorgesehen sind. Tabelle 15.11 erläutert die einzelnen Symbole und ordnet sie bestimmten Programmiersprachen zu.

Symbol	Programmiersprache
	Formelsprache
	JavaScript
	LotusScript

Tabelle 15.11: Symbole in der Ereignisliste

In einigen wenigen Fällen – und hierzu zählen auch alle für LotusScript vorgesehenen Ereignisse mit Ausnahme von `Initialize` und `Terminate` – kann noch innerhalb der Entwicklungsumgebung zwischen der Formelsprache und LotusScript gewählt werden, wodurch sich auch automatisch das zugeordnete Symbol in der Übersicht verändert (vgl. Abbildung 15.30).

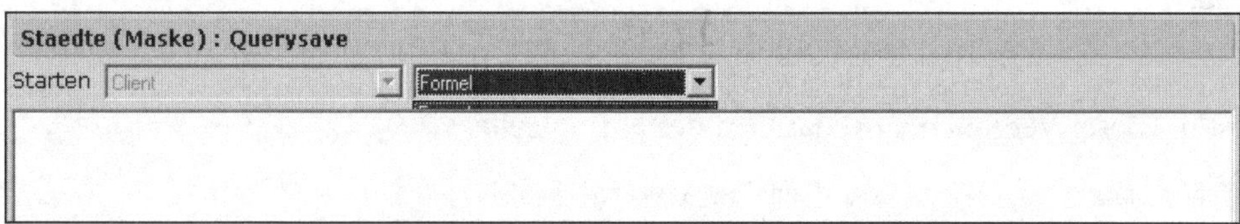

Abbildung 15.30: Programmiersprachenwahl für das Ereignis `Querysave`

In den beiden Abbildungen ist deutlich zu erkennen, dass durch die Wahl der Programmiersprache auch das dargestellte Symbol wechselt. Wir werden uns mit der Benutzung der Ereignisse im Kontext mit LotusScript noch sehr intensiv befassen. Für unseren derzeitigen Zusammenhang reichen diese Kenntnisse vollständig aus.

Das heißt, dass das Ereignis `Querysave` in dem Augenblick eintritt, in dem das Dokument gespeichert werden soll. Dieses Ereignis bietet sich daher auch für die Ausführung einer Formel an, die bei einem neu erstellten Dokument automatisch die Abfrage nach einem Kennwort durchführt.

Wenn sich der Cursor im Formelbereich des Ereignisses `Querysave` befindet und als Programmiersprache Formel ausgewählt wurde, kann mit der Eingabe der Formel begonnen werden.

In der Formel sollte zunächst einmal das Feld initialisiert werden, in dem später das Kennwort gespeichert werden soll. Hierzu wird mit dem Schlüsselwort

```
FIELD Kenn:=Kenn
```

das Feld *Kenn* zunächst einmal angelegt. Außerdem wird dem Feld gleichzeitig sein eigener Wert zugewiesen. Diese Formel wird jedes Mal ausgeführt, wenn das Dokument gespeichert wird. Wenn das Dokument gerade neu erstellt worden ist, existiert das Feld *Kenn* jedoch noch nicht. Wie wir wissen, wird das Feld neu angelegt. Da ihm noch kein Wert zugewiesen wurde, enthält es eine leere Zeichenkette als Wert. Bei einem neuen Dokument enthält das Feld zunächst die leere Zeichenkette als Wert.

Anhand der leeren Zeichenkette überprüfen wir dann im nächsten Schritt, ob ein Kennwort festgelegt werden muss.

```
_kenn1:=@If(Kenn="";@Prompt([PASSWORD];"Kennwort";
    "Geben Sie ein Dokumentkennwort ein!");null);
```

Wenn die logische Überprüfung, ob das Feld *Kenn* eine leere Zeichenkette enthält, WAHR ist, führt das zum Aufruf der Kennworteingabebox. Hier kann der Benutzer jetzt das Kennwort für das Dokument eingeben. Dieses Kennwort wird aber noch nicht im Feld *Kenn* gespeichert, sondern nur der Variablen `_kenn1` zugewiesen, da wir zunächst überprüfen wollen, ob der Benutzer sich gegebenenfalls bei der Eingabe des Kennworts verschrieben hat oder nicht. Hierzu rufen wir dieselbe Funktionalität noch einmal auf.

```
_kenn2:=@If(Kenn="";@Prompt([PASSWORD];
    "Kennwort bestätigen";
    "Bestätigen Sie das Dokumentkennwort!");null);
```

In dieser Zeile weisen wir das erneut eingegebene Kennwort der zweiten Variablen (`_kenn2`) zu, um dann die beiden Variableninhalte miteinander vergleichen zu können. Dieser Vergleich wird dann in der Formelzeile

```
@If(_kenn1=_kenn2;@SetField("Kenn";@Password(_kenn1));
    @Return(@Prompt([OK];"Fehler";
      "Kennworte nicht identisch" + @char(10) +
          "Daten wurden ohne Kennwort gesichert!")))
```

durchgeführt. Hat der Benutzer in beiden Kennwortboxen dasselbe Kennwort in derselben Schreibweise eingegeben, enthalten auch die Variablen `_kenn1` und `_kenn2` denselben Wert. Erst jetzt kann der Wert der Variablen in das Feld *Kenn* geschrieben werden. Dies geschieht hier über die Funktion `@Setfield`. `@Setfield` benötigt als ersten Parameter den Wert des Feldes, dessen Wert gesetzt werden soll als Text. Der zweite Parameter ist der mit der Funktion `@Password` verschlüsselte Wert der Variablen `_kenn1`, also das Kennwort, das von den Benutzern eingegeben wurde. Das bedeutet, dass zuerst das Kennwort verschlüsselt wird, um dann anschließend den verschlüsselten Wert im Feld *Kenn* abzuspeichern.

Mithilfe des Ereignisses `Querysave` wird noch vor dem speichern des Dokuments eine Kennwortabfrage durchgeführt und den Benutzern die Möglichkeit gegeben, das Kennwort sicherheitshalber zweimal einzugeben. Nur wenn beide Kennworte identisch sind, wird das Dokument mit dem Kennwortschutz gespeichert. Da wir jedoch mit der Formelsprache das Speichern nicht verhindern können, wird im anderen Fall das Dokument auch gespeichert, allerdings ohne das Kennwort. Der Benutzer erhält dann einen Warnhinweis, dass das Dokument ohne Kennwort gesichert wurde.

Eine Möglichkeit, das Kennwort abzufragen, werden wir uns zu einem späteren Zeitpunkt erarbeiten, wenn wir uns mit den Möglichkeiten von LotusScript beschäftigen.

»@Dialogbox«

Die Funktion `@Dialogbox` ist genau wie die Funktion `@Prompt` eine Möglichkeit, mit dem Benutzer in Kontakt zu treten und ihm entsprechende Eingabemöglichkeiten von Daten zu eröffnen. Diese Funktion wird in Notes-Client-Anwendungen sehr häufig genutzt, da sie deutlich mehr Kommunikationsmöglichkeiten bietet als die einfachen Dialogoptionen der Funktion `@Prompt`.

Ein gutes Beispiel für die Möglichkeiten der Funktion ist ihre Verwendung innerhalb der Mail-Datenbank der Benutzer (vgl. Abbildung 15.31).

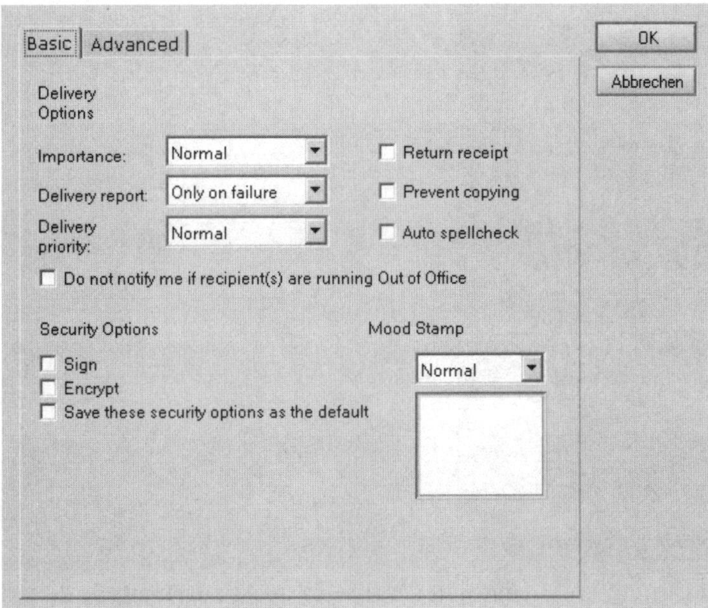

***Abbildung 15.31: Zustelloptionen als ein Beispiel für die Funktion* `@Dialogbox`**

Das Beispiel der Mail-Zustelloptionen zeigt sehr deutlich, dass mithilfe der Funktion `@Dialogbox` dem Benutzer deutlich mehr Eingabevarianten zur Verfügung gestellt werden können als mithilfe anderer Funktionen. `@Dialogbox` greift immer auf eine Maske oder eine Teilmaske zurück, die mithilfe der Funktion angezeigt wird und den Benutzern sämtliche Funktionen einer »normalen« Maske zur Verfügung stellt.

Die Funktion wird grundsätzlich folgendermaßen parametrisiert:

```
@DialogBox( Maske ;Liste:mit:Steueranweisungen; Titel )
```

Der erste Parameter *Maske* gibt den Namen der Maske an, die innerhalb der Dialogbox angezeigt werden soll. Es wird also in dem Auswahlfenster eine Maske zur Anzeige gebracht, die von den Entwicklern vorher angelegt wurde. In der Regel werden hier Teilmasken verwendet. Sollte stattdessen an dieser Stelle eine Maske angezeigt werden, muss auf jeden Fall der Aliasname der Maske verwendet werden.

Der zweite Parameter, die Liste mit Steueranweisungen, ermöglicht es den Entwicklern, das Aussehen und die Arbeitsweise der Dialogbox weiter zu beeinflussen. Um jedoch die einzelnen Formatierungsmöglichkeiten dieser Funktion verstehen zu können, muss an dieser Stelle ein kurzer Exkurs in den Bereich der Maskengestaltung erfolgen.

Masken können unterschiedliche Designbereiche enthalten. Ein Gestaltungselement, das noch in der Notes-Version 4 weit verbreitet war, ist der Layout-Bereich. Sie beeinflussen unter anderem die Darstellungsweise der Felder innerhalb einer Maske. Wird ein Feld in einem Layout-Bereich eingefügt, verändert sich sein Aussehen automatisch so, als wenn in den Feldeigenschaften der Stil *Betriebssystem* ausgewählt worden wäre (vgl. Abbildung 15.32).

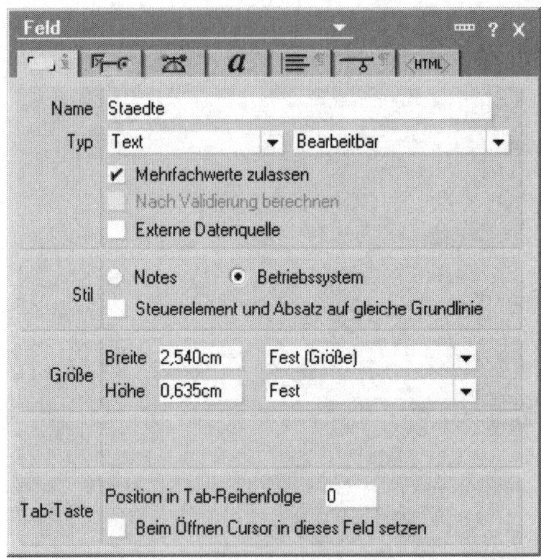

Abbildung 15.32: Stil Betriebssystem auswählen

Befindet sich ein Feld in einem Layout-Bereich, hat es quasi automatisch diesen Stil. Es besteht dann in keinem Zusammenhang die Möglichkeit, den Stil wieder in den Notes-Stil zu ändern. Der große Vorteil eines Layout-Bereichs ist die Möglichkeit, jedes Gestaltungselement frei zu platzieren. Dies ist nur innerhalb eines Layout-Bereichs möglich, da Notes-Masken ansonsten zeilenorientiert angeordnet werden. Dies erkauft man sich jedoch mit der Einschränkung, dass nicht jedes Gestaltungselement innerhalb eines Layout-Bereichs verwendet werden kann.

Als eines der wichtigsten Gestaltungselemente, die nicht verwendet werden können, sind zum Beispiel die Rich-Text-Felder zu nennen. Außerdem besteht innerhalb von Layout-Bereichen auch keine Möglichkeit, eine Tabelle zu erstellen, da Tabellen immer zeilenorientiert sind und eine Zeilenorientierung dem Grundsatz eines Layout-Bereichs widerspricht.

Wird innerhalb der Funktion @DialogBox eine Maske angegeben, in der sich ein Layout-Bereich befindet, so wird standardmäßig die gesamte Maske als Dialogbox angezeigt. Reicht das Fenster der Dialogbox nicht zur Anzeige aller Daten aus, so wird Ihnen automatisch ein Rollbalken am rechten Rand des Fensters angezeigt. Die nächste in einer Schaltfläche hinterlegte Formel veranschaulicht das:

```
@Dialogbox("SubDlgName")
```

Die Ausführung dieser Formel führt zur Darstellung der folgenden Dialogbox (vgl. Abbildung 15.33):

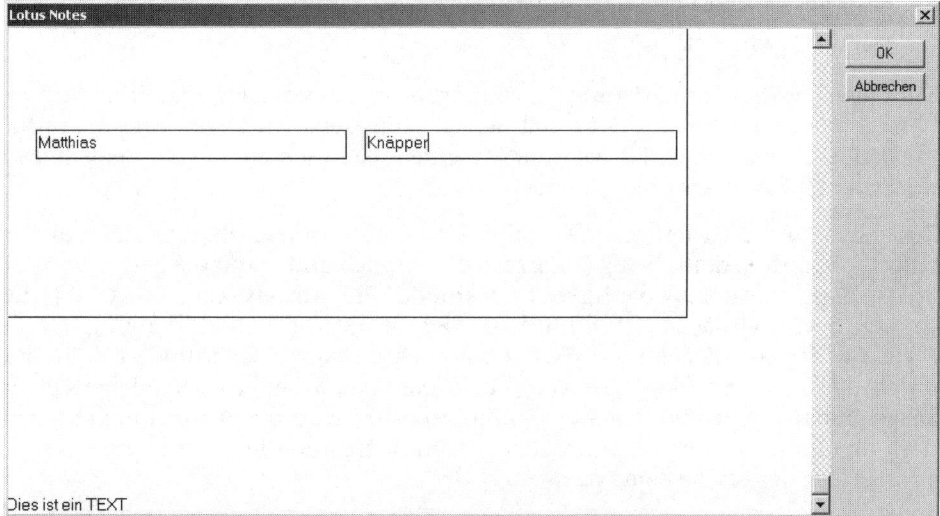

Abbildung 15.33: Erste Dialogbox mit Layout-Bereich

Sie können deutlich erkennen, dass die Dialogbox in dieser einfachsten Form die gesamte Maske anzeigt. Interessant wird die Dialogbox in diesem Zusammenhang vor allem deshalb, weil durch die Felder innerhalb einer solchen Box die Felder innerhalb eines aufrufenden Dokuments bearbeitet werden können. Das bedeutet: Wird die Dialogbox aufgerufen, wenn ein Benutzer in einer Maske auf eine Schaltfläche klickt, kann dieser Benutzer die Felder des Dokuments verändern, in dem die Schaltfläche enthalten war.

Dies bedeutet außerdem, dass die Felder, die über die Dialogbox bearbeitet wurden, angelegt werden, wenn sie im aufrufenden Dokument nicht enthalten waren. Ob das so ist, lässt sich leicht überprüfen. Erstellen Sie einfach eine Maske, in der sich keine Felder befinden, und eine Hotspot-Schaltfläche, mit der die Funktion @Dialogbox ausgeführt wird. Es sollte eine Teilmaske aufgerufen werden, in der sich einige Felder befinden. Bearbeiten Sie die Felder und verlassen Sie die Dialogbox über die Schaltfläche OK. Speichern Sie anschließend das (aus Ihrer Sicht leere) Dokument und verlassen Sie es.

Öffnen Sie anschließend das EIGENSCHAFTEN-Fenster des neu erstellten Dokuments. Öffnen Sie die Seite der Felder und schauen Sie sich die Liste der Felder an, die in dem Dokument gespeichert wurden. Neben einigen automatisch von Notes erstellten Feldern (z.B. *$UpdatedBy, Form*) befinden sich in dem Dokument auch jene Felder, die in der Dialogbox vorhanden waren und die von Ihnen eingegebenen Werte enthalten. Im folgenden Bild sehen Sie dies anhand der Beispieldatenbank (vgl. Abbildung 15.27).

Dieses standardmäßige Verhalten einer Dialogbox kann durch den Parameter mit der Liste der Steueranweisungen beeinflusst werden. Die erste und sicherlich sehr häufig verwendete Steueranweisung bilden die beiden Listenelemente:

```
[AutoHorzFit]:[AutoVertFit]
```

Mit diesen beiden Formatierungsanweisungen sorgen Sie dafür, dass Ihnen in der Dialogbox nur der Inhalt des Layout-Bereichs angezeigt wird. Dies wirkt dann für die Benutzer ansprechender, als wenn ihnen ein Gemisch aus Layout-Bereich und normaler Eingabemaske präsentiert wird.

Zusätzlich zu diesen rein gestalterischen Steueranweisungen können Sie mit der zusätzlichen Steueranweisung `[NoCancel]` die Anzeige und damit die Benutzung der Schaltfläche ABBRECHEN verhindern, während die Anweisung `[NoOkCancel]` die Anzeige der Schaltfläche OK verhindert. Über die nächste Steueranweisung `[NoNewFields]` wird das Anlegen neuer Felder durch eine Dialogbox verhindert, während durch die Anweisung `[NoFieldUpdate]` auch das Aktualisieren vorhandener Felder ausgeschlossen wird. Mit der Anweisung `[ReadOnly]` wird die Bearbeitung von Feldern durch die Dialogbox grundsätzlich verhindert und die Box nur zur Anzeige von Feldern der Maske benutzt.

Die letzte Anweisung `[SizeToTable]` sorgt dafür, dass sich die Dialogbox als Alternative zum Layout-Bereich dynamisch an die Größe einer Tabelle anpasst. Dies funktioniert jedoch nur dann, wenn die Steueranweisungen `[Autohorzfit]:[Autovertfit]` zusätzlich die Liste ergänzen. Ansonsten wird Ihnen wie im Kontext der Layout-Bereiche die gesamte Maske als Dialogbox präsentiert. Geben Sie hingegen nur die beiden Anweisungen `[Autohorzfit]:[Autovertfit]` an, wird Ihnen, wenn kein Layout-Bereich vorhanden ist, auch die vollständige Maske als Dialogbox angezeigt.

Dialogboxen können also zur Bearbeitung von Daten in jeder Form benutzt werden. Dementsprechend werden sie auch an vielen Stellen genutzt, sie dienen in aller Regel zur Bearbeitung von Daten, die im aufrufenden Dokument verborgen sind, um eine bessere Benutzersteuerung zu gewährleisten.

Ein gutes Beispiel ist hier die Maildatei eines jeden Benutzers. Es werden an vielen Stellen in dieser Datei Dialogboxen verwendet, um Informationen geringerer Priorität einzugeben und zu verarbeiten. Ein Beispiel kann dies verdeutlichen:

In einer Maske werden vier Felder eingerichtet, wobei zwei dieser Felder vor den Augen der Benutzer verborgen werden (vgl. Abbildung 15.34).

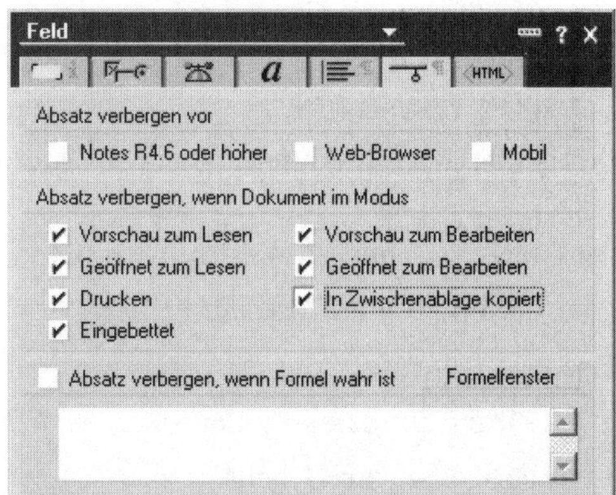

Abbildung 15.34: Verborgene Felder in einer Maske

Um diese Felder dennoch bearbeiten zu können, bedient sich der Programmierer einer Dialogbox, in der diese beiden Felder angezeigt werden können. Er erstellt eine Aktions-Schaltfläche, über die eine Teilmaske in einer Dialogbox angezeigt wird, in der sich die beiden versteckten Felder befinden (vgl. Abbildung 15.35).

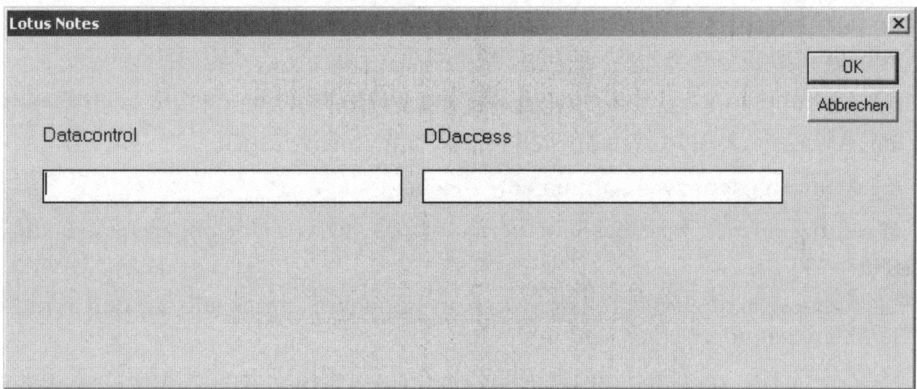

Abbildung 15.35: Bearbeiten von versteckten Feldern über eine Dialogbox

Wie in der Abbildung sehr gut zu erkennen ist, wird über die Dialogbox die Bearbeitung der beiden versteckten Felder ermöglicht. Dies können Sie leicht selbst überprüfen, indem Sie die Werte in der Dialogbox verändern und die Box über OK schließen und danach erneut wieder aufrufen. Sie werden dann feststellen, dass Notes die Werte an das zugrunde liegende Dokument übergibt und beim erneuten Aufruf der Dialogbox erneut zur Verfügung stellt. Geben Sie in der Dialogbox häufig neue Werte ein, dann können Sie diese Datenübergabe sehr schön nachvollziehen.

15.3 Weitere Neuerungen

Neue @Funktionen:

- @AttachmentModifiedTimes liefert das Datum der letzten Änderung eines Dateianhangs.
- @BusinessDays liefert die Anzahl der Arbeitstage zwischen zwei Datumswerten.
- @CheckFormulaSyntax überprüft auskommentierten Formel-Code auf Fehler.
- @Compare vergleicht zwei Listen paarweise.
- @ConfigFile liefert den Initialisierungspfad für die aktuelle Applikation.
- @Count liefert die Anzahl von Elementen in einer Liste. Im Gegensatz zu @Elements liefert es jedoch für den Fall, dass keine Werte existieren oder ein null String evaluiert wurde eine 0 zurückliefert, eine 1 zurück, was vor allem Fehler in komplexen Formeln verhindern kann.
- @DocLock sperrt, entsperrt oder liefert den Status des aktuellen Dokuments.
- @DocOmittedLength liefert die fehlende Größe in Bytes eines durch die Replikation verkürzten Dokuments.
- @DoWhile Führt einen oder mehrere Aufgaben oder Befehle iterative so lange aus, wie die angegebenen Bedingung erfüllt ist.
- @Eval kompiliert und führt einen textuellen Ausdruck als Formel zur Laufzeit aus.
- @FileDir liefert den Verzeichnisteil eines Pfadnamens zurück.
- @FloatEq vergleicht zwei Zahlfen auf Gleicheit.
- @For führt ein oder mehrere Statements solange aus, wie eine angegebene Bedingung wahr ist.
- @GetAddressBooks liefert eine Liste von Adressbüchern zurück, die mit den aktuellen Benutzer oder Server verknüpft sind.
- @GetCurrentTimeZone liefert die aktuelle Zeitzoneneinstellungen des Betriebssystems im kanonischen Zeitzonenformat zurück.
- @GetField liefert den Wert eines angegebenen Feldes als Rückgabewert.
- @GetFocusTable liefert die Spalte, die Zeile und den Namen der aktuell im Focus befindlichen Tabelle.
- @GetHTTPHeader liefert den Wert eine http-request-header Feldes.
- @GetViewInfo liefert einen Attribut der Ansicht zurück.
- @HashPassword verschlüsselt einen String.
- @IfError liefert einen Null-String ("") oder den Werte eines alternativen Statements zurück, falls ein Fehler auftritt.
- @IsNull übprüft auf einen null-Wert.
- @IsVirtualizedDirectory stellt fest, ob ein virtualisiertes Adressbuch existiert oder nicht.

- `@LDAPServer` liefert die URL und die Anschlußnummer des LDAP-listeners der aktuellen Domäne zurück.
- `@Nothing`, liefert in `@Transform`-Formeln NOTHING zurück.
- `@OrgDir` liefert den Unterverzeichnisnamen des Unternehmens zurück, für das der aktuelle Benutzer in einer xSP Umgebung registriert ist.
- `@ReplicaID` Liefert die Replika ID der aktuellen Datenbank.
- `@ServerAccess` überprüft das Zugriffsrecht einen angegebenen Benutzers auf einen Server.
- `@ServerName` liefert den Servernamen der aktuellen Datenbank.
- `@SetHTTPHeader` legt den Wert eines HTTP response-headers fest.
- `@SetViewInfo` filtert die Dokumente gemäß eines Kriteriums in einer Ansicht.
- `@Sort` sortiert eine Liste.
- `@StatusBar` schreibt eine Nachricht in die Statusleiste.
- `@ThisName` liefert den Namen des aktuellen Feldes.
- `@ThisValue` liefert den Wert des aktuellen Feldes.
- `@TimeMerge` verschmilzt separate Datums-, Zeit und Zeitzonen Informationen zu einem Datum/Zeit Info.
- `@TimeToTextInZone` konvertiert einen Datum/Zeit Wert zu einem String mit Zeitzoneninformation.
- `@TimeZoneToText` wandelt einen kanonischen Zeitzonen Wert in ein lesbares Textformat um.
- `@ToNumber` konvertiert einen Text- oder Zahlwert in eine Zahl.
- `@ToTime` konvertiert einen Text- oder Zeitwert in einen Zeitwert.
- `@Transform` wendet einen Formel auf jades Element einen Liste an.
- `@UpdateFormulaContext` aktualisiert den Kontext einer Formel im aktuellen Notes Client Fenster.
- `@URLDecode` decodiert einen URL String in regulären Text.
- `@URLEncode` wandelt einen String in einen URL-String.
- `@UrlQueryString` liefert den aktuellen URL-Befehl und seine Parameter zurück oder liefert den Wert eines der Parameter.
- `@VerifyPassword` vergleicht zwei Kennworte im Standard oder im Hashformat.
- `@WebDbName` liefert den Datenbanknamen im URL-Format. Eine Verwendung von `@DBName` und das Parsen und Ersetzen von Teilzeichenketten ist nicht mehr notwendig.
- `@While` führt eine oder mehrere Anweisungen sequentiell solange aus, wie eine angegebene Bedingung wahr ist.

Erweiterte @Funktionen

- `@DialogBox` hat eine neues Schlüsselwort: [OkCancelAtBottom].
- `@DbColumn` (Domino data source) erlaubt ein »ReCache« im ersten Parameter um den verwendeten Cache-Speicher eines vorhergehenden `@DBColumns` zu aktualisieren.
- `@DbColumn` (ODBC data source) erlaubt ein »ReCache« im ersten Parameter um den verwendeten Cache-Speicher eines vorhergehenden `@DBColumns` zu aktualisieren.
- `@DbCommand` (Domino data source) ermöglicht das Auflisten von Ordnern und das Zurverfügungstellen von nächsten und vorherigen Gruppen von Dokumenten in einer Ansicht. Dies ist nur in Web-Applikationen möglich.
- `@DbCommand` (ODBC data source) erlaubt ein »ReCache« im ersten Parameter um den verwendeten Cache-Speicher eines vorhergehenden `@DBCommand` zu aktualisieren.
- `@DbLookup` (Domino data source) erlaubt die Schlüsselworte [FailSilent], [PartialMatch], und [ReturnDocumentUniqueID] als neue Parameter.
- `@DbLookup` (Domino data source) erlaubt ein »ReCache« im ersten Parameter um den verwendeten Cache-Speicher eines vorhergehenden `@DBLookups` zu aktualisieren.
- `@DbLookup` (ODBC data source) erlaubt ein »ReCache« im ersten Parameter um den verwendeten Cache-Speicher eines vorhergehenden `@DBLookup` zu aktualisieren.
- `@Explode` verwendet einen vierten Parameter der die Benutzung eines Zeilenvorschub-Zeichens als Trennzeichen unterdrückt. Es war vorher nicht dokumentiert, dass das eine neue Zeile grundsätzlich als Trennzeichen angesehen wurde, unabhängig von den Festlegungen des zweiten Parameters.
- `@Max` liefert bei der Übergabe nur eines Parameters den höchsten Wert einer Liste zurück.
- `@Min` liefert bei der Übergabe nur eines Parameters den niederigsten Wert einer Liste zurück.
- `@Name` kennt neue Schlüsselworte, die eine Konvertierung von Domino ins LDAP Format und zurück ermöglicht.
- `@Now` kennt jetzt Parameter die eine Zeit abhängig von einem Server zurückliefert, der entweder die aktuelle Datenbank zur Verfügung stellt oder der angegeben wurde.
- `@SetDocField` kann nun dazu verwendet werden, um ein Feld im aktuellen Dokument zu verändern.
- `@Text` konvertiert RichText.
- `@UserAccess` akzeptiert Parameter um das Zugriffsrecht des aktuellen Benutzers oder eines angegebenen Benutzers festzustellen.

16 Verwendung von »@Command«-Befehlen

Nachdem wir uns bisher mit der grundsätzlichen Benutzung von Formeln vertraut gemacht haben, sollten wir uns nun mit einer weiteren Komponente der Formelsprache von Notes Domino befassen, den so genannten `@Command`-Befehlen. `@Command`-Befehle ermöglichen uns die Automatisierung bestimmter Aktionen, indem Befehle, die man normalerweise über die Menüleiste des Notes-Clients aufruft, im Rahmen von Formeln zu beliebig langen Sequenzen verknüpft werden können. Wir werden uns im Folgenden mit der Grundstruktur von `@Command`-Befehlen auseinander setzen, um anschließend ihren Einsatz an einigen Praxisbeispielen zu üben.

16.1 Über »@Command«-Befehle

Wir hatten bisher zwischen einer Reihe von Formelkomponenten unterschieden, die alle mit der Berechnung von Werten in unterschiedlichen Konstellationen befasst waren. Gleichgültig, ob wir einen Feldwert berechnen, eine Schaltfläche programmieren oder eine Ansicht mit Leben füllen wollten, es ging eigentlich immer nur um die Frage, am Ende der Berechnung den Wert zum Beispiel in ein Feld zu schreiben oder in einer Meldungsbox ausgeben zu können.

Aber so einfache Dinge wie das Speichern eines Dokuments, das bereits Formeln enthält, sind uns zur Zeit noch nicht möglich. Auch das Erstellen neuer Dokumente entzieht sich vollständig unserer Kenntnis. Wir wissen zwar, wie ein Dokument mithilfe der Kurztasten oder der SmartIcons gespeichert werden soll, und wir wissen, wie ein Dokument mithilfe von Masken erstellt wird, aber wie wir ein Dokument mit einer Schaltfläche erstellen, wissen wir nicht.

Lotus Notes Domino bedient sich hier einer weiteren Ergänzung der Formelsprache, die nicht unter die Stichwörter »Funktionen«, »Variablen« oder »Konstanten« fällt. Lotus Notes Domino benutzt zur Ausführung von Befehlen die so genannten `@Command`-Befehle.

»@Command«-Befehle im Einsatz

Lotus Notes Domino verfolgt bei der Ausführung von Befehlen einen sehr einfachen und daher auch interessanten Weg. Zunächst einmal wird durch Eingabe des Worts `@Command` die Software darauf aufmerksam gemacht, dass jetzt als Nächstes ein Befehl ausgeführt werden soll. Anschließend muss natürlich noch definiert werden, welcher der gewünschten Befehle zur Ausführung gebracht werden muss.

So erfolgt beispielsweise das Speichern eines Dokuments mithilfe des Befehls:

```
@Command([FileSave])
```

Da beim Speichern eines Dokuments alle notwendigen Informationen schon von vornherein angelegt sind, muss dieser Befehl nicht weiter parametrisiert werden. Wenn in einem Dokument diese Befehlszeile ausgeführt wird, dann ist das Dokument bereits angelegt und mit dieser Information ist auch klar, in welcher Datenbank auf welchem Server es entstehen soll. Außerdem ist das Dokument (in aller Regel) mithilfe einer Maske angelegt worden, so dass auch hier keine weiteren Informationen angegeben werden müssen.

Syntax von »@Command«-Befehlen (ohne Parameter)

Die Vorgehensweise ist bei Befehlen immer gleich. Zunächst wird Notes mitgeteilt, dass ein Befehl ausgeführt werden soll. Dies geschieht immer über die Anweisung

```
@Command([Befehl])
```

Beim Platzhalter `Befehl` muss dann noch hinzugefügt werden, welcher der 352 unterschiedlichen Befehle denn ausgeführt werden soll.

Soll beispielsweise das zurzeit geöffnete Fenster, also zum Beispiel das aktuelle Dokument, geschlossen werden, dann sieht der hierzu notwendige Befehl folgendermaßen aus:

```
@Command([FileCloseWindow])
```

Anhand dieser einfachen Beispiele erkennt man bereits, dass die Befehle in Lotus Notes Domino vor allem dazu dienen, *Systemaktionen* auf Wunsch auszuführen, d.h. solche Befehle, die man grundsätzlich in der Menüstruktur des Notes-Clients vorfindet.

> Aufgrund der Anlehnung an die Benutzeroberfläche von Lotus Notes macht der Einsatz von `@Command`-Befehlen in anderen Clients, beispielsweise im Webbrowser, wenig Sinn. Dennoch werden einige Befehle, wie die bis jetzt erwähnten `@Command ([FileSave])` und `@Command ([FileCloseWindow])` auch im Webbrowser unterstützt. Daher wollen wir auch in diesem Kapitel von der Verwendung der `@Command`-Befehle in der Notes Domino-Umgebung (und nicht nur im Notes-Client) sprechen.

Der gerade besprochene Befehl `@Command([FileCloseWindow])` führt die gleiche Aktion aus, wie wenn der Benutzer die Taste [Esc] auf seiner Tastatur drücken würde. Hat der Benutzer z.B. gerade ein Dokument neu erstellt, wird er nach Ausführen des entsprechenden Befehls gefragt, ob das aktuell geöffnete Dokument gespeichert werden soll.

16.2 Verwendung von »@Command«-Befehlen

`@Command`-Befehle können prinzipiell in jeder beliebigen Formel eingefügt werden. Das bedeutet, dass sie genauso variabel einsetzbar sind wie die Funktionen der Formelsprache oder die Berechnungsformeln.

Mit am häufigsten findet man die Befehle im Zusammenhang mit den Schaltflächen im Einsatz. Mithilfe der Schaltfläche besteht die Möglichkeit, den Benutzern eine bestimmte Arbeitsweise nahe zu legen und die für die Bedienung einer Applikation notwendigen Elemente am Bildschirm anzuzeigen.

Notes Domino unterscheidet grundsätzlich zwischen den »herkömmlichen« Schaltflächen und den so genannten *Aktions-Schaltflächen*.

16.2.1 Schaltflächen

In Kapitel 14.1.2 haben wir bereits mit Schaltflächen gearbeitet. Diese werden, da sie nur in Masken, Seiten und Navigatoren benutzt werden können, in der Regel dazu verwendet, direkt an der gewünschten Stelle innerhalb einer Maske zum Beispiel die benötigte Funktion zur Verfügung zu stellen.

Schaltflächen erstellen

Eine Schaltfläche wird mithilfe der Menüfolge ERSTELLEN/HOTSPOT/SCHALTFLÄCHE eingefügt und kann dann anschließend entsprechend gestaltet und mit einer Formel versehen werden (vgl. Abbildung 16.1).

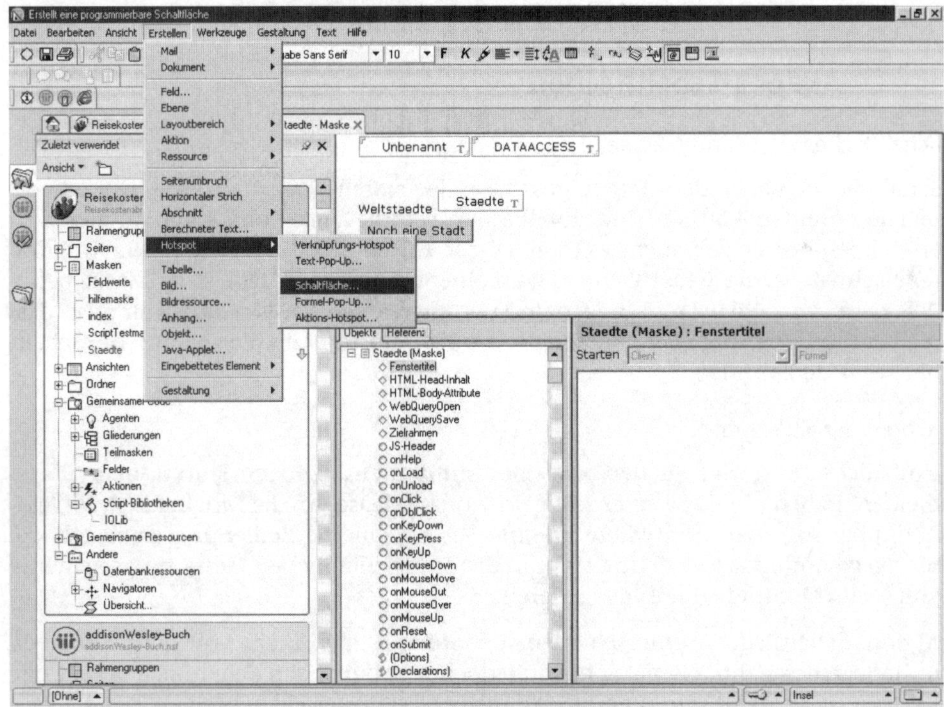

Abbildung 16.1: Einfügen einer Schaltfläche in einer Maske

Eigenschaften von Schaltflächen festlegen

Nachdem die Schaltfläche eingefügt wurde, öffnet sich standardmäßig das zugehörige Eigenschaftsfenster, in dem man die allgemeinen Einstellungen zur Schaltfläche vornehmen kann. Hier sollte man auf jeden Fall einen beschreibenden Namen für die Schaltfläche hinterlegen (vgl. Abbildung 16.2).

Abbildung 16.2: Eigenschaften für eine Schaltfläche festlegen

Anschließend kann dann innerhalb der Schaltfläche festgelegt werden, welche Funktionen und Befehle durch die Schaltfläche ausgeführt werden sollen.

16.2.2 Aktions-Schaltflächen

Schaltflächen: Vor- und Nachteile

Schaltflächen haben den Vorteil, dass sie an jeder Stelle innerhalb eines Dokuments platziert werden können und auf diese Weise die Funktionalitäten immer dort erscheinen, wo sie gebraucht werden. Dieser Vorteil ist jedoch gleichzeitig ihr größter Nachteil. Da die Schaltfläche sich an einer bestimmten Stelle einer Maske befindet, kann es gerade bei sehr langen und umfangreichen Masken dazu kommen, dass die Benutzer innerhalb des Dokuments scrollen müssen, um die gewünschte Schaltfläche wiederzufinden.

Aktions-Schaltflächen

Um solches unnötige Suchen nach bestimmten zusätzlichen Funktionen zu vermeiden, haben die Entwickler seit dem Notes Release 4.x die Möglichkeit vorgesehen, über so genannte *Aktions-Schaltflächen* allgemeine Bedienungselemente, die für die gesamte Maske wichtig sind, in die unterschiedlichen Gestaltungselemente von Notes Domino zu implementieren.

Aktions-Schaltflächen unterscheiden sich grundsätzlich nicht von den in Masken hinterlegten Schaltflächen. Sie bieten jedoch gegenüber den Schaltflächen mehrere Vorteile, da sie nicht nur in einigen wenigen Gestaltungselementen verwendet werden können, sondern in beinahe allen zur Verfügung stehen. Daraus ergibt sich die Möglichkeit, bestimmte Standardfunktionen mithilfe der Aktions-Schaltflächen zu realisieren und diese in den gewünschten Masken oder Ansichten zu implementieren und gleichzeitig in dem jeweiligen Gestaltungskontext weitere zusätzliche Funktionen zu hinterlegen.

Demnach stehen Ihnen innerhalb der Gestaltungselemente zwei unterschiedliche Arten von Aktions-Schaltflächen zur Auswahl: die *gemeinsamen* Aktions-Schaltflächen und die nur mit einem bestimmten Gestaltungselement verknüpften.

> Ein typisches Beispiel für eine Aktions-Schaltfläche, die in fast jeder Ansicht wiederzufinden ist, ist die zum Bearbeiten eines Dokuments.

Aktions-Schaltflächen erstellen

Um eine solche gemeinsame Schaltfläche zu erstellen, wählen Sie in Ihrem Domino Designer zunächst den Bereich GEMEINSAMER CODE – AKTIONEN und dort den Eintrag GEMEINSAME AKTIONEN (vgl. Abbildung 16.3).

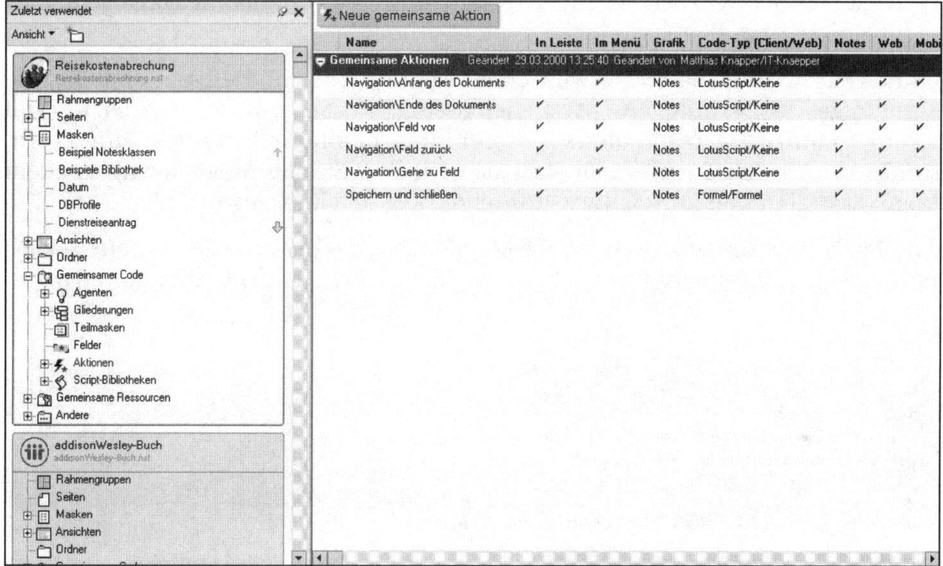

Abbildung 16.3: Erstellen neuer gemeinsamer Aktions-Schaltflächen

Aktions-Schaltflächen: Eigenschaften festlegen

Anschließend eröffnet sich dann wieder die Möglichkeit, über die Eigenschaften der Aktions-Schaltfläche zunächst einmal ihren Namen einzugeben. Dieser sollte natürlich so aussagekräftig wie möglich sein, damit die Benutzer anhand der Bezeichnung bereits erkennen können, welche Funktion sich hinter der jeweiligen Schaltfläche verbirgt.

> Möchten Sie zum Beispiel eine Schaltfläche implementieren, die das aktuelle Dokument zunächst auf die Festplatte schreibt und anschließend schließt, können Sie die Bezeichnung SPEICHERN UND SCHLIESSEN wählen.

Im Anschluss daran muss nur noch die entsprechende Formel im Formelfenster eingetragen werden (vgl. Abbildung 16.4).

Speichern und schließen (Aktion) : Click

Starten Client Formel

```
@Command([FileSave]);
@Command([FileCloseWindow])
```

Abbildung 16.4: Formel für das Speichern und Schließen eines Dokuments

Nachdem jetzt eine Funktion zum Speichern und Schließen erstellt wurde, muss diese Aktions-Schaltfläche auch dort hinterlegt werden, wo sie benötigt wird. Da das Speichern und Schließen eines Dokuments immer nur dort eine Rolle spielt, wo Dokumente auch wirklich erstellt werden, sollte diese Funktion in Masken zur Verfügung gestellt werden.

Öffnen Sie anschließend die gewünschte Maske im Domino Designer und über die Menüfolge ANSICHT/AKTIONSFENSTER auch das Aktions-Schaltflächenfenster. Klicken Sie noch einmal explizit in dieses Fenster hinein, damit es nicht nur geöffnet wird, sondern auch den Focus erhält. Erst dann haben Sie die Möglichkeit, aus dem Menü ERSTELLEN den Eintrag GEMEINSAME AKTION EINFÜGEN auszuwählen.

Anschließend eröffnet sich Ihnen die Möglichkeit, aus der Liste der Aktions-Schaltflächen eine der gemeinsamen Schaltflächen auszuwählen (vgl. Abbildung 16.5).

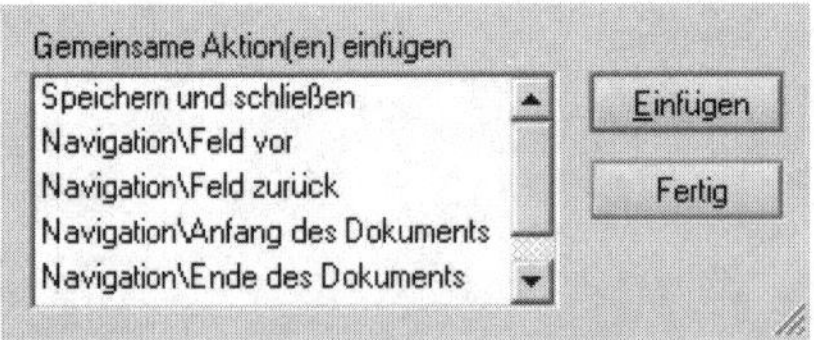

Abbildung 16.5: Auswählen einer gemeinsamen Aktions-Schaltfläche

Anschließend können Ihre Benutzer mithilfe dieser Aktions-Schaltflächen aus der jeweiligen Maske heraus das gerade bearbeitete Dokument direkt speichern und verlassen.

Standard-Schaltflächen definieren

> Es ist in diesem Zusammenhang sehr sinnvoll, über eine Reihe solcher Standard-Schaltflächen nachzudenken, die in den unterschiedlichsten Zusammenhängen verwendet werden können. Beispielsweise kann es sinnvoll sein, eine weitere Aktions-Schaltfläche zum Verlassen von Dokumenten einzurichten, ohne dass die Änderungen des Dokuments gespeichert werden, selbst wenn bereits Veränderungen vorgenommen worden sind.

Hierzu erstellt man am einfachsten zunächst eine solche gemeinsame Aktions-Schaltfläche, beschriftet diese mit ABBRECHEN und wählt noch ein geeignetes Symbol für die Darstellung aus.

Anschließend ist Folgendes zu bedenken: Wenn ein Benutzer die Bearbeitung eines Dokuments abbrechen möchte, müssen alle Änderungen verworfen werden und das Dokument muss in seinem ursprünglichen Zustand in der Datenbank verbleiben. Es reicht daher nicht aus, den Befehl

```
@Command([FileCloseWindow])
```

auszuführen, da so zwar die Bearbeitung abgebrochen wird, aber Notes den Benutzer – als wenn der Benutzer die Taste [Esc] gedrückt hätte – mit der Frage belastet, ob die Änderungen gespeichert werden sollen oder nicht. Es muss also verhindert werden, dass die Dialogbox DOKUMENT SPEICHERN angezeigt wird. In diesem Zusammenhang kann man sich eines kleinen Kunstgriffs bedienen, der die Anzeige dieses Dialogs unterdrückt.

Speichern mit SaveOptions unterlassen

Notes sucht automatisch beim Abbrechen einer Dokumentverarbeitung nach einem Feld mit dem Namen *SaveOptions*, über das die weitere Vorgehensweise beim Verlassen des Dokuments gesteuert werden kann. Hat SAVEOPTIONS den Textwert 0, wird das Dokument auf keinen Fall gespeichert. Hat es hingegen den Wert 1, wird das Speichern des Inhalts ausgelöst. Somit kann unsere Formel, die zum Abbrechen der Dokumentbearbeitung ohne Speichern führt, folgendermaßen aussehen:

```
FIELD SaveOptions:="0";
@Command([FileCloseWindow])
```

Zunächst wird in dem Dokument das Feld SAVEOPTIONS angelegt und mit dem »Nicht-speichern-Flag« versehen. Anschließend wird das Dokument verlassen. Da Notes beim Verlassen des Dokuments feststellt, dass es (aufgrund des Werts des Feldes SAVEOPTIONS) nicht speichern soll, wird das Dokument ohne zu speichern verlassen.

Mithilfe der gemeinsam genutzten Aktions-Schaltfläche kann aus Sicht der Benutzer die Bedienung Ihrer Notes Domino-Anwendung deutlich erleichtert werden, da die Anzahl der automatischen Rückfragen von Lotus Notes minimiert werden kann und die Arbeit aus Sicht der Benutzer flüssiger verläuft.

Ein weiterer nicht zu unterschätzender Faktor bei der Gestaltung gemeinsamer Aktionen ist, dass Ihre Anwendung durch die Verwendung gemeinsamer Gestaltungselemente deutlich an Bedienungskomfort gewinnt, da die von Ihnen implementierten Bedienungselemente in allen Applikationsteilen immer gleich aussehen und daher die Eingewöhnungszeit für die Benutzer deutlich sinkt.

16.3 »@Command«-Befehle mit Parameterwerten verwenden

Neben den bereits besprochenen, nicht parametrisierten @Command-Befehlen gibt es eine Reihe weiterer Befehle, die zusätzliche Informationen in Form von Parametern benötigen.

Als Beispiel soll uns hier der Befehl zum Erstellen neuer Dokumente dienen.

16.3.1 Erstellen von Dokumenten

Benutzer erstellen in unserer Applikation die neuen Dokumente bisher durch die Auswahl der jeweiligen Maske aus dem Menü ERSTELLEN. Das bedeutet, dass ein Klick in das entsprechende Menü notwendig ist, um dort die gewünschte Maske auszuwählen. Soll das Erstellen eines neuen Dokuments über eine Aktions-Schaltfläche zur Verfügung gestellt werden, dann sollte zunächst der richtige Kontext ausgewählt werden. Eine solche Schaltfläche kann zum Beispiel innerhalb einer Ansicht den Benutzern unnötiges Auswählen aus den Menüs ersparen, so dass die Ansichten sicherlich der richtige Aufhänger für eine solche Aktions-Schaltfläche sind.

Nachdem Sie also eine neue gemeinsam genutzte Aktion angelegt und sie entsprechend bezeichnet haben (z.B. »Neues Dokument«), muss nun ein Befehl gefunden werden, mit dessen Hilfe ein Dokument neu erstellt werden kann. Es gibt einige Kontexte, in denen die Entwickler des Unternehmens Iris sehr prosaisch zu Werke gegangen sind. Der »richtige« Befehl lautet hier nämlich:

```
@Command([Compose];Name der Maske)
```

Mithilfe des Befehls Compose kann ein neues Dokument in einer Datenbank erstellt und anschließend dem Benutzer für die Dateneingabe zur Verfügung gestellt werden. Allerdings kann ein User nur dann ein Dokument bearbeiten, wenn dem Dokument auch eine Maske zugeordnet wird. Daher verlangt @Command([Compose]) zusätzlich noch nach einem Parameter, in dem ein Maskenname angegeben wird.

Wenn Sie in der Maske einen Alias-Namen vergeben haben, sollte dieser verwendet werden, damit Notes Domino auch intern die richtige Maske öffnet.

Eine korrekte Instruktion zum Erstellen eines neuen Dokuments z.B. in unserer Reisekostenapplikation lautet demnach:

```
@Command([Compose];"Journey")
```

Mithilfe dieser Instruktion wird ein neues Dokument auf der Grundlage der Maske JOURNEY kreiert. Die Benutzer müssen sich mit einer solchen Aktions-Schaltfläche nun nicht mehr durch das Menü Erstellen hangeln, um eine bestimmte Maske auswählen zu können, sondern sind jetzt in der Lage, das Erstellen von Dokumenten direkt aus der gerade gewählten Ansicht zu bewerkstelligen.

Syntax von »@Command«-Befehlen (mit Parametern)

Anhand des hier gezeigten Beispiels wird auch deutlich, dass die Syntax von @Command-Befehlen immer den gleichen Aufbau hat:

```
@Command([WelcherBefehl];"Parameter1";"Parameter2"; .. ;"ParamerterN")
```

Zunächst wird Notes Domino über die Phrase @Command mitgeteilt, dass nun ein Befehl ausgeführt werden soll. Anschließend folgen der auszuführende Befehl in eckigen Klammern und alle benötigten Parameter.

16.3.2 Wechsel zwischen unterschiedlichen Dokumentmodi

Ein weiteres gutes Beispiel für die Implementierung von Standardbedienelementen in einer Notes-Applikation ist das Umschalten zwischen unterschiedlichen Dokumentmodi. In diesem Kontext lernen Sie außerdem einen Befehl kennen, der sowohl parameterlos als auch parametrisiert verwendet werden kann.

Es ist in Notes-Anwendungen oft eine typische Anforderung, dass über Schaltflächen bestimmte Werte in einem Dokument gesetzt werden sollen, ohne dass der Benutzer den Wunsch hat, das Dokument erst im Bearbeitenmodus zu öffnen, das Feld auszuwählen und anschließend das Dokument wieder zu speichern und zu schließen. In unserem Beispiel der Reiseantragsverwaltung möchte der Vorgesetzte nicht bei jedem Dienstreiseantrag das Dokument öffnen und die Fahrt genehmigen, wenn diese (in aller Regel) vorher abgesprochen worden ist.

Der Vorgesetzte fände es alles in allem viel praktischer, wenn er in der Ansicht, in der er sich befindet, nur noch auf die Schaltfläche GENEHMIGEN klicken müsste, um den Antrag abzuzeichnen.

Hier muss wieder eine gemeinsam genutzte Aktions-Schaltfläche in die Applikation eingebaut werden, damit die gewünschte Schaltfläche in allen Ansichten bzw. in den entsprechenden Masken zur Verfügung steht. Die Schaltfläche wird GENEHMIGEN benannt und mit einem geeigneten Symbol versehen. Anschließend wird im Programmierfenster die gewünschte Formel eingetragen.

Bevor in einem Dokument etwas geändert werden kann, muss sich das Dokument im Bearbeitenmodus befinden. Diesen erhält der Benutzer immer dann, wenn er z.B. einen Doppelklick auf das gewünschte geöffnete Dokument ausführt oder die Tastenkombination [Strg]+[B] ([Strg]+[E] in der englischen Notes-Version) betätigt. Anschließend akzeptiert das Dokument Eingaben über die Tastatur. Um diese Funktionalität in einer Formel zu verwenden, muss das Umschalten in den Bearbeitenmodus zunächst erfolgen.

Der Befehl

```
@Command([EditDocument])
```

erfüllt zwar formal die Voraussetzungen, um zwischen den unterschiedlichen Modi (*Lesen* bzw. *Bearbeiten*) zu wechseln. Wird dieser Befehl aber parameterlos angegeben, wechselt Notes lediglich zwischen dem aktuellen Dokumentmodus und dem jeweils anderen. Befindet sich das Dokument also bereits im Bearbeitenmodus, schaltet dieser Befehl in den Lesemodus um und das Dokument nimmt keine Feldinformationen entgegen.

Es muss also dafür gesorgt werden, dass das Dokument zunächst explizit in den gewünschten Modus geschaltet wird. Dies kann durch eine Parametrisierung des `@Command([EditDocument])`-Befehls geschehen:

```
@Command([EditDocument];"1")
```

Diese Zeile sorgt dafür, dass das gewählte Dokument auf jeden Fall in den Bearbeitenmodus versetzt wird, unabhängig davon, in welchem Modus sich das Dokument vorher befunden hat. Dies ist auf jeden Fall gewollt. Ergänzt man dann die übrigen Funktionalitäten (Setzen eines internen Markers), muss natürlich anschließend das Dokument gespeichert werden. Eine Formel, die diese Funktion zur Verfügung stellt, sieht folgendermaßen aus:

```
@Command([EditDocument];"1");
FIELD Managergenehmigt:="1";
@Command([FileSave);
```

Dies allein reicht aber nicht aus. Zum einen befindet sich anschließend das Dokument immer noch im Bearbeitenmodus, andererseits darf das Dokument auch nicht einfach geschlossen oder mithilfe des Befehls `@Command([EditDocument];"0")` in den Lesemodus geschaltet werden, weil das Dokument sich vielleicht vorher gar nicht im Lesemodus befand. Da jedoch zu Recht vom Benutzer erwartet werden kann, dass sich die Dokumente nach Anklicken der Schaltfläche wieder genau in dem Zustand befinden, in dem sie sich vor der Auswahl befanden, muss noch ein weiterer Schritt vorgeschaltet werden.

Die Funktion `@IsDocBeingEdited` liefert als Rückgabewert den Status des aktuellen Dokuments. Befindet sich das Dokument im Modus LESEN, liefert sie eine 0, anderenfalls eine 1 zurück. Speichert man den Wert vorab in einer Variablen, kann im Anschluss an die Formel das Dokument wieder in jenen Zustand zurückversetzt werden, den sie vor Ausführung der gesamten Formel hatte.

```
_var:=@IsDocBeingEdited
```

Nachdem alle gewünschten Veränderungen am Dokument vollzogen worden sind, muss noch überprüft werden, ob eine Statusänderung des Dokuments notwendig ist. Die vollständige Formel ist im Listing 16.1 dargestellt.

```
_var:=@IsDocBeingEdited;
@Command([EditDocument];"1");
FIELD Managergenehmigt:="1";
@Command([FileSave);
@if(_var;@Return(null);null);
FIELD saveoptions:="0";
@Command([EditDocument];"0")
```

Listing 16.1: Dokumentmodus wechseln

Nach dem Speichern des Dokuments wird innerhalb des `@if` überprüft, ob sich das Dokument vor den Veränderungen im Bearbeitenmodus befand. Ist dies der Fall, wird mithilfe von `@Return` die Ausführung der Formel abgebrochen. Befand sich das Dokument jedoch im Augenblick des Klicks auf die Schaltfläche im Lesemodus, wird der Wert des Feldes SAVEOPTIONS auf 0 gesetzt und anschließend das Dokument in den Lesemodus zurückgeschaltet.

Auf diese Weise kann letztlich ein Dokument geändert werden, ohne dass aus Sicht des Anwenders eine wesentliche Änderung vollzogen wird.

16.4 Praktisches Beispiel: Anwendungssteuerung mit Profildokumenten

Eine wesentliche Problematik innerhalb von Notes Domino-Anwendungen ist die Ablage zentraler Informationen. Bisher sind wir im Kontext unserer kleinen Workflow-Applikation davon ausgegangen, dass der Benutzer während des Anlegens eines neuen Dienstreiseantrags den jeweiligen Vorgesetzten aus dem öffentlichen Adressbuch auswählt. Dies ist aber keine wirkliche Lösung, da unter Umständen eine Falschauswahl getroffen wird, die anschließend – nach dem Speichern des Dokuments – nicht mehr vom Antragsteller korrigiert werden kann.

Es wäre von der gesamten Konstellation der Anwendung her wünschenswert, wenn solche zentralen Informationen wie zum Beispiel die hierarchische Verankerung eines Mitarbeiters unter einem Vorgesetzten so vordefiniert wären, dass die Benutzer keine eigene Auswahl treffen müssten.

Profildokumente

Eine sehr einfache – wenn auch nicht grundlegende – Lösung für dieses Problem ist die Benutzung so genannter *Profildokumente*. Diese Dokumente unterscheiden sich zunächst einmal gar nicht von den allgemeinen Dokumenten einer Datenbank, sondern werden lediglich mit einer bestimmten Maske angelegt. Eine solche Maske kann wie jede andere auch Felder jeder Art enthalten.

> Im Gegensatz zu normalen Dokumenten befinden sich Profildokumente in keiner Ansicht. Sie werden – sobald die Datenbank geöffnet wird – in einem Zwischenspeicher (Cache) abgelegt und stehen daher besonders schnell zur Verfügung.

Ein weiterer Unterschied zwischen »normalen« und Profildokumenten ist die Art der Erstellung. Sie werden mithilfe des Befehls `@Command([EditProfile])` erstellt, wobei die genaue Syntax folgendermaßen aussieht:

```
@Command([EditProfile];"Maskenname";"Username")
```

> Die Angabe des letzten Parameters ist optional. Anhand der Tatsache, ob dieser Parameter mit angegeben wird, unterscheidet Notes, ob das gewünschte Dokument ein benutzerspezifisches oder ein datenbankspezifisches Profil sein soll.

16.4.1 Datenbankspezifische Profildokumente

Notes Domino unterscheidet hier grundsätzlich zwei Arten von Profildokumenten. Die einfachste Variante ist das *datenbankspezifische Profildokument*. Von diesen Dokumenten gibt es in jeder Datenbank immer nur eines, so dass die Werte der einzelnen Felder leicht in Formeln abgefragt werden können. Das Angenehme an Profildokumenten ist vor allem, dass sie nicht in Ansichten angezeigt werden, so dass sie dem direkten Zugriff durch die Benutzer vollständig entzogen sind.

Datenbankspezifische Profildokumente erstellen

Zunächst sollten Sie die Maske erstellen, mit der die Profildokumente in der Datenbank eingebaut werden. Diese Maske muss die benötigten Felder enthalten, die Sie zur Steuerung Ihrer Anwendung brauchen. Dies kann beispielsweise auch ein Feld enthalten, in dem die verschiedenen Server- und Datenbanknamen enthalten sind, auf die Sie vielleicht im Kontext Ihrer Anwendung zurückgreifen wollen (vgl. Abbildung 16.6).

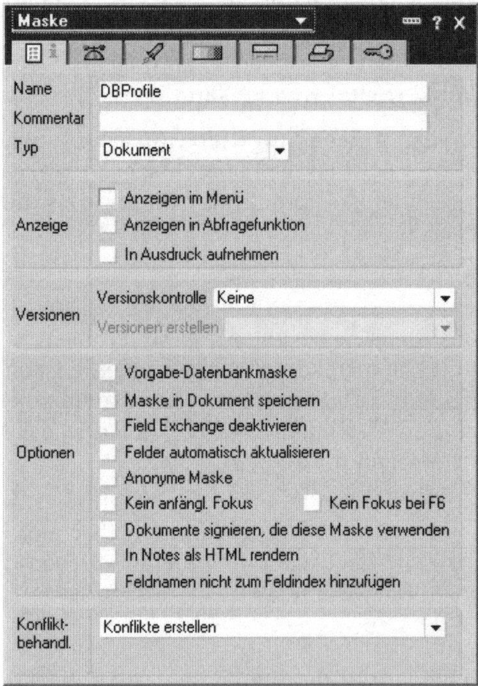

Abbildung 16.6: Maskeneigenschaften der Profilmaske

Sie sollten auf jeden Fall darauf achten, dass die Profilmaske nicht in einem Menü angezeigt wird, da sonst die User versucht sein könnten, diese Maske zum Anlegen von Dokumenten zu verwenden. Dies sollte jedoch nicht geschehen. Deaktivieren Sie deshalb auf jeden Fall die Eigenschaft ANZEIGEN IM MENÜ DER MASKE. Dadurch wird verhindert, dass diese Maske im Menü ERSTELLEN zur Anzeige gebracht wird.

Profildokumente erzeugen

Um dann ein Profil für die Datenbank zu erstellen, können Sie in einer Ansicht, die z.B. nur den Inhabern einer bestimmten Rolle zugänglich ist, eine Aktions-Schaltfläche zur Verfügung stellen, die dann das gewünschte Dokument in der Datenbank erzeugt. In dieser Aktion hinterlegen Sie den folgenden Befehl:

```
@Command([EditProfile];"DBProfile")
```

Anschließend erstellt Notes Domino dank dieses Befehls ein Profildokument, in dem die gewünschten Steuerungsinformationen für die gesamte Anwendung hinterlegt sind (vgl. Abbildung 16.7).

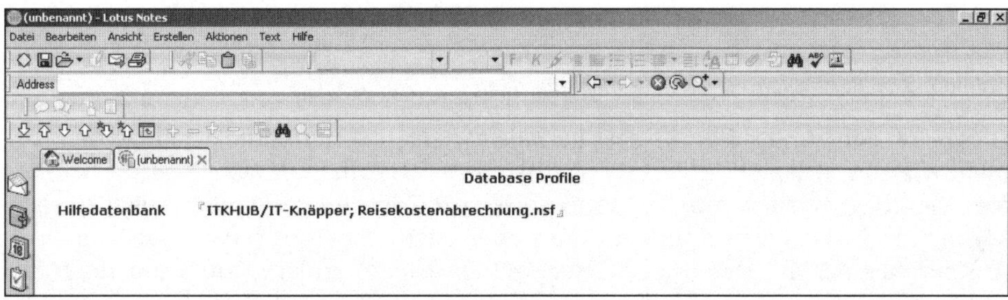

Abbildung 16.7: Eingabe eines ersten Datenbankprofils

Diese Werte können dann im jeweiligen Kontext aus dem Profildokument ausgelesen und in den Formeln verwendet werden. So bauen Sie in Ihre Anwendung ein Steuerungstool für die Datenbankadministratoren ein, das ein häufiges oder auch nur gelegentliches Anpassen von Formeln weitgehend verhindert, da Sie jetzt nur noch die gewünschten Parameter in der Datenbank anpassen müssen.

Profildokumente abfragen

Nachdem so die Erstellung eines Profildokuments gelungen ist und die benötigten Daten in diesem Dokument abgelegt werden können, kann dann aus der Anwendung heraus auf die Werte der einzelnen Felder des Profildokuments zurückgegriffen werden.

Soll beispielsweise die hier eingegebene Information mit Server- und Datenbanknamen verarbeitet werden, muss in den gewünschten Formeln der Datenbank zunächst einmal der Wert aus den Feldern des Profildokuments ausgelesen werden. Hierzu verwendet man die Funktion

```
@GetProfileField ("Maskenname";"Feldname"[;"Username"])
```

mit der gezielt auf die Daten der einzelnen Felder des Profildokuments zurückgegriffen werden kann. Als Rückgabewert erhält man anschließend den oder die Werte des gewünschten Feldes (vgl. Abbildung 16.8).

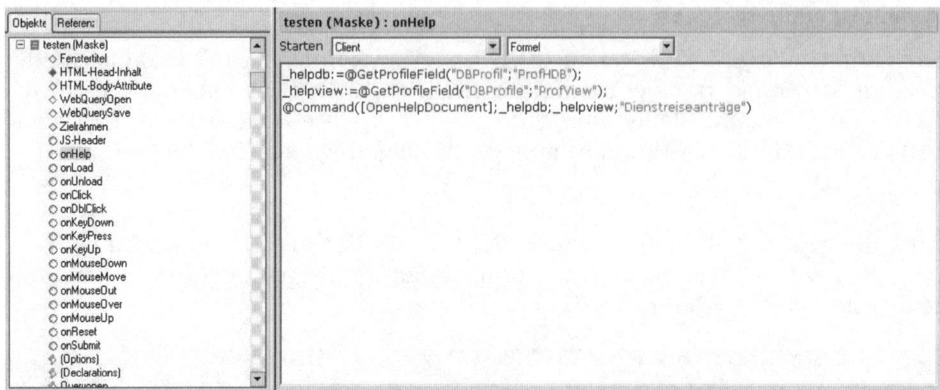

Abbildung 16.8: Abrufen von zwei Profilfeldinhalten

Dies bietet den großen Vorteil, dass nun die variablen Bestandteile der einzelnen Formeln wie zum Beispiel die Server- oder die Datenbanknamen usw. nicht in der Formel hinterlegt werden müssen, sondern über das Profildokument gepflegt werden können. Sollte sich also einmal der Name der Datenbank, des Servers oder nur einer Ansicht, aus der die Daten ausgelesen werden sollen, ändern, muss nur noch der zugehörige Eintrag im Profildokument angepasst werden, damit die Gesamtapplikation weiterhin lauffähig ist.

Feldwerte in Profildokumenten festlegen

Die Funktion `@GetProfileField` findet ihr Pendant in der Funktion `@SetProfileField`, mit der Sie den Wert eines Feldes innerhalb eines Profildokuments setzen können. Dies kann zum Beispiel dann notwendig sein, wenn Sie bestimmte userspezifische Informationen abfragen müssen und diese dann in die Felder des Profildokuments schreiben wollen, ohne den Benutzer direkt mit den Inhalten des gesamten Profils zu konfrontieren. Die Syntax der Funktion lautet:

```
@SetProfileField ("Profilmaske";"Feldname";"Neuer Wert"[;"Username"])
```

16.4.2 Benutzerspezifische Profildokumente

Ähnlich wie die datenbankspezifischen Profile können Sie in einer Datenbank für jeden einzelnen Benutzer ein *benutzerspezifisches Profil* hinterlegen. Um ein solches Profildokument verändern zu können, muss immer auch der Benutzername in den Funktionen und Befehlen mit angegeben werden, da es für jeden einzelnen Benutzer immer nur ein Profildokument geben kann. Dies bedeutet, dass der Befehl zum Anlegen eines Benutzerprofils folgendermaßen lautet:

```
@Command([editprofile];"Maskenname";@username)
```

16.5 »@Command«- und »@PostedCommand«-Befehle

Notes unterscheidet traditionell zwischen zwei Befehlsarten, den `@Command`-Befehlen und den `@PostedCommand`-Befehlen. Während Erstere, wie wir bereits gesehen haben, in einer Reihung sequentiell abgearbeitet werden, werden `@PostedCommand`-Befehle grundsätzlich am Ende einer Formel ausgeführt. Die Benutzung dieses Befehls ist immer dann unumgänglich, wenn noch eine Reihe von Clients mit dem Notes-Release 3 ausgestattet sind.

16.6 »@Command-Befehle« finden

Wie bereits erwähnt stehen mit insgesamt 352 unterschiedlichen Befehlen eine so große Zahl von Instruktionen zur Verfügung, dass es manchmal etwas schwer fällt, den richtigen oder geeigneten Befehl zu finden. Dies ist im Allgemeinen jedoch nicht weiter schwierig. Es war das grundsätzliche Ziel, Entwicklern eine Möglichkeit zu eröffnen, alle über die Menüs erreichbaren Befehle ebenso innerhalb einer Formel direkt abzurufen. Aus diesem Grunde tragen eine große Zahl von Befehlen einen Namen, der im Aufbau die Position in den Menüs von Notes widerspiegelt.

Um zum Beispiel ein Dokument zu speichern, muss ein Benutzer die Menüfolge DATEI/SPEICHERN auswählen. Der hierbei ausgeführte Befehl ist so benannt, dass er diese Menüfolge nachbildet. Mit `@Command([FileSave])` wird das Speichern eines Dokuments ausgelöst und durchgeführt. Als Entwickler wird man also bei der Suche nach bestimmten Befehlen, die ja meist auch Menüfunktionen abbilden, zunächst einmal überlegen, in welchem der vorhandenen Menüs man nach der gewünschten Funktion fahnden würde. Anschließend kann man dann durch die Übersetzung der Menüs in die englische Sprache dazu übergehen, nach einem adäquaten Befehl in der Hilfe zu suchen. Um zum Beispiel Lotus Notes zu beenden, wird man im Menü DATEI den Eintrag BEENDEN auswählen. Der zugehörige Befehl lautet dementsprechend `@Command([FileExit])`.

Diese einfache Vorgehensweise soll hier jedoch nicht darüber hinwegtäuschen, dass es unter Umständen nicht einfach ist, den richtigen Befehl aus der Liste zu finden, da die in den Menüs benutzten Bezeichnungen teilweise anders lauten als der Befehl selbst.

Um beispielsweise die automatische Rechtschreibprüfung aufzurufen, muss ein Benutzer die Menüfolge Bearbeiten/Rechschreibprüfung auswählen, während der zugehörige Befehl `@Command([ToolsSpellCheck])` lautet.

Andererseits gibt es eine Vielzahl von Befehlen, die überhaupt nicht über eine Menüfolge abgerufen werden können. Diese sind quasi als besondere Ergänzung zu den sonstigen Befehlen zu sehen und bieten den Entwicklern entsprechende Möglichkeiten, ihre Applikationen so bedienungsfreundlich wie möglich zu gestalten. Als Beispiel soll hier der Befehl `@Command([EditProfile])` dienen, mit dem das gewünschte Profildokument bearbeitet werden kann.

16.7 Neuerungen im Release 6

Im Kontext des neuen Releases wurden einige wenige Verbesserungen innerhalb der Befehlsgruppe `@command` eingeführt. Es gibt ein paar vollständig neue Befehle, eine größere Zahl von quasi redundanten Befehlen und einige, deren Funktionsumfang oder Arbeitsweise ergänzt und erweitert worden ist.

16.7.1 Neue »@commands«

Neu hinzugekommen sind in Notes 6 lediglich vier `@commands`. Der erste Befehl erzeugt ein neues Dokument in einer Notes-Datenbank mit einer Referenz auf ein Hauptdokument.

Der

```
@command([ComposeWithReference];"Servername":"Datenbankname";"Maskenname";Parameter)
```

erstellt ein Antwortdokument mit einem Verweis auf das Hauptdokument. Der Maskenname wird verwendet, damit Notes die richtige Maske zum Erstellen von Antwortdokumenten verwendet. Über die Parameter wird festgelegt, welche Werte aus dem zugrunde liegenden Dokument benutzt werden sollen. Die möglichen Parameter – numerische Werte – geben an, ob und wenn welche Werte auf welche Weise aus dem Hauptdokument übernommen werden sollen.

Der Befehl

```
@command([EditQuoteSelection])
```

kann z.B. innerhalb von Aktions-Schaltflächen eingesetzt werden und stellt einen Text wie eine Antwort im Internet mit einem jeweils führenden Größerzeichen dar. Voraussetzung ist, dass sich ein Dokument im Bearbeitenmodus befindet, dessen Text vom Benutzer markiert wurde. Dann bewirkt das Anklicken einer Aktion mit dem obigen Befehl den folgenden Output:

Der dritte neue Befehl

```
@command([EditRestoreDocument])
```

stellt ein gelöschtes Dokument in einer Ansicht für gelöschte Dokumente wieder her und stellt es wieder in den Ordner, in dem das Dokument gelöscht wurde.

Der vierte und letzte neue Befehl in Notes 6 ist

```
@command([RefreshFrame];"Zielrahmen").
```

Er aktualisiert einen angegebenen Frame in einem Frameset. Der Parameter mit der Angabe des Frames ist obligatorisch.

16.7.2 Redundante »@command«-Befehle

Die wenigen neu hinzugekommenen Befehle sind alle als Ergänzung für bereits bestehende Befehle gedacht. Alle Befehle, die sie ergänzen, werden grundsätzlich erst ausgeführt, nachdem sämtliche anderen Anweisungen in einer Formel ausgeführt worden sind, unabhängig von Ihrer Position innerhalb einer Formel. Als Beispiel diene uns der bereits bekannte Befehl

@command([fileclosewindow]),

der immer als letzter Befehl ausgeführt wird.

Hier finden Sie eine Liste der Befehle, die neu hinzugekommen sind und die entsprechende Aufgaben haben.

Neuer Befehl	Existierender Befehl
Clear	EditClear
CloseWindow	FileCloseWindow
DatabaseDelete	FileDatabaseDelete
EditProfileDocument	EditProfile
ExitNotes	FileExit
FolderDocuments	Folder
NavNext	NavigateNext
NavNextMain	NavigateNextMain
NavNextSelected	NavigateNextSelected
NavNextUnread	NavigateNextUnread
NavPrev	NavigatePrev
NavPrevMain	NavigatePrevMain
NavPrevSelected	NavigatePrevSelected
NavPrevUnread	NavigatePrevUnread
RefreshWindow	ReloadWindow
RunAgent	ToolsRunMacro
RunScheduledAgents	ToolsRunBackgroundMacros
SwitchForm	ViewSwitchForm
SwitchView	ViewChange

16.7.3 Erweiterte Befehle

Die hier exemplarisch genannten Befehle wurden von IBM in ihrer Funktionalität erweitert und verbessert. Die folgende Liste zeigt Ihnen eine Liste veränderter Befehle:

Befehl	Veränderungen gegenüber R5
`ReplicatorReplicateHigh`	ist auch dann verfügbar, wenn die Replikatorseite nicht geöffnet ist.
`ReplicatorReplicateNext`	ist auch dann verfügbar, wenn die Replikatorseite nicht geöffnet ist.
`ReplicatorReplicateSelected`	ist auch dann verfügbar, wenn die Replikatorseite nicht geöffnet ist.
`ReplicatorReplicateWithServer`	ist auch dann verfügbar, wenn die Replikatorseite nicht geöffnet ist.
`ReplicatorSendMail`	ist auch dann verfügbar, wenn die Replikatorseite nicht geöffnet ist.
`ReplicatorSendReceiveMail`	ist auch dann verfügbar, wenn die Replikatorseite nicht geöffnet ist.
`ReplicatorStart`	ist auch dann verfügbar, wenn die Replikatorseite nicht geöffnet ist.
`ReplicatorStop`	ist auch dann verfügbar, wenn die Replikatorseite nicht geöffnet ist.
`WindowCascade`	verringert die Größe aller geöffneten Notes Domino-Fenster auf weniger als 50% ihrer maximalen Fenstergröße und ordnet sie überlappend übereinander an.
`WindowNext`	maximiert das Notes-Fenster, dessen Aktivitätenleisten-Schaltfläche sich rechts neben der Aktivitätenleisten-Schaltfläche des aktuellen Fensters befindet, oder wenn die Fenster überlappend angeordnet sind, verschiebt es das nächste Fenster im Stapel in den Vordergrund.
`WindowTile`	andert die Größe aller geöffneten Notes Domino-Fenster, um sie alle gleichzeitig anzuzeigen. Die geöffneten Fenster werden auf dem Bildschirm nebeneinander angeordnet, bis sie den gesamten Hintergrund ausfüllen.

17 Einführung in LotusScript

LotusScript stellt neben den bisher besprochenen Möglichkeiten, Applikationen mithilfe von Lotus Notes Domino zu entwickeln, zum ersten Mal eine Programmiersprache dar, mit deren Hilfe nicht nur einfache Funktionen abgebildet, sondern auch komplexeste Prozeduren und selbst geschriebene Funktionen ausgeführt und entwickelt werden können. Durch seinen sowohl prozeduralen als auch objektorientierten Sprachaufbau eröffnet LotusScript den Entwicklern von Applikationen erweiterte Möglichkeiten der Anwendungsentwicklung, die damit Lotus Notes Domino zu einem extrem flexiblen und umfassenden Entwicklungswerkzeug für Groupware- und Knowledge-Management-Produkte machen.

Trotz der vielfältigen Möglichkeiten, die sich durch die Integration der Formelsprache bereits in früheren Versionen von Lotus Notes Domino ergaben, vermissten viele Entwickler die Möglichkeit, mit einer modernen Programmiersprache, die zum Beispiel auch Schleifenkonstrukte oder die Entwicklung eigener Funktionen unterstützt, geschäftskritische Applikationen zu erstellen und ausliefern zu können. Erst durch die Integration von LotusScript konnten Entwickler die Programmiersprache wählen, die für den jeweiligen Fall am besten geeignet erscheint.

LotusScript als Basic-Dialekt

LotusScript ist als Programmiersprache angelehnt an die Programmiersprache Basic. Das ermöglicht es, eine große Zahl von Programmierern in die Entwicklung von Notes Domino-Applikationen einzubeziehen, ohne dass diese auf ihre bevorzugte Entwicklungssprache verzichten müssen. Gleichzeitig werden so die Möglichkeiten der Anwendungsentwicklung erheblich erweitert, da durch die Entwicklung eigener Klassen, Prozeduren und Funktionen die Entwicklung komplexester Applikationen vereinfacht werden konnte.

Nachteile von LotusScript

Einen kleinen Nachteil hat jedoch die Verwendung von LotusScript. Diese Einschränkung ist ein Resultat der Tatsache, dass Lotus versucht hat, eine größtmögliche Kompatibilität zwischen VisualBasic und LotusScript zu schaffen. LotusScript-Fragmente, die zum Beispiel in Masken oder Schaltflächen oder anderen Client-orientierten Bereichen eingesetzt werden, können nicht in Internetapplikationen eingesetzt werden. In diesen Zusammenhang sollte man in der Version 5 auf die Programmiersprache JavaScript zurückgreifen, die zwar ähnliche Entwicklungsoptionen beinhaltet wie LotusScript, allerdings auf Client-Seite für Notes und Webclients verwendet werden kann.

Einsatzbereiche von LotusScript

Soll jedoch eine Applikation ausschließlich für die Notes-Client-Umgebung oder einen Agenten erstellt werden, der letztlich auf dem Server ausgeführt wird, dann ist LotusScript grundsätzlich zunächst einmal erste Wahl. Es muss aber immer vom

Entwickler eine Entscheidung getroffen werden, welche Programmiersprache er einsetzen möchte oder welche Sprache in welchem Zusammenhang sinnvoll ist. Diese Entscheidung beruht immer auf mehreren Voraussetzungen, die nicht einfach zu bewerten sind. So ist es zum Beispiel durchaus möglich, dass die Entscheidung zugunsten der Formelsprache ausfällt, weil dort eine Funktion existiert, mit der die gesamte Aufgabe durch eine einzige Zeile erfüllt wird, während mit LotusScript zunächst einmal die Lösung ausprogrammiert werden müsste.

17.1 LotusScript als prozedurale Sprache

Da sich die Sprache LotusScript an Basic anlehnt, werden sich in diesem Zusammenhang viele Entwickler automatisch zu Hausse fühlen, die sich bereits in anderen Zusammenhängen mit Basic befasst haben. LotusScript ist eine prozedural angelegte Sprache, die zusätzlich über ein Klassenmodell auf die Funktionalitäten von Lotus Domino bzw. Notes zurückgreifen kann.

Sprachaufbau von LotusScript-Programmen

Bevor wir uns jedoch dem Klassenmodell nähern wollen, soll hier zunächst einmal ein kurzer Einblick in den Sprachaufbau und den Ablauf der LotusScript-Programme gegeben werden. Um zunächst einen Überblick über den Sprachumfang von LotusScript zu bekommen, wollen wir uns diesem *prozeduralen* Bereich nähern.

Wir beschreiben die verschiedenen Funktionalitäten von LotusScript zunächst anhand einer Schaltfläche, die einfach den Text »Hello World« ausgibt.

Erstellen Sie also in einer Datenbank eine Maske, in der Sie eine Schaltfläche hinterlegen, der Sie die Beschriftung »Hello World« mitgeben.

LotusScript als Programmiersprache festlegen

Anschließend müssen Sie über das Auswahlfeld *Starten* festlegen, mit welcher Programmiersprache die gewünschte Funktion erstellt werden soll. Hier wählen Sie zunächst einmal *LotusScript* aus, um auf die Eingabemöglichkeiten von LotusScript zurückgreifen zu können (vgl. Abbildung 17.1).

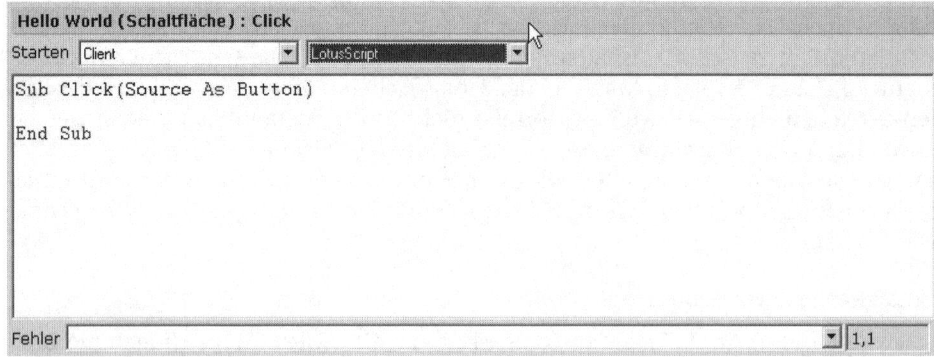

Abbildung 17.1: Umschalten auf die Programmiersprache LotusScript

HelloWorld in LotusScript

Einer der ersten Schritte, den jeder Entwickler in einer neuen Entwicklungsumgebung tut, ist meist die Ausgabe von »Hello World«. Wir wollen hier in diesem Zusammenhang nicht mit dieser Tradition brechen. Ein Listing des betreffenden Programms finden Sie in der Abbildung 17.2.

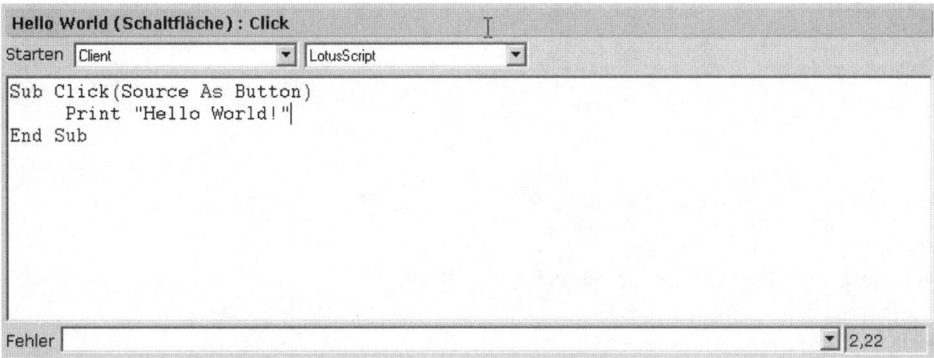

Abbildung 17.2: Script Hello World

Eine kurze Erklärung: Die Anweisung `Print` sorgt für die Ausgabe eines Textes in der Statusleiste von Lotus Notes Domino. Es wird die Zeichenkette ausgegeben, die an den Befehl übergeben wurde, in diesem Fall also die Zeichenkette »Hello World« (vgl. Abbildung 17.3).

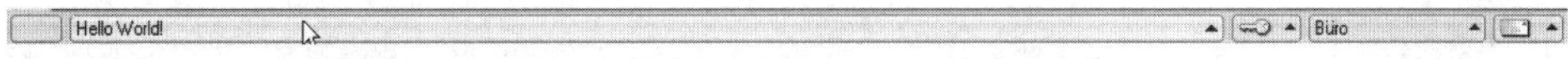

Abbildung 17.3: Ausgabe von Hello World in der Statusleiste

LotusScript als ereignisgesteuerte Sprache

LotusScript ist nicht nur eine prozedurale Sprache, sie ist auch *ereignisgesteuert*. Jedem einzelnen Ereignis, das einem bestimmten Objekt zum Beispiel in einer Maske zugeordnet werden kann, können Sie als Entwickler ein Script hinterlegen. Genauso ist es in diesem Beispiel geschehen. Eine Schaltfläche »kennt« daher im Verlauf ihres Lebens eine Reihe von Zuständen, die man als Ereignisse beschreiben kann. In jedem dieser Ereignisse besteht die Möglichkeit, eine Funktion über die Programmierung zuzuordnen.

> Mehr über die Einbettung von LotusScript in Ereignisprozeduren finden Sie in Kapitel 18.

In der Abbildung 17.4 ist deutlich zu erkennen, dass der Schaltfläche HELLO WORLD sechs unterschiedliche Ereignisse zugeordnet sind. Jedes dieser Ereignisse tritt zu einem festgelegten Zeitpunkt ein.

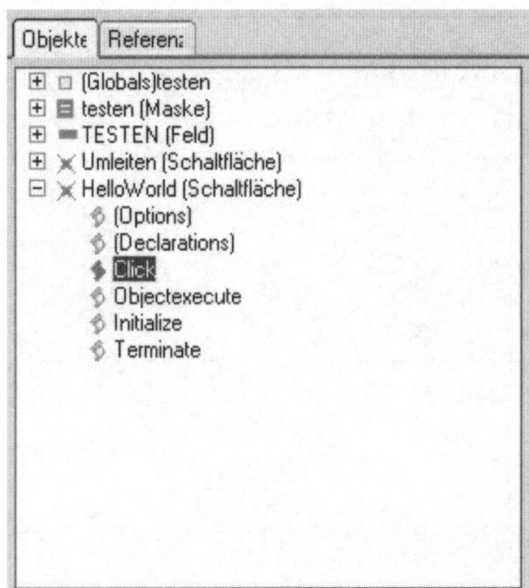

***Abbildung 17.4: Ereignisse der Schaltfläche* HELLO WORLD**

»Click«-Ereignis

Das von uns benötigte Ereignis ist in unserem Fall das `Click`-Ereignis, das genau in dem Augenblick eintritt, in dem der Benutzer die Schaltfläche durch einen einzelnen Mausklick auswählt. Bei einer genaueren Betrachtungsweise dieser Ereignisse werden Sie jedoch feststellen, dass dem Ereignis `Click` noch das Ereignis `Initialize` vorangeht, mit dessen Hilfe die Schaltfläche zunächst initialisiert wird. In dem Augenblick also, in dem der Benutzer die Schaltfläche anklickt, tritt zunächst das Ereignis `Initialize` ein und anschließend das Ereignis `Click`. Wir werden uns in den nächsten Übungen darauf beschränken, den Code in den Ereignissen `Click` zu hinterlegen.

> Wenn Sie in einem Ereignis ein Script eingeben, sollten Sie darauf achten, jede Zeile durch das Drücken der Eingabetaste (Enter) abzuschließen, da Domino Designer nach dem Verlassen der Zeile gleichzeitig mehrere Dinge ausführt. Einerseits wird die gerade verlassene Zeile einer ersten Syntax-Prüfung unterzogen. Das bedeutet, dass ihr Code zum Beispiel auf Vollständigkeit überprüft wird, d.h. ob alle öffnenden Klammern auch wieder durch schließende Klammern abgeschlossen werden und ob alle Zeichenketten auch durch ein schließendes Hochkomma korrekt beendet worden sind. Eventuell aufgetretene Fehler werden Ihnen sofort gemeldet.

Ausgabe durch Messagebox

Neben der einfachen Ausgabe in der Statuszeile mittels der `Print`-Funktionen ermöglicht LotusScript mit seinen Standardfunktionen auch die Ausgabe von Daten direkt am Bildschirm.

Die einfachste Form einer solchen Datenausgabe anstelle der Darstellung in der Statuszeile ist die Verwendung der `Messagebox()`-Prozedur. Die Syntax ist hier denkbar einfach:

```
Messagebox "Meldungstext"
```

bzw.

```
Messagebox ("Meldungstext")
```

Im ersten Fall handelt es sich um den Aufruf der Prozedur `Messagebox()`, die den gewünschten Meldungstext ausgibt, während die zweite Form eine Funktion `Messagebox()` benutzt, die ebenfalls eine Meldung am Fenster produziert. Der Unterschied liegt im *Rückgabewert*, der von der Funktion zurückgeliefert wird und der z.B. in einer Variablen abgefangen werden kann. Der Rückgabewert der Funktion ist abhängig von der Formatierung der Meldungsbox und der vom Benutzer gewählten Schaltfläche. In der von uns zunächst verwendeten Standardform hat die Messagebox nur die Schaltfläche OK und kennt daher keinen anderen Rückgabewert als den Wert 1.

Abbildung 17.5: Ausgabe von Hello World in einer Messagebox

Mit der Zeile

```
Messagebox("Hello World")
```

haben wir in einer Schaltfläche die Möglichkeit vorgesehen, Text in einem Meldungsfenster auszugeben. Diese Ausgabe kann durch den Benutzer durch Anklicken der OK-Schaltfläche wieder geschlossen werden (vgl. Abbildung 17.5).

17.2 Variablen und Konstanten

17.2.1 Variablen

Um aber innerhalb eines Scripts Berechnungen ausführen zu können, müssen wir uns mit der Frage der *Variablen* innerhalb von LotusScript befassen. LotusScript unterscheidet grundsätzlich unterschiedliche Datentypen für Variablen. Dies bedeutet, dass man vor der Verwendung einer Variablen diese *deklarieren* – also anmelden – sollte. Eine solche Anmeldung legt von vornherein den zu verwendenden Datentyp der Variablen fest und reserviert entsprechend einen festgelegten Speicher für diese Variable. Je nachdem, welcher Datentyp für die Variable vorgesehen war, wird mehr oder weniger Speicher für diese reserviert.

Platzbedarf von Variablen in LotusScript

Eine Darstellung von Speichergrößen unterschiedlicher Datentypen ist in der Tabelle 17.1 dargestellt.

Bezeichnung	Symbol	Datenbereich	Speichergröße
Byte Datentyp ist neu in Notes 6	Keins	0 bis 255	1 Byte
Boolean Datentyp ist neu in Notes 6	Keins	0 (False) oder –1 (True)	2 Byte
Integer Signed short integer	%	32.768 bis 32.767	2 Bytes
Long Signed long integer	&	2.147.483.648 bis 2.147.483.647	4 Bytes
Single Single-precision floating-point	!	3,402823E+38 bis 3,402823E+38	4 Bytes
Double Double-precision floating-point	#	1,79769313486231 58E+308 bis 1,79769313486231 58E+308	8 Bytes
Currency Fixed-point integer mit vier Dezimalstellen	@	922.337.203.685.477,5807 bis 922.337.203.685.477,5807	8 Bytes
String	$	Begrenzt durch den verfügbaren Speicher	2 Bytes/Zeichen
Variant		Ein spezieller Datentyp, der jeden skalaren Datentyp, Arrays, Listen oder Objektreferenzen enthalten kann. Kann auch logische und Datums-/Zeitwerte enthalten	16 Bytes

Tabelle 17.1: Speicherbedarf der Datentypen in LotusScript

Man sollte sich also bereits bei der Planung eines Scripts Gedanken über den Platzbedarf einer Variablen machen und diese dann entsprechend der maximalen Größe ihres Inhalts dimensionieren. Bereits anhand dieser Tabelle ist deutlich zu erkennen, dass das rechtzeitige Dimensionieren einer Variablen Speicherplatz in nicht unerheblichem Umfang sparen kann.

LotusScript unterstützt diese Dimensionierung über den `Dim`-Befehl.

```
Dim var as integer
```

Diese Zeile legt eine neue Variable namens `var` an und reserviert gemäß des Datentyps `Integer` zwei Bytes im Speicher des Rechners. Gleichzeitig wird mit diesem Befehl eine Aussage darüber getroffen, welche Daten in dieser Variablen abgelegt werden können. Beispielsweise ist es im dargestellten Fall nicht möglich, Daten in dieser Variablen zu hinterlegen, die größer sind als der Wert 32767. Versuchen Sie dennoch einen größeren Wert in der Variablen abzulegen, erhalten Sie von Ihrem Script einen Laufzeitfehler.

Implizite und explizite Variablendeklaration

LotusScript unterstützt mit der impliziten und der expliziten Deklaration zwei unterschiedliche Arten der Variablendimensionierung. Während bei der *expliziten Variablendeklaration* über den Ausdruck `Dim` die verwendeten Variablen von vornherein festgelegt werden, wird bei der *impliziten Deklaration* eine Variable zur Laufzeit benutzt. Ein Beispiel für die zweite Vorgehensweise ist in der Abbildung 17.6 dargestellt.

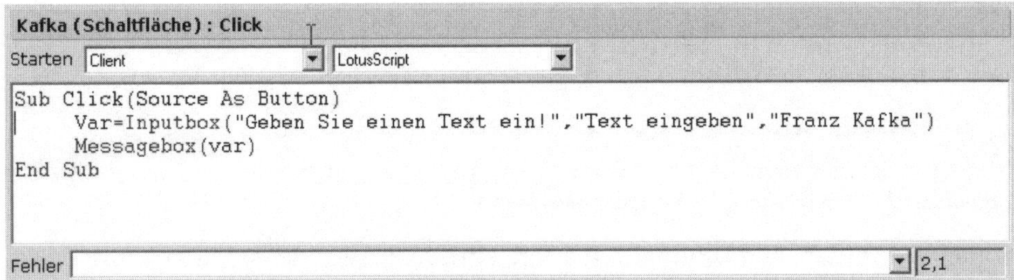

Abbildung 17.6: Implizite Variablendeklaration

Es erscheint zwar auf den ersten Blick deutlich bequemer, per impliziter Deklaration die Variablen bei Bedarf anzulegen. Dies resultiert aber in einem erheblichen Mehrbedarf an Speicher, der durch diese Art der (Nicht-) Deklaration erkauft wird. Jede nicht explizit deklarierte Variable ist automatisch vom Datentyp `Variant`. Dies reserviert automatisch 16 Bytes des Speichers Ihres Rechners, ohne dass dort schon Daten hinterlegt werden könnten. Kommen dann, wie in diesem Beispiel, noch die Daten hinzu, so kann sich durch diese unsaubere Art der Programmierung der Speicher Ihres Rechners schnell füllen, ohne dass dort wirklich Informationen abgelegt werden.

Stattdessen sollten Sie sich angewöhnen, Ihre Variablen explizit zu deklarieren, damit Sie den Speicher der Rechner möglichst optimal nutzen können (vgl. Abbildung 17.7).

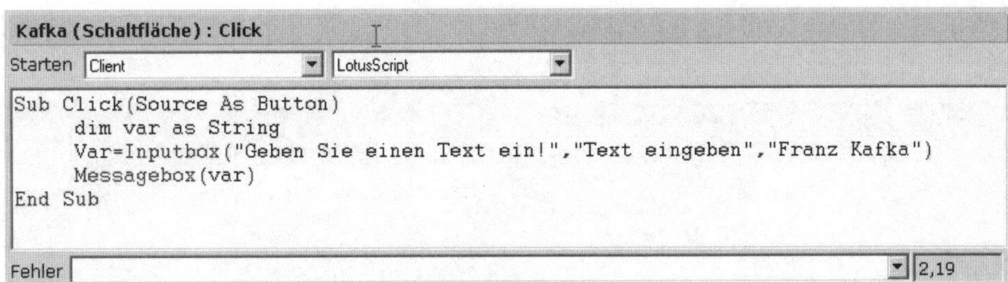

Abbildung 17.7: Explizite Deklaration einer Variablen

Durch diese eine Zeile mehr wird der Speicherbedarf der Variablen drastisch reduziert. Da von vornherein festgelegt ist, dass die Variable vom Typ `String` ist, »verwendet« sie lediglich zwei Bytes pro eingegebenem Zeichen, während in der impliziten Variante bereits ohne Daten 16 Bytes reserviert worden wären.

Sollte Ihnen die explizite Deklaration schwer fallen, können Sie sich auch dazu zwingen, jede Variable vor ihrer Benutzung zu deklarieren. Wenn Sie in den *Optionen* Ihres Scripts einen entsprechenden Eintrag vornehmen (vgl. Abbildung 17.8), werden Sie zum Deklarieren aller Variablen gezwungen.

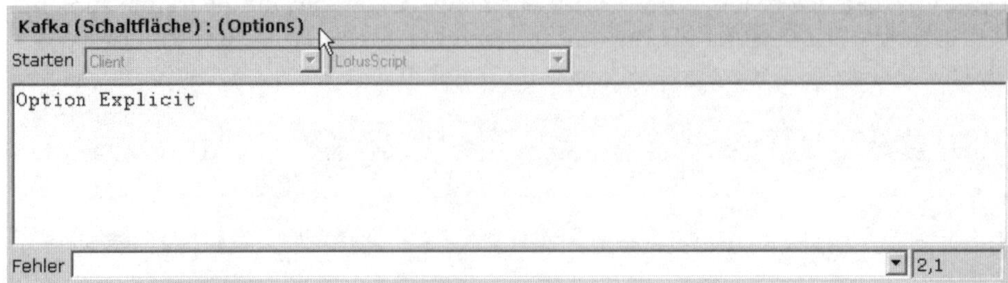

Abbildung 17.8: Erzwingen der Variablendeklaration

Sollten Sie anschließend einmal vergessen, eine der verwendeten Variablen zu deklarieren, werden Sie auf diesen Umstand hingewiesen und können dies anschließend ändern (vgl. Abbildung 17.9).

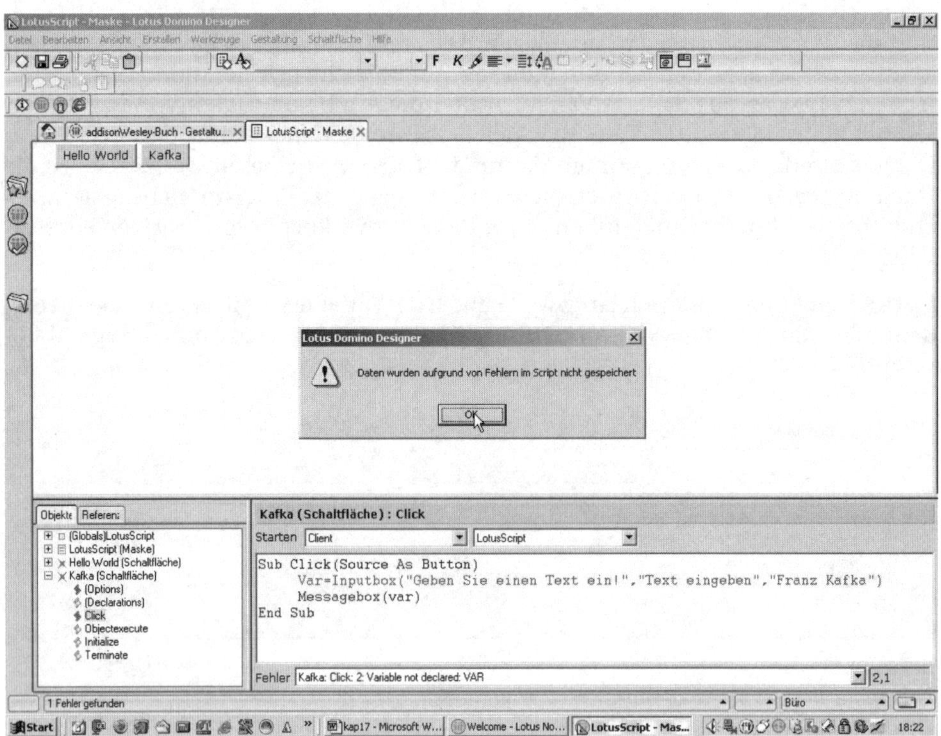

Abbildung 17.9: Warnung bei nicht deklarierten Variablen

Wenn Sie also jetzt Ihre Variablen durchgehend deklarieren, werden Ihre Scripts mit einem deutlich reduzierten Platzbedarf laufen, was sich wiederum auf die Ausführungsgeschwindigkeit positiv auswirkt.

17.2.2 Konstanten

Neben den Variablen kennt Lotus Notes Domino natürlich auch *Konstanten*. Dies sind feste Werte, die Sie bestimmten Daten zuweisen können und die sich im Programmablauf nicht ändern. Ein klassisches Beispiel für den Einsatz von Konstanten ist z.B. die feste Verdrahtung von Datenbank- oder Ansichtsnamen.

```
Const MEINEDATENBANK$="IrgendeinName"
```

Konstanten deklarieren

Um eine Konstante zu deklarieren, verwenden Sie den Begriff `Const` so, wie Sie zum Dimensionieren einer Variablen den Begriff `Dim` verwendet haben.

```
Const KmPauschale! = 0.52
```

Mithilfe dieser Zeile legen Sie eine neue Konstante vom Datentyp `Single` an, die automatisch den Wert 0,52 erhält. Mit diesem Wert können Sie später innerhalb Ihres Scripts weiterrechnen.

17.2.3 Gültigkeit und Sichtbarkeit von Variablen und Konstanten

Während wir uns im Kontext der Formelsprache mit der Sichtbarkeit und Gültigkeit von Variablen und Konstanten nur kurz befasst haben (da die einzelnen Variablen immer nur innerhalb der jeweiligen Formel sichtbar bzw. gültig waren), können wir innerhalb von LotusScript mit unterschiedlichen Gültigkeiten unserer Variablen arbeiten. Dies ist unter anderem darauf zurückzuführen, dass jedem einzelnen Gestaltungselement von Notes Domino, sei es nun eine Maske, eine Ansicht oder ein Ordner, von vornherein eine Reihe von Ereignissen zugeordnet werden, die wiederum mit einem eigenen Script ausgestattet werden können. Jedes weitere Objekt innerhalb der Gestaltungselemente besitzt für sich dann auch wieder die jeweiligen Ereignisse mit einem jeweils eigenen Script und mit eigenen Deklarationsbereichen. Um die Code-Wartung zu erleichtern, macht es Sinn, den Gültigkeits- und Sichtbarkeitsbereich einer Variablen nur so groß zu gestalten, wie es für das eigene Programm unbedingt notwendig ist.

Um sich über die Sichtbarkeit und Gültigkeit von Variablen zu orientieren, sollte man einmal innerhalb einer Maske eine Schaltfläche erstellen, die drei Variablen aus unterschiedlichen Deklarationsbereichen abfragt. Die erste Variable `GlobDekVar` wird im *globalen* Deklarationsbereich der Maske dimensioniert, während die zweite Variable `ButDekVar` im Deklarationsbereich der Schaltfläche dimensioniert wird. Die letzte Variable `LocalVar` wird innerhalb des Ereignisses `Click` der Schaltfläche deklariert. Die Formel zur Schaltfläche sieht dann anschließend wie in Abbildung 17.10 aus.

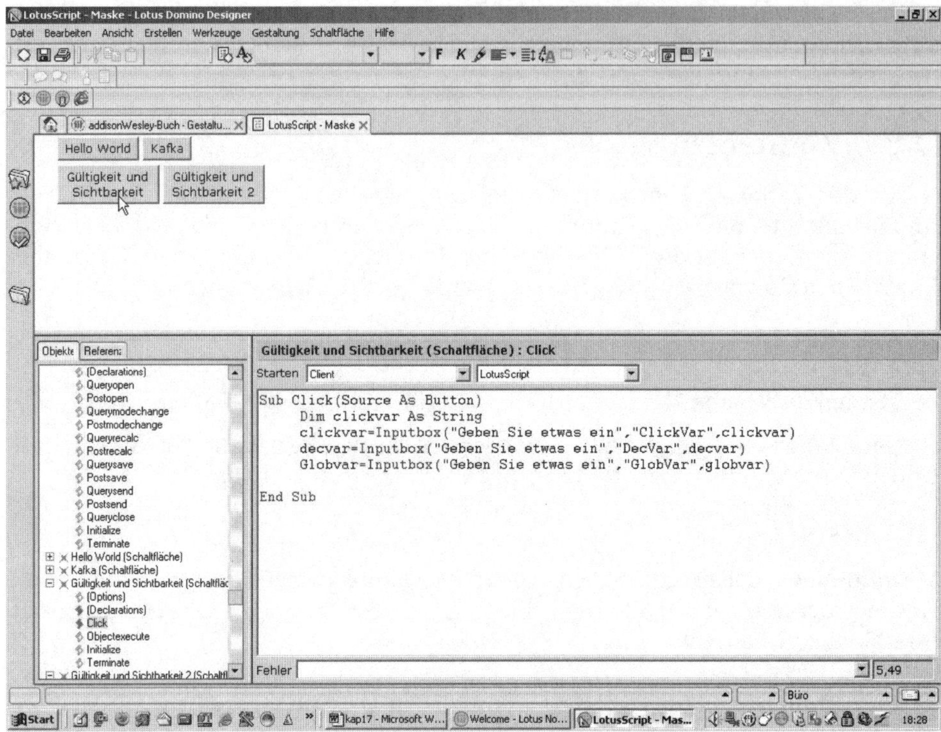

Abbildung 17.10: Unterschiedliche Sichtbarkeiten von Variablen

Ist das Script einmal definiert, sollten Sie die vollständige Schaltfläche in die Zwischenablage kopieren und anschließend in derselben Maske erneut einfügen. Testen Sie nun nacheinander beide Schaltflächen. Mit ihrer Hilfe wird beim ersten Anklicken der Inhalt der verschiedenen Variablen abgefragt.

Sowohl die globale, die im Deklarationsbereich dimensionierte als auch die lokale Variable werden mithilfe der Funktion `InputBox()` mit Inhalt gefüllt. Anschließend sollten Sie ein zweites Mal auf die Schaltfläche klicken, um das Script erneut zu durchlaufen. Sie werden feststellen, dass beim zweiten Durchlauf sowohl die globale als auch die Deklarationsvariable den eingestellten Wert des ersten Durchlaufs behalten haben.

Wird jetzt im direkten Anschluss die zweite Schaltfläche angeklickt, ist der Inhalt der global deklarierten Variablen auch innerhalb der zweiten Schaltfläche bekannt.

Abbildung 17.11: Vorgabewert der global deklarierten Variablen in der zweiten Schaltfläche

Aus dieser Erfahrung ergeben sich folgende Erkenntnisse:

- Eine Variable, die im globalen Bereich eines Gestaltungselements deklariert wurde, ist anschließend in allen übrigen Objekten des Gestaltungselements ebenfalls verfügbar.
- Alle innerhalb eines Objekts (z.B. einer Schaltfläche) im Deklarationsbereich dimensionierten Variablen sind während der gesamten Existenz des Objekts, also solange z.B. die Maske kontinuierlich geöffnet ist, innerhalb (und nur innerhalb) des Objekts selbst verfügbar.
- Die im Ereignisbereich deklarierten Variablen existieren nur während der Laufzeit des jeweiligen Ereignisscripts.

Durch diese Feststellung ergibt sich für die Sichtbarkeit und Gültigkeit der Variablen ein Zusammenhang, wie in der Tabelle 17.2 dargestellt.

Deklaration	Sichtbar
Ereignisbereich (z.B. Click)	Innerhalb des Ereignisses
Deklarationsbereich des Objekts	Für die Dauer der Existenz des Objekts
Globaler Deklarationsbereich	Für die Dauer der Existenz des Gestaltungselements (z.B. solange die Maske geöffnet bleibt)

Tabelle 17.2: Sichtbarkeit von Variablen

Durch die Deklaration einer Variablen im globalen Bereich eines Gestaltungselements steht eine Variable mit ihrem Inhalt allen übrigen Objekten innerhalb des gesamten Gestaltungselements ebenfalls zur Verfügung. Dies bedeutet, dass wir mithilfe von LotusScript endlich die Möglichkeit zur Deklaration globaler Variablen innerhalb der einzelnen Gestaltungselemente haben.

17.3 Operatoren in LotusScript

Variablen lassen sich mit Operatoren zu komplexen Ausdrücken verknüpfen. LotusScript-Operatoren können in vier große Gruppen aufgeteilt werden:

- arithmetische Operatoren
- logische Operatoren
- Vergleichsoperatoren
- Verkettung von Zeichenketten

Prioritätsreihenfolge

Ähnlich wie bei Formeln wird auch hier die Prioritätsreihenfolge der Operatoren von links nach rechts bestimmt, sie kann durch Verwendung von Klammern verändert werden. Tabelle 17.3 enthält eine Auflistung aller LotusScript-Operatoren in der Prioritätsreihenfolge.

Operator	Operation	Beispiel
^	Exponent	2^5=32
-	Negation	-56
*, /	Multiplikation und Division	4*5=20, 8/2=5
\	Division von Integer-Zahlen	16/5=3
Mod	Restdivision (Modulo)	13 Mod 4=1
-, +	Subtraktion und Addition	1+2=3, 10-2=8
& oder +	Verkettung von Strings	"a"+"b"="ab", "a"&"b"="ab"
=, <>, ><, <,<=, =<, >, >=, =>	Zahlen- bzw. String-Vergleich	3=4 (FALSE), 5<>6 (TRUE), 7>=7 (TRUE)
Like	Vergleich von String-Mustern	"abc" LIKE "a"=TRUE
Not	logisch NICHT (bitweise)	Not A
And	logisch UND (bitweise)	A And B
Or	logisch ODER (bitweise)	A Or B
Xor	logisch exklusiv ODER (bitweise)	A Xor B
Eqv	logisch GLEICH (bitweise)	A Eqv B
Imp	logische Implikation	A Imp B
Is	Vergleich von Objektreferenzen	Is NOTHING – leere Objektreferenz OB1 Is OB2 – Vergleich zweier Objekte

Tabelle 17.3: Operatoren in LotusScript

17.4 Bedingungsreaktionen

LotusScript unterstützt die Programmierer bei der Festlegung von unterschiedlichen Bedingungen innerhalb eines Scriptablaufs. Eine der Möglichkeiten, auf unterschiedliche Bedingungen in einem Script zu reagieren, ist die Überprüfung einer einzelnen Bedingung. Hierzu bietet uns LotusScript eine Reihe von Konstrukten: von mehr oder weniger einfachen `If...Then`-Konstrukten bis hin zu einer flexiblen `Select...Case`-Anweisung.

17.4.1 »If«-Anweisung

Mithilfe der `If`-Anweisung haben Sie eine einfache, aber sehr effektive Möglichkeit, auf unterschiedliche Bedingungen innerhalb eines Scripts adäquat zu reagieren. Durch die `If`-Anweisung wird überprüft, ob eine gewünschte Bedingung erfüllt ist oder nicht. Ist die Bedingung wahr, so kann eine einzelne oder ein ganzer Block von Anweisungen ausgeführt werden. Ist die Bedingung nicht erfüllt, so werden die Anweisungen nicht ausgeführt.

Die Bedingungsüberprüfung kann auf unterschiedlichste Weise erfolgen. Die einfachste Variante einer `If`-Bedingung ist die *Durchführung eines Vergleichs.*

Soll beispielsweise überprüft werden, welche Schaltfläche einer Messagebox der Benutzer verwendet hat, kann dies über das `If`-Konstrukt problemlos erfolgen wie in der Abbildung 17.12 dargestellt.

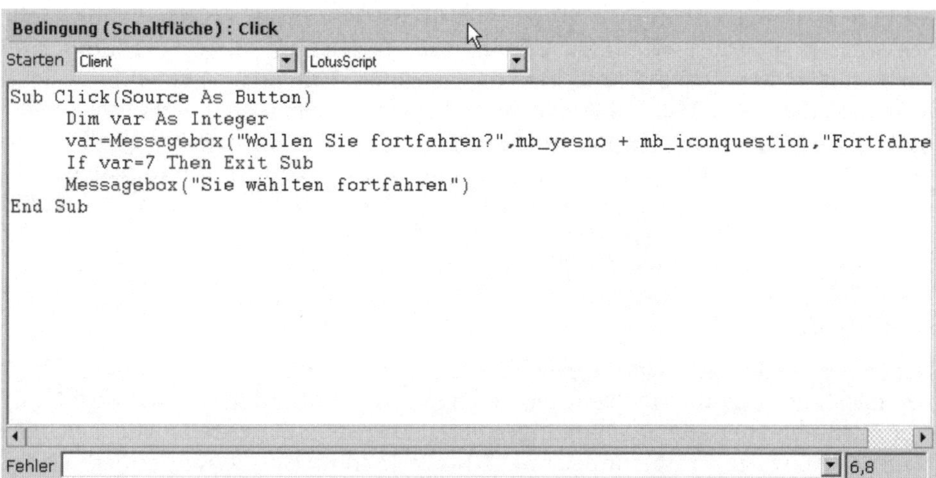

Abbildung 17.12: Verwendung des* `If`*-Kontrukts innerhalb eines Scripts

Durch den abgebildeten Code wird zunächst eine Messagebox angezeigt, in der die Benutzer die Möglichkeit haben, durch Auswahl der gewünschten Schaltfläche den weiteren Ablauf der Formel zu beeinflussen.

Wählt der Benutzer die Schaltfläche NEIN, erhält die Variable `var` den Wert 7. Anschließend wird im Bedingungsblock der `If`-Zeile überprüft, ob die Schaltfläche NEIN ausgewählt wurde. Ist dies der Fall, wird die weitere Ausführung der Formel an dieser Stelle durch die Anweisung `Exit Sub` abgebrochen. Die letzte Zeile wird daher zwangsläufig nur dann ausgeführt, wenn der Benutzer die Schaltfläche JA ausgewählt hat.

»End...If«-Anweisung

Diese einfachste Form der Bedingungsüberprüfung kann allerdings deutlich erweitert werden. Soll beispielsweise nach der Überprüfung der Bedingung nicht nur eine einzelne Instruktion, sondern ein *ganzer Block* von Anweisungen ausgeführt werden, kann dies nach der Eingabe des Eintrags »then« erfolgen. Anschließend kann dann Zeile für Zeile der Instruktionsblock eingegeben werden. Abgeschlossen wird der Block dann durch die beendende Anweisung `End If`.

```
Dim var As Integer
var=Messagebox("Wollen Sie fortfahren?", mb_yesno + mb_iconquestion,"Fortfahren")
If var=7 Then
var=Messagebox("Sind Sie wirklich sicher, dass Sie nicht fortfahren wollen?"&_
    , mb_yesno + mb_iconquestion,"Fortfahren")
If var=6 Then Exit Sub
    Else
        Messagebox("Sie wählten Fortfahren")
End If
```

***Listing 17.1: Verwendung von* `End If`**

Mithilfe des ersten If-Konstrukts wird zunächst überprüft, ob der Benutzer die Schaltfläche NEIN ausgewählt hat. Für den Fall, dass diese Bedingung erfüllt ist und der Benutzer wirklich die Entscheidung getroffen hat, nicht fortzufahren, wird innerhalb des If/End If-Blocks noch einmal abgefragt, ob der Benutzer wirklich die weitere Ausführung abbrechen möchte. Wählt er jetzt die Schaltfläche JA, wird über die zweite If-Abfrage die weitere Ausführung der Formel unterbrochen. Falls jedoch vor Ausführung des If die Schaltfläche JA ausgewählt wurde, wird direkt in den Else-Bereich des Scripts verzweigt, in dem dann in der Messagebox angezeigt wird, dass sich der Benutzer für das Fortfahren des Scripts entschlossen hat.

»Else/ElseIf«

Neben der Möglichkeit, eine einfache Bedingungsüberprüfung durchzuführen, können nach der Überprüfung der ersten Bedingung gegebenenfalls mit Else oder ElseIf eine oder mehrere weitere Bedingungen getestet werden. Die erste Möglichkeit, eine weitere Bedingung zu überprüfen, ist, dass die Ursprungsbedingung innerhalb des Scripts nicht erfüllt ist. Anschließend wird dann zur ersten ElseIf-Überprüfung verzweigt, die ebenso aufgebaut ist wie das If-Konstrukt selbst (vgl. Abbildung 17.13).

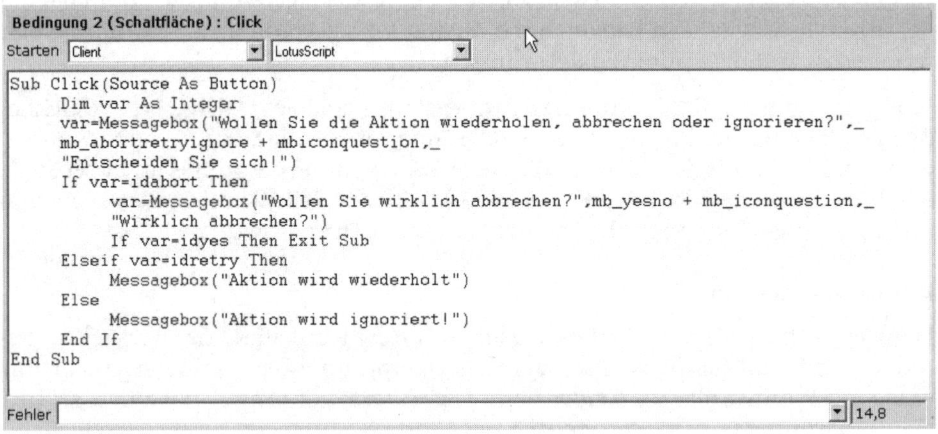

```
Bedingung 2 (Schaltfläche) : Click
Starten Client | LotusScript

Sub Click(Source As Button)
    Dim var As Integer
    var=Messagebox("Wollen Sie die Aktion wiederholen, abbrechen oder ignorieren?",_
    mb_abortretryignore + mbiconquestion,_
    "Entscheiden Sie sich!")
    If var=idabort Then
        var=Messagebox("Wollen Sie wirklich abbrechen?",mb_yesno + mb_iconquestion,_
        "Wirklich abbrechen?")
        If var=idyes Then Exit Sub
    Elseif var=idretry Then
        Messagebox("Aktion wird wiederholt")
    Else
        Messagebox("Aktion wird ignoriert!")
    End If
End Sub

Fehler | 14,8
```

Abbildung 17.13: If-Überprüfung mit mehreren Bedingungen

Auch in diesem Beispiel wird zunächst über den Inhalt der Variablen var die Auswahl der Schaltfläche durch den Benutzer überprüft. Wurde die Schaltfläche BEENDEN ausgewählt, erfolgt noch einmal eine Sicherheitsabfrage. Wurde jedoch eine andere Schaltfläche durch den Benutzer angeklickt, wird im Bereich des Elseif getestet, ob es sich bei der benutzten Schaltfläche um die Schaltfläche WIEDERHOLEN gehandelt hat.

Ist dies der Fall, wird der Anweisungsblock unterhalb des Elseif- bis zum Else-Zweig ausgeführt. Wurde jedoch stattdessen die Schaltfläche IGNORIEREN benutzt, wird ausschließlich der Anweisungsblock unterhalb Else und End If ausgeführt.

Damit bietet das If-Statement eine sehr einfache und übersichtliche Möglichkeit zur Unterscheidung der einzelnen Bedingungen innerhalb einer Formel. Darüber hinaus wird hier auch eine optische Strukturierung des Scripts durchgeführt, da die einzelnen Zeilen innerhalb des If-Statements immer dann eingerückt werden, wenn jede einzelne Zeile mit einem Druck auf die [↵]-Taste abgeschlossen wird.

17.4.2 »Select Case«-Anweisung

Neben der einfachen Möglichkeit zur Überprüfung einzelner Bedingungen durch das `If`-Konstrukt bietet in diesem Zusammenhang das `Select Case`-Statement deutlich umfangreichere Optionen.

Zum einen kann hier sehr leicht eine Vielzahl unterschiedlicher Bedingungen nacheinander überprüft werden, andererseits lässt sich aber auch eine größere Gruppe von Werten problemlos gemeinsam in gewissen Spannbreiten überprüfen.

Soll zum Beispiel innerhalb eines Scripts eine Erstattung für zurückgelegte Kilometer berechnet werden, so kann mithilfe des `Select`-Statements sehr leicht eine negative Progression eingebaut werden, um das Zurücklegen größerer Strecken mit dem Privatwagen bei Dienstreisen zu verhindern.

Wird zum Beispiel bei Strecken bis zu einer Entfernung von 200 km eine Pauschale von 0,30 € erstattet, bei einer Entfernung bis zu 400 km 0,25 € und bei einer Entfernung bis 600 km 0,20 €, dann ist diese Staffelung sehr leicht zu überprüfen. Ein Script hierfür ist in der Abbildung 17.14 dargestellt.

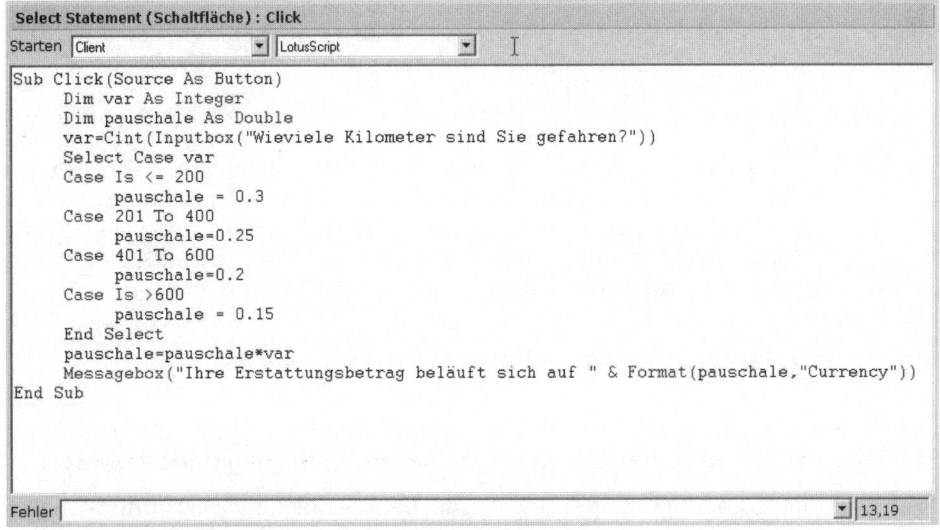


```
Sub Click(Source As Button)
     Dim var As Integer
     Dim pauschale As Double
     var=Cint(Inputbox("Wieviele Kilometer sind Sie gefahren?"))
     Select Case var
     Case Is <= 200
          pauschale = 0.3
     Case 201 To 400
          pauschale=0.25
     Case 401 To 600
          pauschale=0.2
     Case Is >600
          pauschale = 0.15
     End Select
     pauschale=pauschale*var
     Messagebox("Ihre Erstattungsbetrag beläuft sich auf " & Format(pauschale,"Currency"))
End Sub
```

Abbildung 17.14: Bedingungsunterscheidung mit `Select Case`

Die Überprüfung der Bedingungen wird hier mit der Anweisung `Select Case` und der zu überprüfenden Variablen eingeleitet. Anschließend werden die jeweiligen Anweisungsblöcke durch das Wort `Case` eingeleitet und die jeweiligen Werte überprüft.

Hier stehen uns mehrere Vergleichsmöglichkeiten zur Verfügung. Für die Vergleiche der einfachen Stellen stehen die unterschiedlichen Vergleichsoperatoren innerhalb von LotusScript zur Verfügung (vgl. Tabelle 17.4).

Operator	Vergleich
<	Kleiner
>	Größer
=	Gleich
<=	Kleiner oder Gleich
>=	Größer oder Gleich
<>	Ungleich

Tabelle 17.4: `Select Case`*-Operatoren in LotusScript*

Mithilfe dieser Operatoren kann leicht ein Vergleich der unterschiedlichen Werte durchgeführt werden. Nimmt man noch die verschiedenen Schlüsselwörter in den Vergleich mit auf, so vereinfachen sich die Vergleiche noch weiter. Das Schlüsselwort `Is` repräsentiert den aktuellen Wert, der bis zu einem bestimmten Wert reichen kann. Daher kann über die folgende Zeile eine Wahrheitsprüfung erfolgen:

```
Case Is <= 200
```

Dieser Ausdruck berücksichtigt alle Werte von 0 bis einschließlich 200. Um direkt an diesen Wert anzuschließen, können dann über den Eintrag

```
Case 201 to 400
```

alle Werte berücksichtigt werden, die zwischen dem Wert 201 und 400 liegen. Wird also eine der genannten Bedingungen erfüllt, so wird immer der Anweisungsblock zwischen den jeweiligen `Case`-Anweisungen ausgeführt und gleichzeitig werden alle übrigen Anweisungsbereiche übersprungen. Daher kann man mithilfe der `Select`-Anweisung sehr leicht auf unterschiedliche Inhalte der Variablen reagieren.

17.5 Schleifenverarbeitung

Neben den hier bereits diskutierten Bedingungsverarbeitungen kennt LotusScript selbstverständlich auch unterschiedliche Schleifenverarbeitungsmöglichkeiten.

Während die Bedingungsüberprüfungen von LotusScript immer auf unterschiedliche Systemzustände reagieren, d.h. auf vorhergehende Berechnungen zurückgreifen und überprüfen, ob eine bestimmte Bedingung bereits gegeben ist, und anschließend den entsprechenden Bedingungsblock einmal durchlaufen, überprüfen Schleifenkonstrukte grundsätzlich eine Bedingung, die dann zu einem erneuten Durchlaufen der Schleife, d.h. desselben Blocks von Instruktionen, führt. Das bedeutet gleichzeitig, dass die Bedingung, ob eine Schleife ein weiteres Mal durchlaufen wird, innerhalb der Schleife selbst verändert wird.

LotusScript unterscheidet grundsätzlich Schleifen, deren Laufzeit, d.h. deren Wiederholungszahl, von vornherein feststeht, und solche, deren Wiederholungen durch das Schleifenkonstrukt selbst oder durch äußere Bedingungen bestimmt werden. Es hängt dann vom jeweiligen Einsatzgebiet einer Schleife ab, ob entweder die eine oder die andere Schleifenart verwendet wird.

17.5.1 »For«-Schleife

Die wohl einfachste Art der Schleifenverarbeitung bietet die For-Schleife. Diese Schleifenart muss bereits vor ihrem ersten Durchlauf über die Gesamtzahl der Durchläufe informiert sein. Die grundsätzliche Syntax der For-Schleife ist folgende:

```
For i=Wert to Wert step Inkrement/Dekrement
    Anweisungsblock
Next i
```

Listing 17.2: Syntax der `For`***-Schleife***

Typisch an einer solchen For-Schleife ist der Umstand, dass im Schleifenkopf zunächst die Anzahl der Schleifendurchläufe definiert wird. Dies geschieht hier durch eine Zählschleife i, die durch den Schleifenkopf selbst mit dem Wert 1 initialisiert wird. Der Wert für i wird dann in diesem Beispiel durch jeden weiteren Schleifendurchlauf um den Wert 1 erhöht. Dies bedeutet in diesem Zusammenhang, dass die Schleife insgesamt einhundertmal durchlaufen wird.

Um sich die Arbeitsweise einer solchen Schleife vor Augen zu führen, sollten wir einmal das folgende Listing betrachten:

```
Sub Click (Source As Button)
    Dim i As Integer
    Dim j As Integer
    j=0
    For i=1 To 100
        j=j+1
    Next i
    Messagebox ("i hat den Wert " & i &_
    " j hat den Wert " &j)
End Sub
```

Listing 17.3: Einfache `For`***-Schleife***

In diesem Listing werden zunächst die Variablen i und j als Integer-Variablen deklariert. Danach wird der Variablen j der Wert 0 zugewiesen. Im Kopf der For-Schleife wird dann der Variablen i der Wert 1 zugewiesen. Anschließend wird durch die Erweiterung To festgelegt, dass diese Schleife so lange durchlaufen werden soll, bis die Variable i den Wert 100 aufweist.

Innerhalb der Schleife wird dann lediglich die Variable j bei jedem Durchlaufen der Schleife um den Wert 1 erhöht. Dies geschieht so lange, bis die Variable i über den Wert 100 hinausgeht. Jedes Mal, wenn der Schleifenfuß erreicht wird, wird die Variable um den Wert 1 erhöht. Wenn dann die Variable i den Wert 100 erreicht hat, wird die Schleife ein letztes Mal durchlaufen. Durch diesen Umstand erhält sie beim erneuten Zusammentreffen mit dem Schleifenfuß den Wert 101. Daraus resultierend wird die anschließend ausgegebene Messagebox folgende Ausgabe liefern (vgl. Abbildung 17.15).

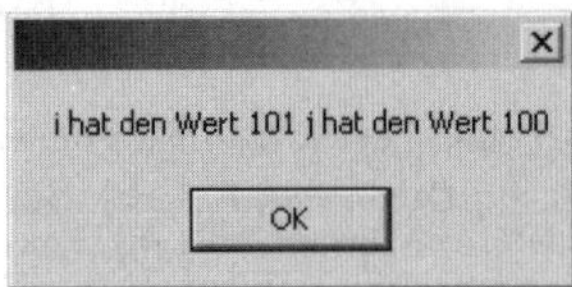

Abbildung 17.15: Wertvergleich zwischen zwei Zählvariablen

Inkrement

Neben dieser Vorgehensweise kann dann noch zusätzlich statt der Vorgabe 1 ein Inkrement eingegeben werden, um das die Zählvariable erhöht bzw. verringert werden soll. Dieselbe Schleife wie eben wird jetzt in umgekehrter Richtung durchlaufen:

```
Sub Click (Source As Button)
    Dim i As Integer
    Dim j As Integer
    j=0
    For i=100 To 1 Step -1
        j=j+1
    Next
    Messagebox ("i hat den Wert " & i &_
    " j hat den Wert " &j)
End Sub
```

Listing 17.4: Dekrementierende `For`*-Schleife*

Das Ergebnis der Schleife ist in beiden Fällen ähnlich, nur dass im letzten Fall die Zählvariable nicht herauf-, sondern heruntergezählt wird. Es ist mehr als deutlich, dass mithilfe dieser Zählschleife auf sehr einfache Art ein bestimmter Programmblock mehrfach durchlaufen werden kann.

17.5.2 »ForAll«-Schleife

Ähnlich wie die `For`-Schleife arbeitet auch das Schleifenkonstrukt `ForAll`. Dieses Konstrukt ist jedoch nicht für die Auswertung einzelner Variablen ausgelegt, sondern arbeitet ausschließlich mit speziellen Variablen zusammen, den so genannten *Arrays*. Bevor wir uns also um die spezielle `ForAll`-Schleife kümmern können, müssen wir zunächst einmal die Arrays kennen lernen.

Arrays

Arrays sind, wenn man es genau betrachtet, Variablen eines bestimmten Datentyps, die nicht einen, sondern mehrere Werte enthalten.

Deklaration von Arrays

Damit eine Variable nicht nur einen einzelnen Wert, sondern eine Vielzahl unterschiedlicher Werte enthalten kann, also ein Array wird, muss eine solche Variable auf spezielle Art deklariert werden.

```
Dim Arr(1 to 7) as String
```

Durch diese Deklarationszeile wird aus der Variablen `Arr` ein Array mit insgesamt sieben Elementen, in deren einzelnen Feldern Daten vom Typ `String` eingegeben werden dürfen. Diese Festlegung geschieht durch die in Klammern eingegebene Spannbreite `1 To 7`, durch die sowohl das unterste Array-Element als auch das oberste definiert werden. Durch diese Anweisung wird letztendlich eine Variable vom Datentyp `String` definiert, die insgesamt sieben unterschiedliche Werte enthalten kann.

Nachdem ein solches Array definiert wurde, kann anschließend jeder einzelne Bereich des Arrays durch seine jeweilige Indexzahl gezielt ausgewählt werden. Dies bedeutet, dass der Inhalt eines einzelnen Array-Feldes durch seine Stellung innerhalb des Gesamtarrays gesetzt und ausgelesen werden kann.

```
Dim Arr(1 to 7) as String
Arr(1)="Sonntag"
Arr(2)="Montag"
Arr(3)="Dienstag"
Arr(4)="Mittwoch"
Arr(5)="Donnerstag"
Arr(6)="Freitag"
Arr(7)="Samstag"
Messagebox("Heute ist " & arr(Weekday(Now)) & ", der " & Format(Now, "dd.mm.yyyy"))
```

Listing 17.5: Feststellung des Wochentages mithilfe eines Arrays

Im Listing 17.5 wird zunächst ein Array vom Datentyp `String` erstellt, aus dem dann anschließend der aktuelle Wochentag mithilfe der Funktionen `Weekday()` und `Now()` herauskristallisiert werden soll. Zunächst wird hier ein Array mit sieben Elementen erstellt und jedem der Elemente der Name eines Wochentags hinzugefügt.

Um den Wochentag eines Datums festzustellen, verwendet man die Funktion `Weekday()`, die den Wochentag eines Datums, den man an die Funktion übergibt, als Integer-Wert zurückgibt. `Weekday()` liefert ausgehend vom Sonntag die Werte 1 bis 7 zurück. Das aktuelle Datum übergeben wir an die Funktion `Weekday` mithilfe der Funktion `Now()`.

Innerhalb der Messagebox wird zunächst mit der Funktion `Weekday(Now)` der Wochentag herausgefiltert und dann der so ermittelte Integer-Wert an das Array übergeben, um auf das gewünschte Element zurückgreifen zu können. So wird letztlich aus dem Wert 2 die Darstellung »Montag« (vgl. Abbildung 17.16).

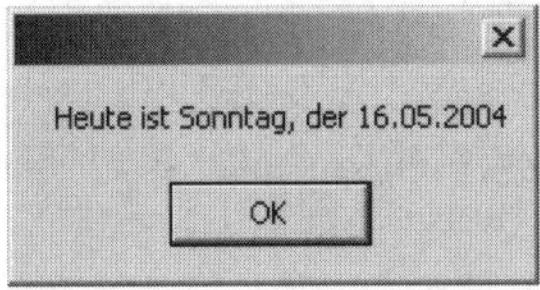

Abbildung 17.16: Auswahl eines Elements aus einem Array

Eine andere Möglichkeit, ein Array zu dimensionieren, ist die einfache Angabe der Obergrenze des Arrays.

```
Dim Arr(7) as String
```

Diese Deklarationsart, die unbestreitbar ein wenig Tipparbeit spart, verlangt aber gleichzeitig ein sehr genaues Arbeiten, da LotusScript auf diese Weise deklarierte Arrays immer mit der Array-Untergrenze 0 versieht. Dies bedeutet, dass das gerade deklarierte Array die Untergrenze 0 und die Obergrenze 7, d.h. insgesamt acht Elemente hat. Diese Handhabung teilt LotusScript mit einer Vielzahl anderer Programmiersprachen. Sie sollten sich also entscheiden, ob Sie Arrays mit Unter- und Obergrenze deklarieren oder ob Sie lediglich die Obergrenze eingeben wollen. Es gibt grundsätzlich die Möglichkeit, über die Einstellung `Option Base 1` in den Optionen eines Objekts diese Untergrenze standardmäßig auf den Wert 1 festzulegen (vgl. Abbildung 17.17).

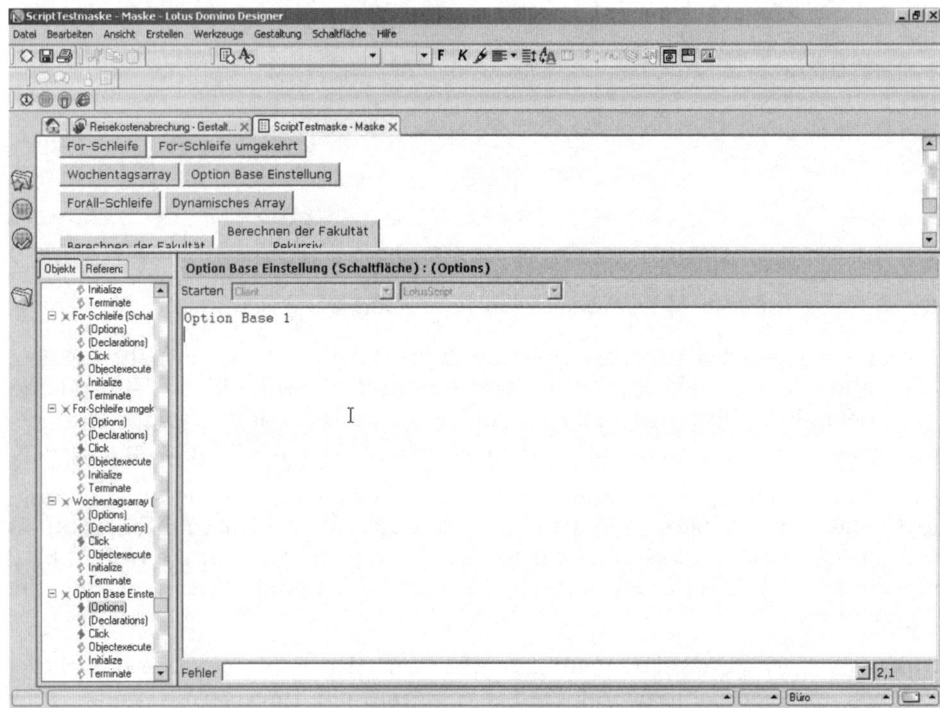

Abbildung 17.17: Einstellung der Standardindexbasis für Arrays

»ForAll«-Schleife

Nachdem ein Array einmal dimensioniert worden ist, kann anschließend, wie wir bereits gesehen haben, der Inhalt der einzelnen Elemente gesetzt bzw. ausgegeben werden. Eine sehr einfache Möglichkeit, die einzelnen Elemente eines Arrays durchlaufen zu können, ist die `ForAll`-Schleife.

Die Array-Elemente können natürlich innerhalb eines beliebigen Schleifenkonstrukts ausgegeben werden. Allerdings erleichtert die Verwendung der `ForAll`-Schleifen die Ausgabe eines Arrays deutlich, da dieses Schleifenkonstrukt jedes Element eines Arrays einmal anfasst.

Zunächst wird bei jedem einzelnen Schleifendurchlauf durch die Anweisung

```
Forall x in arr
    Anweisungsblock
End Forall
```

jedes einzelne Element des Arrays der Variablen `x` zugewiesen. Anschließend kann dann innerhalb der Schleife über die Variable `x` auf die einzelnen Werte eines Arrays zurückgegriffen werden, ohne dass man sich um die Anzahl der Array-Elemente innerhalb der Formel selbst kümmern muss.

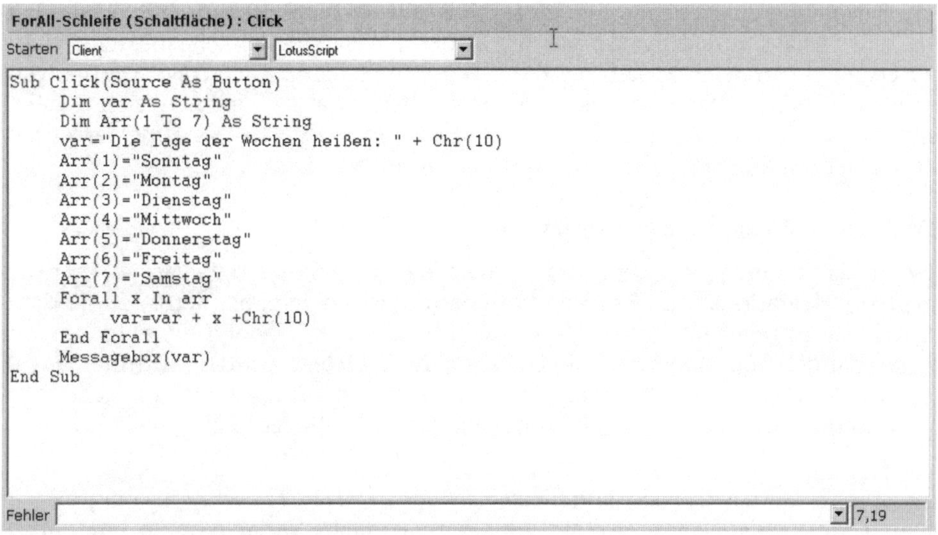

```
ForAll-Schleife (Schaltfläche) : Click
Starten Client   LotusScript

Sub Click(Source As Button)
     Dim var As String
     Dim Arr(1 To 7) As String
     var="Die Tage der Wochen heißen: " + Chr(10)
     Arr(1)="Sonntag"
     Arr(2)="Montag"
     Arr(3)="Dienstag"
     Arr(4)="Mittwoch"
     Arr(5)="Donnerstag"
     Arr(6)="Freitag"
     Arr(7)="Samstag"
     Forall x In arr
          var=var + x +Chr(10)
     End Forall
     Messagebox(var)
End Sub

Fehler                                   7,19
```

Abbildung 17.18: `ForAll`***-Schleife, die ein Array ausgibt***

Durch das Script in der Abbildung 17.18 wird bei jedem einzelnen Durchlauf der Schleife das jeweilige Array-Element der Variablen `var` als zusätzliche Information hinzugefügt. Nachdem die Schleife alle Elemente des Arrays einmal bearbeitet hat, enthält die Variable `var` durch neue Zeilen getrennt die einzelnen Werte des Arrays. Abschließend wird dann die Variable `var` in einer Messagebox ausgegeben.

Auf diese Art ist man in der Lage, auf jedes einzelne Element eines Arrays zurückzugreifen, ohne dessen Größe kennen zu müssen. Allerdings gibt es neben der Möglichkeit, über eine `ForAll`-Schleife auf die einzelnen Array-Elemente zurückgreifen zu können, natürlich auch die Möglichkeit, direkt auf die einzelnen Elemente zu greifen. LotusScript stellt hierzu auch Möglichkeiten zur Verfügung, die Grenzen eines Arrays festzustellen und in anderen Schleifenkonstrukten zu nutzen, wie Sie später noch im Bereich der `Do`-Schleifen sehen werden.

17.5.3 »While«-Schleife

Die bisher verwendeten Schleifenkonstrukte `For` bzw. `ForAll` überprüfen beide im Schleifenkopf, ob eine Bedingung noch immer erfüllt ist oder nicht. Im ersten Fall wird überprüft, ob eine Zählvariable einen bestimmten Wert hat, und im zweiten

Fall wird eine Schleife so lange durchlaufen, wie Elemente eines Arrays zur Verfügung stehen.

LotusScript kennt jedoch im Gegensatz zu diesen beiden Schleifenarten auch solche, die bereits beim Schleifeneintritt überprüfen, ob eine Bedingung erfüllt ist. Die Schleife wird dann so lange durchlaufen, wie die angegebene Bedingung erfüllt ist. Im Gegensatz zu den bisherigen Schleifenkonstrukten wird diese Art Schleife so lange durchlaufen, wie die Eingangsbedingung erfüllt ist.

Dynamische Arrays

Ein Beispiel für einen sinnvollen Einsatz der `While`-Schleife ist zum Beispiel das Füllen eines Arrays. Allerdings kennen wir bisher nur die Möglichkeit, statische Arrays zu erstellen. In vielen Zusammenhängen benötigt man zwar Arrays, die Verwendung von bereits vordefinierten, also statischen Arrays ist aber in vielen Fällen nicht wünschenswert. Aus einer praxisorientierten Sicht wäre es stattdessen akzeptabel, wenn man Arrays zur Laufzeit dimensionieren könnte.

Deklaration von dynamischen Arrays

Um innerhalb von Scripts ein Array dynamisch zu deklarieren, bedarf es einer speziellen Deklarationsform. Es muss LotusScript zwar bereits bei der Array-Deklaration bekannt gegeben werden, dass es sich bei der angegebenen Variablen um ein Array handelt, allerdings darf die Größe nicht festgelegt werden. Mithilfe der folgenden Anweisung wird ein Array vom Datentyp `String` im Speicher angelegt, allerdings ohne die Größe des Arrays von Anfang an festzulegen.

```
Dim Arr() as string
```

Durch Angabe der Klammern wird hier keine einfache Variable im Speicher angelegt, sondern es wird Speicherplatz für das Array reserviert. Da dieses Array noch nicht seine gewünschte Größe hat, muss es zur Laufzeit so redimensioniert werden, dass alle gewünschten Elemente untergebracht werden können. Die Redimensionierung eines Arrays erfolgt über die Anweisung `Redim`.

```
Redim [Preserve] arr(indexzahl)
```

In der einfachsten Fassung wird durch das Schlüsselwort `Redim` festgelegt, dass ein Array redimensioniert werden soll. Außerdem wird der Name des Arrays mit angegeben und in Klammern die Elementzahl, mit der das Array redimensioniert werden soll.

```
Redim Arr(7)
```

Durch diese Anweisung wird das bestehende Array auf die Zahl von sieben Elementen erweitert. Gleichzeitig verliert es alle Informationen, die vielleicht vorher dort hinterlegt worden sind. Soll das Array seine Informationen jedoch behalten, muss zusätzlich das Schlüsselwort `Preserve` mit angegeben werden.

So bewirkt das folgende Script (vgl. Abbildung 17.19) die Erweiterung des Arrays, ohne dass bestehende Werte verloren gehen.

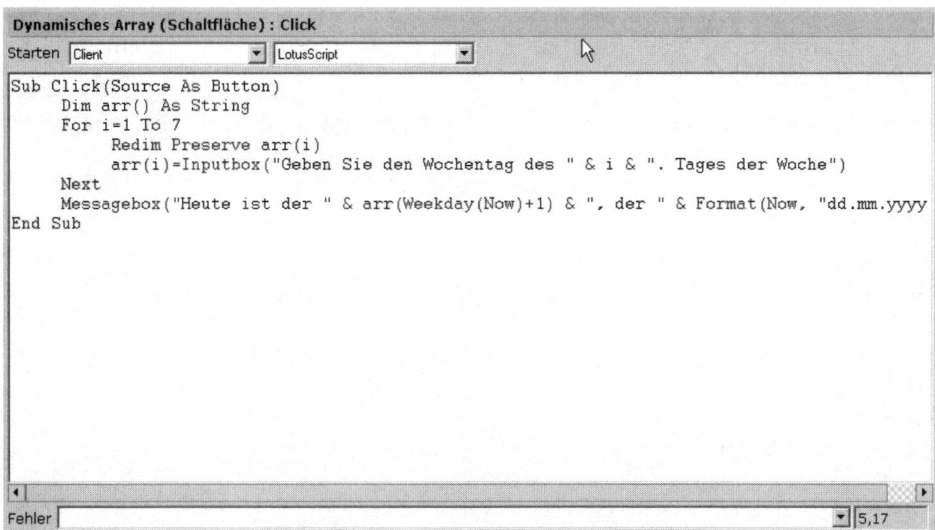

Abbildung 17.19: Redimensionieren eines eindimensionalen Arrays

Mithilfe dynamischer Arrays kann auf sehr einfache Art ein Array zur Laufzeit an die Bedürfnisse des jeweiligen Kontextes angepasst werden. Somit existiert jetzt die Möglichkeit, ein Array so groß zu dimensionieren, wie es unbedingt notwendig ist. Gerade in Kombination mit der `While`-Schleife kann dies sehr sinnvoll sein. Diese Möglichkeit wollen wir uns im Folgenden ansehen.

Dynamische Arrays und While-Schleifen

Wie bereits erwähnt, überprüft die `While`-Schleife direkt am Anfang eine angegebene Bedingung. Diese Bedingung kann zum Beispiel wie im Falle des `If`-Konstrukts ein Vergleich oder die Überprüfung auf einen logischen Wert sein. Wenn die festgelegte Bedingung erfüllt ist, wird die Schleife selbst einmal ausgeführt. Anschließend wird die Bedingung erneut überprüft. Die Schleife wird so oft durchlaufen, bis die Bedingung irgendwann nicht mehr erfüllt ist.

In diesem Punkt liegt auch genau die Gefahr der `While`-Schleifen. Sollten Sie versehentlich eine Bedingung formuliert haben, die immer erfüllt ist, wird die Schleife auch nie beendet, d.h. Ihr Script wird niemals aufhören zu laufen. In solchen Fällen, die jedem Programmierer gelegentlich unterlaufen, hilft dann oft nur noch das Beenden von Lotus Notes Domino über den Task-Manager. Sie sollten also auf jeden Fall feststellen, ob die von Ihnen ausgewählte Bedingung auch zu irgendeinem Zeitpunkt einmal nicht erfüllt ist.

Die allgemeine Syntax der `While`-Schleife lautet:

```
While Bedingung
    Anweisungsblock
Wend
```

Eine solche Bedingungsabfrage kann beispielsweise dazu verwendet werden, ein Array dynamisch zu füllen und gleichzeitig dafür zu sorgen, dass nicht unnötig viele Array-Elemente angelegt werden.

Als Beispiel dient uns eine Schleife, die so lange durchlaufen wird, wie die Benutzer eine Eingabe machen. Bei jedem Schleifendurchlauf wird dann das verwendete Array um einen Indexeintrag erweitert und anschließend an der jeweiligen Indexposition der neue Wert eingefügt (vgl. Listing 17.6).

```
Dim var as string
Dim arr() as string
Dim i as integer
Var=Inputbox("Geben Sie bitte einen ersten Wert ein!")
I=0
While var<>""
  Redim preserve arr(i)
  Arr(i)=var
  Var=inputbox("Geben Sie bitte einen " & i & ". Wert ein")
  I=i+1
Wend
```

Listing 17.6: `While-Wend`***-Schleife im Einsatz***

In diesem Beispiel wird die gesamte Schleife so lange durchlaufen, bis der Benutzer keine weitere Eingabe in der Eingabebox mehr vornimmt. Da bei der anschließenden Bedingungsüberprüfung festgestellt wird, dass in der Variablen `Var` kein Wert mehr enthalten ist, wird die Schleife abgebrochen und anschließend hinter der Anweisung Wend fortgesetzt. Hier können dann beispielsweise Daten aus dem Array ausgelesen und weiterverarbeitet werden.

17.5.4 »Do«-Schleife

Als eine Erweiterung der Schleifenkonstrukte kann man die `Do`-Schleife betrachten. Sie beinhaltet die grundsätzliche Funktionalität der `While`-Schleife, umfasst aber im Vergleich zu dieser eine Reihe zusätzlicher Möglichkeiten der Bedingungsüberprüfung.

Die `Do`-Schleife kann im Gegensatz zur `While`-Schleife, die immer so lange durchlaufen wird, wie die angegebene Bedingung erfüllt ist, auch so formuliert werden, dass sie so lange durchlaufen wird, bis die angegebene Bedingung erfüllt ist.

Syntax

Die Syntax der `Do`-Schleife weist die folgende Struktur auf:

```
Do [While/Until [Bedingung]]
   Anweisungsblock
Loop [While/Until [Bedingung]]
```

Dieses Schleifenkonstrukt ermöglicht die Bedingungsüberprüfung sowohl im Schleifenkopf als auch im Schleifenfuß. Dies führt beispielsweise bei einer fußgesteuerten Schleife dazu, dass der Anweisungsblock der Schleife zumindest einmal durchlaufen wird. Die Bedingung wird dann erst im Fuß der Schleife überprüft und anschließend gegebenenfalls erneut durchlaufen.

Unterschied zwischen »Do« und »While«

Der wesentliche Unterschied zwischen der `Do`-Schleife und der `While/Wend`-Schleife liegt in der Möglichkeit, diese Schleife entweder so lange durchlaufen zu lassen, wie die angegebene Bedingung erfüllt ist, oder so lange, bis die Bedingung erfüllt ist.

»Do...While«

Verwenden Sie das `Do` mit der Anweisung `While`, so wird die Schleife durchlaufen, so lange die definierte Bedingung erfüllt ist. Der einzige Unterschied zur `While`-Schleife besteht hier in der Möglichkeit der Fußsteuerung der Schleife.

»Do...Until«

Etwas anders arbeitet das Konstrukt `Do...Until`. In diesem Fall wird nicht eine Schleife konstruiert, die so lange durchlaufen wird, wie die angegebene Bedingung erfüllt ist, sondern Sie formulieren eine explizite Abbruchbedingung. Das bedeutet, dass Ihre Schleife so lange durchlaufen wird, bis die angegebene Bedingung irgendwann erfüllt ist. Wird die Abbruchbedingung erfüllt, setzt Lotus Notes Domino die Ausführung des Scripts hinter der `Loop`-Anweisung fort.

Schleifenkonstrukte sind in der Programmierung an sehr vielen Stellen hilfreich und können vor allem sehr gut mit dem Füllen von Arrays oder dem Zusammenspiel mit den unterschiedlichen Lotus-Notes-Klassen verarbeitet werden. Das Füllen von Arrays haben Sie bereits kennen gelernt. Allerdings wurden Sie noch nicht in das Klassensystem von LotusScript eingeführt. Zunächst soll erst einmal geklärt werden, was eine Klasse überhaupt ist. Bevor wir uns aber mit der Frage der Notes-Klassen und der objektorientierten Programmierung befassen, sollten wir noch eine Möglichkeit kennen lernen, unsere Programme zu modularisieren.

17.6 Modularisieren von LotusScript

Im bisherigen Verlauf der Entwicklung haben wir ausschließlich auf die Funktionen und Prozeduren zurückgegriffen, die LotusScript uns bereits zur Verfügung stellt. Allerdings ist der Sprachumfang von LotusScript in vielerlei Hinsicht begrenzt. Spezialfunktionen wie z.B. das Errechnen der variablen Feiertage existieren nicht und müssen daher zusätzlich erstellt werden. Aus diesem Grund erscheint es verschiedentlich sinnvoll, diesen Sprachumfang selbstständig zu erweitern.

Hierzu bedarf es einer Funktionalität, um die gewünschten Funktionen oder Prozeduren selbst erstellen zu können.

Während an eine Funktion Daten übergeben werden können, die innerhalb der Funktion berechnet werden, und anschließend von der Funktion wieder ein Rückgabewert zurückgeliefert wird, führt eine Prozedur mit den übermittelten Werten bestimmte Berechnungen aus und liefert selbst keinen direkten Rückgabewert.

17.6.1 Eigene Funktionen erstellen

Um eine eigene Funktion zu erstellen, muss LotusScript mitgeteilt werden, dass eine benutzerdefinierte Funktion erstellt werden soll. Dies geschieht standardmäßig durch die Anweisung Function.

```
Function fak([Byval] Var as integer) as double
    Anweisungsblock
    Fakultaet=Rückgabewert
End Function
```

Listing 17.7: Erstellen benutzerdefinierter Funktionen

Im Listing 17.7 wird zunächst durch die Anweisung Function mit dem anschließenden Funktionsnamen festgelegt, dass eine Funktion erstellt werden soll. In Klammern folgen dann der oder die Parameter, die innerhalb der Funktion zur Berechnung der Daten übergeben werden müssen. Die Übergabe der Daten kann per Referenz erfolgen, wenn einfach nur der Parametername angegeben wird. Möchte man jedoch die Werte nicht als Referenz auf eine Variable, sondern als Wert übergeben, muss man dem jeweiligen Parameter das Schlüsselwort ByVal mit angeben. Außerdem muss dann noch außerhalb der Klammer definiert werden, von welchem Datentyp der Rückgabewert ist.

Als Beispiel für eine solche Funktion soll uns die Berechnung der Fakultät dienen. Die Fakultät einer Zahl ergibt sich immer durch die Multiplikation mit dem um 1 verminderten Wert der Zahl bis hin zur 1. Möchte man also die Fakultät von 5 berechnen, lautet die Formel 5*4*3*2*1. Zwar kann man die Fakultät sehr leicht auch innerhalb eines Scripts berechnen lassen, soll jedoch diese Funktionalität häufiger in Formeln verwendet werden, muss man sie in eine separate Funktion auslagern (vgl. Listing 17.8).

```
Function fak(Byval Wert As Integer) As Double
    Dim var As Double
    Var=wert
    If wert>1 Then
        For I=wert-1 To 1 Step -1
            var=var*I
        Next I
    Else
        wert=1
    End If
    fak=var
End Function
```

Listing 17.8: Berechnung der Fakultät

Um eine Funktion zu erstellen, reicht es aus, den Cursor an die Stelle des Scripts zu bewegen, an der die Funktion benötigt wird, und anschließend die erste Zeile der Funktionsdefinition einzugeben. Die Funktionsdefinition beinhaltet wie bereits gesehen das Schlüsselwort `Function` und den oder die benötigten Parameter (vgl. Abbildung 17.20).

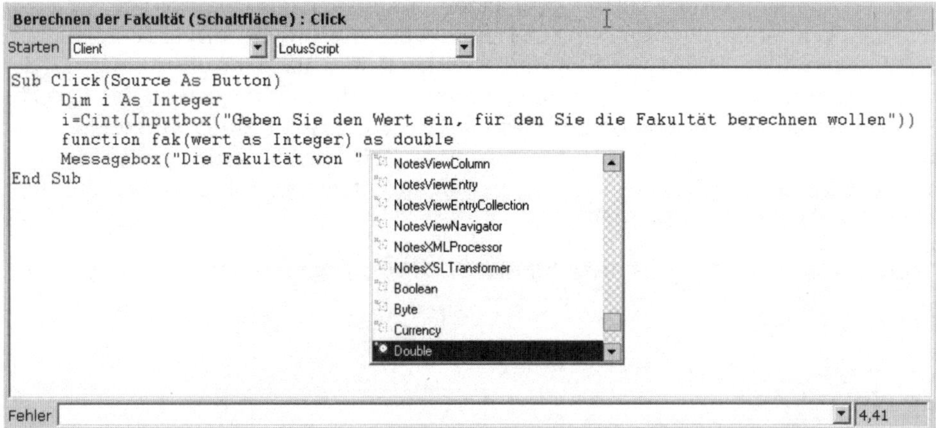

Abbildung 17.20: Definition einer Funktion mit LotusScript

Drückt man nach der Eingabe der ersten Zeile der Funktion auf die Eingabetaste, wird anschließend innerhalb des verwendeten Objekts ein neues Ereignis mit dem Funktionsnamen kreiert. Es steht dort von nun an zur Verfügung (vgl. Abbildung 17.21).

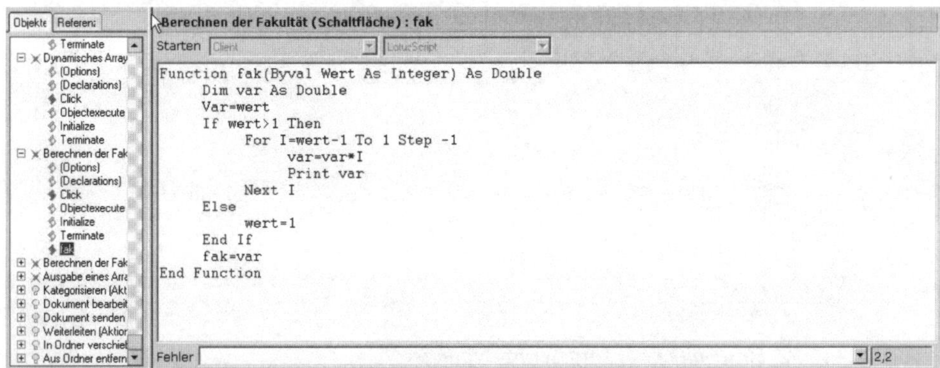

Abbildung 17.21: Neue Funktion im Objektfenster des Domino Designers

Rückgabewert festlegen

Innerhalb der Funktion selbst ist es sehr wichtig, dass der abschließend errechnete Wert dem Funktionsnamen zugewiesen wird, damit so die Funktion einen Rückgabewert erhält. Ein Rückgabewert muss definiert werden, um mit den errechneten Zahlen weiterrechnen zu können. In unserem Beispiel wird durch Aufruf der Funktion eine Berechnung ausgelöst und anschließend der errechnete Wert in einem Meldungsfenster angezeigt.

Der Debugger

LotusScript enthält einen eigenen Debugger, der zur Fehlersuche in den Programmen verwendet werden kann. Unter einem »Bug« versteht man einen Fehler in einem Computerprogramm, der zu unerwünschten oder unvorhergesehenen Ergebnissen führt. Der Name »Bug« ist noch ein Relikt aus den frühesten Zeiten der Computerwelt. Bei einem der ersten Computer hatten sich während des Betriebs Käfer zwischen zwei Leiterplatten »verirrt«. Dies verursachte einen Kurzschluss und störte so den Ablauf der Programme. Seit dieser Zeit werden Fehler in Programmen als Bugs bezeichnet, obwohl es sich bei diesem ersten Fehler ausschließlich um einen Hardware-Fehler handelte.

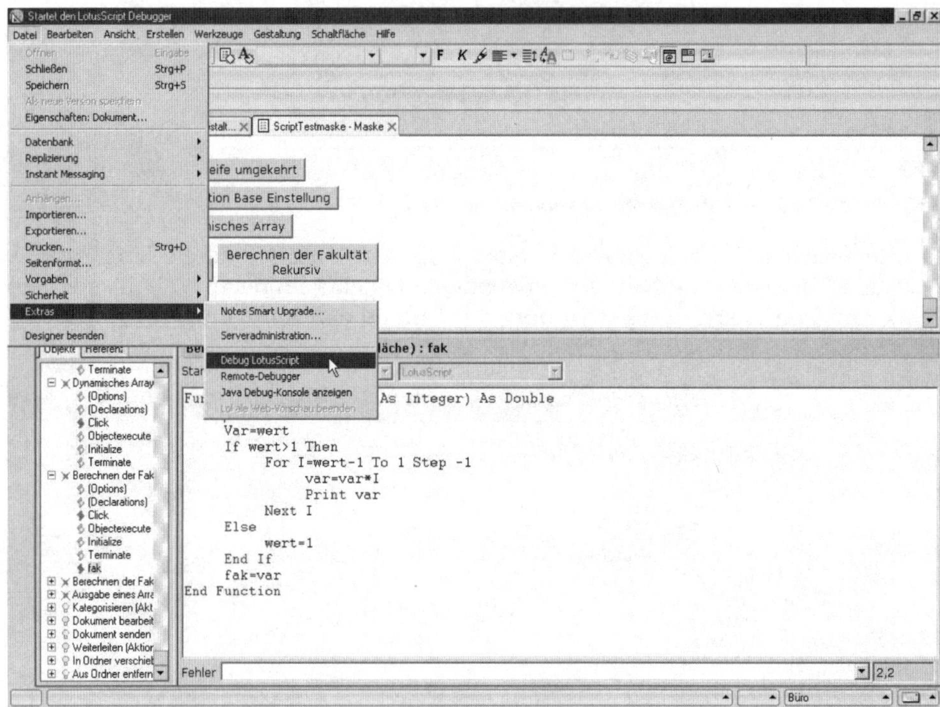

Abbildung 17.22: Einschalten des LotusScript-Debuggers

Debugger aktivieren

Der Debugger wird durch die Menüfolge DATEI/TOOLS/DEBUG/LOTUSSCRIPT eingeschaltet (vgl. Abbildung 17.22). Anschließend wird er durch den Start eines LotusScripts automatisch gestartet. Um also überprüfen zu können, warum Ihr Script ein unerwünschtes Ergebnis liefert, sollten Sie den Debugger einschalten und anschließend Ihr Script erneut starten.

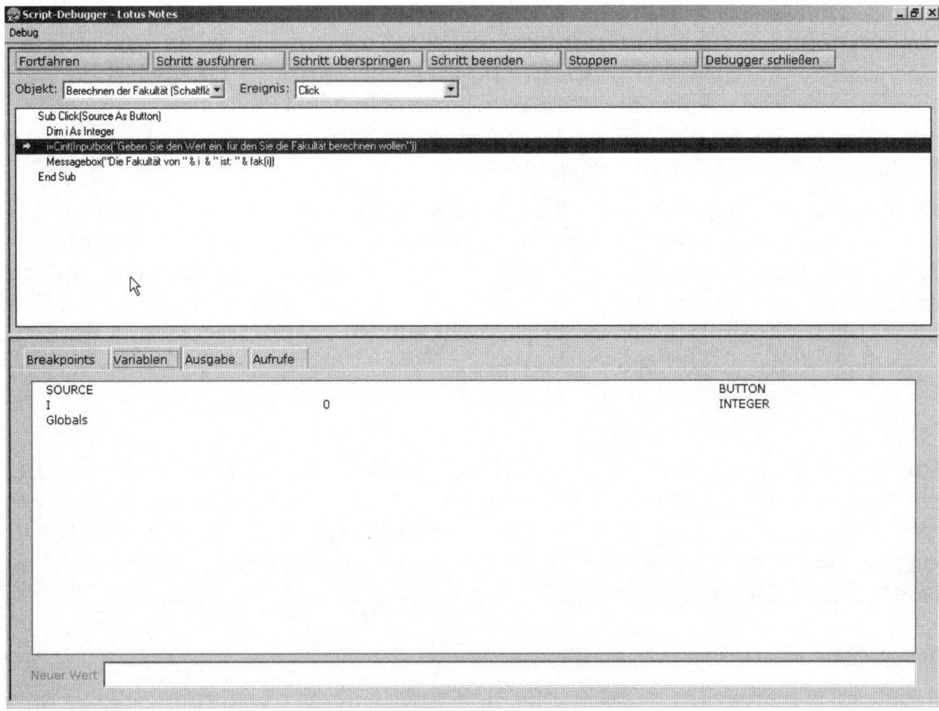

Abbildung 17.23: Übersicht über den gestarteten Debugger

Im oberen Teil des Debuggers (vgl. Abbildung 17.23) wird Ihnen das Script angezeigt, das Sie untersuchen möchten. Der Debugger zeigt Ihnen anhand des blauen Cursorbalkens die aktuelle Zeile Ihres Scripts an. Mithilfe der Schaltflächenleiste können Sie nun steuern, wie Sie mit dem Debugger das Script durcharbeiten möchten (vgl. Abbildung 17.24).

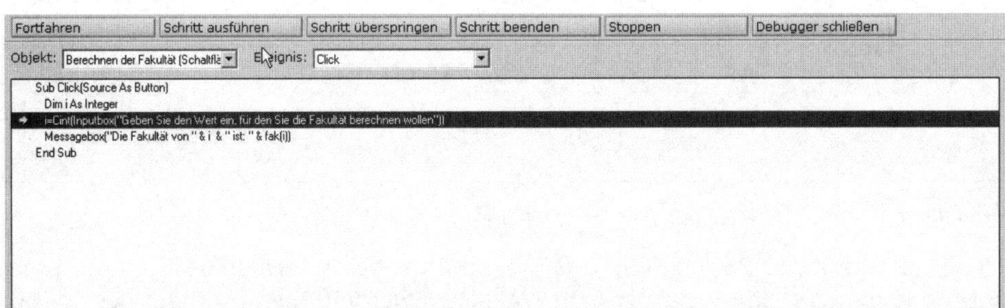

Abbildung 17.24: Obere Hälfte des Debuggers mit Schaltflächen zur Navigation

Schaltfläche »Continue«

Die Schaltfläche CONTINUE führt Ihr Script so lange aus, bis es beendet ist oder auf einen so genannten Haltepunkt trifft. Ein solcher Haltepunkt oder Breakpoint wird auf sehr einfache Weise mithilfe eines Doppelklicks auf die gewünschte Zeile gesetzt. Dies ist vor allem immer dann anzuraten, wenn innerhalb eines Scripts eine bestimmte Stelle überwacht bzw. überprüft werden soll, wenn zum Beispiel eine Schleife durchlaufen worden ist und man überprüfen möchte, welchen Wert eine Variable nach all den Berechnungen innerhalb der Schleife hat.

Schaltflächen »Step Into« und »Step Over«

Möchten Sie hingegen jede Zeile Ihres Scripts einzeln durchlaufen, können Sie dies mit der Schaltfläche STEP INTO erreichen. Mit dieser Schaltfläche unterbricht LotusScript nach jeder einzelnen Zeile die weitere Ausführung. Der Programmierer kann dann selbst entscheiden, wann er die nächste Zeile ausführen lassen will. Sollen Zeilen bei der Ausführung eines Scripts nicht einzeln überprüft werden, so erreicht man dies mit der Schaltfläche STEP OVER.

Schaltfläche »Step Exit«

Soll Ihr Programm jedoch von einem bestimmten Punkt ohne weitere Unterbrechung ausgeführt werden, so können Sie das Debugging für den Rest des Scripts mithilfe der Schaltfläche STEP EXIT ausschalten. Nachdem Sie alle von Ihnen gewünschten einzelnen Schritte überprüft haben, wird der Rest des Scripts ohne jede weitere Unterbrechung ausgeführt.

Schaltfläche »Stop«

Betätigen Sie hingegen die Schaltfläche STOP, wird die Ausführung des Scripts unterbrochen und Notes kehrt an die aufrufende Stelle zurück, also zum Beispiel in die Maske, in der Sie auf eine Schaltfläche geklickt haben.

Breakpoints

Der untere Teil des Debuggers gliedert sich in drei grobe Bereiche, die entweder die definierten Breakpoints, die Werte der Variablen oder die Ausgabe anzeigen.

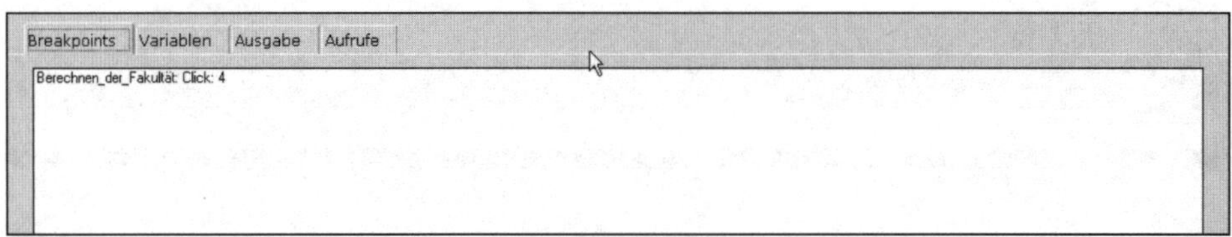

Abbildung 17.25: Definierte Breakpoints in einem Script

In der Abbildung 17.25 sehen Sie alle Breakpoints, die innerhalb des gewünschten Scripts vorhanden sind. Auf der Seite VARIABLES werden alle innerhalb des Scripts verwendeten Variablen, gleichgültig ob sie selbst erstellt sind oder systembedingt zur Verfügung stehen, mit Ihren Werten und dem jeweils verwendeten Datentyp angezeigt (vgl. Abbildung 17.26).

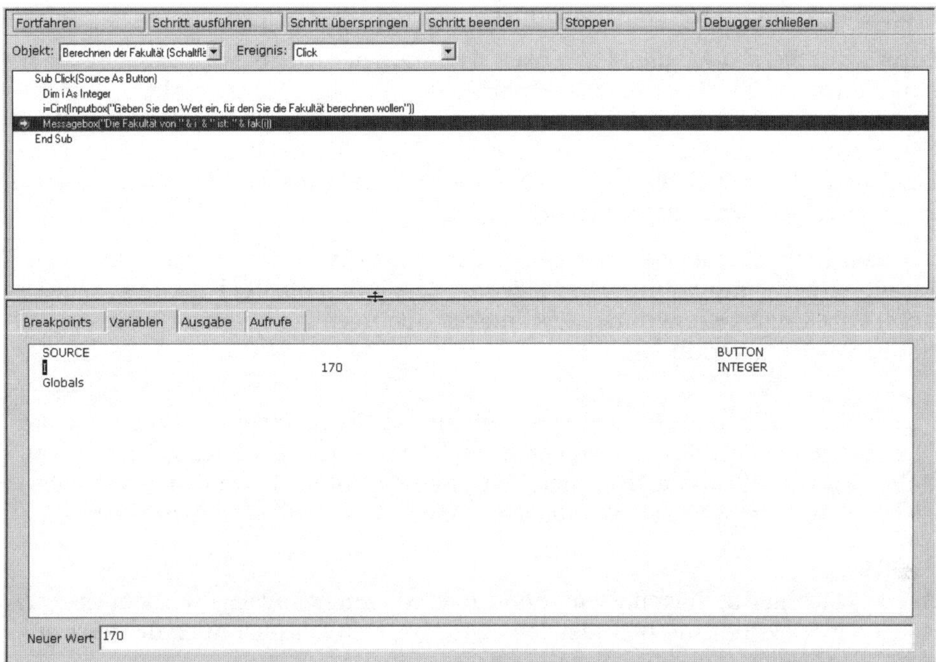

Abbildung 17.26: Alle verwendeten Variablen werden im Bereich* VARIABLEN *angezeigt.

Bereich »Output«

Darüber hinaus sehen Sie unter der Überschrift OUTPUT die Daten, die normalerweise in der Statusleiste angezeigt werden. Wollen Sie sich zum Beispiel den Wertverlauf einer Variablen während des Durchlaufs einer Schleife anschauen, können Sie dies im Bereich OUTPUT unter der Voraussetzung tun, dass Sie innerhalb des Scripts selbst eine regelmäßige Ausgabe des Variablenwerts in der Statusleiste definiert haben.

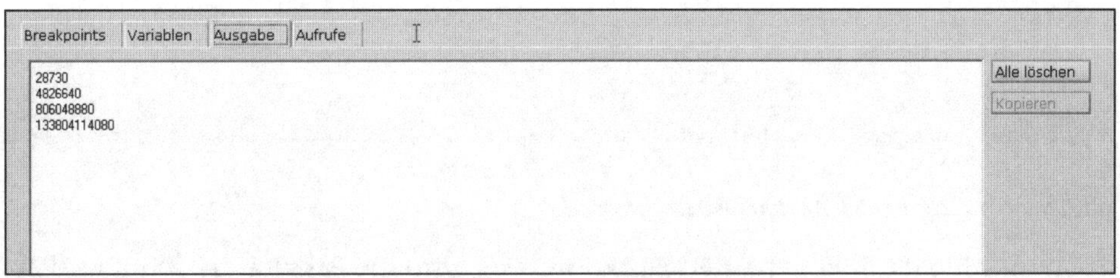

Abbildung 17.27: Ausgabe des Variablenwerts im Ausgabefenster

Abbildung 17.27 zeigt sehr schön, wie sich der Variablenwert verändert. Außerdem wird hier deutlich, dass bei der Berechnung der Fakultät die Schleife einmal zu oft durchlaufen wird, da sich durch die Multiplikation mit dem Wert 1 keine Wertveränderung mehr einstellt. Somit kann das Script hier noch entsprechend angepasst werden.

Programmierung rekursiver Funktionen

LotusScript bietet auch die Möglichkeit, Funktionen rekursiv anzulegen. Rekursive Funktionen weisen eine Reihe von erheblichen Vor- und gravierenden Nachteilen auf, die elementar mit der Rekursion verbunden sind. Um all diese Vor- und Nachteile rankt sich ein Richtungsstreit, der eine Vielzahl von Wissenschaftler bereits beschäftigt. Es ist hier nicht der Raum, die einzelnen Für und Wider zu erörtern, wir wollen uns nur kurz mit dem Thema befassen.

Grundsätzlich ist eine Funktion immer dann rekursiv, wenn sie sich während des Ablaufs erneut selbst aufruft. Dies bedeutet, dass innerhalb der Funktion wiederum Abbruchbedingungen definiert sein müssen, die irgendwann einen erneuten Aufruf der Funktion verhindern.

Eines der wohl gängigsten Beispiele für die rekursive Programmierung ist das Berechnen der Fakultät, das wir bereits im letzten Beispiel kennen gelernt haben. Allerdings hatten wir bei der ersten Lösung eine nicht rekursive Variante gewählt. Jetzt wollen wir das gleiche Ergebnis über eine rekursive Funktion erreichen.

Auch in diesem Fall muss die Funktion zunächst einmal angelegt werden. Die Parameter der Funktion sind hier dieselben wie im ersten Beispiel. Auch der Rückgabewert bleibt gleich (vgl. Abbildung 17.28).

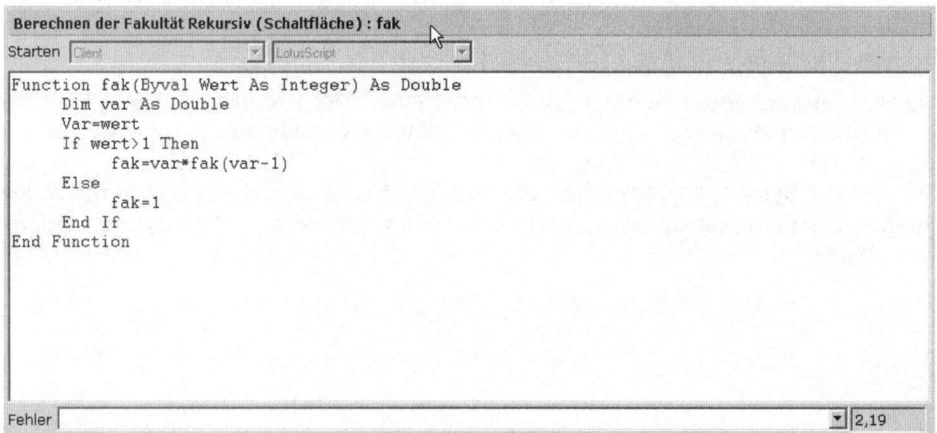

Abbildung 17.28: Fakultät rekursiv berechnet

Auch mithilfe der hier gezeigten Funktion `fak()` wird die Fakultät berechnet. Allerdings unterscheidet sich diese Funktion von der vorhergehenden Form durch den Aufruf der Funktion `fak()` im Verlauf des Scripts selbst. Bei Ihrem ersten Aufruf aus dem laufenden Programm wird der Initialisierungswert für die Berechnung an die Funktion übergeben. Anschließend wird innerhalb der Funktion `fak()` überprüft, ob der übergebene Wert größer als 1 ist. Ist dies der Fall, dann wird der erste Teil der `if`-Bedingung ausgeführt. In diesem Zusammenhang muss dann eine Multiplikation durchgeführt werden. Hier wird die Variable `Var` mit der Fakultät ihres um 1 verminderten Werts multipliziert.

Dies klingt zunächst kompliziert, wird aber deutlich, wenn wir uns die Hierarchie der Funktionsaufrufe im Debugger anschauen. Soll zum Beispiel die Fakultät von 3 berechnet werden, dann wird die Funktion mit dem Wert 3 aufgerufen. Diese zuerst aufgerufene Funktion erhält dann den Rückgabewert von

```
fak=3*fak(3-1)
```

Durch diese Zeile wird die Funktion `fak()` ein weiteres Mal gestartet. Diesmal erhält die Funktion den Wert 2 als Parameter, sie wird somit in der obigen Zeile den Rückgabewert

```
fak=2*fak(2-1)
```

haben. Dies bedeutet, dass die Funktion ein weiteres Mal aufgerufen wird. Diesmal wird jedoch keine Berechnung mehr ausgeführt, sondern dieser letzte Funktionsaufruf liefert den ersten Rückgabewert von 1. Auf diese Weise können sich die einzelnen aufgerufenen Funktionen in umgekehrter Aufrufreihenfolge wieder beenden und jeweils den benötigten Rückgabewert liefern. Das Ergebnis dieser Berechnung ist sehr leicht überprüfbar. Die Fakultät von 3 ist 6 (3*2*1) (vgl. Abbildung 17.29).

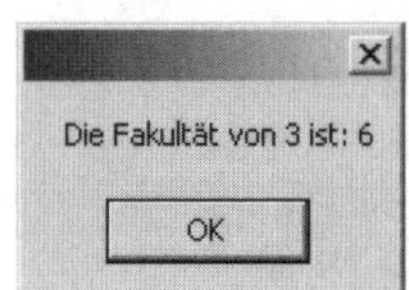

Abbildung 17.29:
Ergebnisfenster für die Fakultätsberechnung

Betrachten Sie doch einmal die Aufrufe der Funktion im LotusScript-Debugger (vgl. Abbildung 17.30). Sie haben zu diesem Zweck im Feld CALLS die Möglichkeit, sowohl alle aufgerufenen Funktionen oder Prozeduren zu beobachten, als auch in die jeweils aufgerufene Funktion zu wechseln und sich dort den Inhalt der Funktion zu betrachten.

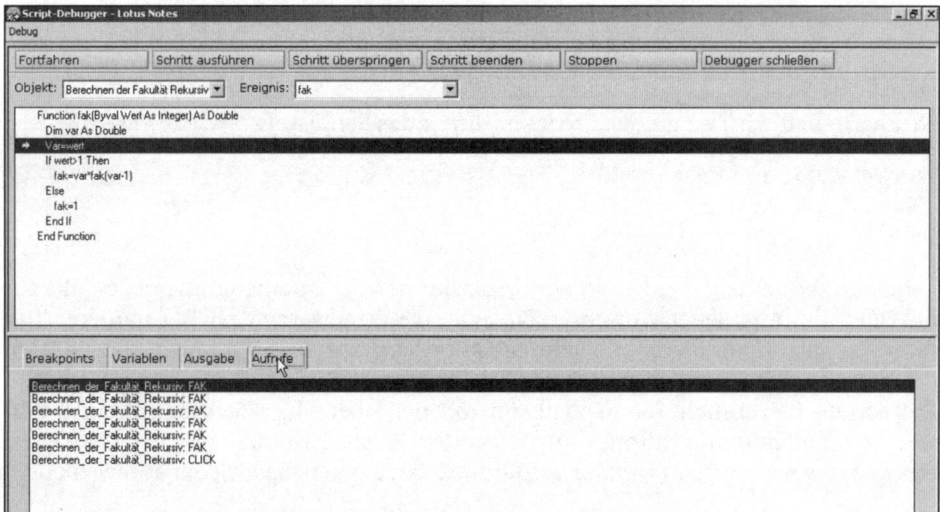

Abbildung 17.30: Rekursiv gestartete Funktionen zur Berechnung der Fakultät

Nachteile von rekursiven Funktionen

Der größte Nachteil einer solchen rekursiven Funktion ist, dass für jeden einzelnen dieser Aufrufe ein Speicherbereich im Stack reserviert werden muss. Da aber die Größe dieses Stacks begrenzt ist, können rekursive Funktionen oft nicht die Berechnungstiefe erreichen, die nicht rekursive Funktionen erreichen. Dies ist bereits in diesem kleinen Beispiel spürbar, wenn Sie es mit einer frühen Notes R5 (bis einschließlich R 5.0.6) ausprobieren. Während die nicht rekursive Funktion die Berechnung der Fakultät von 171 mit einem »Overflow« quittiert, kann das rekursive Pendant nur bis zu einem Wert von 168 die Fakultät berechnen. Bei jedem höheren Wert erhalten Sie die in der Abbildung 17.31 dargestellte Meldung. Mit späteren Notes-Versionen ist dieses Verhalten so leicht nicht reproduzierbar.

Abbildung 17.31: `Out of stack space`

Somit haben Sie die Möglichkeit kennen gelernt, neue eigene Funktionen zu erstellen. Neben dem Erstellen von Funktionen gibt es aber auch die Option, eigene Prozeduren zu generieren, die dann auf Wunsch ausgeführt werden können.

17.6.2 Erstellen von Prozeduren

Prinzipiell werden Prozeduren auf die gleiche Weise wie Funktionen erstellt. Allerdings haben Prozeduren im Gegensatz zu Funktionen keinen eigenen Rückgabewert, so dass hier zwar bestimmte Funktionalitäten ausgeführt werden können, jedoch keine Werte direkt zurückgegeben werden. Daher sollte man die Prozeduren dazu verwenden, Standardabläufe durch eine Instruktion abrufbar zu machen.

Syntax

Grundsätzlich wird eine neue Prozedur durch das Schlüsselwort `Sub` eingeleitet.

```
Sub Prozedurname( Parametername as Datentyp)
  Anweisungsblock
End sub
```

Durch diesen Aufbau werden an eine Prozedur der/die Parameter übergeben, die für die Durchführung der gewünschten Prozedur benötigt werden. Diese Parameter sind nicht verpflichtend, da die Prozeduren immer auch auf die Variablen und Objekte der aufrufenden Prozedur zurückgreifen können. Allerdings kann man so eigene Prozeduren bestimmen, die explizit nur mit der Übergabe von bestimmten Daten weitere Operationen ausführen. Im folgenden Beispiel werden lediglich die Daten eines Arrays per eigener Prozedur gefüllt und danach genauso wieder ausgegeben.

Die aufrufende Prozedur, in diesem Fall das Ereignis Click in einer Maske, führt zunächst einmal die Deklaration des Arrays durch, um anschließend wieder die beiden gewünschten Prozeduren auszuführen.

```
Sub Click(Source As Button)
    Dim arr(0 To 6) As String
    fuellen arr
    ausgabe arr
End Sub
```

Listing 17.9: Aufruf von Prozeduren

Die Prozeduren fuellen() und ausgabe() werden hier verwendet, um zunächst das Array arr mit Werten zu füllen, diese dann anschließend wieder auszulesen und in einer Messagebox wiederzugeben.

Das Erstellen der Prozeduren funktioniert jetzt wieder genau wie beim Erstellen der Funktionen, mit dem einzigen Unterschied, dass hier die Instruktion Sub verwendet wird. Die Funktion zum Füllen des Arrays könnte dementsprechend, wie im Listing 17.10 dargestellt, aussehen.

```
Sub fuellen(arr As Variant)
    Dim i As Integer
    For i=lbound(arr) To ubound(arr)
        Select Case i
        Case 0
            arr(i)="Sonntag"
        Case 1
            arr(i)="Montag"
        Case 2
            arr(i)="Dienstag"
        Case 3
            arr(i)="Mittwoch"
        Case 4
            arr(i)="Donnerstag"
        Case 5
            arr(i)="Freitag"
        Case 6
            arr(i)="Samstag"
        End Select
    Next
End Sub
```

Listing 17.10: Füllen von Arrays mittels einer Prozedur

In der ersten Zeile wird zunächst festgelegt, dass die neue Instruktion fuellen heißen soll und aus der aufrufenden Prozedur den Parameter arr als Variante übernimmt. Anschließend wird mithilfe einer For-Schleife jedes Element des Arrays gefüllt.

Nachdem das Array dann gefüllt ist, können anschließend mithilfe der Prozedur `ausgabe()` die Daten des Arrays zusammengefasst und in einer Messagebox angezeigt werden (vgl. Listing 17.11).

```
Sub ausgabe(arr As Variant)
    Dim var As String
    Forall x In arr
        var=var+x+Chr(10)
    End Forall
    Messagebox(var)
End Sub
```

Listing 17.11: Prozedur Ausgabe

Durch diese Prozedur wird das gefüllte Array übernommen und anschließend werden alle seine Daten an die Variable `var` übergeben, die abschließend innerhalb einer Messagebox ausgegeben wird (vgl. Abbildung 17.32). Durch die Ablage eines Großteils der Funktionalität in eigenen Prozeduren kann letztlich das eigentliche Ereignis `Click` sehr übersichtlich programmiert werden.

Abbildung 17.32: Ausgabe des Arrays aus der Prozedur heraus

17.6.3 Wiederverwendung von Funktionen und Prozeduren

Sichtbarkeit und Gültigkeit von Funktionen und Prozeduren

Standardgemäß entstehen Funktionen und Prozeduren im Kontext eines bestimmten Gestaltungselements. Wenn beispielsweise eine Prozedur oder eine Funktion einmal erstellt worden ist, möchte man sie zumeist wieder in anderen Konstellationen einsetzen, um zum Beispiel den Aufwand der Neuentwicklung zu reduzieren. Da aber jede selbst erstellte Prozedur immer nur für den gewählten Kontext Gültigkeit besitzt, muss man den Definitionskontext der Prozedur kennen.

Die Sichtbarkeit und Nutzbarkeit von Prozeduren ist vergleichbar mit der von Variablen. Ähnlich wie bei Variablen bewirkt die Definition einer Prozedur in einem globalen Bereich einer Maske, dass die gewünschte Prozedur allen innerhalb der Maske verwendeten Objekten bekannt ist.

Verlagert man also die Funktionen oder die Prozeduren in den *Globalen Bereich* der Maske, sind diese grundsätzlich in allen Events der Maske verfügbar und können ohne vorherige Definition genutzt werden.

Script-Bibliotheken

Allerdings tritt gerade bei großen Applikationsprojekten immer wieder die Situation ein, dass eine Vielzahl von Funktionalitäten erstellt und so zentral wie möglich hinterlegt werden müssen. Bei diesem Umstand helfen *Script-Bibliotheken*, die in jeder Datenbank erstellt und hinterlegt werden können.

Eine Script-Bibliothek ist im Prinzip nichts anderes als eine Sammlung von Prozeduren und Funktionen, die einen inneren Zusammenhang aufweisen. Eine Script-Bibliothek stellt ihre Funktionen grundsätzlich jedem gewünschten Gestaltungselement zur Verfügung, vorausgesetzt, es will die jeweilige Bibliothek verwenden.

Script-Bibliotheken erstellen

Um eine solche Bibliothek zu erstellen, müssen Sie zunächst das Gestaltungselement *Script-Bibliothek* in Ihrem Designer heraussuchen (vgl. Abbildung 17.33).

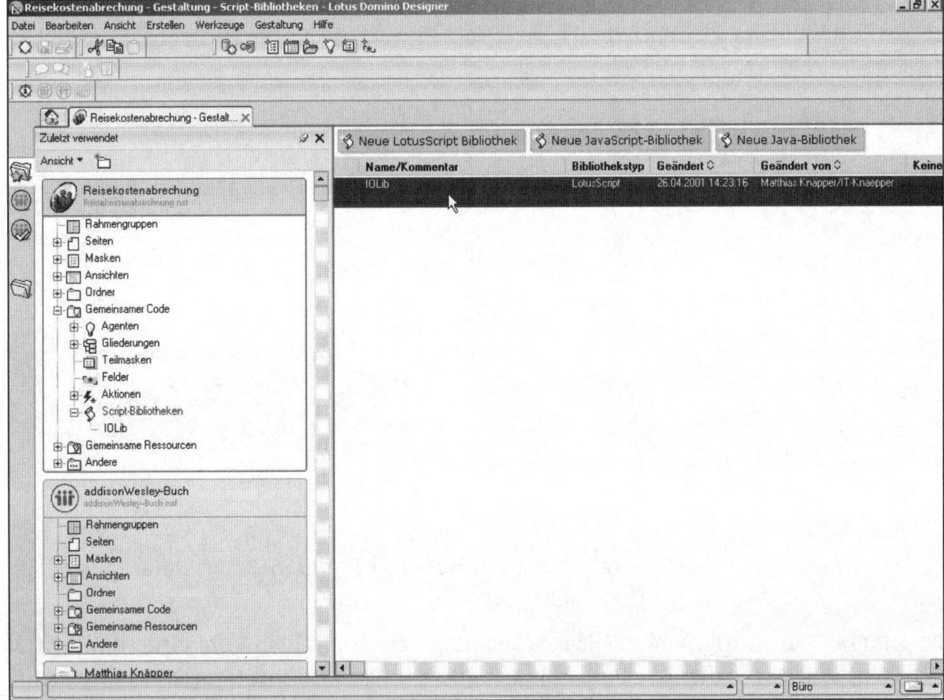

Abbildung 17.33: Script-Bibliothek im Domino Designer

Anschließend wählen Sie die Schaltfläche NEW SCRIPT LIBRARY, um so einen Container für Ihre Prozeduren zu bekommen. Kopieren Sie anschließend die gewünschten Funktionen und Prozeduren in Ihre Bibliothek und speichern Sie sie anschließend ab. Hier werden Sie dann nach einem Namen für die Bibliothek gefragt (vgl. Abbildung 17.34).

Wählen Sie die Bezeichnung möglichst sprechend, damit auch jemand, der sich in die Applikation gerade erst einarbeitet, aus dem Namen auf die Funktionalitäten schließen kann.

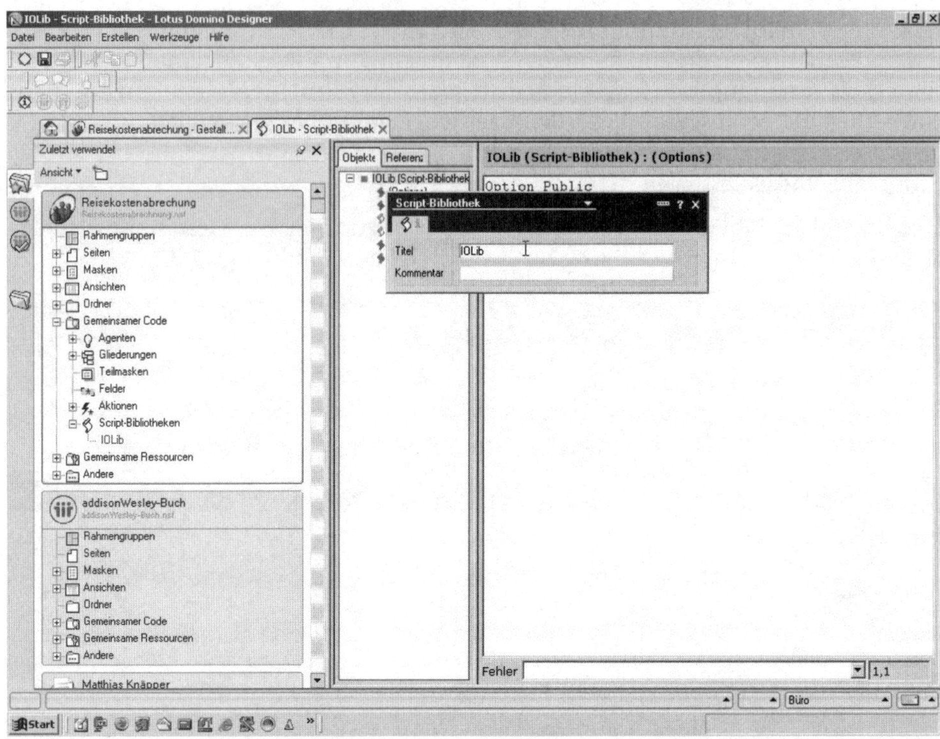

Abbildung 17.34: Namensvergabe für die Script-Bibliothek

Script-Library nutzen

Nachdem Sie eine neue Bibliothek erstellt haben, können Sie nun daran gehen, in Ihren Scripten diese Bibliothek zu nutzen.

Damit aber ein Script in einer Maske die entsprechenden Elemente einer Bibliothek verwenden kann, muss die Bibliothek auch benutzt werden. Dies muss innerhalb der Optionen des Scripts oder denen des *Globalen Gestaltungsbereichs* definiert werden. Hierzu verwendet man die Anweisung

```
Use "Scriptname"
```

Mit dieser Anweisung wird zunächst eine Bibliothek geladen. Anschließend können dann alle Funktionen und Prozeduren der Bibliothek verwendet werden (vgl. Abbildung 17.35).

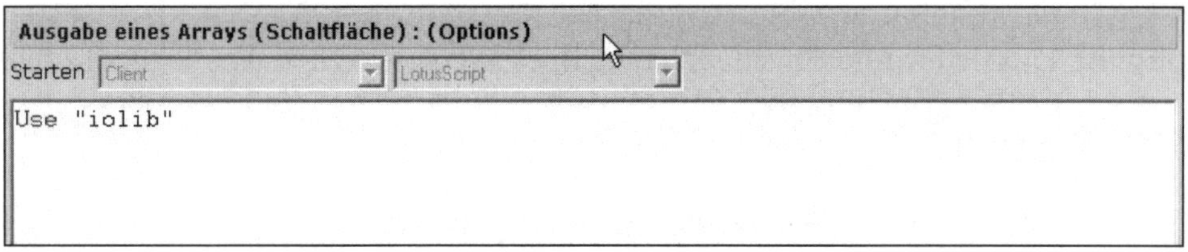

Ausgabe eines Arrays (Schaltfläche) : (Options)
Starten Client LotusScript

```
Use "iolib"
```

Abbildung 17.35: Benutzen der Bibliothek IOLib

Nachdem dann die Bibliothek im *Globals*-Bereich der Maske eingebunden worden ist, können die so zur Verfügung gestellten Funktionen und Prozeduren in den Scripten der Maske verwendet werden.

Damit lassen sich sozusagen übergreifend Funktionen erstellen und verwenden, die sonst in jedem einzelnen Kontext wieder neu hätten erstellt werden müssen. Außerdem können auf diesem Weg immer wieder gebrauchte Funktionen einmalig erstellt und dann bei Bedarf wieder abgerufen werden. Es muss lediglich darauf geachtet werden, dass die gewünschten Bibliotheken in die Applikationen eingebunden werden.

Nach diesem kurzen Überblick über die Standardfunktionen von Lotus Notes Domino sollten wir jetzt dazu übergehen, uns tiefer mit dem Klassenmodell zu befassen, das mit Notes verknüpft ist. Die objektorientierte Programmierung schafft hier neue Möglichkeiten der Modularisierung der Applikationen, die eine große Hilfe bei der Erstellung von Anwendungen ist.

17.7 Ein- und Ausgabe mit LotusScript

17.7.1 Überblick

In den bisherigen Beispielen wurden zur Ausgabe von Ergebnissen schon öfter die Ausgabebefehle `Print` und `Messagebox` verwendet, ohne auf deren Stellung im Rahmen von LotusScript einzugehen. Dies soll jetzt nachgeholt werden.

Obwohl die Ein- und Ausgabe in Notes in der Regel über Masken erfolgt, ist es manchmal sinnvoll, hierzu LotusScript-eigene Befehle zu verwenden. In Ansichten und Agenten ist dies sogar notwendig, denn diese bieten keine anderen Möglichkeiten zur Ein- bzw. Ausgabe.

Die betreffenden Befehle sind in der Tabelle 17.5 aufgelistet.

Befehl	Beschreibung
`Beep`	Lässt ein akustisches Signal ertönen
`InputBox`	Zeigt eine Dialogbox zur Eingabe von Werten an
`Messagebox`	Zeigt eine Nachricht als Dialogbox an
`Print`	Schreibt Ausgaben in die Statuszeile

Tabelle 17.5: Ein- und Ausgabebefehle in LotusScript

Während wir mit den einfachen Formen von `Print()` bzw. `Messagebox()` bereits vertraut sind, wollen wir im Folgenden einen Blick auf die Erweiterungsmöglichkeiten von `Messagebox` werfen und kurz den Umgang mit der verwandten InputBox-Funktion – zur Dateneingabe – demonstrieren.

17.7.2 Messagebox-Funktionalität anpassen

»Messagebox« gestalten

Neben der einfachen Ausgabe mittels der `Messagebox`-Funktion, wie sie im Abschnitt 17.2 vorgestellt wurde, bietet LotusScript auch die Möglichkeit, die Messagebox den Wünschen des Anwenders entsprechend zu gestalten. Dies geschieht vor allem durch Angabe der beiden weiteren optionalen Parameter.

Optionale Parameter von »Messagebox«

```
Messagebox("Ausgabetext", buttons + icon + default + mode as integer, "Fenstertitel")
as integer
```

Diese Zeile zeigt, wie ein Ausgabetext der Messagebox genauer bestimmt werden kann. Zunächst einmal muss mithilfe des zweiten Parameters angegeben werden, welche Schaltflächen hier angezeigt werden sollen. Dies geschieht über die Angabe des gewünschten Werts aus der folgenden Tabelle.

Schaltfläche	Wert	Rückgabewert	Konstante
OK	0	1	MB_OK
OK und CANCEL	1	1 oder 2	MB_OKCANCEL
BEENDEN, WIEDERHOLEN, IGNORIEREN	2	3, 4 oder 5	MB_ABORTRETRYIGNORE
JA, NEIN und ABBRECHEN	3	6, 7 oder 3	MB_YESNOCANCEL
JA und NEIN	4	6 oder 7	MB_YESNO

Tabelle 17.6: Parameter zur Gestaltung einer Messagebox

Grafik definieren

Neben der Angabe der Schaltflächen, die hier festgelegt werden können, kann zusätzlich noch eine Grafik definiert werden, die in der Messagebox mit angezeigt werden soll. Auch die Angabe der Grafik erfolgt über einen Zahlenwert, der zu dem der gewünschten Schaltfläche hinzuaddiert werden muss. Die entsprechenden Zahlenwerte finden Sie in der Tabelle 17.7).

Grafik	Wert	Konstante
Stoppzeichen	16	MB_ICONSTOP
Fragezeichen	32	MB_ICONQUESTION
Ausrufezeichen	48	MB_ICONEXCLAMATION
Information	64	MB_ICONINFORMATION

Tabelle 17.7: Symbolwerte für Grafiken in einer Messagebox

Soll also zum Beispiel eine Messagebox mit den Schaltflächen ABBRECHEN, WIEDERHOLEN und IGNORIEREN mit dem Fragezeichen als Formatierung angezeigt werden, errechnet sich der anzugebende Wert aus 2 + 32, also durch die Angabe von 34. Eine solche Messagebox-Formel sieht dann folgendermaßen aus:

```
Var=Messagebox ("Fehlfunktion! Was jetzt?", 34, "FEHLFUNKTION")
```

Das Ergebnis ist in der Abbildung 17.36 dargestellt.

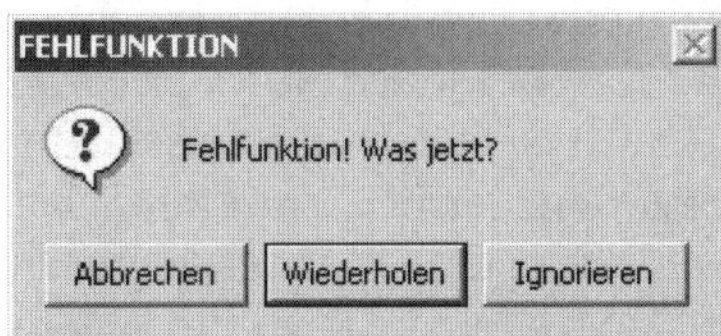

Abbildung 17.36: Anzeige einer Messagebox mit mehreren Schaltflächen

> Wichtig ist bei der Verwendung von LotusScript, dass Sie den Rückgabewert einer so formatierten Messagebox an eine Variable übergeben. Dies ist notwendig, weil die Funktion als Rückgabewert einen Zahlenwert zurückliefert, mit dem Sie auf die Auswahl der Benutzer entsprechend reagieren können. Vergessen Sie die Zuweisung an eine Variable, erhalten Sie beim Verlassen der Zeile eine Fehlermeldung.

Vorgabe-Schaltfläche festlegen

Neben der Möglichkeit, die Schaltfläche zu definieren, können Sie noch durch Addition eines weiteren Zahlenwerts die Vorgabe-Schaltfläche festlegen. Addieren Sie nichts, wird automatisch die erste Schaltfläche als Vorgabe festgelegt. Um der zweiten Schaltfläche den Fokus zu geben, können Sie 256, für die dritte Schaltfläche den Wert 512 addieren. So kann dann statt der ersten jede andere Schaltfläche als Voreinstellung belegt werden.

Modalität der »Messagebox« festlegen

Außerdem kann festgelegt werden, wie sich die laufenden Applikationen verhalten sollen, wenn die Messagebox geöffnet wird. Standardmäßig laufen alle Applikationen weiter, während durch Addition des Werts 4096 alle anderen Aktivitäten so lange eingestellt werden, bis der Benutzer eine Schaltfläche in der Eingabebox benutzt hat.

Daraus ergibt sich dann unter Umständen folgendes Meldungsfenster:

```
Var=Messagebox ("Fehlfunktion! Was jetzt?", 2 + 32 + 256 + 4096, "FEHLFUNKTION")
```

Diese Formel legt fest, dass die Schaltflächen BEENDEN, WIEDERHOLEN und IGNORIEREN mit dem Fragezeichen-Symbol angezeigt werden sollen. Außerdem erhält die zweite Schaltfläche automatisch den Fokus und alle Hintergrundaktivitäten werden hier so lange angehalten, bis der Benutzer eine der drei Schaltflächen angewählt hat.

Vordefinierte Konstanten verwenden

Da sich jedoch die meisten Entwickler den Wert für die einzelnen Schaltflächen nur schlecht merken können, kann anstelle der bisher verwendeten Zahlenwerte auch eine *vordefinierte Konstante* verwendet werden. Konstanten sind grundsätzlich Begriffe, denen feste Werte zugeordnet wurden und die innerhalb von Formeln unveränderbar sind. Sie behalten immer ihren Wert.

Damit die in den oben genannte Tabellen angegebenen Konstanten verwendet werden können, muss jedoch eine Datei in unser Script eingebunden werden, in der die Konstantendefinition vordefiniert wurde. Diese Datei, die bei jeder Notes-Installation im Programmverzeichnis hinterlegt ist, heißt LSCONST.LSS. Sollen also diese Datei und damit all ihre Konstanten mit in das Script eingebunden werden, muss zunächst diese allgemeine Konstantendefinitionsdatei in unsere Maske eingebunden werden. Bei dieser Datei handelt es sich um eine ganz normale Textdatei, die man mit jedem beliebigen Texteditor öffnen und bearbeiten kann (vgl. Abbildung 17.37).

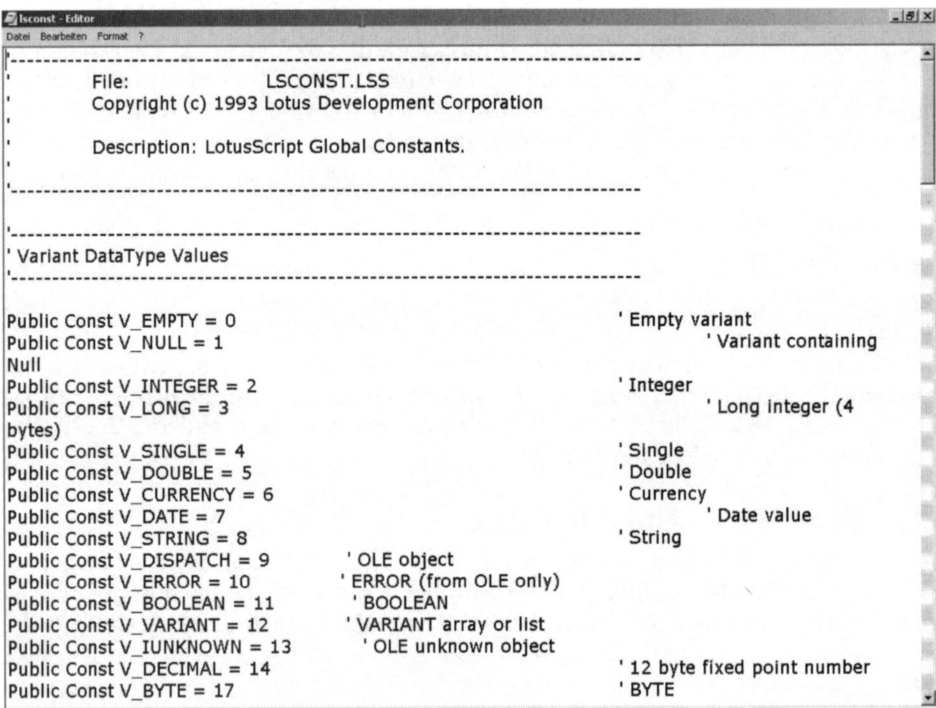


```
'---------------------------------------------------------------------------
'        File:                  LSCONST.LSS
'        Copyright (c) 1993 Lotus Development Corporation
'
'        Description: LotusScript Global Constants.
'
'---------------------------------------------------------------------------

'---------------------------------------------------------------------------
' Variant DataType Values
'---------------------------------------------------------------------------

Public Const V_EMPTY = 0                                  ' Empty variant
Public Const V_NULL = 1                                          ' Variant containing
Null
Public Const V_INTEGER = 2                                ' Integer
Public Const V_LONG = 3                                          ' Long integer (4
bytes)
Public Const V_SINGLE = 4                                 ' Single
Public Const V_DOUBLE = 5                                 ' Double
Public Const V_CURRENCY = 6                               ' Currency
Public Const V_DATE = 7                                          ' Date value
Public Const V_STRING = 8                                 ' String
Public Const V_DISPATCH = 9         ' OLE object
Public Const V_ERROR = 10          ' ERROR (from OLE only)
Public Const V_BOOLEAN = 11         ' BOOLEAN
Public Const V_VARIANT = 12        ' VARIANT array or list
Public Const V_IUNKNOWN = 13         ' OLE unknown object
Public Const V_DECIMAL = 14                               ' 12 byte fixed point number
Public Const V_BYTE = 17                                  ' BYTE
```

Abbildung 17.37:* LSCONST.LSS*-Datei in einem Texteditor

Diese Konstantendatei beinhaltet, wie Sie in der Abbildung erkennen können, ausschließlich `public`-Konstanten, das heißt solche, die als allgemein zugänglich deklariert werden. Da solche »öffentlichen« Konstanten immer auch in einem allgemein zugänglichen Bereich zur Verfügung gestellt werden müssen, kann diese Konstantendatei nur im globalen Deklarationsbereich z.B. einer Maske untergebracht werden. Dieser Bereich ist im Objektbrowser grundsätzlich als erstes Objekt eines jeden

Gestaltungselements verfügbar. Dort wählen Sie den *Deklarationsbereich* aus und geben die benötigte %Include-Zeile im Formelfenster ein (vgl. Abbildung 17.38).

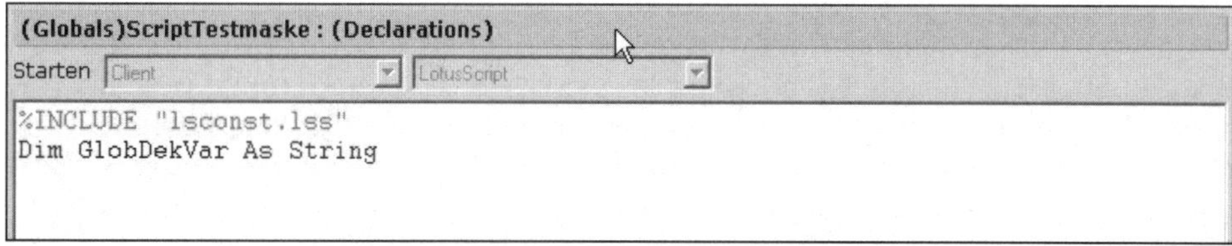

Abbildung 17.38: Einbinden der Konstantendatei LSCONST.LSS

Durch diese Zeile wird die Konstantendatei in die Maske eingebunden und anschließend können die in den Tabellen genannten Konstantenbezeichnungen anstelle der Zahlenwerte für Schaltflächen, Grafiken, Default-Fokus und Ablaufsteuerung benutzt werden. Das bedeutet natürlich aufgrund der Länge der einzelnen Konstantenbezeichnungen nicht, dass Sie weniger tippen müssen. Da Sie aber sprechende Konstantennamen verwenden, gestalten Sie Ihre Scripts deutlich lesbarer. Hierzu ein Beispiel:

```
Var=Messagebox ("Fehlfunktion! Was jetzt?", mb_abortretryignore + mb_iconquestion +
mb_defbutton2 + mb_systemmodal, "FEHLFUNKTION")
```

Mithilfe der hier gezeigten Konstanten ist es möglich, eine Verknüpfung der einzelnen Formatierungsparameter zu verwenden, ohne auf die wenig aussagekräftigen Zahlenwerte zurückgreifen zu müssen, da diese über die sprechenden Konstantennamen angesprochen werden können. So wird die Formel sprechender und das spätere Debugging wird erleichtert, da nicht anhand der Tabellen nachgerechnet werden muss, wie die Messagebox aussieht.

17.7.3 Dateieingabe mit Inputbox

Nachdem wir über die Funktion Messagebox herausgefunden haben, wie die Ausgabe von Daten erfolgen kann, können wir uns jetzt der Eingabe von Daten widmen. Es kann insgesamt gesehen nicht ausreichen, die Daten hart in den Formeln zu kodieren, sondern die Benutzer müssen in die Lage versetzt werden, benötigte Informationen während des Programmablaufs einzugeben. Um jedoch zur Laufzeit benötigte Daten in eine Formel einzugeben, benötigt man zunächst eine Funktion, die dem Benutzer eine Eingabe erlaubt.

Die Funktion Inputbox stellt die Möglichkeit zur Dateneingabe zur Verfügung. Die Syntax lautet:

```
Inputbox(Eingabeaufforderung,Fenstertitel,Vorgabewert[,xPosition,yPosition)
```

Die ersten drei Parameter der Funktion sind bindend, das heißt sie müssen mit angegeben werden. Eine Eingabeaufforderung in Form von Text, die innerhalb der Eingabebox angezeigt wird, ein Fenstertitel in Form von Text sowie ein Vorgabewert müssen zwingend angegeben werden, damit die Funktion verwendet werden kann. Lediglich die Position der gesamten Eingabebox auf dem Bildschirm über die Angabe der Bildschirmkoordinaten (xPosition, yPosition) ist hier frei.

17.8 LotusScript in Ereignissen

17.8.1 Ereignisse

Bisher haben Sie nur die Möglichkeit kennen gelernt, LotusScript innerhalb von Schaltflächen zu verwenden. Dies ist allerdings nicht der einzige Einsatzort für diese Programmiersprache. Wie wir inzwischen wissen, ist LotusScript eine Sprache, die auf das Eintreten bestimmter *Ereignisse* reagiert. Diese Ereignisse sind zwingend mit den unterschiedlichen Gestaltungselementen einer Notes Domino-Datenbank verknüpft.

Jedes einzelne Ereignis tritt in einem festgelegten Augenblick bei der Bearbeitung von Informationen ein. Greift zum Beispiel ein Benutzer auf eine Datenbank zu, treten nacheinander eine Reihe von Ereignissen ein, die jeweils in ihrem eigenen Kontext bereits bestimmte Informationen beinhalten. Ebenso verhält es sich mit Ansichten und Masken. Greift zum Beispiel ein Benutzer auf ein Dokument zu, treten eine Reihe von Ereignissen ein, in denen eine Formel oder ein Script zur Steuerung des Dokuments verwendet werden kann.

Wie in Abbildung 17.39 zu erkennen, gibt es in Notes Domino für jedes Gestaltungselement eine große Zahl unterschiedlichster Ereignisse. Jedes dieser Ereignisse tritt zu einem bestimmten Zeitpunkt ein und kann mit einer der vorhandenen Programmiersprachen mit einem Programm versehen werden.

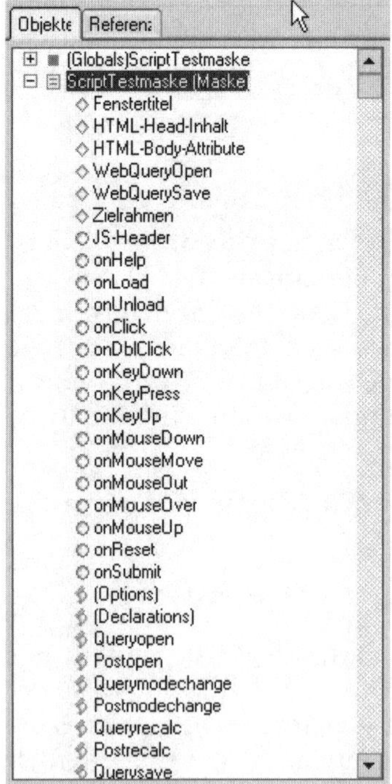

Abbildung 17.39: Ereignisse einer Notes-Maske

Besonders wichtig ist das Verständnis des Ereigniskonzepts für LotusScript-Programmierer, da hier – im Vergleich zu anderen Programmierkonzepten – besonders tief in das »Geschehen« eingegriffen werden kann. Wir werden uns daher im Folgenden den Umgang mit Ereignissen und ihre Manipulation mit LotusScript näher ansehen.

17.8.2 Ereignisse in Masken

Ein Benutzer öffnet ein bereits bestehendes Dokument in einer Ansicht und löst dadurch eine Reihe von Ereignissen aus. Diese treten in einer festgelegten Reihenfolge ein und bieten den Entwicklern von Notes Domino-Applikationen die Möglichkeit, bereits an bestimmten vordefinierten Zeitpunkten bestimmte Berechnungen durchzuführen.

> Um herauszufinden, wann ein bestimmtes Ereignis eintritt, sollten Sie ein Dokument mit der Beispielmaske EREIGNISMASKE erstellen. In dieser Maske können Sie jedem einzelnen Ereignis eine Messagebox hinterlegen, so dass Sie sehr einfach sehen können, wann welches Ereignis wirklich eintritt.

Beim Erstellen eines Dokuments treten die Ereignisse in der folgenden Reihenfolge ein (vgl. Tabelle 17.8).

Ereignis	Vorhandene Objekte	Programmiersprache
`Initialize (Globals)`	Keine	LotusScript
`Initialize (Maske)`	Keine	LotusScript
`Fenstertitel`	Keine	Formelsprache
`QueryOpen`	`Source as NotesUIDocument, Mode, Isnewdoc, Continue`	Formelsprache oder LotusScript
`PostOpen`	`Source as NotesUiDocument`	Formelsprache oder LotusScript

Tabelle 17.8: Reihenfolge der Ausführung bei Maskenereignissen

Parameter in Ereignissen

In einigen der erwähnten Ereignisse werden vom System automatisch bestimmte Objekte als Parameter zur Verfügung gestellt, die dann ohne weitere Deklaration und Instanzierung in den eigenen Scripts, mit denen die Ereignisse hinterlegt sind, benutzt werden können.

> Den Umgang mit solchen Objekten können wir uns anhand von Ereignissen `Queryopen` und `Postopen` veranschaulichen. Hier stehen folgende Objekte zur Verfügung.

Parameter »Source«

Das aktuelle Dokument, auf das hier zugegriffen wird, wird unter dem Objektnamen Source (Klasse: NotesUIDocument) bereits zur Verfügung gestellt und kann direkt verwendet werden. Somit muss man sich um die Deklaration des Objekts nicht mehr selbst kümmern, sondern kann das Objekt direkt benutzen (vgl. Listing 17.12).

```
Sub Queryopen(Source As Notesuidocument, Mode As Integer, Isnewdoc As Variant, Conti-
nue As Variant)
    Dim session As New notessession
    Dim doc As notesdocument
    Set doc=source.document
    If Not Isnewdoc Then
        If doc.tfwho(0)=session.commonusername Then
            Messagebox("Sie dürfen dieses Dokument nicht mehr verändern")
        End If
    End If
End Sub
```

Listing 17.12: Benutzung des* Source*-Parameters

Im Listing 17.12 soll ein Benutzer, der bereits einen Reisekostenantrag gestellt hat, darauf aufmerksam gemacht werden, dass dieses Dokument nicht mehr verändert werden sollte. Aus diesem Grund wird in der ersten If-Bedingung die Variable Isnewdoc des Ereignisses überprüft. Handelt es sich also bei dem Dokument nicht um ein neues, sondern um ein bereits existierendes, wird im zweiten If-Konstrukt überprüft, ob der Benutzername mit dem des Antragstellers identisch ist. Ist dies der Fall, erhält der Benutzer einen Warnhinweis, dass er das Dokument nicht verändern soll.

> Interessant an diesem Script ist auch, mit welch einfachen Mitteln auf das aktuelle Dokument zugegriffen werden kann. So wird über den Ereignisparameter Source das aktuelle Dokument über die Eigenschaft DOCUMENT in das Back-End verlagert, was wiederum eine Möglichkeit eröffnet, mit sämtlichen Eigenschaften und Methoden des Back-Ends auf dieses Objekt zuzugreifen.

Parameter »Mode«

Der Parameter Mode enthält einen Integer-Wert, der Informationen darüber liefert, ob das Dokument im Lesen- oder im Bearbeitenmodus geöffnet wird. Der Wert 0 signalisiert die Öffnung des Dokuments im Lesenmodus, 1 steht für den Bearbeitenmodus.

Parameter »Isnewdoc«

Der Parameter Isnewdoc ist vom Datentyp Boolean und signalisiert so durch *WAHR* oder *FALSCH*, ob das verwendete Dokument neu oder gespeichert ist.

Parameter »Continue«

Der Parameter `Continue` enthält ebenfalls einen booleschen Wert und bietet Ihnen als Entwickler die Möglichkeit, den Ablauf des aktuellen Ereignisses besser zu steuern.

Standardmäßig steht `Continue` auf WAHR, was bedeutet, dass die Ausführung des aktuellen Ereignisses fortgesetzt werden soll.

Möchten Sie jedoch, dass unter bestimmten Voraussetzungen das Öffnen eines Dokuments abgebrochen werden soll, so können Sie innerhalb Ihres Scripts an der gewünschten Stelle den Wert von `Continue` auf FALSCH setzen. Dadurch wird dann das aktuelle Ereignis – also beispielsweise das Öffnen eines Dokuments – abgebrochen.

Neben den bereits gezeigten Ereignissen gibt es noch ein Reihe zusätzlicher Maskenereignisse, die einem das Arbeiten sehr erleichtern können (vgl. Tabelle 17.9).

Ereignis	Eintrittszeitpunkt	Parameter	Programmiersprache
`Querymodechange`	Benutzeranforderung zum Wechsel aus dem Lese- in den Bearbeitungsmodus und umgekehrt	`Source As Notesuidocument, Continue As Variant`	Formelsprache oder LotusScript
`Postmodechange`	Nachdem der Wechsel von einem Dokumentstatus in den anderen vollzogen worden ist	`Source As Notesuidocument`	Formelsprache oder LotusScript
`Postrecalc`	Nachdem die Formeln einer Maske neu berechnet worden sind	`Source As Notesuidocument`	Formelsprache oder LotusScript
`Querysave`	Benutzeranforderung zum Speichern eines Dokuments	`Source As Notesuidocument, Continue As Variant`	Formelsprache oder LotusScript
`Postsave`	Nachdem das Speichern des Dokuments vollzogen worden ist	`Source As Notesuidocument`	Formelsprache oder LotusScript
`Queryclose`	Anforderung zum Schließen des Dokuments	`Source As Notesuidocument, Continue As Variant`	Formelsprache oder LotusScript

Tabelle 17.9: Maskenereignisse

Diese Ereignisse treten immer in den beschriebenen Augenblicken ein. So kann zum Beispiel im Ereignis `Querymodechange` der Wechsel in den Bearbeitenmodus durch Festlegung des folgenden Scripts verhindert werden.

```
Sub Querymodechange(Source As Notesuidocument, Continue As Variant)
    continue=False
End Sub
```

Dank dieses Scripts kann anschließend nicht mehr aus dem Lesen- in den Bearbeitenmodus eines Dokuments umgeschaltet werden. Das Bearbeiten des Dokuments ist jetzt nur noch durch ein direktes Öffnen desselben im Bearbeitenmodus möglich.

Dies kann zum Beispiel direkt durch Verwenden der Tastenkombination [Strg]+[B] ([E] in der englischen Notes-Version) geschehen. In diesem Fall tritt das Ereignis `Querymodechange` nicht ein, da die Maske vorher nicht im Lesenmodus geöffnet war.

Möchten Sie das Verändern von Dokumenten grundsätzlich untersagen – zum Beispiel im Falle einer Dokumentationsdatenbank, die Sie bei Abschluss eines Projekts als Handbuch mitliefern – können Sie dies außerdem im Ereignis `Queryopen` erreichen, indem Sie dort zusätzlich zum Ereignis `Querymodechange` das Öffnen im Bearbeitenmodus untersagen.

Mit diesen Maskenereignissen können Sie direkt auf bestimmte Benutzeranforderungen reagieren. Soll beispielsweise auf die Anforderung zum Speichern des Dokuments reagiert werden, kann im Ereignis `QuerySave` das gewünschte Script hinterlegt werden. Dieses Ereignis tritt letztlich nur dann ein, wenn ein Benutzer das Speichern des aktuellen Dokuments anfordert.

In all diesen Ereignissen mit Ausnahme von `Initialize`- und `Terminate`-Ereignissen können sowohl die Formelsprache als auch LotusScript eingesetzt werden. Damit ist man sehr flexibel, was die Wahl der gewünschten Funktionalitäten angeht.

Neben den der Maske zugeordneten Ereignissen verfügt auch jedes einzelne in einer Maske befindliche Objekt ebenfalls über eigene Ereignisse, die wiederum mit eigenen Scripten bestückt werden können. Wie wir bereits mehrfach gesehen haben, kann eine Maske aus einer Vielzahl unterschiedlicher Gestaltungselemente bestehen, die ebenfalls über eigene Ereignisse verfügen.

17.8.3 Ereignisse von Teilmasken

Notes Domino bietet die Möglichkeit, über Teilmasken bestimmte immer wiederkehrende Gestaltungselemente auszulagern, die dann in den einzelnen Masken immer wieder benutzt werden können. Eine Teilmaske kann im Prinzip all jene Elemente enthalten, die sich auch in einer Maske verwenden lassen, ohne eine solche Teilmaske jedoch separat verwenden zu können. Die einzige Möglichkeit, eine Teilmaske außerhalb von »normalen« Masken zu benutzen, ist die Verwendung in Dialogboxen.

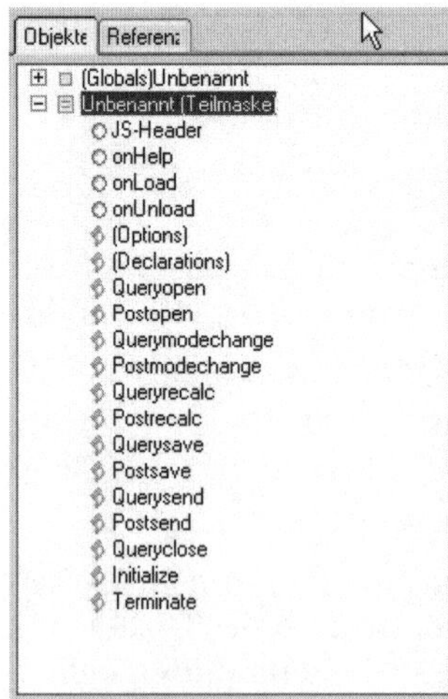

Abbildung 17.40: Ereignisse einer Teilmaske

Insofern unterscheiden sich die Ereignisse, die Ihnen in einer Teilmaske zur Verfügung stehen (vgl. Abbildung 17.40), nur graduell von denen, die in einer Maske zur Verfügung stehen. Vor allem aber fehlt hier ein einzelnes Ereignis, das in jeder Maske verfügbar ist, das Ereignis `Festertitel`, das jedoch sinnvollerweise wirklich nur mit einer Maske verknüpft sein darf.

> Ein wichtiger Punkt bei der Gestaltung von Masken ist jedoch, dass jede in einer Maske eingebaute Teilmaske immer ihre eigenen Ereignisse mitbringt.

Da jedes dieser Ereignisse für sich genommen auch immer eintritt, kann eine Vielzahl von Teilmasken die Verarbeitung von Masken erheblich verlangsamen.

Da zum Beispiel beim Öffnen einer Maske jede Teilmaske ihr eigenes `Initialize`-, `Queryopen`- und `Postopen`-Ereignis mitbringt, führt allein dies schon zu einer Verlangsamung im Aufbau von Masken. Aus diesem Grunde sollte die Zahl der pro Maske verwendeten Teilmasken auf höchstens drei beschränkt sein.

17.8.4 Ereignisse von Feldern

Auch die einzelnen Felder eines Notes Domino-Dokuments verfügen über Ereignisse, die sowohl beim Öffnen als auch beim Schließen einer Maske eintreten. Diese Ereignisse – `Initialize` und `Terminate` – sind vergleichbar mit den Ereignissen der Maske.

> Hinsichtlich der Ausführung dieser Ereignisse ist zu sagen, dass die einzelnen Felder eines Notes Domino-Dokuments nacheinander vom Anfang der Maske nach unten und innerhalb der einzelnen Zeilen von links nach rechts aufgebaut werden.

Außerdem sind den Feldern Ereignisse zugeordnet, die beim Verlassen des Feldes und beim Fokuserhalt des Feldes eintreten.

Wird ein Feld verlassen, tritt automatisch das Ereignis `Exiting` ein, in dem dann eine Formel ausgeführt werden kann, die beim Verlassen des Feldes sinnvoll ist (vgl. Listing 17.13).

```
Sub Exiting(Source As Field)
    Dim uiws As New notesuiworkspace
    Dim uidoc As notesuidocument
    Set uidoc=uiws.currentdocument
    Messagebox("Exiting FeldA" & Chr(10) &_
    "Der Cursor befindet sich zur Zeit in " & uidoc.currentfield)
End Sub
```

Listing 17.13: Ereignis `Exiting`

Das Ereignis `Exiting` des Feldes FELDA zum Beispiel tritt hier durch eine Benutzeraktion (⇆) ein und setzt den Cursor in ein anderes Feld. Formal gesehen befindet sich der Cursor nicht mehr im Feld FELDA (vgl. Abbildung 17.41).

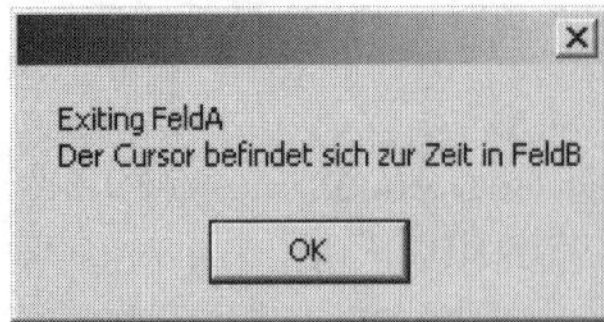

Abbildung 17.41: Ergebnis eines Ereignisses `Exiting`***: nicht mehr A, noch nicht B***

Durch dieses Ereignis wird der Cursor automatisch in das nächste in der Tabreihenfolge gesetzte Feld gesetzt. Durch diese Benutzeranforderung tritt das Ereignis ein, obwohl sich der Cursor formal gesehen schon nicht mehr im Ausgangsfeld befindet. Er befindet sich stattdessen bereits im nächsten Feld, ohne dass dieses Feld bereits den Fokus erhalten hätte, das heißt noch bevor ein Feldwert eingegeben oder verändert werden kann. Das Setzen des Fokus erfolgt im Folgefeld erst, nachdem das `Exiting`-Event eingetreten ist. Auf diese Weise befindet sich der Cursor sozusagen im »Niemandsland«, er ist sozusagen nicht Fisch, nicht Fleisch.

17.8.5 Ereignisse in Schaltflächen

Auch die einzelnen in einer Maske verfügbaren Schaltflächen weisen eigene Ereignisse auf, die zum Beispiel beim Öffnen einer Maske eintreten (`Initialize`) bzw. durch eine Benutzeraktion (`Click`). Somit können auch die einzelnen Schaltflächen mit unterschiedlichen Funktionalitäten versehen werden, wenn eine solche Maske geöffnet wird und zum Beispiel durch das Initialisieren der Schaltflächen eine Aktion ausgelöst werden soll.

Ereignis »Click«

Das für Schaltflächen standardmäßig vorgesehene Ereignis ist `Click`, das immer dann eintritt, wenn der Benutzer die Schaltfläche auswählt.

Neben den Ereignissen für die Maske und die dort hinterlegten Objekte gibt es ebensolche für die übrigen Gestaltungselemente in Notes.

17.8.6 Ereignisse in Ansichten

Ansichten dienen im Normalfall dazu, den Benutzern einer Datenbank die Möglichkeit zu geben, auf die in der Datenbank befindlichen Dokumente zuzugreifen und sie in einer vom Entwickler gewünschten Weise zur Anzeige zu bringen. Auch in einer Ansicht können über eine Reihe unterschiedlicher Ereignisse zu bestimmten Zeitpunkten Aktionen ausgelöst werden, die dann zu einer Veränderung der jeweiligen Dokumente führen (vgl. Abbildung 17.42).

> Einige dieser Ereignisse sind mit speziellen Ansichtenarten verknüpft, den Kalenderansichten.

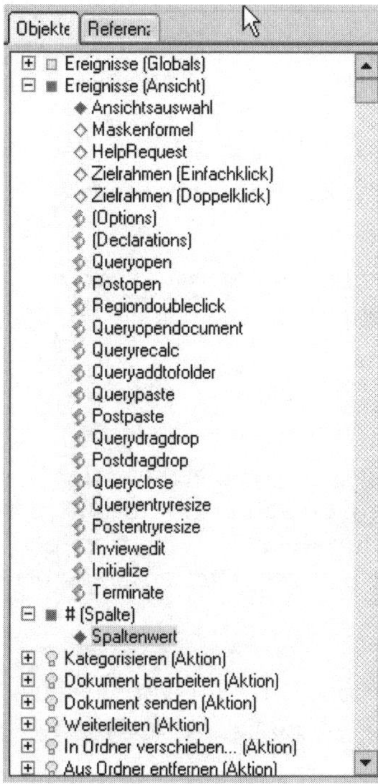

Abbildung 17.42: Liste aller Ansichtenereignisse

Mithilfe dieser Ereignisse kann auf unterschiedlichste Benutzeraktionen reagiert werden.

So besteht die Möglichkeit, in einer Kalenderansicht auf ein Drag&Drop eines Benutzers zu reagieren. In dem Augenblick, in dem das gewünschte Dokument in der Ansicht angefasst und verschoben werden soll, kann man also auf diese Benutzeranforderung direkt reagieren. Wird zum Beispiel ein Dokument in einer Kalenderansicht von einem Tag auf den anderen verschoben, kann im Ereignis `QueryDragDrop` eine direkte Reaktion auf diese Handlung erfolgen. Dieses Ereignis steht jedoch ausschließlich innerhalb von Ansichten zur Verfügung, in denen die Dokumente als Kalender dargestellt werden.

Tabelle 17.10 zeigt sämtliche Ereignisse einer Ansicht und wann sie zum Einsatz kommen können.

Ereignis	Ansichtstyp	Verfügbare Parameter
`Queryopen`	Beide	`Source as Notesuiview, Continue as Variant`
`Postopen`	Beide	`Source as Notesuiview`
`Regiondoubleclick`	Kalender	`Source as Notesuiview`
`Queryopendocument`	Beide	`Source as Notesuiview, Continue as Variant`

Tabelle 17.10: Ereignisse in Ansichten

Ereignis	Ansichtstyp	Verfügbare Parameter
Queryrecalc	Beide	Source as Notesuiview, Continue as variant
Queryaddtofolder	Beide	Source As Notesuiview, Target As Variant, Continue As Variant
Querypaste	Beide	Source as Notesuiview, Continue as variant
Postpaste	Beide	Source as Notesuiview
Querydragdrop	Kalender	Source as Notesuiview, Continue as Variant
Postdragdrop	Kalender	Source as Notesuiview
Queryclose	Beide	Source as Notesuiview, Continue as Variant

Tabelle 17.10: Ereignisse in Ansichten (Forts.)

Anhand dieser Liste können Sie erkennen, dass die angegebenen Ereignisse die Programmierung in Notes Domino deutlich vereinfachen. So kann hier mithilfe der einzelnen Ereignisse sehr leicht auf eine Benutzeranforderung reagiert werden, wenn zum Beispiel ein Dokument aus einer Ansicht in einen Ordner geschoben werden soll.

> Mithilfe eines solchen Scripts im Ereignis `QueryDragDrop` kann dann zum Beispiel überprüft werden, ob das Darstellen eines Dokuments in einem Ordner wirklich erwünscht war (vgl. Listing 17.14).

```
sub Querydragdrop(Source as Notesuiview, Continue as Variant)
  if messagebox("Wollen Sie das markierte Dokument auf einen anderen Termin
  verschieben?", mb_yesno+mb_iconquestion,"Verschieben fortsetzen?")=idyes then
    Continue=true
  Else
     Continue=false
  End if
End sub
```

Listing 17.14: Ereignis `QueryDragDrop` *im Einsatz*

Mithilfe dieses Scripts wird das Verschieben eines Kalendereintrags auf ein anderes Datum nur dann fortgesetzt, wenn der Benutzer die angezeigte Messagebox über die Schaltfläche JA verlässt.

Neben diesen Masken und anderen Gestaltungselementen zugeordneten Ereignissen existieren noch einige, die sich nur auf die Datenbank selbst beziehen.

17.8.7 Datenbankereignisse

Mithilfe der Datenbankereignisse sind Sie in der Lage, auf Ereignisse zu reagieren, die ausschließlich mit der Datenbank selbst verknüpft sind.

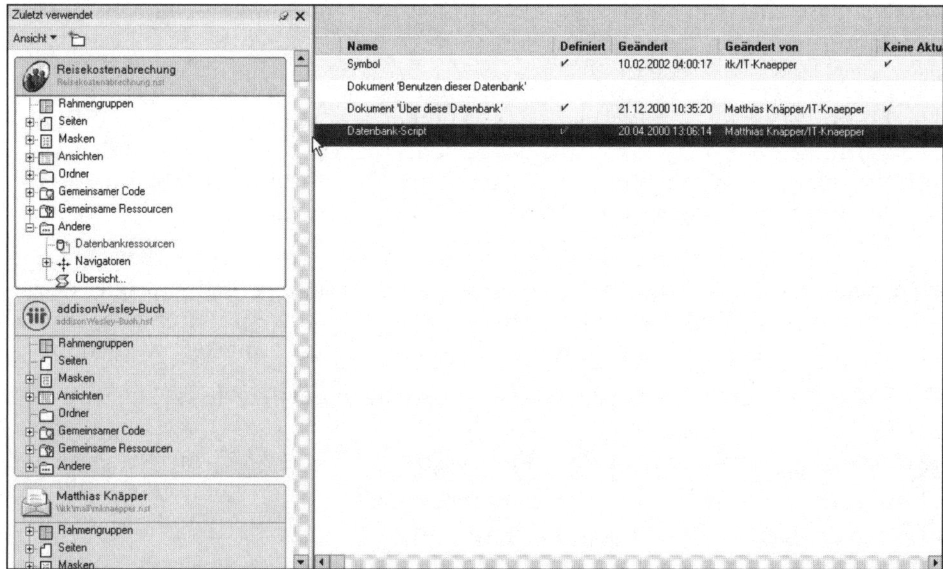

Abbildung 17.43: Ereignisse einer Datenbank finden

Über den Bereich ANDERE finden Sie in der Datenbank die Ereignisse, die der Datenbank selbst zugeordnet sind (vgl. Abbildung 17.43).

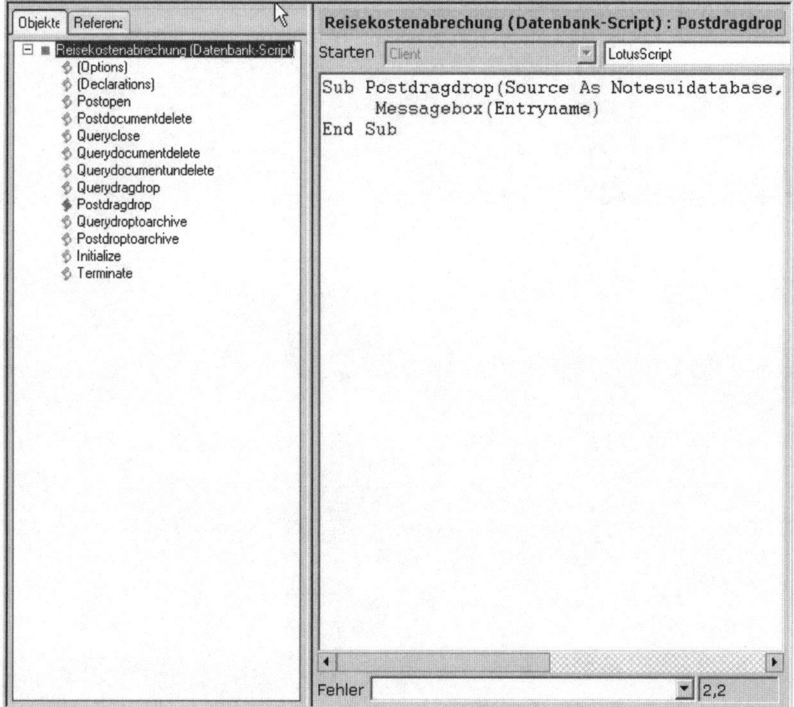

Abbildung 17.44: Die Ereignisse einer Datenbank im Einzelnen

Hier werden wieder die Ereignisse einer Datenbank im Einzelnen aufgelistet (vgl. Abbildung 17.44).

Jedes dieser Ereignisse wird durch eine bestimmte Aktion des Benutzers ausgelöst. Löscht ein Benutzer zum Beispiel ein Dokument aus einer Notes Domino-Datenbank mithilfe der [Entf]-Taste, tritt das Ereignis `Querydocumentdelete` ein. Hier kann zum Beispiel wieder durch eine Messagebox die Ausführung der Löschung unterbunden werden, falls diese nur versehentlich ausgelöst wurde.

Ähnlich verhält es sich mit dem Ereignis `Postdocumentdelete`, das immer genau in dem Augenblick eintritt, in dem die Dokumente tatsächlich gelöscht oder ausgeschnitten worden sind. Auch hier kann dann auf diese neue Situation reagiert und zum Beispiel ein neues Dokument für das gerade gelöschte angelegt werden.

Die Übersicht aller Datenbankereignisse finden Sie in der Tabelle 17.11.

Ereignis	Vorhandene Objekte
`Postopen`	`Source As Notesuidatabase`
`Postdocumentdelete`	`Source As Notesuidatabase`
`Queryclose`	`Source As Notesuidatabase, Continue As Variant`
`Querydocumentdelete`	`Source As Notesuidatabase, Continue As Variant`
`Querydocumentundelete`	`Source As Notesuidatabase, Continue As Variant`
`Querydragdrop`	`Source As Notesuidatabase, Entryname As Variant, Continue As Variant`
`Postdragdrop`	`Source As Notesuidatabase, Entryname As Variant, Continue As Variant`
`Initialize`	Keine
`Terminate`	Keine

Tabelle 17.11: Datenbankereignisse

18 Mit Notes Domino-Klassen in LotusScript arbeiten

Bisher haben wir uns in der Frage der Programmierung innerhalb von Notes Domino-Applikationen sehr stark an eine strukturierte Vorgehensweise gehalten. Das bedeutet, dass wir sowohl die Kommunikation mit den Benutzern als auch das Ausführen von Befehlen direkt mittels LotusScript durchgeführt haben, ohne uns groß mit den Datenstrukturen von Lotus Notes Domino zu beschäftigen.

Eine zentrale Frage ist im bisherigen Kontext jedoch noch nicht erörtert worden:

Wie greift man auf Informationen zurück, die bereits in Notes Domino gespeichert worden sind?

Sprich: Wie können wir unsere bisherigen Kenntnisse von LotusScript mit denen von Notes Domino als Anwendungsplattform verbinden? Um diese zentrale Frage beantworten zu können, muss man sich mit dem in LotusScript verwendeten *Klassenmodell* befassen. Dieses ist das Thema des vorliegenden Kapitels.

18.1 Objektorientierung und Lotus/Domino

18.1.1 Zur Bedeutung der Objektorientierung

Die Objektorientierung verdankt ihren Erfolg im Wesentlichen der Erkenntnis, dass die heutigen Anwendungen im Allgemeinen derart komplex geworden sind, dass zumeist nicht die eigentliche Entwicklung, sondern die Wartung den größten Teil der Kosten verursacht. Ein aus 100.000 Zeilen Code bestehendes Programm entwickelt mit der Zeit aufgrund der beinahe unendlichen Anzahl möglicher Beziehungen der Programmelemente untereinander ein regelrechtes Eigenleben. Herkömmliche Methoden der Modularisierung wie etwa die strukturierte Programmierung schaffen zwar etwas mehr Überblick, doch die Vielzahl der Beziehungen bleiben bestehen, wodurch die Suche nach Fehlerursachen erheblich erschwert wird.

Doch was ist nun Objektorientierung? Vielleicht fängt man am besten mit dem Begriff des Objekts an ...

Als *Objekt* kann zunächst einmal jedes konkrete oder abstrakte Gebilde betrachtet werden, welches von seiner Umwelt eindeutig zu unterscheiden ist.

Objekteigenschaften

Wählen wir ein Objekt der Alltagswelt, so könnte zum Beispiel ein Auto als ein solches Objekt betrachtet werden. Versucht man ein solches Auto möglichst allgemein zu beschreiben, bedient man sich zumeist einer Beschreibung dessen, was ein solches Objekt kann und wie es aussieht. Um beim Beispiel des Autos zu bleiben, wären typische Eigenschaften die grundsätzliche Form, das Vorhandensein unterschiedlichster *Eigenschaften* wie Räder, ein Motor, ein Lenkrad, (meistens) ein Dach, eine Lackierung usw.

Objektmethoden

Das Objekt »Auto« wird neben seinen grundsätzlichen Eigenschaften außerdem noch definiert durch die Möglichkeit, es in unterschiedlichster Form zu nutzen oder bestimmte Dinge mit ihm anstellen zu können. Mit anderen Worten: Das Objekt Auto verfügt über *Methoden*. Eine Methode könnte zum Beispiel das Anlassen des Motors sein, das Losfahren, das Rückwärtsfahren oder das Lenken.

Erst durch die Kombination der verschiedenen Eigenschaften und Methoden eines Objekts wird die geforderte Unterscheidung der Objekte voneinander möglich. Autos können also durch ihre allgemeinen Eigenschaften und Methoden nicht nur beschrieben werden, sondern unterscheiden sich auch genau durch diese voneinander, wenn auch nur hinsichtlich der Eigenschaft SERIENNUMMER.

Objektorientierte Programmierung

Das Besondere an der objektorientierten Programmierung ist nun, dass man einzelne Teile der erforderlichen Funktionalität nicht mehr prozedural, sondern vielmehr in Form von eigenständigen Entitäten – d.h. Objekten – abbildet. Der Clou an der Sache ist, dass bei Objekten sowohl die Verarbeitungslogik (*Methoden*) als auch die Daten (*Attribute*) von der Außenwelt (d.h. von anderen Objekten) weitgehend abgeschirmt werden. Die Kommunikation mit anderen Objekten erfolgt über möglichst wenige, explizit definierte Schnittstellen in Form von *Ereignissen*. Somit wird die Anzahl der möglichen Beziehungen einzelner Programmelemente zueinander deutlich reduziert. Fehler lassen sich zu einzelnen Objekten zurückverfolgen und dort beheben, ohne Gefahr zu laufen, neue Fehlerquellen zu erzeugen, denn das Innenleben eines Objekts ist für andere Objekte tabu.

18.1.2 Objekte in Lotus Notes Domino

Die eben dargestellten Konzepte der Objektorientierung gelten auch im »Universum« von Lotus Notes Domino. Auch dieses besteht aus bestimmten Objekten, welche sich aus Eigenschaften und Methoden zusammensetzen und zueinander (oftmals hierarchische) Beziehungen unterhalten. Glücklicherweise muss man sich als Anwendungsentwickler nicht selbst die Mühe machen, um die Funktionalität von Lotus Notes Domino in Form von Objekten zu »verpacken«. Vielmehr gibt es hierfür eine so genannte Lotus Notes Domino-*Klassenbibliothek*, welche (auszugsweise) in der Tabelle 18.1 dargestellt ist.

Front-End-Klassen	Beschreibung
`Button`	Aktion, Schaltfläche oder Hotspot in Maske oder Dokument
`Field`	Feld in Maske
`Navigator`	Objekt in Navigator
`NotesUIDatabase`	Momentan geöffnete Datenbank
`NotesUIDocument`	Momentan geöffnetes Dokument
`NotesUIView`	Momentan geöffnete Ansicht
`NotesUIWorkspace`	Momentan geöffneter Arbeitsbereich
`Back-End-Klassen`	Beschreibung
`NotesACL`	Auflistung aller Einträge in der Zugriffskontrollliste einer Datenbank
`NotesACLEntry`	Einzelner Eintrag in der Zugriffskontrollliste
`NotesAgent`	Agent
`NotesDatabase`	Datenbank
`NotesDateRange`	Datumsbereich
`NotesDateTime`	Dient zur Übersetzung zwischen dem LotusScript- und Notes-Datumsformat
`NotesDbDirectory`	Ansammlung von Datenbankdateien, lokal oder auf Server
`NotesDocument`	Dokument in Datenbank
`NotesDocumentCollection`	Ansammlung von Dokumenten
`NotesEmbeddedObject`	Eingebettetes OLE-Objekt, Verknüpfung oder Dateianhang
`NotesForm`	Maske
`NotesInternational`	Ländereinstellungen
`NotesItem`	Einzelnes Datenfragment in Dokument
`NotesLog`	Dokumentation von Fehlern während der Ausführung eines Scripts
`NotesName`	Benutzer- oder Server-Name
`NotesNewsLetter`	Zusammenfassendes Dokument, das Informationen aus oder Verknüpfungen zu anderen Dokumenten enthält
`NotesRichTextItem`	Objekte, die Rich-Text enthalten
`NotesSession`	Globale Informationen über eine Sitzung
`NotesTimer`	Mechanismus zum Auslösen von zeitbedingten Ereignissen
`NotesView`	Ansicht in Datenbank
`NotesViewColumn`	Ansichtsspalte

***Tabelle 18.1:** Notes Domino-Klassenbibliothek im Überblick (Auszug)*

Front-End- und Back-End-Klassen

Die Notes Domino-Klassen unterteilen sich grundsätzlich in die so genannten *Front-End-* und die *Back-End*-Klassen.

Über die Front-End-Klassen kann der aktuelle Kontext des jeweiligen Benutzers eingefangen werden, d.h. beispielsweise das gerade geöffnete Dokument oder die gerade geöffnete Ansicht.

Die Back-End-Klassen hingegen repräsentieren sämtliche Strukturen in Notes Domino (wiederum Dokumente, Ansichten, aber auch Datenbanken, Masken, Agenten usw.), auf die – auch ohne den Benutzerkontext zu kennen – zugegriffen werden kann.

Ohne an dieser Stelle allzu weit vorgreifen zu wollen, sei der Zusammenhang zwischen Front-End und Back-End-Klassen an einem kleinen Beispiel veranschaulicht: Wenn Sie im Notes-Client ein neues Dokument erstellen, wird (basierend auf einer Maske) ein neues Front-End-Objekt erstellt (die entsprechende Klasse hierzu heißt `NotesUIDocument`). Dieses Objekt enthält zugleich einen Verweiß auf ein Back-End-Objekt (namens `NotesDocument`), welches einfach die Daten des Dokuments enthält, ohne sich jedoch um ihre visuelle Repräsentation oder gar die Verbindung zur Maske kümmern zu müssen.

Mehr über den Zusammenhang zwischen Front-End- und Back-End-Klassen erfahren Sie im Abschnitt 18.5.

Dies bedeutet, dass über die Back-End-Klassen direkt auf Dokumente und Daten zugegriffen werden kann, ohne den aktuellen Kontext des Benutzers beachten zu müssen, während über die Front-End-Klassen ein vergleichbarer Zugang über den aktuellen Kontext des Benutzers erreicht wird.

Vor- und Nachteile der Front- und Back-End-Klassen

Beide Wege haben ihre Vor- und Nachteile. Während die Front-End-Klassen einen sehr raschen und einfachen Weg zur aktuellen Benutzersituation ermöglichen, wird durch die Verzahnung mit der grafischen Benutzeroberfläche sehr viel Rechenkapazität auf die Aktualisierung und Harmonisierung mit dieser Oberfläche verwandt. Scripte, die im Front-End laufen, sind aus diesem Grund immer erheblich langsamer als solche, die rein auf das Back-End zurückgreifen. Hier liegen auch die größten Stärken der Back-End-Klassen. Da bei ihnen direkt auf die gespeicherten Daten zugegriffen wird, ohne den aktuellen Benutzerkontext zu involvieren, sind diese Scripts um ein Vielfaches schneller als die im Front-End laufenden. Allerdings ist hier der einfache Zugriff auf den Kontext des aktuellen Users nicht mehr auf so einfache Weise möglich.

Da aber in vielen Fällen die Geschwindigkeitsvorteile der Back-End-Programmierung besonders schwer ins Gewicht fallen, sollten wir uns zunächst einmal schwerpunktmäßig mit diesen beschäftigen.

In den folgenden Abschnitten befassen wir uns mit den wichtigsten Back-End-Klassen, um anschließend die Front-End-Klassen unter die Lupe zu nehmen. Das Thema des letzten Abschnitts wird noch einmal die Beziehung zwischen Front-End- und Back-End-Klassen sein.

Die Benutzung von Klassen setzt voraus, dass man sich mit der so genannten objektorientierten Programmierung befasst hat. Da wir bisher ausschließlich eine modularisierte strukturierte Programmierung verwendet haben, werden wir uns zuerst einmal mit den Grundlagen der Objektorientierung befassen.

18.2 Zugriffe über das Back-End

18.2.1 Zugriff auf Datenbanken mit der NotesDatabase-Klasse

Klassen und Lotus Notes Domino

Um eine Klassenhierarchie, wie sie oben beschrieben wurde, auf Lotus Notes Domino zu übertragen, muss man sich zunächst einmal fragen, wie die Notes Domino-Daten am allgemeinsten beschrieben werden. Wenn wir zum Beispiel der Sicht eines Benutzers folgen, dann muss für den Zugriff auf Notes Domino-Daten zunächst einmal eine Datenbank geöffnet werden, um Daten zu erlangen. Je nachdem, wo die Datenbank gespeichert ist, muss diese zunächst der Liste der Lesezeichen hinzugefügt werden.

Datenbanken öffnen

Ein Benutzer würde hier immer die Menüfolge DATEI/DATENBANK/DATENBANK ÖFFNEN wählen und in der dann folgenden Dialogbox den gewünschten Server bestimmen (vorausgesetzt die Datenbank liegt nicht auf seiner lokalen Festplatte). Anschließend wählt er aus der Liste der auf dem Server liegenden Datenbanken die aus, die er öffnen möchte.

Der Zugriff über LotusScript folgt hier einer vergleichbaren Reihenfolge. Möchte man eine Datenbank öffnen, so kann grundsätzlich zunächst einmal ein Objekt der Klasse `NotesDatabase` dimensioniert werden:

```
Dim db as NotesDatabase
```

Durch diese Anweisung weiß LotusScript zwar, dass ein solches Objekt angelegt werden soll und reserviert auch wie gewünscht den notwendigen Speicher für dieses Objekt, kann aber noch nicht festlegen, welche Art von Datenbank hier überhaupt gemeint ist. Dies bedeutet, dass zwar das Objekt formal angelegt wird, aber noch kein Abbild einer bestimmten Datenbank darstellt. Dem Objekt muss also anschließend noch eine bestimmte Wunschdatenbank zugewiesen werden: Man bildet eine neue Instanz eines (zum Beispiel auf dem Server) existierenden Datenbankobjekts.

```
Set db = new Notesdatabase ("Servername", "Datenbank-Dateiname")
```

Erst durch dieses »Instanzieren« des Objekts wird die Objektvariable mit den Informationen einer bestimmten Datenbank »gefüllt«.

Das Instanzieren eines solchen Datenbankobjekts erfolgt immer auf die gleiche Weise: Man bedient sich dabei einer Eigenschaft oder Methode einer Klasse, die jeweils als Rückgabewert eine neue Instanz eines existierenden Objekts hat.

Über Konstruktoren

Damit jedoch nicht die Henne-Ei-Problematik entsteht, verfügen einige Klassen über eine Methode namens `New`, die als Rückgabewert die Instanz eines Objekts der eigenen Klasse hat. Es handelt sich hierbei um eine spezielle Methode, den so genannten *Konstruktor*, der ein Objekt neu instanziert.

So ist es auch im obigen Beispiel geschehen. Die Klasse NotesDatabase verfügt über den Konstruktor New, der als Rückgabewert eine neue Instanz eines existierenden Datenbankobjekts hat. Es wird hier nicht etwa eine neue Datenbank erzeugt, sondern vielmehr die Objektvariable mit einer neuen Instanz eines existierenden Datenbankobjekts gefüllt. Daher erwartet die Methode New auch als Parameter die Information über die gewünschte Datenbank in Form des Server- und des Dateinamens der Datenbank inklusive des relativen Pfads zu der Datei.

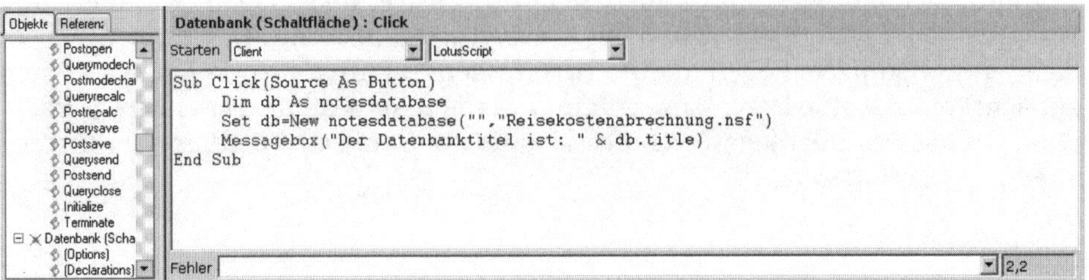

Abbildung 18.1: Erstellen eines Datenbankobjekts

Im Beispiel in der Abbildung 18.1 wird zunächst ein neues Datenbankobjekt deklariert und dann durch die zweite Zeile des Scripts eine neue Instanz der durch Server- und Datenbanknamen definierten Datenbank in diesem Objekt angelegt. Anschließend stehen sämtliche Eigenschaften und Methoden der Klasse NotesDatabase zur Verfügung, um mit diesem Datenbankobjekt zu arbeiten. Im Beispiel wird die Eigenschaft Title verwendet, um den in der Datenbank zugewiesenen Titel auszulesen und in der Messagebox auszugeben.

Auf diesem Wege wird auf eine durch den Programmierer festgelegte Datenbank zugegriffen und eine oder mehrere Eigenschaften ausgelesen. Das Auslesen von Datenbankeigenschaften ist also sehr einfach.

Arrays

Allerdings müssen Sie immer darauf achten, von welchem Datentyp der Rückgabewert ist. Es gibt eine große Zahl von Eigenschaften, die ein Array von Daten zurückgeben.

So liefert zum Beispiel die Eigenschaft NotesDatabase.Managers ein Array vom Datentyp String zurück, das alle Manager der Datenbank enthält. Da ein Array nicht direkt in einer Messagebox ausgegeben werden kann, müssen die einzelnen Werte erst an eine Variable übergeben werden (vgl. Listing 18.1).

```
Dim db as new notesdatabase("","Reisekostenabrechnung.nsf")
Dim var as string
Forall x in db.managers
  var=var + x + chr(10)
end forall
Messagebox(var)
```

Listing 18.1: Arbeiten mit Arrays

Anhand dieses Beispiels wird deutlich, wie das Array der `Manager` einer Datenbank ausgelesen werden kann. Es ist aber nicht nur möglich, die Eigenschaften einer Datenbank auszulesen. Einige Eigenschaften bieten zusätzlich die Option, den Wert von außen durch einen neuen Wert zu ersetzen. Einige dieser Eigenschaften sind also wiederbeschreibbar.

Setzen der Datenbankeigenschaften

Grundsätzlich sind die Eigenschaften einer Datenbank dafür vorgesehen, Informationen zur gewählten Applikation abrufbar zu halten. Einige dieser Informationen können aber auch nachträglich neu überschrieben werden, so dass deren Werte nachträglich verändert werden können. Eine dieser wiederbeschreibbaren Eigenschaften ist der *Datenbanktitel*. Es besteht also die Möglichkeit, per LotusScript den Titel einer Datenbank neu zu beschreiben, wie im Listing 18.2 dargestellt.

```
Dim db As New notesdatabase("","Reisekostenabrechnung.nsf")
db.title=Inputbox("Geben Sie einen neuen Datenbanktitel ein","Eingabe",db.title)
Messagebox(db.title)
```

Listing 18.2: Setzen des Datenbanktitels

Durch dieses Script wird zunächst mithilfe der Konstruktormethode `New` eine Instanz der Reisekostenabrechnungsdatenbank im Speicher kreiert. Anschließend wird mithilfe der Funktion `Inputbox` der Datenbanktitel innerhalb der Eingabebox angezeigt. Er kann dort modifiziert werden (vgl. Abbildung 18.2).

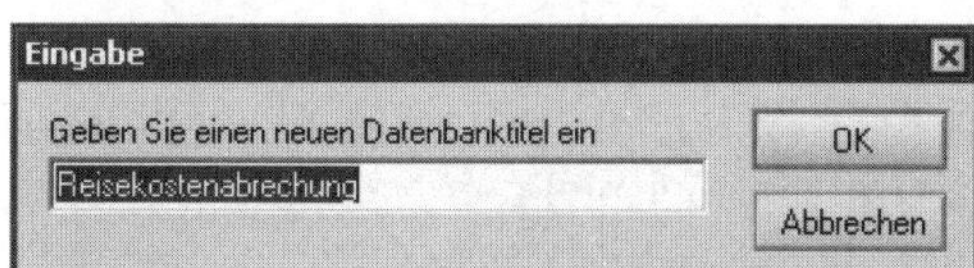

Abbildung 18.2: Dialogbox zum Ändern des Datenbanktitels

Dank der Möglichkeit, bestimmte Eigenschaften mit neuen Werten zu überschreiben, können so einige Einstellungen der Datenbank direkt über die Eigenschaften an die jeweiligen Bedürfnisse angepasst werden.

18.2.2 Klasse »NotesSession«

Bisher erfolgte der Zugriff auf die gewünschte Datenbank ausschließlich durch die Angabe des Datenbanknamens und des Server-Namens. Diese Art des Zugriffs ist zwar in vielen Fällen die sinnvollste Alternative, erweist sich aber auch oft als sehr umständlich, da vor dem Zugriff auf ein Datenbankobjekt immer angegeben werden muss, wie die Datenbank heißt und auf welchem Server sie liegt. In einer großen Zahl von Fällen ist es aber notwendig, auf die aktuell verwendete Datenbank zuzugreifen, in der sich das gerade ausgeführte Script befindet. Es wäre sehr hilfreich, wenn ein solcher Zugriff möglich wäre, ohne den Datei- und den Server-Namen der Datenbank wissen zu müssen.

Zugriff auf die Umgebung mit »NotesSession«

Die Klasse `NotesSession` steht – wollte man eine Hierarchie der einzelnen Klassen erstellen – oberhalb der anderen Klassen, da sie den aktuellen Kontext der Notes Domino-Umgebung repräsentiert, in der das gerade ausgeführte Script läuft. Somit hat man mittels `NotesSession` die Möglichkeit, problemlos auf eine Vielzahl unterschiedlichster Einstellungen der Notes Domino-Installation zurückzugreifen.

Zugriff auf die aktuelle Datenbank

Einer der großen Vorzüge dieser Klasse ist aber vor allem, dass sie über eine Eigenschaft `CurrentDatabase` verfügt, die in einem Objekt der Klasse `NotesDatabase` eine Instanz der aktuell verwendeten Datenbank anlegt. Um jedoch ein Objekt der Klasse `NotesSession` anlegen zu können, kann die Konstruktormethode `New` ohne Parameter aufgerufen werden, so dass auf diesem Wege ein neue Instanz der aktuellen `NotesSession` instanziert wird.

```
Dim session as New NotesSession
Dim db as notesdatabase
Set db=session.currentdatabase
```

Listing 18.3: Zugriff auf die aktuelle Datenbank

Mithilfe dieses Scripts wird ohne Kenntnis Ihres Server- oder Dateinamens eine Instanz der aktuellen Datenbank angelegt. Somit bietet die Klasse `NotesSession` eine der einfachsten Möglichkeiten, auf die aktuelle Datenbank zuzugreifen, ohne auch nur eine Information über diese Datenbank zu haben.

Neben der Möglichkeit, auf die aktuelle Datenbank zuzugreifen, bietet diese Klasse außerdem eine Reihe von Zugriffsmöglichkeiten auf die aktuellen Einstellungen der gesamten Notes Domino-Umgebung. Um zum Beispiel den Namen des aktuellen Benutzers abzufragen, reicht es aus, die Eigenschaft `session.commonusername` oder `session.username` abzufragen (vgl. Abbildung 18.3).

Abbildung 18.3: Ausgabe des aktuellen Benutzernamens

Ablaufumgebung abfragen

Da über die Klasse `NotesSession` die Möglichkeit besteht, die Umgebung des aktuellen Scripts einzufangen, kann man auch eine Vielzahl von Informationen über die aktuelle Umgebung abfragen. Außerdem lässt sich über die Eigenschaft `NotesSession.IsOnServer` feststellen, ob das aktuelle Script auf der lokalen Workstation oder auf einem Server ausgeführt wird. So ergeben sich zahlreiche Steuerungsmöglichkeiten, die sich sonst nicht so ohne weiteres bieten würden.

Auslesen von Umgebungsvariablen

Eine der zur Verfügung stehenden Funktionalitäten ist das Auslesen von so genannten *Umgebungsvariablen*. Im Gegensatz zu von Betriebssystemen bekannten Umgebungsvariablen versteht man unter den Notes Domino-Umgebungsvariablen Einträge in der NOTES.INI, die zur Steuerung der Applikationen verwendet werden. Mit den *systemseitig* und den *formelseitig* entstandenen Einträgen unterscheidet Notes Domino zwei Quellen von Umgebungsvariablen. Die durch Formeln entstandenen Variablen werden immer durch ein führendes Dollarzeichen gekennzeichnet und unterscheiden sich so von den systemeigenen Variablen. Soll aus dem Environment ein String ausgelesen werden, kann man über die Methode `GetEnvironmentString()` der Klasse `NotesSession` die gewünschten Werte aus der NOTES.INI auslesen (vgl. Listing 18.4).

```
Dim session as new NotesSession
Dim var as string
Var=session.getenvironmentstring("Directory",True)
Messagebox(var)
```

Listing 18.4: Auslesen von Umgebungsvariablen

Dieses kurze Script instanziert zunächst den aktuellen Kontext des Scripts und weist ihn mithilfe des Konstruktors `New` der Objektvariablen `session` zu. Anschließend wird durch Auslesen der NOTES.INI der Wert der Umgebungsvariablen DIRECTORY in der Messagebox angezeigt (vgl. Abbildung 18.4).

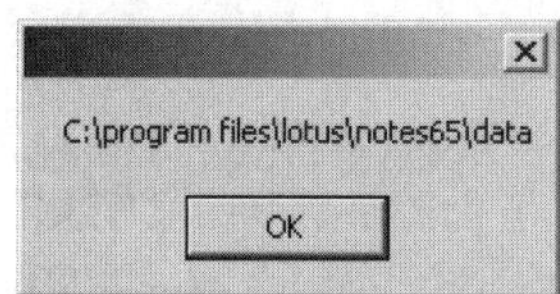

Abbildung 18.4: Dialogboxausgabe des Notes-Dataverzeichnisses

18.2.3 NotesDB-Directory – Verwenden des Datenverzeichnisses

Es ist häufig wünschenswert, eine Liste sämtlicher Datenbanken eines Servers auszulesen und zu verarbeiten. Da man aber niemals weiß, welche Datenbanken auf einem Server liegen, kann man diese nicht einfach über die Klasse `NotesDatabase` anfassen und benutzen, sondern man muss dies auf einem anderen Wege bewerkstelligen. Für den Zugriff auf ein Datenverzeichnis steht uns die Klasse `NotesDbDirectory` zur Verfügung. Diese Klasse verfügt über einige wenige Eigenschaften und eine Methode, die einen Rückgriff auf das Datenverzeichnis gestattet.

Um auf das Datenverzeichnis Ihrer lokalen Arbeitsstation oder eines Servers zugreifen zu können, müssen Sie eine Instanz des Datenverzeichnisses anlegen. Dies kann auf zwei unterschiedlichen Wegen gelingen. Sie können eine Methode der Klasse `NotesSession` verwenden, um eine solche Instanz im Speicher anzulegen (vgl. Listing 18.5).

```
Dim Session as New NotesSession
Dim dbdir as Notesdbdirectory
Set dbdir=session.getdbdirectory("")
```

Listing 18.5: Zugriff auf Lotus/Domino-Verzeichnisse

Hier wird durch die Verwendung der Methode `GetDbDirectory()` der Klasse `NotesSession` eine Instanz des Datenverzeichnisses der lokalen Workstation im Speicher angelegt. Anschließend kann dann mithilfe der in der Klasse verfügbaren Methoden auf das Verzeichnis zugegriffen werden.

Die zweite Alternative für den Zugriff auf das Datenverzeichnis steht in der Klasse NotesDbDirectory in Form des Konstruktors New zur Verfügung. Dieser benötigt als Parameter den Namen des Servers, dessen Datenverzeichnis verwendet werden soll.

```
Dim dbdir as New NotesDbDirectory ("")
```

Diese Zeile legt eine Instanz des Datenverzeichnisses des angegebenen Servers im Speicher an. Gibt man wie hier eine leere Zeichenkette an, so wird das lokale Datenverzeichnis verwendet. Über dieses Verzeichnis können anschließend die Datenbanken, die in diesem Verzeichnis liegen, geöffnet werden.

Zugriff auf einzelne Datenbanken

Über die Methode GetFirstDatabase() der Klasse NotesDbDirectory kann eine Instanz der ersten Datenbank des Datenverzeichnisses erstellt werden. So entsteht die Instanz einer Datenbank im Speicher. Anschließend können wieder alle Eigenschaften und Methoden dieser Instanz verwendet werden (vgl. Listing 18.6).

```
Dim dbdir as new Notesdbdirectory("")
Dim db as notesdatabase
Set db=dbdir.getfirstdatabase(DATABASE)
Messagebox("Der Datenbanktitel ist: " & db.Title)
```

***Listing 18.6: Zugriff auf Datenbanken mittels* NotesDbDirectory**

Der Konstruktor New ermöglicht so zunächst den Zugang zum Notes Domino-Datenverzeichnis des gewünschten Servers. Anschließend wird dann mithilfe der Methode GetFirstDatabase() der Klasse NotesDbDirectory auf die erste Datenbank in diesem Datenverzeichnis zugegriffen. Allerdings wird bei einem solchen Zugriff die Datenbank noch nicht vollständig instanziert – dies käme einem Öffnen der Datenbank gleich – damit die Zugriffskontrollliste nicht ausgewertet werden muss. Im Objekt db nach der Set-Zeile stehen lediglich einige wenige Eigenschaften der Datenbank wie der Datenbanktitel oder der Server- oder Dateiname zum Abruf zur Verfügung.

Auf die anderen Datenbanken zugreifen

Soll nach dem Auslesen der ersten Datenbank des Servers auf die nächste Datenbank verzweigt werden, so ist dies über die Methode GetNextDatabase () ohne Probleme möglich (vgl. Listing 18.7).

```
Dim dbdir as new Notesdbdirectory("")
Dim db as notesdatabase
Set db=dbdir.getfirstdatabase(DATABASE)
Dim var as string
Do until db is nothing
  Var=var + db.title + chr(10)
  Set db=dbdir.getnextdatabase()
Loop
Messagebox("Die Datenbanken sind: " & var)
```

***Listing 18.7: Verwendung von* GetNextDatabase**

Mithilfe dieses Scripts werden die Datenbanken der lokalen Arbeitsstation zunächst durchlaufen und deren Namen in der Variablen Var hinterlegt. Anschließend wird dann diese Variable in einer Messagebox ausgegeben.

Praktisches Beispiel: Platz auf der Festplatte schaffen

> Für viele, vor allem mobile Anwender ist vielleicht folgendes Script eine unerlässliche Hilfe, wenn es darum geht, auf der lokalen Festplatte Platz zu schaffen. Da Lotus Notes Domino, ähnlich wie andere Datenbanksysteme auch, den Platz gelöschter Dokumente in der Datenbankdatei nicht automatisch komprimiert, sondern zunächst versucht, diesen mithilfe eines Algorithmus mit neuen Dokumenten möglichst optimal wieder zu füllen, führt dieses Verfahren mit der Zeit zu einer suboptimalen Nutzung der Datenbankdatei mit Dokumenten. Es wird schlicht Festplattenkapazität verschwendet. Dies betrifft zwar lokale Datenbanken genauso wie server-gestützte Dateien, allerdings sorgt der Server mithilfe des Tasks `Compact` dafür, dass regelmäßig der nicht benötigte Platz wieder freigegeben wird und anschließend die Datenbank deutlich kleiner ist als vorher.

Die lokalen Arbeitsstationen agieren hier anders. Da sie über keinen automatischen Komprimierungs-Task verfügen, muss die Kompression der lokalen Datenbanken von Hand angestoßen werden. Dies ist zumeist an den Arbeitsplätzen der Benutzer nicht notwendig, da diese in aller Regel mit den Server-Datenbanken arbeiten. Die mobilen Benutzer aber, deren Notebooks häufig unter Speichermangel leiden, sollten möglichst regelmäßig alle Datenbanken in ihrer Größe reduzieren. Das folgende Script (vgl. Listing 18.8) durchläuft dementsprechend alle lokalen Datenbanken und führt die Komprimierung aus, wenn das Verhältnis zwischen Dokument- und Datenbankgröße schlechter ist als 90%.

```
Dim dbdir As New Notesdbdirectory("")
Dim db As notesdatabase
Set db=dbdir.getfirstdatabase(DATABASE)
Dim reduziert As Double
Dim zahl As Integer
Dim behandelt As Integer
Do Until db Is Nothing
  behandelt = behandelt +1
  Print "Bearbeite Datenbank -> " & db.Title
  If Not db.isopen Then
   Call db.open(db.server, db.filepath)
  End If
  If db.percentused<90 Then
   zahl=zahl+1
   reduziert=reduziert + db.compact
  End If
  Set db=dbdir.getnextdatabase
Loop
Messagebox("Es wurden " & behandelt & " Datenbanken überprüft!" & Chr(10) &_
"Davon wurden " & zahl & " Datenbanken komprimiert!" & Chr(10) &_
"Dies brachte eine Platzersparnis von " & reduziert/1024 & " Kb")
```

Listing 18.8: Komprimierung von lokalen Datenbanken mit `Compact`

Zunächst wird im Prinzip derselbe Code ausgeführt, den wir bereits vorher kennen gelernt haben. Es wird die erste gefundene lokale Datenbank angefasst. Anschließend wird in einem `if`-Konstrukt überprüft, ob diese wirklich geöffnet, das heißt eine Instanz der Datenbank im Speicher angelegt wurde. Dies ist notwendig, wenn das Datenbankobjekt komprimiert werden soll. Nachdem dann die Datenbank wirklich geöffnet worden ist, wird in dem zweiten `if`-Konstrukt überprüft, ob das Verhältnis zwischen Dateigröße und realem Platzbedarf der Dokumente schlechter ist als 90%. Das wird mithilfe der Eigenschaft `Percentused` der Klasse `NotesDatabase` ausgelesen. Nur wenn diese Bedingung erfüllt ist, wird die Datenbank komprimiert. Dies geschieht mit dem Befehl:

```
reduziert=reduziert + db.compact
```

Über die Methode `Compact()` der Klasse `NotesDatabase` wird dann die Anweisung gegeben, dass die gewünschte Datenbank komprimiert werden soll. Die Methode liefert dann als Rückgabewert die Größe der eingesparten Festplattenkapazität in Bytes. Damit sammelt Notes Domino in der Variablen `reduziert` alle Bytes der einer Komprimierung unterzogenen Datenbanken. Da außerdem all jene Dateien gezählt werden, die überhaupt komprimiert werden, erhält man so anschließend einen sehr schönen Überblick über den durch die Komprimierung gewonnenen Festplattenplatz (vgl. Abbildung 18.5).

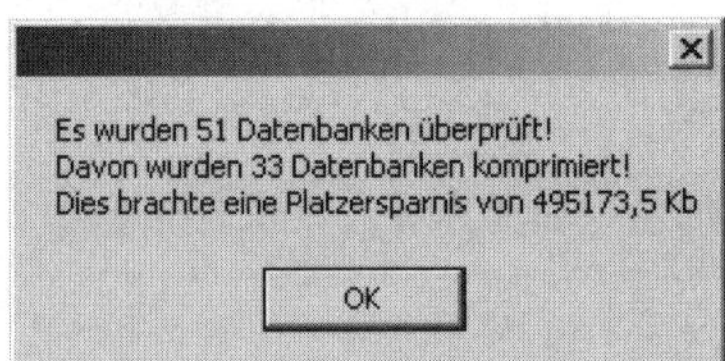

Abbildung 18.5: Ergebnis nach der Komprimierung der Datenbanken auf der lokalen Workstation

18.2.4 Zugriff auf Ansichten

Soll über eine Ansicht auf die Dokumente der Ansicht zugegriffen werden, benötigen Sie zunächst den Zugang zur gewünschten Ansicht.

Soll innerhalb eines Datenbankobjekts auf eine Ansicht innerhalb dieses Objekts zugegriffen werden, so muss als nächster Schritt eine Instanz der gewünschten Ansicht aus der Klasse der Notes Domino-Datenbank erstellt werden.

Das geschieht durch Benutzung der Methode `GetView("Ansichtenname")` der Klasse `Notesdatabase`, die als Rückgabewert ein Objekt der Klasse `NotesView` hat (vgl. Listing 18.9).

```
Dim session as new notessession
Dim db as Notesdatabase
Dim view as notesview
Set db=session.currentdatabase
Set view=db.getview("($All)")
```

Listing 18.9: Zugriff auf Ansichten

Mithilfe dieses Zugriffs wurde jetzt ein Objekt der Klasse `NotesView` erstellt, in dem sich die angegebene Ansicht der Datenbank befindet. Jetzt stehen wieder alle Eigenschaften und Methoden der Klasse `NotesView` zur Verfügung, um entweder auf bestimmte Informationen dieser Ansicht zuzugreifen oder mithilfe der Methoden der Ansicht bestimmte Operationen innerhalb der Ansicht auszuführen.

Eine Ansicht erfüllt in Notes Domino standardmäßig die Aufgabe, Dokumente dem Benutzer in einer vorgegebenen Weise zur Verfügung zu stellen. Es werden also Dokumente auf unterschiedliche Arten dem Anwender präsentiert. Die Darstellungsweise der Dokumente kann je nach Ausrichtung der Ansicht unterschiedlich sein. So gibt es zum Beispiel die Möglichkeit, die Dokumente unterteilt in bestimmte Kategorien darzustellen. Diese Kategorien ermöglichen einerseits den Benutzern einen vereinfachten Zugriff auf die Dokumente, erschweren aber andererseits aus Sicht der Programmierer eher einen Zugriff.

Zu dem Objekt einer Ansicht stehen wieder eine Reihe von Eigenschaften zur Verfügung, die über die gewünschte Ansicht abgefragt werden können.

Soll zum Beispiel abgefragt werden, über wie viele Spalten eine Ansicht verfügt, kann dies über die Eigenschaft `Columncount` realisiert werden (vgl. Listing 18.10). Diese Eigenschaft hat den Rückgabewert `Integer`.

```
Dim session As New notessession
Dim db As notesdatabase
Set db=session.currentdatabase
Dim view As notesview
Set view=db.getview("ByLocation")
Messagebox("Die Ansicht verfügt über " & view.columncount & " Spalten!")
```

Listing 18.10: Ansichtseigenschaften abfragen

Man erhält durch dieses Script als Rückgabewert die Gesamtzahl aller Spalten in einer Ansicht und könnte dann anschließend mithilfe der Methode `Columns()` gezielt auf die einzelnen Spalten einer Ansicht zugreifen.

Befindet man sich erst einmal in einer Ansicht, dann ist der Zugriff auf die dort angezeigten Dokumente sehr einfach. Auch zu diesem Zweck stehen jetzt unterschiedliche Methoden zur Verfügung, die wir im nächsten Abschnitt kennen lernen werden.

18.2.5 Zugriff auf Dokumente

Es gibt mehrere Möglichkeiten, auf Dokumente zuzugreifen: Entweder erfolgt der Zugriff auf das gewünschte Dokument über eine *Ansicht* oder direkt über eine *Datenbank* (sprich: `NotesDatabase`-Struktur), wobei im letzteren Fall sowohl per Volltextsuche als auch mittels der einfachen Suchfunktion ohne Volltextindex gesucht werden kann. Wir wollen uns im Folgenden alle drei Möglichkeiten genauer ansehen.

Dokumente aus einer Ansicht öffnen

Das Durchlaufen der Dokumente, die in einer Ansicht angezeigt werden, erfolgt der Einfachheit halber vom ersten zum letzten Dokument. Hierzu muss aus der Ansicht heraus zunächst einmal das erste Dokument instanziert werden (vgl. Listing 18.11).

```
Dim session As New notessession
Dim db As notesdatabase
Set db=session.currentdatabase
Dim view As notesview
Dim doc as notesdocument
Set view=db.getview("ByLocation")
Set doc=view.getfirstdocument
Dim var as string
Do until doc is nothing
    Var=var & doc.created & chr(10)
    Set doc=view.getnextdocument(doc)
Loop
Messagebox(var)
```

Listing 18.11: Durchlaufen aller Dokumente in einer Ansicht

Dieses Script öffnet zunächst die aktuelle Datenbank, um dort dann anschließend die Ansicht zu öffnen, deren Dokumente bearbeitet werden sollen. Anschließend wird vom Script das erste Dokument der Ansicht im Speicher geöffnet. Nachdem dieses Objekt erstellt worden ist, kann mithilfe der Eigenschaften und Methoden auf dieses Dokumentobjekt zugegriffen werden.

Anschließend werden die Erstellungsdaten der Dokumente der Variablen `Var` hinzugefügt. An die Variablenzuweisung schließt sich der Zugriff auf das nächste Dokument an. Durch die Anweisung

```
Set doc=view.getnextdocument(doc)
```

wird relativ zum letzten Dokument das nächste Dokument instanziert und die `Do Until`-Schleife ein weiteres Mal durchlaufen. Auf diesem Wege füllt sich dann die Variable mit den Informationen zu den einzelnen Dokumenten. Die Schleife wird aufgrund der Bedingung so lange durchlaufen, wie in der gewünschten Ansicht ein Dokument instanziert werden kann. Wird irgendwann das letzte Dokument als Instanz im Speicher angelegt, so wird bei der nächsten Überprüfung das Durchlaufen abgebrochen und die Instruktion hinter der Anweisung loop fortgesetzt. In diesem Fall wird dann die Variable `var` in einer Messagebox ausgegeben (vgl. Abbildung 18.6).

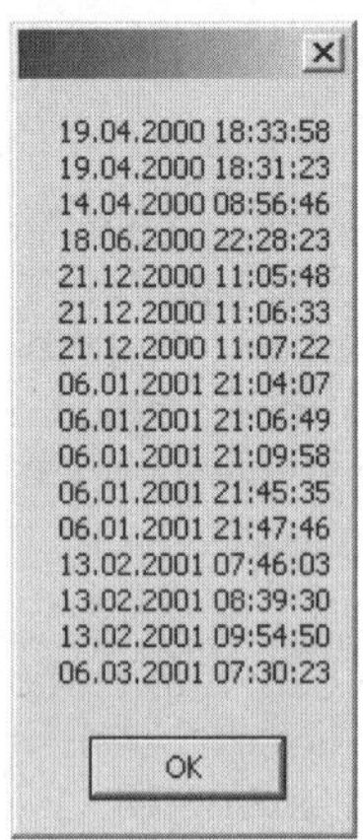

Abbildung 18.6:
Ausgabe aller Erstellungsdaten eines Dokuments

Jede Eigenschaft, die ein Objekt der Klasse `NotesDatabase`, der Klasse `NotesView` oder `NotesDocument` hat, liefert also einen Wert bzw. eine Information über das gewünschte Objekt zurück. Da jede dieser Eigenschaften und die meisten Methoden einen Rückgabewert haben, muss immer auch auf den Datentyp geachtet werden, der im jeweiligen Fall eingesetzt wird.

Dokumentsuche ohne Volltextindex

LotusScript ermöglicht aber auch das Auffinden von Dokumenten ohne den Zugriff über eine Ansicht. Es werden also die Dokumente in der Datenbank direkt nach ihrem Inhalt durchsucht. Hierbei gibt es wiederum zwei Möglichkeiten, die Datenbanksuche durchzuführen: einmal ohne und einmal mit Volltextindex. Betrachten wir zunächst die erste Möglichkeit.

Methode »Search(«) der Klasse »NotesDatabase«

Die Suche ohne Volltextindex ist hier sicherlich eine der interessanteren Möglichkeiten, die Notes Domino auszeichnen. Sie ist als Methode `Search` Bestandteil der Klasse `NotesDatabase`. Um also per Suche auf eine Datenbank zugreifen zu können, muss zunächst einmal vom Benutzer abgefragt werden, wonach genau gesucht werden soll. Anschließend muss mithilfe einer Formel – hierbei kann es sich auch um eine Formel mit @Funktionen handeln – ein Vergleich durchgeführt werden, wie im folgenden Beispiel dargestellt (Listing 18.12).

```
Dim session As New notessession
Dim db As notesdatabase
Dim doccol As notesdocumentcollection
Dim doc As notesdocument
Dim dt As notesdatetime
Set dt=New notesdatetime("1.1.1990")
Set db=session.currentdatabase
Dim suchbegriff As String
suchbegriff=Inputbox("Geben Sie einen Suchbegriff ein!")
suchbegriff="@contains(tfWho;" & """" & suchbegriff & """" & ")"
Set doccol=db.search(suchbegriff,dt,0)
Messagebox("Es wurden " & doccol.count & " Dokumente gefunden!")
```

Listing 18.12: Suche nach Dokumenten mit und ohne Index

Ein sehr wichtiger Aspekt bei diesem Script ist die Instanz der Klasse `NotesDateTime`. Dieses Objekt wird benötigt, um innerhalb der Methode `Search()` die Anzahl der gefundenen Dokumente anhand des Datums einzugrenzen.

```
suchbegriff="@contains(tfWho;" & """" & suchbegriff & """" & ")"
```

Diese Zeile ist sicherlich am stärksten erklärungsbedürftig. Hier wird der Variablen `suchbegriff` die @Funktion `@contains` zugewiesen, die einen Vergleich zwischen dem Feld und dem eingegebenen Suchbegriff durchführt. Wichtig an dieser Stelle ist die Übergabe der vier aufeinander folgenden Anführungszeichen, die benötigt werden, um die @Funktion mit den benötigten Parametern zu versorgen.

```
Set doccol=db.search(suchbegriff,dt,0)
```

Mithilfe dieser Zeile wird die Suche ausgeführt. Es handelt sich dabei um einen Vergleich zwischen der eingegebenen Zeichenkette und dem Feld `tfWho`. Das Ergebnis der Suche ist ein Objekt der Klasse `NotesDocumentCollection`, also einer Sammlung von Dokumenten. Diese besitzt wiederum eine Reihe von Eigenschaften und Methoden, die uns die Möglichkeit geben, die ausgewählten Dokumente einzeln anzufassen (vgl. Abbildung 18.7).

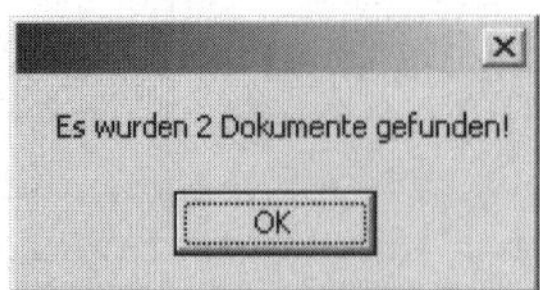

Abbildung 18.7: ***Ergebnis der Suche ohne Volltextindex***

Auf diese Weise gelingt der Zugriff auf die Dokumente, die dem gewünschten Suchbegriff entsprechen, ohne dass die Suche durch einen Volltextindex unterstützt werden muss. Die Suche per Volltextindex eröffnet insgesamt noch mehr Möglichkeiten. Allerdings ist es notwendig, dass für eine Datenbank eine Volltextindizierung eingerichtet wird.

Dokumentsuche mit Volltextindex

Die Suchmöglichkeit ohne Verwendung eines Volltextindex ist eine sehr elegante und flexible Angelegenheit. Der größte Vorteil dieser Suchvariante ist, dass die Volltextindizierung der Datenbank nicht erforderlich wird. Da ein Volltextindex sehr viel Speicherplatz auf der Festplatte benötigt – man muss ein Drittel oder mehr der Größe der indizierten Datenbank einkalkulieren – empfiehlt es sich nicht unbedingt, jede Datenbank zu indizieren. Ein Volltextindex ist jedoch immer da von Nutzen, wo eine Vielzahl von Informationen hinterlegt sind, die rasch wieder aufgefunden werden müssen. Dafür wird man bei Verwendung eines Volltextindex mit einer extrem schnellen Suche belohnt, die aus dem Satz der vorhandenen Dokumente sehr rasch diejenigen herausfindet, die dem oder den festgelegten Kriterien entsprechen.

> Mehr Informationen über die Volltextindizierung in Lotus Notes Domino finden Sie in Kapitel 31.

Datenbank auf Vorhandensein des Volltextindex prüfen

Für die Durchführung einer Volltextsuche muss zunächst einmal festgestellt werden, ob die zu durchsuchende Datenbank überhaupt über einen Volltextindex verfügt (vgl. Listing 18.13).

```
Dim session As New notessession
Dim db As notesdatabase
Set db=session.currentdatabase
If Not db.isftindexed Then
   Call db.updateftindex(True)
End If
```

Listing 18.13: Vorhandensein des Volltextindex prüfen

Mit diesem Script wird mithilfe der Eigenschaft IsFTindexed der Klasse NotesDatabase zunächst einmal überprüft, ob die gewünschte Datenbank schon über einen Volltextindex verfügt. Ist dies nicht der Fall, dann wird innerhalb des if-Konstrukts die Methode UpdateFTIndex() aufgerufen, um den Volltextindex zu aktualisieren. Der Parameter vom Datentyp Variant – hier in Form des logischen Werts True - legt fest, dass ein Index angelegt wird, falls keiner zum Aktualisieren verfügbar ist. Auf diese Weise wird also innerhalb unseres Scripts zunächst einmal dafür gesorgt, dass die Datenbank indiziert wird.

Fehlerbehandlung mit »On Error«

Die Methode UpdateFTIndex() hat auch einen Rückgabewert, der in Form eines Errors auftritt, falls die zu indizierende Datenbank auf einem Server liegt. Alle Fehler, die innerhalb eines Scripts auftreten, werden per Voreinstellung in der Variablen Err gespeichert. Allerdings bricht Notes Domino die Verarbeitung eines Scripts im Fehlerfall normalerweise ab.

Dies kann jedoch durch den Befehl On Error gezielt gesteuert werden. Die allgemeine Syntax des Befehls lautet:

```
On Error [ errNumber ] { GoTo label | Resume Next | GoTo 0 }
```

Hierbei können Sie festlegen, welche Art der speziellen Fehlerbehandlung Sie in diesem Fall durchführen möchten. Es besteht die Möglichkeit, durch Festlegung einer speziellen Fehlerbehandlungsroutine die Verarbeitung spezieller Fehler zu beeinflussen.

In dem von uns hier besprochenen Fall wäre folgende Vorgehensweise denkbar (vgl. Listing 18.14):

```
Dim session As New notessession
Dim db As notesdatabase
Set db=session.currentdatabase
If Not db.isftindexed Then
    On error 4080 Resume Next
    Call db.updateftindex(True)
    If ERR=4080 then
        Messagebox("Erstellen des Volltextindex nur durch Administratoren möglich!")
    End if
End If
```

Listing 18.14: Fehlerbehandlung mittels On Error

In diesem Fall soll speziell auf den Fehler 4080 reagiert werden. Dieser tritt immer nur dann auf, wenn die Datenbank auf dem Server liegt und daher nicht aus einem Script heraus erstellt werden kann. In diesem Fall sollte die Indizierung durch die Administratoren von Hand durchgeführt werden.

Volltextsuche durchführen

Nachdem die Datenbank volltextindiziert ist, kann die Suche in der Datenbank durchgeführt werden. Hierzu benötigt sie wieder ein Objekt der Klasse NotesDocumentCollection, die durch die Methode FTSearch() erstellt wird. Um die Suche auszuführen, muss zunächst einmal der Suchbegriff von den Benutzern abgefragt werden, wie im folgenden Beispiel dargestellt (vgl. Listing 18.15).

```
Dim session As New notessession
Dim db As notesdatabase
Set db=session.currentdatabase
If Not db.isftindexed Then
    On Error 4080 Resume Next
    Call db.updateftindex(True)
        If Err=4080 Then
            Messagebox("Datenbank kann nicht auf dem Server " &
                db.server & " indiziert werden!")
            Exit Sub
        End If
End If
Dim doccol As notesdocumentcollection
Dim doc As notesdocument
Dim suchbegriff As String
suchbegriff=Inputbox("Geben Sie bitte den Suchbegriff ein!")
Set doccol=db.ftsearch(suchbegriff,0)
Messagebox(doccol.count)
```

Listing 18.15: Volltextsuche durchführen

In diesem Script wird zunächst überprüft, ob die aktuell verwendete Datenbank volltextindiziert ist oder nicht. Ist sie das nicht, wird automatisch eine Aktualisierung bzw. Erstellung versucht. Tritt hierbei ein Fehler auf, z.B. weil die Datenbank auf dem Server liegt, wird die Ausführung des Scripts mit einer Fehlermeldung abgebrochen. Anderenfalls wird der Benutzer nach der Eingabe des gewünschten Suchbegriffs gefragt und die Datenbank anschließend nach dem Vorkommen des Begriffs durchsucht.

Verwendung spezieller Suchoperatoren

Bei dieser Suche handelt es sich um eine sehr einfache. Es wird lediglich überprüft, ob der gesuchte Begriff irgendwo in der Datenbank gefunden werden kann. Soll stattdessen die Suche etwas stärker eingegrenzt oder gar auf ein spezielles Feld begrenzt werden, muss hier noch eine spezielle Syntax verwandt werden, zum Beispiel:

```
suchbegriff="Field tfwho contains " &
    Inputbox("Geben Sie bitte den Suchbegriff ein!")
```

Ändert man die Suchzeile in der hier gezeigten Weise, wird nur noch in dem angegebenen Feld TFWHO die Suchoperation durchgeführt. Damit kann dann eine sehr elegante Eingrenzung der Dokumente erfolgen.

Suchoperatoren

Es existieren eine Reihe von zusätzlichen Operatoren, die bei der Suche in einer Datenbank zur Eingrenzung verwendet werden können. Hier eine Liste der einsetzbaren Operatoren (vgl. Tabelle 18.2):

Operator	Funktion
`FIELD "Feldname" Contains "Suchtext"`	Suche in einem bestimmten Feld durchführen
`And`	Verknüpfung zweier Suchbegriffe durch ein logisches Und. Es werden nur die Dokumente gefunden, in denen beide Wörter enthalten sind.
`Or`	Verknüpfung zweier Suchbegriffe durch ein logisches Oder. Es werden nur die Dokumente gefunden, in denen eines der beiden Wörter enthalten ist.
`Not`	Verknüpfung zweier Suchbegriffe durch ein logisches Nicht. Es werden nur die Dokumente gefunden, in denen das erste der beiden Wörter enthalten ist, nicht jedoch das zweite.
`Paragraph`	Findet alle Dokumente, in denen sich die gesuchten Begriffe in einem Absatz befinden
`Sentence`	Findet alle Dokumente, in denen sich die gesuchten Begriffe in einem Satz befinden
`?`	Platzhalter für ein einzelnes Zeichen
`*`	Platzhalter für beliebig viele Zeichen
`Termweight`	Termweight kann für einen einzelnen Suchbegriff eine Prioritätsstufe festlegen. Der Wertebereich liegt zwischen 0 und 65537.
`Exactcase`	Sucht nach der exakten Groß- und Kleinschreibung der angegebenen Suchbegriffe
`Contains`	Zeigt an, dass nur das Vorkommen eines Worts in einem bestimmten Kontext überprüft werden soll
Vergleichsoperatoren `=,<,<=,>,>=`	Vergleich bei Zahl- und Datumssuchen
- (Bindestrich)	Sucht nach zwei mit Bindestrich verbundenen Wörtern

Tabelle 18.2: Suchoperatoren

Mithilfe dieser Operatoren lässt sich die Suche in einer Datenbank exakt auf die Bedürfnisse des Suchenden ausrichten. Soll die gesamte Datenbank durchsucht werden, unabhängig davon, in welchem Feld der Suchbegriff auftaucht, kann die einfache Suche aus dem obigen Beispiel benutzt werden. Für die Eingrenzung der Suche speziell auf ein Feld steht ein entsprechender Operator zur Verfügung.

Mit der »NotesDocumentCollection« arbeiten

Es liegt hier in der Natur der Sache, dass die gezielte Suche innerhalb einer Datenbank nicht nur ein einziges Dokument zurückliefert, sondern gegebenenfalls mehrere Dokumente die gewählte Suchbedingung erfüllen. Aus diesem Grund gibt die Suchfunktion immer eine Sammlung von Dokumenten zurück, also ein Objekt der Klasse `NotesDocumentCollection`. Diese Klasse bietet Ihnen dann wiederum die Möglichkeit, auf die einzelnen Dokumente zurückzugreifen.

Nachdem die Suche durchgeführt worden ist, erhalten Sie eine `NotesDocumentCollection` als Rückgabewert. Diese repräsentiert eine Gruppe von Dokumenten, die mithilfe ihrer Methoden bearbeitet werden kann. Um beispielsweise anschließend eine Dokumentauswahl aus der `NotesDocumentCollection` zu treffen, kann diese mit den Methoden GetFirstDocument() bzw. GetNextDocument() durchlaufen und bearbeitet werden, wie im folgenden Beispiel dargestellt (vgl. Listing 18.16).

```
Set doccol=db.ftsearch(suchbegriff,0)
If doccol.count>0 Then
    Do
        Set doc=doccol.getfirstdocument
            Forall x In doc.authors
                Messagebox(x)
        End Forall
    Loop Until doc Is Nothing
Else
    Messagebox("Kein Dokument entspricht dem Suchbegriff " & suchbegriff)
End If
```

Listing 18.16: NotesDocumentCollection

Mit dieser leichten Veränderung des Scripts wird für den Fall, dass aufgrund des Suchbegriffs zumindest ein Dokument gefunden wird, die NotesDocumentCollection durchlaufen und anschließend als Dokument angefasst. Von jedem dieser gefundenen Dokumente wird das Array der Autoren nacheinander in einer Messagebox ausgegeben (vgl. Abbildung 18.8).

Abbildung 18.8:
Ausgabe eines Feldes aus einem gefundenen Dokument

Nachdem Sie die Möglichkeit des Zugriffs auf Dokumente kennen gelernt haben, erfahren Sie jetzt, wie am einfachsten auf die Werte der einzelnen Felder eines Dokuments zugegriffen werden kann.

18.2.6 Zugriff auf Feldwerte

Dieser Abschnitt befasst sich damit, wie auf die in einem Dokument gespeicherten *Felder* zugegriffen werden kann. Hierfür muss man jedoch wissen, in welcher Form Notes Domino die einzelnen Felder verwaltet.

Notes unterscheidet intern zwischen einer ganzen Reihe unterschiedlicher Feldarten (vgl. Abbildung 18.9).

Abbildung 18.9:
Alle Feldarten in Notes

Eine Reihe dieser Feldarten verwalten die gespeicherten Informationen im gleichen Datentyp. So werden zum Beispiel bei den Feldarten TEXT, DIALOGLISTE, KONTROLLKÄSTCHEN, OPTIONS-SCHALTFLÄCHE, LISTENFELD, KOMBINATIONSFELD, AUTOREN, NAMEN, LESER, KENNWORT die Daten grundsätzlich im Datentyp TEXT abgelegt und somit auch verwaltet. Allerdings kommt, wie wir bereits gesehen haben, einigen dieser Felder eine besondere interne Bedeutung zu.

Das Notes Domino-Klassenmodell erfordert hier eine Gratwanderung, die auf der einen Seite die Bedürfnisse der Programmierer nach einem vereinfachten Zugriff auf die Daten befriedigt, auf der anderen Seite diesen aber alle Freiheiten gibt, zum Beispiel die Feldart eines Feldes selbst festzulegen. Dies bedeutet gleichzeitig, dass ein Feld auch wieder eine eigene Klasse innerhalb des Klassenmodells haben muss, um über die Eigenschaften des Feldes und seine Methoden festlegen zu können, welcher Art dieses Feld sein soll.

Aus diesem Grund gibt es eine grundsätzliche Hierarchie beim Zugriff auf Dokumentdaten. Innerhalb eines Dokumentobjekts findet sich ein Array von `Items`, die Felder. Diese einzelnen Objekte verfügen ihrerseits über eigene Eigenschaften und Methoden. Eine der Eigenschaften eines solchen Items ist das Array `Values`, in dem die Werte des Feldes abgelegt sind. Diese komplex anmutende Struktur ist notwendig, um das Erstellen und Definieren von Feldern in einem Dokument per LotusScript zu ermöglichen.

Feldwerte auslesen

Mithilfe der Methode `GetItemValue()`und der Klasse `NotesDocument` kann direkt auf die einzelnen Werte eines Dokuments zugegriffen werden. Diese Methode liefert als Rückgabewert immer ein Array vom Datentyp `Variant`. Die Rückgabe der Daten als Array ist zwingend erforderlich, da aus Sicht des Scripts niemals korrekt vorhergesagt werden kann, ob die Daten in dem Feld als Einzel- oder Mehrfachwerte übergeben werden. Da fast jeder Feldtyp in der Lage ist, Mehrfachwerte zu speichern, werden zwangsläufig auch alle Feldwerte als Array abgespeichert. Der LotusScript-Zugriff auf Feldwerte soll anhand des folgenden Beispiels erläutert werden (vgl. Listing 18.17):

```
Dim session As New notessession
Dim db As notesdatabase
Set db=session.currentdatabase
Dim view As notesview
Dim doc As notesdocument
Set view=db.getview("ByLocation")
Set doc=view.getfirstdocument
Forall x In doc.getitemvalue("tfWho")
    Messagebox(x)
End Forall
```

***Listing 18.17: Felder auslesen mit* `GetItemValue()`**

Dieses Script öffnet die aktuelle Datenbank über die Klasse `NotesSession` und das erste Dokument über die Ansicht `ByLocation`. Anschließend wird mithilfe der Methode `GetItemValue()` das Feld `tfWho` ausgelesen. Alle Werte in einer Schleife werden durchlaufen und in einer Messagebox dargestellt.

Feldwerte festlegen

Im obigen Beispiel wird ein Feld direkt ausgelesen und der dort gefundene Wert in einer Messagebox ausgegeben. Analog stehen Ihnen zum Festlegen von Werten eine Reihe von Methoden zur Verfügung (vgl. Tabelle 18.3).

Methode	Aufgabe	Rückgabewert-Typ
`AppendItemValue(Name, Value)`	Wert(e) an ein Feld anfügen	NotesItem
`CopyItem(item, newname)`	Kopiert ein Feld in ein neues Feld	NotesItem
`Replaceitemvalue(Name, Wert)`	Ersetzt den Wert eines Feldes durch einen neuen Wert	NotesItem

Tabelle 18.3: Methoden zum Festlegen von Feldwerten in einem Dokument

Mithilfe dieser Methoden können Sie die Werte eines Dokuments über das Back-End verändern.

Erweiterte Klassensyntax verwenden

Der einfachste Weg, den Wert eines Feldes auszulesen oder zu verändern, besteht jedoch über die so genannte *Erweiterte Klassensyntax*.

Wollen Sie zum Beispiel den Wert eines Feldes auslesen, können Sie das Feld direkt über seinen Namen ansprechen (vgl. Listing 18.18).

```
Dim session As New notessession
Dim db As notesdatabase
Set db=session.currentdatabase
Dim view As notesview
Dim doc As notesdocument
Set view=db.getview("ByLocation")
Set doc=view.getfirstdocument
Forall x In doc.tfWho
    Messagebox(x)
End Forall
```

Listing 18.18: Erweiterte Klassensyntax verwenden

Erweiterte Klassensyntax – Feldwerte auslesen

Dieses Script unterscheidet sich von dem vorherigen nur in einem einzigen Punkt. Während wir im ersten Fall den Zugriff auf das Feld `tfWho` über die Methode `GetItemValue()` gewählt haben, verwenden wir nun folgende Methode:

```
Forall x in doc.tfWho
```

In dieser Zeile wird direkt das gewünschte Feld `tfWho` wie eine Eigenschaft angesprochen. Der Rückgabewert ist, wie immer bei Feldern, ein Array, das aus einem oder mehreren Feldwerten besteht.

Erweiterte Klassensyntax – Feldwerte festlegen

Auf diesem Weg kann auch der Wert eines Feldes sehr einfach gesetzt werden.

```
Doc.tfWho="Ernst Mustermann"
```

Diese Zeile sorgt dafür, dass im Feld `tfWho` des Dokuments `doc` ein neuer Wert eingetragen wird.

Wenn das Feld nicht existiert, wird es im Dokument angelegt.

Mit »NotesItem«-Objekten arbeiten

Nachdem wir uns jetzt bereits mit dem Festlegen von Feldwerten befasst haben, werden wir nun die Klasse der einzelnen Felder näher anschauen. Das Setzen von Feldwerten ist, wie bereits gesehen, sehr einfach. Allerdings unterscheidet Notes Domino Felder unter anderem durch die unterschiedlichen Datentypen, die ein Feld haben kann. Hierbei lässt sich eine besondere Zweiteilung vornehmen. Auf der einen Seite befinden sich die Feldarten, die mit einfachen Datentypen bestückt werden können. Auf der anderen Seite befinden sich die *Rich-Text-Felder*, die mehr als nur einfache Informationen aufnehmen können und damit auch mit komplexen Strukturen wie zum Beispiel OLE-Objekten oder Dateianhängen umgehen.

Soll zum Beispiel in einem Dokument ein neues Feld erstellt werden, kann dies entweder über die erweiterte Klassensyntax erfolgen oder über die Klasse `NotesDocument`. Letzteres ist im Listing 18.19 dargestellt.

```
Dim session As New notessession
Dim db As notesdatabase
Set db=session.currentdatabase
Dim doc As notesdocument
Set doc=db.createdocument
Dim feld As notesitem
Set feld=doc.appenditemvalue("Alter",Cint(Inputbox("
    Geben Sie bitte Ihr Alter ein!")))
feld.savetodisk=False
```

Listing 18.19:* `NotesItem`*-Objekte erstellen

Hier wird zunächst über die Klasse `NotesSession` auf die aktuelle Datenbank zugegriffen und anschließend in ihr ein neues Dokument angelegt. Danach wird mithilfe der Methode `AppendItemValue()` ein Feld im Dokument angelegt, das als Wert das Alter des Benutzers erhält.

Da jedoch dieses Feld lediglich zur Berechnung benötigt wird, können die im Feld abgelegten Daten am Ende verworfen werden. Daher wird hier die Eigenschaft `SaveDisk` der Klasse `NotesItem` auf `False` gesetzt, so dass die Daten dieses einen Feldes beim Speichern nicht auf die Platte geschrieben und damit verworfen werden.

Auch einige der übrigen Eigenschaften der Klasse `NotesItem` sind hier beschreibbar. So kann zum Beispiel über die Eigenschaft `IsAuthors` festgestellt werden, ob es sich beim angegebenen Objekt um ein Autorenfeld handelt. Gleichzeitig ist diese Eigenschaft ebenfalls beschreibbar, so dass ein Feld im Nachhinein zu einem Autorenfeld gemacht werden kann.

Mit »NotesRichTextItem«-Objekten arbeiten

Eine Besonderheit unter den Feldern ist die Klasse `NotesRichTextItem`, da es sich hier um eine abgeleitete Klasse handelt, die ihre Grundlagen in der Klasse `NotesItem` hat. Rich-Text-Felder können in Notes die unterschiedlichsten Informationen aufnehmen. Ein Rich-Text-Feld kann über die Klasse `NotesDocument` erstellt werden, indem ein bestehendes Feld in ein Rich-Text-Feld umgewandelt wird. Ihre Erstellung soll anhand des folgenden Beispiels demonstriert werden (vgl. Listing 18.20).

```
Dim session As New notessession
Dim db As notesdatabase
Dim doc As notesdocument
Dim rtffeld As notesrichtextitem
Set db=session.currentdatabase
Set doc=db.createdocument
Set rtffeld=doc.createrichtextitem("Body")
```

Listing 18.20: Mit `NotesRichTextItem`*-Objekten arbeiten*

In diesem Script wird zunächst auf die aktuelle Datenbank zugegriffen und dort ein neues – natürlich leeres – Dokument erstellt. Anschließend wird mithilfe der Methode `CreateRichTextItem` und der Angabe des Namens ein neues Rich-Text-Feld kreiert. Nun lassen sich mit allen Methoden der Klasse `NotesRichtextItem` in diesem Objekt Werte setzen und verändern.

Soll zum Beispiel in einem Rich-Text-Feld ein Dateianhang gespeichert werden, so steht in der Klasse `NotesRichTextItem` eine Methode hierfür zur Verfügung, wie im folgenden Beispiel dargestellt (vgl. Listing 18.21).

```
Dim session As New notessession
Dim db As notesdatabase
Dim doc As notesdocument
Dim rtffeld As notesrichtextitem
Dim ebo As Notesembeddedobject
Dim var As String
var=session.getenvironmentstring("directory",True)
Set db=session.currentdatabase
Set doc=db.createdocument
Set rtffeld=doc.createrichtextitem("Body")
Set ebo=rtffeld.Embedobject(EMBED_ATTACHMENT,"",var & "\names.nsf")
Call doc.save(True,True)
```

Listing 18.21: Erstellen von Anhängen in `NotesRichTextItem`*-Objekten*

Mit diesem Script wird in der aktuellen Datenbank ein neues Dokument angelegt und ein Rich-Text-Feld erzeugt. Anschließend wird darin ein Objekt der Klasse `NotesEmbeddedObject` generiert, das über die angegebenen Parameter einen Dateianhang im Rich-Text-Feld erstellt.

Die Parameter der Methode `EmbedObject()` sind folgendermaßen aufgebaut (vgl. Tabelle 18.4):

Parameter	Wirkung
`EMBED_ATTACHMENT`	Legt fest, dass ein Dateianhang erzeugt wird und nicht ein OLE-Objekt
`" "`	Die leere Zeichenkette im CLASS-Parameter wird nur bei Dateianhängen angegeben, da ansonsten die Klasse des OLE-Objekts angegeben werden müsste.
Pfad und Dateiname	Hier werden der Pfad und der Dateiname angegeben, um den Dateianhang generieren zu können.

Tabelle 18.4: Methode `EmbedObject()`

18.3 Zugriffe über das Front-End

Das Front-End repräsentiert im Gegensatz zum Back-End nicht die gespeicherten Daten, sondern stellt die Schnittstelle zum Benutzer dar. Es fängt quasi die Umgebung des Benutzers ein und stellt alle Funktionalitäten der direkten Umgebung zur Verfügung. Der Weg über das Front-End hat eine Reihe von Vor- und Nachteilen, zwischen denen man im jeweiligen Einsatzgebiet gut abwägen muss. Auf der einen Seite stellt das Front-End eine sehr leichte Möglichkeit zur Verfügung, auf die aktuelle Umgebung des Benutzers zurückzugreifen, auf der anderen Seite ist der direkte Datenzugriff über das Front-End im Vergleich zu den Zugriffen über das Back-End erheblich langsamer, da hier nicht auf ein Abbild der gespeicherten Daten zugegriffen wird, sondern auf die Benutzerschnittstelle, die somit eine Verzahnung mit der grafischen Oberfläche aufweist.

»NotesUIWorkspace«-Klasse

Auch die Zugriffe über die grafische Benutzeroberfläche sind hierarchisch angeordnet. Um überhaupt auf ein Front-End-Objekt zugreifen zu können, muss zunächst die aktuelle Arbeitsumgebung eingefangen werden. Dies geschieht durch die Klasse `NotesUIWorkspace`, die über den Konstruktor `New` verfügt und ein Abbild der aktuellen Arbeitsumgebung des derzeitigen Benutzers als Objekt einfängt, wie nachfolgend dargestellt:

```
Dim UiWs as New NotesUIWorkspace
```

Die Klasse `NotesUIWorkspace` stellt eine Reihe von Eigenschaften und Methoden zur Verfügung, um entweder bestimmte Objekte, die der Benutzer gerade im Zugriff hat, abzubilden oder aber über Methoden wie `Prompt()`, `Pickliststrings()` oder `Picklistcollection()` eine Benutzerauswahl zu realisieren, die sehr stark den Möglichkeiten ähnelt, die bereits aus der Formelsprache bekannt sind. In der Version 5 von Lotus Notes Domino wurden die Möglichkeiten der Benutzerkommunikation gerade in diesem Bereich deutlich erweitert.

Soll der Benutzer beispielsweise aus einem Array die gewünschten Werte auslesen und ausgeben können, verwenden Sie die Methode `Prompt()`. Hierzu ein Beispiel (vgl. Listing 18.22):

```
Dim uiws as new Notesuiworkspace
Dim auswahl as string
Dim arr(0 to 6) as string
Arr(0)="Sonntag"
Arr(1)="Montag"
Arr(2)="Dienstag"
Arr(3)="Mittwoch"
Arr(4)="Donnerstag"
Arr(5)="Freitag"
Arr(6)="Samstag"
Auswahl=uiws.prompt(prompt_okcancellist,"Wählen Sie den Wochentag",
    "Wochentag wählen","",arr)
Messagebox("Sie wählten: " & auswahl)
```

Listing 18.22: Verwendung der Methode `Prompt()`

Mithilfe dieses Scripts wird zunächst das Array mit den Tagen einer Woche gefüllt und anschließend am Bildschirm angezeigt (vgl. Abbildung 18.10).

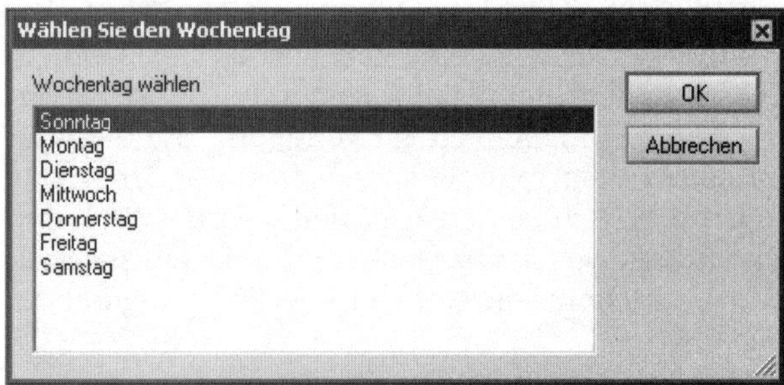

Abbildung 18.10: Auswahl aus einem Array mithilfe der Methode `Prompt`

Die Methode Prompt weist also dieselben Möglichkeiten auf wie der Formelsprachenbefehl `@Prompt`. Damit stellt sie eine wichtige Methode zur Benutzerkommunikation dar, die mit sehr einfachen Mitteln die Abfrage von Informationen vom Benutzer ermöglicht.

»PicklistStrings()«

Damit Benutzer Daten direkt aus Ansichten auswählen können, verwendet man die Methode `Pickliststrings()` (vgl. Abbildung 18.11).

Diese Methode benötigt eine Reihe von Parametern, da sie direkt auf eine Ansicht in einer Datenbank zugreift und diese innerhalb der Box zur Anzeige bringt. Die Grundsyntax dieser Methode lautet:

```
NotesUiWorkspace.pickliststrings(Anzeigenformat as integer,Mehrfachauswahl as
boolean,Datenbankserver,Datenbankdateiname,Ansichtenname,Fenstertitel,
Eingabeaufforderung,Rückgabespalte as integer)
```

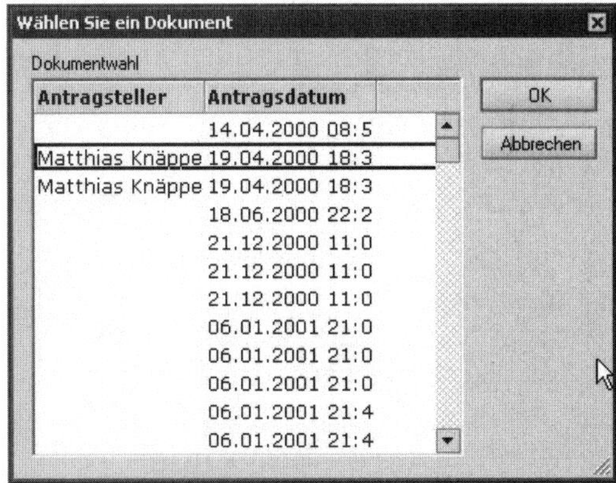

***Abbildung 18.11:* Ausgabe mit der Methode** `Pickliststrings`

Der Rückgabewert dieser Funktion ist ein Werte-Array, das aus dem oder den ausgewählten Werten besteht. Einige der hier gezeigten Daten sind in jedem Fall erklärungsbedürftig. Das Anzeigenformat wird unterteilt in vier unterschiedliche Darstellungsweisen.

18.3.1 Die Darstellungsweise »Picklist_Custom«

Mithilfe dieser Darstellungsform wird eine beliebige in einer Datenbank verfügbare Ansicht in einem Dialog dargestellt. Um jedoch eine solche anzeigen zu können, müssen die zum Auffinden notwendigen Parameter angegeben werden, wie z.B. die Frage, ob Mehrfachwerte zugelassen sein sollen oder nicht. Hierzu dient der boolesche Parameter MEHRFACHAUSWAHL.

Außerdem muss natürlich angegeben werden, wo denn die anzuzeigende Ansicht gefunden werden soll. Da sich Ansichten immer in einer Datenbank befinden, müssen hier natürlich sowohl die Datenbank als auch der Name der Ansicht angegeben werden (vgl. Abbildung 18.12).

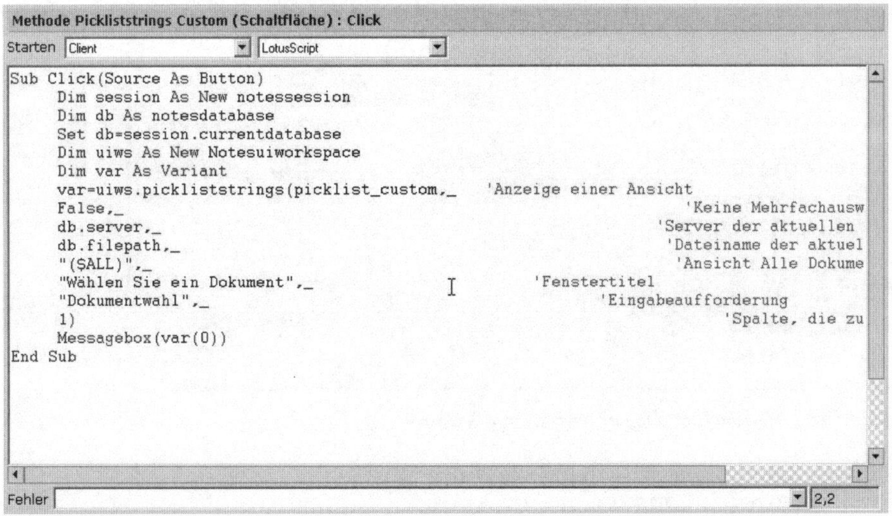

Abbildung 18.12: Script mit Ausgabe einer Picklist

In diesem Script finden wir die einzelnen Parameter in Zeilen getrennt aufgelistet. Als erste Angabe muss innerhalb der Methode die Formatierung der Eingabebox erfolgen. Der zweite Parameter legt fest, ob eine Mehrfachauswahl von Dokumenten erlaubt ist oder nicht. In diesem Fall ist die Mehrfachauswahl nicht zulässig.

Anschließend wird hier durch Angabe des Server-Namens, des genauen Unterverzeichnisses und des Dateinamens die gewünschte Datenbank lokalisiert. Durch die anschließende Angabe der Ansicht ($ALL) wird die anzuzeigende Ansicht angegeben. Danach folgen der Fenstertitel und die Eingabeaufforderung innerhalb des Picklistfensters. Über den letzten Parameter geben Sie die Spalte der Ansicht – gezählt von links nach rechts an, die Sie als Rückgabewert erhalten möchten.

18.3.2 Die Auswahl aus dem öffentlichen Adressbuch über »Picklist_Names«

Über die Formatierung `Picklist_Names` können Sie Ihren Benutzern eine Auswahl aus den Adressbüchern anzeigen lassen. Da diese Auswahlart keinerlei Angaben zu der gewünschten Datenbank benötigt – schließlich greifen Sie auf die verfügbaren Adressbücher zurück –, braucht diese Auswahlart keine weiteren Angaben. Die Syntax lautet:

```
Uiws.pickliststrings(picklist_names,true)
```

Mithilfe dieser Zeile wird auf die Adressbücher zurückgegriffen und eine Auswahlmöglichkeit geschaffen. Da hier durch die Angabe des zweiten Parameters die Mehrfachauswahl aktiviert wurde, wird jetzt mehr als ein Wert als Rückgabewert geliefert (vgl. Abbildung 18.13).

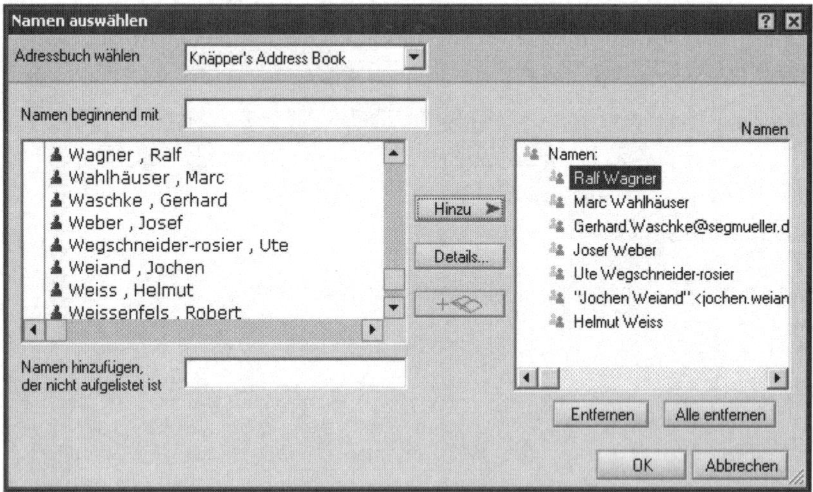

Abbildung 18.13: Mehrfachauswahl aus dem Adressbuch

Über diese beiden wesentlichen Auswahlmöglichkeiten hinaus existieren noch zwei weitere Auswahloptionen.

18.3.3 Die Formate »Picklist_Rooms« und »Picklist_Resources«

Diese beiden Formatierungsarten greifen auf die Ressourcenverwaltung des Domino-Servers zurück. Unter Ressourcen versteht man Räume oder Gerätschaften, die innerhalb eines Unternehmens allen Mitarbeitern zur Verfügung stehen und von diesen für bestimmte Zwecke reserviert werden können. Dies können zum Beispiel Kongresse, Besprechungen, Schulungen oder Ähnliches sein, bei denen sowohl ein Raum als auch bestimmte Geräte und Einrichtungen in den Räumlichkeiten benötigt werden.

Die Einrichtung der Ressourcenverwaltung erfolgt durch die Administratoren, die hierzu eine separate Datenbank anlegen, die sämtliche Standorte und dort zu verwaltenden Räume und Gegenstände als Dokumente enthält. Durch die Erstellung in der Ressourcendatenbank werden noch zusätzliche Dokumente im öffentlichen Adressbuch angelegt.

Der Zugriff auf diese Dokumente erfolgt dann mithilfe der Formatierungsinformation `picklist_rooms` bzw. `picklist_resources`. Auch in diesen beiden Fällen muss außer des Mehrfachauswahlparameters keine zusätzliche Information eingegeben werden (vgl. Abbildung 18.14).

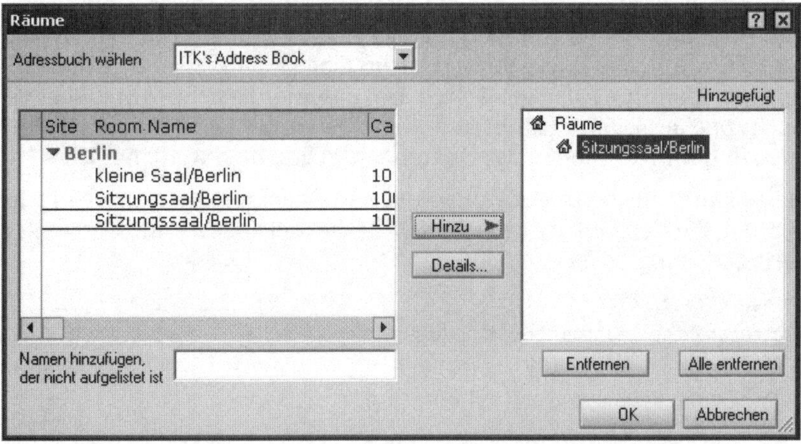

Abbildung 18.14: Ressourcenauswahl mit der Methode `Pickliststrings`

Mithilfe dieser unterschiedlichen Formatierungsarten der Picklistbox bietet man den Benutzern eine sehr leichte Auswahlmöglichkeit aus den unterschiedlichen Quellen, die Notes Domino bei einer Basisinstallation zur Verfügung stellt.

18.3.4 Die Methode »Picklistcollection«

Neben der Möglichkeit, Werte direkt aus einer Ansicht auszulesen, stellt die Methode `Picklistcollection()` die Option zur Verfügung, auf die Gruppe gewählter Dokumente zuzugreifen. Die Methode `Picklistcollection()` ist von ihrer Syntax und von ihrer Arbeitsweise her genauso aufgebaut wie die Methode `Pickliststrings()`. Der einzige grundsätzliche Unterschied ist die Einschränkung der `Picklistcollection()` auf die Formatierungsart `picklist_custom`.

Dies bedeutet, dass die Ausgabe von Daten nur über feste Ansichten erfolgen kann, d.h. zur Auswahl von Dokumenten muss auf jeden Fall die Angabe der Datenbank und des Servers sowie der Ansicht erfolgen (vgl. Listing 18.23).

```
Dim session As New notessession
Dim col As notesdocumentcollection
Dim db As notesdatabase
Set db=session.currentdatabase
Dim uiws As New Notesuiworkspace
Set col=uiws.picklistcollection(picklist_custom,_
    True,_
    db.server,_
    "names.nsf",_
    "People",_
    "Wählen Sie ein Dokument",_
    "Dokumentwahl")
Messagebox("Sie wählten " & col.count & " Dokumente")
```

Listing 18.23: Arbeiten mit der Methode `PicklistCollection`

Anhand dieses Beispiels wird deutlich, wie die Methode arbeitet. Da sie keinen Spaltenwert aus der Ansicht auslesen soll, benötigt sie einen Parameter weniger als die Methode `Pickliststrings()`. Der Rückgabewert ist ein Objekt der Klasse `NotesDocumentCollection`, die eine Sammlung der gewählten Dokumente darstellt. Anschließend kann über die Gruppe der Eigenschaften und Methoden unter anderem auf die einzelnen Eigenschaften und Methoden der Dokumente zugegriffen werden.

Über diese Klasse kann auf die in der Collection enthaltenen Dokumente einzeln zugegriffen werden. Für den Dokumentzugriff steht die Methode `GetFirstDocument()` zur Verfügung (vgl. Listing 18.24).

```
Dim session as new notessession
Dim col As notesdocumentcollection
Dim db As notesdatabase
Dim doc as notesdocument
Set db=session.currentdatabase
Dim uiws As New Notesuiworkspace
Set col=uiws.picklistcollection(picklist_custom,_
    True,_
    db.server,_
    "names.nsf",_
    "People",_
    "Wählen Sie ein Dokument",_
    "Dokumentwahl")
set doc=col.getfirstdocument
do until doc is nothing
    messagebox("Dokument wurde erstellt am: " &_
        doc.created)
    set doc=col.getnextdocument(doc)
loop
```

Listing 18.24: Zugriff auf die Ergebnisse von `PicklistCollection`

Dieses Script stellt bereits eine Besonderheit dar, da hier zunächst über die Front-End-Klasse `NotesUIWorkspace` ein direkter Weg in die Back-End-Klasse `NotesDocumentCollection` gefunden wird und damit innerhalb der Klasse `NotesDocument` die Möglichkeit besteht, die Dokumente unter anderem mithilfe der erweiterten Klassensyntax anzufassen.

Mit der Methode `PicklistCollection()` kann man somit den Benutzer eine Auswahl von Dokumenten treffen lassen, die dann anschließend innerhalb eines Scripts bearbeitet werden können. Soll jedoch statt auf eine Gruppe von Dokumenten auf das Dokument zugegriffen werden, das durch den Benutzer gerade verarbeitet wird, kann ein direkter Zugriff auf dieses Dokument aus dem Front-End erfolgen.

18.3.5 Die Klasse »NotesUIDocument«

Der Zugriff auf das aktuelle Dokument erfolgt am einfachsten aus dem Front-End. Dies ist auf die Tatsache zurückzuführen, dass durch die Klasse `NotesUIWorkspace` automatisch der aktuelle Kontext des Benutzers eingefangen wird. Im nächsten Schritt kann dann aus der Eigenschaft `CurrentDocument` dieser Klasse ein Objekt der Klasse `NotesUIDocument` abgeleitet werden, wie nachfolgend dargestellt:

```
Dim uiws as new notesuiworkspace
Dim uidoc as notesuidocument
Set uidoc=doc.currentdocument
```

Bei diesen drei Zeilen gelingt mit sehr einfachen Mitteln der Rückgriff auf das aktuelle Dokument. Die Klasse `NotesUIDocument` weist – gemäß ihrer Ausrichtung im Front-End – eine große Zahl von Methoden auf, die für die Steuerung des Front-Ends gedacht sind. So sind einige Methoden ausschließlich dafür vorgesehen, eine Steuerung des Cursors in einer Maske zu ermöglichen (vgl. Tabelle 18.5).

Methode	Steuerungsmechanismus
`Gototop`	Der Cursor springt an den Anfang des Dokuments.
`Gotobottom`	Der Cursor springt an das Ende des Dokuments.
`GotoNextField`	Der Cursor springt relativ gesehen in das nächste verfügbare Feld.
`GotoPrevField`	Der Cursor springt zurück in das vorhergehende Feld.
`GotoField(Feld)`	Der Cursor springt in das über den Parameter angegebene Feld.

Tabelle 18.5: Ausgewählte Methoden der Klasse NotesUIDocument

Mithilfe dieser Methoden kann dann zum Beispiel in einer Maske eine Navigationshilfe eingebaut werden, die den Benutzern das Anspringen von bestimmten Feldern oder das Durchblättern eines Dokuments erleichtert (vgl. Abbildung 18.15).

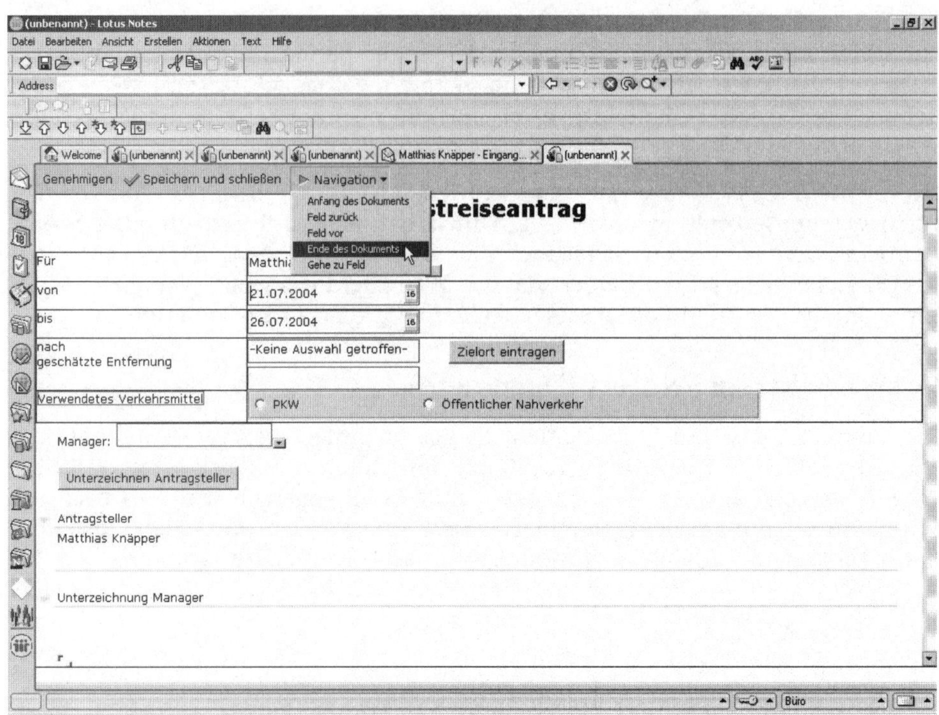

Abbildung 18.15: Auswahl aus den Aktionen zur Navigation

Die in diesem Beispiel gezeigten Aktions-Schaltflächen sind mit dem folgenden Code versehen (vgl. Listing 18.25):

```
Dim uiws As New notesuiworkspace
Dim uidoc As notesuidocument
Set uidoc=uiws.currentdocument
Dim var As String
var=Inputbox("Zu welchem Feld wollen Sie springen?",_
   "Feldauswahl",uidoc.Currentfield)
Call uidoc.gotofield(var)
```

Listing 18.25: Navigationsbeispiel

Nachdem die Benutzerumgebung in der Objektvariablen `uiws` abgelegt worden ist und das aktuelle Dokument angefasst wird, kann der Benutzer selbst entscheiden, in welches Feld er den Cursor bewegen möchte. Damit das Feld selbst nicht leer ist, erhält es als Vorgabewert das aktuelle Feld. Der Benutzer kann anschließend durch Eingabe des Feldnamens das gewünschte Feld anspringen.

Über diese Möglichkeiten der einfacheren Benutzernavigation hinaus kann jederzeit auf die Werte innerhalb der einzelnen verfügbaren Felder des aktuellen Dokuments zugegriffen werden. Für diesen Zugriff auf die einzelnen Werte des Dokuments stehen wiederum eine Reihe von Methoden zur Verfügung, die sowohl das Auslesen als auch das Schreiben von Feldwerten ermöglichen (vgl. Tabelle 18.6).

Methode	Rückgabewert	Wirkung
`Fieldappendtext(Feldname, Text)`	Keiner	Fügt den angegebenen Wert an das festgesetzte Feld an
`FieldClear(Feldname)`	Keiner	Löscht den Inhalt eines bestehenden Feldes
`FieldContains(Feldame,Suchtext)`	Bool	Untersucht, ob der angegebene Text im gewünschten Feld enthalten ist
`FieldGetText(Feldname)`	String	Ruft den Inhalt eines Feldes in einem Dokument ab
`FieldSetText(Feld, Wert)`	Keiner	Füllt das angegebene Feld mit dem als Parameter angegebenen Wert
`GetSelected(optional Feldname)`	String	Liefert als Rückgabewert den Text, der im Dokument markiert wurde
`InsertText(Textwert)`	Keiner	Fügt den angegebenen Text an der aktuellen Cursorposition ein

Tabelle 18.6: Methoden der Feldbearbeitung im Front-End

Mithilfe der hier gezeigten Methoden besteht die Möglichkeit, Textwerte entweder aus dem aktuellen Dokument auszulesen oder aber in das aktuelle Dokument an einer bestimmten Position einzufügen. Da aber diese Methoden rein Front-End-orientiert sind, ist zum Beispiel das Anlegen eines Feldes in einem Dokument nicht so ohne weiteres möglich. Hier sind die Fähigkeiten des Back-Ends deutlich besser als die des Front-Ends.

18.4 Vom Front-End zum Back-End

Wie wir bereits gesehen haben, besteht häufig der Wunsch, aus dem Front-End ein Objekt im Back-End zu bearbeiten, um die dort existierenden erweiterten Möglichkeiten zu nutzen und zum Beispiel ein neues Feld in einem Dokument anzulegen. Hierzu bedarf es dann natürlich einer Eigenschaft oder einer Methode, die ein gewünschtes Front-End-Objekt im Back-End abbildet.

Als Beispiel dient uns hier die Klasse `NotesUIDocument`, die mit der Eigenschaft `Document` eine Möglichkeit bietet, ein Dokument der Klasse `NotesUIDocument` als Back-End `NotesDocument`-Objekt abzubilden (vgl. Listing 18.26).

```
Dim UiWs as New Notesuiworkspace
Dim uidoc as notesuidocument
Dim doc as notesdocument
Set uidoc=uiws.currentdocument
Set doc=uidoc.document
```

Listing 18.26: Zugriff auf die Back-End-Klasse von einer Front-End-Klasse aus

Mithilfe dieses kleinen Scripts kann ein Objekt – hier das aktuell vom Benutzer bearbeitete Dokument – im Back-End bearbeitet werden. Anschließend stehen alle Möglichkeiten der Back-End-Bearbeitung zur Verfügung. Dadurch hat man als Entwickler zum Beispiel wieder die Option, über die erweiterte Klassensyntax Feldwerte in einem Dokument zu setzen. Dies bietet dann auch die Möglichkeit, Feldwerte durch Verwendung des gewünschten Feldnamens zu setzen, z.B. wie folgt:

```
doc.status="genehmigt"
Call doc.save(true, true)
```

Durch diese beiden Zeilen wird jetzt im Dokument dem Feld mit dem Namen `status` der Wert *genehmigt* zugewiesen. Sollte das Feld nicht existieren, wird es in dem Dokument angelegt und erhält dort den angegebenen Wert. Auf diesem sehr einfachen Weg wurde zunächst eine Objektvariable der Klasse `NotesUIDocument` im Speicher generiert und anschließend mit den Informationen des aktuellen Dokuments gefüllt. Ausgehend von diesem Front-End-Objekt wird dann zusätzlich ein Back-End-Objekt abgeleitet, das dieselben Dokumentinformationen beinhaltet. Anschließend wird dann das Back-End-Objekt mit den zur Verfügung stehenden Eigenschaften und Methoden bearbeitet und die Ergebnisse werden gespeichert.

Bei dieser Vorgehensweise werden Daten im Back-End verändert, die über das Front-End in den Zugriff gerieten. Die Bearbeitung der Daten wirkt sich dann selbstverständlich auch auf die Front-End-Dokumente direkt aus. Wird also ein über das Front-End generiertes Objekt im Back-End bearbeitet, verändert sich automatisch auch das im Front-End liegende Dokument, ohne dass man sich als Programmierer um dieses Verhalten kümmern müsste. Dies ist ein in vielen Fällen sehr erwünschter Mechanismus. Man programmiert einen Zugriff aus dem Front-End, generiert daraus ein Back-End-Objekt und bearbeitet es im Back-End mit den vielfältigen Möglichkeiten, die das Back-End bietet, ohne sich um die Aktualisierung der Front-End-Objekte kümmern zu müssen.

Dies ist allerdings nicht in jedem Fall erwünscht, da die automatische Aktualisierung auch einige Nachteile mit sich bringt. Einer der Nachteile ist, dass diese ständige Aktualisierung mehrerer Objekte Zeit beansprucht, die vom Rechner dann nicht für andere Dinge genutzt werden kann. Vor allem bei der Durchführung komplexerer Berechnungen ist es immer wieder wünschenswert, zunächst alle Berechnungen durchzuführen und die Werte in die gewünschten Felder zu schreiben, um erst anschließend ein einziges Mal eine Aktualisierung der Werte im Front-End durchzuführen. Dies kostet weniger Rechenzeit, da die Aktualisierung der Daten nur einmal durchgeführt wird.

»Autoreload«-Eigenschaft

Die automatische Aktualisierung der Front-End- mit den Back-End-Objekten wird im Front-End mit der Eigenschaft `autoreload` gesteuert. In der Standardeinstellung ist diese Eigenschaft eingeschaltet, sie kann aber jederzeit neu beschrieben werden. Durch das Festlegen der `autoreload`-Eigenschaft auf den Wert `False` wird dann die automatische Aktualisierung zwischen Front-End- und Back-End-Objekten ausgeschaltet (vgl. Listing 18.27).

```
Dim uiws as new notesuiworkspace
Dim uidoc as notesuidocument
Set uidoc=uiws.currentdocument
Uidoc.autoreload=false
Dim doc as notesdocument
Set doc=uidoc.document
```

Listing 18.27: Arbeiten mit der Eigenschaft `autoreload`

In diesem Script wird die `autoreload`-Eigenschaft auf `False` gesetzt. Das Dokument kann im Back-End bearbeitet werden, um anschließend, nachdem sämtliche Berechnungen ausgeführt worden sind, mit der Methode `reload()` eine Aktualisierung des Front-End-Objekts auszuführen (vgl. Listing 18.28).

```
Dim session As New notessession
Dim uiws As New notesuiworkspace
Dim uidoc As notesuidocument
Set uidoc=uiws.currentdocument
Uidoc.autoreload=False
Dim doc As notesdocument
Set doc=uidoc.document
Dim firstname As String
Dim leer As Integer
leer=Instr(1,session.commonusername," ",5)
firstname=Left(session.commonusername,leer)
doc.Vorname=firstname
Dim var As Integer
var=Messagebox("Soll ein Reload ausgeführt werden?",_
    mb_yesno,"aktualisieren?")
If var=idyes Then
    Call uidoc.reload()
End If
```

Listing 18.28: Einsatz der* `reload()`*-Methode

Dieses Script erstellt über das Front-End ein Back-End-Objekt. Die Daten – in diesem Fall der Wert eines einzelnen Feldes – werden im Back-End-Objekt neu gesetzt. Anschließend wird abgefragt, ob die berechneten Daten übertragen werden sollen oder nicht. Bestätigt der Benutzer die Frage durch Anklicken der Schaltfläche JA, dann werden die berechneten Daten in das Feld eingetragen. Verneint der Benutzer die Frage, so werden die Daten nicht in das Front-End übertragen. Da die Daten hier auch nicht über das Back-End gespeichert worden sind, kann der Benutzer die Daten des aktuellen Feldes problemlos bearbeiten.

18.5 XML-Klassen

In Notes 6 sind eine Reihe von Klassen neu implementiert worden, die für die Aufbereitung von Notes-Datenbeständen für die Weiterverarbeitung mit einem XML-fähigen Client vorgesehen sind. Dies unterstreicht noch einmal die Absicht bei IBM, die Integration unterschiedlicher Systeme und Applikationen mithilfe standardisierter Kommunikationswege und -formate zu erreichen und zu befördern.

Die *Extensible Markup Language* erwuchs historisch betrachtet aus den sehr eingeschränkten Möglichkeiten der HTML (Hypertext Markup Language), die ihrerseits ihre Wurzeln im SGML-Standard hatte. Es ist jedoch verfehlt und wird der Gesamtsystematik nicht gerecht, würde man XML als eine reine Webtechnologie fehlinterpretieren. Vielmehr handelt es sich um einen Standard zur allgemeinen Definition und Implementierung von Informationen, der so allgemein einsetzbar ist, wie man es sich als Entwickler nur wünschen kann. Dieses Werkzeug kann zur Beschreibung von Textdokumenten eingesetzt werden (z.B. verwendet das OpenSource-Projekt OpenOffice XML als Speicherformat für seine Dokumente), für die Strukturierung von Datenbanksystemen, zur Beschreibung von Grafiken (z.B. sind SGML-Grafiken letztlich XML-Dateien) etc.

Letztlich kommt es bei der Verwendung einer XML-Datei lediglich darauf an, dass die verwendende Applikation über die Document-Type-Definition (DTD) verfügt, die XML-Datei gemäß dieser DTD wohl geformt ist und beide im Client zur Verfügung stehen. Weiter gehende Informationen zu XML und DTDs können von der Website des W3-Consortiums abgerufen werden (*http://www.w3c.org/xml*). Wesentlich benötigt eine Client-Applikation also sowohl einen Zugriff auf die Dokumentdefinition, die wir als eine möglichst abstrakte Dokumentbeschreibung begreifen dürfen, als auch auf die eigentlichen Daten. Erst durch die Zuordnung der Daten zu einer gültigen Definition können XML-Daten tatsächlich von einer Applikation interpretiert werden.

In früheren Notes-Versionen gab es eine – wenn auch sehr eingeschränkte – Möglichkeit, Datenbestände aus Ansichten per XML zur Verfügung zu stellen. Ruft man aus dem Browser per URL-Anweisung eine Ansicht ab, so geschieht dies über die URI-Syntax:

http://servername/datenbankname/ansichtsname?readviewentries

Auf diesem Weg wird eine Ansicht XML-konform über das Protokoll *http* an den Client, z.B. einen Browser, übertragen.

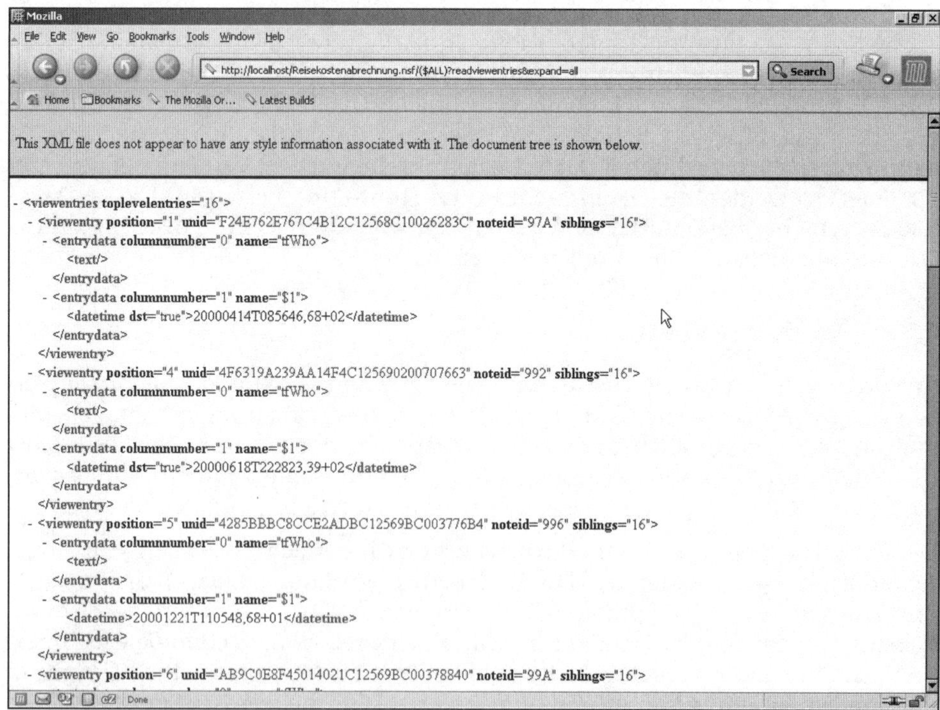

Abbildung 18.16: XML aus Notes-Ansichten

Diese Art der Datenübermittlung funktionierte schon in Notes 5. Genutzt wurde diese Verarbeitung von Ansichtsinhalten z.B. von Java-Applets, die Notes-Datenbestände verarbeiten sollten, ohne selbst wie CORBA z.B. auf den Server zurückgreifen zu wollen. So verwendet zum Beispiel das Notes-eigene View-Applet exakt diesen Mechanismus, um die Daten vom Server abzurufen. In Notes 6 sind eine Fülle weiterer Möglichkeiten hinzugekommen, die Inhalte von Notes-Datenbanken XML-konform zu übermitteln.

Die komplexeste Aufgabe, das Erstellen einer DTD, ist bereits erledigt. IBM liefert eine speziell an den Aufgaben einer Notes-Datenbank ausgerichtete DTD mit (diese liegt im Programmverzeichnis von Lotus Notes, also z.B. C:\LOTUS\NOTES und heißt DOMINO.DTD). Diese Datei enthält eine allgemeine Beschreibung der unterschiedlichen Notes-Datenbestände als DTD. Um Ihnen eine Vorstellung davon zu geben, wie umfangreich das Erstellen einer solchen DTD ist, schauen Sie sich nur einmal die Größe dieser Definitionsdatei an!

Hervorgehoben werden soll in diesem Kapitel die Möglichkeit, Notes-Datenbestände XML-konform zur Verfügung zu stellen. Zu diesem Zweck gibt es innerhalb von Lotus Notes eine umfangreiche Ergänzung des Klassenmodells, das sowohl Klassen zum vollständigen Export von Notes-Datenbanken ins XML-Format als auch solche zum gezielten Extrahieren und Aufbereiten von Informationen beinhaltet.

18.5.1 Vollständiger XML-Export

Für den Export einer vollständigen Datenbank oder eines Teilelements einer Datenbank – z.B. den Einträgen einer Ansicht benötigt Notes zunächst ein Objekt der Klasse NotesStream, um den Export der Daten durchführen zu können. Außerdem muss natürlich sichergestellt sein, dass die Domino-Daten in eine XML-Struktur überführt, also exportiert werden. Dies bewerkstelligen die Methoden der Klasse NotesDXLexporter.

```
Sub Click(Source As Button)
    Dim session As New NotesSession
    Dim db As notesdatabase
    Set db=New NotesDatabase("","names.nsf")
    Dim dexp As NotesDXLExporter
    Dim stream As NotesStream
    Set stream=session.CreateStream
    Dim filename$
    filename$="c:\myfile.xml"
    If Not stream.Open(filename$) Then
        Messagebox "Cannot open " & filename$,, "Error"
        Exit Sub
    End If
    Call stream.Truncate
    Set dexp=session.CreateDXLExporter
    Call dexp.Setinput(db)
    Call dexp.setoutput(stream)
    Call dexp.process
End Sub
```

In diesem kurzen Script wird zunächst ein Objekt der Klasse `Notes-Stream` instanziiert und das Schreiben in eine Datei festgelegt. Mithilfe der Methode `Truncate` wird ein eventuell bereits bestehender Datenstrom in die angegebene Datei beendet und bereinigt. Der Export der Notes-Daten in eine XML-Datei erfolgt letztlich über eine Objekt der Klasse `NotesDXLExporter`. Mithilfe der Methode `setinput` wird festgelegt, welche Datenbestände exportiert werden sollen. Diese Methode akzeptiert eine Reihe von Objekten als Eingabestrom, hier wird als Beispiel die gesamte Datenbank als Eingabestrom verwendet.

Mithilfe der `setoutput`-Methode wird die Schreibrichtung, d.h. der aufnehmende Container definiert. In diesem Zusammenhang wird die Datei C:\MYFILE.XML verwendet. Durch Aufruf der Prozedur `process` des Objektes `dexp` wird der Export letztlich veranlasst. Das Ergebnis sieht dann (im Microsoft Internet Explorer) folgendermaßen aus:

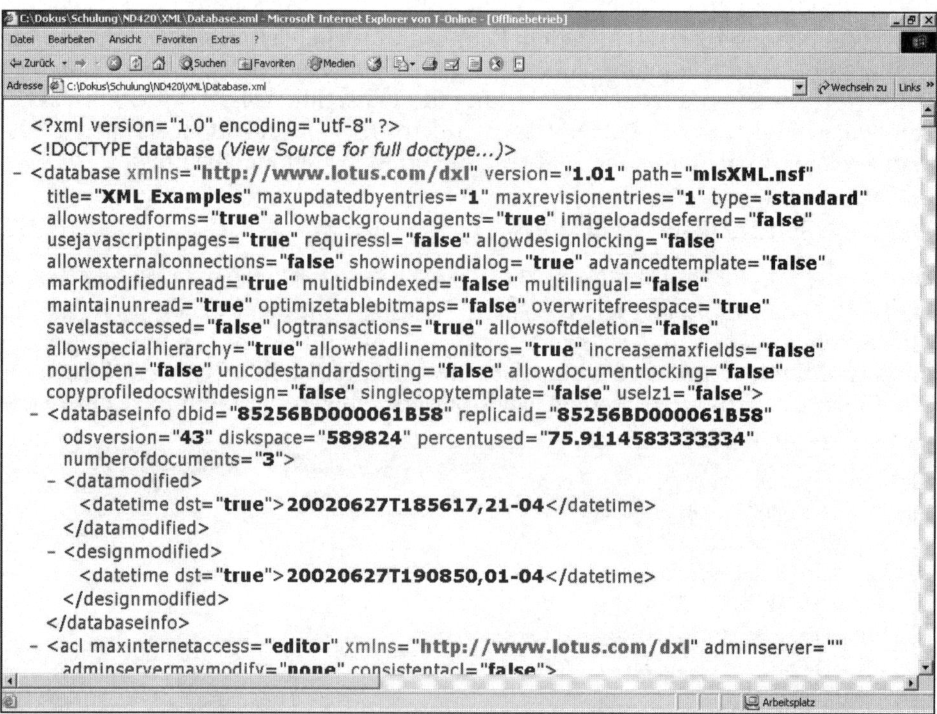

```
<?xml version="1.0" encoding="utf-8" ?>
<!DOCTYPE database (View Source for full doctype...)>
- <database xmlns="http://www.lotus.com/dxl" version="1.01" path="mlsXML.nsf"
  title="XML Examples" maxupdatedbyentries="1" maxrevisionentries="1" type="standard"
  allowstoredforms="true" allowbackgroundagents="true" imageloadsdeferred="false"
  usejavascriptinpages="true" requiressl="false" allowdesignlocking="false"
  allowexternalconnections="false" showinopendialog="true" advancedtemplate="false"
  markmodifiedunread="true" multidbindexed="false" multilingual="false"
  maintainunread="true" optimizetablebitmaps="false" overwritefreespace="true"
  savelastaccessed="false" logtransactions="true" allowsoftdeletion="false"
  allowspecialhierarchy="true" allowheadlinemonitors="true" increasemaxfields="false"
  nourlopen="false" unicodestandardsorting="false" allowdocumentlocking="false"
  copyprofiledocswithdesign="false" singlecopytemplate="false" uselz1="false">
  - <databaseinfo dbid="85256BD000061B58" replicaid="85256BD000061B58"
    odsversion="43" diskspace="589824" percentused="75.9114583333334"
    numberofdocuments="3">
    - <datamodified>
        <datetime dst="true">20020627T185617,21-04</datetime>
      </datamodified>
    - <designmodified>
        <datetime dst="true">20020627T190850,01-04</datetime>
      </designmodified>
    </databaseinfo>
  - <acl maxinternetaccess="editor" xmlns="http://www.lotus.com/dxl" adminserver=""
    adminservermaymodify="none" consistentacl="false">
```

Abbildung 18.17: DXL-Output einer gesamten Datenbank

Hier ist schon gut zu erkennen, dass eine solche Auflistung sehr umfangreich sein kann. Je nach Größe der Datenbank werden hier alle Informationen im DXL (bzw. im XML-)-Format abgespeichert.

Bei der Weiterverarbeitung bzw. bei der Aufbereitung der Daten für Benutzer spielen die so genannten Style Sheets eine entscheidende Rolle. Style Sheets sind Dateien, die Anweisungen über die Umsetzung oder Darstellung der einzelnen Tags innerhalb einer XML-Datei beinhalten. Style Sheets können dabei vielfältigste Aufgaben übernehmen:

- Sie können dafür sorgen, dass die XML-Daten im Client bzw. Browser gefällig dargestellt werden.
- Sie können dafür sorgen, dass die XML-Daten auf die Bedürfnisse eines besonderen Clients (z.B. einen Browser oder den Acrobat Reader) vorbereitet und in das gewünschte Format transformiert werden.

Diese exemplarische Nennung von zwei Aufgaben für Style Sheets soll uns reichen, einen Ausblick auf die Möglichkeiten von XML-Dateien zu geben. In einer Vielzahl von Konstellationen kommt der Transformation von Daten eine große Bedeutung zu. Daten können transformiert werden über einen so genannten Parser. Der Parser ist eigentlich nichts anderes als ein Programm, das den angegebenen Datenstrom (z.B. den Inhalt unserer XML-Datei) mithilfe eines Style Sheets interpretiert und gemäß der dort gemachten Angaben umsetzt. Auf diesem Wege kann dann aus einer Lotus Notes-Datenbank über den DXL-Exporter eine XML-Datei erzeugt werden, die durch einen Parser mithilfe eines Style Sheets in eine HTML-Seite eines bestimmten Aussehens umgewandelt werden kann. Auch das Umwandeln der Daten in ein anderes, von einem Fremdsystem erwartetes Format ist hier leicht denkbar.

19 LotusScript und COM

Mit dem *Component Object Model* (COM) hat Microsoft eine Möglichkeit geschaffen, auf die Objekte und Klassen anderer Applikationen aus der jeweils bevorzugten Windows-Entwicklungsumgebung heraus zuzugreifen. In Lotus Notes wurde die Möglichkeit zur Nutzung der Notes-Klassen über das COM mit einer Unterversion von Notes 5 (5.0.2b) stillschweigend eingeführt. Zwar stand bereits zu einem frühen Zeitpunkt die Möglichkeit zur Verfügung, mithilfe von OLE (*object linking and embedding*) auf die Klassen anderer Applikationen zuzugreifen. Allerdings war diese Technologie zu unstabil für die meisten geschäftskritischen Applikationen. Mit COM bietet sich somit die Möglichkeit, die LotusScript Back-End-Klassen in anderen Programmierumgebungen einzusetzen.

Wir wollen hier ein kurzes Beispiel für diese Arbeitsweise pars pro toto zeigen. Wir verwenden im Beispiel ein Produkt aus der Microsoft Office-Familie (hier Word), um den COM-Zugriff auf das persönliche Adressbuch des Benutzers zu realisieren. Es ist für das Funktionieren des COM unabdingbar, dass die Datei NOTES.INI entweder im Standardverzeichnis liegt (im Installationsverzeichnis des Lotus Notes-Programms) oder, wenn dies nicht erfüllt werden kann – z.B. weil das Notes-Dataverzeichnis mit NOTES.INI auf einem Netzwerkpfad liegt – *muss* dieses Verzeichnis im Pfad des Betriebssystems verfügbar sein. Dies ist darauf zurückzuführen, dass ansonsten die Notes-Daten von der entsprechenden Applikation nicht gefunden werden können.

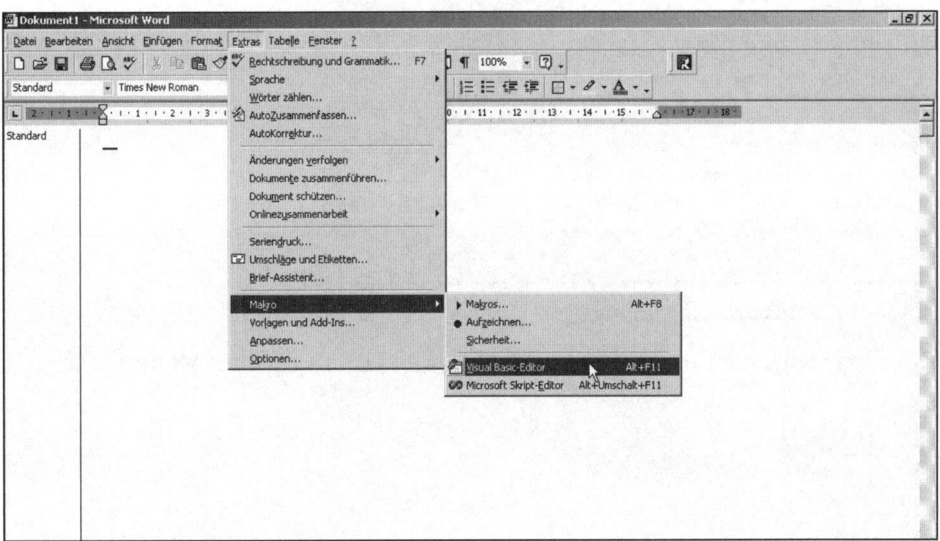

Abbildung 19.1: VBA-Modul starten

Sind diese Voraussetzungen erfüllt, können von jedem Arbeitsplatz, auf dem ein Lotus-Notes Client installiert ist, aus jedem beliebigen Programm die Notes-Klassen benutzt werden.

In Word erfolgt ein Zugriff aus der VBA-Enwicklungsumgebung. Zunächst muss – z.B. in der Dokumentvorlage von Word – die Benutzung der Notes-Klassen festgelegt werden. Hierzu startet man aus Word heraus zunächst das VBA-Modul.

Anschließend befindet man sich in der Entwicklungsumgebung der aktuellen Datei und aktiviert die Verwendung der Lotus-Notes-Klassen durch den Wechsel in das Menü EXTRAS – VERWEISE:

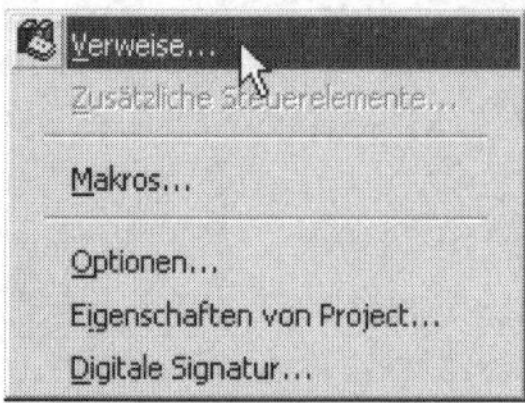

Abbildung 19.2: Öffnen des Verweis-Dialogs

In der sich dann öffnenden Dialogbox müssen die *Lotus Notes Automation Classes* und die *Lotus Domino Objects* gewählt werden.

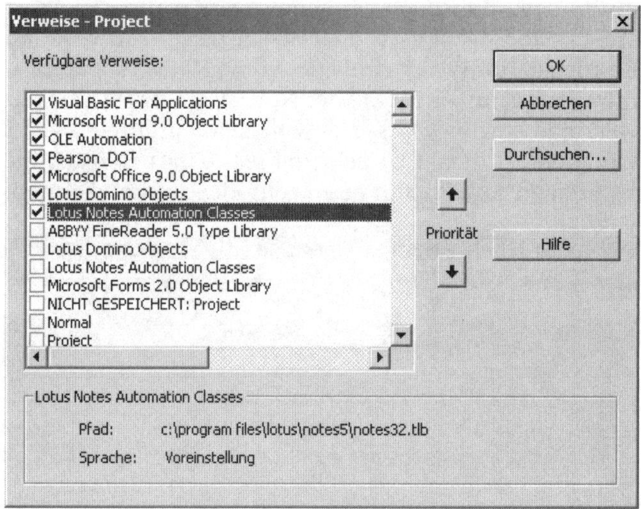

Abbildung 19.3: Aktivierung der Klassen

Danach erzeugen Sie am besten in der aktuellen Datei ein neues Modul:

Abbildung 19.4: Erstellen eines Moduls

Von jetzt an können Sie innerhalb von Word wie gewohnt auf die Domino-Klassen zugreifen. Dies geschiehtbis auf einige wenige Ausnahmen mit den gleichen Eigenschaften und Methoden wie in Lotus Notes.

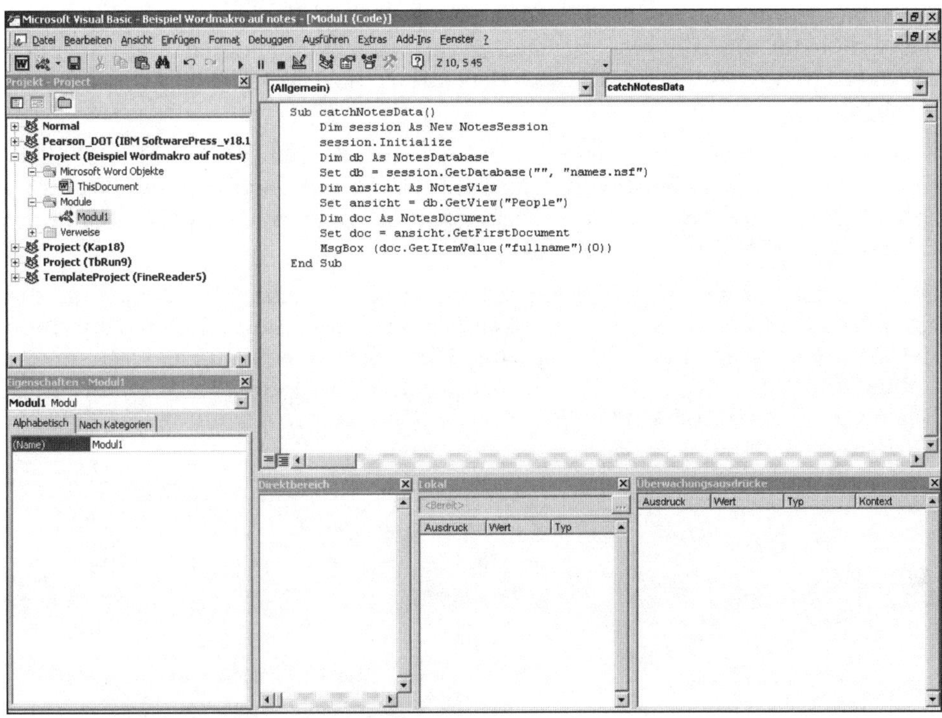

Abbildung 19.5: LotusScript-Code in MS Word-VBA

Möchten Sie zum Beispiel in Word den vollständigen Namen der ersten Person im persönlichen Adressbuch abrufen, reicht dazu der folgende Code:

```
Sub catchNotesData()
  Dim session As New NotesSession
  session.Initialize
  Dim db As NotesDatabase
  Set db = session.GetDatabase("", "names.nsf")
  Dim ansicht As NotesView
  Set ansicht = db.GetView("People")
  Dim doc As NotesDocument
  Set doc = ansicht.GetFirstDocument
  MsgBox (doc.GetItemValue("fullname")(0))
End Sub
```

Listing 19.1: COM-Zugriff auf Lotus Notes

Das Ergebnis dieses Listings ist die Ausgabe des Namens in einer Messagebox, in diesem Fall des Namens »0 a« (ein Testuser).

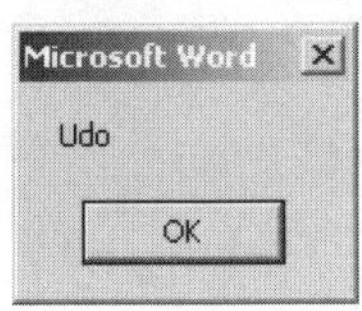

Abbildung 19.6: Ausgabe eines Kontakts innerhalb von MS Word

Somit bietet das COM eine hervorragende Möglichkeit, um Lotus Notes Domino in die bestehende Office-Welt noch stärker zu integrieren. Die sich hier bietenden Möglichkeiten erweitern das Gesamtspektrum der Lotus-Notes.Applikationen erheblich.

Selbst in der nächsten Stufe der Applikationsentwicklung aus der Sicht von Microsoft (.net) bietet sich die Nutzung von Lotus-Notes-Klassen über das COM weiterhin an. Zwar verändert sich die Arbeitsweise der Entwicklung, die Nutzung des COM steht aber weiterhin zur Verfügung.

Das COM ist nicht an eine bestimmte Programmiersprache gebunden, so dass es einem Entwickler auch in C#, C++, VB etc. zur Verfügung steht. Dadurch erweitern sich die Möglichkeiten von COM erheblich. In vielenFällen handelt es sich um ein stabiles und flexibel einsetzbares Werkzeug, um aus anderen Applikationen Notes-Daten mit zu nutzen oder aus Notes die Klassen anderer Programme zu verwenden.

20 Einführung in die Java-Programmierung

Die relative junge Programmiersprache Java hat in kürzester Zeit eine große Popularität erreicht. Auch an Lotus Notes Domino ist diese Entwicklung nicht spurlos vorübergegangen. Vielmehr ist offensichtlich, dass die IBM bei Domino von Version zu Version Java eine höhere Bedeutung zumisst. Hinzu kommt eine weitere Produktlinie der IBM: WebSphere und darauf aufbauend der Portalserver. Dabei ist WebSphere nichts anderes als die IBM-Implementierung der Java 2 Enterprise Edition von Sun, mit der es seitens Domino über Java-Technologien Kooperationsmöglichkeiten gibt. Es lohnt sich also, sich mit Java zu beschäftigen.

In diesem Kapitel wollen wir uns zunächst mit den grundlegenden Konzepten von Java auseinander setzen. Die hier erworbenen Grundlagen sollen uns in späteren Kapiteln zum Verständnis der teilweise recht komplexen Programmierbeispiele dienen. Selbstverständlich kann ein solches Thema wie Java – auch auf der Grundlagenebene – kaum im Rahmen eines einzelnen Kapitels abgehandelt werden. Daher sei dem Leser nahe gelegt, dieses Kapitel als einen Einstiegspunkt zu nutzen und bei detaillierten Fragen auf die mittlerweile recht umfassende Literatursammlung zum Thema Java zurückzugreifen.

20.1 Die Entstehung von Java

Manchmal schärft der Blick in die Geschichte das Gefühl für Wichtiges in der Gegenwart. Auch bei Java ist es äußerst interessant, sich etwas genauer mit der Historie zu befassen, denn Java wird heute für etwas ganz anderes eingesetzt, als es eigentlich gedacht war.

Geschichte

Anfang der 1990-er Jahre hielt man bei der Firma Sun nach neuen Produkten Ausschau, die noch Wachstumspotential boten.

Als einen solch zukunftsträchtigen Markt sah man den für elektrische Haushaltsgeräte an. Zwar hat sicherlich inzwischen jeder zahlungskräftige Konsument eine Waschmaschine und ein Bügeleisen, jedoch lässt deren Vernetzungs- und Integrationsgrad heutzutage noch arg zu wünschen übrig.

Die Idee bestand also darin, eine Plattform für die Steuerung und Vernetzung dieser Haushaltsgeräte zu schaffen. Sozusagen die computergesteuerte Waschmaschine, das vernetzte Bügeleisen oder die intelligente Mikrowelle. Für diese Zwecke wollte man eine Plattform schaffen, die optimal auf derartige Anforderungen zugeschnitten war.

Von Oak zu Java

Man entwickelte also heftig und konnte etwa 1994 eine brauchbare Lösung unter dem Namen »Oak« (= Eiche) präsentieren. Leider stellte sich bald heraus, dass der

Bedarf an computergesteuerten Kaffeemaschinen und Mikrowellen doch (noch) nicht so groß war. So stand denn das Projekt 1994 kurz vor der Einstellung. Genau zu dieser Zeit begann die Entwicklung des stillen Forschungsnetzes »World Wide Web«. Dank Grafik und Hypertext browste man durch das mehr oder weniger statische Informationsangebot der Hochschulen und Forschungseinrichtungen sowie der wenigen Firmen, die schon im Netz präsent waren.

Als gutes Unternehmen versuchte man bei Sun natürlich, seine Projektinvestitionen zu retten. Dabei stellte man fest, dass in diesem neuen Netz fast dieselben Bedürfnisse bestanden, die man für sein Projekt Oak erkannt hatte. Im Wesentlichen mangelte es an Intelligenz auf Seiten des Browsers, um eine dynamische Interaktion mit dem Benutzer zu ermöglichen.

Sun tat sich daraufhin mit Netscape – dem unumstrittenen Marktführer bei Webbrowsern – zusammen und entwickelte binnen kurzer Zeit ein Konzept für eine Internet-Programmiersprache. Kleine Programme, so genannte Applets, sollten in die HTML-Seiten integriert werden und dem Anwender die Interaktion ermöglichen.

Sun stellte seine Ausführungsumgebung zur Verfügung, Netscape integrierte sie in den Browser. Zusätzlich rührten beide Firmen kräftig die Werbetrommel und gaben dem Kind einen neuen Namen: Java.

Java, angelsächsisch/umgangssprachlich für heißen Kaffee, sollte das Herz aller Programmierer erwärmen und in Zukunft alle herkömmlichen Programmiersprachen ersetzen.

Konzentrierte sich Sun mit Java zunächst mit Applets und Stand-alone-Programmen auf das Front-End des Benutzers, so wandert der Fokus zurzeit spürbar weiter in Richtung auf die Serverebene und damit das Back-End.

Seit dem Jahr 1999 wird die Java-Plattform in drei Hauptrichtungen aufgeteilt:

- Die Java 2 Standard Edition (J2SE) führt die Tradition der klassischen Java-Entwicklung von Applets und Stand-alone-Programmen fort und entspricht den früheren Java Development Kits (JDK). Diese können Sie weiterhin kostenlos von Sun downloaden und zur Programmierung verwenden.
- Für den unternehmensweiten Einsatz von Java bietet Sun die Spezifikation der Java 2 Enterprise Edition (J2EE). Dies ist zunächst nur eine Spezifikation und kein fertiges Produkt. Beschrieben wird der Einsatz von Java in unternehmensweiten Anwendungen und der Aufbau dazugehöriger Application-Server. Bekanntester Vertreter im Lotus/IBM-Umfeld ist dabei der WebSphere Application-Server.
- Die dritte Variante von Java ist die Java 2 Micro Edition (J2ME), die eine besonders kompakte Java-Implementierung für den Embedded-Bereich, d.h. Handys, Organizer und intelligente Steuerungen, beschreibt.

Egal in welcher Form Sie Java einsetzen möchten, Sie müssen sich zunächst mit den grundlegenden Konzepten von Java vertraut machen. Diese gelten unabhängig von einer bestimmten Implementierung.

20.2 Wichtige Konzepte von Java

Als sehr spät entstandene Programmiersprache enthält Java viele moderne Konzepte, die andere Programmiersprachen nicht oder nur sehr unvollkommen umsetzen. Andererseits merkt man der Sprache an, dass sie aus sehr viel praktischer Programmiererfahrung heraus entstanden ist.

Das Syntaxgerüst von Java ist fast vollständig von der Programmiersprache C übernommen. Wer C kennt, der kennt auch Java – sollte man jedenfalls meinen. Natürlich gibt es aber auch viele Besonderheiten, speziell im Objektbereich, so dass sich das Weiterlesen immer noch lohnt.

Besonderheiten von Java

Die wichtigsten Besonderheiten von Java sind im Folgenden aufgeführt:

- **Java ist äußerst konsequent objektorientiert.** Entsprechend ist der Schlüssel zu allen modernen Konzepten wie Applets, Beans etc. das Verständnis der objektorientierten Programmierung.
- **Java ist plattform- und betriebssystemunabhängig** – vorausgesetzt, auf dieser Plattform ist eine Java-Umgebung (»Virtuelle Maschine«) verfügbar. Anstatt das Programm mit einem Compiler für einen bestimmten Prozessor und ein Betriebssystem zu übersetzen, erzeugt der Compiler einen Meta-Code (»Bytecode«), der auf allen Umgebungen lauffähig ist. Dort wird er nicht direkt, sondern eben von dieser virtuellen Maschine Byte für Byte interpretiert. Das ist zwar nicht besonders schnell, aber dafür wirklich portabel. Für einige Umgebungen oder Plattformen, z.B. Windows, bietet Sun selber eine virtuelle Maschine an, für andere Plattformen wird die Java-Anpassung vom Anbieter selbst vorgenommen.
- **Java ist stabil.** Kein System soll durch eine Java-Applikation zum Absturz gebracht oder unerlaubten Zugriffen ausgesetzt werden. So wurden in Java sicherheitsrelevante Sprachelemente abgeschafft, die sich sonst in jeder anderen Programmiersprache finden. Sicherlich kennen Sie die freundlichen »Null Pointer Exeception« oder »Assert«-Meldungen. Wenn diese auftreten, hat sich der Computer wieder einmal im Zeigerwald verirrt. In Java gibt es keine Zeiger und auch alle verwandten Konstrukte wie konventionelle Felder wurden eliminiert.
- **Java ist sicher.** Eine ganz wesentliche Besonderheit von Java ist das integrierte Sicherheitskonzept. Je nach Ausführungsbedingungen sind bestimmte Programmfunktionen gesperrt. So darf ein Java-Applet z.B. nicht auf das Dateisystem zugreifen oder fremde Server kontaktieren. Bei jeder sicherheitsrelevanten Anforderung prüft die virtuelle Maschine, ob diese Funktion zulässig ist. Im Normalfall ist sie es nicht und wird zurückgewiesen. Allerdings kann der Benutzer Ausnahmen zulassen. Dies ist z.B. bei Anwendungen wie Internetbanking üblich. Eine weitere Ausnahme gilt für eigenständige Java-Applikationen. Wenn Sie eine solche Anwendung auf Ihrem Rechner installieren, geben Sie ihr damit auch volle Privilegien. Das ist nicht anders, als wenn Sie ein gekauftes Programm installieren.
- **Java ist professionell.** So läuft es nicht auf 16-Bit-Windows-Umgebungen und geht auch selbstverständlich von langen Dateinamen aus. Auch Browser können in diesen Umgebungen keine Java-Applets ausführen.

20.3 Java mit Lotus Notes Domino

Innerhalb von Lotus Notes Domino bietet die Verwendung von Java verschiedene Vorteile, wenn man auch nicht sagen kann, dass sie grundsätzlich besser als andere Formen der Programmierung ist. Ob der Einsatz von Java grundsätzlich Vorteile mit sich bringt oder nicht, hängt unter anderem davon ab, in welcher Form man Java im Lotus Notes Domino-Kontext einsetzt. Hierbei gibt es folgende Möglichkeiten, die wir in den nachfolgenden Kapiteln noch ausführlich diskutieren werden:

- Java in Agenten: Seit der Version 4.6 stellt Java eine weitere Möglichkeit dar, Agenten zu entwickeln.
- Java-Applets: kleine Mini-Applikationen, welche im Kontext eines Webbrowsers, also auf der Client-Seite, ablaufen
- API-Programme: eigenständige Java-Applikationen, welche plattformübergreifend – entweder als Client oder als Server – auf die Lotus Domino-Dienste zugreifen können
- Java-Servlets: in Java geschriebene Erweiterungen eines HTTP-Servers, welche eine leistungsstarke Alternative gegenüber klassischen Web-Applikationsschnittstellen wie z.B. CGI darstellen. Wir werden uns im Folgenden die Vor- und Nachteile von Java für jeden Einsatzmodus näher ansehen.

20.3.1 Agenten

Vorteile von Java-Agenten

Agenten kennen in Java keine Einschränkungen bei der Größe von Datentypen (64 Kbyte). Sie sind von Haus aus zu Multithreading fähig und unterstützen Unicode-Zeichenkodierung. Darüber hinaus lassen sich fremde Objektklassen, z.B. Programmbibliotheken von Drittanbietern, sehr leicht importieren und einbinden. Für den »Durchschnittsagenten« sind diese Vorteile allerdings gering.

Nachteile von Java-Agenten

Dem steht als Nachteil gegenüber, dass Java-Agenten etwas langsamer als LotusScript-Agenten laufen und kein Debugger verfügbar ist. Selbst die Plattformunabhängigkeit von Java punktet hier nicht, da auch LotusScript auf allen Plattformen lauffähig ist.

20.3.2 Java-Applets

Ganz im Trend der Zeit sind gegenwärtig sehr viele Menschen der Meinung, dass man am besten sämtliche Computerarbeit im Browser erledigen sollte. Im Vergleich zum Lotus Notes Domino-Client sind aber Browser auf einem funktional primitiveren Stand. Mit Java-Applets kann man dem Browser ein gutes Stück auf die Sprünge helfen, indem man Notes-Funktionalitäten nachbildet. Lotus zeigt dies sehr eindrucksvoll durch mitgelieferte Applets (z.B. das »View«-Applet) seit Release 5.

Natürlich kann man auch ganz normale Applets schreiben, z.B. um Daten grafisch anzuzeigen oder komplexe Eingabemasken zu realisieren. Insbesondere in Verbindung mit JavaScript kann man auf diese Weise Programme für den Webbrowser erstellen, die konventionellen Notes-Programmen in nichts nachstehen.

In Verbindung mit CORBA können Applets sogar in Echtzeit auf die Server-Daten zugreifen und ähnliche Funktionen wie Agenten realisieren.

20.3.3 API-Programme

Hier wird es schon spannender: API-Programme wurden bisher traditionell in C oder C++ geschrieben und mussten für alle Ausführungsumgebungen einzeln kompiliert (und zumeist auch angepasst werden). Mit Java läuft ein Programm auf allen Plattformen: vom Windows NT bis zur IBM S/390.

Auf einem Server können wir mit Java Hintergrundaufgaben ausführen oder Schnittstellen zu anderen Systemen wie Datenbanken, Application-Server etc. schaffen.

Auf dem Client können wir mit Java eine komplett eigene Benutzeroberfläche schaffen, die den Lotus Notes Domino-Client lediglich als Transportmedium verwendet. Im Zweifelsfalle bemerkt der Benutzer die Anwesenheit von Lotus Notes Domino überhaupt nicht.

In Verbindung mit der CORBA-Schnittstelle besteht sogar die Möglichkeit, vollkommen auf einen Lotus Notes Domino-Client zu verzichten. In diesem Fall wird beim Benutzer nur noch eine Java-Laufzeitumgebung zusammen mit den Programmklassen installiert, die dann direkt Verbindung mit dem Server aufnimmt. Damit können auch Geräte als Front-End fungieren, auf denen sonst kein Lotus Notes Domino lauffähig ist, z.B. Organizer.

20.3.4 Java-Servlets

Java-Servlets sind gewissermaßen die Vorstufe zur »großen« J2EE-Umgebung.

Praktisch handelt es sich dabei um Java-Klassen, die auf einem Webserver (oder auch speziellem Applikationsserver) installiert und aufgerufen werden. Ruft der Benutzer im Browser eine URL auf, die zum Servlet zeigt, so wird dies ähnlich einem CGI-Programm aufgerufen und produziert (zumeist) eine Bildschirmausgabe

Wir können einfache Servlets für die Anbindung von Drittsystemen verwenden, aber auch, um unsere Domino-Daten in individueller Form dem Anwender im Browser zu präsentieren.

Für »richtig große Anwendungen« sollten wir allerdings nicht die mitgelieferte Domino-Servletumgebung verwenden, sondern den Einsatz einer »richtigen« J2EE-Umgebung erwägen. Produkte wie WebSphere oder Tomcat bieten eine wesentlich größere Leistungsfähigkeit und mehr Komfort.

Zusammenfassend kann man sagen, dass Java eine wichtige Erweiterung für Lotus Notes Domino darstellt, allerdings weniger als Ersatz für bestehende Techniken gedacht ist, sondern vielmehr als Werkzeug für neue Einsatzmöglichkeiten, vor allem im Browserbereich und auf dem Weg zu einer verstärkten Anbindung an J2EE-Unternehmensarchitekturen.

20.4 Java-Entwicklungsumgebungen

Wenn Sie mit Java programmieren möchten, benötigen Sie natürlich eine entsprechende Entwicklungsumgebung.

Wenn Sie Java mit Lotus Notes Domino programmieren möchten, so können Sie darauf verzichten, wenn Sie ausschließlich Agenten programmieren wollen.

Java Software Development Kit (SDK)

In allen anderen Fällen müssen Sie entweder ein Programmierwerkzeug kaufen oder es aus dem Internet downloaden.

> Von Sun bzw. der Tochterfirma JavaSoft erhalten Sie kostenlos im Internet die Java 2 Standard Edition SDK (J2SE), früher auch als Java Development Kit (JDK) bezeichnet, in der jeweils neuesten Version. Als Anfänger können Sie mit der J2SE gut die ersten Schritte durchführen, als Profi werden Sie bald ein komfortableres Werkzeug benötigen. Die J2SE ist zunächst als Referenz für alle weiteren Hersteller zu sehen. Neue Funktionen werden zunächst hier integriert und veröffentlicht. Wenn die endgültige Version verfügbar ist, ziehen auch die anderen Hersteller von Entwicklungswerkzeugen nach.

Zur J2SE SDK gehört ein vollständiger Satz von Werkzeugen: Compiler, Interpreter, Applet-Viewer, Disassembler, Dokumentationswerkzeug sowie weitere Tools.

Vorteile von visuellen Entwicklungsumgebungen

Warum sollte man bei so vielen kostenlosen Werkzeugen noch Geld für eine echte Entwicklungsplattform ausgeben? Ganz einfach, weil der J2SE SDK ein nicht visuelles Werkzeug ist, bei dem Sie jeden Entwicklungsschritt in »Steinzeitmanier« in der Kommandozeile ausführen müssen.

Jede Entwicklungsrunde besteht damit aus:

- Schreiben in einem Editor Ihrer Wahl
- Speichern des Programms als Text
- Aufruf des Compilers, um den Bytecode zu erzeugen
- Aufruf des Interpreters, um das Programm zu testen
- Bei Fehlern: wieder von vorne beginnen

Bei Java-Applets kommen noch zusätzliche Schritte hinzu.

In einer professionellen Entwicklungsumgebung wird ein Programm üblicherweise sofort auf syntaktische Richtigkeit getestet. Auf Knopfdruck startet der Compiler und anschließend der Interpreter. Bei nur etwas größeren zu erstellenden Programmen rechtfertigt auch die Zeitersparnis durch Wizards zum Erstellen von Grundgerüsten den finanziellen Mehraufwand.

20.5 Arbeiten mit der Java 2 Standard Edition (J2SE)

20.5.1 Download des J2SE SDK

Wie bereits erwähnt, erhalten Sie das J2SE SDK am einfachsten im Internet. Auf der Website *http://java.sun.com* können Sie sich ggf. registrieren und anschließend Ihre persönliche Version downloaden.

Für unsere Beispiele wäre die Version 1.3 der J2SE vollkommen ausreichend. Diese Version entspricht der in Lotus Notes Domino 6.x integrierten. Beachten Sie aber bitte, dass einige Webbrowser bis heute nur die Funktionalität von Java 1.1.8 unterstützen. Neuere Versionen von Java, zum Beispiel 1.4.x, sind in der Regel kompatibel zu den älteren, verfügen aber über zusätzliche Klassen, die auf den älteren Laufzeitumgebungen (wie ein Browser es darstellt) dann fehlen. Leider kam es allerdings auch vor, dass alte Java-Versionen auf sehr neuen PCs nicht mehr liefen (z.B. mit dem Pentium 4-Prozessor) und dann ohnehin eine neue Version erforderlich wurde.

20.5.2 Installation des J2SE SDK

Der J2SE SDK wird als selbst entpackendes Archiv geliefert. Nach dem Download starten Sie einfach die Datei durch Doppelklick.

Nach dem Copyright-Hinweis werden Sie bei der benutzerdefinierten Installation (custom setup) nach dem Zielverzeichnis und den Installationsoptionen gefragt (vgl. Abbildung 20.1).

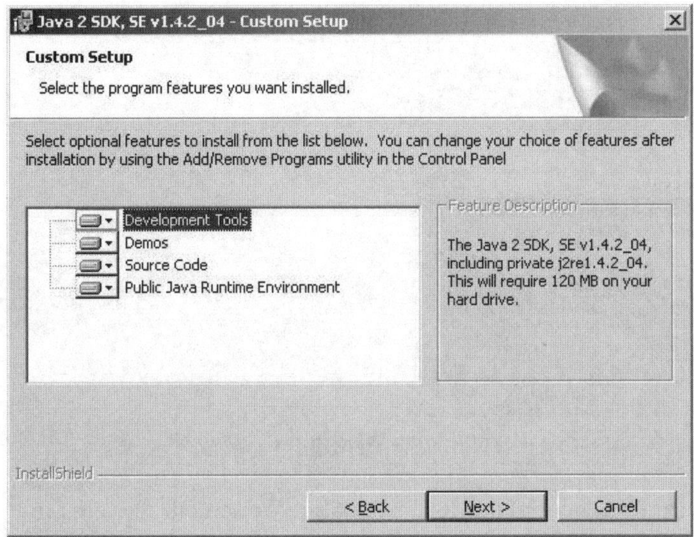

Abbildung 20.1: Installationsoptionen für die J2SE-Umgebung

Installieren Sie zusätzlich zu den Standardvorgaben auch die Java-Source-Dateien. Sie sind eine gute Möglichkeit, einen Blick auf die Funktionsweise von Java zu werfen.

20.5.3 Einrichtung der Java-Einstellungen

Nach der Installation bedarf es noch einiger Einstellungen. Diese werden im Folgenden unter Annahme eines bei der Installation gewählten möglichen Zielverzeichnisses (»D:\j2sdk1.4.2_04«) dargestellt.

Klassenpfad einstellen

Über die Umgebungsvariable CLASSPATH finden Java-Compiler und Interpreter die Klassenbibliotheken, auf die im Programm Bezug genommen wird. Auch andere fremde Klassen werden hier gesucht. Dort sollte sich die Datei *src.zip* befinden. Wenn Sie diese öffnen, finden Sie viele Java-Dateien.

Windows 9x

Bei Windows 9x ergänzen wir in der *AUTOEXEC.BAT* den Eintrag:

```
SET CLASSPATH=.;D:\j2sdk1.4.2_04
```

Windows NT/2000/XP

Bei diesen Windows-Systemen nehmen wir einen gleichartigen Eintrag unter SYSTEMSTEUERUNG/SYSTEM/UMGEBUNG vor (vgl. Abbildung 20.2).

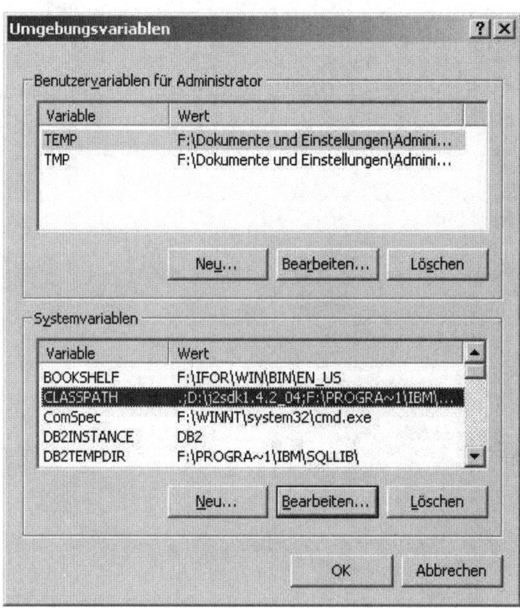

Abbildung 20.2: Einstellung der* CLASSPATH*-Variable unter Windows NT/2000/XP

Vergessen Sie bitte beim Eintragen nicht den ».«! Später können wir weitere Einträge im CLASSPATH ergänzen.

Programm-Suchpfad einstellen

Zusätzlich sollte ein Eintrag im Suchpfad (PATH-Variable) vorgenommen werden. Dadurch kann der Compiler auch aus einem fremden Verzeichnis heraus aufgerufen werden.

Windows 9x

Nehmen Sie bei Windows 95 in der Datei *AUTOEXEC.BAT* folgende Ergänzung vor:

```
PATH <das was bisher stand>;D:\j2sdk1.4.2\bin
```

Windows NT/2000/XP

Bei Windows NT muss in der Systemsteuerung, analog zu der obigen Ergänzung, unter `PATH` zusätzlich `D:\j2sdk1.4.2\bin` eingegeben werden (vgl. Abbildung 20.3).

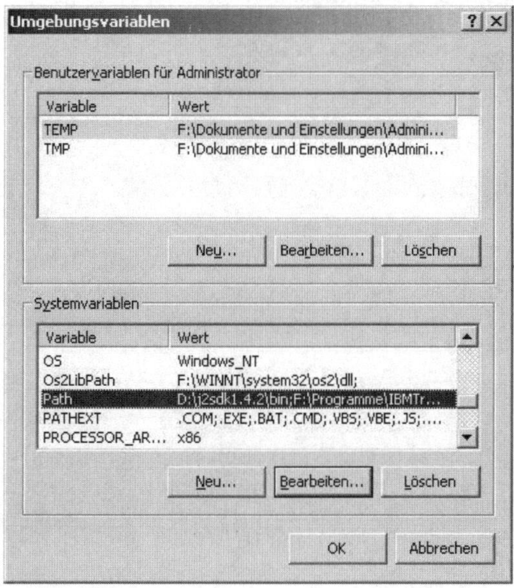

Abbildung 20.3: Einstellung der Path-Variable unter Windows NT/2000/XP

Auch hier können wir später noch weitere Einträge vornehmen.

> Änderungen am `CLASSPATH` und `PATH` werden übrigens immer erst nach einem Neustart (Windows 9x) oder dem Schließen und erneuten Öffnen des DOS-Fensters (NT/2000/XP) aktiv.

Arbeitsverzeichnis anlegen

Wenn alles fertig ist, starten Sie ein neues DOS-Fenster. Am besten wechseln Sie in das J2SE-Hauptverzeichnis, legen ein Arbeitsverzeichnis *wrk* an und wechseln in dieses:

```
cd \j2sdk1.4.2
md wrk
cd wrk
```

Am Ende sollte das Fenster etwa wie in der Abbildung 20.4 aussehen:

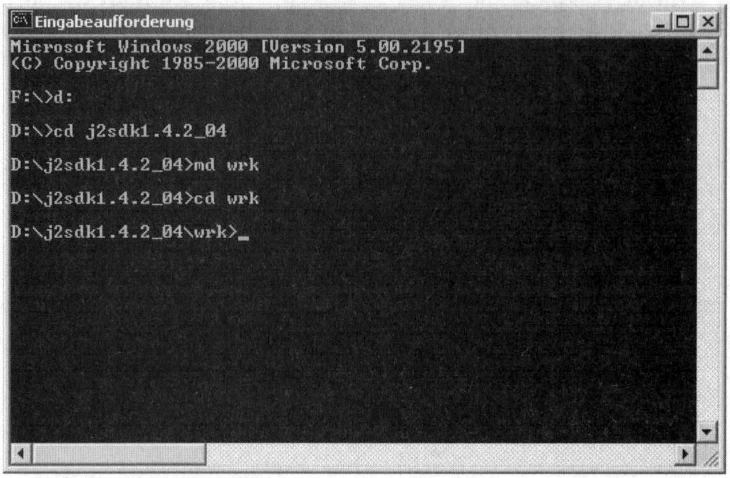

```
Eingabeaufforderung
Microsoft Windows 2000 [Version 5.00.2195]
(C) Copyright 1985-2000 Microsoft Corp.

F:\>d:

D:\>cd j2sdk1.4.2_04

D:\j2sdk1.4.2_04>md wrk

D:\j2sdk1.4.2_04>cd wrk

D:\j2sdk1.4.2_04\wrk>_
```

Abbildung 20.4: Arbeitsverzeichnis einrichten

Damit sind wir bereit für die weiteren Kapitel.

20.6 Java-Sprachgrundlagen

20.6.1 Eine erste Java-Anwendung

Programmcode

Beginnen wir unsere Java-Einführung ganz praktisch: Wir wollen ein erstes Lebenszeichen von Java auf den Bildschirm bringen. Unser Programm besteht aus sieben Programmzeilen (vgl. Listing 20.1).

```
class HelloWorld
{
  public static void main(String argv[])
  {
    System.out.println("Hello World!");
  }
}
```

Listing 20.1: Eine erste Java-Anwendung

Eingabe des Programmcodes

Wir gehen im Folgenden aus praktischen Gründen von einer 32-Bit-Windows-Umgebung aus. Zum Eingeben verwenden wir den ganz einfachen Windows-Editor »Notepad« oder auch den »Editor«. Geben Sie bitte den Programmtext wie oben ein. Beachten Sie besonders die richtige Groß- und Kleinschreibung, wie in der nachfolgenden Abbildung dargestellt.

HelloWorld - Editor

Datei Bearbeiten Format ?

```
public class HelloWorld{
        public static void main(String argv[]){
                System.out.println("Hello World!");
                }
}
```

Abbildung 20.5: Texteingabe im Notepad

Programmcode speichern

Zum Schluss speichern wir das Programm ab. Dazu verwenden wir unser Arbeitsverzeichnis im J2SE-Dateibaum.

> Ganz wichtig ist der richtige Dateiname. Jede Java-Datei muss denselben Namen tragen wie im Programmkopf vermerkt. Hier muss der Dateiname also *HelloWorld.java* (mit richtiger Groß-/Kleinschreibung) lauten.
>
> Der Windows-Editor birgt noch eine weitere Tücke in sich: Da er den Dateityp `.java` nicht kennt, fügt er unaufgefordert den zusätzlichen Dateinamen `.txt` an. Damit lautet unsere Datei dann *HelloWorld.java.txt* und damit kann die Entwicklungsumgebung nichts anfangen (vgl. Abbildung 20.6).

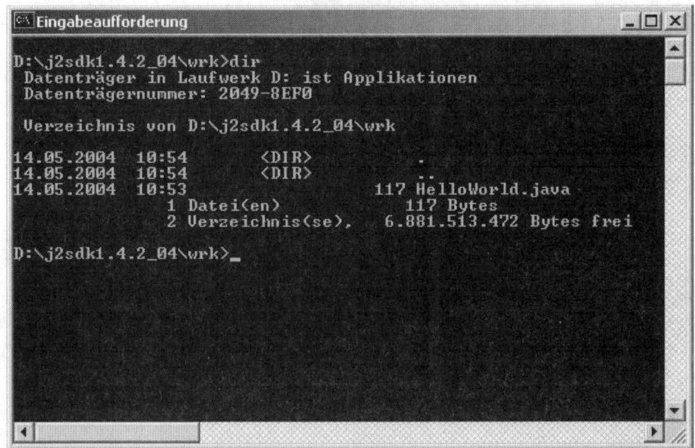

Abbildung 20.6: Gespeichertes Programm mit richtigem Dateinamen

Der sicherste Weg, um diesen Fehler zu vermeiden ist, die DOS-Box aufzurufen und im Arbeitsverzeichnis

```
dir /p
```

einzugeben. Wenn hier der falsche Name angezeigt wird, die Datei umbenannt mit

```
ren HelloWorld.java.txt HelloWorld.java
```

Programm kompilieren

Jetzt endlich können wir das Programm kompilieren. Starten Sie den Java-Bytecode Compiler mit der Anweisung:

```
javac HelloWorld.java
```

Bekommen Sie eine Fehlermeldung? Dann haben Sie sich vermutlich verschrieben. Doppelklicken Sie einfach im Windows Explorer auf die Datei *HelloWorld.java*. Ein letztes Mal wird Sie Windows nach dem Editorprogramm fragen (Sie wählen bitte Notepad), um dann Ihr Programm erneut zu öffnen.

Nun können Sie den Fehler korrigieren und die Datei erneut speichern und kompilieren. Wenn Sie keine Meldung vom Compiler mehr erhalten, war alles in Ordnung. Geben Sie jetzt die Anweisung

```
dir /p
```

ein. Zusätzlich zur Datei *HelloWorld.java* finden wir eine weitere Datei mit dem fertig kompilierten Java-Bytecode unter dem Namen *HelloWorld.class*.

Zum Abschluss testen wir unser Programm. Dazu benötigen wir den Java-Interpreter, den wir mit

```
java HelloWorld
```

starten. Den Lohn für unsere Mühe sehen wir in der Abbildung 20.7:

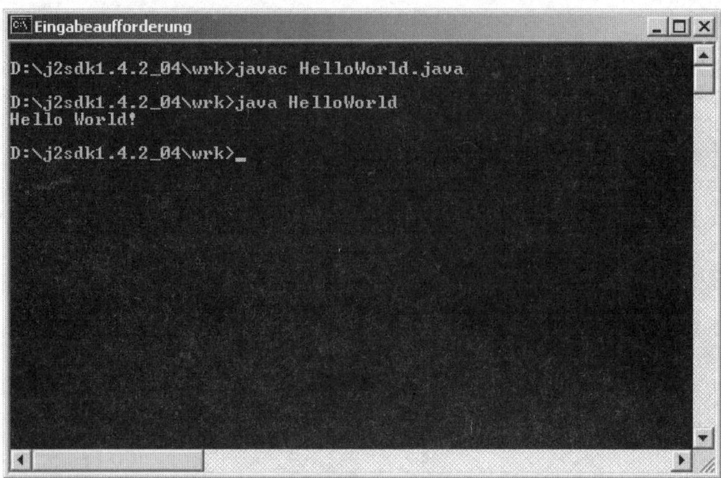

Abbildung 20.7: Kompilierung und Start

Das ist dann auch schon alles, was unser Programm tut. Um zu verstehen, was wir da eigentlich getan haben, sehen wir uns im Folgenden die Grundlagen von Java etwas genauer an.

20.6.2 Daten und Variablentypen

Die Datentypen in Java lassen sich grob in zwei Gruppen einteilen: skalare Daten, so genannte Primitives, und Objektdatentypen.

Skalare Datentypen

Da wir uns noch nicht mit Objekten beschäftigt haben, konzentrieren wir uns zunächst auf die skalaren Typen. Diese sind in der nachfolgenden Übersicht (vgl. Tabelle 20.1) dargestellt.

Schlüsselwort	Speicherbedarf	Wertebereich
`byte`	8 Bit	–128 bis 127
`short`	16 Bit	–32768 bis 32767
`int`	32 Bit	–2147483648 bis 2147483647
`long`	64 Bit	–9223372036854775808 bis 9223372036854775807
`float`	32 Bit	0 bis 2^24; 10^-149 bis 10^104
`double`	64 Bit	0 bis 2^53; 10^-1075 bis 10^970
`char`	16 Bit!!	0 bis 65535
`boolean`	1 Bit	true/false

Tabelle 20.1: Daten und Variablentypen in Java

Zahlenformate

Skalare Datentypen sind solche, die jeweils nur einen einfachen (eindimensionalen) Wert annehmen können. In Java sind alle skalaren Datentypen Zahlen, die sich nur in der Genauigkeit unterscheiden. Die Typen `byte`, `short`, `int` und `long` können nur ganzzahlige, vorzeichenbehaftete Werte annehmen. `float` und `double` nehmen auch Kommawerte auf.

Typ »char«

Der Typ `char` ist wiederum ganzzahlig, aber vorzeichenlos. Eigentlich ist er für die Verwaltung von Buchstaben gedacht, er kann aber auch für vorzeichenlose Zahlen eingesetzt werden. Die Tatsache, dass er 16 Bit groß ist, deutet schon darauf hin, dass Java intern einen 16-Bit-Zeichensatz, nämlich *Unicode,* verwendet.

Typ »Boolean«

Schließlich sei auf den besonderen Datentyp `boolean` hingewiesen. Anders als in vielen Programmiersprachen ist er ein eigener Datentyp, der lediglich zwei Werte annehmen kann: `true` bzw. `false`. In logischen Operationen kann auch nur dieser Datentyp verwendet werden.

Arbeiten mit skalaren Datentypen

Wichtig wird die Typenangabe, wenn Sie Variablen deklarieren wollen. Wenn Sie z.B. das aktuelle Jahr speichern möchten, so deklarieren Sie einfach eine Variable. Bei einer Deklaration erfolgt immer zunächst die Angabe des Typnamens in richtiger Groß- und Kleinschreibung!

```
short jahr;
```

Für den laufenden Tag im Monat ist ein Byte ausreichend:

```
byte tag;
```

Bei Bedarf können Sie Variablen auch gleich initialisieren:

```
short jahr = 1999;
byte tag = 31;
double pi = 3.1415926535;
float ust = 1.15f;
```

Bei den skalaren Variablen geben Sie also einfach den Initialwert der Variablen hinter einem Gleichheitszeichen an.

> Eine Besonderheit gilt für `float`-Datentypen: Eine Zahl, die nicht besonders kenntlich gemacht wurde, ist automatisch vom Typ `double`. Entsprechend müssen `float`-Zahlenwerte durch ein `f` am Ende gekennzeichnet werden (`double`-Werte können ein *d* enthalten, müssen es aber nicht).

Wrapper-Klassen

Zu allen skalaren Datentypen gibt es einen äquivalenten Objekttyp, die so genannte Wrapper-Klasse (Verpackungsklasse). Diese heißt meistens genau wie der skalare Typ, wird dafür aber groß geschrieben (vgl. Tabelle 20.2). Als Objekt kann die Wrapper-Klasse auch Umwandlungsprogramme enthalten, z.B. um Datentypen ineinander umzurechnen. Umgekehrt kann man mit Wrapper-Objekten keine Berechnungen durchführen.

Skalarer Typ	Wrapper-Klasse
`byte`	Byte
`short`	Short
`int`	Integer
`long`	Long
`float`	Float
`double`	Double
`char`	Character
`boolean`	Boolean

Tabelle 20.2: Skalartypen und Wrapper-Klassen

Deklaration von Wrapper-Objekten

Hier einige Beispiele für die Deklaration der Wrapper-Objekte:

```
Integer i;
Double summe;
```

Spätestens bei der Initialisierung sieht man die Objekteigenschaft:

```
Integer i = new Integer(42);
Double summe = new Double(9.99);
```

> Beachten Sie bitte, dass Sie bei den Skalarwerten direkt den Wert zugewiesen haben. Eine Berechnung in folgender Weise ist nicht zulässig:
>
> ```
> Double summe = new Double(7.99) + new Double(9.99);
> /* unzulässig, da mit Wrapper-Klassen nicht gerechnet werden darf */
> ```
>
> Erlaubt wäre:
>
> ```
> double summe = 7.99 + 9.99; /* hier werden nur Skalarwerte verwendet (zulässig) */
> ```

Strings

Als letzte wichtige Objektklasse wollen wir uns noch die Strings ansehen. Auch diese sind als Objektklassen realisiert, für die es allerdings kein primitives Äquivalent gibt. Es gelten dagegen für Strings aufgrund ihrer großen Bedeutung einige Vereinfachungen.

Einen String deklarieren wir mit der Anweisung:

```
String begruessung;
```

Natürlich können wir ihn auch gleich initialisieren:

```
String begruessung = new String("Hello World");
```

Die Notation rechts vom = ist die Vorgehensweise bei der Initialisierung von Objekten aller Klassen. Bei »Strings« darf man es auch ausnahmsweise abkürzen:

```
String begruessung = "Hello World";
```

Ebenfalls zulässig ist das Verknüpfen von Strings:

```
String begruessung = new String("Hello") + new String(" World");
```

20.6.3 Operatoren

Um mit Daten rechnen zu können, brauchen wir Rechenoperatoren. Je nach Art der Daten teilen wir die Operatoren in verschiedene Kategorien ein, die wir uns im Folgenden jeweils ansehen werden.

Numerische Operatoren

Numerische Operatoren dienen zum Verknüpfen von Zahlenwerten. Sie sollten jedem, der schon mal einen Taschenrechner verwendet hat, keine Probleme bereiten (vgl. Tabelle 20.3). Weniger bekannt dürfte einzig die Modulo-Operation sein. Sie liefert als Ergebnis den Rest einer ganzzahligen Division zurück.

Operator	Funktion	Beispiel	Ergebnis
+	Addition	1+1	2
-	Subtraktion	2-1	1
*	Multiplikation	1*1	1
/	Division	9/3	3
%	Modulo-Operator	10%3	1

Tabelle 20.3: Numerische Operatoren

String-Operatoren

Bei der String-Verkettung werden zwei Strings aneinander gefügt. Der zweite Wert darf auch eine Zahl oder ein beliebiger anderer Datentyp sein. Java wandelt diesen automatisch in einen String um und führt die Verknüpfung durch.

Operator	Funktion	Beispiel	Ergebnis
+	String-Verkettung	"ABC" + "DEF" "ABC" + 5	"ABCDEF" "ABC5"

Tabelle 20.4: String-Operatoren

Vergleichsoperatoren

Der Name lässt es ahnen: Vergleichsoperatoren werden eingesetzt, um Relationen zwischen Zahlen und/oder Zeichenketten zu ermitteln. Bei jeder Vergleichsoperation entsteht ein Ergebnis vom Datentyp BOOLEAN. Es kann entweder WAHR oder FALSCH sein. Tückisch ist der Test auf Gleichheit. Hier ist unbedingt das doppelte Gleichheitszeichen == zu verwenden.

Operator	Funktion	Beispiel	Ergebnis
==	Test auf Gleichheit	A= 42	True, wenn A 42 ist
!=	Test auf Ungleichheit	A!=0	True, wenn A nicht 0 ist
>	Ist größer?	A>0	False, wenn A kleiner oder gleich 0 ist
<	Ist kleiner?	A>7	True, wenn A größer 7 ist
>=	Ist größer oder gleich?	A> 100	False, wenn A kleiner 100 ist
<=	Ist kleiner oder gleich?	A<=77	True, wenn A kleiner oder gleich 77 ist

Tabelle 20.5: Vergleichsoperatoren

Logische Operatoren

Logische Operatoren ermöglichen das Verknüpfen verschiedener Ausdrücke und liefern als Ergebnis einen booleschen Wert (also `WAHR` oder `FALSCH`). Die Verwendung von logischen Operatoren in Java erfolgt wie in der Tabelle 20.6 dargestellt.

Bei der logischen Verknüpfung darf man das Verdoppeln der Operatoren nicht vergessen, sonst erhält man versehentlich den Bitoperator (vgl. nächster Abschnitt).

<table>
<tr><th>Operator</th><th>Funktion</th><th>Beispiel</th><th>Ergebnis</th></tr>
<tr><td>&&</td><td>logisches UND</td><td>(A==7) && (B==5)</td><td>True, wenn A gleich 7 und B gleich 5 ist</td></tr>
<tr><td>||</td><td>logisches ODER</td><td>(A==7) || (B==5)</td><td>True, wenn A gleich 7 oder B gleich 5 ist</td></tr>
<tr><td>!</td><td>logisches NICHT</td><td>!(A==5)</td><td>True, wenn A ungleich 5</td></tr>
</table>

Tabelle 20.6: Logische Operatoren

Bitoperatoren

Im Gegensatz zu den logischen Verknüpfungen arbeiten die bitweisen Verknüpfungen auf binärer Ebene. Um diese Funktionalität verwenden zu können, sollten einem die Grundzüge der Binärarithmetik vertraut sein. Falls nicht, ist das auch nicht so schlimm, da im normalen Programmieralltag diese Funktionen eher selten vorkommen. Grundprinzip ist, dass Sie jeweils auf Einzelbitebene Daten verarbeiten. Deshalb sind in den Beispielen unten die Werte jeweils im Hexadezimalsystem (mit dem Präfix `0x`) angegeben (vgl. Tabelle 20.7). In der Spalte *Ergebnis* finden Sie die Rechenschritte im Binärsystem dargestellt.

<table>
<tr><th>Operator</th><th>Funktion</th><th>Beispiel</th><th>Ergebnis</th></tr>
<tr><td>&</td><td>bitweises UND</td><td>0xB6 & 0x6A</td><td>10110110 &
01101100
00100100</td></tr>
<tr><td>|</td><td>bitweises ODER</td><td>0xB6 | 0x6A</td><td>10110110 |
01101100
11111110</td></tr>
<tr><td>^</td><td>bitweises XOR</td><td>0xB6 ^ 0x6A</td><td>10110110 ^
01101100
11011010</td></tr>
<tr><td>~</td><td>bitweises NICHT</td><td>~ 0x6A</td><td>~ 01101100
10010011</td></tr>
<tr><td>>></td><td>bitweises Rechtsschieben mit Vorzeichenerhalt</td><td>0xB6 >> 1</td><td>>> 10110110
11011011</td></tr>
<tr><td>>>></td><td>bitweises Rechtsschieben ohne Vorzeichenerhalt</td><td>0x B6 >>> 1</td><td>>>> 10110110
01011011</td></tr>
<tr><td><<</td><td>bitweises Linksschieben mit Vorzeichenerhalt</td><td>0x B6 << 1</td><td><< 10110110
101101100</td></tr>
</table>

Tabelle 20.7: Bitoperatoren

Zuweisungsoperatoren

Den Zuweisungsoperator = haben wir bereits bei der Initialisierung von Variablen verwendet. Er wird besonders gerne mit dem Vergleichsoperator == verwechselt. Die kombinierten Zuweisungen dienen dem Programmierer vor allem zur Arbeitsersparnis. Eine Auflistung der Java-Zuweisungsoperatoren ist in der Tabelle 20.8 dargestellt.

Operator	Funktion	Beispiel	Ergebnis
=	Wertzuweisung	`summe =0.0;` `int i=5;`	summe enthält 0.0, i wird neu mit 5 initialisiert. Der alte Wert geht verloren.
+= -= *= /= %=	Zuweisung mit Rechenoperation	`summe +=2.0;` `wert *=4;`	Wenn summe vorher 3.0 enthielt, dann ist der neue Wert 5.0. Wenn wert vorher 4 enthielt, dann ist der neue Wert 16.
&= |= ^= >>= >>>= <<=	Zuweisung mit Bitoperation	`A >>=2;`	Wenn A vorher den Wert 16 enthielt, dann ist der neue Wert 4. Ein Verschieben um zwei Stellen nach rechts entspricht im Binärsystem einer Division durch 4.

Tabelle 20.8: Zuweisungsoperatoren

Bedingter Ausdruck

Der so genannte *bedingte Ausdruck* ist eine komfortable Möglichkeit, einfache Fallunterscheidungen vorzunehmen. Der Ausdruck links vom Fragezeichen wird auf *WAHR* oder *FALSCH* geprüft (vgl. Tabelle 20.9). Wird er zu *WAHR* ausgewertet, wird als Ergebnis der Wert vor dem Doppelpunkt zurückgeliefert, anderenfalls der Wert dahinter.

Operator	Funktion	Beispiel	Ergebnis
? :	Fallunterscheidung »wenn/dann/sonst«	`ergebnis =(a==5)? "ok" : "fehler"`	Ergebnis enthält "ok", wenn a gleich 5 ist, anderenfalls "fehler"

Tabelle 20.9: Bedingter Ausdruck

Reihenfolge der Rechenoperationen

Bei allen Rechenoperationen werden die üblichen Regeln »Punktrechnung vor Strichrechnung« usw. beachtet. Durch Klammern kann die Berechnungsreihenfolge zusätzlich beeinflusst werden.

20.6.4 Konstanten und Literale

Literale

Eine Form von Konstanten haben wir bereits benutzt: Wir haben Werte fest im Programmcode verdrahtet. Solche Werte werden auch als *Literale* bezeichnet. Je nach Datentyp gelten unterschiedliche Konventionen:

Ganzzahlige Datentypen (`byte`, `short`, `int` und `long`) schreiben wir:

- im Dezimalsystem:

```
5        4711
```

- oder im Oktalsystem:

```
043      03756
```

- oder auch hexadezimal:

```
0x3F     0xB7C39F
```

Bei Fließkommazahlen mit Datentyp `float` wird geschrieben:

```
3.1415f   3E47f ( = 3*1047)
```

Mit Datentyp `double` wird geschrieben:

```
3.1415d   3E47d     3.1415
```

Logische Werte sind:

```
true      false
```

Einzelne Zeichen, z.B. für den `char`-Datentyp, stehen in einfachen Anführungszeichen:

```
'A'       '\n'
```

Bei Strings werden stattdessen doppelte Anführungszeichen benutzt:

```
"ABC"     "c:\\notes\\data"     "Neue \n Zeile"     "\"Zitat\""
```

Verwendung von Sonderzeichen

Wenn sich Sonderzeichen im String oder auch in einem Einzelzeichen befinden, müssen diese durch einen umgekehrten Schrägstrich markiert werden. Solche Sonderzeichen sind in der Tabelle 20.10 dargestellt.

Backslash	\\	Anführung doppelt	\"
Tabulator	\t	Anführung einfach	\'
Backspace	\b	Oktalzahl	\056
Linefeed	\n	Hexadezimalzahl	\x7a
Formfeed	\fs	Unicode-Zeichen (hex)	\u002E
Wagenrücklauf	\r		

Tabelle 20.10: Sonderzeichen

Verwendung von Literalen in Java

Die Literale werden direkt im Programmtext eingesetzt, z.B. bei der Variableninitialisierung:

```
int i = 42;
float zahl = 654.45f;
String ausgabe = "Ausgabetext \"Hallo\"";
```

Konstanten

Konstanten im herkömmlichen Sinn gibt es in Java nicht. Stattdessen werden Konstanten mit einer festen Syntax ähnlich wie bei unveränderlichen Variablen deklariert:

```
static final int EINS = 1;
static final double PI = 3.1415926535;
static final String START = "Start";
```

20.7 Java-Programmsteuerung

Zu einer richtigen Programmiersprache gehören Möglichkeiten, den Programmablauf zu beeinflussen. Dies sind z.B. Programmverzweigungen und Schleifen. Diese wollen wir uns im Folgenden ansehen.

20.7.1 »if«-Bedingung

Die `if`-Bedingung ist die klassische Ja/Nein-Abfrage. Wir fragen zunächst eine Bedingung ab, um dann in den einen oder anderen Programmteil zu verzweigen. Der Programmteil kann dabei ein- oder mehrzeilig sein. Beide Alternativen sind in der Tabelle 20.11 dargestellt.

<table>
<tr>
<td><pre>if (Bedingung)
    Anweisung1;
else
    Anweisung2;</pre></td>
<td><pre>if (Bedingung)
{
    Anweisung1a;
    Anweisung1b;
}
else
{
    Anweisung2a;
    Anweisung2b;
}</pre></td>
</tr>
</table>

***Tabelle 20.11:** Syntax:* `if`*-Anweisung einzeilig und mehrzeilig*

Wenn die Bedingung eintritt, wird die *Anweisung1* (oder der *Anweisungsblock 1*) ausgeführt. Tritt sie nicht ein, so wird die *Anweisung2* ausgeführt.

Das folgende Beispiel zeigt die Verwendung deutlicher (vgl. Listing 20.2):

```
if (zahl == 0)
    System.out.println("Null");
else
    System.out.println("nicht Null");
```

Listing 20.2: `if`***-Verzweigung***

Folgende Punkte sind zu beachten:

- Die Bedingung muss ein logischer Ausdruck sein und in runden Klammern stehen. Besonders gerne wird hierbei vergessen, die richtigen Vergleichsoperatoren zu verwenden.
- Der Bedingung folgt *unmittelbar* die auszuführende Anweisung oder der Anweisungsblock in geschweiften Klammern.
- Ist die Bedingung nicht eingetreten, so wird die Anweisung oder der Anweisungsblock hinter `else` ausgeführt. Der `else`-Abschnitt kann entfallen, falls er ohne Bedeutung ist.

Hier wird entweder der Text »Null« oder »nicht Null« ausgegeben, abhängig davon, ob die Variable `zahl` den Wert `0` hat.

Die `if`-Anweisung eignet sich immer dann, wenn einfache Ja/Nein-Entscheidungen zu treffen sind.

20.7.2 »switch«-Verzweigung

Die »andere« Verzweigung in Java erfolgt mittels der `switch`-Anweisung. Die `switch`-Anweisung wird immer dann eingesetzt, wenn es mehr als eine mögliche Alternative gibt. Dies setzt voraus, dass die Alternativen klar unterscheidbar sind. Zwei alternative Verwendungsmöglichkeiten der `switch`-Anweisung sind in der Tabelle 20.12 dargestellt.

In Java lassen sich mit `switch` nur Fälle unterscheiden, die als numerischer Wert repräsentiert werden können.

```
switch (Ausdruck) {
case Wert1:
    Anweisung1;
    break;
case Wert2:
    Anweisung2;
    break;
case Wert3:
    Anweisung3;
    break;
default:
    Anweisung5;
}
```

```
switch (Ausdruck) {
case Wert1:
    Anweisung1;
    Anweisung2;
    break;
case Wert2:
    Anweisung3;
    break;
case Wert3:
case Wert4:
    Anweisung4;
    break;
default:
    Anweisung5;
}
```

Tabelle 20.12: Syntax: `switch`*-Anweisungen*

In Abhängigkeit vom Wert des Ausdrucks werden die Fallunterscheidungen anhand der `case`-Anweisung vorgenommen. Hat im linken Beispiel der Ausdruck den Wert *Wert1*, so wird *Anweisung1* ausgeführt. Bei *Wert2* die *Anweisung2*, bei Wert3 die *Anweisung3*. Wenn keine Übereinstimmung gefunden wurde, wird die *Anweisung5* unter `default` (falls vorhanden) ausgeführt.

Es sind jedoch einige Besonderheiten bei der `switch`-Anweisung zu beachten:

- Alle Alternativen müssen in dem Block aus geschweiften Klammern stehen.
- Es wird immer die erste Übereinstimmung gewählt.
- Anders als sonst dürfen auch mehrere Anweisungen nacheinander stehen, ohne dass ein Anweisungsblock mit {}-Klammern erforderlich ist. Die Ausführung wird erst durch die Anweisung `break` beendet.
- Wird kein `break` erreicht, so erfolgt die Programmausführung bis zur schließenden »}«-Klammer. Dies gilt auch dann, wenn dadurch andere Auswahlalternativen durchlaufen werden.

Das besondere Verhalten von `switch` kann man allerdings auch gezielt einsetzen, um z.B. eine gleichartige Bearbeitung mehrerer Alternativen wie im rechten Bild unter `Wert3` und `Wert4` zu erzielen.

Im folgenden Beispiel (vgl. Listing 20.3) sollen verschiedene Noten unterschieden werden:

```
switch (zahl) {
    case 1: System.out.println("Eins");
        break;
    case 2: System.out.println("Zwei");
        break;
    case 3: System.out.println("Drei");
        break;
    case 4: System.out.println("Vier");
        break;
    case 5:
    case 6: System.out.println("durchgefallen!");
        break;
    default:System.out.println("Unsinn!");
}
```

Listing 20.3: Wertunterscheidung mit `switch`

Die `switch`-Anweisung wird typischerweise dann verwendet, wenn verschiedene Zustände unterschieden werden sollen. Da sie jedoch keine komplexen Datentypen (z.B. String) unterscheiden kann, ist ihr Anwendungsbereich begrenzt.

20.7.3 »while«-Schleife

Schleifen werden benötigt, wenn Programmteile mehr als einmal ausgeführt werden sollen. Die häufigste Schleife ist dabei die while-Schleife. Solange die Schleifenbedingung erfüllt ist, werden die Anweisungen im Schleifenkörper ausgeführt. Dies kann eine einzelne Anweisung oder ein Anweisungsblock sein (vgl. Tabelle 20.13).

<table>
<tr>
<td><pre>while (Bedingung)
    Anweisung;</pre></td>
<td><pre>while (Bedingung)
{
    Anweisung1;
    Anweisung2;
}</pre></td>
</tr>
</table>

Tabelle 20.13: Syntax:* `while`*-Schleife mit Einzelanweisung und Anweisungsblock

Die Bedingung wird erstmalig vor dem ersten Schleifendurchlauf geprüft (so genannte pre-check-Schleife). Ist sie bereits hier nicht erfüllt, so wird der Anweisungsteil komplett übersprungen. Bei jedem erneuten Schleifendurchlauf wird die Bedingung wiederum geprüft und es wird dabei entschieden, ob die Schleife beendet werden muss.

- Die Bedingung muss ein logischer Ausdruck sein, der true oder false liefert.
- Nach der Bedingung steht kein Semikolon!
- Wenn mehr als eine Anweisung ausgeführt werden soll, so muss ein Anweisungsblock mit geschweiften Klammern verwendet werden.
- Besonderes Augenmerk sollte darauf gelegt werden, dass keine Endlosschleife eintritt.

Im folgenden Beispiel (vgl. Listing 20.4) zählt die while-Schleife von 1 bis 10 und gibt jeweils den aktuellen Zählerstand aus:

```
int i = 1;
while (i <= 10) {
    System.out.println(i);
    ++i;
}
```

Listing 20.4:* `while`*-Zählschleife

While-Schleifen werden insbesondere dann eingesetzt, wenn im Voraus die Anzahl der Durchläufe nicht bekannt ist, z.B. beim Einlesen von Daten aus einer Datei.

20.7.4 »do/while«-Schleife

Im Gegensatz zur `while`-Schleife wird bei der `do/while`-Schleife erst in der `while`-Anweisung am Ende die Abbruchbedingung geprüft. Dadurch wird die Schleife immer mindestens einmal durchlaufen, bevor ein Abbruch möglich ist. Mögliche Syntaxformen sind in der Tabelle 20.14 dargestellt.

do
    Anweisung;
while (Bedingung);
	do
	{
	    Anweisung1;
	    Anweisung2;
	}
	while (Bedingung);

Tabelle 20.14: Syntax: `do/while`***-Schleife mit Einzelanweisung und Anweisungsblock***

Auch hier muss die Bedingung ein logischer Ausdruck sein. Falls mehr als eine Anweisung innerhalb der Schleife ausgeführt werden soll, muss wiederum ein Programmblock mit geschweiften Klammern verwendet werden (auch wenn dies vielleicht unnötig erscheint).

Im folgenden Beispiel (vgl. Listing 20.5) wird – diesmal mit einer `do/while`-Schleife – von 1 bis 10 gezählt.

```
int i = 1;
do {
    System.out.println(i);
    ++i;
} while (i <= 10);
```

Listing 20.5: `do/while`***-Zählschleife***

`do/while`-Schleifen werden vor allem dann eingesetzt, wenn die Abbruchbedingung erst innerhalb der Schleifenausführung eintritt, z.B. aufgrund einer Benutzereingabe.

20.7.5 »for«-Schleife

Die `for`-Schleife ist die typische Zählschleife in Java. Zumeist wird ein mehrfaches, abgezähltes Durchlaufen eines Programmblocks gewünscht. Allerdings kann die `for`-Schleife wesentlich mehr als dies. Aus diesem Grund wollen wir uns die Schleife etwas genauer als die anderen ansehen. Das Grundmodell der Schleife zeigt Tabelle 20.15.

```
for (Initialisierung; Bedingung; Reinitialisierung)
{
    Anweisung1;
    Anweisung2;
}
```

Tabelle 20.15: Syntax: `for`***-Schleife***

Die Ausführung der Schleife erfolgt in diesen Schritten:

- Zunächst wird die Initialisierung ausgeführt. Dies wird typischerweise die Zählvariable betreffen.
- Anschließend wird geprüft, ob die Bedingung erfüllt ist. Die Bedingung ist ein logischer Ausdruck, der als true ausgeführt werden muss. Sollte dies nicht der Fall sein, so wird die Schleife gar nicht erst begonnen.
- Erst jetzt werden die Schleifenanweisungen ausgeführt. Wie bereits früher gesehen, darf hier entweder eine Einzelanweisung oder ein Programmblock mit geschweiften Klammern stehen.
- Für den nächsten Schleifendurchlauf wird jetzt die Reinitialisierung durchgeführt. Dies ist zumeist ein Hochzählen des Schleifenzählers.
- Damit ist alles für den nächsten Schleifendurchlauf vorbereitet. Er wird begonnen, wenn die Bedingung immer noch erfüllt ist.

Das folgende Beispiel (vgl. Listing 20.6) zeigt wieder unsere Zählschleife, diesmal mit `for` programmiert.

```
int i;
for (i = 1; i <= 10; ++i)
    System.out.println(i);
```

Listing 20.6: `for`***-Zählschleife***

In dem Beispiel konnte die Schleife mit einer Anweisung programmiert werden, so dass kein Programmblock mit geschweiften Klammern erforderlich war.

`for`-Schleifen werden vorzugsweise dann eingesetzt, wenn ein Zählvorgang im Vordergrund steht. Allerdings kann grundsätzlich jede `for`-Schleife auch durch eine `while`-Schleife ersetzt werden.

> Beliebt sind bei `for`-Schleifen vor allem die Möglichkeiten zur »Optimierung«. Jeder Teil des Schleifenkopfs kann weggelassen werden (allerdings sinnvollerweise nicht alle gleichzeitig). In diesem Fall wird eine Standardangabe angenommen:
>
> - Bei fehlender Initialisierung: Die Initialisierung muss vor der Schleife erfolgen.
> - Bei fehlender Bedingung: Es wird `true` angenommen.
> - Bei fehlender Reinitialisierung: Die Reinitialisierung muss in der Schleife erfolgen.

Ein Beispiel der »optimierten« `for`-Schleife ist im Listing 20.7 dargestellt.

```
int i=1;
for (;i <= 10;)
    System.out.println(i++);
```

Listing 20.7: `for`***-Zählschleife mit ausgelassenen Parametern***

Bei Bedarf können für Initialisierung und Reinitialisierung auch mehrere Angaben durch Kommata getrennt erfolgen, wie im Listing 20.8 dargestellt.

```
int i, j;
for (i=1, j=10; (i <= 10) && (j >= 0); ++i, --j) {
    System.out.println(i);
    System.out.println(j);
}
```

Listing 20.8: `for`*-Zählschleife mit mehrfacher Initialisierung*

20.8 Erweiterte Programmkontrolle

Bereits bei der `switch`-Anweisung ist uns das neue Schlüsselwort `break` begegnet. Diese und weitere Anweisungen dienen zur Feinsteuerung des Programmflusses.

20.8.1 »break«-Anweisung

Die `break`-Anweisung dient zum vorzeitigen Abbruch der aktuellen Schleifenausführung. Sie kann für alle drei Schleifen `while`, `do/while` und `for` verwendet werden.

Im folgenden Beispiel (vgl. Listing 20.9) wird die `for`-Schleife bereits beim Zählerstand 5 beendet (über den Sinn mag man streiten):

```
for (int i=1; i<=10; i++) {
    if (i == 5)
        break;
    System.out.println(i);
}
```

Listing 20.9: `break`*-Anweisung*

Grundsätzlich wird immer die innerste (nächste) Schleife beendet. Falls mehrere geschachtelte Schleifen vorliegen, kann `break` in einer besonderen Form verwendet werden. Dazu ist *vor* der zu beendenden Schleife ein so genanntes *Label* zu setzen. Dieses Label gibt sozusagen die Verschachtelungstiefe an, die beendet werden soll. Die `break`-Anweisung wird mit dem entsprechenden Label versehen.

Im folgenden Beispiel (vgl. Listing 20.10) sind zwei Schleifen geschachtelt, um Zahlenpaare auszugeben. Bei Position (0/0) werden beide gemeinsam beendet:

```
int x, y;
Aussenschleife:                      // Aussprunglabel
for (y = -10; y <= 10; y++) {
    for (x = -10; x <= 10; x++) {
        if ( (x == 0) && (y == 0))
            break Aussenschleife;
        System.out.println( "x: " + x + "/y: " + y + ", ");
    }
}
```

Listing 20.10: Abbruch von geschachtelten Schleifen

Wie man sieht, markiert das Label `Außenschleife:` eine bestimmte Einrückungstiefe und stellt nicht etwa ein Sprungziel dar. Nützlich ist die `break`-Anweisung vor allem bei Fehlerzuständen, die einen Schleifenabbruch erforderlich machen.

Darüber hinaus wird die `break`-Anweisung – wie bereits vorgestellt – bei der `switch`-Anweisung eingesetzt, um die einzelnen Abschnitte zu unterteilen.

20.8.2 »continue«-Anweisung

Die `continue`-Anweisung ist – trotz gegensätzlichen Namens – eng mit der `break`-Anweisung verwandt. Im Gegensatz zu dieser wird die Schleife nicht abgebrochen, sondern mit der nächsten Runde fortgesetzt. Noch ausstehende Anweisungen des aktuellen Durchlaufes werden also übersprungen.

Im folgenden Beispiel (vgl. Listing 20.11) wird in einer Zählschleife die Position 0 übergangen.

```
for (int i=-10; i<=10; i++) {
    if (i == 0)
        continue;
    System.out.println(i);
}
```

Listing 20.11: `continue`***-Anweisung***

> Auch `continue` darf übrigens wie `break` mit einem Label verwendet werden. `continue` wird besonders gerne zur Verarbeitung von Strings (»Parsern«) verwendet.

20.9 Arrays

Die Deklaration von normalen Variablen haben wir bereits kennen gelernt. Wir haben einfach Typ und Variablenname angegeben:

```
int i;
String s;
```

Normale Variablen können allerdings immer nur einen einzelnen Wert speichern. Wenn wir mehrere Werte speichern wollen, benötigen wir entweder eine Vielzahl von Variablen oder wir verwenden *Arrays*.

Was sind Arrays?

Die Arrays entsprechen mathematisch in etwa Vektoren, allerdings ohne eine echte Vektorrechnung durchführen zu können.

Die Deklaration von Arrays erfolgt in zwei Schritten:

1. Deklaration der Array-Variablen
2. Anlegen des Arrays

Beide Schritte können allerdings kombiniert werden. In einem dritten Schritt können dann den Array-Elementen Werte zugewiesen werden.

Sehen wir uns dazu die folgenden Beispiele an:

```
int[] array1;
int array2[];
```

Beide Zeilen deklarieren Array-Variablen, ohne schon ein benutzbares Array anzulegen. Dies müsste im Anschluss daran erfolgen:

```
array1 = new int[3];
array2 = new int[20];
```

Kombiniert sieht das Ganze dann so aus:

```
int array3[] = new int[10];
```

Das Setzen der eckigen Klammern links vom Gleichheitszeichen ist übrigens optional. Grundsätzlich können Arrays aus allen Datentypen gebildet werden. Auch das Anlegen von Arrays aus Arrays ist möglich und genau genommen sogar erforderlich, da Java keine mehrdimensionalen Arrays kennt.

Hier ein paar Beispiele:

```
long[] zahlenvektor = new long [100];
String orte[] = new String [5];
double zahlenfeld [] [] = new double [10] [10];
```

Damit ist unser Array angelegt, allerdings ist es noch leer. Um Werte zuzuweisen, geben wir die jeweilige Position, also den Index des angesprochenen Elementes, in eckigen Klammern an, z.B.:

```
array1[0] = 7;
array1[1] = -3;
array1[2] = 42;
```

Unser `array1`, das wir mit drei Elementen angelegt haben, ist damit vollständig gefüllt.

Achtung: Wir geben jeweils bei der Deklaration die Größe des Arrays an. Die eigentlichen Elemente des Arrays sind immer von 0 beginnend nummeriert und enden deshalb bereits bei n-1 (vgl. Tabelle 20.16).

int a[] = new int[3];		
a[0]	a[1]	a[2]

Tabelle 20.16: Array-Elemente

Bei gleichzeitiger Deklaration und Initialisierung können Arrays auch gleichzeitig Werte zugewiesen bekommen, in diesem Fall sind die Startwerte in geschweiften Klammern aufzulisten:

```
String woche[ ] = {"Mo","Di","Mi","Do","Fr","Sa","So"};
byte[] tage = {31,28,31,30,31,30,31,31,30,31,30,31};
```

Zum Auslesen können wir einfach auf die Elemente des Arrays in eckigen Klammern zugreifen.

```
System.out.println(array1[0]);
System.out.println(array1[1]);
System.out.println(array1[2]);
```

Falls wir die aktuelle Größe des Arrays ermitteln wollen, können wir das über `array.length` tun, z.B.:

```
System.out.println(array.length);
```

Sehr gut lassen sich Arrays mit `for`-Schleifen kombinieren, um auf die einzelnen Elemente zuzugreifen. Das folgende Beispiel gibt die Wochentagskürzel aus:

```
String woche[] = {"Mo","Di","Mi","Do","Fr","Sa","So"};
for (int i=0;i < woche.length; ++i)
    System.out.println(woche[i]);
```

Listing 20.12: Wochentagskürzel ausgeben

21 Konzepte der Objektorientierung in Java

Bisher haben Sie viele Sprachelemente von Java kennen gelernt, jedoch haben wir einen sehr wichtigen Bereich ausgelassen: die Objekte in Java. Dabei spielen diese für die Programmierung eine sehr wichtige Rolle, denn *alles,* was in Java programmiert wird, sind Objekte. Das Verständnis für die Mechanismen der Objektverwaltung ist grundlegend für die weitere Arbeit mit Java in Lotus Notes Domino. Dabei wird davon ausgegangen, dass Sie bereits mit den grundlegenden Mechanismen der objektorientierten Programmierung (Klassen, Instanzen, Eigenschaften, Methoden, Kapselung, Vererbung und Polymorphie) vertraut sind.

21.1 Klassendefinition

Um ein Objekt zu verwenden, müssen wir es zunächst einmal beschreiben. Wie üblich erfolgt dies in Form einer *Klassendefinition.* Eine Klasse dient als eine Art Grundgerüst, auf dessen Basis später Objekte generiert werden können.

Klassen deklarieren

Innerhalb der Klassendefinition werden Eigenschaften und Methoden des Objekts deklariert, wie im nachfolgenden Listing dargestellt:

```
class Klassenname {
    Eigenschaftsdefinition;
    Methodendefinition;
}
```

Listing 21.1: Klassendeklaration in Java

Hinter dem Schlüsselwort `class` wird der Name der neuen Klasse angegeben. In geschweiften Klammern werden nun die *Eigenschaften* und *Methoden* der Klasse definiert.

Die Eigenschaften werden dabei wie Variablen oder Konstanten deklariert.

Die Methoden ähneln herkömmlichen Unterprogrammen, die allerdings innerhalb der Klassendefinition auftauchen.

Das folgende Beispiel zeigt eine sehr einfache Klasse, die genau einen `double`-Zahlenwert (eine Temperatur) verwaltet:

```
class Temperatur {
    double temperatur;                 // eine Eigenschaft
    double getTemperatur() {           // frage Temperatur ab
        return temperatur;
    }
    void setTemperatur(double t) {  // speichere Temperatur
    temperatur = t;
    }
}
```

Listing 21.2: Beispielklasse `Temperatur`

Im Mittelpunkt steht die Eigenschaft `temperatur`, die einen aktuellen Temperaturwert verwaltet. Die Methode `getTemperatur()` liest diesen Wert aus und liefert ihn zurück. Die Methode `setTemperatur(t)` ändert den aktuellen Temperaturwert.

21.1.1 Eigenschaften

Im vorigen Beispiel wurde die Eigenschaft `temperatur` vom Typ `double` definiert. In gleicher Weise können andere Datentypen oder auch Konstanten definiert werden, wie nachfolgend dargestellt.

```
class Temperatur {
    double temperatur;
    String masseinheit;
    static final double GEFRIERPUNKT = 0.0d;
        // Methoden ausgelassen
}
```

Listing 21.3: Klasseneigenschaften

21.1.2 Methoden

Im bisherigen Beispiel haben wir eine Eigenschaft `temperatur`, die den uns interessierenden Zahlenwert speichert. Grundsätzlich wäre es kein Problem, durch eine Anweisung wie

```
temperatur = 37;
```

den Wert der Eigenschaft zu verändern. In der objektorientierten Programmierung vermeidet man jedoch derartige Konstruktionen. Stattdessen verwendet man so genannte *Methoden*, um Einfluss auf ein Objekt zu nehmen oder den Inhalt abzufragen.

Deklaration von Methoden

Methoden werden deklariert, indem Name, Parameternamen und -typen sowie Rückgabetyp angegeben werden. Anschließend folgen die Anweisungen in geschweiften

Klammern. Die Anweisung `return` beendet die Methodenausführung und liefert, wenn gewünscht, den Rückgabewert (vgl. Listing 21.4):

```
Rückgabetyp Methodenname (Parametertyp1 Parameter1, Parametertyp2 Parameter2) {
    Anweisung1;
    Anweisung2;
    return Rückgabewert;
}
```

Listing 21.4: Methodendefinition

Rückgabewerte

Alle Datentypen (für Parameter und Rückgabewert) können einfache Skalartypen oder auch komplexe Datentypen sein. Wenn es keinen Rückgabewert gibt, so ist als Rückgabetyp `void` anzugeben. In diesem Fall kann die `return`-Anweisung entweder entfallen oder ohne Rückgabewert verwendet werden.

> Falls keine Parameter für die Methode existieren, so müssen dennoch nach dem Methodennamen runde Klammern gesetzt werden.

Aus dem obigen Beispiel verwenden wir noch einmal einige Methodendefinitionen (vgl. Listing 21.5).

```
class Temperatur {
    // Eigenschaften ausgelassen

    double getTemperatur() {
        return temperatur;
    }

    void setTemperatur(double t) {
        temperatur = t;
        return;
    }

    String convToString() {
        return "Temperatur: " + temperatur + masseinheit;
    }
}
```

Listing 21.5: Verwendung von Methoden am Beispiel »Temperatur«

Die Namen der Methoden sind nicht ganz zufällig gewählt worden. Es hat sich eingebürgert, Methoden zum Lesen und Schreiben von Eigenschaften mit `getEigenschaft` bzw. `setEigenschaft` zu benennen. Außerdem sollte jede Objektklasse eine Methode wie `convToString()` besitzen, die den aktuellen Inhalt eines Objekts in lesbarer Form zurückliefert.

21.1.3 Instanzierung von Objekten

Wir haben in den vorigen Abschnitten eine neue Klasse definiert. Dennoch erfüllt diese Klasse bisher keine Funktion bzw. kann sie in unserer bisher bekannten Entwicklungsumgebung so nicht verwendet werden. Dazu müssen wir erst *Instanzen* der Klasse erstellen. Dieser Vorgang wird auch als *Instanzierung* bezeichnet. Technisch bedeutet er, dass auf der Grundlage der Klassendefinition Speicherplatz reserviert wird und dieser die Funktionalität der Klasse bekommt.

Bereits bei der Verwendung von Strings sowie der *Wrapper*-Klassen haben wir Instanzen angelegt. Die Syntax dafür lautete:

```
String s = new String ("ABC");
```

In gleicher Weise legen wir jetzt Instanzen unserer eigenen Klasse an:

```
Temperatur t = new Temperatur();
```

Schlüsselwort »new«

Durch die Anweisung `new` legen wir eine neue Instanz `t` der Klasse `Temperatur` an. Erst jetzt können wir die Eigenschaften oder die Methoden von `t` verwenden.

Durch die folgenden Zeilen würden wir eine neue Instanz von `t` anlegen, einen Wert zuweisen und ihn anschließend auf dem Bildschirm ausgeben. Dies könnte z.B. in der `main()`-Methode einer separaten Klasse `TemperaturDemo` erfolgen, wie im nachfolgenden Listing dargestellt.

```
class TemperaturDemo
{
    public static void main(String argv[])
    {
        Temperatur t = new Temperatur();
        t.setTemperatur(37);
        System.out.println(t.getTemperatur());
    }
}
```

Listing 21.6: Arbeiten mit Instanzen

Instanzen vs. Klassen

Grundsätzlich muss von jeder Klasse zunächst eine Instanz angelegt werden, bevor man die dort definierten Methoden und Eigenschaften verwenden kann. Diese Eigenschaften und Methoden werden daher auch als Instanzvariablen und Instanzmethoden bezeichnet. Als Sonderfall gibt es auch Klassenvariablen und Klassenmethoden, die bereits für die nicht instanzierte Klasse verwendet werden können.

21.1.4 Konstruktoren

In unserem Beispiel kann das Objekt eine Temperatur speichern und später wieder zurückliefern. Allerdings sind die Werte der Eigenschaften – mit Ausnahme der Konstanten – zunächst undefiniert. Um dies zu ändern, müssen die Variablen einen Startwert bekommen. Eine Möglichkeit dazu ist die Angabe von Initialwerten. Diese werden automatisch beim Instanzieren des Objekts durch die `new`-Anweisung gesetzt (vgl. Listing 21.7).

```
class Temperatur {
    double temperatur = 0.0;
    String masseinheit = "Grad Celsius";
    (...)
}
```

Listing 21.7: Initialisierung von Eigenschaften

Konstruktor, Standardkonstruktor

Die Anweisung `new` bewirkt die Instanzierung der Objektklasse. Dabei wird Speicherplatz für eine konkrete Instanz bereitgestellt, die Variablen werden initialisiert und eine Referenz auf diesen Speicherbereich (Zeiger bei der Programmiersprache C) wird zurückgegeben. Zuständig für diese Aufgaben ist ein so genannter *Konstruktor.* Jedes Objekt besitzt einen *Standardkonstruktor,* der automatisch durch das Schlüsselwort `new` aufgerufen wird und Variablen anhand der Vorgaben initialisiert.

Eigene Konstruktoren definieren

In vielen Fällen ist es allerdings sinnvoll, einen *eigenen Konstruktor* zu definieren, der Initialisierungen nach eigenen Wünschen vornimmt. Der Konstruktor wird als eine Methode definiert, die besonderen *Namenskonventionen* folgen muss. Der Name des Konstruktors muss dem Namen der Klasse entsprechen. Er darf keinen Rückgabewert liefern und muss mit dem Schlüsselwort `public` beschriftet sein, wie im nachfolgenden Beispiel dargestellt:

```
class Temperatur {
  (Eigenschaften ausgelassen)
  public Temperatur(double starttemperatur){ //Konstruktor
    temperatur = starttemperatur;
  }
  (Methoden ausgelassen)
}
```

Listing 21.8: Eigenen Konstruktor definieren

Jetzt kann beim Anlegen einer Instanz von `Temperatur` gleich ein Startwert mitgegeben werden:

```
Temperatur t = new Temperatur (37.0);
```

Ohne dass die Methode `setTemperatur()` aufgerufen wurde, könnte man jetzt mit `getTemperatur()` den Wert `37` herauslesen.

> Grundsätzlich sollte immer darauf geachtet werden, dass Instanzen keine uninitialisierten Variablen enthalten.

Mehrere Konstruktoren definieren

Je nach Bedarf können mehrere Konstruktoren definiert werden. Ein solches mehrfaches Verwenden von Konstruktoren bezeichnet man auch als Überladen (»Overloading«). Es wird zum Beispiel verwendet, um verschiedene Aufrufe des Konstruktors mit unterschiedlichen Arten von Parametern zu verarbeiten, wie im nachfolgenden Beispiel dargestellt:

```
class Temperatur {
    (Eigenschaften ausgelassen)
    public Temperatur(){                    //Konstruktor 1
        temperatur = GEFRIERPUNKT;
    }
    public Temperatur(double starttemperatur){//Konstruktor2
        temperatur = starttemperatur;
    }
    public Temperatur(int starttemperatur){   //Konstruktor3
        temperatur = starttemperatur;
    }

  (Methoden ausgelassen)
}
```

Listing 21.9: Überladung von Konstruktoren

In dem Beispiel kann eine Instanz ohne Parameter, mit einem `double`-Parameter oder mit einem `int`-Parameter angelegt werden. Dies sähe dann wie folgt aus:

```
Temperatur t1 = new Temperatur ();// verwende Konstruktor 1
Temperatur t2 = new Temperatur (37.0);// ... Konstruktor 2
Temperatur t3 = new Temperatur (37);  // ... Konstruktor 3
```

Listing 21.10: Instanzieren mit überladenen Konstruktoren

21.1.5 Sichtbarkeit und Gültigkeit

In unserem Beispiel haben wir eine Eigenschaft sowie Methoden für den Zugriff darauf definiert. Bisher hinderte uns niemand daran, die Eigenschaft unmittelbar zu lesen oder zu verändern. Wir können jedoch den Zugriff auf die Klasse oder deren Eigenschaften und Methoden einschränken, indem wir zusätzliche *Bezeichner oder auch Modifikatoren* angeben. In diesem Fall »sehen« nur bestimmte Klassen unsere Funktionalität und können sie verwenden. Wir werden uns diese Bezeichner im Folgenden ansehen.

Bezeichner »public«

Durch `public` kennzeichnen wir eine Klasse, eine Eigenschaft oder eine Methode als *öffentlich zugänglich*. Fremde Programmteile können diese Klasse/Eigenschaft/Methode nach Belieben verwenden. Das Schlüsselwort `public` wird einfach der entsprechenden Definition vorangestellt, zum Beispiel:

```
public class Klasse { ... }
public double eigenschaft;
public int methode();
```

Auch ein Konstruktor wird grundsätzlich als `public` definiert.

Bezeichner »private«

Der Bezeichner `private` markiert Eigenschaften und Methoden als *nicht öffentlich*. Eine so definierte Eigenschaft kann nur innerhalb der eigenen Klasse, eine Methode nur von einer anderen Methode innerhalb der Klasse angesprochen werden. Üblicherweise verwenden wir `private` für die Eigenschaften einer Klasse, um dann mit Methoden, die als `public` definiert werden, darauf zuzugreifen. Eine Klasse als `private` zu bezeichnen, ist nicht sinnvoll.

Kein Bezeichner

Ohne besondere Angabe kann der Zugriff auf die Klasse, die Eigenschaft oder die Methode von allen Programmteilen her erfolgen, die zusammengehören. Dies sind üblicherweise Klassen, die zu einem *Paket* zusammengefasst sind. Ein solches Paket wird in Java als *package* bezeichnet.

Darüber hinaus gibt es noch weitere Gültigkeitsbereiche (siehe auch Absatz 21.1.7).

Unser Temperaturobjekt könnte man mit sinnvollen Gültigkeitsbereichen nun wie folgt definieren:

```
public class Temperatur {
    private double temperatur;
    private String masseinheit;
    public static final double GEFRIERPUNKT = 0.0d;

    public Temperatur(){                    //Konstruktor 1
        temperatur = GEFRIERPUNKT;
    }
    public Temperatur(double starttemperatur){//Konstruktor2
        temperatur = starttemperatur;
    }
    public Temperatur(int starttemperatur){  //Konstruktor3
        temperatur = starttemperatur;
    }
    public double getTemperatur() {
        return temperatur;
    }
    public void setTemperatur(double t) {
    temperatur = t;
    return;
    }
    public String convToString() {
    return "Temperatur: " + temperatur + masseinheit;
    }
}
```

Listing 21.11: Definition von Gültigkeitsbereichen

21.1.6 Vererbung

Mit unserer Temperaturklasse kann man jetzt schon recht gut arbeiten. Nicht selten wird aber der Fall eintreten, dass man zusätzliche Funktionalität benötigt. Als Beispiel könnte eine Maximum-/Minimum-Funktionalität dienen, die sich den bisher höchsten sowie niedrigsten Wert merkt.

Im einfachsten Fall erweitert man die bisherige Temperaturklasse um zusätzliche Eigenschaften und Methoden. Dies hat jedoch mehrere Nachteile:

- Sie benötigen den Quelltext, den Sie vielleicht gar nicht haben.
- Sie ergänzen Funktionalität für einen Spezialfall, die Sie im Normalfall gar nicht benötigen. Ihr Programm wird damit unnötigerweise länger und komplizierter.

Viel sinnvoller wäre es, die Funktionalität nur bei tatsächlichem Bedarf zu ergänzen. Genau dies leistet die *Vererbung*.

Für unser Beispiel benötigen wir:

- die neuen Methoden `getMaxTemperatur()` und `getMinTemperatur()`, um den bisherigen Maximal- und Minimalwert abzufragen,
- zwei neue Eigenschaften `maxTemperatur` und `minTemperatur`, um den bisherigen Maximal-/Minimalwert zu verfolgen,
- eine geänderte Methode `setTemperatur()`, die Höchst- und Mindestwert vermerkt,
- einen geänderten Konstruktor.

Natürlich soll unsere neue Objektklasse auch weiterhin die Funktionalität der alten Objektklasse besitzen. Man kann sich das so vorstellen:

Eigenschaften	temperatur maßeinheit GEFRIERPUNKT

Methoden	`getTemperatur()`
	`setTemperatur()`
	`toString()`
	`Temperatur()`

Tabelle 21.1: Bisherige Objektklasse: Temperatur

Ausgehend von der bisherigen, in der Tabelle 21.1 dargestellten, Klasse `Temperatur` wird im Rahmen der Vererbung eine neue Objektklasse definiert, die die Funktionalität der bestehenden Klasse weiterverwendet, jedoch einzelne Methoden umdefiniert bzw. neue ergänzt. Auch in der neuen Klasse sind sämtliche Eigenschaften und Methoden der alten Klasse verfügbar.

Eigenschaften	maxTemperatur minTemperatur temperatur maßeinheit GEFRIERPUNKT

Methoden	`getTemperatur()`
	`setTemperatur()`
	`toString()`
	`Temperatur()`
	`getMaxTemperatur()`
	`getMinTemperatur()`
	`MaxMinTemperatur()`

Tabelle 21.2: Neue Objektklasse: MaxMinTemperatur

Programmiertechnische Umsetzung der Vererbung

Programmiert sieht das, wie im nachfolgenden Listing dargestellt, aus:

```
public class MaxMinTemperatur extends Temperatur {
    private double maxTemperatur;
    private double minTemperatur;

    public double getMaxTemperatur() {
        return maxTemperatur;
    }
    public double getMinTemperatur()  {
        return minTemperatur;
    }
    public void setTemperatur(double t)  {
        super.setTemperatur(t);
        maxTemperatur = (t > maxTemperatur) ? t : maxTemperatur;
        minTemperatur = (t < minTemperatur) ? t : minTemperatur;
    }
    public MaxMinTemperatur() {
        this(GEFRIERPUNKT);
    }
    public MaxMinTemperatur(double starttemperatur) {
        super(starttemperatur);
        maxTemperatur = starttemperatur;
        minTemperatur = starttemperatur;
    }
    public MaxMinTemperatur(int starttemperatur) {
        this((double) starttemperatur);
    }
}
```

Listing 21.12: Abgeleitete Klasse

Dieses Beispiel ist schon ziemlich komplex. Zunächst geben wir durch das Schlüsselwort `extends` an, dass wir die Klasse `Temperatur` als Vorfahre verwenden möchten. Anschließend definieren wir die neuen Eigenschaften wie bisher. Auch die beiden neuen Methoden `getMaxTemperatur()` und `getMinTemperatur()` werden wie gehabt deklariert.

Überschreiben von Methoden

Interessant wird die nächste Methode `setTemperatur()`. Eine solche Methode haben wir bereits in der Vorfahrenklasse verwendet. In unserer neuen Klasse möchten wir sie in abgewandelter Form benutzen. Indem wir den vorhandenen Namen wiederverwenden, wird die vorhandene Funktionalität ersetzt. Dies wird auch als *Überschreiben* bezeichnet.

Schlüsselwort »super«

Allerdings benötigen wir durchaus die Vorfahrenfunktionalität, um die aktuelle Temperatur zu setzen. Dazu wird das Schlüsselwort `super` verwendet. Die Programmzeile

```
super.setTemperatur(t)
```

ruft also die Methode in der Vorfahrenklasse auf.

Schlüsselwort »this«

Ein ähnliches Schlüsselwort ist `this`. Im Gegensatz zu `super` sprechen wir damit unser eigenes Objekt an.

> Wir finden `this` in diesem Beispiel bei den Konstruktoren. Da unsere neue Objektklasse zusätzliche Eigenschaften besitzt, müssen wir auch die Konstruktoren verändern. Zusätzlich zur Temperatur müssen Maximum- und Minimumwert initialisiert werden. Wir wollen auch hier wieder drei verschiedene Konstruktoren anbieten. Damit wir nicht jeweils alles neu programmieren müssen, rufen sich die Konstruktoren untereinander auf. Dazu verwenden wir das Schlüsselwort `this`.

Entsprechend der bereits gelernten Regel müssen die Konstruktoren wie der Klassenname heißen und als `public` deklariert sein. Der erste Konstruktor nimmt als Standardwert den Gefrierpunkt an und ruft mit `this()` den zweiten Konstruktor mit Parameter auf. Das Gleiche gilt für den dritten Konstruktor, der einen ganzzahligen Wert erwartet. Der zweite Konstruktor verwendet übrigens wieder `super`, um den Vorfahrenkonstruktor aufzurufen. Anschließend nimmt er seine eigenen Initialisierungen vor. Dieses Verfahren ist sehr häufig anzutreffen, es ist jedoch zu beachten, dass der Aufruf des Vorfahrenkonstruktors an erster Stelle erfolgen muss.

Fassen wir noch einmal die wichtigsten Punkte zusammen:

- Wir leiten ein Objekt ab, indem wir bei der Klassendefinition das Schlüsselwort `extends` verwenden und eine Vorfahrenklasse angeben.
- Das abgeleitete Objekt erbt alle Eigenschaften und Methoden seines Vorfahren.

- Das abgeleitete Objekt kann zusätzliche Eigenschaften und Methoden definieren. Außerdem kann es bestehende Methoden überschreiben.
- Konstruktoren werden nicht überschrieben, sondern wie üblich mit dem Klassennamen benannt. Im Regelfall wird der Konstruktor den Vorfahrenkonstruktor aufrufen. Dies erfolgt durch das Schlüsselwort `super()`, das als erste Anweisung im Konstruktor stehen muss.
- Mit `super` kann jeweils die Vorfahrenklasse referenziert werden, mit `this` die eigene Klasse.

21.1.7 Gültigkeitsbereiche und Vererbung

Wir haben bereits vorher die Schlüsselwörter `public` und `private` kennen gelernt. Im Zusammenhang mit Vererbung gibt es weitere Gültigkeitsbereiche:

Bezeichner »protected«

Eigenschaften und Methoden, die als `protected` gekennzeichnet sind, können nur innerhalb desselben Pakets sowie aus abgeleiteten Klassen referenziert werden. `protected` wird üblicherweise verwendet, wenn man Eigenschaften oder Methoden schützen möchte, sie aber nachträglich in abgeleiteten Klassen noch verändern können will.

Bezeichner »static«

Mit `static` bezeichnen Sie Klasseneigenschaften und Klassenmethoden. `static` wird zusätzlich zu `public` oder `private` verwendet. Eine Methode, die als `static` gekennzeichnet ist, kann bereits für die Klasse aufgerufen werden (nicht erst für eine Instanz). Eine statische Eigenschaft gehört zur Klasse und wird dort verwaltet.

Nehmen wir an, Sie möchten mitzählen, wie viele Instanzen von Temperatur Sie bereits angelegt haben. In diesem Fall werden Sie den Zähler sowie Methoden, die den Zähler weiterbewegen, als `static` definieren:

```
public class Temperatur {
    private static int zaehler;
    public static void neueInstanz() {
        ++zaehler;
    }
        // ...Rest ausgelassen...
}
```

Listing 21.13: Statische Eigenschaft und Methode

Bezeichner »abstract«

Sie können Klassen oder Methoden als `abstract` definieren. Eine Methode, die als `abstract` gekennzeichnet ist, enthält keinen Programmcode. Eine Klasse, die eine solche Methode enthält, ist ebenfalls `abstract` und muss so bezeichnet werden. Da sie »irgendwie« unvollständig ist, kann von ihr keine Instanz angelegt werden. Dies ist erst möglich, wenn eine Klasse von ihr abgeleitet wird, die die entsprechende Methode überschreibt.

Eine abstrakte Klasse könnte z.B. so aussehen:

```
abstract class AbstrakterVorfahr {
    abstract void tuWas(int i);
}
```

Listing 21.14: Abstrakte Klasse

Die dargestellte Klasse verfügt über eine abstrakte Methode `tuWas()`. Da eine abstrakte Methode existiert, muss auch die Klasse abstrakt sein. In einem zweiten Schritt würde man die abstrakte Klasse ableiten:

```
class NormalerNachfahr extends AbstrakterVorfahr {
    void tuWas(int i) {
        System.out.println(i);
    }
}
```

Listing 21.15: Von einer abstrakten Klasse abgeleitete Klasse

Die abgeleitete Klasse wird hier ganz normal definiert. Sie enthält auch echte Funktionalität für die Methode `tuWas()`. Grundsätzlich könnte auch die abgeleitete Klasse wieder abstrakt definiert sein.

Sinn der abstrakten Definition ist es, einen »theoretischen« Vorfahren zu erschaffen, der später durch einen »richtigen« Nachfahren überschrieben werden kann. Jeder Nachfahre muss die Methode `tuWas()` überschreiben (anderenfalls könnte er nicht instanziert werden).

Bezeichner »final«

Als `final` können Eigenschaften, Methoden, aber auch ganze Klassen deklariert werden. Sie können damit nicht mehr verändert bzw. überschrieben werden:

- Eine Eigenschaft wird damit zu einer Konstanten, d.h. ihr Wert darf und kann nicht mehr verändert werden, wie im folgenden Beispiel dargestellt:

  ```
  static final int SIEBEN = 7;
  ```

- Eine Methode kann nicht mehr in Nachfahrenklassen überschrieben werden, wie im folgenden Beispiel dargestellt:

  ```
  final double quadriere(double d) { return d*d; }
  ```

- Eine Klasse kann nach einer `final`-Deklaration nicht mehr abgeleitet werden, dies ist z.B. bei der String-Klasse in Java der Fall.

21.1.8 Polymorphie

Polymorphie (übersetzt: Vielgestaltigkeit) steht in engem Zusammenhang mit Vererbung. Wir haben bereits gelernt, dass man Nachfahrenobjekte von einem Vorfahrenobjekt ableiten kann. In diesem Fall erbt das Nachfahrenobjekt alle Eigenschaften und Methoden des Vorfahren. Darüber hinaus definiert der Nachfahre bei

Bedarf *zusätzliche* Eigenschaften und Methoden und vorhandene Methoden neu. Dies bedeutet aber auch, dass der Nachfahre die gesamte Funktionalität unterstützt, die bereits der Vorfahre hatte: Es sind weiterhin alle Eigenschaften und Methoden unter demselben Namen verfügbar.

Polymorphie bedeutet nun, dass der Nachfahre wie der Vorfahre verwendet werden kann: in Zuweisungen, als Parameter, beim Speichern in Variablen. Der Nachfahre ist also für Java völlig gleichwertig zum Vorfahren. Das nachfolgende Beispiel soll verdeutlichen, was gemeint ist:

```
Vorfahrklasse v1 = new Vorfahrklasse();
Nachfahrklasse n1 = new Nachfahrklasse();
Vorfahrklasse v2 = v1;
Nachfahrklasse n2 = n1;
```

Diese Programmzeilen kennen Sie bereits, sie sind natürlich gültig. Gültig wäre aber auch folgende Zeile:

```
Vorfahrklasse v3 = n1;
```

Nicht gültig ist dagegen:

```
Nachfahrklasse n3 = v1;
```

Der Nachfahr ist also kompatibel zum Vorfahr, dies gilt allerdings nicht umgekehrt ganz nach dem Motto: »Jeder PkW ist ein KfZ, aber nicht jedes KfZ ist ein PkW (siehe LkW)«.

Anwendung der Polymorphie

Worin liegt der Sinn einer solchen Funktionalität? Sie können sie dann nutzen, wenn Sie schreiben:

```
v3.tuWas();
```

Wenn Sie der Variable `v3` zuvor eine Instanz der Nachfahrenklasse zugewiesen haben, so wird die Methode `tuWas()` aus der Nachfahrenklasse aufgerufen. Wenn in `v3` dagegen eine Instanz der Vorfahrenklasse gespeichert wäre, so würde die der Vorfahrenklasse aufgerufen.

Der große Vorteil liegt jetzt darin, dass Ihr Programmteil gar nicht mehr unterscheiden muss, welche Art von Objekt im Einzelfall vorliegt. Jede Instanz weiß selber, welches die richtige Methode zum Aufruf ist. Gerade bei sehr großen Vererbungshierarchien ist dieser Mechanismus äußerst leistungsfähig.

Jetzt verstehen Sie sicher auch besser den Sinn der Anweisung `abstract`. Eine so deklarierte Klasse konnte nicht instanziert, sondern nur abgeleitet werden. Indem Sie eine gemeinsame Vorfahrenklasse als `abstract` definieren, schaffen Sie die Grundlage für die polymorphe Verwendung der Nachfahrenklassen.

Polymorphie ist im Allgemeinen etwas gewöhnungsbedürftig, aber zugleich auch einer der genialsten Gedanken der objektorientierten Programmierung!

21.1.9 Die interne Modellierung von Instanzen

Verwaltung von Objekten im Speicher

Bisher haben wir Instanzen einer Klasse ganz bequem angelegt, indem wir eine Variable definiert und ihr einen Wert zugewiesen haben:

```
String s = new String("ABC");
```

Es ist allerdings recht wichtig zu wissen, was in diesem Moment in Java wirklich geschieht.

Wenn wir keinen Objekttyp (`String`), sondern einen normalen, skalaren Variablentyp verwendet hätten, so wäre der Fall ziemlich klar. Die Anweisung

```
int i = 42;
```

reserviert vier Byte (32 Bit) Speicherplatz im Hauptspeicher und schreibt anschließend den Wert 42 dort hinein.

Ein String wie auch jedes andere Objekt kann jedoch sehr groß sein. Dazu werden oft Objekte nach Bedarf erzeugt und später wieder »entsorgt«. Für einen Systemprogrammierer ist damit der Fall klar: Wir brauchen dynamische Datenstrukturen, nämlich Zeiger. Die werden von Java auch tatsächlich verwendet, allerdings nur intern, ohne dass man deren Wert erfahren oder darauf Einfluss nehmen könnte. Für die Variable wird also gerade einmal der Platz reserviert, den ein Zeiger benötigt. Der eigentliche String wird separat im Speicher verwaltet, der Zeiger dient dabei als Wegweiser. Das Ganze sieht dann wie in Abbildung 21.1 aus:

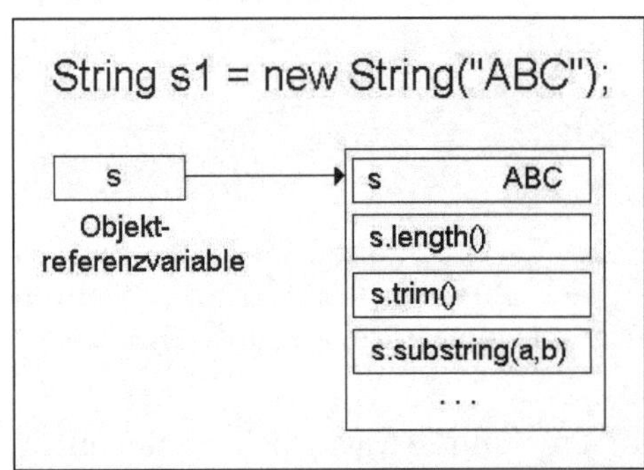

Abbildung 21.1: Verwaltung eines Java-Strings im Speicher

Ist kein Objekt vorhanden, so erhält der Zeiger einen besonderen Wert: `null`. Der Zeiger heißt oft (wie in LotusScript) auch Objektreferenzvariable, der Speicherbereich auch Instanz (im engeren Sinne).

Leider hat diese Technologie auch unerwartete Konsequenzen. Betrachten wir das folgende Beispiel:

```
String s1 = new String("ABC");
String s2 = s1;
```

Durch diese Zuweisung wird nicht etwa der String s1 kopiert, sondern lediglich ein zweiter Zeiger auf den String s1 angelegt. Könnte man den Wert von s1 ändern (was nicht möglich ist, man müsste dann die Klasse *Stringbuffer* verwenden), dann würde sich gleichzeitig der Inhalt von s2 ändern (vgl. Abbildung 21.2).

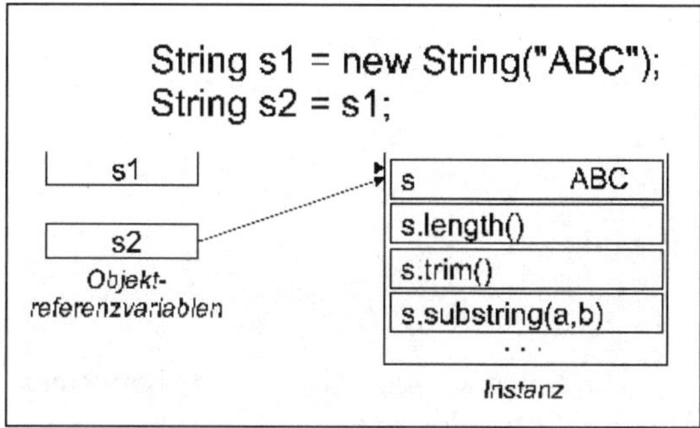

Abbildung 21.2: Arbeiten mit zwei String-Instanzen

Vergleichen von Objekten

Das zweite Beispiel ist noch überraschender. Wir wollen zwei gleiche String-Instanzen anlegen:

```
String s1 = new String("ABC");
String s2 = new String("ABC");
```

Sicherheitshalber vergleichen wir die beiden Strings noch einmal:

```
if (s1 == s2) { ... }
```

Überraschenderweise erhalten wir nicht `true`, sondern `false`! Der Grund dafür ist die Art, wie Java String-Objekte verwaltet. Anders als erwartet wird nicht der Inhalt der beiden Strings verglichen, sondern die beiden Zeiger (Objektreferenzvariablen).

Da die Operation == jedoch nicht auf Gleichheit, sondern auf Identität prüft, werden die von uns angelegten Strings als verschieden angesehen.

Inhaltlicher Vergleich von Strings mit »equals«

Wenn man einen *inhaltlichen* Vergleich benötigt, sollte man eine spezielle Methode der `String`-Klasse verwenden. `equals()` vergleicht Strings inhaltlich und liefert `true` oder `false` zurück, wie im folgenden Beispiel dargestellt:

```
if (s1.equals(s2))
    { ... }
```

hätte das gewünschte Ergebnis.

Für die Bereitstellung der `equals()`-Methode ist übrigens der Entwickler einer jeden Klasse selbst zuständig.

In unserem Temperaturbeispiel würde dies wie folgt aussehen:

```
public class Temperatur {
    // .. Eigenschaften ausgelassen ..
    public boolean equals(Temperatur t) {
        return (t.temperatur  == this.temperatur) &&
               (t.masseinheit == this.masseinheit);
    }
        // ... weitere Methoden wie oben ...
}
```

Listing 21.16: Inhaltlicher Vergleich von Objekten

Klonen von Objekten

Was tun wir, wenn wir wirklich einmal eine echte Kopie eines Objekts benötigen, z.B. weil unser ursprüngliches Objekt verändert werden soll?

Bei Strings ist die Lösung relativ einfach; wir müssen nur einen zweiten inhaltlich gleichen String anlegen:

```
String s1 = new String("ABC");
String s2 = new String (s1);
```

Bei den meisten Objekten funktioniert diese Lösung nicht. Es gibt allerdings in Java ein besonderes Konzept für das Vervielfältigen von Objekten: das *Klonen.*

Jede Objektklasse sollte eine Methode `clone()` enthalten, die eine neue Instanz mit gleichem Inhalt wie die bisherige Instanz zurückliefert. In unserem Beispiel der Temperaturklasse könnten wir diese Methode wie folgt ergänzen:

```
public class Temperatur {
    // .. Eigenschaften ausgelassen ...
    public Object clone() {
        Temperatur t=new Temperatur(temperatur);
        t.masseinheit = this.masseinheit;
        return t;
    }
       // .. weitere Methoden wie oben ...
}
```

Listing 21.17: Klonen der Temperaturobjekte

Wird eine zusätzliche Instanz des Objekts benötigt, so wird diese Methode aufgerufen.

> Ist Ihnen der Datentyp von `clone()` aufgefallen? Sie deklarieren nicht den eigenen Datentyp, sondern stattdessen den Grundtyp `Object`.

`Object` ist der Urahn aller Java-Objekte, alle anderen Objekte sind von ihm abgeleitet. Aufgrund der Polymorphie darf unsere Methode `clone()` aber dennoch eine Temperaturinstanz zurückliefern. Diese ist ja kompatibel zu `Object`.

»Typecast«

Wenn wir allerdings diese Instanz wieder in einer Zuweisung nutzen wollen, so müssen wir dies ausdrücklich angeben. Dafür verwenden wir einen so genannten *Typecast*, wie im folgenden Beispiel:

```
Temperatur t1 = new Temperatur (37.0); // erste Instanz
Temperatur t2 = (Temperatur) t1.clone();//klonen + Typecast
```

Listing 21.18: Verwenden von Typecast

Die Angabe `(Temperatur)` in der zweiten Zeile ist dabei der *Typecast*. Ohne diese Angabe würde `clone()` formal ein Object zurückliefern, das wir einer Temperaturvariablen zuzuweisen versuchen. Eine solche Zuweisung von Vorfahrentyp zu Nachfahrentyp ist aber unzulässig!

Wir wissen es aber besser, denn `clone()` liefert ja tatsächlich eine Temperaturinstanz zurück! Durch den *Typecast* tun wir das dem Java-Compiler kund. Damit gelingt die Übersetzung. Falls in einer anderen Situation der Typ einmal nicht stimmen sollte, würden wir allerdings erst durch einen Laufzeitfehler gewarnt werden.

21.1.10 Destruktoren

Normalerweise wird eine Instanz, die nicht länger benötigt wird, automatisch aus dem Speicher entfernt.

In dem folgenden Beispiel wird der ursprüngliche Speicherbereich der Variablen `s1` automatisch wieder freigegeben:

```
String s1 = new String "ABC";
String s2 = new String "DEF";
s1 = s2;
```

Listing 21.19: Speicher freigegeben

Für die Freigabe des Speichers einer Instanz ist eine besondere Objektmethode, der so genannte *Destruktor*, zuständig. Diese Methode trägt immer den Namen `finalize()`. Eine selbst erstellte Klasse erbt automatisch einen Standarddestruktor, kann allerdings auch einen eigenen Destruktor definieren. Dazu muss einfach eine entsprechende Methode deklariert werden. Diese wird typischerweise letzte Aufräumarbeiten an der Instanz vornehmen, z.B. Dateien schließen.

> Beachten Sie aber, dass `finalize()` nicht etwa sofort mit dem Überflüssigwerden der Instanz aufgerufen wird, sondern erst, wenn die virtuelle Java-Maschine dafür Zeit hat oder einen Bedarf sieht. Der »Garbage Collector« (engl. für Müllsammler), läuft nur sporadisch, so dass es unter Umständen einmal 30 Minuten dauern kann, bis Ihr Destruktor aufgerufen wird.

21.2 Schnittstellen

21.2.1 Überblick

Im Kapitel über Vererbung wurde erläutert, dass Objekte entstehen können, indem man eine Nachfahrenklasse von einer Vorfahrenklasse ableitet. Dabei übernimmt der Nachfahre die Eigenschaften und Methoden des Vorfahren.

Sehr leicht könnte jetzt der Wunsch aufkommen, Funktionalität nicht nur von einem, sondern von mehreren Vorfahren zu übernehmen. Dies entspräche einer *Mehrfachvererbung*, wie sie von verschiedenen anderen Programmiersprachen – mit Ausnahme von Java – unterstützt wird.

Probleme der Mehrfachvererbung

Das Problem bei der Mehrfachvererbung ist ihre mangelnde Eindeutigkeit. Sobald zwei Vorfahren über gleichnamige Eigenschaften oder auch Methoden verfügen. ist nicht mehr klar, welche jeweils in den Nachfahren übernommen werden soll. Schließlich ist auch die Wahrscheinlichkeit für Widersprüche relativ hoch, da im Zuge der Polymorphie sehr oft umfangreiche Vererbungshierarchien geschaffen werden.

Schnittstellen

Java bietet jedoch eine Art Ersatzmechanismus, der in vielen Fällen ähnlich nützlich ist: die *Schnittstellen* (engl. Interfaces).

Schnittstellen werden eingesetzt, um

- Objektfamilien zueinander polymorph kompatibel zu machen, die nicht miteinander verwandt sind,
- Objektfähigkeiten vorzuschreiben, die für bestimmte Programmteile benötigt werden,
- festzustellen, ob eine bestimmte Funktionalität von einem Objekt unterstützt wird.

Wir werden uns all diese Eigenschaften von Schnittstellen im Folgenden näher ansehen.

21.2.2 Deklaration von Schnittstellen

Schnittstellen und Klassen

Eine Schnittstelle kann man sich wie ein Objekt vorstellen, aus dem alle Elemente entfernt wurden, die Widersprüche hervorrufen könnten.

In der Definition einer Schnittstelle dürfen ausschließlich konstante Eigenschaften sowie leere Methodenköpfe enthalten sein (vgl. Listing 21.20).

Eine Schnittstelle könnte zum Beispiel so aussehen:

```
public interface Anzeigbar {
    final double FAKTOR = 1.0;
    public void anzeigen();
}
```

Listing 21.20: Deklaration einer Schnittstelle in Java

Was ist gegenüber einer klassischen Definition einer Klasse bei Schnittstellen anders? Gegenüber der normalen Klassendefinition ist der Schlüsselbegriff `class` durch `interface` ersetzt. Konstanten werden mit `final` und dem jeweiligen Datentyp deklariert. Alle Methoden bestehen lediglich aus der Kopfzeile, wie wenn sie als abstrakt definiert wären.

Vererbung mit Schnittstellen

Ähnlich wie Klassen können auch Schnittstellen Vererbungshierarchien aufbauen. Sie werden mit dem Schlüsselwort extends voneinander abgeleitet (vgl. Listing 21.21).

```
public interface VideoAnzeigbar extends Anzeigbar {
    final String Geraet = "Bildschirm";
}
```

Listing 21.21: Einfache Vererbung mit Schnittstellen

Im Gegensatz zu Klassen ist bei Schnittstellen auch Mehrfachvererbung möglich. Da sich die Eigenschaften nicht mehr verändern können (`final`) und Methodenkörper fehlen, sind Widersprüche ausgeschlossen. Bei einer Mehrfachvererbung werden einfach alle Vorfahrenschnittstellen aufgezählt (vgl. Listing 21.22):

```
public interface MegaVideoAnzeigbar extends
                 VideoAnzeigbar, Cloneable {
}
```

Listing 21.22: Mehrfache Vererbung mit Schnittstellen

Hier leiten wir die neue Schnittstelle von den Vorfahrenschnittstellen `VideoAnzeigbar` und `Cloneable` (eine Java-vordefinierte Schnittstelle, die die `clone()`-Methode liefert) ab. Wie man sieht, kann der Hauptteil der Schnittstelle auch leer sein.

21.2.3 Implementieren von Schnittstellen

Anders als Klassen können Schnittstellen nicht instanziert werden, schließlich enthalten sie ähnlich wie abstrakte Klassen keine Methodenkörper. Sie können allerdings in Klassen aufgenommen (implementiert) werden.

Die implementierende Klasse muss in diesem Fall alle Methodenköpfe, die in der Schnittstelle angegeben sind, überschreiben. Falls mehrere Schnittstellen angegeben sind, muss das für alle Schnittstellen erfolgen. Zusätzlich zu den Schnittstellen darf die Klasse natürlich weiterhin von einer »normalen« Vorfahrenklasse abgeleitet sein. Die Implementierung einer Schnittstelle ist im nachfolgenden Listing dargestellt:

```
class VideoMaxMinTemperatur extends MaxMinTemperatur
                            implements VideoAnzeigbar {
    public void anzeigen()
    {
        System.out.println("Temperatur: " + getTemperatur());
    }
}
```

Listing 21.23: Implementieren einer Schnittstelle

Instanzen von implementierten Schnittstellen anlegen

Mit der Implementierung der Schnittstelle in der Klasse kann jetzt auch eine Instanz angelegt werden. Dies geschieht wie bei jeder Klassendefinition:

```
VideoMaxMinTemperatur t1 = new VideoMaxMinTemperatur();
```

Dank Polymorphie kann die Instanz auch einer Variablen vom Typ der Vorfahrenklasse zugewiesen werden:

```
Temperatur t2 = new VideoMaxMinTemperatur();
```

Das Gleiche gilt sogar für die Schnittstellen, die in die Klasse implementiert wurden:

```
Anzeigbar t3 = new VideoMaxMinTemperatur();
VideoAnzeigbar t4 = new VideoMaxMinTemperatur();
```

Schnittstellen und Typenangaben

Schnittstellen können ähnlich wie Klassen eingesetzt werden, wenn es um Typenangaben geht. Es können insbesondere Variablen sowie Parameter vom Typ der Schnittstelle deklariert werden.

»instanceof«-Schlüsselwort

Über den Operator `instanceof` kann geprüft werden, ob eine Instanz kompatibel zu einer Klasse oder einer Schnittstelle ist.

Mit der Anweisung

```
if (t1 instanceof VideoMaxMinTemperatur) { ... }
```

wird ermittelt, ob `t1` eine Instanz der Klasse `VideoMaxMinTemperatur` oder eine Instanz der Vorfahrenklassen bzw. Schnittstellen ist.

Entsprechend würde auch die folgende Anweisung jeweils true ausgeben:

```
t1 instanceof Temperatur
t1 instanceof MaxMinTemperatur
t1 instanceof Anzeigbar
t1 instanceof VideoAnzeigbar
```

22 Spezielle Java-Konzepte

22.1 Fehlerbehandlung in Java

22.1.1 Über Exceptions

Normalerweise zählt die Behandlung von Fehlerzuständen nicht gerade zu den bevorzugten Arbeitsschwerpunkten von Programmierern. Umso erfreulicher ist es, dass Java auf diesem Gebiet mit einem sehr hoch entwickelten Konzept der so genannten *Exceptions* (Ausnahmen) aufwarten kann.

Betrachten wir die folgende Beispielmethode:

```
double berechneKehrwert(double d) {
  double k = 1 / d;
  return d;
}
```

Fehlerbehafteter Code zum Auslösen von Exceptions

Hier wird es immer dann zu einem Problem kommen, wenn als Parameter der Wert 0 übergeben wird. Java würde in diesem Fall eine *Exception* auslösen und das Programm beenden.

Was sind Exceptions?

Exceptions sind Fehlerzustände, die eine planmäßige Ausführung des Programms unmöglich machen. Ohne besondere Behandlung führen sie zum Programmabbruch. Dabei spielt es keine Rolle, ob es sich um Java-eigene Exceptions handelt (wie in unserem Beispiel) oder um vom Programmierer definierte.

Alle Exceptions sind Objekte, die von einer gemeinsamen Vorfahrenklasse `Exception` abstammen. Um den unterschiedlichen Fehlerzuständen Rechnung zu tragen, kann die Funktionalität der Klasse `Exception` natürlich vererbt werden. Im Verlauf der Vererbungshierarchie können dabei die Fehlerzustände immer feiner ausdifferenziert werden.

In der folgenden Tabelle lässt sich der Vererbungsgedanke anhand der Objekthierarchie der JDK-Exceptions verdeutlichen. So handelt es sich in unserem Beispiel von oben um eine `ArithmeticException`, welche ihrerseits von der Klasse `RuntimeException` erbt (vgl. Tabelle 22.1).

```
Exception
   ClassNotFoundException
   CloneNotSupportedException
   IllegalAccessException
   InstantiationException
   InterruptedException
   NoSuchFieldException
   NoSuchMethodException
   RuntimeException
       ArithmeticException
       ArrayStoreException
       ClassCastException
   IllegalArgumentException
       IllegalThreadStateException
       NumberFormatException
   IllegalMonitorStateException
   IllegalStateException
   IndexOutOfBoundsException
       ArrayIndexOutOfBoundsException
       StringIndexOutOfBoundsException
   NegativeArraySizeException
   NullPointerException
   SecurityException
   UnsupportedOperationException
```

Tabelle 22.1: Hierarchie der JDK-Exceptions

22.1.2 Selbst definierte Exceptions

Exceptions müssen nicht immer vom Java-System stammen. In vielen Fällen ist es sinnvoll, sich eigene Exceptions zu definieren, um individuelle Fehlerzustände zu behandeln.

Für unser Temperaturbeispiel aus dem letzten Kapitel bietet es sich an, eine eigene Exception zu definieren, die wir zum Beispiel dann auslösen, wenn eine unmögliche, z.B. zu niedrige, Temperatur auftritt (vgl. Listing 22.1):

```
public class TemperaturZuNiedrigException extends
            Exception {
    private double temperatur;
    public TemperaturZuNiedrigException(double temperatur) {
        super("Temperatur zu niedrig" + temperatur);
        this.temperatur = temperatur;
    }
    public double getTemperatur() {
        return temperatur;
    }
}
```

Listing 22.1: Eine selbst definierte Exception

Wie Sie sehen, ist die Erstellung eigener Exceptions einfach: Sie müssen nur eine neue Klasse von der Klasse `Exception` ableiten und einen eigenen Konstruktor bereitstellen. Sie können natürlich auch weitere Eigenschaften und Methoden nach Bedarf ergänzen.

22.1.3 Auslösen von Exceptions

Meistens trifft einen eine Exception, ohne dass man sie sich besonders wünscht. Allerdings gibt es auch Fälle, in denen man selbst eine Exception auslösen möchte, um einen Fehlerzustand zu signalisieren.

Das geschieht mit der Anweisung

```
throw new Exception();
```

Sobald in einer Methode eine Exception ausgelöst werden kann, muss dies zusätzlich im Methodenkopf mit der Anweisung `throws` vermerkt werden. Damit tun wir jedem Verwender unserer Methode kund, dass er mit dem Auftreten dieser Exception zu rechnen hat.

In unserem Beispiel der Temperaturklasse soll in Zukunft eine Exception bei zu niedrigen Temperaturen ausgelöst werden. Deshalb ändern wir die Definition wie folgt (vgl. Listing 22.2):

```
class Temperatur {
    static final double ABSOLUTERNULLPUNKT = -273.15d;
    Eigenschaften ausgelassen
    void setTemperatur(double t) throws TemperaturZuNiedrigException {
    if ( t < ABSOLUTERNULLPUNKT)
        throw new TemperaturZuNiedrigException(t);
    else
        temperatur = t;
    }
    //... weitere Methoden ausgelassen ...
}
```

Listing 22.2: Auslösen von Exceptions

Immer dann, wenn versucht wird, eine Temperatur unterhalb des absoluten Nullpunkts von –273,15 Grad Celsius anzugeben, wird sich die Methode `setTemperatur()` mit einer Fehlermeldung dagegen wehren.

22.1.4 Abfangen von Exceptions

Das Angeben der Exception mit `throws` im vorigen Abschnitt hat noch einen weiteren Nebeneffekt. Wird unsere Methode verwendet, so müssen wir fortan eine auftretende Exception behandeln.

Immer wenn Java erfährt, dass in einem Programmteil eine Exception auftreten kann, muss diese auch behandelt werden. Einzige Ausnahme sind Runtime-Exceptions, die abgefangen werden können, aber nicht müssen.

»try/catch/finally«-Block

Für die Behandlung von Exceptions kennt Java ein spezielles Programmkonstrukt, den `try/catch/finally`-Block mit folgendem Aufbau (vgl. Listing 22.3):

```
try {
    // Befehle, die zum Fehler führen können
} catch(Exception e) {
    // Behandlung der Exception
} finally {
    // Anweisungen, die in jedem Fall erfolgen müssen (optional)
}
```

Listing 22.3: Fehlerbehandlung mit `try/catch/finally`

Im `try`-Abschnitt stehen die Anweisungen, bei denen mit einem Fehler zu rechnen ist.

Im `catch`-Abschnitt werden die auftretenden Exceptions behandelt. Als Parameter ist die Klasse der erwarteten Exception anzugeben. Wenn im `try`-Block der Typ der erwarteten Exception auftritt, werden die Anweisungen im `catch`-Block ausgeführt. Hier sollte die Behandlung des Fehlers erfolgen.

Im `finally`-Abschnitt können schließlich noch Anweisungen erfolgen, die sowohl im Normalfall als auch im Fehlerfall ausgeführt werden sollen. Dies werden zumeist Abschlussaktivitäten sein. Bei (fehlendem) Bedarf kann dieser Abschnitt entfallen. Das folgende (etwas komplexere Beispiel) zeigt die Fehlerbehandlung beim Arbeiten mit »Streams«, die hier eine Textdatei öffnen:

```
class ExceptionDemo
{
    public void liesDatei(String dateiname) {
    FileInputStream fi;
    DataInputStream di;
    boolean dateiOffen = false;
    try {
        // führe Dateizugriff aus
        fi = new FileInputStream(dateiname);
        dateiOffen = true;
        di = new DataInputStream(fi);
        String S;
        while ((S=di.readLine()) != null)
            System.out.println(S);
        // schließen der Datei
        di.close();
        fi.close();
      }
    catch(IOException e) {
```

```
    // gib Fehlermeldung aus
    System.out.println("Datei kann nicht gelesen werden!");
    }
    finally {
        dateiOffen = false;
    }
    }
}
```

Listing 22.4: Öffnen einer Textdatei mit Fehlerbehandlung

Im `try`-Abschnitt werden zwei verknüpfte Streams instanziert und damit geöffnet (Einzelheiten in den folgenden Abschnitten). Der eigentliche Lesevorgang erfolgt in der `while`-Schleife mit der Anweisung `readLine()`. Die Daten werden anschließend auf dem Bildschirm ausgegeben.

Sollte in diesem ersten Abschnitt eine `IOException` auftreten, so wird sie im folgenden `catch`-Block behandelt. Die Behandlung erfolgt hier durch Ausgabe einer Fehlermeldung.

In dem Beispiel wird nur ein `catch`-Block für `IOExceptions` eingerichtet. Dies bewirkt, dass dieser Exception-Typ sowie alle abgeleiteten Exception-Typen behandelt werden.

Falls man andere Exception-Typen behandeln will, lassen sich weitere `catch`-Blöcke angeben. Falls für einen Exception-Typ keine Vorsorge getroffen wurde, führt dies entweder zu einem Laufzeitfehler (Runtime-Exception) oder der Compiler wird die mangelnde Fehlerbehandlung wie oben rügen.

22.1.5 Weitergeben von Exceptions

Anstatt eine Exception in der Methode zu behandeln, kann man sie auch an den eigenen Aufrufer weitergeben. In diesem Fall deklarieren wir einfach in unserem eigenen Methodenkopf das Auslösen mittels der `throws`-Anweisung (vgl. Listing 22.5).

```
void liesDatei(String dateiname) throws IOException {
    FileInputStream fi = new FileInputStream(dateiname);
    DataInputStream di = new DataInputStream(fi);
    String S;
    while ((S=di.readLine()) != null)
        System.out.println(S);
    di.close();
    fi.close();
}
```

Listing 22.5: Öffnen einer Textdatei mit weitergegebener Fehlerbehandlung

In diesem Fall muss sich unser Aufrufer um die Fehlerbehandlung kümmern. Für das vorige Beispiel sähe dies z.B. so aus (vgl. Listing 22.6):

```
import java.io.*;
class ExceptionDemo2
{
    static void liesDatei(String dateiname) throws IOException
    {
        FileInputStream fi = new FileInputStream(dateiname);
        DataInputStream di = new DataInputStream(fi);
        String S;
        while ((S=di.readLine()) != null)
            System.out.println(S);
        di.close();
        fi.close();
    }
    public static void main(String argv[]) {
    try {
        liesDatei(argv[0]);
    }
    catch (IOException e) {
        e.printStackTrace();
    }
    }
}
```

Listing 22.6: Hauptprogramm mit Fehlerbehandlung

In dem Beispiel wird angenommen, dass die Methode `liesDatei()` als ein eigenständiges Hauptprogramm (Methode `main()`) aufgerufen wird. Der Parameter `argv[]` enthält in diesem Fall den Dateinamen, der beim Programmaufruf angegeben wird. Die Fehlerbehandlung wird hier vom Hauptprogramm mittels `try/catch`-Block durchgeführt. Die aufgerufene Methode `liesDatei()` gibt den Fehler einfach weiter.

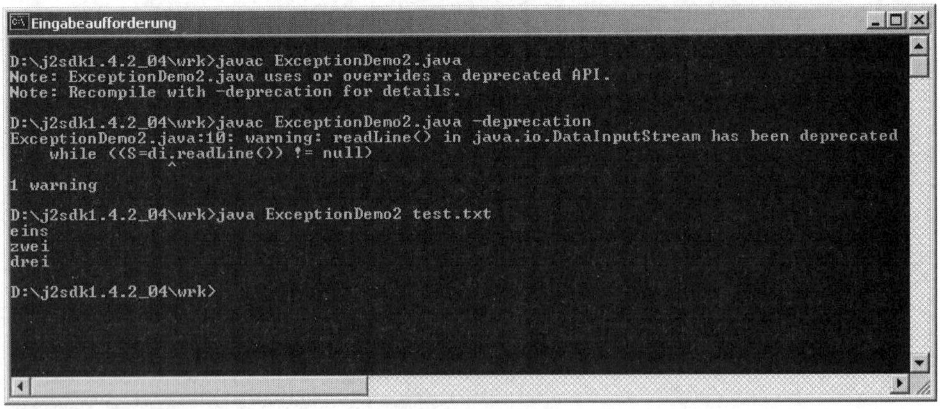

```
Eingabeaufforderung
D:\j2sdk1.4.2_04\wrk>javac ExceptionDemo2.java
Note: ExceptionDemo2.java uses or overrides a deprecated API.
Note: Recompile with -deprecation for details.

D:\j2sdk1.4.2_04\wrk>javac ExceptionDemo2.java -deprecation
ExceptionDemo2.java:10: warning: readLine() in java.io.DataInputStream has been deprecated
        while ((S=di.readLine()) != null)
                    ^
1 warning

D:\j2sdk1.4.2_04\wrk>java ExceptionDemo2 test.txt
eins
zwei
drei

D:\j2sdk1.4.2_04\wrk>
```

Abbildung 22.1: Fehlerbehandlung mit Import

Auf die Besonderheiten der `import`-Zeile sowie die Hinweise in Abbildung 22.1 gehen wir im Abschnitt Fehler! Verweisquelle konnte nicht gefunden werden. ein.

Die eigentliche Fehlerbehandlung erfolgt mit der Anweisung

```
e.printStackTrace()
```

Dadurch wird der so genannte *Fehlerstack* ausgegeben. In ihm erkennt man, wo der Fehler aufgetreten ist und wie es zu ihm im Verlauf der Methodenaufrufe kam. Die Ausgabe des Fehlerstacks erfolgt unmittelbar an der Konsole und kann wie folgt aussehen (vgl. Listing 22.7):

```
java.lang.NumberFormatException: abc
      at java.lang.Double.valueOf(Double.java:121)
      at java.lang.Double.<init>(Double.java:179)
      at Console.readDouble(Console.java:32)
      at kmBerechnung.main(kmBerechnung.java:11)
```

Listing 22.7: Fehlerstack-Ausgabe

Diese Vorgehensweise ist sehr beliebt, aber nicht gerade die benutzerfreundlichste Art der Fehlerbehandlung. Aus diesem Grund sollten Sie für produktive Anwendungen etwas mehr Aufwand betreiben, um dem Anwender die Fehlersituation darzustellen.

22.2 Die Java API

Sie haben nun alle wichtigen Konzepte der Programmiersprache Java kennen gelernt. Dennoch werden Sie vermutlich das Gefühl haben, dass Ihnen zum praktischen Programmieren noch etwas Wichtiges fehlt.

Das wichtige »Etwas« ist die Java-Klassenbibliothek, auch als Java API bezeichnet. Diese Klassenbibliothek bildet die Schnittstelle zum Betriebssystem, zum Netzwerk, zur Benutzeroberfläche und bietet darüber hinaus auch noch zahlreiche nützliche Funktionen, die dem Programmierer die Arbeit erleichtern. Dennoch handelt es sich dabei »nur« um normale Java-Klassen, die die bereits erlernten Konzepte benutzen und die Sie bei Bedarf (und mit viel Zeit) auch selbst programmieren können.

Wenn Sie ein Programm entwickeln, greifen Sie mehr oder weniger oft auf die Klassen dieser API zurück. Die Klassen sind dabei jeweils Bestandteil Ihrer Java-Laufzeitumgebung (zusammen mit der Virtuellen Maschine) und werden von dieser bereitgestellt. Das JDK verfügt über diese Klassen, ebenso wie das JRE (Java Runtime Environment) und jeder Java-fähige Browser.

Diese Java API ist allerdings im Verlauf der Java-Geschichte immer wieder verändert und vor allem erweitert worden. Man bezeichnet die API üblicherweise nach der zugehörigen JDK-Version.

Die wichtigsten Sprünge waren die Versionswechsel von JDK 1.0 zu JDK 1.1 sowie zu JDK 1.2, das von SUN auch als Java2 bezeichnet wird. Wenn Sie Anwendungen entwickeln, müssen Sie sich vergewissern, dass die Ausführungsumgebung die Funktionen unterstützt, die Sie beim Entwickeln verwendet haben. Gerade Browser hinken mit ihrer Java-Implementierung oftmals einige Versionen hinterher.

Auch die SUN-Implementierung wird nicht nur ständig erweitert. Immer wieder werden auch Funktionen durch andere, verbesserte ersetzt. Die alte Funktion wird in diesem Fall zurückgezogen (deprecated). Sie können diese Funktion dann zwar noch einsetzen, müssen aber davon ausgehen, dass sie nicht mehr beliebig lange funktionieren wird. Der Java-Compiler generiert für solche Funktionen darüber hinaus eine Warnmeldung (vgl. Abbildung 22.1).

22.3 Java Packages

22.3.1 Über Java Packages

Die Java API ist in Pakete, so genannte *Packages,* eingeteilt. Die Pakete bilden dabei die einzelnen Funktionsbereiche der API ab. Sie können sich die Pakete vereinfacht als Klassen-Dateien (.class) in einer Baumstruktur vorstellen. Die Baumstruktur könnte in etwa so aussehen:

```
C:\java\
        applet\
        awt\
            image\
            peer\
        io\
........lang\
```

Sicherlich hätten auch Sie als Java-Entwickler versucht, durch eine geeignete Dateistruktur Ordnung in die große Zahl von Klassen zu bringen.

Für die heutige Verwendung gibt man nun nicht mehr den Pfad in der Baumstruktur für eine Klasse an, sondern stellt die Hierarchie mit Punkten dar.

Man verwendet zum Beispiel die Klasse

```
java.awt.Graphics
```

aus dem Paket `java.awt`.

Die Punkte sind Ersatz für die Stufen der Baumhierarchie. Wenn Sie den vollständigen Namen einer Klasse angeben wollen, so müssen Sie dies in Punktdarstellung tun. Die von uns schon häufig verwendete `String`-Klasse heißt in Wirklichkeit `java.lang.String`, die Applet-Klasse heißt richtig `java.applet.Applet` usw.

Die Punkthierarchie hat dabei nichts mit einer Vererbungshierarchie zu tun!

Einen Eindruck von der Vielfalt erhält man durch das bereits vorgeschlagene Öffnen der Datei *src.zip* und dem anschließenden Klick auf den Spaltenkopf *Pfad.* Sie sortieren damit alle Klassen nach Paket-Zugehörigkeit.

22.3.2 Java Packages verwenden

Wenn Sie eine Klasse der Java API verwenden wollen, gibt es mehrere Möglichkeiten: die Angabe des vollständigen Klassennamens, Import von Java Packages bzw. die Verwendung des automatisch importierten Pakets `java.lang`.

Angabe des vollständigen Klassennamens

Sie schreiben den vollständigen Klassennamen aus, z.B.:

```
java.applet.Applet a = new java.applet.Applet();
```

Das verursacht zusätzliche Schreibarbeit, ist dafür aber eindeutig.

Import des Java Packages

Sie schreiben am Beginn Ihres Programmtextes (vgl auch Listing 22.6) , also noch vor einer `class`-Anweisung, eine `import`-Anweisung für das entsprechende Package.

```
import java.applet.*;
public class MeineKlasse {
    Applet a = new Applet();
    ... }
```

Listing 22.8: Packages importieren

Da Sie zu Beginn das Paket `java.applet.*` importiert haben, können Sie alle Klassen aus dem Paket ohne Punktschreibweise verwenden. Die Klasse `Applet`, die zu diesem Paket gehört, ist entsprechend ohne besondere Angabe nutzbar.

Übrigens könnten Sie durch

```
import java.lang.Applet;
```

auch nur die Klasse »`Applet`« importieren.

Automatisch importiertes Paket »java.lang.*«

Das JDK verfügt inzwischen über eine sehr große Zahl von Paketen für die unterschiedlichsten Anwendungsfälle. Es gibt jedoch ein Paket, das so elementar ist, dass es immer benötigt wird. Dieses Paket ist `java.lang.*`. Es enthält die grundlegenden Klassen wie `String`, `Integer`, `Object`, `Class` usw.

Da es keinen Sinn machen würde, ein Programm ohne diese Klassen zu schreiben, wird das Paket immer automatisch importiert, ohne dass Sie eine entsprechende `import`-Anweisung verwenden müssen. Aus diesem Grund konnten wir die entsprechenden Klassen so einfach verwenden.

22.3.3 Eigene Packages erstellen

Wenn Sie eigene Klassen definieren, sollten Sie diese ebenfalls in Paketen organisieren. Geben Sie dazu in Ihrem Programmtext den gewünschten Paketnamen mit der Anweisung

```
package Paketname;
```

an.

Es wird empfohlen, den umgekehrten Domänennamen Ihrer Firma als Paketnamen zu wählen.

Angenommen, Sie schreiben Druckfunktionen für die Firma Lotus, so können Sie Ihr Paket dementsprechend

```
package com.lotus.printing;
```

nennen.

Achten Sie darauf, dass Ihre Klassen an einer Stelle gespeichert sind, an der sie später auch wieder geladen werden können. Sie müssen dazu entweder im selben Verzeichnis wie die Hauptklassen der Anwendung stehen oder in einem Unterverzeichnis, auf das der Klassenpfad `CLASSPATH` zeigt.

23 Java mit Lotus Notes und Lotus Domino

23.1 Notes Domino-Objektmodell

Nachdem Sie bereits die LotusScript-Klassen kennen gelernt haben, werden Sie sich jetzt mit Java-Klassen beschäftigen. Sie werden feststellen, dass die Java-Klassen den LotusScript-Klassen sehr ähnlich sind. Dies ist natürlich kein Zufall, sondern liegt darin begründet, dass alle Objektklassen auf der gleichen internen Bibliothek, die übrigens in der Programmiersprache C geschrieben ist, aufbauen.

Aus diesem Grund werden wir uns im Folgenden weniger den Einzelheiten der Klassen zuwenden, sondern uns auf deren Anwendung konzentrieren. Einstieg in die Domino-Klassenhierarchie für Java enthält einen Überblick zum Einstieg in die Klassenhierarchie, welche mittlerweile mit der Version 6.5 so umfangreich geworden ist, dass eine vollständige Übersicht mit einer Grafik nicht sinnvoll ist.

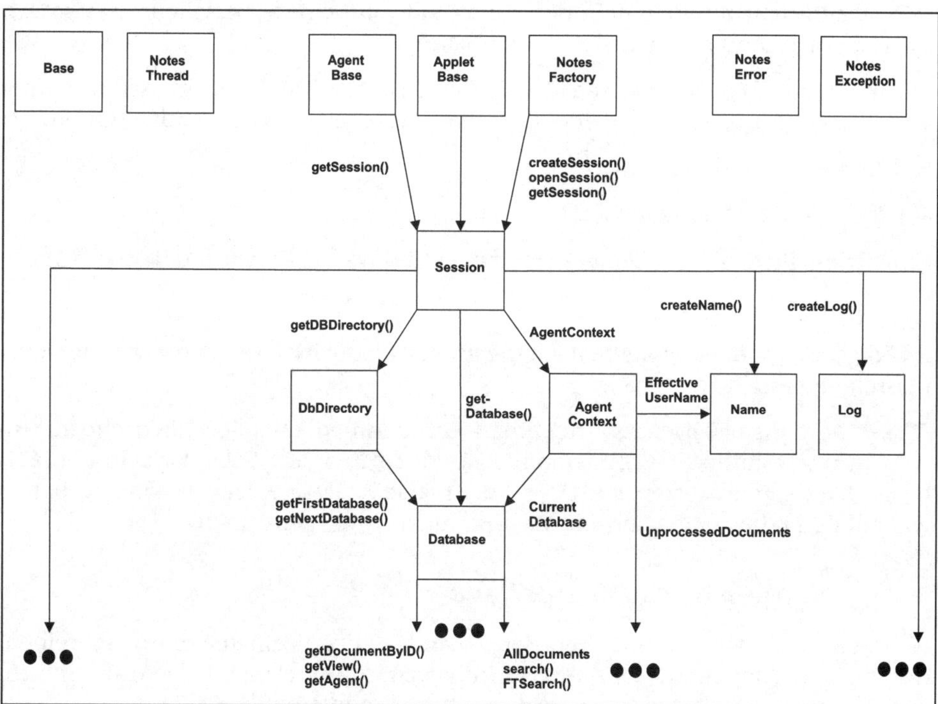

Abbildung 23.1: Einstieg in die Domino-Klassenhierarchie für Java

In der Java-Klassenhierarchie sind ausschließlich Back-End-Klassen enthalten. Es fehlen alle Klassen, die sich auf die Anwenderschnittstelle (das Front-End) beziehen. In LotusScript sind das diejenigen Klassen, die den Namensbestandteil *UI* enthalten. Konsequenterweise können wir in Java alles programmieren, was sich ohne Benutzung der Anwenderschnittstelle realisieren lässt.

Für die Anwenderschnittstelle müssen wir auf zusätzliche Java-Klassen (AWT oder SWING) zurückgreifen, die wir in späteren Kapiteln kennen lernen werden.

Die genutzten Interfaces und Klassen haben in ihren Namen keinen Präfix »Notes«. Die Eigenschaften, die wir aus den LotusScript-Klassen kennen, sind in der Regel nicht direkt, sondern nur über `set`- und `get`-Methoden erreichbar.

Klasse »Session« in Java

Eine weitere Abweichung zwischen LotusScript und Java betrifft die Klasse `Session`. In LotusScript wird die Klasse `Session` verwendet, um den Zugriff auf die Arbeitsumgebung zu ermöglichen. Die Ausführung erfolgt dabei stets aus einer Datenbank heraus, entweder aus einem Front-End-Objekt (Button, Feld etc.) oder aus einem Agenten. In Java dagegen kann die Ausführung entweder aus einem Agenten oder einem selbstständigen Programm heraus erfolgen. Entsprechend wurde die Klasse `Session` aufgeteilt in einen Teil, der immer gilt, und einen speziellen `AgentContext`, der nur von Agenten verwendet werden kann.

Zu guter Letzt gilt es zu beachten, dass in Java Instanzen der Notes-Klassen nur unter Verwendung der `Session` oder einer anderen Notes-Klasse erstellt werden dürfen.

Ein direktes Instanzieren wie

```
DIM db AS NEW NotesDatabase("Server","File")
```

ist *nicht* möglich. Stattdessen verwenden wir in Java die Konstruktion:

```
Database db = session.getDatabase("Server","Filename");
```

Im Folgenden sollen der Reihe nach die unterschiedlichen Anwendungen der Java-Klassen vorgestellt werden.

Analog zu diesem Beispiel sei nochmals auf die unvollständige Übersicht in Einstieg in die Domino-Klassenhierarchie für Java verwiesen. Sobald wir in den aufbauenden Kapiteln korrekt ein Objekt der Klasse `Database` erzeugen können, haben wir, auf den Erfahrungen aus LotusScript aufbauend, »gewonnen«.

23.1.1 Vergleich LotusScript/Java

Nehmen wir an, wir möchten in unserer Mail-Datenbank einen Agenten schreiben, der uns den Titel aller Nachrichten in unserem Posteingang auf dem Bildschirm ausgibt. In LotusScript können wir dies so programmieren:

```
DIM session AS NEW NotesSession
DIM db AS NotesDatabase
SET db = session.currentDatabase
DIM view AS NotesView
SET view = db.getView("($Inbox)")
DIM doc AS NotesDocument
SET doc = view.getFirstDocument
DIM titel AS STRING
DO UNTIL doc IS NOTHING
  titel = doc.Subject(0)
  PRINT titel
  SET doc = view.getNextDocument(doc)
LOOP
```

Listing 23.1: LotusScript-Programm zur Ausgabe der Nachrichtentitel

Wir legen eine Instanz von `NotesSession` an und ermitteln daraus die Instanz der aktuellen Datenbank. Der Posteingang ist eigentlich ein Ordner und trägt den Namen ($INBOX).

Da Ansichten und Ordner gleich behandelt werden, holen wir uns eine Instanz davon und lesen das erste Dokument aus. Solange wir kein `NOTHING` erhalten, wurde etwas gefunden und wir können den Titel auslesen. Dabei interessiert uns nur das erste Element (Position 0), da es bei Mail nur einen Titel gibt. Wir geben diesen aus und fahren mit dem nächsten Element fort, bis nichts mehr kommt.

In Java sieht das gleiche Programm sehr ähnlich aus.

> In dem Beispiel wurde der »Rahmen«, wie er von der Entwicklungsumgebung bei einem Java-Agenten automatisch erzeugt wird, weggelassen. Hier soll es zunächst ausschließlich um die Verwendung der Klassen gehen.

```
 ...
Session session = getSession();
AgentContext agentContext = session.getAgentContext();
Database db = agentContext.getCurrentDatabase();
View view = db.getView("($Inbox)");
Document doc = view.getFirstDocument();
String titel;
while (doc != null) {
  titel = doc.getItemValueString("Subject");
  System.out.println(titel);
  doc = view.getNextDocument(doc);
}
 ...
```

Listing 23.2: Java-Programm zur Ausgabe der Nachrichtentitel

Besonderheiten der Verwendung von Java-Klassen in Notes Domino

Beim direkten Vergleich fallen die Besonderheiten der Domino-Klassen in Java auf:

- Die Klassen tragen jeweils Namen ohne Vorsilbe Notes.
- Die Variablen werden i.d.R. gleichzeitig deklariert und initialisiert.
- Es gibt die zusätzliche Klasse `AgentContext`.
- Die Eigenschaften müssen jeweils mit `getEigenschaft()` gelesen und `setEigenschaft()` geschrieben werden.
- Die Schleife fragt nicht auf `IS NOTHING`, sondern auf `!= null` ab.
- Der Wert eines Feldes kann nicht über die erweiterte Syntax `doc.Feldname(0)` ausgelesen werden. Stattdessen wird die Methode `getItemValueString()` verwendet.
- Das Java-Programm ist etwas kürzer.

Natürlich sind diese Unterschiede nicht die einzigen, aber doch die wichtigsten.

23.1.2 Ausgewählte Java-Klassen im Überblick

Aus dem Klassendiagramm im letzten Abschnitt wollen wir uns einige besonders häufig benutzte Klassen genauer ansehen. Es sind die Klassen, die in den Beispielen im Buch und darüber hinaus besonders oft verwendet werden.

Die nachfolgende Auswahl an Klassen ist weder vollständig noch sind alle Methoden abgedruckt. Für eine genaue Referenz sollten Sie die Online-Hilfe im Domino Designer verwenden. Diese ist wesentlich ausführlicher und aktuell auf die jeweilige Version abgestimmt.

Die folgenden Tabellen stellen jeweils nur Methoden eines Objekts dar. Da die Eigenschaften gekapselt sind, ist ein direkter Zugriff auf Eigenschaften nicht möglich.

lotus.domino.Session

Die Klasse `Session` bildet die Arbeitsumgebung von Notes bzw. Domino ab. Enthalten sind alle relevanten Angaben zur Ausführungsumgebung, die sowohl für Agenten als auch für alle anderen Java-Programmformen verwendet werden können.

`Session` ist immer der zentrale Einstiegspunkt in die Domino-Klassenhierarchie. Je nach Programmtyp erhält man die Klasse `Session` über die Klassen `NotesFactory`, `AgentBase` oder `AppletBase`.

Alle anderen Klassen werden entweder direkt oder indirekt über `Session` angesprochen. So kann eine namentlich bestimmte Datenbank in Java am einfachsten über

```
session.getDatabase("Server","Dateiname")
```

angesprochen werden. Die meisten anderen Klassen werden ebenfalls über `Session` instanziert, so z.B. die `DateTime`-Klasse, die mit

```
session.createDateTime()
```

erstellt werden kann.

Tabelle 23.1 enthält eine Auflistung der wichtigsten Methoden der Klasse `Session`.

Methode	Beschreibung
`createDateTime("Datum")`	Erstelle DateTime-Objekt
`createLog("Protokoll")`	Erstelle NotesLog-Objekt
`getAddressBooks()`	Im System vorhandene Adressbuch-Datenbanken als Vektor
`getAgentContext()`	Liefere AgentContext-Objekt
`getCommonUserName()`	Benutzername (Vor- und Zuname)
`getDatabase("Server","Name")`	Übergebe Datenbank auf Server mit bestimmtem Namen
`getDbDirectory("Server")`	Übergebe `DbDirectory`-Objekt für Server
`getEnvironmentString("EnvironmentVar")`	Hole Eintrag als String aus Environment
`getEnvironmentValue("EnvironmentVar")`	Hole Eintrag als Objekt aus Environment
`getNotesVersion()`	Bezeichnung der Notes-Version
`getPlatform()`	Betriebssystemumgebung
`getUsername()`	Kanonischer Anwendername
`isOnServer()`	Ausführung auf Server?
`setEnvironmentVar("EnvironmentVar",Wert)`	Speichere einen Wert im Environment

Tabelle 23.1: Wichtige Methoden in `lotus.domino.Session`

lotus.domino.AgentContext

`AgentContext` wurde neu in Java eingeführt. Da Java auch außerhalb von Datenbanken verwendet werden kann, gibt es in diesem Fall keine Zuordnung mehr zu einer bestimmten Datenbank, zu einem Benutzer oder zu einer Auswahl von Dokumenten.

All diese Informationen wurden bei Java aus der `Session` herausgenommen und in die Klasse `AgentContext` verlagert. Entsprechend enthält `AgentContext` ausschließlich bei Agenten sinnvolle Werte.

Der häufigste Anwendungsfall ist die Feststellung der aktuellen Datenbank [`getCurrentDatabase()`] oder der gewählten Dokumente [`getUnprocessedDocuments()`, `getDocumentContext()`].

Tabelle 23.2 enthält eine Auflistung der wichtigsten Methoden der Klasse `AgentContext`.

Methode	Beschreibung
`getCurrentAgent()`	Aktuell ausgeführter Agent
`getCurrentDatabase()`	Aktuell ausgeführte Datenbank
`getDocumentContext()`	Aktuelles Dokument bei ausgelösten Agenten
`getUnprocessedDocuments()`	Noch nicht vom Agenten bearbeitete Dokumente
`updateProcessedDoc(Dokument)`	Markiere bearbeitetes Dokument als bearbeitet

Tabelle 23.2: Wichtige Methoden in `lotus.domino.AgentContext`

lotus.domino.Database

`Database` steht für eine Lotus-Notes-Datenbank mit allen enthaltenen Daten, Gestaltungselementen und Einstellungen. Es können weiterhin Abfragen per Suchausdruck (wie bei der `SELECT`-Anweisung in der Formelsprache) oder per Volltextabfrage durchgeführt werden. Sehr oft dient die `Database` aber nur als Durchlaufposten, um über `getView()` an eine Ansicht heranzukommen.

Tabelle 23.3 enthält eine Auflistung der wichtigsten Methoden der Klasse `Database`.

Methode	Beschreibung
`compact()`	Komprimieren der Datenbank
`createDocument()`	Erstellen eines neuen Dokuments
`createReplica("Server","Name")`	Eine Datenbankreplik erstellen
`FTSearch("Abfrage",Max)`	Volltextsuche durchführen
`getACL()`	Zugriff auf das ACL-Objekt
`getAllDocuments()`	DocumentCollection aller Dokumente
`getCreated()`	Erstelldatum
`getDocumentByUNID("ID")`	Suche ein Dokument anhand der Dokumenten-ID
`getFileName()`	Dateiname »xyz.nsf«
`getFilePath()`	Dateipfad »mail\xyz.nsf«
`getLastModified()`	Termin der letzten Änderung
`getProfileDocument("Profil","User")`	Suche ein Profildokument
`getProfileDocCollection("Profil")`	Suche »alle« Profildokumente
`getTitle()` `setTitle(Titel)`	Titel der Datenbank lesen bzw. schreiben
`getView("Ansicht")`	Suche eine Ansicht oder einen Ordner
`getViews()`	Vektor aller Ansichten in der Datenbank
`isFTIndexed()`	Abfrage, ob Volltextindex existiert
`isOpen()`	Ist die Datenbank offen?
`replicate("Server")`	Replizieren
`search("Suchausdruck",Stichtag,Max)`	Suche Dokumente anhand einer Formel
`updateFTIndex(Erstellen)`	Aktualisiere Volltextindex, gegebenenfalls neu erstellen

Tabelle 23.3: Wichtige Methoden in `lotus.domino.Database`

lotus.domino.View

Die Klasse `View` repräsentiert eine Ansicht, aber auch einen Ordner in der Datenbank. Der genaue Typ kann dabei mit `isFolder()`, `isPrivate()` etc. festgestellt werden. Sehr oft werden Ansichten nur verwendet, um die darin enthaltenen Dokumente anzusprechen, z.B. über `getDocumentByKey()`, das ähnlich wie ein `@DBLookUp`-Aufruf in der Formelsprache funktioniert.

Auch möglich, jedoch aus Performancegründen besonders bei großen Datenmengen nicht zu empfehlen, ist das Durchlaufen der Dokumente in der Ansicht über `getFirstDocument()`, `getNextDocument()` oder `getNthDocument()`.

Tabelle 23.4 enthält eine Auflistung der wichtigsten Methoden der Klasse `View`.

Methode	Beschreibung
`getChild()`	Hole Antwortdokument
`getDocumentByKey(Key)`	Suche Dokument anhand von Spalteninhalten
`getFirstDocument()`	Hole erstes Dokument
`getLastDocument()`	Hole letztes Dokument
`getName()`	Name der Ansicht
`getNextDocument(Doc)`	Hole Folgedokument
`getNthDocument(N)`	Hole n-tes Dokument in Ansicht
`getPrevDocument(Doc)`	Hole voriges Dokument
`isCalendar()`	Ansicht ist Kalenderansicht
`isFolder()`	Ansicht ist ein Ordner
`isPrivate()`	Ansicht ist eine persönliche Ansicht

Tabelle 23.4: Wichtige Methoden in `lotus.domino.View`

lotus.domino.Document

Die Klasse `Document` steht für ein einzelnes Notes-Dokument. Dabei enthält die Klasse zunächst nur allgemeine, für alle Dokumente gültige Informationen. Dies sind z.B. Erstell- und Änderungsdatum, Dokumenten-ID (diese kann sogar verändert werden) und Haupt-/Antwortverweise.

Zusätzlich gibt es Methoden, die das Dokument speichern (`save()`), senden (`send()`), kopieren (`copyToDatabase()`) und löschen (`remove()`).

Um auf Feldwerte zuzugreifen, können die Methoden `getItemValue()`, `getItemValueString()`, `getItemValueDouble()` oder `getItemValueInteger()` verwendet werden. Als Gegenstück können Werte mit `replaceItemValue()` verändert werden.

Diese Vorgehensweise ist dann geeignet, wenn lediglich der Inhalt eines normalen Feldes interessant ist. Benötigt man genauere Angaben zum Typ oder handelt es sich um ein Rich-Text-Feld, so muss über `getFirstItem()` die nächste Stufe zum `Item`- oder `RichTextItem`-Objekt durchlaufen werden. Eine genauere Beschreibung des Zugriffs auf Felder finden Sie im nächsten Kapitel.

Tabelle 23.5 enthält eine Auflistung der wichtigsten Methoden der Klasse `Document`.

Methode	Beschreibung
`copyToDatabase(Datenbank)`	Kopiere ein Dokument in andere Datenbank
`getCreated()`	Erstelldatum
`getFirstItem("Feldname")`	Hole Feld `Feldname`
`getFolderReferences()`	Ordner, in denen das Dokument enthalten ist
`getItems()`	Alle Feldobjekte im Dokument
`getItemValue("Feldname")`	Hole Feldinhalt
`getItemValueDouble("Feldname")`	Hole `double`-Einzelwert aus Feld
`getItemValueInteger("Feldname")`	Hole `int`-Einzelwert aus Feld
`getItemValueString("Feldname")`	Hole `String`-Einzelwert aus Feld
`getLastModified()`	Letztes Änderungsdatum
`getResponses()`	Verweis auf vorhandene Antwortdokumente
`getUniversalID() setUniversalID(ID)`	Dokumenten-Unique-ID
`isResponse()`	Information, ob es sich um Antwortdokument handelt
`makeResponse(Dokument)`	Mache Dokument zu Antwortdokument
`putInFolder("Ordner")`	Lege Dokument in Ordner `Ordner`
`remove(force)`	Lösche Dokument
`removeFromFolder("Ordner")`	Entferne Dokument aus Ordner
`removeItem("Feldname")`	Entferne Feld
`replaceItemValue("Feldname", Neue Daten)`	Ersetze Feldinhalt
`save(force,createResponse)`	Dokumentenänderungen sichern
`send("Empfänger")`	Dokument senden

Tabelle 23.5: Wichtige Methoden in `lotus.domino.Document`

lotus.domino.Item

Die Klasse `Item` repräsentiert ein Feld, genauer ein Attributpaar, in einem Dokument. Über `Item` können sowohl Einzelwerte (Feld enthält nur einen Wert) als auch Mehrfachwerte (Feld enthält eine Werteliste) angesprochen werden. Die Mehrfachwerte werden dabei durch einen `Vector` (Java-Konstrukt) des entsprechenden Datentyps repräsentiert.

Die Verwendung von `Item` ist normalerweise nur dann interessant, wenn auch der Notes-Typ über [`getType()`] abgefragt werden soll. Sonst reicht zumeist der Zugriff auf den Feldinhalt über die Methode `getItemValueXY()` in der Klasse `Document`.

Tabelle 23.6 enthält eine Auflistung der wichtigsten Methoden der Klasse `Item`.

Methode	Beschreibung
`containsValue(Wert)`	Prüfen, ob ein Feld einen bestimmten Wert enthält
`getDateTimeValue()` `setDateTimeValue(Datum)`	Einzelnen Datumswert lesen/schreiben
`getName()`	Feldname lesen
`getText()`	Textdarstellung des Inhalts
`getType()`	Item-(Feld-)Typ abfragen
`getValueDouble()` `setValueDouble(Wert)`	Einzelnen `double`-Wert lesen/schreiben
`getValues()` `setValues(Werte)`	Vektor aus Mehrfachwerten lesen/schreiben
`getValueString()` `setValueString("Text")`	Einzelnen String lesen/schreiben
`remove()`	Feld aus Dokument entfernen

Tabelle 23.6: Wichtige Methoden in **`lotus.domino.Item`**

lotus.domino.RichTextItem

Die Klasse `RichTextItem` entspricht in ihrer Funktion der Klasse `Item`, steht aber für Rich-Text-Felder. Aus diesem Grund ist `RichTextItem` als Nachfahrenklasse zu `Item` realisiert. Für Sie bedeutet dies, dass neben den Methoden in der Tabelle unten auch alle Methoden der Klasse `Item` verwendet werden können.

Anders als bei normalen Feldern gibt es bei Rich-Text-Feldern keine Mehrfachwerte. Dafür können die Felder beliebig groß werden.

In Java wird `RichTextItem` vorzugsweise verwendet, um Reports zu generieren, die z.B. Zusammenfassungen von Daten enthalten. Dazu enthält `RichTextItem` eine größere Zahl von Methoden, die Text, DocLinks, andere Felder, Tabulatoren oder Umbrüche in das Feld hineinschreiben oder formatieren.

Dennoch sollte man die Funktionalität nicht überschätzen. Die Möglichkeiten zum *Auslesen* von Rich-Text-Feldern sind äußerst gering.

Tabelle 23.7 enthält eine Auflistung der wichtigsten Methoden der Klasse `RichTextItem`.

Methode	Beschreibung
`addNewLine(Zahl)`	Fügt Zeilenumbrüche an
`addTab(Zahl)`	Fügt Tabulatoren an
`appendDocLink(Bezug)`	Fügt Doclink hinzu
`appendPageBreak()`	Fügt Seitenwechsel hinzu
`appendParagraphStyle()`	Fügt Absatzformat hinzu

Tabelle 23.7: Wichtige Methoden in **`lotus.domino.RichTextItem`**

Methode	Beschreibung
appendRTItem(RichTextItem)	Fügt RichTextItem an
appendStyle(Style)	Fügt Schriftformat an
appendText("Text")	Fügt Text an
getEmbeddedObjects()	OLE-Objekte und Anhänge

Tabelle 23.7: Wichtige Methoden in lotus.domino.RichTextItem *(Forts.)*

lotus.domino.DbDirectory

Die Klasse DbDirectory steht für die Datenbankverzeichnisse auf einem Server oder auch einer Workstation. Über die Klasse können die dort befindlichen Datenbanken angesprochen und in einem späteren Schritt geöffnet werden. Das Öffnen kann dabei auch über die Replik-ID der Datenbank [openByReplicaID()] oder bedingt [openDatabaseIfModified()] erfolgen. Auch ein Öffnen der Cluster-Replik im Falle eines Fehlers ist hier möglich.

Zu beachten ist, dass Datenbanken, die über die Methoden getFirstDatabase() und getNextDatabase() gefunden werden, explizit geöffnet werden müssen und derartige Suchvorgänge nicht über entfernte Verbindungen (CORBA) erfolgen sollten.

Tabelle 23.8 enthält eine Auflistung der wichtigsten Methoden der Klasse DbDirectory.

Methode	Beschreibung
getFirstDatabase(Typ)	Suche erste Datenbank eines Typs
getName()	Name des Servers
getNextDatabase()	Suche nächste Datenbank
openDatabase("Name",FailOver)	Öffne eine Datenbank gegebenenfalls mit Failover
openDatabaseByReplicaID ("ReplikID")	Öffne Datenbank anhand der Replik-ID
openDatabaseIfModified ("Name", Stichtag)	Öffne Datenbank, falls zwischenzeitlich geändert
openMailDatabase(Session)	Öffne zur Session gehörende Mail-Datenbank

Tabelle 23.8: Wichtige Methoden in lotus.domino.DbDirectory

lotus.domino.DateTime

Die DateTime-Klasse repräsentiert die Notes-interne Darstellung von Terminen. Zu einem Termin gehören Datum, Uhrzeit, Zeitzone und Sommerzeitinformation. Diese Daten können über DateTime ausgelesen und verändert werden.

Zusätzlich sind Zeitberechnungen nach Art der @Adjust-Funktion in der Formelsprache möglich.

Tabelle 23.9 enthält eine Auflistung der wichtigsten Methoden der Klasse `DateTime`.

Methode	Beschreibung
`adjustDay(Tage)`	Um n Tage vor-/zurückrechnen
`adjustHour(Stunden)`	Um n Stunden vor-/zurückrechnen
`adjustMonth(Monate)`	Um n Monate vor-/zurückrechnen
`getDateOnly()`	Datumsanteil
`getTimeOnly()`	Zeitanteil
`getTimeZone()`	Zeitzone
`isDST()`	Sommerzeit?
`setAnyDate()`	Datum »beliebig« setzen
`setAnyTime()`	Zeit »beliebig« setzen
`setNow()`	Aktuelles Datum und Zeit vermerken
`timeDifference(DateTime2)`	Zeitdifferenz in Sekunden

Tabelle 23.9: Wichtige Methoden in `lotus.domino.DateTime`

lotus.domino.DocumentCollection

Die `DocumentCollection` entspricht einer Auswahl an Dokumenten in der Datenbank. Dies kann das Ergebnis einer Volltextsuche oder einer normalen sequentiellen Suche sein. Es ist auch das gezielte Hinzufügen und Herausnehmen von Dokumenten in der `DocumentCollection` möglich.

Die `DocumentCollection` kann ähnlich einer Ansicht über die Methoden `getFirstDocument()`, `getNextDocument()` usw. durchlaufen werden. Dies erfolgt jedoch in willkürlicher Reihenfolge, genauer: in der Reihenfolge, in der die Dokumente auf der Platte stehen. Lediglich nach einer Volltextsuche gibt es eine definierte Folge. Diese entspricht der Ergebnisrelevanz.

Tabelle 23.10 enthält eine Auflistung der wichtigsten Methoden der Klasse `DocumentCollection`.

Methode	Beschreibung
`addDocument(Document)`	Füge Dokument zur Collection hinzu
`deleteDocument(Document)`	Entferne Dokument aus Collection
`FTSearch("String")`	Suche Dokumente mit Volltextsuche
`getCount()`	Anzahl der Dokumente
`getFirstDocument()`	Hole erstes Dokument
`getLastDocument()`	Hole letztes Dokument
`getNextDocument(Doc)`	Hole Folgedokument
`getNthDocument(N)`	Hole n-tes Dokument in Collection
`getPrevDocument(Doc)`	Hole voriges Dokument

Tabelle 23.10: Wichtige Methoden in `lotus.domino.DocumentCollection`

Methode	Beschreibung
getQuery()	Gegebenenfalls durchgeführte Abfrage
isSorted()	Sortierreihenfolge vorhanden?
putAllInFolder("Ordner")	Dokumente in Ordner legen
stampAll(Feld, Wert)	Ändere ein Feld in allen Dokumenten der Collection

Tabelle 23.10: Wichtige Methoden in `lotus.domino.DocumentCollection` *(Forts.)*

23.1.3 Auf Feldwerte zugreifen

Eines der Leistungsmerkmale von Lotus Notes und Lotus Domino besteht darin, dass Dokumente in der Datenbank keine feste Struktur haben müssen, sondern individuell, nach Bedarf, gebildet werden können. Insbesondere können die Felder, mit Ausnahme von Rich-Text-Feldern, einen oder mehrere Werte enthalten. Es muss nur sichergestellt sein, dass alle Daten in einem Feld eines einheitlichen Typs (Text, Zahl oder Zeit) sind.

Wir wollen uns im Folgenden den Zugriff auf die Felddaten in den verschiedenen Situationen ansehen. Dazu nehmen wir jeweils an, dass wir uns in der Objekthierarchie bereits bis zum Dokument vorgearbeitet haben. Dies könnte z.B. nach folgendem Programmteil der Fall sein (vgl. Listing 23.3):

```
Session session = getSession();
AgentContext agentContext = session.getAgentContext();
Database db = agentContext.getCurrentDatabase();
View view = db.getView("Ansicht");
Document doc = view.getFirstDocument();
```

Listing 23.3: Ausgangssituation für den Feldzugriff

Einzelwerte lesen

Für die Datentypen `String` und `Zahl` können wir direkt die zugehörige Lesemethode des `Document`-Objekts aufrufen.

Für Text lautet diese:

```
String s = doc.getItemValueString("Feld")
```

Bei Zahlentypen können wir unterscheiden, ob wir einen `double`- oder `int`-Skalarwert erhalten wollen. Entsprechend lautet der Aufruf:

```
double d = doc.getItemValueDouble("Feld")
```

oder

```
int i = doc.getItemValueInteger("Feld")
```

Einzelwerte schreiben

Das Schreiben von Einzelwerten ist relativ einfach. Das System erkennt beim Verwenden der Methode `replaceItemValue()` der `Document`-Klasse automatisch, welchen Datentyp es vor sich hat, und verfährt dann entsprechend.

Für einen Textwert lautet der Aufruf:

```
String s = "Das ist mein Text";
doc.replaceItemValue("Feld",s);
```

Bei einem Zahlenwert ist zu beachten, dass ein Skalarwert nicht direkt geschrieben werden kann, sondern zuvor in einen Objekttyp verwandelt werden muss:

```
double d = 47.11d;
doc.replaceItemValue("Feld",new Double(d));
```

bzw.

```
int i = 4712;
doc.replaceItemValue("Feld",new Integer(i));
```

> Es kann statt der Methode `replaceItemValue()` auch `appendItemValue()` verwendet werden, wenn nachträglich Werte ergänzt werden sollen. Doch Vorsicht! Falls ein `Item` mit dem Namen bereits existiert, wird ein zweites mit gleichem Namen erzeugt.

In jedem Fall muss das Dokument jedoch am Ende abgespeichert werden, damit die Daten nicht verloren gehen. Dies erfolgt am einfachsten mit

```
doc.save()
```

Mehrfachwerte lesen

Mehrfachwerte werden in Java grundsätzlich über `Vector`-Objekte verwaltet. Je nach Datentyp erhält man einen `Vector` aus `String`-, `Double`- oder `DateTime`-Objekten. Am einfachsten erfolgt die Abfrage über den Methodenaufruf:

```
Vector v = doc.getItemValue("Feld");
```

Um die einzelnen Werte zu extrahieren, können diese anschließend über die Methode `elementAt()` des Vektors abgefragt werden. Wichtig ist dabei der richtige Typecast entsprechend dem vorliegenden Datentyp:

```
String s    = (String) v.elementAt(3);
Double d    = (Double) v.elementAt(3);
DateTime dt = (DateTime) v.elementAt(3);
```

Soll bei Zahlenwerten wieder der skalare Typ hergestellt werden, kommt noch eine Konvertierung hinzu:

```
double d    = ((Double) v.elementAt(3)).doubleValue();
```

Alle Werte nacheinander liest man dagegen am einfachsten über die Klasse Enumaration aus. Für einen String-Vektor ist dies im Folgenden exemplarisch dargestellt (vgl. Listing 23.4):

```
Enumeration e= v.elements();
while (e.hasMoreElements()) {
  String s = (String) e.nextElement();
  // hier die Daten verarbeiten
   ...
  }
```

Listing 23.4: Verwendung von Enumeration

Mehrfachwerte schreiben

Auch beim Schreiben von Mehrfachwerten werden wieder Vektoren verwendet.

> Dabei ist zu beachten, dass in Notes nur gleichartige Datentypen in einem Feld und damit auch in einem Vektor existieren dürfen.

Legen Sie zunächst ein Vektorobjekt an:

```
Vector v = new Vector();
```

Fügen Sie dann den jeweiligen Objektdatentyp mit der addElement()-Methode in den Vector ein. Bei Text schreiben Sie:

```
v.addElement("Ein String");
```

Bei numerischen Daten:

```
v.addElement(new Double(47.11d));
```

Bei Zeitinformationen:

```
v.addElement(dt)
```

Zum Schluss setzen Sie das Feld wieder mit replaceItemValue() zurück und speichern das Dokument (bei Bedarf):

```
doc.replaceItemValue("Feld",v);
doc.save();
```

Rich-Text-Felder lesen

Rich-Text-Felder unterscheiden sich von normalen Feldern durch ihre Größe (beliebig viel Inhalt) und die Einschränkung, dass sie nicht in Formelsprachenberechnungen oder Ansichten ausgelesen werden können.

Die Größe erreichen Rich-Text-Felder dadurch, dass bei Bedarf einfach weitere RichTextItem desselben Namens angelegt werden. Glücklicherweise brauchen wir darauf beim Programmieren normalerweise keine Rücksicht zu nehmen.

Dennoch können sie in Notes leider nur etwas eingeschränkt verarbeitet werden. Im Wesentlichen kann ihr Textinhalt ausgelesen sowie der Inhalt um neue Daten ergänzt werden. Zunächst erlangen wir Zugriff auf die Instanz von `RichTextItem` über:

```
RichTextItem rti = (RichTextItem)doc.getFirstItem("Feld");
```

Anschließend kann der Textinhalt über die Methode `getText()` gelesen werden:

```
String s = rti.getText();
```

Rich-Text-Felder schreiben

Nachdem das `RichTextItem`-Objekt angesprochen wurde, kann es entweder verändert werden, oder es soll ein komplett neues `RichTextItem` erstellt werden.

Dies erfolgt über die `createRichTextItem()`-Methode des `Document`-Objekts:

```
RichTextItem rti = doc.createRichTextItem("Body");
```

Anschließend kann das Feld mit Inhalt versehen werden, z.B. mit Text:

```
rti.appendText("Eine Textzeile")
```

oder mit Tabulatoren, Zeilen- und Seitenumbrüchen:

```
rti.addTab(2);
rti.addNewLine(1);
rti.addPageBreak();
```

oder mit weiteren Rich-Text-Feldern der Doclinks:

```
rti.appendRTItem(zweitesRichTextItem);
rti.appendDocLink(Document,"Beschreibung");
```

Ebenfalls möglich sind Formatierungen, auf die aber hier nicht eingegangen werden soll.

24 Agenten in Java

Agenten konnten erstmalig in Lotus Notes Version 4.6 in Java programmiert werden. Da es noch keine Entwicklungsumgebung für Java-Agenten gab, musste der Programmcode für den Agenten separat geschrieben und kompiliert werden. Anschließend wurde er »im Stück«, nämlich als Java-Klasse, in die Notes-Datenbank importiert. Diese Verfahrensweise ist auch noch in Release 6.5 möglich, allerdings kann seit Version 5 auch die Domino-eigene Entwicklungsumgebung verwendet werden, was die Arbeit wesentlich erleichtert.

24.1 Grundgerüst für Domino-Agenten

Agenten als Java-Klassen

Technisch betrachtet sind Agenten lediglich Java-Klassen, die speziellen Designanforderungen genügen müssen.

Grundstruktur der Java-Agenten

Der Agent besteht zunächst aus einer Hauptklasse, die von der Klasse »lotus.domino.AgentBase« abgeleitet sein muss. Er muss die Methode »notesMain()« überschreiben und sich mit »getSession()« einen Verweis auf die »Session« holen.

Zumeist wird er auch einen »AgentContext« benötigen. Mit ein wenig Fehlerbehandlung über »try/catch« haben wir dann auch schon das Grundgerüst für unseren Agenten fertig.

> Die Beispiele finden Sie in der Datenbank »JAVAAGENTEN.NSF« als entsprechend benannte Agenten.

```
import lotus.domino.*;
public class JavaAgent extends AgentBase
{
  public void NotesMain()
  {
    try
    {
      session = getSession();
      agentContext = session.getAgentContext();
      // Hier Programmcode einfügen
    }
    catch(Exception e)
    {
      e.printStackTrace();
    }
  }
}
```

Listing 24.1: Grundgerüst für einen Domino-Agenten

Natürlich können Agenten auch komplizierter aufgebaut sein und zum Beispiel aus mehreren Klassen bestehen. In jedem Fall müssen sie allerdings diese Grundstruktur einhalten.

Erfreulicherweise müssen Sie das Grundgerüst noch nicht einmal selber eingeben. Die gesamte Arbeit wird vom Domino Designer beim Anlegen des Agenten übernommen. Daher ist dieser Agent nicht als Beispiel mitgeliefert.

24.2 Agenten im Domino Designer

Um einen Agenten im Domino Designer zu schreiben, wechseln Sie zunächst in die Agentenübersicht, zu erkennen an der Glühbirne (vgl. Abbildung 24.1).

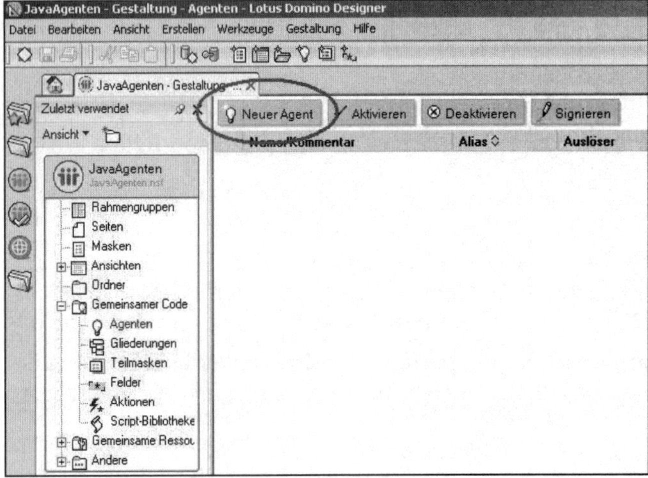

Abbildung 24.1: Agentenliste

Klicken Sie auf die Schaltfläche NEUER AGENT, und geben Sie dem Agenten einen Namen. Wählen Sie jetzt den Typ (GEMEINSAM oder PERSÖNLICH), die Startoptionen und die zu bearbeitenden Dokumente (vgl. Abbildung 24.2).

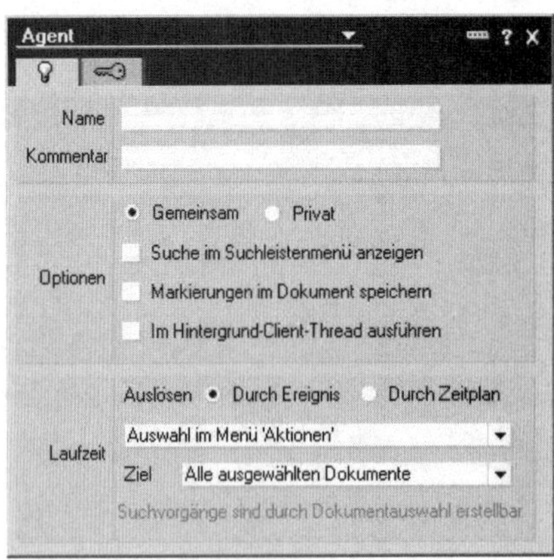

Abbildung 24.2: Agentenfenster

Java als Agentensprache wählen

Als Sprache wählen wir Java. Daraufhin erscheint nach kurzer Wartezeit links im Programmierfenster unsere (noch leere) Klassenhierarchie. Rechts im Fenster erscheint das Grundgerüst, wie oben gesehen (vgl. Abbildung 24.3).

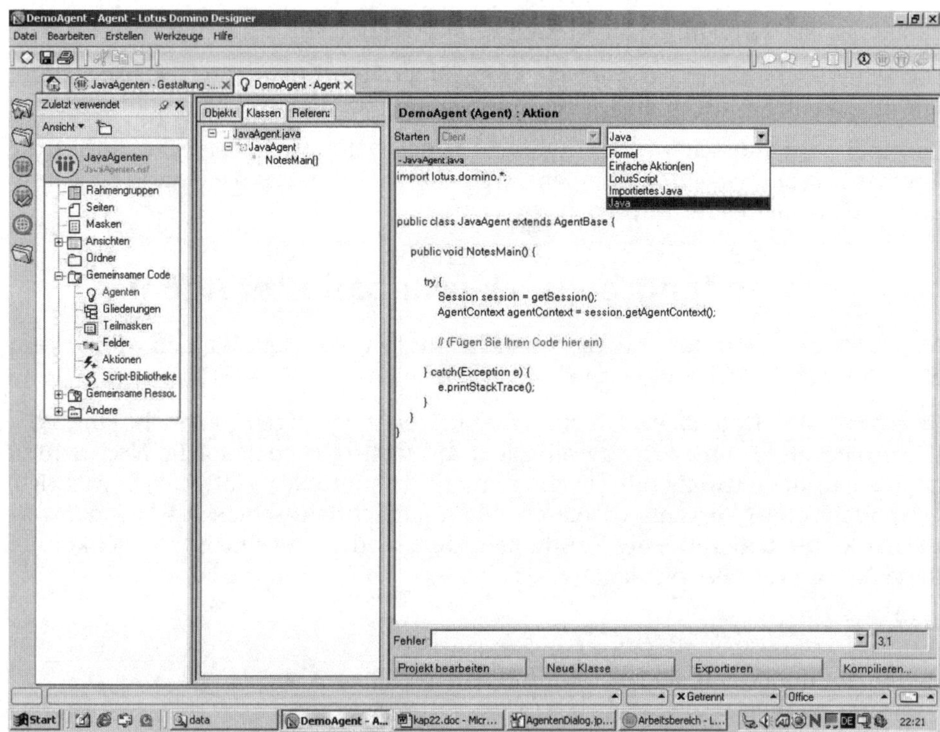

Abbildung 24.3: Programmierfenster für Java

Code eingeben und kompilieren

Nun müssen wir nur noch an der mit dem Kommentar markierten Stelle unser eigenes Programm einfügen, es kompilieren und abspeichern.

Zum Kompilieren finden wir unten rechts eine Schaltfläche, die wahlweise die aktuelle Klasse oder auch alle vorhandenen Klassen zusammen kompiliert. Ist alles glatt gegangen, so erhalten Sie in dem Feld FEHLER die Meldung KOMPILIERUNG ERFOLGREICH, anderenfalls eine Liste von aufgetretenen Compiler-Fehlern. Anhand der Zeilennummer lässt sich der Ort des Fehlers lokalisieren. Vergleichen Sie jeweils die Zeilennummer mit der aktuellen Position, die rechts hinter dem Fehlerfeld steht.

Abbildung 24.4: Schaltflächen im Java-Agentenfenster

Schaltflächen in der Java-Entwicklungsumgebung

Das Agentenfenster entspricht einer kleinen Java-Entwicklungsumgebung (vgl. Abbildung 24.4). Mit der Schaltfläche NEUE KLASSE können Sie zusätzliche Klassen definieren. Diese erscheinen dann untereinander in dem Programmfenster. Gleichzeitig werden sie links in der Klassenhierarchie angezeigt. Über die Schaltfläche PROJEKT BEARBEITEN können Sie Klassen verändern oder auch ganz entfernen.

Die Schaltfläche EXPORT erlaubt es, Ihren Programmcode separat abzuspeichern, um ihn in einer anderen Entwicklungsumgebung weiterzubearbeiten.

Zu guter Letzt müssen wir den Agenten in der Datenbank speichern und in die Agentenliste zurückkehren. Wählen Sie dazu im Menü DATEI die Option SPEICHERN und anschließend SCHLIESSEN.

24.3 Anwendungsbeispiel: Java-basierter Agent

Nun ist es an der Zeit für erste Gehversuche mit Java-Agenten. Wählen wir dazu ein einfaches, aber nützliches Beispiel.

In unserer Mail-Datenbank soll ein Agent bei jeder wichtigen Nachricht eine SMS-Kurznachricht an unser Handy schicken. Als wichtig werden solche Nachrichten angesehen, die entweder als »wichtig« markiert sind oder Wörter wie »wichtig«, »important« oder »urgent« enthalten. Die Kurznachricht schicken wir, indem wir sie an die Internetadresse des Handy-Benutzers senden. Bei einem Provider könnte diese Adresse zum Beispiel lauten:

```
0178xyz354@smsmail.<provider>.de
```

für einen Kunden mit der Telefonnummer (0178) xyz354.

Umsetzung in Java

Unser Agent soll bei jeder eingehenden Nachricht gestartet werden, prüfen, ob die Nachricht nach den Kriterien wichtig ist, und anschließend eine SMS-Kurznachricht abschicken. Wir benötigen die folgenden Java-Klassen:

- **Session**: Liefert uns den Zugang zu unserer Notes-Umgebung.
- **AgentContext**: Liefert uns Informationen über die Ausführungsumgebung (welche Datenbank, welche Berechtigung usw.).
- **Database**: Repräsentiert unsere aktuelle Datenbank.
- **DocumentCollection**: Alle neu eingegangenen Dokumente.
- **Document**: Das jeweils gerade bearbeitete Dokument.

Damit haben wir alles vorbereitet. In LotusScript könnten wir nun sofort loslegen.

In Java gehen Sie in den folgenden Schritten vor:

1. Öffnen Sie Ihre Datenbank im Domino Designer.
2. Wählen Sie links die Ansicht AGENTEN, und klicken Sie im rechten Bildschirmbereich oben links auf NEUER AGENT, um denselbigen zu erstellen.

3. Benennen Sie den Agenten mit SMS BENACHRICHTIGUNG SCHICKEN, und sichern Sie, dass er zum richtigen Zeitpunkt gestartet wird und auf »neuen und veränderten Dokumenten« läuft. Wir werden den Agenten zu Testzwecken manuell starten und wählen als Ziel »gewählte Dokumente«.
4. Wählen Sie als Programmiersprache JAVA, und ergänzen Sie den Programmcode unten (vgl. Listing 24.2).
5. In der Beispieldatenbank ist eine einfache Maske MEMO zu finden. Mit der können Dokumente erzeugt und der Agent getestet werden.

```
import lotus.domino.*; // unser Java Packet importieren

// abgeleitete Agentenklassepublic class JavaAgent extends AgentBase {
// SMS Adresse als Konstante
  final public String Recipient = "0178xyz354@smsmail.<provider>.de";

  public void NotesMain() { // unsere Hauptmethode

    try { // Fehlerschutzblock
      Session session = getSession(); // Hole Session
      // Hole Ausführungsumgebung AgentContext
      agentContext = session.getAgentContext();

      // (Your code goes here)
      Database database = agentContext.getCurrentDatabase(); // hole akt. Datenbank
      // neu eingegangene Dokumente
      DocumentCollection docCollection = agentContext.getUnprocessedDocuments();
      Document document = docCollection.getFirstDocument(); // erstes neues Dokument
      Document mailDocument;
      RichTextItem rti; // Das Body Feld
      String subject, mailSubject, completeMailSubject, body;
      while (document != null) {
        mailSubject = document.getItemValueString("Subject");
        // Thema der Nachricht
        // Thema in Kleinschrift
        subject = mailSubject.toLowerCase();
        // wichtige Nachricht?
        if (subject.indexOf("wichtig") >= 0
          || subject.indexOf("important") >= 0
          || subject.indexOf("eilt") >= 0
          || subject.indexOf("urgent") >= 0) {
          rti=(RichTextItem) document.getFirstItem("Body");
          if (rti instanceof RichTextItem)  // Body Feld RichText?
            // Inhalt der Nachricht als Text
            body=">" + rti.getText(254);
          else
            body="";
          mailDocument = database.createDocument(); // Mail-Nachricht anlegen
          // Form Feld anlegen
          mailDocument.replaceItemValue("Form","Memo");
          // Body ist nicht erforderlich
```

```
            mailDocument.replaceItemValue("Body","");
            completeMailSubject = mailSubject.concat(body);
            // setze Nachrichteninhalt zusammen
            if (mailSubject.length()>255)
              // String verkürzen auf max 254 Zeichen
              mailSubject = mailSubject.substring(0,254);
            mailDocument.replaceItemValue("Subject",completeMailSubject);
            // Als Subject verwenden
            // könnte an Empfänger absenden:
            mailDocument.send(Recipient);
            mailDocument.save();  // zu Testzwecken
            // Log Eintrag machen
            System.out.println("Nachricht " + completeMailSubject +
              " weitergeleitet an " + Recipient);
            // Dokument als bearbeitet markieren
            agentContext.updateProcessedDoc(document);
          }
          document = docCollection.getNextDocument(document);
          // hole nächstes Dokument
        }
      } catch(Exception e) { // evtl. Exceptions auffangen
      e.printStackTrace(); // Meldungsstack ausgeben
      }
  }
}
```

Listing 24.2: Java-Code für den SMS-Agenten

Wenn Sie nun ein Testdokument in der Datenbank erzeugen, dieses markieren und dann über das AKTIONEN-Menü den Agenten starten, erhalten Sie im Falle einer Nachricht (mit z.B. »wichtig« im Subject) ein weiteres Dokument, welches dann nicht nur gespeichert, sondern auch weitergeleitet werden könnte.

Die Kontrollausgabe sehen Sie in der Java-Konsole unter DATEI – EXTRAS – JAVA DEBUG-KONSOLE ANZEIGEN.

24.3.1 Importierte Agenten

Vorteile der importierten Agenten

Agenten können auch komplett außerhalb von Lotus Notes und Domino programmiert werden. Dies ist dann vorteilhaft, wenn man ohnehin regelmäßig eine professionelle Java-Entwicklungsumgebung einsetzt und Werkzeuge zur Team-Entwicklung nutzen möchte. Ein weiterer Vorteil ist, dass man aus einem ohnehin schon extern entwickelten Agent sehr leicht eine echte Stand-alone-Anwendung machen kann, die dann auch die Fehlersuche mit einem externen Java-Debugger ermöglicht.

Um einen Agenten extern zu entwickeln, müssen zunächst einmal die erforderlichen Java-Pakete eingebunden werden. Dazu ist im Klassenpfad (`CLASSPATH`) der Entwicklungsumgebung die Datei

`\lotus\notes\notes.jar`

einzubinden.

Bei einer Server-Installation befindet sich sie Datei äquivalent unter \LOTUS\DOMINO\... .

Das Grundgerüst für den Java-Agenten ist exakt gleich wie im vorigen Abschnitt beschrieben. Das Beste ist daher, einmal die Klasse »`JavaAgent`« aus dem Agentenfenster über die Exportfunktion als Datei auf der Festplatte als Vorlage zu speichern.

Unser eigentlicher Programmcode wird jetzt wieder wie oben an der markierten Stelle eingefügt.

Nach dem Schreiben kompilieren wir den Agenten und speichern die Klassendateien auf der Festplatte. Um sie zu testen, müssen wir sie wieder in das Agentenfenster importieren. Dazu wechseln wir im Domino Designer in unserer Arbeitsdatenbank in die Ansicht AGENTEN und wählen den Punkt NEUER AGENT.

Wie üblich tragen wir Name und Startoptionen ein. Als Besonderheit wählen wir als SPRACHE diesmal »IMPORTIERTES JAVA«.

Es erscheint eine Schaltfläche KLASSENDATEIEN IMPORTIEREN. Nach Anklicken dieser Schaltfläche wählen wir im dahinter liegenden Dialogfenster alle Klassendateien aus, die zum Agenten gehören sollen. Zusätzlich wählen wir im Feld BASISKLASSE die Datei, welche die Hauptklasse des Agenten (die mit der Methode `runNotes()`) enthält (vgl. Klassenimport).

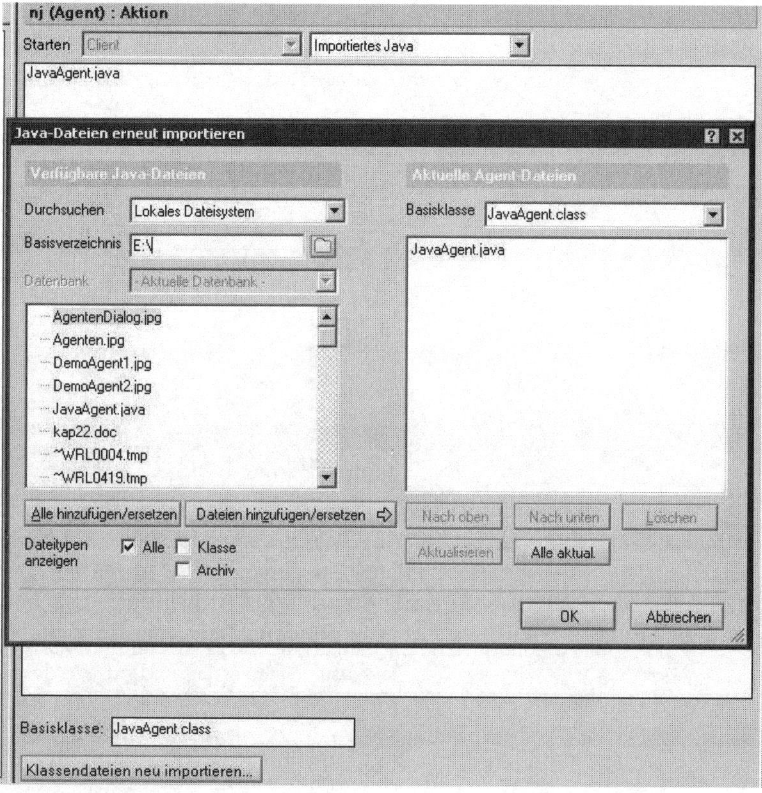

Abbildung 24.5: Klassenimport

Nach der Auswahl von OK erscheinen im Agentenfenster alle importieren Klassen und die gewählte Basisklasse. Die Schaltfläche ändert nach dem Import ihren Namen und heißt jetzt KLASSENDATEIEN NEU IMPORTIEREN. Sollten Änderungen erforderlich sein, so kann mit ihr eine veränderte Datei erneut importiert werden. Nach dem Import sind die Klassen des Agenten Bestandteil der Datenbank und können ganz normal mit der Datenbank repliziert werden.

25 API-Programmierung mit Java

Java kann nicht nur innerhalb der Lotus-Notes-Umgebung verwendet werden. Es ist ebenfalls möglich, Programme in Java zu schreiben, die außerhalb von Lotus Notes (bzw. Domino) ausgeführt werden, und das Notes-System lediglich als Dienstleister zu benutzen. Notes besitzt dafür schon seit langem eine Programmierschnittstelle in der Sprache C, die so genannte C-API.

Auch für Java gibt es bereits seit der Version 5 von Lotus Notes eine solche Schnittstelle. Diese bietet dieselbe Klassenbibliothek wie bei den Agenten, lediglich der Zugriff auf die Ressourcen (DLL-Dateien) und Notes-Klassen sehen etwas anders aus.

Wir wollen uns im Folgenden zunächst das Grundgerüst für solche API-Programme ansehen. Dazu verwenden wir der Einfachheit halber ein Programm mit textbasierter Oberfläche.

Als Entwicklungswerkzeug benutzen wir wie bisher das J2SE SDK. Denn – anders als bei den Agenten – Notes besitzt keine eigene Entwicklungsumgebung für die Erstellung von selbstständigen Programmen in Java.

25.1 Thread-Initialisierung

Arbeiten mit »Threads«

Das Grundproblem bei API-Anwendungen besteht darin, dass sie sich in das normale Notes-Zeitverhalten integrieren müssen. So darf ein externes Programm natürlich nicht die normalen Notes-Aufgaben stören.

Erreicht wird dies, indem die Anwendung einen eigenen Prozess, genauer einen so genannten »*Thread*«, einrichten muss. Es gibt drei Möglichkeiten, dies zu erreichen:

- Ableitung einer `NotesThread`-Klasse,
- Implementierung einer `Runnable`-Schnittstelle und
- statische Initialisierung von Threads.

Wir wollen uns im Folgenden diese Möglichkeiten ansehen.

»NotesThread«-Klasse ableiten

Diese Variante ist sinnvoll, wenn die Aufgabenstellung eine einmalige Ausführung des Java-Programms verlangt. Diese Situation ist ähnlich wie bei Agenten, die nach dem Start loslaufen, ihre Arbeit erledigen und dann beendet werden.

Das folgende Beispiel (vgl. Listing 25.1) zeigt das erforderliche Grundgerüst:

```
import lotus.domino.*;

public class APIDemo1 extends NotesThread
{
  public static void main(String argv[])
  {
    APIDemo1 ex = new APIDemo1();
    ex.start();
  }

  public void runNotes()
  {
      try {
        Session s = NotesFactory.createSession();
        // Hier Programmcode einfügen
        }
      catch (NotesException e) {
        e.printStackTrace();
    }
   }
 }
```

Listing 25.1: Beispiel: API-Anwendung mit Ableitung von NotesThread

In dieser Variante leiten Sie Ihre eigene Klasse »APIDemo1« von der Vorfahrenklasse »NotesThread« ab. In der Klasse überschreiben Sie die Methode »public void runNotes()«. Hier bringen Sie die eigentliche Programmfunktionalität unter. Somit ist dieses Beispiel nicht sehr spannend. Doch um es erfolgreich kompilieren und starten zu können, müssen Sie die CLASSPATH-Variable um LOTUS\NOTES\NOTES.JAR und die PATH-Variable um LOTUS\NOTES ergänzen, damit die Notes-Klassen und -DLL-Dateien vom Java-Programm gefunden werden.

»NotesException«

Wichtig ist, für die Fehlerbehandlung einen »try/catch«-Block zu verwenden, der für die Bearbeitung von auftretenden Exceptions des Typs »NotesException« sorgt.

Der Einstieg in die Notes-Klassenhierarchie erfolgt durch Aufruf der Methode »NotesFactory.createSession()«. Ab diesem Punkt können Sie sich durch die gewohnte Klassenhierarchie hindurcharbeiten. Einzig auf die Klasse »AgentContext« müssen Sie verzichten, da Sie es nicht mehr mit einem Agenten zu tun haben.

Zur Ausführung instanzieren Sie in der Hauptmethode main() Ihre abgeleitete Klasse und starten den oben entwickelten Thread über den Aufruf von »start()«. Ihr Thread läuft dann parallel zu Lotus Notes, bis er beendet ist.

»Runnable«-Schnittstelle implementieren

Diese zweite Variante ist mit der ersten weitgehend identisch. Der Unterschied besteht darin, dass die Klasse »NotesThread« nicht abgeleitet wird, sondern stattdessen separat instanziert wird. Dazu muss die Schnittstelle »Runnable« implementiert werden.

Der Vorteil gegenüber Variante 1 besteht darin, dass Ihre eigene Klasse zusätzlich auch noch eine andere Klasse beerben kann.

Das folgende Beispiel (vgl. Listing 25.2) zeigt wiederum das erforderliche Grundgerüst:

```
import lotus.domino.*;
public class APIDemo2 implements Runnable
{
  public static void main(String argv[])
  {

    APIDemo2 ex = new APIDemo2();
    NotesThread nt = new NotesThread((Runnable) ex);
    nt.start();
  }

  public void run ()
  {
      try  {
        Session s = NotesFactory.createSession();
        // Hier Programmcode einfügen
         }
      catch (NotesException e)  {
        e.printStackTrace();
    }
   }
}
```

Listing 25.2: API-Anwendung mit Implementierung der Schnittstelle `Runnable`

Statt einer Ableitung von »NotesThread« finden wir hier eine Implementierung der Schnittstelle »Runnable« in der Klassendefinition.

Die eigentliche Programmfunktionalität befindet sich jetzt in der Methode »public void run()«, die bis auf den Namen mit dem vorherigen Beispiel identisch ist.

Die Änderung im Hauptprogramm beschränkt sich auf die Instanzierung. Die eigene Klasse und die Klasse »NotesThread« werden getrennt instanziert. Dann wird der »NotesThread«-Instanz die Programminstanz als Parameter übergeben.

»Thread« statisch initialisieren

Die beiden vorherigen Verfahren der Thread-Bildung haben vor allem einen Nachteil: Das Aufrufen des Hauptprogramms (»main()«-Methode) und die eigentliche Programmfunktionalität (»run()« oder »runNotes()«-Methode) erfolgen separat. Es ist damit nicht möglich, eine bestimmte Funktionalität »auf Anforderung« bereitzustellen.

Für diesen Fall bietet sich die dritte Variante der Thread-Bildung an, die *statische Initialisierung*. Hierbei starten und beenden Sie den Thread einfach im Programmverlauf mit den beiden Methoden »NotesThread.sinitThread()« und »NotesThread.stermThread()«.

Vorteil: sehr einfache Implementierung und Umgehung des oben erwähnten Aufrufproblems.

Nachteil: Bei langer Laufzeit des Threads kann es zu Problemen mit der Speicherverwaltung kommen, da Speicherbereiche schneller gefüllt als freigegeben werden. In diesem Fall sind die Varianten 1 und 2 zu bevorzugen.

Das folgende Beispiel (vgl. Listing 25.3) zeigt das Grundgerüst für die statische Initialisierung:

```
import lotus.domino.*;
public class APIDemo3
{
  public static void main(String argv[])
  {
    try
    {
      NotesThread.sinitThread();
      Session s = NotesFactory.createSession();
        // Hier Programmcode einfügen
    }
    catch (Exception e)
    {
      e.printStackTrace();
    }
    finally
    {
      NotesThread.stermThread();
    }
  }
}
```

Listing 25.3: Beispiel: API-Anwendung mit statischer* Thread*-Initialisierung

In dieser Variante erfolgt keinerlei Ableitung oder Implementierung von »NotesThread«. Stattdessen findet sich vor dem Zugriff auf die erste Notes-Klasse die Anweisung »NotesThread.sinitThread()« und am Ende »NotesThread.stermThread()«. Wichtig ist, dass stets für die paarweise Verwendung der beiden Methoden gesorgt wird. Deshalb sollte der entsprechende Programmblock stets in einem »try/catch/finally«-Block gesichert werden.

Das Anlegen der »Session«-Instanz erfolgt wie üblich über »NotesFactory.createSession()«.

25.2 Anwendungsbeispiel: lokale textbasierte Applikation

Wir wollen uns wieder ein praktisches Beispiel für eine textbasierte API-Applikation ansehen. Das nachfolgende Programm (vgl. Listing 25.4) gibt für einen Benutzer die anstehenden Termine eines Tages aus. Dazu greift es als API-Programm auf den Lotus-Notes-Kalender zu. Gestartet wird es über die Kommandozeile mit dem Aufruf:

```
java KalenderTextDisplay <Datum> "<Benutzername>"
```

`Datum` ist der gewünschte Tag, `Benutzername` der Notes-Benutzername (in Anführungszeichen). Sie erhalten dann die nachfolgende Ausgabe auf dem Bildschirm und werden nach Ihrem Passwort gefragt:

```
The ID file being used is: D:\lotus\notes\user.id
Enter password (press the Esc key to abort):
```

Unser Programm greift auf die Datenbank auf dem Server zu und muss sich daher ordnungsgemäß authentifizieren. Dazu wird die zuletzt genutzte User.id-Datei (gemäß NOTES.INI-Datei) verwendet. Sie müssen daher Ihr reguläres Notes-Passwort eingeben.

Übrigens muss für diese Funktionalität noch nicht einmal Notes geöffnet sein. Es reicht, wenn eine korrekte Installation auf diesem Rechner vorliegt (die erwähnten Variablen `Path` und `Classpath`).

Ergebnis

Nach Eingabe des Passworts werden die Termine des Tages für den gewählten Nutzer ausgegeben:

```
Termine von: George L. am 14.05.2004 (<x> Termine)

20:00:00 - 23:00:00     Termin          Geburtstagsfeier
...
```

Das Programm ist bewusst (relativ) einfach gehalten, verwendet jedoch schon eine Vielzahl von Domino-Klassen. Aus dieser Einfachheit resultieren einige Unzulänglichkeiten:

- Die Termine des Tages sind nicht sortiert.
- Jahrestage werden teilweise nicht richtig dargestellt.

Funktionsweise

Das Programm funktioniert, wie folgt:

In der Hauptmethode »`main()`« werden zunächst die Parameter ausgelesen und in statischen Variablen zwischengespeichert. Die eigene Klasse wird instanziert.

In der `Thread`-Methode »`runNotes()`« wird die Exception-Behandlung eingerichtet und die »`NotesSession`« über »`NotesFactory.createSession()`« ermittelt. Anschließend werden in der Methode »getMailDB()« die verfügbaren Adressbücher ermittelt und nach dem gewünschten Benutzernamen durchsucht.

Wird der Name gefunden, liest das Programm den Server und Dateinamen der Mail-Datei aus und öffnet diese Datenbank.

Der angegebene Termin wird in eine Instanz von »DateTime« umgesetzt und der Zeitanteil entfernt. Damit wird in der Kalenderdatenbank nach passenden Termindokumenten gesucht. Als Ergebnis stehen die Dokumente in einer »DocumentCollection«, die über »getFirstDocument()« und »getNextDocument()« durchlaufen werden.

Für jedes Dokument wird über die Methode »terminTyp()« die Art des Termins ermittelt und über »terminZeit()« und »terminText()« der Ausgabetext formatiert. Die Ausgabe erfolgt über »System.out.println()« in einer »switch«-Verzweigung.

```
import lotus.domino.*;
import java.util.*;
public class KalenderTextDisplay extends NotesThread
{
  static String user;
  static String datum;

  Database getMailDB(Session session, String user) throws NotesException {
  // Adressbücher durchsuchen und öffentliches öffnen
  Vector adrBooks = session.getAddressBooks();
  Enumeration e = adrBooks.elements();
  while (e.hasMoreElements()) {
    Database namesDB = (Database) e.nextElement();
    if (! namesDB.isPublicAddressBook())
      continue;
    namesDB.open();
    // Person suchen
    View personLookup = namesDB.getView("($NamesFieldLookup)");
    Document personDoc = personLookup.getDocumentByKey(user);
    if (personDoc != null) {
    // Maildatei lokalisieren und öffnen
    String mailServer = personDoc.getItemValueString("MailServer");
      String mailFilename = personDoc.getItemValueString("MailFile");
      Database mailDB = session.getDatabase(mailServer,mailFilename);
      return mailDB;
    }
  }
  // nicht gefunden
  return null;
  }

  String terminZeit(Document terminDoc) throws lotus.domino.NotesException {
    // Zeitanzeige aufbauen
    String terminText = "";
    Item startzeitfeld = terminDoc.getFirstItem("StartDateTime");
```

```
    if (startzeitfeld != null) {
      DateTime startzeit = startzeitfeld.getDateTimeValue();
      terminText = terminText + startzeit.getTimeOnly();
      Item endzeitfeld   = terminDoc.getFirstItem("EndDateTime");
      if (endzeitfeld != null) {
        DateTime endzeit   = endzeitfeld.getDateTimeValue();
        terminText = terminText + " - " + endzeit.getTimeOnly();
      }
      else
        terminText = terminText + "             ";
     }
    return terminText;
  }

  char terminTyp(Document terminDoc) throws lotus.domino.NotesException {
    // Terminart ermitteln
    String typ  = terminDoc.getItemValueString("AppointmentType");
    return (typ==null) ? ' ' : typ.charAt(0);
  }

  String terminText(Document terminDoc) throws lotus.domino.NotesException {

    // Termintext ermitteln
    String text = terminDoc.getItemValueString("Subject");
    return (text==null) ? "kein Eintrag" : text;
  }

  public void runNotes()
  {
    // Hauptthread
    try  {
    Session session = NotesFactory.createSession();
    Database mailDB = getMailDB(session, user);
    // Suchtermin ermitteln
    DateTime termin = session.createDateTime(datum);
    String suchtermin = termin.getDateOnly();
    // Termine ermitteln
    DocumentCollection terminCollection = mailDB.search("Form=\"Appointment\" &
       (!@IsResponseDoc) & (Calendardatetime<=[" + suchtermin + "] & Enddatetime>=
       [" + suchtermin + "])");

    // Termine ausgeben
    int anzahlTermine = terminCollection.getCount();
    System.out.print("Termine von: " + user +" am " + suchtermin +
         " (" + anzahlTermine + " Termine)\n\n");
    Document terminDoc = terminCollection.getFirstDocument();
    if (terminDoc == null)
      System.out.println(" <keine Termine vorhanden> ");
```

```
    while (terminDoc != null) {
      // Anzeigetext zusammensetzen
      switch (terminTyp(terminDoc))
      {
        case '0': System.out.println(terminZeit(terminDoc) + "\tTermin    \t"
                  + terminText(terminDoc));
                  break;
        case '1': System.out.println("ganzer Tag       " + "\tJahrestag  \t"
                  + terminText(terminDoc));
                  break;
        case '2': System.out.println("ganzer Tag       " + "\tVeranstaltung\t"
                  + terminText(terminDoc));
                  break;
        case '3': System.out.println(terminZeit(terminDoc) + "\tBesprechung \t"
                  + terminText(terminDoc));
                  break;
        case '4': System.out.println(terminZeit(terminDoc) + "\tErinnerung \t"
                  + terminText(terminDoc));
                  break;
      }
      terminDoc = terminCollection.getNextDocument(terminDoc);
    }
    }
    catch (Exception e)  {
    e.printStackTrace();
    }
  }

  public static void main(String argv[])
  {
  // Hauptprogramm: Parameter abfragen und Thread starten
  if (argv.length < 2) {
    System.out.println("Syntax: KalenderTextDiplay <datum> \"<name>\"");
    return;
  }
  datum = argv[0];
  user = argv[1];
  KalenderTextDisplay td = new KalenderTextDisplay();
  td.start();
  }
}
```

Listing 25.4: API-Programm mit Textoberfläche zur Anzeige von Terminen

Natürlich kann man API-Programme auch so realisieren, dass sie eine grafische Oberfläche verwenden. In diesem Fall benötigt man das Grundgerüst eines Programms mit grafischer Oberfläche und kombiniert dieses mit dem Gerüst eines Notes-API-Programms. Mehr über die Programmierung von grafischen Benutzeroberflächen mit Java erfahren Sie im folgenden Kapitel zu den grafischen Oberflächen in Java.

26 Grafische Oberflächen mit Java

Jede Programmierung, die wir bisher mit Java durchgeführt haben, war ausschließlich textbasiert. Einer der wichtigsten Anwendungsbereiche von Java liegt allerdings im grafischen Bereich: die Erstellung von Java-Applets mit grafischer Oberfläche. Sie können aber mit Java nicht nur Applets programmieren, sondern auch »richtige« Applikationen, die mit grafischer Oberfläche unter der Kontrolle des Betriebssystems laufen.

Genau genommen laufen die nachfolgend vorgestellten grafischen Anwendungen nicht nur unter einem Betriebssystem, sondern sie sind unter allen Umgebungen lauffähig, die Java unterstützen. Nachteil dieser Fähigkeit ist, dass jede Programmierung immer für den kleinsten gemeinsamen Nenner erfolgen muss. Entsprechend ist die Programmierung zum Teil etwas gewöhnungsbedürftig.

Für grafische Oberflächen können Sie zwei verschiedene Werkzeuge einsetzen: den Java AWT oder das Paket SWING. Ersteres ist die traditionelle Art der Programmierung, die wir im Rahmen dieses Buchs einsetzen wollen.

Swing ist ein moderneres Paket, das jedoch noch nicht von allen am Markt relevanten Browsern (bzw. Browser-Versionen) unterstützt wird und darüber hinaus auch sehr ressourcenfressend ist.

Da die Programmierung mit Swing ein größeres Thema ist, sei hier auf entsprechende Spezialliteratur verwiesen.

26.1 Das Java AWT

Das Java AWT ist die traditionelle Art der Programmierung von grafischen Oberflächen. AWT steht dabei für »Abstract Windowing Toolkit«. Dies deutet an, dass Sie mit diesem Java Package plattformunabhängig für eine beliebige Grafikoberfläche entwickeln können. Es spielt keine Rolle, ob Ihr Programm später unter UNIX, MacOS oder auch Windows läuft.

Dies bedingt aber auch, dass Sie sich weder auf eine bestimmte Benutzerführung noch ein bestimmtes Layout oder auch eine feste Auflösung verlassen können!

Sie programmieren für den kleinsten gemeinsamen Nenner aller Java-Plattformen und dies bedeutet, dass die Programme sich für den Benutzer zumeist etwas »anders« anfühlen.

Das AWT besteht aus den Klassen des Pakets `java.awt.*`.

Das AWT enthält alle Klassen, die zum Aufbau einer grafischen Oberfläche, gleichgültig ob für Applets oder Stand-alone-Programme, nötig sind. Die Klassen folgen dabei denselben Konventionen, die Sie bereits kennen gelernt haben.

26.2 Java-Applets

Was sind Java-Applets?

Java-Applets sind die zahlenmäßig häufigste Art von Java-Programmen. In der Regel werden sie verwendet, um im Webbrowser Seiten durch interaktive Elemente anzureichern, die sich in reinem HTML nicht realisieren lassen. Beliebte Anwendungen sind zum Beispiel Datenbankoberflächen, grafische Darstellung von Daten oder aufwändige Eingabemasken.

Applets und Sicherheit

Applets laufen dabei im Browser in einer Sicherheitsschale, auch als *Sandbox* (Sandkasten) bezeichnet. Ein Applet, das aus dem Internet geladen wird, darf keinen Zugriff auf den lokalen Rechner erlangen und z.B. den Inhalt der Festplatte auslesen. Entsprechend dürfen Sie in Ihrem Applet nur Programmcode benutzen, der nicht sicherheitskritisch ist.

Allerdings gibt es in Verbindung mit elektronischen Unterschriften die Möglichkeit, dem Applet erhöhte Rechte einzuräumen. Das Applet wird in diesem Fall mit einer elektronischen Signatur versehen. Der Browser-Benutzer muss beim Aufruf des Applets bestätigen, dass das Applet eine sicherheitskritische Aktivität durchführen darf.

26.2.1 Applets erstellen

Ein Applet ist genau genommen nichts anderes als eine besondere Objektklasse, die von der Vorfahrenklasse »java.applet.Applet« abgeleitet sein muss. Diese Vorfahrenklasse stellt die komplette wesentliche Grundfunktionalität zur Verfügung. Dementsprechend einfach ist das Erstellen von Applets, das wir uns im Folgenden anhand eines einfachen Applets ansehen wollen.

Angenommen, wir wollen lediglich eine kurze Meldung in unserem Applet ausgeben, so können wir dies mit ganz wenigen Zeilen tun (vgl. Listing 26.1).

```
import java.applet.*;
import java.awt.*;
public class WelcomeApplet extends Applet {
  public void paint (Graphics g) {
    g.drawString("Herzlich willkommen zu Java", 10, 30);
  }
}
```

Listing 26.1: Ein einfaches Java-Applet

Sie sehen: im Vergleich zu klassischen Java-Klassen kein allzu großer Unterschied. Um ein Applet zu entwerfen, benötigen Sie zunächst einmal die beiden Pakete »java.applet.*« und »java.awt.*«. Die Pakete enthalten die Vorfahrenklasse für Applets sowie die Klassen der grafischen Oberfläche.

Wir importieren also zunächst die beiden Pakete »java.applet.*« und »java.awt.*«. Unsere Applet-Klasse heißt »WelcomeApplet«, sie ist von »java.applet.Applet« abgeleitet. Die eigentliche Funktionalität erfolgt in der Methode »paint()«. Diese Methode überschreibt die gleichnamige Methode in der Vorfahrenklasse »Applet«. Sie wird immer dann aufgerufen, wenn das Applet neu gezeichnet werden soll. Zu diesem Zweck erhält sie als Parameter den Grafikbereich des Applets. Mit der Methode »drawString()« können wir in diesem Bereich einen Text ausgeben. Wir wählen dazu die Position 10, 30.

26.2.2 Testen eines Java-Applets

Das war bereits alles in Sachen Programmierung. Wenn Sie dieses Applet kompilieren, erhalten Sie wie üblich eine .CLASS-Datei. Allerdings können Sie diese nicht wie bisher ausprobieren. Da wir keine Methode »main()« haben, lässt sich die Klasse nicht mit dem Java-Interpreter starten.

Stattdessen müssen Sie das Applet in eine HTML-Seite einbetten und im Browser oder im Appletviewer öffnen. Wir wollen beides im Folgenden ausprobieren.

Wir schreiben zunächst eine passende HTML-Seite in einem Texteditor, z.B. in unserem beliebten Notepad (verwenden Sie bitte keinen HTML-Editor!). Der Quellcode einer solchen Seite ist im Listing 26.2 dargestellt.

```
<HTML>
  <HEAD>
    <TITLE>Eine Beispielseite mit Java</TITLE>
  </HEAD>
  <BODY>
    <H1>Hier kommt unser Java-Applet</H1>
    <APPLET CODE="WelcomeApplet.class"
          CODEBASE="." WIDTH=200 HEIGHT=100>
    </APPLET>
  </BODY>
</HTML>
```

Listing 26.2: Einbetten eines Applets in eine HTML-Seite

Speichern Sie die HTML-Seite als Datei WELCOMESEITE.HTML im selben Verzeichnis wie die Java-Dateien WELCOMEAPPLET.JAVA und WELCOMEAPPLET.CLASS.

Testen im Webbrowser

Wenn Sie diese Datei im Browser öffnen, sollten Sie das in der Abbildung 26.1 dargestellte Ergebnis erhalten.

Das HTML-Tag »<APPLET>« importiert die Applet-Klassendatei aus dem aktuellen Verzeichnis (.) und reserviert auf der Seite Platz in der Größe von 200 mal 100 Pixeln.

Abbildung 26.1: Applet im Browser

Testen im Appletviewer

Alternativ zum Browser können Sie auch den Appletviewer des JDK verwenden.

Geben Sie dazu im DOS-Fenster Folgendes ein:

```
appletviewer WelcomeSeite.html
```

Das Applet im Appletviewer ist in der Abbildung 26.2 dargestellt.

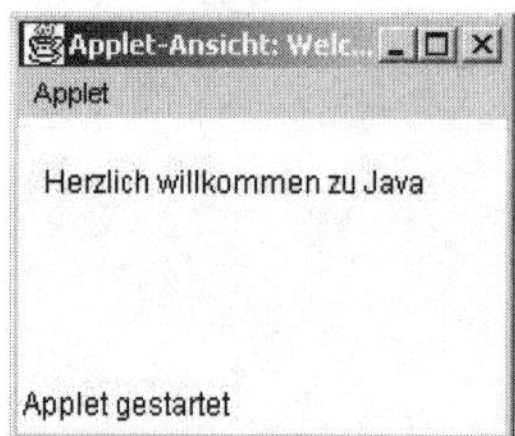

Abbildung 26.2: Applet im Appletviewer

Browser und Appletviewer im Vergleich

Der Appletviewer hat zwei Vorteile gegenüber dem Browser:

- Kein Cache: Sie sehen auch die letzten Änderungen. Der Browser muss dagegen immer neu gestartet werden, um den neuesten Stand des Applets aufzurufen.
- Neuester JDK: Sie können alle Features Ihrer JDK-Version verwenden. Der Browser liegt üblicherweise einige JDK-Versionen zurück.

Bei den folgenden Beispielen müssen Sie nur noch den HTML-Code beim Verweis auf die jeweils gewünschte »`class`«-Datei ändern. Bis jetzt ist ein Test mit einem Klick auf das »X« oben rechts im Appletviewer zu beenden.

26.2.3 Grundstruktur von Applets

Sehen wir uns nun die Grundstruktur von Applets einmal genauer an!

Als Objektklasse erbt Ihr Applet zunächst einmal eine Vielzahl von Eigenschaften und Methoden aus der Vorfahrenklasse »`Applet`«. Durch gezieltes Überschreiben der Methoden wird dem Applet die jeweils gewünschte Funktionalität beigebracht.

Die wichtigsten fünf Grundmethoden bei Applets sind:

- **public void init()** wird nach dem Laden des Applets durch den Browser aufgerufen und sollte die Initialisierung des Applets vornehmen. Dies wird in der Regel der Aufbau der grafischen Oberfläche sein, aber z.B. auch das Laden zusätzlicher Daten über das Netzwerk oder das Setzen von Variablen.
- **public void start()** wird aufgerufen, wenn das Applet sichtbar wird. Es wird sozusagen zum »Tagesgeschäft übergegangen«. Typischerweise wird bei Multimedia-Applets die Musik oder Animation gestartet. Dieser Zustand bleibt so lange aktiv, bis das Applet verborgen wird. Wird das Applet später wieder aktiv, so wird »`start()`« erneut aufgerufen.
- **public void stop()** wird als Gegenstück zu »`start()`« beim Verbergen des Applets gerufen, z.B. wenn der Benutzer die Seite wechselt. Die Musik kann jetzt angehalten werden, bis das Applet über »`start()`« erneut aktiviert wird. Ein angehaltenes Applet bleibt im Übrigen weiterhin im Speicher geladen und aktiv.
- **public void destroy()** leitet die endgültige »Entsorgung« des Applets ein. Der Browser möchte das Applet wieder loswerden und den belegten Speicher freigeben. Das Applet könnte in dieser Situation Daten an den Server zurückschicken wollen oder bestehende Netzwerkverbindungen beenden. In vielen Fällen wird »`destroy()`« überhaupt nicht benötigt.
- **public void paint(Graphics g)** wird immer aufgerufen, wenn das Applet ganz oder teilweise neu dargestellt werden muss. Dies kann z.B. der Fall sein, weil ein anderes Fenster das Applet verdeckt hat. Wie bei vielen grafischen Oberflächen merkt sich auch Java nicht den aktuellen Bildinhalt beim Verdecken. Es delegiert diese Aufgabe mit der Methode »`paint()`« an Ihr Applet. Da Sie sicherlich selbst am besten wissen, wie Ihr Bildschirminhalt entstanden ist, dürfen Sie auch das Neuzeichnen übernehmen. Als kleiner Trost wird Ihnen als Parameter bereits die grafische Zeichenfläche zur Verfügung gestellt, in die Sie direkt hineinschreiben dürfen. Diese haben wir bei unserem ersten Beispiel genutzt, um die grafische Darstellung des Textes vorzunehmen.

Übrigens ist ein Überschreiben von »`paint()`« nicht in allen Situationen erforderlich. Alle Dialogkomponenten (»Components«), wie wir sie im nächsten Kapitel kennen lernen, zeichnen sich automatisch selbst neu.

Das folgende Beispiel zeigt ein Applet-Grundgerüst mit den genannten Hauptmethoden. Hierbei können Methoden, die nicht tatsächlich benötigt werden, natürlich ausgelassen werden.

```
import java.awt.*;
import java.applet.*;

public class AppletDemo extends Applet {
  public void init() {
  // hier Applet initialisieren
  }
  public void start() {
  // hier Applet starten
  }
  public void stop() {
  // hier Applet einfrieren
  }
  public void destroy() {
  // hier Applet deinitialisieren
  }
  public void paint(Graphics g) {
  // hier Applet neuzeichnen
  }
}
```

Listing 26.3: Vollständiges Applet-Grundgerüst

26.3 Arbeiten mit AWT-Komponenten

26.3.1 AWT-Komponentenklassen

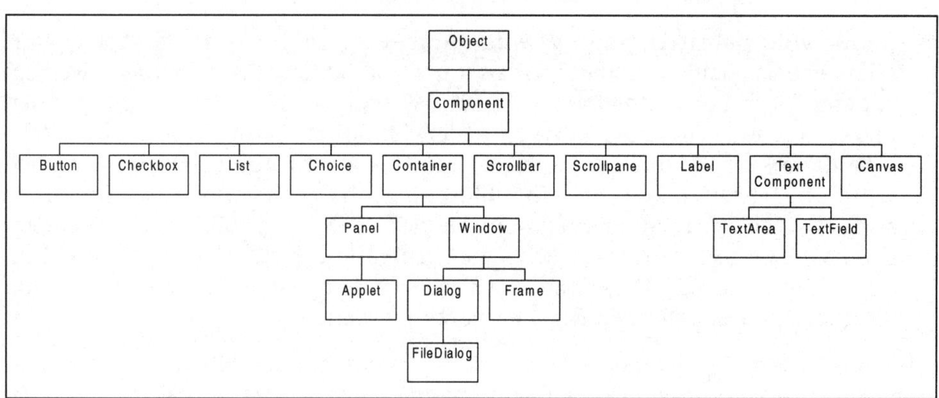

Abbildung 26.3: AWT-Komponenten

Für die Konstruktion von Eingabemasken bietet das Java AWT spezielle Dialogelemente an. Alle Dialogelemente stammen von einer abstrakt definierten Vorfahrenklasse »Component« ab. Die AWT-Komponenten sind in Abbildung 26.3 und der Tabelle 26.1 dargestellt.

Komponente	Beschreibung
Button	Eine normale Schaltfläche (Knopf) mit Textbeschriftung
Checkbox	»Kreuzchenfelder«, bei denen der Anwender mehrere Alternativen unabhängig voneinander wählen kann
List -	Listenfeld, bei dem wahlweise ein oder mehrere Einträge gewählt werden können
Choice	Combobox, Auswahlelement, das jedoch erst nach dem Anklicken eine Auswahl erlaubt (Drop-Down-Liste)
Scrollbar	Schieberegler, der durch Klicken und Schieben den Bildinhalt bewegt
Label	Normaler Text, z.B. zur Beschriftung von Feldern
Canvas	Grafischer Zeichenbereich, in dem das Programm z.B. Diagramme darstellen kann
TextArea	Mehrzeiliges Eingabefeld
TextField	Einzeiliges Eingabefeld
Panel	Container, der andere Komponenten enthalten kann, um z.B. deren Anordnung (Layout) zu steuern
ScrollPanel	Container, der jedoch ein Rollen des Anzeigebereichs über Schieberegler ermöglicht
Applet	Die »normale« Applet-Klasse. Wie man sieht, ist ein Applet auch eine Dialogkomponente. Aus diesem Grund kann man Applets wiederum in Applets verwenden. Dies macht z.B. die Lotus BeanMachine.
Window	Ein separat verwaltetes Fenster auf der Oberfläche ohne Rand und Titel
Dialog	Dialogfenster zur Durchführung einer Benutzereingabe
Frame	Ein gewöhnliches Fenster mit Rand und Titel, wie es normalerweise für Applikationen verwendet wird
FileDialog	Auswahldialog zum Wählen einer Datei

Tabelle 26.1: AWT-Komponenten

Die Klassen »`Container`« und »`TextComponent`« sind jeweils Oberklassen in Bezug auf die darunter liegenden Komponenten. Sie stellen den abgeleiteten Klassen Funktionalität zur Verfügung, werden jedoch in der Regel nicht selber verwendet.

Das Erscheinungsbild der einzelnen AWT-Komponenten in einem Applet ist in der Abbildung 26.4 dargestellt.

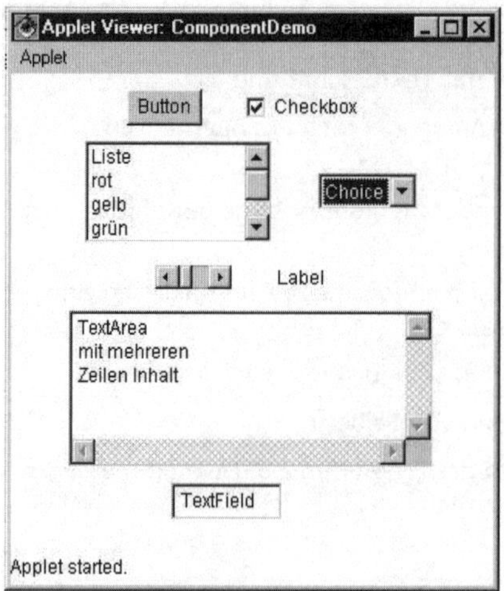

Abbildung 26.4: AWT-Komponenten in einem Applet

> Nicht alle Klassen können in beliebigem Kontext verwendet werden. So darf ein normales Applet keine eigenen Fenster oder Dateien öffnen. Mithin können auch die Klassen »`Frame`« oder »`FileDialog`« nicht verwendet werden.

26.3.2 Einsatz von AWT-Komponenten in einem Java-Applet

Die Komponenten werden bei einem Applet (oder auch einem Frame) einfach instanziert und anschließend mit der Methode »`add()`« in die Darstellung aufgenommen. Das folgende Beispiel (Listing 26.4) zeigt ein Applet mit drei Elementen:

```
import java.awt.*;
import java.applet.*;
public class DemoFenster extends Applet {
  Label     Beschriftung;
  Button    Knopf;
  TextField Eingabe;
  public void init() {
    Beschriftung = new Label("Beschriftung");
    Eingabe      = new TextField("Textfeld");
    Knopf        = new Button("Button");
    add(Beschriftung);
    add(Eingabe);
    add(Knopf);
  }
}
```

Listing 26.4: Applet mit Label, TextField und Button

Mit dem Appletviewer auf dem Bildschirm angezeigt, sieht dies anschließend wie in Abbildung 26.5 aus:

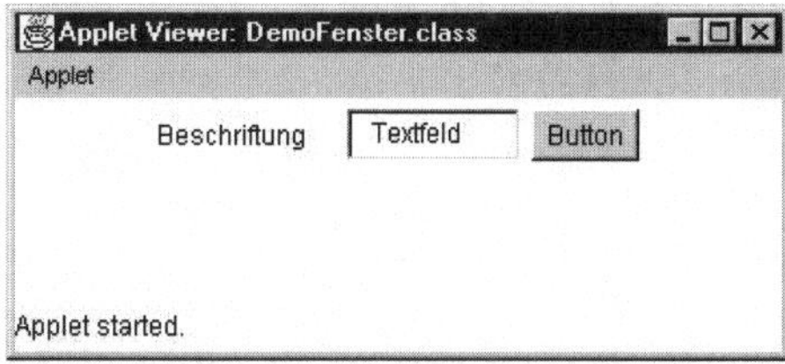

Abbildung 26.5: Applet mit Komponenten

26.3.3 Arbeiten mit Layout-Managern

Vielleicht ist Ihnen aufgefallen, dass wir keinerlei Größen- oder Positionsangaben für die einzelnen Komponenten gemacht haben. Auch dies ist eine Besonderheit von Java. Um nicht nur plattform-, sondern auch auflösungsunabhängig zu sein, vermeidet man in Java das direkte Angeben einer Komponentengröße oder -position.

Stattdessen verwendet man so genannte »*Layout-Manager*«, die die Bildschirmaufteilung steuern. Für die »`Container`«-Klasse und alle Unterklassen davon kann ein Layout-Manager angegeben werden.

Im Rahmen des AWT stehen verschiedene Layout-Manager zur Auswahl. Diese werden zunächst instanziert und dann über die Methode »`setLayout()`« für Applet (oder einen sonstigen Container) gesetzt. Beim anschließenden Hinzufügen der Komponenten mittels »`add()`« wird der Layout-Manager aktiv. Er ordnet die Dialogelemente möglichst optimal an.

Im Einzelnen bietet das AWT folgende Layout-Manager an:

FlowLayout-Manager

Bei diesem Layout werden die Komponenten zeilenweise angeordnet. Innerhalb der Zeile werden sie per Vorgabe zentriert. Ist die Zeile voll, werden sie in die nächste Zeile umgebrochen. Dieses Layout ist Vorgabe für Applets (vgl. Abbildung 26.6).

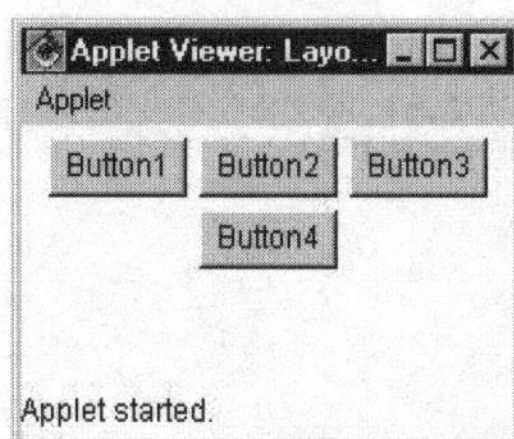

Abbildung 26.6: FlowLayout

Der Aufruf des FlowLayout-Managers könnte, wie folgt, aussehen:

```
setLayout (new FlowLayout());
add(Komponente);
```

BorderLayout-Manager

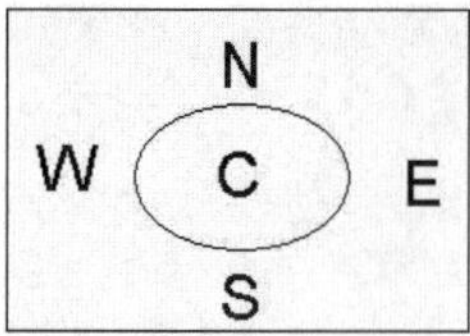

Abbildung 26.7: Himmelsrichtungen

Beim BorderLayout kann jeweils eine Komponente am Rand oder im Zentrum des verfügbaren Bildbereichs angeordnet werden. Die Anordnung wird dabei in der »`add()`«-Methode über die Himmelsrichtungen »`North`«, »`South`«, »`East`«, »`West`« und »Center« gesteuert (vgl. Abbildung 26.7 und Abbildung 26.8).

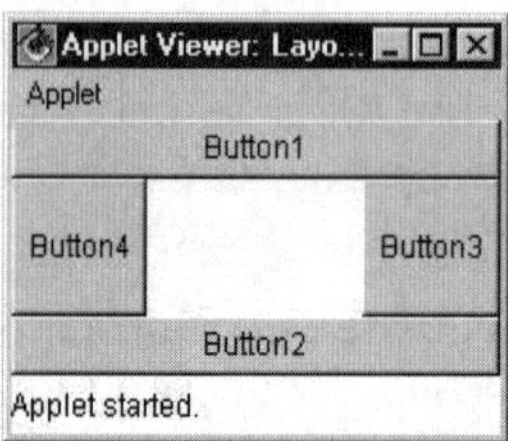

Abbildung 26.8: BorderLayout

Der Aufruf des BorderLayout-Managers könnte, wie folgt, aussehen:

```
setLayout (new BorderLayout());
add("North",Komponente);
```

GridLayout-Manager

Beim GridLayout wird der verfügbare Platz tabellarisch in eine feste Zahl von Zeilen und Spalten eingeteilt. Die sich dabei ergebenden Zellen werden durch die Komponenten von links oben nach rechts unten belegt. Wichtig ist, dass wirklich alle Zellen belegt werden und auch keine Komponenten an zwei Plätzen erscheinen. Dies kann zu unvorhersehbaren Effekten führen, da leere Spalten automatisch weggelassen werden (vgl. Abbildung 26.9).

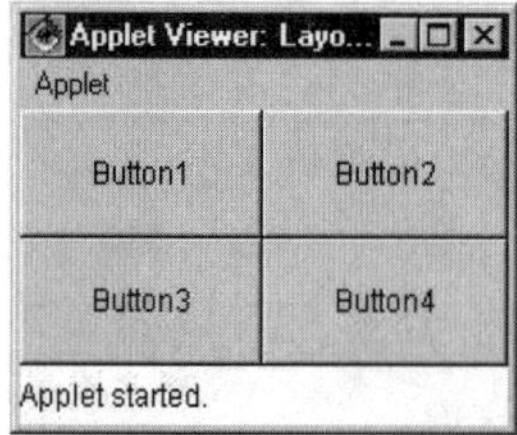

Abbildung 26.9: GridLayout

Der Aufruf des GridLayout-Managers könnte, wie folgt, aussehen:

```
setLayout (new GridLayout (Zeilen,Spalten));
add(Komponente);
```

CardLayout-Manager

Beim CardLayout werden die Komponenten scheinbar hintereinander angeordnet, sodass immer nur eine Komponente gleichzeitig sichtbar ist. Man kann auf diese Weise mehrere Anzeigeebenen schaffen, die unterschiedliche Informationen darstellen, ähnlich einer Tabbed-Table in Lotus Notes. Später kann dann über Methoden wie »`first`«, »`next`«, »`last`«, »`show`« etc. zwischen den Seiten gewechselt werden (vgl. Abbildung 26.10).

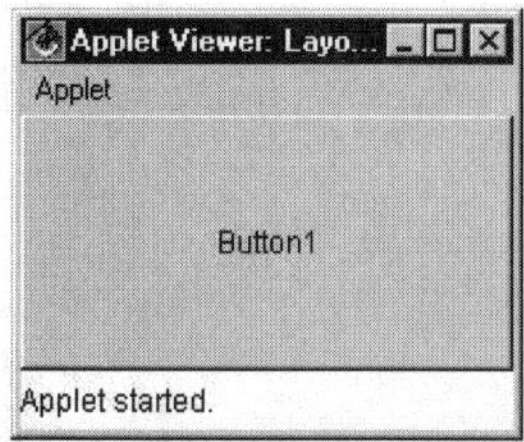

Abbildung 26.10: CardLayout

Der Aufruf des CardLayout-Managers könnte, wie folgt, aussehen:

```
setLayout (new CardLayout ());
add(Komponente);
```

GridBagLayout-Manager

Das GridBagLayout entspricht am ehesten dem GridLayout, bietet jedoch wesentlich detailliertere Feinsteuerungsmöglichkeiten. So können Komponenten über mehrere Zellen hinweg oder auch zwischen Zellen positioniert werden. Allerdings ist die Benutzung des GridBagLayouts relativ kompliziert, sodass wir die Anwendung der Spezialliteratur überlassen wollen.

Mehrere Layout-Manager kombinieren

Die dargestellten Layouts sind für sich alleine genommen normalerweise nicht ausreichend, um eine brauchbare Anwendung zu realisieren. Es besteht allerdings auch die Möglichkeit, mehrere Layout-Manager zu kombinieren. In diesem Fall unterteilt man den verfügbaren Bildbereich, z.B. des Applets, in einzelne Panels, die als Containerklasse ebenfalls einen eigenen Layout-Manager haben können. So kann z.B. das Applet als Grundlayout ein BorderLayout verwenden, der obere Teil des Applets wird durch ein GridLayout gebildet. Für das oben gezeigte Demo-Applet sehen wir dies im nächsten Beispiel (vgl. Listing 26.5):

```
import java.awt.*;
import java.applet.*;
public class DemoFenster2 extends Applet {
  Label     Beschriftung;
  Button    Knopf;
  TextField Eingabe;

  public void init() {
```

```
    // BorderLayout für Applet einstellen
    setLayout(new BorderLayout());

    // Panel erstellen und GridLayout setzen
    Panel TopPanel = new Panel();
    TopPanel.setLayout(new GridLayout(1,2));

    Beschriftung = new Label("Beschriftung");
    Eingabe      = new TextField("Textfeld");
    Knopf        = new Button("Button");

    // Die Komponenten ins TopPanel setzen
    TopPanel.add(Beschriftung);
    TopPanel.add(Eingabe);

    // Nun das TopPanel und den Knopf anfügen
    add("North",TopPanel);
    add("Center",Knopf);
  }
}
```

Listing 26.5: Applet mit zwei Layout-Managern

Der Appletviewer stellt dies in folgender Weise dar (vgl. Abbildung 26.11):

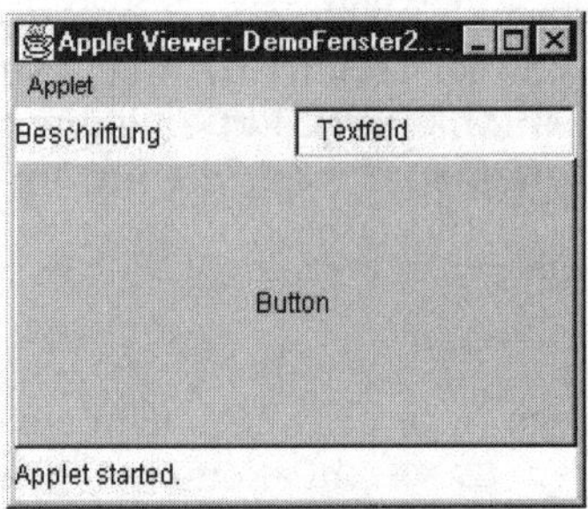

Abbildung 26.11: Applet mit zwei Layout-Managern im Viewer

26.3.4 Mit AWT-Komponenteneigenschaften arbeiten

Entsprechend den Konzepten der objektorientierten Programmierung besitzen alle Komponenten Standardeigenschaften für ihre Darstellung. Diese sind oftmals bereits ausreichend für die Programmierung. Will man von diesen Werten abweichen, so muss man die entsprechenden Eigenschaften verändern. Zu diesem Zweck gibt es bei allen Komponentenklassen Methodenaufrufe, welche die Standardeinstellungen verändern. Stellvertretend seien hier einige einfache Einstellungen genannt.

Bei unserem Applet bietet es sich an, die Schrift im Button etwas größer und auffälliger zu gestalten: Außerdem wollen wir die Schaltfläche bis auf Weiteres sperren.

Wir setzen daher die Eigenschaften »Font« (= Schrift) und »Enabled« (= Freigegeben) für die Schaltfläche mit drei zusätzlichen Programmzeilen (vgl. Listing 26.6):

```
Knopf = new Button("Button");
// Knopfeigenschaften setzen
Knopf.setFont(new Font ("Arial",Font.BOLD,32));
Knopf.setEnabled(false);
// Die Komponenten ins TopPanel setzen
TopPanel.add(Beschriftung);
```

Listing 26.6: Darstellung der Schaltfläche (Knopf) ändern (fettgedruckte Zeilen)

Das Ergebnis entspricht Abbildung 26.12:

Abbildung 26.12: Applet mit gesperrtem Button

Eigenschaften können auch verwendet werden, um Applets ohne Layout-Manager einzusetzen. In diesem Fall wird als Layout-Manager »null« angegeben, und die Komponenten müssen einzeln mit der Methode

```
setBounds(x,y,Breite,Höhe)
```

positioniert werden.

Das folgende Beispiel zeigt unser Applet noch einmal in der Variante ohne Layout-Manager, aber mit absoluter Positionierung der Komponenten:

```
import java.awt.*;
import java.applet.*;
public class DemoFenster3 extends Applet {
  Label     Beschriftung;
  Button    Knopf;
  TextField Eingabe;
  public void init() {
    // kein Layout-Manager für Applet
    setLayout(null);
    Beschriftung = new Label("Beschriftung");
    Eingabe      = new TextField("Textfeld");
```

```
        Knopf         = new Button("Button");
        // Knopfeigenschaften setzen
        Knopf.setFont(new Font ("Arial",Font.BOLD,32));
        Knopf.setEnabled(false);
        // Die Komponenten setzen
        add(Beschriftung);
        add(Eingabe);
        add(Knopf);
        // und positionieren
        Beschriftung.setBounds(5,5,80,20);
        Eingabe.setBounds(100,5,150,20);
        Knopf.setBounds(80,50,120,50);
    }
}
```

Listing 26.7: Verändern der Eigenschaften ohne Layout-Manager

Im Ergebnis erhalten wir das in Abbildung 26.13 dargestellte Ergebnis.

Abbildung 26.13: Applet mit absoluter Positionierung der Komponenten

26.3.5 AWT-Events

Über Events

Bisher bietet unser Java-Applet für den Benutzer noch nicht sehr viele Interaktionsmöglichkeiten. Im nächsten Schritt wollen wir dies ändern. Unser Applet soll auf Benutzereingaben wie auf das Anklicken eines Kopfs reagieren.

Dafür stehen zwei Vorgehensweisen zur Auswahl.

Altes Event-Modell (JDK 1.0)

Das so genannte alte Event-Modell wurde bereits mit der ersten Java-Version eingeführt und muss noch heute verwendet werden, wenn Kompatibilität mit allen Browsern gewünscht ist. Inzwischen wurde es durch das neue Event-Modell ersetzt, das wesentlich leistungsfähiger ist, aber noch nicht überall verwendet werden kann.

Das alte Event-Modell ist einfach und leicht zu handhaben, sofern das Applet nicht zu komplex ist. Es beruht auf mehreren Methoden, die überschrieben werden müssen und von allen Komponenten des Applets aufgerufen werden. Innerhalb der Methode ist anhand der Parameter zu unterscheiden, welche Komponente der Auslöser war.

Die wichtigste Event-Methode ist »`public boolean action()`«. Sie wird immer dann ausgelöst, wenn für eine Komponente das Standardereignis auftritt. Dies ist z.B. das Klicken einer Schaltfläche oder das Ändern eines Feldinhalts. Der Rückgabewert signalisiert dem Aufrufer, ob der Event bearbeitet wurde.

Eine typische Event-Methode sieht so aus:

```
public boolean action(Event evt, Object obj)
  {
    if (evt.target == Komponente)
    {
      // hier Programmcode einfügen
      return true;
    }
    return false;
  }
```

Listing 26.8: Typischer Eventhandler (altes Event-Modell)

Für andere Event-Typen (Mausereignisse, Komponentenereignisse etc.) gibt es eigene Methoden. Für unser Beispielapplet sähe ein Eventhandler, der auf den Knopfdruck reagiert, wie folgt aus (vgl. Listing 26.9):

```
import java.awt.*;
import java.applet.*;

public class DemoFenster4 extends Applet {
  ... ausgelassen ...

  public boolean action(Event evt, Object obj)
  {
    if (evt.target == Knopf)
    {
      Eingabe.setText("Knopf gedrueckt");
      return true;
    }
    return false;
  }
}
```

Listing 26.9: Beispiel-Applet mit Schaltfläche nach altem Event-Modell

Nachteile des alten AWT-Eventmodells

So einfach diese Verfahrensweise ist, so problematisch ist sie jedoch bei größeren Applets:

- Da für jede auslösende Komponente und für jede Event-Methode ein `if`-Vergleich notwendig ist, wird das Programm sehr unübersichtlich.
- Visuelle Programmierwerkzeuge können diesen Spagetticode nicht verarbeiten.
- Die Vorgehensweise ist alles andere als vorbildlich objektorientiert.

Wenn Sie heute mit diesem Event-Modell programmieren, so werden Sie vom Compiler erst einmal mit einem freundlichen »Warning« begrüßt, etwa wie folgt:

```
Note: DemoFenster2.java uses a deprecated API.  Recompile with "-deprecation" for
details.
```

Bei genauerem Nachsehen stellen wir fest, dass sich der Compiler eben an jener »action«-Methode stört. Wenn nicht gerade Kompatibilitätsgründe dafür sprechen, sollten Sie auf das nachfolgend beschriebene, neue Event-Modell umsteigen!

Neues Event-Modell (JDK 1.1)

»Listener«-Klasse

Das neue Event-Modell wurde mit dem JDK 1.1 eingeführt und ist wesentlich besser für große Anwendungen geeignet. Für jeden »Event« wird eine eigene »Listener«-Klasse erstellt. Von dieser Klasse wird dann eine Instanz gebildet und bei dem auslösenden Objekt angemeldet (vgl. Abbildung 26.14).

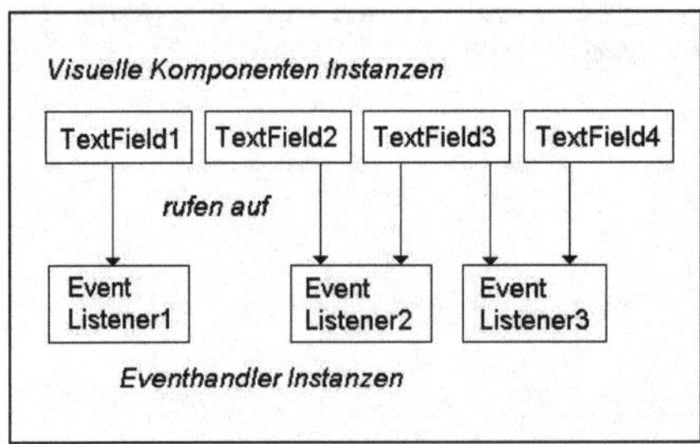

Abbildung 26.14: Komponenten und Listener

Eine »Listener«-Instanz kann an mehrere Auslöser angeschlossen werden, es ist aber auch möglich, dass mehrere »Listener«-Instanzen durch einen Auslöser gestartet werden. Selbst das An- und Abmelden kann zur Laufzeit dynamisch erfolgen.

»Listener« erstellen

Die »Listener«-Klassen entstehen im einfachsten Fall durch die Implementierung einer Schnittstelle. So steht für den »Action«-Event eine Schnittstelle »ActionListener« zur Verfügung. Die darin beschriebene Methode »actionPerformed()« muss von Ihnen überschrieben werden.

Das Listing 26.10 zeigt das Grundgerüst eines Eventhandlers für eine Schaltfläche:

```
class KnopfHandler implements ActionListener
{
  public void actionPerformed(ActionEvent e)
  {
    // Hier Programmcode einfügen
  }
}
```

Listing 26.10: Eventhandler-Klasse (neues Event-Modell)

»Listener« anmelden

Die Eventhandler-Klasse muss jetzt noch instanziert werden. Anschließend wird sie bei der Auslöserkomponente (der Schaltfläche) angemeldet (vgl. Listing 26.11):

```
Knopf = new Button("Click me");
KnopfHandler kh=new KnopfHandler();
Knopf.addActionListener(kh);
```

Listing 26.11: Anmelden des Knopf-(Schaltflächen-)handlers (Programmausschnitt)

Der im Beispiel verwendete »Action«-Event ist der Standard-Event für Komponenten. Bei der Schaltfläche ist das der Klick, beim Feld die Eingabe usw.

Für andere Ereignisse gibt es spezielle Schnittstellen, die implementiert werden können.

Der Nachteil einer Schnittstelle bestand aber in der Notwendigkeit, immer alle Methoden implementieren zu müssen. Um dies bei komplexeren Ereignissen zu vermeiden, gibt es dort alternativ die Möglichkeit, eine so genannte *»Adapterklasse«* abzuleiten. In den Adapterklassen sind alle erforderlichen Methoden schon implementiert, es muss nur doch die jeweils benötigte Methode überschrieben werden.

Die Tabelle 26.2 zeigt eine Auswahl an Events und die zugehörigen Schnittstellen und Adapterklassen:

Event	Komponenten (inkl. Nachfahren)	add-Methode	Interface/ Vorfahre	Interface-Methode
Action-Event	Button List TextField MenuItem	addAction-Listener()	ActionListener	actionPerformed
Component-Event	Alle Komponenten	addComponent-Listener()	Component-Listener Component-Adapter	componentHidden componentShown componentMoved componentResized
Mouse-Event	Alle Komponenten	addMouse-Listener()	MouseListener MouseAdapter	mouseClicked mouseEntered mouseExited mousePressed mouseReleased
KeyEvent	Alle Komponenten	addKey-Listener()	KeyListener KeyAdapter	keyPressed keyReleased keyTyped
Window-Event	Window	addWindow-Listener()	Window-Listener WindowAdapter	windowOpened windowClosed windowClosing windowActivated windowDeactivated windowIconified windowDeIconified

Tabelle 26.2: Events und dazugehörige Schnittstellen/Klassen/Methoden (Auswahl)

Um beispielsweise einen Mausklick zu verarbeiten, leiten Sie lediglich die Klasse »MouseAdapter« ab (vgl. Listing 26.12):

```
class MouseHandler implements MouseAdapter
{
  public void mouseClicked(MouseEvent e)
  {
    // Hier Programmcode einfügen
  }
}
```

Listing 26.12: Grundgerüst: Adapterklasse

Überschreiben Sie nur die Methoden, die für die jeweilige Aufgabe benötigt werden. Anschließend fügen Sie die »Listener«-Klasse wie oben gesehen dem auslösenden Objekt hinzu (vgl. Listing 26.13):

```
  Eingabefeld = new TextField("Vorgabewert");
  MouseHandler mh=new MouseHandler();
  Eingabefeld.addMouseListener(mh);
```

Listing 26.13: Anmelden des Mousehandlers (Programmausschnitt)

Das nachfolgende Beispiel (vgl. Listing 26.14) zeigt noch einmal unser Beispiel-Applet aus dem letzten Kapitel, diesmal mit einem Eventhandler nach dem neuen Objektmodell:

```
import java.awt.*;
import java.awt.event.*;
import java.applet.*;
public class DemoFenster5 extends Applet {
  Label     Beschriftung;
  Button    Knopf;
  TextField Eingabe;

  public void init() {
    setLayout(null);
    Beschriftung = new Label("Beschriftung");
    Eingabe      = new TextField("Textfeld");
    Knopf        = new Button("Button");
    Knopf.setFont(new Font ("Arial",Font.BOLD,32));

    KnopfHandlerKlasse kh = new KnopfHandlerKlasse();
    Knopf.addActionListener(kh);

    add(Beschriftung);
    add(Eingabe);
    add(Knopf);
    Beschriftung.setBounds(5,5,80,20);
    Eingabe.setBounds(100,5,150,20);
```

```
    Knopf.setBounds(80,50,120,50);
  }

  class KnopfHandlerKlasse implements ActionListener
  {
    public void actionPerformed(ActionEvent evt)
    {
      Eingabe.setText("Eingabe ok!");
    }
  }
}
```

Listing 26.14: Beispiel-Applet mit Schaltfläche (Knopf) nach neuem Event-Modell

26.3.6 Parameterübergabe an Applets

Parameterübergabe in HTML

Mit dem bisherigen Wissen lassen sich schon recht ansprechende Java-Applets programmieren. Allerdings stellen diese Applets bisher reine Insellösungen dar. Die Applets hatten bisher keine Möglichkeit, individuelle Daten entgegen zu nehmen.

Für einen produktiven Einsatz ist dies natürlich ein unhaltbarer Zustand. Wir brauchen einen Weg, dem Applet zu sagen, was es anzeigen soll. Dies können Daten zur grafischen Darstellung sein, Anmeldeinformationen für ein Host-System oder sonstige Vorgabewerte.

Bei einer HTML-Seite werden Parameter, die ein Applet erhalten soll, zwischen die Applet-Tags in der HTML-Beschreibung eingebettet. Dazu dient das HTML-Tag `<PARAMETER>`.

Im folgenden Beispiel (Ausschnitt aus einer HTML-Seite, vgl. Listing 26.15) erhält das Applet zwei Parameter mit ihren Werten:

```
<APPLET CODE="BeispielApplet.class" CODEBASE="." WIDTH=300 HEIGHT=200>
  <PARAM NAME="Parameter1" VALUE="Wert1">
  <PARAM NAME="Parameter2" VALUE="Wert2">
</APPLET>
```

Listing 26.15: Applet-Parameter in HTML

Parameter abrufen

Sie können so viele Parameter an ein Applet übergeben, wie Sie möchten. Das Applet muss später nur noch die Parameter unter dem jeweils richtigen Namen abrufen.

»getParameter()«-Methode

Dazu kann es in der Applet-Klasse die Methode »`getParameter()`« verwenden. Diese liefert den Wert des Parameters als String zurück. Falls kein Wert übergeben wurde, liefert sie »`null`«.

Im folgenden Beispiel (vgl. Listing 26.16) werden die Werte der Parameter von oben wieder ausgelesen:

```
public class BeispielApplet extends java.applet.Applet
{
  public void init()
  {
    String p1 = getParameter("Parameter1");
    if (p1 == null)
      p1 = "";
    String p2 = getParameter("Parameter2");
    if (p2 == null)
      p2 = "";
    // Der Rest ist Routine
  }
  // Hier folgende weitere Methoden
}
```

Listing 26.16: Parameter im Applet auslesen

Damit erhält das Applet die Parameter von außen. Leider weiß der Gestalter von HTML-Seiten jedoch zumeist gar nicht, welche Parameter das Applet akzeptieren würde.

»getParameterInfo()«-Methode

Um ihm zu helfen, sollte man eine weitere Methode namens »`getParameterInfo()`« in das Applet einbauen, die über die Parameter Auskunft gibt. Diese Methode wird so programmiert, dass sie ein Array aller Parameter, ihrer Wertebereiche und Bedeutungen zurückliefert. Ein Beispiel zeigt das folgende Listing 26.17:

```
public class BeispielApplet extends java.applet.Applet
{
  public void init()
  {
    // diese Zeilen wurden ausgelassen
  }
  public String [][] getParameterInfo()
  {
    String pInfo[][] = {
    {"Parameter1","String","Tut nix"},
    {"Parameter2","5-150","Tut auch nix"},
    };
    return pInfo;
  }
}
```

Listing 26.17: `getParameterInfo()`*-Methode*

Die Einbindung von Applets in Notes-Masken und die Angabe bzw. das Auslesen der Parameter wird in einem späteren Kapitel durchgeführt.

26.4 Grafische Oberflächen in Java-Applikationen

Der letzte Abschnitt befasste sich mit der Grundstruktur eines Java-Applets. Bereits seit der Java Version 1.1 ist es aber auch möglich, mit Java eigenständige Programme zu entwickeln. In einfacher Form wurde dies im Einführungsteil verwendet, um die Programmbeispiele auszuprobieren.

Man kann jedoch auch beide Techniken kombinieren und Programme schreiben, die ähnlich wie ein Java-Applet eine grafische Oberfläche verwenden. Auch dabei kommen dann wieder die Klassen und Komponenten des AWT zum Einsatz, um die Oberfläche zu gestalten. Natürlich könnte auch die SWING-Bibliothek verwendet werden, dies würde hier jedoch zu weit gehen.

Bei einem selbstständigen Programm mit grafischer Oberfläche gibt es vor allem zwei Unterschiede zu Applets:

- Es gibt kein Sandbox-Modell mehr. Das Programm darf uneingeschränkte Befehle ausführen, z.B. Dateizugriffe durchführen oder Dialogfenster öffnen.
- Der Programmcode und seine Oberfläche sind nicht mehr Seitenbestandteil. Daraufhin muss er selber ein (oder mehrere) Fenster öffnen und die Benutzerinteraktion verwalten.

Der Start des Programms erfolgt zunächst über die Methode »`public static void main()`« in der Hauptklasse »`DemoFenster`«. Diese kann bereits einige erste Initialisierungen vornehmen. Ihre wichtigste Aufgabe besteht jedoch darin, das grafische Fenster für die Benutzerschnittstelle zu öffnen (vgl. Abbildung 26.15).

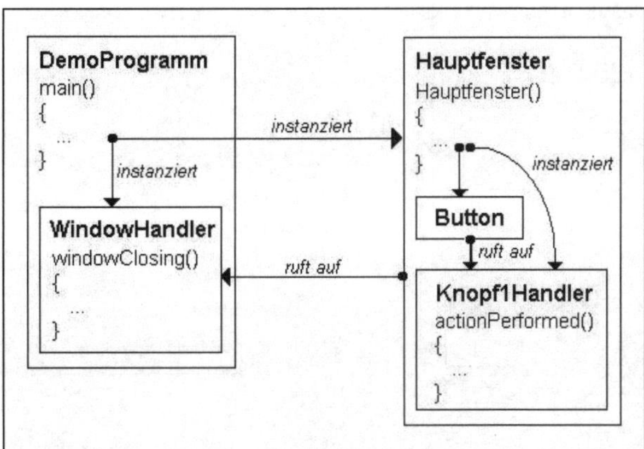

Abbildung 26.15: Programmklassen

Das Fenster wird über eine zweite Klasse »`Hauptfenster`« erstellt, die ähnlich wie beim Applet die Klasse »`Frame`« abgeleitet hat und deren Methoden überschrieben werden. Die Hauptklasse instanziert dann diese Fensterklasse und macht sie für den Benutzer sichtbar. Als weitere Klassen werden die Eventhandler aus dem neuen Objektmodell definiert. Diese müssen nachfolgend ebenfalls instanziert und den auslösenden Komponenten hinzugefügt werden.

Das folgende Listing 26.18 zeigt das Grundgerüst eines Programms mit grafischer Oberfläche, bestehend aus *zwei* Hauptklassen mit jeweils eingebettetem Eventhandler:

```
import java.awt.*;
import java.awt.event.*;

// Hauptklasse mit main() Methode
public class DemoProgramm
{
  public static void main(String args[])
  {
    // Fensterklasse instanzieren
    Hauptfenster fenster1 = new Hauptfenster();

    // Fenster-Eventhandler instanzieren und anmelden
    WindowHandler windowhandler=new WindowHandler();
    fenster1.addWindowListener(windowhandler);

    // Fenster einstellen und sichtbar machen
    fenster1.setSize(400,300);
    fenster1.setTitle("Fenstertitel");
    fenster1.setVisible(true);
  }

  // Fenster Eventhandler mit Schließen-Methode
  static class WindowHandler extends WindowAdapter
  {
    public void windowClosing(WindowEvent e)
    {
      // Anwendung beenden
      System.exit(0);
    }
  }
}


import java.awt.*;
import java.awt.event.*;

public class Hauptfenster extends Frame
{
  // hier erfolgen die Komponentendeklarationen
  Button knopf1;

  // Konstruktor
  public Hauptfenster()
  {
    super();
```

```
    // Komponenten instanzieren
    knopf1 = new Button("Beispielknopf");

    // Eventhandler instanzieren und anmelden
    Knopf1Handler knopf1handler = new Knopf1Handler();
    knopf1.addActionListener(knopf1handler);

    // Layout-Manager einstellen
    setLayout(new FlowLayout());

    // Komponenten hinzufügen
    add(knopf1);
  }

  // Button-Eventhandler mit Klick-Methode
  class Knopf1Handler implements ActionListener
  {
    public void actionPerformed(ActionEvent e)
    {
      // Wenn der Event (Klick) ausgelöst wird, dann
      // den nachfolgenden Programmcode ausführen

    }
  }

}
```

Listing 26.18: Grundgerüst für ein Stand-alone-Programm mit grafischer Oberfläche

In dem Beispiel instanziert die Hauptklasse in der Methode »`main()`« eine Instanz der Hauptfensterklasse. Diese wird dann noch auf 400x300 Pixel Größe eingestellt, mit einem Titel versehen und sichtbar gemacht. Damit das Fenster wieder geschlossen werden kann, ist unbedingt ein Eventhandler für den »`WindowClosing`«-Event erforderlich. Zu diesem Zweck wird die Klasse »`WindowHandler`« abgeleitet und die Methode »`WindowClosing()`« überschrieben. Der Aufruf »`System.exit(0)`« leitet dabei das Schließen des offenen Fensters ein. Diese Klasse ist dabei als »`static`« zu definieren, damit sie bereits in der Klassenmethode »`main()`« verwendet werden kann.

Die Funktionalität des Hauptfensters wird in der gleichnamigen Klasse definiert, die von der AWT-Klasse »`Frame`« abgeleitet wird. Der Konstruktor hat dabei eine ähnliche Aufgabe wie bei Applets die »`init()`«-Methode. Er instanziert die Komponenten (hier beispielhaft ein einfacher Button) und fügt sie der Oberfläche hinzu. Im Gegensatz zu Applets haben Frames keinen Vorgabe-Layout-Manager. Deshalb ist auch dieser zwingend vorzugeben.

Damit die Schaltfläche auf das Anklicken reagiert implementieren wir einen Eventhandler für den »`ActionEvent`« und fügen eine Instanz davon der Schaltfläche hinzu.

Damit ist unser Grundgerüst fertig. Bei einer realen Anwendung hätten wir natürlich mehr Komponenten und würden sicherlich auch etwas aufwändigeren Programmcode in den Eventhandler aufnehmen.

Im nachfolgenden Beispiel (vgl. Listing 26.19 und Listing 26.20) wurde die Kalenderanzeige aus dem letzten Kapitel mit einer einfachen grafischen Oberfläche ausgestattet, die die aktuellen Termine in einer Tabelle anzeigt. Zusätzlich kommt eine Schaltfläche zum Schließen des Fensters hinzu. Das Programm wird wie zuvor durch eine Programmzeile gestartet:

```
java KalenderListDisplay 14.05.2004 "<user>"
```

und zeigt die Tagestermine tabellarisch in einem Fenster an (vgl. Abbildung 26.16):

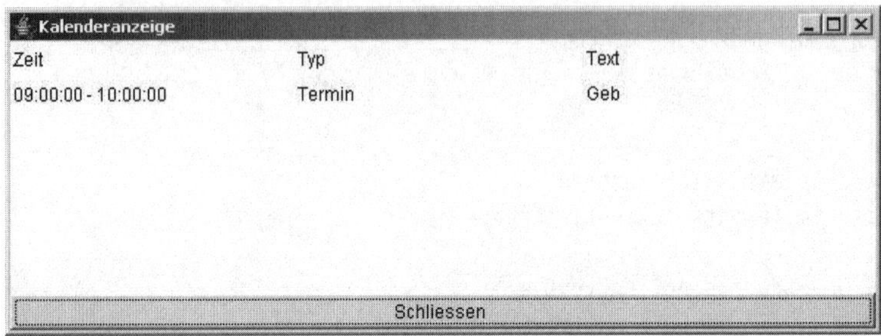

Abbildung 26.16: Kalenderanzeige mit grafischer Oberfläche

Die eigentliche Funktionalität steckt in der zweiten Klasse `KalenderListDisplayFrame`. Diese Klasse ist von der AWT-Klasse `Frame` abgeleitet und baut die eigentliche Oberfläche auf. Dazu erstellt sie im Konstruktor die grafischen Komponenten und fügt sie der Oberfläche hinzu. Verwendet wird ein `BorderLayout`, das oben ein Panel mit einem `GridLayout` enthält sowie unten eine Schaltfläche zum Schließen des Fensters.

```
import java.awt.*;
import java.awt.event.*;

// Hauptklasse mit main() Methode
public class KalenderListDisplay
{
  public static void main(String argv[])
  {
  // Parameter abfragen
  if (argv.length < 2) {
    System.out.println("Syntax: KalenderTextDiplay <datum> \"<name>\"");
    return;
  }
    // Fensterklasse instanzieren
   KalenderListDisplayFrame fenster1 = new KalenderListDisplayFrame(argv[0],argv[1]);

    // Fenster-Eventhandler instanzieren und anmelden
    WindowHandler windowhandler=new WindowHandler();
    fenster1.addWindowListener(windowhandler);

    // Fenster einstellen und sichtbar machen
    fenster1.setSize(600,500);
```

```
    fenster1.setTitle("Kalenderanzeige");
    fenster1.setVisible(true);
  }

  // Fenster Eventhandler mit Schließen-Methode
  static class WindowHandler extends WindowAdapter
  {
    public void windowClosing(WindowEvent e)
    {
      // Anwendung beenden
      System.exit(0);
    }
  }
}
```

Listing 26.19: API-Programm mit Grafikoberfläche zur Anzeige von Terminen (Hauptklasse)

```
import java.awt.*;
import java.awt.event.*;
import lotus.domino.*;
import java.util.*;

class KalenderListDisplayFrame extends Frame
{
  static String user;
  static String datum;
  // hier erfolgen die Komponentendeklarationen
  Button schliessKnopf;
  Panel  terminPanel;

  private Database getMailDB(Session session, String user) throws NotesException {
  // Adressbücher durchsuchen und öffentliches öffnen
  Vector adrBooks = session.getAddressBooks();
  Enumeration e = adrBooks.elements();
  while (e.hasMoreElements()) {
    Database namesDB = (Database) e.nextElement();
    if (! namesDB.isPublicAddressBook())
      continue;
    namesDB.open();
    // Person suchen
    View personLookup = namesDB.getView("($NamesFieldLookup)");
    Document personDoc = personLookup.getDocumentByKey(user);
    if (personDoc != null) {
      // Maildatei lokalisieren und öffnen
      String mailServer = personDoc.getItemValueString("MailServer");
      String mailFilename = personDoc.getItemValueString("MailFile");
      Database mailDB = session.getDatabase(mailServer,mailFilename);
      return mailDB;
```

```
    }
  }
  // nicht gefunden
  return null;
  }

  private String terminZeit(Document terminDoc) throws lotus.domino.NotesException {
    // Zeitanzeige aufbauen
    String terminText = "";
    Item startzeitfeld = terminDoc.getFirstItem("StartDateTime");
    if (startzeitfeld != null) {
      DateTime startzeit = startzeitfeld.getDateTimeValue();
      terminText = terminText + startzeit.getTimeOnly();
      Item endzeitfeld   = terminDoc.getFirstItem("EndDateTime");
      if (endzeitfeld != null) {
        DateTime endzeit   = endzeitfeld.getDateTimeValue();
        terminText = terminText + " - " + endzeit.getTimeOnly();
      }
      else
        terminText = terminText + "            ";
     }
    return terminText;
  }

  private char terminTyp(Document terminDoc) throws lotus.domino.NotesException {
    // Terminart ermitteln
    String typ  = terminDoc.getItemValueString("AppointmentType");
    return (typ==null) ? ' ' : typ.charAt(0);
  }

  private String terminText(Document terminDoc) throws lotus.domino.NotesException {
    // Termintext ermitteln
    String text = terminDoc.getItemValueString("Subject");
    return (text==null) ? "kein Eintrag" : text;
  }

  private Panel createTerminPanel() {
    Panel terminPanel = null;
    try {
      NotesThread.sinitThread();
      // Initialisierungen
      Session session = NotesFactory.createSession();
      Database mailDB = getMailDB(session, user);
      // suche aktuelles Datum
      DateTime termin = session.createDateTime(datum);
      String suchtermin = termin.getDateOnly();
```

```
// Termine ermitteln
DocumentCollection terminCollection = mailDB.search("Form=\"Appointment\"
      & (!@IsResponseDoc) & (Calendardatetime<=[" + suchtermin + "] &
      Enddatetime>=[" + suchtermin + "])");
int anzahlTermine = terminCollection.getCount();
// Tabellengerüst aufbauen
terminPanel = new Panel();
terminPanel.setLayout(new GridLayout(anzahlTermine + 1,3));
terminPanel.add(new Label("Zeit"));
terminPanel.add(new Label("Typ"));
terminPanel.add(new Label("Text"));
Document terminDoc = terminCollection.getFirstDocument();
while (terminDoc != null) {
  // Tabellenzeile ausgeben
  switch (terminTyp(terminDoc))
  {
    case '0': terminPanel.add(new Label(terminZeit(terminDoc)));
              terminPanel.add(new Label("Termin"));
              terminPanel.add(new Label(terminText(terminDoc)));
              break;
    case '1': terminPanel.add(new Label("ganzer Tag"));
              terminPanel.add(new Label("Jahrestag"));
              terminPanel.add(new Label(terminText(terminDoc)));
              break;
    case '2': terminPanel.add(new Label("ganzer Tag"));
              terminPanel.add(new Label("Veranstaltung"));
              terminPanel.add(new Label(terminText(terminDoc)));
              break;
    case '3': terminPanel.add(new Label(terminZeit(terminDoc)));
              terminPanel.add(new Label("Besprechung"));
              terminPanel.add(new Label(terminText(terminDoc)));
              break;
    case '4': terminPanel.add(new Label(terminZeit(terminDoc)));
              terminPanel.add(new Label("Erinnerung"));
              terminPanel.add(new Label(terminText(terminDoc)));
              break;
  }
  terminDoc = terminCollection.getNextDocument(terminDoc);
}
} catch (Exception e) {
  e.printStackTrace();
} finally {
  NotesThread.stermThread();
  return(terminPanel);
}
}
```

```
  // Konstruktor
  public KalenderListDisplayFrame(String datum, String user)
  {
    super();
    // Parameter übernehmen
    this.datum=datum;
    this.user = user;
    // Schliessknopf instanzieren
    schliessKnopf = new Button("Schliessen");
    SchliessKnopfHandler schliessKnopfhandler = new SchliessKnopfHandler();
    schliessKnopf.addActionListener(schliessKnopfhandler);
    // Tabelle erstellen und füllen
    terminPanel = createTerminPanel();

    // Layout-Manager für Frame einstellen
    setLayout(new BorderLayout());
    // Komponenten hinzufügen
    add("South",schliessKnopf);
    add("North",terminPanel);
  }

  // Button-Eventhandler mit Klick-Methode
  class SchliessKnopfHandler implements ActionListener
  {
    public void actionPerformed(ActionEvent e)
    {
      System.exit(0);

    }
  }
}
```

Listing 26.20: API-Programm mit Grafikoberfläche zur Anzeige von Terminen (Frame-Klasse)

27 Java-Servlets und JavaServer Pages

Bisher haben wir uns bei der Anzeige vor allem auf Java-Applets konzentriert. Applets wurden stets vom Server in den Browser geladen und dort ausgeführt. Grundsätzlich besteht allerdings auch die Möglichkeit, Java-Programme direkt auf dem Webserver auszuführen. Solche Programme werden auch als *Servlets* bezeichnet. Domino unterstützt sie ab Version 4.6.

Über Servlets

Ein Servlet ist zunächst lediglich eine Java-Klasse, die je nach Typ von einer bestimmten Vorfahrenklasse abgeleitet werden muss. Der Webserver wird über Konfigurationsdateien informiert, welche Servlets es gibt und unter welcher URL-Adresse sie aufgerufen werden. Wird eine entsprechende URL-Adresse angefordert, startet der Server das Servlet. Dieses generiert jetzt einen Datenstrom und schickt diesen an den Browser. Dabei kann der Datenstrom alle zulässigen HTTP-Daten enthalten.

Servlet-Ausgabe im Webbrowser

Möglich sind zunächst HTML-Seiten, aber auch GIF- oder JPEG-Grafiken sowie beliebige weitere MIME-Formate. Ein Servlet könnte zum Beispiel je nach Anforderung Daten tabellarisch aufbereiten, eine Maske kontextbezogen verändern oder Grafik nach Bedarf erzeugen, die dann im Browser angezeigt wird. Auch das Annehmen von Formularen (Posting) ist möglich.

Vorteile von Servlets

Da das Servlet auf dem Server und nicht im Browser läuft, hat es einige Vorteile:

- Servlets unterliegen nicht den Sicherheitseinschränkungen von Applets. Sie können Daten lokal auf dem Server speichern oder weiterleiten.
- Servlets werden einmal in der Server geladen und bleiben dort aktiv. Sie benötigen keine lange Ladezeit wie Applets und sind in der Regel auch schneller als CGI-Programme.
- Servlets laufen in einem kontrollierten Umfeld und müssen daher kaum Rücksicht auf unterschiedliche Browser oder JDK-Versionen nehmen.

Nachteile von Servlets

Nachteile von Servlets sind vor allem:

- Die zusätzliche Server Last, die durch ihre Ausführung entsteht.
- Die fehlende Benutzerinteraktivität, da sie ja auf dem Server und nicht dem Client liegen.
- Speziell für Notes-verwöhnte Menschen: Servlets liegen im Dateisystem und können deshalb nicht repliziert werden. Sie müssen auf jedem Server einzeln installiert werden.

In den meisten Fällen können Sie als Domino-Entwickler auch Agenten mit gleicher Funktionalität schreiben. Prüfen Sie daher im Einzelfall, ob ein Servlet die beste Lösung für ein Problem ist. Im Vergleich zu LotusScript-Agenten ergeben sich auch zwei Vorteile:

- kein wiederholter Aufwand beim Laden,
- Zugriff über JDBC o.ä. Standards auf Nicht-Domino Daten.

27.1 Konfiguration des Servlet-Managers

Um Servlets verwenden zu können, müssen Sie zunächst den *Servlet-Manager* im Server-Dokument einschalten und konfigurieren. Wählen Sie dazu im Server-Dokument den Abschnitt *Internet-Protokolle/Domino-Web-Server/Java-Servlets* (vgl. Abbildung 27.1)

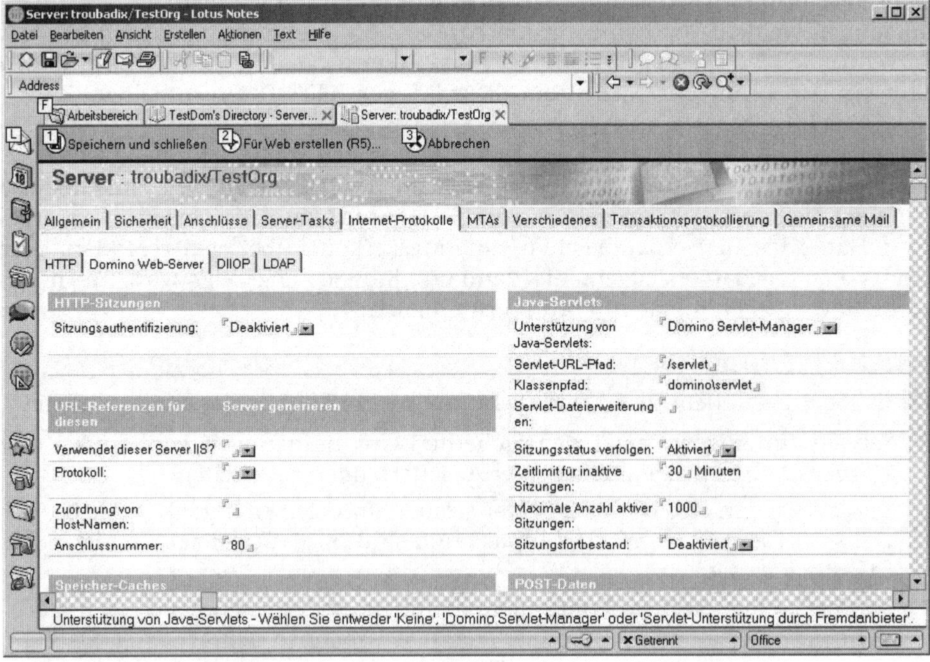

Abbildung 27.1: Servlet-Einstellungen im Server-Dokument

Standardmäßig sind Servlets deaktiviert. Sie können entweder den Domino-eigenen Servlet-Manager aktivieren oder einen externen, beispielsweise IBMs Websphere Server.

URL-Pfad für Servlets angeben

Damit der Domino-Server weiß, wann ein Servlet gestartet werden soll, geben Sie außerdem den *URL-Pfad* an, der Servlets referenziert. Bei der Standardvorgabe /SERVLET würde ein Servlet mit dem Namen MYSERVLET.CLASS durch die URL

http://www.<xy-firma>.de/servlet/MyServlet

gestartet werden. Die .CLASS-Datei muss sich dazu im korrekten Unterverzeichnis befinden. Bei den Vorgabeeinstellungen (wie oben) wäre dies das Verzeichnis:

```
c:\lotus\domino\data\domino\servlet
```

Dieses Verzeichnis ist manuell auf dem Server anzulegen. Alle Servlet-Klassen sind hier abzulegen. Die entsprechende Einstellung im Server-Dokument hat die gleiche Bedeutung wie der CLASSPATH für den JDK, bei Bedarf können auch verschiedene Verzeichnisse angegeben werden.

Servlet-Dateierweiterungen angeben

Durch die Angabe einer Servlet-Dateierweiterung können zusätzlich bestimmte Dateitypen dem Servlet zugeordnet werden, sodass das Servlet immer bei Aufruf dieses Typs gestartet wird.

»Session«-Verhalten festlegen

In den weiteren Angaben können Sie bestimmen, ob inaktive HTTP-Sessions automatisch beendet werden sollen und nach welcher Zeit dies geschehen soll. Bei einer inaktiven Session wird für das Servlet die Methode `HttpSession.invalidate()` aufgerufen, sodass das Servlet die Sitzung schließen kann. Wird diese Einstellung nicht vorgenommen, so bleiben Sitzungen so lange offen, bis die konfigurierte Maximalanzahl erreicht ist. Erst dann werden die ältesten inaktiven Sitzungen geschlossen.

Eine Besonderheit ist die Option »Session Persistence« (»Sitzungsfortbestand«). Wird der Domino-Webserver (HTTP-Task) heruntergefahren, so wird der aktuelle Servlet-Zustand als Datei auf die Festplatte geschrieben und beim Wiederanlaufen zurückgeholt. Dies setzt allerdings voraus, dass im Servlet alle wesentlichen Daten in persistenten Objektklassen realisiert sind.

Webserver neu starten

Nachdem Sie alle Einstellungen vorgenommen haben, sollten Sie die HTTP-Task beenden (`tell http quit`) und neu starten (`load http`), damit die Änderungen aktiv werden. Beim Neustart muss die Meldung

```
Java Servlet Manager initialized
```

erscheinen.

27.2 Mit Servlets arbeiten

Um Java-Servlets zu entwickeln, benötigen Sie zunächst einmal den *Java Servlet Development Kit* von Sun (JSDK). Dieser steht auf der Javasoft-Website im Internet zum Download zur Verfügung.

> Genaugenommen brauchen Sie den JSDK gar nicht neu zu laden. Die entsprechenden Klassen sind auch Bestandteil des Domino-Server-Pakets. Sie finden diese im Verzeichnis \LOTUS\NOTES bzw. \LOTUS\DOMINO als Datei JSDK.JAR.

Stellen Sie einfach den Klassenpfad `CLASSPATH` Ihrer Entwicklungsumgebung zusätzlich auf \LOTUS\NOTES\JSDK.JAR.

Grundgerüst eines Servlets

Um ein Servlet zu entwickeln, brauchen Sie wieder einmal ein Grundgerüst für die Servlet-Klasse. Dieses ist im Listing 27.1 dargestellt.

```
import javax.servlet.*;
import javax.servlet.http.*;
import java.io.*;

public class DemoServlet extends HttpServlet
{
  public void doGet(HttpServletRequest req,
                    HttpServletResponse resp)
      throws ServletException, IOException
  {
    resp.setContentType("text/html");
    ServletOutputStream out = resp.getOutputStream();
    out.println("<HTML><HEAD>");
    out.println("<TITLE>Fenstertitel</TITLE>");
    out.println("</HEAD><BODY>");
    out.println(" .. Geben Sie hier den Ausgabetext an ..");
    // hier können weitere Ausgaben erfolgen
    out.println("</BODY></HTML>");
  }

  public String getServletInfo()
  { return "Hier sollte eine Servlet-Beschreibung stehen";
  }
}
```

Listing 27.1: Grundgerüst für Servlets

Importieren Sie zunächst die Pakete »`javax.servlet.*`«, »`javax.servlet.http.*`« und »`java.io.*`«.

Wir gehen im Folgenden davon aus, dass unser Servlet Daten über das http-Protokoll zum Browser sendet. Grundsätzlich können Servlets auch andere Protokolle unterstützen oder als simpler Server-Plug-In verwendet werden.

Servlet-Methoden

Das Servlet wird von der Vorfahrenklasse »`javax.servlet.http.HttpServlet`« abgeleitet. Von dieser Vorfahrenklasse erbt es mehrere Methoden, die wichtigsten sind im Folgenden dargestellt.

- »`public void init()`«: Die Methode »init()« wird nach dem Laden des Servlets gerufen und dient dazu, Initialisierungen vorzunehmen, die für die gesamte Laufzeit benötigt werden.
- »`public void doGet(HttpServletRequest req, HttpServletResponse resp)`«: Die Methode »`doGet()`« ist die wichtigste, wenn das Servlet Bildschirminhalte generieren soll. Die Methode wird als Antwort auf die Browseranweisung »`GET`« gerufen. Durch den Parameter »req« werden dem Servlet die gewünschte URL und weitere Begleitinformationen zur Benutzersitzung mitgeteilt. Das Servlet überträgt die gewünschten Daten dann an den Browser über den »resp«-Parameter. Mit diesem kann das Servlet HTML-Seiten ausgeben und Statusmeldungen machen.
- »`public void doPost(HttpServletRequest req, HttpServletResponse resp)`«: »`doPost()`« arbeitet ähnlich wie »`doGet()`« mit dem Unterschied, dass die Daten vom Browser zum Servlet mittels »`POST`«-Methode übertragen werden. Diese erlaubt im Gegensatz zu »`GET`« beliebige Datenlängen.
- »`public void destroy()`«: Der Aufruf der Methode »`destroy()`« teilt dem Servlet mit, dass es in Kürze beendet wird und notwendige Deinitialisierungen vornehmen sollte. Dies kann zum Beispiel ein Sichern des aktuellen Status sein.
- »`public String getServletInfo()`«: Über »`getServletInfo()`« sollten Sie eine Kurzbeschreibung der Servlet-Funktionalität zurückliefern, die besagt, wofür dieses Servlet geeignet ist.

27.3 Servlets mit Domino-Klassen verwenden

27.3.1 Servlets und Domino

Auch mit Domino können Sie Java-Servlets entwickeln. Dies ist besonders interessant, wenn das Servlet die Lotus-Domino-Klassen verwendet, um an seine Daten zu gelangen. In diesem Fall können Sie Daten durch das Servlet beliebig aufbereiten, um sie dann im Browser darzustellen.

Anwendungsbereiche von Domino-Servlets

Sie können zum Beispiel:

- Ansichten mit eigenem Layout generieren,
- dynamische Navigationsstrukturen erstellen,
- Daten nach Bedarf als Grafik darstellen,
- Daten im Hintergrund aus relationalen oder sonstigen Datenbanksystemen abfragen und darstellen und
- XML-Code generieren.

Dabei ist zu beachten, dass keine Lotus-Notes-Benutzerauthentisierung durchgeführt wird. Das Servlet greift lokal zu und verwendet dazu die Zugriffsrechte des Servers. Der aktuelle Benutzer ist dem Servlet nicht bekannt.

Servlet-Sicherheitsrichtlinien

Für die Erstellung des Servlets gelten die Regeln für den lokalen Zugriff auf Domino aus Applikationen. Sinnvollerweise wird eine statische Thread-Initialisierung verwendet.

Das folgende Grundgerüst (vgl. Listing 27.2) zeigt ein Java-Servlet mit Domino-Zugriff:

```
import javax.servlet.*;
import javax.servlet.http.*;
import java.io.*;
import lotus.domino.*;

public class DominoHTTPDemoServlet extends HttpServlet
{
  public void doGet(HttpServletRequest req,
                    HttpServletResponse resp)
      throws ServletException, IOException
  {
    try {
      NotesThread.sinitThread();
      Session session = NotesFactory.createSession();
      resp.setContentType("text/html");
      ServletOutputStream out = resp.getOutputStream();
      out.println("<HTML><HEAD>");
      out.println("<TITLE>Fenstertitel</TITLE>");
      out.println("</HEAD>");
      out.println("<BODY>");
      // Hier Programmcode einfügen
      out.println("</BODY></HTML>");
    } catch (Exception e) {
      e.printStackTrace();
    }
    finally {
      NotesThread.stermThread();
    }
  }

  public String getServletInfo()
  {
    return("Hier Informationenen zum Servlet eintragen");
  }
}
```

Listing 27.2: Anwendungsbeispiel: Java-Servlet mit Domino-Zugriff

Importieren Sie zunächst das Packet »`lotus.domino.*`«. Die »`Session`«-Instanz erhalten Sie über die »`NotesFactory.createSession()`«. Für die Thread-Initialisierung verwenden wir die statische Initialisierung über »`NotesThread.sinitThread()`« und »`stermThread()`«.

Bei jedem Aufruf einer Seite mittels des HTTP-Befehls »`GET`« wird die Methode »`doGet()`« unseres Servlets aufgerufen. Diese legt die »`Session`« an und liefert die jeweils erforderlichen Daten. Speziell dann, wenn Maskeninhalte übertragen werden, sollte die »`doPost()`«-Methode verwendet werden, die mit gleichen Parametern versehen werden kann.

27.3.2 Anwendungsbeispiel: Servlet mit Domino

Im Folgenden soll auch die Kalenderanzeige mittels eines Java-Servlets realisiert werden.

Der Benutzer gibt einen Mitarbeiternamen in der URL-Adresse im Browser an und erhält dann (in unserem Fall immer) das aktuelle Tagesprogramm von heute. Die Angabe der URL erfolgt in der Form:

http://<server>/servlet/KalenderDisplayServlet?<Benutzer>

Zum Beispiel (vgl. Abbildung 27.2):

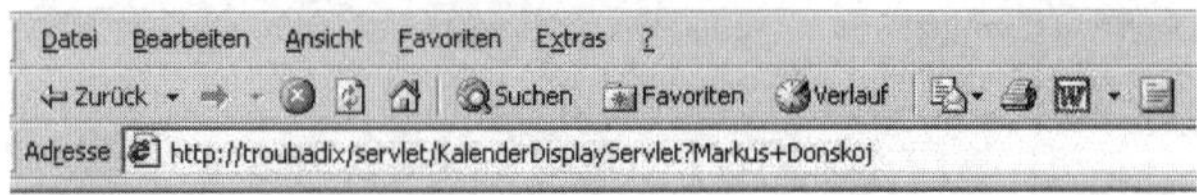

Abbildung 27.2: Angabe der URL

Der Server generiert den passenden Seiteninhalt (vgl. Abbildung 27.3).

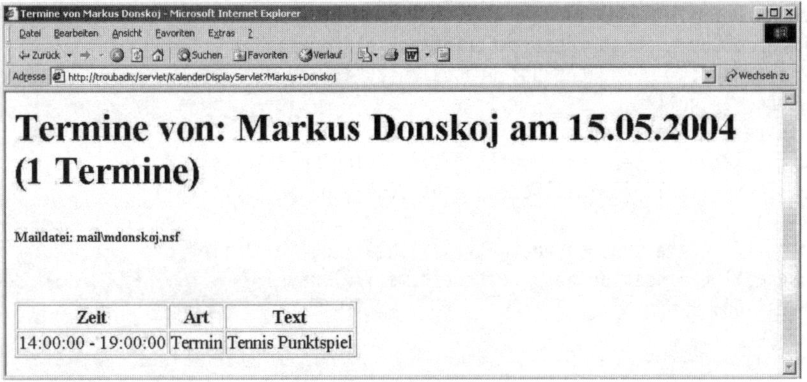

Abbildung 27.3: Vom Servlet generierter Seiteninhalt

Wir verwenden für das Servlet zunächst das Grundgerüst für Domino-Servlets, wie oben dargestellt. Die Hauptfunktionalität spielt sich in der »`doGet()`«-Methode ab, die beim Seitenaufruf aktiviert wird. Hier wird über den Aufruf »`req.getQueryString()`« der gewünschte Name aus der URL gelesen. Plus-Zeichen im Namen werden in Leerzeichen verwandelt und anschließend wird die übliche Suchabfrage durchgeführt. Der Seiteninhalt wird in Form von HTML-Tags formatiert, wobei die einzelnen Termine eine große Tabelle bilden. Die Thread-Initialisierung wird am sinnvollsten statisch über »`sinitThread()`« / »`stermThread()`« ausgeführt.

Zu beachten ist, dass auf diesem Server lediglich ein Zugriff auf Mail-Datenbanken auf diesem Server möglich ist, da die Datenbanken lokal liegen müssen.

Beim Testen werden Sie feststellen, dass auch bei wiederholtem Aufruf der URL nur einmal der Hinweis vom Servlet Manager auf der Domino-Server-Konsole ausgegeben wird, die Initialisierung des Servlets vorgenommen zu haben. Selbst wenn der Browser neu gestartet wird.

Der Code unseres Servlets zur Kalenderanzeige ist in Listing 27.3 dargestellt.

```
import javax.servlet.*;
import javax.servlet.http.*;
import java.io.*;
import java.util.*;
import lotus.domino.*;

public class KalenderDisplayServlet extends HttpServlet
{
  private Database getMailDB(Session session, String user) throws NotesException {
  // Adressbücher durchsuchen und öffentliches öffnen
  Vector adrBooks = session.getAddressBooks();
  Enumeration e = adrBooks.elements();
  while (e.hasMoreElements()) {
    Database namesDB = (Database) e.nextElement();
    if (! namesDB.isPublicAddressBook())
      continue;
    namesDB.open();
    // Person suchen
    View personLookup = namesDB.getView("($NamesFieldLookup)");
    Document personDoc = personLookup.getDocumentByKey(user);
    if (personDoc != null) {
      // Maildatei lokalisieren und öffnen
      String mailServer = personDoc.getItemValueString("MailServer");
      if (mailServer==null || !mailServer.equals(namesDB.getServer()))
        continue;
      String mailFilename = personDoc.getItemValueString("MailFile");
      Database mailDB = session.getDatabase("",mailFilename);
      return mailDB;
    }
  }
  // nicht gefunden
  return null;
  }

  private String terminZeit(Document terminDoc) throws lotus.domino.NotesException {
    // Zeitanzeige aufbauen
    String terminText = "";
    Item startzeitfeld = terminDoc.getFirstItem("StartDateTime");
    if (startzeitfeld != null) {
      DateTime startzeit = startzeitfeld.getDateTimeValue();
```

```
        terminText = terminText + startzeit.getTimeOnly();
        Item endzeitfeld    = terminDoc.getFirstItem("EndDateTime");
        if (endzeitfeld != null) {
          DateTime endzeit    = endzeitfeld.getDateTimeValue();
          terminText = terminText + " - " + endzeit.getTimeOnly();
        }
        else
          terminText = terminText + "              ";
      }
    return terminText;
  }

  private char terminTyp(Document terminDoc) throws lotus.domino.NotesException {
    // Terminart ermitteln
    String typ  = terminDoc.getItemValueString("AppointmentType");
    return (typ==null) ? ' ' : typ.charAt(0);
  }

  private String terminText(Document terminDoc) throws lotus.domino.NotesException {
    // Termintext ermitteln
    String text = terminDoc.getItemValueString("Subject");
    return (text==null) ? "kein Eintrag" : text;
  }

  public void doGet(HttpServletRequest req, HttpServletResponse resp) throws
                  ServletException, IOException
  {
    try {
      NotesThread.sinitThread();
      resp.setContentType("text/html");
      ServletOutputStream out = resp.getOutputStream();
      String user= req.getQueryString();
      user = user.replace('+',' ');
      // Initialisierungen
      Session session = NotesFactory.createSession();
      Database mailDB = getMailDB(session, user);
      // HTML Header und Body
      out.println("<HTML><HEAD>");
      out.println("<TITLE>Termine von " + user + "</TITLE>");
      out.println("</HEAD>");
      out.println("<BODY TEXT=\"000000\" BGCOLOR=\"FFFFFF\">");
      // suche aktuelles Datum
      DateTime termin = session.createDateTime("01/01/2000");
      termin.setNow();
      String suchtermin = termin.getDateOnly();
      DocumentCollection terminCollection = mailDB.search("Form=\"Appointment\"
            & (!@IsResponseDoc) & (Calendardatetime<=[" + suchtermin + "]
            & Enddatetime>=[" + suchtermin + "])");
      // Termine ausgeben
      int anzahlTermine = terminCollection.getCount();
```

```
        out.println("<H1>Termine von: " + user +" am " + suchtermin +
                    " (" + anzahlTermine + " Termine)</H1><BR>");
        out.println("<H6>Maildatei: " + mailDB.getFilePath() + "</H6><BR><BR>");

        // Tabellenkopf
        out.println("<TABLE BORDER=1>");
        out.println("<TR><TH><B>Zeit</B></TH><TH>Art</TH><TH>Text</TH></TR>");
        // Tabellenkörper
        Document terminDoc = terminCollection.getFirstDocument();
        while (terminDoc != null) {
          // Tabellenzeile ausgeben
          out.print("<TR><TD>");
          switch (terminTyp(terminDoc))
          {
            case '0': out.print(terminZeit(terminDoc) + "</TD><TD>Termin</TD><TD>" +
                      terminText(terminDoc));
                      break;
            case '1': out.print("ganzer Tag" + "</TD><TD>Jahrestag</TD><TD>" +
                      terminText(terminDoc));
                      break;
            case '2': out.print("ganzer Tag" + "</TD><TD>Veranstaltung</TD><TD>" +
                      terminText(terminDoc));
                      break;
            case '3': out.print(terminZeit(terminDoc) + "</TD><TD>Besprechung</TD>
                      <TD>" + terminText(terminDoc));
                      break;
            case '4': out.print(terminZeit(terminDoc) + "</TD><TD>Erinnerung</TD><TD>"
                      + terminText(terminDoc));
                      break;
          }
          out.println("</TD></TR>");
          terminDoc = terminCollection.getNextDocument(terminDoc);
        }
        // Tabellen und Seitenende
        out.println("</TABLE>");
        out.println("</BODY></HTML>");
        } catch (Exception e) {
          e.printStackTrace();
        } finally {
          NotesThread.stermThread();
        }
    }

    public String getServletInfo()
    {
       return("Dieses Servlet zeigt den Tagesplan eines Benutzers an.");
    }
}
```

Listing 27.3: Kalenderanzeige über Java-Servlet

27.4 JavaServer Pages

Eine weitere Möglichkeit, auf dem Server die darzustellende HTML-Seite erzeugen zu lassen, stellen die JavaServer Pages (JSPs) dar. In einer Umgebung mit einem Web Application Server werden sie dazu benutzt, Daten, welche durch andere Komponenten der Web Anwendung erzeugt worden sind, dem Client zu präsentieren. Sehr beliebt ist dabei das Muster »Model – View – Controller« (MVC), wie es in Abbildung 27.4 dargestellt ist.

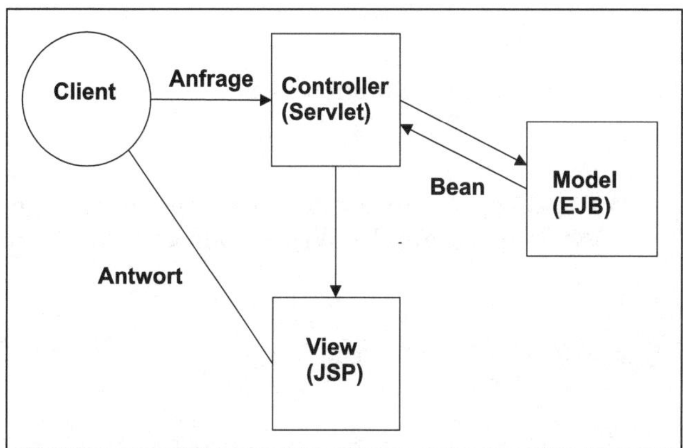

Abbildung 27.4: MVC

Der so genannte Web-Container des Applikations Servers ist als Laufzeitumgebung zuständig für die Servlets und JSPs. Eine ankommende Anfrage wird vom Servlet entgegen genommen. Dort wird eine weitere Komponente der Web Anwendung aufgerufen. Häufig erhält das Servlet als Ergebnis eine Bean. Diese ist in der Regel für andere Elemente (z.B. ein JSP) in der Umgebung des Servlets sichtbar. Somit kann ein JSP auf die Daten der Bean zugreifen. Zur Darstellung des Gesamtergebnisses übersetzt der Applikations Server das JSP in ein Servlet, welches dann, wie zu Beginn dieses Kapitels gezeigt, seine Ausgabe an den anfragenden Client schickt.

Wie diese kurze Übersicht zeigt, kommen im Umfeld von JSPs eine weitere Server Software (z.B. der WebSphere Application Server) und sicher auch eine geeignete Entwicklungsumgebung (WebSphere Studio) zum Tragen. Eine detaillierte Beschreibung würde somit auch die Vorstellung dieser Software benötigen. Daher sollen die JSPs und die Verwendung der Domino Elemente hier nur im Groben aufgezeigt werden.

27.4.1 Elemente eines JSPs

Als Ausgangspunkt kann man sagen, dass JSPs HTML-Dateien sind. Allerdings kennen sie weitere Konstrukte, als nur die bekannten HTML-Tags.

Zur Motivation seien folgende Fragen gestellt:

- Wie erzeuge ich mit HTML Tabellen mit variabler Zeilenanzahl?
- Wie greife ich flexibel auf Daten zu, die von einem Domino Server kommen?

Mit normaler HTML Programmierung lassen sich diese Fragen nicht beantworten. Bei JSPs kann aber der HTML-Code um Java Fragmente ergänzt werden. Die Schreibweisen entsprechen dabei dem Prinzip, das bei den normalen Tags bekannt ist.

Expression

Unter Verwendung einer »`expression`« (gekennzeichnet durch »<%=« und »%>«) kann eine Java Methode aufgerufen werden. Ihr Ergebnis wird dann auf der Seite an genau dieser Stelle angezeigt:

```
<%= new java.util.Date() %>
```

In diesem Beispiel würde der Browser das aktuelle Datum und die Uhrzeit anzeigen.

Scriptlet

Mit einem »`scriptlet`« (»<%« und »%>«) können Teile eines Java Programms eingefügt werden. Dies bietet sich bei Verzweigungen oder Wiederholungen im HTML Programm an:

```
<table>
<% for (int i=0; i<3; i++) { %>
<tr>
<td> <%= i %> </td>
    ...
    </tr>
    <% } %>
</table>
```

Listing 27.4: Ein Scriptlet im JSP

Hier wird der Block, mit dem die HTML Tabelle erzeugt wird, dank einer Java Schleife mehrfach wiederholt.

»Page«

Die »`page`« Direktive (»<%@ page ...« und »%>«) spezifiziert Attribute, die auf das Zusammenspiel zwischen dem JSP und der Laufzeitumgebung zielen:

```
<%@ page
language="java"
contentType= "text/html; charset= ..."
errorPage="/ErrorPage.jsp"
isErrorPage="true"
import="java.util.vector, ..."
%>
```

Listing 27.5: Eine `page`***-Direktive***

Sehr interessant ist hier u.a. die Angabe, dass im Falle eines Fehlers automatisch ein anderes JSP zur Anzeige aufgerufen werden soll. Auch können durch den »`import`« Bibliotheken mit Java Klassen zur Verwendung in diesem JSP eingebunden werden.

»useBean«

Mit dem »useBean« Tag (»<jsp:useBean ...>« und »</jsp:useBean>«) kommen wir zu der sehr attraktiven Möglichkeit, nach dem MVC Ansatz (vgl. Abbildung 27.4) auf Daten zuzugreifen, die aus dem Back End geliefert werden. Dabei bedienen wir uns der Tags »<jsp:getProperty ... />« und »<jsp:setProperty ... />«:

```
<jsp: useBean
class="com.ex.beans.Verzeichnis"
id="meinVerzeichnis"
scope="session">
</jsp:useBean>
...
<jsp:getProperty
    name="meinVerzeichnis"
    property="firstName" />
...
<jsp:setProperty
    name="meinVerzeichnis"
    property="firstName"
value="Regula" />
...
```

Listing 27.6: Die Verwendung von Beans in JSPs

Voraussetzung ist, dass in der Laufzeitumgebung des Application Servers die Klasse »com.ex.beans.Verzeichnis« bekannt ist und ein Objekt dieser Klasse in der aktuellen Session erzeugt worden ist. Zur Verwendung in diesem JSP wird dann diese Bean unter der Bezeichnung »meinVerzeichnis« angemeldet. Somit können alle öffentlichen Methoden (getter und setter) verwendet werden. Angenommen, ein konkretes Objekt stellt einen Personeneintrag in einem Verzeichnis dar, so können wir dann, wie im Beispiel gezeigt, den Namen der Person auslesen oder verändern.

27.4.2 Domino und JSPs

Mit der Version 6.5 werden bei Domino die »Domino custom tag libraries« ausgeliefert:

- domtags.tld: Tags für die Design Elemente, Daten und Dienste
- domutil.tld: Zusätze für Schleifen usw.
- domtags.jar: Die Java Klassen für die »custom tags«

Wenn die beiden »Tag Libraries« (*.tld) in einer Entwicklungsumgebung wie »WebSphere Studio« in einem JSP eingebunden werden, so wird dies im Code wie folgt angezeigt:

```
<%@ taglib uri="/WEB-INF/domtags.tld" prefix="domino" %>
<%@ taglib uri="/WEB-INF/domutil.tld" prefix="domutil" %>
```

Nun kann das JSP unter Voraussetzung, dass auf dem Domino Server die Task »DIIOP« läuft und ein gültiger Benutzername mit Kennwort und Zugriffsrechten vorliegt auf eine Datenbank zugreifen (siehe dazu auch Abbildung 27.5)

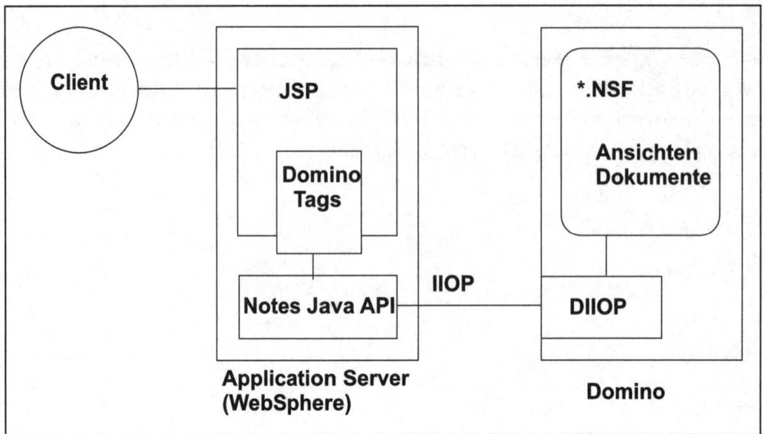

Abbildung 27.5: Domino und JSP

Nach dem erfolgreichen Einbinden der Bibliotheken stehen in der Version 6.5 ca. 100 (!) Tags zur Verfügung, mit denen Zugriff auf Daten und Gestaltung von NSF-Dateien genommen werden kann. Enthalten sind darin auch Tags, mit denen Verzweigungen u.ä. realisiert werden können. Wenn Sie sich den Inhalt der Design-Hilfe anzeigen lassen, finden Sie dort unter der Sektion »`JSP custom tag libraries`« eine Auflistung der Tags aus »`Domutil`« und »`Domtags`«.

Zur Anschauung sei im folgenden Code der Zugriff auf die Personen-Ansicht in der »`names.nsf`« als Ausschnitt aufgeführt:

```
<domino: view dbname="names.nsf" viewname="$People">
    <table>
        <tr>
            <td> Spaltenbeschriftung1 </td>
            ...
        </tr>
        <domino:viewloop>
        <tr>
            <td> <domino:viewitem col = "1"> </td>
            ...
        </tr>
        </domino:viewloop>
    </table>
</domino:view>
```

Listing 27.7: Zugriff auf Domino-Daten durch ein JSP

28 Remote-Applikationen mit Domino

Bisher wurde das Java-Programm stets auf dem Rechner ausgeführt, auf dem auch Lotus Notes oder Domino und die Java-Schnittstelle verfügbar sind. In vielen Situationen will man aber genau das vermeiden bzw. ist dies nicht zu gewährleisten. Stattdessen möchte man von einem beliebigen PC, vielleicht sogar einem Nicht-Windows-Gerät, auf den Domino-Server zugreifen. Dafür bieten sich mit Java gleich mehrere Möglichkeiten an.

28.1 Remote-Zugriff mit CORBA

28.1.1 Über CORBA

CORBA ist weder ein Notes- noch ein Java-spezifisches Protokoll. Seit Ende der achtziger Jahre bemüht sich die Object Management Group (OMG), eine Interessengemeinschaft von Software-Herstellern, einen allgemeinen Standard für den Austausch von Objekten über Netzwerke zu schaffen. Daraus entstand die CORBA-Spezifikation. Dabei handelt es sich nicht um ein konkretes Produkt, sondern lediglich um eine Spezifikation, nach der inzwischen verschiedene Hersteller Toolkits anbieten, die Programme CORBA-fähig machen.

Plattformunabhängigkeit von CORBA

Die Besonderheit besteht nun darin, dass CORBA weder auf eine bestimmte Hardware noch ein Betriebssystem noch eine Programmiersprache festgelegt ist. Alle Systeme können untereinander Daten austauschen. Erreicht wird dies durch eine besondere Objektbeschreibungssprache (engl. Interface Declaration Language, IDL), die ein Objekt zunächst nur allgemein bezüglich seiner Eigenschaften und Methoden beschreibt. Erst in einem zweiten Schritt wird diese Beschreibung in einem IDL-Compiler in eine konkrete Programmiersprache und die zuständige Syntax übersetzt.

Stubs und Skeletons

Auf der Aufrufer-(Client-)Seite steht nun eine Fassung des Objekts zur Verfügung, auf der Server-Seite eine zweite. Diese beiden Objekte werden auch als *Stub* (Rumpf) und *Skeleton* (Skelett) bezeichnet.

»Object Request Broker«

Zum CORBA-System gehört weiterhin eine Netzwerkschnittstelle für die jeweilige Systemumgebung, die von den kompilierten Objekten benutzt wird. Diese Schnittstelle übernimmt die Weiterleitung der Anfragen vom Client über das Netzwerk an den Server und wieder zurück. Aufgrund ihrer Verteilaufgabe wird sie auch als ORB (engl. Object Request Broker) bezeichnet. Das zwischen den beteiligten ORBs verwendete IP-Protokoll heißt dementsprechend Internet-Inter-ORB-Protokoll (IIOP).

Abbildung 28.1 zeigt die Funktionsweise einer CORBA-Verbindung am Beispiel eines Java-Applets und einer Java-Applikation:

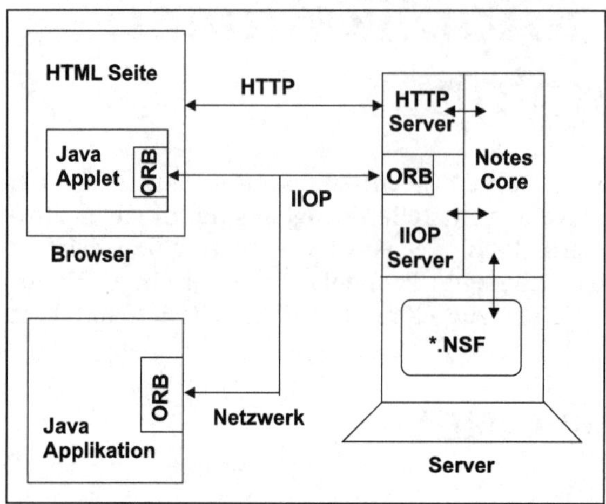

Abbildung 28.1: CORBA-Verbindung

Domino und CORBA

Domino ermöglicht seit Release 5 den Zugriff auf den Server über CORBA. Dabei läuft auf dem Server eine spezielle Server-Task namens DIIOP, die von außen über eine beliebige CORBA-fähige Anwendung konnektiert werden kann. Die angebotenen Klassen entsprechen dabei den üblichen LotusScript- bzw. Java-Klassen. Eine entsprechende IDL-Beschreibung ist von Lotus verfügbar.

Allerdings macht es nur wenig Sinn, in Java direkt auf IDL/CORBA-Ebene zu programmieren. Das Klassenpaket »`lotus.domino.*`« enthält bereits eine komplette CORBA-Schnittstelle und optimierte Klassen zum Einsatz mit Domino.

Bei eigener Programmierung würden Sie ohne besondere Maßnahmen relativ schlechte Zugriffsgeschwindigkeiten erhalten. Jedes Mal, wenn Sie eine Objektinstanz anfordern (»`Session`«, »`Database`«, »`View`«, »`Document`« usw.) wird eine eigene Anfrage über das Netzwerk gestartet. Der Notes-Client ebenso wie die CORBA-Klassen versuchen, diese Zugriffe zu bündeln und vorausschauend Daten zu holen. Damit erreicht man einen besseren Durchsatz als bei Einzelzugriffen.

»Notes Client Side Objects«

Der einfachste und schnellste Weg besteht daher darin, die mitgelieferte Klassenbibliothek »`lotus.domino.*`« zu verwenden. Je nach Java-Umgebung verwenden Sie die Datei NCSO.JAR (unkomprimierte Klassen), NCSOC.JAR (komprimiert), NCSO.CAB (komprimiert im Microsoft-Format). Der Name NCSO steht übrigens für Notes Client Side Objects. Doch Vorsicht: Diese Datei ist ab Domino Release 6.0.2 mittlerweile so geändert worden, dass das vorher vorhandene Paket »org.*« nicht mehr enthalten ist. Dies wird im Vergleich zu Release 5 Auswirkungen auf CORBA-gestütze Applets haben (siehe auch Kapitel 28.3)

28.1.2 Server-Konfiguration für CORBA

Zunächst müssen Sie sicherstellen, dass Ihr Server für den CORBA-Zugriff konfiguriert ist. Dazu sind die folgenden Einstellungen vorzunehmen.

Server-Task DIIOP installieren

Bereits bei der Installation muss die Task DIIOP vorgesehen werden. Da dies bei der Standardinstallation der Fall ist, gehen wir hier nicht weiter darauf ein.

Server-Task DIIOP starten

Die Server-Task DIIOP kann manuell über die Anweisung `load diiop` gestartet werden. Für den ständigen Betrieb sollte die Task in der Datei NOTES.INI automatisch gestartet werden (vgl. Abbildung 28.2).

```
ServerTasks=Replica,Router.Update.Stats,AMgr,Adminp,Sched,CalConn,Event,HTTP,
DIIOP,POP3,IMAP,LDAP,NNTP,DECS,maps
```

Abbildung 28.2: NOTES.INI-Zeile

IIOP-Port im Server-Dokument einschalten

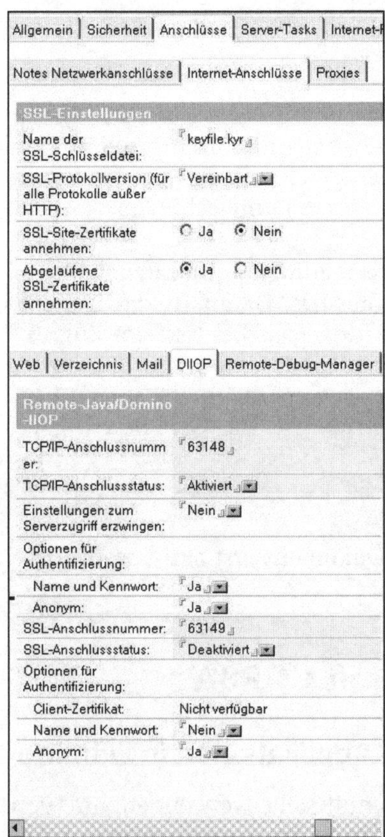

Abbildung 28.3: IIOP-Ports im Server-Dokument

Im Server-Dokument muss unter Ports/Internet-Ports/IIOP der verwendete Netzwerkport (Standard: 63148 für unverschlüsselte und 63149 für verschlüsselte SSL-Anfragen, bei Unix gelten teilweise andere Ports) freigeschaltet werden (vgl. Abbildung 28.3). Es kann jeweils gewählt werden, ob ein Anonymer Zugriff oder ein Zugriff mit Benutzername und Kennwort möglich sein soll. Ein Zugriff mit Client-SSL-Zertifikaten ist übrigens nicht vorgesehen.

Security-Einstellungen für IIOP eintragen

Im Server-Dokument kann aus Gründen der Abwärtskompatibilität zu Version 5 noch festgelegt werden, welche Benutzer zur Verwendung der CORBA-Schnittstelle autorisiert sein sollen. Dies geschieht im Abschnitt *Sicherheit/Java/COM-Beschränkungen* (vgl. Abbildung 28.4).

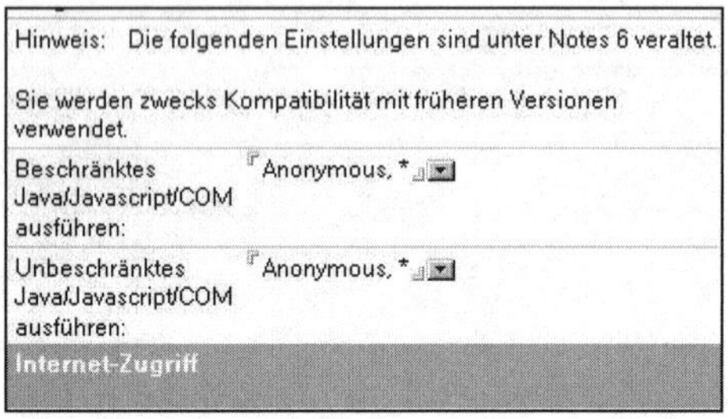

Hinweis: Die folgenden Einstellungen sind unter Notes 6 veraltet.

Sie werden zwecks Kompatibilität mit früheren Versionen verwendet.

Beschränktes Java/Javascript/COM ausführen:	Anonymous, *
Unbeschränktes Java/Javascript/COM ausführen:	Anonymous, *

Internet-Zugriff

Abbildung 28.4: Security-Einstellungen für IIOP

Dabei wird ähnlich wie bei LotusScript-Agenten zwischen dem eingeschränkten Zugriff (normale Notes-Aktivitäten) und dem uneingeschränkten Zugriff (Zugriff auch auf Betriebssystem und Dateien, Programmstart etc.) unterschieden.

Die Authentifizierung des Benutzers beim Server erfolgt grundsätzlich über Benutzername und Kennwort, niemals über Notes-IDs. Damit ist das Sicherheitsniveau bei CORBA-Zugriffen tendenziell niedriger als bei lokalem Zugriff wie oben gesehen. Besonders wichtig ist, dass auch der Anonyme Benutzer (Anonymous) ausdrücklich in der Nutzerliste im Server-Dokument aufgeführt werden muss, sofern ein anonymer Zugriff erwünscht ist. Das Gleiche gilt ggf. für die ACL-Einträge der Datenbanken.

Wie üblich werden die Änderungen am Server-Dokument erst aktiv, wenn der Server (oder die Task DIIOP) neu gestartet wurde.

28.2 Stand-alone-Applikationen mit CORBA

28.2.1 Besonderheiten der Stand-alone-Applikationen in Domino

Eine Stand-alone-Applikation, die die CORBA-Schnittstelle verwendet, um von einem entfernten Rechner auf die Server-Dienste zuzugreifen, unterscheidet sich nur in zwei Punkten von einem Programm, das lokal auf die Lotus-Notes-API zugreift.

- Zum einen muss beim Anlegen der Session über »createSession()« zusätzlich der Server sowie gegebenenfalls der Benutzername mit Kennwort angegeben werden. Dafür entfällt die Initialisierung des »NotesThread«. Das Programm darf unmittelbar »loslegen«.
- Da das Programm nicht mehr lokal läuft, muss dieses Mal ein anderes Klassenpaket eingebunden werden. Ändern Sie bitte den CLASSPATH so ab, dass er (zusätzlich zum Verzeichnis des JDK) nun die Datei \LOTUS\DOMINO\DATA\DOMINO\JAVA\NCSO.JAR enthält. Aus diesem Grund sollten Sie für zuverlässige Tests die Hinweise auf das Notes-Programm Verzeichnis in der PATH-Variablen entfernen.

> Im Gegensatz zu NOTES.JAR enthält NCSO.JAR nur die Stub-Objektklassen und zusätzlich den ORB für die CORBA-Kommunikation.

Nun können wir mit dem Programm loslegen. Das folgende Beispiel (vgl. Listing 28.1) zeigt das Grundgerüst für ein CORBA-fähiges Programm:

```
import lotus.domino.*;
public class CORBADemo
{
  public static void main(String argv[])
  {
    try
    {
      Session s = NotesFactory.createSession("Server",
                              "Username","Passwort");
      // Zeichenketten wie "Server" sind anzupassen !
      // Hier Programmcode einfügen
    }
    catch (Exception e)
    {
      e.printStackTrace();
    }
  }
}
```

Listing 28.1: Beispiel: CORBA-Zugriff aus einer Stand-alone-Applikation heraus

Was genau passiert hier? Zunächst baut das Programm über die Methode

```
NotesFactory.createSession("Server","Username","Passwort");
```

eine Verbindung zum Server auf. »Server« ist dabei der DNS-Name (z.B. *www.firma.de*), nicht etwa der Notes-Server-Name. Benutzername und Kennwort sind die Daten eines gültigen Benutzers, dessen Internetkennwort hier benutzt wird.

> Falls ein anonymer Zugriff gewünscht wird (und erlaubt ist), können Benutzer und Kennwort entfallen, sodass die Anweisung nun folgendermaßen lautet:
>
> ```
> NotesFactory.createSession("Server");
> ```

28.2.2 Speicherfreigabe in CORBA-Applikationen

Bevor wir uns einem konkreten Anwendungsbeispiel der CORBA-Verwendung mit einer Stand-alone-Applikation widmen, werfen wir einen kurzen Blick auf eine weitere Besonderheit von CORBA-Applikationen: die Speicherverwaltung.

Ein besonderes Problem stellt sich bei CORBA-Zugriffen für den Server: Er liefert über das Netzwerk Daten wunschgemäß an, weiß aber nicht genau, wie lange diese beim Client benötigt werden. Also behält er die entsprechenden Skelett-Instanzen so lange im Speicher, bis die Sitzung mit dem Client beendet wird. Führt der Client jetzt umfangreiche Programmschleifen mit wechselnden Instanzen aus, wird dadurch der Speicher im Server schnell knapp, ohne dass es dafür eine wirkliche Notwendigkeit gibt. Es ist daher wichtig, Server-seitigen Speicher explizit freizugeben. Dies geschieht durch die Methode »`recycle()`«.

Methode »Recycle()«

Die Methode »`recycle()`« kann für alle Domino-Klassen aufgerufen werden, z.B.

```
view.recycle()
```

Zu beachten ist allerdings, dass damit auch alle abhängigen Klassen, in dem Beispiel die Dokumente der Ansicht, freigegeben werden. Man sollte also den Aufruf mit Bedacht ausführen.

28.2.3 Anwendungsbeispiel: CORBA-basierte Stand-alone-Applikation

Das folgende Beispiel (vgl. Listing 28.2) zeigt die ursprünglich für den lokalen Einsatz entwickelte Kalenderanwendung (mit Textdarstellung) unter Verwendung der CORBA-Schnittstelle. Im direkten Vergleich ist festzustellen, dass nur sehr geringe Änderungen gegenüber dem API-Beispiel durchgeführt wurden.

Da kein eigener Thread mehr benötigt wird, kann eine entsprechende Ableitung von `NotesThread` entfallen. Die Funktionalität muss sich jetzt nicht mehr in der Methode »`runNotes()`« befinden. Sie befindet sich jetzt stattdessen in »`startDisplay()`«, wo über »`NotesFactory.createSession(server)`« die Verbindung aufgebaut wird. Ebenfalls neu ist das »Recyclen« der Adressbücher und Mail-Datenbanken in »`getMailDB()`« und »`startDisplay()`«.

Da eine Remote-Verbindung aufgebaut wird, muss der Aufruf um einen zusätzlichen Parameter (den Server-Namen) ergänzt werden. Die Anweisung muss nun lauten:

```
java KalenderTextDisplay <server> <Datum> "<Benutzername>"
```

Da wir bei »`createSession()`« nur einen Parameter angegeben haben, arbeiten wir als anonymer Benutzer. Falls dies nicht erwünscht ist, müssen in dieser Anweisung noch Benutzername und Kennwort ergänzt werden.

Beachten Sie schließlich noch, dass Sie über CORBA stets »auf dem Server« arbeiten, auf dem Sie gerade angemeldet sind. Aus diesem Grund erfolgt der Zugriff auf Datenbanken stets lokal, d.h. ohne Angabe eines Server-Namens. Es ist auch nicht möglich, von einem Server aus Datenbanken auf einem anderen Server zu öffnen. Entsprechend ist in dem Beispiel in der Methode »`getMailDB()`« das Öffnen über »`session.getDatabase ("", mailFilename);`« fest lokal verdrahtet.

Testen Sie auch das Programm in den Situationen, dass die »names.nsf« oder die Mail-Datenbank keinen anonymen Zugriff erlauben oder die DIIOP-Task des Servers nicht läuft. In diesen Fällen sind die jeweils ersten Zeilen der Fehlermeldungen recht aussagekräftig.

```
import lotus.domino.*;
import java.util.*;

public class KalenderTextDisplayRemote
{
  static String user;
  static String datum;
  static String server;

  Database getMailDB(Session session, String user) throws NotesException {
  // Adressbücher durchsuchen und öffentliches öffnen
  Vector adrBooks = session.getAddressBooks();
  Enumeration e = adrBooks.elements();
  while (e.hasMoreElements()) {
    Database namesDB = (Database) e.nextElement();
    if (! namesDB.isPublicAddressBook())
      continue;
    namesDB.open();
    // Person suchen
    View personLookup = namesDB.getView("($NamesFieldLookup)");
    Document personDoc = personLookup.getDocumentByKey(user);
    if (personDoc != null) {
      // Maildatei lokalisieren und öffnen
      String mailServer = personDoc.getItemValueString("MailServer");
      if (mailServer==null || !mailServer.equals(namesDB.getServer()))
        continue;
      String mailFilename = personDoc.getItemValueString("MailFile");
      Database mailDB = session.getDatabase("",mailFilename);
      return mailDB;
    }
    namesDB.recycle();
  }
  // nicht gefunden
  return null;
  }
```

```
String terminZeit(Document terminDoc) throws lotus.domino.NotesException {
  // Zeitanzeige aufbauen
  String terminText = "";
  Item startzeitfeld = terminDoc.getFirstItem("StartDateTime");
  if (startzeitfeld != null) {
    DateTime startzeit = startzeitfeld.getDateTimeValue();
    terminText = terminText + startzeit.getTimeOnly();
    Item endzeitfeld   = terminDoc.getFirstItem("EndDateTime");
    if (endzeitfeld != null) {
      DateTime endzeit   = endzeitfeld.getDateTimeValue();
      terminText = terminText + " - " + endzeit.getTimeOnly();
    }
    else
      terminText = terminText + "              ";
  }
  return terminText;
}

char terminTyp(Document terminDoc) throws lotus.domino.NotesException {
  // Terminart ermitteln
  String typ  = terminDoc.getItemValueString("AppointmentType");
  return (typ==null) ? ' ' : typ.charAt(0);
}

String terminText(Document terminDoc) throws lotus.domino.NotesException {
  // Termintext ermitteln
  String text = terminDoc.getItemValueString("Subject");
  return (text==null) ? "kein Eintrag" : text;
}

public void startDisplay()
{
  // Hauptthread
  try  {
  Session session = NotesFactory.createSession(server);
  Database mailDB = getMailDB(session, user);
  // Suchtermin ermitteln
  DateTime termin = session.createDateTime(datum);
  String suchtermin = termin.getDateOnly();
  // Termine ermitteln
  DocumentCollection terminCollection = mailDB.search("Form=\"Appointment\" &
  (!@IsResponseDoc) & (Calendardatetime<=[" + suchtermin + "] & Enddatetime>=["
   + suchtermin + "])");
  // Termine ausgeben
  int anzahlTermine = terminCollection.getCount();
  System.out.print("Termine von: " + user +" am " + suchtermin + " (" +
      anzahlTermine + " Termine)\n\n");
```

```
    Document terminDoc = terminCollection.getFirstDocument();
    if (terminDoc == null)
      System.out.println(" <keine Termine vorhanden> ");
    while (terminDoc != null) {
      // Anzeigetext zusammensetzen
      switch (terminTyp(terminDoc))
      {
        case '0': System.out.println(terminZeit(terminDoc) + "\tTermin    \t" +
                  terminText(terminDoc));
                  break;
        case '1': System.out.println("ganzer Tag      " + "\tJahrestag  \t" +
                  terminText(terminDoc));
                  break;
        case '2': System.out.println("ganzer Tag      " + "\tVeranstaltung\t" +
                  terminText(terminDoc));
                  break;
        case '3': System.out.println(terminZeit(terminDoc) + "\tBesprechung \t" +
                  terminText(terminDoc));
                  break;
        case '4': System.out.println(terminZeit(terminDoc) + "\tErinnerung \t" +
                  terminText(terminDoc));
                  break;
      }
      terminDoc = terminCollection.getNextDocument(terminDoc);
    }
    mailDB.recycle();
    }
    catch (Exception e)  {
    e.printStackTrace();
    }
  }

  public static void main(String argv[])
  {
  // Hauptprogramm: Parameter abfragen und Klasse instanzieren
  if (argv.length < 3) {
    System.out.println("Syntax: KalenderTextDiplay <server> <datum> \"<name>\"");
    return;
  }
  server= argv[0];
  datum = argv[1];
  user  = argv[2];
  KalenderTextDisplayRemote tdr = new KalenderTextDisplayRemote();
  tdr.startDisplay();
  }
}
```

Listing 28.2: Kalenderanzeige mit CORBA

28.3 Java-Applets mit CORBA

28.3.1 Besonderheiten der Verwendung von Java-Applets mit CORBA

Eine sehr häufige Anwendung von CORBA ist die Verbindung von Java-Applets mit dem Server. Auf diese Weise können Applets direkt mit dem Server kommunizieren, sich nach Bedarf Daten vom Server holen, zurücksenden und diese Daten nach Belieben auf dem Bildschirm darstellen.

Damit ein Java-Applet CORBA-fähig wird, muss es natürlich wieder die entsprechenden Domino-Klassen importieren und einige Grundinitialisierungen vornehmen. Entsprechend müssen wir wie zuvor den `CLASSPATH` auf \LOTUS\DOMINO\DATA\DOMINO\JAVA\NCSO.JAR setzen. Das CORBA-Paket ist über die Anweisung

```
import lotus.domino.*;
```

zu importieren. Im Wesentlichen hat Lotus darin die Klasse »`Applet`« durch eine eigene Klasse »`AppletBase`« ersetzt und die Methoden »`init()`«, »`start()`«, »`stop()`« und »`destroy()`« durch eigene Methoden »`notesAppletInit()`«, »`notesAppletStart()`«, »`notesAppletStop()`« und »`notesAppletDestroy()`« ersetzt.

Das folgende Beispiel (Listing 28.3) zeigt wieder einmal das Grundgerüst eines Applets mit CORBA-Nutzung:

```
import java.awt.*;
import lotus.domino.*;

public class NotesAppletDemo extends AppletBase {
  private Session session;
  public void notesAppletInit() {
    // hier Applet initialisieren
  }
  public void notesAppletStart() {
    try {
      session = openSession();
      // hier Applet starten
    } catch (NotesException e) {
      e.printStackTrace();
    }
  }
  public void notesAppletStop() {
    try {
      // hier Applet einfrieren
      closeSession(session);
    } catch (NotesException e) {
      e.printStackTrace();
    }
```

```
  }
  public void notesAppletDestroy() {
    // hier Applet deinitialisieren
  }
}
```

Listing 28.3: CORBA-fähiges Java-Applet – Grundgerüst

Für Swing-basierte Applets kann auch die Klasse »JAppletBase« abgeleitet werden.

Die Notes-Klassen aus dem Packet »lotus.domino.*« werden zur Ausführungszeit automatisch vom Domino-Server geladen. Sie müssen zwar zur Entwicklungszeit vorhanden sein, jedoch nicht extra in das Applet eingebunden werden.

Java-Applets: CORBA-Fähigkeit aktivieren

Zunächst muss das kompilierte Applet über das Menü ERSTELLEN/JAVA-APPLET ... in der Maske eingebunden werden (vgl. Abbildung 28.5).

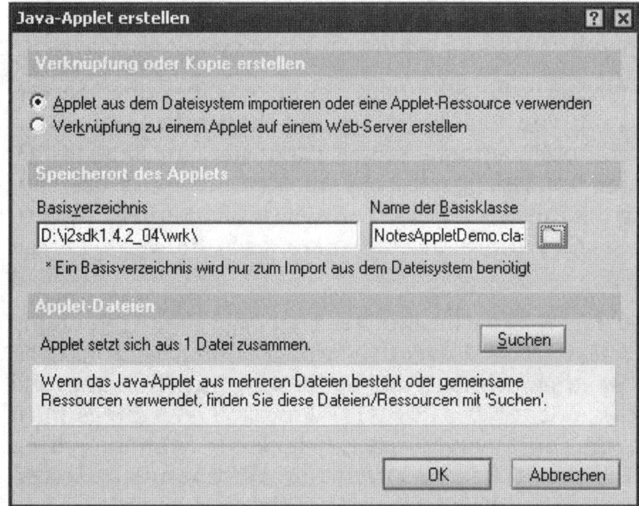

Abbildung 28.5: Java-Applet in der Maske einbetten

Damit der Server weiß, dass das Applet die CORBA-Klassen benötigt, muss bei den Eigenschaften des Applets (über Rechtsklick: Abbildung 28.6) die Option APPLET USES NOTES CORBA CLASSES angekreuzt werden. Er generiert dann im »<APPLET>«-Tag zusätzlich ein »ARCHIVE«-Attribut, das die Datei NCSO.JAR lädt.

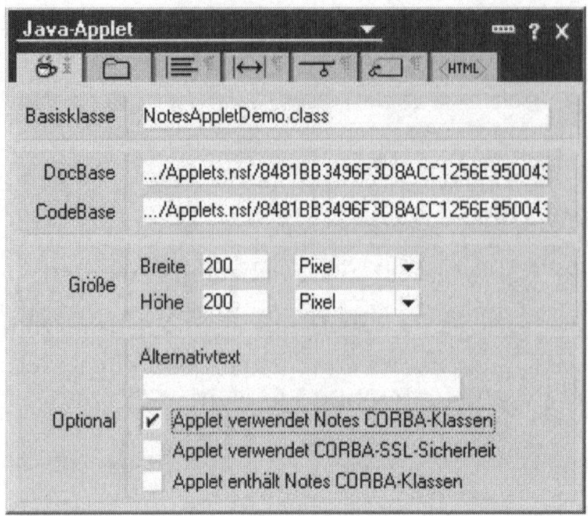

Abbildung 28.6: CORBA-Fähigkeit von Applets aktivieren

Auch hinsichtlich des Applet-Codes gibt es einige Besonderheiten.

Der eigentliche Verbindungsaufbau erfolgt über die Anweisung »`openSession()`«.

Anders als bei den selbstständigen Programmen ist die Angabe eines Server-Namens nicht möglich und die von Benutzername und Passwort optional. Ein Applet erhält vom Server beim Laden automatisch als Parameter eine Sitzungs-ID, mit der es sich beim Ausführen von »`openSession()`« anmeldet. Dabei tritt das Applet in die bestehende Sitzung des Browsers ein und muss sich nicht erneut authentifizieren. Anderenfalls wären die ständigen Kennwortabfragen für den Benutzer etwas lästig.

Anders als beim Laden einer HTML-Seite im Browser bleibt die IIOP-Verbindung offen, bis die Methode »`closeSession()`« aufgerufen wird. Dadurch sind nachfolgende Aufrufe des Applets deutlich schneller als bei der Erstinitialisierung und auch beim Laden einer Browser-Seite über das HTTP-Protokoll. Allerdings muss darauf geachtet werden, dass die DIIOP-Server-Task eine inaktive Verbindung nach normalerweise 60 Minuten schließt. Der entsprechende Wert kann im Server-Dokument unter INTERNET PROTOCOLS/IIOP bei Bedarf erhöht werden.

28.3.2 Anwendungsbeispiel: CORBA-basiertes Applet

Das folgende Beispielprogramm (vgl. Listing 28.4) zeigt unsere Kalenderfunktionalität in ein Java-Applet integriert. Abweichend vom obigen Grundgerüst erfolgt der Aufbau der Server-Verbindung bereits in der Methode »`notesAppletInit()`«. Dort wird die Verbindung nach Abruf der Anzeigedaten auch gleich wieder »`closeSession(session)`« beendet.

Den Benutzernamen erhält das Applet über Parameter, die ihm beim Aufruf übergeben werden (vgl. Abbildung 28.7).

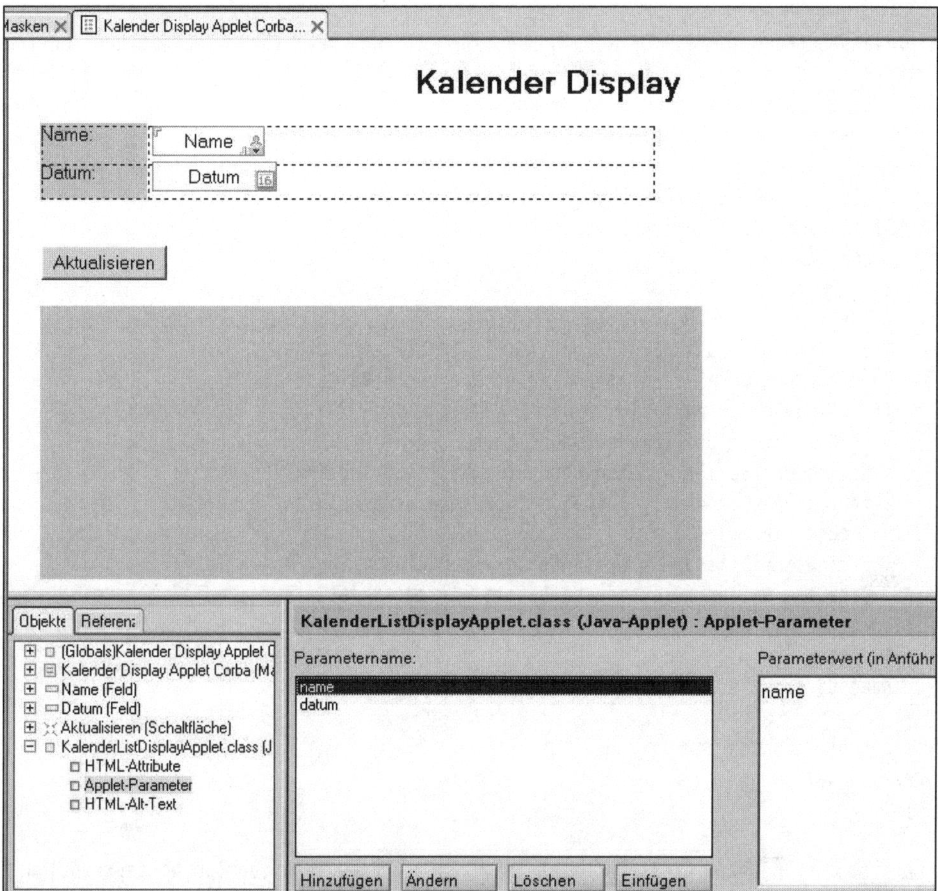

Abbildung 28.7: Java-Applet-Konfiguration

Als Layout wird wie zuvor ein BorderLayout verwendet, bei dem oben (im Norden) ein GridLayout mit den Tabelleninhalten eingebettet ist. Auf die Schaltfläche wird verzichtet, da ein Schließen des Applets keinen Sinn machen würde.

Ansonsten sieht die Darstellung des Applets fast genauso wie die des Frames aus:

```
import java.awt.*;
import lotus.domino.*;
import java.util.*;

public class KalenderListDisplayApplet extends AppletBase {
  private Session session;
  private String user;
  private String datum;
  // hier erfolgen die Komponentendeklarationen
  Button schliessKnopf;
  Panel  terminPanel;
```

```
private Database getMailDB(Session session, String user) throws NotesException {
// Adressbücher durchsuchen und öffentliches öffnen
Vector adrBooks = session.getAddressBooks();
Enumeration e = adrBooks.elements();
while (e.hasMoreElements()) {
  Database namesDB = (Database) e.nextElement();
  if (! namesDB.isPublicAddressBook())
    continue;
  namesDB.open();
  // Person suchen
  View personLookup = namesDB.getView("($NamesFieldLookup)");
  Document personDoc = personLookup.getDocumentByKey(user);
  if (personDoc != null) {
    // Maildatei lokalisieren und öffnen
    String mailServer = personDoc.getItemValueString("MailServer");
    if (mailServer==null || !mailServer.equals(namesDB.getServer()))
      continue;
    String mailFilename = personDoc.getItemValueString("MailFile");
    Database mailDB = session.getDatabase(namesDB.getServer(),mailFilename);
    return mailDB;
  }
  namesDB.recycle();
}
// nicht gefunden
return null;
}

private String terminZeit(Document terminDoc) throws lotus.domino.NotesException {
  // Zeitanzeige aufbauen
  String terminText = "";
  Item startzeitfeld = terminDoc.getFirstItem("StartDateTime");
  if (startzeitfeld != null) {
    DateTime startzeit = startzeitfeld.getDateTimeValue();
    terminText = terminText + startzeit.getTimeOnly();
    Item endzeitfeld   = terminDoc.getFirstItem("EndDateTime");
    if (endzeitfeld != null) {
      DateTime endzeit   = endzeitfeld.getDateTimeValue();
      terminText = terminText + " - " + endzeit.getTimeOnly();
    }
    else
      terminText = terminText + "               ";
   }
  return terminText;
}
```

```
private char terminTyp(Document terminDoc) throws lotus.domino.NotesException {
  // Terminart ermitteln
  String typ  = terminDoc.getItemValueString("AppointmentType");
  return (typ==null) ? ' ' : typ.charAt(0);
}

private String terminText(Document terminDoc) throws lotus.domino.NotesException {
  // Termintext ermitteln
  String text = terminDoc.getItemValueString("Subject");
  return (text==null) ? "kein Eintrag" : text;
}

private Panel createTerminPanel() {
  Panel terminPanel = null;
  try {
    // Initialisierungen
    Database mailDB = getMailDB(session, user);
    // suche aktuelles Datum
    DateTime termin = session.createDateTime(datum);
    String suchtermin = termin.getDateOnly();
    // Termine ermitteln
    DocumentCollection terminCollection = mailDB.search("Form=\"Appointment\"
          & (!@IsResponseDoc) & (Calendardatetime<=[" + suchtermin + "] &
          Enddatetime>=[" + suchtermin + "])");
    int anzahlTermine = terminCollection.getCount();
    // Tabellengerüst aufbauen
    terminPanel = new Panel();
    terminPanel.setLayout(new GridLayout(anzahlTermine + 1,3));
    terminPanel.add(new Label("Zeit"));
    terminPanel.add(new Label("Typ"));
    terminPanel.add(new Label("Text"));
    Document terminDoc = terminCollection.getFirstDocument();
    while (terminDoc != null) {
      // Tabellenzeile ausgeben
      switch (terminTyp(terminDoc))
      {
        case '0': terminPanel.add(new Label(terminZeit(terminDoc)));
                  terminPanel.add(new Label("Termin"));
                  terminPanel.add(new Label(terminText(terminDoc)));
                  break;
        case '1': terminPanel.add(new Label("ganzer Tag"));
                  terminPanel.add(new Label("Jahrestag"));
                  terminPanel.add(new Label(terminText(terminDoc)));
                  break;
        case '2': terminPanel.add(new Label("ganzer Tag"));
                  terminPanel.add(new Label("Veranstaltung"));
                  terminPanel.add(new Label(terminText(terminDoc)));
                  break;
```

```
          case '3': terminPanel.add(new Label(terminZeit(terminDoc)));
                    terminPanel.add(new Label("Besprechung"));
                    terminPanel.add(new Label(terminText(terminDoc)));
                    break;
          case '4': terminPanel.add(new Label(terminZeit(terminDoc)));
                    terminPanel.add(new Label("Erinnerung"));
                    terminPanel.add(new Label(terminText(terminDoc)));
                    break;
        }
        terminDoc = terminCollection.getNextDocument(terminDoc);
      }
        mailDB.recycle();
      } catch (Exception e) {
        e.printStackTrace();
      } finally {
        return(terminPanel);
      }
  }

  public void notesAppletInit() {
    // Parameter übernehmen
    this.datum= getParameter("datum");
    this.user = getParameter("name");
    try {
      session = openSession();
      // Tabelle erstellen und füllen
      Panel terminPanel = createTerminPanel();
      // Layout-Manager für Frame einstellen
      setLayout(new BorderLayout());
      // Panel hinzufügen
      add("North",terminPanel);
      closeSession(session);
    } catch (NotesException e) {
      e.printStackTrace();
    }
  }
}
```

Listing 28.4: Kalenderanzeige mit Java-Applet über CORBA

Die mögliche Ausgabe:

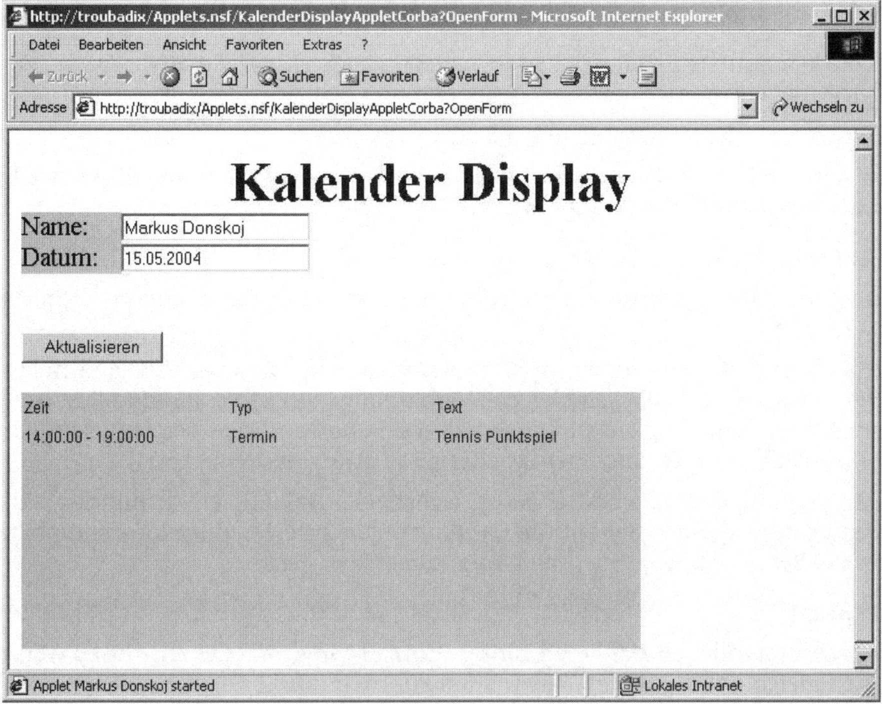

Abbildung 28.8: Ausgabe eines CORBA-Applets

28.4 RMI-Protokoll

Das RMI-Protokoll ist im Gegensatz zu CORBA ein reines Java-Java-Kommunikationsprotokoll, d.h., sowohl beim Client als auch beim Server muss es sich um eine Java-Applikation handeln. Dies hat natürlich den Nachteil, dass Applikationskomponenten, die in anderen Sprachen geschrieben sind, nicht mehr ohne Weiteres verwendet werden können. Dafür spart man sich allerdings den Overhead, der zur Vermittlung zwischen den unterschiedlichen Welten erforderlich ist.

Die Abkürzung RMI steht dabei für *Remote Method Invocation*. Es funktioniert ähnlich wie CORBA, kennt aber keine IDL-Sprache, sondern beschreibt Objekte direkt in Java. Diese Beschreibung wird dann mit einem RMI-Compiler direkt in Stub- und Skeletton-Objekte übersetzt werden.

Der größte Vorteil von RMI ist seine relative Einfachheit und seine Integration in den JDK ab Version 1.1.2. Da Domino jedoch keine eigene Unterstützung für RMI besitzt und das Protokoll darüber hinaus auch vergleichsweise langsam ist, wird es hier nicht weiter betrachtet.

28.5 HTTP und XML

Nachteile von CORBA

Die CORBA-Schnittstelle hat neben den Vorteilen auch einige Nachteile. Diese sind beispielsweise:

- Langsamer Verbindungsaufbau bei Erstinitialisierung,
- Probleme mit Firewalls aufgrund des IIOP-Protokolls, da die meisten Firewalls das IIOP-Protokoll nicht »durchlassen«.

XML/HTTP als Alternative zu CORBA

Zunehmend ist deshalb eine weitere Technologie im Zusammenhang mit Applets zu finden: XML.

Die Grundidee besteht darin, das Applet einfach selbst als Browser auftreten zu lassen. Dieses baut nach Bedarf eine eigene Verbindung zum Server auf und liest bzw. schreibt Dokumente in gleicher Weise wie der Benutzer. Dazu verwendet es das HTTP-Protokoll, über das auch der Browser seine Daten bezieht.

Die Formatierung der Daten ist dabei zunächst egal. Das Applet »zerpflückt« einfach den entsprechenden Seiteninhalt und filtert die interessanten Informationen heraus. Bei Bedarf sendet es Informationen direkt zum Server.

XML-Prinzip

Wesentlich sinnvoller als das Lesen ganzer Browser-Seiten wäre es allerdings, wenn die Daten gleich »netto« angeliefert werden könnten (also ohne den entsprechenden Formatierungs-Overhead). Dies ist das (genaugenommen ein) Prinzip von XML. Hier werden je nach Einsatzzweck Tags definiert, die den Dateninhalt beschreiben. Ein Programm kann somit relativ leicht die Nutzdaten auslesen, um sie dann weiterzuverarbeiten.

Domino kennt in der Version 6.5 einige Klassen und Methoden, mit denen ein Java Programm dieses XML-Prinzip nutzen kann. Als Kern seien die Klassen »`DxlExporter`« und »`DxlImporter`« genannt. Objekte dieser Klassen sind über entsprechende Methoden der Klasse »`session`« zu erzeugen (z.B. »`createDxlExporter()`«). Im Falle des Exports kennt die genannte Klasse die Methode »`exportDxl()`«. Für diese existieren verschiedene Signaturen. So kann diese Methode eine ganze Datenbank, ein Dokument, eine DocumentCollection oder eine NotesCollection exportieren:

```
...
Database db = ...;
...
String datei = "D:\\dataexport.dxl";
Stream exStream = session.createStream();
Stream.open(datei);
...
DxlExporter expo = session.createDxlExporter();
...
expo.exportDxl(db);
...
```

Listing 28.5: Fragment eines XML-Exports

Ähnlich dazu verhält sich die Methode »DxlImporter.importDxl()«.

Darüber hinaus gibt es in anderen Klassen noch weitere Methoden zum Erzeugen, Transformieren oder Prüfen (»parsen«) der XML-Daten.

Klasse	Methode	Beschreibung
Document	generateXml(java.io.Writer)	Erzeuge eine XML-Version des Dokumentes und übergebe diese an den Writer.
Item	parseXml(boolean)	Parse den Inhalt und liefere den XML-Baum zurück.
Item	transformXML(style, XSLTResultTarget)	Transformiere den Inhalt gemaäß eines angegeben Stils und liefere das Ergebnis an XSLTResult-Target.

Tabelle 28.1: Einige weitere XML-Methoden

Um diese Methoden nutzen zu können, müssen ggf. die Dateien »DXML4j.jar« und »LotusXSL.jar« in der Variablen »CLASSPATH« erwähnt sein.

Es sei noch auf die Datei »notes\domino.dtd« verwiesen. Dort ist die Struktur der Domino XML-Sprache definiert.

29 JavaScript

29.1 Über JavaScript

Wir haben bereits die Programmierwerkzeuge Formelsprache und LotusScript kennengelernt. Mit beiden gemeinsam ist man in der Lage, sehr leistungsfähige Applikationen für den Lotus-Notes-Client zu entwickeln. Leider gelten für den Webbrowser, sofern man umfangreiche Entwicklungen in Java vermeiden möchte, andere Regeln: Während die Formelsprache noch mit Einschränkungen funktioniert, kann LotusScript hier weitestgehend nicht[1] verwendet werden.

Diese Lücke schließt JavaScript. Daher soll nun eine Einführung dieser Sprache erfolgen, wobei der Autor sich auf die für die Entwicklung im Notes-Umfeld wichtigsten Elemente beschränkt.

29.1.1 Entstehung von JavaScript

JavaScript ist ursprünglich eine Entwicklung der Firma Netscape, die für ihren damals sehr populären Browser eine Automatisierungssprache benötigte. Um HTML-Seiten etwas dynamischer gestalten und das Verhalten des Browsers steuern zu können, entwickelte man eine »Live Scripting Sprache«, und gab ihr ursprünglich den Namen LiveScript, welche im Jahr 1995 in Navigator 2.0 integriert wurde. Vermutlich im Zuge der aufkommenden Java-Euphorie gaben Netscape und Sun wenige Monate später den Namen "JavaScript" bekannt. Mit jeder Version des Netscape Navigators wurde JavaScript weiterentwickelt und erreichte bereits in der Version 3.0 einen recht brauchbaren Stand. Unter dem Namen »JScript« versah Microsoft 1996 den Internet Explorer 3.0 mit einer eigenen Implementierung.

Leider kam es über die nachfolgenden Weiterentwicklungen zu inkompatiblen Erweiterungen dieser Implementierungen. Seit 1997 gibt es eine veröffentlichte Normierung (ECMA[2]-262), die immerhin eine Grundmenge der Sprachfamilie unter den Namen ECMAScript definiert hat. Auf diesen Grundwortschatz wollen wir uns im Folgenden konzentrieren.

29.1.2 JavaScript-Unterstützung in Lotus Notes und Domino

Der Lotus-Notes-Client unterstützt JavaScript als Programmiersprache seit Release 5. Diese Implementierung wurde mit Version 6 weiter verbessert. Aktuell wird in Notes 6.5 JavaScript 1.3 unterstützt.

Der Domino Designer verfügt über eine vollwertige Entwicklungsumgebung für JavaScript, die außer einer vollständigen Online-Hilfe alles bietet, was auch für die Entwicklung mit Formelsprache und LotusScript verfügbar ist.

---

1 LotusScript kann allerdings für Agenten verwendet werden, die auf dem Server Daten für den Browser aufbereiten oder weiterverarbeiten.

2 ECMA = European Computer Manufacturer's Association.

JavaScript kann im Domino Designer für fast alle Elemente programmiert werden, die im Browser sichtbar sind: Masken, Buttons, Aktionsknöpfe, Hotspots, Felder.

Da der JavaScript-Code zum Browser geschickt und dort ausgeführt wird, gibt es dagegen keine Möglichkeit, Agenten in JavaScript zu programmieren oder auf Informationen in der Datenbank (à la `@DBLookup`) zuzugreifen. JavaScript ist eine reine Front-End-Programmiersprache! Insofern ergänzt es sich auch sehr gut mit Java, das seinerseits nur im Backend für Agenten und Stand-alone-Programme verwendet werden kann.

29.1.3 Funktionsweise von JavaScript

```
<html>
<head>
<script language="JavaScript" type="text/javascript">
<!--
    document._domino_target = "_self";
    function _doClick(v, o, t, h) {
        var form = document._DominoForm;
  ...
        form.submit();
        return false;
    }
// -->
</script>

</head>
<body text="#000000" bgcolor="#FFFFFF">
<form method="post" action="/JavaScriptDemo.nsf/JS-Syntax1?OpenForm&amp;Seq=1"
    name="_DominoForm">
...
<input type="button"
onclick="text = &quot;VIELE Browser benötigen ein ; am Zeilenende&quot;;alert(text);"
value="Statements">
<br>
...
</form>
</body>
</html>
```

Listing 29.1: JavaScript-Programmcode eingebettet in eine HTML-Seite

JavaScript ist anders als Java und LotusScript eine reine Interpretersprache[1]. Das gesamte Programm wird Zeichen für Zeichen vom Webserver an den Browser geschickt. Typischerweise erfolgt dies eingebettet in einer HTML-Seite. Der Browser erkennt den JavaScript Programmcode und führt ihn aus. Im Beispiel (Listing 29.1)

1 Für seine eigenen Webserver verwendet Netscape JavaScript auch Server-seitig. Hier wird mit einem Compiler gearbeitet.

sind zwei Möglichkeiten dazu genutzt. Der obere markierte Block definiert einen JavaScript-Bereich, welcher bei Browsern, die diese Funktionalität nicht unterstützen, dank der Auskommentierung mit »<!--« und »-->« nicht als darzustellender HTML-Code interpretiert wird. Im zweiten markierten Block sind die JavaScript-Anweisungen als Teil eines HTML-Tags in Anführungszeichen zu finden.

Natürlich muss der Browser die jeweilige Version von JavaScript unterstützen, und der Benutzer darf die Ausführung nicht verboten haben. Hier liegt ein weiteres Problem: Ein böswilliger Programmierer könnte den Browser des Anwenders zum Absturz bringen, oder vertrauliche Daten, z.B. aus einem zweiten Browser-Fenster, auslesen. Während sich ersteres kaum verhindern lässt, versucht JavaScript zumindest den Zugriff auf Fremddaten einzuschränken, sodass der Programmcode auf einer Seite nur Informationen lesen kann, die ihn auch etwas angehen. Dennoch haben in der Vergangenheit verschiedene Meldungen viele Benutzer dazu veranlasst, JavaScript generell zu sperren.

29.2 Das Dokumenten-Objekt-Modell

Ähnlich wie in Lotus Notes verwaltet auch der Browser seine Daten in einer Objekthierarchie. Als HTML-Anzeigewerkzeug ist diese Hierarchie allerdings auf Seiteninhalte optimiert. Die Objektklassen entsprechen am ehesten den Front-End-(UI-)Klassen aus LotusScript. Sie sind allerdings hinsichtlich der Verwendung im Browser wesentlich detaillierter und leistungsfähiger als diese.

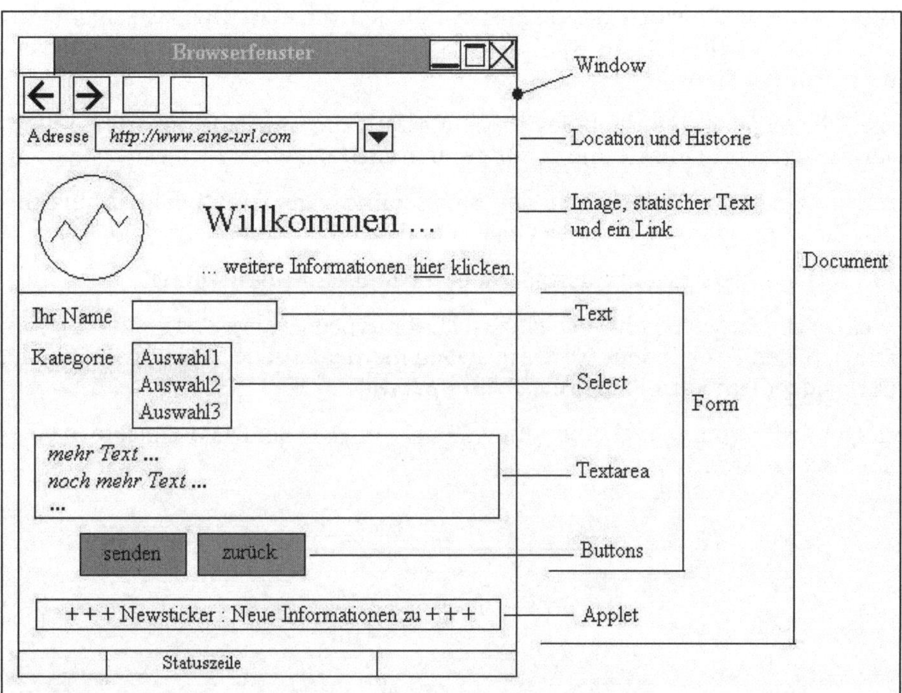

Abbildung 29.1: *Eine fiktive HTML-Seite*

Ab Release 5.0 unterstützt auch der Lotus-Notes-Client JavaScript und das Dokumenten-Objekt-Modell (DOM). Zunächst wurde das DOM nur unvollständig unterstützt. Im Ergebnis bedeutet dies, dass Sie JavaScript im Notes-Client nur nach entsprechenden Tests mit den zum Einsatz kommenden Versionen verwenden sollten.

Dennoch ist JavaScript ein äußerst attraktives Werkzeug, wenn es um die Programmierung von Browser-basierten Anwendungen geht.

Das DOM bildet den Aufbau einer HTML-Seite in Objektklassen nach. Ähnlich wie bei den Lotus-Notes-Klassen gelangt man von der obersten Klasse (hier die Klasse »`Window`«) über Verweise zu den untergeordneten Informationen (Felder, u.Ä.). Betrachten wir folgende Darstellung (vgl. Abbildung 29.1) einer fiktiven HTML-Seite.

- Das `Window`-Objekt entspricht dem Browser-Fenster mit allen seinen Inhalten. Es ist das wichtigste Objekt und der Einstieg in die Objekthierarchie. Aufgrund der Selbstverständlichkeit seiner Existenz darf es bei den Deklarationen in konkreten JavaScript-Programmen weggelassen werden.
- Es enthält entweder direkt eine HTML-Seite (`Document`-Objekt) oder mehrere `Frame`-Objekte, die dann ihrerseits HTML-Seiten enthalten.
- Die Seite kann Text, Grafiken (`Image`-Objekt), Applets (`Applet`-Objekt) oder z.B. URL-Verknüpfungen (`Link`- oder `Anchor`-Objekte) enthalten.
- Falls es sich bei der Seite nicht um eine statische HTML-Seite, sondern um eine mit Eingabemaske handelt, gibt es zusätzlich eine Maske (`Form`-Objekt).
- Dieses enthält Eingabefelder (Elements), die je nach Datentyp als Felder (`Text`- und `TextArea`-Objekte), Auswahllisten (`Select`-Objekt), Knöpfe (`Button`-Objekte) usw. realisiert sind.
- Spezielle Objekte unterhalb des `Window-Ojektes` geben Auskunft über die Seitenadresse (`Location`-Objekt) und zuvor geladene Seiten (`History`-Objekt).
- Das `Navigator`-Objekt beschreibt den Browser und seine Funktionalität hinsichtlich Zusatzprogrammen (`Plugin`-Objekt) und Datentypen (`MimeType`-Objekt).
- Das `Screen`-Objekt macht Aussagen über die Bildschirmdarstellung.
- Weitere Objekttypen verwalten einzelne Datentypen (`String`, `Number`, `Date`, `Boolean`, `Array`), bieten Funktionen (`Function`), stellen mathematische Funktionalität bereit (`Math`) oder dienen zur Ereignisbearbeitung (`Event`).

Das folgende Diagramm (vgl. Abbildung 29.2) zeigt viele der DOM-Objekte in einer hierarchischen Anordnung:

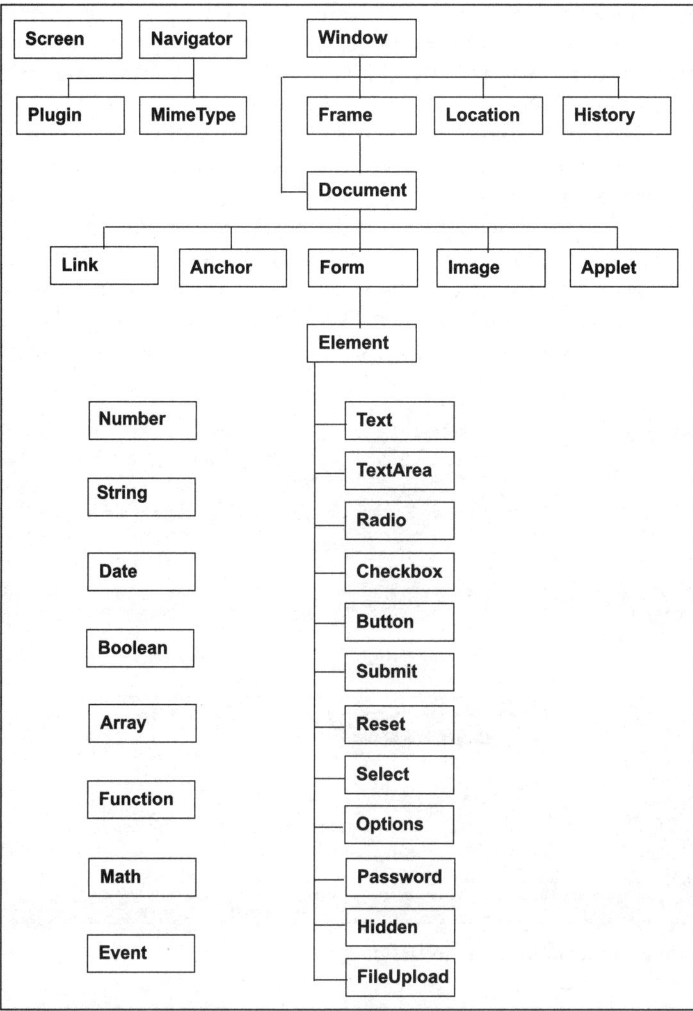

Abbildung 29.2: JavaScript-Objekthierarchie

29.3 Syntax von JavaScript

Wie der Name vermuten lässt, sind die syntaktischen Grundlagen von JavaScript ähnlich wie bei Java. Daher werden hier die einzelnen Sprachelemente nur kurz vorgestellt. Je nachdem, ob der oder die LeserIn bereits die entsprechenden Kenntnisse mitbringt, kann dieser Teil bis zum Zugriff auf die Objekte übersprungen oder durch Nachschlagen bei Java ergänzt werden. In den folgenden Unterkapiteln über die Zugriffe auf Objekte und zu den Ereignissen wird klar, wie einfach mit dem Domino Designer JavaScript-Programme als Teil einer Domino-Applikation erstellt werden können. Daher werden die reinen Sprachelemente isoliert in einfacher Form erläutert. Einzelne Code-Fragmente können in der Notes-Datenbank »JAVASCRIPTDEMO.NSF« in der Maske »JS-SYNTAX1« gefunden werden.

Einen Hinweis vorab: jeder korrekte JavaScript-Code, der sich im onClick-Event (siehe Abbildung 29.3) einer Schaltfläche befindet, wird ausgeführt, sobald im Browser die Schaltfläche mit der Maustaste angeklickt wird. Dabei werden die Ausgaben mit der Anweisung »alert(<text>)« realisiert. Konkrete Anwendungsbeispiele folgen später. Es ist zu beachten, dass im Drop-Down-Menü für die Sprache »Gemeinsames JavaScript« (oder in der englischen Version »Common JavaScript«) gewählt wird. Damit ist gewährleistet, dass die JavaScript-Programme sowohl für den Notes-Client als auch den Browser gelten. Sollte als Sprache nur JavaScript gewählt werden, muss mit der Auswahl im Starten-Menu (Web oder Client) entschieden werden, ob dieses Programm für den Notes-Client oder einen Browser gedacht ist. Die farblich unterschiedlich ausgefüllten Kugeln zeigen an, ob ein JavaScript-Programm für den Web-Client, den Notes-Client oder beide vorliegt (blau-gelbe Füllung).

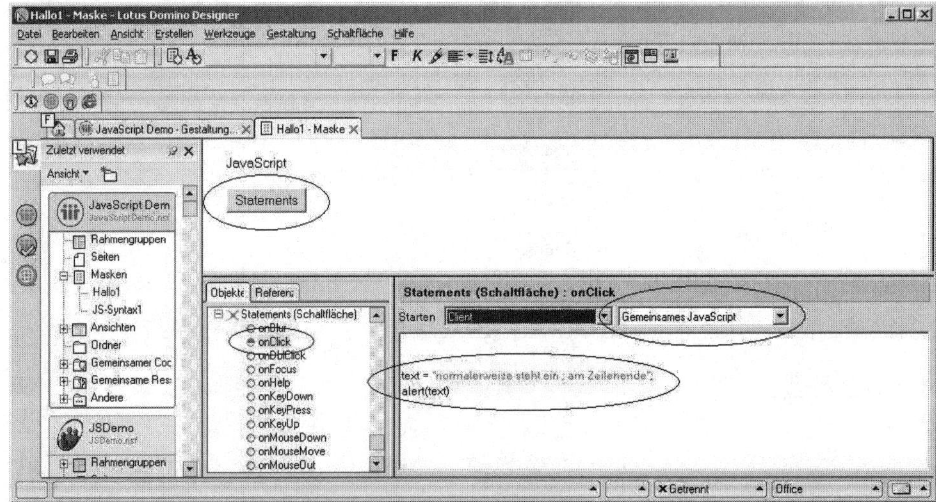

Abbildung 29.3: Eingabe vom JavaScript im Domino Designer

29.3.1 Einfache Sprachelemente und Grundregeln

- Normalerweise werden die einzelnen Statements am Zeilenende mit einem Semikolon abgeschlossen. In Abhängigkeit der eingesetzten Browser kann auf das Zeichen verzichtet und stattdessen der Zeilenumbruch verwendet werden.
- Als Kennzeichen für Kommentare dienen »//« bzw. »/*« und »*/« :

```
alert("Nichts weiter wird angezeigt");
//alert("Test 1");
/*
alert("Test 2");
alert("Test 3");
*/
```

Listing 29.2: Kommentare in JavaScript

Im Listing 29.2 wird nur die erste Zeile ausgeführt. »//« dient als Kennzeichnung eines Kommentars bis zum Zeilenende, während »/*« und »*/« mehrere Zeilen zu einem Kommentar zusammenfassen.

- Werte (Literale): JavaScript unterscheidet zwischen Zeichenketten und numerischen Werten. Zeichenketten werden als solche durch ein führendes und abschließendes Anführungszeichen gekennzeichnet. Dabei können übliche Steuerzeichen verwendet werden. So kennzeichnet »\n« einen Zeilenumbruch und »\t« einen Tabulator.

  Bei der Notation numerischer Werte können gültige Zahlen durch Verwendung der Ziffern, eines Punktes als Kennzeichen für Kommazahlen und die Sonderzeichen »e« und »E« verwendet werden.

  Beispiele für gültige Literale finden Sie bei den Variablendeklarationen auf der jeweils rechten Seite der Zuweisungen.

- Variablendeklarationen:

```
var mol = 6.022E23;
var ausgabe = "Zeile1 \nZeile2";
var name = "R2";
var richtung = 271, entfernung = 17.28;
```

Listing 29.3: Variablendeklarationen in JavaScript

Das Schlüsselwort »var« leitet die Deklaration einer Variablen ein. Dieser kann mit dem Zuweisungsoperator »=« in derselben Zeile ein Wert zugeordnet werden. Der Name der Variablen kann Buchstaben, Ziffern und ein »_« enthalten, darf aber nicht mit einer Ziffer beginnen. Mehrere Deklarationen in einer Zeile erfolgen durch ein Komma getrennt. Die Namen dürfen nicht mit dem einer vordefinierten Funktion oder eines Schlüsselwortes aus dem Sprachschatz von JavaScript übereinstimmen.

In jedem Fall ist eine solche Deklaration ohne explizite Angabe des Datentyps (»loose typing«). Der Typ wird erst durch eine konkrete Zuweisung festgelegt und kann im Ablauf eines Programms wechseln, was im nachfolgenden Beispiel (Listing 29.4) unter Verwendung der eingebauten Funktion »typeof« getestet wird.

```
var i = "Text";
alert(typeof i);
var i = 123;
alert(typeof i);
```

Listing 29.4: Wechsel eines Datentyps

Im Sinne der Nachvollziehbarkeit des Programmcodes sollte diese Funktionalität aber eher nicht benutzt werden.

- Felder: Bei Feldern handelt es sich um den Zusammenschluss einzelner Werte gleicher Art zu einem Ganzen:

```
feld = new Array("2","12","6","42"); // Deklaration eines Feldes

alert( feld[0] );
alert( feld[1] );
alert( feld[2] );
alert( feld[3] );

// alert( feld[4] ); // undefined
```

Listing 29.5: Felder in JavaScript

Bereits die Deklaration (vgl. Listing 29.5) zeigt, dass dieses Konstrukt eigentlich zu den Objekten gehört. Es sei daher der Fokus auf den Zugriff zum Lesen und Ändern einzelner Werte gelenkt. Die Indizierung der Elemente eines Feldes beginnt bei `0` (Null, angegeben in eckigen Klammern, nicht runden!). Sollte versucht werden, auf ein Element zuzugreifen, welches es nicht gibt, kommt zur Laufzeit die Fehlermeldung »`undefined`«. Gerade zum Auslesen aller Werte sind natürlich Schleifen zu bevorzugen.

- Groß- und Kleinschreibung ist durchgehend relevant:

```
var i = "Hallo Markus";
alert("JavaScript ist CASEsensitiv");
//Alert("Ist JavaScript Groß-Kleinschrift egal?");  //Laufzeitfehler?
alert ("zum ersten : " +  i );
//alert ("zum zweiten : " + I );  //Laufzeitfehler?
```

Listing 29.6: Die Bedeutung von Groß- und Kleinschrift in JavaScript

Die beiden auskommentierten Zeilen würden wegen der falschen Schreibweise der Anweisung »`alert`« bzw. der Variablen »`i`« zu Laufzeitfehlern führen. Wie der jeweilige Browser auf einen Laufzeitfehler reagiert, hängt von dem gewählten Produkt und seinen Einstellungen ab. Bei aufeinanderfolgenden Tests ist auch immer der Cache des Browsers zu beachten.

Abbildung 29.4: Ein Beispiel für die Anzeige eines Laufzeitfehlers im Internet Explorer 5.5

- Operatoren:
JavaScript kennt, wie auch Java, eine ganze Reihe von Operatoren: Rechen-, Bit-, Vergleichs- und Zuweisungsoperatoren.

```
alert("2 + 2 : " + 2 + 2); // FALSCH
alert("(2 + 2) : " + (2 + 2));  //richtig
```

Listing 29.7: Klammerung in JavaScript

Schon in dem Beispiel (Listing 29.7) zeigt sich, wie bei anderen Programmiersprachen, die Bedeutung der Klammerung, mit der Einfluss auf die Ausführungsreihenfolge und somit das Ergebnis genommen werden kann. Als Summe von »`2 und 2`« darf »`4`« erwartet werden. Dank der (fehlenden) Klammerung wird bei der Auswertung des Ausdrucks in der ersten Zeile das von links zuerst aufgeführte »+« nach der Zeichenkette ausgewertet. Dieses findet als einen Operanden eine Zeichenkette und liefert somit selbst als Ergebnis eine solche Zeichenkette. Entsprechend verläuft die Auswertung des letzten »+«. Die resultierende Ausgabe: »`2 + 2 : 22`«.

Mit der zusätzlichen Klammerung wird in der zweiten Zeile zunächst die tatsächliche Addition durchgeführt und dann die Verkettung mit der Zeichenkette: »`(2 + 2): 4`«

Bei den Bitoperatoren werden zur Auswertung die binären Darstellungen herangezogen und dann je nach Operator Bit für Bit ausgewertet (siehe dazu Listing 29.8:):

```
alert("(3 & 2) : " + (3 & 2));
 0000 0011   3
&0000 0010   2
 0000 0010   2
```

Listing 29.8: Auswertung einer binären Operation

Als Vergleichsoperatoren kennt JavaScript »`==`« (gleich), »`!=`« (ungleich), »`<`« (kleiner) usw. Ganz wichtig ist, dass beim Test auf Gleichheit zwei »`=`«-Zeichen zu schreiben sind und nicht wie bei LotusScript nur eins.

```
var wert = 3;
alert(" wert < 5 : "  + ( wert < 5 ) );    // liefert  true
alert(" wert == 5 : "  + ( wert == 5 ) );  // liefert  false
alert(" wert = 5 : "  + ( wert = 5 ) );    // liefert  5 und ändert
                                              die Variable "wert" auf 5 !!!
```

Listing 29.9: Vergleichoperatoren in JavaScript

Das Bewusstsein dieser Kleinigkeit ist gerade bei der Ablaufsteuerung durch Schleifen und Verzweigungen von elementarer Bedeutung.

In diesem Zusammenhang sollten noch die booleschen Operatoren erwähnt werden: »`&&`« für das logische UND; »`||`« für das logische ODER. Man bemerke auch hier: Nicht jeweils ein Symbol, was auf die entsprechende Bitoperation hinauslaufen würde, sondern zwei!

```
var wert1 = 230;
var wert2 = 42;

alert(" ( wert1 < 5 ) && ( wert2 == 42 ) : "  + ( ( wert1 < 5 ) &&
( wert2 == 42 ) ) );  // liefert  false
alert(" ( wert1 < 5 ) || ( wert2 == 42 ) : "  + ( ( wert1 < 5 ) ||
( wert2 == 42 ) ) );  // liefert  true
```

Listing 29.10: Boolesche Operatoren in JavaScript

Bei den Zuweisungsoperatoren ist das »=« die einfachste Form. Ergänzend dazu hier ein Beispiel für die anderen Zuweisungsmöglichkeiten:

```
var x = 0;
x += 2;
alert("x += 2 : " + x );  // liefert 2 als Wert für x
```

Listing 29.11: Zuweisungsoperatoren bei JavaScript

Die Schreibweise »+=« ist vom Ergebnis her nur eine Kurzform für » x = x + 2«.

Sehr beliebt, gerade in C-Programmen, sind Inkrement und Dekrement. Bei diesen Operatoren ist sogar ihre Position im auszuwertenden Ausdruck von Bedeutung. Während im Listing 29.12 die zweite Zeile zuerst »x« um 1 erhöht und dann das Ergebnis der Variablen »y« zuweist, erhält die Variable »z« in der dritten Zeile zunächst den aktuellen Wert von »x«, das erst danach um 1 verringert wird.

```
x = 5;
y = ++x;  // Inkrement
z = x--;  // Dekrement
```

Listing 29.12: Inkrement und Dekrement bei JavaScript

29.3.2 Verzweigungen und Anweisungs-Blöcke

[In den folgenden Abschnitten habe ich die Einrückung des gesamten Textes entfernt, da keinerlei Aufzählungen mehr vorhanden sind.]Die Struktur der `if`-Anweisung sieht, wie folgt, aus:

```
if ( <boolescher Ausdruck / Vergleich> )
{
   <Anweisungen>
}
[  else
{
   <Anweisungen>
} ]
```

Listing 29.13: Syntax von `if` in JavaScript

Mit einem Paar geschweifter Klammern (»{« und »}«) werden in JavaScript Anweisungsblöcke gekennzeichnet. Diese so zusammengefassten Anweisungen haben in der Regel gemeinsam, dass, wenn eine von ihnen ausgeführt wird, alle ausgeführt werden. Es gibt je nach eigenem Geschmack verschiedene Möglichkeiten für die Position der Klammern (z.B. in einer eigenen Zeile) und der Einrücktiefe der Befehle in den Blöcken.

Beim »`if`« ist der `else`-Block optional. Es ist ausdrücklich darauf zu achten, dass das Ergebnis des Vergleiches immer als boolescher Wert interpretiert wird. Sollte man also unbewusst eine Zuweisung (ein »=«!) schreiben, so wird diese erfolgreich durchgeführt und der folgende Anweisungsblock immer ausgeführt.

```
var code = "blau";
var eingabe = prompt("Bitte eine Eingabe");

if ( code == eingabe ) {
    alert("OK");
}
else {
    alert("Code ist veraltet");
}
```

Listing 29.14: Ein Beispiel für* `if` *in JavaScript

Dank der ersten Zeile im Beispiel von Listing 29.14 wird bei jedem Klick auf die Schaltfläche eine Eingabeaufforderung erscheinen (erneut ein kleiner Vorgriff auf das Kapitel über die Objekte). Sollte dann in diesem Fall »blau« eingegeben werden, erfolgt die Ausgabe »OK«. In jedem anderen Fall der Hinweis, dass der Code veraltet ist.

Als Alternative zu einem »`if`«- Konstrukt kann im Falle einer einfachen Logik auch eine »Entweder-Oder-Abfrage« benutzt werden (vgl. Listing 29.15):

```
alert( code == eingabe ? "2.: OK" : "2.: Code ist veraltet");
```

Listing 29.15: Entweder-Oder-Abfrage in JavaScript

Bevor man nun aber, etwa im Falle vieler Eingabemöglichkeiten, einen großen »`if-else`«-Block programmiert, sollte das `switch`-Konstrukt im folgenden Beispiel betrachtet werden:

```
var eingabe = prompt("Bitte eine Eingabe");

switch ( eingabe ) {
    case "blau":
        alert("BLAU");
        // break;
    case "rot":
        alert("ROT");
        break;
    case "":
        alert("???");
        break;
    default:
        alert("sonstiges");
        break;
    }
```

Listing 29.16:* `switch`*-Konstrukt in JavaScript

Bei diesem Programm wird der Ausdruck in der Klammer beim Schlüsselwort »`switch`« ausgewertet. Das Ergebnis kann dann gegen alle Möglichkeiten, die jeweils nach einem »`case`« in Anführungszeichen angegeben sind, geprüft werden. Bei Übereinstimmung werden alle Anweisungen bis zum nächsten »`break`« oder dem Ende des Code-Blocks (»`}`«) ausgeführt. Zur Demonstration der Bedeutung von

»break« wurde diese Anweisung hier vorsätzlich hinter der Abfrage nach »blau« auskommentiert, sodass bei der entsprechenden Eingabe sowohl die Ausgabe von »ROT« als auch »BLAU« erscheint.

29.3.3 Schleifen

JavaScript kennt die Schleifenkonstruktionen »for«, »for-in«, »while« und »do-while«.

Die for-Schleife in einem Beispiel:

```
for ( i = 1; i < 5; i++) {
    alert(i);
}
```

Listing 29.17: Eine for-Schleife in JavaScript

Nach dem Schlüsselwort »for« wird zunächst eine so genannte Laufvariable deklariert und auf einen Startwert initialisiert. Solange diese einen Wert echt kleiner 5 hat, wird der dazugehörende Code-Block immer wieder durchlaufen. Nach jedem Durchlauf erhöht sich der Wert dieser Laufvariablen um 1.

Wichtig ist bei der so programmierten Logik, dass die definierte Abbruchbedingung erreicht wird. Sollte etwa statt der Erhöhung eine Reduktion um 1 erfolgen, hätten wir hier eine Endlosschleife. Kein angenehmer Zustand für ein Programm.

Ist die Größe eines Feldes bekannt, so eignet sich gerade die for-Schleife dazu, alle Werte auszulesen. Für den Fall, dass die Anzahl der Elemente nicht bekannt ist, bietet sich u.a. die for-in-Schleife an:

```
feld = new Array("2","12","6","42");

for ( var f in feld) {
    alert( feld[f] );
}
```

Listing 29.18: Eine for-in-Schleife in JavaScript

Die Variable »f« wird über die Abarbeitung dieser Schleife (siehe Listing 29.18) jedes Element des Objektes »feld« repräsentieren, den Wert aller gültigen Indizes annehmen, also 0, 1, 2 und 3. Damit ist bei der alert-Anweisung gewährleistet, dass kein Zugriff auf nicht existierende Feldwerte stattfindet.

Die Syntax einer while-Schleife ist noch einfacher:

```
var ende = 5;
var i = 0;

while (  i < ende ) {
    alert(i);
    i += 1;
} // Ausgabe: 0, 1, 2, 3, 4
```

Listing 29.19: Die while-Schleife bei JavaScript

Auch in Listing 29.19 wird der auszuführende Code durch die geschweiften Klammern als Block gekennzeichnet. Dieser wird solange wiederholt, wie der Ausdruck zwischen den runden Klammern zu »`true`« ausgewertet wird. Um die Initialisierung der Laufvariablen sowie ihre Veränderung muss sich die Programmierung an anderer Stelle kümmern. Wichtig ist, dass die Bedingung vor der ersten und jeder weiteren Durchführung des Anweisungsblocks überprüft wird.

Dies stellt sich bei der `do-while`-Schleife genau andersherum dar (vgl. Listing 29.20):

```
var ende = 5;
var i = 0;

do {
    i += 1;
    alert(i);
} while  (  i < ende );  // Ausgabe: 1, 2, 3, 4, 5
```

Listing 29.20: `do-while` ***bei JavaScript***

Man sollte also gewährleisten, dass ein angemessener Zeitpunkt zur Überprüfung für eine weitere Iteration gewählt wird.

JavaScript stellt zwei Anweisungen zur Verfügung, mit denen Einfluss auf die Abarbeitung einer Schleife genommen werden kann:

```
alert("erster Durchlauf mit einem break");
for ( i = 1; i < 5; i++) {
    if ( i == 3) {
        break;
    }
    alert(i);
}
alert("zweiter Durchlauf mit continue");
for ( i = 1; i < 5; i++) {
    if ( i == 3) {
        continue;
    }
    alert(i);
}
```

Listing 29.21: Schleifenunterbrechung mit `break` ***und*** `continue` ***bei JavaScript***

Beim Testen dieses Codes ist festzustellen, dass die erste `for`-Schleife nach der Ausgabe der Ziffer 2 komplett abbricht, während die sonst identische zweite `for`-Schleife nur die Ausgabe der Ziffer 3 auslässt.

29.3.4 Funktionen

Sollten verschiedene Berechnungen oder Operationen während der Abarbeitung des Programms wiederholt vorkommen, bieten sich zur Vereinfachung die selbst definierten Funktionen an. Diese Unterprogramme können je nach Gültigkeitsbereich von überall her aufgerufen werden. Zur Syntax:

```
function <Funktionsname> ( [<Parameter>] )
{
    <Anweisungen>
    [ return <Rückgabewert>; ]
}
```

Listing 29.22: Aufbau einer Funktion in JavaScript

Eingeleitet wird die Definition durch das Schlüsselwort »function«, dem sich der selbst gewählte Funktionsname anschließt (wieder ungleich zu allen anderen bereits vergebenen Namen). Das in jedem Fall zu schreibende Klammernpaar kann den Namen eines Parameters oder – durch Kommata getrennt – die Namen mehrerer Parameter enthalten. Innerhalb der geschweiften Klammern stehen dann die beim Aufruf dieser Funktion auszuführenden Anweisungen. Sollte es gewünscht sein, dass diese Funktion auch ein Endergebnis an die Stelle des Aufrufes zurückgibt, so wird dies mit dem Schlüsselwort »return« angegeben. Diesem Bezeichner folgt der Ausdruck, der den Rückgabewert definiert.

Der Aufruf dieser Funktion erfolgt durch die Angabe ihres Namens, den runden Klammern und optional einer Liste von Werten, welche an die Parameter (»Call by Value«) übergeben werden müssen:

```
<Funktionsname> ( [<Parameter>] );
```

Listing 29.23: Syntax zum Aufruf einer Funktion

Sollte in der Funktion mit »return« ein Rückgabewert definiert worden sein, so steht der Aufruf dieser Funktion als Komponente eines Ausdruckes:

```
<varibale> = <Funktionsname> ( [<Parameter>] );   oder
<varibale> = <andere Funktion> (<Parameter1> , <Funktionsname> ( [<Parameter>] ) );
```

Listing 29.24: Syntax zum Einbinden eines Funktionsaufrufes in einem Ausdruck

Dazu ein Beispiel unter Verwendung der *vor*definierten (siehe auch Kapitel 29.3.5) Funktion »isNaN«:

```
function quadrat ( wert) {
    return wert * wert;
}
var eingabe;
eingabe = prompt("Bitte eine Zahl");
if ( isNaN(eingabe) ) {
    alert("Sie haben keine Zahl eingegeben");
} else {
    alert("Das Ergebnis lautet: " + quadrat(eingabe) );
}
```

Listing 29.25: Ein Beispiel für eine selbstdefinierte Funktion in JavaScript

29.3.5 Vordefinierte Funktionen

Auch JavaScript kennt mehrere vordefinierte Funktionen und Befehle. Einige von ihnen sollen hier kurz vorgestellt werden:

- **encodeURI()**: Auch wenn jüngst einige Umlaute in web-Adressen zugelassen worden sind, kann sich die Notwendigkeit ergeben, z.B. die deutschen Umlaute so zu konvertieren, dass sie als (alte) URI verwendet werden können:

```
alert("Die 'Verschlüsselung' von 'Matthias Knäpper' liefert: " +
      encodeURI("Matthias Knäpper") );
```

Listing 29.26: Die vordefinierte Funktion `encodeURI` *in JavaScript*

Hier werden alle Sonderzeichen in ASCII-Zeichensequenzen umgewandelt.

- **decodeURI()**: Zur Dekodierung der mit `encodeURI` kodierten Zeichenketten.
- **eval()**: Diese Funktion ist in der Lage, eine übergebene Zeichenkette als Anweisung (sofern gültig!) auszuwerten und das Ergebnis zurückzuliefern:

```
var eingabe = prompt("Bitte eine Eingabe, die als JavaScript-Ausdruck gültig
                     ist (z.B.: '5 + 5').");
alert( eval(eingabe));
```

Listing 29.27: Ein Beispiel für die `eval`*-Funktion in JavaScript*

- **escape()** und **unescape()**: Umwandlung der ASCII-Steuerzeichen und Sonderzeichen in hexadezimale Zahlen mit einem vorangestellten »%«und umgekehrt:

```
alert("Die 'escape-Sequenz' von '\n' liefert: " + escape("\n") );  //liefert %0A
alert("Die 'unescape-Sequenz' von '23' liefert: " + unescape("%42") ); //liefert
ein 'B'
```

Listing 29.28: `escape` *und* `unescape` *in JavaScript*

Während die `escape`-Funktion alle anderen Zeichen als Sonder- und Steuerzeichen unverändert wiedergibt, kann `unescape` auch die »normalen« Zeichen wie Buchstaben und Ziffern liefern; sofern man die richtigen Zahlencodes angibt.

- **isFinite()**, **isNaN()**: Diese Funktionen dienen der Prüfung auf gültige numerische Werte. »`isFinite(x)`« liefert »`true`« zurück, sofern `x` innerhalb des für JavaScript gültigen Zahlenbereiches liegt (vergleiche dazu die Klasse »`Number`« mit der Eigenschaft »`MAX_VALUE`«). In der Logik invertiert verhält sich »`isNaN(y)`«. Hier erhalten wir ein »`true`«, wenn der Ausdruck `y` nicht als Zahl interpretierbar ist.
- **Nummer()**, **string()**, **parseInt()**, **parseFloat()**: Hierbei handelt es sich um Konvertierungsfunktionen. »`string(a)`« liefert z.B. die in `a` gespeicherte Zahl als Zeichenkette zurück. »`parseInt(b)`« und »`parseFloat(c)`« stellen quasi die Umkehrfunktion dar. Sie unterscheiden sich in der Form der ermittelten Zahl: die Zeichenkette `b` würde, sofern möglich, in eine ganze Zahl und `c` in eine Fließkommazahl umgewandelt werden.

Die Funktion »number(d)« hebt sich hier etwas ab. Als Parameter (hier d) wird ein Objekt erwartet, dessen Wert in eine Zahl konvertiert wird. Dies wird häufig im Zusammenhang mit Zeitpunkten verwendet:

```
var heute = new Date();
var urknall = new Date(1970,0,1,1);  // intern mit 0 dargestellt
var e3 = new Date(2005,4,25);  // Monate beginnend bei 0 für den Januar

var msPerDay = 24 * 60 * 60 * 1000;

alert( "Tage: " + ( Number(e3) - Number(heute) ) / msPerDay);
alert("Interne Zahl für den 1.1.1970: " + Number(urknall))
```

Listing 29.29: Konvertierungsfunktionen und Zeitpunkte in JavaScript

Zwei Zeitpunkte (das jeweils heutige Datum und eins aus der Zukunft des Entstehungszeitpunktes dieses Manuskripts) werden als Objekte erzeugt. Da diese intern durch »Number()[1]« (ja, ein großes »N«!) in die Zahl der Millisekunden seit dem 1.1.1970 (ein Uhr) umgerechnet werden und die Variable »msPerDay« die Zahl der Millisekunden pro Tag speichert, gibt die »alert«-Anweisung somit die Zahl der Tage bis zu diesem 25. Mai 2005. Man nehme dabei zur Kenntnis, dass die Nummerierung für die Monate bei 0 (Null) beginnt! Sollte dieses Programm später ausgeführt werden, erhält man die Zahl der Tage, die seither vergangen sein werden.

29.4 Zugriff auf Objekte in JavaScript

Dieses Unterkapitel soll eine möglichst schnelle und direkte Einführung zu den Elementen der Klassenhierarchie liefern und damit die aus Sicht der Notes-Entwicklung interessanten Beispiele des Kapitels 29.7 (Anwendungsmöglichkeiten von JavaScript) vorbereiten. Dort werden dann auch weitere Details bei Bedarf vorgestellt. Insgesamt sei betont, dass hier nur ein kleiner Teil aller Möglichkeiten erwähnt werden können. In der Maske »Einfache JS-Beispiele« sind bei den Schaltflächen die entsprechenden Codes implementiert.

Der Zugriff auf Informationen in dem darstellenden Browser durch JavaScript erfolgt analog zu der Objekthierarchie (siehe Abbildung 29.2). Zentraler Einstiegspunkt ist dabei die Klasse »window«. Die Navigation innerhalb dieser Hierarchie erfolgt durch das Auslesen der jeweiligen Objekteigenschaften. Dazu sind in Tabelle 29.1 einige der wichtigsten Eigenschaften und Methoden von »window« aufgeführt. Der Aufruf der Methoden erfolgt – ebenfalls über die Punktnotation – immer mit dem runden Klammernpaar. Die bereits verwendeten Anweisungen »alert« und »prompt« sind tatsächlich Methoden der Klasse »window« (ausführlich »window.alert()« und »window.prompt()«) und nicht eingebaute Funktionen der Sprache JavaScript. Das Fenster, in dem das jeweilige HTML-Dokument angezeigt wird, ist im Kontext eines JavaScript-Programms durch das window-Objekt repräsentiert. Daher ist es in der Regel nicht nötig, »window.« auszuschreiben.

1 Bei »Number()« mit einem großen »N« handelt es sich um einen Klassennamen. Dieser Aufruf erzeugt eine Objektrepräsentanz zum Speichern eines numerischen Wertes, welcher als Initialisierung in Klammern mitgegeben wird oder sich aus einer entsprechenden Konvertierung ergibt.

Eigenschaft	Beschreibung
`document`	Das in diesem Fenster dargestellte HTML-Dokument
`frames[ ]`	Sofern an dieser Stelle ein Frameset angezeigt wird, kann über dieses Feld auf die einzelnen Teilfenster zugegriffen werden. Dies wären auch Objekte der Klasse »`window`«
`history`	Objekt mit einer Liste der zuletzt besuchten Seiten
`location`	Informationen zu dem augenblicklich angezeigten Dokument, wie z.B.: Name des Hosts
`navigator`	Angaben zum eingesetzten Browser
`parent`	Das Browser-Fenster bzw. übergeordnete Frameset zu dem dieses `window`-Objekt gehört

Methode	Beschreibung
`alert(text)`	Ausgabe einer Zeichenkette *text*
`open(url [, fenstername] [,fensterAttribute] )`	Öffnen einer Internetseite *url* in einem neuen Fenster
`prompt(text [, vorgabe] )`	Anzeige eines Eingabedialoges mit der Beschriftung *text* und optional eines Vorgabetextes

Tabelle 29.1: Einige Eigenschaften und Methoden der Klasse window nach ECMA

Dieser Übersicht sollte gleich eine entsprechende Auflistung zur Klasse »`document`« folgen.

Eigenschaft	Beschreibung
`applets[ ]`	Feld mit Verknüpfungen auf die Applets im dargestellten Dokument
`bgColor`	Hintergrundfarbe
`forms[ ]`	Array mit Verweisen auf die im Dokument benutzten Eingabeformulare, welche dann die editierbaren Felder usw. enthalten
`vLinkColor`	Farbe mit der die bereits besuchten Links abgezeigt werden

Methode	Beschreibung
`open([mimeType])`	Vorbereitung des Dokumentes für Ausgaben mit write() oder writln(). Wird kein Parameter angegeben wird HTML-Code als Text erwartet.
`write(s1 [,s2] [,s3] ...)`	Ausgabe der Zeichenkette(n) s1 (,s2 usw)
`writeln(s1 [,s2] [,s3] ...)`	Wie write(), nur mit der Ergänzung um einen Zeilenumbruch am Ende

Tabelle 29.2: Einige Eigenschaften und Methoden der Klasse* `document` *nach ECMA

Wie bereits erwähnt ist die Groß- und Kleinschrift bei JavaScript relevant. Dies gilt insbesondere bei den Namen der Klassen, ihrer Eigenschaften und Methoden. So findet sich schnell einmal statt »`window`« auch mal »`Window`«. Insbesondere dann, wenn »intelligente« Textverarbeitungsprogramme zur Eingabe von Code benutzt werden, da diese in manchen Situationen selbstständig den ersten Buchstaben in die Großschreibweise konvertieren.

Damit haben wir bereits genügend Hilfsmittel, um z.B. die Hintergrundfarbe einer Seite zu verändern. An diesem Beispiel wird auch gleich die Syntax deutlich:

```
var meinDokument = window.document;
meinDokument.bgColor = "blue";   //  blauer Hintergrund

// window.document.bgColor = "FF0000";  // roter Hintergrund

// document.bgColor = "00FF00";  // grüner Hintergrund
```

Listing 29.30: Ein erster Zugriff auf die Hintergrundfarbe des Dokumentes

Das Listing 29.30 zeigt drei leicht verschiedene Varianten, um auf die Eigenschaft eines Objektes der Klasse »document« zuzugreifen. Die Eigenschaften oder auch die Methoden, welche ein Objekt einer bestimmten Klasse besitzt, sind über die Punkt-Notation wie in LotusScript oder auch Java erreichbar.

Die ersten zwei Zeilen deklarieren zunächst eine temporäre Variable »meinDokument«. Dank dem Ausdruck auf der rechten Seite der Zuweisung ist dies ein Objekt der Klasse »document«. Mit der temporären Variablen oder der verketteten Anwendung der Punkt-Notation (siehe Zeile mit der Zuweisung eines roten Hintergrundes) kann der Zugriff auf Eigenschaften des Objektes der Klasse »document« erfolgen. Die letzte Zeile verdeutlicht durch ihre Sparsamkeit an Zeichen, dass »window« im Umfeld eines JavaScript-Programms immer verfügbar ist. Damit bleibt die Erläuterung der dieser konkreten Eigenschaft »bgColor« zuzuweisenden Werte. Hier werden aus HTML bekannte und vordefinierte Konstanten (z.B. »blue«, »red« usw.) oder auch der RGB-Code der gewünschten Farbe akzeptiert.

Alle Eigenschaften und Methoden mit ihren verschiedenen Parametern bzw. Datentypen zu dokumentieren würde den Rahmen dieses Buches sprengen. Es sei daher auf weitere Literatur verwiesen. Zumindest einen Überblick auf verfügbare Klassen, Methoden und Eigenschaften liefert der Domino Designer selbst (vgl. Abbildung 29.5).

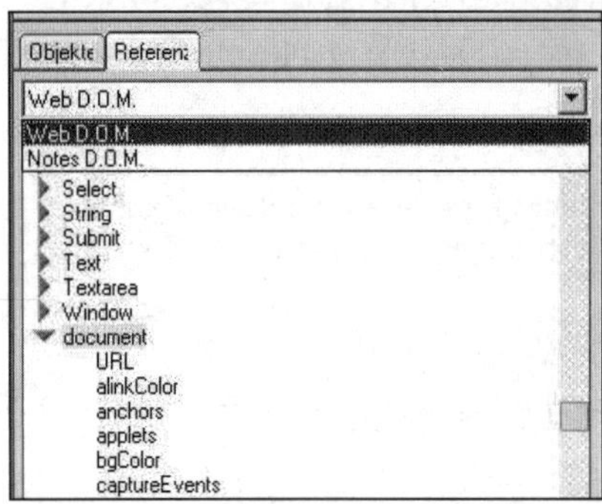

Abbildung 29.5: Klassenübersicht im Domino Designer

In dem Drop-Down-Menü des Referenzfensters kann zwischen der Anzeige der Objekthierarchie im Notes-Client oder Browser gewählt werden. Im Anschluss werden durch einen Klick auf den Klassennamen die bekannten Eigenschaften und Methoden aufgelistet. Leider ist darauf hinzuweisen, dass zumindest im deutschen Designer nicht jeder Groß- oder Kleinbuchstabe korrekt ist!

Es folgt ein weiteres Beispiel, welches in der Objekthierarchie eine Ebene tiefer zu dem Eingabeformular (ein Objekt der Klasse »`form`«) führt. Dieses kann als wichtiges Gegenstück einer Maske in Notes angesehen werden. Folgerichtig zeigt das Listing 29.31 den lesenden und schreibenden Zugriff auf ein Feld mit dem Namen »`EingabeFeld`«. Es stammt aus dem Design der im Browser geöffneten Maske.

```
var dasFeld = window.document.forms[0].EingabeFeld;

alert("Der aktuelle Inhalt: " + dasFeld.value );

dasFeld.value = prompt("Bitte Ihre Eingabe");
```

Listing 29.31: Feldzugriff mit JavaScript

Sofern die HTTP-Task des Domino-Servers ein Feld an den anfragenden Browser überträgt[1], wird dieses unter identischem Namen (unter Berücksichtigung von Groß- und Kleinbuchstaben) als Eigenschaft im Objekt der Klasse »`form`« verwaltet. Nur bei Verwendung gezielter HTML-Programmierung werden zwei oder mehr Formulare im HTML übertragen. Sonst ist das somit einzige `form`-Objekt immer im Feld »`document.forms[]`« an erster Stelle (Index Null!) zu finden. Alternativ dazu kann statt der Komponente »`.forms[0]`« auch der Name der Originalmaske mit einem führenden Unterstrich benutzt werden (z.B. »`window.document._Maske1`«). Die Inhalte der meisten Felder werden beim Client/Browser als Text dargestellt. Der jeweilige Wert ist dann in der Eigenschaft »`value`« des Feldes zu finden. Dabei handelt es sich um ein Objekt der Klasse »`String`« (vgl. Tabelle 29.3).

Eigenschaft	Beschreibung
`Length`	Länge der Zeichenkette

Methode	Beschreibung
`charAt(p)`	Gibt das Zeichen an Position p beginnend bei 0 zurück
`link(<URL>)`	Der String fungiert als Link auf die Internetseite <URL>

***Tabelle 29.3: Eine Eigenschaft und wenige Methoden der Klasse* `String`**

Diese Tabelle liefert nur einen kleinen Eindruck von den Möglichkeiten eines »`String`«-Objektes. Auf der einen Seite kann es wie eine einfache Textvariable in anderen Programmiersprachen durch einen Operator direkt verändert oder ausgegeben werden, auf der anderen Seite bietet es über die Punktnotation ganz interessante Methoden, die auf die Zeichenkette angewandt werden können.

1 Elemente einer Maske werden in Abhängigkeit von verschiedenen Faktoren bei Bedarf an den Browser übertragen oder nicht: Verbergen-Wenn-Optionen; zur Programmierung benutzte Sprache (also nicht unter Verwendung von LotusScript).

29.5 Ereignisse in JavaScript

Wie in LotusScript muss bei der Eingabe eines JavaScript-Programms entschieden werden, wann es ausgeführt werden soll. Die bisherigen Beispiele haben ein klar definiertes Ereignis genutzt: Den Mausklick auf eine Schaltfläche. Doch es gibt (natürlich) weit mehr programmierbare Ereignisse. Demonstrationen zu diesem Abschnitt sind in der Maske »EREIGNISSE« zu finden.

Generell gibt es zwei Stellen an denen ein Browser im darzustellenden HTML-Dokument Angaben zu den durchzuführenden Befehlen bei bestimmten Ereignissen findet:

- innerhalb eines ausgewiesenen `<script>`-Teils,
- als Attribut(e) bei den HTML-Tags.

In dem Quelltext der genannten Beispiel-Maske, der in der Regel über die rechte Maustaste im Browser erreichbar ist, sind Beispiele dafür schnell zu finden:

Zum ersten Punkt:

```
<script language="JavaScript" type="text/javascript">
<!--
alert("JS-Header")
// -->
</script>
```

Zum zweiten:

```
<input type="button" onclick="alert(&quot;Schaltfläche: Click&quot;)" value="Click me">
```

In der Entwicklungsumgebung des Domino Designers werden die für das jeweilige Element möglichen Ereignisse in der Objekt-Liste angeboten. Natürlich kann bei den Stellen, an denen allgemeiner HTML-Code einzugeben ist, auch ein solcher mit Verwendung des »`<script>`«-Tags angegeben werden. Eine Übersicht aller unterstützten Ereignisse bei den verschiedenen Objekten (»`window`«, »`Button`«, »`Text`« usw.) würde ebenfalls in seiner Ausführlichkeit nicht in diesen Rahmen passen. Wichtig ist vor allem die Bedeutung einiger ausgewählter Ereignisse (über »`click`« hinaus) kennen zu lernen.

- **(Teil-) Maske: »JS-Header«.** Hier eingegebener Code wird von der HTTP-Task dem »`<head>`«-Tag direkt als »`<script>`« hinzugefügt. Dabei ergänzen sich ggf. die Maske und die Teilmaske. Dies ist der Bereich, in dem z.B. Routinen hinterlegt werden, welche für alle anderen Elemente erreichbar sein sollen (siehe dazu Kapitel 29.6 »Gültigkeitsbereiche und Bibliotheken«). Von der Logik des Aufbaus eines HTML-Dokumentes her, werden hier stehende Anweisungen als erste vom Browser dargestellt bzw. ausführt.
- **(Teil-) Maske: »onLoad« und »onUnload«.** Diese Anweisungen werden als Eigenschaften gleichen Namens dem »`<body>`"-Tag hinzugefügt. Unter Vernachlässigung von »JS-Header« sind dies die ersten bzw. letzten Code-Zeilen, die beim Öffnen bzw. Aktualisieren oder Schliessen des Dokumentes ausgeführt werden. Sollte eine Teilmaske ebenfalls für diese Events Programme besitzen, so setzen sich die der Maske selbst durch.

- **(Teil-) Maske: »onSubmit«.** Dieses wichtige Event tritt ein, wenn z.B. durch eine Speicheranweisung die Daten des Formulars an den Server übertragen werden sollen. Die Beispielmaske unterbindet dies durch die Anweisung »`return false;`«! »`onSubmit`« bietet sich insbesondere für feldübergreifende Validierungen an.
- **Feld: »onFocus«.** Der Zeitpunkt, zu dem der Cursor in das Feld gelangt.
- **Feld: »onBlur«.** Das Verlassen des Feldes unabhängig davon, ob der Inhalt geändert wurde.
- **Feld: »onChange«.** Das Verlassen des Feldes, falls der Inhalt geändert wurde. Diese Ereignis ist vor allem dazu geeignet, feldspezifische Überprüfungen zu programmieren.

29.6 Gültigkeitsbereiche und Bibliotheken

Für die JavaScript-Entwicklung im Domino Designer gibt es drei Ebenen: Event, HTML-Dokument und Datenbank. Entscheidend für die Sichtbarkeit und die Gültigkeit von Variablen und Methoden ist der Ort und z.T. die Art, wie sie deklariert werden. Dazu zunächst der Code aus der Schaltfläche DIE BEDEUTUNG VON 'VAR' (immer noch die Maske »EINFACHE JS-BEISPIELE«):

```
var i1 = "i1 ist bekannt";

if ( i1 != "" ) {

    i2 = "i2 ist bekannt";
    alert( i1 );
    alert( i2 );

} else {
    var i3 = "i3 ist bekannt";
    i4 = "i4 ist bekannt";
}

alert("Ausserhalb: "  + i2 );
//alert("Ausserhalb: "  + i3 );  // liefert 'undefined' als Wert
alert("Ausserhalb: "  + i4 );  //  Ausgabe findet gar nicht statt
```

Listing 29.32: Variablendeklaration mit/ohne `'var'`

Beim Durchspielen dieses Beispiels, in dem der »`else`«-Zweig nicht durchlaufen wird, kommt die Verwendung des Schlüsselwortes »`var`« und der Ort der Deklaration zum Tragen. Ausserhalb des »`else`«-Blocks ist nur die Variable »`i3`« als solche bekannt. Allerdings ohne Inhalt. Da »`i4`« ohne Verwendung von »`var`« deklariert wurde, ist sie außerhalb des sie umgebenen Klammernpaares (»`{`» und »`}`«) gänzlich unbekannt.

Variablen und Methoden, die im »JS-HEADER« deklariert werden, sind in allen Komponenten der Maske erreichbar. Dies ist zu überprüfen mit dem Code aus der Schaltfläche DIE BEDEUTUNG VOM JS-HEADER (siehe Listing 29.33) im Zusammenspiel mit Angaben aus »JS-HEADER« (»`var g1 = "g1 ist bekannt";`«).

```
alert("g1 aus dem JS-Header: "+ g1 );
alert("von anderer Schaltfläche: " + i1 ); // Fehler bei der Ausgabe
```

Listing 29.33: Zugriff auf Variablen aus JS-HEADER

Eine weitere Möglichkeit, JavaScript-Funktionen zu zentralisieren, bieten die JavaScript-Bibliotheken. Diese sind dann in den verschiedenen Design-Elementen der Datenbank nutzbar. Zum Anlegen einer solchen Bibliothek ist in der Kategorie »Gemeinsamer Code – Script-Bibliotheken« auf die Schaltfläche NEUE JAVASCRIPT-BIBLIOTHEK zu klicken. Unter dem Hauptmenu BEARBEITEN – EIGENSCHAFTEN kann dieser dann ein eindeutiger Name gegeben werden. Im Programmierfenster können dann die Funktionen hinterlegt werden. Um sich diese Bibliothek für z.B. eine Maske nutzbar zu machen, ist der Cursor dort in das JS-Header Ereignis zu setzen und über das Menü ERSTELLEN – RESSOURCE – RESSOURCE EINFÜGEN ... die JavaScript-Bibliothek auszuwählen. Im HTML-Quelltext resultiert das in einen einfachen Verweis:

```
<script language="JavaScript" type="text/javascript"
src="/JavaScriptDemo.nsf/JSLib1?OpenJavascriptLibrary">
```

Listing 29.34: Zugriff auf eine JS-Bibliothek in HTML

Als Ergebnis sind die dort definierten Funktionen genauso aufzurufen wie diejenigen, die im JS-HEADER deklariert wurden.

29.7 Anwendungsmöglichkeiten von JavaScript

Während im »normalen Internet« JavaScript meist zur optischen Aufwertung von Webseiten verwendet wird, steht bei Domino in der Regel der Anwendungsnutzen im Vordergrund.

Die folgenden Beispiele stellen daher typische Anwendungsbeispiele im Domino-Umfeld dar. Wir gehen dabei jeweils in mehren Schritten vor: Im ersten Schritt betrachten wir die Grundfunktionalitäten (z.B. ein Feld validieren). In den weiteren Schritten bringen wir diese Funktionalität in eine vernünftige Architektur.

29.7.1 Szenario

Wir wollen für unseren Internetauftritt den Namen und die Adresse des Kunden erfassen. Dabei wollen wir

- Felder automatisch vorbelegen,
- Eingaben überprüfen,
- spezielle Eingabedialoge öffnen.

Unsere Eingabemaske (Maske BESTELLDATEN in der Beispieldatenbank) könnte zu Beginn ungefähr so aussehen:

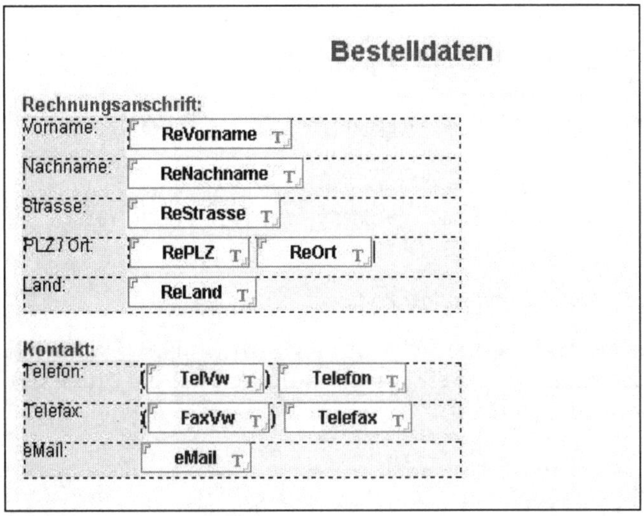

Bestelldaten

Rechnungsanschrift:
Vorname: ReVorname
Nachname: ReNachname
Strasse: ReStrasse
PLZ / Ort: RePLZ ReOrt
Land: ReLand

Kontakt:
Telefon: (TelVw) Telefon
Telefax: (FaxVw) Telefax
eMail: eMail

Abbildung 29.6: Eingabemaske

Die Version dieser Maske, welche in der Datenbank mitgeliefert wurde, zeigt das Ergebnis der folgenden Ergänzungen.

29.7.2 Automatische Feldbelegung

Einer der häufigsten Anwendungsfälle von JavaScript in Verbindung mit Domino ist sicherlich die automatische Feldbelegung. Der Kunde soll in unserer Maske u.a. Telefon- und Faxnummern eingeben. Mit einer gewissen Wahrscheinlichkeit werden beide Nummern ähnlich aussehen. Wir wollen daher nach dem Ausfüllen der Felder Telefon-Vorwahl (»TelVw«) und Telefon diese Werte in die Felder Fax-Vorwahl (»FaxVw«) und Telefax übernehmen. Nach den Ausführungen zum Dokumenten-Objekt-Modell schreiben wir:

```
window.document.forms[0].FaxVw.value = window.document.forms[0].TelVw.value;
window.document.forms[0].Telefax.value = window.document.forms[0].Telefon.value;
```

Listing 29.35: Übertragung von Feldinhalten

Wo bringen wir nun diesen Programmcode unter? Entsprechend unserem Eventmodell bieten sich drei Events an:

- **onBlur** - beim Verlassen der Felder TELVW und TELEFON,
- **onFocus** – beim Betreten der Felder FAXVW und TELEFAX,
- **onChange** – nach Änderungen in den Feldern TELVW und TELEFON.

Bei der Entscheidung sollte man die Bearbeitungsreihenfolge und eventuelle Fehlerszenarien berücksichtigen. Nehme wir einmal an, der Zeitpunkt, zu dem das Feld betreten wird, sei am naheliegendsten. Daher entscheiden wir uns für den `onFocus`-Event. Leider wird das Feld auch dann automatisch belegt, wenn der Benutzer bereits manuell einen Wert eingegeben hat – diese Eingabe geht dann verloren. Wir ergänzen daher eine zusätzliche Abfrage, die vor dem Kopieren prüft, ob das Feld leer ist.:

```
if (window.document.forms[0].FaxVw.value == "") {
window.document.forms[0].FaxVw.value = window.document.forms[0].TelVw.value;
}
if (window.document.forms[0].Telefax.value == "") {
window.document.forms[0].Telefax.value = window.document.forms[0].Telefon.value;
}
```

Listing 29.36: Übertragung von Feldinhalten mit voriger Prüfung

Das funktioniert – es ist aber weder besonders elegant noch performant. Da wir das `forms[0]`-Objekt mehrfach benötigen, bietet es sich an, es ähnlich wie in LotusScript zwischenzuspeichern. Daher verbessern wir:

```
var  frm = window.document.forms[0];
if (frm.FaxVw.value == "") {
frm.FaxVw.value = frm.TelVw.value;
}
var  frm = window.document.forms[0];
if (frm.Telefax.value == "") {
frm.Telefax.value =frm.Telefon.value;
}
```

Listing 29.37: Optimierte Übertragung von Feldinhalten

Die Variable `frm` wird hier als Zwischenspeicher verwendet. Falls häufiger auf die Felder der Form zugegriffen werden soll, vergrößert sich der Vorteil . Daher werden wir später einen globalen Ansatz[1] wählen.

Zum Abschluss noch einmal das Ergebnis als Screenshot:

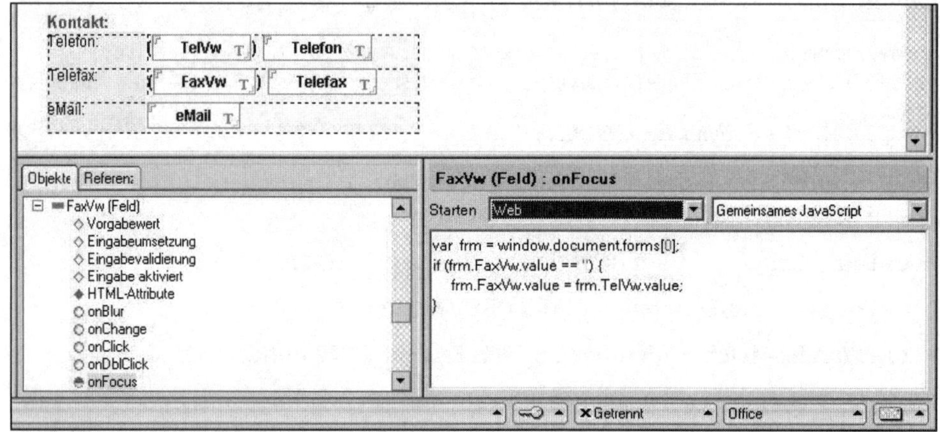

Abbildung 29.7: Webeingabemaske mit Wertvorgaben über JavaScript

1 Die Deklaration von Variablen erfolgt im JSHeader und ihre Initialisierung im `onLoad`-Event der Maske.

29.7.3 Feldüberprüfung

Im zweiten Schritt wollen wir die Vollständigkeit der Eingaben sicherstellen. Exemplarisch soll für die Anschrift das Nachnamenfeld (»ReNachname«) in JavaScript geprüft werden. Zunächst ist nur sicher zu stellen, dass das Feld überhaupt ausgefüllt ist.

Bitte beachten Sie: Eine derartige Prüfung in JavaScript ist keine wirklich sichere Lösung. Durch einfaches Abspeichern der HTML-Seite und anschließendes Modifizieren kann der scheinbare Schutz ausgehebelt werden. Auch kann ein Abschalten von JavaScript im Browser schon ausreichen, um die Prüfung zu umgehen. Ein wirklich sicheres Programm sollte immer auch noch Server-seitig, z.B. durch eine Eingabe-Validierungsformel, die Richtigkeit der Daten überprüfen.

Doch nun zurück zu unserer Eingabeprüfung. Im ersten Schritt wollen wir das Feld beim Verlassen überprüfen und bei fehlender Eingabe eine Nachricht ausgeben. Zwei Events sind theoretisch möglich:

- `onBlur`-Event – aufgerufen beim Verlassen des Feldes,
- `onChange`-Event – aufgerufen, wenn Änderungen am Feldinhalt durchgeführt wurden.

Variante b kommt in unserem Szenario nicht sinnvoll in Betracht, da das Nichtausfüllen eines Feldes auch keine Änderung darstellt. Variante a dagegen funktioniert, sie setzt allerdings voraus, dass der Kunde das Feld auch tatsächlich betritt.

Wir schreiben daher in den `onBlur`-Event für das Feld `ReNachname`:

```
if (window.document.forms[0].ReNachname.value == "") {
alert('Bitte füllen Sie das Feld \"Nachname\" aus!');
}
```

Listing 29.38: Eingabeüberprüfung für ein Feld in JavaScript

Ganz nett klingt auch die Idee, bei einem Fehler den Benutzer gleich in das leere Eingabefeld zurück zu versetzen. Unter Berücksichtigung unserer Erkenntnisse aus dem letzten Kapitel schreiben wir also:

```
var  frm = window.document.forms[0];
if (frm.ReNachname.value == "") {
alert("Bitte füllen Sie das Feld \"Nachname\" aus!");
frm.ReNachname.focus();
}
```

Listing 29.39: Eingabeüberprüfung mit eventuell nötiger Fokussierung auf das Feld

Auch das funktioniert. Dennoch hat die Lösung Nachteile:

- Der Benutzer wird beim jedem Verlassen des Feldes sofort auf Fehler hingewiesen.
- Sie müssen hinter vielen Feldern sehr ähnlichen Programmcode hinterlegen.
- Es werden nur besuchte Felder geprüft.
- Wenn Sie auf diese Weise zwei aufeinander folgende Felder prüfen wollen, erhält der Benutzer eine Endlosschleife[1], und sein Browser hängt sich auf.

---

1 Vor der Ausführung ist der Fokus noch auf dem Feld. Das Wechseln in das nächste Feld setzt den Fokus auf dieses. Da aber beim Verlassen des ersten Feldes die Validierung zu einer Nachricht führt, verliert auch das zweite Feld den Fokus; die dortige Validierung findet statt und führt ggf. zu einer neuen Ausgabe usw.

Wir verfolgen daher einen anderen Weg. Wesentlich sinnvoller als eine Validierung auf Einzelfeldebene ist eine Validierung beim Absenden der Seite. Aus diesem Grund verlagern wir die Prüfung in den Form-Event »onSubmit«, das beim Absenden der Seite aufgerufen wird. Anstelle des onSubmit-Events können Sie auch direkt den onClick desjenigen Buttons verwenden, der die Seite absendet. Im einfachsten Fall schreiben wir hier unsere Prüfung hinein:

```
if (window.document.forms[0].ReNachname.value == '') {
alert('Bitte füllen Sie das Feld \"Nachname\" aus!');
return false;
} else
    return true;
```

Listing 29.40: Zentrale Feldvalidierung

Der Rückgabewert »return = false« bewirkt, dass das Abschicken der Seite an den Server unterbunden wird, solange der Fehler nicht behoben wurde.

Da wir zumeist mehr als ein Feld prüfen werden, bietet es sich an, für die eigentliche Prüfung eine Funktion zu schreiben, welche die Gültigkeit des Feldes prüft und das GO/NO-GO signalisiert. Diese Funktion nennen wir checkEmpty. Sie soll für ein gegebenes Feld den Inhalt auf »nicht-leer« überprüfen und gegebenenfalls eine Meldung liefern. Die Funktion muss entsprechend des Gültigkeitsbereiches für JavaScript im Event JSHeader (JS Kopfzeilen in der deutschen Version) deklariert werden.

```
function checkEmpty(feld) {
    if (feld.value=="") {
        alert("Feld " + feld.name + " darf nicht leer sein!");
        feld.focus();
        return false;
    } else
        return true;
}
```

Listing 29.41: Zentrale Feldvalidierung mit einer Funktion im JSHEADER

Im Event »onSubmit« müssen wir nur noch der Reihe nach unsere Felder abfragen und dann den zugehörigen Rückgabewert liefern. Wir wollen zusätzlich die Felder REVORNAME, RESTRASSE, REPLZ und REORT prüfen.

Wir schreiben:

```
var frm = window.document.forms[0]:
return checkEmpty(frm.ReVorname) && checkEmpty(frm.ReNachname) && checkEmpty(frm.
ReStrasse) && checkEmpty(frm.RePLZ) && checkEmpty(frm.ReOrt);
```

Listing 29.42: Mehrfacher Aufruf der Funktion zur Überprüfung der Feldinhalte

Ungewöhnlich ist die große Länge der Zeile: Alle Felder werden unmittelbar nacheinander getestet. Wir nutzen hier eine sehr praktische Eigenschaft des &&-Operators. Sobald die erste Bedingung – also bei uns der erste checkEmpty()-Test – fehlschlägt, wird kein weiterer Test mehr vorgenommen. Der Benutzer erhält damit auch nur die erste Fehlermeldung auf dem Bildschirm. Da er ohnehin nicht fortfahren kann, wird er auch nicht mit unnötig vielen Meldungen belastet.

Im letzten Schritt wollen wir diese Funktionalität weiter verbessern. Der Benutzer soll eine Liste sämtlicher Felder, die fehlerhaft sind, angezeigt bekommen. Zusätzlich wollen wir auch die Feldanzeige verbessern. Wenn das Feld »ReNachname« leer ist, soll dort »Nachname« und nicht »ReNachname« stehen.

Wir schreiben also im Event JS Header:

```
var message; // Verwendung in onSubmit
var fehlfeld1;
function checkEmpty(feld, feldtitel) {
    if (feld.value == "") {
        message = message + "Feld " + feldtitel + " darf nicht leer sein!\n";
        if (fehlfeld1 == null)
            fehlfeld1 = feld;
        return false;
    } else
        return true;
}
```

Listing 29.43: Um eine Nachricht ergänzte Feldüberprüfung

Der neue Parameter »`feldtitel`« enthält die für den Anwender lesbare Bezeichnung des zu prüfenden Feldes. In der globalen Variablen »`message`«[1] werden alle Ausgaben gesammelt. Die ebenfalls globale Variable »`fehlfeld1`« erhält im Fehlerfall einen Verweis auf das erste (daher die Überprüfung auf »null«) fehlerhafte Feld, sodass später der Cursor dorthin positioniert werden kann.

Jetzt fehlt noch das »`onSubmit`«-Event (vgl. Listing 29.44). Wir nutzen dort den Bitoperator »&«, denn die beschriebene Funktionalität verlangt, dass alle Felder überprüft werden; auch wenn ein erster Vergleich bereits zu einem Fehler führt!

```
message = "";
fehlfeld1 = null;
var status = checkEmpty(frm.ReVorname, "Vorname") &
checkEmpty(frm.ReNachname, "Nachname") &
checkEmpty(frm.ReStrasse, "Strasse") &
checkEmpty(frm.RePLZ, "Postleitzahl") &
checkEmpty(frm.ReOrt, "Ort");
if (status == false) {
    alert ("Fehler: " + message);
    fehlfeld1.focus();
    return false;
}
```

Listing 29.44: Kombinierter Aufruf der Feldüberprüfung mit Nachrichten

1 In JavaScript werden an die Funktionsparameter nur die Werte übergeben (Call by value). Wir können diese somit nicht nutzen, um mehrere Werte an den Aufruf zurück zu übergeben.

29.7.4 Eingabefenster

Sobald die Eingabemasken etwas komplizierter werden, entsteht sehr oft der Wunsch, die dargestellten Informationen zu verteilen und bei Bedarf mehrere Fenster zu öffnen.

Standarddialoge

Die einfachsten Varianten sind die Dialogboxen, die wir teilweise oben schon verwendet haben:

»window.alert("Hinweis")«Zeigt einen Hinweisdialog an.

»window.confirm("Frage")«Bietet dem Benutzer die Möglichkeit OK oder ABBRECHEN zu wählen. Der Rückgabewert ist entsprechend `true` oder `false`. Beispiel: `var x = window.confirm("Sind Sie sicher?");`

»window.prompt("Beschreibung")«Fragt den Beutzer nach einer Eingabe. Der eingegebene Wert wird als String zurückgegeben. Beispiel: `var s = window.prompt("Bitte geben Sie die Kundennummer ein!");`

Bei allen Dialogen erscheint im Fenstertitel ein Hinweis auf den Browser, der auch nicht ohne Weiteres unterdrückt werden kann. Der Benutzer soll dadurch vor unbedachten Eingaben (z.B. seines Passwortes geschützt werden).

Benutzerspezifische Dialoge

Falls Sie eine aufwändigere Eingabe benötigen, müssen Sie das Aussehen Ihres Fensters selber gestalten. Streng genommen sind benutzerspezifische Dialoge nichts anderes als zusätzliche Fenster, in denen Sie eine zusätzliche HTML-Seite öffnen. Typische Anwendungsfälle dafür sind:

- Hilfetexte,
- Auswahlfelder, mit der Möglichkeit auch eigene Eingaben zuzulassen (entsprechend der Notes Dialog Box),
- Detaileingaben, z.B. Adressen.

Zum Öffnen verwenden wir die Methode `window.open( "url", "name", "optionen")`.

Der Rückgabewert ist das neu geöffnete `window`-Objekt. Die Parameter repräsentieren die zu öffnende URL-Adresse, den internen Namen des zur öffnenden Fensters und die Fensteroptionen (Größe, Rollbalken, Fensterausstattung).

Beispiel 1: Öffnen eines Hilfefensters

Auf Knopfdruck soll ein Fenster mithilfetext geöffnet werden. Der Hilfetext liegt in unserem Beispiel als Seite (Page) vor. Das größte Problem besteht darin, dass wir die genaue URL dieser Hilfeseite kennen müssen. Um keine feste (absolute) URL angeben zu müssen, wollen wir die korrekte URL selber berechnen. Eine relative URL, z.B. mit »./IRGENDWAS« kommt nicht in Frage, da unsere eigene URL unterschiedlich sein kann. So macht es z.B. einen Unterschied, ob unsere Bildschirmmaske zum Öffnen eines bestehenden Dokumentes (`?EditDocument URL`) oder zum Neuanlegen (`?OpenForm URL`) verwendet wird.

Der beste Weg ist daher, die URL der aktuellen Seite zu ermitteln und von dort ausgehend die Hilfeseite zu errechnen. Dabei hilft uns das Location Objekt in JavaScript. Dieses enthält die `href`-Eigenschaft, die unsere eigene Adresse zugänglich macht.

In der Regel können wir diese Information mehr als einmal brauchen. Es bietet sich deshalb an, die Berechnung bereits beim Laden der Maske (`onLoad`-Event) durchzuführen und das Ergebnis einer globalen Variable zuzuweisen (siehe Kapitel 29.6 »Gültigkeitsbereiche und Bibliotheken«). Diesmal verzichten wir jedoch darauf und schreiben für den Hilfebutton im `onClick`-Event insgesamt:

```
var dateiURL = "/JavaScriptDemo.nsf/";
var pageURLBefehl = "HelpPage?OpenPage";

var myURL = window.location.href;

var filePos = myURL.indexOf(dateiURL);
var fileURL = myURL.substr(0,filePos + dateiURL.length);
var pageURL = fileURL + pageURLBefehl ;
window.open(pageURL,"","width=600,height=400,scrollbars=yes,resizable=yes");
```

Listing 29.45: Ermittlung der aktuellen URL

Der zweite Parameter beim Aufruf von »`open`« bleibt leer. Dadurch wird erreicht, dass immer ein neues Hilfefenster geöffnet wird, selbst wenn das Fenster bereits aufgerufen und danach im Browser auf das ursprüngliche Fenster gewechselt wurde. Wird ein Name angegeben, so wird das Fenster nur dann geöffnet, wenn es nicht bereits geöffnet ist. Sehr oft ist dies nicht erwünscht.

Beispiel 2: Schlüsselwortfeld mit Neueingabemöglichkeit

Da es in HTML keinen Feldtyp gibt, der eine Schlüsselwortauswahl mit Neueingabe analog zur Notes-Dialogbox ermöglicht, wollen wir ein vergleichbares Dialogfenster programmieren. Es bestehen vor allem zwei Probleme:

- Wir müssen ein Schlüsselwortfeld auslesen.
- Die Auswahl muss an das aufrufende Fenster zurückgegeben werden.

Aus der Perspektive von JavaScript gibt es in HTML-Seiten drei verschiedene Arten von Schlüsselwortfeldern:

- `radio` (in Notes: Optionsschaltfläche)
- `checkbox` (in Notes: Kontrollkästchen)
- `select` (in Notes: die weiteren Schlüsselwortarten)

Objekte der Klasse »`select`« haben die Eigenschaft »`options`«. Dabei handelt es sich um ein Array, in dem die einzelnen Auswahlmöglichkeiten selbst als Objekte hinterlegt sind. Dort ist zwischen den Eigenschaften »`value`« und »`text`« zu unterscheiden. Bei der ersten ist der dem Schlüsselwort in Notes hinterlegte Alias zu finden und unter »`text`« die angezeigte Zeichenkette. Es sei betont, dass es sich bei »`select`«

um ein HTML-Tag handelt. Dies ist bei »checkbox« und »radio« nicht so. Dort gibt es für jede Auswahlmöglichkeit ein HTML-Tag. Diese können im ganzen HTML-Dokument verstreut sein. Sie werden aber über den identischen Namen gruppiert. Der Zugriff erfolgt entweder durch ein umständliches Durchlaufen der »document«-Eigenschaft »elements« oder die Angabe des Namens mit einem Feldindex.

Da dieses Themenfeld relativ viele interessante Aspekte mit sich bringt, wurde eine Maske SCHLÜSSELWÖRTER in die Beispieldatenbank eingefügt, um einige davon zu demonstrieren.

Zunächst erstellen wir ein geeignetes Formular für die Eingabe. Wir benötigen ein Listenfeld und ein Texteingabefeld. Zusätzlich wollen wir zwei Schaltflächen für OK und ABBRECHEN hinzufügen. Die Maske sieht aus, wie folgt:

Abbildung 29.8: Maske mit Auswahl- oder Eingabemöglichkeit eines Ländernamens

Wichtig ist der Code hinter der Schaltfläche OK:

```
var dest = window.opener;  // Zugriff auf das Fenster von dem dieses geöffnet wurde
var source = window.document;
var frm = source.forms[0];
var neuerWert;

if ( frm.LandEingabe.value  == "" ) {
    for ( i = 0; i < frm.LandAuswahl.length; i++) {
        if ( frm.LandAuswahl[i].checked ) {
            neuerWert = frm.LandAuswahl[i].value;
        }
    }
} else {
    neuerWert = frm.LandEingabe.value;
}
dest.document.forms[0].ReLand.value = neuerWert;

window.close()
```

Listing 29.46: Übergabe eines Wertes aus einem Browser-Fenster an ein anderes

Das System ist in der Lage, über die Eigenschaft »window.opener« zu ermitteln, von welchem anderen Fenster das aktuelle geöffnet wurde. Das Ergebnis ist ein Objekt der Klasse »window«. Die Schleife durchläuft alle HTML-Einträge, die zur Gruppe »LandAuswahl« gehören und prüft, ob eins davon gewählt wurde. Sofern keine Eingabe im Feld »LandEingabe« erfolgte, ist dieser Wert das Ergebnis des Dialoges und wird direkt in das angegebene Feld des aufrufenden Fensters geschrieben, bevor das aktuelle Fenster geschlossen wird.

Zum Aufruf wurde die Maske »Bestelldaten« um eine kleine Schaltfläche neben dem Feld »ReLand« ergänzt.

29.7.5 Einblenden und Ausblenden von Bereichen

Während wir im Lotus-Notes-Client die sehr komfortablen Hide-When Formeln haben, die wir z.B. auch mit einem Schlüsselwort kombinieren können, bewirkt deren Verwendung im Browser ein Neuladen der Seite. Je nach Geschwindigkeit des Netzwerkes kann dies für den Benutzer sehr langsam sein. Da gerade die Geschwindigkeit der Navigation sehr wichtig für den Benutzerkomfort ist, bietet es sich an, dieses Problem in JavaScript zu lösen.

Bitte beachten Sie, dass das nachfolgende Beispiel Browser-abhängige Elemente verwendet. Wir benutzen dabei Cascading Style Sheets (CSS) und Elemente von DHTML, die vom Browser unterstützt werden müssen. Als Alternative sei auf die Layer von Netscape verwiesen.

In Abhängigkeit davon, ob ein erforderliches Feld aktuell einen Inhalt hat, soll im negativen Fall ein kleiner roter Stern darauf hinweisen. Wir machen uns dazu eine Erweiterung des DOM zu Nutze. Über die Eigenschaft »window.document.all« (ein Feld ähnlich wie forms[0].elements) erreichen wir alle im HTML-Dokument befindlichen Tags. Auch einen Block, der mit »<DIV>« und »</DIV>« erstellt wurde:

```
<DIV ID = "HinweisVorname">  * </DIV>
```

Listing 29.47: Ein Block im HTML-Dokument

Das Attribut »ID« kann später genutzt werden, um diesen Block aus JavaScript anzusprechen. Beachten Sie, dass dieser Text als »Durchgangs-HTML« der Maske hinzugefügt wurde. Die einzige anzuzeigende Information ist ein roter Stern. In dem Listing 29.48 ist eine Funktion aufgeführt, in der namentlich die erforderlichen Felder und dazugehörenden Bereiche in Arrays gespeichert sind. Mit diesen Namen werden die erforderlichen Elemente unter der Eigenschaft »all« angesprochen.

```
var felder = new Array("ReVorname","ReNachname","ReStrasse","ReOrt");
      // Auszug aus dem JSHeader
var bereiche = new Array("HinweisVorname","HinweisNachname","HinweisStrasse",
               "HinweisOrt");

function hinweisAnzeige() {
    for ( i = 0; i < felder.length; i++) {
        if ( window.document.all(felder[i]).value == "" ) {
            window.document.all( bereiche[i] ).style.display = "block";
        } else {
            window.document.all( bereiche[i] ).style.display = "none";
        }
    }
}
```

Listing 29.48: Displaymodus aller Blöcke aktualisieren. Eine Funktion im JSHeader

Wir nutzen diesen Zugriff, um im jeweiligen Fall das CSS-Attribut »`display`« auf die möglichen Werte »`block`« oder »`none`« zu setzen. Um in jeder Situation eine aktuelle Anzeige zu erhalten, wird der Aufruf dieser Funktion bei den »`onBlur`«-Events der betroffenen Felder und dem »`onLoad`«-Event der Form platziert.

Eine weitere Möglichkeit, bei der Anzeige Wechsel vorzunehmen, ist die Verwendung der in HTML bekannten Attribute. Dazu ist ein einfaches Beispiel unten in der Maske »Ereignisse« in Gestalt der Grafik »MouseOut« zu finden. Ausgehend davon, dass die Datenbank direkt im Datenverzeichnis liegt, kann ein Code wie `window.document.images[0].src="/JavaScriptDemo.nsf/Mouseovr.gif"` im Event »`onMouseOver`« der Grafik zu diesem Zeitpunkt ein anderes Bild zuweisen.

29.7.6 Dynamische Ausgaben

Gelegentlich ist es wünschenswert, dass die Ausgaben im Browser nicht vom Server, sondern vom Browser generiert werden. Dies macht zum Beispiel dann Sinn, wenn sich die Browserdarstellung oft ändert, ein Nachladen der Seite aber vermieden werden soll. Ebenfalls denkbar sind Bildschirmbereiche, die situationsabhängig belegt werden müssen.

Einblenden des aktuellen Datums gemäß der beim Browser aktuellen Formateinstellungen:

Wir können während des Aufbaus der Seite JavaScript-Anweisungen in den HTML-Code einfließen lassen. Durch die `write`-Anweisung werden diese an der aktuellen Position eingebettet.

Im folgenden Listing 29.49 (wieder als Durchgangs-HTML an der gewünschten Position einfügen) wird das aktuelle Datum vom Browser beim Seitenaufbau eingeblendet:

```
<Script Language="JavaScript">
var d = new Date();
document.write("Stand: " + d.toLocaleString());
</Script> <BR>
```

Listing 29.49: Dynamische Ausgabe der lokalen Zeit

Der Browser holt das aktuelle Datum und wandelt es in die landesübliche Darstellung um. Nach der Ausgabe geht der normale Seitenaufbau weiter.

Dynamische Navigationsfenster

Wir können den Inhalt eines Fensters auch komplett aus JavaScript generieren. Dies macht zum Beispiel für eine dynamische Navigationsstruktur Sinn. Das Grundprinzip besteht darin, nach dem Öffnen des Fensters den Inhalt des Dokumentes zu öffnen und die Seitenbeschreibung in HTML zu schreiben. Dieses Schreiben kann entweder abhängig von einer vorherigen Auswahl oder situationsbezogen erfolgen. Im folgenden Beispiel wollen wir ein Dialogfenster dynamisch generieren. Dieses Dialogfenster kann der Benutzer zur weiteren Navigation für spezifische Hilfeseiten zu noch nicht ausgefüllten Feldern nutzen.

Als Ergebnis soll ein Navigationsfenster mit folgendem Aussehen erscheinen:

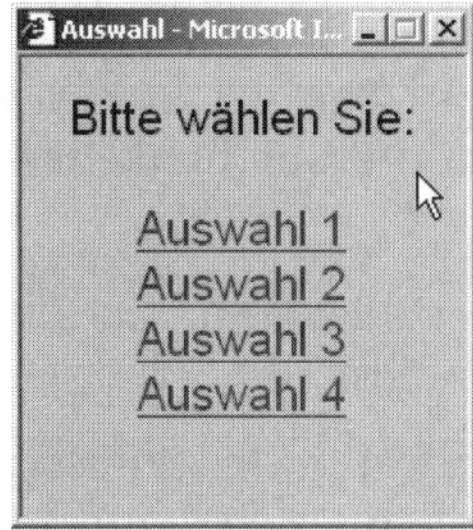

Abbildung 29.9: Generierter Dialog mit Navigationsmöglichkeiten

Der Benutzer kann einen Link anklicken. Der Inhalt der Hauptseite wechselt entsprechend dem Link. Das Erstellen und Füllen des Fensters wird dabei von der Funktion `makeFieldHelpNavWindow` des Hauptdokumentes übernommen. Diese wird im JS Header definiert:

```
function makeFieldHelpNavWindow (aktDok) {
  //neues Fenster öffnen
  var win = window.document.open("","","width=200,height=200");
  var doc = win.document;
  // Seitengenerierung eröffnen
  doc.open();
  // HTML Grundgerüst erstellen
  doc.write("<html><head><title>Auswahl</title>");
  doc.write("</head><body bgcolor=\"silver\"><font face=\"Arial\" size=\"5\">
           <center>");
  doc.writeln("Bitte w&auml;hlen Sie:<br><br>");

  // In einer Schleife die wichtigen Felder durchlaufen
  for (i=0; i < felder.length; i++) {
    if ( aktDok.all(felder[i]).value == "" ) {  // ist das Feld leer,
                                Link auf Feldspezifische Hilfe hinzufügen
        // Link-Verknüpfung generieren (Javascript ändert Aufruferseite)
      linkOperation = "javascript:window.opener.location.
                               assign(\'HelpPage" + felder[i] + "\')";
      // Ausgabe in das Fenster
      doc.writeln(felder[i].link(linkOperation));
      doc.writeln("<br>");
    }
  }
  // HTML Abschluss schreiben
  doc.write("</center></font></body></html>");
  // Seite abschließen
  doc.close();
```

Listing 29.50: Dynamisches Erzeugen einer HTML-Seite

Zum Abruf des Fensters brauchen wir nur noch die Funktion mit ihrem Parametern aufzurufen (dazu die Aktion »Hilfe zu noch leeren Feldern«). Das Ergebnis ist ein einfaches Fenster mit Links zu speziellen Hilfe-Seiten für die erforderlichen Felder, welche zu diesem Zeitpunkt nicht gefüllt worden sind. Dieses Beispiel und die aufgerufenen Seiten sind bewusst simpel gewählt worden, um die Möglichkeiten anzudeuten.

29.7.7 Frames ansprechen

Bei den meisten Browser-basierten Applikationen kommt irgendwann der Wunsch auf, sie in einem Frameset (»Rahmengruppe«) darzustellen, da die meisten Benutzer dies offensichtlich als eine sehr komfortable Art der Benutzerführung empfinden.

Mit Formelsprache und LotusScript sind die Möglichkeiten zur Steuerung von Frames allerdings sehr gering oder funktionieren gar nicht. Das Werkzeug der Wahl ist daher JavaScript.

Für den Browser sind Frames zunächst nichts anderes als mehrere, gleichzeitig angezeigte Fenster, die unabhängig voneinander mit Inhalten belegt werden können. Da umgekehrt kein Zwang zur Verwendung von Frames besteht, erscheinen sie im JavaScript-Objektmodell nur bei tatsächlicher Verwendung.

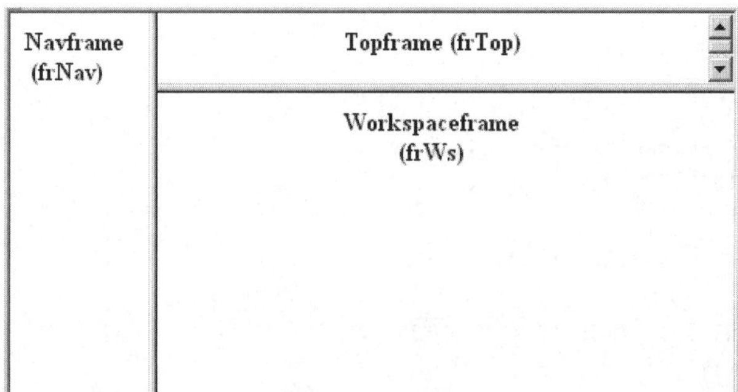

Abbildung 29.10: Mögliche Bildschirmaufteilung in drei Frames

Betrachten wir die Abbildung 29.10: Das Browser-Fenster zeigt drei Frames in typischer Anordnung. Der Inhalt besteht im Beispiel jeweils aus einer einfachen HTML-Seite mit Textinhalt.

Jedes Frame hat außerdem einen Namen (z.B. »frNav«) der später für das programmatische Ansprechen verwendet wird. Der Name des einzelnen Frames wird dabei jeweils im Eigenschaftenfenster unter RAHMEN/NAME festgelegt, der Startinhalt wird im Bereich INHALT angegeben.

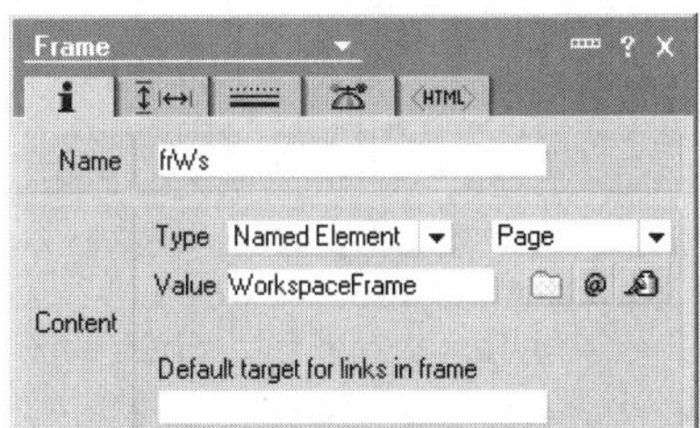

Abbildung 29.11: Dialog im Designer zur Eingabe der Eigenschaften eines Frames

Zum Verständnis der Frame-Programmierung ist es hilfreich, sich zunächst zu überlegen, welche Anforderungen die Programmierung mit JavaScript leisten muss.

- In JavaScript geschriebene Programme, die nur ein einziges Fenster benutzen, müssen alleine und auch innerhalb eines Framesets funktionieren. Sie sollten nicht einmal merken, dass sie in einem Frameset laufen.
- Javascript-Programme, die Frames benutzen, sollten ihr eigenes sowie andere Frames ansprechen können.

Das Dokumenten-Objekt-Modell von JavaScript schafft diesen Spagat sehr gut. Je nach Situation können Sie Ihr eigenes Frame oder auch Nachbar-Frames ansprechen. Dazu wird in der Objekthierarchie ein neues Objekt `"frame"` zwischen dem `window`- und dem `document`-Objekt eingefügt.

Wahlweise können Sie dieses Objekt auslassen (Fall 1) oder benutzen (Fall 2).

Zur Demonstration wurde ein einfaches Frameset »`FramesetTest`« erzeugt. In den einzelnen Frames werden die eigens dafür generierten Masken »Frameset-Maske1 .. 3« eingebettet. Alle drei Masken haben ein Feld »`Testfeld`«. Diese werden durch den JavaScript-Code (vgl. Listing 29.51) hinter der Schaltfläche BESCHREIBE FELDER mit Text gefüllt.

```
topFrame = window.parent;
for (i=0; i < topFrame.frames.length; i++) {
    topFrame.frames[i].document.forms[0].Testfeld.value = "Frame " +
        topFrame.frames[i].name;
}
```

Listing 29.51: JavaScript-Zugriff auf einzelne Frames

Das Fenster mit dem Dokument und der Schaltfläche ist nur Teil eines übergeordneten Konstrukts der Klasse »`window`«. Diese erreichen wir durch Auslesen der Eigenschaft »`window.parent`«. Von dort haben wir Zugriff auf alle enthaltenen einzelnen Frames mit dem Feld »`frames`«. Nachdem man sich entsprechend in der Hierarchie der Fenster bewegt hat, erfolgt der weitere Zugriff wie bisher.

29.7.8 Cookies verwenden

Auch wenn Cookies z.T. umstritten sind, findet man sie sehr häufig bei Implementierungen von Internetauftritten. Sie bieten die Möglichkeit, kleine Informationsmengen (bis 4 Kbyte) für einen gewissen Zeitraum auf der Festplatte des Browsers zu hinterlegen. Bei unserem Beispiel wollen wir diese Funktionalität dafür nutzen, dass nicht wiederholt derselbe Nachname im Dialog über die Tastatur eingegeben werden muss. Um das Bewusstsein für die Verwendung zu fördern, soll mit zwei zusätzlichen Aktionen das Schreiben und Lesen eines Cookies durchgeführt werden.

```
var spaeter = new Date(2005,4,18);
var wert;
var frm = window.document.forms[0];

if ( frm.ReNachname.value != "" ) {
    var wert = "c3=" + frm.ReNachname.value + "; expires=" + spaeter.toGMTString();
    alert("Schreibe " + wert);
    window.document.cookie = wert;
} else {
    alert("Das Feld 'Nachname' ist leer.");
}
```

Listing 29.52: Schreiben eines Cookies mit JavaScript

```
var wert = window.document.cookie;
var pos = wert.indexOf("c3=");
var ende = wert.indexOf(";", pos);
if ( ende < 0 ) {
    ende = wert.length;
}
window.document.forms[0].ReNachname.value = wert.substring( pos + 3, ende);
```

Listing 29.53: Lesen eines Cookies mit JavaScript

Wenn man ein Cookie mit einem Editor in dem vom jeweiligen Browser benutzten Verzeichnis öffnet, so erscheint es als Text. Dieser ist in verschiedene Elemente unterteilt, u.a. Name, Wert, Host/Verzeichnis. Beim Schreiben eines Cookies müssen zumindest der Name und der Wert angegeben werden. Im Listing 29.52 ist dies der Name »c3«, der den aktuellen Inhalt des Feldes »ReNachname« um die textuelle Darstellung eines Ablaufdatums ergänzt. Ist ein Cookie mit diesem Namen vom selben Host bereits beim Browser hinterlegt worden, so wird es mit den neuen Informationen überschrieben. Ist das Ablaufdatum aus der Sicht des Browsers in der Vergangenheit, so werden diese Informationen gelöscht. Pro Gültigkeitsbereich (Host/Pfad/Datei) entsteht eine Datei. So kommt auch die Zuordnung »window.document.cookie« zu Stande. Sollten mehrere verschieden benannte Cookies z.B. aus demselben Dokument heraus geschrieben werden, landen diese durch ein Semikolon getrennt in derselben Textdatei. Daher muss beim Auslesen (Listing 29.53) die in »window.document.cookie« erreichbare Zeichenkette (z.B. »c3=Knäpper;c4=Matthias«) gesplittet werden.

30 LiveConnect-Protokoll

30.1 Überblick

Gemäß dem Sandkasten-Modell läuft ein Applet auf einer HTML-Seite abgeschirmt vom Dateisystem, ja selbst von der umliegenden HTML-Seite.

Es gibt jedoch Fälle, in denen es wünschenswert ist, dass Daten aus dem Applet in das HTML-Formular übernommen werden oder umgekehrt aus der HTML-Seite vom Applet abgefragt werden können.

Diese Möglichkeit bietet das LiveConnect-Protokoll. Es wurde ursprünglich von Netscape erfunden – als Schnittstelle zwischen JavaScript und Java.

Das LiveConnect-Protokoll kann in zwei Varianten verwendet werden:

- Um aus JavaScript auf den Inhalt eines Java-Applets zuzugreifen,
- Um aus dem Java-Applet auf den Inhalt der HTML-Seite zuzugreifen.

Die folgenden Beispiele sind über den Designer in den Masken mit dem Präfix »LiveConnect« in dem Namen zu finden. Java-Programme, welche außerhalb von Notes kompiliert werden müssten, sind dort als Anhänge hinterlegt.

30.2 LiveConnect aus JavaScript

In dieser Variante enthält die HTML-Seite ein JavaScript-Programm, z.B. eine Schaltfläche, das Informationen aus einem in der Seite eingebetteten Java-Applet auslesen soll. Die Information könnte z.B. in ein Feld übernommen werden.

Das Szenario könnte, wie in Abbildung 30.1 dargestellt, aussehen:

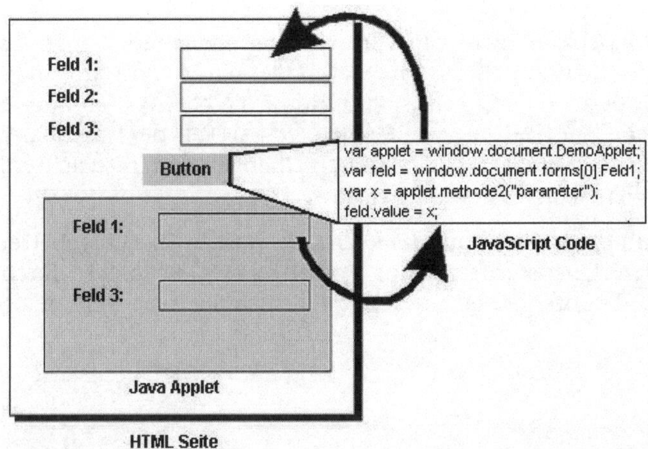

Abbildung 30.1: HTML-Seite mit Button, Applet und Textfeld

Das LiveConnect-Protokoll ermöglicht es, auf alle Informationen in einem Applet zuzugreifen, die in dem Applet als `public` deklariert sind. Dies können Eigenschaften und auch Methoden des Applets sein. In dem folgenden Applet (vgl. Listing 30.1) ist »`eigenschaft1`« sowie »`methode1`« und »`methode2`« nach dem Einbetten in ein HTML-Dokument von JavaScript über LiveConnect zugänglich:

```
import java.awt.*;
import java.applet.*;

public class LiveConnect1Demo extends Applet {
    // Eigenschaft, die zugänglich sein soll:
    public String eigenschaft1;
    // Applet Initialisierung
    public void init() {

    }
    // erste Methode die aufrufbar sein soll
    public void methode1() {

    }
    // zweite Methode, die aufrufbar sein soll
    public double methode2(String parameter) {
        double wert = 42;
        return wert;
    }
}
```

***Listing 30.1:** Applet mit* `LiveConnect`*-Zugriffmöglichkeit*

Um LiveConnect zu verwenden, schreiben wir ein Applet nach obigem Schema und compilieren es wie in der Java-Umgebung gewohnt. Das kompilierte Applet (die `class`-Datei!) wird in der Notes-Maske eingebettet. Dies kann durch den Menüpunkt ERSTELLEN – JAVA-APPLET... erreicht werden (vgl. Abbildung 30.2).

In dem Dialog stehen, sofern man nicht die Verknüpfung auf einen Webserver wählt, zwei Quellen zur Verfügung: Eine externe Datei oder eine bereits angemeldete Applet-Ressource. Für den letzteren Fall ist zumindest die bereits kompilierte Class-Datei mit dem Applet unter GEMEINSAME RESSOURCEN – APPLETS der Datenbank hinzuzufügen. Auch in diesem einfachen Fall ist in den Dialogen darauf zu achten, dass diese Class-Datei als »Basisklasse« gewählt wird.

Als Ergebnis erhält man in der Maske ein graues Rechteck, welches das eingebettet Applet darstellt. Über den Eigenschaftendialog kann dieses Rechteck durch Angabe von z.B. »4 x 4 Pixel« unter der ersten Registerkarte verkleinert werden.

Abbildung 30.2: Dialog zum Erstellen eines Applets in einer Maske. Er zeigt das Ergebnis nach dem Suchen einer Applet-Ressource.

Ebenfalls in den Eigenschaften des Applets kann diesem ein Name zugeordnet werden. Dies erfolgt auf der Registerkarte HTML im Feld `Name`. Der Name sollte ein gültiger Bezeichner nach den Regeln von JavaScript sein (vgl. Abbildung 30.3).

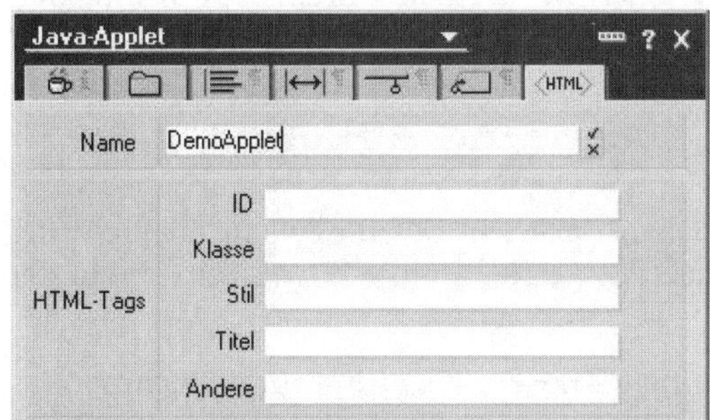

Abbildung 30.3: Namensvergabe für Java-Applets

Dieser Name wird von Domino beim Seitenaufbau an den Browser geschickt. Er ist Bestandteil des `<APPLET>`-Tag:

```
<APPLET WIDTH=10 HEIGHT=10
CODEBASE="... .nsf/262c762a84b45a85c1256e6400707430/$FILE"
CODE="LiveConnect1Demo.class" NAME="DemoApplet">
</APPLET>
```

Über das Dokumenten-Objekt-Modell kann jetzt auf das Java-Applet zugegriffen werden. Dabei wird der vergebene Name des Applets Bestandteil der Objekthierarchie. Die als `public` deklarierten Eigenschaften und Methoden des Applets können ebenfalls angesprochen werden, als wären Sie Bestandteil des Dokumenten-Objekt-Modells (vgl. Listing 30.2).

```
var eigenschaftl = window.document.DemoApplet.eigenschaftl;
window.document.DemoApplet.methodel();
var x = window.document.DemoApplet.methode2("Parameter");
```

Listing 30.2: Beispiel für `LiveConnect`*-Zugriffe aus JavaScript*

Um das erste Beispiel abzuschließen, müssen wir noch eine Schaltfläche auf der Seite einfügen und in JavaScript programmieren. Wir erstellen daher im Domino Designer eine neue Schaltfläche über das Menü ERSTELLEN-HOTSPOT-SCHALTFLÄCHE und wählen als Programmiersprache GEMEINSAMES JAVASCRIPT.

Im Programm wollen wir »`methode2`« des Applets aufrufen und das Ergebnis in das Feld schreiben (vgl. Listing 30.3).

```
var applet = window.document.DemoApplet;
var feld = window.document.forms[0].Feld1;
var x = applet.methode2("parameter");
feld.value = x;
```

Listing 30.3: JavaScript-Programm mit `LiveConnect`*-Zugriff*

In dem Beispiel erfolgt der Zugriff auf Applet und Feld nicht direkt, sondern jeweils über eine Hilfsvariable. Es zeigt nur den Weg des Zugriffs. Denkbar wären z.B. Routinen zur Verarbeitung von Zeichenketten, die bereits in Java vorliegen und nicht erneut in JavaScript implementiert werden sollen. Interessanter wird es in Kapitel 30.4 »LiveConnect mit CORBA«. Dort nutzen wir diese Schnittstelle, um Informationen vom Server (Back-End) für JavaScript im Zugriff zu haben.

30.3 LiveConnect aus Java

Der Datenaustausch über LiveConnect kann auch in der umgekehrten Richtung initiiert werden. In diesem Fall greift das Java-Applet auf die HTML-Seite zu, in der es enthalten ist.

Zu diesem Zweck benötigt das Applet einige Klassen, die es importieren muss. Das zugehörige Paket »`netscape.javascript`« ist im Netscape Navigator als Klassenbibliothek (JAVA40.JAR) enthalten und kann in der Umgebungsvariablen »`CLASSPATH`« der Entwicklungsumgebung angemeldet werden.

MAYSCRIPT-Attribut

Die Verwendung von LiveConnect aus dem Applet heraus stellt zunächst eine Verletzung des Java-Sandbox-Modells dar. Aus diesem Grund muss ein Applet ausdrücklich die Erlaubnis erhalten, auf die HTML-Seite zuzugreifen. Dies geschieht durch ein zusätzliches Tag `MAYSCRIPT`, das in das Applet-Tag aufgenommen wird (vgl. Listing 30.4).

```
<APPLET CODE="LiveConnect2Demo.class" NAME="DemoApplet"
CODEBASE="..." WIDTH=400 HEIGHT=200 MAYSCRIPT></APPLET>
```

Listing 30.4: `MayScript`*-Tag*

Ohne die Angabe von MAYSCRIPT erhalten wir beim Ausführen des Applets zur Laufzeit eine Security-Exception.

Das Java-Applet muss zunächst die normalen Applet-Pakete und zusätzlich das Netscape-Javascript-Paket importieren. Über die Klasse JSObject erhält es dann Zugriff auf das Dokumenten-Objekt-Modell von Javascript. Dabei wird über die Methode getWindow() zunächst das Window-Objekt geholt. Anschließend kann über getMember() jede Eigenschaft ausgelesen werden. Über setMember() können Eigenschaften gesetzt werden.

Die Methoden des JSObject sind in der Tabelle 30.1 dargestellt.

Methode	Beschreibung
call()	Aufruf einer JavaScript-Methode
eval()	Auswertung eines Ausdrucks in JavaScript
getMember()	Abfragen einer Eigenschaft eines JavaScript-Objekts
getSlot()	Abfragen eines Elementes in einem JavaScript-Array
removeMember()	Entfernen einer Eigenschaft aus einem JavaScript-Objekt
setMember()	Setzen einer Eigenschaft in einem JavaScript-Objekt
setSlot()	Setzen eines Elements in einem JavaScript-Array
getWindow()	Abfragen der JSObjekt-Instanz für das Fenster, in dem dieses Applet enthalten ist (Einstiegspunkt)

Tabelle 30.1: JSObject-Methoden

Das folgende Applet liest beim Initialisieren den Wert des Feldes "Feld" aus. Dies entspricht einer JavaScript-Anweisung wie z.B.: »var eigenschaft = window.document.forms[0].value;«.

Das Applet führt die gleiche Abfrage durch, speichert den Wert jedoch in einer Applet-Eigenschaft (vgl. Listing 30.5) und gibt den Wert in der Java-Konsole des Browser aus.

```
import java.awt.*;
import java.applet.*;
import netscape.javascript.*;
public class LiveConnect2Demo extends Applet {
    public String eigenschaft;
    // Applet Initialisierung, Feld ansprechen
    public void init() {
        String maske = "_LiveConnectAusJava";
        JSObject window = JSObject.getWindow(this);
        JSObject document = (JSObject) window.getMember("document");
        JSObject frms = (JSObject) document.getMember("forms");
        JSObject formidx = (JSObject) frms.getMember(maske);
        JSObject field = (JSObject) formidx.getMember("Feld1");
        eigenschaft = (String) field.getMember("value");
        System.out.println(eigenschaft);
    }
}
```

Listing 30.5: Applet mit* LiveConnect*-Zugriff auf das HTML-Feld

In Java wird die Objekthierarchie von JavaScript nachgebildet. Die Methode `getMember()` liefert dabei jeweils die gewünschte Eigenschaft, die noch mit einem Typecast, z.B. "`(JSObject)`", in das richtige Format gebracht werden muss.

Über LiveConnect kann das Java-Applet eine sehr weit gehende Kontrolle über den HTML-Seiteninhalt erlangen und den Browser ähnlich automatisieren, wie dies in JavaScript möglich ist. Den relativ hohen Programmieraufwand aus dem vorigen Beispiel kann man reduzieren, indem man sich Methoden schreibt, die den gewünschten Wert bereitstellen.

30.4 LiveConnect mit CORBA

Eine besonders attraktive Kombination stellt die Verbindung von LiveConnect mit einem Applet dar, das mit dem Domino Server über die CORBA-Schnittstelle kommuniziert. In diesem Fall besorgt das Applet die Daten vom Server, die dann aus JavaScript abgefragt werden können. Auf diese Art sind im Browser u.a. Abfragen nach Art der `@DBLookup`-Funktion aus der Formelsprache möglich.

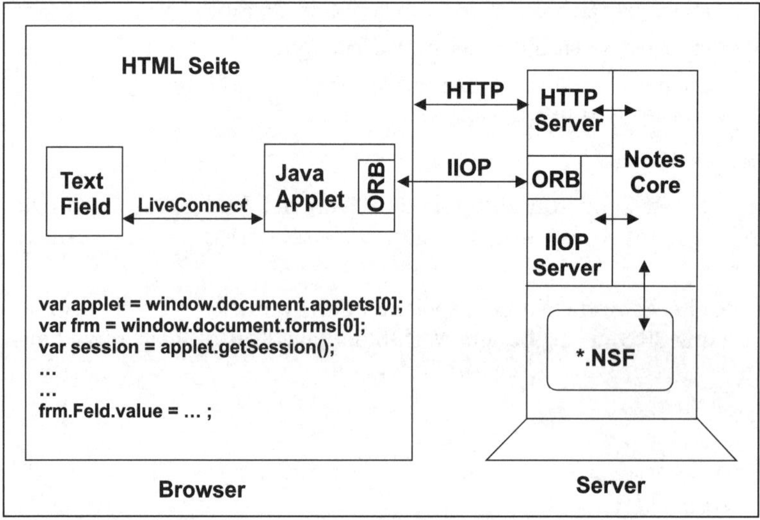

Abbildung 30.4: Seite mit Applet und Textfeld

Drückt der Benutzer auf eine Schaltfläche der HTML-Seite (vgl. Abbildung 30.4), so besorgt sich das Applet Daten von einem Domino-Server. Diese Daten schreibt der zur Schaltfläche gehörige JavaScript-Code z.B. wieder in ein Feld.

Das Java-Applet braucht in diesem Modell nur noch den Zugriff auf die `Session`-Klasse bereit zu stellen. Alle tiefer liegenden Klassen aus der Domino-Objekthierarchie können über die Session angesprochen werden. Da das Applet keine sichtbare Benutzerschnittstelle hat, wird es oftmals ganz klein (1 mal 1 Pixel groß) auf der HTML-Seite versteckt. Entsprechend wird ein solches Applet auch als *Pinpoint*-Applet bezeichnet. Ein solches Applet sehen wir im folgenden Beispiel (Listing 30.6).

```
import lotus.domino.*;
public class PinpointApplet extends AppletBase {
  private Session session;

  public void notesAppletInit()
  // Applet initialisieren
  {
    setLayout(null);
    setSize(1,1);
    try {
      session = openSession();
    } catch (Exception e) {
      e.printStackTrace();
    }
  }

  public void notesAppletDestroy()
  // Applet terminieren
  {
    // Verbindung terminieren
    try {
      closeSession(session);
    } catch (Exception e) {
      e.printStackTrace();
    }
  }

  public Session getSession()
  // Zugriff auf die Session ermöglichen
  {
    // Session Instanz zurückliefern
    return session;
  }
}
```

Listing 30.6: `Pinpoint`***-Applet***

Durch das Einbinden des Pinpoint-Applets kann über LiveConnect die `getSession()` Methode aus JavaScript heraus aufgerufen werden. Sollen weitere Klassen angesprochen werden, so durchläuft man einfach die Klassenhierarchie in JavaScript.

Das Pinpoint-Applet auf einer HTML-Seite erweitert somit im Ergebnis das JavaScript-DOM um die gesamte Lotus-Domino-Klassenhierarchie.

Damit sind in Javascript ab sofort nicht mehr nur Front-End-Klassen, sondern auch alle Domino-Back-End-Klassen verfügbar (soweit sie in diesem Kontext Sinn machen). Das folgende Diagramm stellt exemplarisch die Domino-Klassen in der JavaScript-Klassenhierarchie dar. Beachten Sie bitte, dass im Diagramm aus Platzgründen nur eine Teilmenge der Domino-Klassen eingetragen ist.

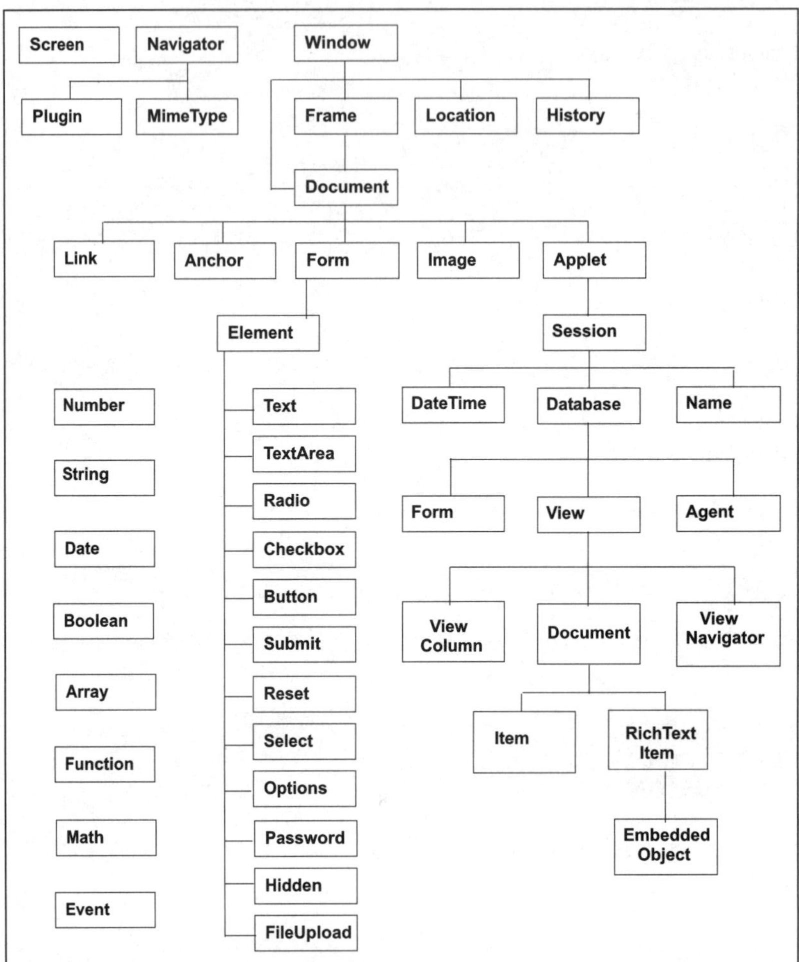

Abbildung 30.5: DOM mit Domino-Klassen

Das folgende Beispiel (vgl Listing 30.7) gibt alle Notes-Benutzer im Hauptadressbuch (NAMES.NSF) in einem Textfeld aus.

Dazu wird das oben dargestellte Pinpoint-Applet verwendet. In der Maske »LiveConnectCorba« ist ein Feld zur Eingabe des Server-Namens vorhanden. Dies kann kann für die Abarbeitung auch leer bleiben, da dann trotzdem auf den Server zugegriffen wird, von dem diese Maske im Browser geladen wurde.

```
// Applet und Feldinstanz bereitstellen
// "PinPointApplet" als Name in den HTML-Eigenschaften vergeben
var applet = window.document.applets[0];
var frm = window.document.forms[0];
var feld = frm.Feld1;

if (applet == null) {
    alert("kein Applet gefunden");
} else {
    // Objekthierarchie durchlaufen; mit der session startet der
       LiveConnect Zugriff über CORBA
    var session = applet.getSession();
    // Adressbuch auf dem lokalen Server öffnen
    if (session == null ) {
        alert("keine Session");
    } else {
        alert(session.getUserName());
        var db = session.getDatabase(frm.Server.value,"names.nsf");
        // Personen-Ansicht holen
        var view = db.getView("People");
        // String für Namesliste initialisieren
        var namen = "";
        // Dokumente in Schleife auslesen
        var doc = view.getFirstDocument()
        while (doc != null) {
            // Name aus Vor- und Nachname-Feld holen
            var name = doc.getItemValueString("FirstName") + " " +
                       doc.getItemValueString("LastName");
            // Namenstring verlängern
            namen = (namen=="") ? name : (namen+"\n"+name);
            // nächstes Dokument
            doc = view.getNextDocument(doc);
        }
        // namenliste in Ausgabefeld eintragen
        feld.value = namen;
    }
}
```

Listing 30.7: JavaScript mit `LiveConnect`***-Zugriff auf Domino-Klassen***

Bei diesem Zugriff gibt es eine Reihe von Fehlermöglichkeiten. So muss zunächst beim Einbetten des Applets angegeben werden, dass dieses unter Verwendung von Corba-Klassen auf den Server zugreift (vgl. Abbildung 30.6).

Seit der Version 6.0.2 enthalten die NCSO-Dateien nicht mehr die nötigen Klassen des »`org.*`«-Pakets. Daher ist zu gewährleisten, dass der benutzte Browser eine Java2-Umgebung im Zugriff hat. Als Alternative dazu kann sonst die alte Datei NCSO.JAR der Version 5 mit eingebunden werden. Dann müssen aber mehr Daten an den Browser übertragen werden. Das obige Beispiel geht davon aus, dass auf dem Server die Task »DIIOP« zusätzlich zu »HTTP« läuft und der anonyme Zugriff auf die NAMES.NSF erlaubt ist. Beim Etablieren dieser Verbindung ist immer ein Blick in die Java-Konsole beim Browser zu empfehlen. So können dort recht nützliche Fehlermeldungen gefunden werden:

- »NotesException: Database xy!!names.nsf has not been opened yet ...« als Hinweis, dass ein falscher Server-Name »xy« eingegeben wurde.
- »NotesException: User Anonymous cannot open database names.nsf« für einen nicht autorisierten Zugriff

Zum Teil findet man bei einem Fehlversuch auf der Server-Konsole den Hinweis »HTTP Web Server: Item Not Found Exception [/javascriptdemo.nsf/2e7c20992......«. Dies deutet auf ein fehlendes Einbinden der Corba-Klassen beim Applet oder eine fehlende Unterstützung für Java2 beim Browser hin.

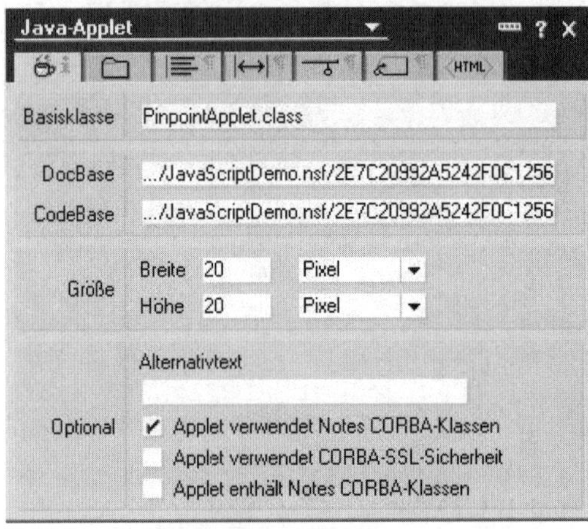

Abbildung 30.6: Hinweis beim eingebetteten Applet, dass CORBA zu verwenden ist

31 Volltextsuche

Domino-Dokumente sind – ebenso wie Webinhalte – vorwiegend unstrukturierter Natur. Dies bedeutet, dass der Nutzer, der sich auf die Suche nach Informationen begibt, keinerlei Informationen darüber hat, wie die zu durchsuchenden Dokumente aufgebaut und in welcher Form sie gespeichert sind. Vom Standpunkt der Suche nach Informationen her ist dies kein trivialer Aspekt. Königer und Reithmayer demonstrieren den *Wert* der Struktur des Informationsbestands für die Auffindbarkeit von Informationen an einem einfachen und dennoch plastischen Beispiel:

»Sie haben Ihre Kundenadressen, auf die Sie ständig zugreifen müssen, auf Karteikarten gespeichert. Beim Aufräumen wirft jemand diese Karten durcheinander. Damit sinkt der Wert der darin enthaltenen Informationen deutlich, 1000 unsortierte Karten sind aufgrund der fehlenden Struktur nahezu wertlos.«

Nach Schätzungen der Marktanalysten liegen über 60% aller Informationen in den Unternehmen sowie nahezu der gesamte, im Internet zur Verfügung stehende Informationsbestand unstrukturiert vor. Es liegt auf der Hand, dass zur Bewältigung einer solchen Informationsmenge der Einsatz von leistungsfähigen – größtenteils DV-gestützten – Suchmethoden unerlässlich ist. Vor dem Hintergrund des explosionsartigen Wachstums der Informationsmenge im Internet verwundert es nicht, dass mittlerweile ganze Forschungszweige sowie eine nicht vernachlässigbare Anzahl von kommerziellen Unternehmen fieberhaft nach Lösungen für diese Problematik suchen.

Lotus und IBM sind da keine Ausnahme. Da Notes in den Unternehmen schon immer nicht nur als Kommunikationsplattform, sondern auch als Information-Repository eine wichtige Rolle spielte, erkannte man bei Lotus relativ früh, dass der reine Informationszugriff über Ansichten auf lange Sicht wohl kaum ausreichen wird. Daher spendierte man Notes in der Version 3 eine Volltextsuchmaschine. Die Entscheidung, hierbei ein fremdes Produkt (Verity Search Engine) zu lizenzieren, welches seitdem durch ständige Verbesserungen die Entwicklung von Notes begleitet, erweist sich im Nachhinein aufgrund der Komplexität der Problematik als weise.

Auch wenn die Domino-Volltextsuchmaschine – wie wir mittlerweile wissen – nicht die einzige Einrichtung zur Erleichterung des Informationszugriffs ist (beispielsweise können Ansichten, Agenten, Headlines und Subscriptions dazugezählt werden), so stellt sie doch den Kern der Suchfunktionalität in Domino dar, auf dem viele andere Features aufbauen. In diesem Kapitel wird die Volltextsuche vom Standpunkt der Anwendungsentwicklung her beleuchtet.

31.1 Grundlagen der Volltextsuche

Der Begriff »Volltextsuche« macht es im Grunde genommen bereits deutlich: Erstens handelt es sich um einen Mechanismus zur Suche nach *Text* und zweitens werden (im Gegensatz zur einfachen Suche nach bestimmten Attributen) *vollständige* Texte in die Suche miteinbezogen.

Und das geht so:

1. Zunächst muss der Benutzer eine so genannte *Suchabfrage* (engl. query) eingeben, also eine Ansammlung von Begriffen, die – gegebenenfalls verknüpft durch *boolesche* Verknüpfungsoperatoren (beispielsweise logisch UND, ODER und NICHT) – den Informationsbedarf des Benutzers möglichst gut wiedergeben sollten, z.B. `(AUTO UND FAHRRAD) NICHT ZUG`.
2. Anschließend vergleicht die Volltextsuchmaschine die Suchabfrage nicht direkt mit den zu durchsuchenden Inhalten – diese Methode wäre viel zu zeit- und ressourcenintensiv –, sondern mit einer speziell für Suchzwecke erstellten Repräsentation der Inhalte, dem so genannten *Volltextindex*.
3. Diejenigen Dokumente, deren Index-Repräsentation mit der Suchabfrage mehr oder weniger übereinstimmt (eine exakte Übereinstimmung ist je nach Ausgestaltung der Suchparameter nicht unbedingt erforderlich), werden dem Benutzer in sortierter Reihenfolge angezeigt. Als *Sortierkriterium* kann hierbei die Treffergenauigkeit (die gerne als »Relevanz« interpretiert wird) oder aber irgendein anderes Dokumentattribut dienen.

Volltextindex

Im Kern der Volltextindizierung steht das Konzept des *Volltextindex*. Der Vorteil des Volltextindex im Vergleich zur direkten Suche in den jeweiligen Dokumenten ist zum einen, dass ein Volltextindex automatisch nur den textuellen Teil der Information enthält (beispielsweise bleiben Bilder sowie ausführbare Code-Fragmente wie Java-Applets und ActiveX-Controls außen vor), und zum anderen, dass dieser Text auf die Beantwortung von Suchabfragen hin optimiert wird. So lässt sich beispielsweise in Notes bei der Erstellung eines solchen Index angeben, ob bei der Suche zwischen Groß- und Kleinschreibung unterschieden werden soll. Je nachdem, für welche Option man sich entscheidet, fällt der Volltext anders aus, sowohl im Hinblick auf die Größe als auch bezüglich der Struktur.

Die Erstellung eines Volltextindex ist mit einem beträchtlichen Rechen- bzw. Ressourcenaufwand verbunden. Folglich wird ein Volltextindex nicht bei jeder Suchabfrage erneut generiert, sondern lediglich einmal erstellt und anschließend in periodischen Abständen quasi »offline« aktualisiert. Dies hat zur Folge, dass ein Volltextindex in der Regel niemals den aktuellen Zustand der Inhalte abbildet. Wird beispielsweise unmittelbar nach der Aktualisierung ein neues Dokument erstellt, bleibt dieses bis zur nächsten Aktualisierung von der Volltextsuche ausgeschlossen (d.h., es kann nicht als Ergebnis einer Suchabfrage angezeigt werden). Dieser Mangel fällt allerdings bei den meisten dokumentorientierten Informationen nicht negativ auf, denn ein Echtzeit-Zugriff auf Dokumente unmittelbar nach deren Erstellung wird in der Regel nicht benötigt.

31.2 Features der Domino-Search-Engine

Die ohnehin leistungsfähige Volltextsuchmaschine wird in jeder neuen Version von Domino noch mal kräftig aufpoliert. Die wesentlichen Features sind:

- **Indizierung von ausgewählten Dateiformaten**: Die Suchmaschine indiziert verschiedene Dateitypen, u.a. PDF-Dateien (Adobe Acrobat), HTML-Seiten sowie die Dateiformate der gängigen Office-Pakete – allen voran der hauseigenen SmartSuite (AmiPro-, Freelance- und Lotus-1-2-3-Dateien), aber auch des weit populäreren Microsoft-Office-Pakets (Word-, Excel- und PowerPoint-Dateien). Diese Möglichkeit gilt zum einen für Dateianhänge und zum anderen für die bereits erwähnte Möglichkeit der Indizierung von Dateisystemen.
- **Ergebnisse der Suche**: Die Suche in Domino erfolgt seitenweise, d.h., es wird jeweils die vom Benutzer gewünschte Seite (mit einer vordefinierbaren Anzahl von Ergebnissen) zurückgegeben. Der Vorteil dieses Features ist insbesondere in der Geschwindigkeitsoptimierung und einem verbesserten Antwortzeitverhalten zu sehen, da nicht erst alle Ergebnisse umständlich zusammengefasst, formatiert und übers Netz übertragen werden müssen.
- **Ungenaue Suche**: Wenn Sie sich über die richtige Schreibweise des gesuchten Begriffs nicht im Klaren sind, kommt Ihnen die Domino-Suchmaschine zu Hilfe. Neben der bereits in Version 4.x vorhandenen Möglichkeit, nach so genannten Wortvarianten eines Suchbegriffs zu suchen (bei der auch durch Präfixe und Suffixe entstehende Abwandlungen des Grundbegriffs gefunden werden), kommt seit der Version 5 die so genannte *ungenaue Suche* (engl. fuzzy search) zum Einsatz. Lotus schweigt sich über die genaue Funktionsweise dieses Mechanismus aus, aus den Beispielen ist jedoch zu ersehen, dass der wichtigste Vorteil dieser Funktion im Auffinden von falsch geschriebenen Begriffen liegt (z.B. Lotus Notus statt Lotus Notes – ein häufig begangener Fehler).
- **Domänen-Suche**: Neben der Möglichkeit, einzelne Datenbanken oder Gruppen von Datenbanken zu indizieren (letzteres mithilfe der so genannten Site-Abfrage-Schablone), kann man nun mit der Domänensuche ganze *Domänen* volltextindizieren; d.h., alle Datenbanken, welche sich in einer definierten Gruppe von Servern – der so genannten *Domäne* befinden – werden indiziert. Darüber hinaus umfasst die Domänen-Volltextsuche nun auch Inhalte in *Dateisystemen*. Die einzige Voraussetzung für das letzte Feature ist, dass der als Domänen-Indexer fungierende Domino-Server mindestens einen Leserzugriff auf das betreffende Dateisystem besitzt.

31.3 Volltextindizierung in Notes

31.3.1 Erstellung eines Volltextindex

In Notes kann jede beliebige Datenbank volltextindiziert werden. Für Server-seitige Datenbanken sind zur Erstellung eines Volltextindex mindestens *Entwickler*-Rechte erforderlich, während Client-seitige Datenbanken von jedem Benutzer volltextindiziert werden können. Für Letztere gilt außerdem, dass die Aktualisierung des Volltextindex immer manuell erfolgen muss, während auf dem Server diese Aufgabe automatisch von der entsprechenden Server-Task vorgenommen wird. Die Häufigkeit der Aktualisierung lässt sich hierbei vom Datenbankverantwortlichen festlegen.

Der Volltextindex kann unter EIGENSCHAFTEN: DATENBANK auf der Registerkarte VOLLTEXT mit INDEX ERSTELLEN angelegt werden (vgl. Abbildung 31.1).

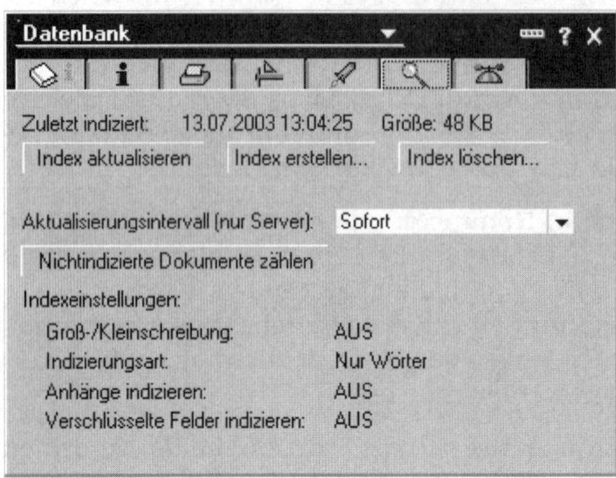

Abbildung 31.1: Erstellen eines Volltextindex

Volltextindexoptionen

Bei der Erstellung des Index gibt es mehrere Optionen, die sich alle auf die Genauigkeit, aber auch auf die Größe der Indexdatei auswirken:

- **Groß-/Kleinschreibung beachten**: Ist diese Option aktiviert, kann der Benutzer bei der Angabe von Suchkriterien die Groß-/Kleinschreibung beachten (Verwendung der Option EXACT CASE).
- **Satz- und absatzweise indizieren**: Hier kann man festlegen, dass die kleinste Sucheinheit nicht nur ein einzelnes Wort, sondern gegebenenfalls ein Satz bzw. ein Absatz sein kann. Diese Option beansprucht deutlich mehr Speicherplatz, ermöglicht jedoch den Einsatz von komplexen Suchbegriffen wie `SENTENCE` und `PARAGRAPH`.
- **Anhänge indizieren**: Wenn Sie z.B. an ein Notes-Dokument eine Datei anhängen, kann dieses mitindiziert werden. Hierbei kann die Genauigkeit der Volltextsuche wahlweise durch die Verwendung von so genannten *Konvertierungsfiltern* deutlich erhöht werden. Auch diese Option kann jedoch bei vielen Dateianhängen die Größe des Index vervielfachen.
- **Verschlüsselte Felder indizieren**: Diese Option bewirkt, dass auch die verschlüsselten Feldinhalte über die Volltextsuche ausgelesen werden können. Die Verschlüsselung wird in diesem Fall außer Kraft gesetzt. Wenn beispielsweise der Anwender nach allen *Mitarbeiter*-Dokumenten sucht, in denen das (ansonsten verschlüsselte) Zahlenfeld *Gehalt* einen Wert größer als 100.000 enthält, werden alle »Treffer« angezeigt, obwohl der genaue Wert des Feldes nach wie vor nicht ausgelesen werden kann.

Aktualisierungsfrequenz

Ferner lässt sich, wie bereits erwähnt, für Server-seitige Datenbanken die Aktualisierungsfrequenz festlegen. Es stehen folgende Möglichkeiten zur Verfügung:

- **Sofort**: Hier erfolgt die Aktualisierung so bald wie möglich, nachdem die Datenbank geschlossen wird.
- **Stündlich**: Die Aktualisierung erfolgt jede Stunde. Hierfür ist der *Chronos*-Server-Prozess zuständig.
- **Periodisch**: Die Aktualisierung erfolgt anhand eines im voraus definierten Zeitplans, der im Namen- und Adressbuch in Form eines *Programm*-Dokuments für die Task `Updall` festgelegt werden kann.
- **Täglich**: Die Aktualisierung erfolgt im 24-Stunden-Rhythmus, ebenfalls von der Server-Task `Updall`, falls kein *Programm*-Dokument existiert.

Schaltflächen

Darüber hinaus stehen auf der Registerkarte VOLLTEXT einige Hilfsschaltflächen zur Verfügung:

- **Index aktualisieren**: ermöglicht eine manuelle Aktualisierung des Volltextindex.
- **Index löschen**: löscht die Volltextindex-Datei.
- **Nichtindizierte zählen**: liefert eine Angabe über die Aktualität des Volltextindex, indem Dokumente, die noch nicht indiziert wurden, gezählt werden.

31.3.2 Volltextindexdatei

Die Erstellung des Volltextindex erfolgt in Form eines Unterverzeichnisses mit der Bezeichnung DATENBANKNAME.FT im gleichen Verzeichnis, in dem auch die Datenbank selbst gespeichert ist. Dort werden die eigentlichen Volltextindex-Dateien abgelegt.

> Die Volltextindexdateien selbst sind in keiner Weise verschlüsselt. Wenn Sie beim Erstellen des Volltextindex auch die verschlüsselten Felder indizieren lassen, hat jeder, der auf die Volltextindexdateien zugreifen kann, den vollen Einblick in den Inhalt der verschlüsselten Felder.

31.3.3 Suche nach Informationen

Ist der Volltextindex erstellt, kann nach Informationen gesucht werden. Die Volltextsuchmaschine von Notes ermöglicht die Recherche nach einem oder mehreren, logisch verknüpften Begriffen. Als Suchbegriffe kommen einzelne Wörter, Phrasen, Zahlen und sonstige Daten, wie Autorennamen und Feldinhalte, in Frage. Weiterhin bietet die Suchmaschine fortgeschrittene Features, wie Verwendung von Joker-Zeichen sowie eine Angabe von Teilbegriffen.

Query-Sprache

Die Suche selbst erfolgt mittels einer Query-Sprache, die auf einigen relativ einfachen syntaktischen Regeln beruht. Die wichtigsten werden nachfolgend genannt:

- **Einfacher Text**: ermöglicht die Suche nach bestimmten Begriffen oder Begriffsfolgen. Die Schlüsselbegriffe der Query-Sprache selbst sollten hierbei in Anführungszeichen verwendet werden.
- **Wildcard-Zeichen**: folgen Regeln, die man auch in anderen Werkzeugen in diesem Zusammenhang findet. Das Fragezeichen (?) wird benutzt, um genau ein Zeichen als Joker zu kennzeichnen. Um mehrere Zeichen durch einen Joker zu ersetzen, kann das Sternchen (*) verwendet werden.
- **Logische Operatoren**: begrenzen oder erweitern die Menge der Suchergebnisse. In diesem Zusammenhang können Schlüsselwörter wie `AND` (&), `OR` (|), `NOT` (!) und `ACCRUE` (,) verwendet werden (statt der Begriffe können Sie optional die in Klammern angegebenen Zeichen einsetzen). Die ersten drei Operatoren dürften bekannt sein. Der letzte Operator entspricht `OR`, mit dem Unterschied, dass bei der Anzeige der Suchergebnisse diejenigen Dokumente, die mehrere der angegebenen Ausdrücke verwenden, höher gewichtet werden.
- **Kontext-Operatoren**: können benutzt werden, um nach Begriffen zu suchen, die nahe beieinander liegen. Diese Option funktioniert nur bei entsprechenden Einstellungen bei der Volltextindex-Erstellung. Das Schlüsselwort `NEAR` bewirkt, dass die Kombinationen zweier Begriffe, die näher beieinander liegen als andere, höher gewichtet werden. `SENTENCE` und `PARAGRAPH` erfüllen den gleichen Zweck, mit dem Unterschied, dass hier die angegebenen Begriffe innerhalb eines Satzes bzw. Absatzes vorkommen müssen.
- **FIELD-Operator**: wird verwendet, um nach denjenigen Dokumenten zu suchen, in denen der Inhalt eines bestimmten Feldes mit dem angegebenen Suchbegriff übereinstimmt. Dem Schlüsselwort folgen der Name des Feldes, ein Vergleichsoperator (=, >, <) und der gesuchte Inhalt. Es kommen Text-, Rich-Text-, Zahl- oder Datumsfelder in Frage.
- **Verwendung von Klammern**: durch Verwendung von Klammern lassen sich die Prioritäten der Such-Operatoren beliebig modifizieren. Die Ausdrücke in Klammern haben hierbei die höhere Priorität.

Tabelle 31.1 enthält einen zusammenfassenden Überblick über die Suchoperatoren, welche bei der Volltextsuche mit der Domino-Search-Engine verwendet werden können.

Suchoption	Anmerkung	Beispiel
`AND`	Suche nach mehreren Begriffen gleichzeitig (»All Words«)	`KATZE AND HUND`
`OR`	Suche nach mindestens einem der angegebenen Begriffe (»Any Words«)	`KATZE OR HUND`
`NOT`	Negative Abfrage: Das gesuchte Dokument darf den Suchbegriff nicht enthalten.	`KATZE AND NOT HUND`
`PARAGRAPH`	Suche nach Begriffen innerhalb eines Absatzes	`KATZE PARAGRAPH HUND`
`SENTENCE`	Suche nach Begriffen innerhalb eines Satzes	`KATZE SENTENCE HUND`
`FIELD`	Suche nach dem Inhalt eines bestimmten Feldes	`FIELD TIER CONTAINS KATZE`
`?` und `*`	Joker-Zeichen, durch welche ein (Fragezeichen) oder mehrere (Sternchen) bestimmte Zeichen des Suchbegriffs als variabel deklariert werden	`KATZ? AND HU*`
`TERMWEIGHT`	Erlaubt die Angabe der relativen Wichtigkeit eines Worts (Wertebereich zwischen 0 und 65536)	`TERMWEIGHT 100 HUND OR TERMWEIGHT 50 KATZE`
`EXACTCASE`	Suche nach Begriffen mit exakt übereinstimmender Klein- und Großschreibung	`EXACTCASE KATZE` (»katze« wird nicht gefunden)
`CONTAINS`	Ermöglicht die Suche nach Feldinhalten	`FIELD Tier CONTAINS Hund`
`=, >, <, <=, >=`	Suche nach Zahlenwerten unter der Angabe des Größenvergleichs	`FIELD Alter>25`

Tabelle 31.1: Suchoperatoren in Domino 5

Abfrage-Funktion im Notes-Client

Im Notes-Client können Suchabfragen, die sich aus Begriffen und oben genannten Operatoren zusammensetzen, direkt in der Suchleiste eingegeben werden, wie im oberen Teil der Abbildung 31.2 dargestellt.

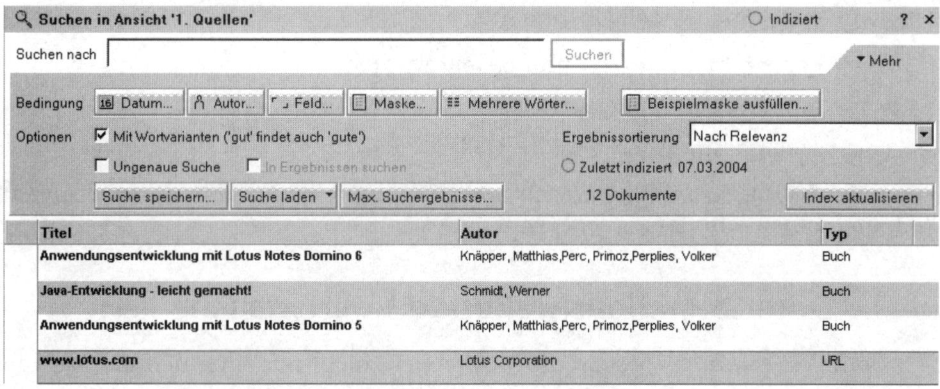

Abbildung 31.2: Suchleiste im Notes-Client (im erweiterten Modus)

Diese Option dürfte für die meisten Ad-hoc-Suchabfragen ausreichen. Werden die Suchabfragen zu komplex, um sie manuell per Query-Sprache in der Suchleiste einzugeben, besteht im Notes-Client die Möglichkeit, die so genannte *Abfragefunktion* einzusetzen. Diese wird durch das Anklicken der Schaltfläche MEHR aktiviert und ist im Grunde genommen nichts anderes als ein »Wizard« zum schnellen Erstellen von komplexen Suchabfragen, ohne die Query-Sprache verwenden zu müssen.

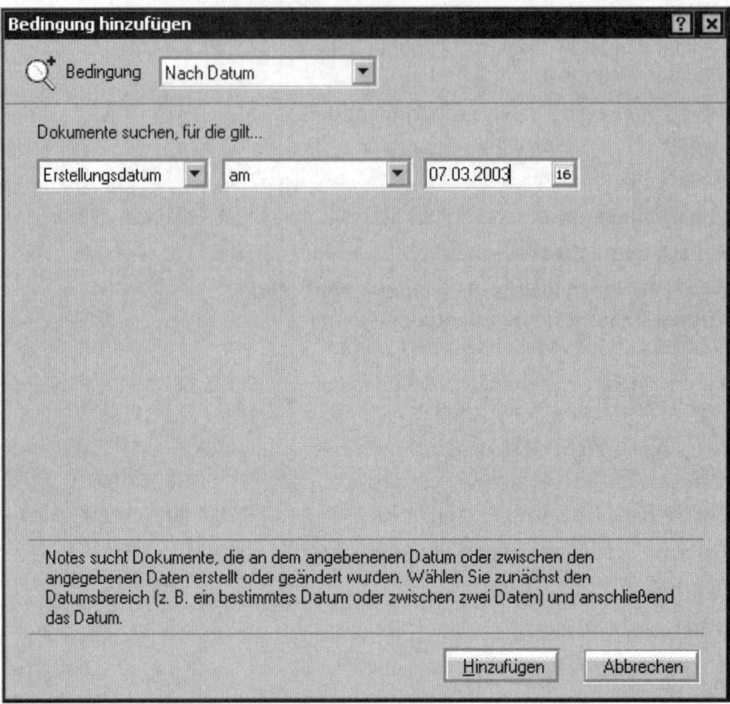

Abbildung 31.3: Abfragefunktion im Notes-Client

Abbildung 31.3 zeigt beispielsweise die Möglichkeit, eine Suche nach Dokumenten, die an einem bestimmten Datum erstellt wurden. Darüber hinaus besteht die Möglichkeit der Suche nach Dokumenten,

- die von einem bestimmten Autor erstellt wurden,
- die bestimmte Feldinhalte aufweisen,
- die mit einer bestimmten Maske erstellt wurden.

Besonders häufig benötigte Abfragen lassen sich speichern und zu einem späteren Zeitpunkt erneut abrufen.

31.4 Datenbankübergreifende Volltextsuche

Seit Domino-Version 4.5 besteht die Möglichkeit, nicht nur einzelne Datenbanken zu indizieren, sondern über mehrere Datenbanken hinweg nach bestimmten Begriffen zu suchen. Dieses Feature ist ein klares Zugeständnis an die Öffnung von Notes hin zum Internet, denn ein Webbenutzer muss ja nicht unbedingt wissen, dass eine Domino-Website eigentlich eine Ansammlung von mehreren Datenbanken ist. Vielmehr sollen sich Informationen, die sich in diesen Datenbanken befinden, auch im Bereich der Volltextsuche als eine kohärente Einheit darstellen lassen.

Es gibt eigentlich zwei Mechanismen, die eine datenbankübergreifende Suche ermöglichen: Zunächst soll die etwas betagtere Methode – die so genannte Site-Abfrage-Datenbank – dargestellt werden, welche bereits als eine Art Legacy-Applikation betrachtet werden kann. Am Ende dieses Kapitels wollen wir uns mit der zweiten Variante – der Domänen-Suche – auseinander setzen, welche eine konsequente Weiterentwicklung des Site-Abfrage-Ansatzes dargestellt.

Site-Abfrage-Datenbank

Bei der datenbankübergreifenden Suche mittels der Site-Abfrage-Datenbank werden nicht mehrere Datenbanken einzeln indiziert, sondern es wird eine spezielle Datenbank beauftragt, in regelmäßigen Abständen für ausgewählte Datenbanken einen Volltextindex zu erstellen. Diese Datenbank führt also einen Gesamtindex für alle betreffenden Datenbanken. Die Indizierung von einzelnen Datenbanken ist in diesem Fall nicht mehr erforderlich.

Multi-Database Indexing

Dieses Verfahren wird als *Multi-Database-Indexing* (MDI) bezeichnet und wird erst durch die Verwendung einer speziellen Domino-Datenbank namens *Site-Abfrage* möglich, die in Form der gleichnamigen Datenbankschablone im Lieferumfang von Domino enthalten ist. Eine oder mehrere anhand dieser Schablonen erstellten Datenbanken, sie werden im Folgenden der Einfachheit halber als *Site-Abfrage-Datenbanken* bezeichnet, verwalten zum einen Informationen über das Ausmaß der in das MDI einbezogenen Datenbanken und ermöglichen ferner die Suche in gemeinsamen Volltextindizes.

31.4.1 Eine Site-Abfrage-Datenbank erstellen

Um eine Datenbank basierend auf der Schablone `Site-Abfrage` zu erstellen, sind folgende Schritte notwendig:

1. Wählen Sie DATEI/DATENBANK/NEU.
2. Wählen Sie im Dialogfenster NEUE DATENBANK die Schablone SITE-ABFRAGE.
3. Legen Sie sonstige Einstellungen für diese Datenbank fest.
4. Klicken Sie auf OK.

31.4.2 Den Umfang der Indizierung festlegen

In der neuen Datenbank kann nun zunächst der Umfang der Indizierung mit ERSTELLEN/KONFIGURATION DES SUCHUMFANGS festgelegt werden.

Wenn Sie die *Site-Abfrage*-Datenbank nicht lokal, sondern auf dem Server angelegt haben, müssen Sie in der Zugriffskontrollliste über die Funktion `[SearchSiteAdmin]` verfügen, bevor Sie eine neue Konfiguration des Suchumfangs anlegen können.

In der daraufhin erscheinenden Maske kann zunächst festgelegt werden, ob einzelne Datenbanken, bestimmte Datenbankverzeichnisse oder der gesamte Datenbankbestand eines Servers volltextindiziert werden soll.

Für jede Datenbank, die in das MDI einbezogen werden soll, muss in den Datenbankeigenschaften auf der Registerkarte GESTALTUNG die Option IN DATENBANKÜBERGREIFENDE INDIZIERUNG AUFNEHMEN aktiviert werden (vgl. Abbildung 31.4).

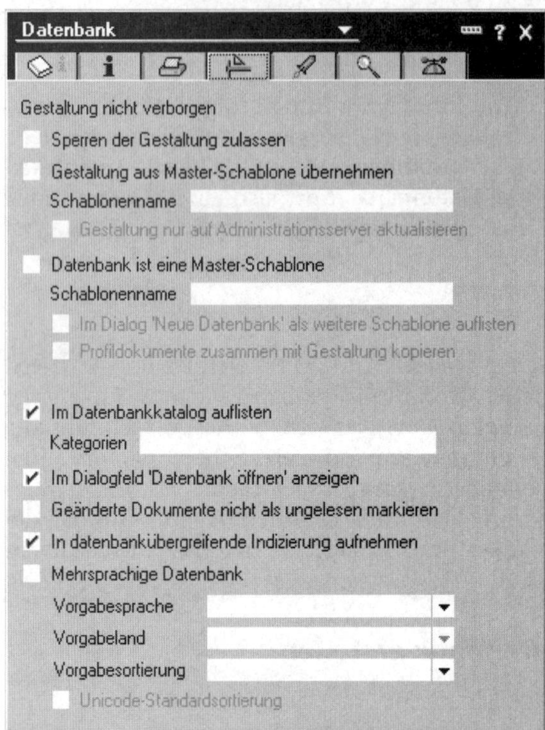

Abbildung 31.4: Die Datenbank muss explizit in die Indizierung aufgenommen werden

Um nur ausgewählte Datenbanken auf einem Server in das MDI einzubeziehen, stehen somit mehrere Möglichkeiten zur Verfügung:

- Man legt im Konfigurationsdokument als *Umfang*-Option *Server* fest und aktiviert die Option *In die Indizierung mehrerer Datenbanken aufnehmen* in ausgewählten Datenbanken.
- Man erzeugt für jede ausgewählte Datenbank jeweils ein Konfigurationsdokument mit der *Umfang*-Option *Datenbank*. Auch in diesem Fall ist das Aktivieren der Option *In die Indexierung mehrerer Datenbanken aufnehmen* in jeder betroffenen Datenbank erforderlich.

Ausmaß der Indizierung

Darüber hinaus kann man im *Umfang*-Dokument, ähnlich wie bei der herkömmlichen Volltextindizierung in Notes, festlegen, in welchem Ausmaß die Indizierung erfolgen soll. Folgende Optionen stehen zur Verfügung:

- **Kein Index**: schließt ausgewählte Datenbanken von der Volltextindizierung explizit aus. Diese Option ist nützlich, falls als ursprünglicher Indizierungsbereich der gesamte Server festgelegt wurde und einige Datenbanken hiervon ausgenommen werden sollen.
- **Übersichtsdateien indizieren (kein RTF)**: RTF steht in diesem Zusammenhang für Rich-Text-Felder. Diese Option beschränkt die Indizierung auf Informationen, die in der Regel in Ansichten angezeigt werden. Die eigentlichen Inhalte – es wird davon ausgegangen, dass diese in einem Rich-Text-Feld vorliegen – werden nicht indiziert. Somit kann ein bestimmtes Dokument mithilfe der Volltextsuche ausfindig gemacht werden, ohne dessen gesamten Inhalt indizieren zu müssen.
- **Vollständiges Dokument indizieren**: Hier werden sowohl die grundlegenden Informationen als auch Rich-Text-Felder – mit Ausnahme der Dateianhänge – indiziert.
- **Vollständiges Dokument mit Anhängen indizieren**: Die vollständige Indizierung schließt auch Dateianhänge mit ein. In diesem Fall werden sämtliche Informationen, die in Dateianhängen oder eingebetteten OLE-Objekten enthalten sind, indiziert. Eine Ausnahme hierbei bilden komprimierte Dateianhänge.

Index einer Site-Abfrage-Datenbank erstellen

Steht die gewünschte Konfiguration fest, kann der datenbankübergreifende Index erstellt werden. Hierzu muss lediglich die neue *Site-Abfrage*-Datenbank volltextindiziert werden. Dies erfolgt wie bei herkömmlichen Notes-Datenbanken in den Datenbankeigenschaften durch den Befehl *Index erstellen* auf der Registerkarte *Volltext*. Der neue Index wird, ebenfalls wie gewohnt, in einem Unterverzeichnis namens *SITE-ABFRAGE-DB.FT* (der eigentliche Name hängt von der Benennung Ihrer Datenbank ab) angelegt und auf dem Server in regelmäßigen Abständen aktualisiert.

> Es können anhand der *Site-Abfrage*-Schablone auch mehrere Datenbanken angelegt werden. Dies empfiehlt sich, wenn die Suchkonfigurationen je nach Zielgruppe variieren. So werden Mitarbeiter andere Datenbanken durchsuchen können (und dürfen!) als Geschäftspartner. Diese wiederum brauchen andere Informationen als Kunden. Für jede der drei Gruppen kann eine eigene *Site-Abfrage*-Datenbank mit entsprechender Suchkonfiguration angelegt werden.

31.4.3 Den Umfang der Indizierung nachträglich bearbeiten

Die Informationen im Zusammenhang mit dem Suchumfang einer *Site-Abfrage*-Datenbank können jederzeit durch Erstellung von neuen oder Nachbearbeitung von bestehenden Konfigurationsdokumenten modifiziert werden.

Wenn Sie eine solche Änderung vornehmen, wird diese erst dann in Kraft treten, wenn Sie den aktuellen Volltextindex löschen und – basierend auf der aktualisierten Suchumfang-Konfiguration – einen neuen erstellen lassen.

31.4.4 Einfache und fortgeschrittene Volltextsuche

Im Rahmen der *Site-Abfrage* stehen, jeweils in einer Notes- und einer Web-Version, zwei Suchmasken zur Verfügung:

- **Einfache Suche**: vergleichbar mit der Suchleiste im Notes-Client. Hier kann ein einfacher Suchbegriff oder auch ein komplexer, auf der Query-Sprache basierender Ausdruck direkt eingegeben werden.
- **Erweiterte Suche**: vergleichbar mit der Abfrage-Funktion im Notes-Client. Sie erlaubt die Angabe mehrerer Suchbegriffe und komplexere Verknüpfungen von Suchkriterien. Weiterhin können Dokumente beispielsweise nach Erstellungsdatum oder nach bestimmten Kategorien gesucht werden (vgl. Abbildung 31.5).

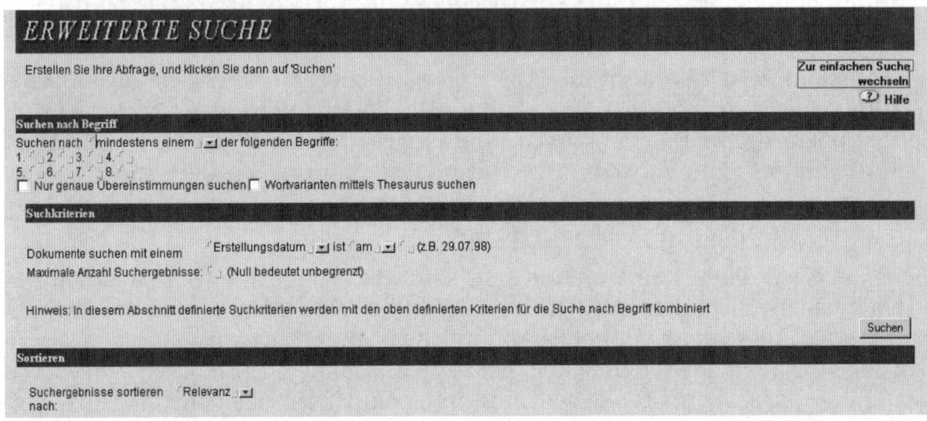

Abbildung 31.5: Maske zur erweiterten Suche

Im Notes-Client (und nur dort) lassen sich darüber hinaus die Suchabfragen speichern und zu einem späteren Zeitpunkt wieder verwenden.

31.4.5 Formatierung der Suchergebnisse

Da die Volltextsuche über mehrere Datenbanken hinweg natürlich nicht an bestimmte Ansichten gebunden ist, stellt sich die Frage, wie die Suchergebnisse formatiert werden. *Site-Abfrage* benutzt als Vorlage bei der Formatierung die Ansicht/den Ordner, der standardmäßig beim Öffnen der Datenbank angezeigt wird. Die Einstellung kann in Eigenschaften: Ansicht mit der Option Standard beim ersten Öffnen der Datenbank festgelegt werden und ist im Ordner Gestaltung/Ansichten am Sternchen vor dem Ansichtsnamen erkennbar (vgl. Abbildung 31.6).

Wenn das gesuchte Dokument in dieser Ansicht enthalten ist, wird es auch als Suchergebnis dementsprechend formatiert, d.h., es werden die Spalteninhalte angezeigt, die auch in der betreffenden Ansicht vorkommen. Es empfiehlt sich daher, für jede in der Umfangskonfiguration enthaltene Datenbank eine Ansicht bereitzustellen, die alle Dokumente anzeigt und zudem als Standardansicht beim Öffnen der Datenbank festgelegt wird.

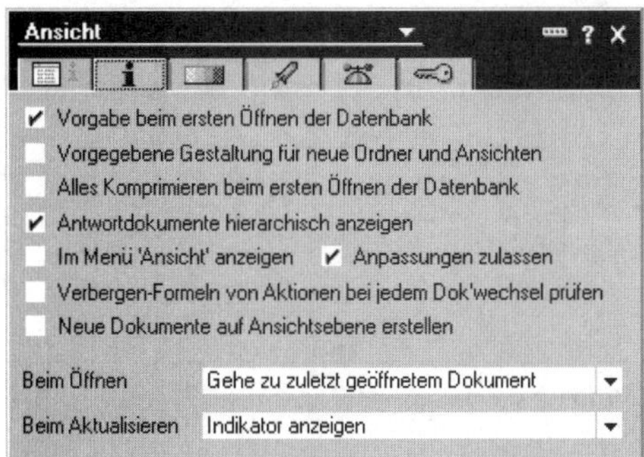

Abbildung 31.6: Die Suchergebnisse werden anhand der Standardansicht einer Datenbank angezeigt.

Falls ein Dokument nicht in der Standardansicht enthalten ist, aber dennoch die Suchkriterien erfüllt, wird es im Ergebnisdokument lediglich anhand des Namens der Datenbank, in der es enthalten ist, dargestellt.

31.5 Volltextsuche im Web

Nun, da Sie mit der Volltextsuche-Funktionalität im Notes-Client-Umfeld bestens vertraut sind, können Sie den Schritt in Richtung Web wagen und untersuchen, was für Unterschiede sich zwischen den beiden Client-Typen ergeben.

Im Web existieren im Hinblick auf den Umfang der Suche zwei unterschiedliche Suchmethoden:

- **Volltextsuche in Ansichten (Search View)**: die voreingestellte Methode, die in jeder Datenbank ohne jegliche Zusatzarbeit zur Verfügung steht und durch das Anklicken des Symbols »Suchen« in einer Standardansicht aufgerufen werden kann,
- **Datenbankübergreifende Volltextsuche (Search Site)**: muss gesondert implementiert werden, indem von einer bestimmten Stelle in der Datenbank die Suchmaske einer *Site-Abfrage*-Datenbank aufgerufen wird.

Weiterhin lassen sich im Web-Einsatz folgende Elemente im Hinblick auf die Gestaltung beliebig anpassen:

- Suchmaske, in der die Suchabfragen eingegeben werden
- Die Art und Weise, wie die Suchergebnisse präsentiert werden

Wir werden auf diese Funktionalitäten im Folgenden eingehen.

31.5.1 Volltextsuche in Ansichten

Die Volltextsuche in Ansichten lässt sich aus jeder Domino-Standardansicht heraus mit dem Symbol *Suchen* aktivieren und dient zur Suche nach Dokumenten, die nur in dieser Ansicht angezeigt werden. Dies bedeutet, dass ein Dokument *sowohl die Suchkriterien als auch die Ansichtsauswahlkriterien* erfüllen muss, damit es als Ergebnis der Suche angezeigt wird.

Nach dem Anklicken des Symbols erscheint die Standard-Suchmaske, in der eine Suchabfrage mit allen dazugehörigen Einstellungen eingegeben werden kann (vgl. Abbildung 31.7).

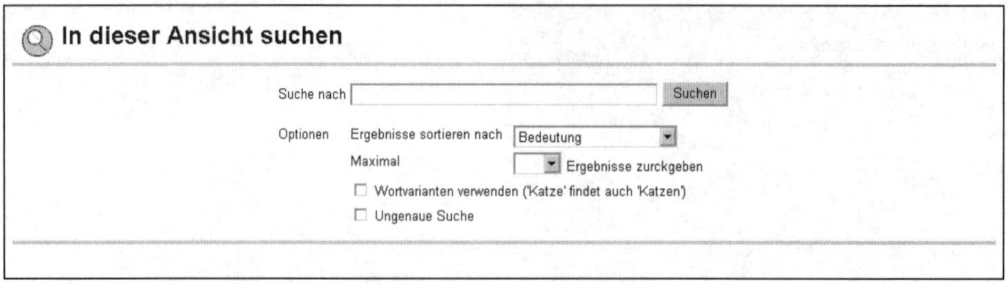

In dieser Ansicht suchen

Suche nach [ ] Suchen

Optionen Ergebnisse sortieren nach Bedeutung

Maximal Ergebnisse zurckgeben

☐ Wortvarianten verwenden ('Katze' findet auch 'Katzen')

☐ Ungenaue Suche

Abbildung 31.7: Die Standard-Suchmaske von Domino

> Diese Standard-Suchmaske liegt im Verzeichnis */domino/icons* als HTML-Datei vor und kann mit einem HTML-Editor beliebig angepasst werden.

»?SearchView«

Werfen wir einen Blick auf die URL-Angabe im Webbrowser, die den Aufruf der Standard-Suchmaske auslöste. Diese dürfte in etwa die folgende Form haben:

http://ServerName/Datenbank/Ansicht/$SearchForm?SearchView

Im Falle unserer Literaturverwaltung erfolgt der Aufruf der Suchmaske auf dem lokalen Rechner für die Ansicht *Quellen* also wie folgt:

http://localhost/Literaturverwaltung.nsf/Quellen/$SearchForm?SearchView

Dieser Ausdruck ist ein Domino-URL zum Aufruf der Standard-Suchmaske zur Suche in Ansichten.

> Analog zum obigen URL kann der Aufruf der Standard-Suchmaske auch programmatisch mit dem Befehl `@Command ([ViewShowSearchBar])` erfolgen, beispielsweise in Form einer Aktion oder eines Aktions-Hotspots auf der Vorlagemaske einer Ansicht (ohne den Kontext der Ansicht funktioniert dieser Befehl nicht!).

Betrachten wir zunächst den letzten Teil des URL, die URL-Erweiterung `?SearchView`. Diese teilt dem Domino-Server zunächst mit, dass in einer Ansicht gesucht werden soll. In diesem Zusammenhang bestehen bei der Suche in Ansichten zwei Möglichkeiten:

Suchabfrage mithilfe einer Suchmaske

Die erste Alternative besteht darin, die Suchabfrage in der Standard-Suchmaske einzugeben. Das obige Beispiel veranschaulicht diese Alternative, wobei dies am reservierten Schlüsselwort `$searchForm` erkennbar ist. Liegt dieses vor, versucht Domino die Standard-Suchmaske ausfindig zu machen und zwar wie folgt:

- Zunächst wird überprüft, ob in der Datenbank eine Maske mit dem Namen (oder Alias) *$$Search* existiert (dazu kommen wir später)
- Ist dies nicht der Fall, wird die in der Datei *SEARCH.HTML* gespeicherte Standard-Suchmaske angezeigt.

Direkte Suchabfrage

Die zweite Alternative geht an der Standard-Suchmaske vorbei und führt eine Suche direkt aus, wobei die Abfrageparameter als Bestandteil des URL angegeben werden müssen. Die Syntax ändert sich in diesem Fall insofern, als die Angabe `$searchForm` nicht mehr benötigt und stattdessen die Suchabfrage direkt an den `?SearchView`-Befehl angehängt wird. Die allgemeine Syntax lautet in diesem Fall wie folgt:

```
http://Hostrechner/Datenbank/Ansicht?SearchView&Optionen
```

Optionen

Die Suchparameter, die in `Optionen` angegeben werden können, haben folgende allgemeine Syntax:

```
Query=Suchbegriff;SearchOrder;SearchThesaurus;SearchMax;SearchWV
```

Bis auf die Angabe `Query` sind alle Parameter optional. Die Reihenfolge ist hierbei wichtig: Wenn sie bestimmte Parameter unterlassen, sollte die Semikolon-Anzahl dennoch stimmen. Die Bedeutung und Wertbereiche der einzelnen Parameter sind in der Tabelle 31.2 zusammengefasst.

Suchparameter	Bedeutung	Wertbereich
`Query`	Suchbegriff	Eine beliebige Zeichenfolge. Bei der Verwendung von Sonderzeichen ist auf die Konvertierungsrichtlinien von HTML zu achten.
`SearchOrder`	Sortierung	1 (nach Relevanz) 2 (nach Datum aufsteigend) 3 (nach Datum absteigend) voreingestellt: 1
`SearchThesaurus`	Einbeziehung des Synonymwörterbuchs	`TRUE` = ein, `FALSE` = aus, voreingestellt: `FALSE`
`SearchFuzzy`	Ungenaue Suche	`TRUE` = ein, `FALSE` = aus, voreingestellt: `TRUE`
`SearchMax`	Maximale Anzahl der angezeigten Ergebnisse	Eine beliebige Zahl n. Wird 0 angegeben, werden alle Suchergebnisse angezeigt.
`SearchWV`	Einbeziehung von Wortvarianten	`TRUE` = ein, `FALSE` = aus, voreingestellt: `TRUE`
`Start`	Die Nummer des Dokuments, mit dem die seitenweise Ausgabe von Suchergebnissen angefangen werden soll	`0` bedeutet keine seitenweise Ausgabe (voreingestellt)
`Count`	Anzahl der anzuzeigenden Suchergebnisse pro Seite	Anzahl der Ergebnisse

Tabelle 31.2: Suchparameter, die beim direkten Aufruf der Volltextsuche in Frage kommen

Beispielsweise bewirkt der Ausdruck:

```
http://meineseite.com/Literaturverwaltung.nsf/Quellen?SearchView&Query=lotus&Search-
Order=1&SearchMax=0&SearchWv=FALSE
```

die Suche nach dem Begriff »lotus« in allen Dokumenten der Ansicht *Quellen*. Die Ergebnisse werden hierbei nach Datum aufsteigend sortiert. Weiterhin sollen alle Suchergebnisse angezeigt werden. Auf die Berücksichtigung von Wort-Varianten wird kein Wert gelegt.

Die Verwendung der direkten Suche mittels der Parameterwerte ist immer dann erforderlich, wenn man statt der standardmäßig vorgegebenen eine eigene Suchmaske bereitstellen möchte.

> Mehr Informationen zum Umgang mit den Domino-URL-Erweiterungen finden Sie im entsprechenden Kapitel.

31.5.2 Datenbankübergreifende Volltextsuche

Die datenbankübergreifende Volltextsuche erfolgt im Web ebenfalls über eine *Site-Abfrage*-Datenbank. Sie kann im Gegensatz zur Suche in den Ansichten jedoch *nicht* aus einer herkömmlichen Domino-Ansicht heraus gestartet werden. Vielmehr erfolgt der Aufruf *immer* durch den Domino-URL-Befehl *?SearchSite*, der vom Anwendungsentwickler, in Form eines Aktions-Hotspots, an einer gut sichtbaren Stelle platziert werden sollte, beispielsweise auf der Homepage.

Auch hierbei gibt es zunächst einmal die Möglichkeit, die Suchabfrage in einer Standard-Suchmaske einzugeben. Die allgemeine Syntax lautet in diesem Fall:

```
http://Hostrechner/AbfDatenbank/$SearchForm?SearchSite
```

Bis auf die Angabe der Ansicht, die ja in diesem Zusammenhang irrelevant ist, ändert sich gegenüber der Suche in Ansichten nicht viel. Der Datenbankname, der nun angegeben werden muss, bezieht sich *nicht auf die aktuelle Datenbank*, sondern vielmehr auf die *Site-Abfrage*-Datenbank, die zuvor erstellt werden sollte.

> Der Ausdruck `$searchForm` ruft, wenn an der *Site-Abfrage*-Datenbank gegenüber der Originalschablone keine Änderungen vorgenommen wurden, immer die einfache Suchmaske der *Site-Abfrage*-Datenbank. Von dieser aus besteht dann die Möglichkeit, zur fortgeschrittenen Suchmaske zu wechseln.

Im Rahmen der Searchsite-Suche besteht – wie bei der Suche in den Ansichten – ebenfalls die Möglichkeit, die Suchabfrage direkt im URL selbst einzubetten, ohne vorher die Suchmaske aufzurufen.

Die allgemeine Syntax lautet in diesem Fall:

```
http://Hostrechner/AbfDatenbank/?SearchSite&Optionen
```

Die Richtlinien beim Umgang mit dem Parameter *Optionen* sind bei der datenbankübergreifenden Suche identisch mit denen bei der Suche in Ansichten (siehe Tabelle 31.2).

31.5.3 Anpassen der Suchmaske

»$$Search«

Die in der Abbildung 31.7 dargestellte Standard-Suchmaske (die Datei *SEARCH.HTML*) ist nicht jedermanns Geschmack. Zum Glück besteht die Möglichkeit, diese durch eine eigene zu ersetzen. Es liegt in diesem Fall im Verantwortungsbereich des Anwendungsentwicklers, die Feldeingaben des Benutzers in eine korrekte und verständliche Suchabfrage zu übersetzen und die Suche zu starten.

Die als Standard-Suchmaske einer Datenbank eingesetzte Maske wird anhand der reservierten Bezeichnung *$$Search* im Namen oder Alias der Maske als solche erkannt. Darüber hinaus sollte sie über folgende Mindestvoraussetzungen verfügen:

- Ein berechnetes Feld namens *SaveOptions* (reservierte Bezeichnung) mit dem Vorgabewert »0«, um das Speichern in der Maske zu unterbinden (es sei denn, Sie möchten Suchabfragen archivieren, um sie später auszuwerten. In diesem Feld sollte der Feldwert »1« betragen)
- Ein Feld namens *$$Return* mit dem URL-Befehl zum Aufruf des Suchvorgangs in der Vorgabewertformel.

Wenn die JavaScript-Seitengenerierung in der Datenbank eingeschaltet ist, können Sie den Aufruf eines Suchvorgangs auch mit einem Aktions-Hotspot implementieren, da dieser erst beim Anklicken ausgewertet wird.

- Für jede der in der Tabelle 31.2 aufgelisteten Optionen ein Eingabefeld zur Erfassung von Suchparametern, soweit diese berücksichtigt werden sollen. Ein Feld zur Erfassung der Suchabfrage (*Query*) ist jedoch obligatorisch.
- Schließlich benötigen wir noch einen Aktions-Hotspot, um den Suchvorgang anzustoßen. Der Suchvorgang kann einfach durch das Speichern und Schließen des aktuellen Fensters erfolgen, wodurch automatisch die Formel im *$$Return*-Feld abgearbeitet wird. Die *Click*-Formel sollte also lauten:

```
@Command (FileSave);
@Command (FileCloseWindow);
```

Der Inhalt des *$$Return*-Feldes, welcher eigentlich den Kern der Suchfunktionalität bildet, könnte im einfachsten Fall etwa folgendermaßen aussehen:

```
dbName:=@Subset (@DbName;-1);
viewName:="Quellen";
"[/"+dbName+"/"+viewName+"/?SearchView&Query="+Query+"]"
```

In diesem Beispiel wird davon ausgegangen, dass unsere Suchmaske nur das Eingabefeld zur Erfassung des eigentlichen Suchbegriffs (*Query*) enthält. Gesucht wird in der Ansicht *Quellen*.

Verwendung sonstiger Suchparameter

Weitere Suchparameter aus der Tabelle 31.2 können als bearbeitbare (also vom Benutzer beeinflussbare) und/oder berechnete Felder in der Maske platziert werden und müssen ebenfalls in die Suchabfrage aufgenommen werden.

Soll beispielsweise der Benutzer die Reihenfolge der Ausgabe von Suchergebnissen beeinflussen können, ist ein weiteres bearbeitbares Optionsfeld namens *SearchOrder* erforderlich, welches folgenden Wertebereich besitzen sollte:

```
nach Relevanz|1
nach Datum (aufsteigend)|2
nach Datum (absteigend)|3
```

Nun ist die Suchformel im *$$Return*-Feld, wie folgt, zu ergänzen:

```
"[/"+dbName+"/"+viewName+"/?SearchView&Query="+Query+"&SearchOrder="+searchOrder+"]"
```

31.5.4 Anpassen der Suchergebnisse mit $$SearchTemplate

»$$SearchTemplate«

Eine weitere Möglichkeit der Anpassung der Volltextsuche besteht im Hinblick auf die Anzeige der *Suchergebnisse*. Da diese nichts anderes als eine Ansicht sind, liegt es nahe, die Anpassung anhand einer Vorlagemaske vorzunehmen. Zu diesem Zweck gibt es die reservierte Bezeichnung *$$SearchTemplate for Ansichtsname*, wodurch die Ergebnisse aller Volltextrecherchen in der Ansicht *Ansichtname* vor dem Hintergrund dieser Maske angezeigt werden. Voraussetzung ist, ähnlich wie bei anderen Vorlagen für Ansichten und Navigatoren, dass entweder ein *$$ViewBody*-Feld oder eine eingebettete Ansicht an der entsprechenden Stelle in der Maske platziert wurde.

»$$SearchTemplateDefault«

Bei Ansichten, die mit keiner bestimmten Vorlage verknüpft sind, kann als Standardvorlage eine beliebige Maske mit dem Namen *$$SearchTemplateDefault* eingesetzt werden. Der etwaige Inhalt des Feldes *$$ViewBody* bzw. der Vorgabewert einer eingebetteten Ansicht wird sowohl bei *$$SearchTemplate* als auch bei *$$SearchTemplateDefault* ignoriert.

Anzahl der Suchergebnisse

Darüber hinaus besteht die Möglichkeit, die Suchergebnisse – je nach Anzahl der zurückgegebenen Dokumente – unterschiedlich zu gestalten (insbesondere wenn eine Suchabfrage eine leere Ergebnismenge zurückgibt; hier musste sich der Benutzer in der Domino-Version 4.x einfach mit einer leeren Seite zufrieden geben). Zu diesem Zweck gibt es nun zwei reservierte Felder, welche die Anzahl der Ergebnisse wiedergeben:

- **Hits**: enthält die Anzahl der Suchergebnisse auf der aktuell ausgegebenen Seite und spielt lediglich im Zusammenhang mit der seitenweisen Ausgabe von Suchergebnissen eine Rolle (vgl. nächsten Abschnitt).
- **Totalhits**: enthält die Gesamtzahl der Suchergebnisse, die mit einer Suchabfrage übereinstimmen. Beide Felder stimmen bei nicht seitenweiser Ausgabe von Suchergebnissen naturgemäß überein.

Mit diesem Wissen ausgestattet, können wir nun die Anzeige der Suchergebnisse in der Ansicht *Quellen* anpassen. Hierzu sind folgende Schritte notwendig:

1. Erstellen Sie im Domino Designer eine neue Maske.
2. Benennen Sie diese *$$SearchTemplate for Quellen* (entweder im Hauptnamen oder im Alias).
3. Erstellen Sie in der ersten Maskenzeile zwei verborgene Zahlenfelder namens *TotalHits* und *Query* (mit dem Namen des Feldes als Wert).
4. Erstellen Sie ein Feld namens *$$ViewBody* an der Stelle, wo die Ergebnisse angezeigt werden sollen.
5. Erstellen Sie ein Textfeld vom Typ *Berechnet zur Anzeige* namens *Meldung* mit folgender Formel:

```
@If (TotalHits=0;"Es wurden keine Dokumente gefunden, welche Ihrer Suchabfrage ent-
sprechen!";"Es wurden "+@Text (TotalHits)+" Dokumente gefunden, welche der Such-
abfrage [<FONT COLOR=ff0000>"+Query+"</FONT>] entsprechen.");
```

6. Nehmen Sie weitere Anpassungen am Layout der Maske vor (z.B. Logos u.a.).
7. Speichern Sie die Maske.

31.5.5 Paginierte Ausgabe von Ergebnissen

Ein weiteres Feature der Suchfunktion von Domino ist die so genannte *seitenweise (paginierte) Ausgabe* von Suchergebnissen. Wurden in früheren Domino-Versionen noch alle Suchergebnisse als eine Seite zurückgegeben (was im Web besonders lange Lade- bzw. Wartezeiten mit sich brachte), kann man sie nun bequem auf mehrere Ergebnisseiten mit einer beliebigen Anzahl von Ergebnissen auf jeder Seite (in der Regel zwischen 10 und 30) verteilen, die nacheinander aufgerufen werden können. Aus der Sicht des Anwendungsentwicklers bedeutet dies jedoch, dass die Ausgabe über entsprechende Schaltflächen – z.B. »Vor« und »Zurück« – gesteuert werden muss.

Den Kern der Steuerung stellen hierbei die Suchabfrageparameter *Start* und *Count* dar, welche das beginnende Suchergebnis einer Seite sowie die Anzahl der Ergebnisse pro Seite steuern. Ferner können wir mittels der Variablen *Hits* und *Totalhits* stets den aktuellen Zustand der Suche abfragen.

Die Paginierung der Suchergebnisse wird automatisch eingeschaltet, wenn der Parameter *Start* in der Suchabfrage nicht den Wert 0 enthält und zugleich die Anzahl der anzuzeigenden Suchergebnisse pro Seite im Parameter *Count* eingeschränkt wird.

Typischerweise wird der Parameter *Start* nicht vom Benutzer explizit angegeben, sehr wohl jedoch *Count,* welcher ja die Anzahl der Ergebnisse pro Seite festlegt. Die Abbildung 31.8 zeigt eine einfache Suchmaske zur pagnierten Ausgabe von Ergebnissen: neben dem bereits bekannten Feld *Query,* kann man hier in einem Auswahlfeld *Count* die Anzahl der Suchergebnisse pro Seite festlegen (10, 20 oder 40).

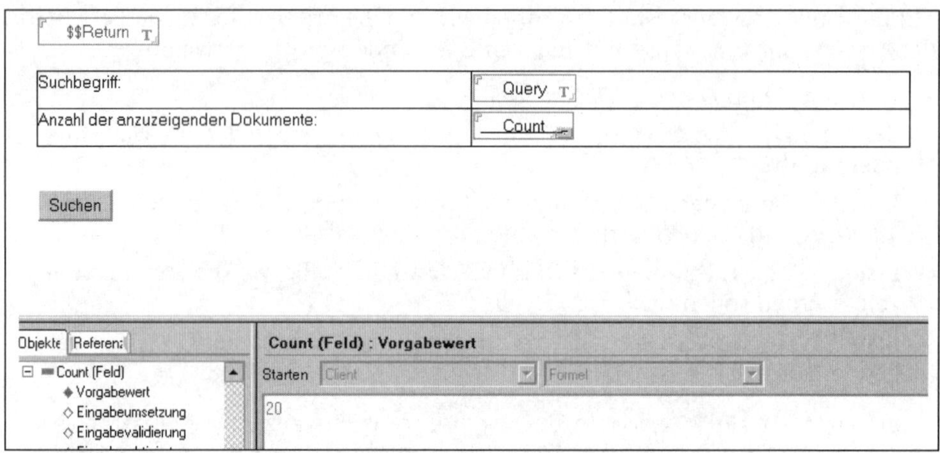

Abbildung 31.8: Einfache Suchmaske zur paginierten Ausgabe von Ergebnissen

Damit die Paginierung von Ergebnissen funktioniert, muss die Suchabfrageformel im Feld *$$Return* wie folgt angepasst werden:

```
dbName:=@Subset (@DbName;-1);
viewName:="Quellen";
"[/"+dbName+"/"+viewName+"/?SearchView&Query="+Query+"&Count="+Count+"]"
```

Nun benötigen wir auf der Vorlagemaske, welche zur Anzeige der Suchergebnisse dient, die besagten Schaltflächen zum Vor- bzw. Zurückblättern.

Query: Query
Total Hits: TotalHits
Start: Start
Hits: Hits
Count: Count

Es wurde keine Ergebnisse gefunden!
<Berechneter Wert>

$$viewBody

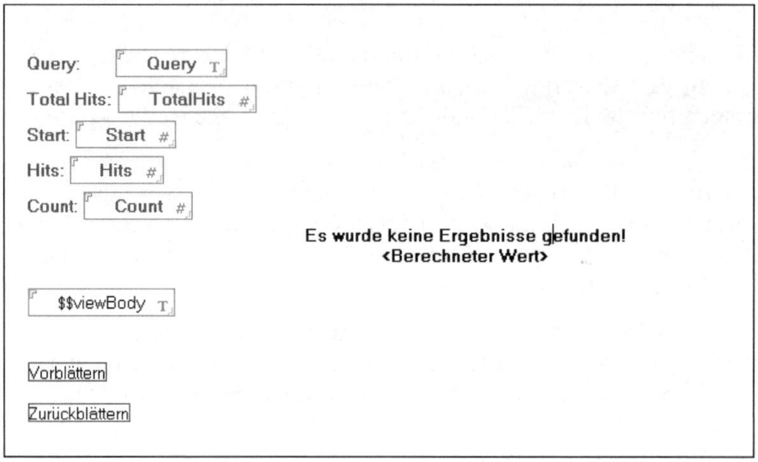

Vorblättern

Zurückblättern

Abbildung 31.9: Maskenvorlage zur Anzeige von paginierten Suchergebnissen

Diese sollten in Abhängigkeit von den Werten *Start* und *Count* jeweils die nächste Seite anzeigen. Diese Funktionalität lässt sich in Form von Aktions-Hotspots realisieren.

Hierzu sind folgende Schritte erforderlich:

1. Öffnen Sie die Vorlagemaske zur Anzeige der Suchergebnisse im Gestaltungsmodus.
2. Erstellen Sie drei neue (verborgene) Zahlenfelder *Start, Hits* und *Count.*
3. Aktivieren Sie in den Maskeneigenschaften auf der Registerkarte VORGABEN die Option HTML FÜR ALLE FELDER GENERIEREN.
4. Erstellen Sie einen neuen Aktions-Hotspot zum Vorblättern.
5. Geben Sie im Ereignis *Click* des Aktions-Hotspots folgende Formel ein:

```
dbName:=@ReplaceSubstring (@Subset (@DbName;-1);" ";"+");
@URLOpen ("/"+dbname+"/Quellen?SearchView&Query="+Que-
ry+"&Start="+@Text(Start+Hits)+"&Count="+@Text(Hits))
```

6. Geben Sie auf der Registerkarte ABSATZ VERBERGEN WENN des Hotspots folgende Formel ein:

```
(Start+Hits))>=Totalhits
```

7. Erstellen Sie in der nächsten Zeile einen neuen Aktions-Hotspot zum Zurückblättern.
8. Geben Sie im Ereignis *Click* des Aktions-Hotspots folgende Formel ein:

```
dbName:=@ReplaceSubstring (@Subset (@DbName;-1);" ";"+");

@URLOpen ("/"+dbname+"/Quellen?SearchView&Query="+Query+"&Start="+@Text(Start-
Count)+"&Count="+@Text(Count))
```

9. Geben Sie auf der Registerkarte ABSATZ VERBERGEN WENN des Hotspots folgende Formel ein:

```
Start=0
```

10. Erstellen Sie mit der folgenden Formel einen berechneten Text zur Anzeige der Position in den Suchergebnissen:

```
"Ergebnisse von "+@Text (Start+1)+" bis "+@Text (Start+Hits)
```

11. Geben Sie auf der Registerkarte ABSATZ VERBERGEN WENN des Hotspots folgende Formel ein:

```
TotalHits=0
```

12. Erstellen Sie in der nachfolgenden Textzeile folgenden Text:

```
Es wurden keine Ergebnisse gefunden!
```

13. Geben Sie auf der Registerkarte ABSATZ VERBERGEN WENN des Hotspots folgende Formel ein:

```
TotalHits>0
```

14. Speichern Sie die Maske.

Der Trick bei beiden Hotspots ist, dass beim Aufruf der jeweils nächsten bzw. vorherigen Seite die Angabe *Start* automatisch errechnet wird, indem die bestehenden *Hits* (wahlweise auch *Count*) hinzuaddiert werden. Die beiden Verbergen-Formeln bewirken, dass die Schaltfläche zum Vorblättern nur dann angezeigt wird, wenn tatsächlich noch mehr Ergebnisse vorliegen. Analog hierzu wird die Schaltfläche zum Zurückblättern nur dann angezeigt, wenn wir uns nicht auf der ersten Suchergebnis-Seite befinden. Der berechnete Text informiert den Benutzer zudem darüber, welche Ergebnisseite er gerade vor sich hat. Das dargestellte Beispiel umfasst nur die rudimentäre Suchfunktionalität. Versuchen Sie, die obigen Formeln um weitere Suchparameter aus der Tabelle 31.2 zu ergänzen.

31.5.6 Abfragefunktion im Web simulieren

Was wir jedoch bis jetzt im Web vermissen, ist eine Funktionalität, die – ähnlich wie die Abfragefunktion im Notes-Client – eine quasi »visuelle« Zusammenstellung von komplexen Suchabfragen im Webbrowser ermöglicht, die keine Kenntnisse der Query-Sprache erfordert.

Diese Möglichkeit steht im Web-Client zwar nicht grundsätzlich zur Verfügung, kann jedoch anhand einer neuen Suchmaske relativ mühelos programmiert werden.

Abfragefunktion am Beispiel Literaturverwaltung

Im Rahmen der Literaturverwaltung soll der Kunde die Möglichkeit haben, die Datenbank nach mehreren Kriterien gleichzeitig zu durchsuchen. Eine typische Suchabfrage könnte beispielsweise lauten: Finde alle Literaturquellen vom Typ »Buch«, wobei der Autorenname »Goethe« enthält und der Titel des Werks den Begriff »Faust«. Dies setzt natürlich voraus, dass wir in der Maske Quelle über entsprechende Felder verfügen (also *Autor*, *Typ* und *Titel*), nach deren Inhalt wir gezielt suchen müssen. Dies ist jedoch ohnehin der Fall, also können wir die strukturierte Suche ohne Weiteres implementieren.

Eine Lösung zu diesem Problem bietet die Syntax der Domino-URL-Erweiterung `?SearchView`. Hier kann nämlich im *Query*-Parameter eine beliebige, aus mehreren verknüpften Begriffen bestehende Abfrage untergebracht werden. Eine solche Abfrage muss nicht unbedingt Textbegriffe enthalten, sondern kann auch gezielt bestimmte Felder abfragen. Hierzu kann das Schlüsselwort *FIELD* eingesetzt werden.

Wenn wir die nun erworbenen Kenntnisse der Domino-URL im Bereich der Volltextsuche mit denen der Query-Sprache kombinieren, lassen sich daraus Suchabfragen erstellen, die genau die gewünschte Funktionalität anbieten.

Die allgemeine Form einer solchen Abfrage könnte wie folgt aussehen:

```
http://Hostrechner/Datenbank/Ansicht?SearchView&Query=FIELD Feldname=Suchparameter)
...
```

bzw. für die Suche in einer *Site-Abfrage*-Datenbank:

```
http://Hostrechner/Datenbank?SearchSite&Query=FIELD Feldname=Suchparameter)...
```

Wenn nicht die exakte Übereinstimmung zwischen Suchbegriff und Feldinhalt erforderlich ist, kann man auch den Operator *CONTAINS* verwenden. In diesem Fall muss der gesuchte Begriff im Feld enthalten sein.

Die Suchabfrage aus unserem Beispiel könnte also folgendermaßen aussehen:

```
http://meinServer/Literaturverwaltung.nsf/Quellen?SearchView&Query=FIELD+typ+CON-
TAINS+URL
```

Wir wolen nun erreichen, dass der Benutzer in einer Maske, nennen wir diese *Web-Abfrage,* lediglich die obigen Kriterien (Autor, Typ, Titel) anhand einer Auswahl aus drei Schlüsselwortfeldern bestimmt, woraus im Rahmen der *$$Return*-Formel automatisch die richtige Suchabfrage generiert wird.

Die Beschränkung der Suchfunktionalität auf die Feldsuche in diesem Beispiel ist natürlich willkürlich. Es sind ebenso andere Beispiele denkbar, in denen auch Features wie z.B. Kontextoperatoren in Frage kommen. Der Phantasie sind an dieser Stelle kaum Grenzen gesetzt.

Erstellen der Suchmaske

Mit diesem Wissen ausgestattet, können Sie nun der Abfragefunktion eine eigene Maske widmen. Die Vorgehensweise gleicht prinzipiell der im Abschnitt 31.5.3 beschriebenen Anpassung von Standard-Suchmasken, mit dem Unterschied, dass die Funktionalität im *$$Return*-Feld nun etwas komplexer wird.

Die Abbildung 31.10 zeigt die Maske WEB-ABFRAGE, mit der diese Funktionalität möglich ist.

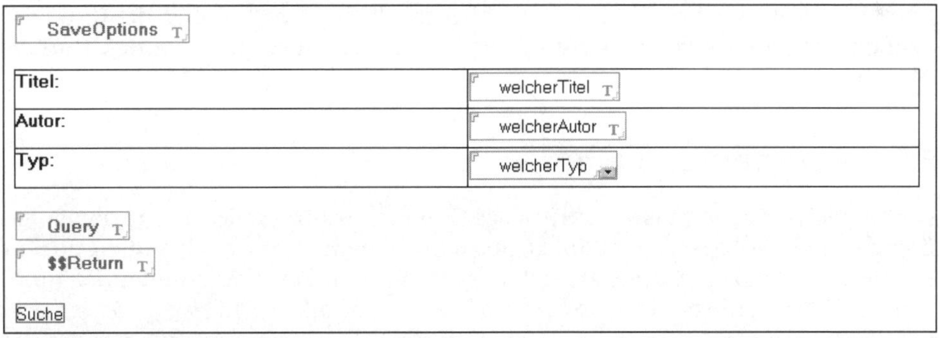

SaveOptions T

Titel:	welcherTitel T
Autor:	welcherAutor T
Typ:	welcherTyp

Query T

$$Return T

Suche

Abbildung 31.10: Web-Abfrage-Maske

Diese enthält zunächst drei Felder: ein bearbeitbares Textfeld namens *welcherTitel,* ein bearbeitbares Textfeld namens *welcherAutor* und ein bearbeitbares Optionsfeld *welcherTyp* mit dem Wertebereich »Buch«, »URL«, »Zeitschrift« und »Alle«.

Die eigentliche Konstruktion der Suchabfrage anhand der Inhalte dieser drei Felder erfolgt im berechneten Feld *Query*, dessen Formel folgenden Code enthält:

```
titelAbfrage:=@If (welcherTitel="";"";"FIELD TITEL CONTAINS "+welcherTitel);
autorAbfrage:=@If (welcherAutor="";"";"FIELD AUTOR CONTAINS "+welcherAutor);
typAbfrage:=@If (welcherTyp="Alle";"";"FIELD TYP CONTAINS "+welcherTyp);
Abfrage:=@Explode (@Implode (@Trim(titelAbfrage:autorAbfrage:typAbfrage)+"
   AND");" ");
anzahlBegriffe:=@Elements (Abfrage);
@ReplaceSubstring (@Implode (@Subset (Abfrage;anzahlBegriffe-1));" ";"+")
```

Der Aufruf des Suchvorgangs wird – wie üblich – im Vorgabewert des *$$Return-Feld*es untergebracht und könnte wie folgt lauten:

```
dbName:=@Replace (@Subset (@DbName;-1);" ";"+");
viewName:="Quellen";
"[/"+dbName+"/"+viewName+"/?SearchView&Query="+Query+"&Count=10]"
```

Der Schlüssel zum Verständnis der Funktionalität ist die Formel im Feld *Query*. Hier wird aus den Feldinhalten die Suchabfrage zusammengesetzt. Hierbei erfolgt für jedes einzelne Feld eine Überprüfung, ob es leer ist bzw. den Wert *Alle* enthält. Ist dies der Fall, wird die Menge der Suchergebnisse durch dieses Feld nicht eingeschränkt, folglich kann das Feld weggelassen werden.

Anschließend werden die drei »Tags« in Form einer Liste angeordnet und mit `@Implode` zu einer einzigen Zeichenkette zusammengesetzt und mit dem logischen Operator AND vermengt. Durch den `@Trim`-Befehl werden doppelte Leerzeichen und Tabulatoren entfernt. Da wir nicht wollen, dass Ende der Abfrage noch ein zusätzliches AND angehängt wird, verwandeln wir mit `@Explode` den Ausdruck wieder in eine Liste, zählen mit `@Elements` die Anzahl seiner Elemente und berücksichtigen alle bis auf das letzte in der eigentlichen Abfrage *Query*. Hier ersetzen wir noch gemäß der URL-Konvention mit `@ReplaceSubString` alle Leerzeichen durch Pluszeichen – fertig ist unsere Abfrage!

31.6 Domänen-Suche

Die Domänen-Suche ist ein relativ neues Domino-Feature, welches eine domänenübergreifende Volltextsuche ermöglicht. Eine Domäne steht hierbei nicht nur für sämtliche Datenbanken, welche sich auf den Servern einer bestimmten Domino-Domäne befinden, sondern umfasst darüber hinaus auch beliebige Dateisysteme, auf welche der für die Domänen-Suche »zuständige« Domino-Server mindestens Lesezugriff hat.

31.6.1 Vorteile der Domänen-Suche

Das Konzept der Domänen-Suche ist eine konsequente Weiterentwicklung des Prinzips der datenbankübergreifenden Suche, wie sie in Domino in Version 4.5 mit der Site-Abfrage-Schablone eingeführt wurde. Im Allgemeinen besitzt das Konzept folgende Vorteile:

- **Sicherheit**: Im Gegensatz zur Site-Abfrage-Datenbank erfolgt eine Überprüfung der Zugriffsrechte eines Benutzers bereits *vor* der Anzeige der Suchergebnisse. Dies verhindert, dass ein Benutzer überhaupt von der Existenz eines Dokuments Kenntnis nehmen kann, was in gewissen Situationen an sich bereits als Verletzung von Sicherheitsrichtlinien gelten kann.
- **Effizienzsteigerung durch Zentralisierung**: Die Zusammenfassung der ressourcenintensiven Suchfunktionalität an einer Stelle ermöglicht eine effiziente Bündelung von Ressourcen. Statt den Aufwand für die Bewältigung der Suchabfragen bei jedem einzelnen Server vorsehen zu müssen, kann ein dedizierter Server diese Aufgabe übernehmen. Dies bedeutet nicht zuletzt, dass bei einer steigenden Anzahl von Suchabfragen die erforderlichen Hardware-Upgrades nur an einer Stelle vorgenommen werden müssen.
- **Anpassbare Such- und Ergebnismasken**: Anwendungsentwickler können Masken so anpassen, dass Abfragen detaillierter durchgeführt oder bestimmte Benutzeranfragen auf spezielle Datenbanken beschränkt werden. Such- und Ergebnismasken können Grafiken enthalten. Die Ergebnismaske kann so angepasst werden, dass weitere Informationen zum Ergebnisdokument angezeigt werden, wie zum Beispiel der Autor oder das Erstellungsdatum.

31.6.2 Client-Kompatibilität und Domänen-Suche

Insbesondere in gemischten Umgebungen, wo sowohl ältere Notes-Clients (Version 4.x), neuere Clients (ab Release 5) als auch Webbrowser zum Einsatz kommen, stellt sich die Frage nach den Nutzungsmöglichkeiten der Domänen-Suche . Diese lassen sich, wie folgt, beschreiben:

- **Notes-Clients, Version 5 oder höher**: können uneingeschränkt auf Indizes, welche in Datenbanken auf Domino-Servern der Version 4 liegen, zugreifen und diese nutzen. Befindet sich eine mit Notes-/Domino-Version 4 indizierte Datenbank auf einem System mit einer späteren Version (Client oder Server), muss der Index neu aufgebaut werden, bevor die Nutzung erfolgen kann.
- **Notes-Clients, Version 4.x**: können auf die neue Funktionalität der Domänen-Suche nicht zugreifen. Die Nutzung kann und muss in diesem Fall über einen Webbrowser, gegebenenfalls den Webnavigator, erfolgen.
- **Web-Clients**: haben Zugriff auf die meisten Domänensuchfunktionen, einschließlich Suchabfragen und Ergebnismengen, vorausgesetzt, die Suchmasken sind korrekt eingestellt.

31.6.3 Komponenten der Domänen-Suche

Was sich für den Benutzer nach außen hin bloß als eine weitere Suchmöglichkeit darstellt, ist in Wirklichkeit ein ziemlich komplexes Zusammenspiel mehrerer Komponenten.

- **Domänen-Katalog**: Der Domänen-Katalog ist eine auf der Gestaltungsschablone CATALOG.NTF basierende Datenbank, welche nichts anderes tut, als Informationen über die in der Domäne befindlichen Datenbanken zu sammeln. Befinden sich die Informationen über eine Datenbank im Domänen-Katalog, heißt das noch nicht, dass die betreffende Datenbank auch automatisch indiziert wird. Die Aufnahme einer Datenbank in den zentralen Index erfolgt vielmehr durch das Aktivieren der Datenbankeigenschaft IN DATENBANKÜBERGREIFENDE INDIZIERUNG AUFNEHMEN auf der Registerkarte GESTALTUNG. Darüber hinaus werden im Domänen-Katalog Informationen über die zu indizierenden Dateisysteme verwaltet. Schließlich ist der Domänen-Katalog der Ort, wo sich die Maskenschablonen befinden, welche dem Benutzer bei der Suche nach und Anzeige von Suchergebnissen präsentiert werden und durch den Anwendungsentwickler angepasst werden können.

- **Domänen-Indexer**: Der Domänen-Indexer ist eine dedizierte, auf dem Domänen-Katalog-Server ablaufende Task, welche basierend auf den Informationen im Domänen-Katalog einen zentralen Volltextindex erstellt. Der Index kann im Gegensatz zu den Informationen im Domänen-Katalog nicht auf mehrere Server verteilt werden (etwa durch Replikation). Dies läuft in der Praxis darauf hinaus, dass nur ein Server zur Indizierung einer Domäne eingesetzt werden kann. Bei entsprechender Anzahl der Server, empfiehlt es sich aus Performancegründen, für die Domänen-Indizierung einen dedizierten Domino-Server einzurichten.
- **Domänen-Katalogserver**: Sowohl der Domänen-Katalog als auch der Domänen-Indexer residieren auf einem Server, welcher als Domänen-Katalog-Server bezeichnet wird. Der Vorgang der Indizierung sowie die Beantwortung von Suchabfragen sind ressourcenintensive Aufgaben, sowohl hinsichtlich der Prozessorleistung als auch beim Speicherplatzbedarf. Daher empfiehlt es sich, durch entsprechende Hardware-technische Vorkehrungen (sprich: leistungsstarke Hardware) den Performanceschwankungen vorzubeugen. Neben der bereits erwähnten Möglichkeit, für die Domänen-Suche einen dedizierten Server einzurichten, sollte man bei einer sehr hohen Anzahl von Datenbanken und/oder Suchabfragen die Möglichkeit des Clustering von mehreren Domino-Servern in Erwägung ziehen.

31.6.4 Einrichtung der Domänen-Suche

Die Einrichtung der Domänen-Suche ist denkbar einfach. Sie vollzieht sich in drei Schritten: Zunächst muss die zur Indizierung erforderliche Server-Task, der Domänen-Indexer aktiviert werden. Anschließend muss die Catalog-Task auf dem Server gestartet werden, welche alle sich in der Domäne befindlichen Datenbanken katalogisiert. Ist die Katalogisierung abgeschlossen, stößt die Catalog-Task automatisch den Domänen-Indexer an, wodurch die Indizierung in Gang gesetzt wird. Schließlich muss durch das Setzen der Eigenschaft IN DATENBANKÜBERGREIFENDE INDIZIERUNG AUFNEHMEN in allen zu indizierenden Datenbanken sowie durch Einrichten von entsprechenden Datensätzen zur Indizierung von Dateisystemen der eigentliche Rahmen der Suche genauer eingegrenzt werden. Im Folgenden werden diese Schritte genauer beschrieben.

Aktivierung des Domänen-Indexer

Der erste Schritt zur Einrichtung der Domänen-Suche besteht in der Festlegung des Domänen-Katalog-Servers. Hierzu muss der Wert im Feld DOMÄNENWEITER INDEXER in der Server-Konfiguration (siehe SERVER-TASKS/DOMÄNEN-INDEXER) auf AKTIVIERT gesetzt werden (vgl. Abbildung 31.11).

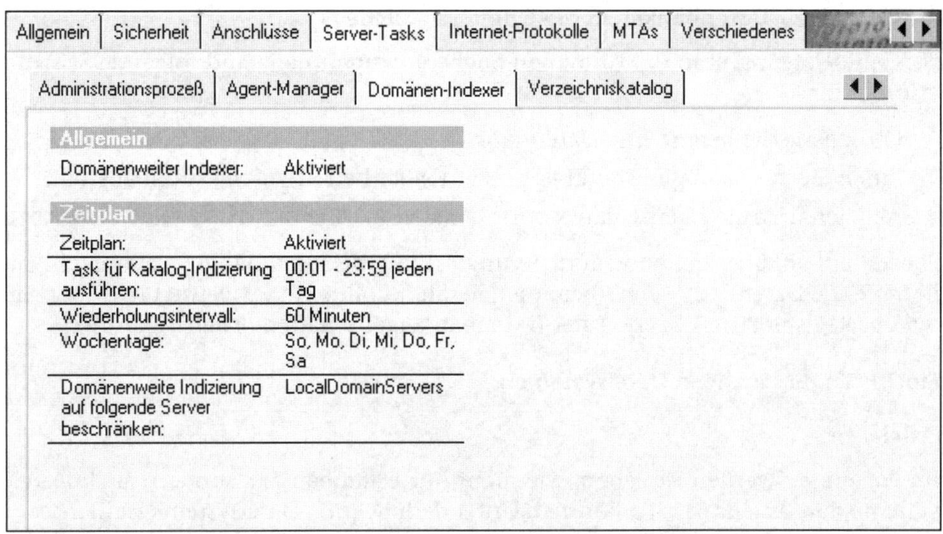

Abbildung 31.11: Aktivierung des Domänen-Indexer

An der gleichen Stelle können Sie den Zeitplan festlegen, nach dem der Domänen-Indexer arbeiten soll (WIEDERHOLUNGSINTERVALL, WOCHENTAGE), sowie ob – wie voreingestellt – tatsächlich alle Server der Domäne in die Indizierung einbezogen werden.

Starten der Catalog-Task

Nach der Aktualisierung des Domänen-Katalog-Servers können Sie die Catalog-Task ausführen, um die Katalogisierung der Domäne zu starten. Geben Sie hierzu an der Server-Konsole folgenden Befehl ein:

```
load catalog
```

Beim erstmaligen Start der Domain-Catalog-Task geschieht Folgendes:

- Es wird im Domino-Verzeichnis eine neue Gruppe namens LOCALDOMAINCATALOGSERVERS erstellt und der just erstellte Domänen-Katalog-Server dieser hinzugefügt.
- Es wird der eigentliche Domänen-Katalog, basierend auf der Gestaltungsschablone CATALOG.NTF erstellt, welcher sofort mit der Katalogisierung aller Datenbanken in der Domäne beginnt.
- Die Task »Domain Catalog« startet die Task »Domain Indexer«. Der Server beginnt mit der Indizierung der Domäne allerdings erst, wenn der Domänen-Indexer das nächste Mal – gemäß dem Zeitplan – gestartet wird.

Ob der erstellte Index aber daraufhin auch tatsächlich durchsuchbare Inhalte enthält, hängt von den zu indizierenden Datenbanken zum einen und Dateisystemen zum anderen ab.

Aufnahme der Datenbanken in die Domänen-Suche

Um eine Datenbank in die Domänen-Suche aufzunehmen, sind folgende Schritte erforderlich:

1. Öffnen Sie die betreffende Datenbank.
2. Rufen Sie das Dialogfenster EIGENSCHAFTEN der betreffenden Datenbank auf.
3. Aktivieren Sie die Eigenschaft IN DATENBANKÜBERGREIFENDE INDIZIERUNG AUFNEHMEN.

Die datenbankübergreifende Indizierung ist hierbei unabhängig davon, ob die betreffende Datenbank auch über einen lokalen Volltextindex verfügt (welchen Sie auf der Registerkarte VOLLTEXT der Datenbankeigenschaften erstellen können).

Einrichten der Suche in Dateisystemen

Dateisystem

Im Folgenden werden Sie sehen, wie nicht nur Datenbanken, sondern auch Dateisysteme durchsucht werden können. Unter dem Begriff »Dateisystem« ist hierbei in der Domino-Terminologie eine Ansammlung von Verzeichnispfaden auf der Ebene des Betriebssystems zu verstehen, beispielsweise C:\DATA\DOKUMENTE und C:\DATA\ARCHIV. Nun kann im Domänen-Katalog eine beliebige Anzahl von Dateisystemen angegeben werden. Für jedes Dateisystem muss hierbei ein Dokument erstellt werden, das im Wesentlichen den Pfadnamen enthält sowie die Angabe darüber, ob Unterverzeichnisse in die Indizierung einbezogen werden sollen.

Volltextindizierung der Dateisysteme

Die Volltextindizierung der Dateisysteme erfolgt auf der Ebene des Betriebssystems. Dies hat folgende Implikationen:

- Das Betriebssystem des Domänen-Katalog-Servers muss auf die in einem Dateisystem angegebenen Pfade mindestens einen Lesezugriff besitzen.
- Bei dieser Art der Indizierung handelt es sich um kein Web-Spider-System: Der Aufruf der Dateien im Rahmen der Indizierung erfolgt nicht über HTTP. Außerdem werden – falls es sich beim indizierten Dokument um eine HTML-Datei handelt – die in ihr enthaltenen Verknüpfungen nicht weiterverfolgt (wie beim Web-Spidering der Fall).

Abruf der Dokumente

Bleibt noch die Frage, wie die indizierten Dokumente, welche sich in einem Dateisystem befinden, aufgerufen werden können. Schließlich kann ein Domino-Datenbank-Server lediglich Inhalte liefern, welche in Domino-Datenbanken gespeichert vorliegen. Die Antwort auf diese Frage lautet HTTP, sprich: Zum Abruf der Dokumente wird ein Webserver benötigt, der die Dokumente liefern kann, und zwar unabhängig davon, ob der Abruf aus dem Notes-Client oder dem Webbrowser heraus erfolgt. Die unterschiedlichen Methoden der Indizierung (Dateisystem) und des Abrufs (HTTP) bedeuten im Grunde, dass die bloße Indizierung der Dokumente an sich noch nicht ausreicht, um diese auch aufrufen zu können. Umgekehrt bedeutet die Möglichkeit des Abrufs der Dokumente noch nicht unbedingt, dass wir diese im

Rahmen der Domänen-Suche indizieren können. Kompliziert? Wir werden uns im Folgenden diese Zusammenhänge anhand von einigen Beispielen ansehen.

Dokumente im HTML-Verzeichnis

Nehmen wir zunächst den einfachsten Fall, dass wir die zu indizierenden Dokumente direkt auf dem Domino-Server ablegen möchten. Welcher ist der richtige Ort? Für die Indizierung ist es, wie gesagt, an sich ohne Belang, wo die Dokumente liegen, solange das Server-Betriebssystem den Lesezugriff darauf hat (und wir gehen davon aus, dass dies der Fall ist). Um allerdings Dokumente abrufen zu können, müssen diese in irgendeinem Unterverzeichnis des Standard-Dokumentverzeichnisses des Domino-Webservers liegen. Standardmäßig ist dies der Pfad /LOTUS/DOMINO/DATA/DOMINO/HTML/. Wir gehen bei den nachfolgenden Ausführungen davon aus, dass unsere Dokumente im Unterverzeichnis /DOKUMENTE des Domino-Webservers liegen.

Um nun die Indizierung einzurichten, sind folgende Schritte notwendig:

1. Öffnen Sie im Domino-Administrator die Registerkarte SERVERANALYSE.
2. Richten Sie mit dem Menübefehl ERSTELLEN/DATEISYSTEM ein neues DATEISYSTEM-Dokument ein.
3. Klicken Sie auf die Schaltfläche DATEISYSTEMLISTE SETZEN/ÄNDERN.
4. Geben Sie in dem daraufhin erscheinenden Dialogfenster im Feld DATEISYSTEM den vollständigen physischen Pfad des zu indizierenden Verzeichnisses ein, wie in unserem Beispiel: D:\LOTUS\DOMINO\DATA\DOMINO\HTML\DOKUMENTE.
5. Geben Sie im Feld VERZEICHNIS ODER URL an, wie der Zugriff auf ein gefundenes Dokument aus der Sicht des abrufenden HTTP-Servers erfolgen soll. Der Verzeichnisname bzw. der URL, den Sie hier angeben, wird vor den Namen des gefundenen Dokuments angehängt. In unserem Fall lautet dieser Name: /DOKUMENTE.
6. Klicken Sie auf WEITER und anschließend auf OK, um das Dialogfenster zu schließen, und speichern Sie das Dateisystem-Dokument.

Nun heißt es nur noch, die nächste Indexaktualisierung durch den Domain-Indexer abzuwarten.

Externe Dokumente

Nun wollen wir uns dem etwas komplexeren Beispiel zuwenden, in demdie zu indizierenden Dokumente nicht im DOMINO/DATA/...-Verzeichnis, sondern aus der Sicht des Domino-Servers »ganz woanders« liegen, d.h. in irgendeinem Verzeichnis auf unserem Rechner. In diesem Fall haben wir zwei Möglichkeiten: Die erste besteht darin, dass das externe Verzeichnis von einem anderen Webserver abgedeckt wird. Angenommen, wir installieren auf der gleichen Festplattenpartition, wo der Domino-Server sich befindet, einen zweiten (nicht Domino) Webserver und möchten dessen Dokumente in unsere Domino-Domänen-Suche aufnehmen. Handelt es sich hierbei beispielsweise um einen Netscape Enterprise Webserver, der auf dem Port 8080 hört und dessen Inhalte sich standardmäßig im Verzeichnis \NETSCAPE\SUITESPOT\DOCS befinden, verläuft die Konfiguration des Dateisystems genauso wie im letzten Abschnitt beschrieben, lediglich die Werte in den Feldern DATEISYSTEM und VERZEICHNIS ODER URL ändern sich nun:

- **Dateisystem**: D:\NETSCAPE\SUITESPOT\DOCS,
- **Verzeichnis oder URL**: *http://NameDesServers:8080*.

Analog können wir mit jedem Dateisystem verfahren, das von einem anderen Webserver abgedeckt wird.

Verzeichnisumleitung

Ist ein Verzeichnis jedoch nicht von einem Webserver abgedeckt, können wir den Domino-Webserver instruieren, auch Dateienaußerhalb seines HTML-Dokumentenverzeichnisses mittels spezieller URLs anzusprechen. Hierfür ist jedoch die Einrichtung eines so genannten UMLEITUNG-Dokuments erforderlich.

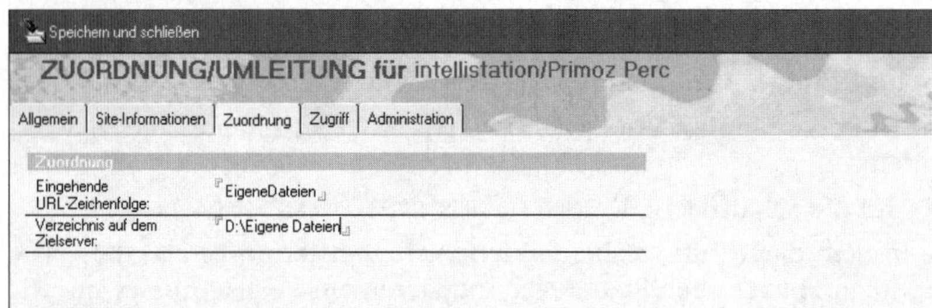

Abbildung 31.12: Umleitung-Dokument

Ein Umleitung-Dokument veranlasst Domino, auf eine URL-Abfrage hin die Inhalte eines Dateisystemverzeichnisses zu liefern, das in der Hierarchie nicht notwendigerweise unterhalb des /DOMINO/DATA-Verzeichnisses liegt.

Angenommen, wir möchten in die Domänen-Suche das Verzeichnis D:\EIGENE DATEIEN aufnehmen. Wir wissen mittlerweile, dass dies vom Standpunkt der Indizierung her kein Problem ist, da diese ja auf der Ebene des Dateisystems abläuft. Problematisch wird es allerdings, wenn die Dokumente in diesem Verzeichnis auch über HTTP geliefert werden sollen, da der Domino-Webserver standardmäßig nur Dokumente aus seinem eigenen Dokumentenverzeichnis (/DATA/DOMINO/HTML) liefern kann.

In diesem Fall können Sie wie folgt vorgehen:

1. Öffnen Sie im Domino-Administrator das AKTUELLE SERVERDOKUMENT im Register KONFIGURATION.
2. Wählen Sie im Menü AKTIONEN den Befehl WEB-URL-ZUORDNUNG/UMLEITUNG ERSTELLEN.
3. Wählen Sie im Feld WAS MÖCHTEN SIE EINRICHTEN auf der Registerkarte ALLGEMEINES den Wert URL-->VERZEICHNIS.
4. Geben Sie auf der Registerkarte ZUORDNUNG im Feld EINGEHENDE URL-ZEICHENFOLGE den URL ein, durch welchen der Inhalt von D:\EIGENE DATEIEN aufgerufen werden soll, beispielsweise: EIGENEDATEIEN.

5. Geben Sie auf der gleichen Registerkarte im Feld VERZEICHNIS auf dem Ziel-Server Folgendes ein: D:\EIGENE DATEIEN.
6. Legen Sie optional auf der Registerkarte ZUGRIFF die Ebene der Zugriffsbeschränkung für die Dokumente in diesem Verzeichnis fest.
7. Speichern Sie das Dokument.

Nun können wir, wie im vorangegangenen Abschnitt beschrieben, ein Dateisystem erstellen. Die Vorgehensweise bleibt im Wesentlichen identisch, nur die Werte in den Feldern DATEISYSTEM und VERZEICHNIS ODER URL müssen nun wie folgt lauten:

- **Dateisystem:** D:\EIGENE DATEIEN,
- **Verzeichnis oder URL:** /EIGENEDATEIEN.

31.6.5 Domänen-Suche anpassen

Ähnlich wie bei der einfache Suche in den Ansichten kann man auch bei der Domänen-Suche die Suchmaske sowie die Anzeige der Ergebnisse anpassen. Die Anpassung erfolgt direkt in der Datenbank CATALOG.NSF (bzw. in der Schablone CATALOG.NTF). Die Masken, die man hierbei anpassen kann, sind in Abbildung 31.3 aufgelistet.

Name der Maske	Funktion
DOMAINSEARCH	Maske zur Eingabe von Suchabfragen. Ein Domänen-Katalog kann mehrere Suchmasken enthalten, von denen eine aufgerufen werden kann.
SEARCHRESULTS	Rahmen für die Anzeige der Suchergebnisse
RESULTENTRY	Anzeige eines Suchergebnisses in der Liste der Suchergebnisse
DETAILEDRESULTENTRY	Detaillierte Anzeige eines Suchergebnisses in der Liste der Suchergebnisse

Tabelle 31.3: Anpassung von Vorgabemasken im Rahmen der Domänen-Suche

31.6.6 Aufruf der Domänen-Suche aus dem Webbrowser

Im Folgenden wollen wir uns ansehen, wie man die Funktionalität der Domänen-Suche aus dem Webbrowser heraus aufrufen kann. Hierbei gehen wir davon aus, dass die Domänen-Suche bereits eingerichtet wurde und wir auf die standardmäßig im Domänen-Katalog vorgegebene Maske zurückgreifen wollen.

Der Schlüssel zum Verständnis des Aufrufs der Domänen-Suche im Web ist ein spezieller Domino-URL, welcher folgende Form aufweist:

```
http://Hostname/Datenbank/[Vorgabemaske]/?SearchDomain[ListeDerArgumente]
```

Hierbei bezieht sich die Angabe DATENBANK auf den Namen des Domänen-Katalogs (standardmäßig CATALOG.NSF) und die Vorgabemaske auf die Maske, mit der die Suchergebnisse angezeigt werden sollen (standardmäßig SEARCHRESULTS). Letztere Angabe ist optional, wenn wir in unserem Domänen-Katalog über eine Standardvorgabemaske für die Anzeige der Suchergebnisse verfügen. Diese muss durch den speziellen Bezeichner `$$searchDomainTemplate` im Alias des Maskennamens gekennzeichnet sein. Findet Domino weder eine Vorgabemaske als Parameter noch eine Standardvorgabemaske im Domänen-Katalog, wird eine Fehlermeldung ausgegeben.

Beispielsweise:

```
http://www.meinhost.de/catalog.nsf/SearchResults?SearchDomain&query=meinesuchabfra-
ge&searchscope=3
```

Suchparameter	Beschreibung	Vorgabe
Query	Suchabfrage	keine
SearchMax	Maximale Anzahl der insgesamt anzuzeigenden Suchergebnisse. 0 bedeutet keine Einschränkung.	keine
SearchWV	Wortvarianten in die Suche mit einbeziehen (TRUE oder 1 = aktivieren, FALSE oder 0 = deaktivieren)	TRUE
SearchOrder	1 = nach Relevanz 2 = nach Datum (aufsteigend) 3 = nach Datum (absteigend)	1
SearchThesaurus	Einsatz des Thesaurus (wird seit der Domino-Version 5 nicht mehr unterstützt) (TRUE oder 1 = aktivieren, FALSE oder 0 = deaktivieren)	FALSE
SearchFuzzy	Ungenaue Suche (TRUE oder 1 = aktivieren, FALSE oder 0 = deaktivieren)	FALSE
SearchEntry	Name der Maske zur Anzeige der Suchergebnisse in der Liste der Suchergebnisse	»ResultEntry«
Start	Anfangsdokument bei seitenweiser Anzeige der Ergebnisse (0 = keine seitenweise Anzeige)	0
Count	Anzahl der anzuzeigenden Ergebnisse bei seitenweiser Anzeige der Ergebnisse (0 = keine seitenweise Anzeige)	0
Scope	Umfang der Suche 1 = Notes-Datenbanken 2 = Dateisysteme 3 = Beides	0

Tabelle 31.4: Suchoptionen bei der Domänen-Suche

Der erste Schritt besteht in der Gestaltung einer Maske zur Domänen-Suche. Wir wollen im Folgenden die Sache einfach machen und die Suchmaske mit lediglich drei variablen Parametern ausstatten: der Suchabfrage (*Query*), der Festlegung des Suchumfanges (*Scope*) sowie der Festlegung der Art und Weise der Anzeige in der Liste der Suchergebnisse (einfach oder detailliert). Alle anderen Parameterwerte sollen als konstante Werte in Form von berechneten Feldern im Rahmen der Maske platziert werden.

Hierfür sind folgende Schritte erforderlich:

1. Erstellen Sie mit dem Menübefehl ERSTELLEN/GESTALTUNG/MASKE eine neue Maske, und benennen Sie diese »Domänen-Suche« (Name ist willkürlich).
2. Erstellen Sie ein bearbeitbares Textfeld namens QUERY zur Eingabe von Suchabfragen.

3. Erstellen Sie ein bearbeitbares Dialoglistenfeld namens SCOPE mit dem Wertebereich »Notes-Datenbanken|1«, »Dateisysteme|2« und »Beides|3«.
4. Erstellen Sie ein bearbeitbares Dialoglistenfeld namens SEARCHENTRY mit dem Wertebereich »Einfach|ResultEntry« und »Detailliert|DetailedResultEntry«.
5. Erstellen Sie für alle übrigen in der Tabelle 31.4 genannten Parameter jeweils ein berechnetes Textfeld, und weisen Sie ihm einen Vorgabewert zu.
6. Erstellen Sie einen Aktions-Hotspot (z.B. basierend auf einer Grafik), und weisen Sie ihm folgende Formel zu:

```
NameDesKatalogs:="catalog.nsf";
NameDerSuchergebnisMaske:="searchResults";
@URLOpen ("/"+NameDesKatalogs+"
"+NameDerSuchErgebnisMaske+"?SearchDomain&"+"Query="+Query+"&SearchMax="+Search
Max+"&Scope="+Scope+"&SearchOrder="+SearchOrder+"&SearchFuzzy="+SearchFuzzy+"&
SearchEntry="+SearchEntry)
```

7. Speichern Sie die Maske.

Fertig! Die eben vorgestellte rudimentäre Maske ist in Tabelle 31.4 dargestellt. Sie können diese sofort im Webbrowser aufrufen und die unterschiedlichen Funktionalitäten ausprobieren. Voraussetzung ist natürlich, dass die Domänen-Suche vorher korrekt eingerichtet wurde und die Indizes bereits bestehen.

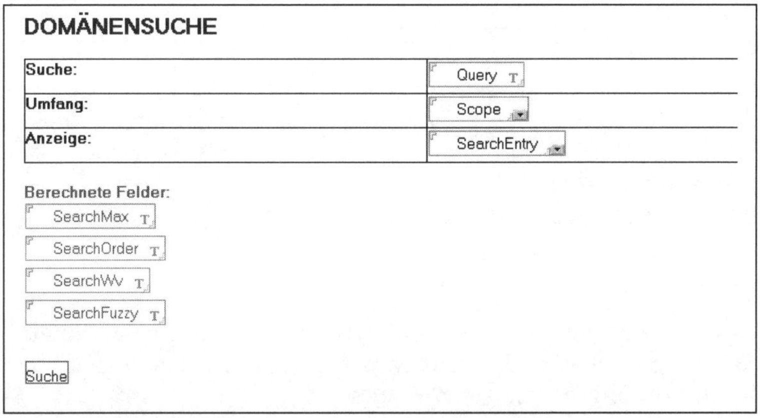

Abbildung 31.13: Einfache Maske zur Domänen-Suche

31.6.7 Anpassung der »ResultEntry/DetailedResultEntry«-Maske

Die Anzeige der Suchergebnisse in der Maske »SearchResults« erfolgt anhand einer Liste von Einträgen. Jeder Eintrag wird hierbei von mehreren systemspezifischen Feldern beschrieben, die in Tabelle 31.5 aufgelistet sind.

Feldname	Beschreibung
DSCreationTime	Erstellungszeitpunkt des Dokuments
DSModifiedTime	Zeitpunkt der letzten Modifikation des Dokuments
DSURL	URL des Dokuments
DSDBTitle	Titel der Datenbank, in der sich das Dokument befindet
DSDocSummary	Zusammenfassung des Dokuments
DSDocTitle	Titel des Dokuments
DSDocAuthor	Autor des Dokument.
DSScore	Relevanzergebnis für das betreffende Dokument
DSServer	Server, auf dem sich das Dokument befindet
DSType	0 = Notes-Dokument, 1 = Dokument aus dem Dateisystem

Tabelle 31.5: Felder zur Anpassung der Results

Die Zusammenstellung und Formatierung der Felder erfolgt in einer beliebigen Vorgabemaske im Domänen-Katalog. Standardmäßig bietet der Domänen-Katalog CATALOG.NSF zwei unterschiedliche Arten der Anzeige der Suchergebnisse: die Maske RESULTENTRY (vgl. Abbildung 31.14) enthält lediglich einen einfachen Titel des gefundenen Dokuments, während die Maske DETAILEDRESULTENTRY zusätzlich eine Zusammenfassung des Dokuments liefert.

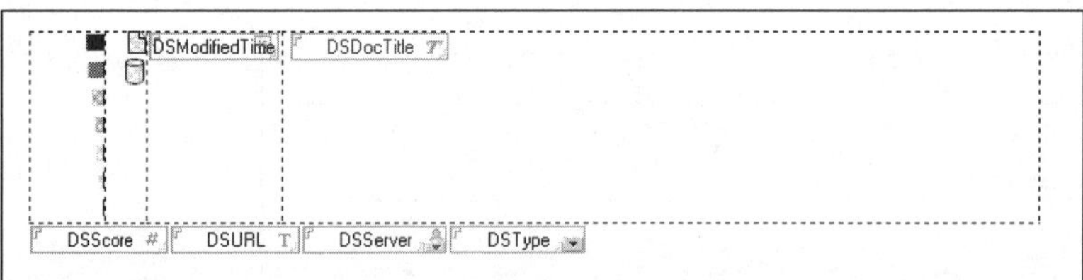

Abbildung 31.14: Maske ResultEntry im Gestaltungsmodus

Selbstverständlich können weitere benutzerspezifische Masken zur Anzeige der Suchergebnisse erstellt (bzw. bestehende modifiziert) werden. Die einzige Voraussetzung hierbei ist, dass die neue/modifizierte Maske im Rahmen der Suchabfrage im Parameter SEARCHENTRY angegeben werden muss.

31.6.8 Domänen-Suche und Sicherheit

Wie eingangs bereits erwähnt, ist eine herausragende Eigenschaft der Domänen-Suche die verbesserte Sicherheitsfunktionalität: Im Gegensatz zu anderen Suchmechanismen prüft die Domänen-Suche bereits vor der Anzeige der Suchergebnisse, ob ein Benutzer über die notwendige Zugriffsberechtigung (sprich: Leserechte) im Hinblick auf ein bestimmtes Dokument verfügt. Bei der Bestimmung der Zugriffsrechte des Benutzers werden nicht nur die Datenbank-Zugriffskontrolllisten eines Suchergebnisses berücksichtigt, sondern auch die Inhalte der evtl. vorhandenen Lesefelder, die die Zugriffsberechtigungen auf der Ebene eines einzelnen Dokuments regeln. Die Prüfung vollzieht sich hierbei in drei Schritten:

- Zunächst wird die standardmäßige Zugriffsbeschränkung einer Datenbank geprüft, wie sie im DEFAULT-Eintrag ihrer Zugriffskontrollliste vorgegeben ist. Ermittelt die Domänen-Suche, dass Lesezugriff auf eine Datenbank möglich ist, wird das Dokument in der Liste der Suchergebnisse angezeigt.
- Wird der Zugriff auf der Ebene des DEFAULT-Eintrags verwehrt, prüft Domino, ob der Benutzer in der Zugriffskontrollliste der Datenbank mit (mindestens) Leserechten ausgestattet ist.
- Ist dies der Fall, wird zusätzlich geprüft, ob das betrachtete Dokument über ein LESERFELD verfügt, und falls ja, ob der Name des Benutzers in diesem enthalten ist. Sind diese beiden Voraussetzungen erfüllt, wird das Dokument in der Liste der Suchergebnisse angezeigt.

Aus dem Beschriebenen geht hervor, dass Domino bei der Ermittlung der Zugriffsberechtigungen auf ein Dokument im Rahmen der Domänen-Suche nur auf Informationen in den Zugriffskontrolllisten von Datenbanken und Leserfeldern von Dokumenten zurückgreift. Dies kann dann gefährlich sein, wenn Sie zur Zugriffsbeschränkung *nur die Sicherheitsmechanismen auf Server-Ebene verwenden.* Wird der Inhalt eines Servers, der nur auf diese Weise geschützt ist, in die Domänen-Suche aufgenommen, werden die Dokumente, die in den Datenbanken dieses Servers gespeichert liegen, trotz der Zugriffsbeschränkung auf der Server-Ebene in der Liste der Suchergebnisse angezeigt. Daher empfiehlt es sich, beim Einsatz der Domänen-Suche die in den Suchumfang aufgenommenen Datenbanken zusätzlich auf der Ebene der Zugriffskontrolllisten zu schützen, beispielsweise durch Einrichtung von entsprechenden Gruppeneinträgen.

Die Filterung von Suchergebnissen gemäß vorgegebener Kriterien funktioniert bei der Suche nach Inhalten im Dateisystem nicht, da der Domino-Server keinerlei Einfluss auf die Berechtigungen besitzt, die auf der Ebene des Betriebssystems (d.h. Dateisystems) vergeben wurden. Bei der Indizierung ist somit das Risiko zu berücksichtigen, dass man ungewollt Informationen preisgibt, die im Rahmen des Suchergebnisses angezeigt werden. Besonders sicherheitskritische Inhalte sollten von der Indizierung der Dateisysteme also ausgeschlossen bleiben.

32 Hilfe in Domino-Anwendungen

Der Anwendungshilfe kommt in Domino-Anwendungen eine besondere Bedeutung zu. Im Gegensatz zu »klassischen« Anwendungen, die mit einem Satz von Handbüchern ausgeliefert werden und deren Einführung oftmals von entsprechenden Schulungsmaßnahmen begleitet wird, werden Domino-Anwendungen »mal eben« zufällig im Unternehmensnetzwerk oder im Internet »gefunden«. Die Anforderungen an die Selbstbeschreibungsfähigkeit der Anwendung steigen unter diesen Umständen gewaltig, nicht zuletzt vor dem Hintergrund der hohen Support-Kosten, welche von Software-Systemen verursacht werden. Die Analysten der Gartner Group errechneten, dass die Support-Kosten, die durch unzureichende Dokumentation mit verschuldet werden, etwa 30% der gesamten Betriebskosten (Total Cost of Ownership) eines Software-Systems ausmachen können. Das erste und oftmals effektivste Gegenmittel in diesem Zusammenhang ist eine einfache und intuitiv zu bedienende Benutzerschnittstelle. Doch oft wird es Fälle geben, in denen dies nicht genügt. Andere Mittel und Wege müssen gefunden werden. Dieser Abschnitt befasst sich mit den Features, die dem Anwender Hilfestellung leisten, sowohl in der Notes- als auch in der Webwelt. Dies umfasst folgende Domino-Features:

- **»Über diese Datenbank«- und »Benutzen dieser Datenbank«-Dokumente**: zwei spezielle Gestaltungsdokumente zur Bereitstellung von grundlegenden Informationen über eine Datenbank.
- **Kontextbezogene Hilfe**: ermöglicht die Gestaltung von eigenen Hilfe-Dokumenten, die der Benutzer direkt aus einer Datenbank heraus aufrufen kann.
- **Pop-Ups**: Gestaltungselemente innerhalb einer Seite, einer Maske oder eines Dokuments, welche erst bei einer Aktion des Benutzers »aufpoppen« (engl. popup) und zusätzliche Informationen anzeigen.

32.1 Datenbank-Hilfe-Dokumente

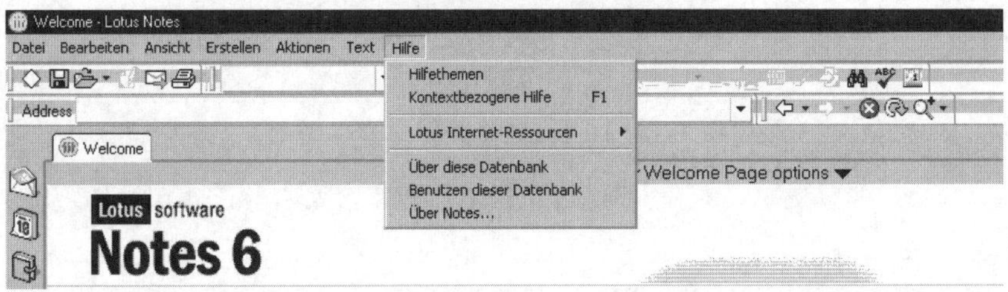

Abbildung 32.1: Menü HILFE

Die Tatsache, dass Domino-Datenbanken in der Regel elektronisch verteilt vorliegen und dass für eine Dokumentation in Papierform in der Regel Zeit und Geld fehlen, veranlasste Lotus-Ingenieure schon früh zur Bereitstellung spezieller Hilfemechanismen. Ein solcher Hilfsmechanismus sind die Dokumente ÜBER DIESE DATENBANK und BENUTZEN DIESER DATENBANK. Beide lassen sich im Notes-Client jederzeit über das Menü HILFE aufrufen (vgl. Abbildung 32.1). Das ÜBER DIESE DATENBANK-Dokument kann ferner vom Entwickler als Startoption für eine Datenbank festgelegt werden, d.h., es wird beim Öffnen einer Datenbank als Erstes angezeigt.

Über diese Datenbank

Das ÜBER DIESE DATENBANK-Dokument sollte dem Benutzer das »Was« einer Datenbank signalisieren, d.h., inwiefern eine Datenbank für die Belange des Benutzers überhaupt *relevant* ist. Es sollte aus diesem Grund zumindest folgende Informationen enthalten:

- Zweck und Funktionsumfang der Datenbank,
- anvisierte Zielgruppe,
- Datum der Erstellung (bzw. der letzten Aktualisierung) sowie
- Name und E-Mail-Adresse des Ansprechpartners (d.h. Datenbankmanagers), bei dem weitere Auskünfte eingeholt werden können.

Benutzen dieser Datenbank

Das BENUTZEN DIESER DATENBANK-Dokument stellt dagegen eher eine *Gebrauchsanweisung* dar, welche den Umgang mit den wichtigsten Funktionalitäten der Datenbank erläutern sollte, z.B. Masken, Ansichten und Agenten. Es sollte eine Beschreibung darüber enthalten, wie bestimmte Probleme gelöst werden können und welche Abfolge von Schritten hierzu erforderlich ist. Ein Beispiel finden Sie in der Abbildung 32.2.

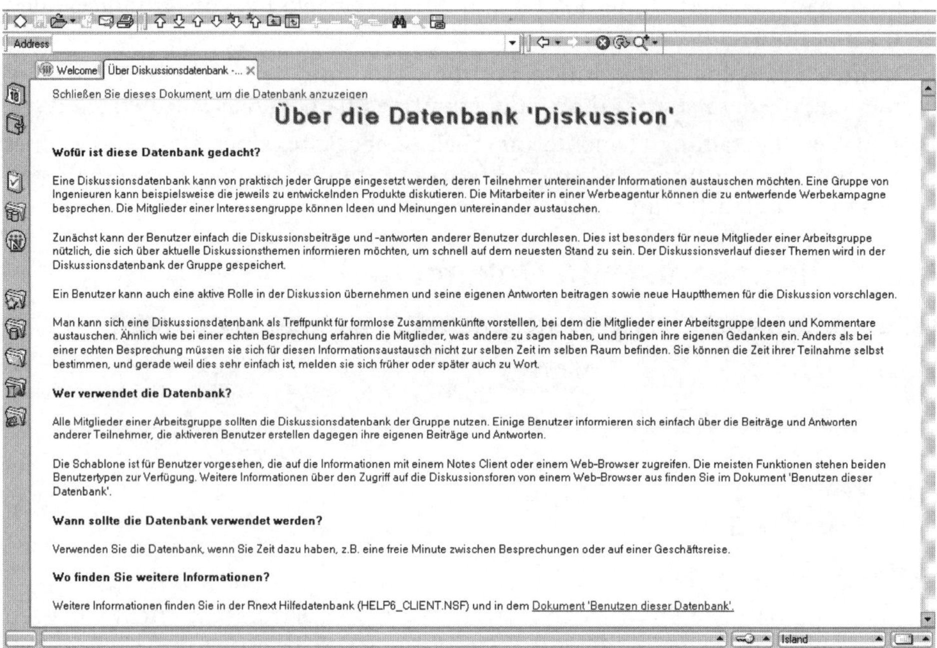

Abbildung 32.2: Benutzen dieser Datenbank (Diskussionsschablone)

32.1.1 Erstellung der Hilfe-Dokumente

Bei den Dokumenten ÜBER DIESE DATENBANK und BENUTZEN DIESER DATENBANK handelt es sich im Grunde genommen um herkömmliche Domino-Dokumente, die jedoch aufgrund der genannten Besonderheiten (Aufruf über die Menüs, Anzeigen beim Start der Datenbank) den Status von *eigenständigen* Gestaltungselementen haben.

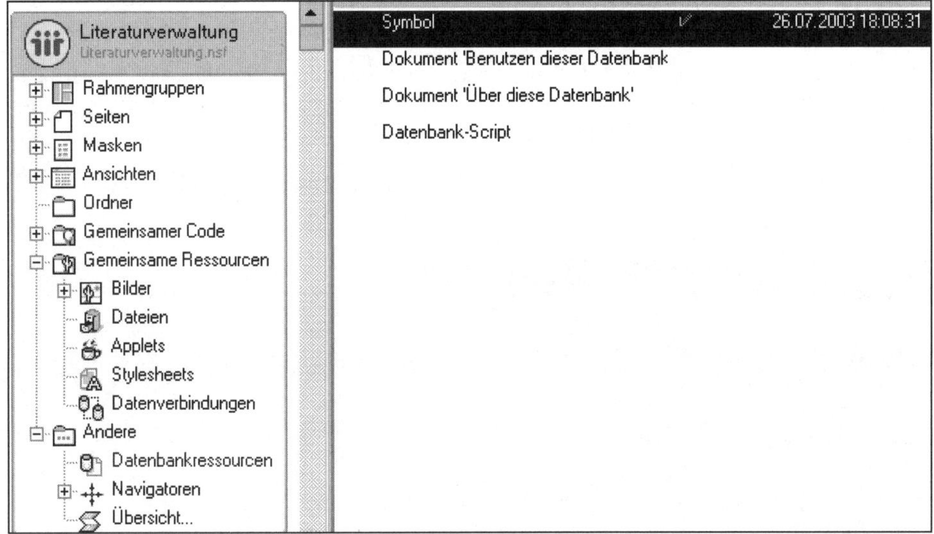

Abbildung 32.3: Hilfe-Dokumente sind gut versteckt

Beide Dokumente liegen in der Gestaltungsansicht RESSOURCEN unter ANDERE (vgl. Abbildung 32.3). Sie müssen im Gegensatz zu anderen Gestaltungselementen nicht erst erstellt, sondern nur noch quasi »nachbearbeitet« werden. Hierzu sind folgende Schritte erforderlich (gilt für beide Dokumente):

1. Öffnen Sie die Datenbank, deren Hilfe-Dokumente Sie nachbearbeiten möchten, im Gestaltungsmodus.
2. Öffnen Sie die Ansicht ANDERE, und wählen Sie die Ansicht DATENBANKRESSOURCEN.
3. Öffnen Sie das ÜBER DIESE DATENBANK- bzw. das BENUTZEN DIESER DATENBANK-Dokument.
4. Erstellen Sie entsprechende Inhalte für das Dokument, analog der Vorgehensweise bei Masken und Seiten.
5. Speichern Sie das Dokument.

32.1.2 Automatische Anzeige des »Über diese Datenbank«-Dokuments

Wie bereits erwähnt, lässt sich das ÜBER DIESE DATENBANK-Dokument als Startoption beim Öffnen der Datenbank festlegen, um auf diese Weise schnell und effizient

Informationen über die Datenbank zu verteilen. In diesem Zusammenhang stehen dem Anwendungsentwickler folgende Optionen zur Verfügung:

- Das Dokument wird *jedes Mal beim Starten der Datenbank* angezeigt. Alternativ zum Dokument selbst kann auch die erste Verknüpfung oder der erste Anhang (nur Notes-Client) im ÜBER DIESE DATENBANK-Dokument gestartet werden.
- Das Dokument wird *nur beim ersten Öffnen der Datenbank* angezeigt. Hierbei wird der Inhalt des Dokuments dem Benutzer einmal präsentiert, während in allen späteren Fällen eine andere Datenbank-Startoption gilt.
- Das Dokument wird *bei jeder Änderung des Über diese Datenbank*-Dokuments selbst angezeigt. Diese Option empfiehlt sich insbesondere bei häufigen Änderungen der Datenbankgestaltung.

Die Auswahl einer dieser Optionen erfolgt im Dialogfenster EIGENSCHAFTEN: DATENBANK auf der Registerkarte STARTEN (vgl. Abbildung 32.4).

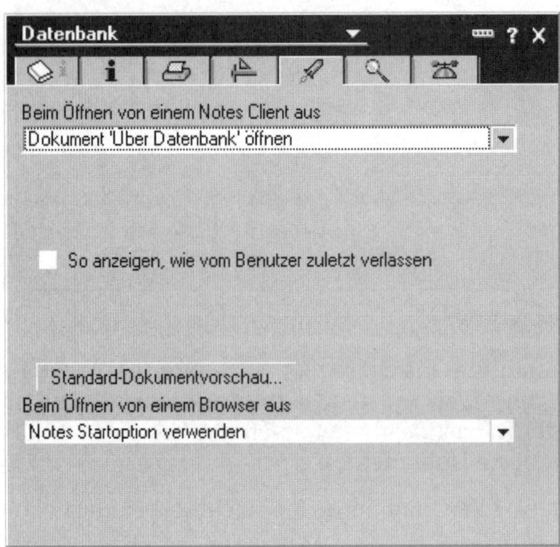

Abbildung 32.4: Datenbankeigenschaften – ÜBER DIESE DATENBANK-Möglichkeiten

32.2 Arbeiten mit kontextbezogener Hilfe

Während die im letzten Abschnitt beschriebenen Hilfe-Dokumente im Allgemeinen einen guten Einstiegspunkt darstellen, um dem Anwender einen groben Überblick über eine Domino-Anwendung zu verschaffen, wird man bei spezielleren Beschreibungen eher die *kontextbezogenen Hilfe-Dokumente* in Betracht ziehen. Der Name lässt es ahnen: Es handelt sich um eine auf die jeweilige Situation des Benutzers maßgeschneiderte Hilfestellung, welche entweder mit der Taste [F1] (im Notes-Client) oder mittels einer speziell dafür eingerichteten Schaltfläche (Notes-Client oder Webbrowser) aufgerufen werden kann.

Im Notes-Client stand die kontextsensitive Hilfe schon immer zur Verfügung, allerdings konnte man mit ihr lediglich die Notes-eigene Hilfe aufrufen, welche den Umgang mit der Client-Software erklärt, nicht jedoch die Features einer selbst entwickelten Datenbank. Zudem kann man seit der Version 5 die bestehende Kontexthilfe mit eigenen Inhalten überschreiben. Wie das geht, sehen sie im Folgenden.

32.2.1 Funktionsweise der kontextsensitiven Hilfe

Das Prinzip der kontextsensitiven Hilfe ist einfach (vgl. Abbildung 32.5): Zunächst einmal muss festgestellt werden, ob bzw. dass Hilfe vom Anwender überhaupt benötigt wird. Hierfür gibt es zwei Möglichkeiten:

- Ereignis `HelpRequest`: Dieses Ereignis steht in Masken, Teilmasken, Ansichten und Ordnern zur Verfügung. Es kann einen statischen Wert oder eine Formel beinhalten, welche beim Betätigen der Taste [F1] durch den Benutzer ausgeführt wird und die aufzurufende Hilfeinformation festlegt.

> Diese Möglichkeit steht nur im Notes-Client zur Verfügung, nicht jedoch im Webbrowser.

- Interaktives Element: Alternativ kann man für den Hilferuf ein dediziertes interaktives Element, z.B. eine Schaltfläche, oder einen Aktions-Hotspot verwenden. In einem Web-Client ist dies die einzige Möglichkeit, Hilfe-Dokumente aufzurufen.

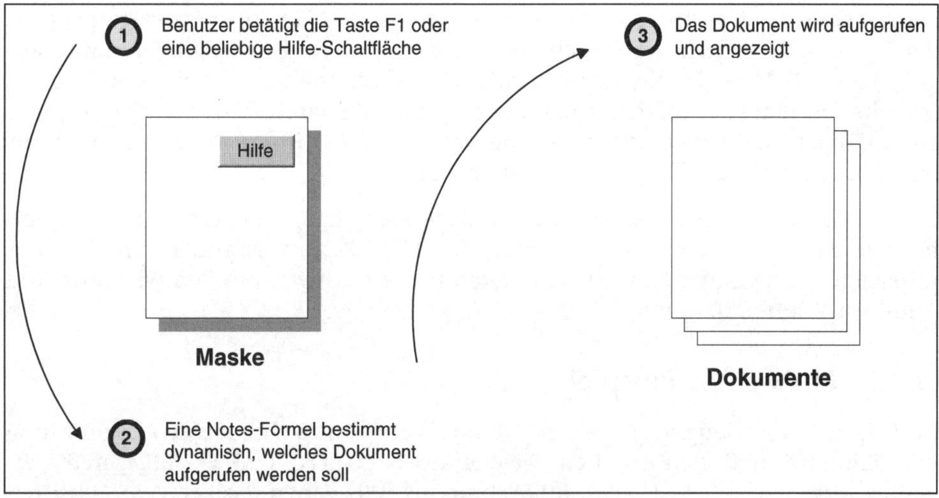

***Abbildung 32.5:** Das Prinzip hinter der kontextsensitiven Hilfe*

Wurde die Hilfeanfrage ausgelöst, kann mittels einer Notes-Formel festgelegt werden, welche Inhalte als Hilfe angezeigt werden. Das Schöne hierbei ist, dass diese Festlegung dynamisch erfolgen kann, wobei alle Kontextvariablen aus dem Notes-Umfeld berücksichtigt werden können. So lassen sich beispielsweise unterschiedliche Dokumente aufgerufen, abhängig davon, welcher Gruppe der Benutzer angehört (bzw. welche Rolle er wahrnimmt), in welchem Modus sich das Dokument befindet (Lesen- oder Bearbeiten-Modus) und von welchem Typ die aufrufende Client-Software ist (Notes-Client oder Webbrowser).

Zum Aufruf der eigentlichen Hilfeinformationen existieren wiederum zwei Möglichkeiten:

- **Hilfe als Seite**: Soll die Hilfe insgesamt einen eher geringen Umfang aufweisen, empfiehlt es sich, zur Anzeige von Hilfeinformationen Seiten zu verwenden. Diese Alternative hat den Vorteil, dass Hilfeinformationen direkt mit ERSTELLEN/GESTALTUNG/SEITE erstellt werden können. Der Aufruf einer einzelnen Hilfeinformation erfolgt in diesem Fall mit dem Befehl `@Command ([OpenPage];"NameDerSeite");`.
- **Hilfe als Dokument**: Bei umfangreicheren Hilfeinformationen ist es sinnvoller, mittels einer dedizierten Maske eine Reihe von Hilfe-Dokumenten anzulegen. Bei entsprechender Ausgestaltung von Beziehungen zwischen den Dokumenten kann man diese nicht nur als kontextsensitive Hilfe, sondern als richtiges Handbuch verwenden. Zudem empfiehlt es sich, sehr umfangreiche Hilfeanweisungen (z.B. für mehrere Applikationen), in eine separate Datenbank auszulagern.

Für den Aufruf von Hilfeinformationen, die in Dokumenten gespeichert sind, gibt es den Befehl:

```
@Command([OpenHelpDocument]; Server : Datenbank; Ansichtsname; Schlüssel)
```

Hierbei stehen `Server` und `Datenbank` für den Server- und Datenbanktitel (respektive) der Datenbank, welche die Ansicht `Ansichtsname` enthält. Es wird davon ausgegangen, dass die Ansicht `Ansichtsname` alle Hilfe-Dokumente enthält. Die Angabe `Schlüssel` bezieht sich auf den Inhalt der ersten Spalte der Ansicht `Ansichtsname`, welche auf jeden Fall sortiert sein muss: nur dann kann der Inhalt der ersten Spalte als Index zum Zugriff auf Hilfe-Dokumente fungieren.

Statt der Angabe über den Server bzw. die Datenbank kann man einen der reservierten Begriffe `[ClientHelp]`, `[DesignerHelp]` oder `[AdminHelp]` verwenden, um eine der mitgelieferten Domino-Hilfe-Datenbanken (Client, Anwendungsentwicklung und Administration) aufzurufen.

32.2.2 Ein kleines Beispiel

Im Folgenden wollen wir für unsere Literaturverwaltung eine kleine Ansammlung von Hilfeinformationen erstellen, welche aus der Maske QUELLE aufgerufen werden, sowohl im Notes- als auch im Webmodus. Wir gehen dazu in zwei Schritten vor: Zunächst werden die eigentlichen Hilfeinformationen erstellt, um anschließend die Maske QUELLE auf den Aufruf von Hilfeinformationen vorzubereiten. Zwei Entscheidungen vorweg: Die Hilfeinformationen sollen in der gleichen Datenbank vorliegen (d.h. in der Literaturverwaltung) und außerdem nicht als Seiten, sondern als Dokumente abgespeichert werden.

Erstellung von Hilfeinformationen

Betrachten wir zunächst den ersten Schritt: die Erstellung von Hilfeinformationen. Um die Hilfe-Dokumente anzulegen, müssen Sie zunächst einmal eine Maske erstellen, welche wir im Folgenden einfach HILFE nennen wollen. Abbildung 32.6 zeigt einen möglichen Entwurf dieser Maske.

Um eine hervorragende Inspiration zur Gestaltung von Hilfemasken (bzw. ganzen Datenbanken) zu finden, empfiehlt sich ein Blick in die mitgelieferten Domino-Hilfe-Datenbanken.

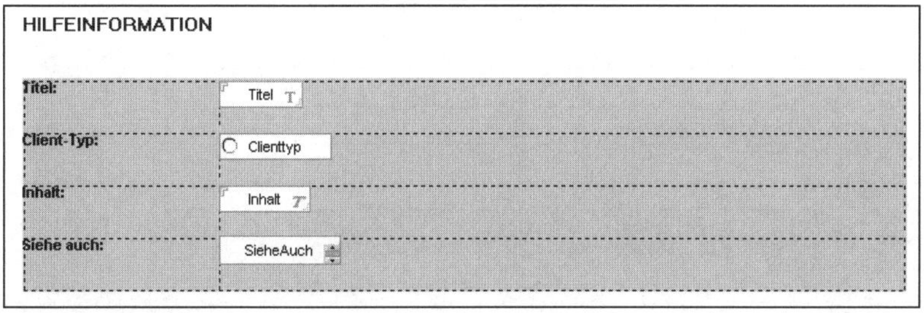

Abbildung 32.6: Maske HILFE

Maske »Hilfe«

Im Feld TITEL wird der eigentliche Name des Dokuments angegeben, beispielsweise »Literaturquelle erstellen«. Das Feld CLIENT dient zur Verwaltung von unterschiedlichen Versionen von Hilfe-Dokumenten für die Notes-Client- und die Webbrowser-Oberfläche. Im Rich-Text-Feld INHALT kann die eigentliche Hilfebeschreibung untergebracht werden, während im Feld SIEHE AUCH Verweise auf verwandte Dokumente gespeichert werden können.

Ansicht »Hilfedokumente«

Zum Aufruf der Dokumente, die wir mit der Maske HILFE erstellen werden, benötigen wir zudem eine Ansicht, nennen wir sie HILFEDOKUMENTE, die in unserem Fall lediglich eine Spalte enthält, in der der Inhalt des Feldes TITEL angezeigt wird.

> Die Spalte *muss* sortiert sein, sonst endet der Zugriff auf diese Ansicht mit einer Fehlermeldung.

Gehen Sie bei der Erstellung der Ansicht wie folgt vor:

1. Wählen Sie ERSTELLEN/GESTALTUNG/ANSICHT, und nennen Sie die Ansicht HILFEDOKUMENTE.
2. Geben Sie als AUSWAHLKRITERIUM der Ansicht folgenden Formelausdruck ein: `SELECT FORM="Hilfe"`.
3. Markieren Sie die erste Spalte der Ansicht, und legen Sie im Gestaltungsfenster das Feld TITEL als ihren Inhalt fest.
4. Bestimmen Sie in den Spalteneigenschaften unter SORTIERUNG den Wert AUFSTEIGEND.
5. Speichern Sie die Ansicht.

Vorbereitung der Maske Literaturquelle (Notes)

Nun gehen wir über zur Anpassung der Maske Quelle, welche notwendig ist, um dem Benutzer den Aufruf von Hilfeinformationen überhaupt erst zu ermöglichen. Im Notes-Client-Umfeld soll der Aufruf auf jeden Fall mit der Taste F1 erfolgen können, d.h., die anzuzeigende Hilfeinformation muss im Ereignis `onHelp` der Maske Quelle festgelegt werden. Angenommen, der Titel der anzuzeigenden Information lautet »Literaturquelle anlegen«, könnte der Inhalt des Ereignisses `onHelp` wie in der Abbildung 32.7 aussehen.

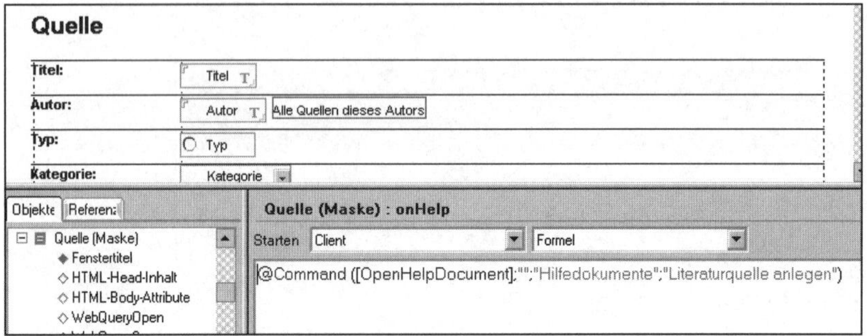

***Abbildung 32.7: Aufruf der Hilfeinformation im Ereignis* `onHelp`**

Um dies auszuprobieren, können Sie wie folgt vorgehen:

1. Erstellen Sie zunächst mittels der Maske Hilfe ein neues Hilfe-Dokument, dessen Titel »Literaturquelle anlegen« lauten sollte.
2. Legen Sie unter Starten die Optionen Client und Formel fest.
3. Öffnen Sie die Maske Literaturquelle, und markieren Sie das Ereignis `onHelp`.
4. Geben Sie im Gestaltungsfenster folgenden Ausdruck ein:
   `@Command ([OpenHelpDocument];"":"HilfeDokumente";"Literaturquelle anlegen");.`
5. Speichern Sie die Maske.
6. Erstellen Sie nun eine neue »Quelle«, und betätigen Sie hierbei die Taste F1.

Hilfe im Web

Nun wollen wir eine ähnliche Funktionalität auch im Web realisieren. Hier funktioniert – wie wir bereits wissen – das `onHelp`-Ereignis nicht, also gilt es, eine alternative Vorgehensweise zu verwenden. Eine Möglichkeit besteht darin, zum Aufruf der Hilfeinformationen einen Aktions-Hotspot zu verwenden (ebenso denkbar wäre der Einsatz eines Verknüpfungs-Hotspots oder einer Schaltfläche) – was naturgemäß sowohl im Notes-Client als auch im Webbrowser funktioniert. Gehen Sie, um dies auszuprobieren, wie folgt vor (vgl. Abbildung 32.8):

1. Öffnen Sie die Maske Quelle im Gestaltungsmodus.
2. Platzieren Sie einen neuen Aktions-Hotspot.
3. Geben Sie im Ereignis `Click` des Aktions-Hotspots folgenden Ausdruck ein:
   `@Command([OpenHelpDocument];"":"";"Hilfedokumente";"Literaturquelle anlegen");.`
4. Speichern Sie die Maske.

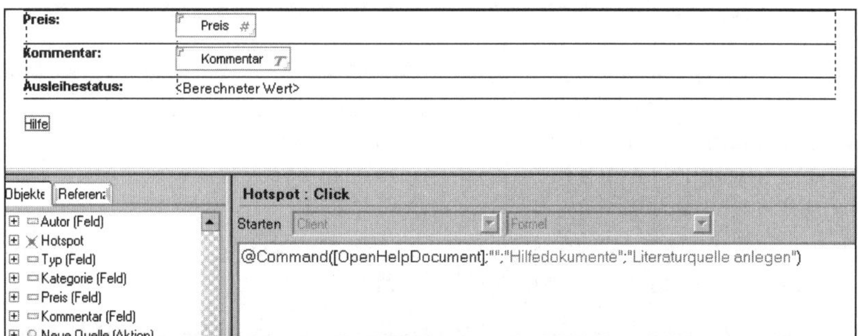

Abbildung 32.8: Webfähiger Hilfeaufruf mit einem Aktions-Hotspot

Abschließend noch eine kleine Aufgabe: Was müsste man an der obigen Konfiguration ändern, damit unterschiedliche Informationen angezeigt werden, je nachdem, ob der Benutzer eine Hilfeinformation aus dem Webbrowser oder aus dem Notes-Client heraus aufruft?

32.3 Pop-Ups

32.3.1 Was sind Pop-Ups?

Die kontextsensitive Hilfe ist ja schön und gut. Doch manchmal gibt es Situationen, in denen selbst Informationen, die für eine Maske gelten, nicht präzise genug sind. Und außerdem: Wer hat schon Lust, eine ganze (!) Seite zu lesen, wenn man lediglich wissen will, ob im Feld AUTOR zuerst der Vor- und dann der Nachname kommt oder umgekehrt! Auch an solche und ähnlich Fälle wurde bei Notes Domino gedacht. In diesem Abschnitt werden wir uns mit Features befassen, die den Benutzer innerhalb einer Seite unterstützen können. Vorhang auf für Pop-Ups!

Die Idee hinter Pop-Ups ist schnell erklärt: Der Benutzer einer Notes-Anwendung bewegt den Mauszeiger auf eine bestimmte Stelle in der Maske (oder einer Seite oder einem Dokument) und – hoppla! – plötzlich erscheint wie aus dem Nichts (daher der Name Pop-Up) eine kleine Textnotiz mit der Antwort auf die Frage, die einen beim Herumirren mit der Maus gerade beschäftigt hat. Mit Pop-Ups kann man also dann bestimmte Zusatzinformationen anzeigen lassen, wenn sie wirklich benötigt werden, ohne hierbei das aktuelle Dokument zu verlassen.

Rein technisch gesehen sind Pop-Ups ein Spezialfall der Hotspots, welche wir in Kapitel über interaktive Automatisierung von Anwendungen kennen gelernt haben. Nur werden im Gegensatz zu anderen Hotspots weder Automatisierungsmechanismen implementiert noch Verknüpfungen zu anderen Inhalten aufgebaut. Pop-Ups spezialisieren sich, wie gesagt, ausschließlich auf die Anzeige von Zusatzhinweisen in Textform. Je nachdem, ob es sich hierbei um statische oder dynamische Textinhalte handelt, kann man zwischen *Text-Pop-Ups* und *Formel-Pop-Ups* unterscheiden. Beide können in Masken, Seiten, aber auch in Rich-Text-Feldern von Dokumenten untergebracht werden.

> Pop-Ups werden im Webbrowser nicht unterstützt. Eine ähnliche Funktionalität ist dort jedoch ohne Weiteres mittels JavaScript implementierbar.

32.3.2 Pop-Ups erstellen

Die Erstellung von Pop-Ups erfolgt analog zu anderen Hotspots. Zunächst muss ein Textabschnitt markiert werden (welcher natürlich auch andere *inline*-Elemente, wie Bilder, enthalten kann). Anschließend kann mit ERSTELLEN/HOTSPOT/TEXT-POP-UP bzw. ERSTELLEN/HOTSPOT/FORMEL-POP-UP der markierte Bereich als Domäne eines Pop-Up gekennzeichnet werden.

Die in der Abbildung 32.9 dargestellten Pop-Up-Eigenschaften lassen gewisse Freiräume bezüglich der Ausgestaltung ihrer Funktionalität zu:

- **Pop-Up anzeigen**: legt fest, welche Benutzeraktion die Anzeige des Hotspots auslöst: bloßes Berühren mit dem Mauszeiger oder erst ein Mausklick auf den entsprechend markierten Bereich.
- **Hotspot-Stil**: bestimmt die Anzeige des Hotspots im nicht aktivierten Zustand. Hier empfiehlt es sich, zumindest durch Umrandung, wenn nicht gar durch textliche Hervorhebung, einen Pop-Up von herkömmlichen Texten (z.B. Feldbeschriftungen) zu unterscheiden.

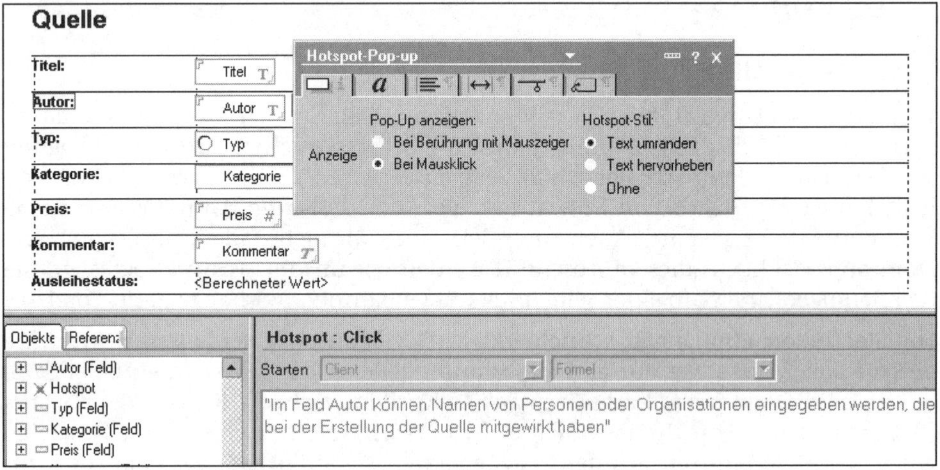

Abbildung 32.9: Pop-Up-Eigenschaften

Der angesprochene Unterschied zwischen Text-Pop-Ups und Formel-Pop-Ups ist – hinsichtlich der Erstellung – äußerst gering: Während bei Text-Pop-Ups ein statischer Text direkt im Eigenschaftenfenster eingegeben werden kann (vgl. Abbildung 32.9), erfolgt die Festlegung des Inhalts bei Formel-Pop-Ups im Gestaltungsfenster, mittels eines Notes-Formelausdrucks.

32.3.3 Feldhilfe

Eine dritte Möglichkeit, ergänzende Hinweise dynamisch anzuzeigen, ist die so genannte *Feldhilfe*. Für den Fall, dass die Art und Weise der vom Benutzer erwarteten Eingabe nicht unmittelbar aus der Feldbeschriftung hervorgeht, lässt sich diese während der Gestaltung im Feld HILFEBESCHREIBUNG bzw. im Feld FELDHINWEIS auf der Registerkarte ERWEITERT der Feldeigenschaften eingeben (vgl. Abbildung 32.10).

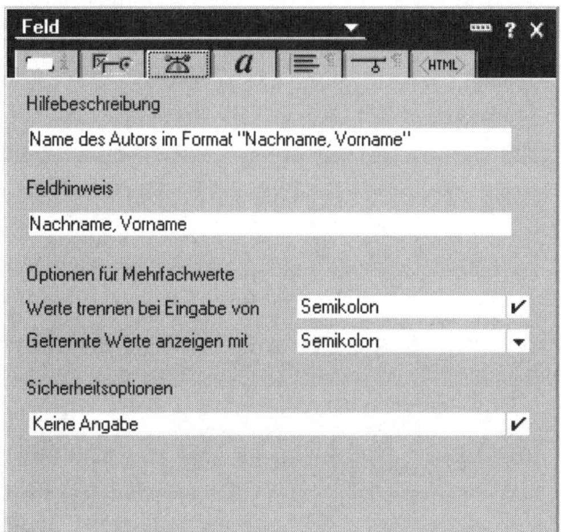

Abbildung 32.10: Hilfebeschreibung im Feld Autor

Der Inhalt des Feldes FELDINHALT wird bei der Eingabe quasi als voreingestellter Wert eingeblendet, um dem Benutzer beispielsweise das Format der Eingabe oder sonstige ergänzende Hinweise anzuzeigen.

Die Hilfbeschreibung wird am unteren Bildschirmrand als einzeiliger Text angezeigt, wenn der Benutzer den Cursor in das betreffende Feld bewegt.

Hierbei ist zu beachten, dass der Benutzer die Feldhilfe wahlweise ein- und abschalten kann. Stellen Sie also sicher, dass die Anzeige der Feldhilfe im Notes-Client aktiviert ist. Die Aktivierung der Feldhilfe erfolgt mit dem Menübefehl ANSICHT/ANZEIGEN/FELDHILFE.

Die Feldhilfe wird nur vom Notes-Client, nicht jedoch vom Webbrowser unterstützt.

33 Domino und Sicherheit auf der Anwendungs-entwicklungsebene

Mit der fortschreitenden Öffnung von unternehmensinternen Netzen nach außen sowie der zunehmenden Menge an Informationen, welche in elektronischer (anstatt in physischer) Form verwaltet werden, spielt das Thema Sicherheit bei der Anwendungsentwicklung eine immer wichtigere Rolle. In diesem Kapitel wollen wir uns mit der Frage beschäftigen, wie man eine Domino-Applikation gegenüber Angriffen schützen kann. Es wird das Instrumentarium dargestellt, das einem Anwendungsentwickler zur Verfügung steht, und seine Anwendung an einigen Beispielen erklärt. Hierbei werden wir uns im ersten Teil mit allgemeinen Fragen der Domino-Sicherheitsarchitektur beschäftigen, um im zweiten Teil auf die Sicherheit im Web einzugehen.

Eine Anmerkung vorweg: In diesem Kapitel wollen wir uns hauptsächlich mit Sicherheitsaspekten beschäftigen, die den Bereich der Anwendungsentwicklung betreffen. Da sich jedoch eine klare Trennlinie zwischen der Verantwortung eines Systemadministrators und der eines Anwendungsentwicklers nur schwer ziehen lässt, werden für einen besseren Einblick in das Thema, auch einige Aufgabenbereiche der Administration angesprochen. Es ist ohnehin ein wesentlicher Faktor, dass man als Entwickler zum Verständnis des Gesamtsystems Lotus Notes Domino auf jeden Fall grundlegende Kenntnisse im Bereich der Systemadministration benötigt, während Administratoren ebenfalls über grundlegende Kenntnisse der Anwendungsentwicklung verfügen sollten.

33.1 Domino-Sicherheitsmodell

Die Grundlage der Sicherheit in Domino-Anwendungen ist das in Abbildung 33.1 dargestellte trichterförmige Sicherheitsmodell.

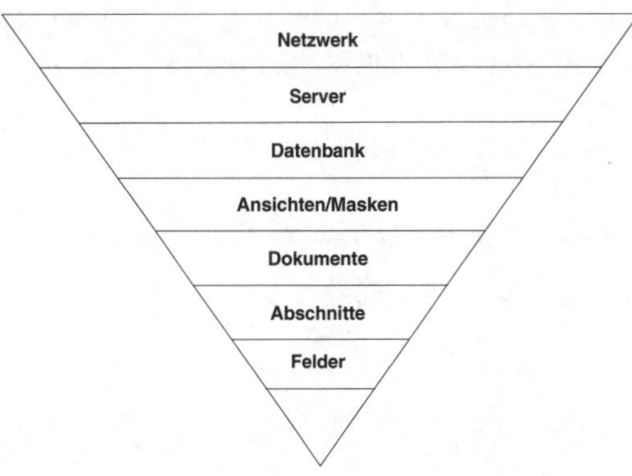

Abbildung 33.1: Domino-Sicherheitsmodell

Dieses besitzt zwei wichtige Eigenschaften:

- **Mehrschichtigkeit**: Wie aus der Abbildung hervorgeht, handelt es sich hierbei um eine mehrschichtige Architektur – sprich: ein Benutzer mit zweifelhaften Absichten muss auf dem Weg zur gewünschten Information gleich mehrere Hürden bewältigen.
- **Spezialisierung**: Hinsichtlich der Priorität von Zugriffsberechtigungen gilt, dass die in der Differenzierungsebene tiefer liegenden Einstellungen die übergeordneten Pendants außer Kraft setzen. Wenn also beispielsweise eine Datenbank grundsätzlich Schreibzugriffe, einzelne Dokumente jedoch nur Lesezugriff gestatten, überwiegt die letztere Einstellung. Umgekehrt müssen für den Fall, dass Dokumente einen höheren Grad der Zugriffsbeschränkung zulassen als die Datenbank-ZKL, zunächst die in der Datenbank-ZKL eingetragenen Anforderungen hinsichtlich der Zugriffsrechte erfüllt sein.

Wir werden uns diese Sicherheitsmechanismen im Folgenden etwas genauer ansehen.

33.1.1 Netzwerk

Soll eine Domino-Installation »öffentlich« sein, d.h., auch Benutzern außerhalb eines geschützten (d.h. in der Regel firmeneigenen) Netzwerks zur Verfügung stehen, so sollte die Kontrolle der ein- und ausgehenden Daten bereits auf Netzwerkebene ansetzen. Hier empfiehlt sich der Einsatz einer Firewall, d.h. einer software- oder hardwaremäßigen Lösung zur Filterung von Datenpaketen. Die Aufgabe der Firewall-Konfiguration liegt in der Regel außerhalb des Verantwortungsbereiches eines Anwendungsentwicklers. Dennoch wird ein Anwendungsentwickler hierbei ein Wörtchen mitzureden haben, denn die Filterregeln, welche bei einer Firewall zum Einsatz kommen, hängen u.a. auch von der Funktionalität einer Domino-Applikation ab. Generell wird der Firewall-Administrator dazu tendieren, alle nicht benötigten Netzwerk-Ports zu sperren. Ihre Rolle als Anwendungsentwickler besteht nun darin, dem Firewall-Administrator die Liste der freizugebenden Ports mitzuteilen. Eine gängige Konfiguration der TCP/IP-Ports ist in der Tabelle 33.1 dargestellt.

Port (Name, Nummer)	Aufgabe
Notes (Port 1352)	Zugriff von Notes-Clients von außerhalb des Netzes, beispielsweise bei der Fernadministration des Servers mittels des Domino-Administrators
HTTP (Port 80)	Zugriff von Web-Clients von außerhalb, wenn Domino als Webserver betrieben wird
SSL (Port 443)	Zugriff von Web-Clients von außerhalb, wenn SSL-Verschlüsselung zum Einsatz kommt
SMTP (Port 25)	Versenden von E-Mails nach außen (z.B. durch einen Agenten)

Tabelle 33.1: Freizugebende TCP/IP-Ports beim Einsatz einer Domino-Applikation

33.1.2 Server

Die Sicherheitskonfiguration eines Domino-Servers ist (ebenso wie die Konfiguration einer Firewall) eine zu komplexe Aufgabe, als dass ein Buch über Anwendungsentwicklung einer vollständigen Beschreibung aller Parameter Rechnung tragen könnte. Es sei in diesem Zusammenhang nur erwähnt, dass die Regelung des Zugriffs auf einen Domino-Server sowohl für bestimmte Operationen (z.B. Anlegen von Datenbanken, Ausführen von Agenten) als auch für bestimmte Benutzer bzw. Benutzergruppen eingeschränkt werden kann. Die hierfür relevanten Einstellungen befinden sich auf der Registerkarte SICHERHEIT der Server-Konfiguration im Domino-Verzeichnis (vgl. Abbildung 33.2).

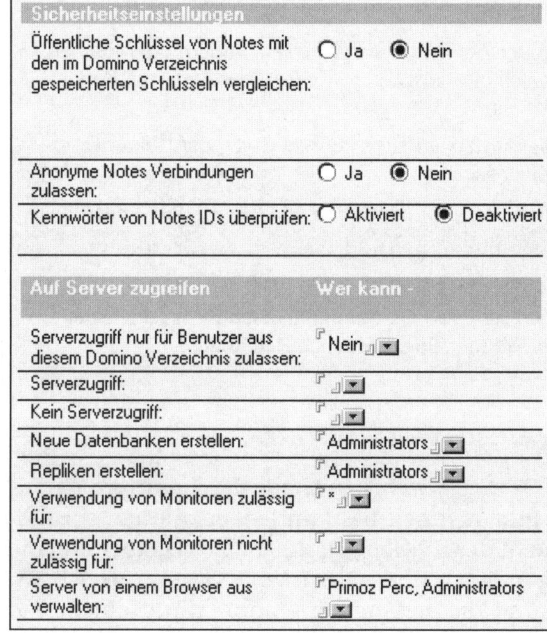

Abbildung 33.2: Server-Sicherheit

Die Berücksichtigung aller Sicherheitsaspekte bei der Konfiguration eines Domino-Servers kann mit einem erheblichen Planungsaufwand verbunden sein.

33.1.3 Datenbank

Eine feinere – und aus der Sicht eines Anwendungsentwicklers weit wichtigere – Ebene der Granulierung der Zugriffsrechte bietet die Datenbankebene in Form von so genannten *Zugriffskontrolllisten* (ZKL). Greift ein Benutzer auf eine Server-basierte Datenbank zu, fragt er im Prinzip beim zugehörigen Server an, ob ihm der Zugriff gewährt wird. In diesem Augenblick analysiert der Server die ZKL der gewünschten Datenbank. Anhand dieser Liste werden alle Zugriffsanfragen überprüft und gegebenenfalls gewährt. In der ZKL können per manueller Eingabe oder anhand einer Auswahl aus dem Domino-Verzeichnis diejenigen Benutzer festgelegt werden, die zum Zugriff auf die Datenbank berechtigt sind (vgl. Abbildung 33.3). Hierbei kennt Domino die in der Tabelle Tabelle 33.2 aufgelisteten Grade der Zugriffsbeschränkung auf eine Datenbank.

Im Folgenden sind unter dem Begriff *Benutzer* nicht nur physische Personen, sondern beispielsweise auch Server und Gruppen zu verstehen. So benötigen Server, welche an der Replizierung einer bestimmten Datenbank teilnehmen, mindestens *Leser*-Zugriffsrechte.

Zugriffsgrad	Anmerkung
Manager	Kann ZKL-Einträge modifizieren, eine Datenbank verschlüsseln, Replizierungseinstellungen ändern und eine Datenbank löschen. Jede Datenbank muss mindestens einen Manager haben.
Entwickler	Kann Gestaltungselemente einer Datenbank erstellen, ändern oder löschen, einen Volltextindex erstellen oder löschen sowie Replizierungseinstellungen einer Datenbank modifizieren.
Editor	Kann Dokumente erstellen und bearbeiten, einschließlich der Dokumente, die von anderen erstellt wurden.
Autor	Kann Dokumente erstellen, aber nur diejenigen bearbeiten, deren Bearbeitung ihm gestattet worden sind.
Leser	Kann Dokumente lesen, aber nicht erstellen oder nachbearbeiten.
Einlieferer	Kann Dokumente erstellen, aber keine Dokumente (auch nicht seine eigenen) sehen, beispielsweise im Rahmen einer Feedback-Datenbank.
kein Zugriff	kein Zugriff

Tabelle 33.2: Verschiedene Grade der Zugriffsbeschränkung in einer ZKL

Doch damit der Optionen nicht genug. Die erwähnten Grade der Zugriffsbeschränkung lassen sich weiter verfeinern, indem gezielt bestimmte Operationen zugelassen oder verboten werden. Diese sind in der Tabelle 33.2 dargestellt. Hierbei sind die Operationen, die per Voreinstellung möglich sind, mit einem »X« gekennzeichnet, die Wahloptionen mit einem »O« und die verbotenen Optionen mit einem »-«. Somit ergibt sich ein weites Spektrum von möglichen Kombinationen, mit dem jede erdenkliche Sicherheitskonfiguration realisiert werden kann.

	Manager	Entwickler	Editor	Autor	Leser	Einlieferer	kein Zugriff
Dokumente erstellen	X	X	X	O	–	X	–
Dokumente löschen	O	O	O	O	–	–	–
Persönliche Agenten erstellen	X	X	O	O	O	–	–
Persönliche Ordner/Ansichten erstellen	X	X	O	O	O	–	–

Tabelle 33.3: Feingranulierung der Rechte in einer ZKL

	Manager	Entwickler	Editor	Autor	Leser	Einliefe-rer	kein Zugriff
Gemeinsame Ordner/Ansichten erstellen	X	X	O	–	–	–	–
LotusScript/Java-Agenten erstellen	X	O	O	O	O	–	–
Öffentliche Dokumente lesen	X	X	X	X	X	O	O
Öffentliche Dokumente erstellen	X	X	X	O	O	O	O
Dokumente replizieren oder kopieren	O	O	O	O	O	O	O

Tabelle 33.3: Feingranulierung der Rechte in einer ZKL (Forts.)

Zugriffskontrollliste anzeigen

Um die ZKL einer Datenbank anzuzeigen, muss diese markiert oder geöffnet werden. Anschließend erfolgt der Aufruf der ZKL mit dem Befehl DATEI/DATENBANK/ZUGRIFF.

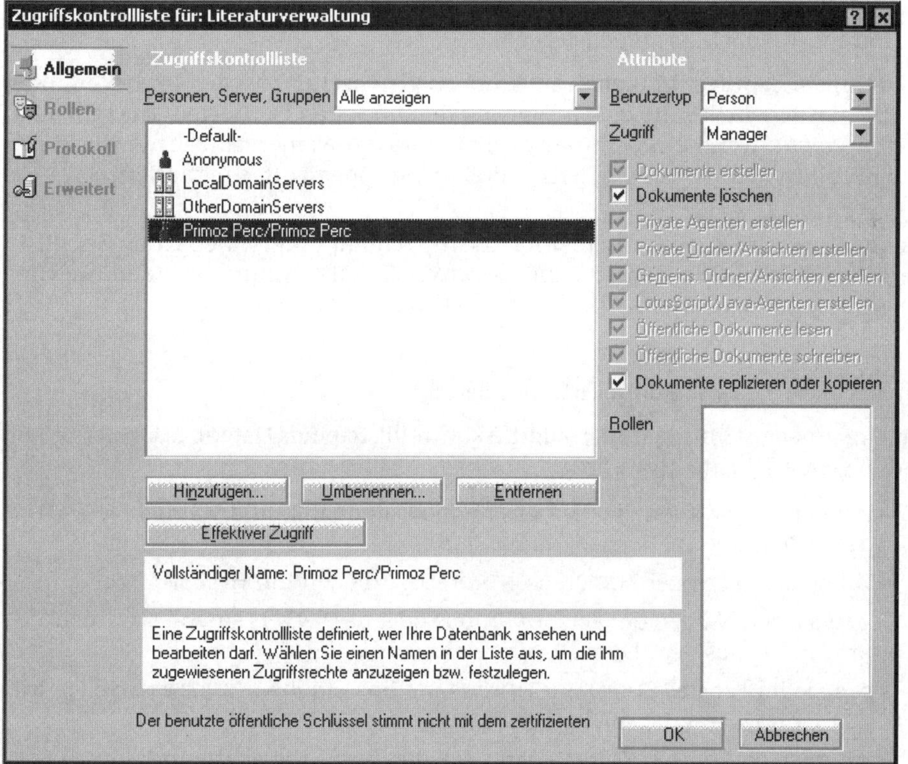

Abbildung 33.3: Zugriffskontrollliste

Hinsichtlich der Einträge in der ZKL gelten folgende Regeln:

- Als Einträge in der ZKL kommen Personen, Gruppen, Rollen, Server oder Datenbanken (identifiziert anhand ihrer Replik-IDs) in Frage.
- Zugriffsberechtigungen können auch über die Namensstruktur von Domino gesetzt werden. Wenn man ein hierarchisches Namenssystem mit einigen Abteilungszulassungen besitzt, kann zum Beispiel durch einen Eintrag wie */DORTMUND/IT-KNÄPPER sehr leicht allen Mitarbeitern am Standort Dortmund der Zugriff auf eine Datenbank erteilt bzw. verwehrt werden.
- Benutzer, die in einem LDAP-Verzeichnis verwaltet werden, können auch anhand der LDAP-Namenskonventionen identifiziert werden, z.B. wie folgt: `uid=Matthias Knäpper/o=IT-Knäpper/c=DE`.
- Jede Datenbank verfügt über einen so genannten DEFAULT-Eintrag. Dieser regelt die Rechte aller Benutzer, welche nicht explizit (bzw. über Gruppen/Rollen) in der Zugriffskontrollliste aufgelistet sind.
- Darüber hinaus kann durch die Verwendung von *Gruppennamen* ein rasches Anwachsen der ZKL vermieden werden. So verhindert die Verwendung von Gruppennamen beispielsweise, dass beim Ausscheiden eines Mitarbeiters aus dem Unternehmen alle ZKL manuell angepasst werden müssen. Es lohnt sich auf jeden Fall, die Struktur der verwendeten Gruppen gut zu planen. Wichtig: Gruppen, die Sie in eine Zugriffskontrollliste eintragen möchten, müssen im Domino-Verzeichnis aufgelistet sein.
- Wenn ein Benutzer in mehreren Gruppen gleichzeitig Mitglied ist, bekommt er automatisch die Rechte der Gruppe mit den höchsten Privilegien. Dies gilt allerdings nicht, wenn ein Benutzer explizit mit dem Namen aufgelistet ist: In diesem Fall werden seine Mitgliedschaften in Gruppen einfach ignoriert.

> Befindet sich der Benutzer in mehreren Gruppen mit unterschiedlichen Zugriffsrechten, kann mit der Schaltfläche EFFEKTIVER ZUGRIFF ermittelt werden, welche Zugriffsrechte sich daraus *effektiv* für den Benutzer ergeben.

Einträge in einer Zugriffskontrollliste erstellen

Um einen neuen Eintrag in der Zugriffskontrollliste einer Datenbank zu erstellen, sind folgende Schritte notwendig:

1. Markieren oder öffnen Sie die betreffende Datenbank, und wählen Sie DATEI/DATENBANK/ZUGRIFF.
2. Wählen Sie im Fenster ZUGRIFFSKONTROLLLISTE die Option HINZUFÜGEN.
3. Geben Sie den Namen der Person/Gruppe oder des Servers ein, oder wählen Sie einen Eintrag aus dem Domino-Verzeichnis.
4. Legen Sie im Fenster ZUGRIFFSKONTROLLLISTE im Feld BENUTZERTYP den Typ des neuen Eintrags fest, beispielsweise PERSON oder GRUPPE.
5. Bestimmen Sie im Feld ZUGRIFF den Grad der Zugriffsberechtigung.
6. Modifizieren Sie gegebenenfalls die voreingestellten Werte.

Die Festlegung des Benutzertyps geht mit einer erhöhten Sicherheit einher. So verhindert beispielsweise die explizite Festlegung eines Benutzers als *Server* unerwünschte Zugriffe auf eine Datenbank mittels der Benutzer-ID des Servers.

33.1.4 Sicherheit auf der Anwendungsebene mit Rollen

Das Einhalten der Sicherheitsregeln, die wir bis jetzt kennen gelernt haben, wird von Domino automatisch überwacht. Als Datenbankbesitzer oder -entwickler muss man sich lediglich um die Deklaration von Einträgen in Zugriffskontrolllisten der betreffenden Datenbankelemente kümmern. Sind diese einmal vorhanden, obliegt die Einhaltung der Sicherheitsregeln einzig und allein dem Server. Darüber hinaus bietet Notes Domino mit dem Konzept der *Rollen* die Möglichkeit, anwendungsspezifische Sicherheitsmechanismen zu erstellen bzw. zu überwachen.

Was sind Rollen?

Mit einer Rolle können einer Teilmenge von Benutzereinträgen in der ZKL bestimmte datenbankspezifische Privilegien gewährt werden, um den Datenbankzugriff noch weiter auf bestimmte Datenbankkomponenten einzuschränken. Eine Rolle kann überall dort verwendet werden, wo auch eine Person bzw. eine Gruppe zum Einsatz kommt. Der Zugriff wird in diesem Fall auf diejenigen Benutzer beschränkt, denen vom Datenbankmanager explizit eine bestimmte Rolle zugewiesen wurde.

Unterschied zu Gruppen

Man merkt: Prinzipiell könnte man diese Problemstellung auch mit Gruppen im Domino-Verzeichnis lösen. In der Tat sind die Konzepte der *Gruppe* und der *Rolle* verwandt. Der wesentliche Unterschied besteht jedoch darin, dass Rollen datenbankspezifisch sind, während Gruppen pro Domäne festgelegt werden. Ferner können Rollen in Notes-Formeln verwendet werden.

Beispielsweise kann man mit dem Befehl

```
@If (@Contains (@UserRoles;"[Bibliothekar]");...;...);
```

mit relativ wenig Aufwand feststellen, ob ein Benutzer (in diesem Fall laut Annahme mit der Rolle *Bibliothekar*) zur Ausführung bestimmter Funktionen berechtigt ist.

Wird eine Datenbank zwischen mehreren Servern repliziert, müssen die replizierenden Server ebenfalls mit Rollen ausgestattet sein, da sie sonst unter Umständen nicht lesend auf die Datenbank zugreifen und somit replizieren können.

Erstellen von Rollen

Rollen werden, wie bereits erwähnt, für jede Datenbank einzeln in der ZKL festgelegt. Hier können zunächst auf der Registerkarte ROLLEN mit dem Befehl HINZUFÜGEN die erforderlichen Rollen deklariert werden (vgl. Abbildung 33.4).

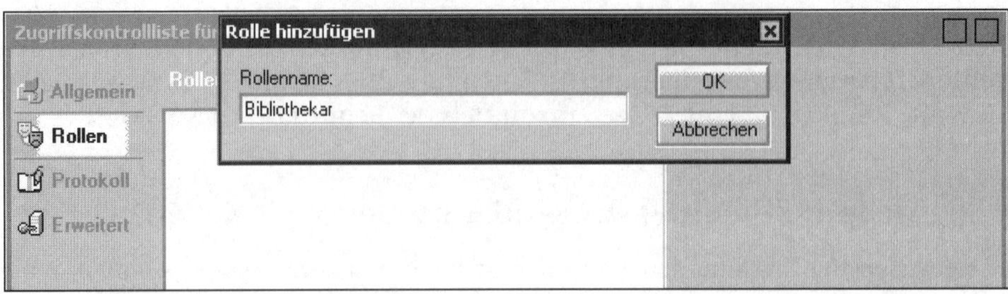

Abbildung 33.4: Erstellen von Rollen

> In der Notes-Syntax wird eine Rollen durch Angabe von eckigen Klammern gekennzeichnet.

Darüber hinaus stehen zwei weitere Befehle, ENTFERNEN und UMBENENNEN, zur Verfügung, mit denen eine Rolle nachträglich gelöscht oder umbenannt werden kann.

Zuweisen von Rollen

Im zweiten Schritt können Rollen den Einträgen in der ZKL zugewiesen werden. Dies geschieht im Abschnitt *Allgemein*, indem zunächst ein Eintrag aus der Liste ausgewählt wird und anschließend eine oder mehrere Rollen im Bereich *Rollen* aktiviert werden (vgl. Abbildung 33.5).

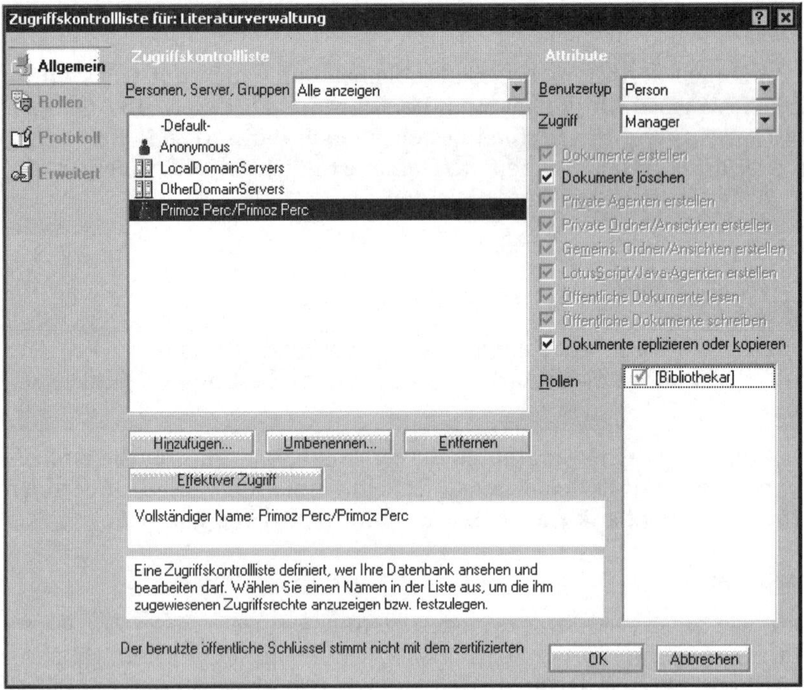

Abbildung 33.5: Rollen zuweisen

Wir können uns die Verwendung von Rollen anhand des Verbergens von Absätzen vor Augen führen: Im Rahmen eines Workflows soll ein Auftragsdokument je nach Bearbeiter unterschiedlich präsentiert werden. Beispielsweise soll der im Rechnungswesen arbeitende Hans Schmitt keine Inhalte angezeigt bekommen, mit denen nur die in der Marketing-Abteilung tätige Uschi Meier etwas anfangen kann und umgekehrt. Dies würde man normalerweise mit folgender Verbergen-Formel bewerkstelligen:

```
@If (@Name ([CN];@UserName)="Hans Schmitt";@True;@False)
```

Um diese Funktionalität jedoch nicht von konkreten Benutzernamen abhängig zu machen, können wir auf das Rollenkonzept zurückgreifen. Hierbei wird in der ZKL einer Datenbank, wie oben dargestellt, dem Hans Schmitt die Rolle `[Rechnungswesen]` verliehen. Die Verbergen-Formel lautet in dem Fall:

```
@if (@IsMember (@UserRoles;"[Rechnungswesen]");@True;@False)
```

Sollte Herr Schmitt seine Position irgendwann mit der von Frau Meier tauschen wollen, muss in diesem Fall nicht die ganze Domino-Anwendung umprogrammiert werden. Es bedarf lediglich eines einfachen, vom Datenbankbesitzer vorgenommenen Tauschs von Rollen in der ZKL.

33.1.5 Zugriffsbeschränkung auf Ansichten

Neben der Zugriffsbeschränkung auf der Datenbankebene verfügen die meisten Gestaltungselemente einer Domino-Datenbank über weitere Sicherheitsmechanismen. Wir werden diese im Folgenden näher betrachten und mit den Ansichten beginnen.

Jede Ansicht verfügt über eine eigene Liste der zugriffsberechtigten Personen, welche im Rahmen der Ansichteigenschaften auf der Registerkarte SICHERHEIT eingeschränkt werden kann (vgl. Abbildung 33.6). Als Voreinstellung gilt, dass alle Benutzer mit mindestens Leser-Zugriff in der ZKL einer Datenbank auf eine Ansicht zugreifen dürfen. Wird diese Option ausgeschaltet, lässt sich zunächst die Zugriffsbeschränkung auf bestimmte Einträge in der ZKL der Datenbank eingrenzen. Darüber hinaus können anhand einer Auswahl aus dem Domino-Verzeichnis weitere Personen bzw. Gruppen hinzugefügt werden.

Falls ein Benutzer keine Zugriffsberechtigung auf eine Ansicht hat, wird ihm diese gar nicht erst angezeigt. Somit kann auch kein Zugriff auf die Dokumente erfolgen.

> Sie sollten es vermeiden, den Zugriff auf die Ansicht, welche per Voreinstellung beim Öffnen einer Datenbank angezeigt wird (Standardansicht), zu »sperren«. In diesem Fall werden die Benutzer nicht in der Lage sein, die Datenbank zu öffnen.

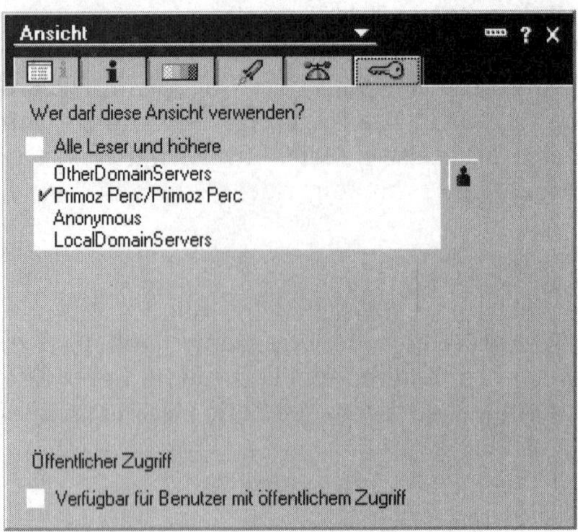

Abbildung 33.6: Zugriffskontrollliste Ansicht

Der Schutz von Ansichten ist kein Sicherheitsmechanismus im eigentlichen Sinne, da über das Anzeigen oder Verbergen von Ansichten nicht wirkungsvoll verhindert werden kann, dass ein Benutzer auf bestimmte Dokumente zugreifen kann. Er stellt aber eine wirkungsvolle Möglichkeit zur Benutzersteuerung zur Verfügung, da die normalen Enduser nur bestimmte Bereiche einer Datenbank zu Gesicht bekommen, während andere Bereiche verborgen werden.

33.1.6 Zugriffsbeschränkung auf Masken

Masken können zwei unterschiedlichen Zwecken dienen: Entweder sie werden zum Erstellen von Dokumenten benutzt, dann benötigt der Benutzer das Privileg, die Maske für diesen Zweck zu benutzen, oder die Maske wird zum Anzeigen eines Dokuments verwendet. In beiden Fällen muss dem Benutzer das entsprechende Recht explizit erteilt werden.

Aus diesem Grund gibt es in Masken im Prinzip jeweils zwei ZKLs: eine, mit der diejenigen bestimmt werden können, die zum Erstellen von Dokumenten mithilfe der jeweiligen Maske berechtigt sind, und eine für die Anzeige von Dokumenten, die mit der Maske erstellt worden sind. Wie bei Ansichten lässt sich auch bei Masken die ZKL über die Eigenschaften der jeweiligen Maske setzen (vgl. Abbildung 33.7).

In beiden Fällen lässt sich der Zugriff auf bestimmte Personen/Gruppen aus der ZKL der Datenbank bzw. dem Domino-Verzeichnis einschränken.

Der erste Bereich STANDARD-LESEZUGRIFF FÜR MIT DIESER MASKE ERSTELLTE DOKUMENTE legt fest, welche Benutzer, die zumindest mit der Berechtigung LESER auf die Datenbank zugreifen, Dokumente lesen dürfen, die mit dieser Maske erstellt worden sind. Die hier getroffene Auswahl von Personen, Gruppen oder Rollen wird automatisch beim Erstellen eines Dokuments in ein Feld namens $READERS eingetragen. Anschließend kann das jeweilige Dokument nur noch von den Personen gelesen werden, die zu dem ausgewählten Personenkreis gehören.

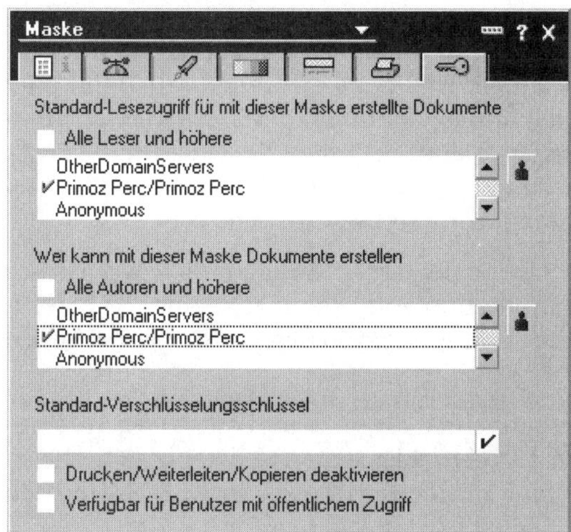

Abbildung 33.7: Zugriffsbeschränkung auf Masken

Eine Einschränkung hinsichtlich der Erstellung von Dokumenten (WER KANN MIT DIESER MASKE DOKUMENTE ERSTELLEN) bewirkt, dass im Notes-Client die Maske gar nicht erst im Menü ERSTELLEN angezeigt wird, falls der Benutzer nicht über die nötigen Zugriffsrechte verfügt. Im Web muss ein Benutzer hingegen durch erneute Authentifizierung beweisen, dass seine Zugriffsrechte zum Erstellen von Dokumenten ausreichend sind.

Mit der Einstellung VERFÜGBAR FÜR BENUTZER MIT ÖFFENTLICHEM ZUGRIFF können Sie die Erstellung von Dokumenten auch für diejenigen Benutzer ermöglichen, welche nicht über die entsprechenden Zugriffsrechte verfügen. Ein klassisches Beispiel hierfür ist die Verwendung von Suchmasken für Benutzer mit Leserechten. Da das Öffnen einer Suchmaske von Domino als Erstellen eines neuen Dokuments interpretiert wird, kann dies von den Benutzern mit Leserechten gar nicht vorgenommen werden, was nicht immer wünschenswert ist. Durch das Kennzeichnen der Suchmasken als »öffentlich« lässt sich diese Einschränkung umgehen.

33.1.7 Zugriffsbeschränkung auf Dokumente

Die wichtigsten Sicherheitsmechanismen auf Dokumentebene – und der Schutz der Dokumente steht sicher eindeutig im Vordergrund – ist sicherlich die Möglichkeit, die Lese- und Schreibberechtigung für jedes einzelne Dokument zu begrenzen.

Die bisher diskutierte Möglichkeit, die Leseberechtigung für ein Dokument über die ZKL der Maske zu setzen, hat vor allem den Nachteil, dass diese Einträge schlecht im Nachhinein geändert werden können. Es wäre daher viel eleganter, wenn die Zugriffsberechtigung für ein Dokument während der Bearbeitung beeinflusst werden könnte, womöglich nicht nur vom Anwendungsentwickler, sondern von ausgewählten Anwendern selbst. Dies ist jedoch bei den automatisch angelegten Feldern, wie sie bei der Festlegung der Masken-ZKL erstellt werden, nicht möglich.

Diesem Zweck dienen die Feldtypen AUTOREN und LESER. Diese Felder legen fest, wer berechtigt ist, ein bestimmtes Dokument zu lesen oder zu bearbeiten. Da diese Felder jedoch grundsätzlich wie jedes andere Feld auch entweder von Hand oder per Formel mit Inhalt gefüllt werden können, kann man als Entwickler ihren Inhalt zu jeder beliebigen Zeit beeinflussen. Damit bieten sie die gewünschte Flexibilität, um zum Beispiel im Kontext einer Workflow-Applikation die Zugriffsberechtigung auf die Dokumente quasi *on-the-fly* zu beeinflussen.

Bei der Verwendung von Leser- und Autorenfeldern muss man sich jedoch vor allem darüber klar werden, dass die Kombination von beiden Feldarten die Berechtigung, ein Dokument zu bearbeiten, nachhaltig beeinflussen kann. Hierbei gelten folgende Regeln:

- Ein leeres Feld wird von Domino so betrachtet, als sei es als Leser- oder Autorenfeld nicht existent. Leere Leser- bzw. Autorenfelder stellen also keine Sicherheitseinschränkung dar. Alle Benutzer mit mindestens Leser- bzw. Editorrechten dürfen in diesem Fall das Dokument lesen bzw. bearbeiten (respektive).
- Mehrere Leser- bzw. Autorenfelder in einem Dokument wirken grundsätzlich additiv. Hierbei ist es absolut unerheblich, wie die Felder in dem Dokument heißen.
- Wird ein Benutzer in einem Autorenfeld aufgeführt und greift er oder sie zumindest mit Autorenrecht auf die Datenbank zu, besteht automatisch die Möglichkeit, das Dokument zu bearbeiten.
- Ist ein Benutzer in einem Autorenfeld eingetragen, impliziert dies gleichzeitig Leserechte auf ein bestimmtes Dokument.
- Ist ein Benutzer in einem Leserfeld eingetragen, und das Autorenfeld ist leer, darf niemand das Dokument bearbeiten (auch nicht Benutzer mit Editor- oder höheren Rechten). Nur der eingetragene Leser darf das Dokument lesen.

Die verschiedenen Konstellationen verdeutlicht Tabelle 33.4. Wir gehen hier davon aus, dass alle Benutzer Autorenzugriff auf die Datenbank haben.

Leserfeld	Autorenfeld	Zugriff
Leer	Leer	Jeder mit Leser- oder Autorenrecht in der Datenbank hat das Recht, das Dokument zu lesen oder zu bearbeiten.
Erika Mustermann	Leer	Nur Erika darf das Dokument lesen. Niemand darf das Dokument bearbeiten.
Leer	Erika Mustermann	Erika und alle Editoren oder höher dürfen das Dokument bearbeiten. Außerdem dürfen alle Leser oder größer das Dokument lesen.
Erika Mustermann	Erich Mustermann	Erika Mustermann darf das Dokument lesen und nur Erich darf das Dokument auch bearbeiten. Niemand außer diesen Beiden ist in der Lage, auf das Dokument zuzugreifen.

Tabelle 33.4: Verschiedene Konstellationen aus Leser- und Autorenfeldern

Wenn ein Dokument repliziert werden soll, stellen Sie sicher, dass replizierende Server ebenfalls im Leserfeld eingetragen sind.

Die Liste der Leser bzw. Autoren kann in beiden Fällen entweder berechnet (Feldtyp BERECHNET), beispielsweise mit dem `@DbLookup`-Befehl, oder aber vom Autor des Dokuments bei dessen Erstellung festgelegt werden (Feldtyp BEARBEITBAR). Bei der Erfassung der Berechtigten sollten einfache Namen verwendet werden. Beispielsweise »Hans Müller« (Person), »Marketing« (Gruppe) oder »[Rechnungswesen]« (Rolle).

33.1.8 Zugriffsbeschränkung auf Abschnitte

Die nächste Ebene der Sicherheitskontrolle sind die so genannten kontrollierten Abschnitte innerhalb eines Dokuments. Diese können die Bearbeitung eines Feldes innerhalb des kontrollierten Abschnitts auf bestimmte Benutzer einschränken. Diese Funktionalität kommt insbesondere in Workflow-Anwendungen oft zum Einsatz. Ein klassisches Beispiel ist die Unterzeichnung von Reiseanträgen, die ja in der Regel nur von autorisierten Personen möglich ist (vgl. Abbildung 33.8).

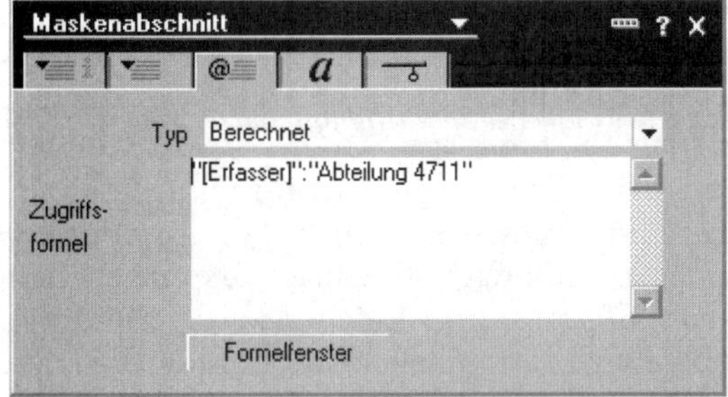

Abbildung 33.8: Zugriffsformel in einem kontrollierten Abschnitt

Kontrollierte Abschnitte erstellen

Um einen kontrollierten Abschnitt zu erstellen, sind folgende Schritte erforderlich:

1. Öffnen Sie die Maske im Gestaltungsmodus.
2. Markieren Sie in der Maske einen Textabschnitt, dessen Text und Felder den Inhalt des Abschnitts darstellen sollen.
3. Wählen Sie den Menübefehl ERSTELLEN/ABSCHNITT/KONTROLLIERTER ZUGRIFF.
4. Formatieren Sie im zugehörigen Eigenschaften-Dialogfenster den Abschnitt.
5. Geben Sie auf der Registerkarte FORMEL die Zugriffsschutzformel ein. Dies kann eine Textkonstante oder ein dynamischer Formelausdruck sein, welcher in einer Liste von Benutzernamen, Gruppen oder Rollen resultieren sollte (siehe Abbildung).
6. Speichern Sie die Maske.

33.1.9 Zugriffsbeschränkung auf Felder

Auf der Feldebene besteht die Möglichkeit, bestimmte Felder nur von Editoren bearbeiten zu lassen (vgl. Abbildung 33.9). Das heißt, dass von Benutzern mit Autorenzugriffsrechten eingegebene Informationen von diesen nicht nachträglich bearbeitet werden können, sie sind also quasi verbindlich.

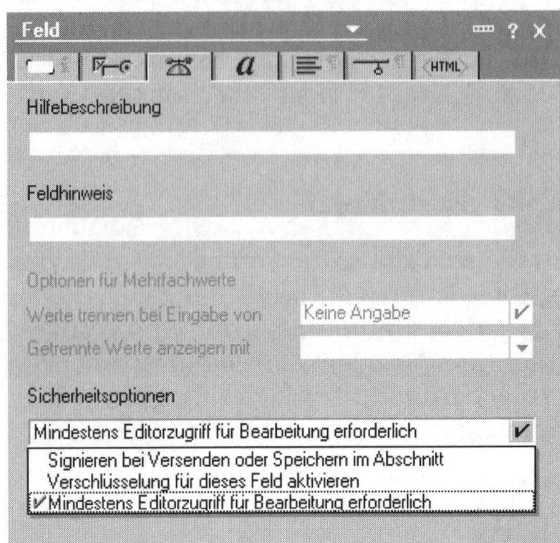

Abbildung 33.9: Einzelne Felder lassen sich vor nachträglicher Bearbeitung schützen

Eine sinnvolle Verwendung hierfür wäre beispielsweise die Eingabe von geplanten Ausgaben eines Außendienstmitarbeiters im Rahmen einer Intranet-Anwendung. Dieser könnte nachträglich zusätzliche Beschreibungen zu seinem ursprünglichen Ausgabeplan eingeben, etwa um Abweichungen zu begründen. Er wäre allerdings nicht in der Lage, die ursprünglich angegebene Summe zu verändern.

Zugriffsbeschränkung für Felder festlegen

Um die nachträgliche Bearbeitung eines Feldes zu verhindern, sind folgende Schritte erforderlich:

1. Markieren Sie das betreffende Feld.
2. Aktivieren Sie auf der Registerkarte ERWEITERT im Feld SICHERHEITSOPTIONEN die Option MINDESTENS EDITOR/ZUGRIFF FÜR BEARBEITUNG.

33.1.10 Dokumente verschlüsseln

Die Feldverschlüsselung verhindert den Zugriff auf Felder, die sensitive Daten enthalten. Denkbare Beispiele sind etwa Gehaltsangaben oder sonstige persönliche Daten eines Mitarbeiters. Die Verschlüsselung, welche hierbei zum Einsatz kommt, kann entweder *symmetrisch* oder *asymmetrisch* sein.

Bei der Verschlüsselung von E-Mails greift Notes auf das asymmetrische Verfahren zurück, d.h., E-Mails werden immer mit dem öffentlichen Schlüssel des Empfängers/der Empfänger verschlüsselt.

Bei der Verschlüsselung von Feldern/Dokumenten mittels der symmetrischen Verschlüsselung existiert ein Geheimschlüssel, welcher sowohl demjenigen, der verschlüsselt, als auch demjenigen, der auf das betreffende Feld berechtigterweise zugreifen soll, zur Verfügung stehen muss. Hierbei kann ein Feld auch mit mehreren Schlüsseln gleichzeitig verschlüsselt werden. In diesem Fall benötigt der Empfänger mindestens einen und nur einen der verwendeten Schlüssel, um auf das Dokument lesend zuzugreifen. Besitzt der Empfänger den betreffenden Schlüssel nicht, erscheint das verschlüsselte Feld leer, während der Rest des Dokuments sichtbar bleibt.

Kritisch beim Einsatz symmetrischer Schlüssel ist deren Verteilung, denn im Gegensatz zur asymmetrischen Verschlüsselung, bei der die Bekanntgabe eines öffentlichen Schlüssels keine Sicherheitsrisiken nach sich zieht, bedeutet der geheime Schlüssel in falschen Händen bei symmetrischer Verschlüsselung auch automatisch den Zugriff auf sensitive Daten. In der Regel erfolgt die Verteilung der geheimen Schlüssel durch den Systemadministrator entweder per E-Mail oder per Diskette. Nach Empfang des geheimen Schlüssels wird dieser automatisch zum Bestandteil der Benutzer-ID des Empfängers.

Feldverschlüsselung funktioniert nicht beim Einsatz in Webanwendungen, da im Web das Konzept der Benutzer-ID nicht existiert. Dokumente, die verschlüsselte Felder enthalten, sollten nicht Webbenutzern zugänglich gemacht werden.

Geheimen Schlüssel erstellen

Um einen geheimen Schlüssel zu erstellen, sind folgende Schritte erforderlich:

1. Wählen Sie den Menübefehl DATEI/SICHERHEIT/BENUTZERSICHERHEIT.
2. Wählen Sie auf der Registerkarte NOTES DATEN/DOKUMENTE die Option NEUER GEHEIMSCHLÜSSEL (vgl. Abbildung 33.10).
3. Geben Sie einen stichhaltigen Namen zur Beschreibung des Schlüssels ein. Der Name sollte idealerweise die Zielgruppe oder den Anwendungsbereich markieren, in dessen Zusammenhang der Schlüssel verwendet wird (z.B. BUCHHALTUNG).
4. Geben Sie optional einen Kommentar zum Schlüssel an.
5. Klicken Sie auf OK.

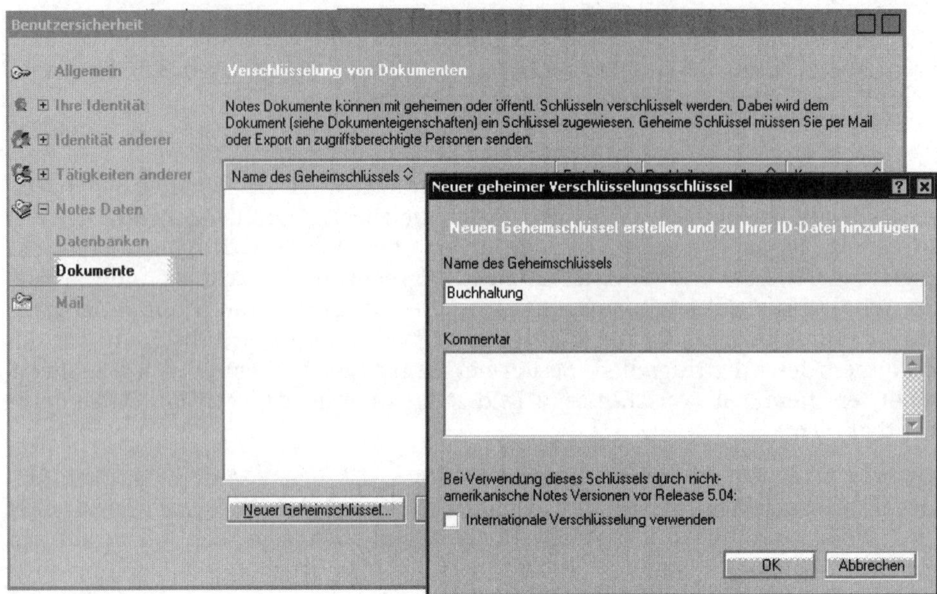

Abbildung 33.10: Neuen Geheimschlüssel erstellen

Anschließend können Sie den Schlüssel an die designierten Empfänger per E-Mail senden (Schaltfläche GEHEIMSCHLÜSSEL SENDEN) oder in eine Datei exportieren (Schaltfläche ANDERE AKTIONEN/GEHEIMSCHLÜSSEL EXPORTIEREN). Im ersten Fall wird die E-Mail automatisch verschlüsselt sowie mit dem privaten Schlüssel des Absenders signiert. Im zweiten Fall sollten Sie den Schlüssel zusätzlich durch ein Passwort schützen (d.h., der Empfänger muss vor der Aufnahme des Schlüssels in seine Benutzer-ID sein Zugriffsrecht durch die Passworteingabe bestätigen) sowie optional die Liste der Empfänger von vornherein auf bestimmte Benutzer einschränken. Ferner kann unterbunden werden, dass der Empfänger den Schlüssel seinerseits an Dritte weiterleitet bzw. erneut exportiert.

Verschlüsselung aktivieren

Ein Dokument kann nur verschlüsselt werden, wenn es mindestens ein verschlüsselbares Feld enthält. Unabhängig von einer der nachfolgend dargestellten Verschlüsselungsmethoden sollte also in der Maske, deren Felder verschlüsselt werden sollen, ein verschlüsselbares Feld erstellt werden.

Hierzu sind folgende Schritte notwendig:

1. Öffnen Sie die betreffende Maske im Gestaltungsmodus.
2. Erstellen Sie das Feld, welches verschlüsselt werden soll.
3. Wählen Sie im Dialogfenster EIGENSCHAFTEN: FELD die Registerkarte ERWEITERT.
4. Aktivieren Sie im Feld VERSCHLÜSSELUNG die Option VERSCHLÜSSELUNG FÜR DIESES FELD AKTIVIEREN.

Nun können wir uns den Umgang mit den unterschiedlichen Verschlüsselungsmethoden näher ansehen.

Manuelle Verschlüsselung

Bei der manuellen Methode lassen sich einzelne Dokumente verschlüsseln, indem der entsprechende Schlüssel im Dialogfenster EIGENSCHAFTEN: DOKUMENT ausgewählt wird (vgl. Abbildung 33.11).

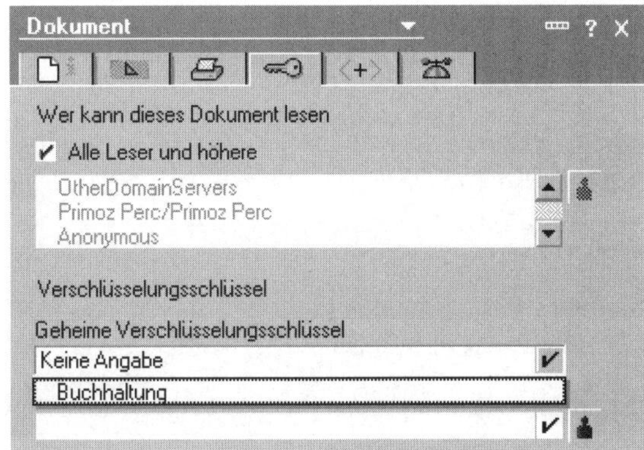

Abbildung 33.11: Manuelle Verschlüsselung im Dialogfenster Eigenschaften:Dokument

Beim Hinzufügen und Entfernen von Schlüsseln greift das bereits bekannte Zugriffskonzept von Domino: Das Auswählen und Nachbearbeiten (einschließlich des Außerkraftsetzens der Verschlüsselung) bleibt den Benutzern mit Autor- bzw. Editorrechten vorbehalten.

Automatische Verschlüsselung

Bei der automatischen Verschlüsselung werden die zu verwendenden Schlüssel durch den Anwendungsentwickler bei der Maskengestaltung vorgegeben. Somit werden die gleichen Schlüssel für alle Dokumente, welche mit dieser Maske erstellt werden, verwendet.

Der Vorteil dieser Methode besteht darin, dass das Thema »Schlüssel« für den Benutzer weitgehend transparent bleibt. Andererseits dürfte sich diese Methode in vielen Fällen als zu pauschal erweisen. In diesem Fall ist die manuelle oder die semiautomatische Methode zu verwenden.

Die automatische Methode impliziert, dass der Benutzer, der ein Dokument mit einer »verschlüsselbaren« Maske erstellt, im Besitz aller angegebenen Schlüssel sein muss. Anderenfalls ist eine Erstellung/Nachbearbeitung zwar möglich, das Dokument muss jedoch entweder unverschlüsselt gespeichert werden oder es wird nur mit denjenigen Schlüsseln verschlüsselt, welche dem Benutzer zur Verfügung stehen.

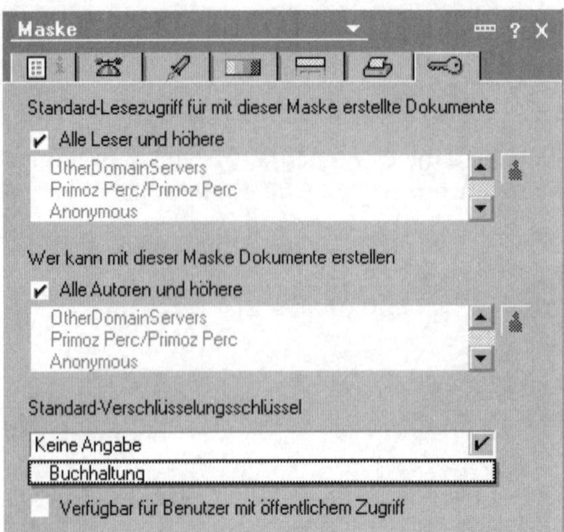

Abbildung 33.12: Standardverschlüsselung in einer Maske auswählen

Um die automatische Verschlüsselung zu aktivieren, gehen Sie wie folgt vor:

1. Öffnen Sie die betreffende Maske im Gestaltungsmodus.
2. Öffnen Sie die Registerkarte SICHERHEIT im Dialogfenster EIGENSCHAFTEN: MASKE.
3. Wählen Sie im Feld STANDARD-VERSCHLÜSSELUNGSSCHLÜSSEL einen oder mehrere Schlüssel. Wenn Sie mehr als einen Schlüssel wählen, werden alle Felder mit allen ausgewählten Schlüsseln verschlüsselt.
4. Speichern Sie die Maske

Semiautomatische Verschlüsselung

Schließlich kann bei der semiautomatischen Methode in der Maske ein Feld erstellt werden, das es dem Benutzer ermöglicht, eine Auswahl aus einer vordefinierten Schlüsselliste zu treffen. Die Auswahl kann hierbei manuell oder per Notes-Formel errechnet werden.

Um die semiautomatische Verschlüsselung zu aktivieren, gehen Sie wie folgt vor:

1. Öffnen Sie die betreffende Maske im Gestaltungsmodus.
2. Erstellen Sie ein Feld mit dem reservierten Namen SECRETENCRYPTIONKEYS. Hierbei kann es sich wahlweise um ein bearbeitbares Auswahlfeld oder um ein berechnetes Feld handeln. Der Wert des Feldes sollte den/die Namen der Schlüssel enthalten, welche zur Verschlüsselung verwendet werden sollen. Der Autor des Dokuments muss naturgemäß im Besitz der Schlüssel sein, die er auswählt.
3. Speichern Sie die Maske.

> Bleibt das Feld SECRETENCRYPTIONKEYS leer, findet keine Verschlüsselung statt.

33.2 Datenbankverschlüsselung

Was ist die Datenbankverschlüsselung?

Neben der Möglichkeit, Felder bzw. Dokumente zu verschlüsseln, gibt es bei Domino einen weiteren Einsatzbereich der Verschlüsselung, nämlich auf der Datenbankebene. Der Grundgedanke der Datenbankverschlüsselung ist, dass es trotz des ausgefeilten Sicherheitskonzepts von Domino passieren kann, dass ein unberechtigter Dritter in den Besitz einer Datenbankdatei (d.h. auf der Dateiebene) gelangen könnte. In diesem Fall können die herkömmlichen Sicherheitsmechanismen außer Kraft gesetzt werden, da lokal gespeicherte Datenbanken durch die Zugriffskontrolllisten nicht geschützt werden. Hiervon besonders betroffen sind Datenbanken auf tragbaren Computern. Auf der Server-Seite dürfte die Gefahr zwar geringer sein (davon ausgehend, dass der physische Zugang zum Server in der Regel nur ausgewählten Personen möglich ist), aber auch hier können besonders sensitive Inhalte durch Verschlüsselung geschützt werden.

Bei der Verschlüsselung von Datenbanken bedient sich Domino einer Kombination aus symmetrischer und asymmetrischer Verschlüsselung: Es wird zunächst ein zufälliger Geheimschlüssel generiert und der Datenbankinhalt mit diesem verschlüsselt. Anschließend wird der geheime Schlüssel mit dem öffentlichen Schlüssel eines ausgewählten Benutzers (bei lokalen Datenbanken) bzw. eines Servers (bei Server-seitigen Datenbanken) verschlüsselt. Somit kann der Zugriff auf eine verschlüsselte Datenbank nur bei Besitz der entsprechenden Benutzer-ID bzw. der Server-ID erfolgen.

In beiden Fällen gilt natürlich, dass die Sicherheit der verschlüsselten Datenbank von der Sicherheit der bei der Verschlüsselung verwendeten IDs abhängig ist. Dies bedeutet zum einen, dass diese nicht in falsche Hände geraten sollten, aber auch, dass die IDs nicht verloren gehen dürfen, da in diesem Fall die Datenbankinhalte verloren gehen.

Verschlüsselungsebenen

Domino bietet bei der Verschlüsselung drei unterschiedliche Stufen an. Welche Sie letztendlich wählen, hängt von drei Faktoren ab: erstens dem gewünschten Sicherheitsniveau, zweitens der in Kauf genommenen Performance-Einbußen, welche sich aus dem zusätzlichen Rechenaufwand durch die Verschlüsselung ergeben, und schließlich, ob eine Datenbank komprimiert werden soll. Tabelle 30.5 stellt das Spektrum der zur Verfügung stehenden Möglichkeiten dar.

Option	Zugriff	Komprimierung
Einfach	schnell	möglich
Mittel	schnell	nicht möglich
Hoch	langsam	nicht möglich

Tabelle 33.5: Optionen bei der Datenbankverschlüsselung

Datenbanken verschlüsseln

Um eine Datenbank zu verschlüsseln, sind *Manager*-Rechte erforderlich. Ist diese Voraussetzung erfüllt, können Sie wie folgt vorgehen:

1. Wählen Sie die Datenbank, die Sie verschlüsseln möchten.
2. Wählen Sie den Menübefehl DATEI/DATENBANK-EIGENSCHAFTEN.
3. Klicken Sie auf die Schaltfläche VERSCHLÜSSELUNG.
4. Wählen Sie die gewünschte Verschlüsselungsebene (EINFACH/MITTEL/HOCH).
5. Klicken Sie auf die Schaltfläche FÜR, um gegebenenfalls einem anderen Benutzer den Zugriff auf die verschlüsselte Datenbank zu erteilen.

Wenn Sie einen anderen Benutzer zur Verschlüsselung auswählen, wird auch Ihnen selbst der Zugriff auf die Datenbank verwehrt bleiben.

33.3 Sicherheit im Web

Der Erfolg so manch einer Internet-/Intranet-Lösung steht und fällt mit einer zufriedenstellenden Regelung der Sicherheitsfragen. Das Internet hat bei Systemverwaltern hinsichtlich der Sicherheit einen denkbar schlechten Ruf. Nicht ohne Grund: In dem Maße, in dem das Internet als bahnbrechende technische Entwicklung den Zugang und den Austausch von Informationen revolutionierte, bietet es auch bisher unbekannte Möglichkeiten der Zerstörung, Verfälschung und des Diebstahls von Daten. Angesichts der rapide wachsenden Anzahl der Internetbenutzer ergibt sich, auch wenn die Anzahl der schwarzen Schafe unterhalb eines Prozents liegt, für jedes vernetzte Unternehmen ein ernst zu nehmendes Risiko. Im Intranet ist diese Problematik aufgrund der vertraulichen Natur von Daten noch brisanter. Da hier sowohl lokale als auch entfernte Zugriffen denkbar und zudem meistens mit differenzierten Zugriffsrechten verbunden sind, ist die Erstellung von Sicherheitsregeln noch um einiges komplexer als im Falle einer Internetanwendung.

33.4 HTTP-Sicherheit und Domino

Im Vergleich zu Webserver-Lösungen anderer Hersteller macht sich die langjährige Erfahrung von Lotus im Bereich Informationsaustausch hinsichtlich der Sicherheitsmechanismen deutlich bemerkbar. Beim Großteil der Webserver basiert nämlich die Sicherheitsarchitektur auf den Potentialen des darunter liegenden Netzwerkbetriebssystems, in der Regel UNIX oder Windows NT. Diese bieten zwar ausgefeilte Möglichkeiten der Zugriffsbeschränkung, allerdings sind die diesbezüglichen Einstellungen bei weitem nicht so vielfältig wie bei Domino. So muss man sich beispielsweise hinsichtlich der Differenzierung der Zugriffsbeschränkung mit der Dateiebene begnügen. Die Differenzierung von Zugriffsrechten innerhalb eines Dokuments, wie in Notes auf der Feldebene, ist nicht möglich.

Vergleich zum proprietären Notes

Werfen wir zunächst einmal einen Blick auf die Sicherheit im Internet im Vergleich zur klassischen Notes-Welt, die ja im Grunde genommen so etwas wie ein proprietäres Intranet darstellt. Es wird bald deutlich, dass der Einsatz von Web-Clients mehr Sicherheitslücken birgt, als dies bei herkömmlichen Notes-Clients der Fall ist. Hierfür gibt es zwei Gründe:

- Die Authentifizierung bzw. Autorisierung basiert nicht auf einer Benutzer-ID, sondern erfordert lediglich ein Passwort (also nur »etwas, das man weiß« und nicht zusätzlich »etwas, das man besitzt«). Zudem werden alle Informationen im Rahmen des Authentifizierungsvorgangs zwischen einem Web-Client und Domino in unverschlüsselter Form übermittelt.
- Der Einsatz von Notes-Verschlüsselungsverfahren ist eine Domäne des Notes-Clients und im Webbrowser nicht möglich. Somit kann ein Web-Client auf verschlüsselte Informationen zwar nicht zugreifen, allerdings kann er diese auch dann nicht entschlüsseln, wenn er theoretisch dazu berechtigt ist.

33.4.1 HTTP-Sicherheitsarchitektur

Die Vorzüge der Sicherheitsarchitektur von Notes legten es natürlich nahe, diese als Vorbild bei der Schaffung des Sicherheitsmodells von Domino zu verwenden. Auch im Bereich Sicherheit waren jedoch Einschränkungen zu beachten. Diese ergeben sich daraus, dass auf der Client-Seite nun in Form des Webbrowsers eine Anwendung steht, die das Zusammenspiel mit dem Domino-Server bei weitem nicht so gut beherrscht, wie dies beim Notes-Client der Fall ist. Folglich lassen sich Einschränkungen beim Sicherheitsmodell, verglichen mit Notes, auf die gleiche vereinfachte Formel reduzieren, die wir im Rahmen dieses Buchs bereits mehrfach anwenden mussten: Alle spezifischen Notes-Client-Funktionen stehen nicht zur Verfügung beziehungsweise sind durch (in der Regel einfachere) Webkonzepte ersetzt worden.

> In der Domino-Welt etablierte sich SSL endgültig als »die« Methode zur Erhöhung der Sicherheit in Internetanwendungen. Während der Einsatz eines SSL-Zertifikats auf der Server-Seite wärmstens empfohlen werden kann (z.B. um die ansonsten frei zugänglichen Passwörter durch Verschlüsselung vor Dritten zu schützen), wird man auf eine komfortable Lösung auf der Client-Seite wohl noch eine Weile warten müssen. Insbesondere was den Benutzerkomfort angeht, lässt das Handling von Client-seitigen SSL-Zertifikaten noch zu wünschen übrig.

Darüber hinaus musste bei der Entwicklung des Domino-Sicherheitsmodells dem öffentlichen Charakter des Internets Rechnung getragen werden. Dieser bewirkt, dass den so genannten anonymen Benutzern (dieser Begriff lässt so manch einen Netzwerkadministrator schaudern) eine weitaus gewichtigere Stellung zukommt, als dies im proprietären Notes der Fall ist.

Authentifizierung im Web

Domino unterscheidet grundsätzlich zwischen *anonymen* und *registrierten* Benutzern. Diese Unterscheidung (mittlerweile auch im Notes-Feld möglich) ist insbesondere im Internet wichtig, denn eine Website erfordert nun mal, dass man, bildlich gesprochen, grundsätzlich jeden Besucher zwar nicht unbedingt ins Haus, aber doch zum Schaufenster lässt, ohne seine Identität zu kennen.

Der HTTP-Zugriff muss jedoch nicht immer in anonymer Form erfolgen. Vielmehr ist es insbesondere im Intranet erforderlich, den Grad der Zugriffsbeschränkung auch für Web-Clients benutzerspezifisch festzulegen. In diesem Zusammenhang ist also eine Form der Authentifizierung bzw. Autorisierung anhand einer Liste von registrierten Benutzern erforderlich.

Registrieren von Benutzern

Die Personen, deren HTTP-Zugriffsrechte über die von anonymen Benutzern hinausgehen, werden, ähnlich wie im Notes-Umfeld, im Domino-Verzeichnis registriert. Hierzu muss für jeden nicht anonymen Benutzer im Domino-Verzeichnis ein neues *Person*-Dokument angelegt werden. Mindestens zwei Felder müssen ausgefüllt werden (vgl. Abbildung 33.13):

- Benutzername (Feld: FULLNAME)
- HTTP-Kennwort (Feld: HTTPPASSWORD)

Abbildung 33.13: Die erforderlichen Einträge im Person-Dokument

»Basic Authentication«

Wenn Webbenutzer Vorgänge einleiten, für die eine Zugriffsbeschränkung existiert, verlangt Domino im Rahmen des als *basic authentication* bekannten Verfahrens eine Identifizierung des Benutzers anhand dieser beiden Angaben und vergleicht die eingegebenen Werte mit den Informationen im Domino-Verzeichnis. Wenn dort kein übereinstimmender Eintrag gefunden wird, verwehrt Domino den Zugriff.

> Ein Nachteil der Basic Authentication ist, dass Benutzereingaben und Passwörter unverschlüsselt übers Netz übertragen werden.

Für Notes-Benutzer wird standardmäßig im Feld BENUTZERNAME der Name in zwei Versionen abgelegt: zum einen in der Notes-eindeutigen Form, zum anderen in einer abgekürzten, nur aus dem Vor- und Nachnamen bestehenden Version. Bei der Web-Authentifizierung kommt nur der erste Eintrag in Betracht. Es empfiehlt sich daher, die Reihenfolge der Einträge zu vertauschen:

```
Benutzername:     Hans Müller
Hans Müller/Marketing@Company
```

> Die Erstellung von *Person*-Dokumenten im Domino-Verzeichnis kann mit so genannten Registrationsdatenbanken automatisiert werden. Lotus liefert als Bestandteil der Domino-Server-Installation mit der Schablone SITE REGISTRATION eine vorgefertigte Registrationsdatenbank, die mit relativ wenig Aufwand an die eigenen Bedürfnisse angepasst werden kann.

33.4.2 HTTP-Zugriffsrechte auf der Serverebene

Vergleichbar mit der Welt des klassischen Notes-Clients kann man die erste Sicherheitsbeschränkung bereits auf der Ebene des Servers platzieren.

> Im Gegensatz zum Zugriff mit einem Notes-Client lässt sich der Zugriff bei Webbenutzern nicht explizit auf bestimmte Benutzer beschränken.

Es gibt dennoch auf der Server-Seite zwei Einstellungen zur Regelung des Zugriffs für Webbenutzer:

- Die erste Einstellung betrifft die Frage, ob man anonymen Benutzern grundsätzlich den Zugriff auf dem Server gestatten möchte. Dies würde bedeuten, dass sich ein Benutzer gegenüber dem Server nicht ausweisen muss. Folglich bleibt die Zugriffssicherheit in diesem Fall eine Domäne der ZKL der Datenbanken. Die entsprechende Einstellung befindet sich auf der Registerkarte ANSCHLÜSSE/INTERNET-ANSCHLÜSSE/WEB in der Server-Konfiguration im Domino-Verzeichnis. Deaktiviert man diese Option (der Wert im Feld ANONYM muss auf NEIN gesetzt werden), muss sich der Benutzer beim Zugriff auf den Server authentifizieren (vgl. Abbildung 33.14).

	Web (HTTP/HTTPS)
TCP/IP-Anschlußnummer:	80
TCP/IP-Anschlußstatus:	Aktiviert
Optionen für Authentifizierung:	
Name und Kennwort:	Ja
Anonym:	Ja
SSL-Anschlußnummer:	443
SSL-Anschlußstatus:	Deaktiviert
Optionen für Authentifizierung:	
Client-Zertifikat:	Nein
Name und Kennwort:	Ja
Anonym:	Ja

Abbildung 33.14: Regelung des anonymen Zugriffs auf den Domino Webserver

- Die zweite wichtige Einstellung betrifft die Möglichkeit der Web-Clients, beim Zugriff auf den Server eine Liste aller verfügbaren Datenbanken angezeigt zu bekommen. Wird diese Option deaktiviert (Voreinstellung), handelt es sich hierbei um keine echte Sicherheitsmaßnahme, denn ein Benutzer kann sich durch einfaches Raten des Datenbanknamens trotzdem den Zugriff auf die betreffende Datenbank verschaffen. Dennoch sollte diese Einstellung (Feld ANONYME CLIENTS ZUM SUCHEN VON DATENBANKEN ZULASSEN auf der Registerkarte INTERNET/PROTOKOLLE/HTTP) insbesondere bei öffentlich verfügbaren Servern deaktiviert bleiben (vgl. Abbildung 33.15).

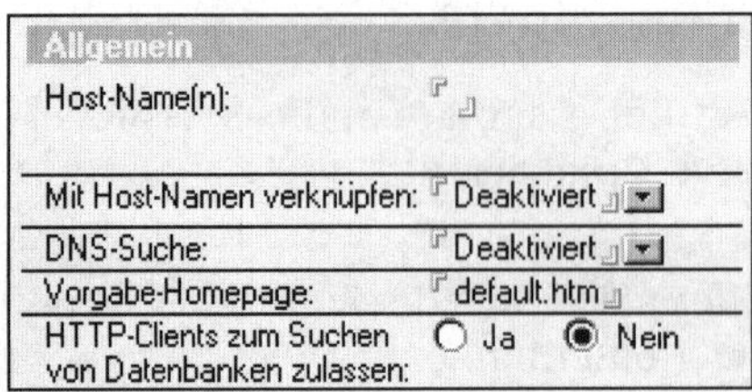

Allgemein	
Host-Name(n):	
Mit Host-Namen verknüpfen:	Deaktiviert
DNS-Suche:	Deaktiviert
Vorgabe-Homepage:	default.htm
HTTP-Clients zum Suchen von Datenbanken zulassen:	○ Ja ◉ Nein

Abbildung 33.15: Anonymes Browsen von Datenbanken

33.4.3 HTTP-Zugriffsrechte auf der Datenbankebene

Auf der Datenbankebene obliegt es größtenteils der Verantwortung des Datenbank-Managers bzw. des Anwendungsentwicklers, über eine Regelung der Zugriffsrechte für Sicherheit zu sorgen. Hierfür kommen drei Möglichkeiten in Betracht:

- Die betreffende Datenbank wird vom Server, der freien HTTP-Zugang erlaubt, entfernt. Diese Lösung erscheint zunächst trivial, vergleichbar mit Unternehmen, die keine Schwierigkeiten mit der Internetsicherheit haben, da sie keinen Internetanschluss besitzen. Dennoch empfiehlt es sich in der Regel, einen dedizierten Server ausschließlich als HTTP-Schnittstelle zur Außenwelt einzusetzen, während andere Server grundsätzlich vom Internet abgeschirmt werden.
- Die betreffende Datenbank wird aus der Liste der angezeigten Datenbanken, die beim Öffnen eines Servers erscheinen, entfernt. Dies lässt sich bewerkstelligen, in-

dem die Option IM DIALOGFELD »DATENBANK ÖFFNEN« ANZEIGEN unter EIGENSCHAFTEN: DATENBANK ausgeschaltet wird. Hierbei handelt es sich jedoch um keine echte Sicherheitsmaßnahme. Wenn der Anwender den Namen der betreffenden Datenbank kennt, lässt sich diese durch Verwendung der Domino-URL-Syntax öffnen.

- Die Sicherheitsregelungen werden anhand der Einstellungen in der Zugriffskontrollliste (ZKL) der betreffenden Datenbank vorgenommen. Alle im Zusammenhang mit Notes genannten Merkmale von ZKL werden auch bei HTTP-Zugriffen unterstützt, inklusive der *granulären Sicherheit*, die eine weitere Differenzierung von Zugriffsberechtigungen in Bezug auf einzelnen Datenbankelemente erlaubt.

Bei der letzten Option handelt es sich um die leistungsfähigste und flexibelste Alternative. Die Regelung der HTTP-Zugriffe weist jedoch gegenüber den Notes-Clients einige Besonderheiten auf. Diese wollen wir uns im Folgenden ansehen.

Regelung des anonymen HTTP-Zugriffs auf der Datenbankebene

Soll der Zugriff auf eine Datenbank über HTTP-Verbindungen aus dem Internet erfolgen, werden auch Personen darauf zugreifen, die keinen entsprechenden *Person*-Eintrag im Domino-Verzeichnis aufweisen können. Folglich kann in der ZKL keine Auswahl vorgenommen werden. Speziell zu diesem Zweck stellt Notes Domino den Eintrag *Anonymous* zur Verfügung. Anhand der Festlegung der Zugriffsbeschränkung für den Eintrag *Anonymous* in der ZKL einer Datenbank kann grundsätzlich bestimmt werden, welche Zugriffsberechtigung anonymen Besuchern aus dem Internet eingeräumt werden soll.

Um beispielsweise festzulegen, dass anonyme Besucher Inhalte einer Datenbank lediglich lesen dürfen, sind folgende Schritte notwendig:

1. Markieren oder öffnen Sie die betreffende Datenbank, und wählen Sie DATEI/DATENBANK/ZUGRIFF.
2. Wählen Sie im Fenster ZUGRIFFSKONTROLLLISTE die Option HINZUFÜGEN.
3. Geben Sie in der Dialogbox BENUTZER HINZUFÜGEN den Namen ANONYMOUS ein.
4. Wählen Sie im Fenster ZUGRIFFSKONTROLLLISTE im Feld BENUTZERTYP als Typ des neuen Eintrags PERSON.
5. Wählen Sie im Feld ZUGRIFF die Option LESER.

Wenn Sie es versäumen, in einer Datenbank den Eintrag ANONYMOUS in die Zugriffskontrollliste einzutragen, wird anonymen Benutzern die im Eintrag DEFAULT festgelegte Zugriffsberechtigung zugewiesen.

Regelung des maximalen Browser-Zugriffs

Einträge in der ZKL gelten unabhängig davon, ob der Anwender einen Notes-Client oder einen Webbrowser einsetzt. Das explizite Festlegen der Zugriffsberechtigung für Benutzer, die mit einem Webbrowser auf die Datenbank zugreifen, lässt sich mit der Option MAXIMALER INTERNET BROWSER-ZUGRIFF auf der Registerkarte ERWEITERT im Fenster ZUGRIFFSKONTROLLLISTE vornehmen.

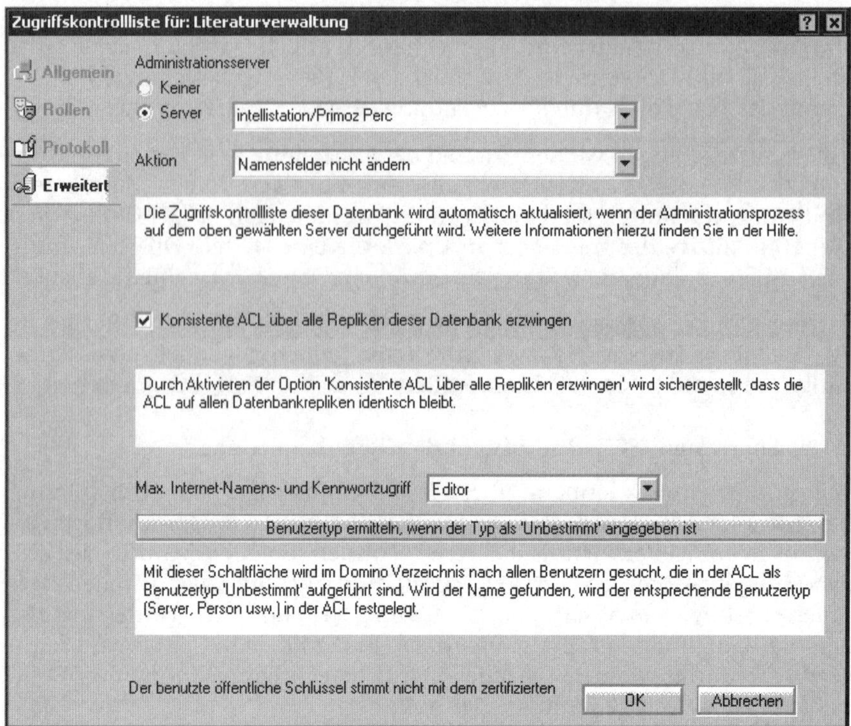

Abbildung 33.16: Festlegen des maximalen Internetbrowser-Zugriffs

Mit dieser Einstellung wird die Zugriffskontrollliste im Fall eines Browser-Zugriffs außer Kraft gesetzt. Wenn beispielsweise in der ZKL als Default-Zugriffsberechtigung EDITOR bestimmt wurde, in der Option MAXIMALER INTERNET-BROWSER-ZUGRIFF jedoch LESER steht, können Browser-Benutzer auf Datenbankinhalte nur lesend zugreifen.

In der NOTES.INI-Datei lässt sich diese Option mit dem folgenden Eintrag für alle Datenbanken gleichzeitig außer Kraft setzen:

```
NoMaxPasswordAccess=1
```

> Wenn Sie zur Client-seitigen Authentifizierung SSL verwenden, wird die Einstellung MAX. INTERNET-NAMENS- & KENNWORTZUGRIFF außer Kraft gesetzt.

33.4.4 Erzwingen der Authentifizierung

Wie wir am Anfang des Kapitels gesehen haben, findet die Authentifizierung nur statt, wenn auf ein Datenbankelement mit den voreingestellten »anonymen« Rechten nicht zugegriffen werden kann. Was aber ist zu tun, wenn die Datenbankinhalte zwar zugänglich sind, eine Authentifizierung jedoch im obigen Sinne trotzdem wünschenswert ist? Beispielsweise lässt sich die Gestaltung von Masken und Dokumenten dynamisch an seine Vorlieben anpassen, wenn der Benutzer im

Rahmen der Authentifizierung einer bestimmten Gruppe zugeordnet wurde. So wäre es denkbar, dass deutsche Benutzer alle Inhalte in deutscher Sprache angezeigt bekommen. All dies ist jedoch nur möglich, wenn der Benutzer im Rahmen der Authentifizierung als Mitglied einer Gruppe ausgewiesen werden kann.

Hier kommen uns die URL-Erweiterungen von Domino zu Hilfe. Der zum Öffnen von Servern, Datenbanken und sonstigen Datenbankelementen verwendete Befehl `?Open` muss in diesem Fall um den Parameter `login` ergänzt werden. Dieser erzwingt die Benutzerauthentifizierung unabhängig von der Zugriffskontrollliste. Die Syntax lautet in diesem Fall (Datenbank):

```
http://Hostrechner/Datenbank?OpenDatabase&login
```

oder (Server):

```
http://Hostrechner/?OpenServer&login
```

Um beispielsweise beim Zugriff auf die Literaturverwaltungsdatenbank eine Authentifizierung zu erzwingen, lautet der Befehl, wie folgt:

```
http://www.meinserver.com/Literaturverwaltung.nsf?OpenDatabase&login
```

Ausführliche Informationen über den Aufbau von und den Umgang mit Domino-URL-Erweiterungen finden Sie im folgenden Kapitel 34.

34 Domino-URL-Syntax

Jeder, der etwas länger mit Domino arbeitet – ob als Anwender oder als Entwickler –, entwickelt mit der Zeit ein sicheres Gespür dafür, ob eine Website mit Domino betrieben wird. Ein sicheres Anzeichen dafür sind meistens die unendlich langen, kryptischen Zeichenketten in der URL-Eingabezeile des Browsers (vgl. Abbildung 34.1).

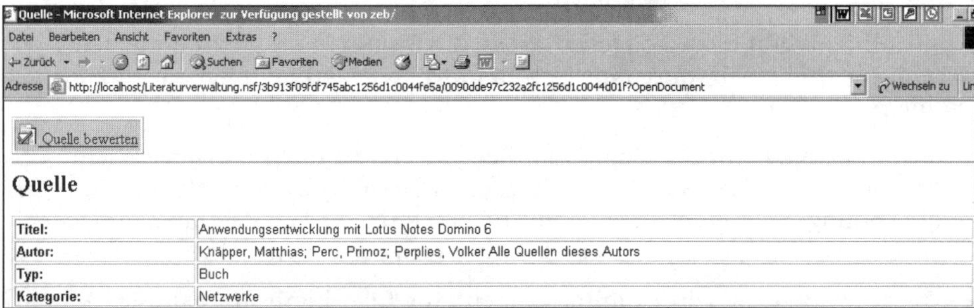

Abbildung 34.1: Die geheimnisvolle URL-Referenz

Die Rede ist natürlich von *Domino-URL-Erweiterungen*, die in den vorhergehenden Kapiteln bereits in verschiedenen Zusammenhängen erwähnt wurden, ohne der Sache auf den Grund zu gehen. Dies soll im Folgenden nachgeholt werden.

Dieses Kapitel befasst sich zunächst mit den Grundzügen der URL-Referenzierung in Domino. Anschließend wird die Syntax der Domino-URL-Erweiterungen analysiert und schließlich das Ganze durch Beispiele aus verschiedenen Bereichen untermauert. Da Domino-URLs in nahezu allen Kapiteln über die Anwendungsentwicklung verwendet werden, können weitere Spezifika dort nachgeschlagen werden.

34.1 Über die URL-Referenzierung

Über »Uniform Ressource Locator«

Die eindeutige Adresse eines Dokuments oder einer anderen Ressource im Internet wird als URL (Uniform Ressource Locator) bezeichnet. Der Aufbau eines URL folgt bestimmten syntaktischen Regeln, die den Namen des Host-Rechners, den Pfad und den Namen des Dokuments sowie weitere Informationen enthalten. Der Aufruf einer Internetressource, im Folgenden als *URL-Referenzierung* bezeichnet, könnte beispielsweise wie folgt aussehen:

```
http://www.foo.com/www/main.html
```

In diesem Fall wird die Datei MAIN.HTML aufgerufen, die im Verzeichnis WWW/MAIN auf dem Server *www.foo.com* liegt. Weiterhin besagt `http://`, dass es sich hierbei um einen WWW-Server handelt bzw. dass als zugrunde liegendes Protokoll das Hypertext Transfer Protocol (HTTP) verwendet wird.

Etwas verallgemeinert besteht die Aufgabe eines Webservers nun darin, aus einem URL den Namen der entsprechenden Datei, die irgendwo im Dateisystem des Servers gespeichert wurde, abzuleiten und diese dem Client zur Verfügung zu stellen.

34.2 URL-Referenzierung von Domino

Die HTTP-Task von Domino fungiert zunächst einmal als ein herkömmlicher Webserver. Sie ist also in der Lage, URL-Referenzen auf bestimmte Einträge im Dateisystem des Servers abzubilden und auf Anfrage eines Internet-Clients die entsprechende Ressource bereitzustellen.

Darüber hinaus gibt es zwei Eigenschaften, die Domino von herkömmlichen Webservern unterscheiden und eine Erweiterung der herkömmlichen URL-Syntax erfordern:

- Domino ermöglicht den Zugriff auf Ressourcen, die nicht im Dateisystem, sondern im *secure object store* – sprich in einer Domino-Datenbank, erkennbar an der Endung .NSF – gespeichert sind. Folglich muss die URL-Syntax dahingehend erweitert werden, dass auch solche Ressourcen adressierbar sind.
- Die Konvertierung von Domino-Elementen erfolgt hierbei dynamisch. Mit anderen Worten: Auch an sich statische Informationen, wie Domino-Dokumente, werden erst zum Zeitpunkt des Aufrufs in HTML konvertiert und angezeigt. Folglich haben bei Domino feste Dokumentbezeichnungen, wie sie bei herkömmlichen URLs etwa in Form von Dateinamen verwendet werden, keinen Sinn, denn sie müssten sich auf etwas beziehen, was noch gar nicht existiert – der HTML-Code wird ja erst zum Zeitpunkt der Anfrage durch den Browser generiert. Bestimmte Merkmale, wie das dynamische Auswählen der Maske, mit der das Dokument angezeigt werden soll, das Einbinden von Teilmasken, das Verbergen von Gestaltungselementen und das Navigieren in den Ansichten, werden dadurch erst möglich.

Die erweiterte URL-Funktionalität von Domino, welche diesen beiden Anforderungen Rechnung trägt, soll im Folgenden als *Domino-URL-Erweiterungen* bezeichnet werden.

In Anlehnung an die obige Unterteilung sind die nachfolgenden Ausführungen in drei Teile gegliedert. Im ersten Teil wird die Art und Weise der Referenzierung in Domino unter die Lupe genommen, um anschließend im zweiten Teil die URL-Befehle kennen zu lernen, mit denen eine dynamische Steuerung der HTML-Konvertierung ermöglicht wird. Schließlich sollen im letzten Teil einige Praxisbeispiele für die Verwendung von Domino-URL-Erweiterungen aufgezeigt werden.

34.2.1 Syntax der URL-Referenzierung in Domino

Hierarchischer Aufbau von URLs

Eine Domino-URL-Referenz ist – vergleichbar mit der herkömmlichen URL-Referenzierung – hierarchisch aufgebaut, mit dem Unterschied, dass sich die Hierarchie nicht auf das Dateisystem, sondern auf den Aufbau einer Domino-Datenbank bezieht.

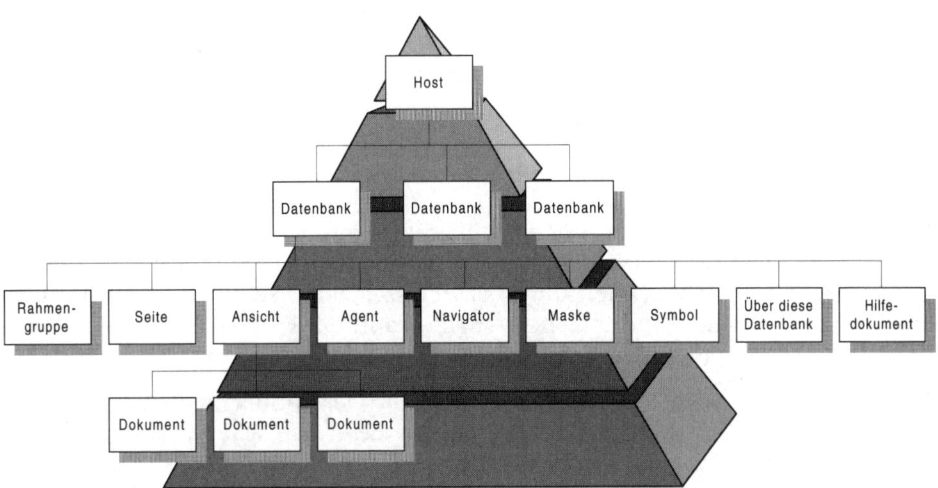

Abbildung 34.2: Hierarchie der URL-Objekte bei Domino

Wie in Abbildung 34.2 dargestellt, setzt sich eine typische Domino-URL hierarchisch aus mehreren Komponenten zusammen:

- **Host**: der DNS-Eintrag oder die IP-Adresse des Zielrechners, auf dem eine Webanwendung läuft.
- **Datenbank**: die Domino-Datenbankdatei (Endung: .NSF), die unmittelbar referenziert wird oder aber das referenzierte Objekt (siehe unten) enthält.
- **Objekt**: ein Domino-Gestaltungselement, z.B. eine Seite, Rahmengruppe, Maske, Ansicht, Agent usw.

Relativ oder absolut referenzieren?

Ferner ist zu beachten, dass die Referenzierung in bekannter HTML-Manier entweder relativ oder absolut erfolgen kann. Wenn beispielsweise das unterste Element in der Hierarchie, ein Domino-Dokument, referenziert werden soll, besteht der *absolute* Pfad aus dem Namen des Servers, der Datenbank, der Ansicht, in der das Dokument zu finden ist, sowie der Identifikation des Dokuments, jeweils getrennt durch den Schrägstrich. Die allgemeine Syntax lautet also:

Absolute Referenzierung

```
http:/Host/Verzeichnis/Datenbank/Datenbankelement/Datenbankelement
```

Die absolute Referenzierung eines Domino-Dokuments in der Ansicht QUELLEN könnte wie folgt aussehen:

```
http://www.foo.com/Literaturverwaltung.nsf/Quellen/23h4h255f1598930938
```

Relative Referenzierung

Im Rahmen der *relativen* Referenzierung können Bestandteile der Referenz ausgelassen werden. Beispielsweise öffnet die folgende Referenz ein Datenbankelement auf dem aktuellen Server.

```
/Datenbank/Datenbankelement/Datenbankelement
```

In einem Beispiel sieht das folgendermaßen aus:

```
/Literaturverwaltung.nsf/Quellen+nach+Titel
```

Umgang mit Sonderzeichen

Bei der Referenzierung ist zu beachten, dass bestimmte ASCII-Zeichen in HTML anhand spezieller Codes dargestellt werden müssen. In unserem Beispiel wurde das Leerzeichen im Ansichtsnamen durch das Pluszeichen ersetzt. Dies betrifft auch Umlaute und sonstige Sonderzeichen. Hierzu kann der Formelbefehl @ReplaceSubstring verwendet werden.

Wenn Sie beispielsweise die Referenzierung von Domino-Elementen nicht vom Datenbanknamen abhängig machen wollen (da dieser sich später ja ändern kann), verwenden Sie stattdessen folgende Methode:

```
dbname:=@Subset (@DbName;-1);
"/"+dbname+"/Quellen+nach+Titel"
```

Nun kann es aber sein, dass der Datenbankname ein Leerzeichen enthält. In diesem Fall bedarf die obige Referenzierung folgender Ergänzung:

```
dbname:=@ReplaceSubstring (@Subset (@DbName;-1);" ";"+");
...
```

Es kann aber auch vorkommen, dass der Datenbankname ein Sonderzeichen enthält, welches im HTML-Kontext eine besondere Bedeutung hat. Beispiele hierfür sind das eben erwähnte Pluszeichen (das als Leerzeichen interpretiert wird), aber auch das UND-Zeichen (&) und der Schrägstrich (/). In diesem Fall können Sie dem hexadezimalen ASCII-Wert des Sonderzeichens ein Prozentzeichen (%) voranstellen.

Enthält der Datenbankname ein Pluszeichen (z.B. Dies+Das.nsf), muss das Pluszeichen (ASCII-Wert 43, hexadezimal 2B) bei der Referenzierung wie folgt geschrieben werden:

```
/Dies%2BDas.nsf?OpenDatabase
```

Die Verwendung von Sonderzeichen erfordert viel Konvertierungsaufwand. Es empfiehlt sich daher, auf diese Zeichen möglichst zu verzichten.

Methoden der Identifizierung von Domino-Elementen

Wie anhand der beiden Beispiele zu erkennen, können zur Identifizierung von Domino-Gestaltungselementen verschiedene Methoden verwendet werden. Im ersten Fall wurde zur Referenzierung des Dokuments dessen *eindeutige Kennzahl* (engl. unique ID oder abgekürzt UNID) eingesetzt, während im zweiten der NAME der Ansicht diese Aufgabe erfüllt. Im Folgenden werden die Möglichkeiten der Referenzierung, die Domino zur Verfügung stellt, näher betrachtet.

Die Art und Weise, wie Objekte in einer Notes-Datenbank abgelegt werden, unterscheidet sich grundlegend von der Speicherung in einem Dateisystem. Grundsätzlich werden sowohl Inhalte als auch Gestaltungselemente in Form von *notes* verwaltet. Es gibt mehrere Möglichkeiten, eine *note* zu identifizieren:

- über die unique ID,
- über die Note-ID sowie optional
- über den Namen (Title) und/oder
- über den so genannten reservierten Namen (*special identifier*).

Über die »unique ID«

Die unique ID (UNID) ist eine aus 32 hexadezimalen Zeichen bestehende Kennzahl (richtig, das ist die kryptische Zeichenfolge, die immer im Browser angezeigt wird). Sie identifiziert eine *note* über alle Repliken hinweg eindeutig. Weisen zwei *notes* die gleiche UNID auf, so handelt es sich um Repliken. Wenn die Datenbank also repliziert wird, behalten alle *notes* in der neuen Replik die gleiche UNID.

Die UNID eines Dokuments kann in einem berechneten Feld mit dem Befehl `@Text (@DocumentUniqueID)` bestimmt werden. Darüber hinaus stehen sowohl im Rahmen der Formelsprache als auch in LotusScript mehrere Befehle zur Verfügung, die den Zugriff auf Dokumente über deren UNID ermöglichen.

»Note-ID«

Note-ID ist eine aus acht Zeichen bestehende Kennzahl, die ein Dokument im Rahmen einer Datenbank eindeutig identifiziert. Sie kann mit dem Formelbefehl `@NoteId` bestimmt werden. Im Rückgabewert wird der eigentlichen Note-ID die Zeichenkette `NT` vorangestellt.

> Von der Verwendung von Note-IDs zur Referenzierung von Domino-Elementen wird abgeraten, da sich diese beim Anlegen von neuen Datenbankrepliken ändern können.

Name

Der Name (TITLE) als Identifizierungsmethode kann nur bei *notes* verwendet werden, die eine explizite Benennung erfordern, sprich bei Servern, Datenbanken und Gestaltungselementen, wie Ansichten, Agenten und Masken, jedoch nur optional bei Dokumenten.

Reservierter Name

Elemente, die im Rahmen einer Notes-Datenbank eine Sonderstellung einnehmen, werden anhand eines *reservierten Namens* identifiziert. Tabelle 34.1 enthält eine Auflistung aller im Rahmen von Domino-URL reservierten Bezeichnungen.

Reservierte Bezeichnung	Bedeutung
`$defaultView`	Standardansicht
`$defaultForm`	Standardmaske
`$defaultNav`	Standardnavigator
`$searchForm`	Standardsuchmaske
`$first`	Erstes Dokument in der Ansicht
`$file`	Dateianhang im Dokument
`$icon`	Datenbank-Symbol
`$help`	BENUTZER DIESER DATENBANK-Dokument
`$about`	ÜBER DIESE DATENBANK-Dokument

Tabelle 34.1: Reservierte Namen im Rahmen der Referenzierung

Dass man eine *note* anhand unterschiedlicher Identifikationsmethoden referenzieren kann, soll am Beispiel der URL-Referenzierung einer Ansicht aufgezeigt werden. Hier kommen alle vier Möglichkeiten in Betracht.

Über die UNID:

```
http://www.foo.com/Literaturverwaltung.nsf/ab900efe123223243943
```

Als Note-ID:

```
http://www.foo.com/Literaturverwaltung.nsf/00000122
```

Anhand des Namens:

```
http://www.foo.com/Literaturverwaltung.nsf/Quellen+Nach+Titel
```

Als Letztes anhand des reservierten Namens, wobei es sich bei der Ansicht QUELLEN NACH DATUM in diesem Fall annahmegemäß um die Standardansicht der Datenbank handelt:

```
http://www.foo.com/Literaturverwaltung.nsf/$defaultView
```

34.2.2 Arbeiten mit URL-Anweisungen

Über die bloße Referenzierung von Objekten hinaus, bietet Domino die Möglichkeit, per URL bestimmte Anweisungen vom Browser aus an den Server zu übergeben. Der Sinn und Zweck von URL-Anweisungen ist die Steuerung der dynamischen Seitenerstellung in Domino. Warum diese notwendig ist, soll anhand der Navigation in einer HTML-Ansicht (bei Ansichten im Java-Modus erfolgt die Verarbeitung ausschließlich auf der Client-Seite) veranschaulicht werden.

Darstellung einer Ansicht im Browser

Wie eine Ansicht im Browser dargestellt wird, hängt unter anderem von folgenden drei Faktoren ab:

- die gerade angewählte Position in der Ansicht,
- ob die Kategorien in den Ansichten im erweiterten oder komprimierten Zustand angezeigt werden,
- die Anzahl der angezeigten Dokumente.

Alle diese Parameter werden vom Benutzer dynamisch quasi vorgegeben, indem dieser im Rahmen einer Ansicht verschiedene Aktionen ausführt: Erweitern von einzelnen Kategorien, »Blättern« in der Ansicht usw.

Alle möglichen Zustände einer Ansicht im Voraus zu bestimmen, ist unter diesen Umständen natürlich kaum möglich. Daher werden die Aktionen des Benutzers in Form von URL-Anweisungen an den Domino-Server weitergegeben, der diese interpretiert und den entsprechenden HTML-Code generiert.

Eine solche Anweisung könnte folgendermaßen lauten:

```
http://www.foo.com/Literaturverwaltung.nsf/Quellen+Nach+Titel?OpenView&Start=10&
CollapseView
```

Diese besagt, dass das zu generierende HTML-Dokument die Ansicht QUELLEN NACH TITEL in der Datenbank LITERATURVERWALTUNG.NSF, beginnend mit dem 10. Dokument, anzeigen soll, wobei etwaige Kategorien im komprimierten Zustand dargestellt werden.

Analog zu diesem Beispiel gibt es auch andere Bereiche, wo eine statische Lösung versagt hätte. Diese erfordern immer die dynamische Komponente in Form einer URL-Anweisung.

Über URL-Anweisungen

URL-Anweisungen werden von der eigentlichen Referenz durch das Fragezeichen getrennt. Zudem ist die Angabe eines oder mehrerer *Parameter* möglich, welche von der eigentlichen Anweisung durch das UND-Zeichen (»&«) zu trennen sind.

Explizite und implizite URL-Anweisungen

Domino unterscheidet zwischen expliziten und impliziten URL-Anweisungen. So kann die Anweisung fehlen, wenn aus dem Kontext klar hervorgeht, was zu tun ist. Beispielsweise lässt sich eine Ansicht sowohl mit `?OpenView` (explizit) als auch mit `?Open` (implizit) öffnen, wenn aus dem URL hervorgeht, dass es sich beim betreffenden Dokument um eine Ansicht handelt. Die impliziten und expliziten Anweisungen sind zum besseren Verständnis in der Tabelle 34.2 zusammengefasst.

Implizite Aktionen	Explizite Aktionen
?Open	?OpenServer
	?OpenDatabase
	?OpenView
	?OpenNavigator
	?OpenForm
	?OpenAgent
	?OpenDocument
	?OpenFrameset
	?OpenImageResource
	?OpenElement
?Create (nur bei Dokumenten)	?CreateDocument
?Edit	?EditDocument
?Save	?SaveDocument
?Delete	?DeleteDocument
?Search	?SearchView

Tabelle 34.2: Implizite und explizite URL-Befehle in Domino

Die Anweisung `?Open` wird darüber hinaus als Voreinstellung verwendet. Wenn keine andere Anweisung, also nur die URL-Referenz, angegeben wurde, wird das entsprechende Objekt automatisch geöffnet.

Angabe von Parameterwerten

Wie bereits erwähnt, können bei einigen URL-Aktionen Parameter angegeben werden. Ein naheliegendes Beispiel ist die Suchfunktion, bei der man per Parameter den zu suchenden Begriff, in diesem Fall *Goethe*, angeben kann:

```
http://www.foo.com/Literaturverwaltung.nsf/Quellen/?SearchView&Query=Goethe
```

Durch die Verwendung des &-Zeichens lassen sich mehrere Parameter gleichzeitig übergeben. Dies soll anhand einer weiteren Suchanweisung, die die Zahl der Ergebnisse der obigen Suche auf maximal 30 Treffer beschränkt, verdeutlicht werden:

```
http://www.foo.com/Literaturverwaltung.nsf/Quellen/?SearchView&Query=Italien&Search-
Max=30
```

Einzelheiten zur Verwendung von Parameterwerten werden anhand von praktischen Beispielen im nächsten Abschnitt dargestellt.

34.3 Anwendung der Domino-URL-Referenzierung anhand praktischer Beispiele

In der Regel ist die Domino-URL-Referenzierung für den Domino-Anwender kein Thema, denn Domino erzeugt, basierend auf der Logik einer in HTML übersetzten Domino-Anwendung, alle URL-Erweiterungen automatisch. Als Anwendungsentwickler kommt man allerdings um das direkte Adressieren von Domino-Ressourcen mittels URL nicht herum. Daher wird in diesem Abschnitt der praktische Umgang mit den URL-Erweiterungen von Domino anhand von ausgewählten Beispielen verdeutlicht.

34.3.1 Öffnen von Servern

Zum Öffnen von Domino-Servern dient die explizite Anweisung `?OpenServer`. Dieser Befehl veranlasst Domino, im Browser eine Auflistung aller verfügbaren Datenbanken des betreffenden Servers anzuzeigen, allerdings nur unter der Voraussetzung, dass der Administrator des Domino-Systems dies in der Server-Konfiguration explizit zulässt.

Syntax:

```
http://Host?OpenServer
```

Beispiel:

```
http://www.foo.com?OpenServer
```

34.3.2 Öffnen von Datenbanken

Domino-Datenbanken werden mit der Anweisung `?OpenDatabase` geöffnet. Als Parameter können hierbei entweder der Name der Datenbankdatei (Endung .NSF) oder die Replik-Kennzahl angegeben werden. Wählt man die zweite Alternative, so sollte das Unterstrich-Zeichen (_) vorangestellt werden.

> Die zu öffnende Datenbank muss im /DATA-Verzeichnis des jeweiligen Domino-Servers vorliegen.

Wenn die Datenbankdatei in einem Unterverzeichnis des voreingestellten /DATA-Verzeichnisses gespeichert ist, ist die Angabe des Namens des Unterverzeichnisses ebenfalls erforderlich. Das Ergebnis des Befehls hängt von den festgelegten Startoptionen in den Datenbankeigenschaften ab.

Syntax:

```
http://Host/Unterverzeichnis/DatenbankDateiname?OpenDatabase
http://Host/_DatenbankReplikKennzahl?OpenDatabase
```

Beispiele:

```
http://www.foo.com /Literaturverwaltung.nsf?OpenDatabase
http://www.foo.com/website/Literaturverwaltung.nsf?OpenDatabasehttp://
www.foo.com/_362562F9017A3510?OpenDatabase
```

34.3.3 Öffnen von Ansichten

Das Öffnen von Ansichten erfolgt durch die Anweisung `?OpenView`. Als Parameter kommen der Name der Ansicht, die UNID, die Note-ID oder die reservierte Bezeichnung `$defaultView` in Frage.

Syntax:

```
http://Host/Datenbank/Ansicht?OpenView
```

Beispiele:

```
http://www.foo.com/Literaturverwaltung.nsf/Quellen?OpenView
http://www.foo.com/Literaturverwaltung.nsf/A3213FB65c0133912424010248221d?OpenView
http://www.foo.com/Literaturverwaltung.nsf/00000181?OpenView
http://www.foo.com/Literaturverwaltung.nsf/$defaultview?OpenView
```

Verwendung von Parametern in Ansichten

Darüber hinaus erlaubt `?OpenView` die Angabe von Parametern, mit denen die Anzeige von Ansichten in HTML gesteuert werden kann. Diese sind in der Tabelle 34.3 aufgelistet.

Parameter	Anmerkung
`Start = n`	`n` ist hierbei die Nummer der Zeile in der Ansicht, mit der die Anzeige beginnen soll. Die Nummer berücksichtigt gegebenenfalls die Hierarchie von Dokumenten in Kategorien. Die Angabe `Start=3.5.1` bewirkt, dass die Ansicht beginnend mit dem ersten Dokument in der fünften Unterkategorie der dritten Kategorie angezeigt werden soll.
`Count = n`	`n` = Anzahl der Zeilen, die angezeigt werden sollen.
`ExpandView`	Erweitert alle Kategorien in der Ansicht.
`CollapseView`	Schließt alle Kategorien in der Ansicht.
`Expand=n`	`n` ist die Nummer der Zeile in einer hierarchischen Ansicht, die im erweiterten Zustand angezeigt werden soll.
`Collapse=n`	`n` ist die Nummer der Zeile in einer hierarchischen Ansicht, die im geschlossenen Zustand angezeigt werden soll.
`StartKey=Dokumentschlüssel`	Dokumentschlüssel ist der Inhalt der ersten sortierten Spalte der Ansicht und ermöglicht das Öffnen der Ansicht, beginnend mit dem Dokument, dessen Dokumentschlüssel mit dem Parameter übereinstimmt.

***Tabelle 34.3: Parameter der URL-Anweisung* `?OpenView`**

Beispiele:

```
http://www.foo.com/Literaturverwaltung.nsf/Quellen?OpenView&CollapseView
http://www.foo.com /Literaturverwaltung.nsf/Quellen?OpenView&Start=3&Count=15
http://www.foo.com/Literaturverwaltung.nsf?OpenView&Expand=4
http://www.foo.com/Literaturverwaltung.nsf?OpenView&StartKey="Faust"
```

Die Option `StartKey` baut auf der Möglichkeit auf, Dokumente in einer Ansicht über deren Schlüssel zu referenzieren. Mehr Informationen zu diesem Feature finden Sie im Abschnitt 34.3.13.

34.3.4 Öffnen von Masken

Masken können mit der Anweisung `?OpenForm` im Bearbeitenmodus oder mit `?ReadForm` im Lesenmodus geöffnet werden. Letztere Möglichkeit unterbindet die Anzeige von Feldern im Bearbeitenmodus sowie die Generierung der SUBMIT-Schaltfläche. Die Maske wird vielmehr als eine einfache Webseite angezeigt.

Als Parameter kommen der Name der Maske, die UNID, die Note-ID oder die reservierte Bezeichnung `$defaultForm` in Frage.

Syntax:

```
http://Host/Datenbank/Maske?OpenForm
http://Host/Datenbank/Maske?ReadForm
```

Der Befehl `?OpenRead`, welcher in der Domino-Version 4.6 alternativ zu `?ReadForm` angegeben werden konnte, wird ab der Version 5 nicht mehr unterstützt.

Beispiele:

```
http://www.foo.com/Literaturverwaltung.nsf/Bestellung?OpenForm
http://www.foo.com/Literaturverwaltung.nsf/22534011F127A11B851232c800721902?OpenForm
http://www.foo.com/Literaturverwaltung.nsf/00000121?ReadForm
http://www.foo.com/Literaturverwaltung.nsf/$defaultform?OpenForm
```

ParentUNID als Parameter

Als Parameter kann beim Öffnen einer Maske die PARENTUNID angegeben werden, die eindeutige Kennzahl des Dokuments, von dem aus der Aufruf der Maske erfolgt. Diese Option findet beim Arbeiten mit Antwortdokumenten Verwendung oder wenn die Maskenoption FORMELN ÜBERNEHMEN WERTE DES GEWÄHLTEN DOKUMENTS aktiviert ist. Wann immer Sie die Feldwerte eines Dokuments in die aufrufende Maske übertragen möchten, ist die Angabe von `ParentUNID` erforderlich. Die eindeutige Kennzahl (UNID) des aktuellen Dokuments lassen Sie am einfach mit

```
@Text (@DocumentUniqueID)
```

berechnen.

Wenn die Werte des aktuellen Dokuments in eine andere Maske übertragen werden sollen, welche mit einem Hotspot geöffnet wird, könnte die Hotspot-Formel wie folgt lauten:

```
dbName:=@ReplaceSubstring (@Subset (@DbName;-1);" ";"+");
"/"+dbname+"/Zielmaske?OpenForm&ParentUNID="+@Text (@DocumentUniqueID);
```

34.3.5 Öffnen von Navigatoren

Dem Referenzieren von Navigatoren dient der Befehl ?OpenNavigator. Als Parameter kommen der Name des Navigators, die UNID, die Note-ID oder die reservierte Bezeichnung $defaultNav in Frage.

Beispiele:

```
http://www.foo.com/Literaturverwaltung.nsf/Navigator?OpenNavigator
http://www.foo.com/Literaturverwaltung.nsf/1854C1727DC1EB7E5525B2070A4F886F?Open-
Navigator
http://www.foo.com/Literaturverwaltung.nsf/000002BF?OpenNavigator
http://www.foo.com /Literaturverwaltung.nsf/$defaultNav?OpenNavigator
```

Die Angabe $defaultNav öffnet den Navigator ORDNER & ANSICHTEN.

34.3.6 Öffnen von Rahmengruppen

Dem Referenzieren von Rahmengruppen dient der Befehl ?OpenFrameset. Als Parameter kommen der Name der Rahmengruppe, die UNID oder die Note-ID in Frage.

Beispiele:

```
http://www.foo.com/Literaturverwaltung.nsf/Rahmengruppe?OpenFrameset
http://www.foo.com/Literaturverwaltung.nsf/2394C28327DC1EB7F3475B2370A4F816C?Open-
Framset
```

34.3.7 Öffnen von Seiten

Dem Referenzieren von Seiten dient der Befehl ?OpenPage. Als Parameter kommen der Name der Seite, die UNID oder die Note-ID in Frage.

Beispiele:

```
http://www.foo.com/Literaturverwaltung.nsf/Homepage?OpenPage
http://www.foo.com/Literaturverwaltung.nsf/2394C28327DC1EB7F3475B2356787516C?OpenPage
```

Möglicherweise enthalten Seiten auch Gliederungen. In diesem Fall besteht die Möglichkeit, per URL-Befehl festzulegen, ob Gliederungen im erweiterten oder geschlossenen Zustand angezeigt werden. Hierzu dienen die Befehle ExpandOutline und CollapseOutline.

Syntax:

```
http://Host/Datenbank/Seitenname?OpenPage&CollapseOutline=n
http://Host/Datenbank/Seitenname?OpenPage&ExpandOutline=n
```

Als Parameter verwenden diese Befehle eine Referenz auf die gewünschte Gliederungsebene »n« im Format e1.e2.e3, wobei »e« jeweils für die hierarchische Gliederungsebene steht. Im nachstehenden Beispiel soll man hierbei einen Gliederungseintrag auf der dritten Gliederungsebene referenzieren.

Beispiele:

```
http://www.foo.com/LiteraturVerwaltung.nsf/Homepage?OpenPage&CollapseOutline=1.2.3
http://www.foo.com/LiteraturVerwaltung.nsf/Homepage?OpenPage&ExpandOutline=1.2.3
```

34.3.8 Öffnen von Agenten

Agenten werden mit dem Befehl `?OpenAgent` gestartet.

> Im Gegensatz zu anderen Elementen können Agenten nur über den Namen aufgerufen werden! Der Aufruf über UNID und Note-ID wird nicht unterstützt.

Syntax:

```
http://Host/Datenbank/Agent?OpenAgent
```

Beispiel:

```
http://www.foo.com/Literaturverwaltung.nsf/Links+aktualisieren?OpenAgent
```

34.3.9 Öffnen von Bildern, Dateianhängen und OLE-Objekten

Mit der Domino-URL können einzelne Objekte innerhalb eines Dokuments referenziert werden. Hierzu dient der Befehl `?OpenElement`. Die Syntax variiert je nachdem, ob eine Grafik, ein Dateianhang oder ein OLE-Objekt referenziert wird. Sehen wir uns diese drei Fälle im Einzelnen an.

Arbeiten mit Dateianhängen

Syntax:

```
http://Host/Datenbank/Ansicht /Dokument/$File/Dateiname?OpenElement
```

Beispiel:

```
http://www.foo.com/LiteraturVerwaltung.nsf/JavaApplets/Homepage/$File/Nervous-
Text?OpenElement
```

Die Namen der Dateianhänge lassen sich mit dem Formelbefehl `@AttachmentNames` ermitteln. Dieser gibt die Namen aller Dateianhänge im Dokument in Form einer Liste (oder im Falle eines einzigen Dateianhangs als Zeichenkette) zurück.

Die Referenzierung über den Dateinamen setzt voraus, dass bei mehreren Dateianhängen in einem Dokument alle Namen eindeutig sind. Ist dies nicht der Fall, muss die URL-Referenz zusätzlich um den Namen ergänzt werden, den Domino intern zur Speicherung von Dateianhängen benutzt. Die Syntax sieht in diesem Fall so aus:

```
http://Host/Datenbank/Ansicht/Dokument/$File/InternerDateiName/Dateiname?OpenElement
```

Da Domino keine Funktionen zur Verfügung stellt, mit denen sich interne Dateinamen ermitteln lassen, sollten die Dateianhänge auf jeden Fall eindeutige Namen aufweisen.

Einige Browser erfordern es, dass die URL-Referenz einer Datei mit dem Dateinamen endet. Daher wandelt Domino bei der Übersetzung die explizite Anweisung `?OpenElement` in eine implizite um.

Arbeiten mit Grafikdateien

Syntax:

```
http://Host/Datenbank/Ansicht/Dokument/FeldName/FeldOffset?OpenElement
```

Das Feld-Offset wird in der Form `xx.yy` angegeben, wobei `xx` die Feldnummer und `yy` die Position der Grafik im Feld als Byte-Offset darstellt.

Beispiel:

```
http://www.foo.com/Literaturverwaltung.nsf/Bilder/HomePage/Body/05.44?OpenElement
```

Zusätzlich lässt sich mit dem Parameter `FieldElemFormat` explizit angeben, in welches Grafikformat, GIF oder JPEG, das Bild konvertiert werden soll. Voreingestellt ist GIF.

Beispiel:

```
http://www.foo.com/Literaturverwaltung.nsf/Bilder/HomePage/Body/05.44?OpenEle-
ment&FieldElemFormat=JPEG
```

Die Syntax der Referenzierung von Grafikdateien ist unpraktisch, da notwendige Informationen wie das Byte-Offset nicht direkt in Notes ermittelt werden können. Stattdessen empfiehlt es sich, an entsprechender Stelle im Dokument entweder die Grafik selbst oder einen Verweis auf die entsprechende Datei im Dateisystem bzw. auf einen Dateianhang in einer Domino-Datenbank einzubinden.

Öffnen von OLE-Objekten

Syntax:

```
http://Host/Datenbank/Ansicht/Dokument/Feldname/FeldOffset/$OLEOBJINFO/FeldOffset/
obj.ods?OpenElement
```

Wenn in Notes ein OLE-Objekt in ein Rich-Text-Feld eingebunden wird, werden die Informationen darüber in dem Systemfeld $OLEOBJINFO und im Rich-Text-Feld selbst gespeichert. Die erste Kombination `Feldname/Feldoffset` bezieht sich auf das Rich-Text-Feld, die zweite auf die Informationen im Feld $OLEOBJINFO.

Da diese Informationen ohne detaillierte Recherchen in der Datenbankstruktur nicht zugänglich sind, empfiehlt es sich, statt einer »manuellen« Referenzierung Objekte einfach an entsprechender Stelle in das Dokument einzufügen oder, wie bei Grafikdateien, Objekte in Form von Dateianhängen im Dateisystem oder einer Notes-Datenbank zu referenzieren.

34.3.10 Öffnen von Bildressourcen

Neben der Verwaltung von Bildern können in Domino-Version 6 auch herkömmliche Dateien als Bestandteil der Anwendung fungieren. Zumeist handelt es sich dabei um ausgelagerte Code-Fragmente, etwa gemeinsame Funktionen einer JavaScript-Anwendung.

Auch diese können per Domino-URL eingebunden werden. Hierzu dient der Befehl `?OpenFileResource`.

Syntax:

```
http://Host/Datenbank/Dateiname?OpenFileResource
```

Beispiel:

```
http://www.foo.com/Literaturverwaltung.nsf/JavaScriptCode.js?OpenFileResource
```

34.3.11 Öffnen sonstiger Datenbankelemente

Zum Referenzieren der Hilfe-Dokumente sowie des Datenbank-Symbols dienen die expliziten URL-Anweisungen `?OpenAbout`, `?OpenHelp` und `?OpenIcon`. Sie werden immer in Verbindung mit dem reservierten Namen des entsprechenden Elements verwendet.

Syntax:

```
http://Host/Datenbank/$about?OpenAbout
http://Host/Datenbank/$help?OpenHelp
http://Host/Datenbank/$icon?OpenIcon
```

34.3.12 Erzwingen der Authentifizierung

Der Parameter `login` kann jeder Domino-URL-Referenz hinzugefügt werden, um die Authentifizierung des Benutzers unabhängig von den Einträgen in der Zugriffskontrollliste zu erzwingen. Die Syntax soll am Beispiel der Datenbankreferenz verdeutlicht werden:

```
http://Host/Datenbank/?OpenDatabase&login
```

Beispiel:

```
http://Www.foo.com/Literaturverwaltung.nsf?OpenDatabase&login
```

> Der `login`-Parameter greift nur dann, wenn der Benutzer vorher noch nicht authentifiziert wurde. Sobald die `login`-Prozedur erfolgreich absolviert wurde, merkt sich der Browser die `login`-Kennung und sendet sie bei jeder weiteren Passwort-Abfrage automatisch an den Server. Um sich unter einem anderen Namen anzumelden, muss der Browser verlassen und erneut gestartet werden.

34.3.13 Arbeiten mit Dokumenten

Einzelne Dokumente können mit der expliziten Anweisung ?OpenDocument geöffnet werden. Als Parameter lassen sich die UNID, die Note-ID oder ein Dokumentschlüssel übergeben.

Syntax:

```
http://Host/Datenbank/Ansicht/Dokument?OpenDocument
```

Beispiele:

```
http://www.foo.com/Literaturverwaltung.nsf/Quellen/
61BC8F77A5736363852533D20551784?OpenDocument
http://www.foo.com /Literaturverwaltung.nsf/Quellen/00000194?OpenDocument
http://www.foo.com/Literaturverwaltung.nsf/Quellen/Goethe?OpenDocument
```

Anker referenzieren

Zudem besteht die Möglichkeit, bei Dokumenten mit Überlänge auch bestimmte Stellen innerhalb eines Dokuments zu referenzieren. Das Dokument wird in diesem Fall automatisch an der richtigen Stelle geöffnet. Hierzu muss allerdings vorher im Dokument mit dem HTML-Tag <A NAME...></A> ein so genannter Anker definiert werden, beispielsweise:

```
<A NAME="Absatz3"><H3>Management Summary</H3></A>
```

Die Referenzierung erfolgt in diesem Fall, wie folgt:

```
http://Www.foo.com/Literaturverwaltung.nsf/Informationen/Studie#Absatz3
```

Referenzieren von Dokumenten anhand des Schlüssels

Da der Umgang mit Note-IDs und UNIDs den Überblick erheblich erschwert, besteht zusätzlich die Möglichkeit, ein Dokument anhand eines *Schlüssels* zu referenzieren. Als Schlüssel dient hierbei die erste sortierte Spalte einer beliebigen Ansicht.

Um beispielsweise ein Dokument anhand des Namens aufzurufen, müssen folgende Voraussetzungen erfüllt sein:

- In der Maske muss ein Feld vorhanden sein, in dem der Name gespeichert ist, z.B. muss NAME vorhanden sein.
- Es muss eine Ansicht vorhanden sein, deren erste Spalte die Inhalte des Feldes NAME anzeigt. Die Spalte sollte hierbei sortiert sein.

Sind beide Voraussetzungen erfüllt, kann das Dokument anhand des Namens identifiziert werden.

Beispiel:

```
http://www.foo.com/Literaturverwaltung.nsf/Alle+Dokumente/Goethe?OpenDocument
```

Bei dieser Art der Referenzierung wird immer das erste übereinstimmende Dokument in der Ansicht berücksichtigt, d.h., dass die Eindeutigkeit der Namen vom Anwendungsentwickler sichergestellt werden muss. Die Beachtung der Groß- bzw. Kleinschreibung ist nicht erforderlich.

Die Eindeutigkeit des Namens kann mit der folgenden Formel in der Validierungsformel des Feldes NAME überprüft werden:

```
@If (@IsMember (Name; (@dblookup ("Notes":"NoCache":"":"";"Alle Dokumente";1)))
;@Failure ("Der Name existiert bereits.");@Success)
```

Bei webfähigen Ansichten kommt es oft vor, dass die erste Spalte zwar den richtigen Schlüssel enthält (z.B. Dokumentname), dieser jedoch durch HTML-Code »verunstaltet« ist. In diesem Fall empfiehlt es sich, an erster Stelle eine verborgene, sortierte Spalte zu erstellen, die denselben Schlüssel, allerdings ohne HTML, enthält. In diesem Fall muss die HTML-Spalte nicht sortiert sein.

Bei Ansichten mit sehr vielen Dokumenten ist zu bedenken, dass die Referenzierung über den Schlüssel mehr Server-Zeit und -Performance in Anspruch nimmt als die Referenzierung über UNIDs.

Manipulation von Dokumenten

Um Dokumente in einer Notes-Datenbank vom Web-Client aus zu manipulieren, stehen weitere explizite URL-Anweisungen zur Verfügung. Tabelle 34.4 gibt einen Überblick.

URL-Anweisung	Kommentar
`?EditDocument`	Öffnet ein Dokument im Bearbeitenmodus. Diese Anweisung ist implizit, wenn in der Maske die Eigenschaft BEARBEITEN-MODUS AUTOMATISCH AKTIVIEREN gesetzt ist.
`?DeleteDocument`	Löscht ein Dokument in der Datenbank; muss immer explizit angegeben werden.
`?CreateDocument`	Erstellt ein neues Dokument in der Datenbank. Die Anweisung ist als POST-Methode der HTML-Maske deklariert und wird standardmäßig ausgeführt, wenn im Browser ein neues Dokument erstellt wird. Domino benutzt diese Anweisung intern zur Anzeige von Fehlermeldungen und Bestätigungen.
`?SaveDocument`	Speichert ein Dokument in der Datenbank. Die Anweisung ist als POST-Methode der HTML-Maske deklariert und wird standardmäßig ausgeführt, wenn ein Dokument erstellt oder aktualisiert wird. Sie kann jedoch unterbunden werden, indem in der Maske ein Feld namens SAVEOPTIONS mit dem Vorgabewert 0 erstellt wird.

Tabelle 34.4: URL-Befehle zum Bearbeiten von Dokumenten

Beispiele:

```
http://www.foo.com/Literaturverwaltung.nsf/Quellen/Goethe?EditDocument
http://www.foo.com/Literaturverwaltung.nsf/Quellen/00000167?DeleteDocument
http://www.foo.com/Literaturverwaltung.nsf/Quellen?CreateDocument
http://www.foo.com/Literaturverwaltung.nsf/Quellen/
3b812c67cc160e2852563df0078cfeb?SaveDocument
```

Verwendung von »@Command«-Befehlen statt URL

Statt der URL-Referenzierung lassen sich zum Öffnen von Dokumenten in Aktionen und Aktions-Hotspots auch @Command-Formeln verwenden. Als Referenzierungsart muss in diesem Fall immer der Schlüssel verwendet werden.

Die Aktionsformel muss aus zwei @Command-Befehlen bestehen: Mit dem ersten Befehl wird ein Dokument ausgewählt, der zweite öffnet es. Das Auswählen von Dokumenten erfolgt entweder durch den Befehl

```
@Command([FileOpenDatabase];"":"Datenbank";"Ansicht ";"Schlüssel ");
```

oder durch

```
@Command([OpenView];"Ansicht";"Schlüssel");
```

Anschließend kann das entsprechende Dokument durch

```
@Command([OpenDocument];"Modus")
```

geöffnet werden, wobei die Angabe von 1 im Parameter MODUS das Dokument automatisch im Bearbeiten-Modus öffnet. Andere Befehle wie etwa `@Command ([EditDocument)]` werden nicht unterstützt.

Beispiele:

```
@Command([OpenView];"Quellen";"Goethe");
@Command([OpenDocument])
```

oder

```
@Command([FileOpenDatabase];"":"Literaturverwaltung.nsf";"Quellen";"Goethe");
@Command([OpenDocument];"1")
```

34.3.14 Domino-URLs und Volltextsuche

Um einzelne Datenbanken oder die ganze Website zu durchsuchen, stehen die Befehle ?SearchView und ?SearchSite zur Verfügung:

Syntax:

```
http://Host/Datenbank/[$SearchForm]?SearchSite[Parameter]
http://Host/Datenbank/Ansicht/[$SearchForm]?SearchView[Parameter]
```

Der reservierte Name $SearchForm und die Angabe von Parametern sind optional, schließen sich jedoch gegenseitig aus. Die Verwendung von $SearchForm bewirkt, dass die Standardsuchmaske angezeigt wird, während die Angabe von Parameterwerten eine sofortige Suche ermöglicht.

35 Domino und XML

35.1 Einführung

Eine der wichtigsten Neuerungen in Domino-Version 6 ist die stark erweiterte Funktionalität im Umgang mit XML-Dokumenten. XML etablierte sich mittlerweile als *lingua franca* im Bereich des Informationstausches im Internet und ist, wie viele andere Internettechnologien auch, in gewisser Weise eine natürliche Erweiterung der Domino-Plattform. In Version 6 stellt Domino dem Anwendungsentwickler mächtige Werkzeuge zum Umgang mit XML-Dokumenten zur Verfügung, sowohl auf der Ebene der Entwicklungsumgebung Domino Designer als auch in Form der erweiterten Notes-API-Funktionalität, die sowohl aus LotusScript als auch aus Java heraus verwendet werden kann.

Das Ziel dieses Kapitels ist eine kurze Einführung in die Welt der XML-Technologien und das Aufzeigen ihrer Rolle in Domino. In diesem Kapitel werden nur die grundlegenden Aspekte des XML-Einsatzes in Domino beleuchtet. Fortgeschrittene Aspekte, wie die Verwendung von XML in LotusScript oder in Java, werden in den entsprechenden Kapiteln betrachtet. Ferner kann dieses Kapitel natürlich keine umfassende Einführung in XML anbieten, vielmehr liegt das Ziel darin, einen ersten Überblick zu liefern, der als Grundlage für weitere Experimente dienen soll. Für weitergehende Informationen zu XML sei auf die mittlerweise zahlreichen Literaturwerke zu diesem Thema verwiesen.

35.2 Was ist XML?

Im Zuge der Weiterentwicklung des Internets stellte sich rasch heraus, dass der Zugriff und die Visualisierung von Dokumenten in Form von HTML zwar eine feine Sache war, jedoch der Austausch von Dokumenten, insbesondere die semantische Beschreibung von Datenstrukturen nur unzureichend unterstützt wurde. HTML stellte zwar einen bahnbrechenden Erfolg im Hinblick auf eine universelle Darstellung von multimedialen Inhalten, doch besaß es zugleich eine Reihe von gravierenden Schwächen: Zu diesen zählen insbesondere die Vermischung von Inhalt und Layout, fehlende Erweiterbarkeit und eine etwas lasche Spezifikation, die HTML-Autoren auch formale Fehler regelmäßig durchgehen ließ.

Aus diesem Grund begann man in der Internet Community bald mit den Überlegungen zur Erstellung einer universellen Sprache zur Beschreibung von Datenstrukturen. Das Ergebnis war die so genannte *eXtendsible Markup Language* (XML), eine Spezifikation, die sich als Standard beim Austausch von Dokumenten in offenen Netzwerken etablierte.

Im Unterschied zu HTML fokussiert XML nicht die Visualisierung von Dokumenten, sondern die Beschreibung ihrer *inhaltlichen Struktur*. Der Vorteil dieses Ansatzes liegt auf der Hand: Da die Spezifikation der Datenstruktur eindeutigen Regeln folgt, müssen sich zwei Kommunikationspartner lediglich auf eine *gemeinsame* Datenstruktur einigen und schon können Daten ungehindert über das Internet ausgetauscht und auch – und das ist das Besondere an XML – von unterschiedlichen Netzwerkteilnehmern weiterverarbeitet werden. XML schuf somit die Grundlage zur Erstellung von *konkreten Spezifikationen zum Datenaustausch*, die wiederum offen im Internet ausgetauscht werden können. So können beispielsweise Mathematiker, Designer ebenso wie Bankiers heute bereits auf ausgereifte Spezifikationen zugreifen, die auf XML basieren, und die jeweiligen Datenstrukturen verbindlich für alle Kommunikationspartner beschreiben. Eine mittlere Revolution löste XML insbesondere im Bereich der IT-Architekturen aus – hier etabliert sich immer mehr das Paradigma von Web Application Services. Hierbei tauschen unterschiedliche, irgendwo im Internet ansässige Anwendungskomponenten, ihre Ein- und Ausgabedaten auf der Grundlage von XML-basierten Standards (SOAP) und schaffen auf diese Weise völlig neue Möglichkeiten zur Erschaffung von verteilten Architekturen.

XML – ein Beispiel

Insbesondere wenn Sie bereits Erfahrungen mit HTML haben, ist das Konzept von XML recht einfach zu verstehen. XML arbeitet auf dem Prinzip von so genannten *Tags*, die verwendet werden, um Datenstrukturen zu beschreiben. Als klassisches Beispiel zur Verdeutlichung dieses Sachverhalts dient eine einfache Literaturverwaltung: Diese besteht in der Regel aus einer Reihe von Quellen, wobei jeder Eintrag im einfachsten Fall einen Titel, den Autor und sowie das Erscheinungsjahr aufweist. In XML könnte man eine solche Datenstruktur, wie folgt, beschreiben:

```
<?xml version="1.0"?>
<literaturverwaltung>
    <quelle>
        <titel>Anwendungsentwicklung mit Lotus Domino</titel>
        <autor>Schmidt, Walther</autor>
        <erscheinungsjahr>2003</erscheinungsjahr>
    </quelle>
    <quelle>
        <titel>Einfuehrung in XML</titel>
        <autor>Schneider, Helge</autor>
        <erscheinungsjahr>2002</erscheinungsjahr>
    </quelle>
</literaturverwaltung>
```

Listing 35.1: XML-Datenstruktur

Wie man in diesem stark vereinfachten Beispiel sieht, ist jedes Datenelement von einem Anfangstag (<TAG>) und einem Endtag (</TAG>) eingeschlossen, die zusammen ein (Struktur-)Element bilden. Die Elemente weisen in der Regel auch bei »echten« Beispielen für Menschen interpretierbare Bezeichnungen auf, wodurch das intuitive Verständnis einer Datenstruktur stark gefördert wird. Darüber hinaus können in XML Datenelemente, wie im Beispiel dargestellt, geschachtelt werden, um auf diese Weise beliebig komplexe Strukturen zu erschaffen.

Einhaltung von syntaktischen Regeln

Eine weitere Eigenschaft von XML ist die Erfordernis zur rigiden Einhaltung der syntaktischen Spezifikation; da eben XML im Gegensatz zu HTML einer maschinellen Interpretation und Verarbeitung unterworfen wird, ist es natürlich kritisch, dass jegliche Interpretationsspielräume und Zweideutigkeiten von vorneherein ausgeschlossen werden. Einige Beispiele hierfür sind:

- Bei den Bezeichnungen (Element- und Attributnamen) ist Groß- und Kleinschreibung zu beachten.
- Es sind keine Strukturelemente erlaubt, bei denen zwar ein Anfangstag, aber kein Endtag vorhanden sind (oder umgekehrt, so genannte Paarigkeit).
- Leerzeichen werden in der Regel als Bestandteil des Inhaltes behandelt.

»Document Type Definitions«

Mit dem obigen Beispiel schufen wir bereits eine einfache Kommunikationsstruktur zum weltweiten Austausch von Literaturinformationen. Dies bringt uns natürlich nicht weiter, wenn Ihr Nachbar just in diesem Augenblick ebenfalls eine solche Struktur erstellt, die aber zusätzlich zum Titel noch die Verwaltung von ISBN-Nummern ermöglicht und bei der die Vor- und Nachnamen der Autoren in eigenen Elementen verwaltet werden. Dies zeigt bereits, dass XML trotz seiner Mächtigkeit nur ein technisches Vehikel zur Schaffung von Standards ist – es bedarf nach wie vor einer Abstimmung zwischen den realen Kommunikationspartnern, damit XML seine Stärken ausspielen kann. Aber auch diesen Prozess unterstützt XML: neben der bloßen Prüfung der Syntax, lassen sich in XML-Dokumente auch verbindliche Regeln zu deren Interpretation einbetten: die so genannten *Document Type Definitions*, kurz *DTDs*. Eine DTD definiert, wie der Name es nahelegt, einen *Dokumenttyp*, d.h. eine Ansammlung von Datenelementen zu einem bestimmten Thema (z.B. einer Literaturverwaltung). Sie legt verbindlich fest: die erlaubten Strukturelemente, die Art und Weise, wie diese verschachtelt werden können, verwendbare Attribute und ihre Wertebereiche und sonstige üblicherweise domänen- bzw. applikationsspezifische Regeln zu ihrer Verarbeitung. Eine einfache DTD zur obigen Literaturverwaltung ist in Listing 35.2 dargestellt. Sie besagt, dass eine Literaturverwaltung aus 0 oder mehreren Quellen besteht und jede Quelle wiederum aus drei Elementen besteht: Titel, Autor und Erscheinungsjahr, wobei alle drei Elemente in genau dieser Reihenfolge erscheinen müssen und der Autor optional ist. Ferner ist für alle drei Elemente einfacher Text als Inhalt definiert. Diese einfache DTD ist in Listing 35.2 dargestellt.

```
<?xml version="1.0" encoding="UTF-8"?>
<!ELEMENT literaturverwaltung (quelle)*>
<!ELEMENT quelle (titel, autor?, erscheinungsjahr)>
<!ELEMENT titel (#PCDATA)>
<!ELEMENT autor (#PCDATA)>
<!ELEMENT erscheinungsjahr (#PCDATA)>
```

Listing 35.2: DTD zur Literaturverwaltung

Um die obige DTD in unserem Dokument zu verwenden, ist die Einfügung des DTD-Aufrufs notwendig (vgl. Listing 35.3): Es wird die in einer externen Datei LITERATURVERWALTUNG.DTD gespeicherte Vorlage verwendet.

```
<?xml version="1.0"?>
<!DOCTYPE literaturverwaltung SYSTEM "Literaturverwaltung.dtd">
...
```

Listing 35.3: Verwendung einer DTD in einem XML-Dokument

Das DTD-Konstrukt ermöglicht es allen Kommunikationspartnern, die diese DTD verwenden, zu prüfen, ob ein Dokument auch die in der DTD fest gelegten vereinbarten Konventionen bezüglich der Struktur einhält. Beispiel: Einigen sich zwei Kommunikationspartner darauf, dass ISBN-Nummern nicht in die Literaturverwaltung aufgenommen werden sollen, dann wird diese Regelung in der DTD festgeschrieben. Eine solche DTD wird hiernach allen Kommunikationspartnern übergeben und zur Prüfung der jeweiligen Dokumente benutzt. Versucht ein Dritter nun doch, beispielsweise ISBN-Nummern in die auf diese Weise gekennzeichneten »Literaturverwaltungen« einzuschleusen, so wird dies nach Maßgabe der DTD als Fehler gewertet. Die Festlegung einer solchen Konvention ist natürlich wichtig, da insbesondere Applikationen, die solche Dokumente verarbeiten, wissen müssen, was sie solche Dokumente beinhalten können. Da ein XML-Dokument gewissermaßen die Logik zu seiner Weiterverarbeitung in sich trägt, wird die Austauschbarkeit von solchen Dokumenten zwischen unterschiedlichen Personen, Systemen und Applikationen insgesamt gefördert.

XSL und XSLT

Um die Datenmenge möglichst gering zu halten, die über die Leitung geschickt werden, werden die bloßen Textdokumente transportiert. Bei HTML-Dokumenten übernimmt der Webbrowser die formatierte Darstellung (= Interpretation der HTML-Tags). Da bei XML-Dokumenten jedoch kein fester Elementsatz existiert, der im Webbrowser voreingestellt werden könnte, lässt sich Ihr XML-Dokument zwar im Internetbrowser öffnen (vgl. Abbildung 35.1), aber wie man sieht, wird nur die verschachtelte Datenstruktur dargestellt – ohne Formatierung.

```
<?xml version="1.0" ?>
<!DOCTYPE literaturverwaltung (View Source for full doctype...)>
- <literaturverwaltung>
  - <quelle>
      <titel>Anwendungsentwicklung mit Lotus Domino</titel>
      <autor>Schmidt, Walther</autor>
      <erscheinungsjahr>2003</erscheinungsjahr>
    </quelle>
  - <quelle>
      <titel>Einfuehrung in XML</titel>
      <autor>Schneider, Helge</autor>
      <erscheinungsjahr>2002</erscheinungsjahr>
    </quelle>
</literaturverwaltung>
```

Abbildung 35.1: XML-Dokument im Webbrowser

Nun sind aber Benutzer im Internet ganz andere Darstellungsmöglichkeiten gewöhnt. Zu diesem Zweck wurde neben der XML-Spezifikation eine weitere, die XSL-Spezifikation geschaffen. Mit ihrer Hilfe können XML-Dokumente *transformiert und dargestellt werden.* Vereinfacht ausgedrückt bedeutet dies, dass eine für ein XML-Dokument typische Baumstruktur in eine völlig andere überführt werden kann, wobei in diesem Zusammenhang die Rolle von XSL darin besteht, die zur Definition der Transformationsregeln erforderlichen Befehle bereitzustellen. Es gibt zwei mögliche Anwendungsdomänen dieses Features:

- Transformation eines XML-Dokuments in ein anderes XML-Dokument und
- Transformation eines XML-Dokuments in ein HTML-Dokument.

Der zweite Fall ist ein Spezialfall des ersten, denn da HTML auf dem Vorläuferstandard von XML (=SGML) beruht, kann HTML – insbesondere XHTML – als eine XML-Anwendung begriffen werden, bei der die Elemente eben nicht »quelle« oder »autor« heißen, sondern vielmehr »body«, »a« und »p«.

Insbesondere der zweite Fall ist für uns interessant, denn er ermöglicht eine einfache Visualisierung von XML-Dokumenten in gewohnter HTML-Manier. Der Trick dabei ist folgender: Für jeden »Knoten« im XML-Dokument wird festgelegt, durch welche HTML-Tags dieser zu ersetzen ist. Führt man sich vor Augen, dass unsere Literaturverwaltung eine verschachtelte Baumstruktur ist, könnte man sich Folgendes vorstellen:

- Jede »Literaturverwaltung« (also oberster Knoten) wird durch eine eigene Tabelle dargestellt.
- Jede Literaturquelle wird durch eine eigene Tabellenzeile dargestellt.
- Jede Eigenschaft einer Datenquelle wird durch eine eigene Tabellenzelle dargestellt.

Übersetzt in HTML, wünschen wir uns also in etwa folgende Struktur (dargestellt in »Pseudo-HTML«, vgl. Listing 35.4):

```
<TABLE>
Informationen über die Literaturverwaltung
<TR> Quelle 1 <TD> Titel <TD> Autor <TD> Erscheinungsjahr </TD>
<TR> Quelle 1 <TD> Titel <TD> Autor <TD> Erscheinungsjahr </TD>
</TABLE>
```

Listing 35.4: Darstellung der Literaturverwaltung in HTML

Es ist offensichtlich, dass die Strukturen unseres XML-Dokuments und des obigen HTML-Dokuments große Ähnlichkeiten aufweisen. Eben dies macht man sich XSL zu Nutze, indem eine Knotenstruktur in eine andere überführt wird. Hierzu benötigt man eine entsprechende XSL-Vorlage, die in unserem Fall, wie im Listing 35.5 dargestellt, aussehen könnte:

```
<?xml version="1.0" encoding="UTF-8" ?>
<XSL:stylesheet xmlns:XSL="http://www.w3.org/TR/WD-XSL">
<XSL:template match="/">
<html>
<title>Literaturverwaltung</title>
<body>
<table border="1">
<tr>
<td><b>Titel</b></td>
<td><b>Autor</b></td>
<td><b>Erscheinungsjahr</b></td>
</tr>
<XSL:apply-templates select="//quelle"/>
</table></body></html>
</XSL:template>

<XSL:template match="//quelle">
<tr>
<XSL:apply-templates select="titel"/>
<XSL:apply-templates select="autor"/>
<XSL:apply-templates select="erscheinungsjahr"/>
</tr>
</XSL:template>

<XSL:template match="titel">
<td><XSL:apply-templates/></td>
</XSL:template>

<XSL:template match="autor">
<td><XSL:apply-templates/></td>
</XSL:template>

<XSL:template match="erscheinungsjahr">
<td><XSL:apply-templates/></td>
</XSL:template>

<XSL:template match="text()">
<XSL:value-of select="."/>
</XSL:template>
</XSL:stylesheet>
```

Listing 35.5: XSL-Vorlage zur Überführung von Literaturverwaltung-Dokumenten in HTML

Das Prinzip der Transformationen, wie er im obigen Listing dargestellt ist, kann einfach erklärt werden. Zunächst ist es wichtig, dass die Transformationsvorschriften in der Regel für jeden Knotentypen angegeben werden, der umgesetzt werden soll. So besagt beispielsweise der Befehl:

```
...
<XSL:template match="//quelle">
...
```

dass alle Knoten vom Typ »quelle« durch den nachfolgenden Code ersetzt werden, der wie folgt lautet:

```
...
<tr>
<XSL:apply-templates select="titel"/>
<XSL:apply-templates select="autor"/>
<XSL:apply-templates select="erscheinungsjahr"/>
</tr>
...
```

Wie hier zu sehen, beginnt der Abschnitt der einen »quelle«-Knoten ersetzt wird zunächst mit einem HTML-Tag zum Beginn einer Tabellenzeile. Was folgt, sind nun XSL-Befehle, die nichts anderes besagen, als dass für jede Quelle sämtliche XSL-Regeln für »titel>-, »autor«- und »erscheinungsjahr>-Knoten durchzuführen sind. Daraufhin wird die Tabellenzeile mit `</TR>` abgeschlossen.

Schaut man sich beispielweise die Regel für den »titel«-Knoten an, lautet diese:

```
<XSL:template match="titel">
<td><XSL:apply-templates/></td>
</XSL:template>
```

Auch hier beginnt man zunächst mit dem HTML-Knoten für eine Tabellenzelle (`<TD>`). Und auch hier folgt eine XSL-Verarbeitungsanweisung zur Ausführung aller enthaltenen XSL-Regeln. Da aber der Knoten »titel« seinerseits keine weiteren Knoten enthält, greift in diesem Fall die Regel zur Verarbeitung von herkömmlichen Textinhalten:

```
<XSL:template match="text()">
<XSL:value-of select="."/>
</XSL:template>
```

Diese besagt nichts anderes, als dass die Inhalte einfach ohne jegliche Weiterverarbeitung darzustellen sind.

Speichern wir diese Datei unter dem Namen TRANSFORMATION.XSL im gleichen Verzeichnis wie unser uspr̈ungliches Dokument LITERATURVERWALTUNG.XML und ergänzen letzeres um den Verweis auf die XSL-Datei, wie folgt (vgl. Listing 35.6), ist die Arbeit so gut wie abgeschlossen:

```
<?xml version="1.0"?>
<!DOCTYPE literaturverwaltung SYSTEM "Literaturverwaltung.dtd">
<?xml-stylesheet type="text/XSL" href="transform.xsl"?>
```

Listing 35.6: Angabe einer XSL-Vorlage

Ein erneuter Aufruf der Datei LITERATURVERWALTUNG.XML zeigt, dass aus der ursprünglichen XML-Datei nun eine HTML-Datei wurde (vgl. Abbildung 35.2).

Titel	Autor	Erscheinungsjahr
Anwendungsentwicklung mit Lotus Domino	Schmidt, Walther	2003
Einfuehrung in XML	Schneider, Helge	2002

Abbildung 35.2: Umwandlung eines XML-Dokumentes in HTML

Anwendung von CSS

Alternativ zu XSL können zur Anzeige von Dokumenten auch Cascading Style Sheets (CSS) verwendet werden. Mit den CSS kann das Aussehen eines jeden Knoten im XML-Dokument individuell gemäß der Möglichkeiten von HTML 4.0 festgelegt werden.

Um eine CSS-Vorlage auf das XML-Dokument anzuwenden, sind folgende Schritte erforderlich:

1. Definieren Sie in einem Texteditor Ihrer Wahl (z.B. Notepad) die CSS-Vorlage, und speichern Sie diese unter der Bezeichnung LAYOUT.CSS. Die CSS-Vorlage könnte, wie folgt, aussehen:

```
quelle {
  display: block;
  border: 1px solid #cccccc;
  color: blue;
  font-family: arial;
 }
titel {
  display: block;
  margin-right: 10px;
  padding: 10px;
  font-weight: bold;

}
autor {
  display: block;
  margin-right: 10px;
  padding: 10px;
  font-style: italic;
}
erscheinungsjahr {
  display: block;
  margin-right: 10px;
  padding: 10px;
 }
```

Listing 35.7: CSS-Vorlage zur Anwendung im XML-Dokument

2. Passen Sie das XML-Dokument, auf das die CSS-Vorlage angewendet werden soll, wie folgt an:

```
<?xml version="1.0"?>
<!DOCTYPE literaturverwaltung SYSTEM "Literaturverwaltung.dtd">
<?xml-stylesheet type="text/css" href="Layout.css"?>
```

Nach einem erneuten Aufruf des Dokuments präsentiert sich das XML-Dokument in einem neuen Gewand (vgl. Abbildung 35.3).

Java-Entwicklung - leicht gemacht!

Schmidt, Werner

2004

www.lotus.com

Lotus Corporation

2004

Abbildung 35.3: Anwendung von CSS auf XML-Dokumente

DOM API und SAX API

Nun, da wir die grundlegenden Konzepte der Konstruktion von XML-Dokumenten kennen, können wir uns kurz ihrer Verarbeitung widmen. Zum Glück wurde für den notwendigen Code zur Verarbeitung von XML-Dokumenten in Form von so genannten *Parsern* vorgesorgt. Ein XML-Parser ist ein Stück Software, dass ein XML-Dokument lädt und – nach einer entsprechenden Prüfung auf syntaktische Korrektheit und DTD-Konformität – im Speicher des Rechners automatisch so aufbereitet, dass ein unmittelbarer Zugriff auf seine Elemente, sprich Knoten, möglich ist. Ferner werden im Rahmen eines XML-Parsers Methoden zur Verfügung gestellt, mit denen eine Manipulation der XML-Dokumente im Speicher möglich ist, z.B. das Entfernen und Hinzufügen von Knoten, Auslesen von Knoteninhalten und Attributewerten und selbstverständlich auch das Zurückschreiben von XML-Dokumenten auf ein persistentes Medium. Die Spezifikation und Entwicklung von XML-Parsern wird maßgeblich von der Organisation W3C koordiniert und vorangetrieben, die in diesem Zusammenhang zwei Arten von Parser-APIs bietet:

- **DOM API**: Die DOM API ermöglicht die Darstellung eines XML-Dokuments in Form eines so genannten *Document Object Models* (DOM), d.h., alle aus der XML-Domäne bekannten Elemente, die so genannten *nodes* (Knoten, Attribute usw.), werden in Form von hierarchisch mit einander in Beziehung stehenden Klassen abgebildet, die einen Zugriff und Manipulation über entsprechende Methoden und Eigenschaften ermöglichen (vgl Abbildung 35.4).
- **SAX API**: Die SAX (Simple API for XML) API ermöglicht ebenfalls das »Parsen« von XML-Dokumenten, allerdings ist die Konstruktion der API etwas anders. Beim Verarbeiten eines XML-Dokuments werden automatisch unterschiedliche Ereignisse generiert, deren Verarbeitung dem Anwendungsentwickler obliegt. Beispielsweise wird beim Antreffen eines »quelle«-Knotens automatisch ein Ereig-

nis ausgelöst, dass der Anwendungsentwickler abfangen und für seine Zwecke verwenden kann, indem an der entsprechenden Stelle der benutzerspezifische Code, der so genannte *Event Handler*, »eingeklinkt« wird.

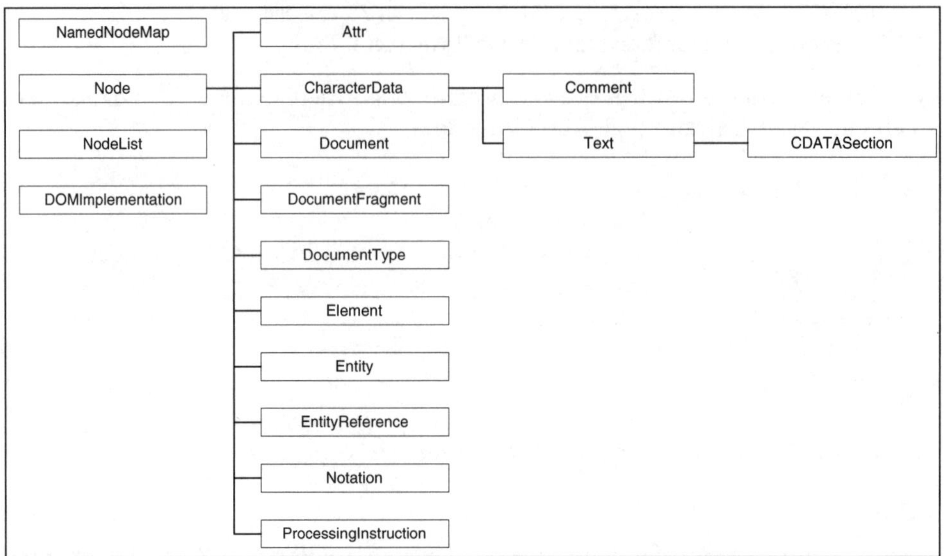

Abbildung 35.4: DOM-Hierarchie

Die Manipulation von solchen Objekten – sowohl im Falle der DOM API als auch bei der SAX API – erfolgt in der Regel, jedoch nicht notwendigerweise, in Java.

35.3 Domino und XML

35.3.1 Überblick

Wie eingangs erwähnt, stellt XML in gewisser Weise eine natürliche Erweiterung der Domino-Plattform dar. Dies ist naheliegend, wenn man bedenkt, dass auch in Domino Inhalte (Dokumente) von Layout (Masken) strikt getrennt werden. Dokumente bestehen in Domino aus Feldern, die man im weitesten Sinn mit XML-Elementen vergleichen kann. Auch innerhalb von Feldern kann man mehrere Informationen schachteln (man denke beispielsweise an Listen), was in etwa der Verschachtelung von XML-Tags entspricht. Masken hingegen sind die visuelle Repräsentation eines Dokuments, wobei ein Dokument mit unterschiedlichen Masken repräsentiert werden kann – ein Gedanke, der auch der XLS-Spezifikation zugrundeliegt. Es ist also wahrscheinlich, dass der Aufwand, die eine in die andere Welt zu überführen, nicht sehr hoch sein wird. Der Einsatz von XML in Domino manifestiert sich durch folgende Features:

- **DXL**: Speziell für die Belange von Domino wurde ein eigener XML-Dialekt geschaffen – *DXL*. Hierbei handelt es sich um eine XML-basierte Beschreibungssprache (eine XML-Anwendung?) zur Beschreibung von Inhalten von Domino-Datenbanken, insbesondere von Gestaltungselementen. Somit besteht nun in

Domino die Möglichkeit, ein Gestaltungselement (z.B. eine Maske) wie eine Ansammlung von XML-Elementen darzustellen, zu exportieren beziehungsweise mittels XSL in eine völlig andere Form zu transformieren. Da DXL-Dokumente in Domino auch unmittelbar importiert werden können, eröffnet sich damit eine ganze Bandbreite neuer Möglichkeiten: Beispielsweise wäre es ohne weiteres denkbar, einen Konverter zu entwickeln, der HTML-Masken automatisch in Domino-Masken konvertiert – nur auf Basis eines entsprechenden XSL-Style-Sheets. Da immer mehr Werkzeuge XML-Ein- und -Ausgabe beherrschen, lassen sich auch Domino-Elemente quasi in andere Werkzeuge übernehmen: Beispielsweise könnte man die Gestaltung einer Domino-Maske exportieren und daraus ein Microsoft-Word-Formular erzeugen.

- **XML-Verarbeitung als Bestandteil von LotusScript und Java**: Sowohl LotusScript als auch Java in Domino wurden dahingehend erweitert, dass das Einlesen, Verarbeiten und Manipulieren sowie das Speichern von XML-Dokumenten (sowohl in XML als auch in DXL) aus einer Domino-Anwendung heraus gesteuert werden kann.

In den folgenden Abschnitten werden einige einfachen Features beim Umgang mit XML in Domino demonstriert. Fortgeschrittene Features werden im Zusammenhang mit LotusScript und Java behandelt.

35.3.2 Anwendung von XML in Masken

Die einfachste Form der Darstellung von XML in Domino ist die Einbettung der entsprechenden Tags direkt in die Masken. Für jedes Feld können die Tags einfach vorangestellt und angefügt werden.

Wir möchten im folgenden Beispiel die Informationen zur einer Literaturquelle im Webbrowser als XML-Dokument anzeigen lassen. Hierfür muss eine neue Maske namens XMLQUELLE erstellt werden, wie in Abbildung 35.5 dargestellt.

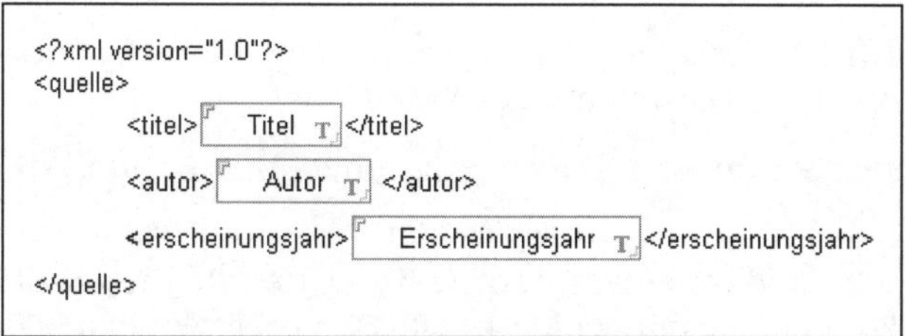

Abbildung 35.5: Maske QUELLE zur Darstellung in XML

Damit sichergestellt bleibt, dass Domino nur die relevanten Inhalte an den Browser durchreicht, muss in den Maskeneigenschaften auf der Registerkarte VORGABEN die Einstellung INHALTSTYP auf HTML gesetzt werden. Wenn Sie zusätzlich den Effekt der XML-Darstellung in Notes betrachten möchten, ist auf der Registerkarte MASKE INFO die Einstellung IN NOTES ALS HTML RENDERN zu aktivieren.

Nun möchten wir die bestehenden Quelldokumente, mit dieser neuen Maske anzeigen. Hierzu genügt es, die bestehende Ansicht QUELLE (oder eine ihrer Varianten) zu kopieren (die Kopie sollte z.B. QUELLEN IN XML-DARSTELLUNG benannt werden). Anschließend muss in der neu erzeugten Ansicht lediglich eine Einstellung geändert werden, nämlich die Maskenformel. Hier ist folgender Eintrag erforderlich (vgl. Abbildung 35.6):

```
"XMLQuelle"
```

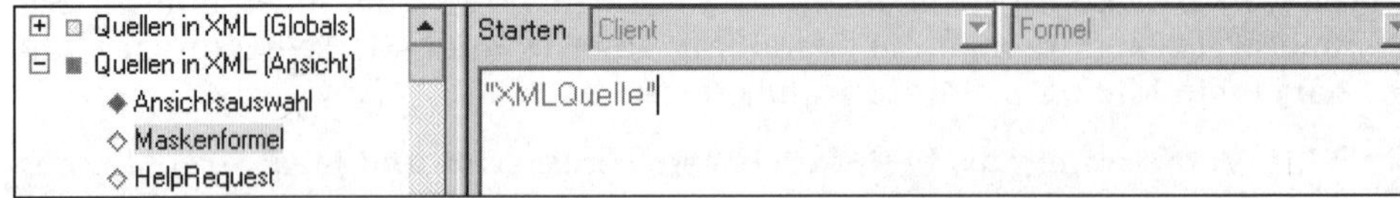

Abbildung 35.6: Änderung der Maskenformel in der Ansicht zur XML-Darstellung von Dokumenten

Wenn Sie nun diese Ansicht im Webbrowser aufrufen, erscheint sie zunächst wie eine herkömmliche Ansicht (logisch, denn sie ist ja Kopie einer solchen Ansicht). Beim Anklicken eines Dokuments in der Ansicht, wird dieses jedoch in XML angezeigt.

```
<?xml version="1.0" ?>
- <quelle>
    <titel>www.lotus.com</titel>
    <autor>Lotus Corporation</autor>
    <erscheinungsjahr>2003</erscheinungsjahr>
  </quelle>
```

Abbildung 35.7: Darstellung eines Dokuments mit der XML-Maske im Webbrowser

35.3.3 Anwendung von XML in Ansichten

Nun gehen wir einen Schritt weiter und stellen nicht nur ein einzelnes Dokument in XML, sondern die komplette Literaturverwaltung in Form eines XML-Dokuments zur Verfügung. Zu diesem Zweck müssen wir uns der Konstruktion der Ansichten bedienen, da nur auf diese Weise mehrere Einträge angegeben werden können.

Zu diesem Zweck sind drei Schritte erforderlich: eine Seite zur Platzierung der erforderlichen Tags sowie eine Ansicht zur Darstellung des XML-Code.

Beginnen wir mit dem letzten Schritt, der Darstellung einer Ansicht in XML. Hierzu sind folgende Schritte erforderlich:

1. Erstellen Sie eine neue Ansicht, und benennen Sie diese XMLQUELLEN. Diese sollte alle Dokumente anzeigen können, die mit der Maske QUELLE erstellt wurden.
2. Die Ansicht sollte nur über eine Spalte verfügen. Die Spaltenformel lautet in diesem Fall:

```
"<quelle><titel>"+Titel+"</titel><autor>"+Autor+"</autor><erscheinungsjahr>"+
Erscheinungsjahr+"</erscheinungsjahr></quelle>"
```

3. Aktivieren Sie in den Spalteneigenschaften auf der Registerkarte SPALTE INFO die Option TRENNZEICHEN BEI MEHRFACHWERT: NEUE ZEILE.

4. Aktivieren Sie in den Ansichtseigenschaften auf der Registerkarte ERWEITERT die Option ANSICHTSINHALT ALS HTML BEHANDELN.
5. Speichern Sie die Ansicht.

Dem auf diese Weise erzielten Ergebnis fehlen noch die Anfangs- und Endtags. Um diese zu erstellen, benötigen wir eine neue *Seite*. Diese könnte, wie in Abbildung 35.8 dargestellt, aussehen.

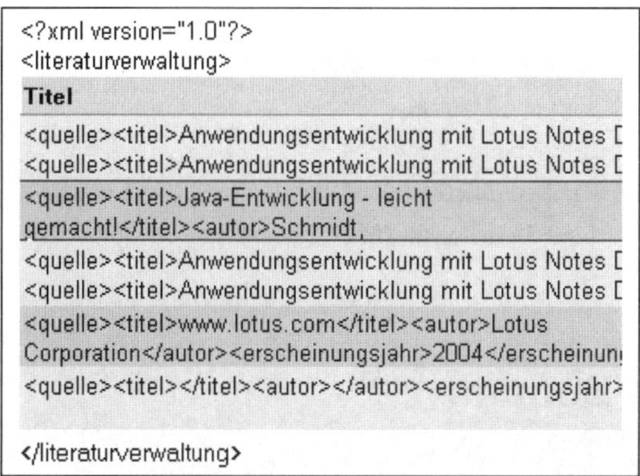

```
<?xml version="1.0"?>
<literaturverwaltung>
Titel
<quelle><titel>Anwendungsentwicklung mit Lotus Notes D
<quelle><titel>Anwendungsentwicklung mit Lotus Notes D
<quelle><titel>Java-Entwicklung - leicht
gemacht!</titel><autor>Schmidt,
<quelle><titel>Anwendungsentwicklung mit Lotus Notes D
<quelle><titel>Anwendungsentwicklung mit Lotus Notes D
<quelle><titel>www.lotus.com</titel><autor>Lotus
Corporation</autor><erscheinungsjahr>2004</erscheinun
<quelle><titel></titel><autor></autor><erscheinungsjahr>
</literaturverwaltung>
```

Abbildung 35.8: Einbetten einer XML-Ansicht in eine Seite

Wenn wir nun diese Seite, nennen wir sie »XMLSeite«, im Webbrowser aufrufen, ist das Ergebnis der gewünschte XML-Code.

```
  <?xml version="1.0" ?>
- <literaturverwaltung>
    Titel
  - <quelle>
      <titel>Anwendungsentwicklung mit Lotus Notes Domino 6</titel>
      <autor>Knäpper, Matthias</autor>
      <erscheinungsjahr>2004</erscheinungsjahr>
    </quelle>
  - <quelle>
```

Abbildung 35.9: XML-Ansicht im Webbrowser

Ebenso, wie wir es am Anfang dieses Kapitels gelernt haben, können wir nun das erzeugte XML-Dokument mittels einer XSL-Stylesheets umformatieren. Hierzu sind folgende Schritte erforderlich:

1. Wählen Sie den Menübefehl ERSTELLEN\GESTALTUNG\STYLESHEET-RESSOURCE.
2. Importieren Sie die Ressource TRANSFORM.XSL aus dem Dateisystem (vgl. Abschnitt 35.1).
3. Erweitern Sie den Code in der soeben erstellten XML-Seite, wie folgt:

```
<?xml version="1.0"?>
<?xml-stylesheet type="text/XSL" href="transform.xsl"?>
<literaturverwaltung>
...
```

Listing 35.8: Einbindung der Stylesheet-Ressource in der XML-Seite

4. Speichern Sie die Seite.

Bei einem erneuten Aufruf wird der XML-Code gemäß der Formatierungsanweisungen im XSL-Stylesheet dargestellt. Das Ergebnis sieht aus, wie in Abbildung 35.10 dargestellt:

Titel	Autor	Erscheinungsjahr
Anwendungsentwicklung mit Lotus Notes Domino 6	Knäpper, Matthias	2004
Anwendungsentwicklung mit Lotus Notes Domino 6	Perc, Primoz	2004
Anwendungsentwicklung mit Lotus Notes Domino 6	Perplies, Volker	2004
Java-Entwicklung - leicht gemacht!	Schmidt, Werner	2004
Anwendungsentwicklung mit Lotus Notes Domino 5	Knäpper, Matthias	2004
Anwendungsentwicklung mit Lotus Notes Domino 5	Perc, Primoz	2004
Anwendungsentwicklung mit Lotus Notes Domino 5	Perplies, Volker	2004
www.lotus.com	Lotus Corporation	2004

Abbildung 35.10: Transformierte XML-Seite

35.4 XML-Werkzeuge in Domino

35.4.1 Überblick

Domino Designer unterstützt den Umgang mit XML direkt aus der Entwicklungsumgebung heraus in Form von entsprechenden Werkzeugen. Drei solche Werkzeuge ermöglichen die Manipulation von XML-Dokumenten:

- **Exporter**: Ermöglicht den Export von Dokumenten aus einer Domino-Datenbank in XML-Format.
- **Betrachter**: Ermöglicht die Betrachtung von Gestaltungselementen einer Domino-Datenbank im XML-Format.
- **Transformer**: Ermöglicht die Transformation von DXL-Dokumenten in Form von XSL-Vorlagen.

> Der Einsatz dieser Features erfordert die Verwendung des Internet Explorer 5.01 oder höher.

35.4.2 Exporter

Der Exporter ermöglicht den Export von Domino Designer-Gestaltungselementen in XML. Die Bedienung ist denkbar einfach. Um beispielsweise die Ansicht QUELLEN zu exportieren, sind folgende Schritte erforderlich:

1. Markieren Sie die Ansicht QUELLEN im Gestaltungsfenster.
2. Wählen Sie den Menübefehl WERKZEUGE\DXL-HILFSPROGRAMME\EXPORTER.
3. Wählen Sie den Speicherort und den Namen für die zu erzeugende XML-Datei (z.B. QUELLEN.XML).
4. Klicken Sie auf OK.

Die Wahl des Dateiformats (DXL oder XML) ist ohne Belang, d.h. in beiden Fällen wird die gleiche Datei erzeugt.

Um das Ergebnis des Exportvorgangs zu betrachten, reicht es aus, die Datei im Texteditor oder Webbrowser zu öffnen.

```
  <?xml version="1.0" encoding="utf-8" ?>
  <!DOCTYPE view (View Source for full doctype...)>
- <view name="1. Quellen" alias="Quellen" xmlns="http://www.lotus.com/dxl" version="6.0" replicaid="C1256D1C00441DF5"
   showinmenu="false" noreplace="true" publicaccess="false" designerversion="6" default="true" unreadmarks="none"
   onopengoto="lastopened" onrefresh="displayindicator" headers="beveled" opencollapsed="false" showresponsehierarchy="true"
   showmargin="true" shrinkrows="false" extendlastcolumn="false" unreadcolor="black" totalscolor="gray" rowlinecount="2"
   headerlinecount="1" rowspacing="1" bgcolor="#e0e0ff" altrowcolor="#d2bfff" headerbgcolor="white" boldunreadrows="false"
   evaluateactions="false" allownewdocuments="false" allowcustomizations="true" hidemarginborder="false" marginwidth="0px"
   marginbgcolor="white" uniquekeys="false" useapplet="false" treatashtml="false" private="false" defaultdesign="false"
   allowdocselection="false" colorizeicons="false" direction="lefttoright" noviewformat="false">
  - <noteinfo noteid="136" unid="3B913F09FDF745ABC1256D1C0044FE5A" sequence="6">
   - <created>
      <datetime dst="true">20030504T143335,62+02</datetime>
     </created>
   - <modified>
      <datetime dst="false">20040307T153227,27+01</datetime>
     </modified>
```

Abbildung 35.11: Exportierte Ansicht QUELLEN ***im XML-Format***

35.4.3 Betrachter

Sofern keine Notwendigkeit besteht, die Eigenschaften eines Domino-Gestaltungselements auf einem persistenten Medium zu speichern und diese nur dargestellt werden sollen, empfiehlt sich der Einsatz des BETRACHTERS. Mit dem Aufruf des Betrachters wird das ausgewählte Gestaltungselement automatisch im voreingestellten Webbrowser angezeigt.

Um beispielsweise die Ansicht QUELLEN zu betrachten, sind folgende Schritte erforderlich:

1. Markieren Sie die Ansicht QUELLEN im Gestaltungsfenster.
2. Wählen Sie den Menübefehl WERKZEUGE\DXL-HILFSPROGRAMME\BETRACHTER.

35.4.4 Transformer

Der Transformer funktioniert ähnlich wie seine beiden Kollegen, ermöglicht allerdings im Gegensatz zu diesen zusätzlich zur bloßen Betrachtung die Anwendung eines XSL-Style-Sheets auf das jeweils betrachtete Gestaltungelement. Erinnern wir uns: im XSL-Style-Sheet können nahezu beliebige Transformationsschritte spezifiziert werden, die eine Baumstruktur in eine andere umwandeln.

Die Ausgabe des transformierten Gestaltungselements kann anschließend wahlweise direkt am Bildschirm oder in eine Datei erfolgen (vgl. Abbildung 35.12).

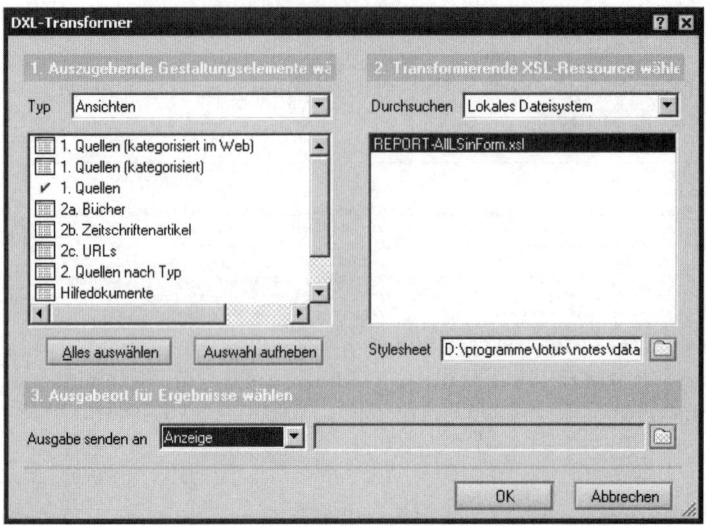

Abbildung 35.12: DXL-Transformer

Die Funktionsweise des Transformers ist gegenüber dem Exporter und Betrachter leicht anders. Es sind folgende Schritte erforderlich:

1. Rufen Sie den DXL-Transformer mit dem Menübefehl WERKZEUGE\DXL-HILFSPROGRAMME\TRANSFORMER auf.
2. Wählen Sie im Fenster AUSZUGEBENDE GESTALTUNGSELEMENTE diejenigen Elemente, welche der Transformation unterworfen werden sollen.
3. Wählen Sie im Feld TRANSFORMIERENDE XSL-RESSOURCE das Dokument bzw. die Datei, die die zur Transformation erforderlichen Befehle enthält.
4. Wählen Sie im Feld AUSGABE SENDEN AN, ob die Ausgabe direkt am Bildschirm oder in eine Datei erfolgen soll.

36 Arbeiten mit DHTML

36.1 Überblick

Seit geraumer Zeit öffnet sich die Domino-Plattform zunehmend den Internetstandards, auch und insbesondere im Bereich der Informationspräsentation. Bereits in Version 4.5 ermöglichte die http-Task von Domino eine nahtlose Konvertierung von Domino-Gestaltungselementen in HTML. Der Anwendungsentwickler konnte bereits damals – ensprechende HTML-Kenntnisse vorausgesetzt – die Ergebnisse der Konvertierung durch eigenen HTML-Code ergänzen, indem HTML-Instruktionen entweder direkt in bestimmte Gestaltungselemente eingeschleust wurden (z.B. Ansichtsspalten) oder indem so genanntes *Durchgangs-HTML* benutzt wurde. Doch seitdem entwickelte sich die Internettechnologie im Bereich der Informationspräsentation weiter, und ein neuer Begriff machte die Runde: dynamisches HTML, kurz *DHTML*. Mit dieser Technologie wird die Ausdrucksmächtigkeit der Seitenbeschreibung deutlich erhöht, gleichzeitig lassen sich mit ihrer Anwendung auch Wartungskosten erheblich reduzieren. Und obwohl Domino nicht als native Umgebung zur Gestaltung von DHTML-Dokumenten gedacht sind, so bietet Version 6 im Hinblick auf die Einbindung dieser Technologie in die Anwendungsentwicklung erhebliche Fortschritte. In diesem Kapitel sollen zunächst die Grundlagen von DHTML erläutert werden, um anschließend die Anwendungsmöglichkeiten in Domino zu betrachten.

36.2 Was ist DHTML?

36.2.1 Bestandteile von DHTML

Die Bezeichnung Dynamic HTML (DHTML) ist insofern etwas verwirrend, als es sich nicht einfach um eine neue Version der Beschreibungssprache HTML handelt, sondern vielmehr um eine Ansammlung von Technologien, die aufeinander abgestimmt sind und in ihrer Gesamtheit völlig neue Möglichkeiten im Bereich der Internetpräsentation eröffnen. Jeder dieser Technologien adressiert eine bestimmte Schwäche der bis dato geltenden HTML-Spezifikation. Folgende Technologien bilden das Fundament von DHTML:

- **HTML 4.0**: Version 4.0 von HTML ist nach wie vor der aktuelle Webstandard. Im Gegensatz zur Vorläuferversion 3.2 lag das Augenmerk der Weiterentwicklung eindeutig darauf, die Programmierbarkeit von HTML zu verbessern. Nun können z.B. einzelne Bestandteile eines HTML-Dokuments (z.B. Textelemente, Verknüpfungen, Bilder und Tabellen) mit Namen bzw. optional mit einer ID referenziert werden. Zudem weist jedes HTML-Element eine Vielzahl von Attributen auf, die die Darstellung (z.B. Position, Grösse, Farbe usw.) bis ins Detail manipulieren können. Schließlich eröffnet HTML 4.0 in Form von neuen Elementen einige interessante Möglichkeiten zur Darstellung und Manipulation von Seiteninhalten.

- **Cascading Style Sheets**: Bei *Cascading Style Sheets* (CSS) handelt es sich um eine Spezifikation von so genannten *Formatierungsstilen*. Eine Formatierungsstil (Style) ist in diesem Zusammenhang eine Ansammlung von Formatierungsmerkmalen für unterschiedliche Typen von Inhalten (z.B. Überschriften, Text, Tabellen usw.) in einem Webdokument, wobei die Formatierungsstile zunächst separat von den eigentlichen Inhalten definiert werden (entweder in einem eigenen Abschnitt eines HTML-Dokuments, oder in Form einer gesonderten Datei), um in einem zweiten Schritt den einzelnen Elementen zugewiesen zu werden. Diese Trennung von Formatierungsmerkmalen und Inhalten ermöglicht somit eine von den Inhalten getrennte, zentral pflegbare Basissammlung von Formatierungsstilen, deren Vorteile auf der Hand liegen: Neben einer vereinfachten Verwaltung der Formatierung an einer Stelle können den Inhalten – je nach Kontext und Zeitpunkt – mit wenig Aufwand *unterschiedliche Formatierungsstile* zugeordnet werden. Somit ist es beispielsweise ein Leichtes, die Benutzeroberfläche für unterschiedliche Typen von Clients auszugestalten.
- **Interaktives Scripting**: Das Schlagwort »dynamic« bezieht sich schließlich auf das dritte Feature von DHTML – nämlich die Möglichkeit des interaktiven Scripting. Dies bedeutet nichts anderes, als dass die Eigenschaften von HTML-Elementen (einschließlich der Formatierungsstile) zur Laufzeit manipuliert werden können. Eine erste Voraussetzung hierfür ist die Verwendung einer Programmiersprache, mittels der die Scripting-Logik abgebildet werden kann. Hierzu bedient man sich am Besten der bereits weit verbreiteten Scripting-Sprachen *JavaScript* (ECMAScript) bzw. der Microsoft-Variante (*VBScript*). Darüber hinaus setzt jedoch die Möglichkeit des Scripting eine klare Definition der zu scriptenden Objekte und deren Beziehungen zueinander voraus. Hierfür wurde eine so genannte *Document Object Model*-(DOM-)Spezifikation erschaffen, die die Elemente einer Webseite in Form eines Klassenmodells zur Verfügung stellt.

Wir werden uns im Folgenden diese Technologien im Detail ansehen.

36.2.2 HTML 4.x

Laut der offiziellen HTML 4.01-Spezifikation bietet HTML 4.x gegenüber seinen Vorgängern neben den bereits erwähnten Möglichkeiten in den Bereichen des Style Sheets und des Scriptings folgende Vorteile:

- **Internationalisierung**: Dem inhärenten internationalen Einsatz von HTML-Dokumenten trägt die Spezifikation 4.x durch eine verbesserte Unterstützung unterschiedlicher Zeichensätzer und von Mehrsprachigkeit Rechnung.
- **Benutzerfreundlichkeit**: In HTML 4.x steht dem Seitengestalter eine Vielzahl von Möglichkeiten zur Verbesserung der Benutzerfreundlichkeit zur Verfügung. Diese beinhalten u.a. Verwendung von Tastenkürzeln, Beschreibungen zu allen Seitenelementen, Unterstützung von unterschiedlichen Medien usw.
- **Tabellen**: Die überarbeitete Spezifikation von Tabellen bietet HTML-Autoren erweiterte Möglichkeiten zur Layout-Kontrolle (z.B. durch die Verwendung von Spaltengruppen) sowie Verbesserungen im Bereich des Ladens und der Anzeige von Tabellendaten.

- **Compound-Dokumente**: Mittels des so genannten **OBJECT**-Tags haben die Autoren von HTML-Dokumenten die Möglichkeit, komplexe Inhalte, wie z.B. Bilder, Videos und ausführbare Komponenten (z.B. Java Applets, Active-Komponenten), in ihre Seiten einzubetten.
- **Druckfunktion**: Wenn der auszudruckende Inhalt mehr als ein Dokument umfasst, kann dies durch den `LINK`-Befehl bzw. durch die Verwendung der Ressource-Description-Framework-Spezifikation gesteuert werden.

36.2.3 Cascading Style Sheets

Cascading Style Sheets (CSS) sind ein etablierter Standard zur Formatierung von Webdokumenten. Sie sind vergleichbar mit Formatvorlagen in Word (oder auch im Domino Designer). Sie erlauben eine Definition von Formatierungsmerkmalen und deren Zusammenfassung zu so genannten *Formatierungsstilen*. Gleichzeitig lassen sich solche Formatierungsstile bestimmten Klassen oder Gruppen von HTML-Elementen zuweisen. Eine Klasse bzw. Gruppe kann im einfachsten Fall ein HTML-Element sein (z.B. `<P>` oder `<H1>`). Darüber hinaus lassen sich zu solchen Elementen beliebige *Unterklassen* definieren, wodurch das Aussehen eines HTML-Elements erst durch die Angabe der Unterklasse vollständig definiert wird. Auf diese Weise können mithilfe von CSS-Dateien unterschiedliche Aspekte des Seitenlayouts gesteuert werden, z. B. Kopfzeilen, Verknüpfungen, Text, Schriftarten, Stile, Farbe und Ränder. Die Formatierungsstile lassen sich hierbei getrennt von den zu formatierenden Elementen verwalten. Somit können dynamische Wechsel der Formatierung ohne Eingriffe in die Struktur der HTML-Elemente bewerkstelligt werden. Anwendungen können mit relativ geringem Aufwand an unterschiedliche Anzeigetypen angepasst werden können. Gängige Beispiele hierfür sind zum einen unterschiedliche Typen von Webbrowsern oder unterschiedliche Client-Geräte, etwa herkömmliche PCs, mobile Geräte oder so genannte Set-Top-Boxen. Weitere Anwendungsmöglichkeiten bestehen darin, Inhalte an unterschiedliche Typen von Benutzergruppen anzupassen: denkbar wären hier beispielsweise größere Schrift für Benutzer mit Sehbehinderungen.

Ferner ermöglicht die als CSS-P bekannte Erweiterung der CSS-Spezifikation eine pixelweise Positionierung von Elementen einer Webseite sowie eine stapelweise Anordnung von Elementen in mehreren Ebenen. Dies ist ein großer Fortschritt gegenüber früheren HTML-Versionen, in denen die Positionierung von Elementen nur in eingeschränktem Umfang kontrolliert werden konnte (ähnlich übrigens wie im klassischen Notes-Client).

Das Prinzip und die Funktionsweise von CSS lässt sich am besten anhand eines einfachen Beispiels demonstrieren. Gegeben sei eine einfache HTML-Seite mit der in Listing 36.1 dargestellten Struktur.

```
<HTML>
<HEAD><!--Wir lassen diesen Bereich fürs Erste leer!--></HEAD>
<BODY>
<H1>Ein einfaches HTML-Beispiel</H1>
<P>Dies ist ein einfacher Text...</P>
<P>...ergänzt um eine beliebige <A HREF=http://www.lotus.com>Verknüpfung</A>!</P>
</BODY>
</HTML>
```

Listing 36.1: Eine einfache HTML-Seite

Die Seite besteht aus einigen Elementen, u.a. einer Überschrift, einigen Textabsätzen und einer Verknüpfung.

Um die Funktionsweise von CSS in der Praxis auszuprobieren, müssen zunächst die Regeln für einen oder mehrere *Formatierungsstile* definiert werden. Hierbei umfasst die Definition eines Stils zunächst das *Zielobjekt* (was soll formatiert werden?) und zum anderen die eigentliche *Formatdefinition* (welche Eigenschaften sollen mit welchen Werten belegt werden?).

Möchten wir beispielsweise dem HTML-Element `<H1>` (die Überschrift) eine einfache Stilregel zuweisen (z.B. »Alle `<H1>`-Überschriften sind blau!«), könnte dies, wie folgt, formuliert werden:

```
H1 { color: blue }
```

Mit dieser Ausdruck weisen wir einen CSS-kompatiblen Webbrowser an, sämtliche `<H1>`-Überschriften in blauer Farbe darzustellen.

Alternativ könnte man auch einzelnen Elementen vom gleichen HTML-Typ unterschiedliche Formatierungen zuweisen. So enthält unsere HTML-Seite zwei Absätze, erkennbar am HTML-Tag `<P>`. Um diese aus CSS-Sicht unterscheidbar zu machen, müssen die betreffenden `<P>`-Tags entsprechend um einen eindeutigen Namen erweitert werden, beispielsweise wie folgt:

```
...
<P ID="ErsterAbsatz">Dies ist ein einfacher Text...</P>
<P ID="ZweiterAbsatz">...ergänzt um eine beliebige <A HREF=http://www.lotus.com>
Verknüpfung</A>!</P>
...
```

Nun können den beiden Absätzen unterschiedliche Formatierungen zugewiesen werden, z.B.:

```
#ErsterAbsatz {color: red}
#ZweiterAbsatz {color: green}
```

Als Mittelweg zwischen der Festlegung der Formatierung für alle HTML-Tags eines bestimmten Typs (z.B. `<P>...</P>`) und der Festlegung für einzelne Elemente, kann man im Rahmen der CSS-Spezifikation auch eine CSS-Klasse definieren und diese beliebigen HTML-Elementen zuweisen.

Angenommen, wir möchten hinsichtlich der Formatierung zwischen solchen Absätzen unterscheiden, die eine Verknüpfung enthalten und solchen, die keine enthalten. In diesem Fall wären zwei CSS-Klassen erforderlich:

```
.MitVerknupefung {color: green}
.OhneVerknuepfung {color: red}
```

Die Zuordnung einer CSS-Klasse zu einem bestimmten HTML-Tag erfolgt dann so:

```
...
<P class="OhneVerknuepfung">Dies ist ein einfacher Text...</P>
<P class="MitVerknuepfung">...ergänzt um eine beliebige <A HREF=http://www.lotus.com>
Verknüpfung</A>!</P>
...
```

Noch interessanter ist natürlich die Möglichkeit, mit diesem »Klassenprinzip«, ähnlich wie beispielsweise in Microsoft Word, unterschiedliche Formatvorlagen zu definieren, z.B. »Überschrift«, »Beispiel«, »Listing« oder »Formel«. Diese können dann einfachen Textfragmenten zugeordnet werden.

Definition und Zuordnung von Formatierungen

Die obigen einfachen Beispiele verdeutlichen bereits die Möglichkeiten zur Definition und Zuordnung von Formatierungen. Nun stellt sich die Frage, wie sich solche Definitionen konkret verwenden lassen. Hierzu wollen wir Listing 36.1, wie nachfolgend dargestellt, erweitern (vgl. Listing 36.2).

```
<HTML>
<HEAD><STYLE><!--
.MitVerknuepfung {color: green}
.OhneVerknuepfung {color: red}
#ErsterAbsatz {color: red; font-size: 16pt}
#ZweiterAbsatz {color: green; font-size: 16pt}
--></STYLE></HEAD>
<BODY>
<H1 style="color: blue">Ein einfaches HTML-Beispiel</H1>
<P class="OhneVerknuepfung">Dies ist ein einfacher Text...</P>
<P class="MitVerknuepfung">...ergänzt um eine beliebige <A HREF=http://www.lotus.com>
Verknüpfung</A>!</P>
<P ID="ErsterAbsatz">Noch einmal ein einfacher Text...</P>
<P ID="ZweiterAbsatz">...ergänzt um eine beliebige <A HREF=http://www.lotus.com>
Verknüpfung</A>!</P>
</BODY>
</HTML>
```

Listing 36.2: Verwendung von CSS an einem Beispiel

Das Beispiel enthält im Wesentlichen die im letzten Abschnitt definierten einfachen Stile, mit dem Unterschied, dass diese nun in eine konkrete HTML-Seite eingebettet sind. Wie man dort sieht, gibt es prinzipiell zwei Möglichkeiten, CSS-Formatierungen anzuwenden:

- Getrennte Definition von Stilregeln im `<HEAD>`-Bereich einer Seite und anschließende Zuordnung von Stilregeln direkt im betreffenden HTML-Tag.
- Direkte Definition und Zuordnung einer Stilregel im HTML-Tag.

Betrachten wir zunächst die erste Möglichkeit. Die Definition von Stilen erfolgt im `<HEAD>`-Bereich einer Seite mithilfe eines dedizierten HTML-Tags namens `<STYLE>...</STYLE>` wie folgt:

```
...
<HEAD><STYLE><!--
.MitVerknuepfung {color: green}
.OhneVerknuepfung {color: red}
```

```
#ErsterAbsatz {color: red; font-size: 16pt}
#ZweiterAbsatz {color: green; font-size: 16pt}
--></STYLE></HEAD>
...
```

Der Inhalt dieses Tags wird in der Regel als HTML-Kommentar gekennzeichnet (<!-- ... -->) Dadurch vermeidet man, daß ältere Browser, die das CSS-Schema nicht unterstützen, den Inhalt des Tags nicht anzeigen (es handelt sich ja bloß um eine Formatierungsanweisung) oder eine Fehlermeldung anzeigen.

In unserem Beispiel definierten wir vier einfache Formatierungsregeln. Die ersten beiden beziehen sich auf alle HTML-Elemente der Klassen `MitVerknuepfung` bzw. `OhneVerknuepfung`. Die letzten beiden hingegen beziehen sich auf zwei konkrete HTML-Elemente mit der eindeutigen Identifikation `ErsterAbsatz` bzw. `ZweiterAbsatz`.

Die Zuordnung einer CSS-Klasse zu einem Element erfolgt dann beispielsweise so:

```
...
<P class="OhneVerknuepfung">Dies ist ein einfacher Text...</P>
...
```

Die Zuordnung einer Formatierung zu einem benannten Element erfolgt wie folgt:

```
...
<P ID="ErsterAbsatz">Noch einmal ein einfacher Text...</P>
...
```

Manchmal wird man jedoch eine Formatierung ad hoc festlegen und zuordnen wollen, ohne eine Stilregel im `<HEAD>`-Bereich des Dokumentes festzulegen. Die Formatierung der Überschrift `<H1>` in unserem Beispiel erfolgt auf diese Weise:

```
<H1 style="color:blue">Ein einfaches HTML-Beispiel</H1>
```

Wie man dort sieht, erfolgt die Definition und Zuordnung der Formatierung gleichzeitig im Attribut `STYLE` des HTML-Tags.

Das Ergebnis der Formatierung müsste in etwa, wie in Abbildung 36.1 dargestellt, angezeigt werden:

Ein einfaches HTML-Beispiel
Dies ist ein einfacher Text...
...ergänzt um eine beliebige Verküpfung!
Noch einmal ein einfacher Text...
...ergänzt um eine beliebige Verküpfung!

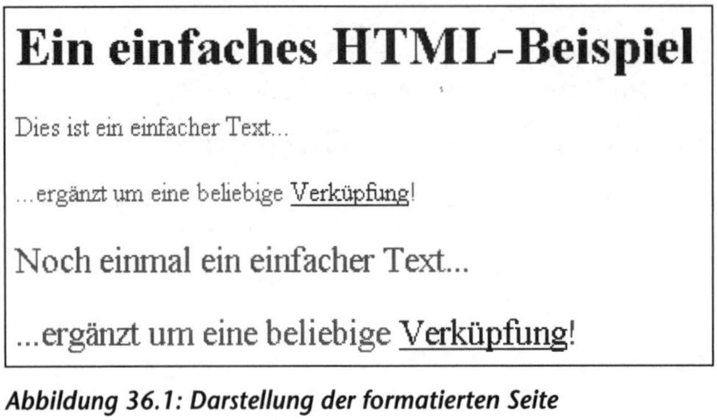

Abbildung 36.1: Darstellung der formatierten Seite

Positionierung von Elementen mittels <DIV> und <SPAN>

Formatierungsstile lassen sich jedoch nicht nur auf einfache HTML-Elemente anwenden, sondern auch auf Gruppierungen von HTML-Elementen. Somit wird die durch HTML-Tags vorgegebene Präsentationssemantik bei der Anwendung von Formatierungsstilen ausser Kraft gesetzt. Hierbei gibt es zwei Möglichkeiten zur Gruppierung von Elementen:

- Mit dem `<DIV>`-Element lassen sich im Rahmen einer Seite rechteckige Bereiche (Absätze) definieren, deren Position und Größe beliebig genau festgelegt werden kann (auf Wunsch in Pixel). Darüber hinaus können `<DIV>`-Elemente mit dem so genanntso genannten z-index beliebig aufeinander gestapelt werden.
- Mit dem `<SPAN>`-Element können hingegen Elemente in einer Zeile (so genannte inline-Anwendung) zu einer Gruppe zusammengefaßt werden. Dies macht immer dann Sinn, wenn man einer Anreihung von Elementen unterschiedlichen Typs im Hinblick auf die Formatierung bestimmte Eigenschaften zuweisen möchte.

Die Anwendung des `<SPAN>`-Tags eignet sich zur Formatierung von Textfragmenten innerhalb einer Zeile, wie im Listing 36.3 dargestellt.

Die nachfolgenden Beispiele gelten unter der Verwendung des Microsoft Internet Explorers.

```
<HEAD>
 <STYLE type="text/css">
  SPAN.sonderformatierung { font-variant: small-caps }
 </STYLE>
</HEAD>
<BODY>
  <P><SPAN class="sonderformatierung">Einem Teil des Textes kann mit Hilfe der SPAN-
Tags </SPAN> eine Sonderformatierung zugewiesen werden.</P>
</BODY>
```

Listing 36.3: Beispiel zur Anwendung des <SPAN>-Tags

In ähnlicher Weise ermöglicht die Anwendung des `<DIV>`-Befehls die Anwendung einer Sonderformatierung auf komplette Textabschnitte (vgl Listing 36.4).

```
<HEAD>
 <STYLE type="text/css">
   DIV.sonderformatierung { border-width: 1;border: solid; text-align: center}
 </STYLE>
</HEAD>
<BODY>
<P>Hier ein Beispiel:</P>
 <DIV class="sonderformatierung">
   <P>Mit dem DIV-Tag können nicht nur Textabschnitt innerhalb einer Zeile...</P>
   <P>...sondern auch komplette Abschnitte formatiert werden.</P>
 </DIV>
</BODY>
```

Listing 36.4: Beispiel zur Awnwendung des <DIV>-Tags

Die Verwendung der <DIV>...</DIV>-Tags hat zudem einige praktische Vorteile. So lassen sich hiermit die Position, Grösse und die Stapelreihenfolge (z-Achse) für einen Abschnitt angeben. Um dies auszuprobieren, ist die Formatstildefinition aus dem letzten Beispiel entsprechend anzupassen (vgl. Listing 36.5).

```
...
<STYLE type="text/css">
  DIV.sonderformatierung { position: absolute; left: 30px; top: 40px; height: 50 px;
width: 150px; border-width: 1;border: solid; text-align: center; border-color: blue;
z-index: 0}
 </STYLE>
...
```

Listing 36.5: Pixelweise Formatierung eines DIV-Abschnittes

Um die Anwendungsmöglichkeiten der Überlappung von mit <DIV>...</DIV>-Tags gekennzeichneten Abschnitten mit Hilfe der Eigenschaft z-index zu demonstrieren, ist ein zweiter Abschnitt erforderlich, wie im Listing 36.6 dargestellt.

```
<HEAD>
 <STYLE type="text/css">
  DIV.sonderformatierung { position: absolute; left: 30px; top: 40px; height: 50 px;
width: 150px; border-width: 1;border: solid; text-align: center; border-color: blue;
z-index: 0}
DIV.sonderformatierung_ueberlappend { position: absolute; left: 40px; top: 60px;
height: 50 px; width: 150px; border-width: 1;border: solid; text-align: center; bor-
der-color: red; z-index: 1; display: block}
 </STYLE>
</HEAD>
<BODY>
<P>Hier ein Beispiel:</P>
 <DIV class="sonderformatierung">
   <P>Mit dem DIV-Tag können nicht nur Textabschnitt innerhalb einer Zeile...</P>
   <P>...sondern auch komplette Abschnitte formatiert werden.</P>
 </DIV>
 <DIV class="sonderformatierung_ueberlappend">
   <P>Mit der Angabe der z-Achse...</P>
   <P>...kann eine Überlappung der Abschnitte erreicht werden.</P>
 </DIV>
</BODY>
```

Listing 36.6: Überlappung von Abschnitten mit z-index

Schließlich lassen sich durch die Verwendung des Attributs display die Sichtbarkeit eines Abschnitts festlegen. Dies kann man einfach ausprobieren: setzen Sie den Wert Eigenschaft versuchsweise auf none. Dies blendet den überlappenden Abschnitt aus, während das Setzen dieser Eigenschaft auf block den Abschnitt wieder anzeigt.

Alterantiv zu display kann die Eigenschaft visibility mit den Wertebereichen visible (sichtbar) bzw. hidden (unsichtbar) verwendet werden. Im Unterschied zu display bleibt der Seitenbereich bei den auf diese Weise ausgeblendeten Abschnitten erhalten, d.h. er wird nicht für andere Inhalte freigegeben.

36.2.4 Scripting

Es bleibt schließlich der letzte Aspekt des DHTML – die dynamische Manipulation von Eigenschaften eines HTML-Dokuments mit Hilfe einer Scripting-Sprache, z.B. JavaScript. Dies geht mit zwei Voraussetzungen einher. Zum einen muss eine HTML-Seite, die ja zunächst einmal nichts anderes ist als ein ASCII-Text, in einer Reihe von programmierbaren Objekten im Speicher des Computers abgelegt werden. Man spricht in diesem Zusammenhang von einem Document Object Modell (DOM). Im Rahmen des DOM werden sämtliche Elemente einer Webseite als eine Ansammlung von miteinander in Beziehung stehenden Objekten aufgefasst. Ein Objekt besteht hierbei aus drei Elementen:

- **Eigenschaften** (properties): beschreiben den Zustand des Objektes.
- **Methoden** (methods): beschreiben das Verhalten des Objektes.
- **Ereignisse** (events): beschreiben die Ereignisse, auf die ein Objekt reagieren kann bzw. die ein Objekt auslösen kann. Das Schöne daran ist, dass man als Entwickler die Art und Weise der Reaktion auf ein Ereignis nahezu beliebig festlegen kann.

Die zweite wesentliche Voraussetzung ist die Verfügbarkeit einer Sprache, mittels der wir die Objekte manipulieren können – eine so genannte Scripting-Sprache. Das Vorteilhafte an der konzeptuellen Trennung zwischen Objektmodell und Scripting-Sprache ist, dass man eine beliebige Sprache einsetzen kann. In der Praxis wird es sich in der Regel um JavaScript oder VBScript (nur Internet Explorer) handeln.

Eine Scripting-Sprache wird verwendet, um die im DOM spezifizierten Eigenschaften der Objekte zu manipulieren. Gleichzeitig wird mittels einer Scripting-Sprache definiert, wie die Reaktion auf ein bestimmtes Ereignis auszusehen hat. Die populärste Scripting-Sprache im Web ist das von Netscape entwickelte und unterstützte JavaScript.

Im Folgenden wollen wir den Umgang mit dynamischen Eigenschaften von DHTML am Beispiel der im vorigen Abschnitt erläuterten `<DIV>...</DIV>`-Abschnitte erläutern. Speziell soll gezeigt werden, wie mit dem dynamischen Verhalten das Ein- und Ausblenden von Abschnitten mittels der display-Eigenschaft bewerkstelligt werden kann. Hierzu soll folgende einfache Funktionalität implementiert werden: klickt man den ersten `<DIV>...</DIV>`-Abschnitt an, wird der zweite Abschnitt im Sinne eines Hilfetextes eingeblendet. Klickt man diesen wiederum an, wird er wieder ausblendet. Diese einfache Hilfefunktion wird im Listing 36.7 abgebildet. Die gegenüber dem vorigen Beispiel geänderten Passagen im Listing sind hierbei in fettgedruckter Schrift dargestellt.

```
<HEAD>
<SCRIPT>
function einblenden()
{
    this.document.all["hilfetext"].style.display="block";
}
function ausblenden(){
    this.document.all["hilfetext"].style.display="none";
}
</SCRIPT>
 <STYLE type="text/css">
   DIV.sonderformatierung { position: absolute; left: 30px; top: 40px; height: 50 px;
   width: 150px; border-width: 1;border: solid; text-align: center; border-color:
   blue; z-index: 0}

   DIV.sonderformatierung_ueberlappend { position: absolute; left: 40px; top: 60px;
   height: 50 px; width: 150px; border-width: 1;border: solid; text-align: center;
   border-color: red; z-index: 1; background-color: white; display: none}
 </STYLE>
</HEAD>
<BODY>
<P>Hier ein Beispiel:</P>
 <DIV class="sonderformatierung" onclick="einblenden();">
   <P>Mit dem DIV-Tag können nicht nur Textabschnitt innerhalb einer Zeile...</P>
   <P>...sondern auch komplette Abschnitte formatiert werden.</P>
 </DIV>
 <DIV id="hilfetext" class="sonderformatierung_ueberlappend" onclick="ausblenden();">
   <P><CENTER>HILFE</CENTER></P>
   <P>Hier kann ein beliebiger Hilfetext eingeblendet werden!</P>
 </DIV>
</BODY>
```

Listing 36.7: Dynamische Funktionalität in DTHML

Das Ergebnis ist in der Abbildung 36.2 dargestellt.

Abbildung 36.2: Dynamische Funktionalität in DTHML

36.3 DHTML in Domino

36.3.1 Überblick

Nachdem wir uns in den vorigen Abschnitten mit den Grundlagen von DTHML auseinandersetzten, werden in den folgenden Abschnitten die Besonderheiten von Domino im Zusammenhang mit dieser Technologie erläutert. Hierbei werden wir uns an der grundlegenden Struktur des einführenden Teils orientieren: Im ersten Teil wird aufgezeigt, wie die Besonderheiten von DHTML in die herkömmliche HTML-Generierung von Domino eingebettet werden kann. Anschließend wird gezeigt, wie und an welchen Stellen Cascaded Style Sheets und dynamisches Scripting in Domino-Anwendungen eingesetzt werden können.

36.3.2 HTML 4.0

In Version 6 unterstützt Domino Designer die Spezifikation HTML 4.01. Die Einbettung der entsprechenden Code-Elemente erfolgt an den hierfür vorgesehenen Stellen in der Entwicklungumgebung. Hierfür besitzt jedes Gestaltungelement im Domino im Dialogfenster Eigenschaften eine eigene Registerkarte (vgl. Abbildung 36.3 am Beispiel der HTML-Eigenschaften eines Feldes).

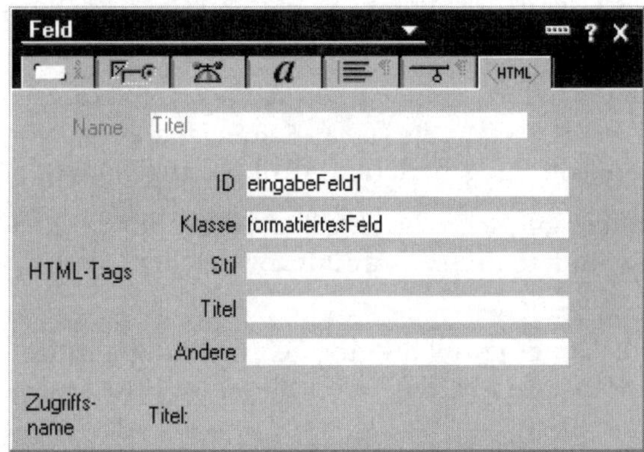

Abbildung 36.3: HTML-Eigenschaften eines Feldes

Die eingegebenen Eigenschaften werden unmittelbar in die HTML-Codegenerierung von Domino einbezogen und automatisch an den entsprechenden Stellen eingefügt. So manifestieren sich die Eingaben in der obigen Abbildung wie folgt in dem von Domino generierten Code für das betreffende Feld:

```
...
<input name="Titel" value="" id="eingabeFeld1" class="formatiertesFeld">
...
```

Die verfügbaren Felder in der Registerkarte HTML sind unabhängig vom jeweiligen Gestaltungselement immer identisch, wie in der nachfolgenden Tabelle dargestellt.

HTML-Tag-Attribute	Beschreibung
Name/ID	Eindeutige Identifikation eines Objekts zur Referenzierung in einer Scripting-Sprache, d.h. eine explizite Angabe ist erforderlich, falls Sie das betreffende Element in einer Scripting-Sprache explizit adressieren möchten
Klasse	Zuweisung einer CSS-Klasse zu einem HTML-Gestaltungselement; Klassen müssen zuvor entsprechend im <HEAD>-Abschnitt eines Dokuments oder in einer entsprechenden Stylesheet-Ressource definiert werden.
Stil	Eingebettete Zuweisung eines CSS-Formatierungsstils zu einem HTML-Gestaltungselement; im Gegensatz zur Zuweisung einer Klasse können einzelne Stileigenschaften direkt zugewiesen werden.
Titel	Definition eines Tipps oder einer Eingabeaufforderung, die in einigen Browsern als Zusatzinformation angezeigt bzw. benötigt werden
Andere	Definition von beliebigen HTML-Tag-Attributen; beispielsweise lassen sich hier entsprechende Event-Handler platzieren, die bestimmte Scripting-Funktionen aufrufen

Tabelle 36.1: HTML-Eigenschaften von Domino-Elementen

Hierbei sind bei der Eingabe einige Konventionen zu beachten:

Jede Eigenschaft, die Sie auf der Registerkarte HTML setzen, hat im Falle eines Konflikts Vorrang vor den Eigenschaften, die Sie mit Hilfe der herkömmlichen Formatierungswerkzeuge von Domino festlegen.

Jegliche Angaben im Parameter-Stil werden – falls die HTML-Seitengenerierung von Domino verwendet wird - an die von Domino generierten Attribute angehängt.

In allen Feldern ausser im Feld Andere gilt, dass die Angabe von Anführungszeichen nicht erforderlich ist. Im Feld Andere müssen Anführungszeichen ebenfalls angegeben werden.

Wenn Sie beispielsweise beim Anklicken eines Bildes eine Textmeldung anzeigen möchten, ist auf der Registerkarte HTML des betreffenden Bildes im Feld Andere folgende Eingabe erforderlich:

```
onClick="alert ('Dies ist eine Beispielmeldung')";
```

36.3.3 Cascading Style Sheets

Die Möglichkeiten der Cascading Style Sheets lernten wir bereits im ersten Abschnitt kennen. Was man diesbezüglich im Zusammenhang mit Domino Designer wissen sollte, ist, dass CSS-Definitionen in Form von gemeinsamen Ressourcen direkt in einer Domino-Datenbank verwaltet werden können. Im Folgenden soll gezeigt werden, wie man mit diesen Ressourcen umgeht.

Der erste Schritt ist naturgemäß die Erstellung der Stylesheet-Ressource selbst. Hierbei handelt es sich um eine herkömmliche Textdatei mit der Dateiendung »CSS«. Diese enthält nur die Stildefinition selbst. Die Angabe von `<STYLE>...<STYLE>`-Tags ist nicht erforderlich.

Im folgenden Beispiel (vgl. Listing 36.8) wird eine einfache Stylesheet-Ressource erzeugt, die bestimmte Eigenschaften für Bilder (<IMG>) und den Körper eines Dokuments (<BODY>) annimmt.

```
IMG {border-bottom-width: 5px;}
BODY {Font-Family: Arial; Color: Blue}
```

Listing 36.8: Beispiel Stylesheet-Ressource

Um die auf diese Weise erstellte in die Ressourcenverwaltung des Domino Designer zu importieren, sind folgende Schritte erforderlich:

1. Wählen Sie GEMEINSAME RESSOURCEN\STYLESHEETS in der Liste der Ressourcen aus.
2. Klicken Sie auf NEUE STYLESHEET-RESSOURCE. Das Dialogfeld ÖFFNEN wird angezeigt...

   Suchen Sie die gewünschte CSS-Datei, und wählen Sie sie aus.
3. Klicken Sie auf ÖFFNEN, um das Style Sheet der Liste der Style-Sheet-Ressourcen hinzuzufügen. Die InfoBox STYLESHEET-RESSOURCE wird geöffnet, so dass Sie den Namen oder andere Eigenschaften des Style Sheets ändern können.

Um die auf diese Weise erzeugte Ressource in eine Seite, Teilmaske oder Maske einzufügen, sind folgende Schritte erforderlich:

1. Öffnen Sie eine Seite, Maske oder Teilmaske.
2. Setzen Sie den Cursor an die Stelle, an der Sie das Style Sheet hinzufügen möchten.
3. Wählen Sie ERSTELLEN - RESSOURCE - RESSOURCE EINFÜGEN..
4. Wählen Sie die Datenbank aus, die das Style Sheet enthält. Vorgabe ist die aktuelle Datenbank.
5. Wählen Sie STYLESHEETS als Ressourcentyp aus.
6. Markieren Sie im Abschnitt VERFÜGBARE RESSOURCEN die hinzuzufügende Style-Sheet-Ressource.
7. Klicken Sie auf OK.
8. Speichern Sie das Gestaltungselement.

> Sie können eine Stylesheet-Ressource auch direkt in den HTML HEAD-Bereich eines Dokuments einzubetten. Klicken Sie hierfür in das Programmierfenster des ausgewählten HTML-HEAD-Inhalts und wählen Sie die kontextsensitive Menüoption RESSOURCE EINFÜGEN aus.

Zuweisung von Stylesheet-Eigenschaften zu Gestaltungselementen (Notes-Client)

Die direkte Einbettung von Stylesheet-Ressourcen in ein Domino-Gestaltungselement hat den Vorteil, dass entsprechende Formatierungsmerkmale auch direkt Notes-Gestaltungselementen zugewiesen werden können. Dies funktioniert nicht, wenn Sie die entsprechenden Stylesheet-Definitionen direkt als Text im HTML-Head-Inhalt eines Dokuments einbetten (in diesem Fall werden die entsprechenden Formatierungsmerkmale im Notes-Client nicht angezeigt).

Die Zuordnung einer Stylesheet-Definition in einer Ressource erfolgt anhand des entsprechenden Tag-Namens. So würde sich in unserem Beispiel-Stylesheet verwendete IMG-Stildefinition automatisch auf alle Bilder in einem Notes-Dokument auswirken. Die folgende Tabelle listet die von Domino Designer unterstützten Domino-Gestaltungselemente und CSS-Eigenschaften, die in diesem Zusammenhang verwendet werden können.

Liste der Eigenschaften	Dokument <Body>	Ebene <DIV>	Absatz <P>	Listenelement <LI>	Tabelle <TABLE>	Zelle <TD>	Grafik <IMG>
`background-color`	Ja	Ja	--	--	Ja	Ja	Entfällt
`background-image`			--	--	Entfällt		Entfällt
`background-repeat`			--	--	Entfällt		Entfällt
`border-bottom-width`	Entfällt	Entfällt	Ja	Ja	Ja	Ja	Ja
`border-color shorthand`	Entfällt	Entfällt	Ja	Ja	Ja	Ja	Ja
`border-left-width`	Entfällt	Entfällt	Ja	Ja	Ja	Ja	Ja
`border-right-width`	Entfällt	Entfällt	Ja	Ja	Ja	Ja	Ja
`border shorthand`	Entfällt	Entfällt	Ja	Ja	Ja	Ja	Ja
`border-style shorthand`	Entfällt	Entfällt	Ja	Ja	Ja	Ja	Ja
`border-top-width`	Entfällt	Entfällt	Ja	Ja	Ja	Ja	Ja
`border-top-color`	Entfällt	Entfällt	Ja	Ja	Ja	Ja	Ja
`border-top-style`	Entfällt	Entfällt	Ja	Ja	Ja	Ja	Ja
`border-width shorthand`	Entfällt	Entfällt	Ja	Ja	Ja	Ja	Ja
`color`	Ja	Ja	Ja	Ja	Ja	Ja	Ja
`font-family`	Ja	Ja	Ja	Ja	Ja	Ja	Ja
`font-size`	Ja	Ja	Ja	Ja	Ja	Ja	Ja
`font-style`	Ja	Ja	Ja	Ja	Ja	Ja	Ja
`font-weight`	Ja	Ja	Ja	Ja	Ja	Ja	Ja
`height`	Entfällt	Ja	Entfällt	Entfällt	Entfällt	Entfällt	Entfällt
`left`	Entfällt	Ja	Entfällt	Entfällt	Entfällt	Entfällt	Entfällt

Tabelle 36.2: Formatierungsmöglichkeiten

Liste der Eigenschaften	Dokument <Body>	Ebene <DIV>	Absatz <P>	Listenelement <LI>	Tabelle <TABLE>	Zelle <TD>	Grafik <IMG>
`margin-bottom`	Entfällt	Entfällt	Ja	Ja	Ja	Entfällt	Ja
`margin-left`	Entfällt	Entfällt	Ja	Ja	Ja	Entfällt	Ja
`margin-right`	Entfällt	Entfällt	Ja	Ja	Ja	Entfällt	Ja
`margin shorthand`	Entfällt	Entfällt	Ja	Ja	Ja	Entfällt	Ja
`margin-top`	Entfällt	Entfällt	Ja	Ja	Ja	Entfällt	Ja
`padding-bottom`	Entfällt	Entfällt	Ja	Ja	Ja	Entfällt	Ja
`padding-left`	Entfällt	Entfällt	Ja	Ja	Ja	Entfällt	Ja
`padding-right`	Entfällt	Entfällt	Ja	Ja	Ja	Entfällt	Ja
`padding shorthand`	Entfällt	Entfällt	Ja	Ja	Ja	Entfällt	Ja
`padding-top`	Entfällt	Entfällt	Ja	Ja	Ja	Entfällt	Ja
`position`	Entfällt	Ja	Entfällt	Entfällt	Entfällt	Entfällt	Entfällt
`text-decoration`	Ja	Ja	Ja	Ja	Ja	Ja	Ja
`top`	Entfällt	Ja	Entfällt	Entfällt	Entfällt	Entfällt	Entfällt
`width`	Entfällt	Ja	Entfällt	Entfällt	Entfällt	Entfällt	Entfällt
`z-index`	Entfällt	Ja	Entfällt	Entfällt	Entfällt	Entfällt	Entfällt

Tabelle 36.2: Formatierungsmöglichkeiten (Forts.)

Zuweisung von Stylesheet-Eigenschaften zu Gestaltungselementen (Web-Browser)

Die Beschränkung auf diese Eigenschaften gilt nicht, wenn Sie mit dem Web-Browser arbeiten. Hier gelten die Einschränkungen des jeweils verwendeten Browsers. Wenn Sie also wissen, das ihr Zielapplikationsumfeld ein Web-Browser ist, können Sie in den Stylesheet-Ressourcen beliebige Gestaltungselemente adressieren und beliebige Attribute verwenden. So könnte man in diesem Zusammenhang überlegen, Stylesheet-Definitionen für Felder oder Berechneter Text-Elemente zu verwenden. In diesem Fall sollte man bei der Definition von Stylesheet-Ressourcen im Texteditor wissen, wie Domino ein Gestaltungselement in HTML konvertiert.

Angenommen, wir möchten bestimmte Elemente vom Typ Berechneter Text in roter Farbe darstellen. Hierzu muss man zunächst wissen, wie Domino solche Elemente in HTML darstellt. Erstellt man einen berechneten Text, ruft diesen in einem Web-Browser auf und lässt sich anschliessend den generierten HTML-Quellcode in einem Texteditor anzeigen, dürfte das Ergebnis in etwa wie folgt aussehen:

```
...
<span>Dies ist ein ausgewerteter Ausdruck als berechneter Text!</span>
...
```

Wir sehen also, dass Domino bei der HTML-Generierung Ausdrücke vom Typ Berechneter Text in `<SPAN>...</SPAN>`-Tags einbettet. Um also nur bestimmte Ausdrücke vom Typ Berechneter Text in roter Farbe zu markieren, müssen wir in einer Stylesheet-Ressource eine Unterklasse der Klasse SPAN definieren und diese Unterklasse anschliessend den ausgewählten Ausdrücken zuordnen. Hierzu sind folgende Schritte erforderlich:

1. Erstellen Sie eine neue Seite und platzieren Sie in dieser Seite ein Element vom Typ Berechneter Text.
2. Erstellen Sie im Texteditor eine neue Stylesheet-Definition. Diese könnte wie folgt aussehen:

   ```
   span.markiert {color: red}
   ```

3. Erstellen Sie im Domino Designer eine neue Stylesheet-Ressource und betten Sie diese in die Seite ein.
4. Rufen Sie die Eigenschaften des Berechneter Text-Elements auf und geben Sie im Feld Klasse auf der Registerkarte HTML folgenden Ausdruck ein:

   ```
   markiert
   ```

Der springende Punkt bei dieser Übung ist, dass man für jedes Domino-Gestaltungslement wissen sollte, wie dieses in HTML aufbereitet wird. Nur dann ist es möglich, entsprechende CSS-Klassen anzuwenden.

36.3.4 Scripting

Im folgenden Beispiel werden wir die Scripting-Möglichkeiten anhand eines nativen Features von Domino demonstrieren – der Möglichkeit, *Abschnitte* im Webbrowser zu erweitern oder zu komprimieren, ohne dass ein erneuter Datenaustausch mit dem Domino-Server erforderlich ist. Hierzu muss man wissen, dass vor Domino-Version 6 das Erweitern oder Komprimieren von Abschnitten notwendigerweise einen erneuten Seitenaufruf implizierte.

Um Server-Zugriffe beim Erweitern und Komprimieren von Abschnitten zu unterbinden, muss in den Datenbankeigenschaften auf der Registerkarte DATENBANK ALLGEMEIN die Eigenschaft WEB: JAVASCRIPT BEIM ERSTELLEN VON SEITEN VERWENDEN aktiviert werden.

Hierzu sind folgende Schritte erforderlich:

1. Erstellen Sie eine neue Seite.
2. Erstellen Sie einen neuen Abschnitt (vgl. Abbildung 36.4).

▾ Mein Abschnitt
Dieser Abschnitt kann mit Beispielinhalten befüllt werden, um den DHTML-Effekt im Web-Browser zu betrachten.

Abbildung 36.4: Beispiel-Abschnitt zur Darstellung des Scripting und DHTML

3. Speichern Sie die Seite.
4. Rufen Sie die Seite im Webbrowser auf.
5. Wählen Sie im Internet Explorer den Menübefehl ANSICHT\QUELLTEXT.

Wenn Sie sich nun den angezeigten HTML-Code im Texteditor ansehen, sieht der für die Darstellung des Abschnittes relevante Teil, wie folgt, aus (Listing 36.9):

```
<span id="cSec1" style="position:relative; display:none;">
<br>
<a onclick="return _dSectionExpand('1');"><img src="/icons/expand.gif" border="0"
alt="Details anzeigen für Mein Abschnitt">Mein Abschnitt</a></span>

<span id="xSec1" style="position:relative;  ">
<br>
<a onclick="return _dSectionCollapse('1');"><img src="/icons/collapse.gif" border="0"
alt="Details verbergen für Mein Abschnitt">Mein Abschnitt</a><br>
Dieser Abschnitt kann mit Beispielinhalten befüllt werden, um den DHTML-Effekt im Web-
browser zu betrachten.</span>
```

Listing 36.9: DHTML-Darstellung im Webbrowser (am Beispiel des Internet Explorer)

Man sieht, dass der erweiterte und komprimierte Teil des Abschnittes jeweils durch ein eigenes HTML-Fragment dargestellt wird. In beiden Fällen wird der Abschnitt durch `<SPAN>...</SPAN>`-Tags abgegrenzt. Der komprimierte Abschnitt wird durch die eindeutige Identifikation `cSec1` und der erweiterte durch die Identifikation `xSec1` gekennzeichnet. An den Eigenschaften des ersten `<SPAN>...</SPAN>`-Abschnittes kann man zudem ablesen, dass dieser verborgen werden soll (`display:none;`), während eine ähnliche Kennzeichnung beim zweiten `<SPAN>...</SPAN>`-Abschnitt fehlt. Ferner wird in beiden Abschnitten der Titel durch einen Anker (`<A>...</A>`) repräsentiert. Dieser enthält zunächst einen Funktionsaufruf, der beim Anklicken des Ankers ausgeführt wird (z.B. `onclick="return_dSectionCollapse(‚1')`, das Symbol zum Erweitern/Komprimieren (`<img...>`) sowie die Beschriftung des Abschnittes in Textform.

Der Schlüssel zum dynamischen Verhalten steckt in den jeweils aufgerufenen JavaScript-Funktionen. Diese sind im `HEAD`-Bereich des Dokuments definiert und sehen, wie folgt, aus (Listing 36.10):

```
<script language="JavaScript" type="text/javascript">
<!--
function _dSectionExpand(sec) {
   document.all["cSec"+sec].style.display = "none";
   document.all["xSec"+sec].style.display = "";
}
function _dSectionCollapse(sec) {
   document.all["xSec"+sec].style.display = "none";
   document.all["cSec"+sec].style.display = "";
}
// -->
</script>
```

Listing 36.10: JavaScript-Code zur Manipulation des Abschnitts

Wie man sieht, wird das Erweitern und Komprimieren von zwei dedizierten Funktionen bewerkstelligt: die Funktion `function_dSectionExpand(sec)` und `function_dSectionCollapse(sec)`. Beide funktionieren ähnlich: Beim Erweitern wird der komprimierte `<SPAN>...</SPAN>`-Abschnitt ausgeblendet und der erweiterte angezeigt, während es sich beim Komprimieren genau umgekehrt verhält. Befinden sich auf einer Seite mehrere Abschnitte, werden diese durch den übergebenen Parameter (`sec`) eindeutig identifiziert.

Somit wird durch das abwechselnde Ein- und Ausblenden von Dokumentteilen dynamisches Verhalten erzeugt, ohne dass hierfür eine Interaktion mit dem Server erforderlich wäre.

Stichwortverzeichnis

S

Das Forum für Groupware-Anwender und -Service-Leister

Leistungen und Angebote für Mitglieder

⇨ Organisation von Konferenzen mit internationalen Top-Referenten, zahlreichen Workshops und begleitender Fachausstellung

⇨ Special Interest Groups mit Fachvorträgen, Diskussion und Erfahrungsaustausch zu den Themen:

- Anwendungsentwicklung
- System-Management und Deployment-Planung
- Methoden und Strategien
- IBM Business Partner
- Internet, E-Commerce & Public Notes Services
- Knowledge Management
- E-Learning
- Mobile Datenkommunikation
- Enterprise Integration
- WebSphere

⇨ Informations- und Gesprächsangebote im Internet u. a. mit den Präsentationen/Protokollen der Veranstaltungen unter http://DNUG.DE/Forum

⇨ Hochschulinitiative zur Förderung des Notes- und WebSphere-Nachwuchses und der Bildung von Groupware Competence-Centern an Fachhochschulen und Universitäten; Organisation von Veranstaltungen in Kooperation mit Hochschulen und IBM sowie halbjährliche Ausschreibung von Wettbewerben um die drei besten Diplomarbeiten zum Thema Notes & Domino, WebSphere und begleitenden Technologien

⇨ Wirksame Vertretung der Mitgliederinteressen und Adressierung aktueller Anwenderforderungen durch kontinuierliche Kontakte zur IBM Software Group

Mitgliedschaft in der Deutschen Notes User Group

In der DNUG bestehen Mitgliedschaften für Institutionen, Hochschulen und Privatpersonen. Für Studenten wird die Personenmitgliedschaft zu besonders günstigen Konditionen angeboten. Es sind mehr als 500 Mitglieder und Mitgliedsunternehmen in der DNUG organisiert; insgesamt etwa 800 aktive Groupware-Spezialisten (Stand Juli 2002).

Informationen

Deutsche Notes User Group e. V., Berggasse 1, D-07745 Jena
Tel.: +49 (0)3641 / 4569 - 0, Fax: +49 (0)3641 / 4569 - 15
Info@DNUG.DE; http://DNUG.DE

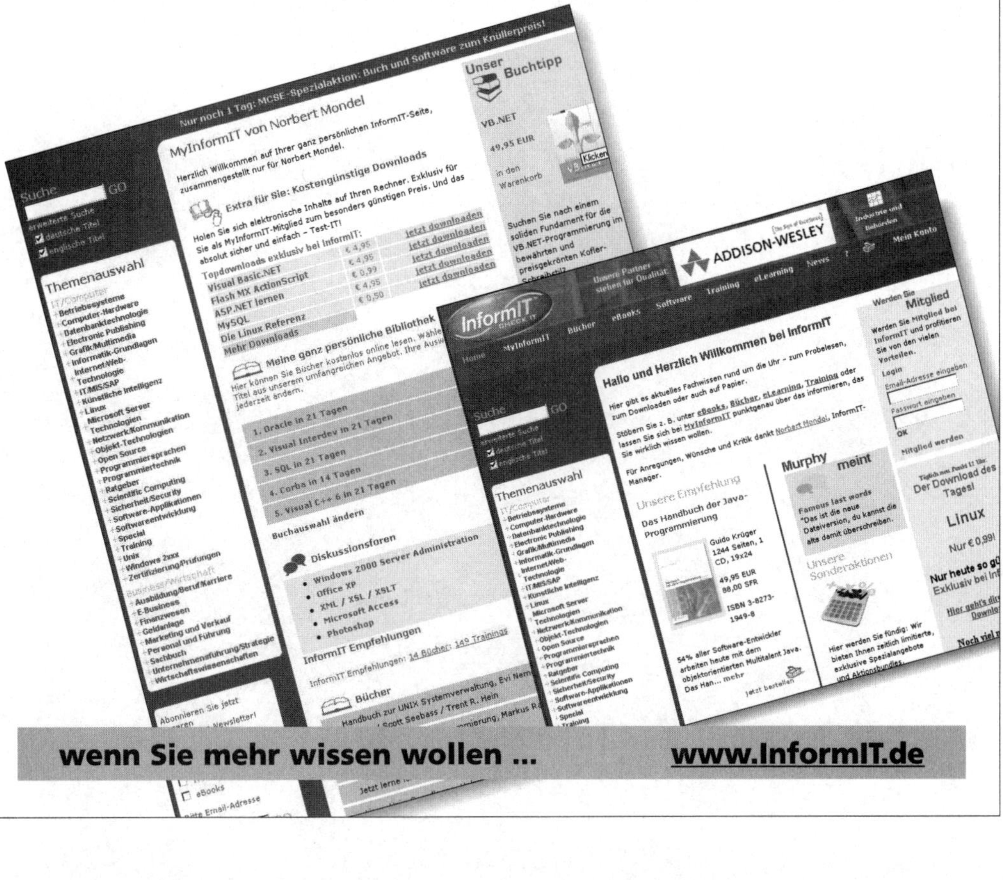

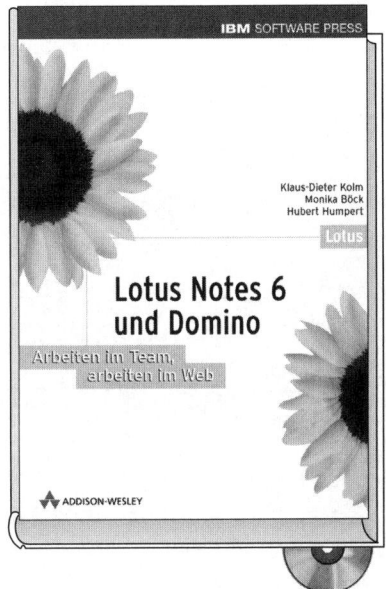

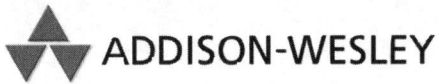